简体横排

前四史

漢書

中册

〔汉〕班　固撰
〔唐〕颜师古注

中華書局

汉书卷二十六

天文志第六

凡天文在图籍昭昭可知者，经星常宿中外官凡百一十八名，积数七百八十三星，皆有州国官宫物类之象。其伏见早晚，邪正存亡，虚实阔陿，①及五星所行，合散犯守，陵历斗食，②彗孛飞流，日月薄食，③晕適背穴，抱珥虹蜺，④迅雷风祅，怪云变气：此皆阴阳之精，其本在地，而上发于天者也。政失于此，则变见于彼，犹景之象形，乡之应声。⑤是以明君睹之而寤，饬身正事，思其咎谢，则祸除而福至，自然之符也。

①孟康曰："伏见蚤晚，谓五星也。日月五星下道为邪。存谓列宿不亏也，亡谓恒星不见。虚实，若天牢星实则囚多，虚则开出之属也。阔陿，若三台星相去远近也。"

②孟康曰："合，同舍也。散，五星有变则其精散为祅星也。犯，七寸以内光芒相及也。陵，相冒过也。食，星月相陵，不见者则所蚀也。"韦昭曰："自下往触之曰犯，居其宿曰守，经之为历，突掩为陵，星相击为斗也。"

③张晏曰："彗所以除旧布新也。孛气似彗。飞流谓飞星流星也。"孟康曰："飞，绝迹而去也。流，光迹相连也。日月无光曰薄。京房《易传》曰日月赤黄为薄。或曰不交而食曰薄。"韦昭曰："气往迫之为薄，亏毁曰食也。"

④孟康曰："(皆)〔晕〕，日旁气也。[1]适，日之将食先有黑之变也。背，形如背字也。穴多作鐍，其形如玉鐍也。抱，气向日也。珥，形点黑也。"如淳曰："晕读曰运。虹或作虹。蜺读曰齧。螮蝀谓之虹，《表》云雄为虹，雌为蜺。凡气(食)〔在〕日上为冠为戴，[2]在旁直对为珥，在旁如半环向日为抱，向外为背。有气刺日为鐍。鐍，抉伤也。"

⑤师古曰："乡读曰响。"

中宫天极星，其一明者，泰一之常居也，旁三星三公，或曰子属。后句四星，末大星正妃，馀三星后(官)〔宫〕之属也。[3]环之匡卫十二星，藩臣。皆曰紫宫。

前列直斗口三星，随北耑锐，若见若不见，曰阴德，或曰天一。紫宫左三星曰天枪，右四星曰天棓。①后十七星绝汉抵营室，曰阁道。

①苏林曰："音棓打之棓。"师古曰："棓音白讲反。"

北斗七星，所谓"旋、玑、玉衡以齐七政"。杓携龙角，①衡殷南斗，魁枕参首。②用昏建者杓；杓，自华以西南。③夜半建者衡；衡，殷中州河、济之间。④平旦建者魁；魁，海岱以东北也。⑤斗为帝车，运于中央，临制四海。分阴阳，建四时，均五行，移节度，定诸纪，皆系于斗。

①孟康曰："杓，斗柄也。龙角，东方宿也。携，连也。"

②晋灼曰："衡，斗之中央。殷，中也。"

③孟康曰："传曰'斗第七星法太白，主杓，斗之尾也'。尾为阴，又其用昏，昏阴，位在西方，故主西南。"

④孟康曰："假令杓昏建寅，衡夜半亦建寅也。"

⑤孟康曰："传曰'斗魁第一星法为日，主齐'。魁，斗之首；首，阳也，又其用在明，阳与明，德在东方，故主东北方。"

斗魁戴筐六星，曰文昌宫：①一曰上将，二曰次将，三曰贵相，四曰司命，五曰司禄，六曰司灾。在魁中，贵人之牢。②魁下六星两两而比者，曰三能。③三能色齐，君臣和；不齐，为乖戾。柄辅星，④明近，辅臣亲强；斥小，疏弱。⑤

①晋灼曰："似筐，故曰戴筐。"

②孟康曰："传曰'天理四星在斗魁中'。贵人牢名曰天理也。"

③苏林曰："能音台。"

④孟康曰："在北斗第六星旁。"

⑤苏林曰："斥，远也。"

杓端有两星：一内为矛，招摇；①一外为盾，天蜂。②有句圜十五星，属杓，曰贱人之牢。牢中星实则囚多，虚则开出。

①孟康曰："近北斗者招摇，招摇为天矛。"晋灼曰："梗河三星，天矛、锋、招摇，

一星耳。”

②晋灼曰：“外，远北斗也。在招摇南，一名天蜂。”

天一、枪、棓、矛、盾动摇，角大，兵起。①

①李奇曰：“角，芒角。”

东宫苍龙，房、心。心为明堂，大星天王，前后星子属。不欲直；直，王失计。房为天府，曰天驷。其阴，右骖。旁有两星曰衿。衿北一星曰舝。①东北曲十二星曰旗。旗中四星曰天市。天市中星众者实，其中虚则耗。房南众星曰骑官。

①晋灼曰：“舝，古辖字。”

左角，理；右角，将。大角者，天王帝坐廷。其两旁各有三星，鼎足句之，曰摄提。①摄提者，直斗杓所指，以建时节，故曰“摄提格”。亢为宗庙，主疾。其南北两大星，曰南门。氐为天根，主疫。尾为九子，曰君臣；斥绝，不和。箕为敖客，后妃之府，曰口舌。火犯守角，则有（戟）〔战〕。[4]房、心，王者恶之。

①晋灼曰：“如鼎足之句曲也。”

南宫朱鸟，权、衡。①衡、太微，三光之廷。筐卫十二星，藩臣：西，将；东，相；南四星，执法；中，端门；左右，掖门。掖门内六星，诸侯。其内五星，五帝坐。后聚十五星，曰哀乌郎位；旁一大星，将位也。月、五星顺入，轨道，司其出，所守，天子所诛也。其逆入，若不轨道，以所犯名之；中坐，成形，②皆群下不从谋也。金、火尤甚。廷藩西有随星四，名曰少微，士大夫。权，轩辕，黄龙体。③前大星，女主象；旁小星，御者后宫属。月、五星守犯者，如衡占。

①孟康曰：“轩辕为权，太微为衡也。”

②晋灼曰：“中坐，犯帝坐也。成形，祸福之形见。”

③孟康曰：“形如腾龙。”

东井为水事。火入之，一星居其左右，天子且以火为败。东井西曲星曰戉；北，北河；南，南河；两河、天阙间为关梁。舆鬼，鬼祠事；中白者为质。① 火守南北河，兵起，谷不登。故德成衡，观成潢，② 伤成戉，③ 祸成井，④ 诛成质。⑤

①晋灼曰："舆鬼五星，其中白者为质。"

②晋灼曰："日、月、五星不轨道也。衡，太微廷也。观，占也。潢，五潢，五帝车舍也。"

③晋灼曰："贼伤之占，先成形于戉。"

④晋灼曰："东井主水事，火入，一星居其旁，天子且以火败，故曰祸也。"

⑤晋灼曰："荧惑入舆鬼天质，占曰大臣有诛。"

柳为鸟喙，主木草。七星，颈，为员宫，主急事。张，嗉，为厨，主觞客。翼为羽翮，主远客。

轸为车，主风。其旁有一小星，曰长沙，星星不欲明；明与四星等，若五星入轸中，兵大起。轸南众星曰天库，库有五车。车星角，若益众，及不具，亡处车马。

西宫咸池，曰天五潢。五潢，五帝车舍。火入，旱；金，兵；水，水。中有三柱；柱不具，兵起。

奎曰封豨，为沟渎。娄为聚众。胃为天仓。其南众星曰廥积。①

①如淳曰："刍稿积为廥也。"

昴曰旄头，胡星也，为白衣会。毕曰罕车，为边兵，主弋猎。其大星旁小星为附耳。附耳摇动，有谗乱臣在侧。昴、毕间为天街。其阴，阴国；阳，阳国。①

①孟康曰："阴，西南，象坤维，河山已北国也。阳，河山已南国也。"

参为白虎。三星直者，是为衡石。① 下有三星，锐，曰罚，② 为斩艾事。其外四星，左右肩股也。小三星隅置，曰觜觿，为虎首，主葆旅事。③ 其南有四星，曰天厕。天厕下一星，曰天矢。矢黄则吉；青、白、黑，凶。其西有句曲九星，三处罗列：一曰天旗，二曰天苑，三曰九斿。其东有大星曰狼，狼角变色，多盗贼。下有四星曰弧，直狼。比地有大星，曰南极老人。④老人见，治安；不见，兵起。常以秋分时候之南郊。

①孟康曰："参三星者，白虎宿中，东西直，似称衡也。"

②孟康曰："在参间，上小下大，故曰锐。"晋灼曰："三星小，邪列，无锐形也。"

③如淳曰："关中俗谓桑榆蘖生为葆。"晋灼曰："禾野生曰旅，今之饥民采旅也。"宋均曰："葆，守也。旅，军旅也。言佐参伐斩艾除凶也。"

④晋灼曰："比地，近地也。"

北宫玄武，虚、危。危为盖屋；①虚为哭泣之事。②其南有众星，曰羽林天军。③军西为垒，或曰戉。旁一大星，北落。北落若微亡，军星动角益稀，及五星犯北落，入军，军起。火、金、水尤甚。火入，军忧；水，水患；木、土，军吉。④危东六星，两两而比，曰司寇。

①宋均曰："危上一星高，旁两星下，似盖屋也。"

②宋均曰："盖屋之下中无人，但空虚，似乎殡宫，故主哭泣也。

③宋均曰："虚、危、营室，阴阳终始之处，际会之间，恒多奸邪，故设羽林为军卫。"

④孟康曰："木星、土星入北落，军则吉也。"

营室为清庙，曰离宫、阁道。汉中四星，曰天驷。旁一星，曰王梁。王梁策马，车骑满野。旁有八星，绝汉，曰天横。天横旁，江星。江星动，以人涉水。

杵、臼四星，在危南。匏瓜，有青黑星守之，鱼盐贵。

南斗为庙，其北建星。建星者，旗也。牵牛为牺牲，其北河鼓。河鼓大星，上将；左，左将；右，右将。婺女，其北织女。织女，天女孙也。

岁星①曰东方春木，于人五常仁也，五事貌也。仁亏貌失，逆春令，伤木气，罚见岁星。岁星所在，国不可伐，可以伐人。超舍而前为赢，退舍为缩。赢，其国有兵不复；缩，其国有忧，其将死，国倾败。所去，失地；所之，得地。一曰，当居不居，国亡；所之，国昌；已居之，又东西去之，国凶，不可举事用兵。安静中度，吉。出入不当其次，必有天祆见其舍也。

①晋灼曰："太岁在四仲，则岁行三宿；太岁在四孟、四季，则岁行二宿。二八十六，三四十二，而行二十八宿。十二岁而周天。"

岁星赢而东南，①《石氏》"见彗星"，《甘氏》"不出三月乃生彗，本类星，末类彗，长二丈"。赢东北，《石氏》"见觉星"，《甘氏》"不出三月乃生天棓，本类星，末锐，长四尺"。缩西南，②《石氏》"见欃云，如牛"，③《甘氏》"不出三月乃生天枪，左右锐，长数丈"。缩西北，《石氏》"见枪云，如马"，《甘氏》"不出三月乃生天欃，本类星，末锐，长数丈"。《石氏》"枪、欃、棓、彗异状，其殃一也，必有破国乱君，伏死其辜，馀殃不尽，为旱凶饥暴疾"。至日行一尺，出二十馀日乃入，《甘氏》"其国凶，不可举事用兵"。出而易，"所当之国，是受其殃"。又曰"袄星，不出三年，其下有军，及失地，若国君丧"。

①孟康曰："五星东行，天西转。岁星晨见东方，行疾则不见，不见则变为袄星。"

②孟康曰："岁星当伏西方，行迟早没，变为袄星也。"

③韦昭曰："欃音参差之参。"

荧惑①曰南方夏火，礼也，视也。礼亏视失，逆夏令，伤火气，罚见荧惑。逆行一舍二舍为不祥，居之三月国有殃，五月受兵，七月国半亡地，九月地太半亡。因与俱出入，国绝祀。荧惑为乱为(成)〔贼〕，[5]为疾为丧，为饥为兵，所居之宿国受殃。殃还至者，虽大当小；居之久殃乃至者，当小反大。已去复还居之，若居之而角者，若动者，绕环之，及乍前乍后，乍左乍右，殃愈甚。一曰，荧惑出则有大兵，入则兵散。周还止息，乃为其死丧。寇乱在其野者亡地，以战不胜。东行疾则兵聚于东方，西行疾则兵聚于西方；其南为丈夫丧，北为女子丧。荧惑，天子理也，故曰虽有明天子，必视荧惑所在。

①晋灼曰："常以十月入太微，受制而出，行列宿，司无道，出入无常也。"

太白①曰西方秋金，义也，言也。义亏言失，逆秋令，伤金气，罚见太白。日方南太白居其南，日方北太白居其北，为赢，侯王不宁，用兵进吉退凶。日方南太白居其北，日方北太白居其南，为缩，侯王有忧，用兵退吉进凶。当出不出，当入不入，为失舍，不有破军，必有死王之墓，有亡国。一曰，天下匽兵，野有兵者，所当之国大凶。当出不出，未当入而入，天下匽兵，兵在外，入。未当出而出，当入而不入，天下起兵，有至破国。未当出而出，未当入而入，天下举兵，所当之国亡。当期而出，其国昌。出东为东方，入为北方；出西为西方，入为南方。所居久，其国利；易，其乡凶。②入七日复出，将军战死。入十日复出，相死之。入又复出，人君恶之。已出三日而复微入，三日乃复盛出，是为耎而伏，③其下国有军，其众败将北。已入三日，又复微出，三日乃复盛入，其下国有忧，帅师虽众，敌食其粮，用其兵，虏其帅。出西方，失其行，夷狄败；出东方，失其行，中国败。一曰，出蚤为月食，晚为天祆及彗星，将发于亡道之国。

①晋灼曰："常以正月甲寅与荧惑晨出东方，二百四十日而入。入四十日又出西方，二百四十日而入。入三十五日而复出东方。出以寅戌，入以丑未也。"

②苏林曰："疾过也。一说，易乡而出入也。"晋灼曰："上言'出而易'，言疾过是也。"

③晋灼曰："耎，退也。不进而伏，伏不见也。"

太白出而留桑榆间，病其下国。①上而疾，未尽期日过参天，病其对国。②太白经天，天下革，民更王，③是为乱纪，人民流亡。昼见与日争明，强国弱，小国强，女主昌。

①晋灼曰："行迟而下也。正出，举目平正。出桑榆上，馀二千里也。"

②晋灼曰："三分天过其一，此戌酉之间也。"

③孟康曰："谓出东入西，出西入东也。太白，阴星，出东当伏东，出西当伏西，过午为经天。"晋灼曰："日，阳也；日出则星亡。昼见午上为经天。"

太白，兵象也。出而高，用兵深吉浅凶；埤，浅吉深凶。行疾，用兵疾吉迟凶；行迟，用兵迟吉疾凶。角，敢战吉，不敢战凶；击角所指吉，逆之凶。进退左右,用兵进退左右吉,静凶。圜以静,用兵静吉趮凶。出则兵出,入则兵入。象太白吉,反之凶。赤角,战。

太白者,犹军也,而荧惑,忧也。故荧惑从太白,军忧;离之,军舒。出太白之阴,有分军;出其阳,有偏将之战。当其行,太白还之,破军杀将。

辰星,杀伐之气,战斗之象也。与太白俱出东方,皆赤而角,夷狄败,中国胜;与太白俱出西方,皆赤而角,中国败,夷狄胜。

五星分天之中,积于东方,中国大利;积于西方,夷狄用兵者利。

辰星不出,太白为客;辰星出,太白为主人。辰星与太白不相从,虽有军不战。辰星出东方,太白出西方。若辰星出西方,太白出东方,为格,野虽有兵,不战。辰星入太白中,五日乃出,及入而上出,破军杀将,客胜;下出,客亡地。辰星来抵,太白不去,将死。正其上出,破军杀将,客胜;下出,客亡地。视其所指,以名破军。辰星绕环太白,若斗,大战,客胜,主人吏死。辰星过太白,间可椷剑,小战,客胜;① 居太白前旬三日,军罢;出太白左,小战;历太白右,数万人战,主人吏死;出太白右,去三尺,军急约战。

①苏林曰:"椷音函。函,容也,其间可容一剑也。"

凡太白所出所直之辰,其国为得位,得位者战胜。所直之辰顺其色而角者胜,其色害者败。① 太白白比狼,赤比心,黄比参右肩,青比参左肩,黑比奎大星。色胜位,② 行胜色,③ 行得尽胜之。④

①晋灼曰:"郑色黄,而赤苍,小败;宋色黄,而赤黑,小败;楚色赤,黑小败;燕色黑,黄小败。皆大角胜也。"

②晋灼曰:"有色胜得位也。"

③晋灼曰:"太白行得度,胜有色也。"

④晋灼曰:"行应天度,虽有色得位,行尽胜之,行重而色位轻。《星经传》得字作德。"

辰星① 曰北方冬水,知也,听也。知亏听失,逆冬令,伤水气,罚见辰星。出早为月食，晚为彗星及天祆。一时不出，其时不和；四时不出，天下大饥。失其时而出，为当寒反温，当温反寒。当出不出，是谓击卒，兵大起。与它星遇而斗，天下大乱。②出于房、心间，地动。

①晋灼曰："常以二月春分见奎、娄，五月夏至见东井，八月秋分见角、亢，十一月冬至见牵牛。出以辰戌，入以丑未，二旬而入。晨候之东方，夕候之西方也。"

②晋灼曰："祆星彗孛之属也，一曰五星。"

填星①曰中央季夏土，信也，思心也。仁义礼智以信为主，貌言视听以心为正，故四星皆失，填星乃为之动。填星所居，国吉。未当居而居之，若已去而复还居之，国得土，不乃得女子。当居不居，既已居之，又东西去之，国失土，不乃失女，不，有土事若女之忧。居宿久，国福厚；易，福薄。当居不居，为失填，其下国可伐；得者，不可伐。其赢，为王不宁；缩，有军不复。一曰，既已居之又东西去之，其国凶，不可举事用兵。失次而上一舍三舍，有王命不成，不乃大水；失次而下二舍，有后戚，其岁不复，不乃天裂若地动。

①晋灼曰："常以甲辰元始建斗之岁填行一宿，二十八岁而周天也。"

凡五星，岁与填合则为内乱，与辰合则为变谋而更事，与荧惑合则为饥，为旱，与太白合则为白衣之会，为水。太白在南，岁在北，名曰(牡)〔牝〕牡，①[6]年谷大孰。太白在北，岁在南，年或有或亡。荧惑与太白合则为丧，不可举事用兵；与填合则为忧，主孽卿；与辰合则为北军，用兵举事大败。填与辰合则将有覆军下师；与太白合则为疾，为内兵。辰与太白合则为变谋，为兵忧。凡岁、荧惑、填、太白四星与辰斗，皆为战，兵不在外，皆为内乱。一曰，火与水合为淬，②与金合为铄，不可举事用兵。土与金合国亡地，与木合则国饥，与水合为雍沮，③不可举事用兵。木与金合斗，国有内乱。同舍为合，相陵为斗。二星相近者其殃大，二星相远者殃无伤也，从七寸以内必之。④

①晋灼曰："岁，阳也，太白，阴也，故曰(牡)〔牝〕牡。"

②晋灼曰："火入水，故曰淬也。"

③晋灼曰："沮音沮湿之沮。水性雍而潜土，故曰雍沮。一曰，雍，填也。"

④韦昭曰："必有祸也。"

凡月食五星，其国(必)〔皆〕亡：①[7]岁以饥，荧惑以乱，填以杀，太白强国以战，辰以女乱。月食大角，王者恶之。

①李奇曰："谓其分野之国。

凡五星所聚宿，其国王天下：从岁以义，从荧惑以礼，从填以重，①从太白以兵，从辰以法。以法者，以法致天下也。三星若合，是谓惊立绝行，②其国外内有兵与丧，民人乏饥，改立王公。四星若合，是谓大汤，③其国兵丧并起，君子忧，小人流。五星若合，是谓易行：有德受庆，改立王者，掩有四方，子孙蕃昌；亡德受罚，离其国家，灭其宗庙，④百姓离去，被满四方。五星皆大，其事亦大；皆小，其事亦小也。

①韦昭曰："谓以威重得。"

②晋灼曰："有兵丧，故惊。改王，故曰绝也。"

③晋灼曰："汤犹荡涤也。"

④晋灼曰："宗祖庙也。"

凡五星色：皆圜，白为丧为旱，赤中不平为兵，青为忧为水，黑为疾为多死，黄吉；皆角，赤犯我城，黄地之争，白哭泣之声，青有兵忧，黑水。五星同色，天下偃兵，百姓安宁，歌舞以行，不见灾疾，五谷蕃昌。

凡五星，岁，缓则不行，急则过分，逆则占。荧惑，缓则不出，急则不入，违道则占。填，缓则不建，急则过舍，逆则占。太白，缓则不出，急则不入，逆则占。辰，缓则不出，急则不入，非时则占。五星不失行，则年谷丰昌。

凡以宿星通下之变者，维星散，句星信，则地动。①有星守三渊，天下大水，地动，海鱼出。纪星散者山崩，不即有丧。龟、鳖星不居汉中，川有易者。辰星入五车，大水。荧惑入积水，水，兵起；入积薪，旱，兵起;守之,亦然。极后有四星,名曰句星。斗杓后有三星,名曰维星。散者,不相从也。[②]三渊,盖五车之三柱也。[③]天纪属贯索。积薪在北戍西北。积水在北戍东北。

①孟康曰:"散在尾北。"韦昭曰:"信音申。"

②孟康曰:"散,不复行列而聚也。"

③晋灼曰:"柱音注解之注。"

角、亢、氐,沇州。房、心,豫州。尾、箕,幽州。斗,江、湖。牵牛、婺女,扬州。虚、危,青州。营室、东壁,并州。奎、娄、胃,徐州。昴、毕,冀州。觜觿、参,益州。东井、舆鬼,雍州。柳、七星、张,三河。翼、轸,荆州。

甲乙,海外,日月不占。[①]丙丁,江、淮、海、岱。戊己,中州河、济。庚辛,华山以西。壬癸,常山以北。一曰,甲齐,乙东夷,丙楚,丁南夷,戊魏,己韩,庚秦,辛西夷,壬燕、赵,癸北夷。子周,丑翟,寅赵,卯郑,辰邯郸,巳卫,午秦,未中山,申齐,酉鲁,戌吴、越,亥燕、代。

晋灼曰:"海外远,甲乙日时,不以占之。"

秦之疆,候太白,占狼、弧。吴、楚之疆,候荧惑,占鸟、衡。燕、齐之疆,候辰星,占虚、危。宋、郑之疆,候岁星,占房、心。晋之疆,亦候辰星,占参、罚。及秦并吞三晋、燕、代,自河、山以南者中国。中国于四海内则在东南,为阳,阳则日、岁星、荧惑、填星,占于街南,毕主之。其西北则胡、貉、月氏旃裘引弓之民,为阴,阴则月、太白、辰星,占于街北,昴主之。故中国山川东北流,其维,首在陇、蜀,尾没于勃海碣石。是以秦、晋好用兵,[①]复占太白。太白主中国,而胡、貉数侵掠,独占辰星。辰星出入趮疾,常主夷狄,其大经也。

①孟康曰:"秦、晋西南维之北为阴,与胡、貉引弓之民同,故好用兵。"

凡五星,早出为赢,赢为客;晚出为缩,缩为主人。五星赢缩,必有天应见杓。

太岁在寅曰摄提格。岁星正月晨出东方,《石氏》曰名监德,在斗、牵牛。失次，杓，早水，晚旱。《甘氏》在建星、婺女。《太初历》在营室、东壁。

在卯曰单阏。二月出，《石氏》曰名降入，在婺女、虚、危。《甘氏》在虚、危。失次，杓，有水灾。《太初》在奎、娄。

在辰曰执徐。三月出，《石氏》曰名青章，在营室、东壁。失次，杓，早旱，晚水。《甘氏》同。《太初》在胃、昴。

在巳曰大荒落。四月出，《石氏》曰名路踵，在奎、娄。《甘氏》同。《太初》在参、罚。

在午曰敦牂。五月出，《石氏》曰名启明，在胃、昴、毕。失次，杓，早旱，晚水。《甘氏》同。《太初》在东井、舆鬼。

在未曰协洽。六月出，《石氏》曰名长烈，在觜觿、参。《甘氏》在参、罚。《太初》在注、张、七星。

在申曰涒滩。七月出。《石氏》曰名天晋，在东井、舆鬼。《甘氏》在弧。《太初》在翼、轸。

在酉曰作诂。（《尔雅》作作噩。）[8] 八月出，《石氏》曰名长壬，在柳、七星、张。失次，杓，有女丧、民疾。《甘氏》在注、张。失次，杓，有火。《太初》在角、亢。

在戌曰掩茂。九月出，《石氏》曰名天睢，在翼、轸。失次，杓，水。《甘氏》在七星、翼。《太初》在氐、房、心。

在亥曰大渊献。十月出，《石氏》曰名天皇，在角、亢始。《甘氏》在轸、角、亢。《太初》在尾、箕。

在子曰困敦。十一月出，《石氏》曰名天宗，在氐、房始。《甘氏》同。《太初》在建星、牵牛。

在丑曰赤奋若。十二月出，《石氏》曰名天昊，在尾、箕。《甘氏》在心、尾。《太初》在婺女、虚、危。

《甘氏》、《太初历》所以不同者，以星赢缩在前，各录后所见也。其四星亦略如此。

古历五星之推，亡逆行者，至甘氏、石氏《经》，以荧惑、太白为有逆行。夫历者，正行也。古人有言曰："天下太平，五星循度，亡有逆行。日不食朔，月不食望。"夏氏《日月传》曰："日月食尽，主位也；不尽，臣位也。"《星传》曰："日者德也，月者刑也，故曰日食修德，月食修刑。"然而历纪推月食，与二星之逆亡异。荧惑主内乱，太白主兵，月主刑。自周室衰，乱臣贼子师旅数起，刑罚失中，虽其亡乱臣贼子师旅之变，内臣犹不治，四夷犹不服，兵革犹不寝，刑罚犹不错，故二星与月为之失度，三变常见；及有乱臣贼子伏尸流血之兵，大变乃出。甘、石氏见其常然，因以为纪，皆非正行也。《诗》云"彼月而食，则惟其常；此日而食，于何不臧？"《诗传》曰："月食非常也，比之日食犹常也，日食则不臧矣。"谓之小变，可也；谓之正行，非也。故荧惑必行十六舍，去日远而颛恣。太白出西方，进在日前，气盛乃逆行。及月必食于望，亦诛盛也。

国皇星，大而赤，状类南极。所出，其下起兵。兵强，其冲不利。①

①孟康曰："岁星之精散所为也。五星之精散为六十四变，志记不尽也。"

昭明星，大而白，无角，乍上乍下。所出国，起兵多变。①

①孟康曰："形如三足几，几上有九彗上向，荧惑之精也。"

五残星，出正东，东方之星。其状类辰，去地可六丈，大而黄。①

①孟康曰："星表有青气如晕，有毛，填星之精。"

六贼星，出正南，南方之星。去地可六丈，大而赤，数动，有光。①

①孟康曰："形如彗，芒九角，太白之精。"

司诡星，出正西，西方之星。去地可六丈，大而白，类太白。①

①孟康曰："星大而有尾，两角，荧惑之精也。"

咸汉星，出正北，北方之星。去地可六丈，大而赤，数动，察之中青。①

①孟康曰："一名狱汉星，青中赤表，下有三彗从横，亦填星之精也。"

此四星所出非其方，其下有兵，冲不利。

四填星，出四隅，去地可四丈。地维臧光，亦出四隅，去地可二丈，若月始出。所见下，有乱者亡，有德者昌。

烛星，状如太白，其出也不行，见则灭。所烛，城邑乱。①

①孟康曰："星上有三彗上出，亦填星之精也。"

如星非星，如云非云，名曰归邪。①归邪出，必有归国者。

①李奇曰："邪音虵。"孟康曰："星有两赤彗上向，上有盖状气，下连星。"

星者，金之散气，其本曰人。①星众，国吉，少则凶。汉者，亦金散气，其本曰水。星多，多水，少则旱，②其大经也。

①孟康曰："星，石也，金石相生，人与星气相应也。"

②孟康曰："汉，河汉也。水生于金。多少，谓汉中星也。"

天鼓，有音如雷非雷，音在地而下及地。其所住者，兵发其下。

天狗，状如大流星，①有声，(共)〔其〕下止地，类狗。[9]所坠及，望之如火光炎炎中天。其下圜，如数顷田处，上锐，见则有黄色，千里破军杀将。

①孟康曰："星有尾，旁有彗，下有如狗形者，亦太白之精。"

格泽者，如炎火之状，黄白，起地而上，下大上锐。其见也，不种而获。不有土功，必有大客。

蚩尤之旗，类彗而后曲，象旗。①见则王者征伐四方。

①孟康曰："荧惑之精也。"晋灼曰："《吕氏春秋》云其色黄上白下也。"

旬始，出于北斗旁，状如雄鸡。其怒，青黑色，象伏鳖。①

①李奇曰："怒当(首)〔言〕帑。"[10]晋灼曰："帑，雌也。或曰怒则色青。"宋均曰："怒谓芒角刺出。"

枉矢，状类大流星，蛇行而仓黑，望如有毛目然。

长庚，广如一匹布著天。此星见，起兵。

星�至地，则石也。①

①如淳曰："磔亦坠也。"

天暒而见景星。①景星者，德星也，其状无常，常出于有道之国。

①孟康曰："暒，精明也。有赤方气与青方气相连，赤方中有两黄星，青方中有

一黄星，凡三星合为景星也。”

日有中道，月有九行。

中道者，黄道，一曰光道。光道北至东井，去北极近；南至牵牛，去北极远；东至角，西至娄，去极中。夏至至于东井，北近极，故晷短；立八尺之表，而晷景长尺五寸八分。冬至至于牵牛，远极，故晷长；立八尺之表，而晷景长丈三尺一寸四分。春秋分日至娄、角，去极中，而晷中；立八尺之表，而晷景长七尺三寸六分。此日去极远近之差，晷景长短之制也。去极远近难知，要以晷景。晷景者，所以知日之南北也。日，阳也。阳用事则日进而北，昼进而长，阳胜，故为温暑；阴用事则日退而南，昼退而短，阴胜，故为凉寒也。故日进为暑，退为寒。若日之南北失节，晷过而长为常寒，退而短为常燠。此寒燠之表也，故曰为寒暑。一曰，晷长为潦，短为旱，奢为扶。① 扶者，邪臣进而正臣疏，君子不足，奸人有馀。

①郑氏曰："扶当为蟠，齐鲁之间声如酺。酺扶声近。蟠，止不行也。"苏林曰："景形奢大也。"晋灼曰："扶，附也，小臣佞媚附近君子之侧也。"

月有九行者：黑道二，出黄道北；赤道二，出黄道南；白道二，出黄道西；青道二，出黄道东。立春、春分，月东从青道；立秋、秋分，西从白道；立冬、冬至，北从黑道；立夏、夏至，南从赤道。然用之，一决房中道。青赤出阳道，白黑出阴道。若月失节度而妄行，出阳道则旱风，出阴道则阴雨。

凡君行急则日行疾，君行缓则日行迟。日行不可指而知也，故以二至二分之星为候。日东行，星西转。冬至昏，奎八度中；夏至，氐十三度中；春分，柳一度中；秋分，牵牛三度七分中：此其正行也。日行疾，则星西转疾，事势然也。故过中则疾，君行急之感也；不及中则迟，君行缓之象也。

至月行，则以晦朔决之。日冬则南，夏则北；冬至于牵牛，夏至于东井。日之所行为中道，月、五星皆随之也。

箕星为风，东北之星也。东北地事，天位也，①故《易》曰“东北丧朋”。及《巽》在东南，为风；风，阳中之阴，大臣之象也，其星，轸也。月去中道，移而东北入箕，若东南入轸，则多风。西方为雨；雨，少阴之位也。月去中道，移而西入毕，则多雨。故《诗》云“月离于毕，俾滂沱矣”，言多雨也。《星传》曰“月入毕则将相有以家犯罪者”，言阴盛也。《书》曰“星有好风，星有好雨，月之从星，则以风雨”，言失中道而东西也。故《星传》曰“月南入牵牛南戒，民间疾疫；月北入太微，出坐北，若犯坐，则下人谋上。”

①孟康曰：“东北阳，日、月、五星起于牵牛，故为天位。坤在西南，纽于阳，为地统，故为地事也。”

一曰月为风雨，日为寒温。冬至日南极，晷长，南不极则温为害；夏至日北极，晷短，北不极则寒为害。故《书》曰“日月之行，则有冬有夏”也。政治变于下，日月运于上矣。(日)〔月〕出房北，[11]为雨为阴，为乱为兵；出房南，为旱为夭丧。水旱至冲而应，及五星之变，必然之效也。

两军相当，日晕等，力均；厚长大，有胜；薄短小，亡胜。重抱大破亡。抱为和，背为不和，为分离相去。直为自立，立兵破军，若曰杀将。抱且戴，有喜。围在中，中胜；在外，外胜。青外赤中，以和相去；赤外青中，以恶相去。气晕先至而后去，居军胜。先至先去，前有利，后有病；后至后去，前病后利；后至先去，前后皆病，居军不胜。见而去，其后发疾，虽胜亡功。见半日以上，功(太)〔大〕。[12]白虹屈短，上下锐，①有者下大流血。日晕制胜，近期三十日，远期六十日。

①李奇曰：“屈或为尾。”韦昭曰：“短而直者也。或曰短屈之虹。”

其食，食所不利；复生，生所利；不然，食尽为主位。以其直及日所躔加日时，用名其国。

凡望云气，仰而望之，三四百里；平望，在桑榆上，千馀里，二千里；登高而望之，下属地者居三千里。云气有(战)〔兽〕居上者，胜。[13]

自华以南，气下黑上赤。嵩高、三河之郊，气正赤。常山以北，气下黑上青。勃、碣、海、岱之间，气皆黑。江、淮之间，气皆白。

徒气白。土功气黄。车气乍高乍下，往往而聚。骑气卑而布。卒气抟。①前卑而后高者，疾；前方而后高者，锐；后锐而卑者，却。其气平者其行徐。前高后卑者，不止而反。气相遇者，卑胜高，锐胜方。气来卑而循车道者，不过三四日，去之五六里见。气来高七八尺者，不过五六日，去之十馀二十里见。气来高丈馀二丈者，不过三四十日，去之五六十里见。

①如淳曰："抟，专也。抟音徒端反。"

捎云精白者，其将悍，①其士怯。其大根而前绝远者，战。精白，其芒低者，战胜；其前赤而印者，战不胜。陈云如立垣。杼云类杼。柚云抟而耑锐。杓云如绳者，居前竟天，其半半天。蜺云者，类斗旗故。(锐)钩云句曲。〔14〕诸此云见，以五色占。而泽抟密，其见动人，乃有占；兵必起，(占)〔合〕斗其直。〔15〕

①晋灼曰："捎音霄。"韦昭曰："音髾。"

王朔所候，决于日旁。日旁云气，人主象。皆如其形以占。

故北夷之气如群畜穹闾，南夷之气类舟船幡旗。大水处，败军场，破国之虚，下有积泉，金宝上，皆有气，不可不察。海旁蜃气象楼台，广野气成宫阙然。云气各象其山川人民所聚积。故候息秏者，入国邑，视封畺田畴之整治，①城郭室屋门户之润泽，次至车服畜产精华。实息者吉，虚秏者凶。"

①如淳曰："蔡邕云麻田曰畴。"

若烟非烟，若云非云，郁郁纷纷，萧索轮囷，是谓庆云。庆云见，喜气也。若雾非雾，衣冠不濡，见则其城被甲而趋。

夫雷电、赮虹、辟历、夜明者，阳气之动者也，春夏则发，秋冬则藏，故候书者亡不司。

天开县物，①地动坼绝。山崩及陁，川塞谿垘；②水澹地长，泽竭见象。城郭门闾，润息槁枯；宫庙廊第，人民所次。谣俗车服，观民饮食。五谷草木，观其所属。仓府厩库，四通之路。六畜禽兽，所产去就；鱼鳖鸟鼠，观其所处。鬼哭若謼，与人逢遌。讹言，诚然。

①孟康曰："谓天裂而见物象也。天开示县象。"

②孟康曰："垘音罗菔，谓谿垘崩也。"苏林曰："垘音伏。伏流也。"如淳曰："垘，填塞不通也。"

凡候岁美恶，谨候岁始。岁始或冬至日，产气始萌。腊明日，人众卒岁，壹会饮食，发阳气，故曰初岁。正月旦，王者岁首；立春，四时之始也。四始者，候之日。

而汉魏鲜集腊明正月旦决八风。①风从南，大旱；西南，小旱；西方，有兵；西北，戎叔为，②小雨，趣兵；北方，为中岁；东北，为上岁；③东方，大水；东南，民有疾疫，岁恶。故八风各与其冲对，课多者为胜。多胜少，久胜亟，疾胜徐。旦至食，为麦；食至日昳，为(疾)〔稷〕；[16]昳至晡，为黍；晡至下晡，为叔；下晡至日入，为麻。欲终日有云，有风，有日，当其时，深而多实；亡云，有风日，当其时，浅而少实；有云风，亡日，当其时，深而少实；有日，亡云，不风，当其时者稼有败。如食顷，小败；孰五斗米顷，大败。风复起，有云，其稼复起。各以其时用云色占种所宜。雨雪，寒，岁恶。

①孟康曰："魏鲜，人姓名，作占候者也。"

②孟康曰："戎叔，胡豆也。为，成也。"

③韦昭曰："上岁，大穰。"

是日光明，听都邑人民之声。声宫，则岁美，吉；商，有兵；徵，旱；羽，水；角，岁恶。

或从正月旦比数雨。率日食一升，至七升而极；①过之，不占。数至十二日，直其月，占水旱。②为其环域千里内占，即为天下候，竟正月。③月所离列宿，日、风、云，占其国。然必察太岁所在。金，穰；水，毁；木，饥；火，旱。此其大经也。

①孟康曰："正月一日雨而民有一升之食，二日雨民有二升之食，如此至七日已来验也。"

②孟康曰："一日雨，正月水也。"

③孟康曰："月三十日周天历二十八宿，然后可占天下。"

正月上甲，风从东方来，宜蚕；从西方来，若旦有黄云，恶。

冬至短极，县土炭，①炭动，麋鹿解角，兰根出，泉水踊，略以知日至，要决晷景。

①孟康曰："先冬至三日，县土炭于衡两端，轻重适均，冬至而阳气至则炭重，夏至阴气至则土重。"晋灼曰："蔡邕《历律记》'候钟律权土炭，冬至阳气应黄锺通，土炭轻而衡仰，夏至阴气应蕤宾通，土炭重而衡低。进退先后，五日之中'。"

夫天运三十岁一小变，百年中变，五百年大变，三大变一纪，三纪而大备，此其大数也。

春秋二百四十二年间，日食三十六，彗星三见，夜常星不见，夜中星陨如雨者各一。当是时，祸乱辄应，周室微弱，上下交怨，杀君三十六，亡国五十二，诸侯奔走不得保其社稷者不可胜数。自是之后，众暴寡，大并小。秦、楚、吴、粤，夷狄也，为强伯。田氏篡齐，三家分晋，并为战国，争于攻取，兵革递起，城邑数屠，因以饥馑疾疫愁苦，臣主共忧患，其察禨祥候星气尤急。①近世十二诸侯七国相王，言从横者继踵，而占天文者因时务论书传，故其占验鳞杂米盐，亡可录者。

①如淳曰："《吕氏春秋》'荆人鬼、越人禨'，今之巫祝祷祠淫祀之比也。"晋灼曰："禨音珠玑之玑。"

周卒为秦所灭。始皇之时，十五年间彗星四见，久者八十日，长或竟天。后秦遂以兵内兼六国，外攘四夷，死人如乱麻。又荧惑守心，及天市芒角，色赤如鸡血。始皇既死，適庶相杀，二世即位，残骨肉，戮将相，太白再经天。因以张楚并兴，兵相跆籍，①秦遂以亡。

①苏林曰："跆音台，登蹑也，或作蹈。"

项羽救钜鹿，枉矢西流。枉矢所触，天下之所伐射，灭亡象也。物莫直于矢，今蛇行不能直而枉者，执矢者亦不正。以象项羽执政乱也。羽遂合从，坑秦人，屠咸阳。凡枉矢之流，以乱伐乱也。

汉元年十月，五星聚于东井，以历推之，从岁星也。①此高皇帝受命之符也。故客谓张耳曰："东(并)〔井〕秦地，[17]汉王入秦，五星从岁星聚，当以义取天下。"秦王子婴降于枳道，汉王以属吏，宝器妇女亡所取，闭宫封门，还军次于霸上，以候诸侯。与秦民约法三章，民亡不归心者，可谓能行义矣，天之所予也。五年遂定天下，即帝位。此明岁星之崇义，东井为秦之地明效也。

①李奇曰："岁星得其正度，其四星随比常正行，故曰从也。"孟康曰："岁星先至，先至为主也。"

三年秋，太白出西方，有光几中，①乍北乍南，过期乃入。辰星出四孟。②是时，项羽为楚王，而汉已定三秦，与相距荥阳。太白出西方，有光几中，是秦地战将胜，而汉国将兴也。辰星出四孟，易主之表也。后二年，汉灭楚。

①晋灼曰："几中，近逾身。"

②韦昭曰："法当出四仲，出四孟，为易主之象也。"

七年，月晕，围参、毕七重。占曰："毕、昴间，天街也；街北，胡也；街南，中国也。昴为匈奴，参为赵，毕为边兵。"是岁高皇帝自将兵击匈奴，至平城，为冒顿单于所围，七日乃解。

十二年春，荧惑守心。①四月，宫车晏驾。②

①李奇曰："心为天王也。"

②应劭曰："天子当晨起早作，而方崩殒，故称晏驾云。"韦昭曰："凡初崩为晏驾者，臣子之心，犹(为)〔谓〕宫车当驾而出耳。"[18]

孝惠二年，天开东北，广十馀丈，长二十馀丈。地动，阴有馀；天裂，阳不足：皆下盛强将害上之变也。其后有吕氏之乱。

孝文后二年正月壬寅，天欃夕出西南。①占曰："为兵丧乱。"其六年十一月，匈奴入上郡、云中，汉起三军以卫京师。其四月乙巳，水、木、火三合于东井。占曰:“外内有兵与丧,改立王公。东井,秦也。”八月,天狗下梁野,是岁诛反者周殷长安市。其七年六月,文帝崩。其十一月戊戌,土、水合于危。占曰:“为雍沮,所当之国不可举事用兵,必受其殃。一曰将覆军。危,齐也。”其七月,火东行,行毕阳,环毕东北,出而西,逆行至昴,即南乃东行。占曰:“为丧死寇乱。毕、昴,赵也。”

①孟康曰:“岁星之精。”

孝景元年正月癸酉,金、水合于婺女。占曰:“为变谋,为兵忧。婺女,粤也,又为齐。”其七月乙丑,金、木、水三合于张。占曰:“外内有兵与丧,改立王公。张,周地,今之河南也,又为楚。”其二年七月丙子,火与水晨出东方,因守斗。占曰:“其国绝祀。”至其十二月,水、火合于斗。占曰:“为淬,不可举事用兵,必受其殃。”一曰:“为北军,用兵举事大败。斗,吴也,又为粤。”是岁彗星出西南。其三月,立六皇子为王,〔王〕淮阳、[19]汝南、河间、临江、长沙、广川。其三年,吴、楚、胶西、胶东、淄川、济南、赵七国反。吴、楚兵先至攻梁,胶西、胶东、淄川三国攻围齐。汉遣大将军周亚夫等戍止河南,以候吴楚之敝,遂败之。吴王亡走粤,粤攻而杀之。平阳侯败三国之师于齐,咸伏其辜,齐王自杀。汉兵以水攻赵城,城坏,王自杀。六月,立皇子二人、楚元王子一人为王,王胶西、中山、楚。徙济北为淄川王,淮阳为鲁王,汝南为江都王。七月,兵罢。天狗下,占为:“破军杀将。狗又守御类也,天狗所降,以戒守御。”吴、楚攻梁,梁坚城守,遂伏尸流血其下。

三年,填星在娄,几入,还居奎。奎,鲁也。占曰:“其国得地为得填。”是岁鲁为国。

四年七月癸未,火入东井,行阴,又以九月己未入舆鬼,戊寅出。占曰:“为诛罚,又为火灾。”后二年,有栗氏事。其后未央东阙灾。

中元年,填星当在觜觿、参,去居东井。占曰:“亡地,不乃有女忧。”其(三)〔二〕年正月丁亥,[20]金、木合于觜觿,为白衣之会。三月丁酉,彗星夜见西北,色白,长丈,在觜觿,且去益小,十五日不见。占曰:“必有破国乱君,伏死其辜。觜觿,梁也。”其五月甲午,金、木俱在东井。(戊)

〔戊戌〕，金去木留，[21]守之二十日。占曰："伤成于戉。木为诸侯，诛将行于诸侯也。"其六月壬戌，蓬星见西南，在房南，去房可二丈，大如二斗器，色白；癸亥，在心东北，可长丈所；甲子，在尾北，可六丈；丁卯，在箕北，近汉，稍小，且去时，大如桃。壬申去，凡十日。占曰："蓬星出，必有乱臣。房、心间，天子宫也。"是时梁王欲为汉嗣，使人杀汉争臣袁盎。汉桉诛梁大臣，斧钺用。梁王恐惧，布车入关，伏斧戉谢罪，然后得免。

中三年十一月庚午夕，金、火合于虚，相去一寸。占曰："为铄，为丧。虚，齐也。"

四年四月丙申，金、木合于东井。占曰："为白衣之会。(非)〔井〕，秦也。"[22]其五年四月乙巳，水、火合于参。占曰："国不吉。参，梁也。"其六年四月，梁孝王死。五月，城阳王、济阴王死。六月，成阳公主死。出入三月，天子四衣白，临邸第。

后元年五月壬午，火、金合于舆鬼之东北，不至柳，出舆鬼北可五寸。占曰："为铄，有丧。舆鬼，秦也。"丙戌，地大动，铃铃然，民大疫死，棺贵，至秋止。

孝武建元三年三月，有星孛于注、张，历太微，干紫宫，至于天汉。《春秋》"星孛于北斗，齐、(鲁)〔宋〕、晋之君皆将死乱"。[23]今星孛历五宿，其后济东、胶西、江都王皆坐法削黜自杀，淮阳、衡山谋反而诛。

三年四月，有星孛于天纪，至织女。占曰："织女有女变，天纪为地震。"至四年十月而地动，其后陈皇后废。

六年，荧惑守舆鬼。占曰："为火变，有丧。"是岁高园有火灾，窦太后崩。

元光元年六月，客星见于房。占曰："为兵起。"其二年十一月，单于将十万骑入武州，汉遣兵三十馀万以待之。

元光中，天星尽摇，上以问候星者。对曰："星摇者，民劳也。"后伐四夷，百姓劳于兵革。

元鼎五年，太白入于天苑。占曰："将以马起兵也。"一曰："马将以军而死耗。"其后以天马故诛大宛，马大死于军。

元鼎中，荧惑守南斗。占曰："荧惑所守，为乱贼丧兵；守之久，其国绝祀。南斗，越分也。"其后越相吕嘉杀其王及太后，汉兵诛之，灭其国。

元封中，星孛于河戍。占曰："南戍为越门，北戍为胡门。"其后汉兵击拔朝鲜，以为乐浪、玄菟郡。朝鲜在海中，越之象也；居北方，胡之域也。

太初中，星孛于招摇。《〔星〕传》曰："[24]客星守招摇，蛮夷有乱，民死君。"其后汉兵击大宛，斩其王。招摇，远夷之分也。

孝昭始元中，汉宦者梁成恢及燕王候星者吴莫如见蓬星出西方天市东门，行过河鼓，入营室中。恢曰："蓬星出六十日，不出三年，下有乱臣戮死于市。"后太白出西方，下行一舍，复上行二舍而下去。太白主兵，上复下，将有戮死者。后太白出东方，入咸池，东下入东井。人臣不忠，有谋上者。后太白入太微西藩第一星，北出东藩第一星，北东下去。太微者，天廷也，太白行其中，宫门当闭，大将被甲兵，邪臣伏诛。荧惑在娄，逆行至奎，法曰"当有兵"。后太白入昴。莫如曰："蓬星出西方，当有大臣戮死者。太白星入东井、太微廷，出东门，汉有死将。"后荧惑出东方，守太白。兵当起，主人不胜。后流星下燕万载宫极，东去，①法曰"国恐，有诛"。其后左将军桀、票骑将军安与长公主、燕剌王谋乱，咸伏其辜。兵诛乌桓。

①李奇曰："极，屋梁也，三辅间名为极。或曰，极，栋也，三辅间名栋为极。寻栋东去也。(廷)〔延〕笃谓之堂前阑楯也。"[25]

元凤四年九月，客星在紫宫中斗枢极间。占曰："为兵。"其五年六月，发三辅郡国少年诣北军。五年四月，烛星见奎、娄间。占曰"有土功，胡人死，边城和。"其六年正月，筑辽东、玄菟城。二月，度辽将军范明友击乌桓还。

元平元年正月庚子，日出时有黑云，状如(猋)〔猋〕风乱鬊，①[26]转出西北，东南行，转而西，有顷亡。占曰："有云如众风，是谓风师，法有大兵。"其后兵起乌孙，五将征匈奴。

①〔师古曰〕："音舜。"[27]

二月甲申，晨有大星如月，有众星随而西行。乙酉，牂云如狗，赤色，长尾三枚，夹汉西行。大星如月，大臣之象，众星随之，众皆随从也。天文以东行为顺，西行为逆，此大臣欲行权以安社稷。占曰："太白散为天狗，为卒起。卒起见，祸无时，臣运柄。牂云为乱君。"到其四月，昌邑王贺行淫辟，立二十七日，大将军霍光白皇太后废贺。

三月丙戌，流星出翼、轸东北，干太微，入紫宫。始出小，且入大，有光。入有顷，声如雷，三鸣止。占曰："流星入紫宫，天下大凶。"其四月癸未，宫车晏驾。

孝宣本始元年四月壬戌甲夜，辰星与参出西方。其二年七月辛亥夕，辰星与翼出，皆为蚤。占曰："大臣诛。"其后荧惑守房之钩钤。钩钤，天子之御也。① 占曰："不太仆，则奉车，不黜即死也。房、心，天子宫也。房为将相，心为子属也。其地宋，今楚彭城也。"四年七月甲辰，辰星在翼，月犯之。占曰："兵起，上卿死将相也。"是日，荧惑入舆鬼天质。占曰："大臣有诛者，名曰天贼在大人之侧。"

①晋灼曰："上言房为天驷，其阴右骖，旁有二星曰钤，故曰天子御也。"

地节元年正月戊午乙夜，月食荧惑，① 荧惑在角、亢。占曰："忧在宫中，非贼而盗也。有内乱，谗臣在旁。"其辛酉，荧惑入氐中。氐，天子之宫，荧惑入之，有贼臣。其六月戊戌甲夜，客星又居左右角间，东南指，长可二尺，色白。占曰："有奸人在宫廷间。"其丙寅，又有客星见贯索东北，南行，至七月癸酉夜入天市，芒炎东南指，其色白。占曰："有戮卿。"一曰："有戮王。期皆一年，远二年。"是时，楚王延寿谋逆自杀。四年，故大将军霍光夫人显、将军霍禹、范明友、奉车霍山及诸昆弟宾婚为侍中、诸曹、九卿、郡守皆谋反，咸伏其辜。

①孟康曰："凡星入月，见月中，为星食月；月奄星，星灭，为月食星。"

黄龙元年三月，客星居王梁东北可九尺，长丈馀，西指，出阁道间，至紫宫。其十二月，宫车宴驾。

元帝初元元年四月，客星大如瓜，色青白，在南斗第二星东可四尺。

占曰:"为水饥。"其五月,勃海水大溢。六月,关东大饥,民多饿死,琅邪郡人相食。

二年五月,客星见昴分,居卷舌东可五尺,青白色,炎长三寸。占曰:"天下有妄言者。"其十二月,钜鹿都尉谢君男诈为神人,论死,父免官。①

①孟康曰:"姓谢,名君。男者儿也,不记其名,直言男耳。"

五年四月,彗星出西北,赤黄色,长八尺所,后数日长丈馀,东北指,在参分。后二岁馀,西羌反。

孝成建始元年九月戊子,有流星出文昌,色白,光烛地,长可四丈,大一围,动摇如龙蛇形。有顷,长可五六丈,大四围所,诎折委曲,贯紫宫西,在斗西北子亥间。后诎如环,北方不合,留一(合)〔刻〕所。[28]占曰:"文昌为上将贵相。"是时帝舅王凤为大将军,其后宣帝舅子王商为丞相,皆贵重任政。凤妒商,谮而罢之。商自杀,亲属皆废黜。

四年七月,荧惑隃岁星,居其东北半寸所如连李。时岁星在关星西四尺所,荧惑初从毕口大星东东北往,数日至,往疾去迟。占曰:"荧惑与岁星斗,有病君饥岁。"至河平元年三月,旱,伤麦,民食榆皮。二年十二月壬申,太皇太后避时昆明东观。①

①如淳曰:"《食货志》武帝修昆明池,列观环之。或曰,即病谢君男,故避其时。"

十一月乙卯,月食填星,星不见,时在舆鬼西北八九尺所。占曰:"月食填星,流民千里。"河平元年三月,流民入函谷关。

河平二年十月下旬,填星在东井轩辕南耑大星尺馀,岁星在其西北尺所,荧惑在其西北二尺所,皆从西方来。填星贯舆鬼,先到岁星次,荧惑亦贯舆鬼。十一月上旬,岁星、荧惑西去填星,皆西北逆行。占曰:"三星若合,是谓惊位,是谓绝行,外内有兵与丧,改立王公。"其十一月丁巳,夜郎王歆大逆不道,牂柯太守立捕杀歆。三年九月甲戌,东郡庄平男子侯毋辟兄弟五人群党为盗,攻燔官寺,缚县长吏,盗取印绶,自称将军。三月辛卯,左将军千秋卒,右将军史丹为左将军。四年四月戊申，梁王贺薨。

阳朔元年七月壬子，月犯心星。占曰："其国有忧，若有大丧。房、心为宋，今楚地。"十一月辛未，楚王友薨。

四年闰月庚午，飞星大如缶，出西南，入斗下。占曰："汉使匈奴。"明年，鸿嘉元年正月，匈奴单于雕陶莫皋死。五月甲午，遣中郎将杨兴使吊。

永始二年二月癸未夜，东方有赤色，大三四围，长二三丈，索索如树，南方有大四五围，下行十馀丈，皆不至地灭。占曰："东方客之变气，状如树木，以此知四方欲动者。"明年十二月己卯，尉氏男子樊並等谋反，贼杀陈留太守严普及吏民，出囚徒，取库兵，劫略令丞，自称将军，皆诛死。庚子，山阳铁官亡徒苏令等杀伤吏民，篡出囚徒，取库兵，聚党数百人为大贼，逾年经历郡国四十馀。一日有两气同时起，并见，而並、令等同月俱发也。

元延元年四月丁酉日餔时，天曜晏，殷殷如雷声，有流星头大如缶，长十馀丈，皎然赤白色，从日下东南去。四面或大如盂，或如鸡子，耀耀如雨下，至昏止。郡国皆言星陨。《春秋》星陨如雨为王者失势诸侯起伯之异也。其后王莽遂颛国柄。王氏之兴萌於成帝〔时〕，[29]是以有星陨之变。后莽遂篡国。

绥和元年正月辛未，有流星从东南入北斗，长数十丈，二刻所息。占曰："大臣有系者。"其年十一月庚子，定陵侯淳于长坐执左道下狱死。

二年春，荧惑守心。二月乙丑，丞相翟方进欲塞灾异，自杀。（二）〔三〕月丙戌，[30]宫车晏驾。

哀帝建平元年正月丁未日出时，有著天白气，广如一匹布，长十馀丈，西南行，讙如雷，西南行一刻而止，名曰天狗。传曰："言之不从，则有犬祸诗妖。"到其四年正月、二月、三月，民相惊动，讙哗奔走，传行诏筹祠西王母，又曰"从目人当来"。十二月，白气出西南，从地上至天，出参下，贯天厕，广如一匹布，长十馀丈，十馀日去。占曰："天子有阴病。"其三年十一月壬子，太皇太后诏曰："皇帝宽仁孝顺，奉承圣绪，靡有解怠，而久病未瘳。夙夜惟思，殆继体之君不宜改作。《春秋》大复古，其复甘泉泰畤、汾阴后土如故。”

二年二月，彗星出牵牛七十馀日。传曰：“彗所以除旧布新也。牵牛，日、月、五星所从起，历数之元，三正之始。彗而出之，改更之象也。其出久者，为其事大也。”其六月甲子，夏贺良等建言当改元易号，增漏刻。诏书改建平二年为太初(元将)元年，〔31〕号曰陈圣刘太平皇帝，刻漏以百二十为度。八月丁巳，悉复蠲除之，贺良及党与皆伏诛流放。其后卒有王莽篡国之祸。

元寿元年十一月，岁星入太微，逆行干右执法。占曰：“大臣有忧，执法者诛，若有罪。”二年十月戊寅，高安侯董贤免大司马位，归第自杀。

【校勘记】

〔1〕 (皆)〔晕〕，日旁气也。　殿本考证说，“晕”监本讹“皆”，从宋本改。按景祐、汲古、局本都作“皆”，文义为长，但《史记》《天官书》“日月晕適”句裴骃《集解》引作“晕”，则不得作“皆”。

〔2〕 凡气(食)〔在〕日上为冠为戴，　景祐、殿本都作“在”。朱一新说作“在”是。

〔3〕 馀三星后(官)〔宫〕之属也。　景祐、殿本都作“宫”。朱一新说作“宫”是。

〔4〕 火犯守角，则有(戟)〔战〕。　景祐、殿本都作“战”。王先谦说作“战”是。

〔5〕 荧惑为乱为(成)〔贼〕，　景祐、殿、局本都作“贼”。朱一新说作“贼”是。

〔6〕 名曰(牡)〔牝〕牡，　景祐、殿本都作“牝”，注同。朱一新说作“牝”是。

〔7〕 其国(必)〔皆〕亡：　景祐、殿本都作“皆”。

〔8〕 (《尔雅》作作噩)　王先谦说“尔雅”五字《汉书》无此例，非班自注，盖校书者误加之。

〔9〕 (共)〔其〕下止地，类狗。　景祐、殿、局本都作“其”。王先谦说作“其”是。

〔10〕 怒当(首)〔言〕穃。　景祐、殿本都作“言”。

〔11〕　(日)〔月〕出房北，　景祐、殿本都作“月”。王先谦说作“月”是。

〔12〕　见半日以上，功(太)〔大〕。　沈钦韩说“大”误为“太”。按景祐、殿、局本都作“大”。

〔13〕　云气有(战)〔兽〕居上者，胜。　王念孙说“战”当依《天官书》作“兽”。按殿本作“兽”。

〔14〕　(锐)钩云句曲。　王先谦说“锐”字衍，《天官书》、《晋》、《隋志》皆无。

〔15〕　兵必起，(占)〔合〕斗其直。　王先谦说《天官书》“占”作“合”是。

〔16〕　食至日跌，为(疾)〔稷〕，　景祐、殿本都作“稷”。朱一新说作“稷”是。

〔17〕　东(并)〔井〕秦地，　景祐、殿、局本都作“井”。王先谦说作“井”是。

〔18〕　臣子之心，犹(为)〔谓〕宫车当驾而出耳。　景祐、殿本都作“谓”。

〔19〕　立六皇子为王，〔王〕淮阳　“王”字原缺，据景祐、殿、局本补。

〔20〕　其(三)〔二〕年正月丁亥，　王念孙说中三年在下文，则此“三年”当作“二年”。

〔21〕　(戊)〔戊戌〕，金去木留，　殿本作〔戊戌〕。朱一新说作“戊戌”是，自甲午至戊戌凡五日。

〔22〕　(非)〔井〕，秦也。　景祐、殿本都作“井”。

〔23〕　齐、(鲁)〔宋〕、晋之君皆将死乱。　王先慎说“鲁”为“宋”字之误。按《左传》文十四年作“宋、齐、晋之君”。

〔24〕　《〔星〕传》曰：　朱一新说汪本有“星”字，此脱。按景祐、殿本都有“星”字。

〔25〕　(廷)〔延〕笃谓之堂前阑楯也。　景祐、殿本都作“延”。朱一新说作“延”是。

〔26〕　状如(猋)〔猋〕风乱鬌，　王先谦说当从三“犬”。“猋”，“飙”之通借字。

〔27〕　〔师古曰〕：音舜。　叶德辉说疑此音上夺“师古曰”三字。

〔28〕　留一(合)〔刻〕所。　景祐、殿本都作“刻”。朱一新说作“刻”是。

〔29〕　王氏之兴萌于成帝〔时〕，　景祐、殿本都有“时”字。

〔30〕　(二)〔三〕月丙戌，　景祐、殿本都作“三”。朱一新说作“三”是。

〔31〕　诏书改建平二年为太初(元将)元年，　景祐、殿本都无“元将”二字，《通鉴》亦无。

汉书卷二十七上

五行志第七上

《易》曰："天垂象，见吉凶，圣人象之；河出图，雒出书，圣人则之。"① 刘歆以为虙羲氏继天而王，② 受《河图》，则而画之，八卦是也；③ 禹治洪水，赐《雒书》，法而陈之，《洪范》是也。④ 圣人行其道而宝其真。降及于殷，箕子在父师位而典之。⑤ 周既克殷，以箕子归，武王亲虚己而问焉。故经曰："惟十有三祀，王访于箕子，⑥ 王乃言曰：'乌呼，箕子！惟天阴骘下民，相协厥居，我不知其彝伦逌叙。'⑦ 箕子乃言曰：'我闻在昔，鲧堙洪水，汨陈其五行，⑧ 帝乃震怒，弗畀《洪范》九畴，彝伦逌斁。⑨ 鲧则殛死，禹乃嗣兴，〔10〕天乃锡禹《洪范》九畴，彝伦逌叙。'"⑪ 此武王问《雒书》于箕子，箕子对禹得《雒书》之意也。

①师古曰："《上系》之辞也。则，效也。"

②师古曰："虙读与伏同。"

③师古曰："放效《河图》而画八卦也。"

④师古曰："取法《雒书》而陈《洪范》也。"

⑤师古曰："父师，即太师，殷之三公也。箕子，纣之诸父而为太师，故曰父师。"

⑥师古曰："祀，年也。商曰祀。自此以下皆《周书》《洪范》之文。"

⑦服虔曰："骘音陟也。"应劭曰："阴，覆也。陟，升也。相，助也。协，和也。伦，理也。攸，所也。言天覆下民，王者当助天居，我不知居天常理所次序也。"师古曰："骘音质。骘，定也。协，和也。天不言而默定下人，助合其居。"

⑧应劭曰："堙，塞也。汨，乱也。水性流行，而鲧障塞之，失其本性，其馀所陈列皆乱，故曰乱陈五行也。"师古曰："汨音骨。"

⑨师古曰："帝谓上帝，即天也。震，动也。畀，与也。畴，类也。九类即九章也。斁，败也，音丁故反。"

⑩师古曰："殛，诛也，见(殛)〔诛〕而死。[1]殛音居力反。"

⑪师古曰："自此以上，《洪范》之文。"

"初一曰五行；①次二曰羞用五事；②次三曰农用八政；③次四曰叶用五纪；④次五曰建用皇极；⑤次六曰艾用三德；⑥次七曰明用稽疑；⑦次八曰念用庶征；⑧次九曰向用五福，畏用六极。"⑨凡此六十五字，皆《雒书》本文，所谓天乃锡禹大法九章常事所次者也。以为《河图》、《雒书》相为经纬，八卦、九章相为表里。昔殷道弛，文王演《周易》；⑩周道敝，孔子述《春秋》。则《乾》《坤》之阴阳，效《洪范》之咎征，天人之道粲然著矣。

①师古曰："谓之行者，言顺天行气。"

②师古曰："羞，进也。"

③张晏曰："农，食之本，食为八政首，故以农为名也。"师古曰："此说非也。农，厚也。羞用义例皆同，非田农之义也。"

④应劭曰："叶，合也，合成五行，为之条纪也。"师古曰："叶读曰叶，和也。"

⑤应劭曰："皇，大；极，中也。"

⑥应劭曰："艾，治也。治大中之道用三德也。"师古曰："艾读曰乂。"

⑦应劭曰："疑事明考之于蓍龟。"

⑧师古曰："念，思也。庶，众也。征，应也。"

⑨应劭曰："天所以向乐人，用五福；所以畏惧人，用六极。"

10师古曰："演，广也，更广其文也。演音弋善反。"

汉兴，承秦灭学之后，景、武之世，董仲舒治《公羊春秋》，始推阴阳，为儒者宗。宣、元之后，刘向治《穀梁春秋》，数其旤福，传以《洪范》，①与仲舒错。②至向子歆治《左氏传》，其《春秋》意亦已乖矣；言《五行传》，又颇不同。是以擥仲舒，别向、歆，③传载眭孟、夏侯胜、京房、谷永、李寻之徒所陈行事，④讫于王莽，举十二世，以傅《春秋》，著于篇。⑤

①师古曰："旤，古文祸字。以《洪范》义传而说之。传字或作傅，读曰附，谓附著。"

②师古曰："错，互不同也。"

③师古曰："擥字与揽同，谓引取之。擥音来敢反。"

④师古曰："眭音息规反。说在《眭孟传》。"

⑤师古曰："傅读曰附，谓比附其事。"

经曰："初一曰五行。五行：一曰水，二曰火，三曰木，四曰金，五曰土。水曰润下，火曰炎上，①木曰曲直，②金曰从革，③土爰稼穑。"④

①师古曰："皆水火自然之性也。"

②师古曰："言可揉而曲，可矫而直。"

③张晏曰："革，更也，可更销铸也。"

④师古曰："爰亦曰也。一说爰，于也，可于其上稼穑也。种之曰稼。收聚曰穑。"

传曰："田猎不宿，①饮食不享，②出入不节，夺民农时，及有奸谋，③则木不曲直。"

①服虔曰："不得其时也。或曰，不豫戒曰不宿，不戒以其时也。"

②师古曰："不行享献之礼也。"

③李奇曰："奸谋，增赋履亩之事也。"臣瓒曰："奸谋，邪谋也。"师古曰："即下所谓作为奸诈以夺农时。李说是。"

说曰：木，东方也。于《易》，地上之木为《观》。①其于王事，威仪容貌亦可观者也。故行步有佩玉之度，②登车有和鸾之节，③田狩有三驱之制，④饮食有享献之礼，⑤出入有名，使民以时，务在劝农桑，谋在安百姓：如此，则木得其性矣。若乃田猎驰骋不反宫室，饮食沈湎不顾法度，⑥妄兴繇役以夺民时，作为奸诈以伤民财，则木失其性矣。盖工匠之为轮矢者多伤败，⑦及木为变怪，⑧是为木不曲直。

①师古曰："《坤》下《巽》上，观。《巽》为木，故云地上之木也。"

②师古曰："玉佩上有双衡，下有双璜，琚瑀以杂之，(衡)〔衝〕牙(玭)〔蚍〕珠以纳其间。[2]右徵角而左宫羽，进则揜之，退则扬之，然后玉锵鸣焉。是为行步之节度也。璜音黄。琚音居。瑀音禹。蚍音步千反。"

③师古曰："和，铃也，以金为之，施于衡上。鸾亦以金为鸾鸟而衔铃焉，施于

镳上。动皆有声，以为舒疾之(疾)〔节〕也。”[3]

④师古曰：“谓田猎三驱也。三驱之礼，一为乾豆，二为宾客，三为充君之庖也。”

⑤师古曰：“以礼饮食谓之享，进爵于前谓之献。”

⑥师古曰：“沈湎，谓溺于酒食。湎音弥善反。”

⑦如淳曰：“揉轮不曲，矫矢不直也。”

⑧臣瓒曰：“梓柱更生及变为人形是也。”

《春秋》成公十六年“正月，雨，木冰”。刘歆以为上阳施不下通，下阴施不上达，故雨，而木为之冰，雰气寒，①木不曲直也。刘向以为冰者阴之盛而水滞者也，木者少阳，贵臣卿大夫之象也。此人将有害，则阴气(协)〔胁〕木，[4]木先寒，故得雨而冰也。是时叔孙乔如出奔，公子偃诛死。②一曰，时晋执季孙行父，又执公，此执辱之异。③或曰，今之长老名木冰为“木介”。介者，甲。甲，兵象也。是岁晋有鄢陵之战，楚王伤目而败。④属常雨也。

①师古曰：“雰音纷。”

②师古曰：“叔孙乔如，叔孙宣伯也，通于宣公夫人穆姜，谋欲作乱，不克而出奔齐。公子偃，宣公庶子，成公弟也，豫乔如之谋，故见诛。事并在十六年冬。”

③师古曰：“行父，季文子也。十六年秋，公会晋侯于沙随，晋受乔如之谮而止公。是年九月，又信乔如之谮而执行父也。”

④师古曰：“晋楚战于鄢陵，吕锜射恭王中目。鄢陵，郑地。”

传曰：“弃法律，逐功臣，杀太子，以妾为妻，则火不炎上。”

说曰：火，南方，扬光煇为明者也。其于王者，南面乡明而治。①《书》云：“知人则悊，能官人。”②故尧舜举群贤而命之朝，③远四佞而放诸壄。④孔子曰：“浸润之谮、肤受之诉不行焉，可谓明矣。”⑤贤佞分别，官人有序，帅由旧章，⑥敬重功勋，殊别適庶，⑦如此则火得其性矣。若乃信道不笃，⑧或耀虚伪，谗夫昌，邪胜正，则火失其性矣。自上而降，及滥炎妄起，⑨灾宗庙，烧宫馆，虽兴师众，弗能救也，是为火不炎上。

①师古曰："乡读曰向。"

②师古曰："《虞书·咎繇谟》之辞。悊，智也。能知其材则能官之，所以为智也。"

③师古曰："谓稷、禼以下。"

④师古曰："四佞，即四凶也。远，离也。壄，古野字。"

⑤师古曰："《论语》载孔子之言也。浸润，言积渐也。肤受，谓初入皮肤以至骨髓也。"

⑥师古曰："帅，循也。由，从也，用也。"

⑦师古曰："適读曰嫡。"

⑧师古曰："笃，厚也。"

⑨师古曰："炎读曰焰。"

《春秋》桓公十四年"八月壬申，御廪灾"。董仲舒以为先是四国共伐鲁，大破之于龙门。[①]百姓伤者未瘳，怨咎未复，而君臣俱惰，内怠政事，外侮四邻，非能保守宗庙终其天年者也，故天灾御廪以戒之。刘向以为御廪，夫人八妾所舂米之臧以奉宗庙者也，[②]时夫人有淫行，[③]挟逆心，[④]天戒若曰，夫人不可以奉宗庙。桓不寤，与夫人俱会齐，[⑤]夫人谮桓公于齐侯，[⑥]齐侯杀桓公。[⑦]刘歆以为御廪，公所亲耕籍田以奉粢盛者也，[⑧]弃法度亡礼之应也。

①韦昭曰："鲁郭门。"

②师古曰："一娶九女，正嫡一人，馀者妾也，故云八妾。"

③师古曰："谓通于齐侯。"

④师古曰："谓欲弑桓公。"

⑤师古曰："十八年春，公会齐侯于泺，公与夫人姜氏遂如齐也。"

⑥师古曰："言世子同非吾子，齐侯之子。"

⑦师古曰："齐侯享公，公醉，使公子彭生乘公，拉其幹而杀之。公薨于车。"

⑧师古曰："黍稷曰粢，在器曰盛也。"

严公二十年"夏，齐大灾"。[①]刘向以为齐桓好色，听女口，以妾为妻，適庶数更，[②]故致(太)〔大〕灾。[5]桓公不寤，及死，適庶分争，九月不得葬。[③]《公羊传》曰，大灾，疫也。董仲舒以为鲁夫人淫于齐，齐桓姊妹不嫁者七人。国君，民之父母；夫妇，生化之本。本伤则末夭，故天灾所予也。④

①师古曰："严公，谓庄公也，避明帝讳，故改曰严。凡《汉书》载谥姓为严者，皆类此。"

②师古曰："更，改也。桓公之夫人三，王姬、徐嬴、蔡姬，皆无子。而桓公好内多宠，内嬖如夫人者六人：长卫姬，生公子无亏，即武孟也；少卫姬，生惠公；郑姬生孝公；葛嬴生昭公；密姬生懿公；宋华子生公子雍。公与管仲属孝公于宋襄公，以为太子。易牙有宠于卫恭姬，因寺人貂以荐羞于公，请立武孟。公许之。管仲卒，五公子皆求立。適读曰嫡，下亦同。数音所角反。"

③师古曰："鲁僖十七年，齐桓公卒，易牙入，因内宠以杀群吏，立无亏。孝公奔宋。十八年，齐立孝公，不胜(曰)〔四〕公子之徒，[6]遂与宋人战，败齐师于甗，立孝公而还。八月，葬桓公，是为过于九月乃得葬也。"

④李奇曰："以为疫杀其民人。"

釐公二十年"五月(己酉)〔乙巳〕，西宫灾"。①[7]《穀梁》以为愍公宫也，以谥言之则若疏，故谓之西宫。刘向以为縠立妾母为夫人以入宗庙，②故天灾愍宫，若曰，去其卑而亲者，将害宗庙之正礼。③董仲舒以为縠娶于楚，而齐媵之，胁公使立以为夫人。④西宫者，小寝，夫人之居也。若曰，妾何为此宫！诛去之意也。以天灾之，故大之曰西宫也。左氏以为西宫者，公宫也。言西，知有东。东宫，太子所居。言宫，举区皆灾也。"

①师古曰："釐读曰僖。后皆类此。"

②师古曰："僖公之母，谓成风也。本非正嫡，僖既为君，而母遂同夫人礼。文四年经书'夫人风氏薨'，五年'王使荣叔归含且赗'，是也。"

③师古曰："愍公于僖公为弟，故云卑。"

④师古曰："僖公初聘楚女为嫡，齐女为媵。时齐先致其女，胁鲁使立为夫人。事见《公羊》、《穀梁传》。"

宣公十六年"夏，成周宣榭火"。①榭者，所以臧乐器，宣其名也。董仲舒、刘向以为十五年王札子杀召伯、毛伯，②天子不能诛。天戒若曰，不能行政令，何以礼乐为而臧之？《左氏经》曰："成周宣榭火，人火也。

人火曰火，天火曰灾。”榭者，讲武之坐屋。

①师古曰：“《公羊经》也。成周，洛阳也。”

②师古曰：“王札子即王子捷也。召伯、毛伯，周二大夫也。召读曰邵。后皆类此。”

成公三年“二月甲子，新宫灾”。《穀梁》以为宣宫，不言谥，恭也。刘向以为时鲁三桓子孙始执国政，宣公欲诛之，恐不能，使大夫公孙归父如晋谋。未反，宣公死。三家谮归父于成公。成公父丧未葬，听谗而逐其父之臣，使奔齐，①故天灾宣宫，明不用父命之象也。一曰，三家亲而亡礼，犹宣公杀子赤而立。②亡礼而亲，天灾宣庙，欲示去三家也。董仲舒以为成居丧亡哀戚心，数兴兵战伐，③故天灾其父庙，示失子道，不能奉宗庙也。一曰，宣杀君而立，不当列于群祖也。

①师古曰：“三桓，谓孟孙、叔孙、季孙三家，俱出桓公之子也。公孙归父，东门襄仲之子也。归父欲去三桓以张公室，与宣公谋，而聘于晋，欲以晋人去之。而宣公薨，成公即位，季文子及臧宣叔乃逐东门氏。归父还，复命于介，遂出奔齐。”

②师古曰：“赤，文公太子，即子恶也。宣公，文公之庶子，襄仲杀赤而立宣公。”

③师古曰：“谓元年作丘甲，二年季孙行父帅师会晋郤克及齐侯战于鞌，三年叔孙侨如帅师围棘。”

襄公九年“春，宋灾”。刘向以为先是宋公听谗，逐其大夫华弱，出奔鲁。①《左氏传》曰，宋灾，乐喜为司城，②先使火所未至彻小屋，③涂大屋，④陈畚萚，⑤具绠缶，⑥备水器，⑦畜水潦，积土涂，⑧缮守备，⑨表火道，⑩储正徒。⑪郊保之民，使奔火所。⑫又饬众官，各慎其职。⑬晋侯闻之，问士弱曰：⑭“宋灾，于是乎知有天道，何故？”对曰：“古之火正，或食于心，或食于咮，以出入火。⑮是故咮为鹑火，心为大火。陶唐氏之火正阏伯，居商丘，祀大火，而火纪时焉。相土因之，故商主大火。商人阅其祸败之衅必始于火，是以知有天道。”公曰：“可必乎？”对曰：“在道。国乱亡象，不可知也。”⑯说曰：古之火正，谓火官也，掌祭火星，行火政。

季春昏，心星出东方，而咮、七星、鸟首正在南方，则用火；季秋，星入，则止火，以顺天时，救民疾。帝喾则有祝融，尧时有阏伯，民赖其德，死则以为火祖，配祭火星，故曰"或食于心，或食于咮也"。相土，商祖契之曾孙，⑰代阏伯后主火星。宋，其后也，世司其占，故先知火灾。贤君见变，能修道以除凶；乱君亡象，天不谴告，故不可必也。

①师古曰："华弱，华耦之孙也，与乐辔少相狎，长相优，又相谤。辔以弓梏弱于朝，宋平公怒，逐之，遂来奔。事在襄六年。"

②师古曰："司城，本司空，避武公之讳，故改其官为司城。"

③师古曰："恐火及之，故彻去。"

④师古曰："大屋难彻，故以泥涂之，令火至不可焚。"

⑤应劭曰："畚，草笼也，读与本同。挶，所以舆土也。"师古曰："挶音居玉反。"

⑥师古曰："绠，汲索也。缶即盎也。绠音工杏反。"

⑦师古曰："罃瓮之属也。许氏《说文解字》曰'罃备火，(金)〔今〕之长颈瓶也'。"〔8〕

⑧师古曰："潦，行潦也。畜读曰蓄。蓄谓障遏聚之也。涂，泥也。"

⑨师古曰："缮谓补修之也。修守御之备，恐因火有它故也。"

⑩师古曰："火之所起之道皆立标记也。"

⑪师古曰："储，偫也。正徒，役徒也。偫音丈纪反。"

⑫师古曰："郊保之民，谓郊野之外保聚者也。使奔火所，共救灾也。"

⑬师古曰："饬读与(赤)〔敕〕同。"〔9〕

⑭师古曰："士弱，晋大夫士庄伯。"

⑮师古曰："咮音竹救反。"

⑯韦昭曰："大乱之君，天(下)〔不〕复告，〔10〕故无象。"

⑰师古曰："契读曰偰，音先列反。字或作卨，其用同耳。据诸典籍，相土即卨之孙，今云曾孙，未详其意。"

三十年"五月甲午，宋灾"。董仲舒以为伯姬如宋五年，宋恭公卒，①伯姬幽居守节三十馀年，又忧伤国家之患祸，积阴生阳，故火生灾也。刘向以为先是宋公听谗而杀太子痤，②应火不炎上之罚也。

①师古曰："伯姬，鲁宣公女恭姬也。成九年归于宋，十五年而宋公卒。今云

如宋五年，则是转写误。”

②师古曰：“痤，宋平公太子也。寺人惠墙伊戾谮太子，云与楚(各)〔客〕盟，[11]平公杀之。事在襄二十六年。痤音在戈反。”

《左氏传》昭公六年“六月丙戌，郑灾”。是春三月，郑人铸刑书。士文伯曰：“火见，郑其火乎？①火未出而作火以铸刑器，臧争辟焉。②火而象之，不火何为？”说曰：火星出于周五月，而郑以三月作火铸鼎，刻刑辟书，以为民约，是为刑器争辟。故火星出，与五行之火争明为灾，其象然也，又弃法律之占也。不书于经，时不告鲁也。

①师古曰：“士文伯，晋大夫伯瑕也。”

②师古曰：“著刑于鼎，故称刑器。法设下争，故云争辟。”

九年“夏四月，陈火”。①董仲舒以为陈夏徵舒杀君，楚严王托欲为陈讨贼，陈国辟门而待之，至因灭陈。②陈臣子尤毒恨甚，极阴生阳，故致火灾。刘向以为先是陈侯弟招杀陈太子偃师，③皆外事，不因其宫馆者，略之也。八年十月壬午，楚师灭陈，④《春秋》不与蛮夷灭中国，故复书陈火也。⑤《左氏经》曰“陈灾”。传曰“郑禆竈曰：‘五年，陈将复封，⑥封五十二年而遂亡。’子产问其故，对曰：‘陈，水属也。火，水妃也，而楚所相也。今火出而火陈，逐楚而建陈也。妃以五(陈)〔成〕，[12]故曰五年。岁五及鹑火，而后陈卒亡，楚克有之，天之道也。’”说曰：颛顼以水王，陈其族也。⑦今兹岁在星纪，后五年在大梁。大梁，昴也。金为水宗，得其宗而昌，故曰“五年陈将复封”。楚之先为火正，故曰“楚所相也”。天以一生水，地以二生火，天以三生木，地以四生金，天以五生土。五位皆以五而合，而阴阳易位，故曰“妃以五成”。然则水之大数六，火七，木八，金九，土十。故水以天一为火二牡，木以天三为土十牡，土以天五为水六牡，火以天七为金四牡，金以天九为木八牡。阳奇为牡，阴耦为妃。⑧故曰“水，火之牡也；火，水妃也”。于《易》，《坎》为水，为中男，《离》为火，为中女，盖取诸此也。自大梁四岁而及鹑火，四周四十八岁，凡五及鹑火，五十二年而陈卒亡。火盛水衰，故曰“天之道也”。哀公十七年七月己卯，楚灭陈。

①师古曰："《公羊(传)〔经〕》。"〔13〕

②师古曰："夏徵舒，陈卿夏南，即少西氏也。徵舒之母通于灵公，灵公饮酒于夏氏，徵舒射而杀之。楚子为夏氏乱故伐陈，谓陈人无动，将讨于少西氏，遂入陈，杀夏徵舒，轘诸栗门，因县陈。事在宣公十一年。"

③师古曰："招谓陈哀公之弟。偃师即哀公子也。哀公有废疾，招杀太子而立公子留。事在昭八年。招音韶。"

④师古曰："庄王初虽县陈，纳申叔时之谏，乃复封陈，至此时陈又为楚灵王所灭。"

⑤师古曰："九年火时，陈已为楚县，犹追书陈国者，以楚蛮夷，不许其灭中夏之国。"

⑥师古曰："裨竈，郑大夫。"

⑦师古曰："陈，舜后也。舜本出颛顼。"

⑧师古曰："奇音居宜反。"

昭十八年"五月壬午，宋、卫、陈、郑灾'。董仲舒以为象王室将乱，天下莫救，故灾四国，言亡四方也。又宋、卫、陈、郑之君皆荒淫于乐，不恤国政，与周室同行。阳失节则火灾出，是以同日灾也。刘向以为宋、陈，王者之后，①卫、郑，周同姓也。②时周景王老，刘子、单子事王子猛，③尹氏、召伯、毛伯事王子鼂。④子鼂，楚之出也。⑤及宋、卫、陈、郑亦皆外附于楚，亡尊周室之心。后三年，景王崩，王室乱，故天灾四国。天戒若曰，不救周，反从楚，废世子，立不正，以害王室，明同罪也。

①师古曰："宋微子启本出殷，陈胡公满有虞苗裔，皆王者之后。"

②师古曰："卫康叔，文王之子。郑桓公，宣王之弟。"

③师古曰："刘子，刘献公挚也。单子，穆公旗也。皆周大夫也。猛，景王太子。单音善。"

④师古曰："尹氏，文公圉也。召伯，庄公奂也。毛伯，毛得也。皆周大夫也。子鼂，景王庶子也。鼂，古朝字。"

⑤师古曰："姊妹之子曰出。"

定公二年"五月，雉门及两观灾。"①董仲舒、刘向以为此皆奢僭过度者也。先是，季氏逐昭公，昭公死于外。②定公即位，既不能诛季氏，又用其邪说，淫于女乐，而退孔子。③天戒若曰，去高显而奢僭者。一曰，门阙，号令所由出也，今舍大圣而纵有罪，亡以出号令矣。京房《易传》曰："君不思道，厥妖火烧宫。"

①师古曰："雉门，公宫南门也。两观谓阙。"

②师古曰："谓薨于乾侯。"

③师古曰："齐人归女乐，季桓子劝定公受之，君臣相与观之，废朝礼三日，孔子乃行。"

哀公三年"五月辛卯，桓、釐宫灾"。董仲舒、刘向以为此二宫不当立，违礼者也。哀公又以季氏之故不用孔子。孔子在陈闻鲁灾，曰："其桓、釐之宫乎！"以为桓，季氏之所出，釐，使季氏世卿者也。

四年"六月辛丑，亳社灾"。①董仲舒、刘向以为亡国之社，所以为戒也。②天戒若曰，国将危亡，不用戒矣。《春秋》火灾，屡于定、哀之间，不用圣人而纵骄臣，将以亡国，不明甚也。一曰，天生孔子，非为定、哀也，盖失礼不明，火灾应之，自然象也。

①师古曰："亳社，殷社也。"

②师古曰："存其社者，欲使君常思敬慎，惧危亡也。"

高后元年五月丙申，赵丛台灾。刘向以为是时吕氏女为赵王后，嫉妒，将为谗口以害赵王。王不寤焉，卒见幽杀。

惠帝四年十月乙亥，未央宫凌室灾；①丙子，织室灾。②刘向以为元年吕太后杀赵王如意，残戮其母戚夫人。是岁十月壬寅，太后立帝姊鲁元公主女为皇后。其乙亥，凌室灾。明日，织室灾。凌室所以供养饮食，织室所以奉宗庙衣服，与《春秋》御廪同义。天戒若曰，皇后亡奉宗庙之德，将绝祭祀。其后，皇后亡子，后宫美人有男，太后使皇后名之，而杀其母。惠帝崩，嗣子立，有怨言，太后废之，更立吕氏子弘为少帝。赖大臣共诛诸吕而立文帝，惠后幽废。

①师古曰："藏冰之室也。"

②师古曰："织作之室。"

文帝七年六月癸酉，未央宫东阙罘思灾。①刘向以为东阙所以朝诸侯之门也，罘思在其外，诸侯之象也。汉兴，大封诸侯王，连城数十。文帝即位，贾谊等以为违古制度，必将叛逆。先是，济北、淮南王皆谋反，其后吴楚七国举兵而诛。

①师古曰："罘思，阙之屏也。解具在《文纪》。"

景帝中五年八月己酉，未央宫东阙灾。先是，栗太子废为临江王，①以罪征诣中尉，自杀。丞相条侯周亚夫以不合旨称疾免，后二年下狱死。

①师古曰："景帝太子，栗姬所生，谓之栗太子。"

武帝建元六年六月丁酉，辽东高庙灾。四月壬子，高园便殿火。董仲舒对曰："《春秋》之道举往以明来，是故天下有物，视《春秋》所举与同比者，①精微眇以存其意，通伦类以贯其理，天地之变，国家之事，粲然皆见，亡所疑矣。按《春秋》鲁定公、哀公时，季氏之恶已孰，②而孔子之圣方盛。夫以盛圣而易孰恶，季孙虽重，鲁君虽轻，其势可成也。故定公二年五月两观灾。两观，僭礼之物，③天灾之者，若曰，僭礼之臣可以去。已见罪征，而后告可去，此天意也。定公不知省。④至哀公三年五月，桓宫、釐宫灾。二者同事，所为一也，若曰燔贵而去不义云尔。⑤哀公未能见，故四年六月亳社灾。两观、桓、釐庙、亳社，四者皆不当立，天皆燔其不当立者以示鲁，欲其去乱臣而用圣人也。季氏亡道久矣，前是天不见灾者，鲁未有贤圣臣，虽欲去季孙，其力不能，昭公是也。⑥至定、哀乃见之，其时可也。不时不见，天之道也。今高庙不当居辽东，高园殿不当居陵旁，于礼亦不当立，与鲁所灾同。其不当立久矣，至于陛下时天乃灾之者，殆亦其时可也。昔秦受亡周之敝，而亡以化之；汉受亡秦之敝，又亡以化之。夫继二敝之后，承其下流，兼受其猥，难治甚矣。⑦又多兄弟亲戚骨肉之连，骄扬奢侈⑧恣睢者众，⑨所谓重难之时者也。陛下正当大敝之后，又遭重难之时，甚可忧也。故天灾若语陛下，'当今之世，虽敝而重难，非以太平至公，不能治也。视亲戚贵属在诸侯远正最甚者，忍而诛之，⑩如吾燔辽〔东〕高庙乃可；[14]视近臣在国中处旁仄及贵而不正者，忍而诛之，[11]如吾燔高园殿乃可'云尔。在外而不正者，虽贵如高庙，犹灾燔之，况诸侯乎！在内不正者，虽贵如高园殿，犹燔灾之，况大臣乎！此天意也。罪在外者天灾外，罪在内者天灾内，燔甚罪当重，燔简罪当轻，承天意之道也。"

①师古曰："比，类也，音必寐反。"

②师古曰："孰，成也。"

③师古曰："两观，天子之制也。"

④师古曰："省，察也。"

⑤师古曰："燔音烦。"

⑥师古曰："前是，谓此时之前也。见，显示也，音胡电反。次下并同。"

⑦师古曰："猥，积也，谓积敝也。"

⑧师古曰："扬，谓振扬张大也。"

⑨服虔曰："自恣意怒貌也。"师古曰："睢音呼季反。"

⑩师古曰："远，离也，谓离正道者也。"

⑪师古曰："仄，古侧字。"

先是，淮南王安入朝，始与帝舅太尉武安侯田蚡有逆言。其后胶西于王、赵敬肃王、常山宪王皆数犯法，或至夷灭人家，药杀二千石，而淮南、衡山王遂谋反。胶东、江都王皆知其谋，阴治兵弩，欲以应之。至元朔六年，乃发觉而伏辜。时田蚡已死，不及诛。上思仲舒前言，使仲舒弟子吕步舒持斧钺治淮南狱，以《春秋》谊颛断于外，不请。[1]既还奏事，上皆是之。

①师古曰："颛与专同。不请者，不奏待报。"

太初元年十一月乙酉，未央宫柏梁台灾。先是，大风发其屋，夏侯始昌先言其灾日。后有江充巫蛊卫太子事。

征和二年春，涿郡铁官铸铁，铁销，皆飞上去，此火为变使之然也。其三月，涿郡太守刘屈氂为丞相。后月，巫蛊事兴，帝女诸邑公主、阳石公主、[1]丞相公孙贺、子太仆敬声、平阳侯曹宗等皆下狱死。七月，使者江充掘蛊太子宫，太子与母皇后议，恐不能自明，乃杀充，举兵与丞相刘屈氂战，死者数万人，太子败走，至湖自杀。② 明年，屈氂复坐祝𧝓要斩，③妻枭首也。成帝河平二年正月，沛郡铁官铸铁，铁不下，隆隆如雷声，又如鼓音，工十三人惊走。音止，还视地，地陷数尺，炉分为十，一炉中销铁散如流星，皆上去，与征和二年同象。其夏，帝舅五人封列侯，号五侯。④元舅王凤为大司马大将军秉政。后二年，丞相王商与凤有隙，凤谮之，免官，自杀。明年，京兆尹王章讼商忠直，言凤颛权，凤诬章以大逆罪，下狱死，妻子徙合浦。后许皇后坐巫蛊废，而赵飞燕为皇后，妹为昭仪，贼害皇子，成帝遂亡嗣。皇后、昭仪皆伏辜。一曰，铁飞属金不从革。

①师古曰："诸，琅邪之县也。公主所食曰邑，故谓之诸邑。阳石，北海之县，字亦作羊。"

②师古曰："湖，县名也。即今阌乡、湖城二县界。"

③师古曰："𧝓，古诅字也，音侧据反。"

④师古曰："谭、商、立、根、逢时，凡五人。"

昭帝元凤元年，燕城南门灾。刘向以为时燕王使邪臣通于汉，为谗贼，谋逆乱。南门者，通汉道也。天戒若曰，邪臣往来，为奸谗于汉，绝亡之道也。燕王不寤，卒伏其辜。

元凤四年五月丁丑，孝文庙正殿灾。刘向以为孝文，太宗之君，与成周宣榭火同义。先是，皇后父车骑将军上官安、安父左将军桀谋为逆，大将军霍光诛之。皇后以光外孙，年少不知，居位如故。光欲后有子，因上侍疾医言，禁内后宫皆不得进，唯皇后颛寝。皇后年六岁而立，十三年而昭帝崩，遂绝继嗣。光执朝政，犹周公之摄也。是岁正月，上加元服，①通《诗》、《尚书》，有明悊之性。光亡周公之德，秉政九年，久于周公，上既已冠而不归政，将为国害。故正月加元服，五月而灾见。古之庙皆在城中，孝文庙始出居外，天戒若曰，去贵而不正者。宣帝既立，光犹摄政，骄溢过制，至妻显杀许皇后，光闻而不讨，后遂诛灭。

①师古曰："谓冠也。"

宣帝甘露元年四月丙申，中山太上皇庙灾。甲辰，孝文庙灾。元帝初元三年四月乙未，孝武园白鹤馆灾。刘向以为先是前将军萧望之、光禄大夫周堪辅政，为佞臣石显、许章等所谮，望之自杀，堪废黜。明年，白鹤馆灾。园中五里驰逐走马之馆，①不当在山陵昭穆之地。天戒若曰，去贵近逸游不正之臣，将害忠良。后章坐走马上林下烽驰逐，免官。②

①师古曰："五里者，言其周回五里。"

②孟康曰："夜于上林苑下举火驰射也。烽或作逢。"晋灼曰："冠首曰烽。竞走曰逐。"师古曰："孟说是。"

永光四年六月甲戌，孝宣杜陵园东阙南方灾。刘向以为先是上复征用周堪为光禄勋，及堪弟子张猛为太中大夫，石显等复谮毁之，皆出外迁。是岁，上复征堪领尚书，猛给事中，石显等终欲害之。园陵小于朝廷，阙在司马门中，内臣石显之象也。孝宣，亲而贵；阙，法令所从出也。天戒若曰，去法令，内臣亲而贵者必为国害。后堪希得进见，因显言事，事决显口。堪病不能言。显诬告张猛，自杀于公车。成帝即位，显卒伏辜。

成帝建始元年正月乙丑，皇考庙灾。初，宣帝为昭帝后而立父庙，于礼不正。是时大将军王凤颛权擅朝，甚于田蚡，将害国家，故天于元年正月而见象也。其后寖盛，①五将世权，遂以亡道。②

①师古曰："寖，古浸字。浸，渐也。"

②孟康曰："谓王五大司马也。"师古曰："谓凤、音、商、根、莽也。"

鸿嘉三年八月乙卯，孝景庙北阙灾。十一月甲寅，许皇后废。

永始元年正月癸丑，大官凌室灾。戊午，戾后园南阙灾。是时，赵飞燕大幸，许后既废，上将立之，故天见象于凌室，与惠帝四年同应。戾后，卫太子妾，遭巫蛊之祸，宣帝既立，追加尊号，于礼不正。又戾后起于微贱，与赵氏同〔应〕。[15]天戒若曰，微贱亡德之人不可以奉宗庙，将绝祭祀，有凶恶之祸至。其六月丙寅，赵皇后遂立，姊妹骄妒，贼害皇子，卒皆受诛。

永始四年四月癸未，长乐宫临华殿及未央宫东司马门灾。六月甲午，孝文霸陵园东阙南方灾。长乐宫，成帝母王太后之所居也。未央宫，帝所居也。霸陵，太宗盛德园也。是时，太后三弟相续秉政，①举宗居位，充塞朝廷，两宫亲属将害国家，②故天象仍见。③明年，成都侯商薨，弟曲阳侯根代为大司马秉政。后四年，根乞骸骨，荐兄子新都侯莽自代，遂覆国焉。

①师古曰："谓阳平侯凤、安阳侯音、成都侯商相代为大司马。"

②师古曰："谓太后家王氏，皇后家赵氏，故云两宫亲属。"

③师古曰："仍，重也。"

哀帝建平三年正月癸卯，桂宫鸿宁殿灾，帝祖母傅太后之所居也。时，傅太后欲与成帝母等号齐尊，大臣孔光、师丹等执政，以为不可，太后皆免官爵，遂称尊号。后三年，帝崩，傅氏诛灭。

平帝元始五年七月己亥，高皇帝原庙殿门灾尽。①高皇帝庙在长安城中，后以叔孙通讥复道，故复起原庙于渭北，非正也。是时平帝幼，成帝母王太后临朝，委任王莽，将篡绝汉，堕高祖宗庙，②故天象见也。其冬，平帝崩。明年，莽居摄，因以篡国，后卒夷灭。

①师古曰："原庙，重庙也。"

②师古曰："堕，毁也，音火规反。"

传曰："治宫室，饰台榭，①内淫乱，犯亲戚，侮父兄，则稼穑不成。"

①师古曰："台有室曰榭。"

说曰：土，中央，生万物者也。其于王者，为内事。宫室、夫妇、亲属，亦相生者也。古者天子诸侯，宫庙大小高卑有制，后夫人媵妾多少进退有度，九族亲疏长幼有序。孔子曰："礼，与其奢也，宁俭。"①故禹卑宫室，②文王刑于寡妻，③此圣人之所以昭教化也。④如此则土得其性矣。若乃奢淫骄慢，则土失其性。亡水旱之灾而草木百谷不孰，是为稼穑不成。

①师古曰："《论语》载孔子之言也。若不得礼之中而失于奢，则不如俭。"

②师古曰："《论语》载孔子曰：'禹，吾无间然矣，卑宫室而尽力乎沟洫。'谓勤

于治水而所居狭陋也。"

③师古曰:"《大雅》《思齐》之诗云:'刑于寡妻,至于兄弟,以御于家邦。'刑,法也。寡妻,谓正嫡也。御,治也。此美文王以礼法接待其妻,旁及兄弟宗族,又广以政教治家邦。"

④师古曰:"昭,明也。"

严公二十八年"冬,大(水)亡麦禾"。[16]董仲舒以为夫人哀姜淫乱,①逆阴气,故大水也。刘向以为水旱当书,不书水旱而曰"大亡麦禾"者,土气不养,稼穑不成者也。是时,夫人淫于二叔,内外亡别,②又因凶饥,一年而三筑台,③故应是而稼穑不成,饰台榭内淫乱之罚云。遂不改寤,四年而死,④既流二世,⑤奢淫之患也。

①师古曰:"哀姜,庄公夫人,齐女也。"

②师古曰:"二叔,谓庄公二弟仲庆父及叔牙。"

③师古曰:"谓三十一年春筑台于郎,夏筑台于薛,秋筑台于秦也。郎、薛、秦,皆鲁地也。"

④师古曰:"庄公三十二年薨,距大(水)无麦禾,凡四岁也。"

⑤师古曰:"谓子般及闵公,皆杀死。"

传曰:"好战攻,轻百姓,饰城郭,侵边境,则金不从革。"

说曰:金,西方,万物既成,杀气之始也。故立秋而鹰隼击,秋分而微霜降。其于王事,出军行师,把旄杖钺,誓士众,抗威武,所以征畔逆止暴乱也。《诗》云"有虔秉钺,如火烈烈。"①又曰:"载戢干戈,载櫜弓矢。"②动静应谊,"说以犯难,民忘其死。"③〔如此则〕金得其性矣。[17]若乃贪欲恣睢,务立威胜,④不重民命,则金失其性。盖工冶铸金铁,金铁冰滞涸坚,不成者众,⑤及为变怪,是为金不从革。

①师古曰:"《商颂》《长发》之诗也。虔,固也。此美殷汤兴师出征,固持其钺,以诛有罪,威力猛盛,如火炽烈。"

②师古曰:"《周颂》《时迈》之诗也。戢,聚也。櫜,韬也。言天下太平,兵不复用,故戢敛而韬藏也。"

③师古曰:"言以和悦使人,(难)〔虽〕犯危难,[18]不顾其生也。《易》《兑卦》彖

曰'说以犯难,人忘其死',故引之也。说读曰悦。"

④师古曰:"睢音呼季反。"

⑤师古曰:"涸读与冱同。冱,(疑)〔凝〕也,[19]音下故反。《春秋左氏传》曰'固阴冱寒'。"

《左氏传》曰昭公八年"春,石言于晋"。晋平公问于师旷,①对曰:"石不能言,神或冯焉。作事不时,怨讟动于民,②则有非言之物而言。今宫室崇侈,民力彫尽,怨讟并兴,莫信其性,③石之言不亦宜乎!"于是晋侯方筑虒祁之宫。④叔向曰:"君子之言,信而有征。"⑤刘歆以为金石同类,是为金不从革,失其性也。刘向以为石白色为主,属白祥。

①师古曰:"晋掌乐大夫。"

②师古曰:"讟,痛怨之言也,音读。"

③师古曰:"信犹保也。性,生也。一说,信读曰申,言不得申其性命也。"

④师古曰:"虒祁,地在绛西,临汾水。虒音斯。"

⑤师古曰:"叔向,晋大夫羊舌肸也。向音许两反,字亦作蠁,其音同。"

成帝鸿嘉三年五月乙亥,天水冀南山大石鸣,①声隆隆如雷,有顷止,闻平襄二百四十里,②野鸡皆鸣。③石长丈三尺,广厚略等,④旁著岸胁,去地二百馀丈,民俗名曰石鼓。石鼓鸣,有兵。是岁,广汉钳子谋攻牢,⑤篡死罪囚郑躬等,盗库兵,劫略吏民,衣绣衣,自号曰山君,党与寖广。⑥明年冬,乃伏诛,自归者三千馀人。后四年,尉氏樊並等谋反,杀陈留太守严普,自称将军,山阳亡徒苏令等党与数百人盗取库兵,经历郡国四十馀,皆逾年乃伏诛。是时起昌陵,作者数万人,徙郡国吏民五千馀户以奉陵邑。作治五年不成,乃罢昌陵,还徙家。⑦石鸣,与晋石言同应,师旷所谓"民力彫尽",传云"轻百姓"者也。虒祁离宫去绛都四十里,昌陵亦在郊野,皆与城郭同占。城郭属金,宫室属土,外内之别云。

①师古曰:"天水之冀县南山也。"

②韦昭曰:"天水县。"

③师古曰:"雉也。"

④师古曰:"广及厚皆如其长。"

⑤师古曰："钳子，谓钳徒也。牢，系重囚之处。"

⑥师古曰："寖，渐也。"

⑦师古曰："初徙人陪昌陵者，令皆还其本居。"

传曰："简宗庙，不祷祠，废祭祀，逆天时，则水不润下。"

说曰：水，北方，终臧万物者也。其于人道，命终而形臧，精神放越，圣人为之宗庙以收魂气，春秋祭祀，以终孝道。王者即位，必郊祀天地，祷祈神祇，望秩山川，怀柔百神，亡不宗事。①慎其齐戒，致其严敬，鬼神歆飨，多获福助。此圣王所以顺事阴气，和神人也。至发号施令，亦奉天时。十二月咸得其气，则阴阳调而终始成。如此则水得其性矣。若乃不敬鬼神，(致)〔政〕令逆时，[20]则水失其性。雾水暴出，百川逆溢，坏乡邑，溺人民，及淫雨伤稼穑，是为水不润下。京房《易传》曰："颛事有知，诛罚绝理，厥灾水，其水也，雨杀人以陨霜，大风天黄。饥而不损兹谓泰，厥灾水，水杀人。辟遏有德兹谓狂，②厥灾水，水流杀人，已水则地生虫。归狱不解，兹谓追非，③厥水寒，杀人。追诛不解，兹谓不理，厥水五谷不收。大败不解，兹谓皆阴。解，舍也，王者于大败，诛首恶，赦其众，不则皆函阴气，④厥水流入国邑，陨霜杀(谷)〔叔草〕。"[21]

①师古曰："怀，来也。柔，安也。谓招来而祭祀之，使其安也。宗，尊也。"

②应劭曰："辟，天子也。有德者雍遏不见用也。"师古曰："遏音一曷反。"

③李奇曰："归罪过于民，不罪己也。"张晏曰："谓释有罪之人而归无辜者也。解，止也。追非，遂非也。"

④师古曰："函读与含同。"

桓公元年"秋，大水"。董仲舒、刘向以为桓弑兄隐公，民臣痛隐而贱桓。后宋督弑其君，①诸侯会，将讨之，②桓受宋赂而归，③又背宋。诸侯由是伐鲁，仍交兵结雠，伏尸流血，百姓愈怨，④故十三年夏复大水。一曰，夫人骄淫，将弑君，阴气盛，桓不寤，卒弑死。⑤刘歆以为桓易许田，不祀周公，⑥废祭祀之罚也。

①师古曰："宋华父督为太宰，弑殇公，事在桓公二年。"

②师古曰："谓齐、陈、郑也。"

③师古曰："谓郜大鼎。"

④师古曰："桓会宋公者五，与宋公、燕人盟，已而背盟伐宋。宋公、燕人怨而求助，齐、卫助之。桓公惧，而会纪侯、郑伯及四国之师大战。"

⑤师古曰："已解于上也。"

⑥师古曰："许田，鲁朝宿之邑，而有周公别（号）〔庙〕。[22]桓既篡位，遂以许田与郑，而取郑之祊田，故云不祀周公。"

严公七年"秋，大水，亡麦苗"。董仲舒、刘向以为严母文姜与兄齐襄公淫，共杀（威）〔桓〕公，[23]严释父雠，复取齐女，未入，先与之淫，一年再出，会于道逆乱，臣下贱之之应也。

十一年"秋，宋大水"。董仲舒以为时鲁、宋比年为乘丘、鄑之战，①百姓愁怨，阴气盛，故二国俱水。刘向以为时宋愍公骄慢，睹灾不改，明年与其臣宋万博戏，妇人在侧，矜而骂万，万杀公之应。②

①师古曰："比年，频年也。庄十年，公败宋师于乘丘。十一年，公败宋师于鄑。乘丘、鄑鲁地。鄑音子移反。"

②师古曰："万，宋大夫也。战败获于鲁，复归宋，又为大夫，与愍公博，妇人在侧。万曰：'甚矣，鲁侯之淑，鲁侯之美！天下诸侯宜为君者唯鲁侯耳。'愍公矜此妇人，妒其言，顾曰：'此虏也。尔虏焉故鲁侯之美恶乎至！'万怒，搏愍公，绝其脰而死。事在庄十二年。"

二十四年，"大水"。董仲舒以为夫人哀姜淫乱不妇，阴气盛也。刘向以为哀姜初入，公使大夫宗妇见，用币，①又淫于二叔，公弗能禁。臣下贱之，故是岁、明年仍大水。②刘歆以为先是严饰宗庙，刻桷丹楹，以夸夫人，③简宗庙之罚也。④

①师古曰："宗妇，同姓之妇也。大夫妻及宗妇见夫人者，皆令执币，是逾礼也。"

②师古曰："仍，频也。"

③臣瓒曰："桷，椽也。"韦昭曰："楹，柱也。"师古曰："庄公二十三年丹桓宫楹，二十四年刻桓宫桷。将迎夫人，故为盛饰。"

④师古曰："简，慢也。"

宣公十年"秋大水,饥"。董仲舒以为时比伐邾取邑,①亦见报复,兵仇连结,百姓愁怨。刘向以为宣公杀子赤而立,子赤,齐出也,②故惧,以济西田赂齐。③邾子貜且亦齐出也,④而宣比与邾交兵。⑤臣下惧齐之威,创邾之既,⑥皆贱公行而非其正也。

①师古曰:"比,频也。九年秋,取根牟。《公羊传》曰:'根牟者何?邾娄之邑也。'十年,公孙归父帅师伐邾取绎,故云比年也。"

②师古曰:"赤母姜氏。赤死,姜氏大归,齐市人皆哭,鲁人谓之哀姜。"

③师古曰:"宣既即位,与齐侯会于平州,以定其位。元年六月,齐人取济西田,为立公故,以赂齐也。"

④师古曰:"貜且,邾文公之子邾定公也,亦齐女所生。貜音俱碧反,又音貜。且音子余反。"

⑤师古曰:"比,频也。"

⑥师古曰:"创,惩艾也,音初亮反。"

成公五年"秋,大水"。董仲舒、刘向以为时成幼弱,政在大夫,前此一年再用师,①明年复城郓以强私家,②仲孙蔑、叔孙侨如颛会宋、晋,阴胜阳。③

①师古曰:"成三年春,公会晋侯、宋公、卫侯、曹伯伐郑,秋,叔孙侨如帅师围棘,是也。"

②师古曰:"四年城郓。郓,季氏邑,音运。"

③师古曰:"仲孙蔑,孟献子也。成五年春,仲孙蔑如宋。夏,叔孙侨如会晋荀首于穀。颛与专同,专者,不秉命于公。"

襄公二十四年"秋,大水"。董仲舒以为先是一年齐伐晋,襄使大夫帅师救晋,①后又侵齐,②国小兵弱,数敌强大,百姓愁怨,阴气盛。刘向以为先是襄慢邻国,是以邾伐其南,③齐伐其北,④莒伐其东,⑤百姓骚动,后又仍犯强齐也。⑥大水,饥,谷不成,其灾甚也。"

①师古曰:"襄二十三年秋,齐伐卫,遂伐晋。八月,叔孙豹帅师救晋,次于雍榆。"

②师古曰:"二十四年,仲孙羯帅师侵齐。"

③师古曰:"十五年,邾人伐我南鄙是也。"

④师古曰："十六年，齐人伐我北鄙是也。"

⑤师古曰："十二年，莒人伐我东鄙是也。"

⑥师古曰："十八年，公会晋侯、宋公、卫侯、郑伯同围齐。二十三年救晋，二十四年又侵齐，是重犯也。"

高后三年夏，汉中、南郡大水，水出流四千馀家。四年秋，河南大水，伊、雒流千六百馀家，汝水流八百馀家。八年夏，汉中、南郡水复出，流六千馀家。南阳沔水流万馀家。①是时女主独治，诸吕相王。

①师古曰："沔，汉水之上也，音弥善反。"

文帝后三年秋，大雨，昼夜不绝三十五日。蓝田山水出，流九百馀家。(燕)〔汉水出〕，坏民室八千馀所，[24]杀三百馀人。先是，赵人新垣平以望气得幸，为上立渭阳五帝庙，欲出周鼎，以夏四月，郊见上帝。①岁馀惧诛，谋为逆，发觉，要斩，夷三族。是时，比再遣公主配单于，赂遗甚厚，②匈奴愈骄，侵犯北边，杀略多至万馀人，汉连发军征讨戍边。

①师古曰："事并见《郊祀志》。"

②师古曰："比，频也。高祖使刘敬奉宗室女翁主为冒顿单于阏氏。冒顿死，其子老上单于初立，文帝复遣宗人女为单于阏氏。"

元帝永光五年夏及秋，大水。颍川、汝南、淮阳、庐江雨，坏乡聚民舍，及水流杀人。先是一年有司奏罢郡国庙，是岁又定迭毁，①罢太上皇、孝惠帝寝庙，皆无复修，通儒以为违古制。刑臣石显用事。②

①师古曰："亲尽则毁，故云迭毁。事在《韦玄成传》。迭音大结反。"

②师古曰："石显宦者，故曰刑臣。"

成帝建始三年夏，大水，三辅霖雨三十馀日，郡国十九雨，山谷水出，凡杀四千馀人，坏官寺民舍八万三千馀所。元年，有司奏徙甘泉泰畤、河东后土于长安南北郊。二年，又罢雍五畤、郡国诸旧祀，凡六所。

【校勘记】

〔1〕　见(殛)〔诛〕而死。　景祐、殿本都作"诛"。朱一新说作"诛"是。

〔2〕 (衡)〔衢〕牙(玭)〔蚍〕珠以纳其间。 “衡”，景祐、殿本都作“衢”。“玭”，景祐本作“蚍”。

〔3〕 以为舒疾之(疾)〔节〕也。 景祐、殿、局本都作“节”。朱一新说作“节”是。

〔4〕 则阴气(协)〔胁〕木， 景祐、殿本都作“胁”。

〔5〕 故致(太)〔大〕灾。 景祐、殿本都作“大”。

〔6〕 不胜(曰)〔四〕公子之徒， 景祐、殿本都作“四”，此误。

〔7〕 釐公二十年五月(己酉)〔乙巳〕，西宫灾。 景祐、殿本都作“乙巳”，与《春秋经》同。

〔8〕 (金)〔今〕之长颈瓶也。 景祐、殿本都作“今”。朱一新说作“今”是。

〔9〕 饬读与(赤)〔敕〕同。景祐、殿本都作“敕”。朱一新说作“敕”是。

〔10〕 天(下)〔不〕复告， 景祐、殿本都作“不”。朱一新说作“不”是。

〔11〕 云与楚(各)〔客〕盟， 景祐、殿、局本都作“客”。朱一新说作“客”是。

〔12〕 妃以五(陈)〔成〕， 景祐、殿、局本都作“成”。

〔13〕 《公羊(传)〔经〕》。 景祐、殿本都作“经”。

〔14〕 如吾燔辽〔东〕高庙乃可； “东”字据景祐、殿本补。

〔15〕 与赵氏同〔应〕。 景祐、殿本都有“应”字。

〔16〕 大(水)亡麦禾。 景祐本无“水”字，《春秋经》亦无。注同。

〔17〕 〔如此则〕金得其性矣。 殿本有“如此则”三字。王先谦说此脱。按景祐本亦无。

〔18〕 (难)〔雝〕犯危难，景祐、殿本都作“雝”。苏舆说作“雝”是。

〔19〕 冱，(疑)〔凝〕也。 景祐、殿本都作“凝”。朱一新说作“凝”是。

〔20〕 (致)〔政〕令逆时， 景祐本作“政”。朱一新说作“政”是。

〔21〕 陨霜杀(谷)〔叔草〕。 宋祁说“谷”当作“菽”。按景祐本作“叔草”。杨树达说中之下卷亦云“陨霜杀叔草”。

〔22〕 而有周公别(号)〔庙〕。 景祐、殿本都作“庙”。朱一新说作“庙”是。

〔23〕 共杀(威)〔桓〕公， 景祐、殿本都作“桓”。钱大昭说作“桓”是。

〔24〕 (燕)〔汉水出〕，坏民室八千馀所。 王念孙据《汉纪》《孝文纪》改。

汉书卷二十七中之上

五行志第七中之上

经曰:“羞用五事。五事:一曰貌,二曰言,三曰视,四曰听,五曰思。①貌曰恭,言曰从,视曰明,听曰聪,思曰睿。②恭作肃,从作艾,③明作哲,聪作谋,④睿作圣。⑤休征:⑥曰肃,时雨若;⑦艾,时阳若;⑧悊,时奥若;⑨谋,时寒若;圣,时风若。⑩咎征:⑪曰狂,恒雨若;僭,恒阳若;⑫舒,恒奥若;急,恒寒若;霿,恒风若。”⑬

①应劭曰:“思,思虑。”

②应劭曰:“睿,通也,古文作睿。”

③师古曰:“艾读曰乂。乂,治也。其下亦同。”

④应劭曰:“上聪则下谋,故聪为谋也。”

⑤张晏曰:“睿通达以至于圣。”

⑥孟康曰:“善行之验也。”

⑦应劭曰:“居上而敬,则雨顺之。”

⑧应劭曰:“君政治,则阳顺之。”

⑨应劭曰:“哲,明也。”师古曰:“奥读曰燠。燠,温也,音于六反。其下亦同。”

⑩师古曰:“凡言时者,皆谓行得其道,则寒暑风雨以时应而顺之。”

⑪师古曰:“言恶行之验。”

⑫应劭曰:“僭,僭差。”

⑬服虔曰:“霿音人傋霿。”应劭曰:“人君瞉霿吝,则风不顺之也。”师古曰:“凡言恒者,谓所行者失道,则寒暑风雨不时,而恒久为灾也。霿音莫豆反。傋瞉,并音构,又音寇。”

传曰:“貌之不恭,是谓不肃,厥咎狂,厥罚恒雨,厥极恶。时则有服妖,时则有龟孽,①时则有鸡旤,②时则有下体生上之痾,③时则有青眚青祥。④唯金沴(水)〔木〕。"⑤[1]

①师古曰:"孽音鱼列反。其下并同。"

②师古曰:"既与祸同。"

③韦昭曰:"若牛之足反出背上,下欲伐上之祸也。"师古曰:"痾音阿。"

④李奇曰:"内曰眚,外曰祥。"

⑤服虔曰:"沴,害也。"如淳曰:"沴音拂戾之戾,义亦同。"

说曰:凡草物之类谓之妖。妖犹夭胎,言尚微。①虫豸之类谓之孽。②孽则牙孽矣。及六畜,谓之既,言其著也。及人,谓之痾。痾,病貌,言寖深也。③甚则异物生,谓之眚;自外来,谓之祥。祥犹祯也。气相伤,谓之沴。沴犹临莅,不和意也。每一事云"时则"以绝之,言非必俱至,或有或亡,或在前或在后也。

①师古曰:"夭音乌老反。"

②师古曰:"有足谓之虫,无足谓之豸。"

③师古曰:"寖,渐也。"

孝武时,夏侯始昌通《五经》,善推《五行传》,以传族子夏侯胜,下及许商,皆以教所贤弟子。其传与刘向同,唯刘歆传独异。貌之不恭,是谓不肃。肃,敬也。内曰恭,外曰敬。人君行己,体貌不恭,怠慢骄蹇,则不能敬万事,失在狂易,故其咎狂也。①上嫚下暴,则阴气胜,故其罚常雨也。水伤百谷,衣食不足,则奸轨并作,故其极恶也。一曰,民多被刑,或形貌丑恶,亦是也。风俗狂慢,变节易度,则为剽轻奇怪之服,②故有服妖。水类动,故有龟孽。③于《易》,《巽》为鸡,鸡有冠距文武之貌。不为威仪,貌气毁,故有鸡既。一曰,水岁鸡多死及为怪,亦是也。上失威仪,则下有强臣害君上者,故有下体生于上之痾。木色青,故有青眚青祥。凡貌伤者病木气,木气病则金沴之,冲气相通也。于《易》,《震》在东方,为春为木也;《兑》在西方,为秋为金也;《离》在南方,为夏为火也;《坎》在北方,为冬为水也。春与秋,日夜分,寒暑平,是以金木之气易以相变,故貌伤则致秋阴常雨,言伤则致春阳常旱也。至于冬夏,日夜相反,寒暑殊绝,水火之气不得相并,故视伤常奥,听伤常寒者,其气然也。逆之，其极曰恶；顺之，其福曰攸好德。④刘歆貌传曰有鳞虫之孽，羊旤，鼻痾。说以为于天文东方辰为龙星，故为鳞虫；于《易》《兑》为羊，木为金所病，故致羊旤，与常雨同应。此说非是。春与秋，气阴阳相敌，木病金盛，故能相并，唯此一事耳。旤与妖痾祥眚同类，不得独异。

①师古曰："狂易，谓狂而易其常性。"

②师古曰："剽音匹妙反。"

③如淳曰："河鱼大上，以为鱼孽之比。"

④孟康曰："政不顺则致妖，顺则致福也。"师古曰："攸，所也，所好者德也。"

史记①成公十六年，公会诸侯于周，单襄公见晋厉公视远步高，②告公曰："晋将有乱。"鲁侯曰："敢问天道也？抑人故也？"③对曰："吾非瞽史，④焉知天道？吾见晋君之容，殆必祸者也。夫君子目以定体，足以从之，⑤是以观其容而知其心矣。目以处谊，足以步目。⑥晋侯视远而足高，目不在体，而足不步目，其心必异矣。目体不相从，何以能久？夫合诸侯，民之大事也，于是虖观存亡。故国将无咎，其君在会，步言视听必皆无谪，则可以知德矣。⑦视远，曰绝其谊；足高，曰弃其德；言爽，曰反其信；⑧听淫，曰离其名。⑨夫目以处谊，足以践德，⑩口以庇信，⑪耳以听名者也，故不可不慎。偏丧有咎；⑫既丧，则国从之。⑬晋侯爽二，吾是以云。"⑭后二年，晋人杀厉公。凡此属，皆貌不恭之咎云。

①师古曰："此志凡称史记者，皆谓司马迁所撰也。"

②师古曰："单襄公，周卿士单子朝也。晋厉公，景公之子也，名州蒲。单音善。"

③师古曰："抑，发语辞也。"

④师古曰："瞽，乐太师。史，太史。"

⑤师古曰："体定则目安，足之进退皆无违也。"

⑥师古曰："视瞻得其宜，行步中其节也。"

⑦师古曰："谪，责也。无谪，谓得其义理无可咎责也。"

⑧师古曰："爽，差也。"

⑨师古曰："淫，邪也。"

⑩师古曰："践，履也，所履皆德行也。"

⑪师古曰："庇，覆也。言行相覆则为信矣。"

⑫师古曰："苟丧其一，则有咎。"

⑬师古曰："既，尽也。若尽丧之，则国亦亡。"

⑭张晏曰："视远一也，步高二也。"

《左氏》(使)〔传〕桓公十三年，[2]楚屈瑕伐罗，鬬伯比送之，①还谓其驭曰："莫嚣必败，②举止高，心不固矣。"③遽见楚子以告。④楚子使赖人追之，弗及。莫嚣行，遂无次，且不设备。⑤及罗，罗人军之，大败。莫嚣缢死。

①师古曰："屈瑕即莫嚣也。鬬伯比，楚大夫。罗，国名，在南郡枝江西。"

②师古曰："莫嚣，楚官名也。字或作敖，其音同。"

③师古曰："止，足也。"

④师古曰："遽，速也。"

⑤师古曰："无次，不为次列也。"

釐公十一年，周使内史过赐晋惠公命，①受玉，惰。②过归告王曰："晋侯其无后乎！王赐之命，而惰于受瑞，先自弃也已，其何继之有！礼，国之干也；敬，礼之舆也。③不敬则礼不行，礼不行则上下昏，何以长世"！二十一年，晋惠公卒，子怀公立，晋人杀之，更立文公。

①师古曰："内史过，周大夫。晋惠公，夷吾也。诸侯即位，天子则赐命圭以为瑞。"

②师古曰："不敬其事也。"

③师古曰："无礼，则国不立，故谓之干。无敬，则礼不行，故比之于舆。"

成公十三年，晋侯使郤锜乞师于鲁，将事不敬。①孟献子曰："郤氏其亡乎！②礼，身之干也；敬，身之基也。③郤子无基。且先君之嗣卿也，受命以求师，将社稷是卫，而惰弃君命也，不亡何为！"十七年，郤氏亡。

①师古曰："郤锜，晋大夫驹伯也。乞师，欲以伐秦也。将事，致其君命也。锜音牛尔反。"

②师古曰："孟献子，仲孙蔑。"

③师古曰："无礼，则身不立；不敬，则身不安也。"

成公十三年，诸侯朝王，遂从刘康公伐秦。成肃公受(赈)〔脤〕于社，[3]不敬。①刘子曰："吾闻之曰，民受天地之中以生，所谓命也。②是以有礼义动作威仪之则，以定命也。能者养以之福，不能者败以取既，③是故君子勤礼，小人尽力。勤礼莫如致敬，尽力莫如惇笃。敬在养神，笃在守业。国之大事，在祀与戎。祀有执膰，戎有受脤，④神之大节也。⑤今成子惰，弃其命矣，其不反乎！"五月，成肃公卒。

①服虔曰："脤，祭社之肉也，盛以蜃器，故谓之脤。"师古曰："刘康公、成肃公，皆周大夫也。脤读与蜃同。以出师而祭社谓之宜。脤者，即宜社之肉也。蜃，大蛤也，音上忍反。"

②师古曰："刘子即康公也。中谓中和之气。"

③师古曰："之，往也。能养生者，则定礼义威仪，自致于福；不能者，则丧之以取祸乱。"

④应劭曰："膰，祭肉也。"师古曰："膰音扶元反。"

⑤师古曰："交神之节。"

成公十四年，卫定公享苦成叔，甯惠子相。①苦成叔敖，②甯子曰："苦成家其亡乎！古之为享食也，以观威仪省既福也。③故《诗》曰：'兕觥其觩，旨酒思柔，匪傲匪傲，万福来求。'④今夫子傲，取既之道也。"后三年，苦成家亡。⑤

①师古曰："定公名臧。苦成叔，晋大夫郤犨也。晋使郤犨如卫，故定公享之。惠子，卫大夫甯殖也。相谓赞相其礼。"

②师古曰："敖读曰傲。其下并同。"

③师古曰："食读曰饲。"

④张晏曰："觥，罚爵也。饮酒和柔，无失礼可罚，罚爵徒觩然而已。"应劭曰："言在位者不儌讦不倨傲也。"师古曰："《小雅》《桑扈》之诗也。儌谓儌幸也。万福，言其多也。谓饮酒者不儌幸，不傲慢，则福禄就而求之也。觩音虬。儌音工尧反。"

⑤师古曰："十七年，晋攻郤氏，长鱼矫以戈杀郤锜、郤犨、郤至，而灭其家。"

襄公七年，卫孙文子聘于鲁，君登亦登。①叔孙穆子相，②趋进曰：

“诸侯之会，寡君未尝后卫君。今吾子不后寡君，寡君未知所过，吾子其少安！”③孙子亡辞，亦亡悛容。④穆子曰：“孙子必亡。为臣而君，过而不悛，亡之本也。”十四年，孙子逐其君而外叛。⑤

①师古曰：“文子，卫大夫孙林父也。礼之登阶，臣后君一等。”

②师古曰：“穆子，叔孙豹。”

③师古曰：“安，徐也。”

④师古曰：“悛，改也，音千全反。”

⑤师古曰：“逐其君，谓卫献公出奔齐也。外叛，谓以戚叛之。”

襄公二十八年，蔡景侯归自晋，入于郑。①郑伯享之，不敬。子产曰：“蔡君其不免乎！②日其过此也，君使子展往劳于东门，而敖。③吾曰：‘犹将更之。’④今还，受享而惰，乃其心也。⑤君小国，事大国，⑥而惰敖以为己心，将得死乎！君若不免，必由其子。淫而不父，⑦如是者必有子祸。”三十年，为世子般所杀。⑧

①师古曰：“景侯名固，文侯之子也。”

②师古曰：“言不免于祸。”

③师古曰：“日谓往日，始适晋之时也。子展，郑大夫公孙舍之。”

④师古曰：“更，改也。”

⑤师古曰：“言心之所常行也。”

⑥师古曰：“言身为小国之君，而事于大国。”

⑦师古曰：“通太子之妻。”

⑧师古曰：“般读与班同。”

襄公三十一年，公薨。季武子将立公子裯，①穆叔曰：“是人也，居丧而不哀，在戚而有嘉容，是谓不度。不度之人，鲜不为患，②若果立，必为季氏忧。”武子弗听，卒立之。比及葬，三易衰，衰衽如故衰。③是为昭公。立二十五年，听谗攻季氏。兵败，出奔，死于外。④

①师古曰：“裯，襄公之子，齐归所生。裯音直留反。”

②师古曰：“穆叔，即叔孙穆子也。不度，不遵礼度也。鲜，少也，音先浅反。”

③师古曰：“衣前曰衽。言游戏无已也。比音必寐反。衰音千回反。衽音人禁反。”

④师古曰："谓薨于乾侯。"

襄公三十一年，卫北宫文子见楚令尹围之仪，①言于卫侯曰："令尹似君矣，将有它志；②虽获其志，弗能终也。"公曰："子何以知之？"对曰："《诗》云'敬慎威仪，惟民之则'，③令尹无威仪，民无则焉。民所不则，以在民上，不可以终。"④

①师古曰："北宫文子，卫大夫也，名佗。令尹围即公子围，楚恭王之子也，时为令尹。文子从卫侯在楚，故见之。"

②师古曰："谓有为君之心，言语视瞻非其常。"

③师古曰："《大雅》《抑》之诗也。则，法也。言君能慎其威仪，乃臣下所法效之。"

④师古曰："遂以杀君篡国，而取败于乾谿也。"

昭公十一年夏，周单子会于戚，①视下言徐。②晋叔向曰："单子其死乎！③朝有著定，④会有表，⑤衣有襘，带有结。⑥会朝之言必闻于表著之位，所以昭事序也；⑦视不过结襘之中，所以道容貌也。⑧言以命之，容貌以明之，失则有阙。今单子为王官伯，⑨而命事于会，视不登带，言不过步，貌不道容而言不昭矣。不道不恭，不昭不从，无守气矣。"⑩十二月，单成公卒。

①师古曰："单子，周大夫单成公也。戚，卫地。"

②应劭曰："视下，视不登带。言徐，不闻于表著。"

③师古曰："叔向，晋大夫羊舌肸也。向音许两反。"

④师古曰："朝内列位有定处，所谓表著者也。著音直庶反，又音除。"

⑤师古曰："会于野，设表以为位。"

⑥师古曰："襘，领之交会也。结，绅带之结也。襘音工外反。"

⑦师古曰："昭，明也。"

⑧师古曰："道读曰导。其下并同。"

⑨师古曰："伯，长也。"

⑩师古曰："貌正曰恭，言正曰从。"

昭公二十一年三月，葬蔡平公，蔡太子朱失位，位在卑。①鲁大夫送葬者归告昭子。②昭子叹曰："蔡其亡乎！若不亡，是君也必不终。《诗》曰：'不解于位，民之攸塈。'③今始即位而適卑，身将从之。"十月，蔡侯朱出奔楚。

①师古曰："不在正嫡之位，而以长幼序之。"

②师古曰："昭子，叔孙婼。"

③师古曰："《大雅》《假乐》之诗也。塈，息也。言在上者能率位不怠，则其臣下恃以安息也。解读曰懈。塈音许既反。"

晋魏舒合诸侯之大夫于翟泉，①将以城成周。魏子莅政，②卫彪傒曰："将建天子，而易位以令，非谊也。③大事奸谊，必有大咎。④晋不失诸侯，魏子其不免乎！"是行也，魏献子属役于韩简子，⑤而田于大陆，焚焉而死。⑥

①应劭曰："水名，今洛阳是也。"师古曰："魏舒，晋卿魏献子也。事在定公元年。志不书者，盖阙文。"

②师古曰："谓代天子大夫为政，以临其事。"

③师古曰："傒，卫大夫。建天子，谓立天子之居也。傒音奚。"

④师古曰："奸，犯也，音干。"

⑤师古曰："简子，亦晋卿韩不信。以城周之功役委简子也。属音之欲反。"

⑥师古曰："高平曰陆。因放火田猎而见烧杀也。说者或以为大陆即钜鹿北大陆泽也。据会于狄泉，则其所田处固当在近，非大陆泽也。"

定公十五年，邾隐公朝于鲁，执玉高，其容仰。公受玉卑，其容俯。①子赣观焉，②曰："以礼观之，二君者皆有死亡焉。夫礼，死生存亡之体也。将左右周旋，进退俯仰，于是乎取之；朝祀丧戎，于是乎观之。今正月相朝，而皆不度，心已亡矣。③嘉事不体，何以能久？④高仰，骄也；卑俯，替也。⑤骄近乱，替近疾。君为主，其先亡乎！"⑥

①师古曰："隐公，邾子益也。玉，谓朝者之贽。"

②师古曰："子赣，孔子弟子端木赐也。赣音贡。"

③师古曰："不度，不合法度。"

④师古曰："嘉事，嘉礼之事，谓朝祀也。不体，不得身体之节。"

⑤师古曰："替，废惰也。"

⑥师古曰："是年五月，定公薨。哀公七年秋，伐邾，以邾子益来也。"

庶征之恒雨，刘歆以为《春秋》大雨也，刘向以为大水。

隐公九年"三月癸酉，大雨，震电；庚辰，大雨雪"。① 大雨，雨水也；② 震，雷也。刘歆以为三月癸酉，于历数春分后一日，始震电之时也，当雨，而不当大雨。大雨，常雨之罚也。于始震电八日之间而大雨雪，常寒之罚也。刘向以为周三月，今正月也，当雨水，雪杂雨，雷电未可以发也。既已发也，则雪不当复降。皆失节，故谓之异。于《易》，雷以二月出，其卦曰《豫》，③ 言万物随雷出地，皆逸豫也。以八月入，其卦曰《归妹》，④ 言雷复归。入地则孕毓根核，保藏蛰虫，⑤ 避盛阴之害；出地则养长华实，发扬隐伏，宣盛阳之德。入能除害，出能兴利，人君之象也。是时，隐以弟桓幼，代而摄立。公子翚见隐居位已久，劝之遂立。⑥ 隐既不许，翚惧而易其辞，⑦ 遂与桓共杀隐。天见其将然，故正月大雨水而雷电。是阳不闭阴，出涉危难而害万物。天戒若曰，为君失时，贼弟佞臣将作乱矣。后八日大雨雪，阴见间隙而胜阳，篡杀之祸将成也。公不寤，后二年而杀。

①师古曰："雨雪，雨音于具反。"

②师古曰："下雨音于具反。后类并同。"

③师古曰："《坤》下《震》上也。"

④师古曰："《兑》下《震》上也。"

⑤师古曰："毓字与育同。核亦荄字也。草根曰荄，音该。"

⑥师古曰："公子翚，鲁大夫羽父也。劝杀(威)〔桓〕公，[4] 己求为太宰。翚音挥。"

⑦师古曰："反谓桓公云隐欲杀之。"

昭帝始元元年七月，大水雨，自七月至十月。成帝建始三年秋，大雨三十馀日；四年九月，大雨十馀日。

《左氏传》愍公二年，晋献公使太子申生帅师，① 公衣之偏衣，佩之金玦。② 狐突叹曰："时，事之徵也；衣，身之章也；佩，衷之旗也。③ 故敬其事，则命以始；④服其身，则衣之纯；⑤用其衷，则佩之度。⑥今命以时卒，閟其事也；⑦衣以尨服，远其躬也；⑧佩以金玦，弃其衷也。服以远之，时以閟之，尨凉冬杀，金寒玦离，胡可恃也！"⑨梁馀子养曰："帅师者，受命于庙，受脤于社，有常服矣。⑩弗获而尨，命可知也。死而不孝，不如逃之。"罕夷曰："尨奇无常，金玦不复，君有心矣。"⑪后四年，申生以谗自杀。近服妖也。

①师古曰："以伐东山皋落氏。"

②师古曰："偏衣，谓左右异色，其半象公之服也。金玦，以金为玦也。半环曰玦。"

③师古曰："狐突，晋大夫伯行，时为太子御戎也。徵，(澄)〔證〕也。[5]章，明也。旗，表也。衣所以明贵贱，佩所以表中心。"

④师古曰："赏以春夏。"

⑤师古曰："壹其色。"

⑥师古曰："佩玉者，君子之常度。"

⑦应劭曰："卒，尽也。閟，闭也。谓十二月尽时也。"

⑧师古曰："尨，杂色也，谓偏衣也。远音于万反。其下并同。"

⑨师古曰："凉，薄也。尨色不能纯，故曰薄也。冬主杀气，金行在西，是谓之寒。玦形半缺，故云离。"

⑩师古曰："梁馀子养，晋大夫也，时为下军御。军之常服则韦弁。"

⑪应劭曰："奇，奇怪非常意。复，反也。金玦，犹(玦)〔决〕，去不反意也。"[6]师古曰："罕夷，晋大夫，时为下军卿也。有心，害太子之心也。复音扶目反。"

《左氏传》曰，郑子臧好聚鹬冠，①郑文公恶之，使盗杀之。②刘向以为近服妖者也。一曰，非独为子臧之身，亦文公之戒也。初，文公不礼晋文，③又犯天子命而伐滑，④不尊尊敬上。其后晋文伐郑，几亡国。⑤

①张晏曰："鹬鸟赤足黄文，以其毛饰冠。"韦昭曰："鹬，今翠鸟也。"师古曰："子臧，郑文公子也。鹬，大鸟，即《战国策》所云啄蚌者也。天之将雨，鹬则知之。翠鸟自有鹬名，而此饰冠，非翠鸟也。《逸周书》曰'知天文者冠鹬冠'，盖以鹬鸟知天时故也。《礼图》谓之'术氏冠'。鹬音聿，又音术。"

②师古曰："时已得罪出奔宋，故使盗杀之于陈、宋之间。"

③师古曰："晋文公之为公子也，避骊姬之难而出奔，欲之楚，过郑，郑不礼焉。"

④师古曰："僖二十四年，郑公子士〔泄〕[7]及堵俞弥帅师伐滑。王使伯服游、孙伯如郑请滑，郑伯不听而执二子。"

⑤师古曰："僖三十年，晋侯、秦伯围郑，佚之狐曰：'国危矣！'使烛之武见秦伯，师乃退也。几音钜依反。"

昭帝时，昌邑王贺遣中大夫之长安，多治仄注冠，①以赐大臣，又以冠奴。刘向以为近服妖也。时王贺狂悖，②闻天子不豫，③弋猎驰骋如故，与驺奴宰人游居娱戏，骄嫚不敬。④冠者尊服，奴者贱人，贺无故好作非常之冠，暴尊象也。以冠奴者，当自至尊坠至贱也。⑤其后帝崩，无子，汉大臣征贺为嗣。即位，狂乱无道，缚戮谏者夏侯胜等。于是大臣白皇太后，废贺为庶人。贺为王时，又见大白狗冠方山冠而无尾，⑥此服妖，亦犬祸也。贺以问郎中令龚遂，遂曰："此天戒，言在仄者尽冠狗也。⑦去之则存，不去则亡矣。"贺既废数年，宣帝封之为列侯，复有罪，死不得置后，又犬毻无尾之效也。京房《易传》曰："行不顺，厥咎人奴冠，天下乱，辟无适，⑧妾子拜。"⑨又曰："君不正，臣欲篡，厥妖狗冠出朝门。"

①应劭曰："今法冠是也。"李奇曰："一曰高山冠，本齐冠也，谒者服之。"师古曰："仄，古侧字也。谓之侧注者，言形侧立而下注也。蔡邕云高九(尺)〔寸〕，[8]铁为卷，非法冠及高山也。卷音去权反。"

②师古曰："悖，惑也，音布内反。"

③师古曰："言有疾不悦豫也。《周书》《顾命》曰'王有疾，不豫'。"

④师古曰："驺，厩御也。宰人，主膳者也。娱，乐也。戏音僖。"

⑤师古曰："坠，堕也，音直类反。"

⑥邓展曰："方山冠以五采縠为之，乐舞人所服。"

⑦师古曰："言王左右侍侧之人不识礼义，若狗而著冠者耳。冠音工唤反。其下亦同。"

⑧如淳曰："辟，君也。适，適子也。"师古曰："辟音壁。適读曰嫡。"

⑨如淳曰："无適子故也。"

成帝鸿嘉、永始之间，好为微行出游，选从期门郎有材力者，及私奴客，多至十馀，少五六人，皆白衣袒帻，①带持刀剑。或乘小车，御者在茵上，②或皆骑，出入市里郊野，远至旁县。时，大臣车骑将军王音及刘向等数以切谏。谷永曰："《易》称'得臣无家'，③言王者臣天下，无私家也。今陛下弃万乘之至贵，乐家人之贱事；厌高美之尊称，好匹夫之卑字；④崇聚票轻无谊之人，以为私客；⑤置私田于民间，畜私奴车马于北宫；数去南面之尊，离深宫之固，挺身独与小人晨夜相随，⑥乌集醉饱吏民之家，⑦乱服共坐，溷肴亡别，⑧闵勉遁乐，昼夜在路。⑨典门户奉宿卫之臣执干戈守空宫，公卿百寮不知陛下所在，积数年矣。昔虢公为无道，有神降曰'赐尔土田'，⑩言将以庶人受土田也。诸侯梦得土田，为失国祥，⑪而况王者畜私田财物，为庶人之事乎！"

①师古曰："袒帻，不加上冠。"

②苏林曰："茵，车上蓐也。御者错乱，更在茵上坐也。"师古曰："车小，故御者不得回避，而在天子茵上也。茵音因。"

③师古曰："《损卦》上九爻辞。"

④如淳曰："称张放家人，是为卑字。"师古曰："为微行，故变易姓名。"

⑤师古曰："票音匹妙反，又音频妙反。"

⑥师古曰："挺，引也。"

⑦师古曰："乍合乍离，如乌之集。"

⑧师古曰："溷肴，谓杂乱也。溷音胡困反。"

⑨师古曰："闵勉犹黾勉，言不息也。遁乐，言流遁为乐也。"

⑩师古曰："《春秋》《左氏传》庄公三十二年有神降于莘，虢公使祝应、宗区、史(嚚)〔嚚〕[9]享焉。神赐之土田。史(嚚)〔嚚〕曰：'"虢其亡乎！'"

⑪师古曰："僖五年，晋灭虢，虢公丑奔京师。"

《左氏传》曰，周景王时大夫宾起见雄鸡自断其尾。①刘向以为近鸡旤也。是时，王有爱子子鼂，王与宾起阴谋欲立之。②田于北山，将因兵众杀适子之党，③未及而崩。三子争国，王室大乱。其后，宾起诛死，④子鼂奔楚而败。⑤京房《易传》曰："有始无终，厥妖雄鸡自啮断其尾。"

①师古曰："宾起即宾孟。"

②师古曰："子鼂，王之庶长子。"

③师古曰："適读曰嫡。嫡子王子猛，(反)〔及〕后为悼王。[10]子猛之党谓刘献公、单穆公。"

④师古曰："三子，谓子鼂、子猛及子猛弟敬王丐也。刘子遂攻宾起，杀之。事并在昭公二十二年。"

⑤师古曰："昭二十六年，邵伯盈逐王子鼂，子鼂奔楚。定公五年，王人杀之于楚。"

宣帝黄龙元年，未央殿辂軨中雌鸡化为雄，①毛衣变化而不鸣，不将，无距。②元帝初元中，丞相府史家雌鸡伏子，渐化为雄，③冠距鸣将。永光中，有献雄鸡生角者。京房《易传》曰："鸡知时，知时者当死。"房以为己知时，恐当之。刘向以为房失鸡占。鸡者小畜，主司时，起居人，④小臣执事为政之象也。言小臣将秉君威，以害正事，犹石显也。竟宁元年，石显伏辜，此其效也。一曰，石显何足以当此？昔武王伐殷，至于牧野，誓师曰："古人有言曰'牝鸡无晨；牝鸡之晨，惟家之索'。今殷王纣惟妇言用。"⑤繇是论之，⑥黄龙、初元、永光鸡变，乃国家之占，妃后象也。孝元王皇后以甘露二年生男，立为太子。妃，王禁女也。黄龙元年，宣帝崩，太子立，是为元帝。王妃将为皇后，故是岁未央殿中雌鸡为雄，明其占在正宫也。不鸣不将无距，贵始萌而尊未成也。至元帝初元元年，将立王皇后，先以为婕妤。三月癸卯制书曰："其封婕妤父丞相少史王禁为阳平侯，位特进。"丙午，立王婕妤为皇后。明年正月，立皇后子为太子。故应是，丞相府史家雌鸡为雄，其占即丞相少史之女也。伏子者，明已有子也。冠距鸣将者，尊已成也。永光二年，阳平顷侯禁薨，子凤嗣侯，为侍中卫尉。元帝崩，皇太子立，是为成帝。尊皇后为皇太后，以后弟凤为大司马大将军，领尚书事，上委政，无所与。⑦王氏之权自凤起，故于凤始受爵位时，雄鸡有角，明视作威⑧颛君害上⑨危国者，从此人始也。其后群弟世权，以至于莽，遂篡天下。即位五年，王太后乃崩，此其效也。京房《易传》曰："贤者居明夷之世，知时而伤，⑩或众在位,[11]厥妖鸡生角。鸡生角,时主独。”又曰:“妇人颛政,国不静;牝鸡雄鸣,主不荣。”故房以为己亦在占中矣。

①孟康曰:“辂軨,厩名也。”师古曰:“《百官表》太仆属官有辂軨丞。辂与路同。軨音零。”

②师古曰:“将谓率领其群也。距,鸡附足骨,斗时所用刺之。”

③师古曰:“初尚伏子,后乃稍稍化为雄也。伏音房富反。”

④师古曰:“至时而鸣,以为人起居之节。”

⑤师古曰:“《周书》《牧誓》之辞。晨谓晨时鸣也。索,尽也。言妇人为政,犹雌鸡而代雄鸣,是丧家之道也。索音思各反。”

⑥师古曰:“繇读与由同。”

⑦师古曰:“与读曰豫。言政皆出凤,天子不豫。”

⑧师古曰:“视读曰示。”

⑨师古曰:“颛与专同。其下类此。”

⑩师古曰:“《易》之《明夷卦》曰:‘明入地中,明夷。’夷,伤也,《离》下《坤》上,言日在地中,伤其明也。知时,谓知天时者也。贤而被伤,故取《明夷》之义。”

⑪师古曰:“言虚伪无实之人矫惑于众在职位也。”

成公七年“正月,鼷鼠食郊牛角;[1]改卜牛,又食其角”。刘向以为近青祥,亦牛旤也,不敬而傋霿之所致也。昔周公制礼乐,成周道,故成王命鲁郊祀天地,以尊周公。至成公时,三家始颛政,鲁将从此衰。天愍周公之德,痛其将有败亡之旤,故于郊祭而见戒云。鼠,小虫,性盗窃,鼷又其小者也。牛,大畜,祭天尊物也。角,兵象,在上,君威也。小小鼷鼠,食至尊之牛角,象季氏乃陪臣盗窃之人,将执国命以伤君威而害周公之祀也。改卜牛,鼷鼠又食其角,天重语之也。[2]成公怠慢昏乱,遂君臣更执于晋。[3]至于襄公,晋为溴梁之会,[4]天下大夫皆夺君政。[5]其后三家逐昭公,卒死于外,[6]几绝周公之祀。[7]董仲舒以为鼷鼠食郊牛,皆养牲不谨也。京房《易传》曰:“祭天不慎,厥妖鼷鼠啮郊牛角。”

①师古曰:“鼷,小鼠也,即今所谓甘鼠者,音奚。”

②师古曰："重音直用反。"

③师古曰："更，互也。十年秋，公如晋，晋人以公为贰于楚，故止公，至十一年三月乃得归。十六年秋，公会晋侯于沙随，晋受叔孙侨如之谮而止公。是年九月，又信侨如之谮，执季孙行父，舍之于苕丘，十二月乃得归。故云君臣更执也。更音工衡反。"

④师古曰："襄十六年，晋平公会诸侯于溴梁。溴梁者，溴水之梁也。溴水出河内轵县东南，至温入河。溴音工觅反。"

⑤师古曰："溴梁之会，诸侯皆在，而鲁叔孙豹、晋荀偃、宋向戌、卫甯殖、郑公孙虿、小邾之大夫盟，是夺其君政也。"

⑥师古曰："已解于上。"

⑦师古曰："几音钜衣反。"

定公十五年"正月，鼷鼠食郊牛，牛死"。刘向以为定公知季氏逐昭公，罪恶如彼，亲用孔子为夹谷之会，齐人徕归郓、讙、龟阴之田，①圣德如此，反用季桓子，淫于女乐，而退孔子，无道甚矣。②《诗》曰："人而亡仪，不死何为！"③是岁五月，定公薨，牛死之应也。京房《易传》曰："子不子，鼠食其郊牛。"

①师古曰："夹谷，齐地也，一名祝其。定公十年，公与齐侯会于夹谷，齐侯欲使莱人以兵劫公。孔子以公退，命士众兵之，齐侯乃止。又欲以盟要公，孔子不欲，使兹无还以辞对。又欲诈享公，孔子又距而不受。于是齐人乃服。先是季氏之臣阳货以郓、讙、龟阴之田奔齐，至此会，乃以归我。郓、讙，二邑名。龟阴，龟山之阴。夹音颊。讙音驩。"

②师古曰："桓子，季平子之子季孙斯也。女乐已解于上。"

③师古曰："《卫诗》《相鼠》之篇也。(无)〔亡〕仪，无礼仪也。"[11]

哀公元年"正月，鼷鼠食郊牛"。刘向以为天意汲汲于用圣人，逐三家，故复见戒也。①哀公年少，不亲见昭公之事，故见败亡之异。已而哀不寤，身奔于粤，此其效也。②

①师古曰："圣人，孔子也。见，显也。"

②师古曰："哀二十七年，公欲以越伐鲁而去三桓，公如公孙有山氏，因逊于邾，遂如越。国人施罪于公孙有山氏，而立哀公之子悼公。"

昭帝元凤元年九月，燕有黄鼠衔其尾舞王宫端门中，①王往视之，鼠舞如故。王使吏以酒脯祠，鼠舞不休，一日一夜死。近黄祥，时燕剌王旦谋反将死之象也。其月，发觉伏辜。京房《易传》曰："诛不原情，厥妖鼠舞门。"②

①师古曰："宫之正门。"

②师古曰："不原情者，不得其本情。"

成帝建始四年九月，长安城南有鼠衔黄蒿、柏叶，上民冢柏及榆树上为巢，桐柏尤多。①巢中无子，皆有干鼠矢数十。时议臣以为恐有水灾。鼠，盗窃小虫，夜出昼匿；今昼去穴而登木，象贱人将居显贵之位也。桐柏，卫思后园所在也。其后，赵皇后自微贱登至尊，与卫后同类。赵后终无子而为害。明年，有鸢焚巢，杀子之异也。②天象仍见，甚可畏也。③一曰，皆王莽窃位之象云。京房《易传》曰："臣私禄罔辟，④厥妖鼠巢。"

①师古曰："桐柏，本亭名，卫思后于其地葬也。"

②师古曰："鸢，鸱也，音弋全反。"

③师古曰："仍，频也。"

④李奇曰："辟，君也。擅私爵禄，诬罔其君。"

文公十三年，"大室屋坏"。近金沴木，木动也。先是，冬，釐公薨，十六月乃作主。①后六月，又吉禘于太庙而致釐公，②《春秋》讥之。经曰："大事于太庙，跻釐公。"③《左氏》说曰：太庙，周公之庙，飨有礼义者也；祀，国之大事也。恶其乱国之大事于太庙，故言大事也。跻，登也，登釐公于愍公上，逆祀也。釐虽愍之庶兄，尝为愍臣，臣子一例，不得在愍上。又未三年而吉禘，前后乱贤父圣祖之大礼，内为貌不恭而狂，外为言不从而僭。故是岁自十二月不雨，至于秋七月。后年，若是者三，而太室屋坏矣。前堂曰太庙，中央曰太室；屋，其上重屋尊高者也，象鲁自是陵夷，将堕周公之祀也。④《穀梁》、《公羊经》曰，世室，鲁公伯禽之庙也。周公称太庙，鲁公称世室。大事者，祫祭也。⑤跻釐公者，先祢后祖也。

①师古曰："主，庙主也。僖公三十三年十二月薨，至文二年二月乃作主，间有一闰，故十六月也。"

②师古曰："禘，祭也，(二)〔一一〕而祭之。文二年八月而禘，距作主六月也。致谓(外)〔升〕其主于庙。"[12]

③师古曰："跻音子奚反，又音子诣反。"

④师古曰："堕，毁也，音火规反。"

⑤师古曰："祫，合也。毁庙及未毁庙之主，皆合祭于太祖。"

景帝三年十二月，吴二城门自倾，大船自覆。刘向以为近金沴木，木动也。先是，吴王濞以太子死于汉，称疾不朝，阴与楚王戊谋为逆乱。城犹国也，其一门名曰楚门，一门曰鱼门。吴地以船为家，以鱼为食。天戒若曰，与楚所谋，倾国覆家。吴王不寤，正月，与楚俱起兵，身死国亡。京房《易传》曰："上下咸诗，厥妖城门坏。"①

①师古曰："诗，惑也，音布内反。"

宣帝时，大司马霍禹所居第门自坏。时禹内不顺，外不敬，见戒不改，卒受灭亡之诛。

哀帝时，大司马董贤第门自坏。时贤以私爱居大位，赏赐无度，骄嫚不敬，大失臣道，见戒不改。后贤夫妻自杀，家徙合浦。

传曰："言之不从，是谓不艾，①厥咎僭，厥罚恒阳，厥极忧。时则有诗妖，时则有介虫之孽，时则有犬旤，时则有口舌之痾，时则有白眚白祥。惟木沴金。"

①师古曰："艾读曰乂。"

"言之不从"，从，顺也。"是谓不乂"，乂，治也。孔子曰："君子居其室，出其言不善，则千里之外违之，况其迩者乎！"①《诗》云："如蜩如螗，如沸如羹。"②言上号令不顺民心，虚哗愦乱，则不能治海内，失在过差，故其咎僭。僭，差也。刑罚妄加，群阴不附，则阳气胜，故其罚常阳也。旱伤百谷，则有寇难，上下俱忧，故其极忧也。君炕阳而暴虐，③臣畏刑而柑口,④则怨谤之气发于歌谣,故有诗妖。介虫孽者,谓小虫有甲飞扬之类,阳气所生也,于《春秋》为螽,今谓之蝗,皆其类也。于《易》,《兑》为口,犬以吠守,而不可信,言气毁故有犬既。一曰,旱岁犬多狂死及为怪,亦是也。及人,则多病口喉欬者,故有口舌痾。金色白,故有白眚白祥,凡言伤者,病金气;金气病,则木沴之。其极忧者,顺之,其福曰康宁。刘歆言传曰时有毛虫之孽。说以为于天文西方参为虎星,故为毛虫。

①师古曰:"《易·上系》之辞也。迩,近也。"

②师古曰:"《大雅》《荡》之诗也。蜩,蝉也。螗,蝘也,即蛁蟟也。谓政无文理,虚言蹲沓,如蜩螗之鸣,汤之沸涫,羹之将孰也。蜩音调。螗音唐。蝘音偃。蛁音貂。蟟音聊。涫音下馆反。"

③师古曰:"凡言炕阳者,枯涸之意,谓无惠泽于下也。炕音口浪反。"

④师古曰:"柑,箝也,音其廉反。箝音女涉反。"

史记周单襄公与晋郤锜、郤犨、郤至、齐国佐语,①告鲁成公曰:"晋将有乱,三郤其当之虖!夫郤氏,晋之宠人也,(二)〔三〕卿而五大夫,[13]可以戒惧矣。高位实疾颠,厚味实腊毒。②今郤伯之语犯,叔迂,季伐。③犯则陵人,迂则诬人,伐则掩人。有是宠也,而益之以三怨,其谁能忍之!虽齐国子亦将与焉。④立于淫乱之国,而好尽言以招人过,⑤怨之本也。唯善人能受尽言,齐其有乎!"⑥十七年,晋杀三郤。十八年,齐杀国佐。凡此属,皆言不从之咎云。

①师古曰:"单襄公,解已在前。郤锜,驹伯也。郤犨,苦成叔也。郤至,昭子,即温季也。国佐,齐大夫国武子也。"

②师古曰:"颠,仆也。腊,久也。言位高者必速颠仆也,味厚者为毒久。"

③师古曰:"伯,驹伯也。叔,苦成叔也。季,温季也。犯,侵也。迂,夸诞也。伐,矜尚也。"

④师古曰:"与读曰豫。豫于祸。"

⑤苏林曰:"招音翘。招,举也。"师古曰:"尽言,犹极言也。"

⑥师古曰:"言无善人不能受尽言。"

晋穆侯以条之役生太子，名之曰仇；① 其弟以千晦之战生，名之曰成师。② 师服曰："异哉，君之名子也！③ 夫名以制谊，谊以出礼，④ 礼以体政，政以正民，⑤ 是以政成而民听；易则生乱。⑥ 嘉耦曰妃，怨耦曰仇，古之命也。⑦ 今君名太子曰仇，弟曰成师，始兆乱矣，兄其替乎！"⑧ 及仇嗣立，是为文侯。文侯卒，子昭侯立，封成师于曲沃，号桓叔。⑨ 后晋人杀昭侯而纳桓叔，不克。⑩ 复立昭侯子孝侯，桓叔子严伯杀之。晋人立其弟鄂侯。鄂侯生哀侯，严伯子武公复杀哀侯及其弟，灭之，而代有晋国。⑪

①师古曰："穆侯，僖侯之孙也。条，晋地也。盖以敌来侵己，当战时而生，故取仇怨之义以名子。"

②师古曰："太子之弟，即桓叔也。晦，古亩字也。千晦亦地名，意取能成其师众也。"

③师古曰："师服，晋大夫。"

④师古曰："先制义理然后立名。义理既定，礼由之出。"

⑤师古曰："政以礼成，俗所以正。"

⑥师古曰："反易礼义，则乱生也。"

⑦师古曰："本自古昔而有此名。"

⑧师古曰："替，废也。"

⑨师古曰："昭侯国乱身危，不能自安，故封成师为曲沃伯也。桓，谥也。昭侯叔父，故谓之叔也。"

⑩师古曰："事不遂。"

⑪师古曰："武始并晋国，故称公也。事在桓三年。"

宣公六年，郑公子曼满与王子伯廖语，欲为卿。① 伯廖告人曰："无德而贪，其在《周易丰》之《离》，② 弗过之矣。"③ 间一岁，郑人杀之。④

①师古曰："曼满、伯廖，皆郑大夫也。廖音聊。"

②张晏曰："《离》下《震》上，《丰》。上六变而之《离》，曰'丰其屋，蔀其家'也。"

③师古曰："言无道德而大其屋，不过三岁，必灭亡也。"

④师古曰："间一岁者，中间隔一岁。"

襄公二十九年，齐高子容与宋司徒见晋知伯，汝齐相礼。① 宾出，汝齐语知伯曰："二子皆将不免！子容专，司徒侈，皆亡家之主也。②专则速及，侈将以其力敝，专则人实敝之，将及矣。"九月，高子出奔燕。

①师古曰："高子容，齐大夫高止也。宋司徒，华定。知伯，晋大夫荀盈也。汝齐，晋大夫司马侯也。"

②师古曰："专，自是也。侈，奢泰。"

襄公三十一年正月，鲁穆叔会晋归，告孟孝伯曰："赵孟将死矣！①其语偷，不似民主；②且年未盈五十，而谆谆焉如八九十者，弗能久矣。③若赵孟死，为政者其韩子乎！④吾子盍与季孙言之？可以树善，君子也。"⑤孝伯曰："民生几何，谁能毋偷！⑥朝不及夕，将焉用树！"穆叔告人曰："孟孙将死矣！吾语诸赵孟之偷也，而又甚焉。"九月，孟孝伯卒。

①师古曰："穆叔，即叔孙穆子也。孟孝伯，鲁大夫仲孙羯也。赵孟，晋卿赵文子也，名武。前年十月，穆叔与武同会澶泉，至此年正月乃归。"

②师古曰："偷，苟且。"

③师古曰："谆谆，重顿之貌也，谆音之闰反。"

④师古曰："韩子，韩宣子也，名起。"

⑤师古曰："季孙，谓季武子也，名宿。言韩起有君子之德，方执晋政，可素厚之，以立善也。"

⑥师古曰："几何，言无多时也。几音居岂反。"

昭公元年，周使刘定公劳晋赵孟，①因曰："子弁冕以临诸侯，盍亦远绩禹功，而大庇民乎？"②对曰："老夫罪戾是惧，焉能恤远？吾侪偷食，朝不谋夕，何其长也？"③刘子归，以语王曰："谚所谓老将知而耄及之者，其赵孟之谓乎！④为晋正卿以主诸侯，而侪于隶人，朝不谋夕，弃神人矣。神怒民畔，何以能久？⑤赵孟不复年矣！"⑥是岁，秦景公弟后子奔晋，⑦赵孟问："秦君何如？"对曰："无道。"赵孟曰："亡乎？"对曰："何为？一世无道，国未艾也。⑧国于天地，有与立焉，⑨不数世淫，弗能敝也。"赵孟曰："(天)〔夭〕乎？"[14]对曰："有焉。"赵孟曰："其几何？"⑩对曰："鍼闻国无道而年谷和孰，天赞之也，鲜不五稔。"⑪赵孟视荫，曰："朝夕不相及，谁能待五？"⑫后子出而告人曰："赵孟将死矣！主民玩岁而愒日，其与几何？"⑬冬，赵孟卒。昭五年，秦景公卒。

①师古曰："周，周景王也。刘定公，周卿也，食邑于刘，名夏。是时，孟与诸侯会于虢，故就而劳之。"

②师古曰："时馆于洛汭，因见河洛而美禹功，故言之也。弁冕，冠也。言今服冠冕有国家，何不追绩禹功，而庇荫其人乎？"

③师古曰："侪，等也。言且得食而已，苟免目前，不能念其长久也。侪音仕皆反。"

④师古曰："谚，俗所传言也。八十曰耄，乱也。言人年老阅历既多，谓将益智，而又耄乱也。"

⑤师古曰："言其自比贱隶，而无恤下之心，人为神主，故神人皆去也。"

⑥师古曰："谓其即死，不复见明年。"

⑦师古曰："后子，即公子鍼。"

⑧师古曰："艾读曰刈。刈，绝也。"

⑨师古曰："言在天地之间，多欲辅助，相与共成立之。"

⑩师古曰："言当几时也。音居岂反。"

⑪师古曰："赞，佐助之也。鲜，少也。稔，孰也。谷孰为一稔。言少尚当五年，多则或不啻也。稔音人甚反。"

⑫师古曰："荫谓日之荫影也。赵孟自以年暮，朝不及夕，故言五年不可待也。荫读与阴同。"

⑬师古曰："玩，爱也。愒，贪也。与几何，言不能久也。愒音口盖反。"

昭公元年，楚公子围会盟，①设服离卫。②鲁叔孙穆子曰："楚公子美矣君哉！"③伯州犁曰："此行也，辞而假之寡君。"④郑行人子羽曰："假不反矣。"⑤伯州犁曰："子姑忧子晳之欲背诞也。"⑥子羽曰："假而不反，子其无忧乎？"⑦齐国子曰："吾代二子闵矣。"⑧陈公子招曰："不忧何成？二子乐矣！"⑨卫齐子曰："苟或知之，虽忧不害。"⑩退会，子羽告人曰："齐、卫、陈大夫其不免乎！国子代人忧，子招乐忧，齐子虽忧弗害。夫弗及而忧，与可忧而乐，与忧而弗害，皆取忧之道也。⑪《太誓》曰：'民之所欲，天必从之。'⑫三大夫兆忧矣，能无至乎！⑬言以知物，其是之谓矣。"⑭

①师古曰："围，楚恭王之子也。时为楚令尹，与齐、宋、卫、陈、蔡、郑会于虢。"

②张晏曰："设服者，设人君之服。离卫者，二人执戈在前也。"师古曰："离列人君之侍卫也。"

③师古曰："穆子，叔孙豹也。言其服美似人君也。"

④师古曰："伯州犁，楚太宰也。言受楚王之命，假以此礼耳。盖为其令尹文过。"

⑤师古曰："行人，官名。子羽，公孙挥字也。假不反矣，言将遂为君。"

⑥应劭曰："子皙攻杀伯有，今又背盟，欲复作乱也。"师古曰："子皙，郑大夫公孙黑也。背诞者，背命放诞，欲为乱也。子且自忧此，无忧令尹不反戈也。"

⑦师古曰："言令尹将图为君，则楚国有难，子亦有忧也。"

⑧应劭曰："闵，忧也。二子，伯州犁，行人子羽也。"师古曰："国子，齐大夫国弱也。二子，谓王子围及伯州犁也。围以是年篡位，而不能令终，州犁亦为围所杀，故言可闵。应说非也。"

⑨应劭曰："言国有忧，己乃得以成功也。"师古曰："招，陈公子，哀公弟也。言因忧以成事，事成而乐也。招音韶。"

⑩师古曰："齐子，卫大夫齐恶也。言先知为备，虽有忧难，无所损害。"

⑪师古曰："弗及而忧，谓忧不及己而妄忧也。"

⑫师古曰："《太誓》，《周书》也。"

⑬师古曰："兆忧，谓开忧兆也。"

⑭师古曰："物，类也。察其所言，以知祸福之类。"

昭公十五年，晋籍谈如周葬穆后，①既除丧而燕，②王曰："诸侯皆有以填抚王室，晋独无有，何也？"③籍谈对曰："诸侯之封也，皆受明器于王室，故能荐彝器。④晋居深山，戎翟之与邻，拜戎不暇，其何以献器？"王曰："叔氏其忘诸乎！⑤叔父唐叔，成王之母弟，其反亡分乎？⑥昔而高祖司晋之典籍，⑦以为大正，故曰籍氏。女，司典之后也，何故忘之？"籍谈不能对。宾出，王曰："籍父其无后乎！数典而忘其祖。"⑧籍谈归，以语叔向。叔向曰："王其不终乎！吾闻所乐必卒焉。⑨今王乐忧，若卒以忧，不可谓终。王一岁而有三年之丧二焉，⑩于是乎以丧宾燕，又求彝器，乐忧甚矣。三年之丧，虽贵遂服，礼也。⑪王虽弗遂，燕乐已早。⑫礼，王之大经也；一动而失二礼，无大经矣。⑬言以考典，典以志经。⑭忘经而多言举典，将安用之！"

①师古曰："籍谈，晋大夫也。穆后，周景王之后谥穆也。"

②师古曰："燕与宴同。"

③师古曰："填抚王室，谓献器物也。填音竹刃反。"

④师古曰："明器，明德之器也。彝器，常可宝用之器也。"

⑤师古曰："叔，籍谈字也。一曰叔父之使，故谓之叔氏也。"

⑥师古曰："分音扶问反。"

⑦师古曰："而亦汝。"

⑧师古曰："忘祖业。"

⑨师古曰："言志之所乐，终于此事。"

⑩师古曰："为太子三年，妻死三年乃娶，达子之志。言三年之丧，二后及太子也。"

⑪师古曰："遂犹竟。"

⑫师古曰："天子除丧，当在卒哭，今适既葬，故讥其早也。"

⑬师古曰："经谓常法也。既不遂服，又即宴乐，是失二礼。"

⑭师古曰："考，成也。志，记也。"

哀公十六年，孔丘卒，公诔之曰："(昊)〔旻〕天不吊，〔15〕不憖遗一老，俾屏予一人。"①子赣曰："君其不殁于鲁乎？夫子之言曰：'礼失则昏，名失则愆。'②失志为昏，失所(谓)〔为〕愆。〔16〕生弗能用，死而诔之，非礼也；称'予一人'，非名也。③君两失之。"二十七年，公孙于邾，④遂死于越。⑤

①应劭曰："憖，且辞也。言(昊)〔旻〕天不善于鲁，不且遗一老，使屏蔽我一人也。"师古曰："憖音鱼觐反。"

②师古曰："夫子谓孔子也。昏谓惑也。愆，过也。"

③师古曰："天子自称曰'予一人'，非诸侯之号，故云非名。"

④师古曰："孙读曰逊。"

⑤师古曰："已解于上。"

庶征之恒阳，刘向以为《春秋》大旱也。其夏旱雩祀，谓之大雩。不伤二谷，谓之不雨。京房《易传》曰：“欲德不用兹谓张，①厥灾荒。荒，旱也，其旱阴云不雨，变而赤，因而除。师出过时兹谓广，②其旱不生。上下皆蔽兹谓隔，其旱天赤三月，时有雹杀飞禽。上缘求妃兹谓僭，③其旱三月大温亡云。居高台府，兹谓犯阴侵阳，其旱万物根死，数有火灾。庶位逾节兹谓僭，其旱泽物枯，为火所伤。”

①孟康曰：“欲得贤者而不用，人君徒张此意。”

②李奇曰：“广音旷。”韦昭曰：“谓怨旷也。”

③师古曰：“缘，历也。言历众处而求妃妾也。”

釐公二十一年“夏，大旱”。董仲舒、刘向以为齐(威)〔桓〕既死，[17]诸侯从楚，釐尤得楚心。楚来献捷，释宋之执。①外倚强楚，炕阳失众，又作南门，劳民兴役。②诸雩旱不雨，略皆同说。

①师古曰：“谓此年楚执宋公以伐宋，冬使宜申来献捷，十二月盟于薄，释宋公也。”

②师古曰：“南门本名稷门，更改高大而作之。事在二十年。”

宣公七年“秋，大旱”。是夏，宣与齐侯伐莱。①

①师古曰：“莱国即东莱黄县也。”

襄公五年“秋，大雩”。先是宋鱼石犇楚，①楚伐宋，取彭城以封鱼石。②郑畔于中国而附楚，③襄与诸侯共围彭城，④城郑虎牢以御楚。⑤是岁郑伯使公子发来聘，⑥使大夫会吴于善道。⑦外结二国，内得郑聘，有炕阳动众之应。

①师古曰：“犇，古奔字也。事在成十五年。鱼石，宋左师也，公子目夷之曾孙也。”

②师古曰：“事在成十八年。”

③师古曰：“自鄢陵战后，郑遂不服，故诸侯屡侵伐之。”

④师古曰：“谓襄元年使仲孙蔑会晋栾黡、宋华元、卫甯殖、曹人、莒人、邾人、滕人、薛人围彭城。”

⑤师古曰：“事在二年。武牢本郑邑，时已属晋，盖追言之。”

⑥师古曰："公子发，郑穆公之子，子产之父也，字子国。"

⑦师古曰："使仲孙蔑会吴也。善道，地名。"

八年"九月，大雩"。时作三军，季氏盛。①

①师古曰："万二千五百人为军。鲁本立上下二军，皆属于公，有事则三卿递帅之而征伐。今季氏欲专其人，故增立中军，三卿各主其一也。事在十一年。"

二十八年"八月，大雩"。先是，比年晋使荀吴、齐使庆封来聘，①是夏邾子来朝。襄有炕阳自大之应。

①师古曰："比年，频年也。荀吴，晋大夫，即荀偃之子也，二十六年晋侯使来聘。庆封，齐大夫也，二十七年齐侯使来聘。"

昭公三年"八月，大雩"。刘歆以为昭公即位年十九矣，犹有童心，居丧不哀，炕阳失众。

六年"九月，大雩"。先是莒牟夷以二邑来犇，①莒怒伐鲁，叔弓帅师，距而败之，昭得入晋。②外和大国，内获二邑，取胜邻国，有炕阳动众之应。

①师古曰："事在五年。牟夷，莒大夫也。二邑，谓牟娄及防兹也。"

②师古曰："叔弓，鲁大夫。时昭公适欲朝晋，而遇莒人来讨，将不果行。叔弓既败莒师，公乃得去。故传云成礼大国，以为援好也。"

十六年"九月，大雩"。先是昭公母夫人归氏薨，昭不戚，又大蒐于比蒲。①晋叔向曰："鲁有大丧而不废蒐。国不恤丧，不忌君也；君亡戚容，不顾亲也，殆其失国。"与三年同占。

①师古曰："事在昭十一年。归氏，胡国之女。归姓，即齐归也。齐，谥也。蒐谓聚而众田猎也。比蒲，鲁地名。比音毗。"

二十四年"八月，大雩"。刘歆以为《左氏传》二十三年邾师城翼，还经鲁地，①鲁袭取邾师，获其三大夫。②邾人愬于晋，晋人执我行人叔孙婼，③是春乃归之。

①师古曰："翼，邾邑也。经者，道出其中也。鲁地，谓武城也。"

②师古曰："谓徐鉏、丘弱、茅地也。"

③师古曰："叔孙昭子也。婼音丑略反。"

二十五年"七月上辛大雩，季辛又雩"，旱甚也。刘歆以为时后氏与季氏有隙。①又季氏之族有淫妻为谗，使季平子与族人相恶，皆共谮平子。②子家驹谏曰："谗人以君侥幸，不可。"③昭公遂伐季氏，为所败，出犇齐。

①师古曰："后氏，郈昭伯也。季氏，季平子也。季、郈之鸡斗，季氏芥其鸡，郈子为之金距。平子怒，益宫于郈氏，且责让之，故郈昭伯怨之。"

②师古曰："谓平子庶叔父公鸟之妻季姒与雍人檀通，而谮季氏之族人季公亥、公思展，故平子杀思展，以故族人皆怨之。"

③师古曰："子家驹即子家懿伯，庄公之玄孙也。一名羁。"

定公(十)〔七〕年[18]"九月，大雩"。先是定公自将侵郑，归而城中城。二大夫帅师围郓。①

①师古曰："事并在六年。中城，鲁之邑也。二大夫谓季孙斯、仲孙何忌。"

严公三十一年"冬，不雨"。是岁，一年而三筑台，①奢侈不恤民。

①师古曰："是年春筑台于郎，夏筑台于薛，秋筑台于秦。秦、郎、薛，皆鲁地。"

釐公二年"冬十月不雨"，三年"春正月不雨，夏四月不雨"，"六月雨"。先是者，严公夫人与公子庆父淫，而杀二君。①国人攻之，夫人逊于邾，庆父犇莒。釐釐公即位，南败邾，②东败莒，获其大夫。③有炕阳之应。

①师古曰："庆父，桓公之子，庄公弟也。二君，谓子般及闵公。"

②师古曰："谓元年公败邾师于偃。"

③师古曰："谓元年公子友帅师败莒师于郦，获莒挐也。"

文公二年，"自十有二月不雨，至于秋七月"。文公即位，天子使叔服会葬，①毛伯赐命。②又会晋侯于戚。③公子遂如齐纳币。④又与诸侯盟。⑤上得天子，外得诸侯，沛然自大。⑥跻釐公主。大夫始颛事。⑦

①师古曰："叔服，周之内史也，叔氏，服字。会葬，葬僖公。"

②师古曰："亦天子使之也。毛伯，周之卿士。毛，国；伯，爵也。赐命者，赐以命圭为瑞信也。"

③师古曰："谓大夫公孙敖会之也。戚，卫邑，在顿丘卫县西。"

④师古曰："纳玄纁之币，谓公为婚于齐。"

⑤师古曰："谓公孙敖会宋公、陈侯、郑伯、晋士縠盟于垂陇也。垂陇，郑地。"

⑥师古曰："沛音普大反。"

⑦师古曰："谓季孙行父也。颛读与专同。"

十年，"自正月不雨，至于秋七月"。先是公子遂会四国而救郑。① 楚使越椒来聘。② 秦人归禭。③ 有炕阳之应。

①师古曰："谓九年楚人伐郑，公子遂会晋人、宋人、卫人、许人以救之。"

②师古曰："越椒，楚大夫名也。事亦在九年。"

③师古曰："谓九年秦人来归僖公及成风之禭也。凡问丧者，衣服曰禭。成风，僖公之母也。成，谥也。风，姓也。禭音遂。"

十三年，"自正月不雨，至于秋七月"。先是曹伯、杞伯、滕子来朝，① 郕伯来奔，② 秦伯使遂来聘，③ 季孙行父城诸及郓。④ 二年之间，五国趋之，内城二邑。炕阳失众。一曰，不雨而五谷皆熟，异也。文公时，大夫始颛盟会，公孙敖会晋侯，又会诸侯盟于垂陇。故不雨而生者，阴不出气而私自行，以象施不由上出，臣下作福而私自成。一曰，不雨近常阴之罚，君弱也。

①师古曰："十一年曹伯来朝，十二年杞伯、滕子来朝。"

②师古曰："事在十二年。郕，国；伯，爵也。"

③师古曰："事在十二年。遂，秦大夫名，即《左氏》所谓西乞术。"

④师古曰："事在十二年。诸、郓，二邑名也。诸即琅邪诸县也。"

惠帝五年夏，大旱，江河水少，溪谷绝。先是发民男女十四万六千人城长安，是岁城乃成。

文帝三年秋，天下旱。是岁夏，匈奴右贤王寇侵上郡，诏丞相灌婴发车骑士八万五千人诣高奴，① 击右贤王走出塞。其秋，济北王兴居反，使大将军讨之，皆伏诛。

①师古曰："即上郡之县。"

后六年春，天下大旱。先是发车骑材官屯广昌，① 是岁二月复发材官屯陇西。后匈奴大入上郡、云中，烽火通长安，三将军屯边，②又三将军屯京师。③

①师古曰："武都之县。"

②师古曰："谓以中大夫令免为车骑将军屯飞狐，故楚相苏意为将军屯句注，将军张武屯北地。"

③师古曰："谓河内太守周亚夫为将军次细柳，宗正刘礼为将军次霸上，祝兹侯徐厉为将军次棘门。"

景帝中三年秋，大旱。

武帝元光六年夏，大旱。是岁，四将军征匈奴。①

①师古曰："谓车骑将军卫青出上谷，骑将军公孙敖出代，轻车将军公孙贺出云中，骁骑将军李广出雁门。"

元朔五年春，大旱。是岁，六将军众十馀万征匈奴。①

①师古曰："谓卫青将六将军兵也。六将军者，卫尉苏建为游击将军，左内史李沮为强弩将军，大仆公孙贺为骑将军，代相李蔡为轻车将军，俱出朔方；大行李息、岸头侯张次公为将军，出右北平。"

元狩三年夏，大旱。是岁发天下故吏伐棘上林，穿昆明池。

天汉元年夏，大旱；其三年夏，大旱。先是贰师将军征大宛还。天汉元年，发谪民。①二年夏，三将军征匈奴，②李陵没不还。

①师古曰："適读曰谪。"

②师古曰："谓贰师将军三万骑出酒泉，因杅将军出西河，骑都尉李陵将步兵五千人出居延北也。"

征和元年夏，大旱。是岁发三辅骑士闭长安城门，大搜，始治巫蛊。明年，卫皇后、太子败。

昭帝始元六年，大旱。先是大鸿胪田广明征益州，暴师连年。

宣帝本始三年夏，大旱，东西数千里。先是五将军众二十万征匈奴。①

①师古曰："本始三年，御史大夫田广明为祁连将军，后将军赵充国为蒲类将军，云中太守田顺为武牙将军，及渡辽将军范明友、前将军韩增，凡五将军，

兵十五万骑。校尉常惠持节护乌孙兵,咸击匈奴,是为二十万众也。"

神爵元年秋,大旱。是岁,后将军赵充国征西羌。

成帝永始三年、四年夏,大旱。

《左氏传》晋献公时童谣曰:"丙〔子〕之晨,[19]龙尾伏辰,袀服振振,取虢之旂。①鹑之贲贲,天策焞焞,火中成军,虢公其犇。"②是时虢为小国,介夏阳之阸,怙虞国之助,③亢衡于晋,有炕阳之节,失臣下之心。晋献伐之,问于卜偃曰:"吾其济乎?"④偃以童谣对曰:"克之。十月朔丙子旦,日在尾,月在策,鹑火中,必此时也。"冬十二月丙子朔,晋师灭虢,虢公丑奔周。周十二月,夏十月也。言天者以夏正。

①师古曰:"徒歌曰谣。袀服,黑衣。振振,袀服之貌也。袀音(匀)〔均〕,[20]又音弋春反。振音只人反。"

②师古曰:"(犇)〔贲〕音奔。[21]焞音吐敦反,又音敦。犇,古奔字。"

③师古曰:"介,隔也。"

④师古曰:"卜偃,晋大夫主卜者。"

史记晋惠公时童谣曰:"恭太子更葬兮,后十四年,晋亦不昌,昌乃在其兄。"是时,惠公赖秦力得立,立而背秦,内杀二大夫,①国人不说。②及更葬其兄恭太子申生而不敬,故诗妖作也。后与秦战,为秦所获,立十四年而死。晋人绝之,更立其兄重耳,是为文公,遂伯诸侯。③

①师古曰:"谓里克、丕郑。"

②师古曰:"说读曰悦。"

③师古曰:"伯读曰霸。"

《左氏传》文、成之世童谣曰:"鸜之鹆之,公出辱之。①鸜鹆之羽,公在外野,往馈之马。②鸜鹆跦跦,公在乾侯,③征褰与襦。④鸜鹆之巢,远哉摇摇,⑤裯父丧劳,宋父以骄。⑥鸜鹆鸜鹆,往歌来哭。"⑦至昭公时,有鸜鹆来巢。公攻季氏,败,出奔齐,居外野,次乾侯。八年,死于外,归葬鲁。昭公名裯。公子宋立,是为定公。

①师古曰:"鸜音劬。鹆音欲。"

②师古曰:"馈亦餽字。"

③臣瓒曰:"乾侯,在魏郡斥丘县。"师古曰:"跦跦,跳行貌也。跦音诛。乾音干。"

④师古曰:"征,求也。褰,袴也。言公出外求袴襦之服。"

⑤师古曰:"摇摇,不安之貌。"

⑥师古曰:"父读曰甫。甫者,男子之通号,故云裯甫、宋甫也。言昭公欲去季氏,不遂而出,故曰丧劳。定公无德于下,坐致君位,故曰以骄。"

⑦师古曰:"谓昭公生时出奔,死乃以丧归之。"

元帝时童谣曰:"井水溢,灭灶烟,灌玉堂,流金门。"至成帝建始二年三月戊子,北宫中井泉稍上,溢出南流,象春秋时先有鸜鹆之谣,而后有来巢之验。井水,阴也;灶烟,阳也;玉堂、金门,至尊之居:象阴盛而灭阳,窃有宫室之应也。王莽生于元帝初元四年,至成帝封侯,为三公辅政,因以篡位。

成帝时童谣曰:"燕燕尾涎涎,①张公子,时相见。木门仓琅根,燕飞来,啄皇孙,皇孙死,燕啄矢。"其后帝为微行出游,常与富平侯张放俱称富平侯家人,过(河阳)〔阳阿〕主作乐,[22]见舞者赵飞燕而幸之,故曰"燕燕尾涎涎",美好貌也。张公子谓富平侯也。"木门仓琅根",谓宫门铜锾,②言将尊贵也。后遂立为皇后。弟昭仪贼害后宫皇子,卒皆伏辜,所谓"燕飞来,啄皇孙,皇孙死,燕啄矢"者也。

①师古曰:"涎涎,光泽貌也,音徒见反。"

②师古曰:"门之铺首及铜锾也。铜色青,故曰仓琅。铺首衔环,故谓之根。锾读与环同。"

成帝时歌谣又曰:"邪径败良田,谗口乱善人。桂树华不实,黄爵巢其颠。故为人所羡,今为人所怜。"桂,赤色,汉家象。华不实,无继嗣也。王莽自谓黄,象黄爵巢其颠也。

严公十七年"冬,多麋"。刘歆以为毛虫之孽为灾。刘向以为麋色青,近青祥也。麋之为言迷也,盖牝兽之淫者也。是时,严公将取齐之淫女，其象先见，天戒若曰，勿取齐女，淫而迷国。严不寤，遂取之。夫人既入，淫于二叔，终皆诛死，①几亡社稷。②董仲舒指略同。京房《易传》曰："废正作淫，大不明，国多麋。"又曰："《震》遂泥，③厥咎国多麋。"

①师古曰："谓庆父缢死，叔牙鸩卒，齐人杀哀姜也。"

②师古曰："谓子般、闵公前后见杀，而齐侯欲取鲁国也。几音钜依反。"

③李奇曰："从三至五，有《坎》象。《坎》为水，四为泥在水中，故曰《震》遂泥。泥者，泥溺于水，不能自拔，道未光也。或以为溺于淫女，故其妖多麋。麋，迷也。"师古曰："此《易震卦》九四爻辞也。泥音乃计反。"

昭帝时，昌邑王贺闻人声曰"熊"，视而见大熊。左右莫见，以问郎中令龚遂，遂曰："熊，山野之兽，而来入宫室，王独见之，此天戒大王，恐宫室将空，危亡象也。"贺不改寤，后卒失国。

《左氏传》襄公十七年十一月甲午，宋国人逐猘狗，①猘狗入于华臣氏，②国人从之。臣惧，遂奔陈。先是臣兄阅为宋卿，③阅卒，臣使贼杀阅家宰，遂就其妻。宋平公闻之，曰："臣不唯其宗室是暴，大乱宋国之政。"欲逐之。左师向戌曰："大臣不顺，国之耻也，不如盖之。"④公乃止。华臣炕暴失义，内不自安，故犬祸至，以犇亡也。

①师古曰："猘，狂也，音征例反。"

②师古曰："华臣，华元之子也。"

③师古曰："为右师。"

④师古曰："向戌，宋桓公曾孙也。盖谓覆掩其事也。"

高后八年三月，祓霸上，①还过枳道，见物如仓狗，橶高后掖，②忽而不见。卜之，赵王如意为祟。遂病掖伤而崩。先是高后鸩杀如意，支断其母戚夫人手足，搉其(服)〔眼〕以为人彘。③[23]

①师古曰："祓者，除恶之祭也，音废。"

②师古曰："橶谓拘持之也。橶音戟。拘音居足反。"

③师古曰："搉谓敲击去其精也。搉音口角反。凡言彘者，皆豕之别名。"

文帝后五年六月，齐雍城门外有狗生角。①先是帝兄齐悼惠王亡后，帝分齐地，立其庶子七人皆为王。②兄弟并强，有炕阳心，故犬祸见也。犬守御，角兵象，在前而上鄉者也。③犬不当生角，犹诸侯不当举兵乡京师也。天之戒人蚤矣，④诸侯不寤。后六年，吴、楚畔，济南、胶西、胶东三国应之，举兵至齐。齐王犹与城守，⑤三国围之。会汉破吴、楚，因诛四王。故天狗下梁而吴、楚攻梁，狗生角于齐而三国围齐。汉卒破吴、楚于梁，诛四王于齐。京房《易传》曰："执政失，下将害之，厥妖狗生角。君子苟免，小人陷之，厥妖狗生角。"

①师古曰："雍城门者，齐门名也。《春秋左氏传》平阳之役，赵武及秦周伐雍门之(狄)〔萩〕是也。"[24]

②师古曰："谓齐孝王将闾、济北王志、菑川王贤、胶东王雄渠、胶西王卬、济南王辟光，并城阳恭王喜，是谓七王。"

③师古曰："乡读曰向。次下亦同。"

④师古曰："蚤，古早字。"

⑤师古曰："与读曰豫。"

景帝三年二月，邯郸狗与彘交。悖乱之气，近犬豕之祸也。①是时赵王遂悖乱，与吴、楚谋为逆，遣使匈奴求助兵，卒伏其辜。犬，兵革失众之占；②豕，北方匈奴之象。逆言失听，交于异类，以生害也。京房《易传》曰："夫妇不严，厥妖狗与豕交。兹谓反德，国有兵革。"

①师古曰："悖，惑也，音布内反。此下亦同。"

②如淳曰："犬吠守，似兵革外附它类，失众也。"

成帝河平元年，长安男子石良、刘音相与同居，①有如人状在其室中，击之，为狗，走出。去后有数人被甲持兵弩至良家，良等格击，或死或伤，皆狗也。自二月至六月乃止。

①师古曰："二人共止一室。"

鸿嘉中，狗与彘交。

《左氏》昭公二十四年十月癸酉，王子鼂以成周之宝圭湛于河，①幾以获神助。②甲戌，津人得之河上，阴不佞取将卖之，则为石。③是时王子鼂篡天子位，万民不鄉，号令不从，④故有玉变，近白祥也。癸酉入而甲戌出，神不享之验云。玉化为石，贵将为贱也。后二年，子鼂犇奔楚而死。

①师古曰："以祭河也。《尔雅》曰：'祭川曰浮沈。'湛读曰沈。后皆类此。"

②师古曰："幾读曰冀。"

③师古曰："阴不佞，周大夫也。"

④师古曰："鄉读曰向。"

史记秦始皇帝三十六年，郑客从关东来，至华阴，望见素车白马从华山上下，知其非人，道住止而待之。遂至，①持璧与客曰："为我遗镐池君。"②因言"今年祖龙死"。③忽不见。郑客奉璧，即始皇二十八年过江所湛璧也。与周子鼂同应。是岁，石陨于东郡，民或刻其石曰："始皇死而地分。"此皆白祥，炕阳暴虐，号令不从，孤阳独治，群阴不附之所致也。一曰，石，阴类也，阴持高节，臣将危君，赵高、李斯之象也。始皇不畏戒自省，反夷灭其旁民，而燔烧其石。是岁始皇死，后三年而秦灭。

①师古曰："于道上住而待此车马。"

②张晏曰："武王居镐，镐池君则武王也。武王伐商，故神云始皇荒淫若纣矣，今亦可伐也。"孟康曰："长安西南有镐池。"师古曰："镐池在昆明池北。此直江神告镐池之神，云始皇将死耳，无豫于武王也。张说失矣。"

③苏林曰："祖，始也。龙，人君象。谓始皇也。"

孝昭元凤三年正月，泰山莱芜山南匈匈有数千人声。民视之，有大石自立，高丈五尺，大四十八围，入地深八尺，三石为足。石立处，有白乌数千集其旁。眭孟以为石阴类，下民象，泰山岱宗之岳，王者易姓告代之处，当有庶人为天子者。孟坐伏诛。京房《易传》曰："'《复》，崩来无咎。'①自上下者为崩，厥应泰山之石颠而下，②圣人受命人君虏。"又曰："石立如人，庶士为天下雄。立于山，同姓；平地，异姓。立于水，圣人；于泽，小人。"

①师古曰："《复卦》之辞也。今《易》崩字作朋也。"

②师古曰："颠，坠也。"

天汉元年三月，天雨白毛；三年八月，天雨白氂。①京房《易传》曰：

“前乐后忧，厥妖天雨羽。”又曰：“邪人进，贤人逃，天雨毛。”

①师古曰：“凡言氂者，毛之强曲者也，音力之反。”

史记周威烈王二十三年，九鼎震。① 金震，木动之也。是时周室衰微，刑重而虐，号令不从，以乱金气。鼎者，宗庙之宝器也。宗庙将废，宝鼎将迁，故震动也。是岁晋三卿韩、魏、赵篡晋君而分其地，威烈王命以为诸侯。天子不恤同姓，而爵其贼臣，天下不附矣。后三世，周致德祚于秦。② 其后秦遂灭周，而取九鼎。九鼎之震，木沴金，失众甚。

①孟康曰：“威烈，一王之谥也，六国时也。”师古曰：“即赧王之高祖也。”

②晋灼曰：“赧王奔秦，献其邑，此谓致德祚也。”

成帝元延元年正月，长安章城门门牡自亡，① 函谷关次门牡亦自亡。② 京房《易传》曰：“饥而不损兹谓泰，厥灾水，厥咎牡亡。”《妖辞》曰：“关动牡飞，辟为亡道臣为非，厥咎乱臣谋篡。”③ 故谷永对曰：“章城门通路寝之路，函谷关距山东之险，城门关守国之固，固将去焉，故牡飞也。”

①晋灼曰：“西出南头第一门也。牡是出籥者。”师古曰：“牡所以下闭者也，亦以铁为之，非出籥也。”

②韦昭曰：“函谷关边小门也。”师古曰：“非行人出入所由，盖关司曹府所在之门也。”

③李奇曰：“《易》《妖变传》辞。”

【校勘记】

〔1〕 唯金沴(水)〔木〕。 景祐、殿本都作“木”。朱一新说作“木”是。

〔2〕 《左氏(使)〔传〕》桓公十三年， 景祐、殿、局本都作“传”，此误。

〔3〕 成肃公受(赈)〔脤〕于社，景祐、殿本都作“脤”，此误，局本亦误。

〔4〕 劝杀(威)〔桓〕公， 景祐、殿本都作“桓”。

〔5〕 徵，(澄)〔證〕也。 景祐、殿、局本都作“證”。朱一新说作“證”是。

〔6〕 犹(玦)〔决〕，去不反意也。 景祐、殿本都作“决”。王先谦说作“决”是。

〔7〕　郑公子士〔洩〕　殿本有“洩”字。朱一新说有“洩”字是。按景祐本无，杨树达以为不当有。

〔8〕　高九(尺)〔寸〕，　景祐、殿本都作“寸”。朱一新说作“寸”是。

〔9〕　史(嚣)〔嚚〕殿本作“嚚”。王先谦说作“嚚”是。

〔10〕　(反)〔及〕后为悼王。　景祐、殿本都作“及”。朱一新说“反”“及”均误，当作“也”。

〔11〕　(无)〔亡〕仪，无礼仪也。　景祐、殿本都作“亡”。王先谦说作“亡”是。

〔12〕　(二)〔一一〕而祭之。致谓(外)〔升〕其主于庙。　朱一新说汪本“二”作“一一”，“外”作“升”，是。按景祐、殿本同汪本。

〔13〕　(二)〔三〕卿而五大夫，　景祐本作“三”。朱一新说作“三”是。

〔14〕　(天)〔夭〕虖？　王念孙说当从景祐本作“夭”，下文“其几何”正承“夭”字言之。

〔15〕　(昊)〔旻〕天不吊，景祐、殿本都作“旻”，注同。按《左传》作“旻”。

〔16〕　失所(谓)〔为〕愆。　景祐、殿本都作“为”。

〔17〕　齐(威)〔桓〕既死，　景祐、殿本都作“桓”。

〔18〕　定公(十)〔七〕年　苏舆说据《春秋经》，定十年无大雩事。其书“九月大雩”，在定七年。“十”疑“七”之误。

〔19〕　丙〔子〕之晨，　景祐本有“子”字。王念孙说景祐本是。

〔20〕　袀音(匀)〔均〕，　景祐、殿本都作“均”。

〔21〕　(犇)〔贲〕音奔。　殿本作“贲”。王先谦说作“贲”是。

〔22〕　过(河阳)〔阳阿〕主作乐，　何焯、王念孙都说当作“阳阿”。

〔23〕　榷其(服)〔眼〕以为人彘。　钱大昭说“服”当作“眼”。按景祐、殿本都作“眼”。

〔24〕　伐雍门之(荻)〔萩〕是也。　朱一新说汪本作“萩”是。按《左传》襄十八年文作“萩”。

汉书卷二十七中之下

五行志第七中之下

传曰："视之不明，是谓不悊，厥咎舒，厥罚恒奥，①厥极疾。②时则有草妖，时则有蠃虫之孽，③时则有羊旤，时则有目痾，时则有赤眚赤祥。惟水沴火。"

①师古曰："奥读曰燠。燠，暖也，音於六反。其下并同。"

②韦昭曰："以疾为罚。"

③师古曰："螽、螟之类无鳞甲毛羽，故谓之蠃虫也。音郎果反。"

"视之不明，是谓不悊"，悊，知也。《诗》云："尔德不明，以亡陪亡卿；不明尔德，以亡背亡仄。"①言上不明，暗昧蔽惑，则不能知善恶，亲近习，长同类，②亡功者受赏，有罪者不杀，百官废乱，失在舒缓，故其咎舒也。盛夏日长，暑以养物，政弛缓，故其罚常奥也。奥则冬温，春夏不和，伤病民人，故极疾也。诛不行则霜不杀草，繇臣下则杀不以时，③故有草妖。凡妖，貌则以服，言则以诗，听则以声。视则以色者，五色物之大分也，在于眚祥，故圣人以为草妖，失秉之明者也。④温奥生虫，故有蠃虫之孽，谓螟螣之类⑤当死不死，未当生而生，或多于故而为灾也。刘歆以为属思心不容。于《易》，刚而包柔为《离》，⑥《离》为火为目。羊上角下(号)〔蹏〕，[1]刚而包柔，羊大目而不精明，视气毁故有羊旤。一曰，暑岁羊多疫死，及为怪，亦是也。及人，则多病目者，故有目痾。火色赤，故有赤眚赤祥。凡视伤者病火气，火气伤则水沴之。其极疾者，顺之，其福曰寿。⑦刘歆视传曰有羽虫之孽，鸡旤。说以为于天文南方喙为鸟星，故为羽虫；旤亦从羽，故为鸡；鸡于《易》自在《巽》。说非是。庶征之恒奥，刘向以为《春秋》亡冰也。小奥不书，无冰然后书，举其大者也。京房《易传》曰："禄不遂行兹谓欺，厥咎奥，雨雪四至而温。臣安禄乐逸兹谓乱，奥而生虫。知罪不诛兹谓舒，其奥，夏则暑杀人，冬则物华实。重过不诛，兹谓亡征，其咎当寒而奥六日也。"

①师古曰："《大雅》《荡》之诗也。言不别善恶，有逆背倾仄者，有堪为卿大夫者，皆不知之也。仄，古侧字。"

②师古曰："习，狎也。近狎者则亲爱之，同类者则长益也。"

③师古曰："繇读与由同，言诛罚由于臣下。"

④师古曰："谓失所执之权也。音彼命反。"

⑤师古曰："螟食苗心，螣食苗叶之虫也。螟音冥。螣音徒得反。"

⑥师古曰："两阳居外，一阴在内，故云刚包柔。"

⑦李奇曰："于六极之中为疾者，逆火气，致疾病也。能顺火气，则祸更为福。"

桓公十五年"春，亡冰"。刘向以为周春，今冬也。先是连兵邻国，三战而再败也，①内失百姓，外失诸侯，不敢行诛罚，郑伯突篡兄而立，公与相亲，②长养同类，不明善恶之罚也。③董仲舒以为象夫人不正，阴失节也。④

①师古曰："三战者，谓十年齐侯、卫侯、郑伯来战于郎，十二年与郑师伐宋战于宋，十三年会纪侯、郑伯及齐侯、宋公、卫侯、燕人战也。再败者，谓郎之战，《穀梁传》曰'以吾败也'，又宋之战，《穀梁》亦曰'讳败，举其可道者也'。据《左氏传》、《公羊》、《穀梁》，亦曰无冰，并在十四年，今此云十五年，未详其意。"

②师古曰："突，郑庄公子，即厉公也。兄谓太子忽，即昭公也。庄公既卒，突因宋庄公之宠而得立，遂使昭公奔卫，故云篡兄也。公与相亲者，谓十五年突为祭仲所逐奔蔡，遂居栎，而昭公入，公再与诸侯伐郑，谋纳厉公。"

③师古曰："言桓篡立，与突志同，故曰长养同类。"

④师古曰："夫人姜氏通于齐侯，故云不正。"

成公元年"二月，无冰"。董仲舒以为方有宣公之丧，君臣无悲哀之心，而炕阳，作丘甲。①刘向以为时公幼弱，政舒缓也。

①师古曰："时宣公薨始逾年，故云有丧也。丘甲，解在《刑法志》。"

襄公二十八年"春，无冰"。刘向以为先是公作三军，有侵陵用武之意，①于是邻国不和，伐其三鄙，②被兵十有馀年，因之以饥馑，百姓怨望，臣下心离，公惧而弛缓，不敢行诛罚，③楚有夷狄行，公有从楚心，不明善恶之应。④董仲舒指略同。一曰，水旱之灾，寒暑之变，天下皆同，故曰“无冰”，天下异也。桓公杀兄弑君，外成宋乱，与郑易邑，背畔周室。⑤成公时，楚横行中国，⑥王札子杀召伯、毛伯，⑦晋败天子之师于贸戎，⑧天子皆不能讨。襄公时，天下诸侯之大夫皆执国权，⑨君不能制。渐将日甚，善恶不明，诛罚不行。周失之舒，秦失之急，故周衰亡寒岁，秦灭亡奥年。

①师古曰：“作三军者，季氏欲专其权，非公本意，此说非也。侵陵用武者，谓入郓取邿也。邿音诗。”

②师古曰：“谓十二年三月，十四年夏，莒人伐我东鄙。十五年夏，齐侯伐我北鄙。秋，邾人伐我南鄙。十六年三月，齐侯伐我北鄙。”

③师古曰：“弛，放也，音式尔反。

④师古曰：“有从楚心，谓二十八年公朝于楚。”

⑤师古曰：“隐摄公位，又桓之兄，故云杀兄弑君也。成宋乱者，谓宋华父督弑其君殇公及其大夫孔父，以郜大鼎赂公，公会齐侯、郑伯于稷而平其乱也。与郑易邑，谓以太山之田易许田也。许田者，鲁朝宿之邑也，而以与郑，明鲁之不朝于王，故云背畔周室。”

⑥师古曰：“谓成二年楚师侵卫，遂侵我，师于蜀。六年七月，楚公子婴齐帅师伐郑。九年，婴齐帅师伐莒。十五年，楚子伐郑。十六年，楚子与晋侯、郑伯战于鄢陵。十八年，楚子伐宋。”

⑦师古曰：“王札子，即王子捷也。召伯、毛伯，皆周大夫也。今《春秋经》王札子杀召伯、毛伯事在宣十五年，而此言成公时，未达其说。召读曰邵。”

⑧师古曰：“贸戎，戎别种也。《公羊传》成元年：‘王师败绩于贸戎。孰败之？盖晋败之。’贸音莫候反。”

⑨师古曰：“谓襄十六年会于溴梁，诸侯之大夫盟皆类此。”

武帝元狩六年冬，亡冰。先是，比年遣大将军卫青、霍去病攻祁连，绝大幕，①穷追单于，斩首十馀万级，还，大行庆赏。乃闵海内勤劳，是岁遣博士褚大等六人持节巡行天下，②存赐鳏寡，假与乏困，举遗逸独行君子诣行在所。郡国有以为便宜者，上丞相、御史以闻。天下咸喜。

①师古曰："比，频也。祁连，山名也。幕，沙碛也。直度曰绝，祁音上夷反。"

②师古曰："行音下更反。"

昭帝始元二年冬，亡冰。是时上年九岁，大将军霍光秉政，始行宽缓，欲以说下。

僖公三十三年"十二月，陨霜不杀草"。刘歆以为草妖也。刘向以为今十月，周十二月。于《易》五为天位，(为)君位，[2]九月阴气至，五通于天位，其卦为《剥》，①剥落万物，始大杀矣，明阴从阳命，臣受君令而后杀也。今十月陨霜而不能杀草，此君诛不行，舒缓之应也。是时公子遂颛权，②三桓始世官，③天戒若曰，自此之后，将皆为乱矣。文公不寤，其后遂杀子赤，三家逐昭公。④董仲舒指略同。京房《易传》曰："臣有缓兹谓不顺，厥异霜不杀也。"

①师古曰："《坤》下《艮》上。"

②师古曰："公子遂，庄公之子，即东门襄仲也，时为卿，专执国政也。"

③师古曰："谓父子相继为卿也。"

④师古曰："并已解于上。"

《书序》曰："伊(涉)〔陟〕相太戊，[3]亳有祥，桑榖共生。"①《传》曰："俱生乎朝，七日而大拱。②伊陟戒以修德，而木枯。"刘向以为殷道既衰，高宗承敝而起，尽凉阴之哀，天下应之，③既获显荣，怠于政事，国将危亡，故桑榖之异见。桑犹丧也，榖犹生也，杀生之秉失而在下，④近草妖也。一曰，野木生朝而暴长，小人将暴在大臣之位，危亡国家，象朝将为虚之应也。⑤

①师古曰："《商书》《咸乂》之序也。其书亡。伊陟，伊尹子也。大戊，太甲孙也。《亳》，殷所都也。桑、榖二木，合而共生。榖音穀。"

②师古曰："两手合为拱，音久勇反。"

③师古曰："凉，信也。阴，默也。言居哀信默，三年不言也。凉读曰谅。一说，凉阴谓居丧之庐也。谓三年处于庐中不言。凉音力羊反。据今《尚书》及诸传记，太戊卒，子仲丁立，卒，弟何亶甲立，卒，子祖乙立，卒，子盘庚立，

卒，小乙之子武丁立，是为高宗。桑穀自太戊时生，凉阴乃高宗之事。而此云桑穀即高宗时出，其说与《尚书大传》不同，未详其义也。或者伏生差谬。"

④师古曰："秉音彼命反。"

⑤师古曰："虚读曰墟。"

《书序》又曰："高宗祭成汤，有蜚雉登鼎耳而雊。"①祖己曰："惟先假王，正厥事。"②刘向以为雉雊鸣者雄也，以赤色为主。于《易》，《离》为雉，雉，南方，近赤祥也。刘歆以为羽虫之孽。《易》有《鼎卦》，③鼎，宗庙之器，主器奉宗庙者长子也。野鸟自外来，入为宗庙器主，是继嗣将易也。一曰，鼎三足，三公象，而以耳行。④野鸟居鼎耳，小人将居公位，败宗庙之祀。野木生朝，野鸟入庙，败亡之异也。武丁恐骇，谋于忠贤，修德而正事，内举傅说，授以国政，⑤外伐鬼方，以安诸夏，⑥故能攘木鸟之妖，致百年之寿，⑦所谓"六沴作见，若是共御，五福乃降，用章于下"者也。⑧一曰，金沴木曰木不曲直。

①师古曰："《商书》《高宗肜日》之序也。蜚，古飞字。雊音工豆反。"

②师古曰："祖己，殷贤臣。假，大也。言先代大道之王，能正其事，而灾异销也。"

③师古曰："《巽》下《离》上也。"

④师古曰："鼎非举耳不得行，故云以耳行。"

⑤师古曰："武丁梦得贤相，乃以所梦之像使求之，得于傅岩，立以为相，作《说命》三篇。说读曰悦。"

⑥师古曰："鬼方，绝远之地，一曰国名。夏，大也。中国大于戎狄，故曰诸夏。"

⑦师古曰："攘，却也，音人羊反。"

⑧师古曰："共读曰恭。御读曰禦。言恭己以御灾也。一说，御，治也，恭治其事也。"

僖公三十三年"十二月，李梅实"。刘向以为周十二月，今十月也，李梅当剥落，今反华实，近草妖也。先华而后实，不书华，举重者也。阴成阳事，象臣颛君作威福。一曰，冬当杀，反生，象骄臣当诛，不行其罚也。故冬(华)华者，[4]象臣邪谋有端而不成，至于实，则成矣。是时僖公死，公子遂颛权，文公不寤，后有子赤之变。一曰，君舒缓甚，奥气不臧，则华实复生。董仲舒以为李梅实，臣下强也。记曰："不当华而华，易大夫；不当实而实，易相室。"①冬，水王，木相，故象大臣。刘歆以为庶徵皆以虫为孽，思心赢虫孽也。李梅实，属草妖。

①应劭曰："冬，水王，木相，故象大臣。冬实者，变置丞相与宫室也。但华，则变大夫也。"师古曰："相室犹言相国，谓宰相也。合韵故言相室。相室者，相王室。"

惠帝五年十月，桃李华，枣实。昭帝时，上林苑中大柳树断仆地，一朝起立，生枝叶，有虫食其叶，成文字，曰"公孙病已立"。又昌邑王国社有枯树复生枝叶。眭孟以为木阴类，下民象，当有故废之家公孙氏从民间受命为天子者。昭帝富于春秋，霍光秉政，以孟妖言，诛之。后昭帝崩，无子，徵昌邑王贺嗣位，狂乱失道，光废之，更立昭帝兄卫太子之孙，是为宣帝。帝本名病已。京房《易传》曰："枯杨生稊，①枯木复生，人君亡子。"

①师古曰："《大过》九二爻辞也。稊，杨秀之始生者，音徒奚反。"

元帝初元四年，皇后曾祖父济南东平陵王伯墓门梓柱卒生枝叶，上出屋。①刘向以为王氏贵盛将代汉家之象也。后王莽篡位，自说之曰："初元四年，莽生之岁也，当汉九世火德之厄，而有此祥兴于高祖考之门。门为开通，梓犹子也，言王氏当有贤子开通祖统，起于柱石大臣之位，受命而王之符也。"

①孟康曰："王伯，莽之祖也。"师古曰："莽高祖父也。故下云高祖考。卒读曰猝。猝，暴也。"

建昭五年，兖州刺史浩赏禁民私所自立社。①山阳橐茅乡社有大槐树，②吏伐断之，其夜树复立其故处。成帝永始元年二月，河南街邮樗树生支如人头，③眉目须皆具，亡发耳。哀帝建平三年十月，汝南西平遂阳乡柱仆地，生支如人形，④身青黄色，面白，头有頾发，稍长大，凡长六寸一分。京房《易传》曰："王德衰，下人将起，则有木生为人状。"

①张晏曰："民间三月九月又社，号曰私社。"臣瓒曰："旧制二十五家为一社，而民或十家五家共为田社，是私社。"师古曰："瓒说是。"

②师古曰："橐，县名也，属山阳郡。茅乡，橐县之乡也。橐音拓。"

③师古曰："邮谓行书之舍。樗树似杶。樗音丑余反。杶音丑伦反。"

④师古曰："仆，顿也，音赴。"

哀帝建平三年，零陵有树僵地，[1]围丈六尺，长十丈七尺。民断其本，长九尺馀，皆枯。三月，树卒自立故处。[2]京房《易传》曰："弃正作淫，厥妖木断自属。[3]妃后有颛，木仆反立，断枯复生。[4]天辟恶之。"[5]

①师古曰："僵，偃也，音疆。"

②师古曰："卒读曰猝。"

③师古曰："属，连续也。音之欲反。"

④师古曰："颛谓专宠。"

⑤如淳曰："天辟，谓天子也。"师古曰："辟音壁。"

元帝永光二年八月，天雨草，而叶相摎结，大如弹丸。[1]平帝元始三年正月，天雨草，状如永光时。京房《易传》曰："君吝于禄，信衰贤去，厥妖天雨草。"

①师古曰："摎，绕也。摎音居虬反。"

昭公二十五年"夏，有鸲鹆来巢"。刘歆以为羽虫之孽，其色黑，又黑祥也，视不明听不聪之罚也。刘向以为有蜚有蜮不言来者，气所生，所谓眚也；[1]鸲鹆言来者，气所致，所谓祥也。鸲鹆，夷狄穴藏之禽，来至中国，不穴而巢，阴居阳位，[2]象季氏将逐昭公，去宫室而居外野也。鸲鹆白羽，旱之祥也；穴居而好水，黑色，为主急之应也。天戒若曰，既失众，不可急暴；急暴，阴将持节阳以逐尔，去宫室而居外野矣。昭不寤，而举兵围季氏，为季氏所败，出奔于齐，遂死于外野。董仲舒指略同。

①师古曰："此蜚，谓负蠜也，其为虫臭。蜮，短弧，即今所谓水弩也。隐元年有蜚，庄十八年有蜮。蜚音翡。蜮音域。蜚亦作蟹，其音同耳。"

②师古曰："今之鸲鹆，中国皆有，依《周官》而言，但不逾济水耳。《左氏》以为鲁所常无，故异而书之。而此云夷狄禽，未喻其意。又此鸟本亦巢居，不皆穴处也。书巢者，著其居止字乳，不即去也。"

景帝三年十一月，有白颈乌兴黑乌群斗楚国吕县，白颈不胜，堕泗水中，死者数千。刘向以为近白黑祥也。时楚王戊暴逆无道，①刑辱申公，与吴王谋反。乌群斗者，师战之象也。白颈者小，明小者败也。堕于水者，将死水地。王戊不寤，遂举兵应吴，与汉大战，兵败而走，至于丹徒，为越人所斩，堕死于水之效也。京房《易传》曰："逆亲亲，厥妖白黑乌斗于国。"

①师古曰："戊，楚元王之孙也。"

昭帝元凤元年，有乌与鹊斗燕王宫中池上，乌堕池死，近黑祥也。时燕王旦谋为乱，遂不改寤，伏辜而死。楚、燕皆骨肉藩臣，以骄怨而谋逆，俱有乌鹊斗死之祥，行同而占合，此天人之明表也。燕一乌鹊斗于宫中而黑者死，楚以万数斗于野外而白者死，象燕阴谋未发，独王自杀于宫，故一乌水色者死，楚炕阳举兵，军师大败于野，故众乌金色者死，天道精微之效也。京房《易传》曰："专征劫杀，厥妖乌鹊斗。"

昭帝时有鹈鹕或曰秃鹙，①集昌邑王殿下，王使人射杀之。刘向以为水鸟色青，青祥也。时王驰骋无度，慢侮大臣，不敬至尊，有服妖之象，②故青祥见也。野鸟入处，宫室将空。王不寤，卒以亡。京房《易传》曰："辟退有德，厥咎狂，厥妖水鸟集于国中。"③

①师古曰："鹈鹕即汙泽也，一名淘河，腹下胡大如数升囊，好群入泽中，抒水食鱼，因名秃鹙，亦水鸟也。鹈音大奚反。鹕音胡。鹙音秋。"

②师古曰："谓多治仄注冠，又以冠奴也。"

③师古曰："辟，君也。"

成帝河平元年二月庚子，泰山山桑谷有䳒焚其巢。①男子孙通等闻山中群鸟䳒鹊声，往视，见巢爇，尽堕地中，②有三䳒鷇烧死。③树大四围，巢去地五丈五尺。太守平以闻。䳒色黑，近黑祥，贪虐之类也。《易》曰："鸟焚其巢，旅人先笑后号咷。"④泰山，岱宗，五岳之长，王者易姓告代之处也。天戒若曰，勿近贪虐之人，听其贼谋，将生焚巢自害其子绝世易姓之祸。其后赵蜚燕得幸，立为皇后，弟为昭仪，姊妹专宠，闻后宫许美人、曹伟能生皇子也，⑤昭仪大怒，令上夺取而杀之，皆并杀其母。成帝崩，昭仪自杀，事乃发觉，赵后坐诛。此焚巢杀子后号咷之应也。一曰，王莽贪虐而任社稷之重，卒成易姓之祸云。京房《易传》曰："人君暴虐，鸟焚其舍。"

①师古曰："鸢，鸱也，音缘。"

②师古曰："難，古然字。"

③师古曰："鸟子新生而哺者曰鷇，音口豆反，又音工豆反。"

④师古曰："《旅卦》上九爻辞也。咷音逃。"

⑤师古曰："曹伟能，宫人姓名也。伟能一名宫，见《外戚传》。"

鸿嘉二年三月，博士行大射礼，有飞雉集于庭，历阶登堂而雊。后雉又集太常、宗正、丞相、御史大夫、大司马车骑将军之府，又集未央宫承明殿屋上。时大司马车骑将军王音、待诏宠等上言："天地之气，以类相应，①谴告人君，甚微而著。雉者听察，先闻雷声，故《月令》以纪气。②经载高宗雊雉之异，③以明转祸为福之验。今雉以博士行礼之日大众聚会，飞集于庭，历阶登堂，万众睢睢，④惊怪连日。径历三公之府，太常宗正典宗庙骨肉之官，然后入宫。其宿留告晓人，具备深切，⑤虽人道相戒，何以过是！"后帝使中常侍鼂闳诏音曰："闻捕得雉，毛羽颇摧折，类拘执者，得无人为之？"⑥音复对曰："陛下安得亡国之语？不知谁主为佞谄之计，⑦诬乱圣德如此者！左右阿谀甚众，不待臣音复谄而足。⑧公卿以下，保位自守，莫有正言。如令陛下觉寤，惧大祸且至身，深责臣下，绳以圣法，臣音当先受诛，岂有以自解哉！今即位十五年，继嗣不立，日日驾车而出，泆行流闻，⑨海内传之，甚于京师。外有微行之害，内有疾病之忧，皇天数见灾异，⑩欲人变更，终已不改。天尚不能感动陛下，臣子何望？独有极言待死，命在朝暮而已。如有不然，老母安得处所，尚何皇太后之有！高祖天下当以谁属乎！⑪宜谋于贤知，克己复礼，以求天意，继嗣可立，灾变尚可销也。"

①师古曰："以经术待诏，其人名宠，不记姓也。流俗书本宠上辄加孙字，非也。"

②师古曰："谓季冬之月云'雉雊鸡乳'也。"

③师古曰："已解于上。"

④师古曰："睢睢，仰目视貌也。音呼惟反。"

⑤师古曰："宿音先就反。留音力救反。"

⑥师古曰："言人放此雉，故欲为变异者。"

⑦师古曰："謅，古谄(也)〔字〕。"[5]

⑧师古曰："足，益也，音子喻反。"

⑨师古曰："言帝行多骄泆，丑恶流布，闻于远方也。"

⑩师古曰："见，显示。"

⑪如淳曰："老母，音之老母也，当随已受罪诛也。又谓已言深切，触悟人主，积恚而死，必行之诛，不能复顾太后也。"师古曰："如说非也。此言总属于成帝耳。不然者，谓不如所谏而自修改也。老母，帝之母，即太后也。言帝不自修改，国家危亡，太后不知处所，高祖天下无所付属也。属音之欲反。"

成帝绥和二年三月，天水平襄有燕生爵，哺食至大，俱飞去。①京房《易传》曰："贼臣在国，厥咎燕生爵，诸侯销。"一曰，生非其类，子不嗣世。

①师古曰："哺音蒲固反。食读曰饲。谓与母俱去。"

史记鲁定公时，季桓子穿井，得土缶，中得虫若羊，①近羊祸也。羊者，地上之物，幽于土中，象定公不用孔子而听季氏，暗昧不明之应也。一曰，羊去野外而拘土缶者，象鲁君失其所而拘于季氏，季氏亦将拘于家臣也。是岁季氏家臣阳虎囚季桓子。后三年，阳虎劫公伐孟氏，兵败，窃宝玉大弓而出亡。②

①师古曰："缶，盎也，即今之盆。"

②师古曰："宝玉谓夏后氏之璜，大弓谓封父之繁弱，皆鲁始封之分器，所受于周也。定八年，阳虎作乱不克，窃之而入讙阳关以叛。"

《左氏传》鲁襄公时，宋有生女子赤而毛，弃之堤下，宋平公母共姬之御者见而收之，①因名曰弃。长而美好，纳之平公，生子曰佐。后宋臣伊戾谗太子痤而杀之。② 先是，大夫华元出奔晋，③ 华弱奔鲁，④ 华臣奔陈，⑤ 华合比奔卫。⑥ 刘向以为时则火灾赤眚之明应也。京房《易传》曰："尊卑不别，厥妖女生赤毛。"

①师古曰："平公，宋共公之子也，名成。共读曰恭。"

②师古曰："事在襄二十六年。痤音才戈反。"

③师古曰："华元奔在成十五年。"

④师古曰："事在襄六年。"

⑤师古曰："事在襄十七年。"

⑥师古曰："事在昭六年。据今《春秋》，合比奔在杀太子痤后，而志总言先是，未详其意。"

惠帝二年，天雨血于宜阳，一顷所，刘向以为赤眚也。时又冬雷，桃李华，常奥之罚也。是时政舒缓，诸吕用事，谗口妄行，杀三皇子，建立非嗣，① 及不当立之王，② 退王陵、赵尧、周昌。③ 吕太后崩，大臣共诛灭诸吕，僵尸流血。京房《易传》曰："归狱不解，兹谓追非，厥咎天雨血；兹谓不亲，民有怨心，不过三年，无其宗人。"又曰："佞人禄，功臣僇，天雨血。"④

①师古曰："三皇子，谓赵隐王如意、赵幽王友、赵恭王恢，皆高帝子也。建立非嗣，谓立后宫美人子为嗣。"

②孟康曰："吕氏三王也。"

③师古曰："惠帝六年，王陵为右丞相。惠帝崩，吕后欲废陵，迁为太傅，实夺之相权。高祖以赵尧为御史大夫，高后元年怨尧前定赵王如意之策，乃抵尧罪。周昌为赵相，赵王见鸩杀，昌谢病不朝见，三岁而薨。"

④师古曰："僇，古戮字。"

哀帝建平四年四月，山阳湖陵雨血，广三尺，长五尺，大者如钱，小者如钱，小者如麻子。后二年，帝崩，王莽擅朝，诛贵戚丁、傅，大臣董贤等皆放徙远方，与诸吕同(众)〔象〕。[6] 诛死者少，雨血亦少。

传曰："听之不聪，是谓不谋，厥咎急，厥罚恒寒，厥极贫。时则有鼓妖,时则有鱼孽,时则有豕祸,时则有耳痾,时则有黑眚黑祥。惟火沴水。"

"听之不聪,是谓不谋",言上偏听不聪,下情隔塞,则不能谋虑利害,失在严急,故其咎急也。盛冬日短,寒以杀物,政促迫,故其罚常寒也。寒则不生百谷,上下俱贫,故其极贫也。君严猛而闭下,臣战栗而塞耳,则妄闻之气发于音声,故有鼓妖。寒气动,故有鱼孽。雨以龟为孽,[①]龟能陆处,非极阴也。鱼去水而死,极阴之孽也。于《易》《坎》为豕,豕大耳而不聪察,听气毁,故有豕祸也。一曰,寒岁豕多死,及为怪,亦是也。及人,则多病耳者,故有耳痾。水色黑,故有黑眚黑祥。凡听伤者病水气,水气病则火沴之。其极贫者,顺之,其福曰富。刘歆听传曰有介虫孽也,庶徵之恒寒。刘向以为春秋无其应,周之末世舒缓微弱,政在臣下,奥暖而已,故籍秦以为验。[②]秦始皇帝即位尚幼,委政太后,太后淫于吕不韦及嫪毐,[③]封毐为长信侯,以太原郡为毐国,宫室苑囿自恣,政事断焉。故天冬雷,以见阳不禁闭,以涉危害,舒奥迫近之变也。始皇既冠,毐惧诛作乱,始皇诛之,斩首数百级,大臣二十人,皆车裂以徇,夷灭其宗,迁四千馀家于房陵。是岁四月,寒,民有冻死者。数年之间,缓急如此,寒奥辄应,此其效也。刘歆以为大雨雪,及未当雨雪而雨雪,及大雨雹,陨霜杀叔草,皆常寒之罚也。刘向以为常雨属貌不恭。京房《易传》曰:"有德遭险,兹谓逆命,厥异寒。诛过深,当奥而寒,尽六日,亦为雹。害正不诛,兹谓养贼,寒七十二日,杀蜚禽。[④]道人始去兹谓伤,[⑤]其寒物无霜而死,涌水出。战不量敌,兹谓辱命,其寒虽雨物不茂。闻善不予,厥咎聋。"

①服虔曰:"多雨则龟多出。"

②师古曰:"籍,假借。"

③师古曰:"嫪或音居虬反。嫪,姓也。毐,名也。许慎说以为'嫪毐,士之无行者'。嫪音郎到反。毐音乌改反。与今《史记》、《汉书》本文不同。且摎乐之姓,又非嫪也,故当依本字以读。"

④师古曰:"蜚读曰飞。"

⑤服虔曰："有道之人去。"

桓公八年"十月，雨雪"。周十月，今八月也，未可以雪，刘向以为时夫人有淫齐之行，而桓有妒(媚)〔娼〕之心，①[7]夫人将杀，其象见也。②桓不觉寤，后与夫人俱如齐而杀死。凡雨，阴也，雪又雨之阴也，出非其时，迫近象也。董仲舒以为象(大)〔夫〕人专恣，[8]阴气盛也。

①师古曰："娼谓夫妒妇也。音莫报反。"

②师古曰："谓欲杀桓公。"

釐公十年"冬，大雨雪"。刘向以为先是釐公立妾为夫人，阴居阳位，阴气盛也。《公羊经》曰"大雨雹"。董仲舒以为公胁于齐桓公，立妾为夫人，不敢进群妾，①故专壹之象见诸雹，皆为有所渐胁也，②行专壹之政云。

①师古曰："已解于上。"

②孟康曰："谓阴气渐胁。"

昭公四年"正月，大雨雪"。刘向以为昭取于吴而为同姓，谓之吴孟子。①君行于上，臣非于下。又三家已强，皆贱公行，慢侮之心生。②董仲舒以为季孙宿任政，阴气盛也。③

①师古曰："鲁与吴俱姬也。《周礼》同姓不为婚，故讳不称吴姬，而云孟子也。取读曰娶。"

②师古曰："侮，古侮字。"

③师古曰："季孙宿，季武子也。"

文帝四年六月，大雨雪。后三岁，淮南王长谋反，发觉，迁，道死。①京房《易传》曰："夏雨雪，戒臣为乱。"

①师古曰："迁于蜀，未至而死于雍，故曰道死。"

景帝中六年三月，雨雪。其六月，匈奴入上郡取苑马，吏卒战死者二千馀人。明年，条侯周亚夫下狱死。

武帝元狩元年十二月，大雨雪，民多冻死。是岁淮南、衡山王谋反，发觉，皆自杀。使者行郡国，治党与，①坐死者数万人。"

①师古曰："行音下更反。"

元鼎二年三月，雪，平地厚五尺。是岁御史大夫张汤有罪自杀，丞相严青翟坐与三长史谋陷汤，①青翟自杀，三长史皆弃市。

①师古曰："谓朱买臣为丞相长史，王朝及边通皆守丞相长史也。"

元鼎三年三月水冰，四月雨雪，关东十馀郡人相食。是岁，民不占缗钱有告者，以半畀之。①

①师古曰："言政急刻也。占音之赡反。"

元帝建昭二年十一月，齐楚地大雪，深五尺。是岁魏郡太守京房为石显所告，坐与妻父淮阳王舅张博、博弟光劝视淮阳王以不义，①博要斩，光、房弃市，御史大夫郑弘坐免为庶人。成帝即位，显伏辜，淮阳王上书冤博，辞语增加，②家属徙者复得还。

①师古曰："视读曰示。"

②师古曰："言博本为石显所冤，增加其语故陷罪。"

建昭四年三月，雨雪，燕多死。谷永对曰："皇后桑蚕以治祭服，共事天地宗庙，①正以是日疾风自西北，大寒雨雪，坏败其功，以章不乡。②宜齐戒辟寝，以深自责，③请皇后就宫，鬲闭门户，毋得擅上。④且令众妾人人更进，以时博施。皇天说喜，⑤庶几可以得贤明之嗣。即不行臣言，灾异俞甚，天变成形，臣虽欲复捐身关策，不及事已。"⑥其后许后坐祝诅废。

①师古曰："共读曰恭。"

②师古曰："言不当天心。乡读曰向。"

③师古曰："齐读曰斋。辟读曰避。"

④师古曰："鬲与隔同。擅上，谓辄至御所也。上音时掌反。一曰，擅，专也。上谓天子也，读如本字。勿令皇后专固天子。"

⑤师古曰："更音工衡反。说读曰悦。"

⑥师古曰："言虽欲弃捐其身，不怀顾虑，极陈计策，关说天子，亦无所及。"

阳朔四年四月，雨雪，燕雀死。后十六年，许皇后自杀。

定公元年“十月，陨霜杀菽”。①刘向以为周十月，今八月也，消卦为《观》，②阴气未至君位而杀，诛罚不由君出，在臣下之象也。是时季氏逐昭公，公死于外，定公得立，故天见灾以视公也。③釐公二年[9]“十月，陨霜不杀草”，为嗣君微，失秉事之象也。④其后卒在臣下，则灾为之生矣。异故言草，灾故言菽，重杀谷。⑤一曰菽，草之难杀者也，言杀菽，知草皆死也；言不杀草，知菽亦不死也。董仲舒以为菽，草之强者，天戒若曰，加诛于强臣。言菽，以微见季氏之罚也。

①师古曰：“菽，大豆。”

②师古曰：“《坤》下《巽》上也。”

③师古曰：“视读曰示。”

④师古曰：“谓襄仲专权，杀嫡立庶，公室遂弱。秉音彼命反。”

⑤师古曰：“以其事为重，不比于杀草也。”

武帝元光四年四月，陨霜杀草木。先是二年，遣五将军三十万众伏马邑下，①欲袭单于，单于觉之而去。自是始征伐四夷，师出三十馀年，天下户口减半。京房《易传》曰：“兴兵亡诛，兹谓亡法，厥灾霜，夏杀五谷，冬杀麦。诛不原情，兹谓不仁，其霜，夏先大雷风，冬先雨，乃陨霜，有芒角。贤圣遭害，其霜附木不下地。佞人依刑，兹谓私贼，其霜在草根土隙间。不教而诛兹谓虐，其霜反在草下。”

①师古曰：“谓御史大夫韩安国为护军将军，卫尉李广为骁骑将军，太仆公孙贺为轻车将军，大行王恢为将屯将军，太中大夫李息为材官将军。”

元帝永光元年三月，陨霜杀桑；九月二日，陨霜杀稼，天下大饥。是时中书令石显用事专权，与《春秋》定公时陨霜同应。成帝即位，显坐作威福诛。

釐公二十九年“秋，大雨雹”。刘向以为盛阳雨水，温暖而汤热，阴气胁之不相入，则转而为雹；盛阴雨雪，凝滞而冰寒，阳气薄之不相入，则散而为霰。①故沸汤之在闭器，而湛于寒泉，则为冰，②及雪之销，亦冰解而散，此其验也。故雹者阴胁阳也，霰者阳胁阴也，《春秋》不书霰者，犹月食也。釐公末年信用公子遂，遂专权自恣，将至于杀君，故阴胁阳之象见。釐公不寤，遂终专权，后二年杀子赤，立宣公。③《左氏传》曰："圣人在上无雹，虽有不为灾。"说曰：凡物不为灾不书，书大，言为灾也。凡雹，皆冬之愆阳，夏之伏阴也。④

①师古曰："霰，雨雪杂下，音先见反。"

②孟康曰："投汤器中，以沈寒泉而成也。"师古曰："湛读曰沈。"

③师古曰："公子遂，东门襄仲也。赤，文公太子，即恶也。"

④师古曰："愆，过也。过阳，冬温也。伏阴，夏寒也。"

昭公三年，"大雨雹"。是时季氏专权，胁君之象见。昭公不寤，后季氏卒逐昭公。

元封三年十二月，雷雨雹，大如马头。宣帝地节四年五月，山阳济阴雨雹如鸡子，深二尺五寸，杀二十人，蜚鸟皆死。①其十月，大司马霍禹宗族谋反，诛，霍皇后废。

①师古曰："蜚读曰飞。"

成帝河平二年四月，楚国雨雹，大如斧，蜚鸟死。

《左传》曰釐公三十二年十二月己卯，晋文公卒，庚辰，将殡于曲沃，出绛，柩有声如牛。刘向以为近鼓妖也。丧，凶事；声如牛，怒象也。将有急怒之谋，以生兵革之祸。是时，秦穆公遣兵袭郑而不假道，还，晋大夫先轸谓襄公曰，秦师过不假涂，请击之。①遂要崤阸，②以败秦师，匹马觭轮无反者，③操之急矣。④晋不惟旧，而听虐谋，结怨强国，四被秦寇，祸流数世，凶恶之效也。⑤

①师古曰："先轸即原轸。"

②师古曰："即今之二崤山也。"

③服虔曰："觭音奇偶之奇。"师古曰："觭，只也。言尽虏获之。觭音居宜反。"

④师古曰："操，持也。谓执持所虏获也。操音千高反。"

⑤师古曰："旧者，谓晋襄之父文公本为秦所纳而得国，是旧恩也。虐谋，先轸之计也。四被秦寇，谓鲁文二年秦孟明视帅师伐晋，三年秦伯伐晋济河焚

舟取王官及郊，十年秦伯伐晋取北徵，十二年秦伯伐晋取羁马。祸流，谓自襄公至厉公，凡五君与秦构难也。”

哀帝建平二年四月乙亥朔，御史大夫朱博为丞相，少府赵玄为御史大夫，临延登受策，有大声如钟鸣，①殿中郎吏陛者皆闻焉。②上以问黄门侍郎扬雄、李寻，寻对曰：“《洪范》所谓鼓妖者也。师法以为人君不聪，为众所惑，空名得进，则有声无形，不知所从生。其传曰岁月日之中，则正卿受之。今以四月日加辰巳有异，是为中焉。正卿谓执政大臣也。宜退丞相、御史，以应天变。然虽不退，不出期年，其人自蒙其咎。”③扬雄亦以为鼓妖，听失之象也。朱博为人强毅多权谋，宜将不宜相，恐有凶恶亟疾之怒。④八月，博、玄坐为奸谋，博自杀，玄减死论。京房《易传》曰：“令不修本，下不安，金毋故自动，若有音。”

①师古曰：“延入而登殿也。《汉旧仪》云丞相御史大夫初拜，皇帝延登亲诏也。”

②师古曰：“陛者，谓执兵列于陛侧。”

③师古曰：“期年，十二月也。蒙犹被也。期音基。”

④师古曰：“亟，急也，音居力反。”

史记秦二世元年，天无云而雷。刘向以为雷当托于云，犹君托于臣，阴阳之合也。二世不恤天下，万民有怨畔之心。是岁陈胜起，天下畔，赵高作乱，秦遂以亡。一曰，《易》《震》为雷，为貌不恭也。

史记秦始皇八年，河鱼大上。刘向以为近鱼孽也。是岁，始皇弟长安君将兵击赵，反，死屯留，军吏皆斩，迁其民于临洮。①明年有嫪（毒）〔毐〕之诛。[10]鱼阴类，民之象，逆流而上者，民将不从君令为逆行也。其在天文，鱼星中河而处，车骑满野。至于二世，暴虐愈甚，终用急亡。京房《易传》曰：“众逆同志，厥妖河鱼逆流上。”

①师古曰：“本使长安君击赵，至屯留而谋反作乱，故赐长安君死，斩其军吏，迁其黔首也。屯留，上党县也。临洮，即今之洮州也。屯音纯。洮音土高反。”

武帝元鼎五年秋，蛙与虾蟆群斗。①是岁，四将军众十万征南越，②开九郡。③

①师古曰："蛙音胡娲反。虾音遐。蟆音麻。"

②师古曰："谓伏波将军路博德出桂阳下皇水，楼船将军杨仆出豫章下湞水，归义越侯严为戈船将军出零陵下离水，田甲为下濑将军下苍梧。"

③师古曰："谓得越地以为南海、苍梧、郁林、合浦、交趾、九真、日南、珠崖、儋耳郡也。"

成帝鸿嘉四年秋，雨鱼于信都，长五寸以下。成帝永始元年春，北海出大鱼，长六丈，高一丈，四枚。哀帝建平三年，东莱平度出大鱼，①长八丈，高丈一尺，七枚，皆死。京房《易传》曰："海数见巨鱼，邪人进，贤人疏。"②

①师古曰："平度，东莱之县。"

②师古曰："数音所角反。"

桓公五年"秋，螽"。①刘歆以为贪虐取民则螽，介虫之孽也，与鱼同占。刘向以为介虫之孽属言不从。是岁，公获二国之聘，取鼎易邑，②兴役起城。③诸螽略皆从董仲舒说云。

①师古曰："螽即阜螽，即今之蝩虫也。螽音终。蝩音之庸反。"

②师古曰："二国，宋、郑也。宋以郜鼎赂公，郑以泰山之田易许田也。"

③师古曰："谓五年夏城祝丘也。"

严公二十九年"有蜚"。刘歆以为负蠜也，性不食谷，食谷为灾，介虫之孽，①刘向以为蜚色青，近青眚也，非中国所有。南越盛暑，男女同川泽，淫风所生，为虫臭恶。②是时严公取齐淫女为夫人，既入，淫于两叔，故蜚至。天戒若曰，今诛绝之尚及，不将生臭恶，闻于四方。严不寤，其后夫人与两叔作乱，二嗣以杀，③卒皆被辜。④董仲舒指略同。

①师古曰："蜚音伏味反。蠜音烦。"

②师古曰："蜚者，中国所有，非南越之虫，未详向所说。"

③师古曰："二嗣，谓子般及闵公也。"

④师古曰:"谓二叔、哀姜皆不得其死也。已解于上。"

釐公十五年"八月,螽"。刘向以为先是釐有鹹之会,后城缘陵,①是岁复以兵车为牡丘会,使公孙敖帅师,及诸侯大夫救徐,②兵比三年在外。③

①师古曰:"僖十(二)〔三〕年,[11]公会齐侯、宋公、陈侯、卫侯、郑伯、许男、曹伯于鹹。鹹,卫地。十四年而与诸侯城缘陵。缘陵,杞邑也。"

②师古曰:"十五年公会齐侯、宋公、陈侯、卫侯、郑伯、许男、曹伯"盟于牡丘,遂次于匡。公孙敖帅师,及诸侯之大夫救徐。公孙敖,孟穆伯也。诸侯之大夫,即所与会诸侯也。时楚伐徐,故救之。"

③师古曰:"比,频也。"

文公三年"秋,雨螽于宋"。刘向以为先是宋杀大夫而无罪,①有暴虐赋敛之应。②《穀梁传》曰上下皆合,言甚。③董仲舒以为宋三世内取,④大夫专恣,杀生不中,⑤故螽先死而至。刘歆以为螽为谷灾,卒遇贼阴,坠而死也。

①师古曰:"谓僖二十五年经书'宋杀其大夫',不书名,以其无罪。"

②师古曰:"谓宋昭公也。"

③师古曰:"上下皆合,螽之多。"

④师古曰:"三世,谓襄公、成公、昭公也。内取于国之大夫也。事见《公羊传》。取读曰娶。"

⑤师古曰:"中音竹仲反。"

八年"十月,螽"。时公伐邾取须朐,城郚。①

①师古曰:"须朐,邾邑;郚,鲁邑也。事并在文七年。朐音钜俱反。郚声吾。"

宣公六年"八月,螽"。刘向以为先是时宣伐莒向,①后比再如齐,谋伐莱。②

①师古曰:"事在四年。向,莒邑也。向音饷。"

②师古曰:"比,频也。谓四年秋及五年春公如齐,七年公会齐侯伐莱是也。"

十三年"秋,螽"。公孙归父会齐伐莒。①

①师古曰:"事在十一年。归父,东门襄仲子也,字子家。父读曰甫。"

十五年“秋，螽”。宣亡熟岁，数有军旅。

襄公七年“八月，螽”。刘向以为先是襄兴师救陈，①滕子、郯子、小邾子皆来朝。②夏，城费。③

①师古曰：“谓五年楚伐陈，公会晋侯、宋公、卫侯、郑伯、齐太子光救陈也。”

②师古曰：“六年滕子来朝，七年郯子、小邾子来朝。”

③师古曰：“亦七年之夏。费，鲁邑也。音秘。”

哀公十二年“十二月，螽”。是时哀用田赋。①刘向以为春用田赋，冬而螽。

①师古曰：“言重敛也。解在《刑法志》。”

十三年“九月，螽；十二月，螽”。比三螽，虐取于民之效也。①刘歆以为周十二月，夏十月也，火星既伏，蛰虫皆毕，天之见变，因物类之宜，不得以螽，是岁再失闰矣。周九月，夏七月，故传曰“火犹西流，司历过也”。

①师古曰：“比，频也。”

宣公十五年“冬，蝝生”。①刘歆以为蝝，蝝蠹之有翼者，②食谷为灾，黑眚也。董仲舒、刘向以为蝝，螟始生也，一曰(螟)〔蝗〕始生。[12]是时民患上力役，解于公田。③宣是时初税亩。税亩，就民田亩择美者税其什一，乱先王制而为贪利，故应是而蝝生，属蠃虫之孽。

①师古曰：“《尔雅》曰‘蝝，蝮蜪’，说者以为螽蝗之类。蝮音蒲北反，又音服。蜪音徒高反。”

②孟康曰：“蚍蠹，音蚍蜉。”

③师古曰：“解读曰懈。”

景帝中三年秋，蝗。先是匈奴寇边，中尉不害将车骑材官士屯代高柳。①

①师古曰：“魏不害。”

武帝元光五年秋，螟；六年夏，蝗。先是，五将军众三十万伏马邑，欲袭单于也。①是岁，四将军征匈奴。”②

①师古曰:"已解于上。"

②师古曰:"谓车骑将军卫青出上谷,骑将军公孙敖出代,轻车将军公孙贺出云中,骁骑将军李广出雁门也。"

元鼎五年秋,蝗。是岁,四将军征南越①及西南夷,②开十馀郡。"③

①师古曰:"已解于上。"

②师古曰:"越(骑)〔驰〕义侯遗[13]将巴蜀罪人发夜郎兵征西南夷,平之。

③师古曰:"定越地为九郡,定西南夷为武都、牂柯、越嶲、沈黎、汶山郡,凡十四郡。"

元封六年秋,蝗。先是,两将军征朝鲜,①开三郡。②

①师古曰:"二年,楼船将军杨仆、左将军荀彘将应募罪人击之。"

②师古曰:"《武纪》云以其地为乐浪、临屯、玄菟、真番郡,是四郡也,而此云三,盖传写志者误。"

太初元年夏,蝗从东方蜚至敦煌;①三年秋,复蝗。元年贰师将军征大宛,天下奉其役连年。

①师古曰:"蜚读曰飞。"

征和三年秋,蝗;四年夏,蝗。先是一年,三将军众十馀万征匈奴。①征和三年,贰师七万人没不还。

①师古曰:"谓三年贰师将军广利将七万人出五原,御史大夫商丘成二万人出西河,重合侯马通四万骑出酒泉。"

平帝元始二年秋,蝗,遍天下。是时王莽秉政。

《左氏传》曰严公八年齐襄公田于贝丘,①见豕。从者曰:"公子彭生也。"公怒曰:"射之!"豕人立而嗁,公惧,坠车,伤足丧屦。刘向以为近豕祸也。先是,齐襄淫于妹鲁桓公夫人,使公子彭生杀(威)〔桓〕公,[14]又杀彭生以谢鲁。公孙无知有宠于先君,襄公绌之,②无知帅怨恨之徒攻襄于田所,③襄匿其户间,足见于户下,遂杀之。伤足丧屦,卒死于足,虐急之效也。

①师古曰："贝丘，齐地。"

②师古曰："无知，僖公弟，夷仲年之子也，于襄公从父昆弟。先君即僖公。"

③师古曰："怨恨之徒，谓连称、管至父久戍葵丘也。"

昭帝元凤元年，燕王宫永巷中豕出圂，坏都灶，①衔其鬴六七枚置殿前。②刘向以为近豕祸也。时燕王旦与长公主、左将军谋为大逆，诛杀谏者，暴急无道。灶者，生养之本，豕而败灶，陈鬴于庭，鬴灶将不用，宫室将废辱也。燕王不改，卒伏其辜。京房《易传》曰："众心不安君政，厥妖豕入居室。"

①师古曰："圂者，养豕之牢也。都灶，蒸炊之大灶也。圂也胡顿反。"

②晋灼曰："鬴，古文釜字。"

史记鲁襄公二十三年，穀、洛水斗，将毁王宫。刘向以为近火沴水也。周灵王将拥之，有司谏曰："不可。长民者不崇薮，不堕山，不防川，不窦泽。①今吾执政毋乃有所辟，②而滑夫二川之神，③使至于争明，④以防王宫室，王而饰之，毋乃不可乎！⑤惧及子孙，王室愈卑。"王卒拥之。以传推之，以四渎比诸侯，穀、洛其次，卿大夫之象也，⑥为卿大夫将分争以危乱王室也。是时世卿专权，儋括将有篡杀之谋，⑦如灵王觉寤，匡其失政，⑧惧以承戒，则灾祸除矣。不听谏谋，简嫚大异，⑨任其私心，塞埤拥下，⑩以逆水势而害鬼神。后数年有黑如日者五。是岁蚤霜，灵王崩。景王立二年，儋括欲杀王，而立王弟佞夫。佞夫不知，景王并诛佞夫。⑪及景王死，五大夫争权，或立子猛，或立子朝，王室大乱。⑫京房《易传》曰："天子弱，诸侯力政，⑬厥异水斗。"

①师古曰："长萌为萌之长也。崇，聚也。薮谓泽之无水者。堕，毁也。防，止也。窦，穴也。堕音火规反。"

②服虔曰："音邪辟之辟。"

③师古曰："滑，乱也，音骨。"

④臣瓒曰："明，水道也。"师古曰："明谓神灵。"

⑤师古曰："言为欲防固王宫，使水不得毁，故遏饰二川。"

⑥师古曰："穀、洛皆大水，故为四渎之次。"

⑦师古曰："儋括，儋季之子，简王之孙也。篡杀之谋，谓除丧服，将见灵王，过庭而叹曰'呜呼，必有此夫！'"

⑧师古曰："匡，正也。"

⑨师古曰："谏谋，谓单公子愆旗闻儋括之言，恐必为害，请杀之，王不听也。简嫚大异，谓不忧穀、洛。"

⑩师古曰："埤，卑也，音婢。"

⑪师古曰："事在襄三十年。"

⑫师古曰："五大夫，谓刘子、单子、尹氏、召伯、毛伯也。已解于上。"

⑬师古曰："政亦征也，言专以武力相征讨。一说，诸侯之政，当以德礼，今王室微弱，文教不行，遂乃以力为政，相攻伐也。"

史记曰，秦武王三年渭水赤者三日，昭王三十四年渭水又赤三日。刘向以为近火沴水也。秦连相坐之法，弃灰于道者黥，①罔密而刑虐，加以武伐横出，残贼邻国，至于变乱五行，气色谬乱。天戒若曰，勿为刻急，将致败亡。秦遂不改，至始皇灭六国，二世而亡。昔三代居三河，河洛出图书，②秦居渭阳，而渭水数赤，③瑞异应德之效也。京房《易传》曰："君湎于酒，淫于色，④贤人潜，国家危，厥异流水赤也。"

①孟康曰："商鞅为政，以弃灰于道必坋人，坋人必斗，故设黥刑以绝其原也。"臣瓒曰："弃灰或有火，火则燔庐舍，故刑之也。"师古曰："孟说是也。坋音蒲顿反。"

②师古曰："谓夏都安邑，即河东也；殷都朝歌，即河内也；周都洛阳，即河南也。"

③师古曰："数音山角反。"

④师古曰："湎，流也，音莫践反。"

【校勘记】

〔1〕 羊上角下(号)〔虒〕，景祐、殿本都作"虒"。

〔2〕 五为天位，(为)君位。 景祐本无下"为"字。

〔3〕 伊(涉)〔陟〕相太戊， 景祐、殿、局本都作"陟"。王先谦说作"陟"是。

〔4〕 故冬(华)华者， 王念孙说景祐本作“故冬华者”是也。“华”字不宜叠。

〔5〕 訑,古谄(也)〔字〕。 朱一新说汪本“也”作“字”,是。按殿本作“字也”。

〔6〕 与诸吕同(众)〔象〕。 景祐、殿本都作“象”。朱一新说作“象”是。

〔7〕 而桓有妒(媚)〔媢〕之心， 景祐、殿、局本都作“媢”。叶德辉说作“媢”是。

〔8〕 董仲舒以为象(大)〔夫〕人专恣， 景祐、殿本都作“夫”。王先谦说作“夫”是。

〔9〕 釐公二年 按《左》、《公》、《穀》《经》都在僖公三十三年。

〔10〕 明年有嫪(毐)〔虒〕之诛。 景祐、殿本都作“毐”,此误。

〔11〕 僖十(二)〔三〕年， 景祐、殿本都作“三”,《左传》亦作“三”。

〔12〕 一曰(螟)〔蝗〕始生。 叶德辉说“螟”为“蝗”之误,既云“一曰”,则非“螟”明矣。

〔13〕 越(骑)〔驰〕义侯遗 景偒、殿本都作“驰”。 王先谦说作“驰”是。

〔14〕 杀(威)〔桓〕公， 景祐、殿本都作“桓”。

汉书卷二十七下之上

五行志第七下之上

传曰："思心之不睿，是谓不圣，厥咎霿，①厥罚恒风，厥极凶短折。时则有脂夜之妖，时则有华孽，时则有牛祸，时则有心腹之痾，时则有黄眚黄祥，时则有金木水火沴土。"

①师古曰："霿音莫豆反。"

"思心之不睿，是谓不圣。"思心者，心思虑也；睿，宽也。孔子曰："居上不宽，吾何以观之哉！"①言上不宽大包容臣下，则不能居圣位。貌言视听，以心为主，四者皆失，则区霿无识，②故其咎霿也。雨旱寒奥，亦以风为本，③四气皆乱，故其罚常风也。常风伤物，故其极凶短折也。伤人曰凶，禽兽曰短，屮木曰折。④一曰，凶，夭也；兄丧弟曰短，父丧子曰折。在人腹中，肥而包裹心者脂也，心区霿则冥晦，故有脂夜之妖。⑤一曰，有脂物而夜为妖，若脂水夜汙人衣，淫之象也。一曰，夜妖者，云风并起而杳冥，故与常风同象也。温而风则生螟螣，⑥有裸虫之孽。⑦刘向以为于《易》《巽》为风为木，卦在三月四月，继阳而治，主木之华实。风气盛，至秋冬木复华，故有华孽。一曰，地气盛则秋冬复华。一曰，华者色也，土为内事，为女孽也。于《易》《坤》为土为牛，牛大心而不能思虑，思心气毁，故有牛祸。一曰，牛多死及为怪，亦是也。及人，则多病心腹者，故有心腹之痾。土色黄，故有黄眚黄祥。凡思心伤者病土气，土气病则金木水火沴之，故曰："时则有金木水火沴土"。不言"惟"而独曰："时则有"者，非一冲气所沴，明其异大也。其极曰凶短折，顺之，其福曰考终命。⑧刘歆思心传曰时则有裸虫之孽，谓螟螣之属也。

庶征之常风，刘向以为《春秋》无其应。

①师古曰："《论语》载孔子之言。"

②师古曰："区音口豆反。霿音莫豆反。其下并同。"

③师古曰："奥音于六反。"

④师古曰："屮，古草字。"

⑤师古曰："脂妖及夜妖。"

⑥师古曰："螣音徒得反。"

⑦师古曰："祼亦蠃字也，从衣果声。"

⑧师古曰："寿考而终其命。"

釐公十六年"正月，六鹢退蜚，过宋都"。①《左氏传》曰："风也。"刘歆以为风发于它所，至宋而高，鹢高蜚而逢之，则退。经以见者为文，故记退蜚；传以实应著，言风，常风之罚也。象宋襄公区霿自用，不容臣下，逆司马子鱼之谏，而与强楚争盟，②后六年为楚所执，③应六鹢之数云。京房《易传》曰："潜龙勿用，④众逆同志，至德乃潜，厥异风。其风也，行不解物，不长，⑤雨小而伤。政悖德隐兹谓乱，厥风先风不雨，大风暴起，发屋折木。守义不进兹谓耄，厥风与云俱起，折五谷茎。臣易上政，兹谓不顺，厥风大猋发屋。⑥赋敛不理兹谓祸，厥风绝经(纪)〔纬〕，⑦[1]止即温，温即虫。侯专封兹谓不统，厥风疾，而树不摇，谷不成。辟不思道利，兹谓无泽，⑧厥风不摇木，旱无云，伤禾。公常于利兹谓乱，⑨厥风微而温，生虫蝗，害五谷。弃正作淫兹谓惑，厥风温，螟虫起，害有益人之物。侯不朝兹谓叛，厥风无恒，地变赤而杀人。

①师古曰："鹢音五狄反。"

②师古曰："子鱼，公子目夷也，桓公之子，而为司马。争盟，谓为鹿上之盟，以求诸侯于楚。子鱼谏曰：'小国争盟，祸也。'公不听之。"

③师古曰："僖二十一年，楚执宋公以伐宋，距六鹢退飞凡六年。"

④师古曰："《乾》初九爻辞。"

⑤师古曰："不解物，谓物逢之而不解散也。不长，所起者近也。"

⑥师古曰："猋，疾风也，音必遥反。"

⑦如淳曰："有所破坏，绝匹帛之属也。"晋灼曰："南北为经，东西为纬，丝因风

暴，乱不端理也。”

⑧师古曰：“道读曰导，不思导示于下而安利之。”

⑨师古曰：“公，上爵也。常于利，谓心常求利也。”

文帝二年六月，淮南王都寿春大风毁民室，杀人。刘向以为是岁南越反，攻淮南边，淮南王长破之，后年入朝，杀汉故丞相辟阳侯，上赦之，归聚奸人谋逆乱，自称东帝，见异不寤，后迁于蜀，道死廱。

文帝五年，吴暴风雨，坏城官府民室。时吴王濞谋为逆乱，天戒数见，终不改寤，后卒诛灭。

五年十月，楚王都彭城大风从东南来，毁市门，杀人。是月王戊初嗣立，后坐淫削国，与吴王谋反，刑僇谏者。①吴在楚东南，天戒若曰，勿与吴为恶，将败市朝。王戊不寤，卒随吴亡。

①师古曰：“谓楚相张尚、太傅赵夷吾也。僇，古戮字。下皆类此。”

昭帝元凤元年，燕王都蓟大风雨，①拔宫中树七围以上十六枚，坏城楼。燕王旦不寤，谋反发觉，卒伏其辜。

①师古曰：“蓟，县名，燕国之所都。”

釐公十五年“九月己卯晦，震夷伯之庙”。①刘向以为晦，暝也；震，雷也。夷伯，世大夫，正(书)〔昼〕雷，[2]其庙独冥。②天戒若曰，勿使大夫世官，将专事暝晦。明年，公子季友卒，果世官，③政在季氏。至成公十六年“六月甲午晦”，正昼皆暝，阴为阳，臣制君也。成公不寤，其冬季氏杀公子偃。④季氏萌于釐公，⑤大于成公，此其应也。董仲舒以为夷伯，季氏之孚也，⑥陪臣不当有庙。震者雷也，晦暝，雷击其庙，明当绝去僭差之类也。向又以为此皆所谓夜妖者也。刘歆以为《春秋》及朔言朔，及晦言晦，人道所不及，则天震之。展氏有隐慝，故天加诛于其祖夷伯之庙以谴告之也。

①师古曰：“夷伯，司空无骇之后，本鲁公族也，号展氏。”

②师古曰：“冥，暗也。”

③师古曰：“谓季友之孙行父仍执政专国，自此以后常为卿。”

④师古曰：“为季文子所杀也。已解于上。”

⑤师古曰："萌，喻草木始生也。言其始有(成)〔威〕权。"[3]

⑥师古曰："孚，信也。所信任之臣也。"

成公十六年"六月甲午晦，晋侯及楚子、郑伯战于鄢陵"。皆月晦云。

隐公五年"秋，螟"。董仲舒、刘向以为时公观渔于棠，贪利之应也。①刘歆以为又逆臧釐伯之谏，②贪利区霿，以生赢虫之孽也。

①师古曰："棠，鲁地也。陈渔者之事而观之也。"

②师古曰："臧僖伯，公子彄也，孝公之子，谏观渔。"

八年"九月，螟"。时郑伯以邴将易许田，①有贪利心。京房《易传》曰："臣安禄兹谓贪，厥灾虫，虫食根。德无常兹谓烦，虫食叶。不绌无德，虫食本。与东作争，兹谓不时，②虫食节。蔽恶生孽，虫食心。"③

①师古曰："〔邴〕，郑祀泰山之邑也，[4]音彼命反。已解于上。"

②师古曰："夺农时也。"

③师古曰："蔽谓恶人蔽君之明(谓)〔为〕灾孽也。"[5]

严公六年"秋，螟"。董仲舒、刘向以为先是卫侯朔出奔齐，齐侯会诸侯纳朔，①许诸侯赂。②齐人归卫宝，鲁受之，③贪利应也。

①师古曰："朔谓惠公也。桓十六年，以左公子(泄)〔泄〕、[6]右公子职立公子黔牟，故惠公奔齐。至庄五年，会齐人、宋人、蔡人伐卫而纳惠公也。

②师古曰："诸国各有赂。"

③师古曰："以伐卫所获之宝来归鲁。"

文帝后六年秋，螟。是岁匈奴大入上郡、云中，烽火通长安，遣三将军屯边，三将军屯京师。①

①师古曰："并已解于上。"

宣公三年，"郊牛之口伤，改卜牛，牛死"。刘向以为近牛祸也。是时宣公与公子遂谋共杀子赤而立，①又以丧娶，②区霿昏乱。乱成于口，幸有季文子得免于祸，天犹恶之，生则不飨其祀，③死则灾燔其庙。④董仲舒指略同。

①师古曰："已解于上也。"

②师古曰："宣元年正月，公子遂如齐逆女。三月，遂以夫人妇姜至自齐，时(成)〔文〕公丧制未除。"[7]

③师古曰："谓郊牛伤死，是天不欲飨其祀。"

④师古曰："成三年，新宫灾。新宫者，宣之庙也，以其新成，故谓之新宫。"

秦孝文王五年，游朐衍，有献五足牛者。①刘向以为近牛祸也。先是文惠王初都咸阳，广大宫室，南临渭，北临泾，思心失，逆土气。足者止也，戒秦建止奢泰，将致危亡。②秦遂不改，至于离宫三百，复起阿房，未成而亡。一曰，牛以力为人用，足所以行也。其后秦大用民力转输，起负海至北边，③天下叛之。京房《易传》曰："兴繇役，夺民时，厥妖牛生五足。"

①师古曰："朐衍，地名，在北地。朐音许于反。"

②如淳曰："建立基止。泰，奢泰。"

③师古曰："负海，犹言背海也。"

景帝中六年，梁孝王田北山，有献牛，足上出背上。刘向以为近牛祸。先是孝王骄奢，起苑方三百里，宫馆阁道相连三十馀里。纳于邪臣羊胜之计，欲求为汉嗣，刺杀议臣爰盎，事发，负斧归死。既退归国，犹有恨心，内则思虑霿乱，外则土功过制，故牛旤作。足而出于背，下奸上之象也。①犹不能自解，发疾暴死，又凶短之极也。

①师古曰："奸，犯也，音干。"

《左氏传》昭公二十一年春，周景王将铸无射钟，①泠州鸠曰：②"王其以心疾死乎！夫天子省风以作乐，③小者不窕，大者不槬，④槬则不容，心是以感，感实生疾。今钟槬矣，王心弗(载)〔堪〕，⑤[8]其能久乎？"刘向以为是时景王好听淫声，適庶不明，⑥思心霿乱，明年以心疾崩，近心腹之痾，凶短之极者也。

①师古曰："钟声中无射之律也。射音弋石反。"

②应劭曰:"泠,官也,州鸠,名也。"师古曰:"乐官曰泠,后遂以为氏。泠音零,其字从水。"

③应劭曰:"风,土地风俗也。省中和之风以作乐,然后可移恶风易恶俗也。"臣瓒曰:"省风俗之流遁,作乐以救其敝也。"师古曰:"应说是也。省,观也。"

④师古曰:"窕,轻小也。摦,横大也。窕音它尧反。摦音胡化反。"

⑤师古曰:"古堪字。"

⑥师古曰:"適读曰嫡。谓太子寿卒,王立子猛为嗣,后又欲立子朝也。"

昭二十五年春,鲁叔孙昭子聘于宋,元公与燕,饮酒乐,语相泣也。①乐祁佐,②告人曰:"今兹君与叔孙其皆死乎!吾闻之,哀乐而乐哀,皆丧心也。③心之精爽,是谓魂魄;魂魄去之,何以能久?"冬十月,叔孙昭子死;十一月,宋元公卒。

①师古曰:"昭子,叔孙婼也。元公,宋平公子也。相泣,相对而俱泣也。"

②师古曰:"乐祁,宋司城子梁也。佐,佐酒。"

③师古曰:"哀乐,可乐而反哀也。乐哀,可哀而反乐也。丧,失之也。"

昭帝元凤元年九月,燕有黄鼠衔其尾舞王宫端门中,往视之,鼠舞如故。王使夫人以酒脯祠,鼠舞不休,夜死。黄祥也。时燕剌王旦谋反将败,死亡象也。其月,发觉伏辜。京房《易传》曰:"诛不原情,厥妖鼠舞门。"

成帝建始元年四月辛丑夜,西北有如火光。壬寅晨,大风从西北起,云气赤黄,四塞天下,终日夜下著地者黄土尘也。是岁,帝元舅大司马大将军王凤始用事;又封凤母弟崇为安成侯,食邑万户;庶弟谭等五人赐爵关内侯,食邑三千户。①复益封凤五千户,悉封谭等为列侯,是为五侯。哀帝即位,封外属丁氏、傅氏、周氏、郑氏凡六人为列侯。②杨宣对曰:"五侯封日,天气赤黄,丁、傅复然。③此殆爵土过制,伤乱土气之祥也。"京房《易传》曰:"经称'观其生',④言大臣之义,当观贤人,知其性行,推而贡之,否则为闻善不与,兹谓不知,⑤厥异黄,厥咎聋,厥灾不嗣。黄者,日上黄光不散如火然,有黄浊气四塞天下。蔽贤绝道,故灾异至绝世也。经曰'良马逐'。⑥逐，进也，言大臣得贤者谋，当显进其人，否则为下相攘善，⑦兹谓盗明，厥咎亦不嗣，至于身僇家绝。"⑧

①师古曰："谭、商、音、根、逢时凡五人。"

②师古曰："《外戚传》傅太后弟子喜封高武侯，晏封孔乡侯，商封汝昌侯，同母弟子郑业为阳信侯，丁太后兄明封阳安侯，子满封平周侯。傅氏、郑氏侯者四人，丁氏侯者二人。今此言六人为列侯，其数是也。傅氏、丁氏、郑氏则有之，而不见周氏所出。志传不同，未详其意。"

③服虔曰："杨宣，谏大夫也。"

④师古曰："《易》《观卦》上九爻辞。"

⑤师古曰："徒知之而已，不能进助也。"

⑥师古曰："此《易》《大畜》九三爻辞。"

⑦师古曰："攘，却也。言不进达之也。一曰攘，因也。因而窃取曰攘。音人羊反。"

⑧师古曰："僇，古戮字。"

史记周幽王二年，周三川皆震。①刘向以为金木水火沴土者也。伯阳甫曰：②"周将亡矣！天地之气不过其序；若过其序，民乱之也。阳伏而不能出，阴迫而不能升，③于是有地震。今三川实震，是阳失其所而填阴也。④阳失而在阴，原必塞；⑤原塞，国必亡。夫水，土演而民用也；⑥土无所演，而民乏财用，不亡何待？昔伊雒竭而夏亡，河竭而商亡，今周德如二代之季，其原又塞，塞必竭；川竭，山必崩。夫国必依山川，山崩川竭，亡之征也。若国亡，不过十年，数之纪也。"

①应劭曰："震，地震三川竭也。"师古曰："三川，泾、渭、洛也。洛即漆沮也。川自震耳，故将壅塞，非地震也。"

②服虔曰："周太史。"

③应劭曰："迫，阴迫阳，使不能升也。"

④应劭曰："失其所，失其道也。填阴，为阴所填不得升也。师古曰："填音竹刃反。"

⑤师古曰："原谓水泉之本也。"

⑥应劭曰："演，引也，所以引出土气者也。"师古曰："演音衍。"

是岁(二)〔三〕川竭[9]，岐山崩。刘向以为阳失在阴者，谓火气来煎枯水，故川竭也。山川连体，下竭上崩，事势然也。时幽王暴虐，妄诛伐，不听谏，迷于褒姒，废其正后，①废后之父申侯与犬戎共攻杀幽王。一曰，其在天文，水为辰星，辰星为蛮夷。月食辰星，国以女亡。幽王之败，女乱其内，夷攻其外。京房《易传》曰："君臣相背，厥异名水绝。"②

①师古曰："褒姒，褒人所献之女也。正后，申后也。盖《白华》之诗所为作也。"

②师古曰："有名之水。"

文公九年"九月癸酉，地震"。刘向以为先是时，齐桓、晋文、鲁釐二伯贤君新没，①周襄王失道，②楚穆王杀父，③诸侯皆不肖，权倾于下，天戒若曰，臣下强盛者将动为害。后宋、鲁、晋、莒、郑、陈、齐皆杀君。④诸震，略皆从董仲舒说也。京房《易传》曰："臣事虽正，专必震，其震，于水则波，于木则摇，于屋则瓦落。大经在辟而易臣，兹谓阴动，⑤厥震摇政宫。大经摇政，兹谓不阴，厥震摇山，山出涌水。嗣子无德专禄，兹谓不顺，厥震动丘陵，涌水出。"

①师古曰："齐桓、晋文，二伯也。鲁僖，贤君也。伯读曰霸。"

②师古曰："谓避叔带之难而出奔，失为君之道。"

③师古曰："穆王，商臣也，杀其父成王也。"

④师古曰："文十六年宋人杀其君杵臼，十八年襄仲杀恶，宣二年晋赵盾杀其君夷皋，文十八年莒弑其君庶其，宣四年郑公子归生弑其君夷，十年陈夏徵舒杀其君平国，文十八年齐人杀其君商人。"

⑤服虔曰："经，常也。辟音刑辟之辟。"苏林曰："大经，五行之常经也。在辟，众阴犯杀其上也。"师古曰："辟读曰僻，谓常法僻坏而易臣也。"

襄公十六年"五月甲子，地震"。刘向以为先是鸡泽之会，诸侯盟，大夫又盟。①是岁三月，诸侯为溴梁之会，而大夫独相与盟，②五月地震矣。其后崔氏专齐，栾盈乱晋，良霄倾郑，阍杀吴子，燕逐其君，楚灭陈、蔡。③

①师古曰："鸡泽，卫地也。襄三年，公会单子、晋侯、宋公、卫侯、郑伯、莒子、

邾子、齐世子光，己未，同盟于鸡泽。陈侯使袁侨如会，戊寅，叔孙豹及诸侯大夫及陈袁侨盟也。"

②师古曰："经书诸大夫盟，谓晋、宋、卫、郑、曹、莒、邾、薛、杞、小邾之大夫。"

③师古曰："崔氏，齐卿崔杼也。栾盈，晋大夫栾桓子之子怀子也，二十一年奔楚，二十三年复入于晋而作乱。良霄，郑大夫伯有也。三十年，子皙以驷氏之甲伐而焚之，伯有奔雍梁，遂奔许，晨自墓门之窦入，介于襄库，以伐旧北门。驷带率国人伐之，伯有死于羊肆。阍，守门者也。吴子，馀祭也。吴人伐越，获俘焉，以为阍，使守舟。二十九年，馀祭观舟，阍以刀杀之。燕，北燕国也。昭三年冬，燕大夫杀公之外嬖，公惧奔齐。昭八年，楚师灭陈。十一年，楚灭蔡也。"

昭公十九年"五月己卯，地震"。刘向以为是时季氏将有逐君之变。其后宋三臣、曹会皆以地叛，①蔡、莒逐其君，吴败中国杀二君。②

①师古曰："二十年，宋华亥、向宁、华定出奔陈，二十一年自陈入于宋南里以叛。曹会，大夫公孙会也，二十年自鄸出奔宋。《穀梁传》曰'自鄸者'专鄸也'。鄸，会之邑也。鄸音莫风反。"

②师古曰："昭二十一年，蔡人信费无极之言，出蔡侯朱，朱出奔楚。二十三年，莒子庚舆虐而好剑，国人患之。秋七月，乌存帅国人以逐之，庚舆出奔鲁。戊辰，吴败楚、顿、胡、沈、蔡、陈、许之师于鸡父，胡子髡、沈子逞灭，是也。"

二十三年"八月乙未，地震"。刘向以为是时周景王崩，刘、单立王子猛，尹氏立子朝。①其后季氏逐昭公，黑肱叛邾，②吴杀其君僚，③宋五大夫、晋二大夫皆以地叛。④

①师古曰："已解于上。"

②师古曰："黑肱，邾大夫也。三十一年，经书'邾黑肱以滥来奔'。滥，邾邑。"

③师古曰："二十七年，吴公子光使专设诸抽剑刺王是也。"

④师古曰："定十年，宋公之弟辰暨仲它、石彄出奔陈。十一年春，辰及仲它、石彄、公子地自陈入于萧以叛。秋，宋乐大心自曹入于萧。十三年，晋荀寅、士吉射入朝歌以叛。"

哀公三年"四月甲午，地震"。刘向以为是时诸侯皆信邪臣，莫能用仲尼，盗杀蔡侯，齐陈乞弑君。①

①师古曰："哀四年，经书'盗杀蔡侯申'。《左氏传》曰：'蔡昭侯将如吴，诸大夫恐其又迁也，公孙翩逐而射之，入于家人而卒。'陈乞，齐大夫陈僖子也。六年，乞杀其君荼。荼，景公之子安孺子也。荼音大胡反。"

惠帝二年正月，地震陇西，厌四百馀家。①武帝征和二年八月癸亥，地震，厌杀人。宣帝本始四年四月壬寅，地震河南以东四十九郡，北海琅邪坏祖宗庙城郭，杀六千馀人。元帝永光三年冬，地震。绥和二年九月丙辰，地震，自京师至北边郡国三十馀坏城郭，凡杀四百一十五人。

①师古曰："厌音一甲反。次下亦同。"

釐公十四年"秋八月辛卯，沙麓崩"。《穀梁传》曰："林属于山曰麓，①沙其名也。"刘向以为臣下背叛，散落不事上之象也。先是，齐桓行伯道，会诸侯，②事周室。管仲既死，桓德日衰，天戒若曰，伯道将废，诸侯散落，政逮大夫，陪臣执命，臣下不事上矣。桓公不寤，天子蔽晦。③及齐(威)〔桓〕死，[10]天下散而从楚。王札子杀二大夫。④晋败天子之师，⑤莫能征讨，从是陵迟。《公羊》以为沙麓，河上邑也。董仲舒说略同。一曰，河，大川象；齐，大国；桓德衰，伯道将移于晋文，故河为徙也。《左氏》以为沙麓，晋地；沙，山名也；地震而麓崩，不书震，举重者也。伯阳甫所谓"国必依山川，山崩川竭，亡之征也；不过十年，数之纪也"。至二十四年，晋怀公杀于高梁。⑥京房《易传》曰："小人剥庐，⑦厥妖山崩，兹谓阴乘阳，弱胜强。"

①师古曰："属，联也，音之欲反。"

②师古曰："伯读曰霸。其下亦同。"

③师古曰："被，掩蔽而暗也。"

④师古曰："二大夫，召伯、毛伯也。"

⑤师古曰："谓败之于贸戎也。已解于上也。"

⑥师古曰："怀公谓子圉，惠公之子也。文公入国而使杀之。高梁，晋地。"

⑦师古曰："《剥卦》上九爻之辞。"

成公五年"夏，梁山崩"。《穀梁传》曰廱河三日不流，①晋君帅群臣而哭之，乃流。②刘向以为山阳，君也，水阴，民也，天戒若曰，君道崩坏，下乱，百姓将失其所矣。哭然后流，丧亡象也。梁山在晋地，自晋始而及天下也。后晋暴杀三卿，厉公以弑。③溴梁之会，天下大夫皆执国政，④其后孙、甯出卫献，⑤三家逐鲁昭，单、尹乱王室。⑥董仲舒说略同。刘歆以为梁山，晋望也；崩，弛崩也。⑦古者三代命祀，祭不越望，吉凶祸福，不是过也。国主山川，山崩川竭，亡之征也，美恶周必复。⑧是岁岁在鹑火，至十七年复在鹑火，栾书、中行偃杀厉公而立悼公。

①师古曰："廱读曰壅。"

②师古曰："从伯宗用辇者之言。"

③师古曰："三卿谓郤犨、郤锜、郤至也。厉公杀之，而栾书、中行偃又弑厉公。事在成十七年。"

④师古曰："已解于上。"

⑤师古曰："孙，孙林父，甯，甯殖，皆卫大夫也。卫献公，定公之子也，名衎。献公戒二子食，日旰不召，而射鸿于囿，二子怒，因作乱。公如鄄，遂出奔齐。孙氏追之，败公徒于柯泽。事在襄十四年。"

⑥师古曰："并解于上。"

⑦师古曰："言渐解散也。弛音式尔反。"

⑧师古曰："复音扶目反。"

高后二年正月，武都山崩，杀七百六十人，地震至八月乃止。文帝元年四月，齐楚地山二十九所同日俱大发水，溃出，刘向以为近水沴土也。天戒若曰，勿盛齐楚之君，今失制度，将为乱。后十六年，帝庶兄齐悼惠王之孙文王则薨，无子，帝分齐地，立悼惠王庶子六人皆为王。①贾谊、晁错谏，以为违古制，恐为乱。至景帝三年，齐楚七国起兵百馀万，汉皆破之。春秋四国同日灾，②汉七国同日众山溃，咸被其害，不畏天威之明效也。

①师古曰："谓齐孝王将闾、济北王志、菑川王贤、胶东王雄渠、胶西王卬、济南王辟光。"

②师古曰："宋、卫、陈、郑。"

成帝河平三年二月丙戌，犍为柏江山崩，捐江山崩，皆印江水，①江水逆流坏城，杀十三人，地震积二十一日，百二十四动。元延三年正月丙寅，蜀郡岷山崩，廱江，江水逆流，三日乃通。刘向以为周时岐山崩，三川竭，而幽王亡。岐山者，周所兴也。汉家本起于蜀汉，今所起之地山崩川竭，星孛又及摄提、大角，从参至辰，②殆必亡矣。其后三世亡嗣，王莽篡位。

①师古曰："廱读曰壅。次下亦同。"

②如淳曰："孛星尾长及摄提、大角，始发于参至辰也。"

传曰："皇之不极，是谓不建，厥咎眊，①厥罚恒阴，厥极弱。时则有射妖，时则有龙蛇之孽，时则有马祸，时则有下人伐上之痾，时则有日月乱行，星辰逆行。"

①服虔曰："眊音老耄。"

"皇之不极，是谓不建"，皇，君也。极，中；建，立也。人君貌言视听思心五事皆失，不得其中，则不能立万事，失在眊悖，故其咎眊也。①王者自下承天理物。云起于山，而弥于天；②天气乱，故其罚常阴也。一曰，上失中，则下强盛而蔽君明也。《易》曰"亢龙有悔，贵而亡位，高而亡民，贤人在下位而亡辅"，③如此，则君有南面之尊，而亡一人之助，故其极弱也。盛阳动进轻疾。④礼，春而大射，以顺阳气。⑤上微弱则下奋动，故有射妖。《易》曰"云从龙"，⑥又曰"龙蛇之蛰，以存身也"。⑦阴气动，故有龙蛇之孽。于《易》，《乾》为君为马，马任用而强力，君气毁，故有马祸。一曰，马多死及为怪，亦是也。君乱且弱，人之所叛，天之所去，不有明王之诛，则有篡弑之祸，故有下人伐上之痾。凡君道伤者病天气，不言五行沴天，而曰"日月乱行，星辰逆行"者，为若下不敢沴天，犹《春秋》曰"王师败绩于贸戎"，不言败之者，以自败为文，尊尊之意也。刘歆皇极传曰有下体生上之痾。说以为下人伐上，天诛已成，不得复为痾云。皇极之常阴，刘向以为《春秋》亡其应。一曰，久阴不雨是也。刘歆以为自属常阴。

①师古曰："眊，不明也。悖，惑也，音布内反。"

②师古曰："弥，满也。"

③师古曰："《乾》上九文言也。"

④服虔曰："阳行轻且疾也。"

⑤韦昭曰："将祭，与群臣射，谓之大射。"

⑥师古曰："《乾》九五文言。"

⑦师古曰："《下系》辞也。"

昭帝元平元年四月崩，亡嗣，立昌邑王贺。贺即位，天阴，昼夜不见日月。贺欲出，光禄大夫夏侯胜当车谏曰："天久阴而不雨，臣下有谋上者，陛下欲何之？"贺怒，缚胜以属吏，①吏白大将军霍光。光时与车骑将军张安世谋欲废贺。光让安世，以为泄语，安世实不泄，召问胜。胜上《洪范五行传》曰："'皇之不极，厥罚常阴，时则有下人伐上。'不敢察察言，②故云臣下有谋。"光、安世读之，大惊，以此益重经术士。后数日卒共废贺，此常阴之明效也。京房《易传》曰："有蜺、蒙、雾。雾，上下合也。蒙如尘云。蜺，日旁气也。其占曰：后妃有专，蜺再重，赤而专，至冲旱。③妻不壹顺，黑蜺四背，又白蜺双出日中。妻以贵高夫，兹谓擅阳，蜺四方，日光不阳，解而温。④内取兹谓禽，⑤蜺如禽，在日旁。以尊降妃，兹谓薄嗣，蜺直而塞，六辰乃除，夜星见而赤。⑥女不变始，兹谓乘夫，⑦蜺白在日侧，黑蜺果之，气正直。⑧妻不顺正，兹谓擅阳，蜺中窥贯而外专。夫妻不严兹谓媟，⑨蜺与日会。妇人擅国兹谓顷，⑩蜺白贯日中，赤蜺四背。⑪适不答兹谓不次，⑫蜺直在左，蜺交在右。取于不专，兹谓危嗣，蜺抱日两未及。君淫外兹谓亡，蜺气左日交于外。取不达兹谓不知，蜺白夺明而大温，温而雨。⑬尊卑不别兹谓媟，蜺三出三已，三辰除，⑭除则日出且雨。臣私禄及亲，兹谓罔辟，⑮厥异蒙，其蒙先大温，已蒙起，日不见。行善不请于上，兹谓作福，蒙一日五起五解。辟不下谋，臣辟异道，兹谓不见，上蒙下雾，风三变而俱解。立嗣子疑，兹谓动欲，蒙赤，日不明。德不序兹谓不聪，蒙，日不明，温而民病。德不试，空言禄,⑯兹谓主窳臣夭,⑰蒙起而白。君乐逸人兹谓放,蒙,日青,黑云夹日,左右前后行过日。公不任职,兹谓怙禄,蒙三日,又大风五日,蒙不解。利邪以食,兹谓闭上,蒙大起,白云如山行蔽日。公惧不言道,兹谓闭下,蒙大起,日不见,若雨不雨,至十二日解,而有大云蔽日。禄生于下,兹谓诬君,蒙微而小雨,已乃大雨。下相攘善,兹谓盗明,蒙黄浊。下陈功,求于上,兹谓不知,蒙,微而赤,风鸣条,解复蒙。下专刑兹谓分威,蒙而日不得明。大臣厌小臣兹谓蔽,蒙微,日不明,若解不解,大风发,赤云起而蔽日。众不恶恶兹谓闭,蒙,尊卦用事,⑱三日而起,日不见。漏言亡喜,兹谓下厝用,⑲蒙微,日无光,有雨云,雨不降。废忠惑佞兹谓亡,蒙,天先清而暴,蒙微而日不明。有逸民兹谓不明,蒙浊,夺日光。公不任职,兹谓不绌,蒙白,三辰止,则日青,青而寒,寒必雨。忠臣进善君不试,兹谓遏,⑳蒙,先小雨,雨已蒙起,微而日不明。惑众在位,兹谓覆国,蒙微而日不明,一温一寒,风扬尘。知佞厚之兹谓庳,蒙甚而温。君臣故弼兹谓悖,㉑厥灾风雨雾,风拔木,乱五谷,已而大雾。庶正蔽恶,兹谓生孽灾,厥异雾。”此皆阴云之类云。

①师古曰:“属,委也,音之欲反。”

②臣瓒曰:“不敢察察明言之。”

③孟康曰:“专,员也。若五月再重,赤而员,至十一月早也。”

④服虔曰:“蒙气解而温。”

⑤服虔曰:“人君内淫于骨肉也。”臣瓒曰:“人君取于国中也。”师古曰:“取,如《礼记》‘聚麀’之聚,瓒说非。”

⑥韦昭曰:“六辰,谓从卯至申。”

⑦孟康曰:“始贵高于夫,终行此不变也。”

⑧师古曰:“果谓干之也。”

⑨韦昭曰:“媟言媟慢也。”师古曰:“音先列反。”

⑩师古曰:“顷读曰倾。”

⑪服虔曰:“蜺背日。”

⑫服虔曰:“言适妻不见答也。”臣瓒曰:“夫不接妻谓不答。”师古曰:“适读曰嫡。答,报也。言妻有承顺之心,不见报答也。一曰,答,对也,言不以恩意

接对之。”

⑬师古曰：“取读曰聚。”

⑭韦昭曰：“若从寅至辰也。蜺旦见西，晏则雨。”

⑮韦昭曰：“辟，君也。”师古曰：“辟音壁。其下并同。”

⑯师古曰：“试，用也。”

⑰孟康曰：“谓君惰窳，用人不以次第，为天也。”师古曰：“窳音庾。”

⑱孟康曰：“尊卦，《乾》《坤》也。”臣瓒曰：“京房谓之方伯卦，《震》、《兑》、《坎》、《离》也。”师古曰：“孟说是。”

⑲师古曰：“厝音千各反。”

⑳师古曰：“试，用也。”

㉑师古曰：“弼犹相戾也。悖，惑也。”

严公十八年“秋，有蜮”。刘向以为蜮生南越。越地多妇人，男女同川，淫女为主，乱气所生，故圣人名之曰蜮。蜮犹惑也，在水旁，能射人，射人有处，甚者至死。①南方谓之短弧，②近射妖，死亡之象也。时严将取齐之淫女，故蜮至。天戒若曰，勿取齐女，将生淫惑篡弑之祸。严不寤，遂取之。入后淫于二叔，二叔以死，两子见弑，夫人亦诛。③刘歆以为蜮，盛暑所生，非自越来也。京房《易传》曰：“忠臣进善君不试，厥咎国生蜮。”④

①师古曰：“以气射人也。”

②师古曰：“即射工也，亦呼水弩。”

③师古曰：“并解于上。”

④师古曰：“试，用也。”

史记鲁哀公时，有隼集于陈廷而死，①楛矢贯之，②石砮，③长尺有咫。④陈闵公使使问仲尼，⑤仲尼曰：“隼之来远矣！昔武王克商，通道百蛮，使各以方物来贡，肃慎贡楛矢，⑥石砮长尺有咫。先王分异姓以远方职，使毋忘服，⑦故分陈以肃慎矢。”试求之故府，果得之。⑧刘向以为隼近黑祥，贪暴类也；矢贯之，近射妖也；死于廷，国亡表也。象陈眊乱，不服事周，⑨而行贪暴，将致远夷之祸，为所灭也。是时中国齐晋、南夷吴楚为强，[10]陈交晋不亲，附楚不固，数被二国之祸。后楚有白公之乱，[11]陈乘而侵之，[12]卒为楚所灭。[13]

①师古曰："隼，鸷鸟，即今之鹘也。说者以为鹞，失之矣。廷，朝廷也。鹘字音胡骨反。"

②应劭曰："楛，木名。"师古曰："音怙，其木堪为箭笴，今豳以北皆用之，土俗呼其木为楛子也。"

③应劭曰："砮，镞也，音奴，又乃互反。"

④张晏曰："八寸曰咫。"

⑤师古曰："闵公名周，怀公之子。"

⑥臣瓒曰："肃慎，东北夷。"

⑦师古曰："服，事也。"

⑧师古曰："得昔所分之矢于府藏中。"

⑨师古曰："眊音莫报反。"

⑩师古曰："中国则齐、晋为强，南夷则吴、楚为强。"

⑪师古曰："白公，楚平王太子建之子胜也。建遇谗，奔郑而死。胜在吴，子西召之，使处吴境，为白公。吴人伐慎，白公败之，请以战备献，因作乱，子西、子期皆死。事在哀十六年。"

⑫师古曰："白公之乱，陈人恃其聚而侵楚。事见哀十七年。"

⑬师古曰："陈闵公之二十年，获麟之岁也。其二十四年，而为楚所灭。"

史记夏后氏之衰，有二龙止于夏廷，而言"余，褒之二君也"。[1]夏帝卜杀之，去之，止之，莫吉；卜请其漦而藏之，乃吉。[2]于是布币策告之。[3]龙亡而漦在，乃椟去之。[4]其后夏亡，传椟于殷周，三代莫发，至厉王末，发而观之，漦流于廷，不可除也。厉王使妇人臝而噪之，[5]漦化为玄鼋，[6]入后宫。处妾遇之而孕，[7]生子，惧而弃之。宣王立，女童谣曰："檿弧萁服，实亡周国。"[8]后有夫妇鬻是器者，宣王使执而僇之。[9]既去，见处妾所弃妖子，闻其夜号，哀而收之，遂亡奔褒。后褒人有罪，入妖子以赎，是为褒姒，幽王见而爱之，生子伯服。王废申后及太子宜咎，而立褒姒、伯服代之。废后之父申侯与缯西畎戎共攻杀幽王。[10]《诗》曰："赫赫宗周，褒姒烕之。”⑪刘向以为夏后季世，周之幽、厉，皆誖乱逆天，⑫故有龙鼋之怪，近龙蛇孽也。漦，血也，一曰沫也。檿弧，桑弓也。萁服，盖以萁草为箭服，近射妖也。女童谣者，祸将生于女，国以兵寇亡也。⑬

①师古曰："褒，古国名。"

②应劭曰："漦，沫也。"郑氏曰："漦音牛龄之龄。"师古曰："去谓驱逐也，止谓拘留也。去音丘吕反。漦音丑之反。"

③师古曰："奠币为礼，读策辞而告之也。说者以为策者糈米，盖失之矣。"

④师古曰："椟，匮也。去，藏也。椟音读。去音丘吕反。"

⑤应劭曰："群呼曰噪。"师古曰："噪音先到反。"

⑥韦昭曰："玄，黑，鼋，蜥蜴也，似蛇而有足。"师古曰："鼋似鳖而大，非蛇及蜥蜴。"

⑦师古曰："处妾，宫中之童女。"

⑧服虔曰："檿，檿桑也。"师古曰："女童谣，闾里之童女为歌谣也。檿，山桑之有点文者也。木弓曰弧。服，盛箭者，即今之步叉也。萁，草，似荻而细，织之为服也。檿音一簟反。萁音基。荻音敌。"

⑨师古曰："鬻，卖也，音弋六反。"

⑩师古曰："畎戎即犬戎，亦曰昆夷。"

⑪师古曰："《小雅》《正月》之诗也。赫赫，盛貌也。宗周，镐京也。烕，灭也，音呼悦反。"

⑫师古曰："誖，惑也，音布内反。"

⑬师古曰："因妇人以致兵寇也。"

《左氏传》昭公十九年，龙斗于郑时门之外洧渊。①刘向以为近龙孽也。郑以小国摄乎晋楚之间，②重以强吴，③郑当其冲，不能修德，将斗三国，以自危亡。④是时子产任政，内惠于民，外善辞令，以交三国，郑卒亡患，能以德消变之效也。京房《易传》曰："众心不安，厥妖龙斗。"

①师古曰："时门，郑城门也。洧泉，叙水之泉也。洧水出荥阳密县东南，至颍川长平入颍也。"

②师古曰："摄，收持之。"

③师古曰："重音直用反。"

④师古曰："言若不修德，则三国伐之，必危亡。"

惠帝二年正月癸酉旦，有两龙见于兰陵廷东里温陵井中，[①]至乙亥夜去。刘向以为龙贵象而困于庶人井中，象诸侯将有幽执之祸。其后吕太后幽杀三赵王，诸吕亦终诛灭。京房《易传》曰："有德遭害，厥妖龙见井中。"又曰："行刑暴恶，黑龙从井出。"

①师古曰："兰陵县之廷东里也。温陵，人姓名也。"

《左氏传》鲁严公时有内蛇与外蛇斗郑南门中，内蛇死。刘向以为近蛇孽也。先是郑厉公劫相祭仲而逐兄昭公代立。[①]后厉公出奔，昭公复入。[②]死，弟子仪代立。[③]厉公自外劫大夫傅瑕，使僇子仪。[④]此外蛇杀内蛇之象也。蛇死六年，而厉公立。严公闻之，问申繻曰："犹有妖乎？"[⑤]对曰："人之所忌，其气炎以取之，[⑥]妖由人兴也。人亡舋焉，妖不自作。人弃常，故有妖。"[⑦]京房《易传》曰："立嗣子疑，厥妖蛇居国门斗。"

①师古曰："厉公母，宋雍氏之女也。祭仲，祭封人仲足也。桓十一年，宋人执祭仲，曰：'不立突，将死。'仲乃与宋盟而立厉公。昭公奔卫。祭音侧介反。"

②师古曰："桓十五年，厉公与祭仲之壻雍纠谋杀祭仲，不克，五月，出奔蔡。六月，昭公复归于郑。九月，厉公杀檀伯而居栎也。"

③师古曰："桓十七年，高渠弥弑昭公而立其弟子亹。十八年，齐人杀子亹，祭仲乃立亹之弟仪也。"

④师古曰："傅瑕，郑大夫也。庄十四年，厉公自栎侵郑，获傅瑕，与之盟。于是傅瑕杀子仪而纳厉公也。"

⑤师古曰："申繻，鲁大夫也。繻音须。"

⑥师古曰："炎音弋赡反。"

⑦师古曰："已解于上。"

《左氏传》文公十六年夏，有蛇自泉宫出，[①]入于国，如先君之数。刘向以为近蛇孽也。泉宫在囿中，公母姜氏尝居之，蛇从之出，象宫将不居也。《诗》曰："维虺维蛇，女子之祥。"[②]又蛇入国，国将有女忧也。如先君之数者，公母将薨象也。秋，公母薨。公恶之，乃毁泉台。夫妖孽应行而自见，非见而为害也。文不改行循正，共御厥罚，③而作非礼，以重其过。④后二年薨，公子遂杀文之二子恶、视，而立宣公。⑤文公夫人大归于齐。⑥

①师古曰："泉宫，即泉台。"

②师古曰："《小雅》《斯干》之诗。"

③师古曰："共读曰恭。御读曰禦，又读如本字。"

④师古曰："重音直用反。"

⑤师古曰："恶即子赤也。视，其母弟。"

⑥师古曰："本齐女，故出而归齐，所谓哀姜者也。"

武帝太始四年七月，赵有蛇从郭外入，与邑中蛇斗孝文庙下，邑中蛇死。后二年秋，有卫太子事，事自赵人江充起。

《左氏传》定公十年，宋公子地有白马驷，①公嬖向魋欲之，②公取而朱其尾鬣③以予之。地怒，使其徒抶魋而夺之。④魋惧将走，公闭门而泣之，目尽肿。公弟辰谓地曰："子为君礼，不过出竟，君必止子。"⑤地出奔陈，公弗止。辰为之请，不听。辰曰："是我迋吾兄也，⑥吾以国人出，君谁与处？"遂与其徒出奔陈。明年俱入于萧以叛，大为宋患，⑦近马祸也。

①师古曰："地，宋元公子也。四马曰驷。"

②师古曰："公谓景公，即地之兄也。魋，宋司马桓魋也。向音式尚反。魋音大回反。"

③师古曰："鬣，领上鬣也，音力涉反。"

④师古曰："抶，击也，音丑失反。"

⑤师古曰："辰亦元公子也。言若见君怒，惧而出奔，是为臣之礼也。竟读曰境(也)。[11]

⑥应劭曰："迋音君狂〔反〕。"[12]臣瓒曰："迋音九放反。"师古曰："二说皆非也。迋，欺也，音求往反。"

⑦师古曰："萧，宋邑。"

史记秦孝公二十一年有马生人，昭王二十年牡马生子而死。刘向以为皆马祸也。孝公始用商君攻守之法，东侵诸侯，至于昭王，用兵弥烈。① 其象将以兵革抗极成功，而还自害也。牡马非生类，妄生而死，犹秦恃力强得天下，而还自灭之象也。〔一〕曰，诸畜生非其类，[13] 子孙必有非其姓者，至于始皇，果吕不韦子。京房《易传》曰："方伯分威，厥妖牡马生子。亡天子，诸侯相伐，厥妖马生人。"

①师古曰："烈，猛也。"

文帝十二年，有马生角于吴，角在耳前，上鄉。① 右角长三寸，左角长二寸，皆大二寸。刘向以为马不当生角，犹吴不当举兵鄉上也。是时，吴王濞封有四郡五十馀城，② 内怀骄恣，变见于外，天戒早矣。王不寤，后卒举兵，诛灭。京房《易传》曰："臣易上，政不顺，厥妖马生角，兹谓贤士不足。"又曰："天子亲伐，马生角。"

①师古曰："鄉读曰向。次下亦同。"

②师古曰："《高纪》云'六年春，以故东阳郡、鄣郡、吴郡五十三县立刘贾为荆王'。十二年十月诏曰：'吴，古之建国，日者荆王兼有其地，今死无后，朕欲复立吴王。'长沙王臣等请立沛侯为吴王。而《荆燕吴传》云：'荆王刘贾为黥布所杀，无后，上患会稽轻悍，无壮王填之，乃立濞为吴王，王三郡五十三城。'是则濞之所封，贾本地也，止有三郡，《荆燕吴传》与纪(罔)〔同〕矣。[14] 今此云四郡，未详其说。若以贾本不得会稽，濞加一郡者，则不得言五十三城也。"

成帝绥和(三)〔二〕年二月，[15] 大厩马生角，在左耳前，围长各二寸。是时王莽为大司马，害上之萌自此始矣。① 哀帝建平二年，定襄牡马生驹，三足，随群饮食，太守以闻。马，国之武用，三足，不任用之象也。后侍中董贤年二十二为大司马，居上公之位，天下不宗。哀帝暴崩，成帝母王太后召弟子新都侯王莽入，收贤印绶，贤恐，自杀，莽因代之，并诛外家丁、傅。又废哀帝傅皇后，令自杀，发掘帝祖母傅太后、母丁太后陵，更以庶人葬之。辜及至尊，大臣微弱之祸也。

①师古曰："萌，若草木之始生也。"

文公十一年，"败狄于鹹"。①《穀梁》、《公羊传》曰，长狄② 兄弟三人，一者之鲁,[3]一者之齐,[4]一者之晋。[5]皆杀之,身横九畮;[6]断其首而载之,眉见于轼。[7]何以书?记异也。刘向以为是时周室衰微,三国为大,可责者也。天戒若曰,不行礼义,大为夷狄之行,将至危亡。其后三国皆有篡弑之祸,[8]近下人伐上之痾也。刘歆以为人变,属黄祥。一曰,属蠃虫之孽。一曰,天地之性人为贵,凡人为变,皆属皇极下人伐上之痾云。京房《易传》曰:"君暴乱,疾有道,厥妖长狄入国。"又曰:"丰其屋,下独苦。[9]长狄生,世主虏。"

①师古曰:"鹹,鲁地也。"

②师古曰:"防风之后,漆姓也,国号鄋瞒。鄋音所求反。瞒音莫干反。"

③师古曰:"侨如也。来伐鲁,为叔孙得臣所获。"

④师古曰:"荣如也。齐襄公二年伐齐,为王子成父所获。"

⑤师古曰:"焚如也。宣十五年,晋灭潞国而获之。"

⑥师古曰:"畮,古亩字。"

⑦师古曰:"轼,车前横木。"

⑧师古曰:"谓鲁文公薨,襄仲弑恶及视而立宣公;齐连称、管至父弑襄公而立无知;晋栾书、中行偃弑厉公而立悼公。"

⑨师古曰:"丰其屋,《易》《丰卦》上六爻辞也。丰,大也。"

史记秦始皇帝二十六年,有大人长五丈,足履六尺,皆夷狄服,凡十二人,见于临洮。[1]天戒若曰,勿大为夷狄之行,将受其祸。是岁始皇初并六国,反喜以为瑞,销天下兵器,作金人十二以象之。遂自贤圣,燔《诗》《书》,坑儒士;奢淫暴虐,务欲广地;南戍五岭,北筑长城以备胡越,[2]堑山填谷,西起临洮,东至辽东,径数千里。故大人见于临洮,明祸乱之起。后十四年而秦亡,亡自戍卒陈胜发。

①师古曰:"陇西之县也。音吐高反。"

②师古曰:"五岭,解在《张耳》《陈馀传》。"

史记魏襄王十三年,魏有女子化为丈夫。京房《易传》曰:"女子化为丈夫,兹谓阴昌,贱人为王;丈夫化为女子,兹谓阴胜,厥咎亡。"一曰,男化为女,宫刑滥也;[1]女化为男,妇政行也。

①如淳曰："宫刑之行大滥也。"

哀帝建平中，豫章有男子化为女子，嫁为人妇，生一子。长安陈凤言此阳变为阴，将亡继嗣，自相生之象。一曰，嫁为人妇生一子〔者〕，[16]将复一世乃绝。

哀帝建平四年四月，山阳方与女子田无啬生子。①先未生二月，儿啼腹中，及生，不举，葬之陌上，三日，人过闻啼声，母掘收养。

①师古曰："方与者，山阳之县也。女子姓田，名无啬。方与音房豫。"

平帝元始元年二月，朔方广牧女子赵春病死，①敛棺积六日，②出在棺外，自言见夫死父，曰："年二十七，不当死。"太守谭以闻。京房《易传》曰："'干父之蛊，有子，考亡咎'。③子三年不改父道，思慕不皇，亦重见先人之非，④不则为私，厥妖人死复生。"一曰，至阴为阳，下人为上。

①师古曰："广牧，朔方之县也。姓赵，名春。"

②师古曰："敛音力赡反。棺音工唤反。"

③韦昭曰："蛊，事也。子能正父之事，是为有子，故考不为咎累。"师古曰："《易》《蛊卦》初六爻辞也。"

④师古曰："言父有不善之事，当速改之，若唯思慕而已，无所变易，是重显先人之非也。一曰，三年之内，但思慕而已，不暇见父之非，故不改也。重音直用反。"

六月，长安女子有生儿，两头异颈面相鄉，四臂共匈俱前乡，①尻上有目长二寸所。京房《易传》曰："'睽孤，见豕负涂'，②厥妖人生两头。下相攘善，妖亦同。人若六畜首目在下，兹谓亡上，正将变更。凡妖之作，以谴失正，各象其类。二首，下不壹也；足多，所任邪也；足少，下不胜任，或不任下也。凡下体生于上，不敬也；上体生于下，媟渎也；生非其类，淫乱也；人生而大，上速成也；生而能言，好虚也。群妖推此类，不改乃成凶也。"

①师古曰："乡读曰向。"

②师古曰："《易》《睽卦》上九象辞也。睽孤，乖剌之意也。涂，泥也。睽音苦携反。"

景帝二年九月，胶东下密人年七十馀，生角，角有毛。时胶东、胶西、济南、齐四(主)〔王〕[17]有举兵反谋，谋由吴王濞起，连楚、赵，凡七国，下密，县居四齐之中；①角，兵象，上乡者也；②老人，吴王象也；年七十，七国象也。天戒若曰，人不当生角，犹诸侯不当举兵以乡京师也，祸从老人生，七国俱败云。诸侯不寤，明年吴王先起，诸侯从之，七国俱灭。京房《易传》曰："冢宰专政，厥妖人生角。"

①师古曰："四齐即上所云胶东、胶西、济南、齐也。本皆齐地，故谓之四齐。"

②师古曰："乡读曰向。次下亦同。"

成帝建始三年十月丁未，京师相惊，言大水至。渭水虒上小女陈持弓年九岁，①走入横城门，入未央宫尚方掖门，殿门门卫户者莫见，至句盾禁中而觉得。②民以水相惊者，阴气盛也。小女而入宫殿中者，下人将因女宠而居有宫室之象也。名曰持弓，有似周家檿弧之祥。《易》曰："弧矢之利，以威天下。"③是时，帝母王太后弟凤始为上将，秉国政，天知其后将威天下而入宫室，故象先见也。其后，王氏兄弟父子五侯秉权，至莽卒篡天下，盖陈氏之后云。京房《易传》曰："妖言动众，兹谓不信，路将亡人，司马死。"

①师古曰："虒上，地名也。音斯。"

②师古曰："句盾，少府之署。觉得，事觉而见执得也。"

③师古曰："《下系》之辞也。"

成帝绥和二年八月庚申，郑通里男子王褒①衣绛衣小冠，带剑入北司马门殿东门，②上前殿，入非常室中，③解帷组结佩之，④招前殿署长业等曰："天帝令我居此。"业等收缚考问，褒故公车大谁卒，⑤病狂易，⑥不自知入宫状，下狱死。是时王莽为大司马，哀帝即位，莽乞骸骨就第，天知其必不退，故因是而见象也。姓名章服甚明，径上前殿路寝，入室取组而佩之，称天帝命，然时人莫察。后莽就国，天下冤之，哀帝征莽还京师。明年帝崩，莽复为大司马，因是而篡国。

①师古曰："郑县之通里。"

②师古曰:"入北司马门,又入殿之东门也。"

③如淳曰:"殿上室名。"

④师古曰:"组,绶类,所以系帷,又垂以为饰也。佩带之。"

⑤应劭曰:"在司马殿门掌讙呵者也。"服虔曰:"卫士之师也,著樊哙冠。"师古曰:"大谁者,主问非常之人,云姓名是谁也。而应氏乃以讙哗为义,云大讙呵,不当厥理。后之学者辄改此书谁字为讙,违本文矣。大谁本以谁何称,因用名官,有大谁长。今此卒者,长所领士卒也。"

⑥师古曰:"谓病狂而变易其常也。"

哀帝建平四年正月,民惊走,持稾或棷一枚,①传相付与,曰行诏筹。道中相过逢多至千数,或被发徒践,②或夜折关,或逾墙入,或乘车骑奔驰,以置驿传行,经历郡国二十六,至京师。其夏,京师郡国民聚会里巷仟佰,设(祭)张博具,[18]③歌舞祠西王母。又传书曰:"母告百姓,佩此书者不死。不信我言,视门枢下,当有白发。"④至秋止。是时帝祖母傅太后骄,与政事,⑤故杜邺对曰:"《春秋》灾异,以指象为言语。筹,所以纪数。民,阴,水类也。水以东流为顺走,而西行,反类逆上。象数度放溢,妄以相予,违忤民心之应也。西王母,妇人之称。博弈,男子之事。于街巷仟伯,明离阑内,⑥与疆外。⑦临事盘乐,炕阳之意。白发,衰年之象,体尊性弱,难理易乱。门,人之所由;枢,其要也。居人之所由,制持其要也。其明甚著,今外家丁、傅并侍帷幄,布于列位,有罪恶者不坐辜罚,亡功能者毕受官爵。皇甫、三桓,诗人所刺,《春秋》所讥,亡以甚此。⑧指象昭昭,以觉圣朝,奈何不应!"后哀帝崩,成帝母王太后临朝,王莽为大司马,诛灭丁、傅。一曰丁、傅所乱者小,此异乃王太后、莽之应云。

①如淳曰:"棷,麻干也。"师古曰:"稾,禾秆也,音工老反。棷音邹,又音侧九反。"

②师古曰:"徒践,谓(徙)〔徒〕跣也。"[19]

③师古曰:"博戏之具。"

④师古曰:"枢,门扇所由开闭者也,音昌于反。"

⑤师古曰:"与读曰豫。"

⑥师古曰："闑，门橛也，音鱼列反。"

⑦师古曰："与读曰预。"

⑧师古曰："皇甫，周卿士之字也。用后嬖宠，而处职位，诗人刺之。事见《小雅》《十月之交》篇。"

【校勘记】

〔1〕 厥风绝经(纪)〔纬〕， 殿、局本都作"纬"。王先谦说，据注文，作"纬"是。

〔2〕 正(书)〔昼〕雷， 景祐、殿本都作"昼"。王先谦说作"昼"是。

〔3〕 言其始有(成)〔威〕权。 景祐、殿本都作"威"。朱一新说作"威"是。

〔4〕 〔邴〕，郑祀泰山之邑也。 王先谦说殿本"郑"作"邴"是。按景祐、局本都作"郑"，当于"郑"上补"邴"字，文义方足。

〔5〕 (谓)〔为〕灾孽也。 景祐、殿本都作"为"。 朱一新说作"为"是。

〔6〕 左公子(洄)〔泄〕， 景祐、殿本都作"泄"，朱一新说作"泄"是。

〔7〕 时(成)〔文〕公丧制未除。 殿本作"文"，景祐、汲古、局本都误作"成"。

〔8〕 王心弗(㦸)〔𢦏〕， 景祐、殿本作"𢦏"。朱一新说作"𢦏"是。

〔9〕 是岁(二)〔三〕川竭， 景祐、殿本都作"三"。叶德辉说作"三"是。

〔10〕 及齐(威)〔桓〕死， 景祐、殿本都作"桓"。

〔11〕 竟读曰境(也)。 殿本无"也"字。

〔12〕 迋音君狂〔反〕。 "反"字据景祐本补。

〔13〕 〔一〕曰，诸畜生非其类， 景祐、殿本都有"一"字。

〔14〕 《荆燕吴传》与纪(罔)〔同〕矣。 景祐、殿本都作"同"。朱一新说作"同"是。

〔15〕 成帝绥和(三)〔二〕年二月， 景祐、殿本都作"二"。

〔16〕 嫁为人妇生一子〔者〕， 景祐、殿本都有"者"字。

〔17〕 四(主)〔王〕 景祐、殿本都作"王"。朱一新说作"王"是。

〔18〕 设(祭)张博具， 钱大昭说闽本无"祭"字。朱一新说汪本无"祭"字。景祐本亦无。

〔19〕 谓(徙)〔徒〕跣也。 景祐、殿本都作"徒"。王先谦说作"徒"是。

汉书卷二十七下之下

五行志第七下之下

隐公三年“二月己巳，日有食之”。《穀梁传》曰，言日不言朔，食晦。《公羊传》曰，食二日。董仲舒、刘向以为其后戎执天子之使，①郑获鲁隐，②灭戴，③卫、鲁、宋咸杀君。④《左氏》刘歆以为正月二日，燕、越之分野也。凡日所躔而有变，则分野之国失政者受之。⑤人君能修政，共御厥罚，则灾消而福至；⑥不能，则灾息而祸生。⑦故经书灾而不记其故，盖吉凶亡常，随行而成祸福也。周衰，天子不班朔，⑧鲁历不正，置闰不得其月，月大小不得其度。史记(曰)〔日〕食，[1]或言朔而实非朔，或不言朔而实朔，或脱不书朔与日，皆官失之也。京房《易传》曰：“亡师兹谓不御，厥异日食，其食也既，并食不一处。诛众失理，兹谓生叛，厥食既，光散。纵畔兹谓不明，厥食先大雨三日，雨除而寒，寒即食。专禄不封，兹谓不安，厥食既，先日出而黑，光反外烛。⑨君臣不通兹谓亡，厥蚀三既。同姓上侵，兹谓诬君，厥食四方有云，中央无云，其日大寒。公欲弱主位，兹谓不知，厥食中白青，四方赤，已食地震。诸侯相侵，兹谓不承，厥食三毁三复。君疾善，下谋上，兹谓乱，厥食既，先雨雹，杀走兽。弑君获位兹谓逆，厥食既，先风雨折木，日赤。内臣外乡兹谓背，⑩厥食食且雨，地中鸣。⑪冢宰专政兹谓因，厥食先大风，食时日居云中，四方亡云。伯正越职，兹谓分威，⑫厥食日中分。诸侯争美于上兹谓泰，厥食日伤月，食半，天营而鸣。⑬赋不得兹谓竭，厥食星随而下。受命之臣专征云试，厥食虽侵光犹明，⑭若文王臣独诛纣矣。⑮小人顺受命者征其君云杀，厥食五色，至大寒陨霜，⑯若纣臣顺武王而诛纣矣。⑰诸侯更制兹谓叛，⑱厥食三复三食，食已而风，地动。適让庶兹谓生欲，⑲厥食日失位，光晻晻，月形见。⑳酒亡节兹谓荒，厥蚀乍青乍黑乍赤，明日大雨，发雾而寒。”凡食二十占，其形二十有四，改之辄除；不改三年，三年不改六年，六年不改九年。推隐三年之食，贯中央，上下竟而黑，臣弑从中成之形也。后卫州吁弑君而立。

①师古曰：“凡伯，周大夫也。隐七年，天王使凡伯来聘，戎伐凡伯于楚丘以归。”

②师古曰：“《公羊传》隐六年春郑人来渝平。渝平，堕（城）〔成〕也。[2] 曰‘吾成败矣，吾与郑人未有成’。狐壤之战，隐公获焉。何以不言战？讳获也。”

③师古曰：“十年秋，宋人、蔡人、卫人伐戴，郑伯伐取之。戴国，今外黄县东南戴城是也。读者多误为载，故随室置载州焉。”

④师古曰：“四年，卫州吁杀其君完。十一年，羽父使贼杀公于寪氏。桓二年春，宋督弑其君与夷。”

⑤师古曰：“躔，践也，音缠。”

⑥师古曰：“共读曰恭。御读曰禦，又读如本字。”

⑦师古曰：“息谓蕃滋也。”

⑧师古曰：“班，布也。”

⑨韦昭曰：“中无光，四边有明外烛。”

⑩师古曰：“乡读曰向。”

⑪韦昭曰：“地中有声如鸣耳，或曰如狗子声。”

⑫师古曰：“伯读曰霸。正者，长帅之称。”

⑬韦昭曰：“食半，谓食望也。”臣瓒曰：“月食半，谓食月之半也。月食常以望，不为异也。”

⑭师古曰：“试，用也，自擅意也。一说试与弑同，谓欲弑君。”

⑮韦昭曰：“是时纣臣尚未欲诛纣，独文王之臣欲诛之。”

⑯师古曰：“杀亦读曰弑。”

⑰韦昭曰：“纣恶益甚，其臣欲顺武王而诛纣。”

⑱师古曰：“更，改也。”

⑲师古曰：“適读曰嫡。”

⑳师古曰：“晻音乌感反。见音胡电反。”

桓公三年“七月壬辰朔，日有食之，既”。董仲舒、刘向以为前事已大，后事将至者又大，则既。先是鲁、宋弑君，鲁又成宋乱，易许田，亡事天子之心；楚僭称王。后郑岠王师，射桓王，①又二君相篡。②刘歆以为六月，赵与晋分。③先是，晋曲沃伯再弑晋侯，④是岁晋大乱，⑤灭其宗国。⑥京房《易传》以为桓三年日食贯中央，上下竟而黄，臣弑而不卒之形也。后楚严称王，兼地千里。⑦

①师古曰："并已解于上。"

②师古曰："谓厉公奔蔡而昭公入，高渠弥杀昭公而立子亹。"

③晋灼曰："周之六月，今之四月，始去毕而入参。参，晋分也。毕，赵也。日行去赵远，入晋分多，故曰与。计二十八宿，分其次，度其月，及所属，下皆以为例。"

④师古曰："曲沃伯，本桓叔成师之封号也，其后遂继袭焉。鲁惠公三十年，大夫潘父杀昭侯而纳成师，不克，晋人立孝侯。惠之四十五年，成师之子曲沃庄伯伐翼，杀孝侯也。"

⑤师古曰："桓三年，庄伯之子曲沃武公伐翼，逐翼侯于汾隰，夜获而杀之。"

⑥师古曰："桓八年，曲沃武公灭翼，遂并其国。"

⑦师古曰："楚武王荆尸久已见传，今此言庄始称王，未详其说。"

十七年"十月朔，日有食之"。《穀梁传》曰，言朔不言日，食二日也。刘向以为是时卫侯朔有罪出奔齐，①天子更立卫君。②朔藉助五国，举兵伐之而自立，王命遂坏。③鲁夫人淫失于齐，卒杀威公。④董仲舒以为言朔不言日，恶鲁桓且有夫人之祸，将不终日也。刘歆以为楚、郑分。

①师古曰："朔，卫惠公也。桓十六年经书'卫侯朔出奔齐'。《公羊传》曰'得罪乎天子'，《穀梁传》曰'天子召而不往也'。"

②师古曰："谓公子黔牟。"

③师古曰："庄五年冬，公会齐人、宋人、陈人、蔡人伐卫。庄六年春，王人子突救卫，夏，卫侯朔入，放公子黔牟于周，是也。"

④师古曰："失读曰佚。"

严公十八年"三月，日有食之"。《穀梁传》曰，不言日，不言朔，夜食。①史推合朔在夜，明旦日食而出，出而解，②是为夜食。刘向以为夜食者，阴因日明之衰而夺其光，象周天子不明，齐桓将夺其威，专会诸侯而行伯道。③其后遂九合诸侯,④天子使世子会之,⑤此其效也。《公羊传》曰食晦。董仲舒以为宿在东壁,鲁象也。后公子庆父、叔牙果通于夫人以劫公。刘歆以为晦鲁、卫分。

①张晏曰:"日夜食,则无景。立六尺木不见其景,以此为候。"

②孟康曰:"夜食地中,出而止。"

③师古曰:"伯读曰霸。"

④师古曰:"解在《郊祀志》。"

⑤师古曰:"僖五年,齐侯、宋公、陈侯、卫侯、郑伯、许男、曹伯会王太子于首止是。"

二十五年"六月辛未朔,日有食之"。董仲舒以为宿在毕,主边兵夷狄象也。后狄灭邢、卫。①刘歆以为五月二日鲁、赵分。

①师古曰:"《春秋》闵元年狄伐邢,二年狄灭卫,其后并为齐所立,而邢迁于夷仪,卫迁于楚丘。"

二十六年"十二月癸亥朔,日有食之"。董仲舒以为宿在心,心为明堂,文武之道废,中国不绝若线之象也。①刘向以为时戎侵曹,②鲁夫人淫于庆父、叔牙,将以弑君,故比年再蚀以见戒。③刘歆以为十月二日楚、郑分。

①师古曰:"线,缕也,音先箭反。"

②师古曰:"事在庄二十四年。"

③师古曰:"比,频也。见,显也。"

三十年"九月庚午朔,日有食之"。董仲舒、刘向以为后鲁二君弑,①夫人诛,②两弟死,③狄灭邢,④徐取舒,⑤晋杀世子,⑥楚灭弦。⑦刘歆以为八月秦、周分。

①师古曰:"谓子般为圉人所杀,闵公为卜齮所杀也。"

②师古曰:"哀姜为齐人所杀。"

③师古曰:"谓叔牙及庆父也。"

④师古曰:"已解于上。"

⑤师古曰:"僖三年,徐人取舒。舒,国名也,在庐江舒县也。"

⑥师古曰："僖五年，晋侯杀其太子申生。"

⑦师古曰："僖五年，楚人灭弦，弦，国名也，在弋阳。"

僖公五年"九月戊申朔，日有食之"。董仲舒、刘向以为先是齐桓行伯，江、黄自至，①南服强楚。②其后不内自正，而外执陈大夫，则陈、楚不附，③郑伯逃盟，④诸侯将不从桓政，故天见戒。其后晋灭虢，⑤楚(国)〔围〕许，[3]诸侯伐郑，⑥晋弑二君，⑦狄灭温，⑧楚伐黄，⑨桓不能救。刘歆以为七月秦、晋分。

①师古曰："伯读曰霸。江、黄，二国名也。僖二年，齐侯、宋公、江人、黄人盟于贯。传曰'服江、黄也'。江国在汝南安阳县，黄国在弋阳县。"

②师古曰："僖四年，齐侯以诸侯之师侵蔡，遂伐楚，盟于邵陵。"

③师古曰："邵陵盟后，以陈辕涛涂为误军而执之，陈不服罪，故伐之。楚自是不复通。"

④师古曰："僖五年秋，齐侯与诸侯盟于首止，郑伯逃归不盟。"

⑤师古曰："事在僖五年。"

⑥师古曰："事并在僖六年。"

⑦师古曰："谓里克弑奚齐及卓子。"

⑧师古曰："温，周邑也。僖十年，狄灭之。"

⑨师古曰："僖十一年，黄不归楚贡，故伐之。"

十二年"三月庚午(朔)，[4]日有食之"。董仲舒、刘向以为是时楚灭黄，①狄侵卫、郑，②莒灭杞。③刘歆以为三月齐、卫分。

①师古曰："事在十二年夏。"

②师古曰："僖十三年狄侵卫，十四年狄侵郑。"

③师古曰："僖十四年诸侯城缘陵。《公羊传》曰：'曷为城？杞灭也。孰灭之？盖徐、莒也。'"

十五年"五月，日有食之"。刘向以为象晋文公将行伯道，①后遂伐卫，执曹伯，败楚城濮，②再会诸侯，③召天王而朝之，④此其效也。日食者臣之恶也，夜食者掩其罪也，以为上亡明王，桓、文能行伯道，攘夷狄，安中国，⑤虽不正犹可，盖《春秋》实与而文不与之义也。董仲舒以为后秦获晋侯,⑥齐灭项,⑦楚败徐于娄林。⑧刘歆以为二月朔齐、越分。

①师古曰:"伯读曰霸。"

②师古曰:"事并在二十八年。"

③师古曰:"二十八年五月盟于践土,冬会于温。"

④师古曰:"晋侯不欲就朝王,故召王使来。经书'天王狩于河阳'。"

⑤师古曰:"伯读曰霸。攘,却也。"

⑥师古曰:"晋侯,夷吾也。僖十五年十一月,晋侯及秦伯战于韩,秦获晋侯以归也。"

⑦师古曰:"事在《公羊传》僖十七年。项国,今项城县是也。"

⑧师古曰:"事在僖十五年冬。娄林,徐地。"

文公元年"二月癸亥,日有食之"。董仲舒、刘向以为先是大夫始执国政,①公子遂如京师,②后楚世子商臣杀父,齐公子商人弑君,皆自立,③宋子哀出奔,④晋灭江,⑤楚灭六,⑥大夫公孙敖、叔彭生并专会盟。⑦刘歆以为正月朔燕、越分。

①师古曰:"谓东门襄仲也。"

②师古曰:"事在僖三十年,报宰周公之聘。"

③师古曰:"已解于上。"

④师古曰:"宋子哀,宋卿高哀也。不义宋公,而来奔鲁。事在文十四年。"

⑤师古曰:"《春秋》文四年'楚人灭江',今此云晋,未详其说。"

⑥师古曰:"六,国名也,在庐江六县。文五年楚人灭之。"

⑦师古曰:"文七年冬公孙敖如莒莅盟,十一年叔彭生会郤缺于承匡。公孙敖,孟穆伯;叔彭生,叔仲惠伯也。

十五年"六月辛丑朔,日有食之"。董仲舒、刘向以为后宋、齐、莒、晋、郑八年之间五君杀死,①(夷)〔楚〕灭舒蓼。[5]刘歆以为四月二日鲁、卫分。

①师古曰:"文十六年宋弑其君杵臼,十八年夏齐人弑其君商人,冬莒弑其君庶其,宣二年晋赵盾弑其君夷皋,四年郑公子归生弑其君夷也。"

宣公八年"七月甲子,日有食之,既"。董仲舒、刘向以为先是楚商臣弑父而立,至于严王遂强。诸夏大国唯有齐、晋,齐、晋新有篡弑之祸，内皆未安，故楚乘弱横行，八年之间六侵伐而一灭国；① 伐陆浑戎，观兵周室；② 后又入郑，郑伯肉袒谢罪；北败晋师于邲，流血色水；③ 围宋九月，析骸而炊之。④ 刘歆以为十月二日楚、郑分。

①师古曰："六侵伐者，谓宣元年侵陈，三年侵郑，四年伐郑，五年伐郑，六年伐郑，八年伐陈也。一灭国者，谓八年灭舒蓼也。"

②师古曰："宣三年'楚子伐陆浑之戎，遂至于洛，观兵于周疆'。观兵者，示威武也。"

③师古曰："事并在十二年。邲，郑地。色水，谓血流入水而变水之色也。邲音蒲必反。"

④师古曰："事在十五年。炊，爨也。言无薪樵，示困之甚也。"

十年"四月丙辰，日有食之"。董仲舒、刘向以为后陈夏徵舒弑其君，① 楚灭萧，② 晋灭二国，③ 王札子杀召伯、毛伯。④ 刘歆以为二月鲁、卫分。

①师古曰："弑灵公也。事在十年。"

②师古曰："萧，宋附庸国也。事在十二年。"

③师古曰："谓十五年灭赤狄潞氏，十六年灭赤狄甲氏。"

④师古曰："事在十五年。"

十七年"六月癸卯，日有食之"。董仲舒、刘向以为后邾支解鄫子，① 晋败王师于贸戎，② 败齐于鞌。③ 刘歆以为三月晦朓鲁、卫分。④

①师古曰："十八年，邾人戕鄫子于鄫，支解而节断之，谓解其四支，断其骨节。"

②师古曰："事在成元年。"

③师古曰："事在成二年。"

④服虔曰："朓，相覜也。日晦食为朓。"臣瓒曰："志云晦而月见西方曰朓，以此名之，非日食晦之名也。"师古曰："朓音佗了反。"

成公十六年"六月丙寅朔，日有食之"。董仲舒、刘向以为后晋败楚、郑于鄢陵，① 执鲁侯。② 刘歆以为四月二日鲁、卫分。

①师古曰："事在十六年。鄢陵，郑地。"

②师古曰："已解于上。"

十七年“十二月丁巳朔，日有食之”。董仲舒、刘向以为后楚灭舒庸，①晋弑其君，②宋鱼石因楚夺君邑，③莒灭鄫，齐灭莱，④郑伯弑死。⑤刘歆以为九月周、楚分。

①师古曰：“事在十七年日食之后。舒庸，盖群舒之一种，楚与国也。”

②师古曰：“谓厉公也。事在十八年。”

③师古曰：“鱼石，宋大夫也，十五年出奔楚，至十八年楚伐宋，取彭城而纳之。”

④师古曰：“事并在襄六年。鄫、莱皆小国。”

⑤师古曰：“郑僖公也，襄七年会于郏，其大夫子驷使贼夜杀之，而以虐疾赴。鄬音芳。”

襄公十四年“二月乙未朔，日有食之”。董仲舒、刘向以为后卫大夫孙、甯共逐献公，立孙剽。①刘歆以为前年十二月二日宋、燕分。

①孟康曰：“剽音骠。”师古曰：“孙林父、甯殖逐献公，襄十四年四月出奔齐，而立剽。剽，穆公之孙也。剽又音匹妙反。”

十五年“八月丁巳〔朔〕，[6]日有食之”。董仲舒、刘向以为先是晋为鸡泽之会，诸侯盟，又大夫盟，后为溴梁之会，诸侯在而大夫独相与盟，①君若缀斿，不得举手。②刘歆以为五月二日鲁、赵分。

①师古曰：“并已解于上。”

②应劭曰：“斿，旌旗之流，随风动摇也。”师古曰：“言为下所执，随人东西也。”

二十年“十月丙辰朔，日有食之”。董仲舒以为陈庆虎、庆寅蔽君之明，①邾庶其有叛心，②后庶其以漆、闾丘来奔，③陈杀二庆。④刘歆以为八月秦、周分。

①师古曰：“二庆，并陈大夫也。襄二十年，陈侯之弟黄出奔楚，将出，呼於国曰：‘庆氏无道，求专陈国，暴蔑其君，而去其亲，五年不灭，是无天也。’”

②师古曰：“庶其，邾大夫。”

③师古曰：“事在二十一年。漆及闾丘，邾之二邑。”

④师古曰：“二十三年，陈侯如楚，公子黄诉二庆。楚人召之，庆氏以陈叛楚，屈建从陈侯围陈，遂杀二庆也。”

二十一年“九月庚戌朔，日有食之”。董仲舒以为晋栾盈将犯君，后入于曲沃。①刘歆以为七月秦、晋分。

①师古曰：“已解于上。”

“十月庚辰朔，日有食之”。董仲舒以为宿在轸、角，楚大国象也。后楚屈氏谮杀公子追舒，①齐庆封胁君乱国。②刘歆以为八月秦、周分。

①师古曰：“公子追舒，楚令尹子南也。二十二年，楚杀之。”

②师古曰：“庆封，齐大夫也。二十七年，使卢蒲嫳帅甲攻崔氏，杀成及疆，尽俘其家。崔杼缢而死，自是庆封当国，专执政也。”

二十三年“二月癸酉朔，日有食之”。董仲舒以为后卫侯入陈仪，①甯喜弑其君剽。②刘歆以为前年十二月二日宋、燕分。

①师古曰：“卫侯衎也，前为孙、甯所逐，二十五年入于陈仪。陈仪，卫邑。《左传》云夷仪。”

②师古曰：“二十六年，甯喜杀剽，而衎入于卫。甯喜，殖子也。

二十四年“七月甲子朔，日有食之，既”。刘歆以为五月鲁、赵分。

“八月癸巳朔，日有食之”。董仲舒以为比食又既，①象阳将绝，②夷狄主上国之象也。后六君弑，③楚子果从诸侯伐郑，④灭舒鸠，⑤鲁往朝之，⑥卒主中国，⑦伐吴讨庆封。⑧刘歆以为六月晋、赵分。

①师古曰：“比，频也。”

②孟康曰：“阳，君也。”

③师古曰：“谓二十五年齐崔杼杀其君光，二十六年卫甯喜弑其君剽，二十九年阍弑吴子馀祭，三十年蔡太子班弑其君固，三十一年莒人弑其君密州，昭元年楚令尹子围入问王疾，缢而杀之。”

④师古曰：“二十四年冬，楚子、蔡侯、陈侯、许男伐郑。”

⑤师古曰：“二十五年，楚屈建帅师灭舒鸠。舒鸠亦群舒一种。”

⑥师古曰：“二十八年，公如楚。”

⑦师古曰：“谓楚灵王以昭四年与诸侯会于申。”

⑧师古曰：“庆封以二十八年为庆舍之难自齐出奔鲁，遂奔吴。至申之会，楚灵王伐吴，执庆封而杀之。

二十七年“十二月乙亥朔，日有食之”。董仲舒以为礼义将大灭绝之象也。时吴子好勇，使刑人守门；① 蔡侯通于世子之妻；② 莒不早立嗣。③ 后阍戕吴子，④ 蔡世子般弑其父，莒人亦弑君而庶子争。⑤ 刘向以为自二十年至此岁，八年间日食七作，祸乱将重起，⑥ 故天仍见戒也。⑦ 后齐崔杼弑君，⑧ 宋杀世子，⑨ 北燕伯出奔，⑩ 郑大夫自外入而篡位，⑪ 指略如董仲舒。刘歆以为九月周、楚分。

①师古曰：“吴子即馀祭也。刑人，阍者。”

②师古曰：“即蔡侯固，为太子所杀者也。”

③师古曰：“即密州也，生去疾及展舆，既立展舆又废之。”

④师古曰：“戕，伤也。它国臣来弑君曰戕。音墙。”

⑤师古曰：“展舆因国人攻其父而杀之。展舆即位，去疾奔齐。明年去疾入而展舆出奔吴。并非嫡嗣，故云庶子争。”

⑥师古曰：“重音直用反。”

⑦师古曰：“仍，频也。”

⑧师古曰：“已解于上。”

⑨师古曰：“宋平公太子痤也。事在二十六年。”

⑩孟康曰：“有南燕，故言北燕，南燕姞姓，北燕姬姓也。”师古曰：“昭三年‘北燕伯款出奔齐’。”

⑪师古曰：“谓伯有也。已解于上。”

昭公七年“四月甲辰朔，日有食之”。董仲舒、刘向以为先是楚灵王弑君而立，会诸侯，① 执徐子，灭赖，② 后陈公子招杀世子，③ 楚因而灭之，④ 又灭蔡，⑤ 后灵王亦弑死。⑥ 刘歆以为二月鲁、卫分。传曰晋侯问于士文伯曰：“谁将当日食？”⑦ 对曰：“鲁、卫恶之，卫大鲁小。”公曰：“何故？”对曰：“去卫地，如鲁地，于是有灾，其卫君乎？鲁将上卿。”是岁，八月卫襄公卒，十一月鲁季孙宿卒。晋侯谓士文伯曰：“吾所问日食从矣，可常乎？”⑧ 对曰：“不可。六物不同，民心不壹，事序不类，官职不则，同始异终，胡可常也？《诗》曰：‘或宴宴居息，或尽颡事国。’⑨ 其异终也如是。”公曰：“何谓六物？”对曰：“岁、时、日、月、星、辰是谓。”公曰：“何谓辰？”对曰：“日月之会是谓。”公曰：“《诗》所谓‘此日而食，于何不臧’，何也?"⑩对曰:'不善政之谓也。国无政,不用善,则自取適于日月之灾。⑪故政不可不慎也,务三而已:一曰择人,二曰因民,三曰从时。"此推日食之占循变复之要也。《易》曰:"县象著明,莫大于日月。"⑫是故圣人重之,载于三经。⑬于《易》在《丰》之《震》曰:"丰其沛,日中见昧,折其右肱,亡咎。"⑭于《诗》《十月之交》,则著卿士、司徒,下至趣马、师氏,咸其非材。⑮同于右肱之所折,协于三务之所择,明小人乘君子,阴侵阳之原也。

①师古曰:"已解于上。"

②师古曰:"申之会,楚人执徐子,遂灭赖。"

③师古曰:"招,成公子,哀公弟也。昭八年,经书'陈侯之弟招杀陈太子偃师'。偃师即哀公之子也。招音韶。"

④师古曰:"偃师之死,哀公缢。其九月,楚公子弃疾奉偃师之子孙吴围陈,遂灭之。"

⑤师古曰:"十一年,楚师灭蔡也。执太子有以归,用之。"

⑥师古曰:"十三年,楚公子比弑其君虔于乾谿是也。"

⑦师古曰:"士文伯,晋大夫伯瑕。"

⑧师古曰:"从,谓如士文伯之言也。可常,谓常可以此占之(下)〔不〕。"〔7〕

⑨如淳曰:"顇,古悴字也。"师古曰:"《小雅》《北山》之诗也。宴宴,安息之貌也。尽悴,言尽力而悴病也。"

⑩师古曰:"《小雅》《十月之交》之诗也。臧,善也。"

⑪师古曰:"適读曰谪。"

⑫师古曰:"《上系》之辞也。"

⑬师古曰:"谓《易》、《诗》、《春秋》。"

⑭服虔曰:"日中而昏也。"师古曰:"此《丰卦》九三爻辞也,言遇此灾,则当退去右肱之臣,乃免咎。"

⑮师古曰:"《十月之交》诗曰:'皇父卿士,番维司徒。棸维趣马,楀维师氏,艳妻煽方处。'司徒,地官卿也,掌邦教。趣马,中士也,掌王马之政。师氏,中大夫也,掌司朝得失之事。番、棸、楀,皆氏也。美色曰艳。艳妻,褒姒也。艳或作阎,阎亦嫔妾之姓也。煽,炽也。诗人刺王淫于色,故皇父之徒皆用后宠而处职位,不以德选也。趣音千后反。楀音居卫反。棸音居禹反。番

音扶元反。"

十五年"六月丁巳朔，日有食之"。刘歆以为三月鲁、卫分。

十七年"六月甲戌朔，日有食之"。董仲舒以为时宿在毕，晋国象也。晋厉公诛四大夫，失众心，以弑死。①后莫敢复责大夫，六卿遂相与比周，专晋国，君还事之。②日比再食，其事在春秋后，故不载于经。刘歆以为鲁、赵分。《左氏传》平子曰：③"唯正月朔，慝未作，日有食之，于是乎天子不举，伐鼓于社，诸侯用币于社，伐鼓于朝，礼也。其馀则否。"太史曰："在此月也，日过分而未至，三辰有灾，百官降物，君不举，避移时，乐奏鼓，祝用币，史用辞，啬夫驰，庶人走，此月朔之谓也。当夏四月，是谓孟夏。"说曰：正月谓周六月，夏四月，正阳纯乾之月也。慝谓阴爻也，冬至阳爻起初，故曰复。至建巳之月为纯乾，亡阴爻，而阴侵阳，为灾重，故伐鼓用币，责阴之礼。降物，素服也。不举，去乐也。避移时，避正堂，须时移灾复也。啬夫，掌币吏。庶人，其徒役也。刘歆以为六月二日鲁、赵分。

①师古曰："四大夫，谓三郤及胥童也。胥童非厉公所诛，以导乱而死，故总书四大夫。厉公竟为栾书、中行偃所杀。"

②师古曰："六卿谓范氏、中行氏、智氏、韩、魏、赵也。"

③师古曰："季平子。"

二十一年"七月壬午朔，日有食之"。董仲舒以为周景王老，刘子、单子专权，①蔡侯朱骄，君臣不说之象也。②后蔡侯朱果出奔，③刘子、单子立王猛。刘歆以为五月二日鲁、赵分。"

①师古曰："已解于上。"

②师古曰："蔡侯朱，蔡平公之子。说读曰悦。"

③师古曰："昭二十一年出奔楚。"

二十二年"十二月癸酉朔，日有食之"。董仲舒以为宿在心，天子之象也。后尹氏立王子朝，天王居于狄泉。①刘歆以为十月楚、郑分。

①师古曰："天王，敬王也，避子朝之难，故居狄泉。"

二十四年“五月乙未朔，日有食之”。董仲舒以为宿在胃，鲁象也。后昭公为季氏所逐。刘向以为自十五年至此岁，十年间天戒七见，人君犹不寤。后楚杀戎蛮子，①晋灭陆浑戎，②盗杀卫侯兄，③蔡、莒之君出奔，④吴灭巢，⑤公子光杀王僚⑥宋三臣以邑叛其君。⑦它如仲舒。刘歆以为二日鲁、赵分。是月斗建辰。《左氏传》梓慎曰：“将大水。”⑧昭子曰：“旱也。⑨日过分而阳犹不克，克必甚，能无旱乎！⑩阳不克，莫将积聚也。”⑪是岁秋，大雩，旱也。二至二分，日有食之，不为灾。日月之行也，春秋分日夜等，故同道；冬夏至长短极，故相过。相过同道而食轻，不为大灾，水旱而已。

①师古曰：“昭十六年楚子诱戎蛮子杀之。戎蛮国在河南新城县。”

②师古曰：“十七年晋荀吴帅师灭陆浑之戎。其地今陆浑县是也。”

③师古曰：“卫灵公兄也，名縶，二十年为齐豹所杀。以豹不义，故贬称盗，所谓求名而不得。”

④师古曰：“蔡君，即朱也。莒君，莒子庚与也，二十三年出奔鲁。”

⑤师古曰：“二十四年吴灭巢，巢、吴、楚间小国，即居巢城是也。”

⑥师古曰：“事在二十七年。”

⑦师古曰：“二十一年，宋华亥、向宁、华定入于宋南里以叛是也。”

⑧师古曰：“梓慎，鲁大夫。”

⑨师古曰：“叔孙昭子。”

⑩孟康曰：“谓春分后阴多阳少，为不克。阳胜则盛，故言甚。”

⑪苏林曰：“莫，莫尔不胜，为积聚也。”

三十一年“十二月辛亥朔，日有食之”。董仲舒以为宿在心，天子象也。时京师微弱，后诸侯果相率而城周，①宋中几亡尊天子之心，而不衰城。②刘向以为时吴灭徐，③而蔡灭沈，④楚围蔡，吴败楚入郢，昭王走出。⑤刘歆以为二日宋、燕分。

①师古曰：“定元年，晋魏舒合诸侯之大夫于狄泉以城周是也。”

②师古曰：“中幾，宋大夫。衰城，谓以差次受功赋也。衰音初为反。一曰，衰读曰蓑。蓑城，谓以草覆城也。蓑音先和反。中读曰仲。”

③师古曰：“事在昭三十年。”

④师古曰："定四年蔡公孙姓帅师灭沈。"

⑤师古曰："事并在定四年。"

定公五年"三月辛亥朔，日有食之"。董仲舒、刘向以为后郑灭许，[①]鲁阳虎作乱，窃宝玉大弓，季桓子退仲尼，宋三臣以邑叛。[②]刘歆以为正月二日燕、赵分。

①师古曰："六年郑游遬帅师灭许，以许男斯归。"

②师古曰："已解于上。"

十二年"十一月丙寅朔，日有食之"。董仲舒、刘向以为后晋三大夫以邑叛，薛弑其君，[①]楚灭顿、胡，[②]越败吴，[③]卫逐世子。[④]刘歆以为十二月二日楚、郑分。

①师古曰："十三年，晋赵鞅入于晋阳以叛，荀寅、士吉射入朝歌以叛，薛杀其君比。"

②师古曰："十四年，楚公子结帅师灭顿，以顿子牂归。十五年，楚人灭胡，以胡子豹归。"

③师古曰："十四年五月於越败吴于槜李是也。槜音醉。"

④师古曰："十四年，卫太子蒯聩出奔宋。"

十五年"八月庚辰朔，日有食之"。董仲舒以为宿在柳，周室大坏，夷狄主诸夏之象也。明年，中国诸侯果累累从楚而围蔡，[①]蔡恐，迁于州来。[②]晋人执戎蛮子归于楚，[③]京师楚也。[④]刘向以为盗杀蔡侯，[⑤]齐陈乞弑其君而立阳生，[⑥]孔子终不用。刘歆以为六月晋、赵分。

①师古曰："哀元年楚子、陈侯、随侯、许男围蔡是也。累读曰纍。纍，不绝之貌。"

②师古曰："哀二年十一月，蔡迁于州来。州来，楚邑，今下蔡县是。"

③师古曰："哀公四年，晋人执戎蛮子赤归于楚。"

④师古曰："言以楚为京师。"

⑤师古曰："哀四年，蔡公孙翩杀蔡侯申。翩非大夫，故贱之而书盗。"

⑥师古曰："哀六年齐陈乞弑其君荼。荼即景公之子也。阳生，荼之兄，即悼公也。荼音涂。"

哀公十四年“五月庚申朔，日有食之”。在获麟后。刘歆以为三月二日齐、卫分。

凡春秋十二公，二百四十二年，日食三十六。《穀梁》以为朔二十六，晦七，夜二，二日一。《公羊》以为朔二十七，二日七，晦二。《左氏》以为朔十六，二日十八，晦一，不书日者二。

高帝三年十月甲戌晦，日有食之，在斗二十度，燕地也。后二年，燕王臧荼反，诛，立卢绾为燕王，后又反，败。

十一月癸卯晦，日有食之，在虚三度，齐地也。后二年，齐王韩信徙为楚王，明年废为列侯，后又反，诛。

九年六月乙未晦，日有食之，既，在张十三度。

惠帝七年正月辛丑朔，日有食之，在危十三度。谷永以为岁首正月朔日，是为三朝，尊者恶之。

五月丁卯，先晦一日，日有食之，几尽，①在七星初。刘向以为五月微阴始起而犯至阳，其占重。至其八月，宫车晏驾，有吕氏诈置嗣君之害。京房《易传》曰：“凡日食不以晦朔者，名曰薄。人君诛将不以理，或贼臣将暴起，日月虽不同宿，阴气盛，薄日光也。”

①师古曰：“几音钜依反。后皆类此。”

高后二年六月丙戌晦，日有食之。

七年正月己丑晦，日有食之，既，在营室九度，为宫室中。时高后恶之，曰：“此为我也！”明年应。①

①师古曰：“谓高后崩也。”

文帝二年十一月癸卯晦，日有食之，在婺女一度。

三年十月丁酉晦，日有食之，在斗二十(三)〔二〕度。[8]

十一月丁卯晦，日有食之，在虚八度。

后四年四月丙辰晦，日有食之，在东井十三度。

七年正月辛未朔，日有食之。

景帝三年二月壬午晦，日有食之，在胃二度。

七年十一月庚寅晦，日有食之，在虚九度。

中元年十二月甲寅晦，日有食之。

中二年九月甲戌晦，日有食之。

三年九月戊戌晦，日有食之，几尽，在尾九度。

六年七月辛亥晦，日有食之，在轸七度。

后元年七月乙巳，先晦一日，日有食之，在翼十七度。

武帝建元二年二月丙戌朔，日有食之，在奎十四度。刘向以为奎为卑贱妇人，后有卫皇后自至微兴，卒有不终之害。①

①师古曰："皇后自杀，不终其位也。"

三年九月丙子晦，日有食之，在尾二度。

五年正月己巳朔，日有食之。

元光元年二月丙辰晦，日有食之。

七月癸未，先晦一日，日有食之，在翼八度。刘向以为前年高园便殿灾，与春秋御廪灾后日食于翼、轸同。其占，内有女变，外为诸侯。其后陈皇后废，江都、淮南、衡山王谋反，诛。日中时食从东北，过半，晡时复。

元朔二年二月乙巳晦，日有食之，在胃三度。

六年十一月癸丑晦，日有食之。

元狩元年五月乙巳晦，日有食之，在柳六度。京房《易传》推以为是时日食从旁右，法曰君失臣。明年丞相公孙弘薨。日食从旁左者，亦君失臣；从上者，臣失君；从下者，君失民。

元鼎五年四月丁丑晦，日有食之，在东井二十三度。

元封四年六月己酉朔，日有食之。

太始元年正月乙巳晦，日有食之。

四年十月甲寅晦，日有食之，在斗十九度。

征和四年八月辛酉晦，日有食之，不尽如钩，在亢二度。晡时食从西北，日下晡时复。

昭帝始元三年十一月壬辰朔，日有食之，在斗九度，燕地也。后四年，燕剌王谋反，诛。

元凤元年七月己亥晦，日有食之，几尽，在张十二度。刘向以为己亥而既，其占重。①后六年，宫车晏驾，卒以亡嗣。

①孟康曰："己，土；亥，水也。纯阴，故食为最重也。日食尽为既。"

宣帝地节元年十二月癸亥晦，日有食之，在营室十五度。

五凤元年十二月乙酉朔，日有食之，在婺女十度。

四年四月辛丑朔，日有食之，在毕十九度。是为正月朔，慝未作，《左氏》以为重异。

元帝永光二年三月壬戌朔，日有食之，在娄八度。

四年六月戊寅晦，日有食之，在张七度。

建昭五年六月壬申晦，日有食之，不尽如钩，因入。

成帝建始三年十二月戊申朔，日有食之，其夜未央殿中地震。谷永对曰："日食婺女九度，占在皇后。地震萧墙之内，咎在贵妾。①二者俱发，明同事异人，共掩制阳，将害继嗣也。亶日食，则妾不见；②亶地震，则后不见。异日而发，则似殊事；亡故动变，则恐不知。是月后妾当有失节之邮，③故天因此两见其变。若曰，违失妇道，隔远众妾，④妨绝继嗣者，此二人也。"杜钦对亦曰："日以戊申食，时加未。戊未，土也，中宫之部。其夜殿中地震，此必適妾将有争宠相害而为患者。⑤人事失于下，变象见于上。能应之(司)〔以〕德，[9]则咎异消；忽而不戒，则祸败至。⑥应之，非诚不立，非信不行。"

①师古曰："萧墙，谓门屏也。萧，肃也，人臣至此，加肃敬也。"

②师古曰："亶读曰但。下例并同。"

③师古曰："邮与尤同。尤，过也。"

④师古曰："远音于万反。"

⑤师古曰："適读曰嫡。"

⑥师古曰："忽，怠忘。"

河平元年四月己亥晦，日有食之，不尽如钩，在东井六度。刘向对曰："四月交于五月，月同孝惠，日同孝昭。东井，京师地，且既，其占恐害继嗣。”日蚤食时，从西南起。

三年八月乙卯晦，日有食之，在房。

四年三月癸丑朔，日有食之，在昴。

阳朔元年二月丁未晦，日有食之，在胃。

永始元年九月丁巳晦，日有食之。谷永以京房《易占》对曰：“元年九月日蚀，酒亡节之所致也。独使京师知之，四国不见者，若曰，湛湎于酒，君臣不别，祸在内也。”①

①师古曰：“湛读曰沈，又读曰耽也。”

永始二年二月乙酉晦，日有食之。谷永以京房《易占》对曰：“今年二月日食，赋敛不得度，民愁怨之所致也。所以使四方皆见，京师阴蔽者，若曰，人君好治宫室，大营坟墓，赋敛兹重，而百姓屈竭，①祸在外也。”

①师古曰：“兹，益也。屈，尽也，音其勿反。”

三年正月己卯晦，日有食之。

四年七月辛未晦，日有食之。

元延元年正月己亥朔，日有食之。

哀帝元寿元年正月辛丑朔，日有食之，不尽如钩，在营室十度，与惠帝七年同月日。

二年三月壬辰晦，日有食之。

平帝元始元年五月丁巳朔，日有食之，在东井。

二年九月戊申晦，日有食之，既。

凡汉著纪十二世，二百一十二年，日食五十三，朔十四，晦三十六，先晦一日三。

成帝建始元年八月戊午，晨漏未尽三刻，有两月重见。京房《易传》曰：“‘妇贞厉，月几望，君子征，凶。’①言君弱而妇强，为阴所乘，则月并出。晦而月见西方谓之朓，朔而月见东方谓之仄慝，②仄慝则侯王其肃,朓则侯王其舒。”刘向以为朓者疾也,君舒缓则臣骄慢,故日行迟而月行疾也。仄慝者不进之意,君肃急则臣恐惧,故日行疾而月行迟,不敢迫近君也。不舒不急,以正失之者,食朔日,刘歆以为舒者侯王展意颛事,臣下促急,故月行疾也。肃者王侯缩朒不任事,③臣下弛纵,故月行迟也。④当春秋时,侯王率多缩朒不任事,故食二日仄慝者十八,食晦日朓者一,此其效也。考之汉家,食晦朓者三十六,终亡二日仄慝者,歆说信矣。此皆谓日月乱行者也。

①师古曰:“《小畜》上九爻辞也。几音钜依反。”

②孟康曰:“朓者,月行疾在日前,故早见。仄慝者,行迟在日后,当没而更见。”师古曰:“朓音吐了反。”

③服虔曰:“朒音忸怩之忸。”郑氏曰:“不任事之貌也。”师古曰:“朒音女六反。”

④师古曰:“弛,放也,音式尔反。”

元帝永光元年四月,日色青白,亡景,①正中时有景亡光。②是夏寒,至九月,日乃有光。京房《易传》曰:“美不上人,兹谓上弱,厥异日白,七日不温。顺亡所制兹谓弱,③日白六十日,物亡霜而死。天子亲伐,兹谓不知,日白,体动而寒。弱而有任,兹谓不亡,日白不温,明不动。辟(譖)〔訾〕公行,〔10〕兹谓不伸,④厥异日黑,大风起,天无云,日光晻。⑤不难上政,兹谓见过,日黑居仄,大如弹丸。”

①韦昭曰:“日下无景也。无景,谓唯质见耳。”

②韦昭曰:“无光曜也。”

③孟康曰:“君顺从于臣下,无所能制。”

④孟康曰:“辟,君也。有过而公行之。”

⑤师古曰:“晻与闇同也。”

成帝河平元年正月壬寅朔,日月俱在营室,时日出赤,二月癸未,日朝赤,且入又赤,夜月赤。甲申,日出赤如血,亡光,漏上四刻半,乃颇有光,烛地赤黄,食后乃复。京房《易传》曰:“辟不闻道兹谓亡,厥异日赤。”三月乙未,日出黄,有黑气大如钱,居日中央。京房《易传》曰:“祭天不顺兹谓逆，厥异日赤，其中黑，闻善不予，兹谓失知，厥异日黄。”夫大人者，与天地合其德，与日月合其明，故圣王在上，总命群贤，以亮天功，①则日之光明，五色备具，烛耀亡主；有主则为异，应行而变也。色不虚改，形不虚毁，观日之五变，足以监矣。故曰“县象著明，莫大乎日月”，此之谓也。

①师古曰：“《虞书·舜典》帝曰：‘咨，二十有二人，钦哉，惟时亮天功。’谓敕六官、十二牧、四岳，令各敬其职事，信定其功，顺天道也。故志引之。”

严公七年“四月辛卯夜，恒星不见，夜中星陨如雨”。董仲舒、刘向以为常星二十八宿者，人君之象也；众星，万民之类也。列宿不见，象诸侯微也；众星陨坠，民失其所也。夜中者，为中国也。不及地而复，象齐桓起而救存之也。乡亡桓公，星遂至地，中国其良绝矣。①刘向以为夜中者，言不得终性命，中道败也。或曰象其叛也，言当中道叛其上也。天垂象以视下，②将欲人君防恶远非，慎卑省微，以自全安也。③如人君有贤明之材，畏天威命，若高宗谋祖己，④成王泣《金縢》，⑤改过修正，立信布德，存亡继绝，修废举逸，下学而上达，⑥裁什一之税，复三日之役，⑦节用俭服，以惠百姓，则诸侯怀德，士民归仁，灾消而福兴矣。遂莫肯改寤，法则古人，而各行其私意，终于君臣乖离，上下交怨。自是之后，齐、宋之君弑，⑧谭、遂、邢、卫之国灭，⑨宿迁于宋，⑩蔡获于楚，⑪晋相弑杀，五世乃定，⑫此其效也。《左氏传》曰：“恒星不见，夜明也；星陨如雨，与雨偕也。”刘歆以为昼象中国，夜象夷狄。夜明，故常见之星皆不见，象中国微也。“星陨如雨”，如，而也，星陨而且雨，故曰“与雨偕也”，明雨与星陨，两变相成也。《洪范》曰：“庶民惟星。”《易》曰：“雷雨作，《解》。”⑬是岁岁在玄枵，齐分野也。夜中而星陨，象庶民中离上也。雨以解过施，复从上下，象齐桓行伯，⑭复兴周室也。周四月，夏二月也，日在降娄，鲁分野也。先是，卫侯朔奔齐，卫公子黔牟立，齐帅诸侯伐之，天子使使救卫。⑮鲁公子溺专政，会齐以犯王命，⑯严弗能止，卒从而伐卫，逐天王所立。⑰不义至甚，而自以为功。(名)〔民〕去其上，[11]政繇下作,⑱尤著,故星陨于鲁,天事常象也。

①师古曰:“乡读曰向。中国,中夏之国也。良犹信也。”

②师古曰:“视读曰示。”

③师古曰:“远,离也。省,视。”

④师古曰:“谓殷之武丁有雊雉之异,而祖己训诸王,作《高宗肜日》《高宗之训》。”

⑤师古曰:“武王有疾,周公作金縢之书为王请命,王翌日乃瘳。后武王崩,成王即位,管、蔡流言,而周公居东。天大雷电以风,禾尽偃,大木斯拔。王启金縢,乃得周公代武王之说,王执书以泣,遣使者逆公。王出郊,天乃雨,反风,禾则尽起。”

⑥师古曰:“下学,谓博谋于群下也。上达,谓通于天道而畏威。”

⑦师古曰:“古之田租,十税其一,一岁役兆庶不过三日也。”

⑧师古曰:“庄八年齐无知弑其君诸儿,十二年宋万弑其君捷也。”

⑨师古曰:“十年齐侯灭谭,十三年齐人灭遂,闵二年狄人入卫,僖二十五年卫侯燬灭邢。”

⑩师古曰:“庄十年宋人迁宿,盖取其地也。宿国,东平无盐县是。”

⑪师古曰:“庄十年荆败蔡师于莘,以蔡侯献舞归也。”

⑫师古曰:“谓杀奚齐、卓子及怀公也。自献公以至文公反国,凡易五君乃定。”

⑬师古曰:“《解卦》彖辞也。”

⑭师古曰:“伯读曰霸。”

⑮师古曰:“已解于上。”

⑯师古曰:“溺,鲁大夫名也。庄三年,‘溺会齐师伐卫’,疾其专命,故贬而去族。天子救卫,而溺伐之,故云犯王命。”

⑰师古曰:“谓放黔牟也。”

⑱师古曰:“繇读与由同。次下亦同。”

成帝永始二年二月癸未,夜过中,星陨如雨,长一二丈,绎绎未至地灭,①至鸡鸣止。谷永对曰“日月星辰烛临下土,其有食陨之异,则遐迩幽隐靡不咸睹。星辰附离于天,犹庶民附离王者也。王者失道,纲纪废顿，下将叛去，故星叛天而陨，以见其象。《春秋》记异，星陨最大，自鲁严以来，至今再见。臣闻三代所以丧亡者，皆繇妇人群小，湛湎于酒。②《书》云：‘乃用其妇人之言，四方之逋逃多罪，是信是使。’③《诗》曰：‘赫赫宗周，褒姒威之。’④‘颠覆厥德，荒沈于酒。’⑤及秦所以二世而亡者，养生大奢，奉终大厚。方今国家兼而有之，社稷宗庙之大忧也。”京房《易传》曰：“君不任贤，厥妖天雨星。”

①师古曰：“绎绎，光采貌。”

②师古曰：“湛读曰沈，又读曰耽。其下亦同。”

③师古曰：“《周书·泰誓》也。言纣惑于妲己，而昵近亡逃罪人，信用之。”

④师古曰：“《小雅》《正月》之诗也。已解于上。威音许悦反。”

⑤师古曰：“《大雅》《抑》之诗也。刺王倾败其德，荒废政事而耽酒。”

文公十四年“七月，有星孛入于北斗”。董仲舒以为孛者恶气之所生也。谓之孛者，言其孛孛有所妨蔽，暗乱不明之貌也。北斗，大国象。后齐、宋、鲁、莒、晋皆弑君。①刘向以为君臣乱于朝，政令亏于外，则上浊三光之精，五星赢缩，变色逆行，甚则为孛。北斗，人君象；孛星，乱臣类，篡杀之表也。《星传》曰“魁者，贵人之牢”。又曰“孛星见北斗中，大臣诸侯有受诛者”。一曰魁为齐、晋。夫彗星较然在北斗中，天之视人显矣，②史之有占明矣，时君终不改寤。是后，宋、鲁、莒、晋、郑、陈六国咸弑其君，③齐再弑焉。④中国既乱，夷狄并侵，兵革从横，楚乘威席胜，深入诸夏，⑤六侵伐，⑥一灭国，⑦观兵周室。⑧晋外灭二国，⑨内败王师，⑩又连三国之兵大败齐师于鞌，⑪追亡逐北，东临海水，⑫威陵京师，武折大齐。皆孛星炎之所及，流至二十八年。⑬《星传》又曰：“彗星入北斗，有大战。其流入北斗中，得名人；⑭不入，失名人。”宋华元，贤名大夫，大棘之战，华元获于郑，⑮传举其效云。《左氏传》曰有星孛北斗，周史服曰：“不出七年，宋、齐、晋之君皆将死乱。”⑯刘歆以为北斗有环域，四星入其中也。斗，天之三辰，纲纪星也。宋、齐、晋，天子方伯，中国纲纪。彗所以除旧布新也。斗七星，故曰不出七年。至十六年，宋人弑昭公；⑰十八年，齐人弑懿公；⑱宣公二年，晋赵穿弑灵公。

①师古曰："文十四年齐公子商人弑其君舍，十六年宋人弑其君杵臼，十八年襄仲杀恶及视，莒弑其君庶其，宣二年晋赵穿攻灵公于桃园。"

②师古曰："视读曰示。"

③师古曰："宋、鲁、莒、晋已解于上。宣四年郑公子归生弑其君夷，十年陈夏徵舒弑其君平国。"

④师古曰："再弑者，谓（向）〔商〕人[12]杀舍，而阎职等又杀（向）〔商〕人。"

⑤师古曰："谓邲战之后。"

⑥师古曰："谓宣十二年春楚子围郑，夏与晋师战于邲，晋师败绩，十三年楚子伐宋，十四年楚子围宋，成二年楚师侵卫，遂侵鲁师于蜀，成六年楚公子婴齐帅师伐郑。"

⑦师古曰："谓宣十二年楚子灭萧。"

⑧师古曰："已解于上。"

⑨师古曰："谓宣十五年晋灭赤狄潞氏，十六年灭赤狄甲氏也。"

⑩师古曰："谓成元年晋败王师于贸戎是也。"

⑪师古曰："谓成二年晋郤克会鲁季孙行父、卫孙良夫、曹公子首及齐侯战于鞌，齐师败绩。鞌，齐地。"

⑫师古曰："谓逐之三周华不注，又从之入自丘舆，击马陉，东至海滨也。"

⑬师古曰："炎音弋赡反。其下并同。"

⑭孟康曰："谓得名臣也。"

⑮师古曰："宣二年宋华元帅师及郑公子归生战于大棘，宋师败绩，获华元。大棘，宋地。"

⑯师古曰："史服，周内史叔服也。"

⑰师古曰："即杵臼。"

⑱师古曰："即商人。"

昭公十七年"冬，有星孛于大辰"。董仲舒以为大辰心也，心（在）〔为〕明堂，[13]天子之象。后王室大乱，三王分争，此其效也。①刘向以为《星传》曰："心，大星，天王也。其前星，太子；后星，庶子也。尾为君臣乖离。"孛星加心，象天子適庶将分争也。②其在诸侯，角、亢、氐，陈、郑也；房、心，宋也。后五年，周景王崩，王室乱，大夫刘子、单子立王猛，尹氏、召伯、毛伯立子鼂。子鼂，楚出也。③时楚强，宋、卫、陈、郑皆南附楚。王猛既卒，敬王即位，子鼂入王城，天王居狄泉，莫之敢纳。五年，楚平王居卒，子鼂奔楚，王室乃定。后楚帅六国伐吴，吴败之于鸡父，杀获其君臣。④蔡怨楚而灭沈，楚怒，围蔡。吴人救之，遂为柏举之战，败楚师，屠郢都，妻昭王母，鞭平王墓。⑤此皆孛彗流炎所及之效也。《左氏传》曰："有星孛于大辰，西及汉。申繻曰：'彗，所以除旧布新也，⑥天事恒象。今除于火，火出必布焉。诸侯其有火灾乎？'梓慎曰：'往年吾见，是其征也。火出而见，今兹火出而章，必火入而伏，其居火也久矣，其与不然乎？火出，于夏为三月，于商为四月，于周为五月。夏数得天，若火作，其四国当之，在宋、卫、陈、郑乎？宋，大辰之虚；陈，太昊之虚；郑，祝融之虚；⑦皆火房也。星孛及汉；汉，水祥也。卫，颛顼之虚，其星为大水。水，火之牡也。⑧其以丙子若壬午作乎？水火所以合也。若火入而伏，必以壬午，不过见之月。'"明年"夏五月，火始昏见，丙子风。梓慎曰：'是谓融风，火之始也。⑨七日其火作乎？'⑩戊寅风甚，壬午太甚，⑪宋、卫、陈、郑皆火。"刘歆以为大辰，房、心、尾也，八月心星在西方，孛从其西过心东及汉也。宋，大辰虚，谓宋先祖掌祀大辰星也。陈，太昊虚，虙羲木德，⑫火所生也。郑，祝融虚，高辛氏火正也。故皆为火所舍。卫，颛顼虚，星为大水，营室也。天星既然，又四国失政相似，及为王室乱皆同。

①师古曰："三王，已解于上。"

②师古曰："適读曰嫡。"

③师古曰："姊妹之子曰出。"

④师古曰："昭二十三年，楚薳越帅师，及顿、胡、沈、蔡、陈、许之师与吴师战于鸡父，楚师败绩。胡子髡、沈子逞灭，获陈大夫夏齧。鸡父，楚地也。父读曰甫。"

⑤师古曰："沈，楚之与国。定四年四月，蔡公孙姓帅师灭沈，以沈子嘉归。秋，楚为沈故围蔡。冬，吴兴师以救之，与楚战于柏举，楚师败绩。庚辰，吴入郢，君舍乎君室，大夫舍乎大夫室，妻楚王之母，挞平王之墓也。"

⑥师古曰："申繻，鲁大夫。"

⑦师古曰："虚读皆曰墟。其下并同。"

⑧张晏曰："水以天一为地二牡。丙与午，南方火也，子及壬，北方水也，又其配合。"

⑨张晏曰："融风，立春木风也，火之母也，火所始生也。《淮南子》曰'东北曰炎风'。高诱以为艮气所生也。炎风一曰融风。"

⑩张晏曰："自丙子至壬午凡七日，既其配合之日，又火以七为纪。"

⑪师古曰："太甚者，又更甚也。"

⑫师古曰："虙读与伏同。"

哀公十三年"冬十一月，有星孛于东方"。董仲舒、刘向以为不言宿名者，不加宿也。①以辰乘日而出，乱气蔽君明也。明年，《春秋》事终。一曰，周之十一月，夏九月，日在氐。出东方者，轸、角、亢也。轸，楚；角、亢，陈、郑也。或曰角、亢大国象，为齐、晋也。其后楚灭陈，②田氏篡齐，③六卿分晋，④此其效也。刘歆以为孛，东方大辰也，不言大辰，旦而见与日争光，星入而彗犹见。是岁再失闰，十一月实八月也。日在鹑火，周分野也。十四年冬，"有星孛"，在获麟后。刘歆以为不言所在，官失之也。

①孟康曰："不在二十八宿之中也。"

②师古曰："襄十七年楚公孙朝帅师灭陈也。"

③师古曰："齐平公十三年，《春秋》之传终矣。平公二十五年卒。卒后七十年而康公为田和所灭。"

④师古曰："晋出公八年，《春秋》之传终矣。出公十七年卒。卒后八十年，至静公为韩、魏、赵所灭，而三分其地。盖晋之衰也，六卿擅权，其后范氏、中行氏、智氏灭，而韩、魏、赵兼其土田人众，故总言六卿分晋也。"

高帝三年七月，有星孛于大角，旬馀乃入。刘向以为是时项羽为楚王，伯诸侯，①而汉已定三秦，与羽相距荥阳，天下归心于汉，楚将灭，故彗除王位也。一曰，项羽坑秦卒，烧宫室，弑义帝，乱王位，故彗加之也。

①师古曰："伯读曰霸。"

文帝后七年九月，有星孛于西方，其本直尾、箕，末指虚、危，长丈馀，及天汉，十六日不见。刘向以为尾宋地，今楚彭城也。箕为燕，又为吴、越、齐。宿在汉中，负海之国水泽地也。是时景帝新立，信用晁错，将诛正诸侯王，其象先见。后三年，吴、楚、四齐与赵七国举兵反，①皆诛灭云。

①师古曰："四齐，胶东、胶西、菑川、济南也。"

武帝建元六年六月，有星孛于北方。刘向以为明年淮南王安入朝，与太尉武安侯田蚡有邪谋，而陈皇后骄恣，其后陈后废，而淮南王反，诛。

八月，长星出于东方，长终天，三十日去。占曰："是为蚩尤旗，见则王者征伐四方。"其后兵诛四夷，连数十年。

元狩四年四月，长星又出西北，是时伐胡尤甚。

元封元年五月，有星孛于东井，又孛于三台。其后江充作乱，京师纷然。此明东井、三台为秦地效也。

宣帝地节元年正月，有星孛于西方，去太白二丈所。刘向以为太白为大将，彗孛加之，扫灭象也。明年，大将军霍光薨，后二年家夷灭。

成帝建始元年正月，有星孛于营室，青白色，长六七丈，广尺馀。刘向、谷永以为营室为后宫怀任之象，彗星加之，将有害怀任绝继嗣者。一曰，后宫将受害也。其后许皇后坐祝诅后宫怀任者废。赵皇后立妹为昭仪，害两皇子，上遂无嗣。赵后姊妹卒皆伏辜。

元延元年七月辛未，有星孛于东井，践五诸侯，①出河戍北率行轩辕、太微，后日六度有馀，晨出东方。十三日夕见西方，犯次妃、长秋、斗、填，蜂炎再贯紫宫中。大火当后，达天河，除于妃后之域。南逝度犯大角、摄提，至天市而按节徐行，②炎入市，中旬而后西去，五十六日与仓龙俱伏。谷永对曰："上古以来，大乱之极，所希有也。察其驰骋骤步，芒炎或长或短，所历奸犯，③内为后宫女妾之害，外为诸夏叛逆之祸。"刘向亦曰："三代之亡，摄提易方；秦、项之灭，星孛大角。"是岁，赵昭仪害两皇子。后五年，成帝崩，昭仪自杀。哀帝即位，赵氏皆免官爵，徙辽西。哀帝亡嗣。平帝即位，王莽用事，追废成帝赵皇后、哀帝傅皇后，皆自杀。外家丁、傅皆免官爵，徙合浦，归故郡。平帝亡嗣，莽遂篡国。

①孟康曰："五诸侯，星名。"

②服虔曰："谓行迟。"

③师古曰："奸音干。"

釐公十六年"正月戊申朔，陨石于宋，五，是月六鹢退飞过宋都"。董仲舒、刘向以为象宋襄公欲行伯道将自败之戒也。①石阴类，五阳数，自上而陨，此阴而阳行，欲高反下也。石与金同类，色以白为主，近白祥也。鹢水鸟，六阴数，退飞，欲进反退也。其色青，青祥也，属于貌之不恭。天戒若曰，德薄国小，勿持炕阳，欲长诸侯，与强大争，必受其害。襄公不寤，明年齐威死，伐齐丧，②执滕子，围曹，③为盂之会，与楚争盟，卒为所执。后得反国，④不悔过自责，复会诸侯伐郑，与楚战于泓，军败身伤，为诸侯笑。⑤《左氏传》曰：陨石，星也；鹢退飞，风也。宋襄公以问周内史叔兴曰："是何祥也？吉凶何在？"对曰："今兹鲁多大丧，明年齐有乱，⑥君将得诸侯而不终。"退而告人曰："是阴阳之事，非吉凶之所生也。吉凶繇人，吾不敢逆君故也。"⑦是岁，鲁公子季友、鄫季姬、公孙兹皆卒。⑧明年齐威死，適庶乱。⑨宋襄公伐齐行伯，卒为楚所败。⑩刘歆以为是岁岁在寿星，其冲降娄。⑪降娄，鲁分野也，故为鲁多大丧。正月，日在星纪，厌在玄枵。玄枵，齐分野也。石，山物；齐，大岳后。⑫五石象齐威卒而五公子作乱，⑬故为明年齐有乱。庶民惟星，陨于宋，象宋襄将得诸侯之众，而治五公子之乱。星陨而鹢退飞，故为得诸侯而不终。六鹢象后六年伯业始退，执于盂也。⑭民反德为乱，乱则妖灾生，言吉凶繇人，然后阴阳冲厌受其咎。齐、鲁之灾非君所致，故曰"吾不敢逆君故也"。京房《易传》曰："距谏自强，兹谓却行，厥异鹢退飞。適当黜，则鹢退飞。"⑮

①师古曰："伯读曰霸。"

②师古曰："僖十七年齐桓公卒，十八年宋襄公以诸侯伐齐。"

③师古曰："十九年三月，宋人执滕子婴齐，秋，宋人围曹。"

④师古曰："二十一年春，为鹿上之盟。秋，会于盂，于是楚执宋公以伐宋，冬，会于薄以释之。鹿上、盂、薄，皆宋地。"

⑤师古曰："二十二年夏，宋公、卫侯、许男、滕子伐郑。十一月，宋公及楚人战于泓，宋师败绩，公伤股，门官歼焉。二十三年卒，伤于泓故也。泓，水名也，音於宏反。"

⑥师古曰："今兹谓此年。"

⑦师古曰："繇读与由同。"

⑧师古曰："僖十六年三月公子季友卒，四月季姬卒，七月公孙兹卒。季姬，鲁女适鄫者也。公孙兹，叔孙戴伯也。"

⑨师古曰："適读曰嫡。"

⑩师古曰："已解于上，伯读曰霸。"

⑪师古曰："降音胡江反。"

⑫师古曰："齐，姜姓也，其先为尧之四岳，四岳分掌四方诸侯。"

⑬师古曰："五公子，谓无亏也，元也，昭也，潘也，商人也。"

⑭师古曰："伯读曰霸。"

⑮师古曰："適读曰嫡。"

惠帝三年，陨石緜诸，一。①

①师古曰："緜诸，道也，属天水郡也。

武帝征和四年二月丁酉，陨石雍，二，天晏亡云，声闻四百里。①

①师古曰："雍，扶风之县也。晏，天清也。"

元帝建昭元年正月戊辰，陨石梁国，六。

成帝建始四年正月癸卯，陨石稾，四，肥累，一。①

①孟康曰："皆县名也，故属真定。"师古曰："稾音工老反。累音力追反。"

阳朔三年二月壬戌，陨石白马，八。①

①师古曰："东郡之县名。"

鸿嘉二年五月癸未，陨石杜衍，三。①

①师古曰："南阳之县名。"

元延四年三月，陨石都关，二。①

①师古曰："山阳之县名。"

哀帝建平元年正月丁未，陨石北地，十。其九月甲辰，陨石虞，二。①

①师古曰："梁国之县名。"

平帝元始二年六月，陨石钜鹿，二。

自惠尽平，陨石凡十一，皆有光耀雷声，成、哀尤屡。

【校勘记】

〔1〕 史记(曰)〔日〕食， 殿本作"日"。王先谦说作"日"是。

〔2〕 渝平，堕(城)〔成〕也。 景祐、殿、局本都作"成"。朱一新说"成"字是。

〔3〕 楚(国)〔围〕许， 景祐、殿、局本都作"围"。朱一新说作"围"是。

〔4〕 三月庚午(朔)， 王引之说"朔"衍字，检《左氏》、《公羊》、《穀梁》皆无"朔"字。

〔5〕 (夷)〔楚〕灭舒蓼。 景祐、殿本都作"楚"。

〔6〕 十五年八月丁巳〔朔〕， 钱大昭说闽本有"朔"字。按景祐本有。

〔7〕 谓常可以此占之(下)〔不〕。 景祐、殿本都作"不"。

〔8〕 在斗二十(三)〔二〕度。 钱大昭说闽本作"二"。按景祐本作"二"。

〔9〕 能应之(司)〔以〕德， 景祐、殿、局本都作"以"。

〔10〕 辟(譽)〔䜋〕公行， 杨树达说"譽"当作"䜋"，䜋与愆同。按各本皆误。

〔11〕 (名)〔民〕去其上， 景祐、殿本都作"民"，此误。

〔12〕 (向)〔商〕人 景祐、殿本都作"商"。王先谦说作"商"是。

〔13〕 心(在)〔为〕明堂， 景祐、殿本都作"为"。王先谦说作"为"是。

汉书卷二十八上

地理志第八上

昔在黄帝，作舟车以济不通，旁行天下，①方制万里，画壄分州，②得百里之国万区。是故《易》称“先王(以)建万国，亲诸侯”，③[1]《书》云“协和万国”，④此之谓也。尧遭洪水，褱山襄陵，⑤天下分绝，为十二州，⑥使禹治之。水土既平，更制九州，列五服，⑦任土作贡。⑧

①师古曰：“旁行，谓四出而行之。”

②师古曰：“方制，制为方域也。画谓为之界也。壄，古野字。画音获。”

③师古曰：“《易》《比卦》象辞。”

④师古曰：“《虞书·尧典》之辞也。”

⑤师古曰：“褱字与(古)怀(字)同。[2]怀，包也。襄，驾也。言水大泛溢，包山而驾陵也。”

⑥师古曰：“九州之外有并州、幽州、营州，故曰十二。水中可居者曰州。洪水泛大，各就高陆，人之所居，凡十二处。”

⑦师古曰：“其数在下也。”

⑧师古曰：“任其土地所有，以定贡赋之差也。”

曰：禹敷土，①随山栞木，奠高山大川。②

①师古曰：“敷，分也，谓分别治之。自此以下皆是《夏书》《禹贡》之文。”

②师古曰：“栞，古刊字也。奠，定也。言禹随行山之形状而刊斫其木，以为表记，决水通道，故高山大川各得安定也。”

冀州既载，①壶口治梁及岐。②既脩太原，至于岳阳。③覃怀厎绩，至于衡章。④厥土惟白壤。⑤厥赋上上错，⑥厥田中中。⑦恒、卫既从，大陆既作。⑧鸟夷皮服。⑨夹右碣石，入于河。⑩

①师古曰："两河间曰冀州。载，始也。冀州，尧所都，故禹治水自冀州始也。"

②师古曰："壶口山在河东。梁山在夏阳。岐山在美阳，即今之岐州岐山县箭括岭也。禹循山而西，治众水。"

③师古曰："太原即今之晋阳是也。岳阳在太原西南。"

④师古曰："覃怀，近河地名也。底，致也。绩，功也。衡章，谓章水横流而入河也。言禹于覃怀致功以至衡章也。底音之履反。"

⑤师古曰："柔土曰壤。"

⑥师古曰："赋者，发敛土地所生之物以供天子也。上上，第一也。错，杂也。言赋第一，又杂出诸品也。"

⑦师古曰："言其高下之形总于九州之中为第五也。一曰，为其肥瘠之等差也。它皆类此。"

⑧师古曰："恒、卫，二水名。恒水出恒山，卫水在灵寿。大陆，泽名，在钜鹿北。言恒、卫之水各从故道，大陆之泽已可耕作也。"

⑨师古曰："此东北之夷，搏取鸟兽，食其肉而衣其皮也。一说，居在海曲，被服容止皆象鸟也。"

⑩师古曰："碣石，海边山名也。言禹夹行此山之右而入于河，逆上也。"

沸、河惟兖州。①九河既道，②雷夏既泽，雍、沮会同，③桑土既蚕，是降丘宅土。④厥土黑坟，⑤屮繇木条。⑥厥田中下，⑦赋贞，⑧作十有三年乃同。⑨厥贡漆丝。⑩厥棐织文。⑪浮于沸、漯，通于河。⑫

①师古曰："沸本济水之字，从水𠂔声。言此州东南据济水，西北距河。沸音姊。"

②师古曰："九河，河水分为九，各从其道。《尔雅》曰：'徒骇、太史、马颊、覆鬴、胡苏、简、絜、钩般、鬲津，是曰九河。'一说，道读曰导。导，治也。"

③师古曰："雷夏，泽名，在济阴城阳西北。言此泽还复其故，而雍、沮二水同会其中也。沮音千余反。"

④师古曰："降，下也。宅，居也。言此地宜桑，先时人众避水，皆上丘陵，今水害除，得以蚕织，故皆下丘居平土也。"

⑤师古曰："色黑而坟起也。坟音扶粉反。"

⑥师古曰："屮，古草字也。繇，悦茂也。条，脩畅也。繇音弋昭反。"

⑦师古曰："第六也。"

⑧师古曰："贞，正也。州第九，赋亦正当也。"

⑨师古曰："治水十三年，乃同于它州，言用功多也。"

⑩师古曰："贡，献也。地宜漆林，又善蚕丝，故以献也。"

⑪师古曰："棐与篚同。篚，竹器，筐属也。织文，锦绮之类，盛于筐篚而献之。"

⑫师古曰："浮，以舟渡也。泲、漯，二水名。漯水出东郡东武阳。因水入水曰通。漯音它合反。"

海、岱惟青州。①嵎夷既略，惟、甾其道。②厥土白坟，海濒广潟。③田上下，赋中上。④贡盐、絺海物惟错，⑤岱畎丝、枲、铅、松、怪石，⑥莱夷作牧，厥棐檿丝。⑦浮于汶，达于泲。⑧

①师古曰："东北据海，西南距岱。岱即太山也。"

②师古曰："嵎夷，地名也，即阳谷所在。略，言用功少也。惟、甾，二水名。皆复故道也。惟水出琅邪箕屋山。甾水出泰山莱芜县。惟字今作潍，甾字或作淄，古今通用也。一曰，道读曰导。导，治也。"

③师古曰："濒，水涯也。潟，卤咸之地。濒音频，又音宾。潟音昔。"

④师古曰："田第三，赋第四。"

⑤师古曰："葛之精者曰絺。海中物产既多，故杂献。"

⑥师古曰："畎，小谷也。枲，麻属也。铅，青金也。怪石，石之次玉美好者也。言岱山之谷，出丝、枲、铅、松、怪石五种，皆献之。畎音工犬反。"

⑦师古曰："莱山之夷，地宜畜牧。檿，檿桑也。食檿之蚕丝，可以弦琴瑟。檿音乌簟反。"

⑧师古曰："汶水出泰山郡莱芜县原山。言渡汶水西达于泲也。汶音问。"

海、岱及淮惟徐州。①淮、沂其乂，蒙、羽其艺。②大壄既猪，东原厎平。③厥土赤埴坟，草木渐包。④田上中，赋中中。⑤贡土五色，⑥羽畎夏狄，峄阳孤桐，⑦泗濒浮磬，⑧淮夷蠙珠臮鱼，⑨厥棐玄纤缟。⑩浮于淮、泗，达于河。⑪

①师古曰："东至海，北至岱，南及淮。"

②师古曰："淮、沂二水已治，蒙、羽二山皆可种艺也。淮出大复山。沂出泰山。沂音牛依反。"

③师古曰："大野即钜野泽也。猪，停水也。东原，地名。厎，致也。言大野之水既已停蓄也。东原之地致功而平，可耕稼也。"

④师古曰："埴，黏土也。渐包，言相渐及包裹而生。"

⑤师古曰："田第二，赋第五。"

⑥师古曰："王者取五色土，封以为太社，而此州毕贡之，言备有。"

⑦师古曰："羽畎，羽山之谷也。夏狄，狄雉之羽可为旌旄者也，羽山之谷出焉。峄阳，峄山之阳也。山南曰阳。孤桐，特生之桐也，可为琴瑟，峄山之生焉。峄音驿。"

⑧师古曰："泗水之涯浮出好石，可为磬也。泗水出济阴乘氏县。"

⑨师古曰："淮夷，淮水上之夷也。蠙珠，珠名。臮，及也。言其地出珠及美鱼也。蠙音步千反，字或作玭。"

⑩师古曰："玄，黑也。纤，细缯也。缟，鲜支也，即今所谓素者也。言献黑细缯及鲜支也。"

⑪师古曰："渡二水而入于河。"

淮、海惟扬州。①彭蠡既猪，阳鸟逌居。②三江既入，震泽厎定。③篠簜既敷，④屮夭木乔。⑤厥土涂泥。⑥田下下，赋下上错。⑦贡金三品，⑧瑶、琨、篠簜，齿、革、羽毛，⑨鸟夷卉服。⑩厥棐织贝，⑪厥包橘、柚，锡贡。⑫均江海，通于淮、泗。⑬

①师古曰："北据淮，南距海。"

②师古曰："彭蠡，泽名，在彭泽县西北。阳鸟，随阳之鸟也。言彭蠡之水既已蓄聚，则鸿雁之属所共居之。蠡音礼。"

③师古曰："三江，谓北江、中江、南江也。震泽在吴西，即具区也。厎，致也。言三江既入，则震泽致定。"

④师古曰："篠，小竹也。簜，大竹也。敷谓布地而生也。篠音先了反。簜音荡。"

⑤师古曰："夭，盛貌也。乔，上竦也。夭音于骄反。乔音桥，又音骄。"

⑥师古曰："瀸洳湿也。"

⑦师古曰："田第九，赋第七。又杂出诸品。"

⑧师古曰："金、银、铜。"

⑨师古曰："瑶、琨，皆美玉名也。齿，象齿也。革，犀革也。羽旄，谓众鸟之羽

可为旌者也。瑻音昆。”

⑩师古曰：“鸟夷，东南之夷善捕鸟者也。卉服，絺葛之属。”

⑪师古曰：“织谓细布也。贝，水虫也，古以为货。”

⑫师古曰：“柚，似橘而大，其味尤酸。橘、柚皆不耐寒，故包裹而致之也。锡贡者，须锡命而献之，言不常来也。柚音弋救反。”

⑬师古曰：“均，平也。通淮、泗而入江海，故云平。”

荆及衡阳惟荆州。①江、汉朝宗于海。②九江孔殷，③沱、灊既道，云梦土作乂。④厥土涂泥。田下中，赋上下。⑤贡羽旄、齿、革，金三品，⑥杶、干、栝、柏、厉、砥、砮、丹，⑦惟箘簬、楛，三国厎贡厥名，⑧包匭菁茅，⑨厥棐玄纁玑组，⑩九江纳锡大龟。⑪浮于江、沱、灊、汉，逾于洛，至于南河。⑫

①师古曰：“北据荆山，南及衡山之阳也。”

②师古曰：“江、汉二水归入于海，有似诸侯朝于天子，故曰朝宗。宗，尊也。”

③师古曰：“孔，甚也。殷，中也。言江水于此州界分为九道，甚得地形之中。”

④师古曰：“沱、灊，二水名，自江出为沱，自汉出为灊。云梦，泽名。言二水既从其道，则云梦之土可为(畋鱼)〔畎亩〕之治也。[3]沱音徒何反。灊音潜。一曰，道读曰导。导，治也。”

⑤师古曰：“田第八，赋第三。”

⑥师古曰：“自金以上所贡与扬州同。”

⑦师古曰：“杶木似樗而实。干，柘也。栝木柏叶而松身。厉，磨也。砥，其尤细者也。砮，石名，可为矢镞。丹，赤石也，所谓丹沙者也。杶音丑伦反。栝音古活反。砥音指，又音(祗)〔抵〕。[4]砮音奴。”

⑧师古曰：“箘簬，竹名，楛，木名也，皆可为矢。言此州界本有三国致贡斯物，其名称美也。箘音困。簬音路。楛音(枯)〔怙〕。”[5]

⑨师古曰：“匭，柙也。菁，菜也，可以为菹。茅可以缩酒。苞其茅匭其菁而献之。匭音轨。菁音精。”

⑩师古曰：“玄，黑色。纁，绛也。玑，珠之不圜者。组，绶类也。纁音勋。玑音机，又音祈。”

⑪师古曰：“大龟尺有二寸，出于九江。锡命而纳，不常献也。”

⑫师古曰：“逾，越也。言渡四水而越洛，乃至南河也。南河在冀州南。”

荆、河惟豫州。①伊、雒、瀍、涧既入于河,②荥、波既猪,③道荷泽,被盟猪。④厥土惟壤,下土坟垆。⑤田中上,赋错上中。⑥贡漆、枲、絺、纻、棐纤纩,⑦锡贡磬错。⑧浮于洛,入于河。⑨

①师古曰:"西南至荆山,北距河水。"

②师古曰:"伊出陆浑山,雒出冢领山,瀍出穀成山,涧出黾池山,四水皆入河"。

③师古曰:"荥,沇水泆出所为也,即今荥泽是也。波,亦水名。言其水并已遏聚矣。一说,谓荥水之波。"

④师古曰:"荷泽在湖陵。盟猪亦泽名,在荷之东北。言治荷泽之水衍溢,则使被及盟猪,不常入也。道读曰导。荷音歌。被音被马之被。盟音孟。"

⑤师古曰:"高地则壤,下地则坟。垆谓土之刚黑者也,音卢。"

⑥师古曰:"田第四,赋第二,杂出第一。"

⑦师古曰:"纻,织纻为布及练也。纤纩,细绵也。纻音佇。纩音旷。"

⑧师古曰:"错,治玉之石。磬错,言可以治磬也。亦待锡命而贡。"

⑨师古曰:"因洛入河也。"

华阳、黑水惟梁州。①岷、嶓既艺,沱、灊既道,②蔡、蒙旅平,和夷厎绩。③厥土青黎。④田下上,赋下中三错。⑤贡璆、铁、银、镂、砮、磬,⑥熊、罴、狐、狸、织皮。⑦西顷因桓是倈,⑧浮于灊,逾于沔,⑨入于渭,乱于河。⑩

①师古曰:"东据华山之南,西距黑水。"

②师古曰:"岷,岷山也。嶓,嶓冢山也。言水已去,二山之土皆可种艺。沱、灊,二水,治从故道也。岷音旻。嶓音波。道读曰导。"

③师古曰:"蔡、蒙,二(水)〔山〕名。[6]旅,陈也。旅平,言已平治而陈祭也。和夷,地名,亦以致功可耕稼也。"

④师古曰:"色青而细疏。"

⑤师古曰:"田第七,赋第八,又杂出第七至第九,凡三品。"

⑥师古曰:"璆,美玉也。镂,刚铁也。磬,磬石也。璆音虯。"

⑦师古曰:"织皮,谓罽也。言贡四兽之皮,又贡(维)〔杂〕罽。"[7]

⑧师古曰:"西顷,山名,在临洮西南。桓,水名也。言治西顷山,因桓水是来,无它道也。顷读曰倾。"

⑨师古曰："汉上曰沔，音莫践反。"

⑩师古曰："正绝流曰乱。"

黑水、西河惟雍州。①溺水既西，②泾属渭汭。③漆、沮既从，酆水逌同。④荆、岐既旅，⑤终南、惇物、至于鸟鼠。⑥原隰厎绩，至于猪壄。⑦三危既宅，三苗丕叙。⑧厥土黄壤。田上上，赋中下。⑨贡球、琳、琅玕。⑩浮于积石，至于龙门西河，⑪会于渭汭。⑫织皮昆仑、析支、渠叟，西戎即叙。⑬

①师古曰："西据黑水，东距西河。西河即龙门之河也，在冀州西，故曰西河。"

②师古曰："治使西流至合黎。"

③师古曰："属，逮也。水北曰汭。言治泾水入于渭也。属音之欲反。汭音芮，又音而悦反。"

④师古曰："漆、沮，即冯翊之洛水也。酆水出鄠之南山。言漆、沮既从入渭，酆水亦来同也。逌，古攸字也。攸，所也。沮音七余反。"

⑤师古曰："荆、岐，二山名。荆在岐东。言二山治毕，已旅祭也。"

⑥师古曰："终南、惇物二山皆在武功。鸟鼠山在陇西首阳西南。自终南西出至于鸟鼠也。"

⑦师古曰："高平曰原，下湿曰隰。猪壄，地名。言皆致功也。"

⑧师古曰："三危，山名，已可居也。三苗，本有苗氏之族，徙居于此，分而为三，故言三苗。今皆大得其次叙。"

⑨师古曰："田第一，赋第六。"

⑩师古曰："球、琳，皆玉名。琅玕，石似珠者也。球音求，又音虬。琳音林，琅音郎。玕音干。"

⑪师古曰："积石山在金城西南，龙门山在河东之西界，皆河水所经。"

⑫师古曰："逆流曰会。自渭北涯逆流西上。"

⑬师古曰："昆仑、析支、渠叟，三国名也。言此诸国皆织皮毛，各得其业。而西方远戎，并就次叙也。叟读曰搜。"

道汧及岐，至于荆山，①逾于河；②壶口、雷首，至于大岳；③厎柱、析城，至于王屋；④太行、恒山，至于碣石，入于海。⑤西倾、朱圉、鸟鼠，至于太华；⑥熊耳、外方、桐柏，至于倍尾。⑦道嶓冢，至于荆山；⑧内方，至于大别;⑨岷山之阳,至于衡山,⑩过九江,至于敷浅原。⑪

①师古曰:"自此以下,更说所治山水首尾之次也。治山通水,故举山言之。汧山在汧县西。道读曰导。后皆类此。汧音苦坚反。"

②师古曰:"即梁山龙门。"

③师古曰:"自壶口、雷首而至大岳也。雷首在河东蒲阪南。大岳即所谓岳阳者。"

④师古曰:"底柱在陕县东北,山在河中,形若柱也。析城山在濩泽西南。王屋山在垣县东北。"

⑤师古曰:"太行山在河内山阳西北。恒山在上曲阳西北。言二山连延,东北接碣石而入于海。行音胡郎反。"

⑥师古曰:"朱圉山在汉阳冀县南。太华即今华阴山。"

⑦师古曰:"熊耳在陕东。外方在颍川故县,即崇高也。桐柏在平氏东南。倍尾在安陆东北。言四山相连也。倍读曰陪。"

⑧师古曰:"嶓冢山在梁州南。此荆山在南郡临沮东北。嶓音波。"

⑨师古曰:"内方在荆州。大别在庐江安丰也。"

⑩师古曰:"岷山在蜀郡湔氐西。衡山在长沙湘南之东南。岷山,江所出。衡山,江所经。"

⑪师古曰:"敷浅原,一名(博)〔傅〕阳山,[8]在豫章历陵南。"

道弱水,至于合藜,馀波入于流沙。①道黑水,至于三危,入于南海。②道河积石,至于龙门,③南至于华阴,东至于底柱,④又东至于盟津,⑤东过洛汭,至于大伾,⑥北过降水,至于大陆,⑦又北播为九河,⑧同为逆河,入于海。⑨嶓冢道漾,东流为汉,⑩又东为沧浪之水,⑪过三澨,至于大别,⑫南入于江,⑬东汇泽为彭蠡,⑭东为北江,入于海。⑮岷山道江,东别为沱,⑯又东至于醴,⑰过九江,至于东陵,⑱东迆北会于汇,⑲东为中江,入于海。⑳道沇水,东流为泲,㉑入于河,轶为荥,㉒东出于陶丘北,㉓又东至于荷,㉔又东北会于汶,㉕又北东入于海。㉖道淮自桐柏,东会于泗、沂,东入于海。道渭自鸟鼠同穴,东会于酆,又东至于泾,又东过漆、沮,入于河。道洛自熊耳,东北会于涧、瀍,又东会于伊,又东北入于河。

①师古曰："合藜山在酒泉。流沙在敦煌西。"

②师古曰："黑水出张掖鸡山，南流至敦煌，过三危山，又南流而入于南海。"

③师古曰："积石山在河关西羌中。龙门山在夏阳北。言治河施功，自积石起，凿山穿地，以通其流，至龙门山也。"

④师古曰："自龙门南流以至华阴，又折而东经厎柱。"

⑤师古曰："盟读曰孟。孟津在洛阳之北，都道所凑，故号孟津。孟，长大也。"

⑥师古曰："洛汭，洛入河处，盖今所谓洛口也。山再重曰伾。大伾山在成皋。伾音平鄙反。"

⑦师古曰："降水在信都。大陆在钜鹿。"

⑧师古曰："播，布也。"

⑨师古曰："同，合也。九河又合而为一，名为逆河，言相迎受也。海即渤海是也。"

⑩师古曰："漾水出陇西氐道，东流过武关山南为汉。禹治漾水自嶓冢始也。漾音恙。"

⑪师古曰："出荆山东南流为沧浪之水，即渔父所歌者也。浪音琅。"

⑫师古曰："三澨水在江夏竟陵。澨音筮。"

⑬师古曰："触大别山而南入江也。"

⑭师古曰："汇，回也，又东回而为彭蠡泽也。汇音胡贿反。"

⑮师古曰："自彭蠡，江分为三，遂为北江而入海。"

⑯师古曰："别而出也，江东南流，沱东行也。沱音徒何反。"

⑰师古曰："醴水在荆州。"

⑱师古曰："东陵，地名。"

⑲师古曰："迆，溢也。东溢分流，都共北会彭蠡也。迆音弋尔反。"

⑳师古曰："亦自彭蠡出。"

㉑师古曰："泉出王屋山，名为沇，流去乃为泲也。沇音弋睿反。"

㉒师古曰："轶与溢同。言济水入河，并流而南，截河，又并流溢出，乃为荥泽。一曰轶，过也，音逸。"

㉓师古曰："陶丘，丘再重也，在济阴定陶西南。"

㉔师古曰："即荷泽。"

㉕师古曰："济与汶合。"

㉖师古曰："北折而东也。"

九州逌同，①四奥既宅，②九山栞旅，③九川涤原，④九泽既陂，⑤四海会同。⑥六府孔修，⑦庶土交正，厎慎财赋，⑧咸则三壤，成赋中国。⑨锡土姓："祗台德先，不距朕行。"⑩

①师古曰："各以其所而同法。"

②师古曰："奥读曰墺，谓土之可居者也。宅亦居也。言四方之土已可定居也。墺音于六反。"

③师古曰："九州之山皆已栞木通道而旅祭也。"

④师古曰："九州泉源皆已清涤无壅塞。"

⑤师古曰："九州陂泽皆已遏障无决溢。"

⑥师古曰："四海之内皆同会京师。"

⑦师古曰："水、火、金、木、土、谷皆甚治。"

⑧师古曰："言众土各以其所出，交易有无，而不失正，致慎货财，以供贡赋。"

⑨师古曰："言皆随其土田上中下三品，而成其赋于中国也。中国，京师也。"

⑩师古曰："台，养也。言封诸侯，赐之土田，因以为姓。所敬养者，惟德为先，故无距我之行也。台音怡。"

五百里甸服：①百里赋内总，②二百里(纳)〔内〕铚，③[9]三百里内戛服，④四百里粟，五百里米。⑤五百里侯服：⑥百里采，⑦二百里男国，⑧三百里诸侯。⑨五百里绥服：⑩三百里揆文教，⑪二百里奋武卫。⑫五百里要服：⑬三百里夷，⑭二百里蔡。⑮五百里荒服：⑯三百里蛮，⑰二百里流。⑱东渐于海，西被于流沙，朔、南扆，声教讫于四海。⑲

①师古曰："规方千里，最近王城者为甸服，则四面五百里也。甸之为言田也，主为王者治田。"

②师古曰："自此以下，说甸服之内，以差言之也。总，禾稿总入也。内读曰纳。下皆类此。"

③师古曰："铚谓所刈，即禾穗也。铚音室。"

④师古曰："戛，稿也。言服者，谓有役则服之耳。戛音工黠反。"

⑤师古曰："精者纳少，粗者纳多。"

⑥师古曰："此次甸服之外方五百里也。侯，候也，主斥候而服事也。"

⑦师古曰："又说侯服内之差次也。采，事也。王事则供之，不主一也。"

⑧师古曰："男之言任，任王事者。"

⑨师古曰："三百里同主斥候，故合而言之为一等。"

⑩师古曰："此又次侯服外之五百里也。绥，安也，言其安服王者政教。"

⑪师古曰："揆度王者文教而行之也。三百里皆同。"

⑫师古曰："奋其武力以卫王者。二百里皆同。"

⑬师古曰："此又次绥服外之五百里也。要，以文教要来之也。要音一遥反。"

⑭师古曰："夷，易也，言行平易之法也。三百里皆同。"

⑮师古曰："蔡，法也，遵刑法而已。二百里皆同。"

⑯师古曰："又次要服外五百里，此五服之最在外者也。荒，言其荒忽，各因本俗。"

⑰师古曰："蛮谓以文德蛮幕而覆之。三百里皆同。"

⑱师古曰："任其流移，不考诘也。二百里皆同。"

⑲师古曰："渐，入也。被，加也。朔，北方也。讫，尽也。言东入于海，西加流沙，北方南方皆及，声教尽于四海也。一曰，渐，浸；臮，及也。"

禹锡玄圭，告厥成功。①

①师古曰："玄，天色也。尧以禹治水功成，故赐玄圭以表之也。自此以上，皆《禹贡》之文。"

后受禅于虞，为夏后氏。

殷因于夏，亡所变改。周既克殷，监于二代而损益之，定官分职，改禹徐、梁二州合之于雍、青，①分冀州之地以为幽、并。故《周官》有职方氏，②掌天下之地，辩九州之国。

①师古曰："省徐州以入青州，并梁州以合雍州。"

②师古曰："夏官之属也。职，主也，主四方之土地。"

东南曰扬州：其山曰会稽，①薮曰具区，②川曰三江，寖曰五湖；③其利金、锡、竹箭，民二男五女；畜宜鸟兽，④谷宜稻。

①师古曰："在山阴县。"

②师古曰："薮，大泽也。具区在吴也。"

③师古曰："寖，古浸字也。川，水之通流者也。浸谓引以灌溉者。五湖在吴。"

④师古曰："鸟，孔翠之属。兽，犀象之属。"

正南曰荆州：其山曰衡，薮曰云梦，川曰江、汉，寖曰颍、湛；①其利丹、银、齿、革；民一男二女；畜及谷宜，与扬州同。

①师古曰："颍水出阳城阳乾山，宜属豫州。许慎又云'湛水，豫州浸'。并未详也。湛音直林反，又音直减反。"

河南曰豫州：其山曰华，①薮曰圃田，②川曰荥、雒，寖曰波、溠；③其利林、漆、丝、枲；民二男三女；畜宜六扰，④其谷宜五种。⑤

①师古曰："即华阴之华山也。连延东出，故属豫州。"

②师古曰："在中牟。"

③师古曰："荥即沇水所溢者也。波即上《禹贡》所云荥波者也。溠水在楚，亦不当为豫州浸也。溠音庄亚反。"

④师古曰："马、牛、羊、豕、犬、鸡也。谓之扰者，言人所驯养也。扰音人沼反。"

⑤师古曰："黍、稷、菽、麦、稻。"

正东曰青州：其山曰沂，薮曰孟诸，①川曰淮、泗，寖曰沂、沭；②其利蒲、鱼；民二男三女；其畜宜鸡、狗，谷宜稻、麦。

①师古曰："沂山在盖县，即沂水所出也。孟诸，即盟猪也。"

②师古曰："沭水出东莞，音术。"

河东曰兖州：其山曰岱，薮曰泰壄，①其川曰河、泲，寖曰卢、潍；②其利蒲、鱼；民二男三女；其畜宜六扰，谷宜四种。③

①师古曰："即大野。"

②师古曰："卢水在济北卢县。郑康成读曰雷，非也。"

③师古曰："马、牛、羊、豕、犬、鸡，黍、稷、稻、麦也。"

正西曰雍州：其山曰岳，①薮曰弦蒲，②川曰泾、汭，③其寖曰渭、洛；④其利玉、石；其民三男二女；畜宜牛、马，谷宜黍、稷。

①师古曰："即吴岳也。"

②师古曰："在汧县。"

③师古曰："汭在豳地。《诗》《大雅》《公刘》之篇曰'汭鞫之即'。"

④师古曰："洛即漆、沮也，在冯翊。"

东北曰幽州：其山曰医无闾，① 薮曰貕养，② 川曰河、泲，寖曰菑、时；③ 其利鱼、盐；民一男三女；畜宜四扰，④ 谷宜三种。⑤

①师古曰："在辽东。"

②师古曰："在长广。"

③师古曰："菑出莱芜，时水出般阳。"

④师古曰："马、牛、羊、豕。"

⑤师古曰："黍、稷、稻。"

河内曰冀州：其山曰霍，① 薮曰扬纡，② 川曰漳，寖曰汾、潞；③ 其利松、柏；民五男三女；畜宜牛、羊，谷宜黍、稷。

①师古曰："在平阳永安县东北。"

②师古曰："《尔雅》曰'秦有扬纡'，而此以为冀州，未详其义及所在。"

③师古曰："漳水出上党长子。汾水出汾阳北山。潞出归德。"

正北曰并州：其山曰恒山，薮曰昭馀祁，① 山曰虖池、呕夷，寖曰涞、易；② 其利布帛；民二男三女；畜宜五扰，③ 谷宜五种。

①师古曰："在太原邬县。邬音一户反，又音於庶反。"

②师古曰："虖池出卤城。呕夷出平舒。涞出广昌。易出故安。虖音呼。池音徒河反。呕音于侯反。"

③师古曰："马、牛、羊、犬、豕。"

而保章氏掌天文，以星土辩九州之地，所封封域皆有分星，以视吉凶。①

①师古曰："保章氏，春官之属也。保，守也，言守天文之职也。分音扶问反。"

周爵五等，而土三等：公、侯百里，伯七十里，子、男五十里。不满为附庸，盖千八百国。而太昊、黄帝之后，唐、虞侯伯犹存，帝王图籍相踵而可知。周室既衰，礼乐征伐自诸侯出，转相吞灭，数百年间，列国秏尽。① 至春秋时，尚有数十国，五伯迭兴，总其盟会。② 陵夷至于战国，天下分而为七，③ 合从连衡，经数十年。秦遂并兼四海。以为周制微弱，终为诸侯所丧，故不立尺土之封，分天下为郡县，荡灭前圣之苗裔，靡有孑遗者矣。

①师古曰："秏，灭也，音呼到反。"

②师古曰："此五伯谓齐桓、宋襄、晋文、秦穆、楚庄也。迭，互也。伯读曰霸。迭音徒结反。"

③师古曰："谓秦、韩、魏、赵、燕、齐、楚也。"

汉兴，因秦制度，崇恩德，行简易，以抚海内。至武帝攘却胡、越，开地斥境，南置交阯，北置朔方之州，①兼徐、梁、幽、并夏、周之制，改雍曰凉，改梁曰益，凡十三(郡)〔部〕，[10]置刺史。先王之迹既远，地名又数改易，②是以采获旧闻，考迹《诗》、《书》，推表山川，以缀《禹贡》、《周官》、《春秋》，下及战国、秦、汉焉。③

①师古曰："胡广记云，汉既定南越之地，置交阯刺史，别于诸州，令持节治苍梧，分雍州置朔方刺史。"

②师古曰："数音所角反。"

③师古曰："中古以来，说地理者多矣，或解释经典，或撰述方志，竞为新异，妄有穿凿，安处互会，颇失其真。后之学者，因而祖述，曾不考其谬论，莫能寻其根本。今并不录，盖无尤焉。"

京兆尹，故秦内史，高帝元年属塞国，二年更为渭南郡，九年罢，复为内史。武帝建元六年分为右内史，太初元年更为京兆尹。元始二年户十九万五千七百二，口六十八万二千四百六十八。①县十二：长安，高帝五年置。惠帝元年初城，六年成。户八万八百，口二十四万六千二百。王莽曰常安。②新丰，骊山在南，故骊戎国。秦曰骊邑。高祖七年置。③船司空，莽曰船利。④蓝田，山出美玉，有虎候山祠，秦孝公置也。华阴，故阴晋，秦惠文王五年更名宁秦，高帝八年更名华阴。太华山在南，有祠，豫州山。集灵宫，武帝起。莽曰华坛也。郑，周宣王弟郑桓公邑。有铁官。⑤湖，有周天子祠二所，故曰胡，武帝建元年更名湖。下邽，⑥南陵，文帝七年置。沂水出蓝田谷，北至霸陵入霸水。霸水亦出蓝田谷，北入渭。(师)古曰兹水，秦穆公更名以章霸功，视子孙。⑦[11]奉明，宣帝置也。霸陵，故芷阳，文帝更名。莽曰水章也。杜陵。故杜伯国，宣帝更名。有周右将军杜主祠四所。莽曰饶安也。

①师古曰:"汉之户口当元始时最为殷盛,故志举之以为数也。后皆类此。"

②师古曰:"王莽篡位,改汉郡县名,普易之也。下皆类此。"

③应劭曰:"太上皇思东归,于是高祖改筑城寺街里以象丰,徙丰民以实之,故号新丰。"

④服虔曰:"县名。"师古曰:"本主船之官,遂以为县。"

⑤应劭曰:"宣王母弟友所封也。其子与平王东迁,更称新郑。"臣瓒曰:"周自穆王以下都于西郑,不得以封桓公也。初桓公为周司徒,王室将乱,故谋于史伯而寄帑与贿于虢、会之间。幽王既败,二年而灭会,四年而灭虢,居于郑父之丘,是以为郑桓公,无封京兆之文也。"师古曰:"《春秋外传》云:'幽王既败,郑桓公死之,其子武公与平王东迁。'故《左氏传》云:'我周之东迁,晋、郑焉依。'又郑庄公云'我先君新邑于此',盖道新郑也。穆王以下无都西郑之事,瓒说非也。会音工外反。"

⑥应劭曰:"秦武公伐邽戎,置有上邽,故加下。"师古曰:"邽音圭,取邽戎之人而来为此县。"

⑦〔师古曰〕:"沂音先历反。视读曰示。"

左冯翊,故秦内史,高帝元年属塞国,二年更名河上郡,九年罢,复为内史。武帝建元六年分为左内史,太初元年更名左冯翊。户二十三万五千一百一,口九十一万七千八百二十二。县二十四:高陵,左辅都尉治。莽曰千春。栎阳,秦献公自雍徙。莽曰师亭。① 翟道,莽曰涣。池阳,惠帝四年置。巀嶭山在北。② 夏阳,故少梁,秦惠文王十一年更名。《禹贡》梁山在西北,龙门山在北。有铁官。莽曰冀亭。衙,莽曰达昌。③ 粟邑,莽曰粟城。谷口,九嵕山在西。有天齐公、五床山、僊人、五帝祠四所。莽曰谷喙。④ 莲勺,⑤ 鄜,莽曰脩令。⑥ 频阳,秦厉公置。⑦ 临晋,故大荔,秦获之,更名。有河水祠。芮乡,故芮国。莽曰监晋。⑧ 重泉,莽曰调泉。郃阳,⑨ 祋祤,景帝二年置。⑩ 武城,莽曰桓城。⑪ 沈阳,莽曰制昌。褱德,《禹贡》北条荆山在南,下有彊梁原。洛水东南入渭,雍州寖。莽曰德驩。⑫ 徵,莽曰氾爱。⑬ 云陵,昭帝置也。万年,高帝置。莽曰异赤。⑭ 长陵,高帝置。户五万五十七,口十七万九千四百六十九。莽曰长平。阳陵,故弋阳,景帝更名。莽曰渭阳。云阳。有休屠、金人及径路神祠三所,越巫䣊鄭祠三所。⑮

①如淳曰："栎音药。"

②应劭曰："在池水之阳。"师古曰："嶻嶭，即今俗所呼嵯峨山是也，音截嶭。音才葛反，又音五葛反。"

③如淳曰："衙音牙。"师古曰："即《春秋》所云'秦晋战于彭衙'。"

④师古曰："㚇音子公反，又音子孔反。喙音许秽反。"

⑤如淳曰："音辇酌。"

⑥孟康曰："音敷。"

⑦应劭曰："在频水之阳。"

⑧应劭曰："临晋水，故曰临晋。"臣瓒曰："晋水在河之间，此县在河之西，不得云临晋水也。旧说曰，秦筑高垒以临晋国，故曰临晋也。"师古曰："瓒说是也。说者或以为魏文侯伐秦始置临晋，非也。文侯重城之耳，岂始置乎！"

⑨应劭曰："在郃水之阳也。"师古曰："音合，即《大雅》《大明》之诗所谓'在洽之阳'。"

⑩师古曰："祋音丁活反，又音丁外反。祤音诩。"

⑪师古曰："即左氏传所云'(伐秦)〔秦伐〕晋取武城'者也。"[12]

⑫师古曰："褱亦怀字。"

⑬师古曰："徵音惩，即今之澄城县是也。《左传》所云'取北徵'，谓此地耳，而杜元凯未详其处也。"

⑭师古曰："《三辅黄图》云太上皇葬栎阳北原，起万年陵是也。"

⑮孟康曰："䈞音辜磔之辜，越人祠也。鄜音穰。休音许虬反。屠音除。"

右扶风，故秦内史，高帝元年属雍国，二年更为中地郡。九年罢，复为内史。武帝建元六年分为右内史，太初元年更名主爵都尉为右扶风。①户二十一万六千三百七十七，口八十三万六千七十。县二十一：渭城，故咸阳，高帝元年更名新城，七年罢，属长安。武帝元鼎三年更名渭城。有兰池宫。莽曰京城。槐里，周曰犬丘，懿王都之。秦更名废丘。高祖三年更名。有黄山宫，孝惠二年起。莽曰槐治。鄠，古国。有扈谷亭。扈，夏启所伐。酆水出东南，又有潏水，皆北过上林苑入渭。有萯阳宫，秦文王起。② 盩厔，有长杨宫，有射熊馆，秦昭王起。灵轵渠，武帝穿也。斄，周后稷所封。③ 郁夷，《诗》"周道郁夷"。有汧水祠。莽曰郁平。④ 美阳，《禹贡》岐山在西北。中水乡，周大王所邑。有高泉宫，秦宣太后起也。郿，成国渠首受渭，东北至上林入蒙笼渠。右辅都尉治。⑤雍，秦惠公都之。有五畤，太昊、黄帝以下祠三百三所。橐泉宫，孝公起。祈年宫，惠公起。棫阳宫，昭王起。有铁官。⑥漆，水在县西。有铁官。莽曰漆治。栒邑，有豳乡，《诗》豳国，公刘所都。⑦隃麋，有黄帝子祠。莽曰扶亭。⑧陈仓，有上公、明星、黄帝孙、舜妻(盲)〔育〕冢祠。[13]有羽阳宫，秦武王起也。杜阳，杜水南入渭。〔《诗》曰"自杜"〕[14]莽曰通杜。⑨汧，吴山在西，古文以为汧山。雍州山。北有蒲谷乡弦中谷，雍州弦蒲薮。汧水出西北，入渭。芮水出西北，东入泾。《诗》芮(阸)〔阮〕，[15]雍州川也。⑩好畤，垝山在东。有梁山宫，秦始皇起。莽曰好邑。⑪虢，有黄帝子、周文武祠。虢宫，秦宣太后起也。安陵，惠帝置。莽曰嘉平。⑫茂陵，武帝置。户六万一千八十七，口二十七万七千二百七十七。莽曰宣城。⑬平陵，昭帝置。莽曰广利。武功，太壹山，古文以为终南。垂山，古文以为敦物。皆在县东。斜水出衙领山北，至郿入渭。褒水亦出衙领，至南郑入沔。有垂山、斜水、(淮)〔褒〕水祠三所。[16]莽曰新光。⑭

①师古曰："主爵都尉，本秦之主爵中尉，掌列侯，至太初元年更名右扶风，而治于内史右地。故此志追书建元六年分为右内史，又云更名主爵都尉为右扶风。"

②师古曰："潏音决。萯音倍。"

③师古曰："读与邰同，音助〔胎〕。"[17]

④师古曰："《小雅》《四牡》之诗曰'四牡騑騑，周道倭迟'。《韩诗》作郁夷字，言使臣乘马行于此道。"

⑤师古曰："郿音媚。"

⑥应劭曰："四面积高曰雍。"师古曰："棫音域。"

⑦应劭曰："《左氏传》曰'毕、原、酆、郇，文之昭也'。郇侯、夏伯伐晋是也。"臣瓒曰："《汲郡》《古文》'晋武公灭荀，以赐大夫原氏黯，是为荀叔'。又云'文公城荀'。然则荀当在晋之境内，不得在扶风界也。今河东有荀城，古荀国。"师古曰："瓒说是也。此栒读与荀同，自别邑耳，非伐晋者。"

⑧师古曰："隃音逾。"

⑨师古曰："《大雅》《绵》之诗曰'人之初生，自土、漆、沮'，《齐诗》作'自杜'，言公刘避狄而来居杜与漆、沮之地。"

⑩师古曰："(阸)〔阮〕读与鞠同。《大雅》《公刘》之诗曰'止旅乃密，芮鞫之即'，《韩诗》作芮(阸)〔阮〕。言公刘止其军旅，欲使安静，乃就芮(阸)〔阮〕之

间耳。"

⑪师古曰:"垝音丘毁反。"

⑫师古曰:"阚骃以为本周之程邑也。"

⑬师古曰:"《黄图》云本槐里之茂乡。"

⑭师古曰:"斜音弋奢反。衙音牙。"

弘农郡,武帝元鼎四年置。莽曰右队。户十一万八千九十一,口四十七万五千九百五十四。有铁官,在黾池。县十一:弘农,故秦函谷关。衙山领下谷,爓水所出,北入河。卢氏,熊耳山在东。伊水出,东北入雒,过郡一,行四百五十里。又有育水,南至顺阳入沔。又有洱水,东南至鲁阳,亦入沔。皆过郡二,行六百里。莽曰昌富。①陕,故虢国。有焦城,故焦国。北虢在大阳,东虢在荥阳,西虢在雍州。莽曰黄眉。宜阳,在黾池有铁官也。黾池,高帝八年复黾池中乡民。景帝中二年初城,徙万家为县。榖水出榖阳谷,东北至榖城入雒。莽曰陕亭。②丹水,水出上雒冢领山,东至析入钧。密阳乡,故商密也。③新安,《禹贡》涧水在东,南入雒。商,秦相卫鞅邑也。析,黄水出黄谷,鞠水出析谷,俱东至郦入湍水。莽曰君亭。④陆浑,春秋迁陆浑戎于此。有关。⑤上雒。《禹贡》雒水出冢领山,东北至巩入河,过郡二,行千七十里,豫州川。又有甲水,出秦领山,东南至钖入沔,过郡三,行五百七十里。熊耳获舆山在东北。⑥

①师古曰:"洱音耳。"

②师古曰:"黾音莫践反,又音莫忍反。"

③师古曰:"钧亦水名也,音均。"

④师古曰:"析音先历反。鞠水即今所谓菊潭也。郦音持益反。湍音专。"

⑤师古曰:"浑音胡昆反。"

⑥师古曰:"钖音阳。"

河东郡,秦置。莽曰兆阳。有根仓、湿仓。户二十三万六千八百九十六,口九十六万二千九百一十二。县二十四:安邑,巫咸山在南,盐池在西南。魏绛自魏徙此,至惠王徙大梁。有铁官、盐官。莽曰河东。大阳,吴山在西,上有吴城,周武王封太伯后于此,是为虞公,为晋所灭。有天子庙。莽曰勤田。①猗氏,解,②蒲反,有尧山、首山祠。雷首山在南。故曰蒲,秦更名。莽曰蒲城。③河北，《诗》魏国，晋献公灭之，以封大夫毕万，曾孙绛徙安邑也。左邑，莽曰兆亭。汾阴，介山在南。闻喜，故曲沃。晋武公自晋阳徙此。武帝元鼎六年行过，更名。④濩泽，《禹贡》析城山在西南。⑤端氏，临汾，垣，《禹贡》《王屋山》在东北，沇水所出，东南至武德入河，轶出荥阳北地中，又东至琅槐入海，过郡九，行千八百四十里。⑥皮氏，耿乡，故耿国，晋献公灭之，以赐大夫赵夙。后十世献侯徙中牟。有铁官。莽曰延平。长脩，平阳，韩武子玄孙贞子居此。有铁官。莽曰香平。⑦襄陵，有班氏(香)〔乡〕亭。[18]莽曰幹昌。⑧彘，霍大山在东，冀州山，周厉王所奔。莽曰黄城。⑨杨，莽曰有年亭。⑩北屈，《禹贡》壶口山在东南。莽曰朕北。⑪蒲子，⑫绛，晋武公自曲沃徙此。有铁官。⑬狐讘，⑭骐。侯国。⑮

①应劭曰："在大河之阳。"

②师古曰："音蟹。"

③应劭曰："秦始皇东巡见长坂，故加'反'云。"孟康曰："本蒲也，晋文公以赂秦，后秦人还蒲，魏人喜曰'蒲反矣'。谓秦名之，非也。"臣瓒曰："《秦世家》云'以垣为蒲反'，然则本非蒲也。"师古曰："应说是。"

④应劭曰："今曲沃也。秦改为左邑。武帝于此闻南越破，改曰闻喜。"

⑤应劭曰："有濩泽，在西北。"师古曰："濩音乌虢反。"

⑥师古曰："琅音郎。槐音回。"

⑦应劭曰："尧都也，在平河之阳。"

⑧应劭曰："襄陵在西北。"师古曰："晋襄公之陵，因以名县。"

⑨应劭曰："顺帝改曰永安。"

⑩应劭曰："杨侯国。"

⑪应劭曰："有南故称北。"臣瓒曰："《汲郡古文》'翟章救郑，次于南屈'。"师古曰："屈音居勿反。即晋公子夷吾所居。"

⑫应劭曰："故蒲反旧邑，武帝置。"师古曰："重耳所居也。应说失之。"

⑬应劭曰："绛水出西南。"

⑭师古曰："讘音之涉反。"

⑮师古曰："音其。"

太原郡，秦置。有盐官，在晋阳。属并州。户十六万九千八百六十三，口六十八万四百八十八。有家马官。①县二十一：晋阳，故《诗》唐国，周成王灭唐,封弟叔虞。龙山在西北。有盐官。晋水所出,东入汾。②葰人,③界休,莽曰界美。④榆次,涂水乡,晋大夫知徐吾邑。梗阳乡,魏戊邑。莽曰大原亭。⑤中都,于离,莽曰于合。兹氏,莽曰兹同。狼孟,莽曰狼调。邬,九泽在北,是为昭馀祁,并州薮。晋大夫司马弥牟邑。⑥盂,晋大夫孟丙邑。平陶,莽曰多穰。汾阳,北山,汾水所出,西南至汾阴入河,过郡二,行千三百四十里,冀州浸。京陵,莽曰致城。⑦阳曲,⑧大陵,有铁官。莽曰大宁。原平,祁,晋大夫贾辛邑。莽曰示。上艾,緜曼水,东至蒲吾,入虖池水。⑨虑虒,⑩阳邑,莽曰繁穰。广武。(河主)〔句注〕、贾屋山在北。[19]都尉治。莽曰信桓。⑪

①臣瓒曰:"汉有家马厩,一厩万匹,时以边表有事,故分来在此。家马后改曰挏马也。"师古曰:"挏音动。"

②臣瓒曰:"所谓唐,今河东永安是也,去晋四百里。"师古曰:"瓒说是也。"

③如淳曰:"音瓅。"师古曰:"又音山寡反。"

④师古曰:"休音许虬反。"

⑤师古曰:"涂音涂。梗音鲠。"

⑥师古曰:"音一户反,又音于据反。"

⑦师古曰:"即九京。"

⑧应劭曰:"河千里一曲,当其阳,故曰阳曲也。"师古曰:"隋文帝自以姓杨,故恶阳曲之号,乃改其县为阳直。今则复旧名焉。"

⑨师古曰:"虖音呼。池音徒何反。"

⑩师古曰:"音庐夷。"

⑪师古曰:"贾屋山,即《史记》所云'赵襄子北登夏屋'者。"

上党郡,秦置,属并州。有上党关、壶口关、石研关、天井关。①户七万三千七百九十八,口三十三万七千七百六十六。县十四:长子,周史辛甲所封。鹿谷山,浊漳水所出,东至邺入(青)〔清〕漳。②[20]屯留,桑钦言"绛水出西南东入海"。③余吾,铜鞮,有上虒亭,下虒聚。④沾,大黾谷,清漳水所出,东北至邑成入大河,过郡五,行千六百八十里,冀州川。⑤涅氏,涅水也。⑥襄垣,莽曰上党亭。壶关,有羊肠版。沾水东至朝歌入淇。⑦泫氏,杨谷,绝水所出,南至壄王入沁。⑧高都,莞谷,丹水所出,东南入泫水。有天井关。⑨潞,故潞子国。陭氏,⑩阳阿,穀远。羊头山世靡谷,沁水所出,东南至荥阳入河,过郡三,行九百七十里。莽曰縠近。⑪

①师古曰："研音形。"

②师古曰："长读曰长短之长，今俗为长幼之长，非也。"

③师古曰："屯音纯。"

④师古曰："虒音斯。"

⑤应劭曰："沾水出壶关。"师古曰："沾音他兼反。"

⑥师古曰："涅水出焉，故以名县也。涅音乃结反。"

⑦应劭曰："黎侯国也，今黎亭是。"

⑧应劭曰："《山海经》泫水所出者也。"师古曰："泫音工玄反。"

⑨师古曰："莞音丸。"

⑩师古曰："音于义反。"

⑪师古曰："今沁水至怀州武陟县界入河。此云至荥阳，疑传写错误。"

河内郡，高帝元年为殷国，二年更名。莽曰后队，属司隶。户二十四万一千二百四十六，口百六万七千九十七。县十八：怀，有工官。莽曰河内。汲，武德，①波，②山阳，东太行山在西北。③河阳，莽曰河亭。州，共，故国。北山，淇水所出，东至黎阳入河。④平皋，⑤朝歌，纣所都。周武王弟康叔所封，更名卫。莽曰雅歌。脩武，⑥温，故国，己姓，苏忿生所封也。壄王，太行山在西北。卫元君为秦所夺，自(仆)〔濮〕阳徙此。[21]莽曰平壄。⑦获嘉，故汲之新中乡，武帝行过更名也。轵，⑧沁水，⑨隆虑，国水东北至信成入张甲河，过郡三，行千八百四十里。有铁官。⑩荡阴。荡水东至内黄泽。西山，羑水所出，亦至内黄入荡。有羑里城，西伯所拘也。⑪

①孟康曰："始皇东巡置，自以武德定天下。"

②孟康曰："今有絺城，晋文公所得赐者。"

③师古曰："行音胡郎反。"

④孟康曰："共伯入为三公者也。"师古曰："共音恭。"

⑤应劭曰："邢侯自襄国徙此。当齐桓公时，卫人伐邢，邢迁于夷仪，其地属晋，号曰邢丘。以其在河之皋，处势平夷，故曰平皋。"臣瓒曰："《春秋传》狄人伐邢，邢迁于夷仪，不至此也。今襄国西有夷仪城，去襄国百馀里。邢是丘名，非国也。"师古曰："应说非也。《左氏传》曰'晋侯送女于邢丘'。盖谓

此耳。”

⑥应劭曰：“晋始启南阳，今南阳城是也，秦改曰脩武。”臣瓒曰：“《韩非书》‘秦昭王越赵长平西伐脩武’，时秦未兼天下，脩武之名久矣。”师古曰：“瓒说是也。”

⑦孟康曰：“故邘国也，今邘亭是也。”师古曰：“行音胡郎反。”

⑧孟康曰：“原乡，晋文公所围是也。”师古曰：“音只。”

⑨师古曰：“沁音千浸反。”

⑩应劭曰：“隆虑山在北，避殇帝名改曰林虑也。”师古曰：“虑音庐。”

⑪师古曰：“荡音汤。羑音羊九反。”

河南郡，故秦三川郡，高帝更名。雒阳户五万二千八百三十九。莽曰保忠信乡，属司隶也。户二十七万六千四百四十四，口一百七十四万二百七十九。有铁官、工官。敖仓在荥阳。县二十二：雒阳，周公迁殷民，是为成周。《春秋》昭公(二)〔三〕十(一)〔二〕年，[22]晋合诸侯于狄泉，以其地大成周之城，居敬王。莽曰宜阳。①荥阳，卞水、冯池皆在西南。有狼汤渠，首受泲，东南至陈入颍，过郡四，行七百八十里。②偃师，尸乡，殷汤所都。莽曰师成。③京，④平阴，⑤中牟，圃田泽在西，豫州薮。有莞叔邑，赵献侯自耿徙此。⑥平，莽曰治平。阳武，有博狼沙。莽曰阳桓。⑦河南，故郏鄏地。周武王迁九鼎，周公致太平，营以为都，是为王城，至平王居之。⑧缑氏，刘聚，周大夫刘子邑。有延寿成仙人祠。莽曰中亭。⑨卷，⑩原武，莽曰原桓。巩，东周所居。穀成，《禹贡》瀍水出替亭北，东南入雒。⑪故市，密，故国。有大騩山，潩水所出，南至临颍入颍。⑫新成，惠帝四年置。蛮中，故戎蛮子国。开封，逢池在东北，或曰宋之逢泽也。⑬成皋，故虎牢。或曰制。⑭苑陵，莽曰左亭。梁，𨞪狐聚，秦灭西周徙其君于此。阳人聚，秦灭东周徙其君于此。⑮新郑。《诗》郑国，郑桓公之子武公所国，后为韩所灭，韩自平阳徙都之。⑯

①师古曰：“鱼豢去汉火行忌水，故云‘洛’‘水’而加‘隹’。如鱼氏说，则光武以后改为‘雒’字也。”

②应劭曰：“故虢国，今虢亭是也。”师古曰：“狼音浪。汤音宕。泲音子礼反，本济水字。”

③臣瓒曰：“汤居亳，今济阴县是也。今亳有汤冢，己氏有伊尹冢，皆相近也。”

师古曰:"瓒说非也。又如皇甫谧所云汤都在穀熟,事并不经。刘向云'汤无葬处',安得汤冢乎!"

④师古曰:"即郑共叔段所居也。"

⑤应劭曰:"在平城南,故曰平阴。"

⑥师古曰:"筦与管同。"

⑦师古曰:"狼音浪。"

⑧师古曰:"郏音夹,鄏音辱。"

⑨师古曰:"缑音工侯反。"

⑩师古曰:"音去权反。"

⑪师古曰:"即今新安。朁间潜。"

⑫应劭曰:"'密人不恭',密须氏姞姓之国也。"臣瓒曰:"密,姬姓之国也,见《世本》。密须,今安定阴密是也。"师古曰:"应、瓒二说皆非也。此密即《春秋》僖六年'围新密'者也,盖郑地。而《诗》所云'密人',即《左传》所谓'密须之鼓'者也,在安定阴密。魄音隗。潩音翼,又音昌力反。"

⑬臣瓒曰:"《汲郡古文》梁惠王发逢忌之薮以赐民,今浚仪有逢陂忌泽是也。"

⑭师古曰:"《穆天子传》云'七萃之士生捕兽,即献天子,天子畜之东虢,号曰兽牢'。"

⑮应劭曰:"《左传》曰秦取梁。梁,伯翳之后,与秦同祖。"臣瓒曰:"秦取梁,后改曰夏阳,今冯翊夏阳是也。此梁,周之小邑,见于《春秋》。"师古曰:"瓒说是也。翳音乃旦反。"

⑯应劭曰:"《国语》曰,郑桓公为周司徒,王室将乱,寄帑与贿于虢、会之间。幽王败,威公死之,其子武公与平王东迁洛邑,遂伐虢、会而并其地,而邑于此。"

东郡,秦置。莽曰治亭。属兖州。户四十万一千二百九十七,口百六十五万九千二十八。县二十二:濮阳,卫成公自楚丘徙此。故帝丘,颛顼虚。莽曰治亭。①(畔)观,[23]莽曰观治。②聊城,顿丘,莽曰顺丘。③发干,莽曰戢楯。范,莽曰建睦。茌平,莽曰功崇。④东武阳,禹治漯水,东北至千乘入海,过郡三,行千二十里。莽曰武昌。⑤博平,莽曰加睦。黎,莽曰黎治。⑥清,莽曰清治。⑦东阿,都尉治。⑧离狐,莽曰瑞狐。临邑,有(涑)〔泲〕庙。[24]莽曰穀城亭。⑨利苗,须昌,故须句国,大昊后,风姓。⑩寿良,蚩尤祠在西北(涑)〔泲〕上。有朐城。⑪乐昌，阳平，白马，南燕，南燕国，姞姓，黄帝后。⑫廪丘。

①应劭曰："濮水南入钜野。"师古曰："虚读曰墟。"

②应劭曰："夏有观扈，世祖更名卫国，以封周后。"师古曰："观音工唤反。"

③师古曰："以丘名县也。丘一成为顿丘，谓一(成)〔顿〕而成也。[25]或曰，成，重也，一重之丘也。"

④应劭曰："在茌山之平地者也。"师古曰："音仕疑反。"

⑤应劭曰："武水之阳也。"师古曰："漯音它合反。"

⑥孟康曰："《诗》黎侯国，今黎阳也。"臣瓒曰："黎阳在魏郡，非黎县也。"师古曰："瓒说是。"

⑦应劭曰："章帝更名乐平。"

⑧应劭曰："卫邑也。有西故称东。"

⑨师古曰："(涑)〔泲〕亦济水字也。其后并同。"

⑩师古曰："句音劬。"

⑪应劭曰："世祖(父叔)〔叔父〕名良，[26]故曰寿张。"

⑫师古曰："姞音其乙反。"

陈留郡，武帝元狩元年置。属兖州。户二十九万六千二百八十四，口一百五十万九千五十。县十七：陈留，鲁渠水首受狼汤渠，东至阳夏，入涡渠。①小黄，成安，宁陵，莽曰康善。②雍丘，故杞国也，周武王封禹后东楼公。先春秋时徙鲁东北，二十一世简公为楚所灭。酸枣，东昏，莽曰东明。襄邑，有服官。莽曰襄平。③外黄，都尉治。④封丘，濮渠水首受(涑)〔泲〕，[27]东北至都关，入羊里水，过郡三，行六百三十里。⑤长罗，侯国。莽曰惠泽。尉氏，⑥傿，莽曰顺通。⑦长垣，莽曰长固。⑧平丘，济阳，莽曰济前。浚仪。故大梁。魏惠王自安邑徙此。睢水首受狼汤水，东至取虑入泗，过郡四，行千三百六十里。⑨

①孟康曰："留，郑邑也，后为陈所并，故曰陈留。"臣瓒曰："宋亦有留，彭城留是也。留属陈，故称陈留也。"师古曰："瓒说是也。涡音戈。"

②孟康曰："故葛伯国，今葛乡是。"

③应劭曰："《春秋传》曰'师于襄牛'是也。"师古曰："圈称云襄邑宋地，本承匡襄陵乡也。宋襄公所葬，故曰襄陵。秦始皇以承匡卑湿，故徙县于襄陵，谓之襄邑，县西三十里有承匡城。然则应说以为襄牛，误也。"

④张晏曰："魏郡有内黄，故加外。"臣瓒曰："县有黄沟，故氏之也。"师古曰："《左氏传》云'惠公败宋师于黄'，杜预以为外黄县东有黄城，即此地也。"

⑤孟康曰："《春秋传》'败狄于长丘'，今翟沟是。"

⑥应劭曰："古狱官曰尉氏，郑之别狱也。"臣瓒曰："郑大夫尉氏之邑，故遂以为邑。"师古曰："郑大夫尉氏亦以掌狱之官故为族耳。应说是也。"

⑦应劭曰："郑伯克段于鄢是也。"师古曰："鄢音偃。"

⑧孟康曰："《春秋》会于匡，今匡城是。"

⑨应劭曰："魏惠王自安邑徙此，号曰梁。"师古曰："取虑，县名也，音秋庐。取又音趋。"

颍川郡，秦置。高帝五年为韩国，六年复故。莽曰左队。阳翟有工官。属豫州。①户四十三万二千四百九十一，口二百二十一万九百七十三。县二十：阳翟，夏禹国。周末，韩景侯自新郑徙此。户四万一千六百五十，口十万九千。莽曰颍川。②昆阳，③颍阳，④定陵，有东不羹。莽曰定城。⑤长社，⑥新汲，⑦襄城，有西不羹。莽曰相城。郾，⑧郏，⑨舞阳，⑩颍阴，密高，武帝置，以奉太室山，是为中岳。有太室、少室山庙。古文以崇高为外方山也。⑪许，故国，姜姓，四岳后，太叔所封，二十四世为楚所灭。傿陵，户四万九千一百一，口二十六万一千四百一十八。莽曰左亭。⑫临颍，莽曰监颍。父城，应乡，故国，周武王弟所封。⑬成安，侯国也。周承休，侯国，元帝置，元始二年更名郑公。莽曰嘉美。⑭阳城，阳城山，洧水所出，东南至长平入颍，过郡三，行五百里。阳乾山，颍水所出，东至下蔡入淮，过郡三，行千五百里，荆州浸。有铁官。⑮纶氏。

①孟康曰："夏启有钧台之飨，今钧台在南。"

②应劭曰："夏禹都也。"臣瓒曰："《世本》禹都阳城，《汲郡古文》亦云居之，不居阳翟也。"师古曰："阳翟本禹所受封耳。应、瓒之说皆非。"

③应劭曰："昆水出南阳。"

④应劭曰："颍水出阳城。"

⑤师古曰："羹音郎。其后亦同。"

⑥应劭曰："宋人围长葛是也。其社中树暴长，更名长社。"师古曰："长读如本字。"

⑦师古曰："阚骃云本汲乡也，宣帝神爵三年置。以河内有汲，故加新也。"

⑧师古曰："音一战反。"

⑨师古曰："音夹。"

⑩应劭曰："舞水出南。"

⑪师古曰："宗，古崇字。"

⑫李奇曰："六国为安陵。"师古曰："傿音偃。"

⑬应劭曰："《韩诗外传》周成王与弟戏，以桐叶为圭，'吾以此封汝。'周公曰：'天子无戏言。'王应时而封，故曰应侯乡，是也。"臣瓒曰："《吕氏春秋》曰成王以戏授桐叶为圭以封叔虞，非应侯也。《汲郡古文》殷时已自有国，非成王之所造也。"师古曰："武王之弟自封应国，非桐圭之事也。应氏之说盖失之焉。又据《左氏传》云'邘、晋、应、韩，武之穆也'，是则应侯武王之子，又与志说不同。"

⑭〔师古曰〕："休音许虬反。"[28]

⑮师古曰："乾音干。洧音于轨反。"

汝南郡，高帝置。莽曰汝汾。分为赏都尉。属豫州。户四十六万一千五百八十七，口二百五十九万六千一百四十八。县三十七：平舆，①阳安，②阳城，侯国。莽曰新安。㶏强，③富波，女阳，④鲖阳，⑤吴房，⑥安成，侯国。莽曰至成。南顿，故顿子国，姬姓。⑦朗陵，⑧细阳，莽曰乐庆。⑨宜春，侯国。莽曰宣孱。女阴，故胡国。都尉治。莽曰汝坟。新蔡，蔡平侯自蔡徙此，后二世徙下蔡。莽曰新迁。新息，莽曰新德。⑩灈阳，⑪期思，⑫慎阳，⑬慎，莽曰慎治。召陵，⑭弋阳，侯国。⑮西平，有铁官，莽曰新亭。⑯上蔡，故蔡国，周武王弟叔度所封。度放，成王封其子胡，十八世徙新蔡。𣂅，莽曰闰治。⑰西华，莽曰华望。长平，莽曰长正。宜禄，莽曰赏都亭。项，故国。新郪，莽曰新延。⑱归德，侯国。宣帝置。莽曰归惠。新阳，莽曰新明。⑲安昌，侯国。莽曰始成。安阳，侯国。莽曰均夏。⑳博阳，侯国。莽曰乐家。成阳，侯国。莽曰新利。定陵。高陵山，汝水出，东南至新蔡入淮，过郡四，行千三百四十里。

①应劭曰："故沈子国。今沈亭是也。舆音豫。"

②应劭曰："道国也。今道亭是。"

③应劭曰："㶏水出颍川阳城。"师古曰："㶏音于谨反，又音殷。"

④应劭曰："汝水出弘农，入淮。"师古曰："女读曰汝。其下汝阴亦同。"

⑤应劭曰："在鲖水之阳也。"孟康曰："鲖音纣。"

⑥孟康曰："本房子国。楚灵王迁房于楚。吴王阖闾弟夫槩奔楚，楚封于此，为堂谿氏。以封吴，故曰吴房，今吴房城堂谿亭是。"

⑦应劭曰："顿迫于陈，其后南徙，故号南顿，故城尚在。"

⑧应劭曰："朗陵山在西南。"

⑨师古曰："居细水之阳，故曰细阳。细水本出新郪。郪音千私反。"

⑩孟康曰："故息国，其后徙东，故加新云。"

⑪应劭曰："瀙水出吴房，东入灈也。"师古曰："瀙音劬。灈音楚人反，又音楚刃反。"

⑫师古曰："故蒋国。"

⑬应劭曰："慎水出东北，入淮。"师古曰："慎字本作滇，音真，后误为慎耳。今犹有真丘、真阳县，字并单作真，知其音不改也。阚骃云永平五年失印更刻，遂误以'水'为'心'。"

⑭师古曰："即桓公伐楚次于召陵者也。召读曰邵。"

⑮应劭曰："弋山在西北。故黄国，今黄城是。"

⑯应劭曰："故柏子国也，今柏亭是。"

⑰应劭曰："孙叔敖子所邑之寝丘是也。世祖更名固始。"师古曰："寝音子衽反。"

⑱应劭曰："秦伐魏，取郪丘。汉兴为新郪。章帝封殷后，更名宋。"臣瓒曰："光武既封殷后于宋，又封新郪。"师古曰："封于新郪，号为宋国耳。瓒说非。"

⑲应劭曰："在新水之阳。"

⑳应劭曰："故江国，今江亭是。"

南阳郡，秦置。莽曰前队。属荆州。户三十五万九千(一)〔三〕百一十六，[29]口一百九十四万二千五十一。县三十六：宛，故申伯国。有屈申城。县南有北筮山。户四万七千五百四十七。有工官、铁官。莽曰南阳。犨，①杜衍，莽曰闰衍。酂，侯国。莽曰南庚。②育阳，有南筮聚，在东北。③博山，侯国。哀帝置。故顺阳。④涅阳，莽曰前亭。⑤阴，⑥堵阳，莽曰阳城。⑦雉，衡山，沣水所出，东至郾入汝。⑧山都，蔡阳，莽之母功显君邑。⑨新野，筑阳，故穀伯国。莽曰宜禾。⑩棘阳。⑪武当，舞阴，中阴山，瀙水所出，东至蔡入汝。西鄂，⑫穰，莽曰农穰。⑬郦，育水出西北，南入汉。⑭安众，侯国。故宛西乡。冠军，武帝置。故穰卢阳乡、宛临駣聚。⑮比阳，⑯平氏，《禹贡》桐柏大复山在东南，淮水所出，东南至淮（陵）〔浦〕入海，[30]过郡四，行三千二百四十里，青州川。莽曰平善。随，故国。厉乡，故厉国也。⑰叶，楚叶公邑。有长城，号曰方城。⑱邓，故国。都尉治。⑲朝阳，莽曰厉信。⑳鲁阳，有鲁山。古鲁县，御龙氏所迁。鲁山，滍水所出，东北至定陵入汝。又有昆水，东南至定陵入汝。㉑舂陵，侯国。故蔡阳白水乡。上唐乡，故唐国。㉒新都，侯国。莽曰新林。湖阳，故廖国也。㉓红阳，侯国。莽曰红俞。㉔乐成，侯国。博望，侯国。莽曰宜乐。复阳。侯国。故湖阳乐乡。㉕

①师古曰："音昌牛反。"

②孟康曰："音讚。"师古曰："即萧何所封。"

③应劭曰："育水出弘农卢氏，南入于沔。"

④应劭曰："汉明帝改曰顺阳，在顺水之阳也。"师古曰："顺阳，旧名。应说非。"

⑤应劭曰："在涅水之阳。"师古曰："涅音乃结反。"

⑥师古曰："即《春秋左氏传》所云迁阴于下阴者也，与酂相近。今襄州有阴城县，县有酂城乡。"

⑦韦昭曰："堵音者。"

⑧师古曰："旧读雉音弋尔反。而《太康地志》云即陈仓人所逐二童子名宝鸡者，雄止陈仓为石，雌止此县，故名雉县，疑不可据也。郾音屋。"

⑨应劭曰："蔡水所出，东入淮。"

⑩应劭曰："筑水出汉中房陵，东入沔。"师古曰："《春秋》云'穀伯绥来朝'是也。今襄州有穀城县，在筑水之阳。筑音逐。"

⑪应劭曰："在棘水之阳。"

⑫应劭曰："江夏有鄂，故加西云。"

⑬师古曰："今邓州穰县是也。音人羊反。"

⑭如淳曰："郦音蹢躅之蹢。"

⑮应劭曰："武帝以封霍去病。去病仍出匈奴，功冠诸军，故曰冠军。駣音桃。"

⑯应劭曰："比水所出，东入蔡。"

⑰师古曰："厉读曰赖。"

⑱师古曰："音式涉反。"

⑲应劭曰："邓侯国。"

⑳应劭曰："在朝水之阳。"

㉑师古曰："即《淮南》所云鲁阳公与韩战日反三舍者也。澧音峙，又音雉。"

㉒师古曰："《汉记》云元朔五年以零陵泠道之舂陵乡封长沙王子买为舂陵侯。至戴侯仁，以舂陵地形下湿，上书徙南阳。元帝许之，以蔡阳白水乡徙仁为舂陵侯。"

㉓师古曰："廖音力救反。《左氏传》作飂字，其音同耳。"

㉔师古曰："俞音逾。"

㉕应劭曰："在桐柏下复山之阳。"师古曰："复音房目反。"

南郡，秦置，高帝元年更为临江郡，五年复故。景帝二年复为临江，中二年复故。莽曰南顺。属荆州。户十二万五千五百七十九，口七十一万八千五百四十。有发弩官。①县十八：江陵，故楚郢都，楚文王自丹阳徙此。后九世平王城之。后十世秦拔我郢，徙(东)〔陈〕。[31]莽曰江陆。临沮，《禹贡》南条荆山在东北，漳水所出，东至江陵入阳水，阳水入沔，行六百里。②夷陵，都尉治。莽曰居利。③华容，云梦泽在南，荆州薮。夏水首受江，东入沔，行五百里。④宜城，故鄢，惠帝三年更名。郢，楚别邑，故郢。莽曰郢亭。邔，⑤当阳，中庐，⑥枝江，故罗国。江沱出西，东入江。⑦襄阳，莽曰相阳。⑧编，有云梦官。莽曰南顺。⑨秭归，归乡、故归国。⑩夷道，莽曰江南。⑪州陵，莽曰江夏。若，楚昭王畏吴，自郢徙此，后复还郢。⑫巫，夷水东至夷道入江，过郡二，行五百四十里。有盐官。⑬高成。洈山，洈水所出，东入繇。繇水南至华容入江，过郡二，行五百里。莽曰言程⑭

①师古曰："主教放弩也。"

②应劭曰："沮水出汉中房陵，东入江。"师古曰："沮水即《左传》所云'江、汉、沮、漳，楚之望也'。音千余反。"

③应劭曰："夷山在西北。"

④应劭曰："《春秋》'许迁于容城'是。"

⑤孟康曰："音忌。"师古曰："音其已反。"

⑥师古曰："在襄阳县南。今犹有次庐村。以隋室讳忠，故改忠为次。"

⑦师古曰："沱即江别出者也，音徒何反。"

⑧应劭曰："在襄水之阳。"

⑨孟康曰："编音鞭。"

⑩孟康曰："秭音姊。"

⑪应劭曰："夷水出巫，东入江。"

⑫师古曰："《春秋传》作鄀，其音同。"

⑬应劭曰："巫山在西南。"

⑭师古曰："浇音危。繇读曰由。"

江夏郡，高帝置。属荆州。①户五万六千八百四十四，口二十一万九千二百一十八。县十四：西陵，有云梦官。莽曰江阳。竟陵，章山在东北，古文以为内方山。郧乡，楚郧公邑。莽曰守平。②西阳，襄，莽曰襄非。邾，衡山王吴芮都。③轪，故弦子国。④鄂，⑤安陆，横尾山在东北，古文以为陪尾山。沙羡，⑥蕲春，⑦鄳，⑧云杜，⑨下雉，莽曰闰光。⑩钟武。侯国。莽曰当利。

①应劭曰："沔水自江别至南郡华容为夏水，过郡入江，故曰江夏。"

②师古曰："音云。"

③师古曰："音朱，又音诛。"

④孟康曰："音汏。"师古曰："又音徒系反。"

⑤师古曰："音五各反。"

⑥晋灼曰："羡音夷。"

⑦晋灼曰："音祈。"

⑧苏林曰："音盲。"师古曰："音萌，又音莫耿反。"

⑨应劭曰："《左传》'若敖取于邧'，今邧亭是也。"师古曰："邧音云。"

⑩如淳曰："音羊氏反。"

庐江郡，故淮南，文帝十六年别为国。金兰西北有东陵乡，淮水出。属扬州。庐江出陵阳东南，北入江。①户十二万四千三百八十三，口四十五万七千三百三十三。有楼船官。县十二：舒，故国。莽曰昆乡。居巢，②龙舒，③临湖，雩娄，决水北至蓼入淮，又有灌水，亦北至蓼入决，过郡二，行五百一十里。④襄安，莽曰庐江亭也。枞阳，⑤寻阳，《禹贡》《九江》在南，皆东合为大江。灊，天柱山在南。有祠。沘山，沘水所出，北至寿春入芍陂。⑥睆，有铁官。⑦湖陵邑，北湖在南。松兹。侯国。莽曰诵善。

①应劭曰:"故庐子国。"

②应劭曰:"《春秋》'楚人围巢'。巢,国也。"

③应劭曰:"群舒之邑。"

④师古曰:"雩音许于反。娄音力于反。"

⑤师古曰:"音七容反。"

⑥晋灼曰:"音潜。"师古曰:"沘音比,又音布几反。芍音酌,又音鹊。"

⑦师古曰:"音胡管反。"

九江郡,秦置,高帝四年更名为淮南国,武帝元狩元年复故。莽曰延平。属扬州。①户十五万五十二,口七十八万五百二十五。有陂官、湖官。县十五:寿春邑,楚考烈王自陈徙此。浚遒,②成德,莽曰平阿。橐皋,③阴陵,莽曰阴陆。历阳,都尉治。莽曰明义。当涂,侯国。莽曰山聚。④钟离,莽曰蚕富。⑤合肥,⑥东城,莽曰武城。博乡,侯国。莽曰扬陆。曲阳,侯国。莽曰延平亭。⑦建阳,全椒,阜陵。莽曰阜陆。

①应劭曰:"江自庐江寻阳分为九。"

②晋灼曰:"音酋熟之酋。"师古曰:"浚音峻。遒音才由反。"

③孟康曰:"音拓姑。"

④应劭曰:"禹所娶涂山侯国也。有禹虚。"

⑤应劭曰:"钟离子国。"

⑥应劭曰:"夏水出父城东南,至此与淮合,故曰合肥。"

⑦应劭曰:"在淮曲之阳。"

山阳郡,故梁。景帝中六年别为山阳国。武帝建元五年别为郡。莽曰钜野。属兖州。户十七万二千八百四十七,口八十万一千二百八十八。有铁官。县二十三:昌邑,武帝天汉四年更山阳为昌邑国。有梁丘乡。《春秋传》曰"宋、齐会于梁丘"。南平阳,莽曰黾平。①成武,有楚丘亭。齐桓公所城,迁卫文公于此。子成公徙濮阳。莽曰成安。湖陵,《禹贡》"浮于泗、淮,通于河",水在南。莽曰湖陆。②东缗,③方与,④橐,莽曰高平。⑤钜壄,大壄泽在北,兖州薮。单父,都尉治。莽曰利父。⑥薄,⑦都关,城都,侯国。莽曰城穀。黄,侯国。爰戚,侯国。莽曰戚亭。郜成,侯国。莽曰告成。中乡,侯国。平乐,侯国。(淮)〔包〕水东北至(沛)〔沛〕入泗。〔32〕郑，侯国。瑕丘，⑧甾乡，侯国。⑨栗乡，侯国。莽曰足亭。曲乡，侯国。西阳。侯国。

①孟康曰："郲庶期以漆来奔，又城漆，今漆乡是。"

②应劭曰："《尚书》一名湖。章帝封东平王仓子为湖陵侯，更名湖陵。"

③师古曰："《春秋》僖二十三年'齐侯伐宋围缗'，即谓此。音旻。"

④晋灼曰："音房豫。"

⑤臣瓒曰："音拓。"

⑥师古曰："音善甫。"

⑦臣瓒曰："汤所都。"

⑧应劭曰："瑕丘在西南。"

⑨师古曰："音侧其反。"

济阴郡，故梁。景帝中六年别为济阴国。宣帝甘露二年更名定陶。《禹贡》荷泽在定陶东。属兖州。①户二十九万二(千)〔十〕五，〔33〕口百三十八万六千二百七十八。县九：定陶，故曹国，周武王弟叔振铎所封。《禹贡》陶丘在西南。陶丘亭。冤句，莽改定陶曰济平，冤句县曰济平亭。②吕都，莽曰祈都。葭密，③成阳，有尧(家)〔冢〕灵台。〔34〕《禹贡》雷泽在西北。鄄城，莽曰鄄良。④句阳，⑤秺，莽曰万岁。⑥乘氏。泗水东南至睢陵入淮，过郡六，行千一百一十里。⑦

①师古曰："荷音柯。"

②师古曰："句音劬。"

③师古曰："葭音家。"

④师古曰："鄄音工掾反。"

⑤应劭曰："《左氏传》'句渎之丘'也。"师古曰："音钩。"

⑥孟康曰："音妒。"

⑦应劭曰："《春秋》'败宋师于乘丘'是也。"师古曰："睢音虽。"

沛郡，故秦泗水郡。高帝更名。莽曰吾符。属豫州。户四十万九千七十九，口二百三万四百八十。县三十七：相，莽曰吾符亭。龙亢，①竹，莽曰笃亭。②穀阳，③萧，故萧叔国，宋别封附庸也。向，故国。《春秋》曰"莒人入向"。姜姓，炎帝后。④铚，⑤广戚，侯国。莽曰力聚。下蔡，故州来国，为楚所灭，后吴取之，至夫差迁昭侯于此。后四世侯齐竟为楚所灭。丰，莽曰吾丰。郸，莽曰单城。⑥谯，莽曰延成亭。蕲，蟁乡。高祖破黥布。都尉治。莽曰蕲城。⑦虹，莽曰贡。⑧辄与，莽曰华乐。山桑，公丘，侯国。故滕国，周懿王子错叔绣所封，三十一世为齐所灭。⑨符离，莽曰符合。敬丘，侯国。⑩夏丘，莽曰归思。洨，侯国。垓下，高祖破项羽。莽曰(有)〔育〕成。⑪[35]沛，有铁官。芒，莽曰博治。⑫建成，侯国。城父，夏肥水东南至下蔡入淮，过郡二，行六百二十里。莽曰思善。建平，侯国。莽曰田平。酂，莽曰赞治。⑬栗，侯国。莽曰成富。扶阳，侯国。莽曰合治。高，侯国。高柴，侯国。漂阳，⑭平阿，侯国。莽曰平宁。东乡，临都，义成，祁乡。侯国。莽曰会穀。

①晋灼曰："亢音冈。"

②李奇曰："今竹邑。"

③应劭曰："在穀水之阳。"

④师古曰："音饷。"

⑤师古曰："铚音竹乙反。"

⑥孟康曰："音多。"

⑦师古曰："蟁音直恚反。"

⑧师古曰："虹亦音贡。"

⑨师古曰："《左氏传》云'郜、雍、曹，滕，文之昭也'，《系本》亦云'错叔绣，文王子'，而此志云懿王子，未详其义耳。"

⑩应劭曰："《春秋》'遇于犬丘'，明帝更名(犬)〔大〕丘。"[36]

⑪应劭曰："洨水所出，南入淮。"师古曰："洨音肴。"

⑫应劭曰："世祖更名临睢。睢水出焉。"师古曰："芒音莫郎反。睢音虽。"

⑬应劭曰："音嵯。"师古曰："此县本为𨞵，应音是也。中古以来借酂字为之耳，读皆为𨞵，而莽呼为赞治，则此县亦有赞音。"

⑭如淳曰："漂音票。"

魏郡，高帝置。莽曰魏城。属冀州。户二十一万二千八百四十九，口九十万九千六百五十五。县十八：邺，故大河在东北入海。馆陶，河水别出为屯氏河，东北至章武入海，过郡四，行千五百里。斥丘，莽曰利丘。①沙、内黄，清河水出南。②清渊，③魏，都尉治。莽曰魏城亭。④繁阳，⑤元城，⑥梁期，黎阳，莽曰黎蒸。⑦即裴，侯国。莽曰即是。⑧武始，漳水东至邯郸入漳，又有拘涧水，东北至邯郸入白渠。⑨邯会，侯国。⑩阴安，平恩，侯国。莽曰延平。邯沟，侯国。⑪武安。钦口山，白渠水所出，东至列人入漳。又有濝水，东北至东昌入虖池河，过郡五，行六百一里。有铁官。莽曰桓安。⑫

①应劭曰："斥丘在西南也。"师古曰："阚骃云地多斥卤，故曰斥丘。"

②应劭曰："《春秋》'吴子、晋侯会于黄池'。今黄泽在西。陈留有外黄，故加内云。"臣瓒曰："《国语》曰'吴子会诸侯于黄池，掘沟于齐、鲁之间'。今陈外黄有黄沟是也。《史记》曰'伐宋取黄池'。然则不得在魏郡明矣。"师古曰："瓒说是也，应说失之。"

③应劭曰："清河在西北。"

④应劭曰："魏武侯别都。"

⑤应劭曰："在繁水之阳。"张晏曰："其界为繁渊。"

⑥应劭曰："魏武侯公子元食邑于此，因而遂氏焉。"

⑦晋灼曰："黎山在其南，河水经其东。其山上碑云县取山之名，取水之阳以为名。"

⑧应劭曰："裴音非。"

⑨应劭曰："拘音矩。"

⑩张晏曰："漳水之别，自城西南与邯山之水会，今城旁犹有沟渠在也。"师古曰："邯音下安反。"

⑪师古曰："邯水之沟。"

⑫师古曰："濝音子衽反。虖音呼。池音徒何反。其下并同。"

钜鹿郡，秦置。属冀州。户十五万五千九百五十一，口八十二万七千一百七十七。县二十：钜鹿，《禹贡》大陆泽在北。纣所作沙丘台在东北七十里。①南䜌，莽曰富平。②广阿，象氏，侯国。莽曰宁昌。廮陶，③宋子，莽曰宜子。杨氏，莽曰功陆。临平，下曲阳，都尉治。④贳，⑤鄡，莽曰秦聚。⑥新市，侯国。莽曰市乐。堂阳，有盐官。尝分为(泾)〔经〕县。⑦[37]安定，侯国。敬武，历乡，侯国。莽曰历聚。乐信，侯国。武陶，侯国。柏乡，侯国。安乡。侯国。

①应劭曰："鹿，林之大者也。"臣瓒曰："山足曰鹿。"师古曰："应说是。"

②孟康曰："䜌音良全反。"

③师古曰："廮音一井反。"

④应劭曰："晋荀吴灭鼓，今鼓聚昔阳亭是也。"师古曰："常山有上曲阳，故此云下。"

⑤师古曰："音式制反。"

⑥师古曰："音苦么反。"

⑦应劭曰："在堂水之阳。"

常山郡，高帝置。莽曰井关。属冀州。①户十四万一千七百四十一，口六十七万七千九百五十六。县十八：元氏，沮水首受中丘西山穷泉谷，东至堂阳入黄河。莽曰井关亭。②石邑，井陉山在西，洨水所出，东南至廮陶入泜。③桑中，侯国。灵寿，中山桓公居此。《禹贡》卫水出东北，东入虖池。蒲吾，有铁山。大白渠水首受緜曼水，东南至下曲阳入斯洨。④上曲阳，恒山北谷在西北。有祠。并州山。《禹贡》恒水所出，东入滱。莽曰常山亭。⑤九门，莽曰久门。井陉，⑥房子，赞皇山，(石)济水所出，〔38〕东至廮陶入泜。莽曰多子。⑦中丘，逢山长谷，(诸)〔渚〕水所出，〔39〕东至张邑入浊。莽曰直聚。封斯，侯国。关，平棘，⑧鄗，世祖即位，更名高邑。莽曰禾成亭。⑨乐阳，侯国。莽曰畅苗。平台，侯国。莽曰顺台。都乡，侯国。有铁官。莽曰分乡。南行唐。牛饮山白陆谷，滋水所出。东至新市入虖池。都尉治。莽曰延亿。

①张晏曰："恒山在西，避文帝讳，故改曰常山。"

②师古曰："阚骃云赵公子元之封邑，故曰元氏。"

③师古曰："洨音效，又音爻。泜音脂，又音丁计反。其后亦同。"

④应劭曰："蒲水出中山蒲阴，东入河。"

⑤应劭曰："滱音彄。"

⑥应劭曰："井陉山在南，音刑。"

⑦师古曰："济音子诣反。"

⑧应劭曰："伐晋取棘蒲也。"师古曰："《功臣表》棘蒲侯陈武，平棘侯林挚，是则平棘、棘蒲非一地也。应说失之。"

⑨师古曰："鄗音呼各反。"

清河郡，高帝置。莽曰平河。属冀州。户二十万一千七百七十四，口八十七万五千四百二十二。县十四：清阳，王都。东武城，绎幕，①灵，河水别出为鸣犊河，东北至蓨入屯氏河。莽曰播。②厝，莽曰厝治。③鄃，莽曰善陆。④

贝丘，都尉治。⑤信成，张甲河首受屯氏别河，东北至蓨入漳水。鄃题，⑥东阳，侯国。莽曰胥陵。信乡，侯国。⑦缭，⑧枣彊，复阳。莽曰乐岁。⑨

①应劭曰："绎音亦。"师古曰："本音弋尺反。"

②师古曰："蓨音条。其下亦同。"

③应劭曰："安帝以孝德皇后葬于厝，改曰甘陵也。"师古曰："音趋亦反。"

④师古曰："音输。"

⑤应劭曰："《左氏传》'齐襄公田于贝丘'是。"

⑥师古曰："鄃，古莎字。"

⑦孟康曰："顺帝更名安平。"

⑧师古曰："音良笑反。"

⑨应劭曰："音腹。"

涿郡，高帝置。莽曰垣翰。属幽州。户十九万五千六百七，口七十八万二千七百六十四。有铁官。县二十九：涿，桃水(受首)〔首受〕淶水，[40]分东至安次入河。①迺，莽曰迺屏。②榖丘，故安，阎乡，易水所出，东至范阳入濡也，并州䆷。水亦至范阳入淶。③南深泽，范阳，莽曰顺阴。④蠡吾，⑤容城，莽曰深泽。易，广望，侯国。鄚，莽曰言符。⑥高阳，莽曰高亭。⑦州乡，侯国。安平，都尉治。莽曰广望亭。樊舆，侯国。莽曰握符。成，侯国。莽曰宜家。良乡，侯国。垣水南东至阳乡入桃。莽曰广阳。利乡，侯国。莽曰章符。临乡，侯国。益昌，侯国。莽曰有秩。阳乡，侯国。莽曰章武。西乡，侯国。莽曰移风。饶阳，⑧中水，⑨武垣，莽曰垣翰亭。⑩阿陵，莽曰阿陆。阿武，侯国。高郭，侯国。莽曰广堤。新昌。侯国。

①应劭曰："涿水出上谷涿鹿县。"师古曰："淶音来。"

②师古曰："迺古道字，音字由反。"

③师古曰："言易水又至范阳入淶也。濡音乃官反。"

④应劭曰："在范水之阳。"

⑤师古曰："蠡音礼。"

⑥应劭曰："音莫。"

⑦应劭曰："在高河之阳。"

⑧应劭曰："在饶河之阳。"

⑨应劭曰："在易、滱二水之间，故曰中水。"

⑩应劭曰："垣水出良乡，东入桃。"

勃海郡，高帝置。莽曰迎河。属幽州。①户二十五万六千三百七十七，口九十万五千一百一十九。县二十六：浮阳，莽曰浮城。阳信，东光，有胡苏亭。阜城，莽曰吾城。千童，②重合，南皮，莽曰迎河亭。③定，侯国。章武，有盐官。莽曰桓章。中邑，莽曰检阴。高成，都尉治。高乐，莽曰为乡。参户，侯国。成平，虖池河，民曰徒骇河。莽曰泽亭。柳，侯国。临乐，侯国。莽曰乐亭。东平舒，④重平，安次，脩市，侯国。[41]莽曰居宁。⑤文安，景成，侯国。東州，建成，章乡，〔侯国〕。蒲领。侯国。

①师古曰："在勃海之滨，因以为名。"

②应劭曰："灵帝改曰饶安。"

③师古曰："阚骃云章武有北皮亭，故此云南。"

④师古曰："代郡有平舒，故此加东。"

⑤应劭曰："音条。"

平原郡，高帝置。莽曰河平。属青州。户十五万四千三百八十七，口六十六万四千五百四十三。县十九：平原，有笃马河，东北入海，五百六十里。鬲，平当以为鬲津。莽曰河平亭。①高唐，桑钦言漯水所出。②重丘，平昌，侯国。羽，侯国。莽曰羽贞。般，莽曰分明。③乐陵，都尉治。莽曰美阳。④祝阿，莽曰安成。瑗，莽曰东顺亭。阿阳，漯阴，莽曰翼成。⑤朸，莽曰张乡。⑥富平，侯国。莽曰乐安亭。⑦安惪，⑧合阳，侯国。莽曰宜乡。楼虚，侯国。龙额，侯国。莽曰清乡。⑨安。侯国。

①师古曰："读与(耿)〔隔〕同。"[42]

②师古曰："漯音它合反。"

③如淳曰："般音如面般之般。"韦昭曰："音逋垣反。"师古曰："《尔雅》说九河云'钩般'，郭璞以为水曲如钩，流般桓也。然今其土俗用如、韦之音。"

④师古曰："乐音来各反。"

⑤应劭曰："漯水出东武阳，东北入海。"师古曰："漯音它合反。"

⑥应劭曰："音力。"

⑦应劭曰："明帝更名厌次。"

⑧师古曰:"悳,古德字。"

⑨师古曰:"今书本领字或作额,而崔浩云有龙领村,作额者非。"

千乘郡,高帝置。莽曰建信。属青州。①户十一万六千七百二十七,口四十九万七百二十。有铁官、盐官、均输官。县十五:千乘,有铁官。东邹,湿沃,莽曰延亭。平安,侯国。莽曰鸿睦。博昌,时水东北至钜定入马车渎,幽州寖。②蓼城,都尉治。莽曰施武。建信,狄,莽曰利居。③琅槐,④乐安,被阳,侯国。⑤高昌,繁安,侯国。莽曰瓦亭。高宛,莽曰常乡。延乡。

①应劭曰:"和帝更名乐安。"

②应劭曰:"昌水出东莱昌阳。"臣瓒曰:"从东莱至博昌,经历宿水,不得至也。取其嘉名耳。"师古曰:"瓒说是。"

③应劭曰:"安帝更名曰临济。"

④师古曰:"槐音回。"

⑤如淳曰:"一作疲,音罢军之罢。"师古曰:"音皮彼反。"

济南郡,故齐。文帝十六年别为济南国。景帝二年为郡。莽曰乐安。属青州。户十四万七百六十一,口六十四万二千八百八十四。县十四:东平陵,有工官、铁官。邹平,台,莽曰台治。梁邹,土鼓,於陵,都尉治。莽曰於陆。阳丘,般阳,莽曰济南亭。①菅,②朝阳,侯国。莽曰脩治。③历城,有铁官。猇,侯国。莽曰利成。④著,⑤宜成。侯国。

①应劭曰:"在般水之阳。"师古曰:"般音盘。"

②应劭曰:"音姦。"

③应劭曰:"在朝水之阳。"

④应劭曰:"音箎。"苏林曰:"音爻。今东朝阳有猇亭。蔡谟音由,音(鸮)〔鸮〕。"[43] 师古曰:"蔡音是,音于虬反。"

⑤师古曰:"音竹庶反,又音直庶反。而韦昭误以为蓍龟之蓍字,乃音纪咨反,失之远矣。"

泰山郡,高帝置。属兖州。户十七万二千八十六,口七十二万六千六百四。有工官。汶水出莱毋,西入济。①县二十四:奉高,有明堂,在西南四里,武帝元封二年造。有工官。博,有泰山庙。岱山在西北,(求山上)〔兖州山〕。[44]

茬，②卢，都尉治。济北王都也。肥成，③蚍丘，隧乡，故隧国。《春秋》曰“齐人歼于隧”也。④刚，故阐。莽曰柔。⑤柴，盖，临乐(于)〔子〕山，洙水所出，[45]西北至盖入池水。又沂水南至下邳入泗，过郡五，行六百里，青州寖。⑥梁父，⑦东平阳，南武阳，冠石山，治水所出，南至下邳入泗，过郡二，行九百四十里。莽曰桓宣。⑧莱芜，原山，甾水所出，东至(传)〔博〕昌入泲，幽(川)〔州〕寖。[46]又《禹贡》汶水出西南入泲。汶水，桑钦所言。⑨钜平，有亭亭山祠。⑩嬴，有铁官。⑪牟，故国。⑫蒙阴，《禹贡》蒙山在西南，有祠。颛臾国在蒙山下。莽曰蒙恩。华，莽曰翼阴。宁阳，侯国。莽曰宁顺。乘丘，⑬富阳，桃山，侯国。莽曰裒鲁。桃乡，侯国。莽曰鄣亭。式。

①师古曰：“汶音问。毋与无同。”

②应劭曰：“茬山在东北。音淄。”师古曰：“又音仕疑反。”

③应劭曰：“肥子国。”

④师古曰：“蚍音移。隧音遂。”

⑤应劭曰：“《春秋》‘秋取鄻及阐’，今阐亭是也。”师古曰：“鄻音骓。”

⑥师古曰：“盖读如本字，又音古盍反。洙音殊。”

⑦师古曰：“以山名县也。父音甫。”

⑧应劭曰：“武水所出，南入泗。”

⑨师古曰：“泲音子礼反。”

⑩应劭曰：“《左氏传》‘阳虎入于讙阳关以叛’。今阳关亭是也。”

⑪师古曰：“音盈。”

⑫应劭曰：“附庸也。”师古曰：“《春秋》桓十五年‘牟人来朝’，即此也。”

⑬师古曰：“《春秋》庄公十五年‘公败宋师于乘丘’，即此是也。”

齐郡，秦置。莽曰济南。属青州。户十五万四千八百二十六，口五十五万四千四百四十四。县十二：临淄，师尚父所封。如水西北至梁邹入泲。有服官、铁官。莽曰齐陵。①昌国，德会水西北至西安入如。利，莽曰利治。西安，莽曰东宁。钜定，马车渎水首受钜定，东北至琅槐入海。广，为山，浊水所出，东北至广饶入钜定。广饶，昭南，临朐，有逢山祠。石膏山，洋水所出，东北至广饶入钜定。莽曰监朐。②北乡，侯国。莽曰禺聚。平广，侯国。台乡。

①应劭曰：“齐献公自营丘徙此。”臣瓒曰：“临淄即营丘也。故晏子曰：‘始爽

鸠氏居之，逢伯陵居之，太公居之。’又曰：‘先君太公筑营之丘。’今齐之城中有丘，即营丘也。”师古曰：“瓒说是也。筑营之丘，言于营丘地筑城邑。”

②应劭曰：“临朐山有伯氏骈邑。”师古曰：“朐音劬。洋音祥。”

北海郡，景帝中二年置。属青州。户十二万七千，口五十九万三千一百五十九。县二十六：营陵，或曰营丘。莽曰北海亭。①剧魁，侯国。莽曰上符。安丘，莽曰诛郅。②瓡，侯国。莽曰道德。③淳于，④益，莽曰探阳。平寿，⑤剧，侯国。都昌，有盐官。平望，侯国。莽曰所聚。平的，侯国。⑥柳泉，侯国。莽曰弘睦。寿光，有盐官。莽曰翼平亭。⑦乐望，侯国。饶，侯国。斟，故国，禹后。桑犊，覆甑山，溉水所出，东北至都昌入海。⑧平城，侯国。密乡，侯国。羊石，侯国。乐都，侯国。莽曰拔垄，一作杖，一作枝也。石乡，侯国。一作正乡。上乡，侯国。新成，侯国。成乡，侯国。莽曰石乐。胶阳。侯国。

①应劭曰：“师尚父封于营丘，陵亦丘也。”臣瓒曰：“营丘即临淄也。营陵，《春秋》谓之缘陵。”师古曰：“临淄、营陵，皆旧营丘地。”

②孟康曰：“今渠丘是。”

③师古曰：“瓡即执字。”

④应劭曰：“《春秋》‘州公如曹’，《左氏传》曰‘淳于公如曹’。”臣瓒曰：“州，国名也，淳于公国之所都。”

⑤应劭曰：“古斟寻，禹后，今斟城是也。”臣瓒曰：“斟寻在河南，不在此也。《汲郡古文》云‘大康居斟寻，羿亦居之。桀亦居之’。《尚书序》云‘大康失邦，昆弟五人，须于洛汭’，此即大康所居为近洛也。又吴起对魏武侯曰‘昔夏桀之居，左河济，右太华，伊阙在其南，羊肠在其北’，河南城为值之。又《周书》《度邑》篇曰武王问太公曰：‘吾将因有夏之居，南望过于三涂，北瞻望于有河。’有夏之居，即河南是也。”师古曰：“应说止云斟寻本是禹后耳，何豫夏国之都乎？瓒说非也。斟音斟。”

⑥师古曰：“的音丁历反，其字从白。”

⑦应劭曰：“古斟灌，禹后，今灌亭是。”

⑧师古曰：“溉音功代反。”

东莱郡，高帝置。属青州。①户十万三千二百九十二，口五十万二千六百九十三。县十七：掖，莽曰掖通。腄，有之罘山祠。居上山，声洋(丹)水所出，〔47〕东北入海。②平度，莽曰利卢。黄，有莱山松林莱君祠。莽曰意母。临朐，有海水祠。莽曰监朐。③曲成，有参山万里沙祠。阳丘山，治水所出，南至沂入海。有盐官。牟平，莽曰望利。东牟，有铁官、盐官。莽曰弘德。㡆，有百支莱王祠。有盐官。④育犁，昌阳，有盐官。莽曰夙敬亭。不夜，有成山日祠。莽曰夙夜。⑤当利，有盐官。莽曰(来)〔东〕莱亭。〔48〕卢乡，阳乐，侯国。莽曰延乐。阳石，莽曰识命。徐乡。

①师古曰："故莱子国也。"

②师古曰："腄音直瑞反。洋音祥。"

③师古曰："齐郡已有临朐，而东莱又有此县，盖各以所近为名也。斯类非一。"

④师古曰："㡆音坚。"

⑤师古曰："《齐地记》云古有日夜出，见于东莱，故莱子立此城，以不夜为名。"

琅邪郡，秦置。莽曰填夷。属徐州。①户二十二万八千九百六十，口一百七万九千一百。有铁官。县五十一：东武，莽曰祥善。不其，有太一、僊人祠九所，及明堂，武帝所起。②海曲，有盐官。赣榆，③朱虚，凡山，丹水所出，东北至寿光入海。东泰山，汶水所出，东至安丘入维。有三山、五帝祠。④诸，莽曰诸并。⑤梧成，灵门，有高柔山。壶山，浯水所出，东北入淮。⑥姑幕，都尉治。或曰薄姑。莽曰季睦。⑦虚水，侯国。⑧临原，侯国。莽曰填夷亭。琅邪，越王句践尝治此，起馆台。(存)〔有〕四时祠。⑨〔49〕袚，侯国。⑩柜，根艾水东入海。莽曰袚同。⑪缾，侯国。⑫邞，胶水东至平度入海。莽曰纯德。⑬雩(段)〔叚〕，〔50〕侯国。⑭黔陬，故介国也。⑮云，侯国。计斤，莒子始起此，后徙莒。有盐官。⑯稻，侯国。皋虞，侯国。莽曰盈庐。平昌，长广，有莱山莱王祠。奚养泽在西，秦地图曰剧清(地)〔池〕，〔51〕幽州薮。有盐官。横，故山，久台水所出，东南至东武入淮。莽曰令丘。⑰东莞，术水南至下邳入泗，过郡三，行七百一十里，青州寖。⑱魏其，侯国。莽曰青泉。昌，有环山祠。兹乡，侯国。箕，侯国。《禹贡》潍水北至(昌)都〔昌〕入海，〔52〕过郡三，行五百二十里，兖州寖也。椑，夜头水南至海。莽曰识命。⑲高广，侯国。高乡，侯国。柔，侯国。即来，侯国。莽曰盛睦。丽，侯国。武乡，侯国。莽曰顺理。伊乡，侯国。新山，侯国。高阳，侯国。昆山，侯国。参封，侯国。折泉，侯国。折泉水北至莫入淮。博石，侯国。房山，侯国。慎乡，侯国。驷望，侯国。莽曰泠乡。⑳安丘，侯国。莽曰宁乡。高陵，侯国。莽曰蒲(睦)〔陆〕。[53]临安，侯国。莽曰诚信。石山。侯国。

①师古曰："填音竹人反。"

②如淳曰："其音基。"

③师古曰："赣音绀。榆音逾。"

④师古曰："前言汶水出莱芜入济，今此又言出朱虚入维，将桑钦所说有异，或者有二汶水乎？五帝祠在汶水之上。"

⑤师古曰："《春秋》'城诸(入)〔及〕郓'者。"[54]

⑥师古曰："枲即柘字也。浯音吾。"

⑦应劭曰："《左氏传》曰'薄姑氏因之，而后太公因之'。"

⑧如淳曰："虚音墟。"

⑨师古曰："《山海经》云琅邪台在琅邪之东。"

⑩师古曰："音废。"

⑪如淳曰："音巨。"

⑫如淳曰："音瓶。"

⑬师古曰："音夫，又音扶。"

⑭师古曰："雩音许于反。(段)〔叚〕音工下反。"

⑮师古曰："陬音子侯反。"

⑯师古曰："即《春秋左氏传》所谓介根也，语音有轻重。"

⑰师古曰："台音怡。"

⑱孟康曰："故郓邑，今郓亭是也。"师古曰："莞音官。术水即沭水也，音同。"

⑲应劭曰："音裨。"

⑳师古曰："泠音零。"

东海郡，高帝置。莽曰沂平。属徐州。①户三十五万八千四百一十四，口百五十五万九千三百五十七。县三十八：郯，故国，少昊后，盈姓。②兰陵，莽曰兰东。③襄贲，莽曰章信。④下邳，(万)〔葛〕峄山在西，[55]古文以为峄阳。有铁官。莽曰闰俭。⑤良成，侯国。莽曰承翰。⑥平曲，莽曰平端。戚，⑦朐，秦始皇立石海上以为东门阙。有铁官。开阳，故鄅国。莽曰厌虏。⑧费，故鲁季氏邑。都尉治。莽曰顺从。⑨利成，莽曰流泉。海曲，莽曰东海亭。兰祺，侯国。莽曰溥睦。缯，故国，禹后。莽曰缯治。南成，侯国。山乡，侯国。建乡，侯国。即丘，莽曰就信。⑩祝其，《禹贡》羽山在南，鲧所殛。莽曰犹亭。临沂，厚丘，莽曰祝其亭。容丘，侯国。祠水东南至下邳入泗。东安，侯国。莽曰业亭。合乡，莽曰合聚。承，莽曰承治。⑪建阳，侯国。莽曰建力。曲阳，莽曰从羊。⑫司吾，莽曰息吾。⑬于乡，侯国。平曲，侯国。莽曰端平。都阳，侯国。⑭阴平，侯国。郚乡，侯国。莽曰徐亭。⑮武阳，侯国。莽曰弘亭。新阳，侯国。莽曰博聚。建陵，侯国。莽曰付亭。昌虑，侯国。莽曰虑聚。⑯都平。侯国。

①应劭曰："秦郯郡。"

②应劭曰："音谈。"

③孟康曰："次室亭鲁伯是。"

④应劭曰："贲音肥。"

⑤应劭曰："邳在薛，其后徙此。故曰下。"臣瓒曰："有上邳，故曰下邳也。"师古曰："瓒说是。"

⑥师古曰："《左氏传》所谓'晋侯会吴子于良'，即此是。"

⑦郑氏曰："音忧戚。"

⑧师古曰："鄅音禹。厌音一涉反。"

⑨师古曰："音祕。"

⑩孟康曰："古祝丘。"

⑪应劭曰："音证。"

⑫应劭曰："在淮曲之阳。"

⑬应劭曰："《左传》吴执锺吾子。"

⑭应劭曰："《春秋》'齐人迁阳'是。"

⑮师古曰："郚音吾，又音鱼。"

⑯师古曰："虑音庐。"

临淮郡，武帝元狩六年置。莽曰淮平。户二十六万八千二百八十三，口百二十三万七千七百六十四。县二十九：徐，故国，盈姓。至春秋时徐子章禹为楚所灭。莽曰徐调。取虑，①淮浦，游水北入海。莽曰淮敬。②盱眙，都尉治。莽曰武匡。③厹犹，莽曰秉义。④僮，莽曰成信。射阳，莽曰监淮亭。⑤开阳，赘其,⑥高山,⑦睢陵,莽曰睢陆。⑧盐渎,有铁官。淮阴,莽曰嘉信。淮陵,莽曰淮陆。下相,莽曰从德。⑨富陵,莽曰樑虏。⑩东阳,播旌,莽曰著信。西平,莽曰永聚。高平,侯国。莽曰成丘。开陵,侯国。莽曰成乡。昌阳,侯国。广平,侯国。莽曰平宁。兰阳,侯国。莽曰建节。襄平,侯国。莽曰相平。海陵,有江海会祠。莽曰亭间。舆,莽曰美德。堂邑,有铁官。乐陵。侯国。

①师古曰:"取音趋,又音秋。虑音庐。"

②应劭曰:"淮涯也。"

③应劭曰:"音吁怡。"

④师古曰:"厹音仇。"

⑤应劭曰:"在射水之阳。"

⑥师古曰:"赘音之锐反。"

⑦应劭曰:"高山在东南。"

⑧师古曰:"睢音虽。"

⑨应劭曰:"相水出沛国,故加下。"

⑩〔师古〕曰:"樑音朔。"[56]

会稽郡,秦置。高帝六年为荆国,十二年更名吴。景帝四年属江都。属扬州。户二十二万三千三十八,口百三万二千六百四。县二十六:吴,故国,周太伯所邑。具区泽在西,扬州薮,古文以为震泽。南江在南,东入海,扬州川。莽曰泰德。曲阿,故云阳。莽曰风美。乌伤,莽曰乌孝。毗陵,季札所居。江在北,东入海,扬州川。莽曰毗坛。①馀暨,萧山,潘水所出,东入海。莽曰馀衍。②阳羡,诸暨,莽曰疏虏。无锡,有历山,春申君岁祠以牛。莽曰有锡。山阴,会稽山在南,上有禹冢、禹井,扬州山。越王句践本国。有灵文园。③丹徒,④馀姚,娄,有南武城,阖闾所起以候越。莽曰娄治。上虞,有仇亭。柯水东入海。莽曰会稽。海盐,故武原乡。有盐官。莽曰展武。剡,莽曰尽忠。⑤由拳,柴辟,故就李乡,吴、越战地。⑥大末,榖水东北至钱唐入江。莽曰末治。⑦乌程,有欧阳亭。⑧句章,渠水东入海。馀杭,莽曰进睦。⑨鄞,有镇亭,有鲒埼亭。东南有天门水入海。有越天门山。莽曰谨。⑩钱唐,西部都尉治。武林山,武林水所出,东入海,行八百三十里。莽曰泉亭。鄮,莽曰海治。⑪富春,莽曰诛岁。冶,⑫回浦。南部都尉治。

①师古曰:“旧延陵,汉改之。”

②应劭曰:“吴王阖闾弟夫概之所邑。”师古曰:“应说非也。暨音既。下诸暨亦同。潘音甫元反。”

③师古曰:“灵文侯,薄太后父。”

④师古曰:“即《春秋》云朱方也。”

⑤师古曰:“音上冉反。”

⑥应劭曰:“古之槜李也。”师古曰:“拳音权。辟读曰壁。槜音子遂反。”

⑦孟康曰:“大音如闼。”

⑧师古曰:“欧音乌侯反。”

⑨孟康曰:“杭音行伍之行。”

⑩师古曰:“鄞音牛斤反。鲒音结,蚌也,长一寸,广二分,有一小蟹在其腹中。埼,曲岸也,其中多鲒,故以名亭。埼音钜依反。”

⑪孟康曰:“音贸。”

⑫师古曰:“本闽越地。”

丹扬郡,故鄣郡。属江都。武帝元封二年更名丹扬。属扬州,户十万七千五百四十一,口四十万五千一百七十一。有铜官。县十七:宛陵,彭泽聚在西南。清水西北至芜湖入江。莽曰无宛。於晋,①江乘,莽曰相武。春穀,秣陵,莽曰宣亭。故鄣,莽曰侯望。②句容,泾,③丹阳,楚之先熊绎所封,十八世,文王徙郢。石城,分江水首受江,东至馀姚入海,过郡二,行千二百里。胡孰,陵阳,桑钦言淮水出东南,北入大江。芜湖,中江出西南,东至阳羡入海,扬州川。黝,渐江水出南蛮夷中,东入海。成帝鸿嘉二年为广德王国。莽曰愬虏。④溧阳,⑤歙,都尉治。⑥宣城。

①师古曰:“晋音潜。”

②师古曰:“鄣音章。”

③韦昭曰:“泾水出芜湖。”

④师古曰:“黝音伊,字本作黟。其音同。”

⑤应劭曰:“溧水所出南湖也。”师古曰:“音栗。”

⑥师古曰:“音摄。”

豫章郡,高帝置。莽曰九江。属扬州。户六万七千四百六十二,口三十五万一千九百六十五。县十八：南昌，莽曰宜善。庐陵，莽曰桓亭。彭泽，《禹贡》彭蠡泽在西。鄱阳，武阳乡右十馀里有黄金采。鄱水西入湖汉。莽曰乡亭。①历陵，傅易山、傅易川在南，古文以为傅浅原。莽曰蒲亭。②馀汗，馀水在北，至鄡阳入湖汉。莽曰治干。③柴桑，莽曰九江亭。艾，脩水东北至彭泽入湖汉，行六百六十里。莽曰治翰。赣，豫章水出西南，北入大江。④新淦，都尉治。莽曰偶亭。⑤南城，盱水西北至南昌入湖汉。⑥建成，蜀水东至南昌入湖汉。莽曰多聚。宜春，南水东至新淦入湖汉。莽曰脩晓。海昏，莽曰宜生。⑦雩都，湖汉水东至彭泽入江，行千九百八十里。⑧鄡阳，莽曰豫章。南壄，彭水东入湖汉。安平。侯国。莽曰安宁。

①孟康曰："鄱音婆。"师古曰："采者，谓采取金之处。"

②师古曰："傅读曰敷。易，古阳字。"

③应劭曰："汗音干。"师古曰："鄡音口尧反。"

④如淳曰："音感。"

⑤应劭曰："淦水所出，西入湖汉也。"师古曰："淦音绀，又音古含反。"

⑥师古曰："盱音香于反。"

⑦师古曰："即昌邑王贺所封。"

⑧师古曰："音于。"

桂阳郡，高帝置。莽曰南平。属荆州。户二万八千一百一十九，口十五万六千四百八十八。有金官。县十一：郴，耒山，耒水所出，西南至湘南入湖。项羽所立义帝都此。莽曰宣风。①临武，秦水东南至浈阳入汇，行七百里。莽曰大武。②便，莽曰便屏。南平，耒阳，(春)〔舂〕山，(春)〔舂〕水所出，[57]北至酃入湖，过郡二，行七百八十里。莽曰南平亭。③桂阳，汇水南至四会入郁(林)，[58]过郡二，行九百里。④阳山，侯国。⑤曲江，莽曰除虏。含洭，⑥浈阳，莽曰基武。⑦阴山。侯国。

①师古曰："郴音丑林反。耒音郎内反。"

②师古曰："浈音丈庚反，又音贞。汇音胡贿反。"

③师古曰："在耒水之阳也。酃音灵。"

④应劭曰："桂水所出，东北入湘。"

⑤应劭曰："今阴山也。"师古曰："下自有阴山。应说非也。"

⑥应劭曰："洭水所出，东北入沅。"师古曰："洭音匡。沅音元。"

⑦应劭曰："溳水出南海龙川，西入秦。"

武陵郡，高帝置。莽曰建平。属荆州。户三万四千一百七十七，口十八万五千七百五十八。县十三：索，渐水东入沅。①孱陵，莽曰孱陆。②临沅，莽曰监元。③沅陵，莽曰沅陆。镡成，康谷水南入海。玉山，潭水所出，东至阿林入郁，过郡二，行七百二十里。④无阳，无水首受故且兰，南入沅，八百九十里。⑤迁陵，莽曰迁陆。辰阳，三山谷，辰水所出，南入沅，七百五十里。莽曰会亭。⑥酉阳，⑦义陵，鄜梁山，序水所出，西入沅。莽曰建平。⑧佷山，⑨零阳，⑩充。酉原山，酉水所出，南至沅陵入沅，行千二百里。历山，澧水所出，东至下隽入沅，过郡二，行一千二百里。⑪

①应劭曰："顺帝更名汉寿。"如淳曰："音绳索之索。"师古曰："沅音元。"

②应劭曰："孱音践。"师古曰："音仕连反。"

③应劭曰："沅水出牂柯，入于江。"

④应劭曰："潭水所出，东入郁。音淫。"孟康曰："镡音潭。"师古曰："孟音是。"

⑤师古曰："且音子余反。"

⑥应劭曰："辰水所出，东入沅。"

⑦应劭曰："酉水所出，东入湘。"

⑧师古曰："鄜音敷。"

⑨孟康曰："音恒。出药草恒山。"

⑩应劭曰："零水所出，东南入湘。"

⑪师古曰："澧音礼。隽音辞兖反。"

零陵郡，武帝元鼎六年置。莽曰九疑。属荆州。户二万一千九十二，口十三万九千三百七十八。县十：零陵，阳海山，湘水所出，北至酃入江，过郡二，行二千五百三十里。又有离水，东南至广信入郁林，行九百八十里。营道，九疑山在南。莽曰九疑亭。始安，夫夷，营浦，都梁，侯国。路山，资水所出，东北至益阳入沅，过郡二，行千八百里。泠道，莽曰泠陵。①泉陵，侯国。莽曰溥闰。洮阳，莽曰洮治。②锺武。莽曰锺桓。③

①应劭曰："泠水出丹阳宛陵，西北入江。"臣瓒曰："宛陵在豫章北界，相去三千里，又隔诸水，不得从下逆至泠道而复入江也。"师古曰："瓒说是。泠

音零。”

②如淳曰：“洮音韬。”

③应劭曰：“今重安。”

汉中郡，秦置。莽曰新成。属益州。户十万一千五百七十，口三十万六百一十四。县十二：西城，①旬阳，北山，旬水所出，南入沔。南郑，旱山，池水所出，东北入汉。褒中，都尉治。汉阳乡。房陵，淮山，淮水所出，东至中庐入沔。又有筑水，东至筑阳亦入沔。东山，沮水所出，东至郢入江，行七百里。②安阳，鬵谷水出西南，北入汉。在谷水出北，南入汉。③成固，沔阳，有铁官。④钖，莽曰钖治。⑤武陵，上庸，长利。有郧关。⑥

①应劭曰：“《世本》妫虚在西北，舜之居。”

②师古曰：“筑音逐。”

③师古曰：“鬵音潜，其字亦或从水。”

④应劭曰：“沔水出武(昌)〔都〕，[59]东南入江。”如淳曰：“此方人谓汉水为沔水。”师古曰：“汉上曰沔。音莫践反。”

⑤应劭曰：“音阳。”师古曰：“即《春秋》所谓钖穴。”

⑥师古曰：“音云。”

广汉郡，高帝置。莽曰就都。属益州。户十六万七千四百九十九，口六十六万二千二百四十九。有工官。县十三：梓潼，五妇山，驰水所出，南入涪，行五百五十里。莽曰子同。①汁方，莽曰美信。②涪，有孱亭。莽曰统睦。③雒，章山，雒水所出，南至新都谷入湔。有工官。莽曰吾雒。④緜竹，紫岩山，緜水所出，东至新都北入雒。都尉治。广汉，莽曰广信。葭明，⑤郪，⑥新都，甸氐道，白水出徼外，东至葭明入汉，过郡一，行九百五十里。莽曰致治。⑦白水，⑧刚氐道，涪水出徼外，南至垫江入汉，过郡二，行千六十九里。阴平道。北部都尉治。莽曰摧虏。

①应劭曰：“潼水所出，南入垫江。垫音徒浃反。”师古曰：“潼音童。涪音浮。”

②应劭曰：“汁音十。”

③应劭曰：“涪水出广汉，南入汉。”

④师古曰：“湔音子先反。”

⑤应劭曰：“音家盲。”师古曰：“明音萌。”

⑥师古曰："音妻，又音千私反。"

⑦李奇曰："甸音滕。"师古曰："音食证反。"

⑧应劭曰："出徼外，北入汉。"

蜀郡，秦置。有小江入，并行千九百八十里。《禹贡》桓水出蜀山西南，行羌中，入南海。莽曰导江。属益州。户二十六万八千二百七十九，口百二十四万五千九百二十九。县十五：成都，户七万六千二百五十六。有工官。郫，《禹贡》江沱在西，东入大江。①繁，广都，莽曰就都亭。临邛，仆千水东至武阳入江，过郡二，行五百一十里。有铁官、盐官。莽曰监邛。②青衣，《禹贡》蒙山谿大渡水东南至南安入溾。③江原，鄐水首受江，南至武阳入江。莽曰邛原。④严道，邛来山，邛水所出，东入青衣。有木官。莽曰严治。緜虒，玉垒山，湔水所出，东南至江阳入江，过郡三，行千八百九十里。⑤旄牛，鲜水出徼外，南入若水。若水亦出徼外，南至大莋入绳，过郡二，行千六百里。⑥徙，⑦湔氐道，《禹贡》㟭山在西徼外，江水所出，东南至江都入海，过郡七，行二千六百六十里。⑧汶江，溾水出徼外，南至南安，东入江，过郡三，行三千四十里。江沱在西南，东入江。⑨广柔，蚕陵。莽曰步昌。

①师古曰："郫音疲。沱音徒何反。"

②应劭曰："邛水出严道邛来山，东入青衣。"

③应劭曰："顺帝更名汉嘉也。"师古曰："溾音哉。"

④应劭曰："鄐音寿。"

⑤应劭曰："虒音斯。"〔师古曰〕[60]："湔音子千反。"

⑥师古曰："莋音才各反。"

⑦师古曰："音斯。"

⑧师古曰："音丁奚反。"

⑨师古曰："沱音徒何反。"

犍为郡，武帝建元六年开。莽曰西顺。属益州。①户十万九千四百一十九，口四十八万九千四百八十六。县十二：僰道，莽曰僰治。②江阳，武阳，有铁官。莽曰戢成。南安，有盐官、铁官。资中，符，温水南至鳖入黚水，黚水亦南至鳖入江。莽曰符信。③牛鞞，④南广，汾关山，符黑水所出，北至僰道入江。

又有大涉水，北至符入江，过郡三，行八百四十里。汉阳，都尉治。山闟谷，汉水所出，东至鳖入延。莽曰新通。⑤存鄢，莽曰孱鄢。⑥朱提，山出银。⑦堂琅。

①应劭曰："故夜郎国。"

②应劭曰："故僰侯国也。音蒲北反。"

③师古曰："鳖音蔽，又音鳖。黚音纪炎反。"

④孟康曰："音髀。"师古曰："音必尔反。"

⑤师古曰："闟音它盍反。"

⑥师古曰："鄢音莫亚反。孱音仕连反。"

⑦应劭曰："朱提山在西南。"苏林曰："朱音铢。提音时。北方人名匕曰匙。"

越嶲郡，武帝元鼎六年开。莽曰集嶲。属益州。①户六万一千二百八，口四十万八千四百五。县十五：邛都，南山出铜。有邛池泽。遂久，绳水出徼外，东至僰道入江，过郡二，行千四百里。灵关道，台登，孙水南至会无入若，行七百五十里。②定莋，出盐。步北泽在南。都尉治。③会无，东山出碧。莋秦，大莋，姑复，临池泽在南。④三绛，苏示，𡰥江在西北。⑤阑，⑥卑水，⑦灊街，⑧青蛉。临池灊在北。仆水出徼外，东南至来惟入劳，过郡二，行千八百八十里。(则)〔有〕禺同山，[61]有金马、碧鸡。⑨

①应劭曰："故邛都国也。有嶲水。言越此水以章休盛也。"师古曰："嶲音先蕊反。"

②应劭曰："今曰台高。"

③师古曰："莋音才各反。其下并同。本莋都也。"

④师古曰："复音扶目反。"

⑤师古曰："示读曰祇。𡰥，古夷字。"

⑥师古曰："音兰。"

⑦孟康曰："音班。"

⑧师古曰："灊音潜，又音才心反。其下亦同。"

⑨应劭曰："青蛉水出西，东入江也。"师古曰："蛉音零。禺音愚。"

益州郡，武帝元封二年开。莽曰就新。属益州。①户八万一千九百四十六，口五十八万四百六十三。县二十四：滇池，大泽在西，滇池泽在西北。有黑水祠。双柏，同劳，铜濑，谈虏山，迷水所出，东至谈稿入温。连然，有盐官。

俞元，池在南，桥水所出，东至毋单入温，行千九百里。怀山出铜。收靡，南山腊〔谷〕，涂水所出，[62]西北至越嶲入绳，过郡二，行千二十里。②縠昌，秦臧，牛兰山，即水所出，南至双柏入仆，行八百二十里。邪龙，味，③昆泽，叶榆，叶榆泽在东。贪水首受青蛉，南至邪龙入仆，行五百里。④律高，西石空山出锡，东南盢町山出银、铅。⑤不韦，云南，嶲唐，周水首受徼外。又有类水，西南至不韦，行六百五十里。弄栋，东农山，毋血水出，北至三绛南入绳，行五百一十里。比苏，⑥贲古，北采山出锡，西羊山出银、铅，南乌山出锡。⑦毋棳，桥水首受桥山，东至中留入潭，过郡四，行三千一百二十里。莽曰有棳。⑧胜休，河水东至毋棳入桥。莽曰胜爽。健伶，⑨来唯。从陆山出铜。劳水出徼外，东至麋泠入南海，过郡三，行三千五百六十里。⑩

①应劭曰："故滇王国也。"师古曰："滇音颠。其下并同。"

②李奇曰："靡音麻，即升麻，杀毒药所出也。"师古曰："涂音途。"

③孟康曰："音昧。"

④师古曰："叶音弋涉反。"

⑤师古曰："盢音呼鵕反。町音挺。"

⑥师古曰："比音频二反。"

⑦师古曰："贲音奔。"

⑧师古曰："毋读与无同。棳音之悦反，其字从木。"

⑨应劭曰："音铃。"

⑩师古曰："陆音胡工反。泠音零。"

牂柯郡，武帝元鼎六年开。莽曰同亭。有柱蒲关。属益州。①户二万四千二百一十九，口十五万三千三百六十。县十七：故且兰，沅水东南至益阳入江，过郡二，行二千五百三十里。②镡封，温水东至广郁入郁，过郡二，行五百六十里。③鳖，不狼山，鳖水所出，东入沅，过郡二，行七百三十里。④漏卧，⑤平夷，同并，⑥谈指，宛温，⑦毋敛，刚水东至潭中入潭。莽曰有敛。⑧夜郎，豚水东至广郁。都尉治。莽曰同亭。⑨毋单，⑩漏江，西随，麋水西受徼外，东至麋泠入尚龙鄙，过郡二，行千一百六里。都梦，壶水东南至麋泠入尚龙谿，过郡二，行千一百六十里。谈稿，⑪进桑，南部都尉治。有关。句町。文象水东至增食入郁。又有卢唯水、来细水、伐水。莽曰从化。⑫

①应劭曰："临牂柯江也。"师古曰："牂柯，系船杙也。《华阳国志》云，楚顷襄王时，遣庄蹻伐夜郎，军至且兰，椓船于岸而步战。既灭夜郎，以且兰有椓船牂柯处，乃改其名为牂柯。杙音弋。"

②应劭曰："故且兰侯邑也。且音苴。"师古曰："音子闾反。"

③师古曰："鐔音寻，又音淫。"

④孟康曰："鳖音鷩。"师古曰："音不列反。"

⑤应劭曰："故漏卧侯国。"

⑥应劭曰："故同并侯邑。并音伴。"

⑦师古曰："宛音於元反。"

⑧师古曰："潭音大含反。"

⑨应劭曰："故夜郎侯邑。"

⑩师古曰："毋读与无同。单音丹。"

⑪师古曰："槁音工老反。"

⑫应劭曰："故句町国。"师古曰："音劬挺。"

巴郡，秦置。属益州。①户十五万八千六百四十三，口七十万八千一百四十八。县十一：江州，临江，莽曰监江。枳，②阆中，彭道将池在南。彭道鱼池在西南。③垫江，④朐忍，容毋水所出，南〔入江〕。[63]有橘官、盐官。⑤安汉，是鱼池在南。莽曰安新。宕渠，符特山在西南。潜水西南入江。不曹水出东北〔徐谷〕，南入灊(徐谷)。⑥[64]鱼复，江关，都尉治。有橘官。⑦充国，涪陵。莽曰巴亭。⑧

①应劭曰："《左氏》巴子使韩服告楚。"

②如淳曰："音徙，或音抵。"师古曰："音之尔反。"

③师古曰："阆音浪。"

④孟康曰："音重叠之叠。"

⑤师古曰："朐音劬。"

⑥师古曰："宕音徒浪反。"

⑦应劭曰："复音腹。"

⑧师古曰："涪音浮。"

【校勘记】

〔1〕 先王(以)建万国，亲诸侯。 景祐本无“以”字。

〔2〕 褱字与(古)怀(字)同。 景祐本无“古”“字”二字。

〔3〕 (畂鱼)〔甽亩〕之治也。 景祐、殿本作“甽亩”。王先谦说作“甽亩”是。

〔4〕 砥音指，又音(祗)〔抵〕。 景祐、殿本都作“抵”。王先谦说作“抵”是。

〔5〕 楛音(枯)〔怙〕。 景祐、殿本都作“怙”。王先谦说作“怙”是。

〔6〕 蔡、蒙，二(水)〔山〕名。 景祐、殿、局本都作“山”。王先谦说作“山”是。

〔7〕 又贡(维)〔杂〕罽。 景祐、殿本都作“杂”。王先谦说作“杂”是。

〔8〕 敷浅原，一名(博)〔傅〕阳山， 景祐、殿本都作“傅”。王先谦说作“傅”是。

〔9〕 二百里(纳)〔内〕濩。 景祐、殿本都作“内”。

〔10〕 凡十三(郡)〔部〕， 杨树达说“郡”字误，当作“部”。按景祐、殿、局本都作“部”。

〔11〕 (师)古曰兹水，秦穆公更名以章霸功，视子孙， 钱大昕说“古”下皆班氏本文，“师”字后人妄加，“沂音”上则当有“师古曰”三字。

〔12〕 即《左氏传》所云(伐秦)〔秦伐〕晋取武城者也。 景祐、殿、局本都作“秦伐”。

〔13〕 舜妻(盲)〔育〕冢祠。 梁玉绳说《竹书》舜三十年葬后育于渭，育乃后名，“盲”必“育”之误。

〔14〕 〔《诗》曰“自杜”。〕 四字据景祐本补。

〔15〕 《诗》芮(阮)〔汭〕。 景祐、殿本都作“阮”。段玉裁说作“汭”是。注同。

〔16〕 有垂山、斜水、(淮)〔褒〕水祠三所。 汪士铎、王先谦都说“淮水”当作“褒水”。按与上文合。

〔17〕 音(骀)〔胎〕 景祐、殿本都作“胎”。王鸣盛说作“胎”是。

〔18〕 有班氏(香)〔乡〕亭。 景祐、殿本都作“乡”。朱一新说作“乡”是。

〔19〕 (河主)〔句注〕、贾屋山在北。 王念孙说“河主”当作“句注”。王先谦说王说是。

〔20〕 入(青)〔清〕漳。 景祐、殿本都作“清”。王鸣盛说作“清”是。

〔21〕 自(仆)〔濮〕阳徙此。 景祐、殿本都作“濮”。王先谦说作“濮”是。

〔22〕《春秋》昭公(二)〔三〕十(一)〔二〕年，　王鸣盛说“二十一年”南监本作“二十二年”，当作“三十二年”。

〔23〕(畔)观，　陈景云、王先谦都说“畔”字衍。

〔24〕有(涑)〔沸〕庙。　王先谦说“涑”当为“沸”。按景祐、殿、局本都作“沸”。

〔25〕丘一成为顿丘，谓一(成)〔顿〕而成也。　景祐、殿、局本都作“顿”。王鸣盛说作“顿”是。

〔26〕世祖(父叔)〔叔父〕名良，　景祐、殿本都作“叔父”。

〔27〕濮渠水首受(涑)〔沸〕，　同上。

〔28〕〔师古曰〕：“休音许虬反。”　钱大昭说“休”字上脱“师古曰”三字。

〔29〕户三十五万九千(一)〔三〕百一十六，　景祐、殿本都作“三”。

〔30〕东南至淮(陵)〔浦〕入海，　齐召南说“淮陵”当作“淮浦”，各本俱误。王先谦说齐说是。

〔31〕后十世秦拔我郢，徙(东)〔陈〕。　齐召南说“东”当作“陈”，各本俱误。

〔32〕(淮)〔包〕水东北至(沸)〔沛〕入泗。　王先谦说“淮”当作“泡”。按景祐、殿本都作“包”。齐召南说“沸”盖“沛”字之讹，《水经》泗水《注》引此文云“泡水东北至沛入泗”是也。

〔33〕户二十九万二(千)〔十〕五，　景祐、殿本都作“十”。

〔34〕有尧(家)〔冢〕灵台。　钱大昭说“家”当作“冢”。按景祐、殿、局本都作“冢”。

〔35〕莽曰(有)〔育〕成。　景祐、殿本都作“育”。王念孙说当为“肴”字之误。

〔36〕明帝更名(犬)〔大〕丘。　汪士铎说“犬”当作“大”。按景祐、殿本都作“大”。

〔37〕尝分为(泾)〔经〕县。　景祐、殿本都作“经”。

〔38〕(石)济水所出，　王念孙说“石”字衍。

〔39〕逢山长谷，(诸)〔渚〕水所出，　景祐本作“渚”。

〔40〕桃水(受首)〔首受〕涞水，　景祐、殿本都作“首受”。

〔41〕“侯国”二字据景祐、殿本补。

〔42〕读与(耿)〔隔〕同。　景祐、殿本都作“隔”。

〔43〕蔡谟音由，音(鹦)〔鸮〕。　景祐、殿本都作“鸮”。

〔44〕(求山上)〔兖州山〕。　钱大昕说“求山上”三字为“兖州山”之讹。

〔45〕临乐(于)〔子〕山，洙水所出，　景祐、殿本都作“子”。

〔46〕　东至(传)〔博〕昌入泲,幽(川)〔州〕寖。　景祐、殿本作“博”作“州”,此误。

〔47〕　居上山,声洋(丹)水所出,　王先谦说“丹”是衍文。

〔48〕　莽曰(来)〔东〕莱亭。　景祐、殿本都作“东”。王先谦说作“东”是。

〔49〕　(存)〔有〕四时祠。　钱大昭说“存”当作“有”。按景祐、殿本都作“有”。

〔50〕　雩(段)〔叚〕,　王先谦说据颜注“段”当作“叚”。按景祐本正作“叚”,注同。

〔51〕　秦地图曰剧清(地)〔池〕,　据王先谦《补注》引于钦《齐乘》,“地”当作“池”。

〔52〕　至(昌)都〔昌〕入海,　殿本作“都昌”。钱大昭说作“都昌”是。

〔53〕　莽曰蒲(睦)〔陆〕。　景祐、殿本都作“陆”。周寿昌说作“陆”是。

〔54〕　城诸(入)〔及〕郓者。　景祐、殿本都作“及”。王先谦说作“及”是。

〔55〕　(万)〔葛〕峄山在西。　景祐、殿本都作“葛”。王先谦说作“葛”是。

〔56〕　〔师古曰〕:“檪音朔。”　齐召南说上脱“师古曰”三字,各本俱误。

〔57〕　(春)〔舂〕山,(春)〔舂〕水所出,　景祐、殿本都作“舂”。王先谦说作“舂”是。

〔58〕　汇水南至四会入郁(林),　景祐本无“林”字。王念孙说无“林”字是。

〔59〕　沔水出武(昌)〔都〕,　景祐、殿都本作“都”。王鸣盛说作“都”是。

〔60〕　“师古曰”三字据景祐、殿本补。

〔61〕　(则)〔有〕禺同山,　王先谦说“则”当作“有”。

〔62〕　南山腊〔谷〕,涂水所出,　王先谦说“腊”下脱“谷”字。按各本都脱。

〔63〕　容毋水所出,南〔入江〕。　王先谦说“南”下脱“入江”二字。

〔64〕　不曹水出东北〔徐谷〕,南入灊(徐谷)。　王先谦说“徐谷”二字当在“东北”之下。

汉书卷二十八下

地理志第八下

武都郡，武帝元鼎六年置。莽曰乐平。①户五万一千三百七十六，口二十三万五千五百六十。县九：武都，东汉水受氐道水，一名沔，过江夏，谓之夏水，入江。天池大泽在县西。莽曰循虏。②上禄，故道，莽曰善治。河池，泉街水南至沮入汉，行五百二十里。莽曰乐平亭。③平乐道，沮，沮水出东狼谷，南至沙羡南入江，过郡五，行四千里，荆州川。④嘉陵道，循成道，下辨道。莽曰杨德。⑤

①应劭曰："故白马氐羌。"

②师古曰："以有天池大泽，故谓之都。"

③师古曰："《华阳国志》云一名仇池，地方百顷。"

④师古曰："沮音千余反。羡音夷。"

⑤师古曰："辨音步见反。"

陇西郡，秦置。莽曰厌戎。①户五万三千九百六十四，口二三十万六千八百二十四。有铁官、盐官。县十一：狄道，白石山在东。莽曰操虏。②上邽，③安故，氐道，《禹贡》养水所出，至武都为汉。莽曰亭道。④首阳，《禹贡》鸟鼠同穴山在西南，渭水所出，东至船司空入河，过郡四，行千八百七十里，雍州浸。予道，莽曰德道。大夏，莽曰顺夏。羌道，羌水出塞外，南至阴平入白水，过郡三，行六百里。⑤襄武，莽曰相桓。临洮，洮水出西羌中，北至枹罕东入(西)〔河〕。[1]《禹贡》西顷山在县西，南部都尉治也。⑥西。《禹贡》嶓冢山，西汉所出，南入广汉白水，东南至江州入江，过郡四，行二千七百六十里。莽曰西治。

①应劭曰："有陇坻，在其西也。"师古曰："陇坻谓陇阪，即今之陇山也。此郡在陇之西，故曰陇西，坻音丁计反，又音底。"

②师古曰："其地有狄种，故云狄道。"

③应劭曰："《史记》故邽戎邑也。"师古曰："邽音圭。"

④师古曰："氐，夷种名也。氐之所居，故曰氐道，氐音丁溪反。养音弋向反，字本作漾，或瀁。"

⑤师古曰："《水经》云羌水出羌中参谷。"

⑥师古曰："洮音吐高反。枹读曰肤。项读曰倾。"

金城郡，昭帝始元六年置。莽曰西海。①户三万八千四百七十，口十四万九千六百四十八。县十三：允吾，乌亭逆水出参街谷，东至枝阳入湟。莽曰修远。②浩亹，浩亹水出西塞外，东至允吾入湟水。莽曰兴武。③令居，涧水出西北塞外，至县西南，入郑伯津。莽曰罕虏。④枝阳，金城，莽曰金屏。榆中，枹罕，⑤白石，离水出西塞外，东至枹罕入河。莽曰顺砾。⑥河关，积石山在西南羌中。河水行塞外，东北入塞内，至章武入海，过郡十六，行九千四百里。破羌，宣帝神爵二年置。安夷，允街，宣帝神爵二年置。莽曰修远。⑦临羌。西北至塞外，有西王母石室、仙海、盐池。北则湟水所出，东至允吾入河。西有须抵池，有弱水、昆仑山祠。莽曰盐羌。⑧

①应劭曰："初筑城得金，故曰金城。"臣瓒曰："称金，取其坚固也，故《墨子》曰'虽金城汤池'。"师古曰："瓒说是也。一云，以郡在京师之西，故谓金城。金，西方之行。"

②应劭曰："允吾音铅牙。"

③孟康曰："浩亹音合门。"师古曰："浩音诰。浩，水名也。亹者，水流峡山，岸深若门也。《诗》《大雅》曰'凫鹥在亹'，亦其义也。今俗呼此水为阁门河，盖疾言之，浩为阁耳。湟音皇。"

④孟康曰："令音连。"师古曰："令音零。"

⑤应劭曰："故罕羌侯邑也。枹音铁。"师古曰："读曰肤，本枹鼓字也。其字从木。"

⑥应劭曰："白石山在东。"

⑦孟康曰："允音铅。"

⑧师古曰："阚骃云西有(毕)〔卑〕和羌，[2]即献王莽地为西海郡者也。抵音丁礼反。"

天水郡，武帝元鼎三年置。莽曰填戎。明帝改曰汉阳。①户六万三百七十，口二十六万一千三百四十八。县十六：平襄，莽曰平相。①街泉，戎邑道，莽曰填戎亭。望垣，莽曰望亭。罕幵，③绵诸道，阿阳，略阳道，冀，《禹贡》朱圄山在县南梧中聚。莽曰冀治。④勇士，属国都尉治满福。莽曰纪德。⑤成纪，清水，莽曰识睦。奉捷，陇，⑥豲道，骑都尉治密艾亭。⑦兰干。莽曰兰盾。

①师古曰："《秦州地记》云郡前湖水冬夏无增减，因以名焉。填音竹真反。其后并同。"

②师古曰："阚骃云故襄戎邑也。"

③应劭曰："音羌肩反。"师古曰："本破罕幵之羌，处其人于此，因以名云。"

④师古曰："《续汉》《郡国志》云有缇群山、落门聚。圄读与圉同。"

⑤师古曰："即今土俗呼为健士者也。隨室之初避皇太子讳，因而遂改。"

⑥师古曰："今呼陇城县者也。"

⑦应劭曰："豲，戎邑也，音完。"

武威郡，故匈奴休屠王地。武帝太初四年开。莽曰张掖。①户万七千五百八十一，口七万六千四百一十九。县十：姑臧，南山，谷水所出，北至武威入海，行七百九十里。张掖，武威，休屠泽在东北，古文以为猪壄泽。休屠，莽曰晏然。都尉治熊水障。北部都尉治休屠城。揟次，莽曰播德。②鸾（鸟）〔乌〕，[3]扑劚，莽曰敷虏。③媪围，苍枀，南山，枀陕水所出，北至揟次入海。莽曰射楚。④宣威。

①师古曰："休音许虬反。屠音直闾反。其后并同。"

②孟康曰："揟音子如反。次音咨，诸本作恣。"

③孟康曰："音蒲环。"

④师古曰："枀，古松字也。陕音下夹反，两山之间也。松陕，陕名。"

张掖郡，故匈奴昆邪王地，武帝太初元年开。莽曰设屏。①户二万四千三百五十二，口八万八千七百三十一。县十：觻得，千金渠西至乐涫入泽中。羌谷水出羌中，东北至居延入海，过郡二，行二千一百里。莽曰官式。②昭武，莽曰渠武。删丹，桑钦以为道弱水自此，西至酒泉合黎。莽曰贯虏。氐池，莽曰否武。屋兰，莽曰传武。（曰）〔日〕勒，[4]都尉治泽索谷。莽曰勒治。③骊靬，莽曰揭虏。④番和，农都尉治。莽曰罗虏。⑤居延，居延泽在东北，古文以为流沙。都尉治。莽曰居成。⑥显美。

①应劭曰："张国臂掖，故曰张掖也。"师古曰："昆音胡门反。"

②应劭曰："觻得渠西入泽羌谷。"孟康曰："觻音鹿。"师古曰："孟音是也。涫音官。其下并同。"

③师古曰："泽音铎。索音先各反。"

④李奇曰："音迟虔。"如淳曰："音弓靬。"师古曰："骊音力迟反。靬音虔是也。今其土俗人呼骊靬，疾言之曰力虔。揭音其谒反。"

⑤如淳曰："番音盘。"

⑥师古曰："阚骃云武帝使伏波将军路博德筑遮虏障于居延城。"

酒泉郡，武帝太初元年开。莽曰辅平。①户万八千一百三十七，口七万六千七百二十六。县九：禄福，呼蚕水出南羌中，东北至会水入羌谷。莽曰显德。表是，莽曰载武。乐涫，莽曰乐亭。天陈，②玉门，莽曰辅平亭。③会水，北部都尉治偃(前)〔泉〕障。[5]东部都尉治东部障。莽曰萧武。④池头，绥弥，⑤乾齐。西部都尉治西部障。莽曰测虏。⑥

①应劭曰："其水若酒，故曰酒泉也。"师古曰："旧俗传云城下有金泉，泉味如酒。"

②师古曰："音衣。此地有天陈阪，故以名。"

③师古曰："阚骃云汉罢玉门关屯，徙其人于此。"

④师古曰："阚骃云众水所会，故曰会水。"

⑤如淳曰："今曰安弥。"

⑥孟康曰："乾音干。"

敦煌郡，武帝后元年分酒泉置。正西关外有白龙堆沙，有蒲昌海。莽曰敦德。①户万一千二百，口三万八千三百三十五。县六：敦煌，中部都尉治步广侯官。杜林以为古瓜州地，生美瓜。莽曰敦德。②冥安，南籍端水出南羌中，西北入其泽，溉民田。③效榖，④渊泉，⑤广至，宜禾都尉治昆仑障。莽曰广桓。龙勒。有阳关、玉门关，皆都尉治。氐置水出南羌中，东北入泽，溉民田。

①应劭曰："敦，大也。煌，盛也。敦音屯。"

②师古曰："即《春秋左氏传》所云'允姓之戎居于瓜州'者也。其地今犹出大瓜，长者狐入瓜中食之，首尾不出。"

③应劭曰："冥水出北，入其泽。"

④师古曰："本渔泽障也。桑钦说孝武元封六年济南崔不意为鱼泽尉，教力田，以勤效得谷，因立为县名。"

⑤师古曰："阚骃云地多泉水，故以为名。"

安定郡，武帝元鼎三年置。户四万二千七百二十五，口十四万三千二百九十四。县二十一：高平，莽曰铺睦。复累，①安俾，②抚夷，莽曰抚宁。朝那，有端旬祠十五所，胡巫祝。又有湫渊祠。③泾阳，㟞头山在西，《禹贡》泾水所出，东南至阳陵入渭，过郡三，行千六十里，雍州川。④临泾，莽曰监泾，卤，灈水出西。⑤乌氏，乌水出西，北入河。都卢山在西。莽曰乌亭。⑥阴密，《诗》密人国。有嚣安亭。⑦安定，参䜌，主骑都尉治。⑧三水，属国都尉治。有盐官。莽曰广延亭。阴槃，安武，莽曰安桓。祖厉，莽曰乡礼。⑨爰得，眴卷，河水别出为河沟，东至富平北入河。⑩彭阳，鹑阴，月(支)〔氏〕道。[6]莽曰月顺。⑪

①师古曰："复音服。累音力追反。"

②孟康曰："俾音卑。"

③应劭曰："《史记》故戎那邑也。"师古曰："湫音子由反。"

④师古曰："开音苦见反，又音牵。此山在今灵州东南，土俗语讹谓之汧屯山。"

⑤师古曰："灈音其于反。"

⑥师古曰："氏音支。"

⑦师古曰："即《诗》《大雅》所云'密人不恭，敢距大邦'者。"

⑧师古曰："䜌音力全反。"

⑨应劭曰："祖音(置)〔罝〕。"[7]师古曰："厉音赖。"

⑩应劭曰："眴音旬日之旬。卷音箘簬之箘。"

⑪应劭曰："氏音支。"

北地郡，秦置。莽曰威成。户六万四千四百六十一，口二十一万六百八十八。县十九：马领，①直路，沮水出(东，西)〔西，东〕入洛。[8]灵武，莽曰威成亭。富平，北部都尉治神泉障。浑怀都尉治塞外浑怀障。莽曰特武。②灵州，惠帝四年置。有河奇苑、号非苑。莽曰令周。③眴衍，④方渠，除道，莽曰通道。五街，莽曰吾街。鹑孤，归德，洛水出北蛮夷中，入河。有堵苑、白马苑。回获，略畔道，莽曰延年道。⑤泥阳，莽曰泥阴，⑥郁郅，泥水出北蛮夷中。有牧师苑官。莽曰功著。⑦义渠道，莽曰义沟。弋居，有盐官。大﨟，⑧廉。卑移山在西北。莽曰西河亭。

①师古曰："川形似马领，故以为名。领，颈也。"

②师古曰："浑音胡昆反。"

③师古曰："苑谓马牧也。水中可居者曰州。此地在河之州，随水高下，未尝沦没，故号灵州，又曰河奇也。二苑皆在北焉。"

④应劭曰："眴音煦。"师古曰："音香于反。"

⑤师古曰："有略畔山，今在庆州界，其土俗呼曰洛盘，音讹耳。"

⑥应劭曰："泥水出郁郅北蛮中。"

⑦师古曰："郁音于六反。郅音之日反。"

⑧师古曰："﨟即古要字也，音一遥反。"

上郡，秦置，高帝元年更为翟国，七月复故。匈归都尉治塞外匈归障。属并州。①户十万三千六百八十三，口六十万六千六百五十八。县二十三：肤施，有五龙山、帝、原水、黄帝祠四所。独乐，有盐官。阳周，桥山在南，有黄帝冢。莽曰上陵畤。木禾，平都，浅水，莽曰广信。京室，莽曰积粟。洛都，莽曰卑顺。白土，圁水出西，东入河。莽曰黄土。②襄洛，莽曰上党亭。原都，漆垣，莽曰漆墙。奢延，莽曰奢节。雕阴，③推邪，莽曰排邪。④桢林，莽曰桢虵。⑤高望，北部都尉治。莽曰坚宁。雕阴道，龟兹，属国都尉治。有盐官。⑥定阳，⑦高奴，有洧水，可𪸩。莽曰利平。⑧望松，北部都尉治。宜都。莽曰坚宁小邑。

①师古曰："匈归者，言匈奴归附。"

②师古曰："圁音银。其释在下。"

③应劭曰："雕山在西南。"

④师古曰："邪音似嗟反。"

⑤师古曰："桢音贞。"

⑥应劭曰："音丘慈。"师古曰："龟兹国人来降附者，处之于此，故以名云。"

⑦应劭曰："在定水之阳。"

⑧师古曰："𪸩，古然火字。"

西河郡，武帝元朔四年置。南部都尉治塞外翁龙、埤是。莽曰归新。属并州。①户十三万六千三百九十，口六十九万八千八百三十六。县三十六：富昌，有盐官。莽曰富成。驺虞，鹄泽，②平定，莽曰阴平亭。美稷，属国都尉治。中阳，乐街，莽曰截虏。徒经，莽曰廉耻。皋狼，大成，莽曰好成。广田，莽曰广翰。圜阴，惠帝五年置。莽曰方阴。③益阑，莽曰香阑。平周，鸿门，有天封苑火井祠，火从地出也。蔺，宣武，莽曰讨貉。千章，增山，有道西出眩雷塞，北部都尉治。④圜阳，⑤广衍，武车，莽曰桓车。虎猛，西部都尉治。离石，榖罗，武泽在西北。饶，莽曰饶衍。方利，莽曰广德。隰成，莽曰慈平亭。临水，莽曰（坚）〔监〕水。[9]土军，西都，莽曰五原亭。平陆，阴山，莽曰山宁。觬是，莽曰伏觬。⑥博陵，莽曰助桓。盐官。

①师古曰："翁龙、埤是，二障名也。埤音婢。"

②孟康曰："鹄音告。"师古曰："音古督反。"

③师古曰："圜字本作圁，县在圁水之阴，因以为名也。王莽改为方阴，则是当时已误为圜字。今有银州、银水，即是旧名犹存，但字变耳。"

④师古曰："眩音州县之县。"

⑤师古曰："此县在圁水之阳。"

⑥苏林曰："音麑。"师古曰："觬音倪，其字从角。"

朔方郡，武帝元朔二年开。西部都尉治窳浑。莽曰沟搜。属并州。①户三万四千三百三十八，口十三万六千六百二十八。县十：三封，武帝元狩三年城。朔方，金连盐泽、青盐泽皆在南。莽曰武符。修都，临河，莽曰监河。呼遒，②窳浑，有道西北出鸡鹿塞。屠申泽在东。莽曰极武。渠搜，中部都尉治。莽曰沟搜。沃壄，武帝元狩三年城。有盐官。莽曰绥武。广牧，东部都尉治。莽曰盐官。临戎。武帝元朔五年城。莽曰推武。

①师古曰："窳音庾。浑音魂。"

②师古曰："遒音在由反。"

五原郡，秦九原郡，武帝元朔二年更名。东部都尉治稒阳。莽曰获降。属并州。①户三万九千三百二十二，口二十三万一千三百二十八。县十六：九原，莽曰成平。固陵，莽曰固调。五原，莽曰填河亭。临沃，莽曰振武。文国，莽曰繁聚。河阴，蒲泽，属国都尉治。南兴，莽曰南利。武都，莽曰桓都。宜梁，曼柏，莽曰延柏。②成宜，中部都尉治原高，西部都尉治田辟。有盐官。莽曰艾虏。③稒阳，北出石门障得光禄城，又西北得支就城，又西北得头曼城，又西北得虖河城，又西得宿虏城。莽曰固阴。④莫䵣，⑤西安阳，莽曰鄣安。河目。

①师古曰："稒音固。"

②师古曰："曼音万。"

③师古曰："辟读曰壁。艾读曰刈。"

④师古曰："曼音莫安反。虖音呼。"

⑤如淳曰："音忉怛。"师古曰："音丁葛反。"

云中郡，秦置。莽曰受降。属并州。户三万八千三百三，口十七万三千二百七十。县十一：云中，莽曰远服。咸阳，莽曰贲武。陶林，东部都尉治。桢陵，缘胡山在西北。西部都尉治。莽曰桢陆。犊和，沙陵，莽曰希恩。原阳，沙南，北舆，中部都尉治。①武泉，莽曰顺泉。阳寿。莽曰常得。

①师古曰："阚骃云广陵有舆，故此加北。"

定襄郡，高帝置。莽曰得降。属并州。户三万八千五百五十九，口十六万三千一百四十四。县一十二：成乐，桐过，莽曰椅桐。①都武，莽曰通德。武进，白渠水出塞外，西至沙陵入河。西部都尉治。莽曰伐蛮。襄阴，武皋，荒干水出塞外，西至沙陵入河。中部都尉治。莽曰永武。骆，莽曰遮要。定陶，莽曰迎符。武城，莽曰桓就。武要，东部都尉治。莽曰厌胡。②定襄，莽曰著武。复陆。莽曰闻武。③

①师古曰："过音工禾反。"

②师古曰："厌音一叶反。其下并同。"

③师古曰："复音服。"

雁门郡，秦置。句注山在阴馆。莽曰填狄。属并州。户七万三千一百三十八，口二十九万三千四百五十四。县十四：善无，莽曰阴馆。沃阳，盐泽在东北，有长丞。西部都尉治。莽曰敬阳。繁畤，莽曰当要。①中陵，莽曰遮害。阴馆，楼烦乡。景帝后三年置。累头山，治水所出，东至泉州入海，过郡六，行千一百里。莽曰富代。②楼烦，有盐官。③武州，莽曰桓州。汪陶，④剧阳，莽曰善阳。崞，莽曰崞张。⑤平城，东部都尉治。莽曰平顺。埒，莽曰填狄亭。马邑，莽曰章昭。⑥彊阴。诸闻泽在东北。莽曰伏阴。

①师古曰："畤音止。"

②师古曰："累音力追反。治音弋之反。《燕刺王传》作台字。"

③应劭曰："故楼烦胡地。"

④孟康曰："音汪。"

⑤孟康曰："音郭。"

⑥师古曰："《晋太康地记》云秦时建此城辄崩不成，有马周旋驰走反覆，父老异之，因依以筑城，遂名为马邑。"

代郡，秦置。莽曰厌狄。有五原关、常山关。属幽州。①户五万六千七百七十一，口二十七万八千七百五十四。县十八：桑乾，莽曰安德。②道人，莽曰道仁。③当城，④高柳，西部都尉治。马城，东部都尉治。班氏，秦地图书班氏。莽曰班副。延陵，狋氏，莽曰狋聚。⑤且如，于延水出塞外，东至宁入沽。中部都尉治。⑥平邑，莽曰平胡。阳原，东安阳，莽曰竟安。⑦参合，平舒，祁夷水北至桑乾入沽。莽曰平葆。代，莽曰厌狄亭。⑧灵丘，滱河东至文安入大河，过郡五，行九百四十里。并州川。⑨广昌，涞水东南至容城入河，过郡三，行五百里，并州浸。莽曰广屏。⑩卤城。虖池河东至参(合)〔户〕入虖池别，[10]过郡九，行千三百四十里，并州川。从河东至文安入海。过郡六，行千三百七十里。莽曰鲁盾。⑪

①应劭曰："故代国。"

②孟康曰："乾音干。"

③师古曰："本有仙人游其地，因以为名。"

④师古曰："阚骃云当桓都城，故曰当城。"

⑤孟康曰："狋音权。氏音精。"

⑥师古曰："且音子如反。沽音姑，又音故。"

⑦师古曰："阚骃云五原有安阳，故此加东也。"

⑧应劭曰："故代国。"

⑨应劭曰："武灵王葬此，因氏焉。"臣瓒曰："灵丘之号在赵武灵王之前也。"师古曰："瓒说是也。滱音寇，又音苦侯反。其下并同。"

⑩师古曰："涞音来。"

⑪师古曰："虖音呼。池音徒河反。"

上谷郡，秦置。莽曰朔调。属幽州。户三万六千八，口十一万七千七百六十二。县十五：沮阳，莽曰沮阴。①泉上，莽曰塞泉。潘，莽曰树武。②军都，温馀水东至路，南入沽。居庸，有关。雊瞀，③夷舆，莽曰朔调亭。宁，西部都尉治。莽曰博康。昌平，莽曰长昌。广宁，莽曰广康。涿鹿，莽曰抪陆。④且居，（乐阳）〔阳乐〕水出东，（东）〔南〕入（海）〔沽〕。[11]莽曰久居。茹，莽曰穀武。女祁，东部都尉治。莽曰祁。下落。莽曰下忠。

①孟康曰："音俎。"

②师古曰："音普半反。"

③孟康曰："音句无。"师古曰："雊音工豆反。瞀音莫豆反。"

④应劭曰："黄帝与蚩尤战于涿鹿之野。"

渔阳郡，秦置。莽曰（北顺）〔通路〕。[12]属幽州。户六万八千八百二，口二十六万四千一百一十六。县十二：渔阳，沽水出塞外，东南至泉州入海，行七百五十里。有铁官。莽曰得渔。狐奴，莽曰举符。路，莽曰通路亭。雍奴，泉州，有盐官。莽曰泉调。平谷，安乐，厗奚，莽曰敦德。①犷平，莽曰平犷。②要阳，都尉治。莽曰要术。③白檀，洫水出北蛮夷。④滑盐。莽曰匡德。⑤

①孟康曰："厗音题，字或作蹏。"

②服虔曰："犷音巩。"师古曰："音九永反，又音穬。"

③师古曰："音一妙反。"

④师古曰："洫音呼鸱反。"

⑤应劭曰："明帝改名盐。"

右北平郡，秦置。莽曰北顺。属幽州。户六万六千六百八十九，口三十二万七百八十。县十六：平刚，无终，故无终子国。浭水西至雍奴入海，过郡二，行六百五十里。①石成，廷陵，莽曰铺武。俊靡，灅水南至无终东入庚。莽曰俊麻。②赍，都尉治。莽曰裒睦。③徐无，莽曰北顺亭。字，榆水出东。土垠，④白狼，莽曰伏狄。⑤夕阳，有铁官。莽曰夕阴。昌城，莽曰淑武。骊成，大揭石山在县西南。莽曰揭石。⑥广成，莽曰平虏。聚阳，莽曰笃睦。平明。莽曰平阳。

①师古曰：浭音庚，即下所云入庚者同一水也。"

②师古曰："灅音力水反，又音郎贿反。"

③师古曰："音才私反。"

④师古曰："垠音银。"

⑤师古曰："有白狼山，故以名县。"

⑥师古曰："揭音桀。"

辽西郡，秦置。有小水四十八，并行三千四十六里。属幽州。户七万二千六百五十四，口三十五万二千三百二十五。县十四：且虑，有高庙。莽曰鉏虑。①海阳，龙鲜水东入封大水。封大水、缓虚水皆南入海。有盐官。新安平，夷水东入塞外。柳城，马首山在西南。参柳水北入海。西部都尉治。令支，有孤竹城。莽曰令氏亭。②肥如，玄水东入濡水。濡水南入海阳。又有卢水，南入玄。莽曰肥而。③宾从，莽曰勉武。交黎，渝水首受塞外，南入海。东部都尉治。莽曰禽虏。④阳乐，狐苏，唐就水至徒河入海。徒河，莽曰河福。文成，莽曰言虏。临渝，渝水首受白狼，东入塞外。又有侯水，北入渝。莽曰冯德。⑤絫。下官水南入海。又有揭石水、宾水，皆南入官。莽曰选武。⑥

①师古曰："且音子余反。虑音庐。"

②应劭曰："故伯夷国，今有孤竹城。令音铃。"孟康曰："支音秖。"师古曰："令又音郎定反。"

③应劭曰："肥子奔燕，燕封于此也。"师古曰："濡音乃官反。"

④应劭曰："今昌黎。"师古曰："渝音喻。其下并同。"

⑤师古曰："冯读曰凭。"

⑥师古曰："絫音力追反。"

辽东郡，秦置。属幽州。户五万五千九百七十二，口二十七万二千五百三十九。县十八：襄平，有牧师官。莽曰昌平。新昌，无虑，西部都尉治。①望平，大辽水出塞外，南至安市入海，行千二百五十里。莽曰长说。②房，候城，中部都尉治。辽队，莽曰顺睦。③辽阳，大梁水西南至辽阳入辽。莽曰辽阴。险渎，④居就，室伪山，室伪水所出，北至襄平入梁也。高显，安市，武次，东部都尉治。莽曰桓次。平郭，有铁官、盐官。西安平，莽曰北安平。文，莽曰(受)〔文〕亭。[13]番汗，沛水出塞外，西南入海。⑤沓氏。⑥

①应劭曰："虑音闾。"师古曰："即所谓医巫闾。"

②师古曰："说读曰(倪)〔悦〕。"[14]

③师古曰："队音遂。"

④应劭曰："朝鲜王满都也。依水险，故曰险渎。"臣瓒曰："王险城在乐浪郡浿水之东，此自是险渎也。"师古曰："瓒说是也。浿音普大反。"

⑤应劭曰："汗水出塞外，西南入海。番音盘。"师古曰："沛音普盖反。汗音寒。"

⑥应劭曰："氐水也。音长答反。"师古曰："凡言氐者，皆谓因之而立名。"

玄菟郡，武帝元封四年开。高句骊，莽曰下句骊。属幽州。①户四万五千六，口二十二万一千八百四十五。县三：高句骊，辽山，辽水所出，西南至辽队入大辽水。又有南苏水，西北经塞外。②上殷台，莽曰下殷。③西盖马。马訾水西北入盐难水，西南至西安平入海，过郡二，行二千一百里。莽曰玄菟亭。

①应劭曰："故真番，朝鲜胡国。"

②应劭曰："故句骊胡。"

③如淳曰："台音鲐。"师古曰："音胎。"

乐浪郡，武帝元封三年开。莽曰乐鲜。属幽州。①户六万二千八百一十二，口四十万六千七百四十八。有云鄣。县二十五：朝鲜，②䛁邯，③浿水，水西至增地入海。莽曰乐鲜亭。④含资，带水西至带方入海。黏蝉，⑤遂成，增地，莽曰增土。带方，驷望，海冥，莽曰海桓。列口，长岑，屯有，昭明，南部都尉治。镂方，提奚，浑弥，⑥吞列，分黎山，列水所出，西至黏蝉入海，行八百二十里。东暆，⑦不而，东(郡)〔部〕都尉治。[15]蚕台，⑧华丽，邪头昧，⑨前莫，夫租。

①应劭曰："故朝鲜国也。"师古曰："乐音洛。浪音狼。"

②应劭曰："武王封箕子于朝鲜。"

③孟康曰："䛁音男。"师古曰："䛁音乃甘反。邯音酣。"

④师古曰："浿音普大反。"

⑤服虔曰："蝉音提。"

⑥师古曰："浑音下昆反。"

⑦应劭曰："音移。"

⑧师古曰："台音胎。"

⑨孟康曰："眛音妹。"

南海郡，秦置。秦败，尉佗王此地。武帝元鼎六年开。属交州。户万九千六百一十三，口九万四千二百五十三。有圃羞官。县六：番禺，尉佗都。有盐官。①博罗，中宿，有洭浦官。②龙川，③四会，揭阳。莽曰南海亭。④

①如淳曰："番音潘。禺音愚。"

②师古曰："洭音匡。"

③师古曰："裴氏《广州记》云本博罗县之东乡也，有龙穿地而出，即穴流泉，因以为号。"

④韦昭曰："揭音其逝反。"师古曰："音竭。"

郁林郡，故秦桂林郡，属尉佗。武帝元鼎六年开，更名。有小谿川水七，并行三千一百一十里。莽曰郁平。属交州。户万二千四百一十五，口七万一千一百六十二。县十二：布山，安广，阿林，广郁，郁水首受夜郎豚水，东至四会入海，过郡四，行四千三十里。中留，①桂林，潭中，莽曰中潭。②临尘，朱涯水入领方。又有斤(员)〔南〕水。[16]又有侵离水，行七百里。莽曰监尘。定周，〔周〕水首受无敛，[17]东入潭，行七百九十里。增食，蠙水首受牂柯东界，入朱涯水，行五百七十里。领方。斤(员)〔南〕水入郁。又有朁水。都尉治。③雍鸡。有关。

①师古曰："留音力救反，水名。"

②师古曰："潭音大含反。"

③师古曰："𢒈音桥。"

苍梧郡，武帝元鼎六年开。莽曰新广。属交州。有离水关。户二万四千三百七十九，口十四万六千一百六十。县十：广信，莽曰广信亭。谢沐，有关。高要，有盐官。封阳，①临贺，莽曰大贺。端谿，冯乘，富川，荔蒲，有荔平关。②猛陵。龙山，合水所出，南至布山入海。莽曰孟陆。

①应劭曰："在封水之阳。"

②师古曰："荔音(肆)〔隶〕。"

交趾郡，武帝元鼎六年开，属交州。户九万二千四百四十，口七十四万六千二百三〔十〕七。[18]县十：羸𨻻，有羞官。①安定，苟屚，②麊泠。都尉治。③曲易，④北带，稽徐，⑤西于，龙编，⑥朱鸢。

①孟康曰："羸音莲。𨻻音受土篓。"师古曰："𨻻篓二字并音来口反。"

②师古曰："屚与漏同。"

③应劭曰："麊音弥。"孟康曰："音螟蛉。"师古曰："音麋零。"

④师古曰："易，古阳字。"

⑤师古曰："稽音古奚反。"

⑥师古曰："编音鞭。"

合浦郡，武帝元鼎六年开。莽曰桓合。属交州。户万五千三百九十八，口七万八千九百八十。县五：徐闻，高凉，合浦，有关。莽曰桓亭。临允，牢水北入高要入郁，过郡三，行五百三十里。莽曰大允。朱卢。都尉治。

九真郡，武帝元鼎六年开。有小水五十二，并行八千五百六十里。户三万五千七百四十三，口十六万六千一十三。有界关。县七：胥浦，莽曰驩成。居风，都庞，①馀发，咸驩，无切，都尉治。无编。莽曰九真亭。

①应劭曰："庞音龙。"师古曰："音聋。"

日南郡，故秦象郡，武帝元鼎六年开，更名。有小水十六，并行三千一百八十里。属交州。①户万五千四百六十，口六万九千四百八十五。县五：朱吾，比景，②卢容，西捲，水入海，有竹，可为杖。莽曰日南亭。③象林。

①师古曰："言其在日之南，所谓开北户以向日者。"

②如淳曰："日中于头上，景在已下，故名之。"

③孟康曰："音卷。"师古曰："音权。"

赵国，故秦邯郸郡，高帝四年为赵国，景帝三年复为邯郸郡，五年复故。莽曰桓亭。属冀州。户八万四千二百二，口三十四万九千九百五十二。县四：邯郸，堵山，牛首水所出，东入白渠。赵敬侯自中牟徙此。①易阳，②柏人，莽曰寿仁。③襄国。故刑国。西山，渠水所出，东北至任入浸。又有蓼水、冯水，皆东至朝平入湡。④

①张晏曰："邯郸山在东城下。单，尽也。城郭从邑，故加邑云。"师古曰："邯音寒。"

②应劭曰："易水出涿郡故安。"师古曰："在易水之阳。"

③师古曰："本晋邑。"

④师古曰："漷音藕，又音牛吼反。"

广平国，武帝征和二年置为平干国，宣帝五凤二年复故。莽曰富昌。属冀州。户二万七千九百八十四，口十九万八千五百五十八。县十六：广平，张，朝平，南和，列葭水东入傿。①列人，莽曰列治。斥章，②任，③曲周，武帝建元四年置。莽曰直周。南曲，曲梁，侯国。莽曰直梁。广乡，平利，平乡，阳台，侯国。广年，莽曰富昌。城乡。

①师古曰："葭音家，傿音斯。"

②应劭曰："漳水出治北，入河。其国斥卤，故曰斥章。"

③师古曰："本晋邑也。郑皇颉奔晋，为任大夫。"

真定国，武帝元鼎四年置。属冀州。户三万七千一百二十六，口十七万八千六百一十六。县四：真定，故东垣，高帝十一年更名。莽曰思治。稾城，莽曰埼实。①肥纍，故肥子国。②绵曼。斯洨水首受太白渠，东至鄡入河。莽曰绵延。③

①师古曰："稾音工老反。"

②师古曰："纍音力追反。"

③师古曰："曼音万。鄡音口尧反。"

中山国，高帝郡，景帝三年为国。莽曰常山。属冀州。①户十六万八百七十三，口六十六万八千八十。县十四：卢奴，②北平，徐水东至高阳入博。又有卢水，亦至高阳入河。有铁官。莽曰善和。北新成，桑钦言易水出西北，东入滱。莽曰朔平。唐，尧山在南。莽曰和亲。③深泽，莽曰翼和。苦陉，莽曰北陉。④安国，莽曰兴睦。曲逆，蒲阳山，蒲水所出，东入濡。又有苏水，亦东入濡。莽曰顺平。⑤望都，博水东至高阳入河。莽曰顺调。⑥新市，⑦新处，毋极，陆成，安险。莽曰宁险。⑧

①应劭曰："中山，故国。"

②应劭曰："卢水出右北平，东入河。"

③应劭曰："故尧国也。唐水在西。"张晏曰："尧为唐侯，国于此。尧山在唐东北望都界。"孟康曰："晋荀吴伐鲜虞及中人，今中人亭是。"

④应劭曰:“章帝更名汉昌。陉音邢。”

⑤张晏曰:“濡水于城北曲而西流,故曰曲逆。章帝丑其名,改曰蒲阴,在蒲水之阴。”师古曰:“濡音乃官反。”

⑥张晏曰:“尧山在北,尧母庆都山在南,登尧山见都山,故以为名。”

⑦应劭曰:“鲜虞子国,今鲜虞亭是。”

⑧应劭曰:“章帝更名安熹。”

信都国,景帝二年为广川国,宣帝甘露三年复故。莽曰新博。属冀州。①户六万五千五百五十六,口三十万四千三百八十四。县十七:信都,王都。故章河、故虖池皆在北,东入海。《禹贡》绛水亦入海。莽曰新博亭。历,莽曰历宁。扶柳,②辟阳,莽曰乐信。③南宫,莽曰序下。下博,莽曰闰博。④武邑,莽曰顺桓。观津,莽曰朔定亭。⑤高隄,⑥广川,⑦乐乡,侯国。莽曰乐丘。平隄,侯国。桃,莽曰桓分。西梁,侯国。昌成,侯国。东昌,侯国。莽曰田昌。脩。莽曰脩治。⑧

①应劭曰:“明帝更名乐安。安帝改曰安平。”

②师古曰:“阚骃云其地有扶泽,泽中多柳,故曰扶柳。”

③师古曰:“辟音珪璧。”

④应劭曰:“博水出中山望都,入河。”

⑤师古曰:“观音工唤反。”

⑥师古曰:“隄音丁奚反。”

⑦师古曰:“阚骃云其县中有长河为流,故曰广川也。至隋仁寿元年,初立炀帝为皇太子,以避讳故,改为长河县,至今为名。”

⑧师古曰:“脩音条。”

河间国,故赵,文帝二年别为国。莽曰朔定。①户四万五千四十三,口十八万七千六百六十二。县四:乐成,虖池别水首受虖池河,东至东光入虖池河。莽曰陆信。候井,武隧,莽曰桓隧。②弓高。虖池别河首受虖池河,东至平舒入海。莽曰乐成。

①应劭曰:“在两河之间。”

②师古曰:“隧音遂。”

广阳国，高帝燕国，昭帝元凤元年为广阳郡，宣帝本始元年更为国。莽曰广有。户二万七百四十，口七万六百五十八。县四：蓟，故燕国，召公所封。莽曰伐戎。方城，广阳，阴乡。莽曰阴顺。

甾川国，故齐，文帝十八年别为国。后并北海。户五万二百八十九，口二十二万七千三十一。县三：剧，义山，蕤水所出，北至寿光入海。莽曰俞。①东安平，菟头山，女水出，东北至临甾入钜定。②楼乡。

①应劭曰："故肥国，今肥亭是。"

②孟康曰："纪季以酅入于齐，今酅亭是也。"师古曰："阚骃云博陵有安平，故此加东。酅音携。"

胶东国，故齐，高帝元年别为国，五月复属齐国，文帝十六年复为国。莽曰郁秩。户七万二千二，口三十二万三千三百三十一。县八：即墨，有天室山祠。莽曰即善。昌武，下密，有三石山祠。①壮武，莽曰晓武。郁秩，有铁官。挺，②观阳，③邹卢。莽曰始斯。

①应劭曰："密水出高密。"

②师古曰："挺音徒鼎反。"

③应劭曰："在观水之阳。"师古曰："观音工唤反。"

高密国，故齐，文帝十六年别为胶西国，宣帝本始元年更为高密国。户四万五百三十一，口十九万二千五百三十六。县五：高密，莽曰章牟。昌安，石泉，莽曰养信。夷安，莽曰原亭。①成乡。莽曰顺成。

①应劭曰："故莱夷维邑。"

城阳国，故齐。文帝二年别为国。莽曰莒陵。属兖州。户五万六千六百四十二，口二十万五千七百八十四。县四：莒，故国，盈姓，三十世为楚所灭。少昊后。有铁官。莽曰莒陵。阳都，①东安，虑。莽曰著善。

①应劭曰："齐人迁阳，故阳国是。"

淮阳国，高帝十一年置。莽曰新平。属兖州。①户十三万五千五百四十四，口九十八万一千四百二十三。县九：陈，故国。舜后，胡公所封，为楚所灭。楚顷襄王自郢徙此。莽曰陈陵。苦，莽曰赖陵。②阳夏，③宁平，扶沟，涡水首受狼汤渠，东至向入淮，过郡三，行千里。④固始，⑤圉，新平，柘。

①孟康曰："孝明帝更名陈国。"

②师古曰："《晋太康地记》云城东有赖乡祠，老子所生地。"

③应劭曰："夏音贯。"

④师古曰："狼音浪。汤音徒浪反。涡音戈，又音瓜。"

⑤师古曰："本名寝丘，楚令尹孙叔敖所封地。"

梁国，故秦砀郡，高帝五年为梁国。莽曰陈定。属豫州。①户三万八千七百九，口十万六千七百五十二。县八：砀，山出文石。莽曰节砀。②甾，故戴国。莽曰嘉穀。③杼秋，莽曰予秋。④蒙，获水首受甾获渠，东北至彭城入泗，过郡五，行五百五十里。莽曰蒙恩。已氏，莽曰已善。虞，莽曰陈定亭。下邑，莽曰下洽。睢阳。故宋国，微子所封。《禹贡》盟诸泽在东北。⑤

①师古曰："以有砀山，故名砀郡。"

②应劭曰："砀山在东。"师古曰："砀，文石也，其山出焉，故以名县。砀音唐，又音徒浪反。"

③应劭曰："章帝改曰考城。"

④师古曰："杼音食汝反。"

⑤师古曰："睢音虽。"

东平国，故梁国，景帝中六年别为济东国，武帝元鼎元年为大河郡，宣帝甘露二年为东平国。莽曰有盐。属兖州。户十三万一千七百五十三，口六十万七千九百七十六。有铁官。县七：无盐，有郈乡。莽曰有盐亭。①任城，故任国，太昊后，风姓。莽曰延就亭。东平陆，②富城，莽曰成富。章，亢父，诗亭，故诗国。莽曰顺父。③樊。

①师古曰："郈音后。"

②应劭曰："古厥国，今有厥亭是。"

③师古曰："音抗甫。"

鲁国，故秦薛郡，高后元年为鲁国。属豫州。户十一万八千四十五，口六十万七千三百八十一。县六：鲁，伯禽所封。户五万二千。有铁官。卞，泗水西南至方与入沛，过郡三，行五百里，青州川。①汶阳，莽曰汶亭。②蕃，南梁水西至胡陵入沛渠。③驺，故邾国，曹姓，二十九世为楚所灭。峄山在北。莽曰驺亭。④薛。夏车正奚仲所国，后迁于邳，汤相仲虺居之。

①师古曰："即《春秋》僖十七年夫人姜氏会齐侯于卞者也。方与音房豫。"

②应劭曰："《诗》曰'汶水汤汤'。"师古曰："汶音问。即《左传》所云公赐季友汶阳之田者也。"

③应劭曰："邾国也，音皮。"师古曰："白褒云陈蕃之子为鲁相，国人为讳，改曰皮。此说非也。郡县之名，土俗各有别称，不必皆依本字。"

④应劭曰："邾文公卜迁于峄者也。音驿。"

楚国，高帝置，宣帝地节元年更为彭城郡，黄龙元年复故。莽曰和乐。属徐州。户十一万四千七百三十八，口四十九万七千八百四。县七：彭城，古彭祖国。户四万一百九十六。有铁官。留，梧，莽曰吾治。傅阳，故偪阳国。莽曰辅阳。①吕，武原，莽曰和乐亭。甾丘。莽曰善丘。

①师古曰："偪音福。《左氏传》所云偪阳妘姓者也。"

泗水国，故东海郡，武帝元鼎四年别为泗水国。莽曰水顺。户二万五千二十五，口十一万九千一百一十四。县三：凌，莽曰生夌。①泗阳，莽曰淮平亭。于。莽曰于屏。

①应劭曰："凌水所出，(入淮南)〔南入淮〕。"[19]

广陵国，高帝六年属荆州，十一年更属吴，景帝四年更名江都，武帝元狩三年更名广陵。莽曰江平。属徐州。户三万六千七百七十三，口十四万七百二十二。有铁官。县四：广陵，江都易王非、广陵厉王胥皆都此，并得鄣郡，而不得吴。莽曰安定。江都，有江水祠。渠水首受江，北至射阳入湖。高邮，平安。莽曰杜乡。

六安国，故楚，高帝元年别为衡山国，五年属淮南，文帝十六年复为衡山，武帝元狩二年别为六安国。莽曰安风。户三万八千三百四十五，口十七万八千六百一十六。县五：六，故国，皋繇后，偃姓，为楚所灭。如谿水首受沘，东北至寿春入芍陂。①蓼，故国，皋繇后，为楚所灭。安丰，《禹贡》大别山在西南。莽曰美丰。安风，莽曰安风亭。阳泉。

①师古曰："沘音匕，又音鄙。芍音鹊。"

长沙国。秦郡，高帝五年为国。莽曰填蛮。属荆州。户四万三千四百七十，口二十三万五千八百二十五。县十三：临湘，莽曰抚睦。①罗，②连道，益阳，湘山在北。③下隽，莽曰闰隽。④（收）〔攸〕，[20]𨟻，⑤承阳，⑥湘南，《禹贡》衡山在东南，荆州山。昭陵，荼陵，泥水西入湘，行七百里。莽曰声乡。⑦容陵，安成。庐水东至庐陵入湖汉。莽曰思成。

①应劭曰："湘水出零山。"

②应劭曰："楚文王徙罗子自枝江居此。"师古曰："盛弘之《荆州记》云县北带汨水，水原出豫章艾县界，西流注湘。沿汨西北去县三十里，名为屈潭，屈原自沉处。"

③应劭曰："在益水之阳。"

④师古曰："隽音字兖反，又音辞兖反。"

⑤孟康曰："音铃。"

⑥应劭曰："承水之阳。"师古曰："承水原出零陵永昌县界，东流注湘也。承音丞。"

⑦师古曰："荼音弋奢反，又音丈加反。"

本秦京师为内史，①分天下作三十六郡。汉兴，以其郡（大）〔太〕大，[21]稍复开置，又立诸侯王国。武帝开广三边。故自高祖增二十六，文、景各六，武帝二十八，昭帝一，讫于孝平，凡郡国一百三，县邑千三百一十四，道三十二，侯国二百四十一。地东西九千三百二里，南北万三千三百六十八里。提封田一万万四千五百一十三万六千四百五顷，②其一万万二百五十二万八千八百八十九顷，邑居道路，山川林泽，群不可垦，其三千二百二十九万九百四十七顷，可垦不可垦，定垦田八百二十七万五百三十六顷。民户千二百二十三万三千六十二，口五千九百五十九万四千九百七十八。汉极盛矣。

①师古曰："京师，天子所都畿内也。秦并天下，改立郡县，而京畿所统，特号内史，言其在内，以别于诸郡守也。"

②师古曰："提封者，大举其封疆也。"

凡民函五常之性，①而其刚柔缓急，音声不同，系水土之风气，故谓之风；好恶取舍，动静亡常，②随君上之情欲，故谓之俗。孔子曰："移风易俗，莫善于乐。"③言圣王在上，统理人伦，必移其本，而易其末，此混同天下一之虖中和，然后王教成也。汉承百(年)〔王〕之末，[22]国土变改，民人迁徙，成帝时刘向略言其(域)〔地〕分，[23]丞相张禹使属颍川朱赣条其风俗，犹未宣究，故辑而论之，④终其本末著于篇。

①师古曰："函，苞也，读与含同。"

②师古曰："好音呼到反。恶音一故反。"

③师古曰："《孝经》载孔子之言。"

④师古曰："辑与集同。"

秦地，于天官东井、舆鬼之分壄也。其界自弘农故关以西，京兆、扶风、冯翊、北地、上郡、西河、安定、天水、陇西，南有巴、蜀、广汉、犍为、武都，西有金城、武威、张掖、酒泉、敦煌，又西南有牂柯、越巂、益州，皆宜属焉。

秦之先曰柏益，出自帝颛顼，尧时助禹治水，为舜朕虞，养育草木鸟兽，赐姓嬴氏，①历夏、殷为诸侯。至周有造父，②善驭习马，得华骝、绿耳之乘，③幸于穆王，封于赵城，故更为赵氏。后有非子，为周孝王养马汧、渭之间。孝王曰："昔伯益知禽兽，子孙不绝。"乃封为附庸，邑之于秦，今陇西秦亭秦谷是也。至玄孙，氏为庄公，④破西戎，有其地。子襄公时，幽王为犬戎所败，平王东迁雒邑。襄公将兵救周有功，赐受郊、酆之地，列为诸侯。⑤后八世，穆公称伯，以河为竟。⑥十馀世，孝公用商君，制辕田，⑦开仟伯，⑧东雄诸侯。子惠公初称王，得上郡、西河。孙昭王开巴蜀，灭周，取九鼎。昭王曾孙政并六国，称皇帝，负力怙威，燔书坑儒，自任私智。至子胡亥，天下畔之。

①师古曰："伯益一号伯翳，盖翳益声相近故也。"

②师古曰："造音(于)〔千〕到反。[24]父读曰甫。"

③师古曰："华骝，言其色如华之赤也。绿耳，耳绿色。"

④师古曰："氏与是同，古通用字。"

⑤师古曰："郊亦岐字。"

⑥师古曰:"伯读曰霸。竟读曰境,言其地界东至于河。"

⑦张晏曰:"周制三年一易,以同美恶,商鞅始割列田地,开立阡陌,令民各有常制。"孟康曰:"三年爰土易居,古制也,末世侵废。商鞅相秦,复立爰田,上田不易,中田一易,下田再易,爰自在其田,不复易居也。《食货志》曰'自爰其处而已'是也。辕爰同。"

⑧师古曰:"南北曰仟,东西曰伯,皆谓开田之疆亩也。伯音莫白反。"

故秦地于《禹贡》时跨雍、梁二州,《诗》《风》兼秦、豳两国。昔后稷封斄,①公刘处豳,②大王徙郊,③文王作酆,④武王治镐,⑤其民有先王遗风,好稼穑,务本业,故《豳诗》言农桑衣食之本甚备。⑥有鄠、杜竹林,南山檀柘,号称陆海,为九州膏腴。⑦始皇之初,郑国穿渠,引泾水溉田,⑧沃野千里,⑨民以富饶。汉兴,立都长安,徙齐诸田,楚昭、屈、景及诸功臣家于长陵。后世世徙吏二千石、高訾富人及豪桀并兼之家于诸陵。⑩盖亦以强干弱支,非独为奉山园也。⑪是故五方杂厝,⑫风俗不纯。其世家则好礼文,富人则商贾为利,豪桀则游侠通奸。濒南山,⑬近夏阳,⑭多阻险轻薄,易为盗贼,常为天下剧。又郡国辐凑,浮食者多,民去本就末,列侯贵人车服僭上,众庶放效,羞不相及,⑮嫁娶尤崇侈靡,送死过度。

①师古曰:"斄读曰邰,今武功故城是也。"

②师古曰:"即今豳州栒邑是。"

③师古曰:"今岐山县是。"

④师古曰:"今长安西北界灵台乡丰水上是。"

⑤师古曰:"今昆明池北镐陂是。"

⑥师古曰:"谓《七月》之诗。"

⑦师古曰:"言其地高陆而饶物产,如海之无所不出,故云陆海。腹之下肥曰腴,故取谕云。"

⑧师古曰:"郑国,人姓名。事具在《沟洫志》。"

⑨师古曰:"沃即溉也,言千里之地皆得溉灌。"

⑩师古曰:"訾读与赀同。高訾,言多财也。"

⑪如淳曰:"《黄图》谓陵冢为山。"师古曰:"谓京师为干,四方为支也。"

⑫晋灼曰："厝，古错(反)〔字〕。"[25]

⑬师古曰："濒犹边。濒音频，又音宾。"

⑭师古曰："夏阳即河之西岸也，今在同州韩城县界。"

⑮师古曰："放，依也，音甫往反。"

天水、陇西，山多林木，民以板为室屋。及安定、北地、上郡、西河，皆迫近戎狄，修习战备，高上气力，以射猎为先。故《秦诗》曰"在其板屋"；①又曰"王于兴师，修我甲兵，与子偕行"。②及《车辚》、《四载》、《小戎》之篇，皆言车马田狩之事。③汉兴，六郡良家子选给羽林、期门，④以材力为官，名将多出焉。孔子曰："君子有勇而亡谊则为乱，小人有勇而亡谊则为盗。"⑤故此数郡，民俗质木，不耻寇盗。⑥

①师古曰："《小戎》之诗也。言襄公出征，则妇人居板屋之中而念其君子。"

②师古曰："《无衣》之诗也。言于王之兴师，则修我甲兵，而与子俱征伐也。"

③师古曰："《车辚》，美秦仲大有车马。其诗曰'有车辚辚，有马白颠'。《四载》，美襄公田狩也。其诗曰'四驖孔阜，六辔在手'，'辅车鸾镳，载猃猲獢'。《小戎》，美襄公备兵甲，讨西戎。其诗曰'小戎俴收，五楘良辀'，'文茵畅毂，驾我骐馵'，'龙盾之合，鋈以觼軜'。辚音邻。载音耋。辅音犹，又音诱。猃音力赡反。獢音许昭反。俴音践。楘音木。馵音霔。鋈音沃。觼音玦。軜音纳。"

④如淳曰："医、商贾、百工不得豫也。"师古曰："六郡谓陇西、天水、安定、北地、上郡，西河。羽林、期门，解在《百官公卿表》。"

⑤师古曰："《论语》载孔子对子路之言也。"

⑥师古曰："质木者，无有文饰，如木石然。"

自武威以西，本匈奴昆邪王、休屠王地，①武帝时攘之，②初置四郡，以通西域，鬲绝南羌、匈奴。③其民或以关东下贫，或以报怨过当，④或以誖逆亡道，家属徙焉。⑤习俗颇殊，地广民稀，水屮宜畜牧，⑥(古)〔故〕凉州之畜当为天下饶。[26]保边塞，二千石治之，咸以兵马为务；酒礼之会，上下通焉，吏民相亲。是以其俗风雨时节，谷籴常贱，少盗贼，有和气之应，贤于内郡。此政宽厚，吏不苛刻之所致也。

①师古曰："昆音下门反。休音许虬反。屠音除。"

②师古曰："攘，却也，音人羊反。"

③师古曰："鬲与隔同。"

④师古曰："过其本所杀。"

⑤师古曰："誖，乱也，惑也，音布内反。"

⑥师古曰："屮，古草字。"

巴、蜀、广汉本南夷，秦并以为郡，土地肥美，有江水沃野，山林竹木疏食果实之饶。①南贾滇、僰僮，②西近邛、莋马旄牛。③民食稻鱼，亡凶年忧，俗不愁苦，而轻易淫泆，柔弱褊阸。④景、武间，文翁为蜀守，教民读书法令，未能笃信道德，反以好文刺讥，贵慕权势。及司马相如游宦京师诸侯，以文辞显于世，乡党慕循其迹。后有王褒、严遵、扬雄之徒，⑤文章冠天下。繇文翁倡其教，相如为之师，⑥故孔子曰："有教亡类。"⑦

①师古曰："疏，菜也。"

②师古曰："言滇、莋之地多出僮隶也。滇音颠。莋音蒲北反。"

③师古曰："言邛、莋之地出马及旄牛，莋音材各反。"

④师古曰："言其材质不强，而心忿陿。"

⑤师古曰："遵即严君平。"

⑥师古曰："繇读与由同。倡，始也，音充向反。"

⑦师古曰："《论语》载孔子之言。言人之性术在所教耳，无种类。"

武都地杂氐、羌，及犍为、牂柯、越嶲，皆西南外夷，武帝初开置。民俗略与巴、蜀同，而武都近天水，俗颇似焉。

故秦地天下三分之一，而人众不过什三，然量其富居什六。(秦豳)吴札观乐，为之歌《秦》，①[27]曰："此之谓夏声。②夫能夏则大，大之至也，其周旧乎？"

①师古曰："札，吴王寿梦子也，来聘鲁而请观周乐。事见《左氏传》襄二十九年。"

②师古曰："夏，中国。"

自井十度至柳三度，谓之鹑首之次，秦之分也。

魏地，觜觿、参之分野也。①其界自高陵以东，尽河东、河内，南有陈留及汝南之召陵、隐彊、新汲、西华、长平，②颍川之舞阳、郾、许、傿陵，③河南之开封、中牟、阳武、酸枣、卷，④皆魏分也。

①师古曰："觿音弋随反。"

②师古曰："召读曰邵。隐音于靳反，又音殷。"

③师古曰："郾音一扇反。傿音偃。"

④师古曰："卷音去权反。"

河内本殷之旧都，周既灭殷，分其畿内为三国，《诗》《风》邶、庸、卫国是也。①鄁，以封纣子武庚；庸，管叔尹之；卫，蔡叔尹之：以监殷民，谓之三监。②故《书序》曰"武王崩，三监畔"，③周公诛之，尽以其地封弟康叔，号曰孟侯，④以夹辅周室；迁邶、庸之民于雒邑，故邶、庸、卫三国之诗相与同风。《邶诗》曰"在浚之下"，⑤《庸》曰"在浚之郊"；⑥《邶》又曰"亦流于淇"，⑦"河水洋洋"，⑧《庸》曰"送我淇上"，⑨"在彼中河"，⑩《卫》曰"瞻彼淇奥"，⑪"河水洋洋"。⑫故吴公子札聘鲁观周乐，闻《邶》、《庸》、《卫》之歌，曰："美哉渊乎！吾闻康叔之德如是，是其《卫风》乎？"至十六世，懿公亡道，为狄所灭。齐桓公帅诸侯伐狄，而更封卫于河南曹、楚丘，是为文公。⑬而河内殷虚，更属于晋。⑭康叔之风既歇，而纣之化犹存，故俗刚强，多豪桀侵夺，薄恩礼，好生分。⑮

①师古曰："自纣城而北谓之邶，南谓之庸，东谓之卫。邶音步内反，字或作鄁。庸字或作鄘。"

②师古曰："武庚即禄父也。尹，主也。管叔、蔡叔皆武王之弟。"

③师古曰："《周书》《大诰》之序。"

④师古曰："康叔亦武王弟也。孟，长也。言为诸侯之长。"

⑤师古曰："《凯风》之诗也。浚，卫邑也，音峻。"

⑥师古曰："《干旄》之诗。"

⑦师古曰："《泉水》之诗。"

⑧师古曰："今《邶诗》无此句。"

⑨师古曰："《桑中》之诗。淇上，淇水之上。"

⑩师古曰："《柏舟》之诗也。中河，河中也。"

⑪师古曰:"《淇奥》之诗也。奥,水隈也,音于六反。"

⑫师古曰:"《硕人》之诗也。洋洋,盛大也,音羊,又音翔。"

⑬师古曰:"曹及楚丘,二邑名。"

⑭师古曰:"殷虚,汲郡朝歌县也。虚读曰墟。"

⑮师古曰:"生分,谓父母在而昆弟不同财产。"

河东土地平易,有盐铁之饶,本唐尧所居,《诗》《风》唐、魏之国也。周武王子唐叔在母未生,①武王梦帝谓己②曰:"余名而子曰虞,将与之唐,属之参。"③及生,名之曰虞。至成王灭唐,而封叔虞。唐有晋水,及叔虞子燮为晋侯云,故参为晋星。其民有先王遗教,君子深思,小人俭陋。故《唐诗》《蟋蟀》、《山枢》、《葛生》之篇曰"今我不乐,日月其迈";④"宛其死矣,它人是媮";⑤"百岁之后,归于其居"。⑥皆思奢俭之中,念死生之虑。⑦吴札闻《唐》之歌,曰:"思深哉!其有陶唐氏之遗民乎?"

①师古曰:"谓怀孕时。"

②师古曰:"帝,天也。"

③师古曰:"属音之欲反。参音所林反。"

④师古曰:"《蟋蟀》之诗也。迈,行也。言日月行往,将老而死也。蟋音悉,蟀音率。"

⑤师古曰:"《山有枢》之诗也。媮,乐也。言己俭吝,死亡之后当为它人所乐也。媮音愉,又音偷,枢音瓯。"

⑥师古曰:"《葛生》之诗也。居谓坟墓也。言死当归于坟墓,不能复为乐也。"

⑦师古曰:"中音竹仲反。"

魏国,亦姬姓也,在晋之南河曲,故其诗曰"彼汾一曲",①"寘诸河之侧"。②自唐叔十六世至献公,灭魏以封大夫毕万,③灭耿以封大夫赵夙,④及大夫韩武子食采于韩原,⑤晋于是始大。至于文公,伯诸侯,尊周室,⑥始有河内之土。⑦吴札闻《魏》之歌,曰:"美哉沨沨乎!⑧以德辅此,则明主也。"文公后十六世为韩、魏、赵所灭,三家皆自立为诸侯,是为三晋。赵与秦同祖,韩、魏皆姬姓也。自毕万后十世称侯,至孙称王,徙都大梁，故魏一号为梁，七世为秦所灭。

①师古曰："《汾沮洳》之诗。沮音子豫反。洳音人豫反。"

②师古曰："《伐檀》之诗。寘，置也，音之豉反。"

③师古曰："毕万，毕公高之后，魏犨祖父。"

④师古曰："赵夙，赵衰之兄。"

⑤师古曰："韩武子，韩厥之曾祖也，本与周同姓，食采于韩，更为韩氏。此说依《史记》，而与释《春秋传》者不同。"

⑥师古曰："伯读曰霸。"

⑦师古曰："《左氏传》所谓'始启南阳'者。"

⑧师古曰："沨沨，浮貌也。言其中庸，可与为善，可与为恶也。沨音冯。"

周地，柳、七星、张之分野也。今之河南雒阳、穀成、平阴、偃师、巩、缑氏，是其分也。

昔周公营雒邑，以为在于土中，诸侯蕃屏四方，①故立京师。至幽王淫褒姒，以灭宗周，子平王东居雒邑。其后五伯更帅诸侯以尊周室，②故周于三代最为长久。八百馀年至于赧王，乃为秦所兼。初雒邑与宗周通封畿，③东西长而南北短，短长相覆为千里。至襄王以河内赐晋文公，又为诸侯所侵，故其分墬小。④

①师古曰："言雒阳四面皆有诸侯为蕃屏。"

②师古曰："伯读曰霸。解在《刑法志》。更，互也，音工衡反。"

③韦昭曰："通在二封之地，共千里也。"师古曰："宗周，镐京也，方八百里，八八六十四，为方百里者六十四也。雒邑，成周也，方六百里，六六三十六，为方百里者三十六。(三)〔二〕都得百里者〔百〕，方千里也。[28]故《诗》云'邦畿千里'。"

④师古曰："墬，古地字。"

周人之失，巧伪趋利，贵财贱义，高富下贫，憙为商贾，不好仕宦。①

①师古曰："憙音许吏反。"

自柳三度至张十二度，谓之鹑火之次，周之分也。

韩地，角、亢、氐之分野也。韩分晋得南阳郡及颍川之父城、定陵、襄城、颍阳、颍阴、长社、阳翟、郏，① 东接汝南，西接弘农得新安、宜阳，皆韩分也。及《诗风》陈、郑之国，与韩同星分焉。

①师古曰："郏音工洽反，即今郏城县是也。"

郑国，今河南之新郑，本高辛氏火正祝融之虚也。① 及成皋、荥阳，颍川之崇高、阳城，皆郑分也。本周宣王弟友为周司徒，食采于宗周畿内，是为郑。② 郑桓公问于史伯曰："王室多故，何所可以逃死？"史伯曰："四方之国，非王母弟甥舅则夷狄，不可入也，其济、洛、河、颍之间乎！③ 子男之国，虢、会为大，④ 恃势与险，密侈贪冒，⑤ 君若寄帑与贿，周乱而敝，必将背君；⑥ 君以成周之众，奉辞伐罪，亡不克矣。"公曰："南方不可乎？"对曰："夫楚，重黎之后也，黎为高辛氏火正，昭显天地，以生柔嘉之材。姜、嬴、荆、芈，实与诸姬代相干也。⑦ 姜，伯夷之后也；嬴，伯益之后也。伯夷能礼于神以佐尧，伯益能仪百物以佐舜，⑧ 其后皆不失祠，而未有兴者，周衰将起，不可偪也。"桓公从其言，乃东寄帑与贿，虢、会受之。后三年，幽王败，(威)〔桓〕公死，[29] 其子武公与平王东迁，卒定虢、会之地，右雒左(沛)〔泲〕，[30] 食溱、洧焉。⑨ 土陿而险，山居谷汲，男女亟聚会，⑩ 故其俗淫。《郑诗》曰："出其东门，有女如云。"⑪ 又曰："溱与洧方灌灌兮，士与女方秉菅兮。""恂盱且乐，惟士与女，伊其相谑。"⑫ 此其风也。吴札闻《郑》之歌，曰："美哉！其细已甚，民弗堪也。是其先亡乎？"⑬ 自武公后二十三世。为韩所灭。

①师古曰："虚读曰墟。后皆类此。"

②师古曰："即今之华阴郑县。"

③师古曰："济音子礼反。"

④师古曰："会读曰郐，字或作桧。桧国在豫州外方之北，荥播之南，溱、洧之间，妘姓之国。"

⑤师古曰："冒，蒙也，蔽于义理。"

⑥师古曰："帑读与孥同，谓妻子也。"

⑦师古曰："代，递也。干，犯也。"

⑧师古曰："仪与宜同。宜，安也。"

⑨师古曰："溱、洧，二水也。溱音臻。洧音鲔。"

⑩师古曰："亟，屡也，音丘吏反。"

⑪师古曰："《出其东门》之诗。东门，郑之东门也。如云，言其众多而往来不定。"

⑫师古曰："《溱洧》之诗也。灌灌，水流盛也。菅，兰也。恂，信也。盱，大也。伊，惟也。谑，戏言也。谓仲春之月，二水流盛，而士与女执芳草于其间，以相赠遗，信大乐矣，惟以戏谑也。灌音胡贯反。菅音奸。"

⑬臣瓒曰："谓音声细弱也，此衰弱之征。"

陈国，今淮阳之地。陈本太昊之虚，周武王封舜后妫满于陈，是为胡公，妻以元女大姬。妇人尊贵，好祭祀，用史巫，故其俗巫鬼。《陈诗》曰："坎其击鼓，宛丘之下，亡冬亡夏，值其鹭羽。"① 又曰："东门之枌，宛丘之栩，子仲之子，婆娑其下。"② 此其风也。吴札闻《陈》之歌，曰："国亡主，其能久乎！"③ 自胡公后二十三世为楚所灭。陈虽属楚，于天文自若其故。

①师古曰："《宛丘》之诗也。坎坎，击鼓声，四方高，中央下，曰宛丘。值，立也。鹭鸟之羽以为翿，立之而舞，以事神也。无冬无夏，言其恒也。"

②师古曰："《东门之枌》之诗也。东门，陈国之东门也。枌，白榆也。栩，杼也。子仲，陈大夫之氏也。婆娑。舞貌也。亦言于枌栩之下歌舞以娱神也。枌音扶云反。栩音许羽反。杼音神汝反。"

③师古曰："言政由妇人，不以君为主也。"

颍川、南阳，本夏禹之国。夏人上忠，其敝鄙朴。韩自武子后七世称侯，六世称王，五世而为秦所灭。秦既灭韩，徙天下不轨之民于南阳，① 故其俗夸奢，上气力，好商贾渔猎，藏匿难制御也。宛，西通武关，东受江、淮，一都之会也。宣帝时，郑弘、召信臣为南阳太守，② 治皆见纪。信臣劝民农桑，去末归本，郡以殷富。颍川，韩都。士有申子、韩非刻害馀烈，③ 高(士)〔仕〕宦，[31] 好文法，民以贪遴争讼生分为失。④ 韩延寿为太守，先之以敬让；黄霸继之，教化大行，狱或八年亡重罪囚。南阳好商贾，召父富以本业；⑤ 颍川好争讼分异，黄、韩化以笃厚。"君子之德风也，小人之德草也”，信矣。⑥

①师古曰：“不轨，不循法度者。”

②师古曰：“召读曰邵。”

③师古曰：“申子，申不害也。烈，业也。”

④师古曰：“遴与吝同。”

⑤师古曰：“召父，谓召信臣也。劝其务农以致富。”

⑥师古曰：“《论语》载孔子之言也。曰‘君子之德风，小人之德草也，草上之风必偃’。言从教而化。”

自东井六度至亢六度，谓之寿星之次，郑之分野，与韩同分。

赵地，昴、毕之分壄。赵分晋，得赵国。北有信都、真定、常山、中山，又得涿郡之高阳、鄚、州乡；①东有广平、钜鹿、清河、河间，又得渤海郡之东平舒、中邑、文安、束州、成平、章武，河以北也；南至浮水、繁阳、内黄、斥丘；西有太原、定襄、云中、五原、上党。上党，本韩之别郡也，远韩近赵，后卒降赵，皆赵分也。

①师古曰：“鄚音莫。”

自赵夙后九世称侯，四世敬侯徙都邯郸，至曾孙武灵王称王，五世为秦所灭。

赵、中山地薄人众，犹有沙丘纣淫乱馀民，①丈夫相聚游戏，悲歌慷慨，起则椎剽掘冢，②作奸巧，多弄物，为倡优。女子弹弦跕躧，游媚富贵，遍诸侯之后宫。③

①晋灼曰：“言地薄人众，犹复有沙丘纣淫地馀民。通系之于淫风而言之也，不说沙丘在中山也。”

②师古曰：“椎杀人而剽劫之也。椎音直追反，其字从木。剽音频妙反。掘冢，发冢也。”

③如淳曰：“跕音蹀足之蹀。躧音屣。”臣瓒曰：“蹑跟为跕，挂指为躧。”师古曰：“跕音它颊反。躧字与屣同。屣谓小履之无跟者也。跕谓轻蹑之也。”

邯郸北通燕、涿，南有郑、卫，漳、河之间一都会也。其土广俗杂，大率精急，高气势，轻为奸。

太原、上党又多晋公族子孙，以诈力相倾，矜夸功名，报仇过直，[①]嫁取送死奢靡。[②]汉兴，号为难治，常择严猛之将，或任杀伐为威。父兄被诛，子弟怨愤，至告讦刺史二千石，[③]或报杀其亲属。

①师古曰："直，亦当也。"

②师古曰："取读曰娶。其下并同。"

③师古曰："讦，面相斥罪也，音居列反，又音居谒反。"

钟、代、石、北，迫近胡寇，[①]民俗懻忮，[②]好气为奸，不事农商，自全晋时，已患其剽悍，[③]而武灵王又益厉之。故冀州之部，盗贼常为它州剧。

①如淳曰："钟，所在未闻。石，山险之限，在上曲阳。"

②臣瓒曰："懻音冀，今北土名强直为懻中。"师古曰："懻，坚也。忮，恨也，音章跂反。"

③师古曰："剽，急也，轻也。悍，勇也。剽音频妙反，又音疋妙反。悍音胡旦反。"

定襄、云中、五原，本戎狄地，颇有赵、齐、卫、楚之徙。[①]其民鄙朴，少礼文，好射猎。雁门亦同俗，于天文别属燕。

①师古曰："言四国之人被迁徙来居之。"

燕地，尾、箕分壄也。武王定殷，封召公于燕，其后三十六世与六国俱称王。东有渔阳、右北平、辽西，辽东，西有上谷、代郡、雁门，南得涿郡之易、容城、范阳、北新城、故安、涿县、良乡、新昌，及勃海之安次，皆燕分也。乐浪、玄菟，亦宜属焉。

燕称王十世，秦欲灭六国，燕王太子丹遣勇士荆轲西刺秦王，不成而诛，秦遂举兵灭燕。

蓟，南通齐、赵，勃、碣之间一都会也。[①]初太子丹宾养勇士，不爱后宫美女，民化以为俗，至今犹然。宾客相过，以妇侍宿，嫁取之夕，男女无别，反以为荣。后稍颇止，然终未改。其俗愚悍少虑，轻薄无威，亦有所长，敢于急人。②燕丹遗风也。

①师古曰："蓟县，燕之所都也。勃，勃海也。碣，碣石也。"

②如淳曰："赴人之急，果于赴难也。"

上谷至辽东，地广民希，数被胡寇，俗与赵、代相类，有鱼盐枣栗之饶。北隙乌丸、夫馀，①东贾真番之利。

①如淳曰："有怨隙也。或曰，隙，际也。"师古曰："训际是也。乌丸，本东胡也，为冒顿所灭，馀类保乌丸山，因以为号。夫馀在长城之北，去玄菟千里。夫读曰扶。"

玄菟、乐浪，武帝时置，皆朝鲜、濊貉、句骊蛮夷。①殷道衰，箕子去之朝鲜，②教其民以礼义，田蚕织作。乐浪朝鲜民犯禁八条：③相杀以当时偿杀；相伤以穀偿；相盗者男没入为其家奴，女子为婢，欲自赎者，人五十万。虽免为民，俗犹羞之，嫁取无所雠，④是以其民终不相盗，无门户之闭，妇人贞信不淫辟。⑤其田民饮食以笾豆，⑥都邑颇放效吏及内郡贾人，往往以杯器食。⑦郡初取吏于辽东，吏见民无闭臧，及贾人往者，夜则为盗，俗稍益薄。今于犯禁寖多，至六十馀条。可贵哉，仁贤之化也！然东夷天性柔顺，异于三方之外，⑧故孔子悼道不行，设浮于海，欲居九夷，有以也夫！⑨[32]乐浪海中有倭人，分为百馀国，以岁时来献见云。⑩

①师古曰："濊音秽，字或作薉，其音同。"

②师古曰："《史记》云'武王伐纣，封箕子于朝鲜'，与此不同。"

③师古曰："八条不具见。"

④师古曰："雠，匹也。一曰，雠读曰售。"

⑤师古曰："辟读曰僻。"

⑥师古曰："以竹曰笾，以木曰豆，若今之檠也。檠音其敬反。"

⑦师古曰："都邑之人颇用杯器者，效吏及贾人也。放音甫往反。"

⑧师古曰："三方，谓南、西、北也。"

⑨师古曰："《论语》称孔子曰：'道不行，乘桴浮于海，从我者其由也欤！'言欲乘桴筏而适东夷，以其国有仁贤之化可以行道也。桴音孚。筏音伐。"

⑩如淳曰："如墨委面，在带方东南万里。"臣瓒曰："倭是国名，不谓用墨，故谓

之委也。"师古曰："如淳云'如墨委面'，盖音委字耳，此音非也。倭音一戈反，今犹有倭国。《魏略》云倭在带方东南大海中，依山岛为国，度海千里，复有国，皆倭种。"

自危四度至斗六度，谓之析木之次，燕之分也。

齐地，虚、危之分壄也。东有甾川、东莱、琅邪、高密、胶东，南有泰山、城阳，北有千乘，清河以南，勃海之高乐、高城、重合、阳信，西有济南、平原，皆齐分也。

少昊之世有爽鸠氏，虞、夏时有季崱，①汤时有逢公柏陵，殷末有薄姑氏，皆为诸侯，国此地。至周成王时，薄姑氏与四国共作乱，成王灭之，以封师尚父，是为太公。②《诗风》齐国是也。临甾名营丘，故《齐诗》曰："子之营兮，遭我虖峱之间兮。"③又曰："竢我于著乎而。"④此亦其舒缓之体也。吴札闻《齐》之歌，曰："泱泱乎，大风也哉！⑤其太公乎？国未可量也"。

①师古曰："崱音仕力反。"

②师古曰："武王封太公于齐，初未得爽鸠之地，成王以益之也。"

③师古曰："《齐》《国风》《营》诗之辞也。《毛诗》作还，《齐诗》作营。之，往也。峱，山名也，字或作嶩，亦作巙，音皆乃高反。言往适营丘而相逢于峱山也。"

④师古曰："《齐》《国风》《著》诗之辞也。著，地名，即济南郡著县也。乎而，语助也。一曰，门屏之间曰著，音直庶反。"

⑤师古曰："泱泱，弘大之意也，音乌郎反。"

古有分土，亡分民。①太公以齐地负海舄卤，少五谷而人民寡，②乃劝以女工之业，通鱼盐之利，而人物辐凑。后十四世，桓公用管仲，设轻重以富国，③合诸侯成伯功，④身在陪臣而取三归。⑤故其俗弥侈，织作冰纨绮绣纯丽之物，⑥号为冠带衣履天下。⑦

①师古曰："有分土者，谓立封疆也。无分民者，谓通往来不常厥居也。"

②师古曰："舄卤，解在《食货志》。"

③师古曰："解在《食货志》。"

④师古曰："伯读曰霸。"

⑤师古曰："三归，三姓之女。"

⑥如淳曰："纨，白熟也。纯，缘也，谓绦组之属也。丽，好也。"臣瓒曰："冰纨，纨细密坚如冰者也。纯丽，温纯美丽之物也。"师古曰："如说非也。冰，谓布帛之细，其色鲜絜如冰者也。纨，素也。绮，文缯也，即今之所谓细绫也。纯，精好也。丽，华靡也。纨音丸。纯音淳。"

⑦师古曰："言天下之人冠带衣履，皆仰齐地。"

初太公治齐，修道术，尊贤智，赏有功，故至今其土多好经术，矜功名，舒缓阔达而足智。其失夸奢朋党，言与行缪，虚诈不情，①急之则离散，缓之则放纵。始桓公兄襄公淫乱。姑姊妹不嫁，于是令国中民家长女不得嫁，名曰"巫见"，为家主祠，嫁者不利其家，民至今以为俗。痛乎，道民之道，可不慎哉！②

①师古曰："不可得其情。"

②师古曰："上道读曰导。"

昔太公始封，周公问"何以治齐？"太公曰："举贤而上功。"周公曰："后世必有篡杀之臣。"其后二十九世为强臣田和所灭，而和自立为齐侯。初，和之先陈公子完有罪来奔齐，①齐桓公以为大夫，更称田氏。九世至和而篡齐，至孙威王称王，五世为秦所灭。

①师古曰："公子完，陈厉公之子也。《左氏传》鲁庄二十二年'陈人杀其太子御寇，公子完与颛孙奔齐'，盖御寇之党也。"

临甾，海、岱之间一都会也，其中具五民云。①

①服虔曰："士、农、商、工、贾也。"如淳曰："游子乐其俗，不复归，故有五方之民也。"师古曰："如说是。"

鲁地，奎、娄之分壄也。东至东海，南有泗水，至淮，得临淮之下相、睢陵、僮、取虑，皆鲁分也。①

①师古曰："睢音虽。取音趣，又音秋。虑音闾。"

周兴，以少昊之虚曲阜封周公子伯禽为鲁侯，①以为周公主。②其民有圣人之教化，故孔子曰“齐一变至于鲁，鲁一变至于道”，言近正也。③濒洙泗之水，④其民涉度，幼者扶老而代其任。⑤俗既益薄，长老不自安，与幼少相让，故曰：“鲁道衰，洙泗之间龂龂如也。”⑥孔子闵王道将废，乃修六经，以述唐虞三代之道，弟子受业而通者七十有七人。是以其民好学，上礼义，重廉耻。周公始封，太公问“何以治鲁？”周公曰：“尊尊而亲亲。”太公曰：“后世浸弱矣。”⑦故鲁自文公以后，禄去公室，政在大夫，季氏逐昭公，陵夷微弱，三十四世而为楚所灭。然本大国，故自为分壄。

①师古曰：“少昊，金天氏之（地）〔帝〕。”[33]

②师古曰：“主周公之祭祀。”

③师古曰：“鲁庶几至道，齐人不如鲁也。”

④师古曰：“言所居皆边于一水也。濒音频，又音宾。”

⑤师古曰：“任，负戴也。”

⑥师古曰：“龂龂，分辨之意也，音牛斤反。”

⑦师古曰：“言渐微弱也。”

今去圣久远，周公遗化销微，孔氏庠序衰坏。地陿民众，颇有桑麻之业，亡林泽之饶。俗俭啬爱财，趋商贾，好訾毁，多巧伪，①丧祭之礼文备实寡，然其好学犹愈于它俗。②

①师古曰：“以言相毁曰訾。訾音子尔反。”

②师古曰：“愈，胜也。”

汉兴以来，鲁东海多至卿相。东平、须昌、寿良，皆在济东，属鲁，非宋地也，当考。①

①师古曰：“当考者，言当更考核之，其事未审。”

宋地，房、心之分壄也。今之沛、梁、楚、山阳、济阴、东平及东郡之须昌、寿张，皆宋分也。

周封微子于宋，今之睢阳是也，本陶唐氏火正阏伯之虚也。济阴定陶,《诗风》曹国也。武王封弟叔振铎于曹,其后稍大,得山阳、陈留,二十馀世为宋所灭。

昔尧作游成阳,①舜渔靁泽,②汤止于亳,故其民犹有先王遗风,重厚多君子,好稼穑,恶衣食,以致畜藏。③

①如淳曰:"作,起也。成阳在定陶,今有尧冢灵台。"师古曰:"作游者,言为宫室游止之处也。"

②师古曰:"渔,捕鱼也。靁,古雷字。"

③师古曰:"畜读曰蓄。"

宋自微子二十馀世,至景公灭曹,灭曹后五世亦为齐、楚、魏所灭,参分其地。魏得其梁、陈留,齐得其济阴、东平,楚得其沛。故今之楚彭城,本宋也,《春秋经》曰:"围宋彭城"。宋虽灭,本大国,故自为分壄。

沛楚之失,急疾颛己,地薄民贫,①而山阳好为奸盗。

①师古曰:"颛与专同。急疾颛己,言性褊狭而自用。"

卫地,营室、东壁之分壄也。今之东郡及魏郡黎阳,河内之野王、朝歌,皆卫分也。

卫本国既为狄所灭,①文公徙封楚丘,三十馀年,子成公徙于帝丘。故《春秋经》曰"卫迁于帝丘",②今之濮阳是也。本颛顼之虚,故谓之帝丘。夏后之世,昆吾氏居之。成公后十馀世,为韩、魏所侵,尽亡其旁邑,独有濮阳。后秦灭濮阳,置东郡,徙之于野王。始皇既并天下,犹独置卫君,二世时乃废为庶人。凡四十世,九百年,最后绝,故独为分野。

①师古曰:"卫懿公为狄人所灭,事在《春秋》闵公二年。"

②师古曰:"迁,古迁字。"

卫地有桑间濮上之阻,①男女亦亟聚会,声色生焉。②故俗称郑卫之音。周末有子路、夏育,民人慕之,③故其俗刚武,上气力。汉兴,二千石治者亦以杀戮为威。宣帝时韩延寿为东郡太守,承圣恩,崇礼义,尊谏争，至今东郡号善为吏，延寿之化也。其失颇奢靡，嫁取送死过度，而野王好气任侠，有濮上风。

①师古曰："阻者，言其隐阸得肆淫僻之情也。"

②师古曰："亟，屡也，音丘吏反。"

③师古曰："子路，孔子弟子仲由也，性好勇。夏育亦古之壮士。皆卫人。"

楚地，翼、轸之分壄也。今之南郡、江夏、零陵、桂阳、武陵、长沙及汉中、汝南郡，尽楚分也。

周成王时，封文、武先师鬻熊之曾孙熊绎于荆蛮，为楚子，居丹阳。后十馀世至熊达，是为武王，寖以强大。①后五世至严王，总帅诸侯，观兵周室，并吞江、汉之间，内灭陈、鲁之国。后十馀世，顷襄王东徙于陈。

①师古曰："寖，渐也。"

楚有江汉川泽山林之饶；江南地广，或火耕水耨。民食鱼稻，以渔猎山伐为业，①果蓏蠃蛤，食物常足。②故呰窳媮生，而亡积聚，③饮食还给，不忧冻饿，④亦亡千金之家。信巫鬼，重淫祀。而汉中淫失枝柱，与巴蜀同俗。⑤汝南之别，皆急疾有气势。江陵，故郢都，西通巫、巴，东有云梦之饶，亦一都会也。

①师古曰："山伐，谓伐山取竹木。"

②师古曰："蠃音来戈反。蛤音阁，似蜯而圜。"

③应劭曰："呰，弱也。言风俗朝夕取给媮生而已，无长久之虑也。"如淳曰："呰或作訾，音紫。窳音庾。"晋灼曰："呰，病也。窳，惰也。"师古曰："诸家之说皆非也。呰，短也。窳，弱也。言短力弱材不能勤作，故朝夕取给而无储偫也。如音是也。"

④师古曰："还，及也，言常相及而给足也。"

⑤师古曰："失读曰泆。柱音竹甫反。枝柱，言意相节却，不顺从也。"

吴地，斗分壄也。今之会稽、九江、丹阳、豫章、庐江、广陵、六安、临淮郡，尽吴分也。

殷道既衰，周大王亶父兴郊梁之地，长子大伯，次曰仲雍，少曰公季。公季有圣子昌，大王欲传国焉。大伯、仲雍辞行采药，遂奔荆蛮，公季嗣位，至昌为西伯，受命而王。故孔子美而称曰："大伯，可谓至德也已矣！三以天下让，民无得而称焉。"谓"虞仲夷逸，隐居放言，身中清，废中权。"①大伯初奔荆蛮，荆蛮归之，号曰句吴。②大伯卒，仲雍立，至曾孙周章，而武王克殷，因而封之。又封周章弟中于河北，是为北吴，③后世谓之虞，十二世为晋所灭。后二世而荆蛮之吴子寿梦盛大称王。其少子则季札，有贤材。兄弟欲传国，札让而不受。自（大伯）寿梦称王六世，〔34〕阖庐举伍子胥、孙武为将，战胜攻取，兴伯名于诸侯。④至子夫差，诛子胥，用宰嚭，⑤为粤王句践所灭。

①师古曰："皆《论语》载孔子之言也。虞仲，即仲雍也。夷逸，言窜于蛮夷而遁逸也。隐居而不言，故其身清洁，所废中于权道。"

②师古曰："句音钩，夷俗语之发声也，亦犹越为于越也。"

③师古曰："中读曰仲。"

④师古曰："伯读曰霸。"

⑤师古曰："嚭音披美反。"

吴、粤之君皆好勇，故其民至今好用剑，轻死易发。

粤既并吴，后六世为楚所灭。后秦又击楚，徙寿春，至子为秦所灭。

寿春、合肥受南北湖皮革、鲍、木之输，①亦一都会也。始楚贤臣屈原被谗放流，作《离骚》诸赋以自伤悼。②后有宋玉、唐勒之属慕而述之，皆以显名。汉兴，高祖王兄子濞于吴，招致天下之娱游子弟，枚乘、邹阳、严夫子之徒兴于文、景之际。而淮南王安亦都寿春，招宾客著书。而吴有严助、朱买臣，贵显汉朝，文辞并发，故世传《楚辞》。其失巧而少信。初淮南王异国中民家有女者，③以待游士而妻之，故至今多女而少男。④本吴粤与楚接比，数相并兼，⑤故民俗略同。

①师古曰："皮革，犀兕之属也。鲍，鲍鱼也。木，枫柟豫章之属。"

②师古曰："诸赋，谓《九歌》、《天问》、《九章》之属。"

③晋灼曰："有女者见优异。"

④如淳曰："得女宠，或去男也。"臣瓒曰："《周官》职方云'扬州之民，二男而五

女'，此风气非由淮南王安能使多女也。"师古曰："二说皆非也。志亦言土地风气既足女矣，因淮南之化，又更聚焉。"

⑤师古曰："比，近也，音频寐反。"

吴东有海盐章山之铜，三江五湖之利，亦江东之一都会也。豫章出黄金，然堇堇物之所有，取之不足以更费。①江南卑湿，丈夫多夭。

①应劭曰："堇堇，少也。更，(赏)〔偿〕也。[35] 言金少耳，取不足用顾费用也。"师古曰："应说非也。此言所出之金既以少矣，自外诸物盖亦不多，故总言取之不足偿功直也。堇读曰仅。更音庚。"

会稽海外有东鳀人，①分为二十馀国，以岁时来献见云。

①孟康曰："音题。"晋灼曰："音鳀。"师古曰："孟音是也。"

粤地，牵牛、婺女之分壄也。今之苍梧、郁林、合浦、交阯、九真、南海、日南，皆粤分也。

其君禹后，帝少康之庶子云，封于会稽，①文身断发，以避蛟龙之害。②后二十世，至句践称王，与吴王阖庐战，败之隽李。③夫差立，句践乘胜复伐吴，吴大破之，栖会稽，④臣服请平。后用范蠡、大夫种计，遂伐灭吴，兼并其地。度淮与齐、晋诸侯会，致贡于周。周元王使使赐命为伯，诸侯毕贺。后五世为楚所灭，子孙分散，君服于楚。⑤后十世，至闽君摇，佐诸侯平秦。汉兴，复立摇为越王。是时，秦南海尉赵佗亦自王，传国至武帝时，尽灭以为郡云。

①臣瓒曰："自交阯至会稽七八千里，百越杂处，各有种姓，不得尽云少康之后也。按《世本》，越为芈姓，与楚同祖，故《国语》曰'芈姓夔、越'，然则越非禹后明矣。又芈姓之越，亦句践之后，不谓南越也。"师古曰："越之为号，其来尚矣，少康封庶子以主禹祠，君于越地耳。故此志云其君禹后，岂谓百越之人皆禹苗裔？瓒说非也。"

②应劭曰："常在水中，故断其发，文其身，以象龙子，故不见伤害也。"

③师古曰："隽音醉，字本作槜，其旁从木。"

④师古曰："会稽，山名。登山而处，以避兵难，言若鸟之栖。"

⑤师古曰："事楚为君而服从之。"

处近海，多犀、象、毒冒、珠玑、银、铜、果、布之凑，① 中国往商贾者多取富焉。番禺，其一都会也。

①韦昭曰："果谓龙眼、离支之属。布，葛布也。"师古曰："毒音代。冒音莫内反。玑谓珠之不圜者也，音祈，又音机。布谓诸杂细布皆是也。"

自合浦徐闻南入海，得大州，东西南北方千里，武帝元封元年略以为儋耳、珠崖郡。民皆服布如单被，穿中央为贯头。① 男子耕农，种禾稻纻麻，女子桑蚕织绩。亡马与虎，民有五畜，② 山多麈麖。③ 兵则矛、盾、刀，木弓弩，竹矢，或骨为镞。④ 自初为郡县，吏卒中国人多侵陵之，故率数岁壹反。元帝时，遂罢弃之。

①师古曰："著时从头而贯之。"

②师古曰："牛、羊、豕、鸡、犬。"

③师古曰："麈似鹿而大，麖似鹿而小。麈音主。麖音京。"

④师古曰："镞，矢锋，音子木反。"

自日南障塞、徐闻、合浦船行可五月，有都元国；又船行可四月，有邑卢没国；又船行可二十馀日，有谌离国；① 步行可十馀日，有夫甘都卢国。② 自夫甘都卢国船行可二月馀，有黄支国，民俗略与珠崖相类。其州广大，户口多，多异物，自武帝以来皆献见。有译长，属黄门，与应募者俱入海市明珠、璧流离、奇石异物，赍黄金杂缯而往。所至国皆禀食为耦，③ 蛮夷贾船，转送致之。亦利交易，剽杀人。④ 又苦逢风波溺死，不者数年来还。大珠至围二寸以下。平帝元始中，王莽辅政，欲燿威德，厚遗黄支王，令遣使献生犀牛。自黄支船行可八月，到皮宗；船行可(八)〔二〕月，[36] 到日南、象林界云。黄支之南，有已程不国，汉之译使自此还矣。

①师古曰："谌音士林反。"

②师古曰："都卢国人劲捷善缘高，故张衡《西京赋》云'乌获扛鼎，都卢寻橦'，又曰'非都卢之轻趫，孰能超而究升'也。夫音扶。"

③师古曰："禀，给也，耦，媲也。给其食而侣媲之，相随行也。"

④师古曰："剽，劫也，音频妙反。"

【校勘记】

〔1〕 北至抱罕东入(西)〔河〕。 景祐、殿、局本都作“河”。王鸣盛说作“河”是。

〔2〕 西有(毕)〔卑〕和羌， 景祐、殿本都作“卑”。王先谦说作“卑”是。

〔3〕 鸾(鸟)〔乌〕， 景祐、殿本都作“乌”。段玉裁说作“乌”是。

〔4〕 (曰)〔日〕勒， 殿本考证说，按《匈奴传》当作“日勒”。

〔5〕 治偃(前)〔泉〕障。 景祐本作“泉”，殿本作“水”。

〔6〕 月(支)〔氏〕道。 景祐、殿、局本都作“氏”。

〔7〕 祖音(置)〔罝〕。 景祐、殿本都作“罝”。

〔8〕 沮水出(东，西)〔西，东〕入洛。 王念孙、陈澧、王先谦都说“西”“东”误倒。

〔9〕 莽曰(坚)〔监〕水。 景祐、殿本都作“监”。王先谦说作“监”是。

〔10〕 虖池河东至参(合)〔户〕入虖池别， 齐召南说“参合”当是“参户”之误。王念孙说齐说是。

〔11〕 (乐阳)〔阳乐〕水出东，(东)〔南〕入(海)〔沽〕。 王念孙说“乐阳”当为“阳乐”，“入海”当为“入沽”。王鸣盛说南监本下“东”作“南”，是。按殿本亦作“南”。

〔12〕 莽曰(北顺)〔通路〕。 景祐、殿本都作“通路”。王先谦说此涉下右北平而误。

〔13〕 莽曰(受)〔文〕亭。 景祐、殿本都作“文”。王先谦说作“文”是。

〔14〕 说读曰(侻)〔悦〕。 景祐、殿本都作“悦”。

〔15〕 东(郡)〔部〕都尉治。 朱一新说汪本“郡”作“部”，是。按景祐、殿本都作“部”。

〔16〕 又有斤(员)〔南〕水。 景祐本作“南”，《温水注》同。

〔17〕 〔周〕水首受无敛， 王先谦说“水”上夺“周”字。

〔18〕 三〔十〕七。 “十”字据景祐、殿本补。

〔19〕 (入淮南)〔南入淮〕。 王鸣盛说南监本作“南入淮”，是。按景祐、殿本都同南监本。

〔20〕 (收)〔攸〕。 景祐、殿本“收”作“攸”。

〔21〕 以其郡(大)〔太〕大， 上“大”字殿本作“太”。

〔22〕 汉承百(年)〔王〕之末， 朱一新说汪本“年”作“王”,是。按景祐、殿本都作“王”。

〔23〕 成帝时刘向略言其(域)〔地〕分， 景祐、殿本都作“地”。

〔24〕 造音(於)〔千〕到反。 景祐、殿、局本都作“千”。

〔25〕 厝,古错(反)〔字〕。 景祐、殿本都作“字”。朱一新说作“字”是。

〔26〕 (古)〔故〕凉州之畜为天下饶。 景祐、殿本都作“故”。朱一新说作“故”是。

〔27〕 (秦豳)吴札观乐,为之歌秦， 王念孙说“秦豳”二字衍。

〔28〕 (三)〔二〕都得百里者〔百〕,方千里也。 朱一新说“三都”当作“二都”,谓宗周及雒邑也。“者”下当有“百”字。按景祐、殿本都作“二都”,“者”下都有“百”字。

〔29〕 (威)〔桓〕公死， 景祐、殿本都作“桓”。

〔30〕 右雒左(沛)〔泲〕， 朱一新说“沛”当作“泲”。按景祐、殿本都作“泲”。

〔31〕 高(士)〔仕〕宦， 景祐、殿本都作“仕”。钱大昭说作“仕”是。

〔32〕 有以也夫!⑨ 注⑨原在“也”字下。刘攽说“夫”字宜属上句。

〔33〕 金天氏之(地)〔帝〕。 景祐、殿本都作“帝”。

〔34〕 自(大伯)寿梦称王六世， 陈奂说“大伯”二字疑衍。

〔35〕 更,(赏)〔偿〕也。 景祐、殿、局本都作“偿”。

〔36〕 船行可(八)〔二〕月， 景祐、殿本都作“二”。

汉书卷二十九

沟洫志第九

应劭曰:“沟广四尺,深四尺;洫广深倍于沟。”师古曰:“洫音许域反。”

《夏书》:禹堙洪水十三年,①过家不入门。陆行载车,水行乘舟,泥行乘毳,②山行则梮,③以别九州;④随山浚川,⑤任土作贡;⑥通九道,陂九泽,度九山。⑦然河灾之羡溢,害中国也尤甚。⑧唯是为务,故道河自积石,⑨历龙门,南到华阴,东下底柱,⑩及盟津、雒内,至于大伾。⑪于是禹以为河所从来者高,水湍悍,难以行平地,⑫数为败,乃酾二渠以引其河,⑬北载之高地,过洚水,至于大陆,播为九河,⑭同为迎河,入于勃海。⑮九川既疏,九泽既陂,诸夏乂安,⑯功施乎三代。

①如淳曰:“堙,没也。”师古曰:“堙,塞也。洪水泛溢,疏通而止塞之。堙音因。”

②孟康曰:“毳形如箕,擿行泥上。”如淳曰:“毳音茅蕝之蕝。谓以板置泥上以通行路也。”师古曰:“孟说是也。毳读如本字。”

③如淳曰:“梮谓以铁如锥头,长半寸,施之履下,以上山,不蹉跌也。”韦昭曰:“梮,木器,如今舆床,人举以行也。”师古曰:“如说是也。梮音居足反。”

④师古曰:“分其界。”

⑤师古曰:“顺山之高下而深其流。”

⑥师古曰:“任其土地所有以定贡赋之差也。”

⑦师古曰:“言通九州之道,及鄣遏其泽,商度其山也。度音大各反。”

⑧师古曰:“羡读与衍同,音弋展反。”

⑨师古曰:“道,治也,引也。从积石山而治引之令通流也。道读曰导。”

⑩师古曰:“底音之履反。”

⑪郑氏曰："山一成为伾，在修武、武德界。"张晏曰："成皋县山是也。臣瓒以为今修武、武德无此山也。成皋县山又不一成也。今黎阳山临河，岂是乎？"师古曰："内读曰伾。伾音皮彼反。解在《地理志》。"

⑫师古曰："急流曰湍。悍，勇也。湍音它端反。"

⑬孟康曰："酾，分也。分其流，泄其怒也。二渠，其一出贝丘西南南折者也。其一则漯川也。河自王莽时遂空，唯用漯耳。"师古曰："酾音山支反。漯音它合反。"

⑭师古曰："播，布也。"

⑮臣瓒以为"《禹贡》'夹右碣石入于河'，则河入海乃在碣石也。武帝元光二年，河移徙东郡，更注勃海。禹时不注也。"师古曰："解在《地理志》。"

⑯师古曰："疏，分流。"

自是之后，荥阳下引河东南为鸿沟，以通宋、郑、陈、蔡、曹、卫，与济、汝、淮、泗会。于楚，西方则通渠汉川、云梦之际，东方则通沟江淮之间。于吴，则通渠三江、五湖。于齐，则通淄济之间。于蜀，则蜀守李冰凿离堆，①避沫水之害，②穿二江成都中。此渠皆可行舟，有馀则用溉，③百姓飨其利。至于它，往往引其水，用溉田，沟渠甚多，然莫足数也。

①晋灼曰："堆，古堆字也。堆，岸也。"师古曰："音丁回反。"

②师古曰："沫音本末之末。水出蜀西南徼外，东南入江。"

③师古曰："溉，灌也，音工代反。"

魏文侯时，西门豹为邺令，有令名。①至文侯曾孙襄王时，与群臣饮酒，王为群臣祝曰："令吾臣皆〔如〕西门豹之为人臣也！"[1]史起进曰："魏氏之行田也以百亩，②邺独二百亩，是田恶也。漳水在其旁，西门豹不知用，是不智也。知而不兴，是不仁也。仁智豹未之尽，何足法也！"于是以史起为邺令，遂引漳水溉邺，以富魏之河内。民歌之曰："邺有贤令兮为史公，决漳水兮灌邺旁，终古舄卤兮生稻粱。"③

①师古曰："有善政之称。"

②师古曰："赋田之法，一夫百亩也。"

③苏林曰："终古，犹言久古也。《尔雅》曰'卤，咸苦也'。"师古曰："舄即斥卤

也。谓咸卤之地也。”

其后韩闻秦之好兴事，欲罢之，无令东伐。①乃使水工郑国间说秦，②令凿泾水，自中山西邸瓠口为渠，③并北山，东注洛，三百馀里，④欲以溉田。中作而觉，⑤秦欲杀郑国。郑国曰：“始臣为间，然渠成亦秦之利也。臣为韩延数岁之命，而为秦建万世之功。”秦以为然，卒使就渠。渠成而用（溉）注填阏之水，〔2〕溉舄卤之地四万馀顷，收皆亩馀一钟。⑥于是关中为沃野，无凶年，秦以富强，卒并诸侯，因名曰郑国渠。

①如淳曰：“息秦灭韩之计也。”师古曰：“罢读曰疲，令其疲劳不能出兵。”

②师古曰：“间音居苋反。其下亦同。”

③师古曰：“中读曰仲，即今九嵕之东仲山也。邸，至也。”

④师古曰：“并音步浪反。洛水，即冯翊漆沮水。”

⑤师古曰：“中作，谓用功中道，事未竟也。”

⑥师古曰：“注，引也。阏读与淤同。音于据反。填阏谓壅泥也。言引淤浊之水灌咸卤之田，更令肥美，故一亩之收至六斛四斗。”

汉兴三十有九年，孝文时河决酸枣，东溃金堤，①于是东郡大兴卒塞之。

①师古曰：“溃，横决也。金堤，河堤名也，在东郡白马界。堤音丁奚反。”

其后三十六岁，孝武元光中，河决于瓠子，东南注钜野，①通于淮、泗。上使汲黯、郑当时兴人徒塞之，辄复坏。是时武安侯田蚡为丞相，其奉邑食鄃。鄃居河北，②河决而南则鄃无水灾，邑收入多。蚡言于上曰：“江河之决皆天事，未易以人力强塞，强塞之未必（顺）〔应〕天。”〔3〕而望气用数者亦以为然，是以久不复塞也。

①师古曰：“钜野，泽名，旧属兖州界，即今之郓州钜野县。”

②师古曰：“奉音扶用反。鄃音输，清河之县也。”

时郑当时为大司农，言“异时关东漕粟从渭上，①度六月罢，②而渭水道九百馀里，时有难处。引渭穿渠起长安，旁南山下，③至河三百馀里，径，易漕，④度可令三月罢；（罢）而渠下民田万馀顷又可得以溉。此

(捐)〔损〕漕省卒,[4]而益肥关中之地,得谷。”上以为然,令齐人水工徐伯表,⑤发卒数万人穿漕渠,三岁而通。以漕,大便利。其后漕稍多,而渠下之民颇得以溉矣。

①师古曰:“异时,往时也。”

②师古曰:“计度其功,六月而后可罢也。度音大各反。”

③师古曰:“旁音步浪反。”

④〔师古曰:“径,直也。易音弋豉反。”〕[5]

⑤师古曰:“巡行穿渠之处而表记之,今之竖标是。”

后河东守番系言①:“漕从山东西,岁百馀万石,②更底柱之艰,③败亡甚多而烦费。穿渠引汾溉皮氏、汾阴下,引河溉汾阴、蒲坂下,④度可得五千顷。故尽河壖弃地,⑤民茭牧其中耳,⑥今溉田之,⑦度可得谷二百万石以上。谷从渭上,与关中无异,⑧而底柱之东可毋复漕。”上以为然,发卒数万人作渠田。数岁,河移徙,渠不利,田者不能偿种。⑨久之,河东渠田废,予越人,令少府以为稍入。⑩

①师古曰:“姓番名系也。番音普安反。”

②师古曰:“谓从山东运漕而西入关也。”

③师古曰:“更,历也,音庚。”

④师古曰:“引汾水可用溉皮氏及汾阴以下,而引河水可用溉汾阴及蒲坂以下,地形所宜也。”

⑤师古曰:“谓河岸以下缘河边地素不耕垦者也。壖音而缘反。”

⑥师古曰:“茭,干草也。谓收茭草及牧畜产于其中。茭音交。”

⑦师古曰:“溉而种之。”

⑧师古曰:“虽从关外而来,于渭水运上,皆可致之,故曰与关中收谷无异也。”

⑨师古曰:“言所收之直不足偿粮种之费也。种音之勇反。”

⑩如淳曰:“时越人有徙者,以田与之,其租税入少府也。”师古曰:“越人习于水田,又新至,未有业,故与之也。稍,渐也。其入未多,故谓之稍也。”

其后人有上书,欲通褒斜道及漕,①事下御史大夫张汤。汤问之,言“抵蜀从故道,故道多阪,回远。②今穿褒斜道,少阪,近四百里;而褒水通沔,斜水通渭,皆可以行船漕。漕从南阳上沔入褒。褒绝水至斜,间百馀里，以车转，从斜下渭，如此，汉中谷可致，而山东从沔无限，便于底柱之漕。且褒斜材木竹箭之饶，儗于巴蜀。”③上以为然。拜汤子卬为汉中守，发数万人作褒斜道五百馀里。道果便近，而水多湍石，不可漕。

①师古曰：“褒、斜，二谷名，其谷皆各自有水耳。斜音弋奢反。”

②师古曰：“抵，至也。故道属武都，有蛮夷，故曰道，即今凤州界也。回音胡内反。”

③师古曰：“儗，比也。”

其后严熊言“临晋民愿穿洛以溉重泉以东万馀顷故恶地。①诚即得水，可令亩十石。”于是为发卒万人穿渠，自徵引洛水至商颜下。②岸善崩，③乃凿井，深者四十馀丈。往往为井，井下相通行水。水隤以绝商颜，④东至山领十馀里间。井渠之生自此始。穿得龙骨，故名曰龙首渠。作之十馀岁，渠颇通，犹未得其饶。

①师古曰：“临晋、重泉皆冯翊之县也。洛即漆沮水。”

②应劭曰：“徵在冯翊。商颜，山名也。”师古曰：“徵音惩，即今所谓澄城也。商颜，商山之颜也。谓之颜者，譬人之颜额也，亦犹山（额）〔领〕象人之颈领。”[6]

③如淳曰：“洛水岸也。”师古曰：“善崩，言憙崩也。”

④师古曰：“下流曰隤。”

自河决瓠子后二十馀岁，岁因以数不登，而梁、楚之地尤甚。上既封禅，巡祭山川，其明年，乾封少雨。①上乃使汲仁、郭昌发卒数万人塞瓠子决河。于是上以用事万里沙，则还自临决河，湛白马玉璧，②令群臣从官自将军以下皆负薪寘决河。③是时东郡烧草，以故薪柴少，而下淇园之竹以为揵。④上既临河决，悼功之不成，乃作歌曰：

①师古曰：“乾音干。解在《郊祀志》。”

②师古曰：“湛读曰沈。沈马及璧以礼水神也。”

③师古曰：“寘音大千反。”

④晋灼曰：“淇园，卫之苑也。”如淳曰：“树竹塞水决之口，稍稍布插接树之，水稍弱，补令密，谓之揵。以草塞其裛，乃以土填之。有石，以石为之。”师古

曰："揵音其偃反。"

瓠子决兮将奈何？浩浩洋洋，虑殚为河。① 殚为河兮地不得宁，功无已时兮吾山平。② 吾山平兮钜野溢，③ 鱼弗郁兮柏冬日。④ 正道弛兮离常流，⑤ 蛟龙骋兮放远游。归旧川兮神哉沛，⑥ 不封禅兮安知外！⑦ 皇谓河公兮何不仁，⑧ 泛滥不止兮愁吾人！啮桑浮兮淮、泗满，⑨ 久不反兮水维缓。⑩

①如淳曰："殚，尽也。"师古曰："浩浩洋洋，皆水盛貌。虑犹恐也。浩音胡老反。洋音羊。"

②如淳曰："恐水渐山使平也。"韦昭曰："凿山以填河。"师古曰："韦说是也。已，止也。言用功多不可毕止也。"

③如淳曰："瓠子决，灌钜野泽使溢也。"

④孟康曰："钜野满溢，则众鱼弗郁而滋长，迫冬日乃止也。"师古曰："孟说非也。弗郁，忧不乐也。水长涌溢，濊浊不清，故鱼不乐，又迫于冬日，将甚困也。柏读与迫同。弗音佛。"

⑤晋灼曰："言河道皆弛坏。"

⑥臣瓒曰："水还旧道，则群害消除，神祐滂沛也。"师古曰："沛音普大反。"

⑦师古曰："言不因巡(将)〔狩〕封禅而出，[7]则不知关外有此水。"

⑧张晏曰："皇，武帝也。河公，河伯也。"

⑨如淳曰："啮桑，邑名，为水所浮漂。"

⑩师古曰："水维，水之纲维也。"

一曰：

河汤汤兮激潺湲，① 北渡回兮迅流难。② 搴长茭兮湛美玉，③ 河公许兮薪不属。④ 薪不属兮卫人罪，⑤ 烧萧条兮噫乎何以御水！⑥ 隤林竹兮揵石菑，⑦ 宣防塞兮万福来。

①师古曰："歌有二章，自'河汤汤'以下更是其一，故云一曰也。汤汤，疾貌也。潺湲，激流也。汤音伤。潺音仕连反。湲音于权反。"

②师古曰："迅，疾也，音讯。"

③如淳曰："搴，取也。茭，草也，音(茭)〔郊〕。[8]一曰，茭，竿也。取长竿树之，用著石间以塞决河也。"臣瓒曰："竹苇湲谓之茭也，所以引置土石也。"师古

曰："瓒说是也。搴，拔也。湲，索也。湛美玉者，以祭河也。茭字宜从竹。搴音骞。茭音交，又音爻。湛读曰沈。湲音工登反。"

④如淳曰："旱烧，故薪不足也。"师古曰："沈玉礼神，见许福祐，但以薪不属逮，故无功也。属音之欲反。"

⑤师古曰："东郡本卫地，故言此卫(之人)〔人之〕罪也。"〔9〕

⑥师古曰："烧草皆尽，故野萧条然也。噫乎，叹辞也。噫音于期反。"

⑦师古曰："隤林竹者，即上所说'下淇园之竹以为揵'也。石菑者谓臿石立之，然后以土就填塞也。菑亦臿耳，音侧其反，义与(剚)〔插〕同。"〔10〕

于是卒塞瓠子，筑宫其上，名曰宣防。而道河北行二渠，复禹旧迹，①而梁、楚之地复宁，无水灾。

①师古曰："道读曰导。"

自是之后，用事者争言水利。朔方、西河、河西、酒泉皆引河及川谷以溉田。而关中灵轵、成国、沣渠①引诸川，汝南、九江引淮，东海引钜定，②泰山下引汶水，③皆穿渠为溉田，各万馀顷。它小渠及陂山通道者，不可胜言也。④

①如淳曰："《地理志》'盩厔有灵轵渠'。成国，渠名，在陈仓。沣音韦，水出韦谷。"

②臣瓒曰："钜定，泽名也。"

③师古曰："汶音问。"

④师古曰："陂山，因山之形也。道，引也。陂音彼义反。道读曰导。一曰，陂山，遏山之流以为陂也，音彼皮反。"

自郑国渠起，至元鼎六年，百三十六岁，而兒宽为左内史，奏请穿凿六辅渠，①以益溉郑国傍高卬之田。②上曰："农，天下之本也。泉流灌寖，所以育五谷也。③左、右内史地，名山川原甚众，细民未知其利，故为通沟渎，畜陂泽，④所以备旱也。今内史稻田租挈重，不与郡同，⑤其议减。令吏民勉农，尽地利，平繇行水，勿使失时。"⑥

①师古曰："在郑国渠之里，今尚谓之辅渠，亦曰六渠也。"

②师古曰："素不得郑国之溉灌者也。卬谓上向也，读曰仰。"

③师古曰:“寖,古浸字。”

④师古曰:“畜读曰蓄。”

⑤师古曰:“租挈,收田租之约令也。郡谓四方诸郡也。挈音苦计反。”

⑥师古曰:“平繇者,均齐渠堰之力役,谓俱得水利也。繇读曰徭。”

后十六岁,太始二年,赵中大夫白公①复奏穿渠。引泾水,首起谷口,尾入栎阳,②注渭中,袤二百里,③溉田四千五百馀顷,因名曰白渠。民得其饶,歌之曰:“田于何所?池阳、谷口。郑国在前,白渠起后。④举臿为云,决渠为雨。⑤泾水一石,其泥数斗。且溉且粪,长我禾黍。⑥衣食京师,亿万之口。”言此两渠饶也。

①郑氏曰:“白,姓。公,爵。时人多相谓为公。”师古曰:“此时无公爵也,盖相呼尊老之称耳。”

②师古曰:“谷口即今云阳县治谷是。”

③师古曰:“袤,长也,音茂。”

④师古曰:“郑国兴于秦时,故云前。”

⑤师古曰:“臿,鍫也,所以开渠者也。”

⑥如淳曰:“水渟淤泥,可以当粪。”

是时方事匈奴,兴功利,言便宜者甚众。齐人延年上书①言:“河出昆仑,经中国,注勃海,是其地势西北高而东南下也。可案图书,观地形,令水工准高下,开大河上领,②出之胡中,东注之海。如此,关东长无水灾,北边不忧匈奴,可以省堤防备塞,士卒转输,胡寇侵盗,覆军杀将,暴骨原野之患。天下常备匈奴而不忧百越者,以其水绝壤断也。此功一成,万世大利。”书奏,上壮之,报曰:“延年计议甚深。然河乃大禹之所道也,③圣人作事,为万世功,通于神明,恐难改更。”

①师古曰:“史不得其姓。”

②晋灼曰:“上领,山头也。”

③师古曰:“道读曰导。”

自塞宣房后,河复北决于馆陶,分为屯氏河,①东北经魏郡、清河、信都、勃海入海,广深与大河等,故因其自然,不堤塞也。此开通后,馆陶东北四五郡虽时小被水害，而兖州以南六郡无水忧。宣帝地节中，光禄大夫郭昌使行河。北曲三所水流之势皆邪直贝丘县。② 恐水盛，堤防不能禁，乃各更穿渠，直东，经东郡界中，不令北曲。渠通利，百姓安之。元帝永光五年，河决清河灵鸣犊口，③ 而屯氏河绝。

①师古曰："屯音大门反。而隋室分析州县，误以为毛氏河，乃置毛州，失之甚矣。"

②师古曰："直，当也。"

③师古曰："清河之灵县鸣犊河口也。"

成帝初，清河都尉冯逡① 奏言："郡承河下流，与兖州东郡分水为界，城郭所居尤卑下，土壤轻脆易伤。顷所以阔无大害者，以屯氏河通，两川分流也。② 今屯氏河塞，灵鸣犊口又益不利，独一川兼受数河之任，虽高增堤防，终不能泄。如有霖雨，旬日不霁。必盈溢。③ 灵鸣犊口在清河东界，所在处下，虽令通利，犹不能为魏郡、清河减损水害。禹非不爱民力，以地形有势，故穿九河，今既灭难明，屯氏河不流行七十馀年，新绝未久，其处易浚。④ 又其口所居高，于以分〔流〕杀水力，[11] 道里便宜，可复浚以助大河泄暴水，备非常。又地节时郭昌穿直渠，后三岁，河水更从故第二曲间北可六里，复南合。今其曲势复邪直贝丘，百姓寒心，宜复穿渠东行。不豫修治，北决病四五郡，南决病十馀郡，然后忧之，晚矣。"事下丞相、御史，白博士许商治《尚书》，善为算，能度功用。⑤ 遣行视，⑥ 以为屯氏河盈溢所为，方用度不足，⑦ 可且勿浚。

①师古曰："逡音七旬反。"

②师古曰："阔，稀也。"

③师古曰："雨止曰霁，音子计反，又音才诣反。"

④师古曰："浚谓治道之令其深也。浚音峻。"

⑤师古曰："白，白于天子也。度音大各反。"

⑥师古曰："行音下更反。"

⑦师古曰："言国家少财役。"

后三岁，河果决于馆陶及东郡金堤，泛溢兖、豫，入平原、千乘、济南，凡灌四郡三十二县，水居地十五万馀顷，深者三丈，坏败官亭室庐且四万所。御史大夫尹忠对方略疏阔，上切责之，忠自杀。遣大司农非调①调均钱谷河决所灌之郡，②谒者二人发河南以东漕船五百樓，③徙民避水居丘陵，九万七千馀口。河堤使者王延世使塞，④以竹落长四丈，大九围，盛以小石，两船夹载而下之。三十六日，河堤成。上曰："东郡河决，流漂二州，校尉延世堤防三旬立塞。其以五年为河平元年。卒治河者为著外繇六月。⑤惟延世长于计策，功费约省，用力日寡，朕甚嘉之。其以延世为光禄大夫，秩中二千石，赐爵关内侯，黄金百斤。"

①师古曰："大司农名非调也。"

②师古曰："令其调发均平钱谷遭水之郡，使存给也。调音徒钓反。"

③师古曰："一船为一樓，音先劳反，其字从木。"

④师古曰："命其为使而塞河也。《华阳国志》云延世字长叔，犍为资中人也。"

⑤如淳曰："律说，戍边一岁当罢，若有急，当留守六月。今以卒治河之故，复留六月。"孟康曰："外繇，戍边也。治水不复戍边也。"师古曰："如、孟二说皆非也。以卒治河有劳，虽执役日近，皆得比繇戍六月也。著谓著于簿籍也。著音竹助反。下云'非受平贾，为著外繇'，其义亦同。"

后二岁，河复决平原，流入济南、千乘，所坏败者半建始时，复遣王延世治之。杜钦说大将军王凤，以为"前河决，丞相史杨焉言延世受焉术以塞之，蔽不肯见。今独任延世，延世见前塞之易，恐其虑害不深。又审如焉言，延世之巧，反不如焉。且水势各异，不博议利害而任一人，如使不及今冬成，来春桃华水盛，必羡溢，有填淤反壤之害。①如此，数郡种不得下，②民人流散，盗贼将生，虽重诛延世，无益于事。宜遣焉及将作大匠许商、谏大夫乘马延世杂作。③延世与焉必相破坏，深论便宜，以相难极。④商、延年皆明计算，能商功利，⑤足以分别是非，择其善而从之，必有成功。"凤如钦言，白遣焉等作治，六月乃成。复赐延世黄金百斤。治河卒非受平贾者，为著外繇六月。⑥

①师古曰："《月令》'仲春之月，始雨水，桃始华'。盖桃方华时，既有雨水，川谷冰泮，众流猥集，波澜盛长，故谓之桃华水耳。而《韩诗传》云'三月桃华

水’。反壤者，水塞不通，故令其土壤反还也。羡音弋缮反。淤音于庶反。”

②师古曰：“种，五谷之子也，音之勇反。”

③孟康曰：“乘马，姓也。”师古曰：“乘音食证反。”

④师古曰：“坏，毁也，音怪。极，穷也，音居力反。”

⑤师古曰：“商，度也。”

⑥苏林曰：“平贾，以钱取人作卒，顾其时庸之平贾也。”如淳曰：“律说，平贾一月，得钱二千。”师古曰：“贾音价。”

后九岁，鸿嘉四年，杨焉言“从河上下，患底柱隘，可镌广之。”①上从其言，使焉镌之。镌之裁没水中，不能去，而令水益湍怒，为害甚于故。

①师古曰：“镌谓琢凿之也，音子全反。”

是岁，勃海、清河、信都河水湓溢，灌县邑三十一，①败官亭民舍四万馀所。河堤都尉许商与丞相史孙禁共行视，图方略。②禁以为“今河溢之害数倍于前决平原时。今可决平原金堤间，开通大河，令入故笃马河。③至海五百馀里，水道浚利，又干三郡水地，得美田且二十馀万顷，足以偿所开伤民田庐处，又省吏卒治堤救水，岁三万人以上。”许商以为“古说九河之名，有徒骇、胡苏、鬲津，今见在成平、东光、鬲界中。④自鬲以北至徒骇间，相去二百馀里，今河虽数移徙，不离此域。孙禁所欲开者，在九河南笃马河，失水之迹，处势平夷，旱则淤绝，水则为败，不可许。”公卿皆从商言。先是，谷永以为“河，中国之经渎，⑤圣王兴则出图书，王道废则竭绝。今溃溢横流，漂没陵阜，异之大者也。修政以应之，灾变自除。”是时李寻、解光亦言“阴气盛则水为之长，故一日之间，昼减夜增，江河满溢，所谓水不润下，虽常于卑下之地，犹日月变见于朔望，明天道有因而作也。众庶见王延世蒙重赏，竞言便巧，不可用。议者常欲求索九河故迹而穿之，今因其自决，可且勿塞，以观水势。河欲居之，当稍自成川，跳出沙土，然后顺天心而图之，必有成功，而用财力寡。”于是遂止不塞。满昌、师丹等数言百姓可哀，上数遣使者处业振赡之。⑥

①师古曰：“湓，踊也，音普顿反。”

②师古曰:"图,谋也。行音下更反。"

③韦昭曰:"在平原县。"

④师古曰:"此九河之三也。徒骇在成平,胡苏在东光,鬲津在鬲。成平、东光属勃海,鬲属平原。徒骇者,言禹治此河,用功极众,故人徒惊骇也。胡苏,下流急疾之貌也。鬲津,言其陿小,可鬲以为津而度也。鬲与隔同。"

⑤师古曰:"经,常也。"

⑥师古曰:"处业,谓安处之使得其居业。"

哀帝初,平当使领河堤,① 奏言"九河今皆寘灭,按经义治水,有决河深川,② 而无堤防雍塞之文。③ 河从魏郡以东,北多溢决,水迹难以分明。四海之众不可诬,宜博求能浚川疏河者。"下丞相孔光、大司空何武,奏请部刺史、三辅、三河、弘农太守举吏民能者,莫有应书。待诏贾让奏言:

①师古曰:"为使而领其事。"

②师古曰:"决,分泄也。深,浚治也。"

③师古曰:"雍读曰壅。"

治河有上中下策。古者立国居民,疆理土地,必遗川泽之分,度水势所不及。① 大川无防,小水得入,陂障卑下,以为汙泽,② 使秋水多,得有所休息,左右游波,宽缓而不迫。夫土之有川,犹人之有口也。治土而防其川,犹止儿啼而塞其口,岂不遽止,然其死可立而待也。③ 故曰:"善为川者,决之使道;④ 善为民者,宣之使言。"盖堤防之作,近起战国,雍防百川,各以自利。⑤ 齐与赵、魏,以河为竟。⑥ 赵、魏濒山,齐地卑下,⑦ 作堤去河二十五里。河水东抵齐堤,则西泛赵、魏,赵、魏亦为堤去河二十五里。虽非其正,水尚有所游荡。时至而去,则填淤肥美,民耕田之。或久无害,稍筑室宅,遂成聚落。大水时至漂没,则更起堤防以自救,稍去其城郭,排水泽而居之,湛溺自其宜也。⑧ 今堤防陿者去水数百步,远者数里。近黎阳南故大金堤,从河西西北行,至西山南头,乃折东,与东山相属。⑨ 民居金堤东,为庐舍,(住)〔往〕十馀岁更起堤,[12] 从东山南头直南与故大堤会。又内黄界中有泽，方数十里，环之有堤，⑩往十馀岁太守以赋民，⑪民今起庐舍其中，此臣亲所见者也。东郡白马故大堤亦复数重，民皆居其间。从黎阳北尽魏界，故大堤去河远者数十里，内亦数重，此皆前世所排也。河从河内北至黎阳为石堤，激使东抵东郡平刚；⑫又为石堤，使西北抵黎阳、观下；⑬又为石堤，使东北抵东郡津北；又为石堤，使西北抵魏郡昭阳；又为石堤，激使东北。百馀里间，河再西三东，迫阸如此，不得安息。

①师古曰："遗，留也。度，计也。言川泽水所流聚之处，皆留而置之，不以为居邑而妄垦殖，必计水所不及，然后居而田之也。分音扶问反。度音大各反。"

②师古曰："停水曰汙，音一胡反。"

③师古曰："遽，速也，音其庶反。"

④师古曰："道读曰导。导，通引也。"

⑤师古曰："雍读曰壅。"

⑥师古曰："竟读曰境。"

⑦师古曰："濒山，犹言以山为边界也。"师古曰："濒音频，又音宾。"

⑧师古曰："湛读曰沈。"

⑨师古曰："属，连及也，音之欲反。"

⑩师古曰："环，绕也。"

⑪师古曰："以堤中之地给与民。"

⑫师古曰："激者，聚石于堤旁冲要之处，所以激去其水也。激音工历反。"

⑬师古曰："观，县名也，音工唤反。"

今行上策，徙冀州之民当水冲者，决黎阳遮害亭，放河使北入海。河西薄大山，东薄金堤，势不能远泛滥，期月自定。难者将曰："若如此，败坏城郭田庐冢墓以万数，百姓怨恨。"昔大禹治水，山陵当路者毁之，故凿龙门，辟伊阙，①析底柱，破碣石，②堕断天地之性。③此乃人功所造，何足言也！今濒河十郡治堤岁费且万万，及其大决，所残无数。如出数年治河之费，以业所徙之民，遵古圣之法，定山川之位，使神人各处其所，而不相奸。④且以大汉方制万里，岂其与水争咫尺之地哉？此功一立，河定民安，千载无患，故谓之上策。

①师古曰："辟读曰闢。闢，开也。"

②师古曰："析，分也。"

③师古曰："堕，毁也，音火规反。"

④师古曰："奸音干。"

若乃多穿漕渠于冀州地，使民得以溉田，分杀水怒，虽非圣人法，然亦救败术也。难者将曰："河水高于平地，岁增堤防，犹尚决溢，不可以开渠。"臣窃按视遮害亭西十八里，至淇水口，乃有金堤，高一丈。自是东，地稍下，堤稍高，至遮害亭，高四五丈。往六七岁，河水大盛，增丈七尺，坏黎阳南郭门，入至堤下。①水未逾堤二尺所，从堤上北望，河高出民屋，百姓皆走上山。水留十三日，堤溃(二所)，[13]吏民塞之。臣循堤上，行视水势，②南七十馀里，至淇口，水适至堤半，计出地上五尺所。今可从淇口以东为石堤，多张水门。初元中，遮害亭下河去堤足数十步，至今四十馀岁，适至堤足。由是言之，其地坚矣。恐议者疑河大川难禁制，荥阳漕渠足以(下)〔卜〕之，③[14]其水门但用木与土耳，今据坚地作石堤，势必完安。冀州渠首尽当印此水门。治渠非穿地也，④但为东方一堤，北行三百馀里，入漳水中，其西因山足高地，诸渠皆往往股引取之；⑤旱则开东方下水门溉冀州，水则开西方高门分河流。通渠有三利，不通有三害。民常罢于救水，半失作业；⑥水行地上，凑润上彻，民则病湿气，木皆立枯，卤不生谷；⑦决溢有败，为鱼鳖食：此三害也。若有渠溉，则盐卤下湿，填淤加肥；⑧故种禾麦，更为粳稻，高田五倍，下田十倍；⑨转漕舟船之便：此三利也。今濒河堤吏卒郡数千人，伐买薪石之费岁数千万，足以通渠成水门；又民利其溉灌，相率治渠，虽劳不罢。⑩民田适治，河堤亦成，此诚富国安民，兴利除害，支数百岁，故谓之中策。

①如淳曰："然则堤在郭内也。"臣瓒曰："谓水从郭南门入，北门出，而至堤

也。”师古曰：“瓒说是也。”

②师古曰：“行音下更反。”

③如淳曰：“今砾谿口是也。言作水门通水流，不为害也。”师古曰：“砾谿，谿名，即《水经》所云(涑)〔沛〕水东通砾谿者。”[15]

④师古曰：“卬音牛向反。”

⑤如淳曰：“股，支别也。”

⑥师古曰：“此一害也。罢读曰疲。”

⑦师古曰：“此二害。”

⑧师古曰：“此一利。”

⑨师古曰：“此二利也。粳谓稻之不粘者也，音庚。”

⑩师古曰：“罢读曰疲。”

若乃缮完故堤，增卑倍薄，劳费无已，数逢其害，此最下策也。

王莽时，征能治河者以百数，其大略异者，长水校尉平陵关并①言：“河决率常于平原、东郡左右，其地形下而土疏恶。闻禹治河时，本空此地，以为水猥，盛则放溢，②少稍自索，③虽时易处，犹不能离此。上古难识，近察秦汉以来，河决曹、卫之域，其南北不过百八十里者，可空此地，勿以为官亭民室而已。”大司马史长安张戎④言：“水性就下，行疾则自刮除成空而稍深。河水重浊，号为一石水而六斗泥。今西方诸郡，以至京师东行，民皆引河、渭山川水溉田。春夏干燥，少水时也，故使河流迟，贮淤而稍浅；雨多水暴至，则溢决。而国家数堤塞之，稍益高于平地，犹筑垣而居水也。可各顺从其性，毋复灌溉，则百川流行，水道自利，无溢决之害矣。”御史临淮韩牧⑤以为“可略于《禹贡》九河处穿之，纵不能为九，但为四五，宜有益。”大司空掾王横⑥言：“河入勃海，勃海地高于韩牧所欲穿处。往者天尝连雨，东北风，海水溢，西南出，寖数百里，九河之地已为海所渐矣。⑦禹之行河水，本随西山下东北去。⑧《周谱》云定王五年河徙，⑨则今所行非禹之所穿也。又秦攻魏，决河灌其都，决处遂大，不可复补。宜却徙完平处，更开空，⑩使缘西山足乘高地而东北入海，乃无水灾。”沛郡桓谭为司空掾，典其议，为甄丰言：“凡此数者，必有一是。宜详考验，皆可豫见，计定然后举事，费不过数亿万，亦可以事诸浮食无产业民。⑪空居与行役，同当衣食；衣食县官，而为之作，乃两便，⑫可以上继禹功，下除民疾。”王莽时，但崇空语，无施行者。

①师古曰：“桓谭《新论》云并字子阳，材智通达也。”

②师古曰：“猥，多也。”

③师古曰：“索，尽也，音先各反。”

④师古曰：“(杂)《〔新〕论》云[16]字仲功，习溉灌事也。”

⑤师古曰：“《新论》云字子台，善水事。”

⑥师古曰：“横字平中，琅邪人。见《儒林传》。中读曰仲。”

⑦师古曰：“渐，浸也，读如本字，又音子廉反。”

⑧师古曰：“行谓通流也。”

⑨如淳曰：“谱音补，世统谱谍也。”

⑩师古曰：“空犹穿。”

⑪师古曰：“事谓役使也。”

⑫师古曰：“言无产业之人，端居无为，及发行力役，俱须衣食耳。今县官给其衣食，而使修治河水，是为公私两便也。”

赞曰：古人有言：“微禹之功，吾其鱼乎！”①中国川原以百数，莫著于四渎，而河为宗。孔子曰：“多闻而志之，知之次也。”②国之利害，故备论其事。

①师古曰：“《左氏传》载周大夫刘定公之辞也。言无禹治水之功，则天下之人皆为鱼鳖耳。”

②师古曰：“《论语》称孔子之言曰‘多闻择其善者而从之，多见而志之，知之次也’。志，记也，字亦作识，音式冀反。”

【校勘记】

〔1〕　令吾臣皆〔如〕西门豹之为人臣也！　景祐、殿、局本都有“如”字。

〔2〕　渠成而用(溉)注填阏之水，　王念孙说此“溉”字涉下“溉”字而衍。

〔3〕　强塞之未必(顺)〔应〕天。　景祐、汲古、殿、局本都作“应”。

〔4〕 (罢)而渠下民田万馀顷又可得以溉。此(捐)〔损〕漕省卒，“罢”字《史记》无，苏舆疑衍。“捐”字景祐、殿本都作“损”，《史记》同。

〔5〕 注④十一字据景祐、殿本补。

〔6〕 亦犹山(额)〔领〕象人之颈领。 景祐、殿本都作“领”。王先谦说作“领”是。

〔7〕 言不因巡(将)〔狩〕封禅而出， 景祐、殿、局本都作“狩”，此误。

〔8〕 茭，草也，音(茭)〔郊〕。 景祐、殿本都作“郊”，此误。

〔9〕 故言此卫(之人)〔人之〕罪也。 景祐、殿本都作“人之”，是。

〔10〕 义与(䤷)〔插〕同。 景祐本作“插”。

〔11〕 于以分〔流〕杀水力， 景祐、殿本都有“流”字。

〔12〕 (住)〔往〕十馀岁更起堤， 王念孙说“住”当作“往”。

〔13〕 水留十三日，堤溃(二所)， 景祐、殿本无“二所”二字。朱一新说二字涉上文而衍。

〔14〕 荥阳漕渠足以(下)〔卜〕之， 景祐、汲古、殿、局本都作“卜”。

〔15〕 (涑)〔沛〕水东过砾谿者。 殿本“涑”作“沛”。王先谦说作“沛”是。

〔16〕 (杂)《〔新〕论》云 景祐、殿本都作“新”。

汉书卷三十

艺文志第十

昔仲尼没而微言绝，①七十子丧而大义乖。②故《春秋》分为五，③《诗》分为四，④《易》有数家之传。战国从衡，真伪分争，⑤诸子之言纷然淆乱。⑥至秦患之，乃燔灭文章，以愚黔首。⑦汉兴，改秦之败，大收篇籍，广开献书之路。迄孝武世，书缺简脱，礼坏乐崩，⑧圣上喟然而称曰：⑨“朕甚闵焉！”于是建藏书之策，⑩置写书之官，下及诸子传说，皆充秘府。至成帝时，以书颇散亡，使谒者陈农求遗书于天下。诏光禄大夫刘向校经传诸子诗赋，步兵校尉任宏校兵书，太史令尹咸校数术，⑪侍医李柱国校方技。⑫每一书已，⑬向辄条其篇目，撮其指意，录而奏之。⑭会向卒，哀帝复使向子侍中奉车都尉歆卒父业。⑮歆于是总群书而奏其《七略》，故有《辑略》，⑯有《六艺略》，⑰有《诸子略》，有《诗赋略》，有《兵书略》，有《术数略》，有《方技略》。今删其要，以备篇籍。⑱

①李奇曰：“隐微不显之言也。”师古曰：“精微要妙之言耳。”

②师古曰：“七十子，谓弟子达者七十二人。举其成数，故言七十。”

③韦昭曰：“谓《左氏》、《公羊》、《穀梁》、《邹氏》、《夹氏》也。”

④韦昭曰：“谓《毛氏》、《齐》、《鲁》、《韩》。”

⑤师古曰：“从音子容反。”

⑥师古曰：“淆，杂也。”

⑦师古曰：“燔，烧也。秦谓人为黔首，言其头黑也。燔音扶元反。黔音其炎反，又音琴。”

⑧师古曰：“编绝散落故简脱。脱音吐活反。”

⑨师古曰：“喟，叹息之貌也，音丘位反。”

⑩如淳曰："刘歆《七略》曰'外则有太常、太史、博士之藏，内则有延阁、广内、秘室之府'。"

⑪师古曰："占卜之书。"

⑫师古曰："医药之书。"

⑬师古曰："已，毕也。"

⑭师古曰："撮，总取也，音千括反。"

⑮师古曰："卒，终也。"

⑯师古曰："辑与集同，谓诸书之总要。"

⑰师古曰："六艺，《六经》也。"

⑱师古曰："删去浮冗，取其指要也。其每略所条家及篇数，有与总凡不同者，转(为)〔写〕脱误，[1]年代久远，无以详知。

《易经》十二篇，施、孟、梁丘三家。①

《易传周氏》二篇。字王孙也。

《服氏》二篇。②

《杨氏》二篇。名何，字叔元，菑川人。

《蔡公》二篇。卫人，事周王孙。

《韩氏》二篇。名婴。

《王氏》二篇。名同。

《丁氏》八篇。名宽，字子襄，梁人也。

《古五子》十八篇。自甲子至壬子，说《易》阴阳。

《淮南道训》二篇。淮南王安聘明《易》者九人，号九师(法)〔说〕。[2]

《古杂》八十篇，《杂灾异》三十五篇，《神输》五篇，图一。③

《孟氏京房》十一篇，《灾异孟氏京房》六十六篇。五鹿充宗《略说》三篇，《京氏段嘉》十二篇。④

《章句》施、孟、梁丘氏各二篇。

凡《易》十三家，二百九十四篇。

①师古曰："上下经及十翼，故十二篇。"

②师古曰："刘向《别录》云，服氏，齐人，号服光。"

③师古曰："刘向《别录》云'神输者，王道失则灾害生，得则四海输之祥瑞'。"

④苏林曰："东海人，为博士。"晋灼曰："《儒林》不见。"师古曰："苏说是也。嘉即京房所从受《易》者也，见《儒林传》及刘向《别录》。"

《易》曰："宓戏氏仰观象于天，俯观法于地，观鸟兽之文，与地之宜，近取诸身，远取诸物，于是始作八卦，以通神明之德，以类万物之情。"① 至于殷、周之际，纣在上位，逆天暴物，文王以诸侯顺命而行道，天人之占可得而效，于是重《易》六爻，作上下篇。孔氏为之《彖》、《象》、《系辞》、《文言》、《序卦》之属十篇。故曰《易》道深矣，人更三圣，② 世历三古。③ 及秦燔书，而《易》为筮卜之事，传者不绝。汉兴，田(和)〔何〕传之。[3] 讫于宣、元，有施、孟、梁丘、京氏列于学官，而民间有费、高二家之说。④ 刘向以中《古文易经》校施、孟、梁丘经，⑤ 或脱去"无咎"、"悔亡"，唯费氏经与古文同。

①师古曰："《下系》之辞也。鸟兽之文，谓其迹在地者。宓读与伏同。"

②韦昭曰："伏羲、文王、孔子。"师古曰："更，经也，音工衡反。"

③孟康曰："《易》《系辞》曰'《易》之兴，其于中古乎？'然则伏羲为上古，文王为中古，孔子为下古。"

④师古曰："费音扶味反。"

⑤师古曰："中者，天子之书也。言中，以别于外耳。"

《尚书古文经》四十六卷。为五十七篇。①

《经》二十九卷。大、小夏侯二家。《欧阳经》(二)〔三〕十二卷。②[4]

《传》四十一篇。

《欧阳章句》三十一卷。

《大》、《小夏侯章句》各二十九卷。

《大》、《小夏侯解故》二十九篇。

《欧阳说义》二篇。

刘向《五行传记》十一卷。

许商《五行传记》一篇。

《周书》七十一篇。周史记。③

《议奏》四十二篇。宣帝时石渠论。④

凡《书》九家，四百一十二篇。入刘向《稽疑》一篇。⑤

①师古曰："孔安国《书序》云'凡五十九篇，为四十六卷。承诏作传，引序各冠其篇首，定五十八篇。'郑玄《叙赞》云'后又亡其一篇'，故五十七。"

②师古曰："此二十九卷，伏生传授者。"

③师古曰："刘向云'周时诰誓号令也，盖孔子所论百篇之馀也。'今之存者四十五篇矣。"

④韦昭曰："阁名也，于此论书。"

⑤师古曰："此凡言入者，谓《七略》之外班氏新入之也。其云出者与此同。"

《易》曰："河出图，雒出书，圣人则之。"①故《书》之所起远矣，至孔子纂焉，②上断于尧，下讫于秦，凡百篇，而为之序，言其作意。秦燔书禁学，济南伏生独壁藏之。汉兴亡失，求得二十九篇，以教齐鲁之间。讫孝宣世，有《欧阳》、《大小夏侯氏》，立于学官。《古文尚书》者，出孔子壁中。③武帝末，鲁共王坏孔子宅，欲以广其宫，而得《古文尚书》及《礼记》、《论语》、《孝经》凡数十篇，皆古字也。共王往入其宅，闻鼓琴瑟钟磬之音，于是惧，乃止不坏。孔安国者，孔子后也。悉得其书，以考二十九篇，得多十六篇。④安国献之。遭巫蛊事，未列于学官。刘向以中古文校欧阳、大小夏侯三家经文，《酒诰》脱简一，《召诰》脱简二。⑤率简二十五字者，脱亦二十五字，简二十二字者，脱亦二十二字，文字异者七百有馀，脱字数十。《书》者，古之号令，号令于众，其言不立具，则听受施行者弗晓。古文读应尔雅，故解古今语而可知也。

①师古曰："《上系》之辞也。"

②孟康曰："纂音撰。"

③师古曰："《家语》云孔腾字子襄，畏秦法峻急，藏《尚书》、《孝经》、《论语》于夫子旧堂壁中，而《汉记》《尹敏传》云孔鲋所藏。二说不同，未知孰是。"

④师古曰："壁中书多，以考见行世二十九篇之外，更得十六篇。"

⑤师古曰："召读曰邵。"

《诗经》二十八卷，鲁、齐、韩三家。①

《鲁故》二十五卷。②

《鲁说》二十八卷。

《齐后氏故》二十卷。

《齐孙氏故》二十七卷。

《齐后氏传》三十九卷。

《齐孙氏传》二十八卷。

《齐杂记》十八卷。

《韩故》三十六卷。

《韩内传》四卷。

《韩外传》六卷。

《韩说》四十一卷。

《毛诗》二十九卷。

《毛诗故训传》三十卷。

凡《诗》六家，四百一十六卷。

①应劭曰："申公作《鲁诗》，后苍作《齐诗》，韩婴作《韩诗》。"

②师古曰："故者，通其指义也。它皆类此。今流俗《毛诗》改故训传为诂字，失真耳。"

《书》曰："诗言志，(哥)〔歌〕咏言。"①[5]故哀乐之心感，而(哥)〔歌〕咏之声发。诵其言谓之诗，咏其声谓之(哥)〔歌〕。故古有采诗之官，王者所以观风俗，知得失，自考正也。孔子纯取周诗，上采殷，下取鲁，凡三百五篇，遭秦而全者，以其讽诵，不独在竹帛故也。汉兴，鲁申公为《诗》训故，而齐辕固、燕韩生皆为之传。或取《春秋》，采杂说，咸非其本义。与不得已，鲁最为近之。②三家皆列于学官。又有毛公之学，自谓子夏所传，而河间献王好之，未得立。

①师古曰："《虞书·舜典》之辞也。在心为志，发言为诗。咏者，永也。永。长也，(哥)〔歌〕所以长言之。"

②师古曰："与不得已者，言皆不得也。三家(者)〔皆〕不得其真，[6]而鲁最

近之。”

《礼古经》五十六卷，《经》(七十)〔十七〕篇。[7]后氏、戴氏。

《记》百三十一篇。七十子后学者所记也。

《明堂阴阳》三十三篇。古明堂之遗事。

《王史氏》二十一篇。七十子后学者。①

《曲台后仓》九篇。②

《中庸说》二篇。③

《明堂阴阳说》五篇。

《周官经》六篇。王莽时刘歆置博士。④

《周官传》四篇。

《军礼司马法》百五十五篇。

《古封禅群祀》二十二篇。

《封禅议对》十九篇。武帝时也。

《汉封禅》《群祀》三十六篇。

《议奏》三十八篇。石渠。

凡《礼》十三家，五百五十五篇。入《司马法》一家，百五十五篇。

①师古曰："刘向《别录》云六国时人也。"

②如淳曰："行礼射于曲台，后仓为记，故名曰《曲台记》。《汉官》曰大射于曲台。"晋灼曰："天子射宫也。西京无太学，于此行礼也。"

③师古曰："今礼记有《中庸》一篇，亦非本礼经，盖此之流。"

④师古曰："即今之《周官礼》也，亡其《冬官》，以《考工记》充之。"

《易》曰："有夫妇父子君臣上下，礼义有所错。"①而帝王质文世有损益，至周曲为之防，事为之制，②故曰："礼经三百，威仪三千。"③及周之衰，诸侯将逾法度，恶其害己，皆灭去其籍，自孔子时而不具，至秦大坏。汉兴，鲁高堂生传《士礼》十七篇。讫孝宣世，后仓最明。戴德、戴圣、庆普皆其弟子，三家立于学官。《礼古经》者，出于鲁淹中④及孔氏，(学七十)〔与十七〕篇文相似，[8]多三十九篇。及《明堂阴阳》、《王史氏记》所见，多天子诸侯卿大夫之制，虽不能备，犹瘉仓等推《士礼》而致于天子之说。⑤

①师古曰:"《序卦》之辞也。错,置也,音千故反。"

②师古曰:"委曲防闲,每事为制也。"

③韦昭曰:"《周礼》三百六十官也。三百,举成数也。"臣瓒曰:"礼经三百,谓冠、婚、吉、凶。《周礼》三百,是官名也。"师古曰:"礼经三百,韦说是也。威仪三千乃谓冠、婚、吉、凶,盖《仪礼》是也。"

④苏林曰:"里名也。"

⑤师古曰:"瘉与愈同。愈,胜也。"

《乐记》二十三篇。

《王禹记》二十四篇。

《雅歌诗》四篇。

《雅琴赵氏》七篇。名定,勃海人,宣帝时丞相魏相所奏。

《雅琴师氏》八篇。名中,东海人,传言师旷后。

《雅琴龙氏》九十九篇。名德,梁人。①

凡《乐》六家,百六十五篇。出淮南刘向等《琴颂》七篇。

①师古曰:"刘向《别录》云亦魏相所奏也。与赵定俱召见待诏,后拜为侍郎。"

《易》曰:"先王作乐崇德,殷荐之上帝,以享祖考。"①故自黄帝下至三代,乐各有名。孔子曰:"安上治民,莫善于礼;移风易俗,莫善于乐。"②二者相与并行。周衰俱坏,乐尤微眇,以音律为节,③又为郑卫所乱故无遗法。汉兴,制氏以雅乐声律,世在乐官,颇能纪其铿锵鼓舞,而不能言其义。④六国之君,魏文侯最为好古,孝文时得其乐人窦公,⑤献其书,乃《周官》《大宗伯》之《大司乐》章也。武帝时,河间献王好儒,与毛生等共采《周官》及诸子言乐事者,以作《乐记》,献八佾之舞,与制氏不相远。其内史丞王定传之,以授常山王禹。禹,成帝时为谒者,数言其义,⑥献二十四卷记。刘向校书,得《乐记》二十三篇,与禹不同,其道寖以益微。⑦

①师古曰:"《豫卦》象辞也。殷,盛也。"

②师古曰："《孝经》载孔子之言。"

③师古曰："眇，细也。言其道精微，节在音律，不可具于书。眇亦读曰妙。"

④师古曰："铿音初衡反。"

⑤师古曰："桓谭《新论》云窦公年百八十岁，两目皆盲，文帝奇之，问曰：'何因至此？'对曰：'臣年十三失明，父母哀其不及众技，教鼓琴，臣导引，无所服饵。'"

⑥师古曰："数音所角反。"

⑦师古曰："寖，渐也。"

《春秋古经》十二篇，《经》十一卷。公羊、穀梁二家。

《左氏传》三十卷。左丘明，鲁太史。

《公羊传》十一卷。公羊子，齐人。①

《穀梁传》十一卷。穀梁子，鲁人。②

《邹氏传》十一卷。

《夹氏传》十一卷。有录无书。③

《左氏微》二篇。④

《铎氏微》三篇。楚太傅铎椒也。

《张氏微》十篇。

《虞氏微传》二篇。赵相虞卿。

《公羊外传》五十篇。

《穀梁外传》二十篇。

《公羊章句》三十八篇。

《穀梁章句》三十三篇。

《公羊杂记》八十三篇。

《公羊颜氏记》十一篇。

《公羊董仲舒治狱》十六篇。

《议奏》三十九篇。石渠论。

《国语》二十一篇。左丘明著。

《新国语》五十四篇。刘向分《国语》。

《世本》十五篇。古史官记黄帝以来讫春秋时诸侯大夫。

《战国策》三十三篇。记春秋后。

《奏事》二十篇。秦时大臣奏事，及刻石名山文也。

《楚汉春秋》九篇。陆贾所记。

《太史公》百三十篇。十篇有录无书。

冯商所续《太史公》七篇。⑤

《太古以来年纪》二篇。

《汉著记》百九十卷。⑥

《汉大年纪》五篇。

凡《春秋》二十三家，九百四十八篇。省《太史公》四篇。

①师古曰："名高。"

②师古曰："名喜。"

③师古曰："夹音颊。"

④师古曰："微谓释其微指。"

⑤韦昭曰："冯商受诏续《太史公》十馀篇，在班彪《别录》。商字子高。"师古曰："《七略》云商阳陵人，治《易》，事五鹿充宗，后事刘向，能属文，后与孟柳俱待诏，颇序列传，未卒，病死。"

⑥师古曰："若今之起居注。"

古之王者世有史官，君举必书，所以慎言行，昭法式也。左史记言，右史记事，事为《春秋》，言为《尚书》，帝王靡不同之。周室既微，载籍残缺，仲尼思存前圣之业，乃称曰："夏礼吾能言之，杞不足征也；殷礼吾能言之，宋不足征也。文献不足故也，足则吾能征之矣。"①以鲁周公之国，礼文备物，史官有法，故与左丘明观其史记，据行事，仍人道，②因兴以立功，就败以成罚，假日月以定历数，借朝聘以正礼乐。有所褒讳贬损，不可书见，口授弟子，弟子退而异言。③丘明恐弟子各安其意，以失其真，故论本事而作传，明夫子不以空言说经也。《春秋》所贬损大人当世君臣，有威权势力，其事实皆形于传，是以隐其书而不宣，所以免时难也。及末世口说流行，故有《公羊》、《穀梁》、《邹》、《夹》之《传》。四家之中,《公羊》、《穀梁》立于学官,邹氏无师,夹氏未有书。

①师古曰:"《论语》载孔子之言也。征,成也。献,贤也。孔子自谓能言夏、殷之礼,而杞、宋之君文章贤材不足以成之,故我不得成此礼也。"

②师古曰:"仍亦因也。"

③师古曰:"谓人执所见,各不同也。"

《论语》古二十一篇。出孔子壁中,两《子张》。①

《齐》二十二篇。多《问王》、《知道》。②

《鲁》二十篇,《传》十九篇。③

《齐说》二十九篇。

《鲁》《夏侯说》二十一篇。

《鲁》《安昌侯说》二十一篇。④

《鲁王骏说》二十篇。⑤

《燕传说》三卷。

《议奏》十八篇。石渠论。

《孔子家语》二十七卷。⑥

《孔子三朝》七篇。⑦

《孔子徒人图法》二卷。

凡《论语》十二家,二百二十九篇。

①如淳曰:"分《尧曰》篇后子张问'何如可以从政'已下为篇,名曰《从政》。"

②如淳曰:"《问王》、《知道》,皆篇名也。"

③师古曰:"解释《论语》意者。"

④师古曰:"张禹也。"

⑤师古曰:"王吉子。"

⑥师古曰:"非今所有《家语》。"

⑦师古曰:"今《大戴礼》有其一篇,盖孔子对〔鲁〕哀公语也。[9]三朝见公,故曰三朝。"

《论语》者,孔子应答弟子时人及弟子相与言而接闻于夫子之语也。当时弟子各有所记。夫子既卒,门人相与辑而论篹,故谓之《论语》。①

汉兴，有齐、鲁之说。传《齐论》者，昌邑中尉王吉、少府宋畸、②御史大夫贡禹、尚书令五鹿充宗、胶东庸生，唯王阳名家。③传《鲁论语》者，常山都尉龚奋、长信少府夏侯胜、丞相韦贤、鲁扶卿、前将军萧望之、安昌侯张禹，皆名家。张氏最后而行于世。

①师古曰："辑与集同。篹与撰同。"

②师古曰："畸音居宜反。"

③师古曰："王吉字子阳，故谓之王阳。"

《孝经古孔氏》一篇。二十二章。①

《孝经》一篇。十八章。长孙氏、江氏、后氏、翼氏四家。

《长孙氏说》二篇。

《江氏说》一篇。

《翼氏说》一篇。

《后氏说》一篇。

《杂传》四篇。

《安昌侯说》一篇。

《五经杂议》十八篇。石渠论。

《尔雅》三卷二十篇。②

《小尔雅》一篇，《古今字》一卷。

《弟子职》一篇。③

《说》三篇。

凡《孝经》十一家，五十九篇。

①师古曰："刘向云古文字也。《庶人章》分为二也，《曾子敢问章》为三，又多一章，凡二十二章。"

②张晏曰："尔，近也。雅，正也。"

③应劭曰："管仲所作，在《管子》书。"

《孝经》者，孔子为曾子陈孝道也。夫孝，天之经，地之义，民之行也。举大者言，故曰《孝经》。汉兴，长孙氏、博士江翁、少府后仓、谏大夫翼奉、安昌侯张禹传之，各自名家。经文皆同，唯孔氏壁中古文为异。“父母生之，续莫大焉”，“故亲生之膝下”，诸家说不安处，古文字读皆异。①

①臣瓒曰：“《孝经》云‘续莫大焉’，而诸家之说各不安处之也。”师古曰：“桓谭《新论》云《古孝经》千八百七十(一)〔二〕字，[10]今异者四百馀字。”

《史籀》十五篇。周宣王太史作大篆十五篇，建武时亡六篇矣。①

《八体六技》。②

《苍颉》一篇。上七章，秦丞相李斯作；《爰历》六章，车府令赵高作；《博学》七章，太史令胡母敬作。

《凡将》一篇。司马相如作。

《急就》一篇。(成)〔元〕帝时黄门令史游作。[11]

《元尚》一篇。成帝时将作大匠李长作。

《训纂》一篇。扬雄作。

《别字》十三篇。

《苍颉传》一篇。

扬雄《苍颉训纂》一篇。

杜林《苍颉训纂》一篇。

杜林《苍颉故》一篇。

凡小学十家，四十五篇。入扬雄、杜林二家二篇。

①师古曰：“籀音胄。”

②韦昭曰：“八体，一曰大篆，二曰小篆，三曰刻符，四曰虫书，五曰摹印，六曰署书，七曰殳书，八曰隶书。”

《易》曰：“上古结绳以治，后世圣人易之以书契，百官以治，万民以察，盖取诸《夬》。”①“夬，扬于王庭’，②言其宣扬于王者朝廷，其用最大也。古者八岁入小学，故《周官》保氏掌养国子，教之六书，③谓象形、象事、象意、象声、转注、假借，造字之本也。④汉兴，萧何草律，⑤亦著其法，曰：“太史试学童，能讽书九千字以上，乃得为史。又以六体试之，课最者以为尚书御史史书令史。⑥吏民上书，字或不正，辄举劾。”六体者，古文、奇字、篆书、隶书、缪篆、虫书，⑦皆所以通知古今文字，摹印章，书幡信也。古制，书必同文，不知则阙，问诸故老，至于衰世，是非无正，人用其私。⑧故孔子曰：“吾犹及史之阙文也，今亡矣夫！”⑨盖伤其寖不正。⑩《史籀篇》者，周时史官教学童书也，与孔氏壁中古文异体。《苍颉》七章者，秦丞相李斯所作也；《爰历》六章者，车府令赵高所作也；《博学》七章者，太史令胡母敬所作也；文字多取《史籀篇》，而篆体复颇异，所谓秦篆者也。是时始造隶书矣，起于官狱多事，苟趋省易，⑪施之于徒隶也。汉(书)〔兴〕，〔12〕闾里书师合《苍颉》、《爰历》、《博学》三篇，断六十字以为一章，凡五十五章，并为《苍颉篇》。⑫武帝时司马相如作《凡将篇》，无复字。⑬元帝时黄门令史游作《急就篇》，成帝时将作大匠李长作《元尚篇》，皆《苍颉》中正字也。《凡将》则颇有出矣。至元始中，征天下通小学者以百数，各令记字于庭中。扬雄取其有用者以作《训纂篇》，顺续《苍颉》，又易《苍颉》中重复之字，凡八十九章。臣复续扬雄作十(二)〔三〕章，⑭〔13〕凡一百二章，无复字，六艺群书所载略备矣。《苍颉》多古字，俗师失其读，宣帝时征齐人能正读者，张敞从受之，传至外孙之子杜林，为作训故，并列焉。

①师古曰：“《下系》之辞。”

②师古曰：“《夬卦》之辞。”

③师古曰：“保氏，地官之属也。保，安也。”

④师古曰：“象形，谓画成其物，随体诘屈，日、月是也。象事，即指事也，谓视而可识，察而见意，上、下是也。象意，即会意也，谓比类合谊，以见指㧑，武、信是也。象声，即形声，谓以事为名，取譬相成，江、河是也。转注，谓建类一首，同意相受，考、老是也。假借，谓本无其字，依声托事，令、长是也。文字之义，总归六书，故曰立字之本也。”

⑤师古曰：“草，创造之。”

⑥韦昭曰：“若今尚书兰台令史也。”臣瓒曰：“史书，今之太史书。”

⑦师古曰：“古文谓孔子壁中书。奇字即古文而异者也。篆书谓小篆，盖秦始皇使程邈所作也。隶书亦程邈所献，主于徒隶，从简易也。缪篆谓其文屈

曲缠绕，所以摹印章也。虫书谓为虫鸟之形，所以书幡信也。"

⑧师古曰："各任私意而为字。"

⑨师古曰："《论语》载孔子之(书)〔言〕，[14]谓文字有疑，则当阙而不说。孔子自言，我初涉学，尚见阙文，今则皆无，任意改(治)〔作〕也。"[15]

⑩师古曰："寖，渐也。"

⑪师古曰："趋读曰趣，谓趣向之也。易音弋豉反。"

⑫师古曰："并，合也，总合以为《苍颉篇》也。"

⑬师古曰："复，重也，音扶目反。后皆类此。"

⑭韦昭曰："臣，班固自谓也。作十三章，后人不别，疑在《苍颉》下篇三十四章中。"

凡六艺一百三家，三千一百二十三篇。入三家，一百五十九篇；出重十一篇。

六艺之文：《乐》以和神，仁之表也；《诗》以正言，义之用也；《礼》以明体，明者著见，故无训也；《书》以广听，知之术也；《春秋》以断事，信之符也。五者，盖五常之道，相须而备，而《易》为之原。故曰"《易》不可见，则乾坤或几乎息矣"，①言与天地为终始也。至于五学，世有变改，犹五行之更用事焉。②古之学者耕且养，三年而通一艺，存其大体，玩经文而已，是故用日少而畜德多，③三十而五经立也。后世经传既已乖离，博学者又不思多闻阙疑之义，④而务碎义逃难，便辞巧说，破坏形体；⑤说五字之文，至于二三万言。⑥后进弥以驰逐，故幼童而守一艺，白首而后能言；安其所习，毁所不见，⑦终以自蔽。此学者之大患也。序六艺为九种。

①苏林曰："不能见《易》意，则乾坤近于灭息也。"师古曰："此《上系》之辞也。几，近也，音钜依反。"

②师古曰："更，互也，音工衡反。"

③师古曰："畜读曰蓄。蓄，聚也。《易》《大畜卦》象辞曰：'君子以多识前言往行，以畜其德。'"

④师古曰："《论语》称孔子曰'多闻阙疑，慎言其馀，则寡尤'。言为学之道，务

在多闻，疑则阙之，慎于言语，则少过也，故志引之。”

⑤师古曰：“苟为僻碎之义，以避它人之攻难者，故为便辞巧说，以析破文字之形体也。”

⑥师古曰：“言其烦妄也。桓谭《新论》云秦近君能说《尧典》，篇目两字之说至十馀万言，但说‘曰若稽古’三万言。”

⑦师古曰：“己所常习则保安之，未尝所见者则妄毁诽。”

《晏子》八篇。名婴，谥平仲，相齐景公，孔子称善与人交，有《列传》。①

《子思》二十三篇。名伋，孔子孙，为鲁缪公师。

《曾子》十八篇。名参，孔子弟子。

《漆雕子》十三篇。孔子弟子漆雕启后。

《宓子》十六篇。名不齐，字子贱，孔子弟子。②

《景子》三篇。说宓子语，似其弟子。

《世子》二十一篇。名硕，陈人也，七十子之弟子。

《魏文侯》六篇。

《李克》七篇。子夏弟子，为魏文侯相。

《公孙尼子》二十八篇。七十子之弟子。

《孟子》十一篇。名轲，邹人，子思弟子，有《列传》。③

《孙卿子》三十三篇。名况，赵人，为齐稷下祭酒，有《列传》。④

《芈子》十八篇。名婴，齐人，七十子之后。⑤

《内业》十五篇。不知作书者。

《周史六弢》六篇。惠、襄之间，或曰显王时，或曰孔子问焉。⑥

《周政》六篇。周时法度政教。

《周法》九篇。法天地，立百官。

《河间周制》十八篇。似河间献王所述也。

《谰言》十(一)篇。[16]不知作者，陈人君法度。⑦

《功议》四篇。不知作者，论功德事。

《宁越》一篇。中牟人，为周威王师。

《王孙子》一篇。一曰《巧心》。

《公孙固》一篇。十八章。齐闵王失国，(闲)〔问〕之，[17]固因为陈古今成败也。

《李氏春秋》二篇。

《羊子》四篇。百章。故秦博士。

《董子》一篇。名无心，难墨子。

(侯)《〔俟〕子》一篇。⑧[18]

《徐子》四十二篇。宋外黄人。

《鲁仲连子》十四篇。有《列传》。

《平原君》七篇。朱建也。

《虞氏春秋》十五篇。虞卿也。

《高祖传》十三篇。高祖与大臣述古语及诏策也。

《陆贾》二十三篇。

《刘敬》三篇。

《孝文传》十一篇。文帝所称及诏策。

《贾山》八篇。

《太常蓼侯孔臧》十篇。父聚，高祖时以功臣封，臧嗣爵。

《贾谊》五十八篇。

河间献王《对上下三雍宫》三篇。

《董仲舒》百二十三篇。

《兒宽》九篇。

《公孙弘》十篇。

《终军》八篇。

《吾丘寿王》六篇。

《虞丘说》一篇。难孙卿也。

《庄助》四篇。

《臣彭》四篇。

《钩盾冗从李步昌》八篇。宣帝时数言事。

《儒家言》十八篇。不知作者。

桓宽《盐铁论》六十篇。⑨

刘向所序六十七篇。《新序》、《说苑》、《世说》、《列女传颂图》也。

扬雄所序三十八篇。《太玄》十九，《法言》十三，《乐》四，《箴》二。

右儒五十三家，八百三十六篇。入扬雄一家〔三〕十八篇。[19]

①师古曰："有《列传》者，谓《太史公书》。"

②师古曰："宓读与伏同。"

③师古曰："《圣证论》云轲字子车，而此志无字，未详其所得。"

④师古曰："本曰荀卿，避宣帝讳，故曰孙。"

⑤师古曰："芈音弭。"

⑥师古曰："即今之《六韬》也，盖言取天下及军旅之事。弢字与韬同也。"

⑦如淳曰："谰音粲烂。"师古曰："说者引《孔子家语》云孔穿所造，非也。"

⑧李奇曰："或作《侔子》。"

⑨师古曰："宽字次公，汝南人也。孝昭帝时，丞相御史与诸贤良文学论盐铁事，宽撰次之。"

儒家者流，盖出于司徒之官，助人君顺阴阳明教化者也。游文于六经之中，留意于仁义之际，祖述尧舜，宪章文武，宗师仲尼，以重其言，①于道最为高。孔子曰："如有所誉，其有所试。"②唐虞之隆，殷周之盛，仲尼之业，已试之效者也。然惑者既失精微，而辟者又随时抑扬，违离道本，③苟以哗众取宠。④后进循之，是以《五经》乖析，儒学寖衰，此辟儒之患。⑤

①师古曰："祖，始也。述，修也。宪，法也。章，明也。宗，尊也。言以尧舜为本始而遵修之，以文王、武王为明法，又师尊仲尼之道。"

②师古曰："《论语》载孔子之言也。言于人有所称誉者，辄试以事，取其实效也。誉音弋于反。"

③师古曰："辟读曰僻。"

④师古曰："哗，諠也。宠，尊也。哗音呼华反。"

⑤师古曰："寖，渐也。辟读曰僻。"

《伊尹》五十一篇。汤相。

《太》《公》二百三十七篇。吕望为周师尚父,本有道者。或有近世又以为太公术者所增加也。①《谋》八十一篇,《言》七十一篇,《兵》八十五篇。

《辛甲》二十九篇。纣臣,七十五谏而去,周封之。

《鬻子》二十二篇。名熊,为周师,自文王以下问焉,周封为楚祖。②

《筦子》八十六篇。名夷吾,相齐桓公,九合诸侯,不以兵车也,有《列传》。③

《老子邻氏经传》四篇。姓李,名耳,邻氏传其学。

《老子傅氏经说》三十七篇。述老子学。

《老子徐氏经说》六篇。字少季,临淮人,传《老子》。

刘向《说老子》四篇。

《文子》九篇。老子弟子,与孔子并时,而称周平王问,似依托者也。

《蜎子》十三篇。名渊,楚人,老子弟子。④

《关尹子》九篇。名喜,为关吏,老子过关,喜去吏而从之。

《庄子》五十二篇。名周,宋人。

《列子》八篇。名圄寇,先庄子,庄子称之。

《老成子》十八篇。

《长卢子》九篇。〔楚人〕。[20]

《王狄子》一篇。

《公子牟》四篇。魏之公子也,先庄子,庄子称之。

《田子》二十五篇。名骈,齐人,游稷下,号天口骈。⑤

《老莱子》十六篇。楚人,与孔子同时。

《黔娄子》四篇。齐隐士,守道不诎,威王下之。⑥

《宫孙子》二篇。⑦

《鹖冠子》一篇。楚人,居深山,以鹖为冠。⑧

《周训》十四篇。⑨

《黄帝四经》四篇。

《黄帝铭》六篇。

《黄帝君臣》十篇。起六国时,与《老子》相似也。

《杂黄帝》五十八篇。六国时贤者所作。

《力牧》二十二篇。六国时所作，托之力牧。力牧，黄帝相。

《孙子》十六篇。六国时。

《捷子》二篇。齐人，武帝时说。

《曹羽》二篇。楚人，武帝时说于齐王。

《郎中婴齐》十二篇。武帝时。⑩

《臣君子》二篇。蜀人。

《郑长者》一篇。六国时。先韩子，韩子称之。⑪

《楚子》三篇。

《道家言》二篇。近世，不知作者。

右道三十七家，九百九十三篇。

①师古曰："父读曰甫也。"

②师古曰："鬻音弋六反。"

③师古曰："筦读与管同。"

④师古曰："蜎，姓也，音一元反。"

⑤师古曰："骈音步田反。"

⑥师古曰："黔音其炎反。下音胡稼反。"

⑦师古曰："宫孙，姓也，不知名。"

⑧师古曰："以鶡鸟羽为冠。"

⑨师古曰："刘向《别录》云人间小书，其言俗薄。"

⑩师古曰："刘向云故待诏，不知其姓，数从游观，名能为文。"

⑪师古曰："《别录》云郑人，不知姓名。"

道家者流，盖出于史官，历记成败存亡祸福古今之道，然后知秉要执本，清虚以自守，卑弱以自持，此君人南面之术也。合于尧之克攘，①《易》之嗛嗛。一谦而四益，此其所长也。②及放者为之，则欲绝去礼学，兼弃仁义，③曰独任清虚可以为治。

①师古曰："《虞书·尧典》称尧之德曰'允恭克让'，言其信恭能让也，故志引之云。攘，古让字。"

②师古曰："四益，谓天道亏盈而益谦，地道变盈而流谦，鬼神害盈而福谦，人

道恶盈而好谦也。此《谦卦》彖辞。嗛字与谦同。"

③师古曰:"放,荡也。"

《宋司星子韦》三篇。景公之史。

《公梼生终始》十四篇。传邹奭《始终》书。①

《公孙发》二十二篇。六国时。

《邹子》四十九篇。名衍,齐人,为燕昭王师,居稷下,号谈天衍。

《邹子终始》五十六篇。②

《乘丘子》五篇。六国时。

《杜文公》五篇。六国时。③

《黄帝泰素》二十篇。六国时韩诸公子所作。④

《南公》三十一篇。六国时。

《容成子》十四篇。

《张苍》十六篇。丞相北平侯。

《邹奭子》十二篇。齐人,号曰雕龙奭。⑤

《闾丘子》十三篇。名快,魏人,在南公前。

《冯促》十三篇。郑人。

《将钜子》五篇。六国时。先南公,南公称之。

《五曹官制》五篇。汉制,似贾谊所条。

《周伯》十一篇。齐人,六国时。

《卫侯官》十二篇。近世,不知作者。

于长《天下忠臣》九篇。平阴人,近世。⑥

《公孙浑邪》十五篇。平曲侯。

《杂阴阳》三十八篇。不知作者。

右阴阳二十一家,三百六十九篇。

①师古曰:"梼音畴,其字从木。"

②师古曰:"亦邹衍所说。"

③师古曰:"刘向《别录》云韩人也。"

④师古曰:"刘向《别录》云或言韩诸公孙之所作也。言阴阳五行,以为黄帝之

道也，故曰《泰素》。"

⑤师古曰："奭音试亦反。"

⑥师古曰："刘向《别录》云传天下忠臣。"

阴阳家者流，盖出于羲和之官，敬顺昊天，历象日月星辰，敬授民时，此其所长也。及拘者为之，则牵于禁忌，泥于小数，①舍人事而任鬼神。②

①师古曰："泥，滞也，音乃计反。"

②师古曰："舍，废也。"

《李子》三十二篇。名悝，相魏文侯，富国强兵。

《商君》二十九篇。名鞅，姬姓，卫后也，相秦孝公，有《列传》。

《申子》六篇。名不害，京人，相韩昭侯，终其身诸侯不敢侵韩。①

《处子》九篇。②

《慎子》四十二篇。名到，先申韩，申韩称之。

《韩子》五十五篇。名非，韩诸公子，使秦，李斯害而杀之。

《游棣子》一篇。③

《晁错》三十一篇。

《燕十事》十篇，不知作者。

《法家言》二篇。不知作者。

右法十家，二百一十七篇。

①师古曰："京，河南京县。"

②师古曰："《史记》云赵有处子。"

③师古曰："棣音徒计反。"

法家者流，盖出于理官，信赏必罚，以辅礼制。《易》曰"先王以明罚饬法"，①此其所长也。及刻者为之，则无教化，去仁爱，专任刑法而欲以致治，至于残害至亲，伤恩薄厚。②

①师古曰："《噬嗑》之象辞也。饬，整也，读与敕同。"

②师古曰："薄厚者，变厚为薄。"

《邓析》二篇。郑人，与子产并时。①

《尹文子》一篇。说齐宣王。先公孙龙。②

《公孙龙子》十四篇。赵人。③

《成公生》五篇。与黄公等同时。④

《惠子》一篇。名施，与庄子并时。

《黄公》四篇。名疵，为秦博士，作歌诗，在秦时歌诗中。⑤

《毛公》九篇。赵人，与公孙龙等并游平原君赵胜家。⑥

右名七家，三十六篇。

①师古曰："《列子》及《孙卿》并云子产杀邓析。据《左传》，昭公二十年子产卒，定公九年驷歂杀邓析而用其竹刑，则非子产所杀也。"

②师古曰："刘向云与宋钘俱游稷下。钘音形。"

③师古曰："即为坚白之辩者。"

④师古曰："姓成公。刘向云与李斯子由同时。由为三川守，成公生游谈不仕。"

⑤师古曰："疵音才斯反。"

⑥师古曰："刘向《别录》云论坚白同异，以为可以治天下。此盖《史记》所云'藏于博徒'者。"

名家者流，盖出于礼官。古者名位不同，礼亦异数。孔子曰："必也正名乎！名不正则言不顺，言不顺则事不成。"①此其所长也。及警者为之，②则苟钩(釽)〔鈲〕析乱而已。③[21]

①师古曰："《论语》载孔子之言也。言欲为政，必先正其名。"

②晋灼曰："警，讦也。"师古曰："警音工钧反。"

③师古曰："(釽)〔鈲〕，破也，音普革反，又音普狄反。"

《尹佚》二篇。周臣，在成、康时也。

《田俅子》三篇。先韩子。①

《我子》一篇。②

《随巢子》六篇。墨翟弟子。

《胡非子》三篇。墨翟弟子。

《墨子》七十一篇。名翟,为宋大夫,在孔子后。

右墨六家,八十六篇。

①苏林曰:"俅音仇。"

②师古曰:"刘向《别录》云为《墨子》之学。"

墨家者流,盖出于清庙之守。茅屋采椽,①是以贵俭;养三老五更,是以兼爱;选士大射,是以上贤;宗祀严父,是以右鬼;②顺四时而行,是以非命;③以孝视天下,是以上同:④此其所长也。及蔽者为之,见俭之利,因以非礼,推兼爱之意,而不知别亲疏。

①师古曰:"采,柞木也,字作棌,本从木。以茅覆屋,以棌为椽,言其质素也。采音千在反。"

②如淳曰:"右鬼,谓信鬼神。若杜伯射宣王,是亲鬼而右之。"师古曰:"右犹尊尚也。"

③苏林曰:"非有命者,言儒者执有命,而反劝人修德积善,政教与行相反,故讥之也。"如淳曰:"言无吉凶之命,但有贤不肖(之)善恶。"[22]

④如淳曰:"言皆同,可以治也。"《师古》曰:"《墨子》有《节用》、《兼爱》、《上贤》、《明鬼神》、《非命》、《上同》等诸篇,故志历序其本意也。视读曰示。"

《苏子》三十一篇。名秦,有《列传》。

《张子》十篇。名仪,有《列传》。

《庞煖》二篇。为燕将。①

《阙子》一篇。

《国筮子》十七篇。

秦零陵《令信》一篇。难秦相李斯。

《蒯子》五篇。名通。

《邹阳》七篇。

《主父偃》二十八篇。

《徐乐》一篇。

《庄安》一篇。

《待诏金马聊苍》三篇。赵人，武帝时。②

右从横十二家，百七篇。

①师古曰："煖音许远反。"

②师古曰："《严助传》作胶苍，而此志作聊。志传不同，未知孰是。"

从横家者流，盖出于行人之官。孔子曰："诵《诗》三百，使于四方，不能专对，虽多亦奚以为？"①又曰："使乎，使乎！"②言其当权事制宜，受命而不受辞，此其所长也。及邪人为之，则上诈谖而弃其信。③

①师古曰："《论语》载孔子之言也。谓人不达于事，诵《诗》虽多，亦无所用。"

②师古曰："亦《论语》载孔子之言，叹使者之难其人。"

③师古曰："谖，诈言也，音许远反。"

孔甲《盘盂》二十六篇。黄帝之史，或曰夏帝孔甲，似皆非。

《大命》三十七篇。传言禹所作，其文似后世语。①

《五子胥》八篇。名员，春秋时为吴将，忠直遇谗死。

《子晚子》三十五篇。齐人，好议兵，与《司马法》相似。

《由余》三篇。戎人，秦穆公聘以为大夫。

《尉缭》(子)二十九篇。〔23〕六国时。②

《尸子》二十篇。名佼，鲁人，秦相商君师之。鞅死，佼逃入蜀。③

《吕氏春秋》二十六篇。秦相吕不韦辑智略士作。

《淮南内》二十一篇。王安。

《淮南外》三十三篇。④

《东方朔》二十篇。

《伯象先生》一篇。⑤

《荆轲论》五篇。轲为燕刺秦王，不成而死，司马相如等论之。

《吴子》一篇。

《公孙尼》一篇。

《博士臣贤对》一篇。汉世，难韩子、商君。

《臣说》三篇。武帝时(所)作赋。⑥〔24〕

《解子簿书》三十五篇。

《推杂书》八十七篇。

《杂家言》一篇。王伯，不知作者。⑦

右杂二十家，四百三篇。入兵法。

①师古曰："肏，古禹字。"

②师古曰："尉，姓；缭，名也。音了，又音聊。刘向《别录》云缭为商君学。"

③师古曰："佼音绞。"

④师古曰："《内篇》论道，《外篇》杂说。"

⑤应劭曰："盖隐者也，故公孙敖难以无益世主之治。"

⑥师古曰："说者，其人名，读曰悦。"

⑦师古曰："言伯王之道。伯读曰霸。"

杂家者流，盖出于议官。兼儒、墨，合名、法，知国体之有此，①见王治之无不贯，②此其所长也。及荡者为之，则漫羡而无所归心。③

①师古曰："治国之体，亦当有此杂家之说。"

②师古曰："王者之治，于百家之道无不贯综。"

③师古曰："漫，放也。羡音弋战反。"

《神农》二十篇。六国时，诸子疾时(念)〔怠〕于农业，[25]道耕农事，托之神农。①

《野老》十七篇。六国时，在齐、楚间。②

《宰氏》十七篇。不知何世。

《董安国》十六篇。汉代内史，不知何帝时。

《尹都尉》十四篇。不知何世。

《赵氏》五篇。不知何世。

《氾胜之》十八篇。成帝时为议郎。③

《王氏》六篇。不知何世。

《蔡癸》一篇。宣帝时，以言便宜，至弘农太守。④

右农九家，百一十四篇。

①师古曰："刘向《别录》云疑李悝及商君所说。"

②应劭曰："年老居田野，相民耕种，故号野老。"

③师古曰："刘向《别录》云使教田三辅，有好田者师之，徙为御史。氾音凡，又音敷剑反。"

④师古曰："刘向《别录》云邯郸人。"

农家者流，盖出于农稷之官，播百谷，劝耕桑，以足衣食，故八政一曰食，二曰货。孔子曰"所重民食"，①此其所长也。及鄙者为之，以为无所事圣王，②欲使君臣并耕，誖上下之序。③

①师古曰："《论语》载孔子称殷汤伐桀告天辞也。言为君之道，所重者在人之食。"

②师古曰："言不须圣(主)〔王〕，[26]天下自治。"

③师古曰："誖，乱也，音布内反。"

《伊尹说》二十七篇。其语浅薄，似依托也。

《鬻子说》十九篇。后世所加。

《周考》七十六篇。考周事也。

《青史子》五十七篇。古史官记事也。

《师旷》六篇。见《春秋》，其言浅薄，本与此同，似因托之。

《务成子》十一篇。称尧问，非古语。

《宋子》十八篇。孙卿道宋子，其言黄老意。

《天乙》三篇。天乙谓汤，其言非殷时，皆依托也。

《黄帝说》四十篇。迂诞依托。

《封禅方说》十八篇。武帝时。

《待诏臣饶心术》二十五篇。武帝时。①

《待诏臣安成未央术》一篇。②

《臣寿周纪》七篇。项国圉人，宣帝时。

《虞初周说》九百四十三篇。河南人，武帝时以方士侍郎(陇)〔号〕黄车使者。③[27]

《百家》百三十九卷。

右小说十五家,千三百八十篇。

①师古曰:"刘向《别录》云饶,齐人也,不知其姓,武帝时待诏,作书名曰《心术》也。"

②应劭曰:"道家也,好养生事,为未央之术。"

③应劭曰:"其说以《周书》为本。"师古曰:"《史记》云虞初洛阳人,即张衡《西京赋》'小说九百,本自虞初'者也。"

小说家者流,盖出于稗官。①街谈巷语,道听涂说者之所造也。孔子曰:"虽小道,必有可观者焉,致远恐泥,是以君子弗为也。"②然亦弗灭也。闾里小知者之所及,亦使缀而不忘。如或一言可采,此亦刍荛狂夫之议也。

①如淳曰:"稗音锻家排。《九章》'细米为稗'。街谈巷说,其细碎之言也。王者欲知闾巷风俗,故立稗官使称说之。今世亦谓偶语为稗。"师古曰:"稗音稊稗之稗,不与锻排同也。稗官,小官。《汉名臣奏》唐林请省置吏,公卿大夫至都官稗官各减什三,是也。"

②师古曰:"《论语》载孔子之言。泥,滞也,音乃细反。

凡诸子百八十九家,四千三百二十四篇。出蹴鞠一家,二十五篇。

诸子十家,其可观者九家而已。皆起于王道既微,诸侯力政,时君世主,好恶殊方,①是以九家之(说)〔术〕[28]蠭出并作,②各引一端,崇其所善,以此驰说,取合诸侯。其言虽殊,辟犹水火,相灭亦相生也。③仁之与义,敬之与和,相反而皆相成也。《易》曰:"天下同归而殊涂,一致而百虑。"④今异家者各推所长,穷知究虑,以明其指,虽有蔽短,合其要归,亦《六经》之支与流裔。⑤使其人遭明王圣主,得其所折中,皆股肱之材已。⑥仲尼有言:"礼失而求诸野。"⑦方今去圣久远,道术缺废,无所更索,⑧彼九家者,不犹瘉于野乎?⑨若能修六艺之术,而观此九家之言,舍短取长,则可以通万方之略矣。⑩

①师古曰:"好音呼到反。恶音一故反。"

②师古曰:"蠭与锋同。"

③师古曰:"辟读曰譬。"

④师古曰:“《下系》之辞。”

⑤师古曰:“裔,衣末也。其于《六经》,如水之下流,衣之末裔。”

⑥师古曰:“已,语终辞。”

⑦师古曰:“言都邑失礼,则于外野求之,亦将有获。”

⑧师古曰:“索,求也。”

⑨师古曰:“瘉与愈同。愈,胜也。”

⑩师古曰:“舍,废也。”

屈原赋二十五篇。楚怀王大夫,有《列传》。

唐勒赋四篇。楚人。

宋玉赋十六篇。楚人,与唐勒并时,在屈原后也。

赵幽王赋一篇。

庄夫子赋二十四篇。名忌,吴人。

贾谊赋七篇。

枚乘赋九篇。

司马相如赋二十九篇。

淮南王赋八十二篇。

淮南王群臣赋四十四篇。

太常蓼侯孔臧赋二十篇。

阳丘侯刘隁赋十九篇。①

吾丘寿王赋十五篇。

蔡甲赋一篇。

上所自造赋二篇。②

兒宽赋二篇。

光禄大夫张子侨赋三篇。与王褒同时也。

阳成侯刘德赋九篇。

刘向赋三十三篇。

王褒赋十六篇。

右赋二十家,三百六十一篇。

①师古曰："偃音偃。"

②师古曰："武帝也。"

陆贾赋三篇。

枚皋赋百二十篇。

朱建赋二篇。

常侍郎庄匆奇赋十一篇。枚皋同时。①

严助赋三十五篇。②

朱买臣赋三篇。

宗正刘辟彊赋八篇。

司马迁赋八篇。

郎中臣婴齐赋十篇。

臣说赋九篇。③

臣吾赋十八篇。

辽东太守苏季赋一篇。

萧望之赋四篇。

河内太守徐明赋三篇。字长君，东海人，元、成世历五郡太守，有能名。

给事黄门侍郎李息赋九篇。

淮阳宪王赋二篇。

扬雄赋十二篇。

待诏冯商赋九篇。

博士弟子杜参赋二篇。④

车郎张丰赋三篇。张子侨子。

骠骑将军朱宇赋三篇。⑤

右赋二十一家，二百七十四篇。入扬雄八篇。

①师古曰："《七略》云'匆奇者，或言庄夫子子，或言族家子庄助昆弟也。从行至茂陵，(造作)〔诏造〕赋'。"〔29〕

②师古曰："上言庄匆奇，下言严助，史驳文。"

③师古曰："说，名，音悦。"

④师古曰："《刘向》《别录》云'臣向谨与长社尉杜参校中秘书'。刘歆又云'参，杜陵人，以阳朔元年病死，〔死〕时年二十馀'。"[30]

⑤师古曰："刘向《别录》云'骠骑将军史朱宇'，志以宇在骠骑府，故总言骠骑将军。"

孙卿赋十篇。

秦时杂赋九篇。

李思《孝景皇帝颂》十五篇。

广川惠王越赋五篇。

长沙王群臣赋三篇。

魏内史赋二篇。

东暆令延年赋七篇。①

卫士令李忠赋二篇。

张偃赋二篇。

贾充赋四篇。

张仁赋六篇。

秦充赋二篇。

李步昌赋二篇。

侍郎谢多赋十篇。

平阳公主舍人周长孺赋二篇。

雒阳锜华赋九篇。②

眭弘赋一篇。③

别栩阳赋五篇。④

臣昌市赋六篇。

臣义赋二篇。

黄门书者假史王商赋十三篇。

侍中徐博赋四篇。

黄门书者王广吕嘉赋五篇。

汉中都尉丞华龙赋二篇。

左冯翊史路恭赋八篇。

右赋二十五家，百三十六篇。

①师古曰："东暆，县名，暆音移。"

②师古曰："锜，姓；华，名。锜音鱼绮反。"

③师古曰："即眭孟也。眭音先随反。"

④服虔曰："栩音诩。"

《客主赋》十八篇。

《杂行出及颂德赋》二十四篇。

《杂四夷及兵赋》二十篇。

《杂中贤失意赋》十二篇。

《杂思慕悲哀死赋》十六篇。

《杂鼓琴剑戏赋》十三篇。

《杂山陵水泡云气雨旱赋》十六篇。①

《杂禽兽六畜昆虫赋》十八篇。

《杂器械草木赋》三十三篇。

(文)《〔大〕杂赋》三十四篇。〔31〕

《成相杂辞》十一篇。

《隐书》十八篇。②

右杂赋十二家，二百三十三篇。

①师古曰："泡，水上浮沤也。泡音普交反。沤音一侯反。"

②师古曰："刘向《别录》云'隐书者，疑其言以相问，对者以虑思之，可以无不谕'。"

《高祖歌诗》二篇。

《泰一杂甘泉寿宫歌诗》十四篇。

《宗庙歌诗》五篇。

《汉兴以来兵所诛灭歌诗》十四篇。

《出行巡狩及游歌诗》十篇。

《临江王及愁思节士歌诗》四篇。

《李夫人及幸贵人歌诗》三篇。

《诏赐中山靖王子哙及孺子妾冰未央材人歌诗》四篇。①

《吴楚汝南歌诗》十五篇。

《燕代讴雁门云中陇西歌诗》九篇。

《邯郸河间歌诗》四篇。

《齐郑歌诗》四篇。

《淮南歌诗》四篇。

《左冯翊秦歌诗》三篇。

《京兆尹秦歌诗》五篇。

《河东蒲反歌诗》一篇。

《黄门倡车忠等歌诗》十五篇。

《杂各有主名歌诗》十篇。

《杂歌诗》九篇。

《雒阳歌诗》四篇。

《河南周歌诗》七篇。

《河南周歌声曲折》七篇。

《周谣歌诗》七十五篇。

《周谣歌诗声曲折》七十五篇。

《诸神歌诗》三篇。

《送迎灵颂歌诗》三篇。

《周歌诗》二篇

《南郡歌诗》五篇。

右歌诗二十八家，三百一十四篇。

①师古曰："孺子，王妾之有品号者也。妾，王之众妾也。冰，其名。材人，天子内官。"

凡诗赋百六家，千三百一十八篇。入扬雄八篇。

传曰："不歌而诵谓之赋，登高能赋可以为大夫。"言感物造耑；材知深美，①可与图事，故可以为列大夫也。古者诸侯卿大夫交接邻国，以微言相感，当揖让之时，必称《诗》以谕其志，盖以别贤不肖而观盛衰焉。故孔子曰"不学《诗》，无以言"也。②春秋之后，周道寖坏，③聘问歌咏不行于列国，学《诗》之士逸在布衣，而贤人失志之赋作矣。大儒孙卿及楚臣屈原离谗忧国，皆作赋以风，④咸有恻隐古诗之义。其后宋玉、唐勒，汉兴枚乘、司马相如，下及扬子云，竞为侈丽闳衍之词，没其风谕之义。是以扬子悔之，曰："诗人之赋丽以则，辞人之赋丽以淫。⑤如孔氏之门人用赋也，则贾谊登堂，相如入室矣，如其不用何！"⑥自孝武立乐府而采歌谣，于是有代赵之讴，秦楚之风，皆感于哀乐，缘事而发，亦可以观风俗，知薄厚云。〔序〕诗赋为五种。[32]

①师古曰："耑，古端字也。因物动志，则造辞义之端绪。"

②师古曰："《论语》载孔子戒伯鱼之辞也。"

③师古曰："寖，渐也。"

④师古曰："离，遭也。风读曰讽。次下亦同。"

⑤师古曰："辞人，言后代之为文辞。"

⑥师古曰："言孔氏之门既不用赋，不可如何。谓贾谊、相如无所施也。"

《吴孙子兵法》八十二篇。图九卷。①

《齐孙子》八十九篇。《图》四卷。②

《公孙鞅》二十七篇。

《吴起》四十八篇。有《列传》。

《范蠡》二篇。越王句践臣也。

《大夫種》二篇。与范蠡俱事句践。

(季)《〔李〕子》十篇。[33]

《娷》一篇。③

《兵春秋》一篇。

《庞煖》三篇。④

《兒良》一篇。⑤

《广武君》一篇。李左车。

《韩信》三篇。⑥

右兵权谋十三家，二百五十九篇。省伊尹、太公、《管子》、《孙卿子》、《鹖冠子》、《苏子》、蒯通、陆贾、淮南王二百五十九种，出《司马法》入礼也。

①师古曰："孙武也，臣于阖庐。"

②师古曰："孙膑。"

③师古曰："娷音女瑞反，盖说兵法者，人名也。"

④师古曰："煖音许远反，又音许元反。"

⑤师古曰："六国时人也。兒音五溪反。"

⑥师古曰："淮阴侯。"

权谋者，以正守国，以奇用兵，先计而后战，兼形势，包阴阳，用技巧者也。

《楚兵法》七篇。图四卷。

《蚩尤》二篇。见《吕刑》。

《孙轸》五篇。图二卷。

《繇叙》二篇。

《王孙》十六篇。图五卷。

《尉缭》三十一篇。

《魏公子》二十一篇。图十卷。名无忌，有《列传》。

《景子》十三篇。

《李良》三篇。

《丁子》一篇。

《项王》一篇。名籍。

右兵形势十一家，九十二篇，图十八卷。

形势者，雷动风举，后发而先至，离合背鄉，变化无常，①以轻疾制敌者也。

①师古曰："背音步内反。鄉读曰向。"

《太壹兵法》一篇。

《天一兵法》三十五篇。

《神农兵法》一篇。

《黄帝》十六篇。图三卷。

《封胡》五篇。黄帝臣，依托也。

《风后》十三篇。图二卷。黄帝臣，依托也。

《力牧》十五篇。黄帝臣，依托也。

《鵊冶子》一篇。图一卷。①

《鬼容区》三篇。图一卷。黄帝臣，依托。②

《地典》六篇。

《孟子》一篇。

《东父》三十一篇。

《师旷》八篇。晋平公臣。

《苌弘》十五篇。周史。

《别成子望军气》六篇。图三卷。

《辟兵威胜方》七十篇。

右阴阳十六家，二百四十九篇，图十卷。

①晋灼曰："鵊音夹。"

②师古曰："即鬼臾区也。"

阴阳者，顺时而发，推刑德，随斗击，因五胜，①假鬼神而为助者也。

①师古曰："五胜，五行相胜也。"

《鲍子兵法》十篇。图一卷。

《五子胥》十篇。图一卷。

《公胜子》五篇。

《苗子》五篇。图一卷。

《逢门射法》二篇。①

《阴通成射法》十一篇。

《李将军射法》三篇。②

《魏氏射法》六篇。

《强弩将军王围射法》五卷。③

《望远连弩射法具》十五篇。

《护军射师王贺射书》五篇。

《蒲苴子弋法》四篇。④

《剑道》三十八篇。

《手搏》六篇。

《杂家兵法》五十七篇。

《蹴鞠》二十五篇。⑤

右兵技巧十三家，百九十九篇。省《墨子》重，入《蹴鞠》也。

①师古曰："即逢蒙。"

②师古曰："李广。"

③师古曰："围，郁郅人也，见《赵充国传》。"

④师古曰："苴音子余反。"

⑤师古曰："鞠以韦为之，实以物，蹴蹋之以为戏也。蹴鞠，陈力之事，故附于兵法焉。蹴音子六反。鞠音巨六反。"

技巧者，习手足，便器械，积机关，以立攻守之胜者也。

凡兵书五十三家，七百九十篇，图四十三卷。省十家二百七十一篇重，入《蹴鞠》一家二十五篇，出《司马法》百五十五篇入礼也。

兵家者，盖出古司马之职，王官之武备也。《洪范》八政，八曰师。孔子曰为国者"足食足兵"，①"以不教民战，是谓弃之"，②明兵之重也。《易》曰"古者弦木为弧，剡木为矢，弧矢之利，以威天下"，③其用上矣。

后世燿金为刃，割革为甲，④器械甚备。下及汤武受命，以师克乱而济百姓，动之以仁义，行之以礼让，《司马法》是其遗事也。自春秋至于战国，出奇设伏，变诈之兵并作。汉兴，张良、韩信序次兵法，凡百八十二家，删取要用，定著三十五家。诸吕用事而盗取之。武帝时，军政杨仆捃摭遗逸，纪奏兵录，⑤犹未能备。至于孝成，命任宏论次兵书为四种。

①师古曰："《论语》载孔子之言。无兵与食，不可以为国。"

②师古曰："亦《论语》所载孔子之言，非其不素习武备。"

③师古曰："《下系》之辞也。弧，木弓也。剡谓锐而利之也，音弋冉反。"

④师古曰："燿读与铄同，谓销也。"

⑤师古曰："捃摭，谓拾取之。捃音九问反。摭音之石反。"

《泰壹杂子星》二十八卷。

《五残杂变星》二十一卷。①

《黄帝杂子气》三十三篇。

《常从日月星气》二十一卷。②

《皇公杂子星》二十二卷。

《淮南杂子星》十九卷。

《泰壹杂子云雨》三十四卷。

《国章观霓云雨》三十四卷。

《泰阶六符》一卷。③

《金度玉衡汉五星客流出入》八篇。

《汉五星彗客行事占验》八卷。

《汉日旁气行事占验》三卷。

《汉流星行事占验》八卷。

《汉日旁气行占验》十三卷。

《汉日食月晕杂变行事占验》十三卷。

《海中星占验》十二卷。

《海中五星经杂事》二十二卷。

《海中五星顺逆》二十八卷。

《海中二十八宿国分》二十八卷。

《海中二十八宿臣分》二十八卷。

《海中日月彗虹杂占》十八卷。

《图书秘记》十七篇。

右天文二十一家，四百四十五卷。

①师古曰："五残，星名也。见《天文志》。"

②师古曰："常从，人姓名也，老子师之。"

③李奇曰："三台谓之泰阶，两两成体，三台故六。观色以知吉凶，故曰符。"

天文者，序二十八宿，步五星日月，以纪吉凶之象，圣王所以参政也。《易》曰："观乎天文，以察时变。"①然星事㐫悍，非湛密者弗能由也。②夫观景以谴形，非明王亦不能服听也。以不能由之臣，谏不能听之王，此所以两有患也。

①师古曰："《贲卦》之彖辞也。"

②师古曰："㐫读与凶同。湛读曰沈。由，用也。"

《黄帝五家历》三十三卷。

《颛顼历》二十一卷。

《颛顼五星历》十四卷。

《日月宿历》十三卷。

《夏殷周鲁历》十四卷。

《天历大历》十八卷。

《汉元殷周谍历》十七卷。

《耿昌月行帛图》二百三十二卷。

《耿昌月行度》二卷。

《传周五星行度》三十九卷。

《律历数法》三卷。

《自古五星宿纪》三十卷。

《太岁谋日晷》二十九卷。

《帝王诸侯世谱》二十卷。

《古来帝王年谱》五卷。

《日晷书》三十四卷。

《许商算术》二十六卷。

《杜忠算术》十六卷。

右历谱十八家，六百六卷。

历谱者，序四时之位，正分至之节，会日月五星之辰，以考寒暑杀生之实。故圣王必正历数，以定三统服色之制，又以探知五星日月之会。凶阨之患，吉隆之喜，其术皆出焉。此圣人知命之术也，非天下之至材，其孰与焉！①道之乱也，患出于小人而强欲知天道者，坏大以为小，削远以为近，是以道术破碎而难知也。

①师古曰："与读曰豫。"

《泰一阴阳》二十三卷。

《黄帝阴阳》二十五卷。

《黄帝诸子论阴阳》二十五卷。

《诸王子论阴阳》二十五卷。

《太元阴阳》二十六卷。

《三典阴阳谈论》二十七卷。

《神农大幽五行》二十七卷。

《四时五行经》二十六卷。

《猛子闾昭》二十五卷。

《阴阳五行时令》十九卷。

《堪舆金匮》十四卷。①

《务成子灾异应》十四卷。

《十二典灾异应》十二卷。

《钟律灾异》二十六卷。

《钟律丛辰日苑》二十三卷。

《钟律消息》二十九卷。

《黄钟》七卷。

《天一》六卷。

《泰一》二十(二)九卷。[34]

《刑德》七卷。

《风鼓六甲》二十四卷。

《风后孤虚》二十卷。

《六合随典》二十五卷。

《转位十二神》二十五卷。

《羡门式法》二十卷。

《羡门式》二十卷。

《文解六甲》十八卷。

《文解二十八宿》二十八卷。

《五音奇胲用兵》二十三卷。②

《五音奇胲刑德》二十一卷。

《五音定名》十五卷。

右五行三十一家，六百五十二卷。

①师古曰："许慎云'堪，天道；舆，地道也'。"

②如淳曰："音该。"师古曰："许慎云'胲，军中约也'。"

五行者，五常之形气也。《书》云"初一曰五行，次二曰羞用五事"，①言进用五事以顺五行也。貌、言、视、听、思心失，而五行之序乱，五星之变作，皆出于律历之数而分为一者也。②其法亦起五德终始，推其极则无不至。而小数家因此以为吉凶，而行于世，寖以相乱。③

①师古曰："《周书》《洪范》之辞也。"

②师古曰："说皆在《五行志》也。"

③师古曰："寖，渐也。"

《龟书》五十二卷。

《夏龟》二十六卷。

《南龟书》二十八卷。

《巨龟》三十六卷。

《杂龟》十六卷。

《蓍书》二十八卷。

《周易》三十八卷。

《周易明堂》二十六卷。

《周易随曲射匿》五十卷。

《大筮衍易》二十八卷。

《大次杂易》三十卷。

《鼠序卜黄》二十五卷。

《於陵钦易吉凶》二十三卷。

《任良易旗》七十一卷。

《易卦八具》。

右蓍龟十五家,四百一卷。

蓍龟者,圣人之所用也。《书》曰:“女则有大疑,谋及卜筮。”①《易》曰:“定天下之吉凶,成天下之亹亹者,莫善于蓍龟。”“是故君子将有为也,将有行也,问焉而以言,其受命也如向,无有远近幽深,遂知来物。非天下之至精,其孰能与于此!”②及至衰世,解于齐戒,而娄烦卜筮,③神明不应。故筮渎不告,《易》以为忌;④龟厌不告,《诗》以为刺。⑤

①师古曰:“《周书》《洪范》之辞也。言所为之事有疑,则以卜筮决之也。龟曰卜,蓍曰筮。”

②师古曰:“皆《上系》之辞也。亹亹,深远也。言君子所为行,皆以其言问于《易》。受命如向者,谓示以吉凶,其应速疾,如响之随声也。遂犹究也。来物谓当来之事也。向与响同。与读曰豫。”

③师古曰:“解读曰懈。齐读曰斋。娄读曰屡。”

④师古曰："《易》《蒙卦》之辞曰'初筮告，再三渎，渎则不告'，言童蒙之来决疑，初则以实而告，至于再三，为其烦渎，乃不告也。"

⑤师古曰："《小雅》《小旻》之诗曰'我龟既厌，不我告犹'，言卜问烦数，媟嫚于龟，龟灵厌之，不告以道也。"

《黄帝长柳占梦》十一卷。

《甘德长柳占梦》二十卷。

《武禁相衣器》十四卷。

《嚏耳鸣杂占》十六卷。①

《祯祥变怪》二十一卷。

《人鬼精物六畜变怪》二十一卷。

《变怪诰咎》十三卷。

《执不祥劾鬼物》八卷。

《请官除訞祥》十九卷。②

《禳祀天文》十八卷。③

《请祷致福》十九卷。

《请雨止雨》二十六卷。

《泰壹杂子候岁》二十二卷。

《子赣杂子候岁》二十六卷。

《五法积贮宝臧》二十三卷。

《神农教田相土耕种》十四卷。

《昭明子钓种生鱼鳖》八卷。

《种树臧果相蚕》十三卷。

右杂占十八家，三百一十三卷。

①师古曰："嚏音丁计反。"

②师古曰："訞字与妖同。"

③师古曰："禳，除灾也，音人羊反。"

杂占者，纪百事之象，候善恶之征。①《易》曰："占事知来。"② 众占非一,而梦为大,故周有其官。③而《诗》载熊罴虺蛇众鱼旐旟之梦,著明大人之占,以考吉凶,④盖参卜筮。《春秋》之说訞也,曰:"人之所忌,其气炎以取之,訞由人兴也。人失常则訞兴,人无衅焉,訞不自作。"⑤故曰:"德胜不祥,义厌不惠。"⑥桑谷共生,大戊以兴;鸲雉登鼎,武丁为宗。⑦然惑者不稽诸躬,而忌訞之见,⑧是以《诗》刺"召彼故老,讯之占梦",⑨伤其舍本而忧末,不能胜凶咎也。

①师古曰:"征,证也。"

②师古曰:"《下系》之辞也。言有事而占,则睹方来之验也。"

③师古曰:"谓大卜掌三梦之法,又占梦中士二人,皆宗伯之属官。"

④师古曰:"《小雅》《斯干》之诗曰:'吉梦维何?维熊维罴,男子之祥;维虺维蛇,女子之祥。'《无羊》之诗曰:'牧人乃梦,众维鱼矣,旐维旟矣。大人占之,众维鱼矣,实维丰年,旐维旟矣,室家溱溱。'言熊罴虺蛇皆为吉祥之梦,而生男女。及见众鱼,则为丰年之应,旐旟则为多盛之象。大人占之,谓以圣人占梦之法占之也。画龟蛇曰旐,鸟隼曰旟。"

⑤师古曰:"申繻之辞也,事见庄公十四年。炎谓火之光始焰焰也。言人之所忌,其气焰引致于灾也。衅,瑕也。失常,谓反五常之德也。炎读与焰同。"

⑥师古曰:"厌音伊叶反。惠,顺也。"

⑦师古曰:"说在《郊祀》、《五行志》。"

⑧师古曰:"稽,考也,计也。"

⑨师古曰:"《小雅》《正月》之诗也。故老,元老也。讯,问也。言不能修德以禳灾,但问元老以占梦之吉凶。"

《山海经》十三篇。

《国朝》七卷。

《宫宅地形》二十卷。

《相人》二十四卷。

《相宝剑刀》二十卷。

《相六畜》三十八卷。

右形法六家,百二十二卷。

形法者，大举九州之势以立城郭室舍形，人及六畜骨法之度数、器物之形容以求其声气贵贱吉凶。犹律有长短，而各征其声，非有鬼神，数自然也。然形与气相首尾，亦有有其形而无其气，有其气而无其形，此精微之独异也。

凡数术百九十家，二千五百二十八卷。

数术者，皆明堂羲和史卜之职也。史官之废久矣，其书既不能具，虽有其书而无其人。《易》曰："苟非其人，道不虚行。"①春秋时鲁有梓慎，郑有裨灶，晋有卜偃，宋有子韦。六国时楚有甘公，魏有石申夫。汉有唐都，庶得粗觕。②盖有因而成易，无因而成难，故因旧书以序数术为六种。

①师古曰："《下系》之辞也。言道由人行。"

②师古曰："觕，粗略也，音才户反。"

《黄帝内经》十八卷。

《外经》三十(九)〔七〕卷。〔35〕

《扁鹊内经》九卷。

《外经》十二卷。

《白氏内经》三十八卷。

《外经》三十六卷。

《旁篇》二十五卷。

右医经七家，二百一十六卷。

医经者，原人血脉经(络)〔落〕〔36〕骨髓阴阳表里，以起百病之本，死生之分，而用度箴石汤火所施，①调百药齐和之所宜。②至齐之得，犹慈石取铁，以物相使。拙者失理，以瘉为剧，(以死为生)〔以生为死〕。③〔37〕

①师古曰："箴，所以刺病也。石谓砭石，即石箴也。古者攻病则有砭，今其术绝矣。箴音之林反。砭音彼廉反。"

②师古曰："齐音才诣反，其下并同。和音乎卧反。"

③师古曰："瘉读与愈同。愈，差也。"

《五藏六府痹十二病方》三十卷。①

《五藏六府疝十六病方》四十卷。②

《五藏六府瘅十二病方》四十卷。③

《风寒热十六病方》二十六卷。

《泰始黄帝扁鹊俞拊方》二十三卷。④

《五藏伤中十一病方》三十一卷。

《客疾五藏狂颠病方》十七卷。

《金创瘲瘛方》三十卷。⑤

《妇人婴儿方》十九卷。

《汤液经法》三十二卷。

《神农黄帝食禁》七卷。

右经方十一家,二百七十四卷。

①师古曰:"痹,风湿之病,音必二反。"

②师古曰:"疝,心腹气病,音山谏反,〔又音删〕。"[38]

③师古曰:"瘅,黄病,音丁韩反。"

④应劭曰:"黄帝时医也。"师古曰:"拊音肤。"

⑤服虔曰:"音瘳引之瘳。"师古曰:"小儿病也。瘛音充制反。瘲音子用反。"

经方者,本草石之寒温,量疾病之浅深,假药味之滋,因气感之宜,辩五苦六辛,致水火之齐,以通闭解结,反之于平。及失其宜者,以热益热,以寒增寒,精气内伤,不见于外,是所独失也。故谚曰:"有病不治,常得中医。"

《容成阴道》二十六卷。

《务成子阴道》三十六卷。

《尧舜阴道》二十三卷。

《汤盘庚阴道》二十卷。

《天老杂子阴道》二十五卷。

《天一阴道》二十四卷。

《黄帝三王养阳方》二十卷。

《三家内房有子方》十七卷。

右房中八家，百八十六卷。

房中者，(性情)〔情性〕之极，〔39〕至道之际，是以圣王制外乐以禁内情，而为之节文。传曰："先王之作乐，所以节百事也。"乐而有节，则和平寿考。及迷者弗顾，以生疾而陨性命。

《宓戏杂子道》二十篇。

《上圣杂子道》二十六卷。

《道要杂子》十八卷。

《黄帝杂子步引》十二卷。

《黄帝岐伯按摩》十卷。

《黄帝杂子芝菌》十八卷。①

《黄帝杂子十九家方》二十一卷。

《泰壹杂子十五家方》二十二卷。

《神农杂子技道》二十三卷。

《泰壹杂子黄冶》三十一卷。②

右神仙十家，二百五卷。

①师古曰："服饵芝菌之法也。菌音求闵反。"

②师古曰："黄冶，释在《郊祀志》。"

神仙者，所以保性命之真，而游求于其外者也。聊以荡意平心，同死生之域，①而无怵惕于胸中。然而或者专以为务，则诞欺怪迂之文弥以益多，②非圣王之所以教也。孔子曰："索隐行怪，后世有述焉，吾不为之矣。"③

①师古曰："荡，涤。一曰，荡，放也。"

②师古曰："诞，大言也。迂，远也。"

③师古曰："《礼记》载孔子之言。索隐，求索隐暗之事，而行怪迂之道，妄令后人有所祖述，非我本志。"

凡方技三十六家，八百六十八卷。

方技者，皆生生之具，王官之一守也。太古有岐伯、俞拊，中世有扁鹊、秦和，①盖论病以及国，原诊以知政。②汉兴有仓公。今其技术晻昧，③故论其书，以序方技为四种。

①师古曰："和，秦医名也。"

②师古曰："诊，视验，谓视其脉及色候也。诊音轸，又音丈刃反。"

③师古曰："晻与暗同。"

大凡书，六略三十八种，五百九十六家，万三千二百六十九卷。入三家，五十篇，省兵十家。

【校勘记】

〔1〕　转(为)〔写〕脱误，　景祐、殿本都作"写"。

〔2〕　号九师(法)〔说〕。　景祐、殿本都作"说"。

〔3〕　汉兴，田(和)〔何〕传之。　钱大昭说"和"当作"何"。按景祐、殿本都作"何"。

〔4〕　《欧阳经》(二)〔三〕十二卷。　景祐、殿本都作"三"。

〔5〕　诗言志，(哥)〔歌〕咏言。　景祐、殿本都作"歌"。下及注并同。

〔6〕　三家(者)〔皆〕不得其真，　景祐、殿本都作"皆"。

〔7〕　《经》(七十)〔十七〕篇。　刘敞说此"七十"与后"七十"皆当作"十七"。钱大昭、王先谦都说刘说是。

〔8〕　(学七十)〔与十七〕篇文相似，　刘敞说"学七十"当作"与十七"。杨树达以为刘说确凿不可易。

〔9〕　盖孔子对〔鲁〕哀公语也。　景祐、殿本都有"鲁"字。

〔10〕　千八百七十(一)〔二〕字，　景祐、殿本都作"二"。

〔11〕　(成)〔元〕帝时黄门令史游作。　钱大昭说"成旁"当作"元帝"。按景祐、殿本都作"元帝"。

〔12〕　汉(书)〔兴〕，　景祐、殿本都作"兴"，此误。

〔13〕　臣复续扬雄作十(二)〔三〕章，　景祐、殿本都作"三"。王先谦说作

"三"是。

〔14〕 《论语》载孔子之(书)〔言〕, 景祐、殿本都作"言"。王先谦说作"言"是。

〔15〕 任意改(治)〔作〕也。 景祐、殿本都作"作"。王先谦说作"作"是。

〔16〕 《谰言》十(一)篇。 景祐、殿本都作"十篇"。

〔17〕 齐闵王失国,(间)〔问〕之, 景祐、殿、局本都作"问"。王先谦说作"问"是。

〔18〕 (侯)《〔俟〕子》一篇。 景祐、殿本都作"俟"。王先谦说作"俟"是。

〔19〕 入扬雄一家〔三〕十八篇。 景祐、殿本都作"三十八"。

〔20〕 "楚人"二字据景祐、殿本补。

〔21〕 则苟钩(釽)〔鈲〕析乱而已。 李慈铭说"釽"当作"鈲",注同。

〔22〕 但有贤不肖(之)善恶。 景祐、殿本都无"之"字。

〔23〕 《尉缭》(子)二十九篇。 景祐、殿本都无"子"字。

〔24〕 武帝时(所)作赋。 景祐、殿本都无"所"字。

〔25〕 诸子疾时(念)〔怠〕于农业, 景祐、殿本都作"怠",此误。

〔26〕 言不须圣(主)〔王〕, 景祐、殿本都作"王"。

〔27〕 武帝时以方士侍郎(陇)〔号〕黄车使者。 景祐、殿本都作"号"。

〔28〕 是以九家之(说)〔术〕 景祐、殿本都作"术"。

〔29〕 从行至茂陵,(造作)〔诏造〕赋。 景祐、殿本都作"诏造"。

〔30〕 〔死〕时年二十馀。 景祐、殿本都有"死"字。

〔31〕 (文)〔大〕杂赋三十四篇。 景祐、殿本都作"大"。

〔32〕 〔序〕诗赋为五种。 景祐、殿本都有"序"字。

〔33〕 (季)《〔李〕子》十篇。 景祐、殿本都作"李"。

〔34〕 《泰一》二十(二)九卷。 景祐、殿本都作"二十九卷","二"字衍。

〔35〕 《外经》三十(九)〔七〕卷。 景祐、殿本都作"七"。

〔36〕 原人血脉经(络)〔落〕 景祐、殿本都作"落"。

〔37〕 以瘉为剧,(以死为生)〔以生为死〕。 景祐、殿本都作"以生为死"。

〔38〕 音山谏反,〔又音删〕。 景祐、殿本都有末三字。

〔39〕 房中者,(性情)〔情性〕之极, 景祐、殿本都作"情性"。

汉书卷三十一

陈胜项籍传第一

服虔曰:“传次其时之先后耳,不以贤智功之大小也。”师古曰:“虽次时之先后,亦以事类相从。如江充、息夫躬与蒯通同传,贾山与路温舒同传,严助与贾捐之同传之类是也。”

陈胜字涉,阳城人。①吴广,字叔,阳夏人也。②胜少时,尝与人佣耕。③辍耕之垄上,④怅然甚久,曰:“苟富贵,无相忘!”⑤佣者笑而应曰:“若为佣耕,何富贵也?”胜太息曰:“嗟乎,燕雀安知鸿鹄之志哉!”⑥

①师古曰:“《地理志》属汝南郡。”

②师古曰:“《地理志》属淮阳。夏音工雅反。”

③师古曰:“与人,与人俱也。佣耕,谓受其雇直而为之耕,言卖功佣也。”

④师古曰:“辍,止也。之,往也。垄上,谓田中之高处。”

⑤师古曰:“但一人富贵,不问彼此,皆不相忘也。”

⑥师古曰:“鸿,大鸟也,水居。鹄,黄鹄也,一举千里。鹄音胡督反。”

秦二世元年秋七月,发闾左戍渔阳九百人,①胜、广皆为屯长。②行至蕲大泽乡,会天大雨,道不通,度已失期。失期法斩,③胜、广乃谋曰:“今亡亦死,举大计亦死,等死,死国可乎?”胜曰:“天下苦秦久矣。吾闻二世,少子,不当立,当立者乃公子扶苏。扶苏以数谏故不得立,上使外将兵。④今或闻无罪,二世杀之。百姓多闻其贤,未知其死。⑤项燕为楚将,数有功,⑥爱士卒,楚人怜之。或以为在。今诚以吾众为天下倡,宜多应者。”⑦广以为然。乃行卜。卜者知其指意,曰:“足下事皆成,有功。然足下卜之鬼乎!”⑧胜、广喜,念鬼,曰:“此教我先威众耳。”乃丹书帛曰“陈胜王”,置人所罾鱼腹中。⑨卒买鱼亨食,得书,已怪之矣。⑩又间令广之次所旁丛祠中，夜构火，狐鸣呼曰："大楚兴，陈胜王。"⑪卒皆夜惊恐。旦日，卒中往往指目胜、广。⑫

①师古曰："闾，里门也。发闾左之人皆遣戍也。解具在《食货志》。"

②师古曰："人所聚曰屯，为其长帅也。"

③师古曰："度谓量计之，音大各反。"

④师古曰："数音所角反。下皆类此。"

⑤如淳曰："扶苏自杀，故人不知其死。或以为不知何坐而死，故天下冤二世杀之。"师古曰："如、或说皆非也。此言我闻二世已杀扶苏矣，而百姓皆未知之，故胜、广举事诈自称扶苏耳。"

⑥师古曰："燕音一千反。"

⑦师古曰："倡读曰唱，谓首号令也。"

⑧李奇曰："卜者诚曰，所卜事虽成，当死为鬼。恶指斥言，而胜失其指，反依鬼神起怪也。"苏林曰："狐鸣祠中即是也。"如淳曰："以鬼道威众乎，或但用人事也。"师古曰："李、如之说皆非也。卜者云事成有功，然须假托鬼神乃可暴起耳。故胜、广晓此意，则为鱼书狐鸣以威众耳。"

⑨师古曰："罾，鱼网也，形如仰伞盖，四维而举之，音曾。"

⑩师古曰："亨音普庚反。"

⑪郑氏曰："间谓窃令人行也。"张晏曰："戍人所止处也。丛，鬼所凭也。"师古曰："张说非也。此言密于广所次舍处旁侧丛祠中为之，非戍人所止处也。丛谓草木岑蔚者也。祠，神祠也。构谓结起也。呼音火故反。"

⑫师古曰："指而私目视之。"

胜、广素爱人，士卒多为用。将尉醉，①广故数言欲亡，忿尉，令辱之，以激怒其众。尉果笞广。尉剑挺，广起夺而杀尉。②胜佐之，并杀两尉。召令徒属曰："公等遇雨，皆已失期，当斩。藉弟令毋斩，③而戍死者固什六七。且壮士不死则已，死则举大名耳。侯王将相，宁有种乎！"④徒属皆曰："敬受令。"乃诈称公子扶苏、项燕，从民望也。袒右，称大楚。⑤为坛而盟，祭以尉首。⑥胜自立为将军，广为都尉。攻大泽乡，拔之。收兵而攻蕲，蕲下。乃令符离人葛婴将兵徇蕲以东，⑦攻铚、酂、苦、柘、谯，皆下之。⑧行收兵，比至陈，⑨兵车六七百乘，骑千馀，卒数万人。攻陈，陈守令皆不在，⑩独守丞与战谯门中。⑪不胜，守丞死。乃入据陈。数日，号召三老豪桀会计事。⑫皆曰："将军身被坚执锐，⑬伐无道，诛暴秦，复立楚之社稷，功宜为王。"胜乃立为王，号(为)张楚。⑭[1]

①师古曰："将尉者，其官本尉耳，时领戍人，故为将尉。"

②师古曰："挺，拔也。尉剑自拔出，广因夺取之。"

③服虔曰："藉犹借也。弟，使也。"应劭曰："藉，吏士名藉也。弟，次也。言今失期当斩，就使藉弟幸得不斩，戍死者固十六七也。"苏林曰："藉，假；弟，且也。"晋灼曰："《郦食其传》'弟言之'，《外戚传》'弟一见我'，苏说是也。"师古曰："服、应说弟义皆非也。晋氏意颇近之，而犹未得。《汉书》诸言弟者甚众。弟，但也，语有缓急耳。言但令无斩也。今俗人语称但者，急言之则音如弟矣。《郦食其》、《外戚传》所云弟者，皆谓但耳，义非且也。"

④师古曰："言求之而得，不必胤胄。"

⑤师古曰："袒右者，脱右肩之衣。当时取异于凡众也。"

⑥师古曰："以所杀尉之首祭神也。"

⑦李奇曰："徇，略也。"师古曰："音似峻反。"

⑧师古曰："五县名也。铚音竹乙反。酂音才多反。"

⑨师古曰："比音必寐反。"

⑩师古曰："守，郡守也。令，县令也。"

⑪晋灼曰："谯门，义阙。"师古曰："守丞，谓郡丞之居守者。一曰郡守之丞，故曰守丞。谯门，谓门上为高楼以望者耳。楼一名谯，故谓美丽之楼为丽谯。谯亦呼为巢。所谓巢车者，亦于兵(革)〔车〕之上为楼以望敌也。[2]谯巢声相近，本一物也。今流俗书本谯下有城字，非也。此自陈耳，非谯之城。谯城前已下矣。"

⑫师古曰："号令召呼之。"

⑬师古曰："坚，坚甲也。锐，利兵也。"

⑭刘德曰："若云张大楚国也。"张晏曰："先是楚为秦灭，已弛，今立楚，为张也。"师古曰："张说是也。"

于是诸郡县苦秦吏暴，皆杀其长吏，将以应胜。乃以广为假王，监诸将以西击荥阳。令陈人武臣、张耳、陈馀徇赵，汝阴人邓宗徇九江郡。当此时，楚兵数千人为聚者不可胜数。①

①师古曰："聚音材喻反。"

葛婴至东城，立襄彊为楚王。① 后闻胜已立，因杀襄彊，还报。至陈，胜杀婴，令魏人周市北徇魏地。② 广围荥阳。李由为三川守守荥阳，广不能下。胜征国之豪桀与计，③ 以上蔡人房君蔡赐为上柱国。④

①师古曰："东城，县名，《地理志》属九江郡。"

②师古曰："即梁地，非河东之魏也。"

③师古曰："征，召也。"

④郑氏曰："房君，官号也。姓蔡名赐。"晋灼曰："《张耳传》言相国房君是也。"师古曰："房君者，封邑之名，非官号也。"

周文，陈贤人也，尝为项燕军视日，① 事春申君，② 自言习兵。胜与之将军印，西击秦。行收兵至关，车千乘，卒十万，至戏，军焉。③ 秦令少府章邯免骊山徒、人奴产子，④ 悉发以击楚军，大败之。周文走出关，止屯曹阳。⑤ 二月馀，章邯追败之，复走黾池。⑥ 十馀日，章邯击，大破之。周文自刭，军遂不战。

①文颖曰："周文即周章也。"服虔曰："视日旁气也。"如淳曰："视日时吉凶举动之占。"师古曰："视日，如说是也。"

②应劭曰："楚相黄歇。"

③师古曰："戏，水名，在新丰东，音许宜反。解具在《高纪》。"

④服虔曰："家人之产奴也。"师古曰："奴产子，犹今人云家生奴也。"

⑤晋灼曰："亭名也，在弘农东十三里，魏武帝改为好阳。"师古曰："曹水之阳也。其水出陕县西南岘头山而北流入河，今谓之好阳涧，在陕县西四十五里。"

⑥师古曰："黾音沔。"

武臣至邯郸，自立为赵王，陈馀为大将军，张耳、召骚为左右丞相。① 胜怒，捕系武臣等家室，欲诛之。柱国曰："秦未亡而诛赵王将相家属，此生一秦，② 不如因立之。"胜乃遣使者贺赵，而徙系武臣等家属宫中。③ 而封张耳子敖为成都君，趣赵兵亟入关。④ 赵王将相相与谋曰："王王赵，非楚意也。楚已诛秦，必加兵于赵。计莫如毋西兵，⑤ 使使北徇燕地以自广。赵南据大河，北有燕代，楚虽胜秦，不敢制赵，若不胜秦，必重赵。⑥赵承秦楚之敝，可以得志于天下。”赵王以为然，因不西兵，而遣故上谷卒史韩广将兵北徇燕。⑦

①师古曰：“召读曰邵。”

②师古曰：“言为仇敌，与秦无异。”

③师古曰：“徙居宫中，示优礼也。拘而不遣，故谓之系。”

④师古曰：“趣读曰促。亟，急也，音居力反。”

⑤师古曰：“勿令兵西出也。”

⑥师古曰：“重谓尊重也。”

⑦张晏曰：“卒史，曹史也。”

燕地贵人豪桀谓韩广曰：“楚赵皆已立王。燕虽小，亦万乘之国也，愿将军立为王。”韩广曰：“广母在赵，不可。”燕人曰：“赵方西忧秦，南忧楚，其力不能禁我。且以楚之强，不敢害赵王将相之家，今赵(又)〔独〕安敢害将军(之)家乎？”[3]韩广以为然，乃自立为燕王。居数月，赵奉燕王母家属归之。

是时，诸将徇地者不可胜数。周市北至狄，①狄人田儋杀狄令，自立为齐王，反击周市。市军散，还至魏地，立魏后故甯陵君咎为魏王。②咎在胜所，不得之魏。魏地已定，欲立周市为王，市不肯。使者五反，③胜乃立甯陵君为魏王，遣之国。周市为相。

①师古曰：“县名也，后汉安帝时改名临济。”

②应劭曰：“魏诸公子，名咎。欲立六国后以树党也。”

③师古曰：“反谓回还也。”

将军田臧等相与谋曰：“周章军已破，①秦兵且至，我守荥阳城不能下，秦军至，必大败。不如少遗兵，足以守荥阳，②悉精兵迎秦军。③今假王骄，不知兵权，不可与计，非诛之，事恐败。”因相与矫陈王令以诛吴广，④献其首于胜。胜使赐田臧楚令尹印，使为上将。田臧乃使诸将李归等守荥阳城，自以精兵西迎秦军于敖仓。与战，田臧死，军破。章邯进击李归等荥阳下，破之，李归死。

①服虔曰："周章即周文。"

②师古曰："遗，留也。"

③师古曰："悉，尽也。"

④师古曰："矫，诈也。托言受令也。"

阳城人邓说将兵居郯，①章邯别将击破之，邓说走陈。铚人五逢将兵居许，章邯击破之。五逢亦走陈。胜诛邓说。

①师古曰："说读曰悦。郯，东海县也，音谈。"

胜初立时，凌人秦嘉、铚人董緤、符离人朱鸡石、取虑人郑布、徐人丁疾等皆特起，①将兵围东海守于郯。胜闻，乃使武平君畔为将军，②监郯下军。秦嘉自立为大司马，恶属人，③告军吏曰："武平君年少，不知兵事，勿听。"因矫以王命杀武平君畔。

①张晏曰："凌，泗水县也。铚、符离，沛县也。取虑、徐，临淮县也。"师古曰："緤音先列反。取音趋，又音秋。虑音庐。"

②张晏曰："畔，名也。"

③师古曰："不欲统属于人。"

章邯已破五逢，击陈，柱国房君死。章邯又进击陈西张贺军。胜出临战，军破，张贺死。腊月，①胜之汝阴，还至下城父，②其御庄贾杀胜以降秦。葬砀，谥曰隐王。

①张晏曰："秦之腊月，夏之九月。"臣瓒曰："建丑之月也。"师古曰："《史记》云胡亥二年十月诛葛婴，十一月周文死，十二月陈涉死。瓒说是也。"

②师古曰："下城父，地名，在城父县东。父音甫。"

胜故涓人将军吕臣为苍头军，①起新阳，②攻陈下之，杀庄贾，复以陈为楚。

①应劭曰："涓人，如谒者。将军姓吕名臣也。时军皆著青巾，故曰苍头。"服虔曰："苍头谓士卒青帛巾，若赤眉之号，以相别也。"师古曰："涓，洁也。涓人，主洁除之人。涓音蠲。"

②师古曰："县名也，属汝南郡。"

初，胜令铚人宋留将兵定南阳，入武关。留已徇南阳，闻胜死，南阳复为秦。①宋留不能入武关，乃东至新蔡，遇秦军，宋留以军降秦。秦传留至咸阳，车裂留以徇。②

①师古曰："为音于伪反。"

②师古曰："徇，行示也，以示众为戒。徇音辞峻反。"

秦嘉等闻胜军败，乃立景驹为楚王，引兵之方与，①欲击秦军济阴下。使公孙庆使齐王，欲与并力俱进。齐王曰："陈王战败，未知其死生，楚安得不请而立王？"公孙庆曰："齐不请楚而立王，楚何故请齐而立王？且楚首事，当令于天下。"②田儋杀公孙庆。

①师古曰："之，往也。方与，县名也。方音房。与音豫。"

②师古曰："首事，谓最先(兵起)〔起兵〕。"[4]

秦左右校复攻陈，下之。吕将军走，徼兵复聚，①与番盗英布相遇，②攻击秦左右校，破之青波，③复以陈为楚。会项梁立怀王孙心为楚王。

①如淳曰："徼，要也。徼(要)散卒复相聚敛也。"[5]师古曰："徼音工尧反。"

②师古曰："番即番阳县也。于番为盗，故曰番盗。番音蒲何反。其后番字改作鄱。"

③文颖曰："地名也。"

陈胜王凡六月。初为王，其故人尝与佣耕者闻之，乃之陈，叩宫门曰："吾欲见涉。"宫门令欲缚之。自辩数，乃置，①不肯为通。胜出，遮道而呼涉。②乃召见，载与归。入宫，见殿屋帷帐，客曰："夥，涉之为王沈沈者！"③楚人谓多为夥，故天下传之，"夥涉为王"，由陈涉始。客出入愈益发舒，言胜故情。或言"客愚无知，专妄言，轻威。"胜斩之。诸故人皆自引去，由是无亲胜者。以朱防为中正，胡武为司过，主司群臣。诸将徇地，至，令之不是者，系而罪之。以苛察为忠。其所不善者，不下吏，辄自治。④胜信用之，诸将以故不亲附。此其所以败也。

①师古曰："辩数，谓自分别其姓名也，并历道与涉故旧之事，故舍而不缚也。数音山羽反。"

②师古曰："呼谓大唤也，音火故反。"

③应劭曰："夥音祸。沈沈，宫室深邃之貌也。沈音长含反。"

④师古曰："不以付吏，而防、武自治之。"

胜虽已死，其所置遣侯王将相竟亡秦。高祖时为胜置守冢于砀，至今血食。王莽败，乃绝。①

①师古曰："至今血食者，司马迁作《史记》本语也。莽败乃绝者，班固之词也。于文为衍，盖失不删耳。"

项籍字羽，下相人也。①初起，年二十四。其季父梁，梁父即楚名将项燕者也。家世楚将，封于项，②故姓项氏。

①韦昭曰："临淮县。"

②师古曰："即今项城县。"

籍少时，学书不成，去；学剑又不成，去。梁怒之。籍曰："书足记姓名而已。剑一人敌，不足学，学万人敌耳。"于是梁奇其意，乃教以兵法。籍大喜，略知其意，又不肯竟。梁尝有栎阳逮，请蕲狱掾曹咎书抵栎阳狱史司马欣，以故事皆已。①梁尝杀人，与籍避仇吴中。吴中贤士大夫皆出梁下。②每有大繇役及丧，梁常主办，阴以兵法部勒宾客子弟，以知其能。秦始皇帝东游会稽，渡浙江，③梁与籍观。籍曰："彼可取而代也。"梁掩其口，曰："无妄言，族矣！"④梁以此奇籍。籍长八尺二寸，力扛鼎，⑤才气过人。吴中(弟子)〔子弟〕皆惮籍。[6]

①应劭曰："项梁曾坐事传系栎阳狱，从蕲狱掾曹咎取书与司马欣。抵，相归抵也。已，止也。"

②师古曰："言皆不及也。"

③应劭曰："浙音折。"晋灼曰："江水至会稽山阴与浙江。"

④师古曰："凡言族者，谓族诛之。"

⑤师古曰："扛，举也，音江。"

秦二世元年，陈胜起。九月，会稽假守通①素贤梁，乃召与计事。梁曰："方今江西皆反秦，此亦天亡秦时也。先发制人，后发制于人。"守叹曰："闻夫子楚将世家，唯足下耳！"梁曰："吴有奇士桓楚，亡在泽中，人莫知其处，独籍知之。"梁乃戒籍持剑居外待。梁复入，与守语曰："请召籍，使受令召桓楚。"籍入，梁眴籍曰："可行矣！"②籍遂拔剑击斩守。梁持守头，佩其印绶。门下惊扰，籍所击杀数十百人。③府中皆詟伏，莫敢复起。④梁乃召故人所知豪吏，谕以所为，⑤遂举吴中兵。使人收下县，⑥得精兵八千人，部署豪桀为校尉、候、司马。⑦有一人不得官，自言。梁曰："某时某丧，使公主某事，不能办，以故不任公。"众乃皆服。梁为会稽将，籍为裨将，⑧徇下县。

①张晏曰："假守，兼守也。"晋灼曰："《楚汉春秋》云姓殷。"

②师古曰："眴，动目也，音舜，动目而使之也。今书本有作眗字者，流俗所改耳。"

③师古曰："数十百人者，八九十乃至百也。他皆类此。"

④师古曰："詟，失气也，音章涉反。"

⑤师古曰："谕，晓告之。"

⑥师古曰："四面诸县也。非郡所都，故谓之下也。"

⑦师古曰："分部而署置之。"

⑧师古曰："裨，助也，相副助也。裨音频移反。他皆类此。"

秦二年，广陵人召平为陈胜徇广陵，①未下。闻陈胜败走，秦将章邯且至，乃渡江矫陈王令，拜梁为楚上柱国，曰："江东已定，急引兵西击秦。"梁乃以八千人渡江而西。闻陈婴已下东阳，使使欲与连和俱西。陈婴者，故东阳令史，②居县，素信，为长者。③东阳少年杀其令，相聚数千人，欲立长，无适用，④乃请陈婴。婴谢不能，遂强立之，县中从之者得二万人。欲立婴为王，异军苍头特起。⑤婴母谓婴曰："自吾为乃家妇，闻先故未曾贵。⑥今暴得大名，不祥。不如有所属，事成犹得封侯，事败易以亡，非世所指名也。"婴乃不敢为王，谓其军〔吏〕曰：[7]"项氏世世将家，有名于楚，今欲举大事，将非其人，不可。⑦我倚名族，亡秦必矣。"⑧其众从之，乃以其兵属梁。梁渡淮，英布、蒲将军亦以其兵属焉。⑨凡六七万人，军下邳。

①师古曰："召读曰邵。"

②苏林曰："曹史也。"晋灼曰："《汉仪注》令(史)〔吏〕曰令史，丞(史)〔吏〕曰丞史。"[8]师古曰："晋说是也。"

③师古曰："素立恩信，号为长者。"

④师古曰："適，主也，音与的同。"

⑤应劭曰："言与众异也。"

⑥师古曰："乃，汝也。"

⑦师古曰："言以不材之人为将，不可求胜也。"

⑧师古曰："倚，依也，音于绮反。"

⑨服虔曰："英布起于蒲地，因以为号也。"如淳曰："《史记》《项羽纪》言当阳君、蒲将军皆属项羽，(自比)〔此自〕更有蒲将军也。"[9]师古曰："此二人也，服说失之。若是一人，不当先言姓名，后乃称将军也。"

是时，秦嘉已立景驹为楚王，军彭城东，欲以距梁。梁谓军吏曰："陈王首事，战不利，未闻所在。今秦嘉背陈王立景驹，大逆亡道。"乃引兵击秦嘉。〔嘉〕军败走，[10]追至胡陵。嘉还战①一日，嘉死，军降。景驹走死梁地，梁已并秦嘉军，〔军〕胡陵[11]，将引而西。章邯至栗，②梁使别将朱鸡石、馀樊君与战。馀樊君死。朱鸡石败，亡走胡陵。梁乃引兵入薛，诛朱鸡石。梁前使羽别攻襄城，襄城坚守不下。已拔，皆坑之，③还报梁。闻陈王定死，召诸别将会薛计事。时沛公亦从沛往。

①师古曰："复来战。"

②师古曰："栗，县名。《地理志》属沛郡。"

③师古曰："陷之于坑，尽杀之。"

居鄛人范增①年七十，素好奇计，往说梁曰："陈胜败固当。②夫秦灭六国，楚最亡罪，自怀王入秦不反，楚人怜之至今，故南公称曰'楚虽三户，亡秦必楚'。③今陈胜首事，不立楚后，其势不长。今君起江东，楚蠭起之将皆争附君者，④以君世世楚将，为能复立楚之后也。"于是梁乃求楚怀王孙心，在民间为人牧羊，立以为楚怀王，从民望也。陈婴为上柱国，封五县，与怀王都盱台。⑤梁自号武信君，引兵攻亢父。⑥

①晋灼曰："鄛音鄛绝之鄛。"师古曰："居鄛，县名也，《地理志》属庐江郡。鄛

音巢，字亦作巢。本春秋时巢国。"

②师古曰："言其计画非是，宜应败也。"

③服虔曰："南公，南方之老人也。"苏林曰："但令有三户在，其怨深，足以亡秦。"

④师古曰："蠭，古蜂字也。蠭起，如蠭之起，言其众也。一说蠭与锋同，言锋锐而起者。"

⑤师古曰："盱音许于反。台音怡。"

⑥师古曰："亢音抗。父音甫。"

初，章邯既杀齐王田儋于临菑，①田假复自立为齐王。儋弟荣走保东阿，章邯追围之。梁引兵救东阿，大破秦军东阿。田荣即引兵归，逐王假。假亡走楚，相田角亡走赵。角弟閒，故将，居赵不敢归。田荣立儋子市为齐王。梁已破东阿下军，遂追秦军。数使使趣齐兵俱西。②荣曰："楚杀田假，赵杀田角、田閒，乃发兵。"梁曰："田假与国之王，③穷来归我，不忍杀。"赵亦不杀角、閒以市于齐。④齐遂不肯发兵助楚。梁使羽与沛公别攻城阳，屠之。西破秦军濮阳东，秦兵收入濮阳。沛公、羽攻定陶。定陶未下，去，西略地至雍丘，大破秦军，斩李由。还攻外黄，外黄未下。

①师古曰："《高纪》及《儋传》并言于临济，此独言临菑，疑此误也。"

②师古曰："趣读曰促。"

③张晏曰："与，党与也。"

④张晏曰："若市买相贸易以利也。梁救荣难，荣犹不用命。梁念杀假等，荣未必多出兵，不如待以(初)〔礼〕，[12]又可以贸易他利，以除己害，遂背德，可辅假以伐齐，故曰市。市，贸易也。"晋灼曰："欲令楚杀田假，以为己利，而楚保全不杀，以买其计，故曰市也。"师古曰："二说皆非也。市者，以角、閒市取齐兵也，直言赵不杀角、閒以求齐兵耳。"

梁起东阿，比至定陶，再破秦军，①羽等又斩李由，益轻秦，有骄色。宋义谏曰："战胜而将骄卒惰者败。今少惰矣，秦兵日益，臣为君畏之。"梁不听。乃使宋义于齐。道遇齐使者高陵君显，②曰："公将见武信君乎？"曰："然"。义曰："臣论武信君军必败。公徐行则免，疾行则及祸。"

秦果悉起兵益章邯，夜衔枚击楚，大破之定陶，③梁死。沛公与羽去外黄，攻陈留，陈留坚守不下。沛公、羽相与谋曰："今梁军败，士卒恐。"乃与吕臣俱引兵而东。吕臣军彭城东，羽军彭城西，沛公军砀。"

①师古曰："比音必寐反。"

②张晏曰："名显，封于高陵。"晋灼曰："高陵，琅邪县也。"

③师古曰："衔枚，解在《高纪》。"

章邯已破梁军，则以为楚地兵不足忧，乃渡河北击赵，大破之。当此之时，赵歇为王，陈馀为将，张耳为相，走入钜鹿城。①秦将王离、涉閒围钜鹿，②章邯军其南，筑甬道而输之粟。③陈馀将卒数万人军钜鹿北，所谓河北军也。

①师古曰："赵歇、张耳共入钜鹿也。"

②张晏曰："秦二将也。王离，王翦孙。涉，姓；閒，名也。"

③师古曰："章邯为甬道而运粟，以饷王离、涉閒之军。"

宋义所遇齐使者高陵君显见楚怀王曰："宋义论武信君必败，数日果败。军未战先见败征，①可谓知兵矣。"王召宋义与计事而说之，②因以为上将军；羽为鲁公，为次将，范增为末将。诸别将皆属，号卿子冠军。③北救赵，至安阳，留不进。④秦三年，羽谓宋义曰："今秦军围钜鹿，疾引兵渡河，楚击其外，赵应其内，破秦军必矣。"宋义曰："不然。夫搏牛之虻不可以破虱。⑤今秦攻赵，战胜则兵罢，我承其敝；⑥不胜，则我引兵鼓行而西，必举秦矣。⑦故不如先斗秦、赵。夫击轻锐，我不如公；坐运筹策，公不如我。"因下令军中曰："猛如虎，很如羊，贪如狼，强不可令者，皆斩。"遣其子襄相齐，身送之无盐，⑧饮酒高会。⑨天寒大雨，士卒冻饥。羽曰："将戮力而攻秦，久留不行。今岁饥民贫，卒食半日菽，⑩军无见粮，⑪乃饮酒高会，不引兵渡河因赵食，与并力击秦，乃曰'承其敝'。夫以秦之强，攻新造之赵，其势必举赵。赵举秦强，何敝之承！且国兵新破，王坐不安席，扫境内而属将军，⑫国家安危，在此一举。今不恤士卒而徇私(宴)，[13]非社稷之臣也。"羽晨朝上将军宋义，即其帐中斩义头。⑬出令军中曰："宋义与齐谋反楚，楚王阴令籍诛之。"诸将詟服，⑭

莫敢枝梧。⑮皆曰:"首立楚者,将军家也。今将军诛乱。"乃相与共立羽为假上将军。⑯使人追宋义子,及之齐,杀之。使桓楚报命于王。王因使使立羽为上将军。

①师古曰:"征,证也。"

②师古曰:"说读曰悦。"

③师古曰:"冠军,言其在诸军之上。"

④师古曰:"今相州安阳县。

⑤张晏曰:"搏音博。"苏林曰:"蛀喻秦,虱喻章邯等,言小大不同势,欲灭秦当宽邯等也。"如淳曰:"犹言本欲以大力伐秦,而不可以救赵也。"师古曰:"搏,击也,言以手击牛之背,可以杀其上蛀,而不能破虱,喻今将兵方欲灭秦,不可尽力与章邯即战。或未能禽,徒费力也。如说近也。"

⑥师古曰:"罢读曰疲。"

⑦师古曰:"鼓行,谓击鼓而行,无畏惧也。"

⑧师古曰:"县名。"

⑨师古曰:"高会,大会也。"

⑩孟康曰:"半,五升器名也。"臣瓒曰:"士卒食蔬菜以菽杂半之。"师古曰:"瓒说是也。菽谓豆也。"

⑪师古曰:"无见在之粮。"

⑫师古曰:"属,委也,音之欲反。"

⑬师古曰:"即,就也。"

⑭师古曰:"詟,失气也,音之涉反。"

⑮如淳曰:"梧音悟。枝梧犹枝扞也。"臣瓒曰:"小柱为枝,邪柱为梧,今屋梧邪柱是也。"

⑯师古曰:"未得怀王之命,故且为假也。"

羽已杀卿子冠军,威震楚国,名闻诸侯。乃遣当阳君、蒲将军将卒二万人渡河救钜鹿。战少利,陈馀复请兵。羽乃悉引兵渡河。已渡,皆湛舡,①破釜甑,烧庐舍,持三日粮,视士必死,无还心。②于是至则围王离,与秦军遇,九战,绝甬道,大破之,杀苏角,③虏王离。涉閒不降,自烧杀。当是时,楚兵冠诸侯。④诸侯军救钜鹿者十馀壁,莫敢纵兵。及楚击秦，诸侯皆从壁上观。楚战士无不一当十，呼声动天地。⑤诸侯军人人惴恐。⑥于是楚已破秦军，羽见诸侯将，入辕门，⑦膝行而前，莫敢仰视。羽繇是始为诸侯上将军，⑧〔14〕兵皆属焉。

①师古曰："湛读曰沈，谓沈没其舡于水中。"

②师古曰："视读曰示。"

③文颖曰："秦将。"

④师古曰："言最为上也。"

⑤师古曰："呼音火故反。"

⑥服虔曰："惴音章瑞反。"

⑦张晏曰："军行以车为陈，辕相向为门，故曰辕门。"师古曰："《周礼》掌舍，王行则'设车宫辕门'也。"

⑧师古曰："繇读与由同。"

章邯军棘原，①羽军漳南，相持未战。秦军数却，②二世使人让章邯。③章邯恐，使长史欣请事。至咸阳，留司马门三日，④赵高不见，有不信之心。长史欣恐，还走，不敢出故道。赵高果使人追之，不及。欣至军，报曰："事亡可为者。⑤相国赵高颛国主断。⑥今战而胜，高嫉吾功，不胜，不免于死。愿将军熟计之。"陈馀亦遗章邯书曰："白起为秦将，南并鄢郢，北坑马服，⑦攻城略地，不可胜计，而卒赐死。⑧蒙恬为秦将，北逐戎人，开榆中地数(十)〔千〕里，⑨〔15〕竟斩阳周。⑩何者？功多，秦不能封，因以法诛之。今将军为秦将三岁矣，所亡失已十万数，而诸侯并起兹益多。彼赵高素谀日久，⑪今事急，亦恐二世诛之，故欲以法诛将军以塞责，⑫使人更代以脱其祸。⑬将军居外久，多内隙，有功亦诛，亡功亦诛。且天之亡秦，无愚智皆知之。今将军内不能直谏，外为亡国将，孤立而欲长存，岂不哀哉！将军何不还兵与诸侯为从，⑭南面称孤，孰与身伏斧质，妻子为戮乎？"⑮章邯狐疑，阴使候始成使羽，欲约。⑯约未成，羽使蒲将军引兵渡三户，⑰军漳南，与秦战，再破之。羽悉引兵击秦军汙水上，⑱大破之。

①晋灼曰："地名，在钜鹿南。"

②师古曰："却，退也，音丘略反。"

③师古曰："让谓责也。"

④师古曰："凡言司马门者，宫垣之内兵卫所在，四面皆有司马。司马主武事，故总谓宫之外门为司马门。"

⑤师古曰："言不可复为军旅之事。"

⑥师古曰："颛与专同也。"

⑦服虔曰："马服，赵括也。父奢为赵将，有功，赐号马服。马服犹服马也，故世称之。"师古曰："鄢郢，皆楚邑也。鄢音偃。郢音弋井反。"

⑧师古曰："卒，终也。"

⑨服虔曰："金城县所治也。"苏林曰："在上郡。"师古曰："即今之榆林，古者上郡界。苏说是也。"

⑩孟康曰："县名也，属上郡。"晋灼曰："恬赐死，死于此县。"

⑪师古曰："谀，谄也。"

⑫师古曰："塞，当也。"

⑬师古曰："脱，免也。"

⑭文颖曰："关东为从，关西为横。"孟康曰："南北为从，东西为横。"师古曰："言欲如六国时共敌秦。二说皆是也。还兵谓回兵内向以攻秦也。从音子容反。"

⑮师古曰："质谓锧也。古者斩人，加于锧上而斫之也。锧音竹林反。"

⑯郑氏曰："候，军候也。始，姓；成，名也。"

⑰服虔曰："漳水津也。"孟康曰："在邺西三十里。"

⑱师古曰："汙水在邺西南，音于。"

邯使使见羽，欲约。羽召军吏谋曰："粮少，欲听其约。"军吏皆曰："善。"羽乃与盟洹水南殷虚上。①已盟，章邯见羽流涕，为言赵高。羽乃立章邯为雍王，置军中。使长史欣为上将，将秦军行前。②

①应劭曰："洹水在汤阴界。殷虚，故殷都也。"师古曰："洹水出林虑县东北，至于长乐入清水。洹音桓，俗音袁，非也。虚读曰墟。"

②师古曰："行前，谓居前而行。"

汉元年，羽将诸侯兵三十馀万，行略地至河南，遂西到新安。①异时诸侯吏卒繇役屯戍过秦中，② 秦中遇之多亡状，③ 及秦军降诸侯，诸侯吏卒乘胜奴虏使之，轻(重)折辱秦吏卒。[16] 吏卒多窃言〔曰〕："章将军〔等〕诈吾属降诸侯，今能入关破秦，大善；即不能，诸侯虏吾属而东，秦又尽诛吾父母妻子。"诸将微闻其计，以告羽。羽乃召英布、蒲将军计曰："秦吏卒尚众，其心不服，至关不听，事必危，不如击之，独与章邯、长史欣、都尉翳入秦。"于是夜击坑秦军二十馀万人。

①师古曰："今穀州新安城是。"

②师古曰："异时犹言先时也。秦中，关中秦地也。"

③师古曰："无善形状也。"

至函谷关，有兵守，不得入。闻沛公已屠咸阳，羽大怒，使当阳君击关。羽遂入，至戏西鸿门，闻沛公欲王关中，独有秦府库珍宝。亚父范增亦大怒，劝羽击沛公。飨士，旦日合战。羽季父项伯素善张良。良时从沛公，项伯夜以语良。良与俱见沛公，因伯自解于羽。① 明日，沛公从百馀骑至鸿门谢羽，自陈"封秦府库，还军霸上以待大王，闭关以备他盗，不敢背德。"羽意既解，范增欲害沛公，赖张良、樊哙得免。语在《高纪》。

①师古曰："自解，犹今言分疏也。"

后数日，羽乃屠咸阳，杀秦降王子婴，烧其宫室，火三月不灭；收其宝货，略妇女而东。秦民失望。① 于是韩生说羽曰："关中阻山带河，四塞之地，肥饶，可都以伯。"② 羽见秦宫室皆已烧残，又怀思东归，曰："富贵不归故乡，如衣锦夜行。"③ 韩生曰："人谓楚人沐猴而冠，果然。"④ 羽闻之，斩韩生。

①师古曰："沛公入关，俭节自处，约法三章，反秦之政。而项羽屠杀焚烧，恣其残酷，故关中之人失所望也。"

②师古曰："伯读曰霸。"

③师古曰："言无人见之，不荣显矣。"

④张晏曰："沐猴，猕猴也。"师古曰："言虽著人衣冠，其心不类人也。果然，果如人之言也。"

初，怀王与诸将约，先入关者王其地。羽既背约，使人致命于怀王。怀王曰："如约。"羽乃曰："怀王者，吾家武信君所立耳，非有功伐，①何以得颛主约？②天下初发难，③假立诸侯后以伐秦。然身被坚执锐首事，暴露于野三年，灭秦定天下者，皆将相诸君与籍力也。怀王亡功，固当分其地王之。"诸将皆曰："善。"羽乃阳尊怀王为义帝，曰："古之王者，地方千里，必居上游。"④徙之长沙，都郴。⑤乃分天下以王诸侯。

①张晏曰："积功曰伐。"

②师古曰："颛与专同。"

③服虔曰："兵初起时也。"

④文颖曰："居水之上流也。游或作流。"师古曰："游即流也。"

⑤师古曰："郴音丑林反。"

羽与范增疑沛公，业已讲解，①又恶背约恐诸侯叛之，阴谋曰："巴、蜀道险，秦之迁民皆居之。"乃曰："巴、蜀亦关中地。"故立沛公为汉王，王巴、蜀、汉中。而参分关中，王秦降将以距塞汉道。乃立章邯为雍王，王咸阳以西。长史司马欣，故栎阳狱吏，尝有德于梁；都尉董翳，本劝章邯降。故立欣为塞王，王咸阳以东至河；立翳为翟王，王上郡。徙魏王豹为西魏王，王河东。瑕丘公申阳者，②张耳嬖臣也，③先下河南，迎楚河上。立阳为河南王。赵将司马卬定河内，数有功。立卬为殷王，王河内。徙赵王歇王代。赵相张耳素贤，又从入关，立为常山王，王赵地。当阳君英布为楚将，常冠军。立布为九江王。番君吴芮④帅百粤佐诸侯从入关。立芮为衡山王。义帝柱国共敖⑤将兵击南郡，功多，因立为临江王。徙燕王韩广为辽东王。燕将臧荼⑥从楚救赵，因从入关。立荼为燕王。徙齐王田市为胶东王。齐将田都从共救赵，入关。立都为齐王。故秦所灭齐王建孙田安，羽方渡河救赵，安下济北数城，引兵降羽。立安为济北王。田荣者，背梁不肯助楚击秦，以故不得封。陈馀弃将印去，不从入关，然素闻其贤，有功于赵，闻其在南皮，故因环封之三县。⑦番君将梅销⑧功多，故封十万户侯。羽自立为西楚伯王，⑨王梁楚地九郡，都彭城。

①苏林曰："讲，和也。"

②孟康曰："瑕丘县之老人也，姓申名阳。"

③师古曰："嬖谓爱幸也。"

④师古曰："番音蒲河反。"

⑤师古曰："共读曰龚。"

⑥师古曰："荼音涂。"

⑦孟康曰："绕南皮三县以封之。"师古曰："环音宦。"

⑧师古曰："鋗音火玄反。"

⑨师古曰："伯读曰霸。"

诸侯各就国。田荣闻羽徙齐王市胶东，而立田都为齐王，大怒，不肯遣市之胶东，因以齐反，迎击都。都走楚。市畏羽，乃亡之胶东就国。荣怒，追杀之即墨，自立为齐王。予彭越将军印，令反梁地。越乃击杀济北王田安。田荣遂并王三齐之地。时汉王还定三秦。羽闻汉并关中，且东，①齐、梁畔之，大怒，乃以故吴令郑昌为韩王以距汉，令萧公角等击彭越。越败萧公角等。时，张良徇韩，遗项王书曰："汉王失职，欲得关中，如约即止，不敢东。"②又以齐、梁反书遗羽，羽以此故无西意，而北击齐。征兵九江王布。布称疾不行，使将将数千人往。二年，羽阴使九江王布杀义帝。陈馀使张同、夏说说齐王荣，③曰："项王为天下宰不平，今尽王故王于丑地，④而王群臣诸将善地，逐其故主赵王，乃北居代，馀以为不可。⑤闻大王起兵，且不听不义，⑥愿大王资馀兵，⑦使击常山，以复赵王，请以国为扞蔽。"⑧齐王许之，因遣兵往。陈馀悉三县兵，⑨与齐并力击常山，大破之。张耳走归汉。陈馀迎故赵王歇反之赵。赵王因立馀为代王。羽至城阳，田荣亦将兵会战。荣不胜，走至平原，平原民杀之。羽遂北烧夷齐城郭室屋，⑩皆坑降卒，系虏老弱妇女。徇齐至北海，所过残灭。齐人相聚而畔之。于是田荣弟横收得亡卒数万人，反城阳。羽因留，连战未能下。

①师古曰："言方欲出关而击楚也。"

②师古曰："如本要约也。"

③师古曰："夏说读曰悦，下说齐王，说音式芮反。"

④师古曰："丑，恶也。"

⑤师古曰："于义不当然。"

⑥师古曰："凡不义之事，皆不听顺。"

⑦师古曰："资，给也。"

⑧师古曰："犹为齐之藩屏。"

⑨师古曰："悉，尽也。"

⑩师古曰："夷，平也。"

汉王劫五诸侯兵，[①]凡五十六万人，东伐楚。羽闻之，即令诸将击齐，而自以精兵三万人南从鲁出胡陵。汉王皆已破彭城，收其货赂美人，日置酒高会。羽乃从萧晨击汉军而东，至彭城，日中，大破汉军。[②]汉军皆走，迫之穀、泗水。[③]汉军皆南走山，[④]楚又追击至灵辟东睢水上。[⑤]汉军却，为楚所挤，[⑥]多杀。汉卒十馀万皆入睢水，睢水为不流。[⑦]汉王乃与数十骑遁去。语在《高纪》。太公、吕后间求汉王，[⑧]反遇楚军。楚军与归，羽常置军中。

①服虔曰："时有十八诸侯，汉得其五。"师古曰："常山、河南、魏、韩、殷也。解在《高纪》。十八诸侯，汉时又先已得塞、翟矣。服说非也。"

②张晏曰："一日之中。或曰早击之，至日中大破。"师古曰："或说是也。"

③臣瓒曰："二水皆在沛郡彭城。"

④师古曰："走，趣也，音奏。"

⑤师古曰："睢音虽。"

⑥臣瓒曰："挤，排也。"师古曰："音子诣反，又音子奚反。"

⑦师古曰："言杀人多，填于水中。"

⑧师古曰："间行而求之。"

汉王稍收散卒，萧何亦发关中卒悉诣荥阳，战京、索间，[①]败楚。楚以故不能过荥阳而西。汉军荥阳，筑甬道，取敖仓食。三年，羽数击绝汉甬道，汉王食乏，请和，割荥阳以西为汉。羽欲听之。历阳侯范增曰："汉易与耳，今不取，后必悔之。"羽乃急围荥阳。汉王患之，乃与陈平金四万斤以间楚君臣。[②]语在《陈平传》。项羽以故疑范增，稍夺之权。范增怒曰："天下事大定矣，君王自为之！愿赐骸骨归。"行未至彭城，疽发背死。③于是汉将纪信诈为汉王出降，以诳楚军，故汉王得与数十骑从西门出。令周苛、枞公、魏豹守荥阳。④汉王西入关收兵，还出宛、叶间，⑤与九江王黥布行收兵。羽闻之，即引兵南。汉王坚壁不与战。

①师古曰："索音山各反。"

②师古曰："间音居苋反。"

③师古曰："疽，痈创也，音千馀反。"

④师古曰："苛音何。枞音千容反。"

⑤师古曰："叶音式涉反。"

是时，彭越渡睢，与项声、薛公战下邳，杀薛公。羽乃东击彭越。汉王亦引兵北军成皋。羽已破走彭越，①引兵西下荥阳城，亨周苛，杀枞公，虏韩王信，进围成皋。汉王跳，②独与滕公得出。北渡河，至修武，从张耳、韩信。楚遂拔成皋。汉王得韩信军。留止，使卢绾、刘贾渡白马津入楚地，佐彭越共击破楚军燕郭西，③烧其积聚，攻下梁地十馀城。羽闻之，谓海春侯大司马曹咎曰："谨守成皋。即汉欲挑战，慎毋与战，勿令得东而已。我十五日必定梁地，复从将军。"于是引兵东。

①师古曰："击破之令其走。"

②师古曰："轻身而急出也。跳音徒雕反。"

③师古曰："燕县，故南燕国也，属东郡。"

四年，羽击陈留、外黄，外黄不下。数日降，羽悉令男子年十五以上诣城东，欲坑之。外黄令舍人儿年十三，①往说羽曰："彭越强劫外黄，②外黄恐，故且降，待大王。大王至，又皆坑之，百姓岂有所归心哉！从此以东，梁地十馀城皆恐，莫肯下矣。"羽然其言，乃赦外黄当坑者。而东至睢阳，闻之皆争下。

①苏林曰："令之舍人儿也。"臣瓒曰："称儿者，以其幼弱，故系其父。"

②师古曰："强音其两反。"

汉果数挑楚军战，楚军不出。使人辱之，五六日，大司马怒，渡兵汜水。①卒半渡，汉击，大破之，尽得楚国金玉货赂。大司马咎、长史欣皆自刭汜水上。咎故蕲狱掾，欣故塞王，羽信任之。羽至睢阳，闻咎等破，则引兵还。汉军方围锺离(眛)〔眜〕于荥阳东,②[17]羽军至,汉军畏楚,尽走险阻。③羽亦军广武相守,乃为高俎,置太公其上,④告汉王曰:“今不急下,吾亨太公。”汉王曰:“吾与若俱北面受命怀王,⑤约为兄弟,吾翁即汝翁。⑥必欲亨乃翁,幸分我一杯羹。”⑦羽怒,欲杀之。项伯曰:“天下事未可知。且为天下者不顾家,虽杀之无益,但益怨耳。”羽从之。乃使人谓汉王曰:“天下匈匈,徒以吾两人。⑧愿与王挑战,决雌雄,毋徒罢天下父子为也。”⑨汉王笑谢曰:“吾宁斗智,不能斗力。”羽令壮士出挑战。汉有善骑射曰楼烦,⑩楚挑战,三合,楼烦辄射杀之。羽大怒,自被甲持戟挑战。楼烦欲射,羽瞋目叱之。⑪楼烦目不能视,手不能发,走还入壁,不敢复出。汉王使间问之,乃羽也。⑫汉王大惊。于是羽与汉王相与临广武间而语。汉王数羽十罪。⑬语在《高纪》。羽怒,伏弩射伤汉王。汉王入成皋。

①师古曰:“氾音凡。解在《高纪》。”

②师古曰:“(眛)〔眜〕音莫葛反。”

③师古曰:“走音奏。”

④如淳曰:“高俎,几之上也。”李奇曰:“军中巢橹谓之俎。”师古曰:“俎者,所以荐肉。示欲烹之,故置俎上。如说是也。”

⑤师古曰:“若,汝也。”

⑥师古曰:“翁谓父也。”

⑦师古曰:“乃亦汝也。古者以杯盛羹,今之侧杯有两耳者是也。”

⑧师古曰:“匈匈,讙扰之意也。他皆类此。”

⑨师古曰:“罢读曰疲。”

⑩应劭曰:“楼烦,胡人也。”李奇曰:“后为县,属雁门。此县人善骑射,谓士为楼烦。取其称耳,未必楼烦人也。”师古曰:“李说是也。”

⑪师古曰:“瞋目,张目也,音充人反。”

⑫师古曰:“间,微问之也。”

⑬师古曰:“数,责也,音所具反。”

时彭越数反梁地,绝楚粮食,又韩信破齐,且欲击楚。羽使从兄子项它为大将,龙且为裨将,①救齐。韩信破杀龙且,追至成阳,虏齐王广。信遂自立为齐王。羽闻之，恐，使武涉往说信。语在《信传》。

①师古曰："它音徒何反。且音子馀反。《高纪》云项声，此传云项它，纪传不同，未知孰是。"

时，汉关中兵益出，食多，羽兵食少。汉王使侯公说羽，羽乃与汉王约，中分天下，割鸿沟而西者为汉，东者为楚，归汉王父母妻子。已约，羽解而东。五年，汉王进兵追羽，至(故)〔固〕陵，[18]复为羽所败。汉王用张良计，致齐王信、建成侯彭越兵，及刘贾入楚地，围寿春。大司马周殷叛楚，举九江兵随刘贾，迎黥布，与齐梁诸侯皆大会。

羽壁垓下，军少食尽。汉帅诸侯兵围之数重。羽夜闻汉军四面皆楚歌，乃惊曰："汉皆已得楚乎？是何楚人多也！"起饮帐中。有美人姓虞氏，常幸从；骏马名骓，常骑。①乃悲歌慷慨，自为歌诗曰："力拔山兮气盖世，时不利兮骓不逝。骓不逝兮可奈何！虞兮虞兮奈若何！"②歌数曲，美人和之。羽泣下数行，左右皆泣，莫能仰视。

①师古曰："苍白杂毛曰骓，盖以其色名之。"

②师古曰："若，汝也。"

于是羽遂上马，戏下骑从者八百馀人，①夜直溃围南出驰。平明，汉军乃觉之，令骑将灌婴以五千骑追羽。羽渡淮，骑能属者百馀人。②羽至阴陵，迷失道，③问一田父，田父绐曰"左"。④左，乃陷大泽中，以故汉追及之。羽复引而东，至东城，乃有二十八骑。追者数千，羽自度不得脱，⑤谓其骑曰："吾起兵至今八岁矣，身七十馀战，所当者破，所击者服，未尝败北，遂伯有天下。⑥然今卒困于此，⑦此天亡我，非战之罪也。今日固决死，愿为诸军快战，必三胜，斩将，艾旗，乃后死，⑧使诸君知我非用兵罪，天亡我也。"于是引其骑因四隤山⑨而为圜陈外向。⑩汉骑围之数重。羽谓其骑曰："吾为公取彼一将。"令四面骑驰下，期山东为三处。于是羽大呼驰下，⑪汉军皆披靡。⑫遂杀汉一将。是时，杨喜为郎骑，追羽，羽还叱之，⑬喜人马俱惊，辟易数里。⑭与其骑会三处。汉军不知羽所居，分军为三，复围之。羽乃驰，复斩汉一都尉，杀数十百人。复聚其骑，亡两骑。乃谓骑曰："何如？"骑皆服曰："如大王言。"

①师古曰："戏，大将之旗也，音许宜反，又音许为反。《汉书》通以戏为旌麾及指麾字。"

②师古曰："属，联及也，音之欲反。"

③孟康曰："县名，属九江郡。"

④文颖曰："绐，欺也；欺令左也。"

⑤师古曰："脱，免也，音土活反。"

⑥师古曰："伯读曰霸。"

⑦师古曰："卒，终也。"

⑧师古曰："艾音刈。"

⑨孟康曰："四下犇陁也。"师古曰："犇音徒回反。"

⑩师古曰："圜陈，四周为之也。外向，谓兵刃皆在外也。"

⑪师古曰："呼，叫也，音火故反。"

⑫师古曰："披音普彼反。"

⑬师古曰："还谓回面也。"

⑭师古曰："辟易，谓开张而易其本处。辟音频亦反。"

于是羽遂引东，欲渡乌江。① 乌江亭长舣船待，② 谓羽曰："江东虽小，地方千里，众数十万，亦足王也。愿大王急渡。今独臣有船，汉军至，亡以渡。"羽笑曰："乃天亡我，何渡为！且籍与江东子弟八千人渡而西，今亡一人还，纵江东父兄怜而王我，我何面目见之哉？纵彼不言，籍独不愧于心乎！"谓亭长曰："吾知公长者也，吾骑此马五岁，所当亡敌，尝一日千里，吾不忍杀，以赐公。"乃令骑皆去马，步持短兵接战。羽独所杀汉军数百人。羽亦被十馀创。顾见汉骑司马吕马童曰："若非吾故人乎？"③ 马童面之，④ 指王翳曰：⑤"此项王也。"羽乃曰："吾闻汉购我头千金，邑万户，⑥ 吾为公得。"⑦ 乃自刭。王翳取其头，乱相蹂蹈⑧ 争羽相杀者数十人。最后杨喜、吕马童、郎中吕胜、杨武各得其一体。故分其地以封五人，皆为列侯。

①臣瓒曰："在牛渚。"

②服虔曰："舣音蚁。"如淳曰："南方人谓整船向岸曰舣。"

③师古曰："若，汝也。"

④张晏曰："以故人难亲斫之，故背之也。"如淳曰："面谓不正视也。"师古曰："如说非也。面谓背之，不面向也。面缚亦谓反偝而缚之。杜元凯以为但见其面，非也。"

⑤如淳曰："指示王翳。"

⑥师古曰："购，以财设赏，音工豆反。"

⑦邓展曰："令公得我为功也。"晋灼曰："字或作德。"

⑧师古曰："蹂，践也，音人九反。"

汉王乃以鲁公号葬羽于穀城。诸项支属皆不诛。封项伯等四人为列侯，赐姓刘氏。

赞曰：昔贾生之《过秦》曰：①

①应劭曰："贾生书有《过秦》二篇，言秦之过。此第一篇也。司马迁取以为赞，班固因之。"

秦孝公据殽函之固，拥雍州之地，①君臣固守而窥周室，有席卷天下，包举宇内，囊括四海，并吞八荒之心。②当是时也，商君佐之，③内立法度，务耕织，修守战之备，外连衡而斗诸侯。于是秦人拱手而取西河之外。④

①师古曰："殽谓殽山，今陕县东二殽是也。函谓函谷，今桃林县南洪溜涧是也。"

②张晏曰："括，结囊也，言其能包含天下。"师古曰："八荒，八方荒忽极远之地也。"

③师古曰："卫鞅也，封于商。"

④师古曰："言其不费功力也。"

孝公既没，惠文、武、昭襄①蒙故业，因遗策，南取汉中，西举巴蜀，东割膏腴之地，收要害之郡。诸侯恐惧，会盟而谋弱秦，不爱珍器重宝肥饶之地，以致天下之士。合从缔交，②相与为一。当此之时，齐有孟尝，③赵有平原，④楚有春申，⑤魏有信陵。⑥此四贤者，皆明智而忠信，宽厚而爱人，尊贤重士，约从离横，⑦兼韩、魏、燕、赵、宋、卫、中山之众。于是六国之士有甯越、徐尚、苏秦、杜赫之属为之谋，齐明、周最、陈轸、召滑、楼缓、翟景、苏厉、乐毅之徒通其意，⑧吴起、孙膑、带他、兒良、王廖、田忌、廉颇、赵奢之朋制其兵。⑨常以十倍之地，百万之军，仰关而攻秦。⑩秦人开关延敌，九国之师遁巡而不敢进。⑪秦无亡矢遗镞之费，而天下已困矣。⑫于是从散约败，争割地而赂秦。秦有馀力而制其弊，追亡逐北，伏尸百万，流血漂卤，⑬因利乘便，宰割天下，分裂山河；强国请服，弱国入朝。

①师古曰："惠文王，孝公之子。武王，惠文王之子。昭襄王，武王之弟。"

②师古曰："缔，结也。从音子容反。缔音大系反。"

③师古曰："孟尝君田文。"

④师古曰："平原君赵胜。"

⑤师古曰："春申君黄歇。"

⑥师古曰："公子无忌为信陵君。"

⑦师古曰："约誓为从，欲以分离为横。横谓秦也。从音子容反。其下亦同。"

⑧师古曰："召读曰邵。"

⑨师古曰："膑音频忍反。他音徒何反。兒音五奚反。廖音聊。"

⑩师古曰："秦之地形高，而诸侯之兵欲攻关中者皆仰向，故云仰关也。今流俗书本仰字作叩，非也。"

⑪师古曰："遁巡，谓疑惧而却退也。遁音千旬反。流俗书本巡字误作逃，读者因之而为遁逃之义。潘岳《西征赋》云'逃遁以奔窜'，斯亦误矣。"

⑫师古曰："镞，矢锋也，音子木反。"

⑬师古曰："漂，浮也。卤，盾也。其血可以浮盾，言杀人多也。漂音匹遥反。"

施及孝文、庄襄王，①享国之日浅，国家亡事。

①师古曰："施，延也。孝文王，昭襄王之子也。庄襄王，孝文王之子，即始皇父也。施音弋豉反。"

及至始皇，奋六世之馀烈，①振长策而驭宇内，②吞二周而亡诸侯，履至尊而制六合，执敲扑以鞭笞天下，③威震四海。南取百粤之地，以为桂林、象郡。百粤之君頫首系颈，④委命下吏。乃使蒙恬北筑长城而守藩篱，⑤却匈奴七百馀里，⑥胡人不敢南下而牧马，士不敢弯弓而报怨。于是废先王之道，焚百家之言，以愚黔首。堕名城，杀豪俊，⑦收天下之兵聚之咸阳，销锋锟⑧铸以为金人十二，⑨以弱天下之民。然后践华为城，⑩因河为池，据亿丈之城，临不测之川，以为固。良将劲弩，守要害之处，信臣精卒，陈利兵而谁何。⑪天下已定，始皇之心，自以为关中之固，金城千里，子孙帝王万世之业也。"

①师古曰："孝公、惠文王、武王、昭襄王、孝文王、庄襄王，凡六君也。烈，业也。"

②师古曰："以乘马为喻也。策，所以挝马也。"

③邓展曰："敲，短杖也。扑，捶也。"师古曰："敲音苦交反。扑音普木反。"

④邓展曰："頫音俯。"师古曰："古俯字。"

⑤师古曰："言以长城扞蔽胡寇，如人家之有藩篱。"

⑥师古曰："却音丘略反。"

⑦师古曰："堕，毁也，音火规反。"

⑧如淳曰："锟音嫡，箭镞也。"师古曰："锋，戈戟刃也。锟与镝同，即箭镞也。如音是也。"

⑨师古曰："所谓公仲者也。《三辅黄图》云坐高三丈。其铭曰：'皇帝二十六年，初兼天下，改诸侯为郡县，一法律，同度量。大人来见临洮，其长五丈，足迹六尺。'"

⑩服虔曰："断华山为城。"晋灼曰："践，登也。"师古曰："晋说是。"

⑪师古曰："问之为谁，又云何人，其义一也。"

始皇既没，馀威震于殊俗。然而陈涉，瓮牖绳枢之子，①甿隶之人，②迁徙之徒也，材能不及中庸，非有仲尼、墨翟之知，③陶朱、猗顿之富。④蹑足行伍之间，⑤而免起阡陌之中，⑥帅罢散之卒，将数百之众，⑦转而攻秦。斩木为兵，揭竿为旗，⑧天下云合响应，⑨赢粮而景从，⑩山东豪俊遂并起而亡秦族矣。

①服虔曰："以绳系户枢。"孟康曰："瓦瓮为（枢）〔窗〕也。"[19]

②如淳曰："甿，古文萌字。甿，民也。"

③文颖曰："墨翟，宋人为墨家者也。"

④师古曰："越人范蠡逃越，止于陶，自谓陶朱公。猗顿本鲁人，大畜牛羊于猗氏之南，赀(拨)〔拟〕王公，[20]驰名天下。"

⑤如淳曰："蹑音叠。"师古曰："蹑音女涉反。"

⑥如淳曰："时皆僻屈在阡陌之中也。"师古曰："免者，言免脱徭役也。免字或作俛，读与俯同。"

⑦师古曰："罢读曰疲。"

⑧师古曰："揭音竭，谓竖之也。今读之者为负揭之揭，非也。"

⑨师古曰："向读曰响，言如响之应声。"

⑩师古曰："赢，担也。景从，言如影之随形也。"

且天下非小弱也；雍州之地，殽函之固，自若也。①陈涉之位，不齿于齐、楚、燕、赵、韩、魏、宋、卫、中山之君；②锄耰棘矜，不敌于钩戟长铩；③適戍之众，不亢于九国之师；④深谋远虑，行军用兵之道，非及曩时之士也。⑤然而成败异变，功业相反，何也？试使山东之国与陈涉度长絜大，⑥比权量力，不可同年而语矣。然秦以区区之地，致万乘之权，⑦招八州而朝同列，⑧百有馀年，然后以六合为家，⑨殽函为宫。一夫作难而七庙堕，⑩身死人手，为天下笑者，何也？仁谊不施，而攻守之势异也。

①师古曰："自若，犹言如故也。"

②师古曰："齿谓齐列如齿。"

③服虔曰："耰，钽柄也；以钽柄及棘作矛穜也。"晋灼曰："耰椎，块椎也。"师古曰："服说非也。耰，摩田器也。棘，戟也。矜与穜同，穜谓矛铤之杷也。钩戟，戟刃钩曲者也。铩，铍也。言往者秦销兵刃，陈涉起时但用钽耰及戈戟之穜以相攻战也。耰音忧。矜音其巾反。铩音(其)〔山〕列反。"[21]

④师古曰："適读曰谪，谓罪罚而行也。亢，当也，读与抗同。"

⑤师古曰："曩，昔也，音乃朗反。"

⑥师古曰："絜谓围束之也。度音徒各反。絜音下结反。"

⑦师古曰："区区，小貌也。"

⑧邓展曰："招，举也。"苏林曰："招音翘。"

⑨师古曰："后与後同，古通用字也。"

⑩师古曰："堕，毁也，音火规反。"

周生亦有言，①"舜盖重童子"，项羽又重童子，②岂其苗裔邪？何其兴之暴也！夫秦失其政，陈涉首难，豪桀蜂起，相与并争，不可胜数。然羽非有尺寸，乘势拔起陇亩之中，③三年，遂将五诸侯兵灭秦，分裂天下而威海内，封立王侯，政繇羽出，④号为"伯王"，⑤位虽不终，近古以来未尝有也。⑥及羽背关怀楚，放逐义帝，⑦而怨王侯畔己，难矣。自矜功伐，奋其私智而不师古，始霸王之国，欲以力征经营天下，五年卒亡其国，身死东城，尚不觉寤，不自责过失，乃引"天亡我，非用兵之罪"，岂不谬哉！

①郑氏曰："周时贤(大夫)〔人也〕。"〔22〕师古曰："《史记》称太史公曰'余闻之周生'则知非周时人，盖姓周耳。"

②师古曰："童子，目之眸子。"

③晋灼曰："拔音卒拔之拔。"邓展曰："疾起也。"师古曰："音步末反。"

④师古曰："繇与由同。"

⑤师古曰："伯读曰霸。"

⑥师古曰："近古犹末代。"

⑦师古曰："背关，谓背约不王高祖于关中。怀楚，谓思东归而都彭城。"

【校勘记】

〔1〕号(为)张楚。　景祐、殿本都无"为"字。

〔2〕亦于兵(革)〔车〕之上为楼以望敌也。　景祐、殿、局本都作"车"。王先谦说作"车"是。

〔3〕今赵(又)〔独〕安敢害将军(之)家乎？　景祐、殿本"又"作"独"，无"之"字。

〔4〕首事，谓最先(兵起)〔起兵〕。　景祐、殿本都作"起兵"。

〔5〕徼(要)散卒复相聚敛也。　景祐、殿本都无"要"字。

〔6〕吴中(弟子)〔子弟〕皆惮籍。　景祐、殿本都作"子弟"。王先谦说此误倒。

〔7〕谓其军〔吏〕曰：　景祐、殿本都有"吏"字。王先谦说此脱。

〔8〕《汉仪注》令(史)〔吏〕曰令史，丞(史)〔吏〕曰丞史。　据《史记集解》改。

〔9〕(自比)〔此自〕更有蒲将军也。　景祐、殿本都作"自此"，"比"字误。王先谦说《史记集解》引作"此自"，是。

〔10〕乃引兵击秦嘉。〔嘉〕军败走，　王先谦说"军"上当更有"嘉"字，按《史记》有，此脱。

〔11〕梁已并秦嘉军，〔军〕胡陵，　景祐、殿本都有下"军"字。王先谦说《史记》同，此脱。

〔12〕不如待以(初)〔礼〕，　景祐、殿本都作"礼"字。王先谦说作"礼"是。

〔13〕今不恤士卒而徇私(宴)，　景祐、殿本都无"宴"字。

〔14〕羽繇是始为诸侯上将军，⑧　注⑧原在"上"字下，刘敞说"上将军"当连文。

〔15〕开榆中地数(十)〔千〕里，　景祐、殿、局本都作"千"，《史记》同。

〔16〕轻(重)折辱秦吏卒。　吏卒多窃言〔曰〕："章将军〔等〕诈吾属降诸侯，宋祁说一本无"重"字。王先谦说《史记》亦无，一本是。景祐、殿本"言"下有"曰"字，"章将军"下有"等"字，《史记》同。

〔17〕汉军方围锺离(昧)〔眛〕于荥阳东，　景祐、殿本都作"眛"，注同。王先谦说作"眛"是。

〔18〕汉王进兵追羽，至(故)〔固〕陵，　殿本作"固"。王先谦说作"固"是。

〔19〕瓦瓮为(枢)〔窗〕也。　景祐、殿本都作"窗"。王先谦说作"窗"是。

〔20〕赀(拨)〔拟〕王公，　景祐、殿本都作"拟"。王先谦说作"拟"是。

〔21〕铩音(其)〔山〕列反。　景祐、殿本都作"山"。

〔22〕周时贤(大夫)〔人也〕。　景祐、殿本都作"贤人也"，王先谦说此"大夫"二字有误。

汉书卷三十二

张耳陈馀传第二

张耳，大梁人也，① 少时及魏公子毋忌为客。② 尝亡命游外黄，③ 外黄富人女甚美，庸奴其夫，④ 亡邸父客。⑤ 父客谓曰："必欲求贤夫，从张耳。"女听，为请决，嫁之。⑥ 女家厚奉给耳，耳以故致千里客，宦为外黄令。

①臣瓒曰："今陈留大梁城也。"

②师古曰："毋忌，六国时信陵君也。言其尚及见毋忌，为之宾客。"

③师古曰："命者，名也。凡言亡命，谓脱其名籍而逃亡。"

④师古曰："言不恃赖其夫，视之若庸奴。"

⑤如淳曰："父时故宾客也。"师古曰："邸，归也，音丁礼反。"

⑥师古曰："请决绝于前夫而嫁于耳。"

陈馀，亦大梁人，好儒术。游赵苦陉，① 富人公乘氏以其女妻之。馀年少，父事耳，相与为刎颈交。②

①张晏曰："苦陉，章帝丑其名，改曰汉昌。"师古曰："陉音刑。"

②师古曰："刎，断也。刎颈交者，言托契深重，虽断颈绝头，无所顾也。刎音舞粉反。"

高祖为布衣时，尝从耳游。秦灭魏，购求耳千金，馀五百金。两人变名姓，俱之陈，为里监门。① 吏尝以过笞馀，馀欲起，耳摄使受笞。② 吏去，耳数之曰：③"始吾与公言何如？今见小辱而欲死一吏乎？"馀谢罪。

①师古曰："监门，卒之贱者，故为卑职以自隐。"

②师古曰："摄谓引持之。"

③师古曰："数，责也，音所具反。"

陈涉起蕲至陈，耳、馀上谒涉。①涉及左右生平数闻耳、馀贤，见，大喜。

①师古曰："上其谒而见也。上谒，若今之通名。"

陈豪桀说涉曰："将军被坚执锐，帅士卒以诛暴秦，复立楚社稷，功德宜为王。"陈涉问两人，两人对曰："将军瞋目张胆，①出万死不顾之计，为天下除残。今始至陈而王之，视天下私。②愿将军毋王，急引兵而西，遣人立六国后，自为树党。③如此，野无交兵，诛暴秦，据咸阳以令诸侯，则帝业成矣。今独王陈，恐天下解(矣)〔也〕。"④[1]涉不听，遂立为王。

①师古曰："张胆，言勇之甚。"

②师古曰："视读曰示。"

③师古曰："树，立也。"

④师古曰："解谓离散其心也。"

耳、馀复说陈王曰："大王兴梁、楚，务在入关，未及收河北也。臣尝游赵，知其豪桀，①愿请奇兵略赵地。"于是陈王许之，以所善陈人武臣为将军，耳、馀为左右校尉，与卒三千人，从白马渡河。②至诸县，说其豪桀③曰："秦为乱政虐刑，残灭天下，北为长城之役，南有五领之戍，④外内骚动，百姓罢敝，⑤头会箕敛⑥以供军费，财匮力尽，⑦重以苛法，⑧使天下父子不相聊。⑨今陈王奋臂为天下倡始，莫不向应，⑩家自为怒，各报其怨，⑪县杀其令丞，郡杀其守尉。今以张大楚，王陈，⑫使吴广、周文将卒百万西击秦。于此时而不成封侯之业者，非人豪也。夫因天下之力而攻无道之君，报父兄之怨而成割地之业，此一时也。"豪桀皆然其言。乃行收兵，得数万人，号武信君。⑬下赵十馀城，馀皆城守莫肯下。乃引兵东北击范阳。范阳人蒯通说其令徐公降武信君，又说武信君以侯印封范阳令。语在《通传》。赵地闻之，不战下者三十馀城。

①师古曰："与相知也。"

②师古曰："津名，即今滑州白马县界也。"

③邓展曰："至河北县说之。"

④服虔曰："山领有五，因以为名。交趾、合浦界有此领。"师古曰："服说非也。领者，西自衡山之南，东穷于海，一山之限耳。而别标名，则有五焉。裴氏《广州记》云'大庾、始安、临贺、桂阳、揭阳，是为五领。'邓德明《南康记》曰'大庾领一也，桂阳骑田领二也，九真都庞领三也，临贺萌渚领四也，始安越城领五也。'裴说是也。"

⑤师古曰："罢读曰疲。"

⑥服虔曰："吏到其家，人人头数出谷，以箕敛之。"

⑦师古曰："匮，竭也。"

⑧师古曰："重音直用反。"

⑨师古曰："言无聊赖，以相保养。"

⑩师古曰："倡读曰唱。向读曰响。"

⑪师古曰："为音于伪反。"

⑫师古曰："言张建大楚之国，而王于陈也。"

⑬师古曰："武臣自号也。"

至邯郸，耳、馀闻周章军入关，至戏却；① 又闻诸将为陈王徇地，多以谗毁得罪诛。怨陈王不以为将军而以为校尉，乃说武臣曰："陈王非必立六国后。② 今将军下赵数十城，独介居河北，③ 不王无以填之。④ 且陈王听谗，还报，恐不得脱于祸。⑤ 愿将军毋失时。"武臣乃听，遂立为赵王。以馀为大将军，耳为丞相。

①苏林曰："至戏地而却兵。"

②师古曰："非，不也。"

③晋灼曰："介音戛。"臣瓒曰："介，特也。"师古曰："二说并非也。介，隔也，读如本字。"

④师古曰："填音竹刃反。"

⑤师古曰："脱，免也，音土活反。"

使人报陈王，陈王大怒，欲尽族武臣等家，而发兵击赵。相国房君谏曰："秦未亡，今又诛武臣等家，此生一秦也。不如因而贺之，使急引兵西击秦。"陈王从其计，徙系武臣等家宫中，封耳子敖为成都君。使使者贺赵，趣兵西入关。① 耳、馀说武臣曰："王王赵，非楚意，特以计贺王。②楚已灭秦，必加兵于赵。愿王毋西兵，北徇燕、代，南收河内以自广。赵南据大河，北有燕、代，楚虽胜秦，必不敢制赵。”赵王以为然，因不西兵，而使韩广略燕，李良略常山，张黡略上党。③

①师古曰：“趣读曰促。”

②师古曰：“言力不能制，且事安抚为权宜之计耳。”

③师古曰：“黡音乌黠反。”

韩广至燕，燕人因立广为燕王。赵王乃与(陈)〔耳〕、馀北略地燕界。[2]赵王间出，为燕军所得。①燕囚之，欲与分地。②使者往，燕辄杀之，以固求地。耳、馀患之。有厮养卒谢其舍曰：③“吾为二公说燕，与赵王载归。”④舍中人皆笑曰：“使者往十辈皆死，若何以能得王？”⑤乃走燕壁。⑥燕将见之，问曰：“知臣何欲？”燕将曰：“若欲得王耳。”曰：“君知张耳、陈馀何如人也？”燕将曰：“贤人也。”曰：“其志何欲？”燕将曰：“欲得其王耳。”赵卒笑曰：“君未知两人所欲也。夫武臣、张耳、陈馀，杖马箠下赵数十城，⑦亦各欲南面而王。夫臣之与主，岂可同日道哉！顾其势初定，⑧且以长少先立武臣，以持赵心。今赵地已服，两人亦欲分赵而王，时未可耳。今君囚赵王，念此两人名为求王，实欲燕杀之，此两人分赵而王。夫以一赵尚易燕，⑨况以两贤王左提右挈，而责杀王，灭燕易矣。”⑩燕以为然，乃归赵王。养卒为御而归。

①师古曰：“间出，谓投间隙而微出也。”

②师古曰：“要劫之，令割赵地输燕以和解也。”

③苏林曰：“厮，取薪者也。养，养人者也。舍谓所舍宿主人也。”晋灼曰：“以辞相告曰谢。”师古曰：“谢其舍，谓告其舍中人也。故下言舍中人皆笑。今流俗书本于此舍下辄加人字，非也。厮音斯。”

④师古曰：“二公，张耳、陈馀。”

⑤师古曰：“若，汝也。次下亦同。”

⑥师古曰：“走，趣也，音奏。”

⑦张晏曰：“言其不用兵革也。”师古曰：“箠谓马挝也，音止橤反。”

⑧师古曰：“顾，思念也。”

⑨师古曰：“易，轻也，音弋豉反。”

⑩师古曰："提挈，言相扶持也。"

李良已定常山，还报赵王，赵王复使良略太原。至石邑，秦兵塞井陉，未能前。秦将诈称二世使使遗良书，不封，①曰："良尝事我，得显幸，诚能反赵为秦，赦良罪，贵良。"良得书，疑不信。之邯郸益请兵。②未至，道逢赵王姊，从百馀骑。良望见，以为王，伏谒道旁。王姊醉，不知其将，使骑谢良。良素贵，起，惭其从官。从官有一人曰："天下叛秦，能者先立。且赵王素出将军下，今女儿乃不为将军下车，请追杀之。"良以得秦书，欲反赵，未决，因此怒，遣人追杀王姊，遂袭邯郸。邯郸不知，竟杀武臣。赵人多为耳、馀耳目者，故得脱出。收兵得数万人。客有说耳、馀曰："两君羁旅，③而欲附赵，难可独立；〔立〕赵后，[3]辅以谊，④可就功。"⑤乃求得赵歇，立为赵王，居信都。⑥

①张晏曰："欲其漏泄，君臣相疑也。"

②师古曰："之，往也。"

③张晏曰："羁，寄。旅，客也。"

④师古曰："谓求取六国时赵王后而立之，以名义自辅助也。"

⑤师古曰："就，成也。"

⑥张晏曰："歇，赵之苗裔也。信都，襄国也。"

李良进兵击馀，馀败良。良走归章邯。章邯引兵至邯郸，皆徙其民河内，夷其城郭。①耳与赵王歇走入钜鹿城，王离围之。馀北收常山兵，得数万人，军钜鹿北。章邯军钜鹿南棘原，筑甬道属河，②饟王离。③王离兵食多，急攻钜鹿。钜鹿城中食尽，耳数使人召馀，馀自度兵少，不能敌秦，不敢前。数月，耳大怒，怨馀，使张黡、陈释往让馀④曰："始吾与公为刎颈交，今王与耳旦暮死，而公拥兵数万，不肯相救，胡不赴秦俱死？⑤且什〔有〕一二相全。"⑥[4]馀曰："所以不俱死，欲为赵王、张君报秦。今俱死，如以肉喂虎，何益？"⑦张黡、陈释曰："事已急，要以俱死立信，安知后虑！"馀曰："吾顾以无益。"⑧乃使五千人令张黡、陈释先尝秦军，⑨至皆没。

①师古曰："夷，平也。"

②师古曰："属，联及也，音之欲反。"

③师古曰："馕，古饷字，谓馈运其军粮也。"

④师古曰："让，责也。"

⑤师古曰："胡，何也。"

⑥师古曰："十中尚冀得一二胜秦。"

⑦师古曰："喂，饲也，音于伪反。"

⑧师古曰："顾，思念也。"

⑨师古曰："尝，试也，言若尝食云。"

当是时，燕、齐、楚闻赵急，皆来救。张敖亦北收代，得万馀人来，皆壁馀旁。项羽兵数绝章邯甬道，王离军乏食。项羽悉引兵渡河，破章邯军。诸侯军乃敢击秦军，遂虏王离。于是赵王歇、张耳得出钜鹿，与馀相见，责让馀，问张黡、陈释所在。馀曰："黡、释以必死责臣，臣使将五千人先尝秦军，皆没。"耳不信，以为杀之，数问馀。馀怒曰："不意君之望臣深也！①岂以臣重去将哉！"②乃脱解印绶与耳，耳不敢受。馀起如厕，客有说耳曰："天予不取，反受其咎。今陈将军与君印绶，不受，反天不祥。急取之。"耳乃佩其印，收其麾下。馀还，亦望耳不让，趋出。耳遂收其兵。馀独与麾下数百人之河上泽中渔猎。由此有隙。

①师古曰："望，怨望也。次下亦同。"

②师古曰："重，难也。"

赵王歇复居信都。耳从项羽入关。项羽立诸侯，耳雅游，多为人所称。①项羽素亦闻耳贤，乃分赵立耳为常山王，治信都。②信都更名襄国。

①师古曰："雅，故也。言其久故倦游，交结英杰，是以多为人所称誉也。"

②师古曰："治，为治处也，音丈吏反。"

馀客多说项羽："陈馀、张耳一体有功于赵。"羽以馀不从入关，闻其在南皮，即以南皮旁三县封之。而徙赵王歇王代。

耳之国，馀愈怒曰："耳与馀功等也，今耳王，馀独侯。"及齐王田荣叛楚，馀乃使夏说说田荣①曰："项羽为天下宰不平，尽王诸将善地，徙故王王恶地，今赵王乃居代！愿王假臣兵，请以南皮为扞蔽。"②田荣欲树党，乃遣兵从馀。馀悉三县兵，③袭常山王耳。耳败走，曰："汉王与我有故，④而项王强，立我，我欲之楚。"⑤甘公曰：⑥"汉王之入关，五星聚东井。东井者，秦分也。⑦先至必王。楚虽强，后必属汉。"耳走汉。汉亦还定三秦，方围章邯废丘。耳谒汉王，汉王厚遇之。⑧

①师古曰："夏说读曰悦。说田荣，音式锐反。"

②师古曰："扞蔽，犹言藩屏也。"

③师古曰："悉，尽也。"

④张晏曰："汉王布衣时常从耳游也。"

⑤师古曰："羽既强盛，又为所立，是以狐疑，莫知所往。"

⑥文颖曰："善说星者甘氏也。"晋灼曰："齐人。"

⑦师古曰："分音扶问反。"

⑧师古曰："《高纪》云元年五月汉王定雍地，东如咸阳，引兵围雍王废丘，而遣诸将略地。八月，塞王欣、翟王翳皆降汉。二年十月，陈馀击常山王张耳，耳败走，降汉。而此传乃言方围废丘时耳谒汉王，隔以他事，于后始云汉二年东击楚，则与帝纪前后参错不同，疑传误也。"

馀已败耳，皆收赵地，迎赵王于代，复为赵王。赵王德馀，①立以为代王。馀为赵王弱，国初定，留傅赵王，而使夏说以相国守代。②

①师古曰："怀其德。"

②师古曰："为代相国而居守。"

汉二年，东击楚，使告赵，欲与俱。馀曰："汉杀张耳乃从。"于是汉求人类耳者，斩其头遗馀，馀乃遣兵助汉。汉败于彭城西，馀亦闻耳诈死，即背汉。汉遣耳与韩信击破赵井陉，斩馀泜水上，①追杀赵王歇襄国。

①苏林曰："泜音祇也。"晋灼曰："问其方人音柢。"师古曰："苏、晋二说皆是也。苏音祇敬之祇，音执夷反，古音如是。晋音根柢之柢，音丁计反，今其土俗呼水则然。"

四年夏，立耳为赵王。五年秋，耳薨，谥曰景王。子敖嗣立为王，尚高祖长女鲁元公主，为王后。

七年，高祖从平城过赵，赵王旦暮自上食，体甚卑，有子婿礼。高祖箕踞骂詈，甚慢之。①赵相贯高、赵午年六十馀，故耳客也，怒曰："吾王孱王也！"②说敖曰："天下豪桀并起，能者先立，今王事皇帝甚恭，皇帝遇王无礼，请为王杀之。"敖啮其指出血，③曰："君何言之误！且先王亡国，赖皇帝得复国，④德流子孙，秋豪皆帝力也。愿君无复出口。"贯高等十馀人相谓曰："吾等非也。吾王长者，不背德。且吾等义不辱，今帝辱我王，故欲杀之，何乃汙王为？⑤事成归王，事败独身坐耳。"

①师古曰："箕踞者，谓申两脚其形如箕。"

②孟康曰："冀州人谓懦弱为孱。"师古曰："音士连反。"

③师古曰："自啮其指出血，以表至诚，而为誓约，不背汉也。"

④师古曰："复音房目反。"

⑤师古曰："言何为乃汙染王。"

八年，上从东垣过。①贯高等乃壁人柏人，要之置厕。②上过欲宿，心动，问曰："县名为何？"曰："柏人。""柏人者，迫于人！"不宿去。

①师古曰："击韩王信馀寇于东垣，还而过赵。"

②文颖曰："置人厕壁中以伺高祖。"

九年，贯高怨家知其谋，告之。于是上逮捕赵王诸反者。赵午等十馀人皆争自刭，贯高独怒骂曰："谁令公等为之？今王实无谋，而并捕王；公等死，谁当白王不反者？"①乃槛车与王诣长安。②高对狱曰："独吾属为之，王不知也。"吏榜笞数千，③刺爇，身无完者，④终不复言。吕后数言张王以鲁元故，不宜有此。上怒曰："使张敖据天下，岂少乃女乎！"⑤廷尉以贯高辞闻，上曰："壮士！谁知者，以私问之。"⑥中大夫泄公曰："臣素知之，⑦此固赵国立名义不侵为然诺者也。"⑧上使泄公持节问之箯舆前。卬视泄公，⑨劳苦如平生欢。⑩与语，问张王果有谋不。⑪高曰："人情岂不各爱其父母妻子哉？今吾三族皆以论死，岂以王易吾亲哉！⑫顾为王实不反，⑬独吾等为之。"具道本根所以、王不知状。于是泄公具以报上，上乃赦赵王。

①师古曰："白，明也。"

②师古曰："槛车者，车而为槛形，谓以板四周之，无所通见。"

③师古曰："榜谓捶击之也，音彭。他皆类此。"

④应劭曰："以铁刺之，又烧灼之。"师古曰："爇音而说反。"

⑤师古曰："乃，汝也。"

⑥张晏曰："以和悦问之。"臣瓒曰："字多作私，谓以私情相问也。"师古曰："瓒说是也。"

⑦师古曰："泄音薛。"

⑧师古曰："侵犹犯负也。"

⑨师古曰："箯舆者，编竹木以为舆形，如今之食舆矣。高时榜笞刺爇委困，故以箯舆处之也。箯音鞭。印读曰仰。"

⑩师古曰："劳苦，相劳问其勤苦也。"

⑪师古曰："果犹决也。"

⑫师古曰："易，代也。"

⑬师古曰："顾，思念也。"

上贤高能自立然诺，使泄公赦之，告曰："张王已出，上多足下，①故赦足下。"高曰："所以不死，白张王不反耳。今王已出，吾责塞矣。②且人臣有篡弑之名，岂有面目复事上哉！"乃仰绝亢而死。③

①师古曰："多犹重也。"

②师古曰："塞，当也，满也。"

③苏林曰："亢，颈大脉也，俗所谓胡脉也。"师古曰："亢者，总谓颈耳。《尔雅》云'亢，鸟咙'，即喉咙也，音下郎反，又音工郎反。"

敖已出，尚鲁元公主如故，①封为宣平侯。于是上贤张王诸客，皆以为诸侯相、郡守。语在《田叔传》。及孝惠、高后、文、景时，张王客子孙皆为二千石。

①师古曰："尚犹配也。《易》《泰卦》九二爻辞曰'得尚于中行'，王弼亦以为配也。诸言尚公主者其义皆然。而说者乃云尚公主，与尚书尚食同意，训尚为主，言主掌之，失其理矣。公主既尊，又非物类，不得以主掌为辞，贡禹又云'诸侯则国人承公主'，益知主不得言主掌也。"

初，孝惠时，齐悼惠王献城阳郡，尊鲁元公主为太后。①高后元年，鲁元太后薨。后六年，宣平侯敖复薨。吕太后立敖子偃为鲁王，以母为太后故也。②又怜其年少孤弱，乃封敖前妇子二人：寿为乐昌侯，侈为信都侯。高后崩，大臣诛诸吕，废鲁王及二侯。孝文即位，复封故鲁王偃为南宫侯。薨，子生嗣。武帝时，生有罪免，国除。元光中，复封偃孙广国为睢陵侯。③薨，子昌嗣。太初中，昌坐不敬免，国除。孝平元始二年，继绝世，封敖玄孙庆忌为宣平侯，食千户。

①师古曰："为齐太后，以母礼事之。"

②师古曰："以公主为齐王太后，故立其子为王。"

③师古曰："睢音虽。"

赞曰："张耳、陈馀，世所称贤，其宾客厮役皆天下俊桀，所居国无不取卿相者。然耳、馀始居约时，①相然信死，岂顾问哉！及据国争权，卒相灭亡，何乡者慕用之诚，②后相背之盭也！③势利之交，古人羞之，盖谓是矣。

①晋灼曰："始在贫贱俭约之时。"

②师古曰："乡读曰向。向谓曩昔也。"

③师古曰："盭，古戾字。戾，违也。"

【校勘记】

〔1〕 恐天下解(矣)〔也〕。 景祐、殿本都作"也"。

〔2〕 赵王乃与(陈)〔耳〕、馀北略地燕界。 景祐、殿本都作"耳"。王先谦说"陈"为"耳"之误。

〔3〕 难可独立;〔立〕赵后， 景祐、殿本都重"立"字。王先谦说重"立"字是。

〔4〕 且什〔有〕一二相全。 景祐、殿本都有"有"字。 王先谦说有"有"字是。

汉书卷三十三

魏豹田儋韩〔王〕[1]信传第三

魏豹，故魏诸公子也。①其兄魏咎，故魏时封为甯陵君，秦灭魏，②为庶人。陈胜之王也，咎往从之。胜使魏人周市徇魏地，③魏地已下，欲立周市为魏王。市曰："天下昏乱，忠臣乃见。④今天下共畔秦，其谊必立魏王后乃可。"齐、赵使车各五十乘，立市为王。市不受，迎魏咎于陈，五反，⑤陈王乃遣立咎为魏王。

①师古曰："六国时魏也。"

②文颖曰："魏，大梁也。"

③师古曰："徇，略也，音辞峻反。"

④师古曰："言当昏乱之时，忠臣乃得显其节义也。老子《道经》曰'国家昏乱有忠臣'。"

⑤师古曰："反谓回还也。"

章邯已破陈王，进兵击魏王于临济。魏王使周市请救齐、楚。齐、楚遣项它、田巴将兵，随市救魏。①章邯遂击破杀周市等军，围临济。咎为其民约降。②约降定，咎自杀。③

①师古曰："楚遣项它，齐遣田巴。"

②师古曰："与章邯为誓而约降。"

③师古曰："但欲全其人，而身自不降。"

魏豹亡走楚。楚怀王予豹数千人，复徇魏地。项羽已破秦兵，降章邯，豹下魏二十馀城，立为魏王。①豹引精兵从项羽入关。羽封诸侯，欲有梁地，②乃徙豹于河东，都平阳，为西魏王。

①师古曰："项羽立之。"

②师古曰："羽欲自取梁地。"

汉王还定三秦，渡临晋，豹以国属焉，遂从击楚于彭城。汉王败，还至荥阳，豹请视亲病，① 至国，则绝河津畔汉。汉王谓郦生曰："缓颊往说之。"郦生(至)〔往〕，豹谢曰：[2]"人生一世间，如白驹过隙。② 今汉王嫚侮人，骂詈诸侯群臣如奴耳，非有上下礼节，吾不忍复见也。"汉王遣韩信击豹，遂虏之，传豹诣荥阳，以其地为河东、太原、上党郡。汉王令豹守荥阳。楚围之急，周苛曰："反国之王，难与共守。"遂杀豹。"③

①师古曰："亲谓母也。"

②师古曰："言其速疾也。白驹谓日景也。隙，壁际也。"

③师古曰："反国，言其尝叛也。"

田儋，狄人也，① 故齐王田氏之族也。② 儋从弟荣，荣弟横，皆豪桀，宗强，能得人。陈涉使周市略地，北至狄，狄城守。儋阳为缚其奴，从少年之廷，欲谒杀奴。③ 见狄令，因击杀令，而召豪吏子弟曰："诸侯皆反秦自立，齐，古之建国，儋，田氏，当王。"遂自立为齐王，发兵击周市。市军还去，儋因率兵东略定齐地。

①师古曰："狄，县名也，《地理志》属千乘。"

②师古曰："亦六国时齐也。"

③服虔曰："古杀奴婢，皆当告官，儋欲杀令，故诈缚奴以谒也。"师古曰："阳缚其奴，为杀奴之状。廷，县廷之中也，音定。今流俗书本为字作伪，非也。阳即伪耳，不当重言之。"

秦将章邯围魏王咎于临济，急。魏王请救于齐，儋将兵救魏。章邯夜衔枚击，大破齐、楚军，杀儋于临济下。儋从弟荣收儋馀兵东走东阿。

齐人闻儋死，乃立故齐王建之弟田假为王，田角为相，田閒为将，以距诸侯。

荣之走东阿，章邯追围之。项梁闻荣急，乃引兵击破章邯东阿下。章邯走而西，项梁因追之。而荣怒齐之立假，乃引兵归，击逐假。假亡走楚。相角亡走赵。角弟閒前救赵，因不敢归。荣乃立儋子市为王，荣相之，横为将，平齐地。

项梁既追章邯，章邯兵益盛，项梁使使趣齐兵共击章邯。①荣曰："楚杀田假，赵杀角、閒，乃出兵。"楚怀王曰："田假与国之王，穷而归我，杀之不谊。"赵亦不杀田角、田閒以市于齐。齐王曰："蝮蠚手则斩手，蠚足则斩足。②何者？为害于身也。田假、田角、田閒于楚、赵，非手足戚，③何故不杀？且秦复得志于天下，则齮龁首用事者坟墓矣。"④楚、赵不听齐，齐亦怒，终不肯出兵。章邯果败杀项梁，⑤破楚兵。楚兵东走，而章邯渡河围赵于钜鹿。项羽由此怨荣。

①师古曰："趣读曰促。"

②应劭曰："蝮一名虺。蠚，螫也。螫人手足则割去其肉，不然则死。"师古曰："《尔雅》及《说文》皆以为蝮即虺也，博三寸，首大如擘，而郭璞云各自一种蛇。其蝮蛇，细颈大头焦尾，色如绶文，文间有毛，似猪鬣，鼻上有针，大者长七八尺，一名反鼻，非虺之类也。以今俗名证之，郭说得矣。虺若土色，所在有之，俗呼土虺。其蝮唯出南方。蝮音方六反。蠚音火各反。螫音式亦反。虺音许伟反。擘者，人手大指也，音步历反。"

③文颖曰："言将亡身，非手足忧也。"臣瓒曰："田假于楚，非手足之亲也。"师古曰："瓒说是也。"

④如淳曰："齮，侧啮也。龁，齩也。"师古曰："首用事，谓起兵而立号者也。齮音螘。龁音纥。齩音五绞反。"

⑤师古曰："击败而杀之。"

羽既存赵，降章邯，西灭秦，立诸侯王，乃徙齐王市更王胶东，治即墨。①齐将田都从共救赵，因入关，故立都为齐王，治临菑。故齐王建孙田安，项羽方渡河救赵，安下济北数城，引兵降项羽，羽立安为济北王，治博阳。荣以负项梁，不肯助楚攻秦，故不得王。赵将陈馀亦失职，不得王。二人俱怨项羽。

①师古曰："治谓都之也，音丈吏反。下皆类此。"

荣使人将兵助陈馀，令反赵地，而荣亦发兵以距击田都，都亡走楚。荣留齐王市毋之胶东。市左右曰："项王强暴，王不就国，必危。"市惧，乃亡就国。荣怒,追击杀市于即墨,还攻杀济北王安,自立为王,尽并三齐之地。①

①师古曰:"三齐,齐及济北、胶东。"

项王闻之,大怒,乃北伐齐。荣发兵距之城阳。荣兵败,走平原,平原民杀荣。项羽遂烧夷齐城郭,①所过尽屠破。齐人相聚畔之。荣弟横收齐散兵,得数万人,反击项羽于城阳。而汉王帅诸侯败楚,入彭城。项羽闻之,乃释齐②而归击汉于彭城,因连与汉战,相距荥阳。以故横复收齐城邑,立荣子广为王,而横相之,政事无巨细皆断于横。

①师古曰:"夷,平也。"

②师古曰:"释,解也。"

定齐三年,闻汉将韩信引兵且东击齐,齐使华毋伤、田解①军历下以距汉。②会汉使郦食其往说王广及相横,与连和。横然之,乃罢历下守备,纵酒,③且遣使与汉平。④韩信乃渡平原,袭破齐历下军,因入临菑。王广、相横以郦生为卖己而亨之。⑤广东走高密,横走博,⑥守相田光走城阳,⑦将军田既军于胶东。楚使龙且救齐,⑧齐王与合军高密。汉将韩信、曹参破杀龙且,虏齐王广。汉将灌婴追得守相光,至博。而横闻王死,自立为王,还击婴,婴败横军于嬴下。⑨横亡走梁,归彭越。越时居梁地,中立,且为汉,且为楚。⑩韩信已杀龙且,因进兵破杀田既于胶东,灌婴破杀齐将田吸于千乘,⑪遂平齐地。

①师古曰:"二人也。华音户化反。"

②张晏曰:"济南历山之下。"

③师古曰:"纵,放也。放意而饮酒。"

④师古曰:"方欲遣使。"

⑤师古曰:"谓其与韩信合谋。"

⑥苏林曰:"泰山博县。"

⑦师古曰:"守相者,言为相而专主居守之事。"

⑧师古曰:"且音子闾反。"

⑨晋灼曰:"泰山嬴县也。"师古曰:"音弋成反。"

⑩师古曰："言在楚、汉之间，居中自立而两助之也。中音竹仲反。"

⑪师古曰："吸音许及反。"

汉灭项籍，汉王立为皇帝，彭越为梁王。横惧诛，而与其徒属五百馀人入海，居隝中。①高帝闻之，以横兄弟本定齐，齐人贤者多附焉，今在海中不收，后恐有乱，乃使使赦横罪而召之。横谢曰："臣亨陛下之使郦食其，今闻其弟商为汉将而贤，臣恐惧，不敢奉诏，请为庶人，守海隝中。"使还报，高帝乃诏卫尉郦商曰："齐王横即至，人马从者敢动摇者致族夷！"②乃复使使持节具告以诏意，曰："横来，大者王，小者乃侯耳；③不来，且发兵加诛。"横乃与其客二人乘传诣雒阳。④

①韦昭曰："海中山曰隝。"师古曰："音丁老反。"

②师古曰："族夷，言平除其族。"

③师古曰："大者谓横身，小者其徒属。"

④师古曰："传音张恋反。"

至尸乡厩置，①横谢使者曰："人臣见天子，当洗沐。"止留。谓其客曰："横始与汉王俱南面称孤，②今汉王为天子，而横乃为亡虏，北面事之，其愧固已甚矣。又吾亨人之兄，与其弟并肩而事主，③纵彼畏天子之诏，不敢动摇，我独不愧于心乎？且陛下所以欲见我，不过欲壹见我面貌耳。陛下在雒阳，今斩吾头，驰三十里间，形容尚未能败，犹可知也。"遂自刭，令客奉其头，从使者驰奏之高帝。高帝曰："嗟乎，有以！起布衣，兄弟三人更王，④岂非贤哉！"为之流涕，而拜其二客为都尉，发卒二千，以王者礼葬横。

①(师古)〔应劭〕曰：[3]"尸乡在偃师城西。"臣瓒曰："案厩置谓置马以传驿者。"

②师古曰："王者自称曰孤，盖为谦也。老子《德经》曰贵以贱为本，高以下为基，是以侯王自谓孤寡不穀。"

③师古曰："并音步鼎反。"

④师古曰："更音工衡反。"

既葬，二客穿其冢旁，皆自刭从之。高帝闻而大惊，以横之客皆贤者，"吾闻其馀尚五百人在海中"，使使召至，闻横死，亦皆自杀。于是乃知田横兄弟能得士也。

韩王信，故韩襄王孽孙也，①长八尺五寸。项梁立楚怀王，燕、齐、赵、魏皆已前王，唯韩无有后，故立韩公子横阳(城君)〔君成〕为韩王，[4]欲以抚定韩地。项梁死定陶，成犇怀王。②沛公引兵击阳城，使张良以韩司徒徇韩地，得信，以为韩将，将其兵从入武关。

①张晏曰："孺子为孽。"师古曰："孽谓庶耳。张说非也。"

②师古曰："犇，古奔字。"

沛公为汉王，信从入汉中，乃说汉王曰："项王王诸将，王独居此，迁也。士卒皆山东人，竦而望归，及其蜂东乡，可以争天下。"①汉王还定三秦，乃许王信，先拜为韩太尉，将兵略韩地。

①郑氏曰："及军中将士气锋也。"师古曰："《高纪》及《韩彭英卢传》皆称斯说是楚王韩信之辞，而此传复云韩王信之语，岂史家谬错乎？将二人所劝大指实同也？竦谓引领举足也。蜂与锋同。乡读曰向。"

项籍之封诸王皆就国，韩王成以不从无功，不遣之国，更封为穰侯，①后又杀之。闻汉遣信略韩地，乃令故籍游吴时令郑昌为韩王②距汉。汉二年，信略定韩地十馀城。汉王至河南，信急击韩王昌，昌降汉。乃立信为韩王，常将韩兵从。汉王使信与周苛等守荥阳，楚拔之，信降楚。已得亡归汉，③汉复以为韩王，竟从击破项籍。五年春，与信剖符，王颍川。④

①文颖曰："穰，南阳县也。"臣瓒曰："穰县属江夏。"师古曰："文说是也。"

②孟康曰："项籍在吴时，昌为吴县令。"

③师古曰："降楚之后复得归汉。"

④师古曰："剖，分也。为合符而分之。"

六年春，上以为信壮武，北近巩、雒，①南迫宛、叶，②东有淮阳，皆天下劲兵处也，乃更以太原郡为韩国，徙信以备胡，都晋阳。信上书曰："国被边，③匈奴数入，晋阳去塞远，请治马邑。"上许之。秋，匈奴冒顿大入围信，信数使使胡求和解。汉发兵救之，疑信数间使，有二心。④上赐信书责让之曰："专死不勇，专生不任，⑤寇攻马邑，君王力不足以坚守乎？安危存亡之地，此二者朕所以责于君王。"⑥信得书，恐诛，因与匈奴约共攻汉，以马邑降胡，击太原。

①师古曰："巩即今巩县。"

②师古曰："南阳之二县也。宛音于元反。叶音式涉反。"

③李奇曰："被音被马之被。"师古曰："被犹带也。"

④师古曰："间，私也。"

⑤李奇曰："言为将军，贵必死之意不得为勇，贵必生之心不任军事。传曰'期死非勇也，必生非任也'。"

⑥师古曰："言虽处危亡之地，执忠履信，可以安存，责其有二心。"

七年冬，上自往击破信军铜鞮，①斩其将王喜。信亡走匈奴，(与)其将白土人曼丘臣、〔5〕王黄②立赵苗裔赵利为王，③复收信散兵，而与信及冒顿谋攻汉。匈奴使左右贤王将万馀骑与王黄等屯广武以南，至晋阳，④与汉兵战，汉兵大破之，追至于离石，复破之。⑤匈奴复聚兵楼烦西北。汉令车骑击匈奴，常败走，汉乘胜追北。闻冒顿居代谷，上居晋阳，使人视冒顿，还报曰"可击"。上遂至平城，上白登。⑥匈奴骑围上，上乃使人厚遗阏氏。⑦阏氏说冒顿曰："今得汉地，犹不能居，且两主不相厄。"居七日，胡骑稍稍引去。天雾，汉使人往来，胡不觉。护军中尉陈平言上曰："胡者全兵，⑧请令强弩傅两矢外乡，⑨徐行出围。"入平城，汉救兵亦至。胡骑遂解去，汉亦罢兵归。信为匈奴将兵往来击边，令王黄等说误陈豨。

①师古曰："上党之县也。鞮音丁奚反。"

②张晏曰："白土，县名也，属上郡。"

③师古曰："六国时赵后"

④师古曰："广武亦太原之县。"

⑤师古曰："离石，西河之县。"

⑥服虔曰："台名，去平城七里。"如淳曰："平城旁之高地，若丘陵也。"师古曰："在平城东山上，去平城十馀里，今其处犹存。服说非也。"

⑦师古曰："阏氏，匈奴单于之妻也。阏音于连反。氏音支。"

⑧李奇曰："言唯弓矛无杂仗也。"

⑨师古曰："傅读曰附。每一弩而加两矢外乡者，以御敌也。乡读曰向。"

十一年春，信复与胡骑入居参合。①汉使柴将军击之，②遗信书曰："陛下宽仁，诸侯虽有叛亡，而后归，辄复故位号，不诛也。③大王所知。今王以败亡走胡，非有大罪，急自归。"信报曰："陛下擢仆闾巷，南面称孤，此仆之幸也。荥阳之事，仆不能死，囚于项籍，此一罪也。寇攻马邑，仆不能坚守，以城降之，此二罪也。今为反寇，将兵与将军争一旦之命，此三罪也。夫种、蠡无一罪，身死亡；④仆有三罪，而欲求活，此伍子胥所以偾于吴世也。⑤今仆亡匿山谷间，旦暮乞贷蛮夷，⑥仆之思归，如痿人不忘起，盲者不忘视，⑦势不可耳。"遂战。柴将军屠参合，斩信。

①师古曰："代郡之县。"

②邓展曰："柴奇也。"应劭曰："柴武也。"晋灼曰："奇，武之子。"师古曰："应说是也。"

③师古曰："复音扶目反。"

④文颖曰："大夫种、范蠡也。"师古曰："二人皆越王句践之臣也。大夫种位为大夫，名种也，有功于越，而句践逼令自死。范蠡即陶朱公也，浮海而逃之齐，又居陶，自号朱公，竟以寿终。信引之以自喻者，盖言种不去则见杀，蠡逃亡则获免。蠡音礼。"

⑤苏林曰："偾音奋。"孟康曰："偾犹毙也。言子胥得罪于夫差而不知去，所以毙于世也。"师古曰："偾谓僵仆而倒也，音方问反。"

⑥师古曰："贷音吐得反。"

⑦师古曰："痿，风痹病也，音人佳反。"

信之入匈奴，与太子俱，及至颓当城，生子，因名曰颓当。韩太子亦生子婴。至孝文时，颓当及婴率其众降。汉封颓当为弓高侯，①婴为襄城侯。②吴楚反时，弓高侯功冠诸将。传子至孙，孙无子，国绝。婴孙以不敬失侯。颓当孽孙嫣，③贵幸，名显当世。嫣弟说，④以校尉击匈奴，封龙頟侯。⑤后坐酎金失侯，复以待诏为横海将军，击破东越，封按道侯。⑥太初中，为游击将军屯五原外列城，还为光禄勋，掘蛊太子宫，为太子所杀。⑦子兴嗣，坐巫蛊诛。上曰："游击将军死事，无论坐者。"⑧乃复封兴弟增为龙頟侯。增少为郎，诸曹侍中光禄大夫，昭帝时至前将军，与大将军霍光定策立宣帝，益封千户。本始二年，五将征匈奴，增将三万骑出云中，斩首百馀级，至期而还。神爵元年，代张安世为大司马车骑将军，领尚书事。增世贵，幼为忠臣，事三主，重于朝廷。为人宽和自守，以温颜逊辞承上接下，无所失意，保身固宠，不能有所建明。五凤二年薨，谥曰安侯。子宝嗣，亡子，国除。成帝时，继功臣后，封增兄子岑为龙頟侯。薨，子持弓嗣。王莽败，乃绝。

①晋灼曰："《功臣表》属营陵。"

②晋灼曰："《功臣表》属魏郡。"

③郑氏曰："音隱陵之隱。"师古曰："郑音是也，音偃。"

④师古曰："说读曰悦。"

⑤师古曰："字或作雒。"

⑥师古曰："《史记年表》并《卫青传》载韩说初封龙雒侯，后为按道侯，皆与此传同。而《汉书功臣侯表》乃云龙頟侯名诡，按道侯名说，列为二人，与此不同，疑表误。"

⑦师古曰："掘音其勿反。"

⑧服虔曰："时无故见杀，而无为之论坐伏辜者也。"臣瓒曰："按说无故见杀，而子复为巫蛊见诛，皆为怨枉，故上曰毋有应论坐者也。"师古曰："二说皆非。言韩说以掘蛊为太子所杀，死于国事，忠诚可闵。今兴虽以巫蛊见诛，其昆弟宗族应从坐者，可勿论之，所以追宠说也。"

赞曰："周室既坏，至春秋末，诸侯秏尽，①而炎黄唐虞之苗裔尚犹颇有存者。②秦灭六国，而上古遗烈埽地尽矣。③楚汉之际，豪桀相王，唯魏豹、韩信、田儋兄弟为旧国之后，然皆及身而绝。横之志节，宾客慕义，犹不能自立，岂非天乎！韩氏自弓高后贵显，盖周烈近与！④

①师古曰："秏，减也，言渐少而尽也，音呼到反。"

②师古曰："谓神农、黄帝、尧、舜之后。"

③师古曰："烈，业也。"

④晋灼曰:"韩先与周同姓,其后苗裔事晋,封于韩原,姓韩氏,韩厥其后也,故曰周烈。"臣瓒曰:"案武王之子,方于三代,世为最近也。"师古曰:"《左氏传》云'邘、晋、应、韩,武之穆也'。据如此赞所云,则韩万先祖,武王之裔。而杜预等以为出自曲沃成师,未详其说。与读曰欤。"

【校勘记】

〔1〕"王"字据殿本补。王先谦说有"王"字是。

〔2〕郦生(至)〔往〕,豹谢曰: 景祐、殿本都作"往"。

〔3〕(师古)〔应劭〕曰: 景祐、殿本都作"应劭"。王先谦说作"应劭"是。

〔4〕故立韩公子横阳(城君)〔君成〕为韩王, 景祐、殿本都作"君成"。王先谦说作"君成"是,《史记》同。

〔5〕(与)其将白土人曼丘臣、 刘攽说"与"字不当有。王先谦亦说"与"字误衍。

汉书卷三十四

韩彭英卢吴传第四

韩信，淮阴人也。家贫无行，不得推择为吏，① 又不能治生为商贾，② 常从人寄食。其母死无以葬，乃行营高燥地，令傍可置万家者。③ 信从下乡南昌亭长食，④ 亭长妻苦之，⑤ 乃晨炊蓐食。⑥ 食时信往，不为具食。信亦知其意，自绝去。至城下钓，有一漂母哀之，饭信，⑦ 竟漂数十日。信谓漂母曰："吾必重报母。"母怒曰："大丈夫不能自食，吾哀王孙而进食，⑧ 岂望报乎！"淮阴少年又侮信曰："虽长大，好带刀剑，怯耳。"众辱信曰："能死，刺我；不能，出跨下。"⑨ 于是信孰视，俛出跨下。⑩ 一市皆笑信，以为怯。

①李奇曰："无善行可推举选择也。"

②师古曰："行卖曰商，坐贩曰贾。"

③师古曰："言其有大志也。行音下更反。燥音先老反。"

④张晏曰："下乡，属淮阴。"

⑤师古曰："苦，厌也。"

⑥张晏曰："未起而床蓐中食。"

⑦韦昭曰："以水击絮曰漂。"师古曰："哀怜而饭之。漂音匹妙反。饭音扶晚反。"

⑧苏林曰："王孙，如言公子也。"

⑨师古曰："众辱，于众中辱之。跨下，两股之间也。"

⑩师古曰："俛亦俯字。"

及项梁度淮，信乃杖剑从之，① 居戏下，无所知名。② 梁败，又属项羽，为郎中。信数以策干项羽，羽弗用。汉王之入蜀，信亡楚归汉，未得知名,为连敖。③坐法当斩,其畴十三人皆已斩,④至信,信乃仰视,适见滕公,⑤曰:“上不欲就天(子)〔下〕乎?[1]而斩壮士!”滕公奇其言,壮其貌,释弗斩。⑥与语,大说之,言于汉王。汉王以为治粟都尉,上未奇之也。

①师古曰:“言直带一剑,更无馀资。”

②师古曰:“汎在旌戏之下也。戏读曰麾,又音许宜反。”

③李奇曰:“楚官名。”

④师古曰:“畴,类也。”

⑤师古曰:“夏侯婴。”

⑥师古曰:“释,放也,置也。”

数与萧何语,何奇之。至南郑,诸将道亡者数十人。信度何等已数言上,①不我用,即亡。[2]何闻信亡,不及以闻,自追之。人有言上曰:“丞相何亡。”上怒,如失左右手。居一二日,何来谒。上且怒且喜,骂何曰:“若亡,何也?”②何曰:“臣非敢亡,追亡者耳。”上曰:“所追者谁也?”曰:“韩信。”上复骂曰:“诸将亡者已数十,公无所追;追信,诈也。”何曰:“诸将易得,至如信,国士无双。③王必欲长王汉中,无所事信;④必欲争天下,非信无可与计事者。顾王策安决。”⑤王曰:“吾亦欲东耳,安能郁郁久居此乎?”何曰:“王计必东,能用信,信即留;不能用信,信终亡耳。”王曰:“吾为公以为将。”何曰:“虽为将,信不留。”王曰:“以为大将。”何曰:“幸甚。”于是王欲召信拜之。何曰:“王素嫚无礼,⑥今拜大将如召小儿,此乃信所以去也。〔王〕必欲拜之,[3]择日斋戒,设坛场具礼,乃可。”王许之。诸将皆喜,人人各自以为得大将。至拜,乃韩信也,一军皆惊。

①师古曰:“度,计量也,音大各反。”

②师古曰:“若,汝也。”

③师古曰:“为国家之奇士。”

④张晏曰:“无事用信。”

⑤师古曰:“顾,思念也。”

⑥师古曰:“嫚与慢同。”

信(以)〔已〕拜，上坐。〔4〕王曰："丞相数言将军，将军何以教寡人计策？"信谢，因问王曰："今东乡争权天下，岂非项王邪？"① 上曰："然。"信曰："大王自料勇悍仁强孰与项王？"② 汉王默然良久，曰："弗如也。"信再拜贺曰："唯③ 信亦以为大王弗如也。〔5〕然臣尝事项王，请言项王为人也。项王意乌猝嗟，千人皆废，④ 然不能任属贤将，⑤ 此特匹夫之勇也。⑥ 项王见人恭谨，言语姁姁，⑦ 人有病疾，涕泣分食饮，至使人有功，当封爵，刻印刓，忍不能予，⑧ 此所谓妇人之仁也。项王虽霸天下而臣诸侯，不居关中而都彭城；又背义帝约，而以亲爱王，诸侯不平。诸侯之见项王逐义帝江南，亦皆归逐其主，自王善地。项王所过亡不残灭，多怨百姓，⑨ 百姓不附，特劫于威，强服耳。⑩ 名虽为霸，实失天下心，⑪ 故曰其强易弱。⑫ 今大王诚能反其道，任天下武勇，何不诛！⑬ 以天下城邑封功臣，何不服！以义兵从思东归之士，何不散！⑭ 且三秦王为秦将，⑮ 将秦子弟数岁，而所杀亡不可胜计，又欺其众降诸侯。至新安，项王诈坑秦降卒二十馀万人，唯独邯、欣、翳脱。⑯ 秦父兄怨此三人，痛于骨髓。今楚强以威王此三人，秦民莫爱也。大王之入武关，秋豪亡所害，⑰ 除秦苛法，与民约，法三章耳，秦民亡不欲得大王王秦者。于诸侯之约，大王当王关中，关中民户知之。⑱ 王失职之蜀，民亡不恨者。⑲ 今王举而东，三秦可传檄而定也。"⑳ 于是汉王大喜，自以为得信晚。遂听信计，部署诸将所击。㉑

①师古曰："乡读曰向。"

②师古曰："料，量也。与，如也。"

③师古曰："唯，应辞，音弋癸反。"

④李奇曰："猝嗟犹咄嗟也。言羽一咄嗟，千人皆失气也。"晋灼曰："意乌，恚怒声也。猝嗟，形发动也。废，不收也。"师古曰："意乌，晋说是也。猝嗟，暴猝嗟叹也。猝音千忽反。"

⑤师古曰："属，委也，音之欲反。"

⑥师古曰："特，但也。"

⑦师古曰："姁姁，和好貌也，音许于反。"

⑧苏林曰："刓音刓角之刓，刓与抟同。手弄角讹，不忍授也。"师古曰："刓音

五丸反。抟音大官反。又音专。”

⑨师古曰:“结怨于百姓。”

⑩师古曰:“强音其两反。其下‘强以威王’亦同。”

⑪师古曰:“羽自号西楚霸王,故云名为霸也。”

⑫师古曰:“易使弱也。”

⑬师古曰:“言何所不诛也。下皆类此。”

⑭师古曰:“散谓四散而立功。”

⑮师古曰:“章邯、司马欣、董翳。”

⑯师古曰:“脱,免也,音土活反。”

⑰师古曰:“秋豪,喻细微之物。”

⑱师古曰:“言家家皆知。”

⑲师古曰:“之,往也。”

⑳师古曰:“檄谓檄书也。传檄可定,言不足用兵也。檄,解在《高纪》。”

㉑师古曰:“部分而署置之。”

汉王举兵东出陈仓,定三秦。二年,出关,收魏、河南,韩、殷王皆降。令齐、赵共击楚彭城,汉兵败散而还。信复发兵与汉王会荥阳,复击破楚京、索间,①以故楚兵不能西。

①师古曰:“索音山客反。”

汉之败却彭城,①塞王欣、翟王翳亡汉降楚,齐、赵、魏亦皆反,与楚和。汉王使郦生往说魏王豹,豹不听,乃以信为左丞相击魏。信问郦生:“魏得毋用周叔为大将乎?”曰:“柏直也。”信曰:“竖子耳。”遂进兵击魏。魏盛兵蒲坂,塞临晋。信乃益为疑兵,②陈船欲度临晋,而伏兵从夏阳以木罂缶度军,袭安邑。③魏王豹惊,引兵迎信。信遂虏豹,定河东,使人请汉王:“愿益兵三万人,臣请以北举燕、赵,东击齐,南绝楚之粮道,西与大王会于荥阳。”汉王与兵三万人,遣张耳与俱,进击赵、代。破代,禽夏说阏与。④信之下魏、代,汉辄使人收其精兵,诣荥阳以距楚。

①师古曰:“兵败于彭城而却退也。却音丘略反。”

②师古曰:“多张兵形,令敌人疑也。”

③服虔曰:“以木柙缚罂缶以度也。”韦昭曰:“以木为器,如罂缶也。”师古曰:

"服说是也。罂缶谓瓶之大腹小口者也，音一政反。临晋在今同州朝邑县界。夏阳在韩城县界。"

④李奇曰："夏说，代相也。"孟康曰："阏与是邑名也，在上党隰县。"师古曰："说读曰悦。阏音一曷反。与音豫。"

信、耳以兵数万，欲东下井陉击赵。赵王、成安君陈馀闻汉且袭之，聚兵井陉口，号称二十万。广武君李左车说成安君曰："闻汉将韩信涉西河，虏魏王，禽夏说，新喋血阏与。① 今乃辅以张耳，议欲以下赵，② 此乘胜而去国远斗，其锋不可当。臣闻'千里馈粮，士有饥色；③ 樵苏后爨，师不宿饱。'④ 今井陉之道，车不得方轨，骑不得成列，⑤ 行数百里，其势粮食必在后。愿足下假臣奇兵三万人，从间(道)〔路〕绝其辎重；⑥〔6〕足下深沟高垒勿与战。彼前不得斗，退不得还，吾奇兵绝其后，野无所掠卤，不至十日，两将之头可致戏下。⑦ 愿君留意臣之计，必不为二子所禽矣。"成安君，儒者，常称义兵不用诈谋奇计，谓曰："吾闻兵法'什则围之，倍则战。'⑧ 今韩信兵号数万，其实不能，千里袭我，亦以罢矣。⑨ 今如此避弗击，后有大者，何以距之？诸侯谓吾怯，而轻来伐我。"不听广武君策。

①师古曰："喋音牒。喋血，解在《文纪》。"

②师古曰："言其立计议如此。"

③师古曰："言难继也。馈字与馈同。"

④师古曰："樵，取薪也。苏，取草也。《小雅》《白华》之诗曰'樵彼桑薪'。樵音在消反。"

⑤师古曰："方轨，谓并行也。列，行列。"

⑥师古曰："间路，微路也。重音直用反。"

⑦师古曰："戏读曰麾，又音许宜反。"

⑧师古曰："言多十倍者可以围城，多一倍者战则可胜。"

⑨师古曰："罢读曰疲。"

信使间人窥知其不用，① 还报，则大喜，乃敢引兵遂下。未至井陉口三十里，止舍。② 夜半传发，选轻骑二千人，③ 人持一赤帜，④ 从间道萆山而望赵军,⑤戒曰:“赵见我走,必空壁逐我,若疾入,拔赵帜,立汉帜。”⑥令其裨将传餐,⑦曰:“今日破赵会食。”诸将皆呒然,阳应曰:“诺。”⑧信谓军吏曰:“赵已先据便地壁,且彼未见大将旗鼓,未肯击前行,⑨恐吾阻险而还。”乃使万人先行,出,背水陈。赵兵望见大笑。平旦,信建大将旗鼓,鼓行出井陉口,⑩赵开壁击之,大战良久。于是信、张耳弃鼓旗,走水上军,⑪复疾战。赵空壁争汉鼓旗,逐信、耳。信、耳已入水上军,军皆殊死战,不可败。⑫信所出奇兵二千骑者,候赵空壁逐利,即驰入赵壁,皆拔赵旗帜,立汉赤帜二千。赵军已不能得信、耳等,欲还归壁,壁皆汉赤帜,大惊,以汉为皆已破赵王将矣,遂乱,遁走。赵将虽斩之,弗能禁。于是汉兵夹击,破虏赵军,斩成安君泜水上,⑬禽赵王歇。

①师古曰:“间人,微伺之也。”

②师古曰:“舍,息也。”

③孟康曰:“传令军中使发也。”

④师古曰:“帜,旌旗之属也,音式志反。”

⑤如淳曰:“萆音蔽,依山自覆蔽也。”师古曰:“蔽隐于山间使敌不见。”

⑥师古曰:“若,汝也。”

⑦服虔曰:“立(骑)〔驻〕传餐食也。”[7]如淳曰:“小饭曰餐,破赵后乃当共饱食也。”师古曰:“餐,古飡字,音千安反。”

⑧孟康曰:“呒音抚,不精明也。”刘德曰:“音僬。”师古曰:“刘音是也。音文府反。”

⑨师古曰:“行音胡郎反。”

⑩师古曰:“声鼓而行。”

⑪师古曰:“走,趣也,音奏。”

⑫师古曰:“殊,绝也。谓决意必死。”

⑬师古曰:“泜音祇,又音丁计反。”

信乃令军毋斩广武君,有生得之者,购千金。顷之,有缚而至戏下者,信解其缚,东乡坐,西乡对,而师事之。①

①师古曰:“乡皆读曰向。”

诸校(㔉)〔効〕首虏休,[8]皆贺,①因问信曰:“兵法有‘右背山陵,前左水泽’,今者将军令臣等反背水陈,曰破赵会食,臣等不服。然竟以胜,此何术也?”信曰:“此在兵法,顾诸君弗察耳。②兵法不曰‘陷之死地而后生,投之亡地而后存’乎?且信非得素拊循士大夫,经所谓‘敺市人而战之’也,③其势非置死地,人人自为战;今即予生地,皆走,宁尚得而用之乎!”诸将皆服曰:“非所及也。”

①师古曰:“诸校,诸部也,犹今言诸营也。(㔉)〔効〕,致也,谓各致其所获。”

②师古曰:“顾,念也。”

③师古曰:“经亦谓兵法也。敺与驱同也。忽入市廛而敺取其人令战,言非素所练习。”

于是问广武君曰:“仆欲北攻燕,东伐齐,何若有功?”①广武君辞曰:“臣闻‘亡国之大夫不可以图存,②败军之将不可以语勇。’若臣者,何足以权大事乎!”信曰:“仆闻之,百里奚居虞而虞亡,之秦而秦伯,③非愚于虞而智于秦也,用与不用,听与不听耳。向使成安君听子计,仆亦禽矣。仆委心归计,愿子勿辞。”广武君曰:“臣闻‘智者千虑,必有一失;愚者千虑,亦有一得。’故曰‘狂夫之言,圣人择焉。’(故)〔顾〕恐臣计未足用,④[9]愿效愚忠。故成安君有百战百胜之计,一日而失之,军败鄗下,⑤身死泜水上。今足下虏魏王,禽夏说,不旬朝破赵二十万众,诛成安君。名闻海内,威震诸侯,众庶莫不辍作怠惰,靡衣媮食,倾耳以待(禽)〔命〕者。⑥[10]然而众劳卒罢,⑦其实难用也。今足下举倦敝之兵,顿之燕坚城之下,情见力屈,⑧欲战不拔,旷日持久,粮食单竭。⑨若燕不破,齐必距境而以自强。二国相持,则刘项之权未有所分也。臣愚,窃以为亦过矣。”信曰:“然则何由?”⑩广武君对曰:“当今之计,不如按甲休兵,百里之内,牛酒日至,以飨士大夫,北首燕路,⑪然后发一乘之使,奉咫尺之书,⑫以使燕,燕必不敢不听。从燕而东临齐,虽有智者,亦不知为齐计矣。如是,则天下事可图也。兵故有先声而后实者,此之谓也。”信曰:“善。敬奉教。”于是用广武君策,发使燕,燕从风而靡。乃遣使报汉,因请立张耳王赵以抚其国。汉王许之。

①师古曰:"何若,犹言何如也。"

②师古曰:"图,谋也。"

③师古曰:"百里奚,本虞臣也。后事于秦,遂为大夫,穆公用其言,以取霸。伯读曰霸。"

④师古曰:"顾,念也。"

⑤李奇曰:"鄗音羹臛之臛,常山县也。光武即位于此,故改曰高邑。"

⑥师古曰:"辍,止也。靡,轻丽也。媮与偷字同。偷,苟且也。言为靡丽之衣,苟且而食,恐惧之甚,不为久计也。"

⑦师古曰:"罢读曰疲。"

⑧师古曰:"见,显露也。屈,尽也。见音胡电反。屈音其勿反。"

⑨师古曰:"单亦尽。"

⑩师古曰:"由,从也,言当从何计也。"

⑪师古曰:"首谓趣向也,音式究反。"

⑫师古曰:"八寸曰咫。咫尺者,言其简牍或长咫,或长尺,喻轻率也。今俗言尺书,或言尺牍,盖其遗语耳。"

楚数使奇兵度河击赵,王耳、信往来救赵,因行定赵城邑,发卒佐汉。楚方急围汉王荥阳,汉王出,南之宛、叶,[①]得九江王布,入成皋,楚复急围之。四年,汉王出成皋,度河,独与滕公从张耳军修武。至,宿传舍。晨自称汉使,驰入壁。张耳、韩信未起,即其卧,夺其印符,[②]麾召诸将易置之。信、耳起,乃知独汉王来,大惊。汉王夺两人军,即令张耳备守赵地,拜信为相国,发赵兵未发者击齐。[③]

①师古曰:"之,往也。宛、叶,二县名。宛音于元反。叶音式涉反。"

②师古曰:"就其卧处。"

③文颖曰:"谓赵人未尝见发者。"

信引兵东,未度平原,闻汉王使郦食其已说下齐。信欲止,蒯通说信令击齐。语在《通传》。信然其计,遂渡河,袭历下军,至临菑。齐王走高密,使使于楚请救。信已定临菑,东追至高密西。楚使龙且将,号称二十万,[①]救齐。

①师古曰:"且音子余反。"

齐王、龙且并军与信战，未合。①或说龙且曰："汉兵远斗，穷寇〔久〕战，锋不可当也。[11]齐、楚自居其地战，兵易败散。②不如深壁，令齐王使其信臣招所亡城，③城闻王在，楚来救，必反汉。汉二千里客居齐，齐城皆反之，其势无所得食，可毋战而降也。"龙且曰："吾平生知韩信为人，易与耳。寄食于漂母，无资身之策；受辱于跨下，无兼人之勇，不足畏也。且救齐而降之，吾何功？今战而胜之，齐半可得，④何为而止！"遂战，与信夹潍水陈。⑤信乃夜令人为万馀囊，〔盛〕沙以壅水上流，[12]引兵半度，击龙且。阳不胜，还走。龙且果喜曰："固知信怯。"遂追度水。信使人决壅囊，水大至。龙且军太半不得度，即急击，杀龙且。龙且水东军散走，齐王广亡去。信追北至城阳，虏广。楚卒皆降，遂平齐。

①师古曰："欲战而未交兵也。"

②师古曰："近其室家，怀顾望也。"

③师古曰："信臣，常所亲信之臣。"

④师古曰："自谓当得封齐之半地。"

⑤师古曰："潍音维。潍水出琅邪北箕县，东北经台昌入海，即《禹贡》所云'潍淄其道'者也。"

使人言汉王曰："齐夸诈多变，反覆之国，南边(荒)〔楚〕，①[13]不为假王以填之，其势不定。②今权轻，不足以安之，臣请自立为假王。"当是时，楚方急围汉王于荥阳，使者至，发书，③汉王大怒，骂曰："吾困于此，旦暮望而来佐我，④乃欲自立为王！"张良、陈平伏后蹑汉王足，因附耳语曰："汉方不利，宁能禁信之自王乎？不如因立，善遇之，使自为守。不然，变生。"汉王亦寤，因复骂曰："大丈夫定诸侯，即为真王耳，何以假为！"遣张良立信为齐王，征其兵使击楚。

①师古曰："边，近也。"

②师古曰："填音竹刃反。"

③张晏曰："发信使者所赍书也。"

④师古曰："而，汝也。"

楚以亡龙且，项王恐，使盱台人武涉往说信曰："足下何不反汉与楚？楚王与足下有旧故。且汉王不可必，①身居项王掌握中数矣，②然得脱，背约，复击项王，其不可亲信如此。今足下虽自以为与汉王为金石交，③然终为汉王所禽矣。足下所以得须臾至今者，以项王在。项王即亡，次取足下。何不与楚连和，三分天下而王齐？今释此时，自必于汉王以击楚，且为智者固若此邪！”信谢曰：“臣得事项王数年，官不过郎中，位不过执戟，④言不听，画策不用，故背楚归汉。汉王授我上将军印，数万之众，解衣衣我，推食食我，⑤言听计用，吾得至于此。夫人深亲信我，背之不祥。幸为信谢项王。”武涉已去，蒯通知天下权在于信，深说以三分天下，(之计)〔鼎足而王〕。[14]语在《通传》。信不忍背汉，又自以功大，汉王不夺我齐，遂不听。

①师古曰：“必谓必信之。”

②师古曰：“数音山角反。”

③师古曰：“称金石者，取其坚固。”

④张晏曰：“郎中宿卫执戟。”

⑤师古曰：“下衣音于记反。下食读曰饲也。”

汉王之败固陵，用张良计，征信将兵会陔下。项羽死，高祖袭夺信军，徙信为楚王，都下邳。

信至国，召所从食漂母，赐千金。及下乡亭长，钱百，①曰：“公，小人，为德不竟。”②召辱己少年令出跨下者，以为中尉，告诸将相曰：“此壮士也。方辱我时，宁不能死？死之无名，故忍而就此。”③

①师古曰：“以耻辱之。”

②师古曰：“言晨炊蓐食。”

③师古曰：“就，成也。成今日之功。”

项王亡将锺离眛①家在伊庐，②素与信善。项王败，眛亡归信。汉怨眛，闻在楚，诏楚捕之。信初之国，行县邑，陈兵出入。③有变告信欲反，④书闻，⑤上患之。用陈平谋，伪游于云梦者，实欲袭信，信弗知。高祖且至楚，信欲发兵，自度无罪；⑥欲谒上，恐见禽。人或说信曰：“斩眛谒上，上必喜，亡患。”信见眛计事，眛曰：“汉所以不击取楚，以眛在。公若欲捕我自媚汉，吾今死，公随手亡矣。”乃骂信曰：“公非长者！”卒自刭。信持其首谒于陈。高祖令武士缚信，载后车。信曰：“果若人言，‘狡兔死，良狗亨。’”⑦上曰：“人告公反。”遂械信。至雒阳，赦以为淮阴侯。

①师古曰：“眛音莫曷反。”

②刘德曰：“东海朐南有此邑。”韦昭曰：“今中庐县也。”师古曰：“韦说非也。中庐在襄阳之南。”

③师古曰：“行音下更反。”

④师古曰：“凡言变告者，谓告非常之事。”

⑤师古曰：“闻于天子。”

⑥师古曰：“度音大各反。”

⑦张晏曰：“狡犹猾也。”师古曰：“此黄石公《三略》之言。”

信知汉王畏恶其能，称疾不朝从。①由此日怨望，居常鞅鞅，②羞与绛、灌等列。尝过樊将军哙，哙趋拜送迎，言称臣，曰：“大王乃肯临臣。”信出门，笑曰：“生乃与哙等为伍！”③

①师古曰：“朝，朝见也。从，从行也。”

②师古曰：“鞅鞅，志不满也，音于两反。”

③师古曰：“言俱为列侯。”

上尝从容与信言诸将①能各有差。上问曰：“如我，能将几何？”信曰：“陛下不过能将十万。”上曰：“如公何如？”曰：“如臣，多多益办耳。”上笑曰：“多多益办，何为为我禽？”信曰：“陛下不能将兵，而善将将，此乃信之为陛下禽也。且陛下所谓天授，非人力也。”

①师古曰：“从音千容反。”

后陈豨为代相监边，辞信，信挈其手，①与步于庭数匝，仰天而叹曰：“子可与言乎？吾欲与子有言。”豨因曰：“唯将军命。”信曰：“公之所居，天下精兵处也，而公，陛下之信幸臣也。人言公反，陛下必不信；再至，陛下乃疑；三至，必怒而自将。吾为公从中起，天下可图也。”陈豨素知其能，信之，曰：“谨奉教！”

①师古曰："挈谓执提之。"

汉十年，豨果反，高帝自将而往，信〔称〕病不从。[15]阴使人之豨所，而与家臣谋，夜诈赦诸官徒奴，欲发兵袭吕后、太子。部署已定，待豨报。其舍人得罪信，信囚，欲杀之。①舍人弟上书变告信欲反状于吕后。吕后欲召，恐其党不(乱)〔就〕，②[16]乃与萧相国谋，诈令人从帝所来，称豨已死，群臣皆贺。相国绐信曰："虽病，强入贺。"③信入，吕后使武士缚信，斩之长乐钟室。④信方斩，曰："吾不用蒯通计，反为女子所诈，岂非天哉！"遂夷信三族。

①晋灼曰："《楚汉春秋》云谢公也。"

②师古曰："党音他朗反。"

③师古曰："绐，诈也。"

④师古曰："钟室，谓悬钟之室。"

高祖已破豨归，至，闻信死，且喜且哀之，问曰："信死亦何言？"吕后道其语。高祖曰："此齐辩士蒯通也。"召欲亨之。通至自说，释弗诛。①语在《通传》。

①师古曰："自说，谓自解说也。释，放也，置也。"

彭越字仲，昌邑人也。常渔钜野泽中，为盗。①陈胜起，或谓越曰："豪桀相立畔秦，仲可效之。"越曰："两龙方斗，且待之。"②

①师古曰："渔，捕鱼也。钜野，即今郓州钜野(中)〔县〕。"[17]

②师古曰："两龙，谓秦与陈胜。"

居岁馀，泽间少年相聚百馀人，往从越，"请仲为长"，越谢不愿也。少年强请，乃许。与期旦日日出时，后会者斩。旦日日出，十馀人后，后者至日中。于是越谢曰："臣老，诸君强以为长。今期而多后，不可尽诛，诛最后者一人。"令校长斩之。①皆笑曰："何至是！请后不敢。"于是越乃引一人斩之，设坛祭，令徒属。徒属皆惊，畏越，不敢仰视。乃行略地，收诸侯散卒，得千馀人。

①师古曰："一校之长也。校音下教反。"

沛公之从砀北击昌邑，越助之。昌邑未下，沛公引兵西。越亦将其众居钜野泽中，收魏败散卒。项籍入关，王诸侯，还归，越众万馀人无所属。齐王田荣叛项王，汉乃使人赐越将军印，使下济阴以击楚。楚令萧公角将兵击越，越大破楚军。汉二年春，与魏豹及诸侯东击楚，越将其兵三万馀人，归汉外黄。①汉王曰："彭将军收魏地，得十馀城，欲急立魏后。今西魏王豹，魏咎从弟，真魏也。"②乃拜越为魏相国，擅将兵，略定梁地。③

①师古曰："于外黄来归汉。"

②郑氏曰："豹，真魏后也。"

③师古曰："擅，专也，使专为此事。"

汉王之败彭城解而西也，越皆亡其所下城，独将其兵北居河上。汉三年，越常往来为汉游兵击楚，绝其粮于梁地。项王与汉王相距荥阳，越攻下睢阳、外黄十七城。项王闻之，乃使曹咎守成皋，自东收越所下城邑，皆复为楚。越将其兵北走穀城。项王南走阳夏，①越复下昌邑旁二十馀城，得粟十馀万斛，以给汉食。

①师古曰："走并音奏。夏音攻雅反。"

汉王败，使使召越并力击楚，越曰："魏地初定，尚畏楚，未可去。"汉王追楚，为项籍所败固陵。乃谓留侯曰："诸侯兵不从，为之奈何？"留侯曰："彭越本定梁地，功多，始君王以魏豹故，拜越为相国。今豹死亡后，且越亦欲王，而君王不蚤定。①今取睢阳以北至穀城，皆许以王彭越。"又言所以许韩信。语在《高纪》。于是汉王发使使越，如留侯策。使者至，越乃引兵会垓下。项籍死，立越为梁王，都定陶。

①师古曰："蚤，古早字。"

六年，朝陈。九年，十年，皆来朝长安。

陈豨反代地，高帝自往击之，至邯郸，征兵梁。梁王称病，使使将兵诣邯郸。高帝怒，使人让梁王。①梁王恐，欲自往谢。其将扈辄曰："王始不往，见让而往，往即为禽，不如遂发兵反。"梁王不听，称病。梁太仆有罪，亡走汉，告梁王与扈辄谋反。于是上使使掩捕梁王，囚之雒阳。有司治反形已具，② 请论如法。上赦以为庶人，徙蜀青衣。③ 西至郑，④ 逢吕后从长安东，欲之雒阳，道见越。越为吕后泣涕，自言亡罪，愿处故昌邑。吕后许诺，诏与俱东。至雒阳，吕后言上曰："彭越壮士也，今徙之蜀，此自遗患，不如遂诛之。妾谨与俱来。"于是吕后令其舍人告越复谋反。廷尉奏请，遂夷越宗族。

①师古曰："让，责也。"

②张晏曰："扈辄劝越反，越不听，而云反形已具，有司非也。"臣瓒曰："扈辄劝越反，而越不诛辄，是反形已具也。"师古曰："瓒说是也。"

③文颖曰："青衣，县名。"

④师古曰："即今华州郑县是也。"

黥布，六人也，① 姓英氏。少时客相之，当刑而王。及壮，坐法黥，布欣然笑曰："人相我当刑而王，几是乎？"② 人有闻者，共戏笑之。布以论输骊山，③ 骊山之徒数十万人，布皆与其徒长豪桀交通，乃率其曹耦，亡之江中为群盗。④

①师古曰："六，县名也。解在《高纪》。"

②臣瓒曰："几，近也。"师古曰："几音钜依反。"

③师古曰："有罪论决，而输作于骊山。"

④师古曰："曹，辈也。"

陈胜之起也，布乃见番君，① 其众数千人。番君以女妻之。章邯之灭陈胜，破吕臣军，布引兵北击秦左右校，破之青波，② 引兵而东。闻项梁定会稽，西度淮，布以兵属梁。梁西击景驹、秦嘉等，布常冠军。③ 项梁闻陈涉死，立楚怀王，以布为当阳君。项梁败死，怀王与布及诸侯将皆聚彭城。当是时，秦急围赵，赵数使人请救怀王。怀王使宋义为上将〔军〕，[18] 项籍与布皆属之，北救赵。及籍杀宋义河上，自立为上将军，使布先涉河，④ 击秦军，数有利。籍乃悉引兵从之，遂破秦军，降章邯等。楚兵常胜，功冠诸侯。诸侯兵皆服属楚者，以布数以少败众也。

①师古曰："番音蒲何反。"

②师古曰："地名也。"

③师古曰："言其骁勇为众军之最。"

④师古曰："涉谓无舟楫而渡也。"

项籍之引兵西至新安，又使布等夜击坑章邯秦卒二十馀万人。至关，不得入，又使布等先从间道破关下军，①遂得入。至咸阳，布为前锋。项王封诸将，立布为九江王，都六。尊怀王为义帝，徙都长沙，乃阴令布击之。布使将追杀之郴。

①师古曰："间道，微道也。"

齐王田荣叛楚，项王往击齐，征兵九江，布称病不往，遣将将数千人行。汉之败楚彭城，布又称病不佐楚。项王由此怨布，数使使者谯让召布，①布愈恐，不敢往。项王方北忧齐、赵，西患汉，所与者独布，又多其材，②欲亲用之，以故未击。

①师古曰："谯让，责之也。谯音在笑反。"

②师古曰："多犹重也。"

汉王与楚大战彭城，不利，出梁地，至虞，①谓左右曰："如彼等者，无足与计天下事者。"谒者随何进曰："不审陛下所谓。"汉王曰："孰能为我使淮南，②使之发兵背楚，留项王于齐数月，我之取天下可以万全。"随何曰："臣请使之。"乃与二十人俱使淮南。至，太宰主之，③三日不得见。随何因说太宰曰："王之不见何，必以楚为强，以汉为弱，此臣之所为使。④使何得见，言之而是邪，是大王所欲闻也；言之而非邪，使何等二十人伏斧质淮南市，⑤以明背汉而与楚也。"太宰乃言之王，王见之。随何曰："汉王使使臣敬进书大王御者，窃怪大王与楚何亲也。"淮南王曰："寡人北乡而臣事之。"⑥随何曰："大王与项王俱列为诸侯，北乡而臣事之，必以楚为强，可以托国也。项王伐齐，身负版筑，⑦以为士卒先。大王宜悉淮南之众，⑧身自将，为楚军前锋，今乃发四千人以助楚。夫北面而臣事人者，固若是乎？夫汉王战于彭城，项王未出齐也，大王宜埽淮南之众，日夜会战彭城下。⑨今抚万人之众，无一人渡淮者，阴拱而观其孰胜。⑩夫托国于人者，固若是乎？大王提空名以乡楚，⑪而欲厚自托，臣窃为大王不取也。然大王不背楚者，以汉为弱也。夫楚兵虽强，天下负之以不义之名，⑫以其背明约而杀义帝也。然而楚王特以战胜自强。汉王收诸侯，还守成皋、荥阳，下蜀、汉之粟，深沟壁垒，分卒守徼乘塞。楚人还兵，间以梁地，⑬深入敌国八九百里，⑭欲战则不得，攻城则力不能，老弱转粮千里之外。楚兵至荥阳、成皋，汉坚守而不动，进则不得攻，退则不能解，故楚兵不足罢也。⑮使楚兵胜汉，则诸侯自危惧而相救。夫楚之强，适足以致天下之兵耳。故楚不如汉，其势易见也。今大王不与万全之汉，而自托于危亡之楚，臣窃为大王或之。臣非以淮南之兵足以亡楚也。夫大王发兵而背楚，项王必留；留数月，汉之取天下可以万全。臣请与大王杖剑而归汉王，汉王必裂地而分大王，又况淮南，必大王有也。故汉王敬使使臣进愚计，愿大王之留意也。"淮南王曰："请奉命。"阴许叛楚与汉，未敢泄。

①师古曰："即今宋州虞城县是也。"

②师古曰："孰，谁也。"

③服虔曰："淮南太宰作内主。"

④师古曰："此事正是臣所为来欲言之。"

⑤师古曰："质，锧也。言伏于锧上而斧斩之。锧音竹林反。"

⑥师古曰："乡读曰向。次下亦同。"

⑦李奇曰："版，墙版也。筑，杵也。"

⑧师古曰："悉，尽也。"

⑨师古曰："埽者，谓尽举之，如埽地之为。"

⑩师古曰："敛手曰拱。孰，谁也。言不动摇，坐观成败也。"

⑪师古曰："提，举也。乡读曰向。"

⑫师古曰："负，加也。加于身上，若言被也。"

⑬服虔曰："梁在楚、汉之中央。"师古曰："间音居苋反。"

⑭张晏曰："羽从齐还，当经梁地八九百里，乃得羽地也。"

⑮师古曰："不足者，言易也。罢读曰疲。"

楚使者在，①方急责布发兵，随何直入曰："九江王已归汉，楚何以得发兵！”布愕然。楚使者起，何因说布曰：“事已构，②独可遂杀楚使，毋使归，而疾走汉并力。”③布曰：“如使者教。”因起兵而攻楚。楚使项声、龙且攻淮南，项王留而攻下邑。④数月，龙且攻淮南，破布军。布欲引兵走汉，恐项王击之，故间行与随何俱归汉。

①文颖曰：“在淮南王所也。”

②师古曰：“构，结也。言背楚之事以结成也。”

③师古曰：“走音奏。次下亦同。”

④师古曰：“县名也，在梁地。”

至，汉王方踞床洗，①而召布入见。布大怒，悔来，欲自杀。出就舍，张御食饮从官如汉王居，布又大喜过望。②于是乃使人之九江。楚已使项伯收九江兵，尽杀布妻子。布使者颇得故人幸臣，将众数千人归汉。汉益分布兵而与俱北，收兵至成皋。四年秋七月，立布为淮南王，与击项籍。布使人之九江，得数县。五年，布与刘贾入九江，诱大司马周殷，殷反楚。遂举九江兵与汉击楚，破垓下。

①师古曰：“洗，濯足也，音先曲反。”

②师古曰：“高祖以布先久为王，恐其意自尊大，故峻其礼，令布折服。已而美其帷帐，厚其饮食，多其从官，以悦其心，此权道也。张音竹亮反，若今言张设。”

项籍死，上置酒对众折随何曰腐儒，①“为天下安用腐儒哉！”②随何跪曰：“夫陛下引兵攻彭城，楚王未去齐也，陛下发步卒五万人，骑五千，能以取淮南乎？”曰：“不能。”随何曰：“陛下使何与二十人使淮南，如陛下之意，是何之功贤于步卒数万，骑五千也。然陛下谓何腐儒，‘为天下安用腐儒’，何也？”上曰：“吾方图子之功。”③乃以随何为护军中尉。布遂剖符为淮南王，都六，九江、庐江、衡山、豫章郡皆属焉。

①师古曰：“腐者，烂败。言无所堪任。”

②师古曰：“高祖意欲褒赏随何，恐群臣不服，故对众折辱，令其自数功劳也。”

③师古曰：“图，谋也。”

六年，朝陈。七年，朝雒阳。九年，朝长安。

十一年，高后诛淮阴侯，布因心恐。夏，汉诛梁王彭越，盛其醢以遍赐诸侯。①至淮南，淮南王方猎，见醢，因大恐，阴令人部聚兵，候伺旁郡警急。②

①师古曰："反者被诛，皆以为醢，即《刑法志》所云'菹其骨肉'是也。"

②师古曰："恐被收捕，即欲发兵反。"

布有所幸姬病，就医。医家与中大夫贲赫对门，①赫乃厚馈遗，从姬饮医家。姬侍王，从容语次，誉赫长者也。②王怒曰："女安从知之？"③具道，王疑与乱。赫恐，称病。王愈怒，欲捕赫。赫上变事，乘传诣长安。④布使人追，不及。赫至，上变，言布谋反有端，可先未发诛也。⑤上以其书语萧相国，萧相国曰："布不宜有此，⑥恐仇怨妄诬之。⑦请系赫，使人微验淮南王。"⑧布见赫以罪亡上变，已疑其言国阴事，汉使又来，颇有所验，遂族赫家，发兵反。

①师古曰："贲音肥。姓贲，名赫。"

②师古曰："从音千容反。"

③师古曰："安从，何由者也。"

④师古曰："传音张恋反。"

⑤师古曰："及其未发兵，先诛伐之。"

⑥师古曰："不应有反谋。"

⑦师古曰："怨音于元反。"

⑧师古曰："微验，不显言其事。"

反书闻，上乃赦赫，以为将军。召诸侯问："布反，为之奈何？"皆曰："发兵坑竖子耳，何能为！"汝阴侯滕公以问其客薛公，薛公曰："是固当反。"滕公曰："上裂地而封之，疏爵而贵之，①南面而立万乘之主，其反何也？"薛公曰："前年杀彭越，往年杀韩信，②三人皆同功一体之人也。自疑祸及身，故反耳。"滕公言之上曰："臣客故楚令尹薛公，其人有筹策，可问。"上乃见问薛公，对曰："布反不足怪也。使布出于上计，山东非汉之有也；出于中计，胜负之数未可知也；出于下计，陛下安枕而卧矣。"上曰："何谓上计？"薛公对曰："东取吴，西取楚，并齐取鲁，传檄燕、赵，固守其所，山东非汉之有也。""何谓中计？""东取吴，西取楚，并韩取魏，据敖仓之粟，塞成皋之险，胜败之数未可知也。""何谓下计？""东取吴，西取下蔡，归重于越，身归长沙，③陛下安枕而卧，汉无事矣。"上曰："是计将安出？"④薛公曰："出下计。"上曰："胡为废上计而出下计？"⑤薛公曰："布故骊山之徒也，致万乘之主，此皆为身，不顾后为百姓万世虑者也，故出下计。"上曰："善"。封薛公千户。遂发兵自将东击布。

①张晏曰："疏，分也。"

②张晏曰："往年与前年同耳，文相避也。"

③师古曰："重，辎重也，音直用反。"

④师古曰："是者，谓布也。"

⑤师古曰："胡，何也。"

布之初反，谓其将曰："上老矣，厌兵，必不能来。使诸将，诸将独患淮阴、彭越，今已死，馀不足畏。"故遂反。果如薛公揣之，①东击荆，荆王刘贾走死富陵。②尽劫其兵，度淮击楚。楚发兵与战徐、僮间，③为三军，欲以相救为奇。④或说楚将曰："布善用兵，民素畏之。且兵法，诸侯自战其地为散地。⑤今别为三，彼败吾一，馀皆走，安能相救！"不听。布果破其一军，二军散走。

①文颖曰："揣，度也，音初委反。"

②师古曰："县名，属临淮郡。"

③师古曰："二县之间也。"

④师古曰："不聚一处，分而为三，欲互相救，出奇兵。"

⑤师古曰："谓在其本地恋土怀安，故易逃散。"

遂西，与上兵遇蕲西，会甀。①布兵精甚，上乃壁庸城，②望布军置陈如项籍军。上恶之，与布相望见，隃谓布"何苦而反？"③布曰："欲为帝耳。"上怒骂之，遂战，破布军。布走度淮，数止战，不利，与百馀人走江南。布旧与番君婚，故长沙哀王使人诱布，④伪与俱亡走越，⑤布信而随至番阳。番阳人杀布兹乡，⑥遂灭之。封贲赫为列侯，将率封者六人。

①师古曰："会音工外反。甀音丈瑞反，解在《高纪》。"

②邓展曰:“地名也。”

③师古曰:“隃读曰遥。”

④晋灼曰:“芮之孙回也。”师古曰:“据表云惠帝二年哀王回始立,今此是芮之子成王臣耳。传既不同,晋说亦误也。”

⑤师古曰:“伪谓诈为此计。”

⑥师古曰:“郻阳县之乡也。郻音口尧反。”

卢绾,丰人也,与高祖同里。绾亲与高祖太上皇相爱,①及生男,高祖、绾同日生,里中持羊酒贺两家。及高祖、绾壮,学书,又相爱也。里中嘉两家亲相爱,生子同日,壮又相爱,复贺羊酒。高祖为布衣时,有吏事避宅,绾常随上下。②及高祖初起沛,绾以客从,入汉为将军,常侍中。从东击项籍,以太尉常从,出入卧内,衣被食饮赏赐,群臣莫敢望。虽萧、曹等,特以事见礼,至其亲幸,莫及绾者。封为长安侯。长安,故咸阳也。

①晋灼曰:“亲,父也。绾之父与高祖父太上皇相爱。”

②师古曰:“避宅,谓不居其家,潜匿东西。”

项籍死,使绾别将,与刘贾击临江王共尉,①还,从击燕王臧荼,皆破平。时诸侯非刘氏而王者七人。上欲王绾,为群臣觖望。②及虏臧荼,乃下诏,诏诸将相列侯择群臣有功者以为燕王。群臣知上欲王绾,皆曰:“太尉长安侯卢绾常从平定天下,功最多,可王。”上乃立绾为燕王。诸侯得幸莫如燕王者。绾立六年,以陈豨事见疑而败。

①李奇曰:“共敖子也。”师古曰:“共谓曰龚。”

②师古曰:“觖谓相觖也。望,怨望也。觖音决。”

豨者,宛句人也,①不知始所以得从。及韩王信反入匈奴,上至平城还,豨以郎中封为列侯,以赵相国将监赵、代边,边兵皆属焉。豨少时,常称慕魏公子,②及将守边,招致宾客。常告过赵,③宾客随之者千馀乘,邯郸官舍皆满。豨所以待客,如布衣交,皆出客下。④赵相周昌乃求入见上,具言豨宾客盛,擅兵于外,恐有变。上令人覆案豨客居代者诸为不法事，多连引豨。豨恐，阴令客通使王黄、曼丘臣所。⑤汉十年秋，太上皇崩，上因是召豨。豨称病，遂与王黄等反，自立为代王，劫略赵、代。上闻，乃赦吏民为豨所诖误劫略者。上自击豨，破之。语在《高纪》。

①师古曰："宛句，县名也，《地理志》属济阴。宛音于元反。句音劬。"

②师古曰："谓信陵君无忌。"

③师古曰："因休告之假而过赵。"

④师古曰："言屈己礼之，不以富贵自尊大。"

⑤师古曰："二人皆韩王信将。"

初，上如邯郸击豨，①燕王绾亦击其东北。豨使王黄求救匈奴，绾亦使其臣张胜使匈奴，言豨等军破。胜至胡，故燕王臧荼子衍亡在胡，见胜曰："公所以重于燕者，以习胡事也。燕所以久存者，以诸侯数反，兵连不决也。今公为燕欲急灭豨等，豨等已尽，次亦至燕，公等亦且为虏矣。公何不令燕且缓豨，而与胡连和？事宽，得长王燕，即有汉急，可以安国。"胜以为然，乃私令匈奴兵击燕。绾疑胜与胡反，上书请族胜。胜还报，具道所以为者。绾寤，乃诈论他人，以脱胜家属，使得为匈奴间。②而阴使范齐之豨所，欲令久连兵毋决。③

①师古曰："如，往也。"

②师古曰："间音居苋反。"

③晋灼曰："使豨久亡畔。"

汉既斩豨，其裨将降，言燕王绾使范齐通计谋豨所。上使使召绾，绾称病。又使辟阳侯审食其、御史大夫赵尧往迎绾，因验问其左右。绾愈恐，闳匿，①谓其幸臣曰："非刘氏而王者，独我与长沙耳。往年汉族淮阴，诛彭越，皆吕后计。今上病，属任吕后。②吕后妇人，专欲以事诛异姓王者及大功臣。"乃称病不行。其左右皆亡匿。语颇泄，辟阳侯闻之，归具报，上益怒。又得匈奴降者，言张胜亡在匈奴，为燕使。于是上曰："绾果反矣！"使樊哙击绾。绾悉将其宫人家属，骑数千，居长城下候伺，幸上病瘉，自入谢。③高祖崩，绾遂将其众亡入匈奴，匈奴以为东胡卢王。为蛮夷所侵夺，常思复归。居岁馀，死胡中。

①师古曰："闷，闭也，闭其踪迹，藏匿其人也。闷音秘。"

②师古曰："属音之欲反。"

③师古曰："瘉与愈同。"

高后时，绾妻与其子亡降，会高后病，不能见，舍燕邸，① 为欲置酒见之。高后竟崩，绾妻亦病死。

①师古曰："舍，止也。诸侯王及诸郡朝宿之馆，在京师者谓之邸。"

孝景帝时，绾孙它人以东胡王降，① 封为恶谷侯。传至曾孙，有罪，国除。

①如淳曰："为东胡王而来降也。东胡，乌丸也。"

吴芮，秦时番阳令也，① 甚得江湖间民心，号曰番君。天下之初叛秦也，黥布归芮，芮妻之，② 因率越人举兵以应诸侯。沛公攻南阳，乃遇芮之将梅鋗，③ 与偕攻析、郦，④ 降之。及项羽相王，⑤ 以芮率百越佐诸侯，从入关，故立芮为衡山王，都邾。⑥ 其将梅鋗功多，封十万户，为列侯。项籍死，上以鋗有功，从入武关，故德芮，徙为长沙王，都临湘，一年薨，谥曰文王，子成王臣嗣。薨，子哀王回嗣。薨，子共王右嗣。⑦ 薨，子靖王差嗣。孝文后七年薨，无子，国除。初，文王芮，高祖贤之，制诏御史："长沙王忠，其定著令。"⑧ 至孝惠、高后时，封芮庶子二人为列侯，传国数世绝。

①师古曰："番音蒲何反。"

②师古曰："嫁女与之也。妻音千计反。他皆类此。"

③师古曰："鋗音呼玄反。"

④师古曰："二县也，并属南阳。郦音郎益反。"

⑤李奇曰："自相尊王也。"

⑥师古曰："邾音朱，又音姝。"

⑦师古曰："共读曰恭。"

⑧邓展曰："汉约非刘氏不王，而芮王，故著令中，使特王也。或曰，以芮至忠，

故著令也。”师古曰:“寻后赞文,或说是也。”

赞曰:昔高祖定天下,功臣异姓而王者八国。张耳、吴芮、彭越、黥布、臧荼、卢绾与两韩信,儌饶一时之权变,以诈力成功,① 咸得裂土,南面称孤。见疑强大,怀不自安,事穷势迫,卒谋叛逆,终于灭亡。张耳以智全,至子亦失国。唯吴芮之起,不失正道,故能传号五世,以无嗣绝,庆流支庶,有以矣夫,② 著于甲令而称忠也!③

①师古曰:“儌,要也,音工尧反。”

②师古曰:“以其不用诈力也。”

③师古曰:“甲者,令篇之次也。”

【校勘记】

〔1〕 上不欲就天(子)〔下〕乎? 景祐、殿、局本都作“下”,《史记》同。

〔2〕 信度何等已数言上,① 不我用,即亡。 注①原在“言”字下。杨树达说“上”字当属上读,颜于“言”字下断句,非是。

〔3〕 〔王〕必欲拜之, 景祐、殿本都有“王”字,《史记》同。

〔4〕 信(以)〔已〕拜,上坐。 景祐、殿本都作“已”。

〔5〕 唯③信亦以为大王弗如也。 王念孙说当作一句读,“唯”读为“虽”。《史记淮阴侯传》作“惟信亦为大王不如也”,则不得断“惟”字为句而读为唯诺之唯矣。

〔6〕 从间(道)〔路〕绝其辎重; 景祐、殿本都作“路”。王先谦说作“路”是。

〔7〕 立(骑)〔驻〕传餐食也。 景祐、殿本都作“驻”。

〔8〕 诸校(勠)〔効〕首虏休, 沈钦韩说“勠”当作“効”。按景祐、殿本都作“効”,注同。

〔9〕 (故)〔顾〕恐臣计未足用, 景祐、殿、局本都作“顾”。

〔10〕 倾耳以待(禽)〔命〕者。 景祐、汲古、殿、局本都作“命”。

〔11〕 汉兵远斗,穷寇〔久〕战,锋不可当也。 宋祁说一本“战”字上有“久”字。按景祐本有。

〔12〕 〔盛〕沙以壅水上流, 景祐、殿本都有“盛”字。王先谦说有“盛”字是。

〔13〕 南边(荒)〔楚〕， 景祐、殿本都作“楚”,《史记》同。

〔14〕 深说以三分天下,(之计)〔鼎足而王〕。 景祐本无“之计”二字,有“鼎足而王”四字。

〔15〕 信〔称〕病不从。 宋祁说浙本“病”字上有“称”字。钱大昭说南监本、闽本有“称”字。按景祐本有。

〔16〕 恐其党不(乱)〔就〕， 景祐、殿本都作“就”。王先谦说作“就”是。

〔17〕 即今郓州钜野(中)〔县〕。 景祐、殿本都作“县”。王先谦说作“县”是。

〔18〕 怀王使宋义为上将〔军〕， 景祐本有“军”字。

汉书卷三十五

荆燕吴传第五

荆王刘贾，高帝从父兄也，①不知其初起时。汉元年，还定三秦，贾为将军，定塞地，②从东击项籍。

①师古曰："父之兄弟之子，为从父兄弟也。言本同祖，从父而别。"

②师古曰："司马欣之国也。塞音先代反。"

汉王败成皋，北度河，得张耳、韩信军，军修武，深沟高垒，使贾将二万人，骑数百，击楚，度白马津①入楚地，烧其积聚，②以破其业，无以给项王军食。已而楚兵击之，贾辄避不肯与战，而与彭越相保。③

①师古曰："即今滑州白马县河津也。"

②师古曰："仓廪刍稾之属。"

③师古曰："保谓依恃，以自安固。"

汉王追项籍至固陵，使贾南度淮围寿春。还至，使人间招楚大司马周殷。①周殷反楚，佐贾举九江，迎英布兵，皆会垓下，诛项籍。汉王因使贾将九江兵，与太尉卢绾西南击临江王共尉，②尉死，以临江为南郡。

①师古曰："间谓私求间隙而招之。"

②师古曰："共敖之子也。共读曰龚。"

贾既有功，而高祖子弱，昆弟少，又不贤，欲王同姓以填天下，①乃下诏曰："将军刘贾有功，及择子弟可以为王者。"群臣皆曰："立刘贾为荆王，王淮东。"立六年而淮南王黥布反，东击荆。贾与战，弗胜，走富陵，②为布军所杀。

①师古曰："填音竹刃反。"

②师古曰："县名,《地理志》属临淮郡。"

燕王刘泽,高祖从祖昆弟也。①高祖三年,泽为郎中。十一年,以将军击陈豨将王黄,封为营陵侯。

①师古曰："言同曾祖,从祖而别也。"

高后时,齐人田生①游乏资,以画奸泽。②泽大说之,③用金二百斤为田生寿。④田生已得金,即归齐。二岁,泽使人谓田生曰："弗与矣。"⑤田生如长安,不见泽,而假大宅,令其子求事吕后所幸大谒者张卿。⑥居数月,田生子请张卿临,亲修具。⑦张卿往,见田生帷帐具置如列侯。张卿惊。酒酣,乃屏人说张卿曰："臣观诸侯邸第百馀,皆高帝一切功臣。今吕氏雅故本推毂高帝就天下,⑧功至大,又有亲戚太后之重。太后春秋长,⑨诸吕弱,太后欲立吕产为吕王,王代。(吕)〔太〕后又重发之,⑩〔1〕恐大臣不听。今卿最幸,大臣所敬,何不风大臣以闻太后,⑪太后必喜。诸吕以王,万户侯亦卿之有。太后心欲之,而卿为内臣,不急发,恐(过)〔祸〕及身矣。"〔2〕张卿大然之,乃风大臣语太后。太后朝,因问大臣。大臣请立吕产为吕王。太后赐张卿千金,⑫张卿以其半进田生。田生弗受,因说之曰："吕产王也,诸大臣未大服。今营陵侯泽,诸刘长,为大将军,独此尚觖望。⑬今卿言太后,裂十馀县王之,彼得王喜,于诸吕王益固矣。"张卿入言之。又太后女弟吕须女亦为营陵侯妻,故遂立营陵侯泽为琅邪王。琅邪王与田生之国,急行毋留。⑭出关,太后果使人追之。已出,即还。

①晋灼曰："《楚汉春秋》云字子春。"

②服虔曰："以计画干之。"文颖曰："以工画得宠也。"师古曰："共为计策,欲以求王。服说是也。画音获。"

③师古曰："说读曰悦。"

④师古曰："因饮酒献寿而与之金。"

⑤孟康曰："与,党与也。言不复与我为友也。"文颖曰："不复与汝相知也。"师古曰："孟说是。"

⑥如淳曰："奄人也。"

⑦师古曰："亲，父也。具，供具也。"

⑧如淳曰："吕公知高祖贵，以女妻之，推毂使为长者也。"师古曰："谓翼戴崇奖，以成帝业，若车之行，助推其毂，故得引重而致远也。"

⑨师古曰："言年老。"

⑩邓展曰："重，难发其事。"

⑪师古曰："风读曰讽。其下亦同。"

⑫师古曰："千斤之金。"

⑬师古曰："觖音决。"

⑭师古曰："田生劝之。"

泽王琅邪二年，而太后崩，泽乃曰："帝少，诸吕用事，诸刘孤弱。"引兵与齐王合谋西，欲诛诸吕。至梁，闻汉灌将军屯荥阳，泽还兵备西界，遂跳驱至长安，①代王亦从代至。诸将相与琅邪王共立代王，是为孝文帝。文帝元年，徙泽为燕王，而复以琅邪归齐。②

①师古曰："《齐王传》云使祝午绐琅邪王，琅邪王驰见齐王，齐王因留琅邪王，而使祝午尽发琅邪国而并将其兵。琅邪王既见欺，不得反国，乃说齐王求入关计事，齐王以为然，乃益具车送琅邪王，与此传不同，疑此传误也。"

②李奇曰："本齐地，前分以王泽，今复与齐也。"

泽王燕二年，薨，谥曰敬王。子康王嘉嗣，九年薨。子定国嗣。定国与父康王姬奸，生子男一人。夺弟妻为姬。与子女三人奸。定国有所欲诛杀臣肥如令郢人，郢人等告定国。①定国使谒者以它法劾捕格杀郢人灭口。至元朔中，郢人昆弟复上书具言定国事。下公卿，皆议曰："定国禽兽行，乱人伦，逆天道，当诛。"上许之。定国自杀，立四十二年，国除。哀帝时继绝世，乃封敬王泽玄孙之孙无终公士归生为营陵侯，②更始中为兵所杀。③

①如淳曰："定国自欲有所杀馀臣，肥如知，令郢人以告也。"师古曰："此说非也。肥如，燕之属县也。郢人者，县令之名也。定国别欲诛其臣，又欲诛肥如令郢人，而为郢人等所告也。"

②师古曰："无终，其所属县也。公士，第一爵。归生，名也。"

③师古曰："更始，刘圣公之年号也。"

吴王濞，高帝兄仲之子也。高帝立仲为代王。匈奴攻代，仲不能坚守，弃国间行，走雒阳，自归，天子不忍致法，废为合阳侯。子濞，封为沛侯。黥布反，高祖自将往诛之。濞年二十，以骑将从破布军。荆王刘贾为布所杀，无后。上患吴会稽轻悍，无壮王填之，①诸子少，②乃立濞于沛，为吴王，③王三郡五十三城。已拜受印，高祖召濞相之，曰："若状有反相。"④独悔，业已拜，⑤因拊其背，⑥曰："汉后五十年东南有乱，岂若邪？然天下同姓一家，慎无反！"濞顿首曰："不敢。"

①师古曰："悍，勇也。填音竹刃反。"

②师古曰："少，幼也。"

③师古曰："行至沛而封拜濞也。"

④师古曰："若，汝也。此下亦同。"

⑤师古曰："独悔者，心自怀悔，不以语人也。既以封拜为事，臣下皆知之，故不改。"

⑥师古曰："拊，摩循之也。一曰拊，轻击之，音芳羽反。"

会孝惠、高后时天下初定，郡国诸侯各务自拊循其民。吴有豫章郡铜山，①即招致天下亡命者盗铸钱，东煮海水为盐，以故无赋，国用饶足。②

①韦昭曰："此有豫字，误也。但当言章郡，今故章也。"

②如淳曰："铸钱煮海，收其利以足国用，故无赋于民也。"

孝文时，吴太子入见，得侍皇太子饮博。吴太子师傅皆楚人，轻悍，又素骄。博争道，不恭，皇太子引博局提吴太子，杀之。①于是遣其丧归葬吴。吴王愠②曰："天下一宗，③死长安即葬长安，何必来葬！"复遣丧之长安葬。吴王由是怨望，稍失藩臣礼，称疾不朝。京师知其以子故，验问实不病，诸吴使来，辄系责治之。吴王恐，所谋滋甚。④及后使人为秋请，⑤上复责问吴使者。使者曰："察见渊中鱼，不祥。⑥今吴王始诈疾，(反)〔及〕觉，[3]见责急，愈益闭，恐上诛之，计乃无聊。唯上与更始。”[7]于是天子皆赦吴使者归之，而赐吴王几杖，老，不朝。吴得释，其谋亦益解。然其居国以铜盐故，百姓无赋。卒践更，辄予平贾。[8]岁时存问茂材，赏赐闾里。[9]它郡国吏欲来捕亡人者，颂共禁不与。[10]如此者三十馀年，以故能使其众。

①师古曰：“提，掷也，音徒计反。”

②师古曰：“愠，怒也，音于问反。”

③师古曰：“犹言同姓共为一家。”

④师古曰：“滋，益也。”

⑤孟康曰：“律，春曰朝，秋曰请，如古诸侯朝聘也。”如淳曰：“濞不自行也，使人代己致请礼。”师古曰：“二说皆是也。请音材姓反。”

⑥服虔曰：“天子察见下之私，则不祥也。”

⑦师古曰：“言赦其已往之事。”

⑧服虔曰：“以当为更卒，出钱三百，谓之过更。自行为卒，谓之践更。吴王欲得民心，为卒者顾其庸，随时月与平贾也。”晋灼曰：“谓借人自代为卒者，官为出钱，顾其时庸平贾也。”师古曰：“晋说是也。贾读曰价，谓庸直也。”

⑨师古曰：“茂，美也。茂材者，有美材之人也。”

⑩如淳曰：“颂犹公也。”师古曰：“颂读曰容。”

朝错为太子家令，得幸皇太子，数从容言吴过可削。[1]数上书说之，文帝宽，不忍罚，以此吴王日益横。[2]及景帝即位，错为御史大夫，说上曰：“昔高帝初定天下，昆弟少，诸子弱，大封同姓，故孽子悼惠王王齐七十二城，[3]庶弟元王王楚四十城，兄子王吴五十馀城。封三庶孽，分天下半。今吴王前有太子之隙，诈称病不朝，于古法当诛。文帝不忍，因赐几杖，德至厚也。不改过自新，乃益骄恣，公即山铸钱，煮海为盐，[4]诱天下亡人谋作乱逆。今削之亦反，不削亦反。削之，其反亟，祸小；不削之，其反迟，祸大。”[5]三年冬，楚王来朝，错因言楚王戊往年为薄太后服，私奸服舍，[6]请诛之。诏赦，削东海郡。及前二年，赵王有罪，削其常山郡。胶西王卬以卖爵事有奸，削其六县。

①师古曰：“从音子容反。”

②师古曰：“横音胡孟反。”

③师古曰："孽亦庶也。"

④师古曰："公谓显然为之也。即，就也。"

⑤师古曰："亟，急也，音居力反。"

⑥服虔曰："服在丧次，而私奸宫中也。"师古曰："言于服舍为奸，非宫中也。服舍，居丧之次，垩室之属也。"

汉廷臣方议削吴，吴王恐削地无已，因欲发谋举事。念诸侯无足与计者，闻胶西王勇，好兵，诸侯皆畏惮之，于是乃使中大夫应高口说胶西王曰："吴王不肖，有夙夜之忧，①不敢自外，使使臣谕其愚心。"王曰："何以教之？"高曰："今者主上任用邪臣，听信谗贼，变更律令，②侵削诸侯，征求滋多，诛罚良重，③日以益甚。语有之曰：'狧糠及米。'④吴与胶西，知名诸侯也，一时见察，不得安肆矣。⑤吴王身有内疾，不能朝请二十馀年，⑥常患见疑，无以自白，⑦胁肩絫足，犹惧不见释。⑧窃闻大王以爵事有过，所闻诸侯削地，罪不至此，⑨此恐不止削地而已。"王曰："有之，子将奈何？"高曰："同恶相助，同好相留，同情相求，同欲相趋，同利相死。今吴王自以与大王同忧，愿因时循理，弃躯以除患于天下，⑩意亦可乎？"胶西王瞿然骇曰：⑪"寡人何敢如是？主上虽急，固有死耳，安得不事？"⑫高曰："御史大夫朝错营或天子，侵夺诸侯，⑬蔽忠塞贤，朝廷疾怨，诸侯皆有背叛之意，人事极矣。彗星出，蝗虫起，此万世一时，而愁劳，圣人所以起也。吴王内以朝错为诛，外从大王后车，方洋天下，⑭所向者降，所指者下，莫敢不服。大王诚幸而许之一言，则吴王率楚王略函谷关，守荥阳敖仓之粟，距汉兵，治次舍，须大王。⑮大王幸而临之，则天下可并，两主分割，不亦可乎？"王曰："善。"归报吴王，犹恐其不果，乃身自为使者，⑯至胶西面约之。

①师古曰："凡言不肖者，谓其鄙陋无所象似也。解在《刑法志》。"

②师古曰："更，改也。"

③师古曰："滋亦益也。良，实也，信也。"

④师古曰："狧，古𦧇字。𦧇，用舌食也，盖以犬为喻也。言初𦧇糠，遂至食米也。𦧇音食尔反。"

⑤师古曰："肆，纵也。"

⑥师古曰："内疾，谓在身中，不显于外。请音材姓反。"

⑦师古曰："白，明也。"

⑧师古曰："胁，翕也，谓敛之也。絫，古累字也。累足，重足也。并谓惧耳。释，解也，放也。"

⑨师古曰："言其本罪皆不合削地也。"

⑩师古曰："循，顺也。"

⑪师古曰："瞿然，无守之貌，音居具反。"

⑫师古曰："安，焉也。"

⑬师古曰："营谓回绕之也。"

⑭师古曰："方洋犹翱翔也。方音房，又音旁。洋音羊。"

⑮师古曰："次舍，息止之处也。须，待也。"

⑯师古曰："潜行而去也。"

胶西群臣或闻王谋，谏曰："诸侯地不能为汉十二，①为叛逆以忧太后，非计也。②今承一帝，尚云不易，假令事成，两主分争，患乃益生。"王不听，遂发使约齐、菑川、胶东、济南，皆许诺。

①师古曰："不当汉十分之二。"

②文颖曰："王之太后也。"

诸侯既新削罚，震恐，多怨错。及削吴会稽、豫章郡书至，则吴王先起兵，诛汉吏二千石以下。胶西、胶东、菑川、济南、楚、赵亦皆反，发兵西。齐王后悔，背约城守。济北王城坏未完，其郎中令劫守王，不得发兵。胶西王、胶东王为渠率，①与菑川、济南共攻围临菑。赵王遂亦阴使匈奴与连兵。

①师古曰："渠，大也。"

七国之发也，吴王悉其士卒，①下令国中曰："寡人年六十二，身自将。少子年十四，亦为士卒先。诸年上与寡人同，下与少子等，皆发。"二十馀万人。南使闽、东越，闽、东越亦发兵从。

①师古曰："悉，尽也，尽发使行。"

孝景前三年正月甲子,初起兵于广陵。西涉淮,因并楚兵。发使遗诸侯书曰:"吴王刘濞敬问胶西王、胶东王、菑川王、济南王、赵王、楚王、淮南王、衡山王、庐江王、故长沙王子:①幸教!以汉有贼臣错,无功天下,侵夺诸侯之地,使吏劾系讯治,以侵辱之为故,②不以诸侯人君礼遇刘氏骨肉,③绝先帝功臣,进任奸人,诳乱天下,欲危社稷。陛下多病志逸,不能省察。④欲举兵诛之,谨闻教。敝国虽狭,地方三千里;⑤人民虽少,精兵可具五十万。寡人素事南越三十馀年,其王诸君皆不辞分其兵以随寡人,⑥又可得三十万。寡人虽不肖,愿以身从诸王。南越直长沙者,因王子定长沙以北,⑦西走蜀、汉中。告越、⑧楚王、淮南三王,与寡人西面;⑨齐诸王与赵王定河间、河内,或入临晋关,或与寡人会雒阳;⑩燕王、赵王故与胡王有约,燕王北定代、云中,转胡众入萧关,走长安,⑪匡正天下,以安高庙。愿王勉之。楚元王子、淮南三王或不沐洗十馀年,怨入骨髓,⑫欲壹有所出久矣,⑬寡人未得诸王之意,未敢听。今诸王苟能存亡继绝,振弱伐暴,以安刘氏,社稷所愿也。吴国虽贫,寡人节衣食用,积金钱,修兵革,聚粮食,夜以继日,三十馀年矣。凡皆为此,⑭愿诸王勉之。能斩捕大将者,赐金五千斤,封万户;列将,三千斤,封五千户;裨将,二千斤,封二千户;二千石,千斤,封千户:皆为列侯。其以军若城邑降者,卒万人,邑万户,如得大将;⑮人户五千,如得列将;人户三千,如得裨将;人户千,如得二千石;其小吏皆以差次受爵金。它封赐皆倍军法。⑯其有故爵邑者,更益勿因。⑰愿诸王明以令士大夫,不敢欺也。寡人金钱在天下者往往而有,非必取于吴,⑱诸王日夜用之不能尽。有当赐者告寡人,寡人且往遗之。敬以闻。"

①如淳曰:"吴芮后四世无嗣,国除,庶子二人为列侯,不得嗣王,志将不满,故诱与之反也。"

②孟康曰:"故,事也。"师古曰:"言专以侵辱诸侯为事业。"

③师古曰:"人君者,言诸王各自君其国。"

④师古曰:"逸,放也。"

⑤师古曰:"狭音胡夹反。"

⑥师古曰："诸君谓其酋豪。"

⑦如淳曰："南越直长沙者，因王子定之。"师古曰："直，当也。言越地之北，当长沙者也。"

⑧如淳曰："告东越，使定之也。"师古曰："此说非也。言王子定长沙已北，而西趣蜀及汉中，平定以讫，使报南越也。走音奏。"

⑨师古曰："淮南三王，谓厉王三子为王者，淮南、衡山、济北也。"

⑩师古曰："临晋关即今之蒲津关。"

⑪师古曰："走音奏。"

⑫师古曰："言心有所怀，志不在洗沐也。"

⑬师古曰："谓发兵。"

⑭师古曰："为此谓欲反也。为音于伪反。"

⑮师古曰："以卒万人或邑万户来降附者，其封赏则与大将同。下皆类此。"

⑯服虔曰："封赐倍汉之常法。"

⑰师古曰："于旧爵之外，特更与之。"

⑱师古曰："言处处郡国皆有之。"

七国反书闻，天子乃遣太尉条侯周亚夫将三十六将军往击吴楚；遣曲周侯郦寄击赵，将军栾布击齐，大将军窦婴屯荥阳监齐赵兵。

初，吴楚反书闻，兵未发，窦婴言故吴相爰盎。召入见，上问以吴楚之计，盎对曰："吴楚相遗书，曰'贼臣朝错擅適诸侯，削夺之地'，①以故反，名为西共诛错，复故地而罢。②方今计独斩错，发使赦七国，复其故地，则兵可毋血刃而俱罢。"③上从其议，遂斩错。语具在《盎传》。以盎为泰常，奉宗庙，使吴王，④吴王弟子德侯为宗正，⑤辅亲戚。使至吴，⑥吴楚兵已攻梁壁矣。宗正以亲故，先入见，谕吴王拜受诏。吴王闻盎来，亦知其欲说，笑而应曰："我已为东帝，尚谁拜？"不肯见盎而留军中，欲劫使将。盎不肯，使人围守，且杀之。盎得夜亡走梁，⑦遂归报。

①师古曰："適读曰谪。"

②师古曰："复音扶目反。次下亦同。"

③师古曰："血刃，谓杀伤人而刃著血也。"

④师古曰："奉宗庙之指意也。"

⑤师古曰："德哀侯广之子也，名通。"

⑥师古曰："以亲戚之意谕说也。"

⑦服虔曰："梁王与吴战，盎得奔梁。"

条侯将乘六乘传，会兵荥阳。①至雒阳，见剧孟，喜曰："七国反，吾乘传至此，不自意全。②又以为诸侯已得剧孟。孟今无动，吾据荥阳，③荥阳以东无足忧者。"至淮阳，问故父绛侯客邓都尉曰："策安出？"客曰："吴(楚)兵锐甚，〔4〕难与争锋。楚兵轻，不能久。方今为将军计，莫若引兵东北壁昌邑，以梁委吴，吴必尽锐攻之。将军深沟高垒，使轻兵绝淮泗口，塞吴饟道。④使吴、梁相敝而粮食竭，乃以全制其极，破吴必矣。"条侯曰："善。"从其策，遂坚壁昌邑南，轻兵绝吴饟道。

①师古曰："会兵谓集大兵。传音张恋反。"

②师古曰："意不自言得安全至雒阳也。"

③师古曰："言剧孟既不动摇，吾又得据荥阳也。"

④师古曰："饟，古饷字。"

吴王之初发也，吴臣田禄伯为大将军。田禄伯曰："兵屯聚而西，无它奇道，难以立功。臣愿得五万人，别循江淮而上，收淮南、长沙，入武关，与大王会，此亦一奇也。"吴王太子谏曰："王以反为名，此兵难以藉人，①人亦且反王，奈何？且擅兵而别，多它利害，②徒自损耳。"吴王即不许田禄伯。

①师古曰："藉，假也。"

②苏林曰："禄伯傥将兵降汉，自为己利，于吴为生患害。"师古曰："苏说非也。上言'难以藉人，人亦且反王'，是则已疑禄伯矣。下乃云'多它利害'，谓分兵而去，前事不测，或有利害，难可决机耳，非重云畏其降汉者。"

吴少将桓将军说王曰："吴多步兵，步兵利险；汉多车骑，车骑利平地。愿大王所过城不下，直去，疾西据雒阳武库，食敖仓粟，阻山河之险以令诸侯，虽无入关，天下固已定矣。大王徐行，留下城邑，汉军车骑至，驰入梁楚之郊，事败矣。"吴王问吴老将，老将曰："此年少(椎)〔推〕锋可耳，〔5〕安知大虑！"于是王不用桓将军计。

王专并将其兵，未度淮，诸宾客皆得为将、校尉、行间候、司马，①独周丘不用。周丘者，下邳人，亡命吴，酤酒无行，王薄之，不任。周丘乃上谒，说王曰："臣以无能，不得待罪行间。臣非敢求有所将也，愿请王一汉节，必有以报。"王乃予之。周丘得节，夜驰入下邳。下邳时闻吴反，皆城守。至传舍，召令入户，使从者以罪斩令。遂召昆弟所善豪吏告曰："吴反兵且至，屠下邳不过食顷。今先下，家室必完，能者封侯至矣。"出乃相告，下邳皆下。周丘一夜得三万人，使人报吴王，遂将其兵北略城邑。比至城阳，兵十馀万，②破城阳中尉军。闻吴王败走，自度无与共成功，③即引兵归下邳。未至，痈发背死。

①孟康曰："行伍间候也。"师古曰："在行伍间，或为候，或为司马也。"

②师古曰："比音必寐反。"

③师古曰："度音大各反。"

二月，吴王兵既破，败走，于是天子制诏将军："盖闻为善者天报以福，为非者天报以殃。高皇帝亲垂功德，建立诸侯，幽王、悼惠王绝无后，孝文皇帝哀怜加惠，①王幽王子遂，悼惠王子卬等，令奉其先王宗庙，为汉藩国，德配天地，明并日月。而吴王濞背德反义，诱受天下亡命罪人，乱天下币，②称疾不朝二十馀年。有司数请濞罪，孝文皇帝宽之，欲其改行为善。今乃与楚王戊、赵王遂、胶西王卬、济南王辟光、菑川王贤、胶东王雄渠约从谋反，③为逆无道，起兵以危宗庙，贼杀大臣及汉使者，迫劫万民，伐杀无罪，烧残民家，掘其丘垄，甚为虐暴。而卬等又重逆无道，④烧宗庙，卤御物，⑤朕甚痛之。朕素服避正殿，将军其劝士大夫击反虏。击反虏者，深入多杀为功，斩首捕虏比三百石以上皆杀，无有所置。⑥敢有议诏及不如诏者，皆要斩。"

①师古曰："怜其国绝，故加恩惠而更封。"

②如淳曰："币，钱也。以私钱淆乱天下钱。"

③师古曰："从音子容反。"

④师古曰："重音直用反。"

⑤如淳曰："卤，抄掠也。"师古曰："御物，供宗庙之服器也。"

⑥师古曰："置，放释也。"

初，吴王之度淮，与楚王遂西败棘壁，乘胜而前，锐甚。梁孝王恐，遣将军击之，又败梁两军，士卒皆还走。梁数使使条侯求救，条侯不许。又使使诉条侯于上，上使告条侯救梁，又守便宜不行。梁使韩安国及楚死事相弟张羽为将军，①乃得颇败吴兵。吴兵欲西，梁城守，不敢西，即走条侯军，②会下邑。欲战，③条侯壁，不肯战。吴粮绝，卒饥，数挑战，遂夜奔条侯壁，惊东南。条侯使备西北，果从西北。不得入，吴大败，士卒多饥死叛散。于是吴王乃与其戏下壮士千人夜亡去，④度淮走丹徒，保东越。东越兵可万馀人，使人收聚亡卒。汉使人以利啖东越，⑤东越即绐吴王，⑥吴王出劳军，使人鏦杀吴王，⑦盛其头，驰传以闻。⑧吴王太子驹亡走闽越。吴王之弃军亡也，军遂溃，往往稍降太尉条侯及梁军。楚王戊军败，自杀。

①李奇曰："相，即张尚也。"

②师古曰："走音奏。"

③师古曰："下邑，梁之县。"

④师古曰："戏读曰麾，又音许宜反。"

⑤师古曰："啖音徒滥反。解在《高纪》。"

⑥师古曰："绐，诳也。"

⑦孟康曰："《方言》戟谓之鏦。"苏林曰："鏦音从容之从。"师古曰："鏦谓以矛戟撞之，音楚江反。"

⑧师古曰："传音张恋反。"

三王之围齐临菑也，三月不能下。汉兵至，胶西、胶东、菑川王各引兵归国。胶西王徒跣，席稿，饮水，谢太后。王太子德曰："汉兵还，臣观之以罢，①可袭，愿收王馀兵击之，不胜而逃入海，未晚也。"王曰："吾士卒皆已坏，不可用。"不听。汉将弓高侯颓当遗王书②曰："奉诏诛不义，降者赦，除其罪，复故；不降者灭之。王何处？须以从事。"③王肉袒叩头汉军壁，谒曰："臣卬奉法不谨，惊骇百姓，乃苦将军远道至于穷国，敢请菹醢之罪。"弓高侯执金鼓见之，曰："王苦军事，愿闻王发兵状。"王顿首膝行对曰："今者，朝错天子用事臣，变更高皇帝法令，侵夺诸侯地。卬等以为不义，恐其败乱天下，七国发兵，且以诛错。今闻错已诛，卬等谨已罢兵归。"将军曰："王苟以错为不善，何不以闻？及未有诏虎符，擅发兵击义国。以此观之，意非徒欲诛错也。"乃出诏书为王读之，曰："王其自图之。"④王曰："如卬等死有馀罪。"遂自杀。太后、太子皆死。胶东、菑川、济南王皆伏诛。郦将军攻赵，十月而下之，赵王自杀。济北王以劫故，不诛。

①师古曰："罢读曰疲。"

②师古曰："韩颓当。"

③师古曰："言王欲以何理自安处，吾待以行事也。处音昌汝反。"

④师古曰："图，谋也。"

初，吴王首反，并将楚兵，连齐、赵。正月起，三月皆破灭。

赞曰："荆王王也，由汉初定，天下未集，①故虽疏属，以策为王，镇江淮之间。刘泽发于田生，权激吕氏，②然卒南面称孤者三世。事发相重，岂不危哉！③吴王擅山海之利，能薄敛以使其众，逆乱之萌，自其子兴。④古者诸侯不过百里，山海不以封，盖防此矣。朝错为国远虑，祸反及身。"毋为权首，将受其咎"，岂谓错哉！⑤

①师古曰："集，和也。"

②晋灼曰："田生欲王刘泽，先使张卿说封吕产，恐其大臣觖望，泽卒得王，故云以权激吕氏也。"

③晋灼曰："刘泽以金与田生，以事张卿，言之吕后，而刘泽得王，故曰事发相重也。"师古曰："重犹累也。言泽得王，本由田生行说，若其事发觉，则相随入罪，事相累误。累音力瑞反。"

④师古曰："萌谓始生也。"

⑤师古曰："此《逸周书》之言，赞引之者，谓错适当此言耳。"

【校勘记】

〔1〕 (吕)〔太〕后又重发之， 王先谦说"吕后"驳文，当作"太后"。按殿本作

"太后"。

〔2〕 不急发，恐(过)〔祸〕及身矣。 景祐、殿本都作"祸"。王先谦说作"祸"是，《史记》同。

〔3〕 (反)〔及〕觉， 景祐、殿本都作"及"。王先谦说作"及"是。

〔4〕 吴(楚)兵锐甚， 王先慎说"楚"字衍文，《史记》无"楚"字。

〔5〕 此年少(椎)〔推〕锋可耳， 景祐、殿本都作"推"。王先谦说作"推"是，《史记》亦作"推"。

汉书卷三十六

楚元王传第六

楚元王交字游，高祖同父少弟也。[①]好书，多材艺。少时尝与鲁穆生、白生、申公俱受《诗》于浮丘伯。[②]伯者，孙卿门人也。[③]及秦焚书，各别去。

①师古曰："言同父，知其异母。"

②服虔曰："白生，鲁国奄里人。浮丘伯，秦时儒生。"

③师古曰："孙卿姓荀名况，为楚兰陵令，汉以避宣帝讳，改之曰孙。"

高祖兄弟四人，长兄伯，次仲，伯蚤卒。[①]高祖既为沛公，景驹自立为楚王。高祖使仲与审食其留侍太上皇，[②]交与萧、曹等俱从高祖见景驹，遇项梁，共立楚怀王。因西攻南阳，入武关，与秦战于蓝田。至霸上，封交为文信君，从入蜀汉，还定三秦，诛项籍。即帝位，交与卢绾常侍上，出入卧内，传言语诸内事隐谋。而上从父兄刘贾数别将。

①师古曰："蚤，古早字也。"

②师古曰："食音异。其音基。"

汉六年，既废楚王信，分其地为二国，立贾为荆王，交为楚王，王薛郡、东海、彭城三十六县，先有功也。后封次兄仲为代王，长子肥为齐王。

初，高祖微时，常避事，时时与宾客过其丘嫂食。[①]嫂厌叔与客来，阳为羹尽，轑釜，[②]客以故去。已而视釜中有羹，繇是怨嫂。[③]及立齐、代王，而伯子独不得侯。太上皇以为言，高祖曰："某非敢忘封之也，为其母不长者。"七年十月，封其子信为羹颉侯。[④]

①应劭曰:"丘,姓也。"孟康曰:"西方谓亡女婿为丘婿。丘,空也,兄亡空有嫂也。"张晏曰:"丘,大也,长嫂称也。"晋灼曰:"礼谓大妇为冢妇。"师古曰:"《史记》丘字作巨。丘、巨皆大也。张、晋二说,其义得之。"

②服虔曰:"音劳。轑,轹也。"师古曰:"以勺轹釜,令为声也。轹音洛,又音历。"

③师古曰:"繇与由同。"

④师古曰:"颉音戛。言其母戛羹釜也。"

元王既至楚,以穆生、白生、申公为中大夫。高后时,浮丘伯在长安,元王遣子郢客与申公俱卒业。①文帝时,闻申公为《诗》最精,以为博士。元王好《诗》,诸子皆读《诗》,申公始为《诗》传,号《鲁诗》。②元王亦次之《诗》传,号曰《元王诗》,③世或有之。

①师古曰:"卒,终也。"

②师古曰:"凡言传者,谓为之解说,若今《诗》《毛氏传》也。"

③师古曰:"次谓缀集之。"

高后时,以元王子郢客为宗正,封上邳侯。元王立二十三年薨,太子辟非先卒,①文帝乃以宗正上邳侯郢客嗣,是为夷王。申公为博士,失官,随郢客归,复以为中大夫。立四年薨,子戊嗣。文帝尊宠元王,子生,爵比皇子。②景帝即位,以亲亲封元王宠子五人:子礼为平陆侯,富为休侯,岁为沈犹侯,③埶为宛朐侯,④调为棘乐侯。

①师古曰:"辟非者,犹辟邪辟兵之类也。先卒者,元王未薨之时已卒也。辟音壁。"

②师古曰:"元王生子,封爵皆与皇子同,所以尊宠元王也。"

③晋灼曰:"沈音审。《王子侯表》属千乘高宛。"

④师古曰:"埶,古艺字。"

初,元王敬礼申公等,穆生不耆酒,①元王每置酒,常为穆生设醴。②及王戊即位,常设,后忘设焉。穆生退曰:"可以逝矣!醴酒不设,王之意怠,不去,楚人将钳我于市。"③称疾卧。申公、白生强起之曰:"独不念先生之德与?④今王一旦失小礼,何足至此!"穆生曰:"《易》:称'知几其神乎！⑤几者动之微，吉凶之先见者也。⑥君子见几而作，不俟终日。’先王之所以礼吾三人者，为道之存故也；今而忽之，是忘道也。⑦忘道之人，胡可与久处！岂为区区之礼哉？”⑧遂谢病去。申公、白生独留。

①师古曰：“耆读曰嗜。”

②师古曰：“醴，甘酒也。少曲多米，一宿而熟，不齐之。”

③师古曰：“钳，以铁束颈也，音其炎反。”

④师古曰：“与读曰欤。”

⑤师古曰：“《下系》之辞也。”

⑥师古曰：“见音胡电反。”

⑦师古曰：“忽，怠也。”

⑧师古曰：“区区，谓小也。”

王戊稍淫暴，二十年，为薄太后服私奸，削东海、薛郡，乃与吴通谋。二人谏，不听，胥靡之，①衣之赭衣，使杵臼雅舂于市。②休侯使人谏王，王曰：“季父不吾与，我起，先取季父矣。”③休侯惧，乃与母太夫人奔京师。④二十一年春，景帝之三年也，削书到，遂应吴王反。其相张尚、太傅赵夷吾谏，不听。遂杀尚、夷吾，起兵会吴西攻梁，破棘壁，至昌邑南，与汉将周亚夫战。汉绝吴楚粮道，士饥，吴王走，戊自杀，军遂降汉。

①应劭曰：“《诗》云‘若此无罪，沦胥以铺’。胥靡，刑名也。”晋灼曰：“胥，相也。靡，随也。古者相随坐轻刑之名。”师古曰：“联系使相随而服役之，故谓之胥靡，犹今之役囚徒以锁联缀耳。晋说近之，而云随坐轻刑，非也。”

②晋灼曰：“高肱举杵，正身而舂之。”师古曰：“为木杵而手舂，即今所谓步臼者耳，非碓臼也。”

③师古曰：“不吾与，言不与我同心。”

④臣瓒曰：“侯母号太夫人。”

汉已平吴楚，景帝乃立宗正平陆侯礼为楚王，奉元王后，是为文王。四年薨，子安王道嗣。二十二年薨，子襄王注嗣。十四年薨，子节王纯嗣。十六年薨，子延寿嗣。宣帝即位，延寿以为广陵王胥武帝子，天下有变必得立，阴欲附倚辅助之，①故为其(後)〔后〕母弟赵何齐取广陵王女为妻。[1]与何齐谋曰：“我与广陵王相结，天下不安，发兵助之，使广陵王立,何齐尚公主,列侯可得也。"因使何齐奉书遗广陵王曰:"愿长耳目,②毋后人有天下。"③何齐父长年上书告之。事下有司,考验辞服,延寿自杀。立三十二年,国除。

①师古曰:"倚,依也。音于绮反。"

②师古曰:"言常伺听,勿失机也。"

③师古曰:"方争天下,勿使在人后。"

初,休侯富既奔京师,而王戊反,富等皆坐免侯,削属籍。后闻其数谏戊,乃更封为红侯。太夫人与窦太后有亲,惩山东之寇,①求留京师,诏许之。富子辟彊等四人②供养,仕于朝。③太夫人薨,赐茔,④葬灵户。⑤富传国至曾孙,无子,绝。

①师古曰:"惩,创也。"

②师古曰:"辟音必亦反。彊音居良反。又辟读曰闢,彊读曰疆。解在《文纪》。"

③师古曰:"四子以在京师供养其祖母,故仕于汉朝也。"

④师古曰:"茔,冢地,谓为界域。茔音营。"

⑤师古曰:"地名也。"

辟彊字少卿,亦好读《诗》,能属文。①武帝时,以宗室子随二千石论议,冠诸宗室。②清静少欲,常以书自娱,不肯仕。昭帝即位,或说大将军霍光曰:"将军不见诸吕之事乎?处伊尹、周公之位,摄政擅权,而背宗室,不与共职,是以天下不信,卒至于灭亡。今将军当盛位,帝春秋富,宜纳宗室,又多与大臣共事,③反诸吕道,如是则可以免患。"④光然之,乃择宗室可用者。辟彊子德待诏丞相府,⑤年三十馀,欲用之。或言父见在,亦先帝之所宠也。遂拜辟彊为光禄大夫,守长乐卫尉,时年已八十矣。徙为宗正,数月卒。

①师古曰:"属文,谓会缀文辞也,音之欲反。后皆类此。"

②师古曰:"论议每出宗室之上也。"

③服虔曰:"共议事也。"师古曰:"每事皆与参共知之。"

④师古曰:"言诸吕专权,所以灭亡,今纳宗室,是反其道,乃可免患也。"

⑤师古曰："于丞相府听诏命也。"

德字路叔(少)，〔2〕修黄老术，有智略。少时数言事，召见甘泉宫，武帝谓之"千里驹"。①昭帝初，为宗正丞，杂治刘泽诏狱。②父为宗正，徙大鸿胪丞，迁太中大夫，后复为宗正，杂案上官氏、盖主事。德常持《老子》知足之计。③妻死，大将军光欲以女妻之，德不敢取，畏盛满也。盖长公主孙谭遮德自言，④德数责以公主起居无状。⑤侍御史以为光望不受女，⑥承指劾德诽谤诏狱，⑦免为庶人，屏居山田。光闻而恨之，⑧复白召德守青州刺史。岁馀，复为宗正，与立宣帝，⑨以定策赐爵关内侯。地节中，以亲亲行谨厚封为阳城侯。子安民为郎中右曹，宗家以德得官宿卫者二十馀人。

①师古曰："言若骏马可致千里也。年齿幼少，故谓之驹。"

②师古曰："杂谓以他官共治之也。刘泽，齐孝王之孙，谋反欲杀青州刺史者。"

③师古曰："老子《德经》云'知足不辱'。"

④师古曰："公主之孙名谭，自言者，申理公主所坐。"

⑤师古曰："无状，无善状也。数音所具反。"

⑥师古曰："望，怨望也。"

⑦师古曰："承指，谓取霍光之意指，德实责数公主，而御史乃以为受谭冤诉，故云诽谤诏狱。"

⑧师古曰："以御史不知己意。"

⑨师古曰："与读曰豫。豫其谋议也。"

德宽厚，好施生，①每行京兆尹事，多所平反罪人。②家产过百万，则以振昆弟③宾客食饮，④曰："富，民之怨也。"立十一年，子向坐铸伪黄金，当伏法，⑤德上书讼罪。会薨，大鸿胪奏德讼子罪，失大臣体，不宜赐谥置嗣。制曰："赐谥缪侯，⑥为置嗣。"传至孙庆忌，复为宗正太常。薨，子岑嗣，为诸曹中郎将，列校尉，至太常。薨，传子，至王莽败，乃绝。

①师古曰："言好施恩惠于人，而生全之。"

②苏林曰："反音幡，幡罪人辞使从轻也。"

③师古曰："振，举救之。"

④师古曰："既以救贫昆弟，又散供食饮之费。"

⑤如淳曰："律，铸伪黄金弃市也。"

⑥师古曰："缪，恶谥也，以其妄讼子。"

向字子政，①本名更生。年十二，以父德任为辇郎。②既冠，以行修饬擢为谏大夫。③是时，宣帝循武帝故事，招选名儒俊材置左右。更生以通达能属文辞，与王褒、张子侨等并进对，④献赋颂凡数十篇。上复兴神仙方术之事，而淮南有《枕中鸿宝》《苑秘书》。⑤书言神仙使鬼物为金之术，及邹衍重道延命方，世人莫见，而更生父德武帝时治淮南狱得其书。更生幼而读诵，以为奇，献之，言黄金可成。上令典尚方铸作事，⑥费甚多，方不验。上乃下更生吏，吏劾更生铸伪黄金，系当死。更生兄阳城侯安民上书，入国户半，赎更生罪。上亦奇其材，得逾冬减死论。⑦会初立《穀梁春秋》，征更生受《穀梁》，讲论《五经》于石渠，⑧复拜为郎中、给事黄门，迁散骑、谏大夫、给事中。

①师古曰："名向，字子政。义则相配，而近代学者读向音饷，既无别释，靡所据凭，当依本字为胜也。"

②服虔曰："父保任其子为郎也。辇郎，如今引御辇郎也。"

③师古曰："饬，整也，读与敕同，其字从力。"

④师古曰："子侨官至光禄大夫，见《艺文志》。进对，谓进见而对诏命也。侨字或作峤，或作乔，皆音巨骄反。"

⑤师古曰："《鸿宝》《苑秘书》，并道术篇名。臧在枕中，言常存录之不漏泄也。"

⑥师古曰："尚方，主巧作金银之所。若今之中尚署。"

⑦服虔曰："逾冬，至春行宽大而减死罪。"如淳曰："狱冬尽当决竟，而得逾冬，复至后冬，故或逢赦，或得减死也。"师古曰："服说是也。"

⑧师古曰："《三辅旧事》云石渠阁在未央大殿北，以藏秘书。"

元帝初即位，太傅萧望之为前将军，少傅周堪为诸吏光禄大夫，①皆领尚书事，甚见尊任。更生年少于望之、堪，然二人重之，荐更生宗室忠直，明经有行，擢为散骑宗正给事中，与侍中金敞拾遗于左右。四人同心辅政，患苦外戚许、史在位放纵，而中书宦官弘恭、石显弄权。望之、堪、更生议，欲白罢退之。未白而语泄，遂为许、史及恭、显所谮诉，堪、更生下狱，及望之皆免官。语在《望之传》。其春地震，夏，客星见昴、卷舌间。②上感悟，下诏赐望之爵关内侯，奉朝请。秋，征堪、向，欲以为谏大夫，恭、显白皆为中郎。冬，地复震。时恭、显、许、史子弟侍中诸曹，皆侧目于望之等，更生惧焉，乃使其外亲上变事，③言：

①师古曰："加官也。《百官公卿表》云诸吏所加或列侯、将军、卿大夫，得举不法也。"

②师古曰："见于昴与卷舌之间也。卷音俱免反。"

③师古曰："非常之事，故谓之变也。"

窃闻故前将军萧望之等，皆忠正无私，欲致大治，忤于贵戚尚书。①今道路人闻望之等复进，以为且复见毁谗，必曰尝有过之臣不宜复用，是大不然。②臣闻春秋地震，为在位执政太盛也，不为三独夫动，亦已明矣。③且往者高皇帝时，季布有罪，至于夷灭，后赦以为将军，高后、孝文之间卒为名臣。④孝武帝时，兒宽有重罪系，按道侯韩说谏曰：⑤"前吾丘寿王死，陛下至今恨之；⑥今杀宽，后将复大恨矣！"上感其言，遂贳宽，⑦复用之，位至御史大夫，御史大夫未有及宽者也。又董仲舒坐私为灾异书，主父偃取奏之，下吏，罪至不道，幸蒙不诛，复为太中大夫，胶西相，以老病免归。汉有所欲兴，常有诏问。⑧仲舒为世儒宗，定议有益天下。孝宣皇帝时，夏侯胜坐诽谤系狱三年，免为庶人。宣帝复用胜，至长信少府，太子太傅，名敢直言，天下美之。若乃群臣，多此比类，难一二记。⑨有过之臣，无负国家，有益天下，此四臣者，足以观矣。

①师古曰："忤犹逆也，音五故反。他皆类此。"

②师古曰："言不宜用有过之臣者，此议非也。"

③应劭曰："谓萧望之、周堪及向。"师古曰："独夫犹言匹夫也。"

④师古曰："卒，终也。"

⑤师古曰："说读曰悦。"

⑥师古曰："恨犹悔也。"

⑦师古曰："贳谓缓恕其罪也。"

⑧师古曰："兴谓改作(虑)〔宪〕章。"[3]

⑨师古曰："比音必寐反。"

前弘恭奏望之等狱决，三月，地大震。恭移病出，①后复视事，天阴雨雪。②由是言之，地动殆为恭等。③

①师古曰："移病者，移书言病也，一曰言以病移出，不居官府。"

②师古曰："雨音于具反。"

③师古曰："殆，近也。"

臣愚以为宜退恭、显以章蔽善之罚，①进望之等以通贤者之路。如此，太平之门开，灾异之原塞矣。

①师古曰："章，明也。"

书奏，恭、显疑其更生所为，白请考奸诈。辞果服，遂逮更生系狱，下太傅韦玄成、谏大夫贡禹，与廷尉杂考。劾更生前为九卿，坐与望之、堪谋排车骑将军高、许、史氏侍中者，毁离亲戚，欲退去之，而独专权。为臣不忠，幸不伏诛，复蒙恩征用，不悔前过，而教令人言变事，诬罔不道。更生坐免为庶人。而望之亦坐使子上书自冤前事，恭、显白令诣狱置对。①望之自杀。天子甚悼恨之，乃擢周堪为光禄勋，堪弟子张猛光禄大夫给事中，大见信任。恭、显惮之。数谮毁焉。更生见堪、猛在位，几己得复进，②惧其倾危，乃上封事谏曰：

①师古曰："置对者，立为对辞。"

②师古曰："几读曰冀。"

臣前幸得以骨肉备九卿，奉法不谨，乃复蒙恩。窃见灾异并起，天地失常，征表为国。①欲终不言，念忠臣虽在甽亩，犹不忘君，惓惓之义也。②况重以骨肉之亲，③又加以旧恩未报乎！欲竭愚诚，又恐越职，然惟二恩未报，④忠臣之义，一杼愚意，退就农亩，死无所恨。⑤

①师古曰："征，证也。"

②师古曰："甽者，田中之沟也。田沟之法，耜广五寸，二耜为耦，一耦之伐，广尺深尺，谓之甽，六甽而为一亩。甽音工犬反，字或作畎，其音同耳。惓惓，忠谨之意。惓读与拳同，音其专反。《礼记》曰'得一善则拳拳服膺，弗失之矣'。"

③师古曰："重音直用反。"

④师古曰："惟，思也。"

⑤师古曰："杼谓引而泄之也。音食汝反。"

臣闻舜命九官，①济济相让，和之至也。众贤和于朝，则万物和于野。故箫《韶》九成，而凤皇来仪；击石拊石，百兽率舞。②四海之内，靡不和宁。及至周文，开基西郊，③杂遝众贤，罔不肃和，④崇推让之风，以销分争之讼。文王既没，周公思慕，歌咏文王之德，其《诗》曰："於穆清庙，肃雍显相；济济多士，秉文之德。"⑤当此之时，武王、周公继政，朝臣和于内，万国欢于外，故尽得其欢心，以事其先祖。其《诗》曰："有来雍雍，至止肃肃，相维辟公，天子穆穆。"⑥言四方皆以和来也。诸侯和于下，天应报于上，故《周颂》曰"降福穰穰"，⑦又曰"饴我厘麰"。⑧厘麰，麦也，始自天降。此皆以和致和，获天助也。

①师古曰："《尚书》禹作司空，弃后稷，契司徒，咎繇作士，垂共工，(作)〔益〕朕虞，[4]伯夷秩宗，夔典乐，龙纳言，凡九官也。"

②师古曰："《韶》，舜乐名。举箫管之属，示其备也。于《韶》乐九奏则凤皇见其容仪，击钟鸣磬而百兽相率来舞，言感至和也。"

③师古曰："言文王始受命作周也。"

④师古曰："杂遝，取积之貌，遝音大合反。"

⑤师古曰："此《周颂》祀文王《清庙》之诗也。於，叹辞也。穆，美也。肃，敬也。雍，和也。显，明也。相，助也。济济，盛也。言文王有清净之化，敬而且和，光明著见，故济济之众士皆执行文王之德也。於读曰乌。"

⑥师古曰："此《周颂》禘太祖之《雝》诗也。相，助也。辟，百辟也。公，诸侯也。言有此宾客以和而来至(也)〔止〕而敬者，[5]乃助王祭之人，百辟与诸侯

耳。于是时，天子则穆穆然。《礼记》曰‘天子穆穆，诸侯皇皇’。辟音璧。”

⑦师古曰：“此《执竞》之篇祀武王之诗也。穰穰，多也。音人羊反。”

⑧师古曰：“此《思文》之篇以后稷配天之诗也。饴，遗也，言天遗此物也。饴读与贻同也。厘音力之反，又读与来同。辫音牟。”

下至幽、厉之际，朝廷不和，转相非怨，①诗人疾而忧之曰：“民之无良，相怨一方。”②众小在位而从邪议，歙歙相是而背君子，故其《诗》曰：“歙歙訿訿，亦孔之哀！谋之其臧，则具是违；谋之不臧，则具是依！”③君子独处守正，不桡众枉，④勉强以从王事则反见憎毒谗愬，故其《诗》曰：“密勿从事，不敢告劳，无罪无辜，谗口嗸嗸！”⑤当是之时，日月薄蚀而无光，⑥其《诗》曰：“朔日辛卯，日有蚀之，亦孔之丑！”⑦又曰：“彼月而微，此日而微，今此下民，亦孔之哀！”⑧又曰：“日月鞠凶，不用其行；四国无政，不用其良！”⑨天变见于上，地变动于下，水泉沸腾，山谷易处。其《诗》曰：“百川沸腾，山冢卒崩，高岸为谷，深谷为陵。哀今之人，胡憯莫惩！”⑩霜降失节，不以其时，其《诗》曰：“正月繁霜，我心忧伤；民之讹言，亦孔之将！”言民以是为非，甚众大也。⑪此皆不和，贤不肖易位之所致也。⑫

①师古曰：“厉王，夷王之子，厉王生宣王，宣王生幽王。”

②师古曰：“此《小雅》《角弓》之篇刺幽王之诗也。良，善也。言人各为不善，其意乖离，而相怨也。一方，谓自守一方，所向异之。”

③师古曰：“此《小雅》《小旻》篇刺幽王之诗也。言在位卿士，歙歙然患其上，訿訿然不供职，各失臣节，甚可哀痛。而谋之善者，则背违之，不善之谋，依而施用，所以为刺也。歙音翕。訿音紫。”

④师古曰：“桡，屈也，不为众曲而自屈也。桡音女教反。”

⑤师古曰：“此《小雅》《十月之交》篇刺幽王之诗也。密勿犹黾勉从事也。嗸嗸，众声也。言已黾勉行事，不敢自陈劳苦，实无罪辜，而被谗谮嗷嗷然也。嗸音敖。”

⑥师古曰：“薄，迫也。谓被掩迫也。”

⑦师古曰：“自此已下至‘百川沸腾’，皆《十月之交》诗也。孔，甚也。丑，恶也。周之十月，夏之八月，朔日有辛卯，日月交会，而日见蚀，阴侵于阳。

辛,金日也。卯,木辰也。以卯侵金,则臣侵君,故甚恶之。”

⑧师古曰:“微,亏微也。言彼月者,当有亏耳,而今此日,乃复微也。言君臣失道,是为灾异,故令人甚哀也。”

⑨师古曰:“鞠,告也。言日月不用其常行之道以告凶灾者,由四方之国无政理,不能用善人也。”

⑩师古曰:“沸,涌出也。腾,乘也。冢,山顶也。卒,尽也。胡,何也。憯,曾也。惩,乂也。言百川沸涌而相乘陵,山顶隆高而尽崩坏,陵谷易处,尊卑失序,咎异大矣,诚可畏惧。哀哉今人,何为会莫创乂也!憯音千感反。”

⑪张晏曰:“正月,夏之四月也,纯阳用事,而反多霜,急恒寒(苦)〔若〕之灾也。”[6]师古曰:“此《小雅》《正月》之篇刺幽王之诗也。四月正阳之月,故谓之正月。繁,多也。讹,伪也。孔,甚也。将,大也。此言王政乖舛,阳月多霜,害于生物,故己心为忧伤,而众庶之人,共为伪言,以是为非,排斥贤俊,祸甚大也。”

⑫师古曰:“贤人在下,不肖居上,故云易位。”

自此之后,天下大乱,篡杀殃祸并作,厉王奔彘,①幽王见杀。②至乎平王末年,鲁隐之始即位也,③周大夫祭伯乖离不和,出奔于鲁,④而《春秋》为讳,不言来奔,伤其祸殃自此始也。是后尹氏世卿而专恣,⑤诸侯背畔而不朝,周室卑微。二百四十二年之间,⑥日食三十六,⑦地震五,⑧山陵崩阤二,⑨彗星三见,⑩夜常星不见,夜中星陨如雨一,⑪火灾十四。⑫长狄入三国,⑬五石陨坠,六鹢退飞,多麋,有蜮、蜚,鸜鹆来巢者,皆一见。⑭昼冥晦。⑮雨木冰。⑯李梅冬实。七月霜降,草木不死。⑰八月杀菽。⑱大雨雹。⑲雨雪雷霆失序相乘。⑳水、旱、饥、蝝、螽、螟蜂午并起。㉑当是时,祸乱辄应,弑君三十六,㉒亡国五十二,㉓诸侯奔走,不得保其社稷者,不可胜数也。㉔周室多祸:晋败其师于贸戎;㉕伐其郊;㉖郑伤桓王;㉗戎执其使;㉘卫侯朔召不往,齐逆命而助朔;㉙五大夫争权,三君更立,莫能正理。㉚遂至陵夷不能复兴。㉛

①师古曰:“厉王无道,下不堪命,乃相与畔袭厉王。厉王出奔彘。彘,晋地,今晋州北永安县是也。”

②师古曰："为犬戎所攻，杀幽王于骊山下，虏褒姒，尽取周赂而去。"

③师古曰："平王，幽王之子。"

④张晏曰："隐元年'祭伯来'《穀梁传》曰'奔也'。"师古曰："祭音侧介反。"

⑤师古曰："《春秋公羊经》隐公三年'夏四月，尹氏卒。'传曰'尹氏者何？天子之大夫也。其称尹氏何？贬也。曷为贬？讥继卿。继卿，非礼也。'又《诗》《小雅》《节南山》云'尹氏太师，赫赫师尹，不平谓何！'刺之也。"

⑥师古曰："谓从隐公元年至哀公十四年获麟也。隐公十一年，桓公十八年，庄公三十二年，闵公(三)〔二〕年，[7]僖公三十三年，文公十八年，宣公十八年，成公十八年，襄公三十一年，昭公三十二年，定公十五年，哀公十四年，凡二百四十二年也。"

⑦师古曰："谓隐三年二月己巳；桓三年七月壬辰朔，十七年十月朔；庄十八年三月，二十五年六月辛未朔，二十六年十二月癸亥朔，三十年九月庚午朔；僖五年九月戊申朔，十二年三月庚午，十五年五月；文元年二月癸亥朔，十五年六月辛丑朔；宣八年七月甲子，十年四月丙辰，十七年六月癸卯；成十六年六月丙寅朔，十七年十二月丁巳朔；襄十四年二月乙未朔，十五年秋八月丁巳，二十年冬十月丙辰朔，二十一年九月庚戌朔，冬十月庚辰朔，二十三年二月癸酉朔，二十四年秋七月甲子朔，八月癸巳朔，二十七年冬十二月乙亥朔；昭七年夏四月甲辰朔，十五年六月丁巳朔，十七年夏六月甲戌朔，二十一年秋七月壬午朔，二十二年十二月癸酉朔，二十四年夏五月乙未朔，三十一年十二月辛亥朔；定五年正月辛亥朔，十二年十一月丙寅朔，十五年八月庚辰朔：凡三十六也。"

⑧师古曰："谓文九年九月癸酉，襄十六年五月甲子，昭十九年五月己卯，二十三年八月乙未，哀三年四月甲午，凡五也。"

⑨师古曰："谓僖十四年八月辛卯沙鹿崩，成五年夏梁山崩，凡二也。爙，下颓也，音丈尔反。"

⑩师古曰："谓文十四年秋七月有星孛入于北斗，昭十七年冬有星孛于大辰，哀十三年冬十一月有星孛于东方。"

⑪师古曰："事在庄七年夏四月辛卯。"

⑫师古曰："桓十四年秋八月壬申御廪灾，庄二十年夏齐大灾，僖二十年五月乙巳西宫灾，成三年二月甲子新宫灾，襄九年春宋火，三十年五月甲午宋灾，昭九年夏四月陈火，十八年夏五月壬午宋、卫、陈、郑灾，定二年夏五月

壬辰雉门及两观灾，哀三年五月辛卯桓宫、僖宫灾，四年六月辛丑亳社灾，凡十四也。”

⑬师古曰：“谓《春秋》文十一年经书‘冬十月甲午叔孙得臣败狄于鹹’，《公羊传》曰：‘狄者何？长狄也，兄弟三人，一者之齐，一者之鲁，一者之晋。’之齐荣如，之鲁乔如，之晋焚如。长狄，鄋瞒之种。鄋音梫，瞞音末安反。”

⑭师古曰：“谓僖十六年‘正月戊申朔，陨石于宋，五。是月，六鹢退飞过宋都。’庄十七年‘冬，多麋。’十八年‘秋，有蜮。’二十九年‘秋，有蜚。’昭二十五年‘夏，有鸜鹆来巢。’蜮，短尾狐也。鹢，水鸟也。蜚，负蠜也。鹢音五历反。蜮音域。蜚音扶味反。鸜音劬。鹆音欲。”

⑮师古曰：“僖十五年‘九月己卯晦，震夷伯之庙。’《穀梁传》曰‘晦，冥也。’”

⑯师古曰：“事在成十六年正月。雨木冰者，气著树木结为冰也，今俗呼为间树。雨音于具反。”

⑰师古曰：“僖三十三年经书‘冬陨霜，不煞草。’李梅实，未知在何月也。而此言李梅冬实，又云七月霜降，草木不死，与今《春秋》不同，未见义所出。”

⑱师古曰：“谓定公元年‘十月，陨霜杀菽。’周之十月，夏之八月。菽谓豆也。”

⑲师古曰：“事在僖二十九年秋，及昭三年冬，四年正月。雨音于具反。”

⑳师古曰：“隐九年三月癸酉大雨震电，庚辰大雨雪，庄六年冬十月雨雪，僖十年冬大雨雪，皆是也。靁，古雷字也。霆，雷之急者也，音大丁反。”

㉑如淳曰：“螽午犹杂沓也。”师古曰：“谓桓元年秋大水，十三年夏大水，庄七年秋大水，十一年秋宋大水，二十四年秋大水，二十五年秋大水，宣十年秋大水，成五年秋大水，襄二十四年秋七月大水；僖二十一年夏大旱，宣七年秋大旱；宣十年冬饥，十五年冬蝝生饥，襄二十四年冬大饥；桓五年秋螽，僖十五年八月螽，文三年秋雨螽于宋，八年冬螽，宣六年八月螽，十三年秋、十五年秋螽，襄七年八月螽，哀十二年十二月螽，十三年九月螽，十二月螽；隐五年九月螟，八年九月螟，庄六年秋螟：皆是也。螽即螟也。螟，虫之食苗心者也。螽音终，螟音冥。”

㉒师古曰：“谓隐公四年卫州吁弑其君完；十一年羽父使贼弑公于寪氏；桓二年宋督弑其君与夷；七年曲沃伯诱晋小子侯杀之；十七年郑高渠弥杀昭公；庄八年齐无知弑其君诸儿；十二年宋万弑其君捷；十四年傅瑕弑其君郑子；三十二年共仲使圉人荦贼子般；闵二年共仲使卜齮贼公于武闱；僖十年晋里克弑其君卓，二十四年晋弑怀公于高梁；文元年楚太子商臣弑其君頵；十

四年齐公子商人杀其君舍;十六年宋人弑其君杵臼;十八年齐人弑其君商人;鲁襄仲杀子恶;莒弑其君庶其;宣二年晋赵盾弑其君夷皋;四年郑公子归生弑其君夷;十年陈夏徵舒弑其君平国;成十八年晋弑其君州蒲;襄七年郑子驷使贼夜弑僖公;二十五年齐崔杼弑其君光;二十六年卫甯喜弑其君剽;二十九年阍弑吴子馀祭;三十年蔡太子般弑其君固;三十一年莒人弑其君密州;昭元年楚公子围问王疾,缢而弑之;十三年楚公子比弑其君虔于乾谿;十九年许太子止弑其君买;二十七年吴弑其君僚;定十三年薛弑其君比;哀四年盗杀蔡侯申;六年齐陈乞弑其君荼;十年齐人弑悼公;凡三十六。"

㉓师古曰:"谓桓五年州公如曹;庄四年纪侯大去其国;十年齐师灭谭;十三年齐人灭遂;十四年楚子灭息;十六年楚灭邓;闵元年晋灭耿,灭霍,灭魏;僖五年楚灭弦,晋灭虢,灭虞;十二年楚人灭黄;十七年楚灭项;十九年秦人取梁;二十五年卫侯燬灭邢;二十六年楚人灭夔;三十三年秦灭滑;文四年楚灭江;五年楚人灭六,灭蓼;十六年楚人、秦人、巴人灭庸;宣八年楚人灭舒蓼,九年取根牟;十二年楚子灭萧;十五年晋师灭赤狄潞氏;成六年取鄟;十七年楚灭舒(萧)〔庸〕;[8]襄六年莒人灭鄫,齐侯灭莱;十年诸侯灭偪阳;十三年取邿;二十五年楚灭舒鸠;昭四年楚子灭赖;十三年晋灭肥;十六年楚子取戎蛮氏;十七年晋灭陆浑戎;二十一年晋灭鼓;三十年吴灭徐;定四年蔡灭沈;五年楚灭唐;六年郑灭许;十四年楚人灭顿;十五年楚子灭胡;哀八年宋公灭曹;又邾灭须句,楚灭权,晋灭焦、杨,楚灭道、房、申:凡五十二。"

㉔师古曰:"谓桓十五年郑伯突出奔蔡,襄十四年卫侯出奔齐,昭三年北燕伯款出奔齐,二十三年莒子庚舆来奔之类是也。"

㉕师古曰:"贸戎,地名也。《春秋公羊经》成元年秋,王师败绩于贸戎。传曰'孰败之?盖晋败之'也。贸音莫侯反。"

㉖师古曰:"郊,周邑也。昭二十三年正月,经书'晋人围郊'也。"

㉗应劭曰:"王以诸侯伐郑,郑伯御之,射王中肩。"师古曰:"事在桓五年秋。"

㉘师古曰:"隐七年冬,经书'天王使凡伯来聘,戎伐凡伯于楚丘以归'。"

㉙师古曰:"《春秋》桓十六年,经书'卫侯朔出奔齐',《穀梁传》曰'天子召而不往也'。"

㉚应劭曰:"周景王崩,单穆公、刘文公、巩简公、甘平公、召庄公,此五大夫相与争夺,更立王子猛、子朝及敬王,是为三君也。更音工衡反。"

㉛师古曰："陵夷谓卑替也。解在《成纪》及《异姓诸侯王表》也。"

由此观之，和气致祥，乖气致异；祥多者其国安，异众者其国危，天地之常经，古今之通义也。今陛下开三代之业，招文学之士，优游宽容，使得并进。今贤不肖浑淆，①白黑不分，邪正杂糅，忠谗并进。②章交公车，人满北军。③朝臣舛午，胶戾乖剌，④更相谗诉，转相是非。⑤传授增加，文书纷纠，前后错缪，毁誉浑乱。⑥所以营或耳目，感移心意，不可胜载。⑦分曹为党，往往群朋，⑧将同心以陷正臣。正臣进者，治之表也；正臣陷者，乱之机也。乘治乱之机，未知孰任，而灾异数见，此臣所以寒心者也。夫乘权藉势之人，子弟鳞集于朝，⑨羽翼阴附者众，辐凑于前，⑩毁誉将必用，以终乖离之咎。⑪是以日月无光，雪霜夏陨，海水沸出，陵谷易处，列星失行，皆怨气之所致也。夫遵衰周之轨迹，循诗人之所刺，而欲以成太平，致雅颂，犹却行而求及前人也。⑫初元以来六年矣，案《春秋》六年之中，灾异未有稠如今者也。⑬夫有《春秋》之异，无孔子之救，犹不能解纷，⑭况甚于《春秋》乎？

①师古曰："言杂乱也。浑音胡本反，其下亦同。"

②师古曰："糅，和也，音汝救反。"

③如淳曰："《汉仪注》中垒校尉主北军垒门内，尉一人主上书者狱。上章于公车，有不如法者，以付北军尉，北军尉以法治之。杨恽上书，遂幽北阙。北阙，公车所在。"

④师古曰："言志意不和，各相违背。午音五故反，剌音来曷反。"

⑤师古曰："更音工衡反。"

⑥师古曰："言各任私情，不得其实。"

⑦师古曰："言其诬罔天子也。营谓回绕之。"

⑧师古曰："曹，辈也。"

⑨师古曰："言其相次如鱼鳞。"

⑩师古曰："辐凑，言如车辐之归于毂也。"

⑪师古曰："言谗佞之人毁誉得进，则忠贤被斥，日以乖离也。"

⑫师古曰："却音丘略反。"

⑬师古曰："稠，多也。音直流反。"

⑭师古曰："纷，乱也。"

原其所以然者，谗邪并进也。谗邪之所以并进者，由上多疑心，既已用贤人而行善政，如或谮之，则贤人退而善政还。①夫执狐疑之心者，来谗贼之口；持不断之意者，开群枉之门。②谗邪进则众贤退，群枉盛则正士消。故《易》有《否》《泰》。③小人道长，君子道消，君子道消，则政日乱，故为否。否者，闭而乱也。君子道长，小人道消，小人道消，则政日治，故为泰。泰者，通而治也。《诗》文云"雨雪麃麃，见晛聿消"，④与《易》同义。昔者鲧、共工、驩兜与舜、禹杂处尧朝，⑤周公与管、蔡并居周位，当是时，迭进相毁，⑥流言相谤，岂可胜道哉！帝尧、成王能贤舜、禹、周公而消共工、管、蔡，故以大治，荣华至今。孔子与季、孟偕仕于鲁，⑦李斯与叔孙俱宦于秦，⑧定公、始皇贤季、孟、李斯而消孔子、叔孙，故以大乱，污辱至今。故治乱荣辱之端，在所信任；信任既贤，在于坚固而不移。《诗》云"我心匪石，不可转也"。⑨言守善笃也。《易》曰"涣汗其大号"，⑩言号令如汗，汗出而不反者也。今出善令，未能逾时而反，是反汗也；⑪用贤未能三旬而退，是转石也。《论语》曰："见不善如探汤。"⑫今二府奏佞讇不当在位，历年而不去。⑬故出令则如反汗，用贤则如转石，去佞则如拔山，如此望阴阳之调，不亦难乎！

①师古曰："还谓收还也。"

②师古曰："枉，曲也。"

③师古曰："否音皮鄙反。"

④师古曰："此《小雅》《角弓篇》刺幽王好谗佞之诗也。麃麃，盛也。见，无云也。晛，日气也。聿，辞也。言雨雪之盛麃麃然，至于无云，日气始出，而雨雪皆消释矣。喻小人虽多，王若欲兴善政，则贤者升用，而小人诛灭矣。麃音彼骄反。晛音乃见反。"

⑤师古曰："鲧，崇伯之名，即梼杌也。共工，少皞氏之后，即穷奇也。驩兜，帝鸿氏之后，即浑敦也。鲧音工本反。驩音火官反。梼音徒高反。杌音兀。浑音胡本反。敦音徒本反。"

⑥师古曰："迭，互也。音大结反。"

⑦师古曰："季、孟谓季孙、孟孙，皆桓公之后代，执国权而卑公室也。"

⑧师古曰："叔孙者，叔孙通也。"

⑨师古曰："此《邶》《柏舟》之诗也，言石性虽坚，尚可移转，己志贞确，执德不倾，过于石也。"

⑩师古曰："此《易》《涣卦》九(四)〔五〕爻辞也。[9]言王者涣然大发号令，如汗之出也。"

⑪师古曰："一时，三月也。"

⑫师古曰："《论语》载孔子之言。探汤，言其除难无所避也。"

⑬如淳曰："二府，丞相、御史也。"师古曰："讇，古谄字。"

是以群小窥见间隙，缘饰文字，巧言丑诋，①流言飞文，譁于民间。②故《诗》云："忧心悄悄，愠于群小。"③小人成群，诚足愠也。昔孔子与颜渊、子贡更相称誉，不为朋党；④禹、稷与皋陶传相汲引，不为比周。⑤何则？忠于为国，无邪心也。故贤人在上位，则引其类而聚之于朝，《易》曰"飞龙在天，大人聚也"；⑥在下位，则思与其类俱进，《易》曰"拔茅茹以其彙，征吉"。⑦在上则引其类，在下则推其类，故汤用伊尹，不仁者远，而众贤至，类相致也。今佞邪与贤臣并在交戟之内，⑧合党共谋，违善依恶，歙歙訿訿，数设危险之言，欲以倾移主上。如忽然用之，此天地之所以先戒，灾异之所以重至者也。⑨

①师古曰："诋，毁也，辱也。音丁礼反。"

②师古曰："譁，喧也。譁音火瓜反。"

③师古曰："此《邶》《柏舟》言仁而不遇之诗也。悄悄，忧貌。愠，怒也。悄音千小反。"

④师古曰："事具见《论语》。更音工衡反。"

⑤师古曰："事见《尚书》《舜典》。比音频寐反。"

⑥师古曰："此《乾卦》九五象辞也。言圣王正位，临驭四方，则贤人君子皆来见也。"

⑦郑氏曰："彙音谓。彙，类也。茹，牵引也。茅喻君有洁白之德，臣下引其类

而仕之。"师古曰:"此《泰卦》初九爻辞。征,行也。茹音汝据反。"

⑧师古曰:"交戟,谓宿卫者。"

⑨师古曰:"重音直用反。"

自古明圣,未有无诛而治者也,故舜有四放之罚,①而孔子有两观之诛,②然后圣化可得而行也。今以陛下明知,诚深思天地之心,迹察两观之诛,③览《否》《泰》之卦,观雨雪之诗,历周、唐之所进以为法,原秦、鲁之所消以为戒,④考祥应之福,省灾异之祸,以揆当世之变,⑤放远佞邪之党,坏散险诐之聚,⑥杜闭群枉之门,广开众正之路,⑦决断狐疑,分别犹豫,使是非炳然可知,则百异消灭,而众祥并至,太平之基,万世之利也。"

①师古曰:"谓流共工于幽州,放驩兜于崇山,窜三苗于三危,殛鲧于羽山也。"

②应劭曰:"少正卯奸人之雄,故孔子摄司寇七日,诛之于两观之下。"师古曰:"两观,谓阙也。"

③师古曰:"寻其馀迹而察之。"

④师古曰:"历谓历观之,原谓思其本也。"

⑤师古曰:"省,视也。揆,度也。"

⑥师古曰:"险言曰诐,音彼义反。"

⑦师古曰:"杜,塞也。"

臣幸得托肺附,①诚见阴阳不调,不敢不通所闻。窃推《春秋》灾异,以(效)〔救〕今事一二,[10]条其所以,②不宜宣泄。臣谨重封昧死上。

①师古曰:"旧解云肺附谓肝肺相附著,犹言心膂也。一说肺谓斫木之肺札也,自言于帝室犹肺札附于大材木也。"

②师古曰:"以,由也。"

恭、显见其书,愈与许、史比而怨更生等。①堪性公方,自见孤立,遂直道而不曲。是岁夏寒,日青无光,恭、显及许、史皆言堪、猛用事之咎。上内重堪,又患众口之浸润,无所取信。时长安令杨兴以材能幸,常称誉堪。上欲以为助,乃见问兴:"朝臣龂龂不可光禄勋,何(也)

〔邪〕?”②〔11〕兴者倾巧士,谓上疑堪,因顺指曰:“堪非独不可于朝廷,自州里亦不可也。臣见众人闻堪前与刘更生等谋毁骨肉,以为当诛,故臣前言堪不可诛伤,为国养恩也。”上曰:“然此何罪而诛?今宜奈何?”兴曰:“臣愚以为可赐爵关内侯,食邑三百户,勿令典事。明主不失师傅之恩,此最策之得者也。”上于是疑。会城门校尉诸葛丰亦言堪、猛短,上因发怒免丰。语在其传。又曰:“丰言堪、猛贞信不立,朕闵而不治,又惜其材能未有所效,其左迁堪为河东太守,猛槐里令。”

①师古曰:“比音频寐反。”

②师古曰:“龂龂,忿嫉之意也。龂音牛斤反。”

显等专权日甚。后三岁馀,孝宣庙阙灾,其晦,日有蚀之。于是上召诸前言日变在堪、猛者责问,皆稽首谢。乃因下诏曰:“河东太守堪,先帝贤之,命而傅朕。资质淑茂,道术通明,①论议正直,秉心有常,发愤悃愊,②信有忧国之心。以不能阿尊事贵,孤特寡助,抑厌遂退,③卒不克明。④往者众臣见异,⑤不务自修,深惟其故,而反晻昧说天,托咎此人。⑥朕不得已,⑦出而试之,以彰其材。堪出之后,大变仍臻,众亦嘿然。堪治未期年,而三老官属有识之士咏颂其美,使者过郡,靡人不称。⑧此固足以彰先帝之知人,而朕有以自明也。俗人乃造端作基,非议诋欺,⑨或引幽隐,非所宜明,意疑以类,欲以陷之,朕亦不取也。朕迫于俗,不得专心,乃者天著大异,朕甚惧焉。今堪年衰岁暮,恐不得自信,⑩排于异人,将安究之哉?⑪其征堪诣行在所。”拜为光禄大夫,秩中二千石,领尚书事。猛复为太中大夫给事中。显干尚书〔事〕,⑫〔12〕尚书五人,皆其党也。堪希得见,常因显白事,事决显口。会堪疾瘖,不能言而卒。⑬显诬谮猛,令自杀于公车。更生伤之,乃著《疾谗》、《擿要》、《救危》及《世颂》,凡八篇,⑭依兴古事,悼已及同类也。⑮遂废十馀年。

①师古曰:“淑,善也。茂,美也。”

②张晏曰:“悃,诚也。愊,致密也。”师古曰:“悃愊,至诚也。悃音口本反。愊音平力反。”

③师古曰:“厌音一甲反,谓不伸也。”

④师古曰:"卒,终也。克,能也。"

⑤师古曰:"异,灾异也。"

⑥师古曰:"晻,不明也,读与暗同,又音乌感反。"

⑦师古曰:"已,止也。"

⑧师古曰:"靡,无也。"

⑨师古曰:"诋,毁也,音丁礼反。"

⑩师古曰:"信读曰伸。"

⑪师古曰:"究,竟也,明也。"

⑫师古曰:"干与管同,言管主其事。"

⑬师古曰:"瘖音于今反。"

⑭师古曰:"擿谓指发之也,音吐历反。"

⑮师古曰:"兴谓比喻也,音许证反。"

成帝即位,显等伏辜,更生乃复进用,更名向。向以故九卿召拜为中郎,使领护三辅都水。①数奏封事,迁光禄大夫。是时帝元舅阳平侯王凤为大将军秉政,倚太后,专国权,②兄弟七人皆封为列侯。时数有大异,向以为外戚贵盛,凤兄弟用事之咎。而上方精于《诗》《书》,观古文,诏向领校中《五经》秘书。③向见《尚书》《洪范》,箕子为武王陈五行阴阳休咎之应。④向乃集合上古以来历春秋六国至秦汉符瑞灾异之记,推迹行事,连传祸福,著其占验,比类相从,各有条目,凡十一篇,号曰《洪范五行传论》,奏之。天子心知向忠精,故为凤兄弟起此论也,然终不能夺王氏权。

①苏林曰:"三辅多溉灌渠,悉主之,故言都水。"

②师古曰:"倚音于绮反。"

③师古曰:"言中者以别于外。"

④师古曰:"休,美也,音许求反。它皆类此。"

久之,营起昌陵,数年不成,复还归延陵,制度泰奢。向上疏谏曰:

臣闻《易》曰:"安不忘危,存不忘亡,是以身安而国家可保也。"①故贤圣之君,博观终始,穷极事情,而是非分明。王者必通三统,②明天命所授者博,非独一姓也。孔子论《诗》,至于"殷士肤敏,祼将于京",③喟然叹曰:④"大哉天命!善不可不传于子孙,是以富贵无常;不如是,则王公其何以戒慎,民萌何以劝勉?"⑤盖伤微子之事周,而痛殷之亡也。虽有尧舜之圣,不能化丹朱之子;虽有禹汤之德,不能训末孙之桀纣。自古及今,未有不亡之国也。昔高皇帝既灭秦,将都雒阳,感寤刘敬之言,自以德不及周,而贤于秦,遂徙都关中,依周之德,因秦之阻。世之长短,以德为效,⑥故常战栗,不敢讳亡。孔子所谓"富贵无常",盖谓此也。

①师古曰:"《易》《下系》之辞。"

②应劭曰:"二王之后,与己为三统也。"孟康曰:"天地人之始也。"张晏曰:"一曰天统,为周十一月建子为正,天始施之端也。二曰地统,谓殷以十二月建丑为正,地始化之端也。三曰人统,谓夏以十三月建寅为正,人始成之端也。"师古曰:"二家之说皆不备也。言王者象天地人之三统,故存三代也。"

③师古曰:"此《大雅》《文王》之篇。殷士,殷之卿士也。肤,美也。敏,疾也。祼,灌鬯也。将,行也。京,周京也。言殷之臣有美德而敏疾,乃来助祭于周,行祼鬯之事,是天命无常,归于有德。"

④师古曰:"喟然,叹息貌,音丘位反。"

⑤师古曰:"萌与甿同,无知之貌。"

⑥师古曰:"效谓征验也。"

孝文皇帝居霸陵,北临厕,①意凄怆悲怀,顾谓群臣曰:"嗟乎!以北山石为椁,用纻絮斮陈漆其间,②岂可动哉!"张释之进曰:"使其中有可欲,虽锢南山犹有隙;使其中无可欲,虽无石椁,又何戚焉?"③夫死者无终极,而国家有废兴,故释之之言,为无穷计也。孝文寤焉,遂薄葬,不起山坟。

①服虔曰:"厕,侧近水也。"李奇曰:"霸陵山北头厕近霸水,帝登其上以远望也。"

②应劭曰:"斮,斩也。陈,施也。"孟康曰:"斮絮以漆著其间也。"师古曰:"美石出京师北山,今宜州石是也,故云以北山石为椁。纻絮者,可以纻衣之絮也。斮而陈其间,又从而漆之也。纻音张吕反。斮音侧略反。"

③师古曰:"有可欲,谓多臧金玉而厚葬之,人皆欲发取之,是有间隙也。无可欲,谓不寘器(卫)〔备〕而薄葬,[13]人无欲攻掘取之,故无忧戚也。锢谓铸塞

也。云锢南山者，取其深大，假为喻也。锢音固。”

《易》曰：“古之葬者，厚衣之以薪，臧之中野，不封不树。①后世圣人易之以棺椁。”棺椁之作，自黄帝始。黄帝葬于桥山，②尧葬济阴，丘垅皆小，葬具甚微。③舜葬苍梧，二妃不从。④禹葬会稽，不改其列。⑤殷汤无葬处。⑥文、武、周公葬于毕，⑦秦穆公葬于雍橐泉宫祈年馆下，樗里子葬于武库，⑧皆无丘陇之处。此圣帝明王贤君智士远览独虑无穷之计也。其贤臣孝子亦承命顺意而薄葬之，此诚奉安君父，忠孝之至也。

①师古曰：“厚衣之以薪，言积薪以覆之也。不封，谓不聚土为坟也。不树，谓不种树也。衣音于既反。”

②师古曰：“在上郡阳周县。”

③晋灼曰：“丘垅，冢坟也。”

④师古曰：“二妃，尧之二女。”

⑤郑氏曰：“不改树木百物之列也。”如淳曰：“列，陇也。墨子曰‘禹葬会稽之山，既葬，收馀壤其上，垅若参耕之亩，则止矣。’”晋灼曰：“列，肆也。《淮南子》云‘舜葬苍梧，不变其肆’，言不烦于民也。”师古曰：“郑说是也。《淮南》所云‘不变其肆’，肆者故也，言山川田亩皆如故耳，非别义也。晋氏失之。”

⑥师古曰：“谓不见传记也。”

⑦李奇曰：“在岐州之间。”臣瓒曰：“《汲郡古文》毕西于丰三十里。”师古曰：“二说皆非也。毕陌在长安西北四十里也。”

⑧文颖曰：“秦惠王异母弟也。”师古曰：“樗里子且死，曰：‘葬我必于渭南章台东，后百年当有天子宫夹我墓。’及汉兴，长乐宫在其东，未央宫在其西，武库正直其上也。”

夫周公，武王弟也，葬兄甚微。孔子葬母于防，①称古墓而不坟，②曰：“丘，东西南北之人也，不可不识也。”③为四尺坟，遇雨而崩。弟子修之，以告孔子，孔子流涕曰：“吾闻之，古〔者〕不修墓。”[14]盖非之也。④延陵季子适齐而反，其子死，葬于嬴、博之间，⑤穿不及泉，敛以时服，封坟掩坎，其高可隐，⑥而号曰：⑦“骨肉归复于土，命也，魂气则无不之也。”夫嬴、博去吴千有馀里，季子不归葬。孔子往观曰："延陵季子于礼合矣。"⑧故仲尼孝子，而延陵慈父，舜禹忠臣，周公弟弟，⑨其葬君亲骨肉，皆微薄矣；非苟为俭，诚便于体也。宋桓司马为石椁，仲尼曰"不如速朽"。⑩秦相吕不韦集知略之士而造《春秋》，亦言薄葬之义，皆明于事情者也。

①师古曰："防，鲁邑名也。音扶方反。"

②师古曰："墓谓圹穴也。坟谓积土也。"

③师古曰："东西南北，言周游以行其道，不得专在本邦，故墓须表识，音式志反。"

④师古曰："事见《礼记》。"

⑤师古曰："二邑并在泰山，其子死于其间。"

⑥孟康曰："隐蔽之，才可见而已。"臣瓒曰："谓人立可隐肘也。"师古曰："瓒说是也。隐音于靳反。"

⑦师古曰："号谓哭而且言也。"

⑧师古曰："事亦见《礼记》。"

⑨师古曰："弟弟者，言弟能顺理也。上弟音徒计反。"

⑩李奇曰："宋桓魋为石椁，奢泰，故激以此言。"

逮至吴王阖闾，违礼厚葬，十有馀年，越人发之。及秦惠文、武、昭、严襄五王，①皆大作丘陇，多其瘗臧，②咸尽发掘暴露，甚足悲也。秦始皇帝葬于骊山之阿，③下锢三泉，上崇山坟，其高五十馀丈，周回五里有馀；石椁为游馆，④人膏为灯烛，水银为江海，黄金为凫雁。珍宝之臧，机械之变，⑤棺椁之丽，宫馆之盛，不可胜原。⑥又多杀宫人，生薶工匠，计以万数。天下苦其役而反之，骊山之作未成，而周章百万之师至其下矣。⑦项籍燔其宫室营宇，往者咸见发掘。⑧其后牧儿亡羊，羊入其凿，⑨牧者持火照求羊，失火烧其臧椁。自古至今，葬未有盛如始皇者也，数年之间，外被项籍之灾，内离牧竖之祸，⑩岂不哀哉！

①师古曰："严襄者，谓庄襄，则始皇父也。"

②师古曰："瘗，埋也。音于例反。"

③师古曰："阿谓山曲也。"

④李奇曰："圹中为游戏之观也。"师古曰："多累石作椁于圹中，以为离宫别馆也。"

⑤孟康曰："作机发木人之属，尽其巧变也。"晋灼曰："《始皇本纪》令匠作机弩矢，有所穿近，辄射之。又言工匠为机，咸皆知之，已下，闭羡门，皆杀工匠也。"师古曰："晋说是也。"

⑥师古曰："言不能尽其本数。"

⑦师古曰："周章，陈胜之将。"

⑧师古曰："言至其墓所者发掘之而求财物也。"

⑨师古曰："凿谓所穿冢臧者，音在到反。"

⑩师古曰："离，遭也。"

是故德弥厚者葬弥薄，知愈深者葬愈微。无德寡知，其葬愈厚，丘陇弥高，宫庙甚丽，发掘必速。由是观之，明暗之效，葬之吉凶，昭然可见矣。周德既衰而奢侈，宣王贤而中兴，更为俭宫室，小寝庙。诗人美之，《斯干》之诗是也，①上章道宫室之如制，下章言子孙之众多也。②及鲁严公③刻饰宗庙，多筑台囿，④后嗣再绝，⑤《春秋》刺焉。周宣如彼而昌，鲁、秦如此而绝，是则奢俭之得失也。

①师古曰："《小雅》篇名，美宣王考室。其首章曰'秩秩斯干'。秩秩，流行也。干，涧也。喻宣王之德如涧水源，秩秩流出，无极已也。"

②师古曰："宫室如制，谓'殖殖其廷，有觉其楹，君子攸宁'也。子孙众多，谓'维熊维罴，男子之祥；维虺维蛇，女子之祥'也。"

③师古曰："即庄公也。"

④师古曰："解在《五行志》。"

⑤孟康曰："谓子般、闵公皆杀死也。"

陛下即位，躬亲节俭，始营初陵，其制约小，天下莫不称贤明。及徙昌陵，增埤为高，①积土为山，发民坟墓，积以万数，营起邑居，期日迫卒，②功费大万百馀。③死者恨于下，生者愁于上，怨气感动阴阳，因之以饥馑，物故流离以十万数，④臣甚愍焉。⑤以死者为有知，发人之墓，其害多矣；若其无知，又安用大？⑥谋之贤知则不说，以示众庶则苦之；⑦若苟以说愚夫淫侈之人，又何为哉！陛下慈仁笃美甚厚，聪明疏达盖世，宜弘汉家之德，崇刘氏之美，光昭五帝、三王，而顾与暴秦乱君竞为奢侈，比方丘陇，⑧说愚夫之目，隆一时之观，违贤知之心，亡万世之安，臣窃为陛下羞之。唯陛下上览明圣黄帝、尧、舜、禹、汤、文、武、周公、仲尼之制，下观贤知穆公、延陵、樗里、张释之之意。孝文皇帝去坟薄葬，以俭安神，可以为则；秦昭、始皇增山厚臧，以侈生害，足以为戒。初陵之模，宜从公卿大臣之议，⑨以息众庶。

①师古曰："埤，下也，音婢。"

②师古曰："卒读曰猝。"

③应劭曰："大万，亿也。大，巨也。"

④师古曰："物故，谓死也。流离，谓亡其居处也。"

⑤师古曰："惛谓不了，言惑于此事也。惛音昏。一曰，惛，古闵字，忧病也。"

⑥师古曰："安，焉也。"

⑦师古曰："说读曰悦。其下亦同。"

⑧师古曰："顾犹反也。"

⑨应劭曰："模音规摹之摹。"师古曰："谓规度墓地，应音是也。《韦玄成传》及萧望之传规橅音(议)〔义〕皆同，〔15〕其字从木。"

书奏，上甚感向言，而不能从其计。

向睹俗弥奢淫，而赵、卫之属起微贱，逾礼制。①向以为王教由内及外，自近者始。故采取《诗》《书》所载贤妃贞妇，兴国显家可法则，及孽嬖乱亡者，②序次为《列女传》，凡八篇，以戒天子。及采传记行事，著《新序》、《说》《苑》凡五十篇奏之。数上疏言得失，陈法戒。书数十上，以助观览，补遗阙。上虽不能尽用，然内嘉其言，常嗟叹之。

①师古曰："赵皇后、昭仪、卫婕妤也。"

②师古曰："孽，庶也。嬖，爱也。嬖音必计反。"

时上无继嗣，政由王氏出，灾异浸甚。①向雅奇陈汤智谋，与相亲友，独谓汤曰："灾异如此，而外家日(甚)〔盛〕，〔16〕其渐必危刘氏。吾幸得同姓末属，絫世蒙汉厚恩，②身为宗室遗老，历事三主。上以我先帝旧臣，每进见常加优礼，吾而不言，孰当言者？”③向遂上封事极谏曰：

①师古曰：“浸，渐也。”

②师古曰：“絫，古累字。”

③师古曰：“孰，谁也。”

臣闻人君莫不欲安，然而常危，莫不欲存，然而常亡，失御臣之术也。夫大臣操权柄，持国政，①未有不为害者也。昔晋有六卿，②齐有田、崔，卫有孙、甯，鲁有季、孟，常掌国事，世执朝柄。终后田氏取齐；六卿分晋；崔杼弑其君光；孙林父、甯殖出其君衎，弑其君剽；③季氏八佾舞于庭，三家者以《雍》彻，④并专国政，卒逐昭公。周大夫尹氏筦朝事，⑤浊乱王室，子朝、子猛更立，连年乃定。⑥故经曰“王室乱”，又曰“尹氏杀王子克”，甚之也。⑦《春秋》举成败，录祸福，如此类甚众，皆阴盛而阳微，下失臣道之所致也。故《书》曰：“臣之有作威作福，害于而家，凶于而国。”⑧孔子曰“禄去公室，政逮大夫”，危亡之兆。⑨秦昭王舅穰侯及泾阳、叶阳君⑩专国擅势，上假太后之威，三人者权重于昭王，家富于秦国，国甚危殆，赖寤范雎之言，而秦复存。二世委任赵高，专权自恣，壅蔽大臣，终有阎乐望夷之祸，⑪秦遂以亡。近事不远，即汉所代也。

①师古曰：“操，执也。音千高反。”

②应劭曰：“智伯、范、中行、韩、魏、赵也。”

③师古曰：“衎音口旦反。剽音匹照反。解在《五行志》。”

④师古曰：“佾，列也，谓舞者之行列也。八人一佾，八佾六十四人也。《雍》，乐诗名，彻馔奏之。皆僭王者之礼。”

⑤师古曰：“筦与管同。”

⑥师古曰：“更音工衡反。解并在《五行志》。”

⑦师古曰：“言其恶大甚也。”

⑧师古曰：“《周书》《洪范》也。而，汝也。言唯君得作威作福，臣下为之，则致凶害也。”

⑨李奇曰：“卿当为政，而反大夫为政也。”臣瓒曰：“政不由君，下及大夫也。上大夫即卿也。”师古曰：“瓒说是也。《论语》孔子曰：‘禄去公室五君矣，政

逮于大夫四君矣，故三桓之子孙微矣。'"

⑩郑氏曰："皆昭王母之弟也。"师古曰："穰侯，魏冉也。泾阳、叶阳，皆其弟也。叶音式涉反。"

⑪郑氏曰："望夷，秦宫名也。"应劭曰："秦二世斋于望夷之宫，阎乐以兵杀二世也。"师古曰："《博物志》云宫在长陵西北，长平观道东，临泾水，作之以望北夷。此说非也。胡亥葬于宜春苑，苑不在渭北也。"

汉兴，诸吕无道，擅相尊王。吕产、吕禄席太后之宠，据将相之位，①兼南北军之众，拥梁、赵王之尊，骄盈无厌，欲危刘氏。赖忠正大臣绛侯、朱虚侯等竭诚尽节以诛灭之，然后刘氏复安。今王氏一姓乘朱轮华毂者二十三人，青紫貂蝉充盈幄内，鱼鳞左右。②大将军秉事用权，五侯骄奢僭盛，并作威福，击断自恣，行污而寄治，身私而托公，③依东宫之尊，假甥舅之亲，以为威重。④尚书九卿州牧郡守皆出其门，⑤管执枢机，朋党比周。称誉者登进，忤恨者诛伤；游谈者助之说，执政者为之言。排摈宗室，孤弱公族，其有智能者，尤非毁而不进。远绝宗室之任，不令得给事朝省，恐其与己分权；数称燕王、盖主以疑上心，⑥避讳吕、霍而弗肯称。⑦内有管、蔡之萌，外假周公之论，兄弟据重，宗族磐互。⑧历上古至秦汉，外戚僭贵未有如王氏者也。虽周皇甫、秦穰侯、汉武安、吕、霍、上官之属，皆不及也。⑨

①师古曰："席犹因也，言若人之坐于席也。"

②师古曰："言在帝之左右，相次若鱼鳞也。"

③师古曰："寄，托也。内为污私之行，而外托治公之道也。"

④师古曰："东宫，太后所居也。"

⑤师古曰："言为其僚吏者皆居显要之职。"

⑥师古曰："示宗室亲近而反逆也。"

⑦师古曰："吕后、霍后二家皆坐僭擅诛灭，故为王氏讳而不言也。"

⑧师古曰："磐结而交互也。字或作牙，谓若犬牙相交入之意也。"

⑨师古曰："皇甫，周卿士字也，周后宠之，故处于盛位，权党于朝，诗人刺之。事见《小雅》《十月之交》篇。武安侯，田蚡也。"

物盛必有非常之变先见，为其人微象。孝昭帝时，冠石立于泰山，①仆柳起于上林。②而孝宣帝即位，今王氏先祖坟墓在济南者，其梓柱生枝叶，扶疏上出屋，根臿地中，虽立石起柳，无以过此之明也。事势不两大，王氏与刘氏亦且不并立，如下有泰山之安，则上有累卵之危。陛下为人子孙，守持宗庙，而令国祚移于外亲，降为皂隶，③纵不为身，奈宗庙何！妇人内夫家，外父母家，此亦非皇太后之福也。④孝宣皇帝不与舅平昌、乐昌侯权，所以安全之也。

①晋灼曰："《汉注》冠山石名。"臣瓒曰："冠山下有石自立，三石为足，一石在上，故曰冠石也。"师古曰："事具在《眭孟传》。"

②师古曰："其树已死，僵仆于地，而更起生，事亦具在《眭孟传》。"

③师古曰："皂隶，卑贱之人也。《春秋左氏传》曰'大夫臣士，士臣皂，皂臣舆，舆臣隶'也。"

④如淳曰："内犹亲也，而皇太后反外夫家也。"

夫明者起福于无形，销患于未然。宜发明诏，吐德音，援近宗室，亲而纳信，①黜远外戚，毋授以政，②皆罢令就弟，以则效先帝之所行，厚安外戚，全其宗族，诚东宫之意，外家之福也。王氏永存，保其爵禄，刘氏长安，不失社稷，所以褒睦外内之姓，子子孙孙无疆之计也。如不行此策，田氏复见于今，六卿必起于汉，③为后嗣忧，昭昭甚明，不可不深图，不可不蚤虑。④《易》曰："君不密，则失臣；臣不密，则失身；幾事不密，则害成。"⑤唯陛下深留圣思，审固幾密，览往事之戒，以折中取信，居万安之实，用保宗庙；久承皇太后，⑥天下幸甚。

①师古曰："援，引也，谓升引而附近之也。援音爰。"

②师古曰："远谓疏而离之也。音于万反。"

③师古曰："如，若也。"

④师古曰："蚤，古早字。"

⑤师古曰："《上系》之辞也。"

⑥师古曰："言社稷不安，则帝身亦不得久事皇太后也。"

书奏，天子召见向，叹息悲伤其意，谓曰："君且休矣，吾将思之。"①以向为中垒校尉。

①师古曰："且令出外休息。"

向为人简易无威仪，廉靖乐道，不交接世俗，专积思于经术，昼诵书传，夜观星宿，或不寐达旦。元延中，星孛东井，蜀郡岷山崩雍江。①向恶此异，语在《五行志》。怀不能已，复上奏，其辞曰：

①师古曰："雍读作壅。"

臣闻帝舜戒伯禹，毋若丹朱敖；①周公戒成王，毋若殷王纣。②《诗》曰"殷监不远，在夏后之世"，③亦言汤以桀为戒也。圣帝明王常以败乱自戒，不讳废兴，故臣敢极陈其愚，唯陛下留神察焉。

①师古曰："事见《虞书·益稷》篇。丹朱，尧子也。敖读曰傲。"

②师古曰："事见《周书》《亡逸》篇。"

③师古曰："《大雅》《荡》之诗。"

谨案春秋二百四十二年，日蚀三十六，襄公尤数，率三岁五月有奇而壹食。①汉兴讫竟宁，孝景帝尤数，率三岁一月而一食。臣向前数言日当食，今连三年比食。②自建始以来，二十岁间而八食，率二岁六月而一发，古今罕有。异有小大希稠，占有舒疾缓急，而圣人所以断疑也。《易》曰："观乎天文，以察时变。"③昔孔子对鲁哀公，并言夏桀、殷纣暴虐天下，故历失则摄提失方，孟陬无纪，④此皆易姓之变也。秦始皇之末至二世时，日月薄食，山陵沦亡，辰星出于四孟，⑤太白经天而行，⑥无云而雷，⑦枉矢夜光，⑧荧惑袭月，⑨孽火烧宫，⑩野禽戏廷，⑪都门内崩，⑫长人见临洮，石陨于东郡，星孛大角，大角以亡。⑬观孔子之言，考暴秦之异，天命信可畏也。及项籍之败，亦孛大角。汉之入秦，五星聚于东井，得天下之象也。孝惠时，有雨血，日食于冲，灭光星见之异。⑭孝昭时，有泰山卧石自立，上林僵柳复起，大星如月西行，众星随之，此为特异。孝宣兴起之表，天狗夹汉而西，⑮久阴不雨者二十馀日，昌邑不终之异也。皆著于《汉纪》。观秦、汉之易世,览惠、昭之无后,察昌邑之不终,视孝宣之绍起,天之去就,岂不昭昭然哉!高宗、成王亦有雊雉拔木之变,能思其故,故高宗有百年之福,成王有复风之报。⑯神明之应,应若景向,⑰世所同闻也。

①师古曰:"奇谓成数之馀,不满者也。音居宜反。"

②师古曰:"比,频也。"

③师古曰:"《贲》彖辞也。"

④孟康曰:"摄提,星名也。随斗杓建十二月,历不正,则失其所建。首时为孟,正月为陬。"师古曰:"陬音子侯反,又音邹。"

⑤师古曰:"四时之孟月也。当见四仲也。"

⑥孟康曰:"谓出东入西,出西入东也。太白阴星,出东当伏东,出西当伏西。过午为经天也。"

⑦张晏曰:"雷当托云,犹君之托臣也。二世不恤天下,人有叛心,象独号令而无臣也。"

⑧应劭曰:"流星也,其射如矢,蛇行不正,故曰枉矢流,以乱伐乱。"苏林曰:"有声为天狗,无声为枉矢也。"

⑨应劭曰:"荧惑主内乱,月主刑,故赵高杀二世也。"

⑩师古曰:"孽,灾也。"

⑪张晏曰:"野鸟入处,主人将去。"

⑫师古曰:"内向而坏。"

⑬应劭曰:"天王坐席也。流星茀大角,大角因伏不见也。"

⑭孟康曰:"日月行交道之冲也。相薄而既也,京房所谓阴气盛,薄夺日光者也。"

⑮李奇曰:"流星也。下堕地为天狗,皆祆星。"

⑯师古曰:"复,反也。事并见《尚书》《高宗肜日》及《金縢篇》,解在《五行志》。"

⑰师古曰:"向读曰响。"

臣幸得托末属,诚见陛下有宽明之德,冀销大异,而兴高宗、成王之声,以崇刘氏,故狠狠数奸死亡之诛。①今日食尤屡,星孛东井,摄提炎及紫宫,②有识长老莫不震动,此变之大者也。其事难一二记，故《易》曰“书不尽言，言不尽意”，③是以设卦指爻，而复说义。《书》曰“伻来以图”，④天文难以相晓，臣虽图上，犹须口说，然后可知，愿赐清燕之閒，⑤指图陈状。

①师古曰：“豤豤，款诚之意也。奸，犯也。豤音恳。奸音干。”

②师古曰：“炎音弋赡反。”

③师古曰：“《上系》之辞。”

④孟康曰：“伻，使也。使人以图来示成王，明（曰）〔口〕说不了，[17]指图乃了也。”师古曰：“《周书》《洛诰》之辞。”

⑤师古曰：“閒读曰闲。”

上辄入之，①然终不能用也。向每召见，数言公族者国之枝叶，枝叶落则本根无所庇荫；②方今同姓疏远，母党专政，禄去公室，权在外家，非所以强汉宗，卑私门，保守社稷，安固后嗣也。”

①师古曰：“谓召入也。”

②师古曰：“庇音必寐反。荫音于禁反。”

向自见得信于上，故常显讼宗室，讥刺王氏及在位大臣，其言多痛切，发于至诚。上数欲用向为九卿，辄不为王氏居位者及丞相御史所持，故终不迁，①居列大夫官前后三十馀年，年七十二卒。卒后十三岁而王氏代汉。向三子皆好学：长子伋，②以《易》教授，官至郡守；中子赐，九卿丞，早卒；少子歆，最知名。

①师古曰：“持谓扶持佐助也。”

②师古曰：“伋音汲。”

歆字子骏，少以通《诗》《书》能属文召，见成帝，待诏宦者署，为黄门郎。河平中，受诏与父向领校秘书，讲六艺传记，诸子、诗赋、数术、方技，无所不究。向死后，歆复为中垒校尉。

哀帝初即位，大司马王莽举歆宗室有材行，为侍中太中大夫，迁骑都尉、奉车光禄大夫，贵幸。复领《五经》，卒父前业。歆乃集六艺群书，种别为《七略》。语在《艺文志》。

歆及向始皆治《易》，宣帝时，诏向受《穀梁春秋》，十馀年，大明习。及歆校秘书，见古文《春秋左氏传》，歆大好之。时丞相史尹咸以能治《左氏》，与歆共校经传。歆略从咸及丞相翟方进受，质问大义。①初《左氏传》多古字古言，学者传训故而已，②及歆治《左氏》，引传文以解经，转相发明，由是章句义理备焉。歆亦湛靖有谋，③父子俱好古，博见强志，④过绝于人。歆以为左丘明好恶与圣人同，⑤亲见夫子，而公羊，穀梁在七十子后，⑥传闻之与亲见之，其详略不同。歆数以难向，向不能非间也，⑦然犹自持其《穀梁》义。及歆亲近，欲建立《左氏春秋》及《毛诗》、《逸礼》、《古文尚书》皆列于学官。哀帝令《歆》与《五经》博士讲论其义，诸博士或不肯置对，⑧歆因移书太常博士，责让之曰：

①师古曰："质，正也。"

②师古曰："故谓指趣也。"

③师古曰："湛读曰沈。"

④师古曰："志，记也。"

⑤师古曰："《论语》载孔子曰：'巧言令色足恭，左丘明耻之，丘亦耻之；匿怨而友其人，左丘明耻之，丘亦耻之。'"

⑥师古曰："七十子是孔子弟子也，实七十二人，指其(言成数)〔成数言〕也。"[18]

⑦师古曰："间音居苋反。"

⑧师古曰："并不与歆意同，故不肯立其学也。置对，置辞以对也。"

昔唐虞既衰，而三代迭兴，①圣帝明王，累起相袭，其道甚著。周室既微而礼乐不正，道之难全也如此。是故孔子忧道之不行，历国应聘。自卫反鲁，然后乐正，《雅》《颂》乃得其所；修《易》，序《书》，制作《春秋》，以纪帝王之道。及夫子没而微言绝，七十子终而大义乖。重遭战国，弃笾豆之礼，理军旅之陈，②孔氏之道抑，而孙吴之术兴。陵夷至于暴秦，燔经书，杀儒士，设挟书之法，行是古之罪，③道术由是遂灭。汉兴，去圣帝明王遐远，仲尼之道又绝，法度无所因袭。时独有一叔孙通略定礼仪，天下唯有《易》卜，未有它书。至孝惠之世，乃除挟书之律，然公卿大臣绛、灌之属咸介胄武夫，莫以为意。至孝文皇帝，始使掌故朝错④从伏生受《尚书》。《尚书》初出于屋壁，朽折散绝，今其书见在，时师传读而已。《诗》始萌牙。⑤天下众书往往颇出，皆诸子传说，犹广立于学官，为置博士。在汉朝之儒，唯贾生而已。⑥至孝武皇帝，然后邹、鲁、梁、赵颇有《诗》、《礼》、《春秋》先师，⑦皆起于建元之间。当此之时，一人不能独尽其经，或为《雅》，或为《颂》，相合而成。《泰誓》后得，博士集而读之。故诏书称曰："礼坏乐崩，书缺简脱，朕甚闵焉。"时汉兴已七八十年，离于全经，固已远矣。⑧

①师古曰："迭，互也。音大结反。"

②师古曰："笾豆，礼食之器也。以竹曰笾，以木曰豆。笾音边。"

③师古曰："以古事为是者即罪之。"

④李奇曰："掌故，官名也。"

⑤师古曰："言若草木之初生。"

⑥师古曰："谓贾谊。"

⑦师古曰："前学之师也。"

⑧师古曰："言废绝以久，不可得其真也。"

及鲁恭王坏孔子宅，欲以为宫，而得古文于坏壁之中，《逸礼》有三十九，《书》十六篇。天汉之后，孔安国献之，遭巫蛊仓卒之难，未及施行。及《春秋》左氏丘明所修，皆古文旧书，多者二十馀通，臧于秘府，伏而未发。孝成皇帝闵学残文缺，稍离其真，乃陈发秘臧，校理旧文，得此三事，以考学官所传，经或脱简，传或间编。①传问民间，则有鲁国(柏)〔桓〕公、[19]赵国贯公、胶东庸生之遗学与此同，抑而未施。此乃有识者之所惜闵，士君子之所嗟痛也。往者缀学之士不思废绝之阙，苟因陋就寡，分文析字，烦言碎辞，学者罢老且不能究其一艺。②信口说而背传记，是末师而非往古，至于国家将有大事，若立辟雍、封禅、巡狩之仪则幽冥而莫知其原。③犹欲保残守缺，挟恐见破之私意，而无从善服义之公心，或怀妒嫉，不考情实，雷同相从，随声是非，抑此三学，以《尚书》为备，④谓左氏为不传《春秋》，岂不哀哉！

①师古曰："脱简，遗失之。间编，谓旧编烂绝，就更次之，前后错乱也。间音古苋反。"

②师古曰："罢读曰疲。究，竟也。"

③师古曰："幽冥犹暗昧也。"

④苏林曰："备之而已。"臣瓒曰："当时学者，谓《尚书》唯有二十八篇，不知本(存)〔有〕百篇也。"[20]师古曰："瓒说是也。"

今圣上德通神明，继统扬业，亦闵文学错乱，学士若兹，虽昭其情，犹依违谦让，①乐与士君子同之。故下明诏，试《左氏》可立不，遣近臣奉指衔命，将以辅弱扶微，与二三君子比意同力，冀得废遗。②今则不然，深闭固距，而不肯试，猥以不诵绝之，③欲以杜塞馀道，绝灭微学。夫可与乐成，难与虑始，此乃众庶之所为耳，非所望士君子也。且此数家之事，皆先帝所亲论，今上所考视，其古文旧书，皆有征验，外内相应，岂苟而已哉！

①师古曰："依违，言不专决也。"

②师古曰："比，合也。经艺有废遗者，冀得兴立之也。比音频寐反。"

③师古曰："猥，苟也。苟不诵习之，而欲绝去此学。"

夫礼失求之于野，古文不犹愈于野乎？①往者博士《书》有欧阳，《春秋》公羊，《易》则施、孟，然孝宣皇帝犹复广立《穀梁春秋》，《梁丘易》，《大》《小夏侯尚书》，义虽相反，犹并置之。何则？与其过而废之也，宁过而立之。②传曰："文武之道未坠于地，在人；贤者志其大者，不贤者志其小者。"③今此数家之言，所以兼包大小之义，岂可偏绝哉！若必专己守残，④党同门，妒道真，⑤违明诏，失圣意，以陷于文吏之议，甚为二三君子不取也。

①师古曰："愈，胜也。"

②师古曰："过犹误。"

③师古曰："《论语》孔子弟子子贡之言。志，识也，一曰记。"

④师古曰："专执己所偏见，苟守残缺之文也。"

⑤师古曰："党同师之学，妒道艺之真也。"

其言甚切，诸儒皆怨恨。是时名儒光禄大夫龚胜以歆移书上疏深自罪责，愿乞骸骨罢。及儒者师丹为大司空，亦大怒，奏歆改乱旧章，非毁先帝所立。上曰："歆欲广道术，亦何以为非毁哉？"歆由是忤执政大臣，为众儒所讪，①惧诛，求出补吏，为河内太守。以宗室不宜典三河，徙守五原，后复转在涿郡，历三郡守。数年，以病免官，起家复为安定属国都尉。会哀帝崩，王莽持政，莽少与歆俱为黄门郎，重之，白太后。太后留歆为右曹太中大夫，迁中垒校尉，羲和，京兆尹，使治明堂辟雍，封红休侯。典儒林史卜之官，考定律历，著《三统历谱》。

①师古曰："讪，谤也，音所谏反。"

初，歆以建平元年改名秀，字颖叔云。①及王莽篡位，歆为国师，后事皆在《莽传》。

①庆劭曰："《河图》《赤伏符》云'刘秀发兵捕不道，四夷云集龙斗野，四七之际火为主'，故改名，幾以趣也。"

赞曰：仲尼称"材难不其然与！"①自孔子后，缀文之士众矣，唯孟轲、孙况，董仲舒、司马迁、刘向、扬雄。②此数公者，皆博物洽闻，通达古今，其言有补于世。传曰"圣人不出，其间必有命世者焉"，岂近是乎？③刘氏《洪范论》发明《大传》，著天人之应；《七略》剖判艺文，总百家之绪；《三统历谱》考步日月五星之度。有意其推本之也。④呜虖！向言山陵之戒，于今察之，⑤哀哉！指明梓柱以推废兴，昭矣！⑥岂非直谅多闻，古之益友与！⑦

①师古曰："《论语》载孔子之言也。贤材难得。与读曰欤。"

②师古曰："孙况即荀卿也。"

③师古曰："近音其靳反。"

④师古曰："言其究极根本，深有意也。"

⑤师古曰："虖读曰呼。"

⑥师古曰："昭然明白。"

⑦师古曰："谅，信也。《论语》称孔子曰'益者三友，友直，友谅，友多闻，益矣。'赞言向直谅多闻，可谓益矣。与读曰欤。"

【校勘记】

〔1〕 故为其(後)〔后〕母弟赵何齐取广陵王女为妻。 宋祁说"後"疑是"后"字。杨树达说宋说是。

〔2〕 德字路叔(少)，修黄老术， 景祐、殿本都无"叔"字。王念孙说"叔"字误为"少"，"少"字与下文"少时"重复，不当有。

〔3〕 兴谓改作(虑)〔宪〕章。 景祐、殿本都作"宪"。王先谦说作"宪"是。

〔4〕 (作)〔益〕朕虞， 景祐、殿本都作"益"。王先谦说作"益"是。

〔5〕 言有此宾客以和而来至(也)〔止〕而敬者， 殿本作"至止"。王先谦说殿本是。

〔6〕 急恒寒(苦)〔若〕之灾也。 景祐、殿本都作"若"。王先谦说作"若"是。

〔7〕 闵公(三)〔二〕年， 景祐、殿本都作"二"。王先谦说作"二"是。

〔8〕 十七年楚灭舒(萧)〔庸〕； 景祐、殿本作"庸"。王先谦说作"庸"是。

〔9〕 九(四)〔五〕爻辞也。 景祐、殿本都作"五"，此误。

〔10〕 以(效)〔救〕今事一二， 景祐、殿本都作"救"。

〔11〕 朝臣龂龂不可光禄勋，何(也)〔邪〕？ 景祐、殿本都作"邪"。

〔12〕 显干尚书〔事〕， 殿本有"事"字。王先谦说据注文当有。

〔13〕 谓不實器(卫)〔备〕而薄葬， 景祐、殿本都作"备"。

〔14〕 古〔者〕不修墓。 景祐、殿本都有"者"字。

〔15〕 规橅音(议)〔义〕皆同， 景祐、殿、局本都作"义"，此误。

〔16〕 而外家日(甚)〔盛〕， 景祐、殿本都作"盛"。王先谦说作"盛"是。

〔17〕 明(曰)〔口〕说不了， 景祐、殿本都作"口"。王先谦说作"口"是。

〔18〕 指其(言成数)〔成数言〕也。 殿本作"成数言"。王先谦说殿本是。

〔19〕 则有鲁国(柏)〔桓〕公、 王先谦说"柏"当作"桓"。按殿本作"桓"，景祐本亦作"柏"。

〔20〕 不知本(存)〔有〕百篇也。 景祐、殿本都作"有"。王先谦说作"有"是。

汉书卷三十七

季布栾布田叔传第七

季布，楚人也，为任侠有名。①项籍使将兵，数窘汉王。②项籍灭，高祖购求布千金，敢有舍匿，罪三族。③布匿濮阳周氏，周氏曰："汉求将军急，迹且至臣家，④能听臣，臣敢进计；即否，愿先自刭。"布许之。乃髡钳布，衣褐，⑤置广柳车中，⑥并与其家僮数十人，之鲁朱家所卖之。⑦朱家心知其季布也，买置田舍。乃之雒阳见汝阴侯滕公，⑧说曰："季布何罪？臣各为其主用，职耳。⑨项氏臣岂可尽诛邪？今上始得天下，而以私怨求一人，何示不广也！且以季布之贤，汉求之急如此，此不北走胡，南走越耳。夫忌壮士以资敌国，此伍子胥所以鞭荆平之墓也。⑩君何不从容为上言之？"⑪滕公心知朱家大侠，意布匿其所，乃许诺。侍间，果言如朱家指。⑫上乃赦布。当是时，诸公皆多布能摧刚为柔，⑬朱家亦以此名闻当世。布召见，谢，拜郎中。

①应劭曰："任谓有坚完可任托以事也。"如淳曰："相与信为任，同是非为侠。"师古曰："任谓任使其气力。侠之言挟也，以权力侠辅人也。任音人禁反。侠音下颊反。"

②如淳曰："窘，困也。"师古曰："窘音求闵反。"

③师古曰："舍，止；匿，隐也。"

④师古曰："迹谓寻其踪迹也。"

⑤师古曰："衣，著之也。褐，毛布之衣也。"

⑥服虔曰："东郡谓广辙车为广柳车。"郑氏曰："作大柳衣车，若《周礼》丧车也。"李奇曰："广柳，大隆穹也。"晋灼曰："《周礼》说'衣翣柳'，柳，聚也，众饰之所聚也。此为载以丧车，欲人不知也。"师古曰："晋、郑二说是也。隆

穹，所谓车軬者耳，非此之谓也。軬音扶晚反。”

⑦师古曰：“朱家，鲁人，见《游侠传》。”

⑧师古曰：“夏侯婴也，本为滕令，遂号为滕公。”

⑨师古曰：“职，常也。言此乃常道也。一曰职，主掌其事也。”

⑩师古曰：“子胥，伍员也。荆即楚也。子胥之父伍奢为平王所杀，子胥奔吴，教吴伐楚。平王已卒，其后吴师入郢，子胥掘平王之墓，取尸鞭之三百也。”

⑪师古曰：“从音千容反。”

⑫师古曰：“侍，侍于天子。间谓事务之隙。”

⑬师古曰：“多犹重也。”

孝惠时，为中郎将。单于尝为书嫚吕太后，①太后怒，召诸将议之。上将军樊哙曰：“臣愿得十万众，横行匈奴中。”诸将皆阿吕太后，②以哙言为然。布曰：“樊哙可斩也。夫以高帝兵三十馀万，困于平城，哙时亦在其中。今哙奈何以十万众横行匈奴中，面谩！③且秦以事胡，陈胜等起。今疮痍未瘳，④哙又面谀，欲摇动天下。”是时殿上皆恐，太后罢朝，遂不复议击匈奴事。

①师古曰：“嫚谓辞语亵污也。嫚读与慢同。”

②师古曰：“阿，曲也，曲从其意。”

③师古曰：“谩，欺诳也，音嫚，又音莫连反。”

④师古曰：“痍，伤也。瘳，差也。痍音夷。瘳音丑留反。”

布为河东守。孝文时，人有言其贤，召欲以为御史大夫。人又言其勇，使酒难近。①至，留邸一月，②见罢。③布进曰：“臣待罪河东，陛下无故召臣，此人必有以臣欺陛下者。④今臣至，无所受事，罢去，此人必有毁臣者。夫陛下以一人誉召臣，一人毁去臣，臣恐天下有识者闻之，有以窥陛下。”⑤上默然，惭曰：“河东吾股肱郡，故特召君耳。”布之官。

①应劭曰：“使酒，酗酒也。”师古曰：“言因酒沾洽而使气也。近谓附近天子为大臣也。”

②师古曰：“邸，诸郡朝宿之舍在京师也。”

③师古曰：“既引见而罢，令还郡也。”

④师古曰：“谓妄言其贤，故云欺也。”

⑤师古曰："窥见陛下浅深也。"

辩士曹丘生数招权顾金钱，①事贵人赵谈等，②与窦长君善。③布闻，寄书谏长君曰："吾闻曹丘生非长者，勿与通。"及曹丘生归，欲得书请布。④窦长君曰："季将军不说足下，⑤足下无往。"固请书，遂行。使人先发书，⑥布果大怒，待曹丘。曹丘至，则揖布曰："楚人谚曰'得黄金百，不如得季布诺'，⑦足下何以得此声梁楚之间哉？且仆与足下俱楚人，使仆游扬足下名于天下，顾不美乎？⑧何足下距仆之深也！"布乃大说。⑨引入，留数月，为上客，厚送之。布名所以益闻者，曹丘扬之也。

①孟康曰："招，求也。以金钱事权贵，而求得其形势以自炫耀也。"李奇曰："持权属以请人，顾以金钱也。"师古曰："二家之说皆非也。言招求贵人威权，因以请托，故得他人顾金钱也。"

②李奇曰："宦者赵谈也。"

③服虔曰："景帝舅。"

④师古曰："欲得窦长君书与布，为己绍介也。"

⑤师古曰："说读曰悦。"

⑥师古曰："使人先致书于市。发，视也。"

⑦师古曰："谚，传也。"

⑧师古曰："顾，念也。"

⑨师古曰："说读曰悦。"

布弟季心气盖关中，遇人恭谨，为任侠，方数千里，士争为死。尝杀人，亡吴，从爰丝匿，长事爰丝，①弟畜灌夫、籍福之属。尝为中司马，②中尉郅都不敢加。少年多时时窃借其名以行。③当是时，季心以勇，布以诺，闻关中。

①师古曰："丝，爰盎字。言以兄长之礼事也。"

②如淳曰："中尉之司马。"

③师古曰："诈自称为心之宾客徒党也。"

布母弟丁公，①为项羽将，逐窘高祖彭城西。短兵接，汉王急，顾谓丁公曰："两贤岂相厄哉！"②丁公引兵而还。及项王灭，丁公谒见高祖，以丁公徇军中,③曰:“丁公为项王臣不忠,使项王失天下者也。”遂斩之,曰:“使后为人臣无效丁公也!”

①晋灼曰:“《楚汉春秋》云薛人,名固。”师古曰:“此母弟为同母异父之弟。”

②孟康曰:“丁公及彭城赖畸追上,故曰两贤也。”师古曰:“孟说非也。两贤,高祖自谓并谓固耳,言吾与固俱是一贤,岂相厄困也。故固感此言而止也。虽与赖畸俱追,而高祖独与固言耳。”

③师古曰:“徇,行示也,音辞俊反。”

栾布,梁人也。彭越为家人时,尝与布游,①穷困,卖庸于齐,为酒家保。②数岁别去,而布为人所略,卖为奴于燕。为其主家报仇,③燕将臧荼举以为都尉。荼为燕王,布为将。及荼反,汉击燕,虏布。梁王彭越闻之,乃言上,请赎布为梁大夫。使于齐,未反,④汉召彭越责以谋反,夷三族,枭首雒阳,下诏有收视者辄捕之。布还,奏事彭越头下,祠而哭之。吏捕以闻。上召布骂曰:“若与彭越反邪?吾禁人勿收,若独祠而哭之,与反明矣。⑤趣亨之。”⑥方提趋汤,⑦顾曰:“愿一言而死。”上曰:“何言?”布曰:“方上之困彭城,败荥阳、成皋间,项王所以不能遂西,徒以彭王居梁地,⑧与汉合从苦楚也。⑨当是之时,彭王壹顾,与楚则汉破,与汉则楚破。且垓下之会,微彭王,项氏不亡。⑩天下已定,彭王剖符受封,(亦)欲传之万世。[1]今(汉)〔帝〕壹征兵于梁,[2]彭王病不行,而疑以为反。反形未见,以苛细诛之,臣恐功臣人人自危也。今彭王已死,臣生不如死,请就亨。”上乃释布,拜为都尉。

①师古曰:“家人,犹言编户之人也。”

②孟康曰:“酒家作保。保,庸也。可保信,故谓之保。”师古曰:“谓庸作受顾也。为保,谓保可任使。”

③服虔曰:“为买者报仇也。”

④师古曰:“反,还也。”

⑤师古曰:“若,汝也。”

⑥师古曰:“趣读曰促。促,急也。”

⑦师古曰:“提,举也,举而欲投之于汤也。趋读曰趣,趋,向也。”

⑧师古曰："徒，但也。"

⑨师古曰："从音子容反。"

⑩师古曰："微，无也。"

孝文时，为燕相，至将军。布称曰："穷困不能辱身，非人也；富贵不能快意，非贤也。"于是尝有德，厚报之；有怨，必以法灭之。吴楚反时，以功封为鄃侯，①复为燕相。燕齐之间皆为立社，号曰栾公社。

①苏林曰："鄃音输，清河县也。"

布薨，子贲嗣侯，①孝武时坐为太常牺牲不如令，国除。

①师古曰："贲音奔。"

田叔，赵陉城人也。①其先，齐田氏也。叔好剑，学黄老术于乐钜公。②为人廉直，喜任侠。③游诸公，④赵人举之赵相赵午，言之赵王张敖，以为郎中。数岁，赵王贤之，未及迁。

①苏林曰："陉音刑。"

②师古曰："姓乐，名钜也。公者，老人之称也。"

③师古曰："喜，好也，音许吏反。"

④师古曰："诸公，皆长者也。"

会赵午、贯高等谋弑上，事发觉，汉下诏捕赵王及群臣反者。赵有敢随王，罪三族。唯田叔、孟舒等十馀人赭衣自髡钳，随王至长安。赵王敖事白，得出，①废王为宣平侯，乃进言叔等十人。上召见，与语，汉廷臣无能出其右者。②上说，③尽拜为郡守、诸侯相。叔为汉中守十馀年。

①师古曰："白，明也。"

②师古曰："材不胜。"

③师古曰："说读曰悦。"

孝文帝初立，召叔问曰："公知天下长者乎？"对曰："臣何足以知之！"上曰："公长者，宜知之。"叔顿首曰："故云中守孟舒，长者也。"是时孟舒坐虏大入云中免。上曰："先帝置孟舒云中十馀年矣，虏常一入，孟舒不能坚守，无故士卒战死者数百人。长者固杀人乎？”叔叩头曰：“夫贯高等谋反，天子下明诏，赵有敢随张王者罪三族，然孟舒自髡钳，随张王，以身死之，岂自知为云中守哉！汉与楚相距，士卒罢敝，①而匈奴冒顿新服北夷，来为边寇，孟舒知士卒罢敝，不忍出言，士争临城死敌，如子为父，以故死者数百人，孟舒岂驱之哉！②是乃孟舒所以为长者。”于是上曰：“贤哉孟舒！”复召以为云中守。

①师古曰：“罢读为疲。下亦同。”

②师古曰：“毆与驱同。言不毆之令战也。毆字从攴。攴音普木反。”

后数岁，叔坐法失官。梁孝王使人杀汉议臣爰盎，景帝召叔案梁，具得其事。还报，上曰：“梁有之乎？”对曰：“有之。”“事安在？”①叔曰：“上无以梁事为问也。②今梁王不伏诛，是废汉法也；如其伏诛，太后食不甘味，卧不安席，此忧在陛下。”于是上大贤之，以为鲁相。

①师古曰：“索其状也。”

②师古曰：“言不须更论之也。”

相初至官，民以王取其财物自言者百馀人。叔取其渠率二(千)〔十〕人笞，[3]怒之①曰：“王非汝主邪？何敢自言主！”鲁王闻之，大惭，发中府钱，使相偿之。②相曰：“王自使人偿之，不尔，是王为恶而相为善也。”③

①师古曰：“渠，大也。”

②师古曰：“中府，王之财物藏也。”

③师古曰：“不尔，是则王为恶。”

鲁王好猎，相常从入苑中，王辄休相就馆。相常暴坐苑外，①终不休，曰：“吾王暴露，独何为舍？”王以故不大出游。

①师古曰：“于外自暴露而坐。”

数年以官卒，鲁以百金祠，少子仁不受，曰：“义不伤先人名。”

仁以壮勇为卫将军舍人，①数从击匈奴。卫将军进言仁为郎中，至二千石、丞相长史，失官。后使刺三河，还，②奏事称意，拜为京辅都尉。

月馀，迁司直。数岁，戾太子举兵，仁部闭城门，令太子得亡，坐纵反者族。③

①张晏曰："卫青也。"

②如淳曰："为刺史于三河郡。三河谓河南、河内、河东也。"

③师古曰："遣仁掌闭城门，乃令太子得出，故云纵反也。"

赞曰："以项羽之气，而季布以勇显名楚，身履军搴旗者数矣，①可谓壮士。及至困厄奴僇，苟活而不变，何也？②彼自负其材，受辱不羞，欲有所用其未足也，故终为汉名将。贤者诚重其死。夫婢妾贱人，感概而自杀，非能勇也，③其画无俚之至耳。④栾布哭彭越，田叔随张敖，赴死如归，彼诚知所处，⑤虽古烈士，何以加哉！

①邓展曰："履军，战胜蹈履之。"李奇曰："搴，拔也。"孟康曰："搴，斩取也。"师古曰："谓胜敌拔取旗也。邓、李二说皆是。搴音骞。今流俗书本改履谓屡，而加典字，云身屡典军，非也。"

②师古曰："僇，古戮字也。奴僇，谓髡钳为奴而卖之也。"

③师古曰："感概，谓感念局狭为小节。概音工代反。"

④张晏曰："言其计画道理无所至，故自杀耳。"苏林曰："俚，赖也。言其计画无所成赖。"晋灼曰："扬雄《方言》曰'俚，聊也'，许慎曰'赖也'。此为其计画无所聊赖，至于自杀耳。"师古曰："晋说是也。"

⑤如淳曰："太史公曰'非死者难，处死者难'也。"

【校勘记】

〔1〕 彭王剖符受封，(亦)欲传之万世。 景祐本无"亦"字。

〔2〕 今(汉)〔帝〕壹征兵于梁， 宋祁说越本"汉"作"帝"。按景祐本作"帝"。

〔3〕 叔取其渠率二(千)〔十〕人笞， 景祐、殿、局本都作"十"。王先谦说作"十"是。

汉书卷三十八

高五王传第八

高皇帝八男：吕后生孝惠帝，曹夫人生齐悼惠王肥，薄姬生孝文帝，戚夫人生赵隐王如意，赵姬生淮南厉王长，诸姬生赵幽王友、赵共王恢、燕灵王建。①淮南厉王长自有传。

①郑氏曰："诸，姬姓也。"张晏曰："非一之称也。"师古曰："诸姬，总言在姬妾之列者耳。其知姓位者，史各具言之。不知氏族及秩次者，则云诸姬也。而赵幽以下三王非必同母，盖以皆不知其所生之姬姓，故总言之。《文三王》《传》云'诸姬生代孝王参、梁怀王揖'，《景十三王传》云'属诸姬子于栗姬'，此意皆同。张云非一，近得之矣。《春秋左氏传》曰'诸子仲子、戎子'，'诸子鬻姒'，此其例也。岂以诸为姓乎？郑说非矣。共读曰恭。其下类此。"

齐悼惠王肥，其母高祖微时外妇也。①高祖六年立，食七十馀城。诸民能齐言者皆与齐。②孝惠二年，入朝。帝与齐王燕饮太后前，置齐王上坐，如家人礼。③太后怒，乃令人酌两卮鸩酒置前，④令齐王为寿。齐王起，帝亦起，欲俱为寿。太后恐，自起反卮。⑤齐王怪之，因不敢饮，阳醉去。问知其鸩，乃忧，自以为不得脱长安。⑥内史士曰：⑦"太后独有帝与鲁元公主，今王有七十馀城，而公主乃食数城。王诚以一郡上太后为公主汤沐邑，太后必喜，王无患矣。"于是齐王献城阳郡以尊公主为王太后。⑧吕太后喜而许之。乃置酒齐邸，乐饮，遣王归国。后十三年薨，子襄嗣。

①师古曰："谓与旁通者。"

②孟康曰："此时流移，故使齐言者还齐也。"师古曰："欲其国大，故多封之。"

③师古曰："以兄弟齿列，不从君臣之礼，故曰家人也。坐音材卧反。"

④应劭曰："鸩鸟黑身赤目，食蝮(蛟)〔蛇〕野葛，[1]以其羽画酒中，饮之立死。"

⑤师古曰："反音幡。"

⑥师古曰："脱，免也。言死于长安，不得更至齐国也。脱音吐活反。"

⑦师古曰："内史，王官。士者，其名也。"

⑧师古曰："为齐王太后也。言以母礼事之，所以自媚也。解具在《惠纪》。"

赵隐王如意，九年立。①四年，高祖崩，②吕太后征王到长安，鸩杀之。无子，绝。

①师古曰："高祖之九年也。他皆类此。"

②师古曰："赵王之四年。"

赵幽王友，十一年立为淮阳王。赵隐王如意死，孝惠元年，徙友王赵，凡立十四年。友以诸吕女为后，不爱，爱它姬。诸吕女怒去，谗之于太后曰："王曰'吕氏安得王？①太后百岁后，吾必击之。'"太后怒，以故召赵王。赵王至，置邸不见，令卫围守之，不得食。其群臣或窃馈之，辄捕论之。赵王饿，乃歌曰："诸吕用事兮，刘氏微；迫胁王侯兮，强授我妃。我妃既妒兮，诬我以恶；②谗女乱国兮，上曾不寤。我无忠臣兮，何故弃国？③[2]自快中野兮，苍天与直！④于嗟不可悔兮，宁早自贼！⑤为王饿死兮，谁者怜之？吕氏绝理兮，托天报仇！"遂幽死。以民礼葬之长安。

①师古曰："安犹焉也。"

②师古曰："恶音一故反。"

③师古曰："谓不能明白之也。"

④师古曰："天色苍苍，故曰苍天。言己之理直，冀天临监之。"

⑤师古曰："贼，害也。悔不早弃赵国而快意自杀于田野之中，今乃被幽饿也。"

高后崩，孝文即位，立幽王子遂为赵王。二年，有司请立皇子为王。

上曰："赵幽王幽死，朕甚怜之。已立其长子遂为赵王。遂弟辟彊及齐悼惠王子朱虚侯章、东牟侯兴居有功，皆可王。"于是取赵之河间立辟彊，是为河间文王。文王立十三年薨，子哀王福嗣。一年薨，无子，国除。

赵王遂立二十六年，孝景时晁错以过削赵常山郡，诸侯怨，吴楚反，遂与合谋起兵。其相建德、内史王悍谏，不听。遂烧杀德、悍，①发兵住其西界，欲待吴楚俱进，北使匈奴与连和。汉使曲周侯郦寄击之，赵王城守邯郸，相距七月。吴楚败，匈奴闻之，亦不肯入边。栾布自破齐还，并兵引水灌赵城。城坏，王遂自杀，国除。景帝怜赵相、内史守正死，皆封其子为列侯。

①师古曰："上云其相建德、内史王悍，下云烧杀德、悍，是为相姓建名德也。而《景武功臣侯表》云'遽侯横父建德，以赵相死事，子侯'，则是不知其姓。表传不同，疑后人转写此传，误脱去一建字也。"

赵共王恢。十一年，梁王彭越诛，立恢为梁王。十六年，赵幽王死，吕后徙恢王赵，恢心不乐。太后以吕产女为赵王后，王后从官皆诸吕也，内擅权，微司赵王，王不得自恣。王有爱姬，王后鸩杀之。王乃为歌诗四章，令乐人歌之。王悲思，六月自杀。太后闻之，以为用妇人故自杀，无思奉宗庙礼，废其嗣。

燕灵王建。十一年，燕王卢绾亡入匈奴，明年，立建为燕王。十五年薨，有美人子，①太后使人杀之，绝后。

①师古曰："王之美人生子也。"

齐悼惠王子，前后凡九人为王：太子襄为齐哀王，次子章为城阳景王，兴居为济北王，将闾为齐王，志为济北王，辟光为济南王，①贤为菑川王，卬为胶西王，雄渠为胶东王。

①师古曰："辟音壁，又读曰阐。"

齐哀王襄，孝惠六年嗣立。明年，惠帝崩，吕太后称制。元年，以其兄子鄜侯吕台为吕王，①割齐之济南郡为吕王奉邑。②明年，哀王弟章入宿卫于汉，高后封为朱虚侯，以吕禄女妻之。后四年，封章弟兴居为东牟侯，皆宿卫长安。高后七年，割齐琅邪郡，立营陵侯刘泽为琅邪王。是岁，赵王友幽死于邸。三赵王既废，高后立诸吕为三王，擅权用事。

①师古曰："鄜音敷。"

②师古曰："奉音扶用反。他皆类此。"

章年二十，有气力，忿刘氏不得职。尝入侍燕饮，高后令章为酒吏。章自请曰："臣，将种也，请得以军法行酒。"高后曰："可。"酒酣，章进歌舞，已而曰："请为太后言耕田。"①高后儿子畜之，②笑曰："顾乃父知田耳，③若生而为王子，安知田乎？"④章曰："臣知之。"太后曰："试为我言田意。"章曰："深耕穊种，立苗欲疏；⑤非其种者，锄而去之。"⑥太后默然。顷之，诸吕有一人醉，亡酒，⑦章追，拔剑斩之，而还报曰："有亡酒一人，臣谨行军法斩之。"太后左右大惊。业已许其军法，亡以罪也。因罢酒。自是后，诸吕惮章，虽大臣皆依朱虚侯。刘氏为强。⑧

①师古曰："欲申讽喻也。"

②师古曰："比之于子也。"

③师古曰："顾，念也。乃，汝也。汝父，谓高帝也。"

④师古曰："若亦汝也。"

⑤师古曰："穊，稠也。穊种者，言多生子孙也。疏立者，四散置之，令为藩辅也。穊音冀。"

⑥师古曰："以斥诸吕也。"

⑦师古曰："避酒而逃亡。"

⑧师古曰："为音于伪反。"

其明年，高后崩。赵王吕禄为上将军，吕王产为相国，皆居长安中，聚兵以威大臣，欲为乱。章以吕禄女为妇，知其谋，乃使人阴出告其兄齐王，欲令发兵西，①朱虚侯、东牟侯欲从中与大臣为内应，以诛诸吕，因立齐王为帝。

①师古曰："西诣京师。"

齐王闻此计，与其舅驷钧、郎中令祝午、中尉魏勃阴谋发兵。齐相召平闻之，①乃发兵入卫王宫。魏勃绐平曰：②"王欲发兵，非有汉虎符验也。而相君围王，固善。勃请为君将兵卫卫王。"③召平信之，乃使魏勃将。勃既将，以兵围相府。召平曰："嗟乎！道家之言'当断不断，反受其乱'。"遂自杀。于是齐王以驷钧为相，魏勃为将军，祝午为内史，悉发国中兵。使祝午绐琅邪王曰："吕氏为乱，齐王发兵欲西诛之。齐王自以儿子，年少，不习兵革之事，愿举国委大王。大王自高帝将也，④习战事。齐王不敢离兵，⑤使臣请大王幸之临菑见齐王计事，并将齐兵以西平关中之乱。"琅邪王信之，以为然，乃驰见齐王。齐王与魏勃等因留琅邪王，而使祝午尽发琅邪国而并将其兵。

①师古曰："召读曰邵。"

②师古曰："绐，诳也。"

③师古曰："谓将兵及卫守之具，以禁卫王，令不得发也。"

④师古曰："言自高帝之时已为将也。"

⑤服虔曰："不敢离其兵而到琅邪。"

琅邪王刘泽既欺，不得反国，乃说齐王曰："齐悼惠王，高皇帝长子也，推本言之，大王高皇帝适长孙也，①当立。今诸大臣狐疑未有所定，而泽于刘氏最为长年，大臣固待泽决计。今大王留臣无为也，不如使我入关计事。"齐王以为然，乃益具车送琅邪王。

①师古曰："適读曰嫡。"

琅邪王既行，齐遂举兵西攻吕国之济南。于是齐王遗诸侯王书曰："高帝平定天下，王诸子弟。悼惠王薨，惠帝使留侯张良立臣为齐王。惠帝崩，高后用事，春秋高，听诸吕擅废帝更立，又杀三赵王，灭梁、赵、燕，以王诸吕，分齐国为四。①忠臣进谏，上或乱不听。今高后崩，皇帝春秋富，②未能治天下，固待大臣诸侯。今诸吕又擅自尊官，聚(官)〔兵〕严威，〔3〕劫列侯忠臣，挢制以令天下，③宗庙以危。寡人帅兵入诛不当为王者。"

①师古曰："本自齐国，更分为济南、琅邪、城阳，凡为四也。"

②师古曰："言年幼也。比之于财，方未匮竭，故谓之富。"

③师古曰："挢，托也。托天子之制诏也。挢音矫。"

汉闻之，相国吕产等遣大将军颍阴侯灌婴将兵击之。婴至荥阳，乃谋曰："诸吕举兵关中，欲危刘氏而自立，今我破齐还报，是益吕氏资也。"乃留兵屯荥阳，使人谕齐王及诸侯，与连和，①以待吕氏之变而共诛之。齐王闻之，乃屯兵西界待约。

①师古曰："谕谓晓告也。"

吕禄、吕产欲作乱，朱虚侯章与太尉勃、丞相平等诛之。章首先斩吕产，太尉勃等乃尽诛诸吕。而琅邪王亦从齐至长安。

大臣议欲立齐王，皆曰："母家驷钧恶戾，虎而冠者也。①访以吕氏故，几乱天下，②今又立齐王，是欲复为吕氏也。代王母家薄氏，君子长者，且代王高帝子，于今见在最为长。以子则顺，以善人则大臣安。"于是大臣乃谋迎代王，而遣章以诛吕氏事告齐王，令罢兵。

①张晏曰："言钧恶戾，如虎著冠。"

②如淳曰："访犹方也。"师古曰："几音巨依反。"

灌婴在荥阳，闻魏勃本教齐王反，既诛吕氏，罢齐兵，使使召责问魏勃。勃曰："失火之家，岂暇先言丈人后救火乎！"①因退立，股战而栗。②恐不能言者，终无他语。灌将军孰视，笑曰："人谓魏勃勇，妄庸人耳，何能为乎！"乃罢勃。③勃父以善鼓琴见秦皇帝。及勃少时，欲求见齐相曹参，家贫无以自通，乃常独早埽齐相舍人门外。舍人怪之，以为物而司之，得勃。④勃曰："愿见相君无因，故为子埽，欲以求见。"于是舍人见勃，曹参因以为舍人。壹为参御言事，以为贤，言之悼惠王。王召见，拜为内史。始悼惠王得自置二千石。及悼惠王薨，哀王嗣，勃用事重于相。

①师古曰："言以社稷将危，故举兵以匡之，不暇待有诏命也。"

②师古曰："股，脚也。战者，惧之甚也。"

③师古曰："放令去。"

④师古曰:“物谓鬼神。司者,察视之。”

齐王既罢兵归,而代王立,是为孝文帝。

文帝元年,尽以高后时所割齐之城阳、琅邪、济南郡复予齐,而徙琅邪王王燕。益封朱虚侯、东牟侯各二千户,黄金千斤。

是岁,齐哀王薨,子文王则嗣。十四年薨,无子,国除。

城阳景王章,孝文二年以朱虚侯与东牟侯兴居俱立,二年薨。子共王喜嗣。孝文十二年,徙王淮南,五年,复还王城阳,凡立三十三年薨。子顷王延嗣,二十六年薨,子敬王义嗣,九年薨。子惠王武嗣,十一年薨。子荒王顺嗣,四十六年薨。子戴王恢嗣,八年薨。子孝王景嗣,二十四年薨。子哀王云嗣,一年薨,无子,国绝。成帝复立云兄俚为城阳王,①王莽时绝。

①师古曰:“俚音里。”

济北王兴居,初以东牟侯与大臣共立文帝于代邸,曰:“诛吕氏,臣无功,请与太仆滕公俱入清宫。”①遂将少帝出,迎皇帝入宫。

①师古曰:“滕公,夏侯婴也。”

始诛诸吕时,朱虚侯章功尤大,大臣许尽以赵地王章,尽以梁地王兴居。及文帝立,闻朱虚、东牟之初欲立齐王,故黜其功。①二年,王诸子,乃割齐二郡以王章、兴居。章、兴居意自以失职夺功。岁馀,章薨,而匈奴大入边,汉多发兵,丞相灌婴将击之,文帝亲幸太原。兴居以为天子自击胡,遂发兵反。上闻之,罢兵归长安,使棘蒲侯柴将军②击破,虏济北王。王自杀,国除。

①师古曰:“不赏之。”

②张晏曰:“柴武。”

文帝悯济北王逆乱以自灭,明年,尽封悼惠王诸子罢军等七人为列侯。①至十五年,齐文王又薨,无子。时悼惠王后尚有城阳王在,文帝怜悼惠王適嗣之绝,②于是乃分齐为六国,尽立前所封悼惠王子列侯见在者六人为王。齐孝王将闾以杨虚侯立,济北王志以安都侯立,菑川王贤以武成侯立，胶东王雄渠以白石侯立，胶西王卬以平昌侯立，济南王辟光以扐侯立。③孝文十六年，六王同日俱立。

①师古曰："罢音皮彼反，又读曰疲。"

②师古曰："適读曰嫡。"

③服虔曰："扐音勒。扐，平原县也。"

立十一年，孝景三年，吴楚反，胶东、胶西、菑川、济南王皆发兵应吴楚。欲与齐，①齐孝王狐疑，城守不听。三国兵共围齐，②齐王使路中大夫告于天子。③天子复令路中大夫还报，告齐王坚守，汉兵今破吴楚矣。路中大夫至，三国兵围临菑数重，无从入。三国将与路中大夫盟曰："若反言汉已破矣，④齐趣下三国，不且见屠。"⑤路中大夫既许，至城下，望见齐王，曰："汉已发兵百万，使太尉亚夫击破吴楚，方引兵救齐，齐必坚守无下！"三国将诛路中大夫。

①师古曰："与之同反。"

②张晏曰："胶西、菑川、济南也。"

③张晏曰："姓路，为中大夫。"

④师古曰："若，汝也。反谓反易其辞也。"

⑤师古曰："趣读曰促。"

齐初围急，阴与三国通谋，约未定，会路中大夫从汉来，其大臣乃复劝王无下三国。会汉将栾布、平阳侯等兵至齐，①击破三国兵，解围。已后闻齐初与三国有谋，将欲移兵伐齐。齐孝王惧，饮药自杀。而胶东、胶西、济南、菑川王皆伏诛，国除。独济北王在。

①师古曰："平阳侯，曹襄。"

齐孝王之自杀也，景帝闻之，以为齐首善，①以迫劫有谋，非其罪也，召立孝王太子寿，是为懿王。二十三年薨，子厉王次昌嗣。

①师古曰："言其初首无逆乱之心。"

其母曰纪太后。太后取其弟纪氏女为王后，王不爱。纪太后欲其家重宠，①令其长女纪翁主入王宫②正其后宫无令得近王，欲令爱纪氏女。王因与其姊翁主奸。

①师古曰："重音直用反。"

②师古曰："诸王女曰翁主，而纪氏所生，故谓之纪翁主。"

齐有宦者徐甲，①入事汉皇太后。②皇太后有爱女曰修成君，修成君非刘氏子，③太后怜之。修成君有女娥，太后欲嫁之于诸侯。宦者甲乃请使齐，必令王上书请娥。皇太后大喜，使甲之齐。时主父偃知甲之使齐以取后事，亦因谓甲："即事成，幸言偃女愿得充王后宫。"甲至齐，风以此事。④纪太后怒曰："王有后，后宫备具。且甲，齐贫人，及为宦者入事汉，初无补益，乃欲乱吾王家！且主父偃何为者？乃欲以女充后宫！"甲大穷，还报皇太后曰："王已愿尚娥，⑤然事有所害，恐如燕王。"燕王者，与其子昆弟奸，坐死。⑥故以燕感太后。⑦太后曰："毋复言嫁女齐事。"事寖淫闻于上。⑧主父偃由此与齐有隙。

①师古曰："宦者，奄人。"

②张晏曰："皇太后，武帝之母。"

③苏林曰："皇太后前嫁金氏所生。"

④师古曰："风读曰讽。"

⑤师古曰："尚，配也。"

⑥师古曰："《燕王定国传》云'与其子女三人奸'。子昆弟者，言是其子女又长幼非一，故云子昆弟也。一曰，子昆弟者，定国之姊妹也。言定国奸其子女及其姊妹。"

⑦师古曰："言齐王与其姊妹奸，终当坐之致死，不足嫁女与之。"

⑧师古曰："寖，古浸字也。寖淫，犹言渐染也。"

偃方幸用事，因言："齐临菑十万户，市租千金，①人众殷富，巨于长安，②非天子亲弟爱子不得王此。今齐王于亲属益疏。"乃从容言吕太后时齐欲反，③及吴楚时孝王几为乱。④今闻齐王与其姊乱。于是武帝拜偃为齐相，且正其事。偃至齐，急治王后宫宦者为王通于姊翁主所者，辞及王。王年少，惧以罪为吏所执诛，乃饮药自杀。

①师古曰："收一市之租，直千金也。"

②师古曰："巨，大也。"

③师古曰："从音千容反。"

④师古曰："几音巨依反。"

是时赵王惧主父偃壹出败齐，恐其渐疏骨肉，乃上书言偃受金及轻重之短，①天子亦因囚偃。公孙弘曰："齐王以忧死，无后，非诛偃无以塞天下之望。"②偃遂坐诛。

①师古曰："轻重，谓用心不平。"

②师古曰："塞，满也。"

厉王立五年，国除。

济北王志，吴楚反时初亦与通谋，后坚守不发兵，故得不诛，徙王菑川。元朔中，齐国绝。

悼惠王后唯有二国：城阳、菑川。菑川地比齐，①武帝为悼惠王冢园在齐，乃割临菑东圜悼惠王冢园邑尽以予菑川，②令奉祭祀。

①师古曰："比，近也，音频二反。"

②师古曰："圜谓周绕之。"

志立三十五年薨，是为懿王。子靖王建嗣，二十年薨。子顷王遗嗣，三十五年薨。子思王终古嗣。五凤中，青州刺史奏终古使所爱奴与八子及诸御婢奸，①终古或参与被席，②或白昼使(羸)〔臝〕伏，〔4〕犬马交接，③终古亲临观。产子，辄曰："乱不可知，使去其子。"④事下丞相御史，奏终古位诸侯王，以令置八子，秩比六百石，所以广嗣重祖也。而终古禽兽行，乱君臣夫妇之别，悖逆人伦，⑤请逮捕。有诏削四县。二十八年薨。子考王尚嗣，五年薨。子孝王横嗣，三十一年薨。子怀王交嗣，六年薨。子永嗣，王莽时绝。

①如淳曰："八子，妾号。"

②师古曰："与读曰豫。"

③师古曰："(羸)〔臝〕者，露形体也，音郎果反。"

④师古曰："去，除也，音丘吕反。"

⑤师古曰："悖，乖也，音步内反。"

赞曰："悼惠之王齐，最为大国。以海内初定，子弟少，激秦孤立亡藩辅,①故大封同姓,以填天下。②时诸侯得自除御史大夫群卿以下众官,如汉朝,汉独为置丞相。自吴楚诛后,稍夺诸侯权,左官附益阿党之法设。③其后诸侯唯得衣食租税,贫者或乘牛车。

①师古曰:"激,感发也,音工历反。"

②师古曰:"填音竹刃反。"

③张晏曰:"诸侯有罪,傅相不举奏,为阿党。"师古曰:"皆新制律令之条也。左官,解在《诸侯王表》。附益,言欲增益诸侯王也。"

【校勘记】

〔1〕 食蝮(蛟)〔蛇〕野葛, 景祐、殿、局本都作"蛇"。 王先谦说作"蛇"是。

〔2〕 我无忠臣兮,何故弃国?③ 注③原在"何故"下。 刘攽说"弃国"当属上句。

〔3〕 聚(官)〔兵〕严威, 景祐、殿本都作"兵",《史记》同。

〔4〕 或白昼使(羸)〔臝〕伏, 景祐本作"蠃"。王念孙说此古字之仅存者。

汉书卷三十九

萧何曹参传第九

萧何，沛人也。以文毋害为沛主吏掾。①高祖为布衣时，数以吏事护高祖。高祖为亭长，常佑之。②高祖以吏繇咸阳，③吏皆送奉钱三，何独以五。④秦御史监郡者，与从事辨之。⑤何乃给泗水卒史事，⑥第一⑦[1]。秦御史欲入言征何，何固请，得毋行。⑧

①服虔曰："为人解通，无嫉害也。"应劭曰："虽为文吏，而不刻害也。"苏林曰："毋害，若言无比也。一曰，害，胜也，无能胜害之者。"晋灼曰："《酷吏传》赵禹为丞相亚夫吏，府中皆称其廉，然亚夫不任，曰：'极知禹无害，然文深，不可以居大府。'苏说是也。"师古曰："害，伤也，无人能伤害之者。苏、晋两说皆得其意，服、应非也。"

②师古曰："佑，助也。言居家时，为何所护，及为亭长，何又拥助也。"

③师古曰："繇读曰徭。徭，役也。"

④师古曰："出钱以资行，他人皆三百，何独五百。奉音扶用反。"

⑤张晏曰："何与共事备辨，明何素有方略也。苏林曰："辟何与从事也。秦时无刺史，以御史监郡。"师古曰："二说皆同。"

⑥师古曰："泗水郡，沛所属也。何为郡卒史。"

⑦师古曰："课最上。"

⑧孟康曰："当还入相奏事，故召何也。"师古曰："此说非也。御史以何明辨，欲因入奏事之次，言于朝廷，征何用之。何心不愿，以情固请，而御史止，故得不行也。"

及高祖起为沛公，何尝为丞督事。①沛公至咸阳，诸将皆争走金帛财物之府分之，②何独先入收秦丞相御史律令图书臧之。沛公具知天下厄塞，户口多少，强弱处，民所疾苦者，以何得秦图书也。

①师古曰："督谓监视之也。何为沛丞，专督众事。"

②师古曰："走谓趣向之，音奏。"

初，诸侯相与约，先入关破秦者王其地。沛公既先定秦，项羽后至，欲攻沛公，沛公谢之得解。羽遂屠烧咸阳，与范增谋曰："巴蜀道险，秦之迁民皆居蜀。"乃曰："蜀汉亦关中地也。"故立沛公为汉王，而三分关中地，王秦降将以距汉王。汉王怒，欲谋攻项羽。周勃、灌婴、樊哙皆劝之，何谏之曰："虽王汉中之恶，不犹愈于死乎？"① 汉王曰："何为乃死也？"何曰："今众弗如，百战百败，不死何为？《周书》曰：'天予不取，反受其咎'。② 语曰'天汉'，其称甚美。③ 夫能诎于一人之下，而信于万乘之上者，汤武是也。④ 臣愿大王王汉中，养其民以致贤人，收用巴蜀，还定三秦，天下可图也。"汉王曰："善。"乃遂就国，以何为丞相。何进韩信，汉王以为大将军，说汉王令引兵东定三秦。语在《信传》。

①师古曰："愈，胜也。"

②师古曰："《周书》者，本与《尚书》同类，盖孔子所删百篇之外，刘向所奏有七十一篇。"

③孟康曰："语，古语也。言地之有汉，若天之有河汉，名号休美。"臣瓒曰："流俗语云'天汉'，其言常以汉配天，此美名也。"师古曰："瓒说是也。天汉，河汉也。"

④师古曰："信读曰伸，古通用字。"

何以丞相留收巴蜀，填抚谕告，① 使给军食。汉二年，汉王与诸侯击楚，何守关中，侍太子，治栎阳。为令约束，立宗庙、社稷、宫室、县邑，辄奏，上可许以从事；② 即不及奏，辄以便宜施行，上来以闻。③ 计户转漕给军，汉王数失军遁去，何常兴关中卒，辄补缺。上以此刬属任何关中事。④

①师古曰："填音竹刃反。"

②师古曰："可其所奏，许其所请，依以行事。"

③应劭曰："上来还，乃以所为闻也。"

④师古曰："刬读与专同，又音章阮反。此即言专声之急上者也，(又)〔今〕俗语犹然。[2]他皆类此。属音之欲反。"

汉三年，与项羽相距京、索间，①上数使使劳苦丞相。②鲍生谓何曰：③"今王暴衣露盖，数劳苦君者，有疑君心。为君计，莫若遣君子孙昆弟能胜兵者悉诣军所，上益信君。"于是何从其计，汉王大说。④

①师古曰："索音山客反。"

②师古曰："劳音来到反。次下亦同。"

③师古曰："鲍生，当时有识之士，姓鲍而为诸生也。"

④师古曰："说读曰悦。"

汉五年，已杀项羽，即皇帝位，论功行封，群臣争功，岁馀不决。上以何功最盛，先封为酂侯，①食邑八千户。功臣皆曰："臣等身被坚执兵，多者百馀战，少者数十合，攻城略地，大小各有差。今萧何未有汗马之劳，徒持文墨议论，不战，顾居臣等上，何也？"②上曰："诸君知猎乎？"曰："知之。""知猎狗乎？"曰："知之。"上曰："夫猎，追杀兽者狗也，而发纵指示兽处者人也。③今诸君徒能走得兽耳，功狗也；至如萧何，发纵指示，功人也。且诸君独以身从我，多者三两人，萧何举宗数十人皆随我，功不可忘也！"群臣后皆莫敢言。

①文颖曰："音赞。"师古曰："先封何者，谓诸功臣旧未爵者，何最在前封也。酂属南阳，解在《高纪》。"

②师古曰："顾犹反也。"

③师古曰："发纵，谓解绁而放之也。指示者，以手指示之，今俗言放狗。纵音子用反，而读者乃为踪迹之踪，非也。书本皆不为踪字。自有逐踪之狗，不待人发也。"

列侯毕已受封，奏位次，皆曰："平阳侯曹参身被七十创，攻城略地，功最多，宜第一。"上已桡功臣多封何，①至位次未有以复难之，然心欲何第一。关内侯鄂(千)秋时为谒者，[3]进曰："群臣议皆误。夫曹参虽有野战略地之功，此特一时之事。夫上与楚相距五岁，失军亡众，跳身遁者数矣，②然萧何常从关中遣军补其处。非上所诏令召，而数万众会上乏绝者数矣。夫汉与楚相守荥阳数年，军无见粮，③萧何转漕关中，给食不乏。陛下虽数亡山东，萧何常全关中待陛下，此万世功也。今虽无曹参等百数，何缺于汉？④汉得之不必待以全。奈何欲以一旦之功(而)加万世之功哉！〔4〕萧何当第一，曹参次之。”上曰：“善。”于是乃令何第一，赐带剑履上殿，入朝不趋。上曰：“吾闻进贤受上赏，萧何功虽高，待鄂君乃得明。”于是因鄂(千)秋故所食关内侯邑二千户，封为安平侯。是日，悉封何父母兄弟十馀人，皆食邑。乃益封何二千户，“以尝繇咸阳时何送我独赢钱二也”。⑤

①应劭曰：“桡，屈也。”师古曰：“音女教反。”

②师古曰：“跳身，谓轻身走出也。”

③师古曰：“无见在之粮。”

④师古曰：“数音所具反。”

⑤师古曰：“赢，馀也。二谓二百也。众人送皆三百，何独五百，故云赢二也。”

陈豨反，上自将，至邯郸。而韩信谋反关中，吕后用何计诛信。语在《信传》。上已闻诛信，使使拜丞相为相国，益封五千户，令卒五百人一都尉为相国卫。诸君皆贺，召平独吊。①召平者，故秦东陵侯。秦破，为布衣，贫，种瓜长安城东，瓜美，故世谓“东陵瓜”，从召平始也。平谓何曰：“祸自此始矣。上暴露于外，而君守于内，非被矢石之难，而益君封置卫者，以今者淮阴新反于中，有疑君心。夫置卫卫君，非以宠君也。②愿君让封勿受，悉以家私财佐军。”何从其计，上说。③

①师古曰：“召读曰邵。”

②师古曰：“恐其为变，故守卫之。”

③师古曰：“说读曰悦。”

其秋，黥布反，上自将击之，数使使问相国何为。①曰：“为上在军，拊循勉百姓，悉所有佐军，如陈豨时。”②客又说何曰：“君灭族不久矣。夫君位为相国，功第一，不可复加。然君初入关，本得百姓心，十馀年矣。皆附君，尚复孳孳得民和。③上所谓数问君，畏君倾动关中。今君胡不多买田地，贱贳贷以自汙？上心必安。”④于是何从其计，上乃大说。⑤

①师古曰："问其居守，何所营为。"

②师古曰："悉，尽也，尽所有粮食资用出以佐军也。"

③师古曰："孳字与孜同。孜孜，言不怠也。"

④师古曰："贳，赊也。贷音土得反。"

⑤师古曰："说读曰悦。"

上罢布军归，民道遮行，①上书言相国强贱买民田宅数千人。上至，何谒。上笑曰："今相国乃利民！"民所上书皆以与何，曰："君自谢民。"后何为民请曰："长安地狭，上林中多空地，弃，愿令民得入田，毋收稾为兽食。"②上大怒曰："相国多受贾人财物，为请吾苑！"乃下何廷尉，械系之。数日，王卫尉侍，③前问曰："相国胡大罪，陛下系之暴也？"④上曰："吾闻李斯相秦皇帝，有善归主，有恶自予。今相国多受贾竖金，为请吾苑，以自媚于民。⑤故系治之。"王卫尉曰："夫职事苟有便于民而请之，真宰相事也。陛下奈何乃疑相国受贾人钱乎！且陛下距楚数岁，陈豨、黥布反时，陛下自将往，当是时相国守关中，关中摇足则关西非陛下有也。相国不以此时为利，乃利贾人之金乎？且秦以不闻其过亡天下，夫李斯之分过，又何足法哉！陛下何疑宰相之浅也！"上不怿。⑥是日，使使持节赦出何。何年老，素恭谨，徒跣入谢。上曰："相国休矣！⑦相国为民请吾苑不许，我不过为桀纣主，而相国为贤相。吾故系相国，欲令百姓闻吾过。"

①师古曰："在道上遮天子行。"

②师古曰："稾，禾秆也。言恣人田之，不收其稾税也。稾音工老反。秆音工旱反。"

③如淳曰："《百官公卿表》'卫尉王氏'，无名字。"师古曰："史失之也。侍谓侍天子也。"

④师古曰："前问，谓进而请也。胡，何也。"

⑤师古曰："媚，爱也，求爱于民。"

⑥师古曰："怿，悦也。感卫尉之言，故惭悔而不悦也。"

⑦师古曰："令出外自休息。"

高祖崩，何事惠帝。何病，上亲自临视何疾，因问曰："君即百岁后，谁可代君？"对曰："知臣莫如主。"帝曰："曹参何如？"何顿首曰："帝得之矣。何死不恨矣！"

何买田宅必居穷辟处，①为家不治垣屋。②曰："令后世贤，师吾俭；不贤，毋为势家所夺。"

①师古曰："辟读曰僻。僻，隐也。"

②师古曰："垣，墙也。"

孝惠二年，何薨，谥曰文终侯。子禄嗣，薨，无子。高后乃封何夫人同为酂侯，小子延为筑阳侯。①孝文元年，罢同，更封延为酂侯。薨，子遗嗣。薨，无子。文帝复以遗弟则嗣，有罪免。[5]景帝二年，制诏御史："故相国萧何，高皇帝大功臣，所与为天下也。②今其祀绝，朕甚怜之。其以武阳县户二千封何孙嘉为列侯。"嘉，则弟也。薨，子胜嗣，后有罪免。武帝元狩中，复下诏御史："以酂户二千四百封何曾孙庆为酂侯，布告天下，令明知朕报萧相国德也。"庆，则子也。薨，子寿成嗣，坐为太常(仪)〔牺〕牲瘦免。[5]宣帝时，诏丞相御史求问萧相国后在者，得玄孙建世等十二人，复下诏以酂户二千封建世为酂侯。传子至孙获，坐使奴杀人减死论。成帝时，复封何玄孙之子南䜌长喜为酂侯。③传子至曾孙，王莽败乃绝。

①师古曰："酂及筑阳皆南阳县也。今其地(见)〔并〕属襄州。[6]筑音逐。"

②师古曰："为，治也。亦曰共造其功业。"

③苏林曰："䜌音人足挛躃之挛，钜鹿县名也。"师古曰："喜为此县之长。"

曹参，沛人也。秦时为狱掾，而萧何为主吏，居县为豪吏矣。①高祖为沛公也，参以中涓从。②击胡陵、方与，③攻秦监公军，大破之，④东下薛，击泗水守军薛郭西。复攻胡陵，取之。徙守方与。方与反为魏，击之。丰反为魏，攻之。赐爵七大夫。北击司马欣军砀东，取狐父、祁善置。⑤又攻下邑以西，至虞，击秦将章邯车骑。攻辕戚及亢父，⑥先登。迁为五大夫。北救东阿，击章邯军，陷陈，追至濮阳。攻定陶，取临济。

南救雍丘，击李由军，破之，杀李由，虏秦候一人。章邯破杀项梁也，沛公与项羽引兵而东。楚怀王以沛公为砀郡长，将砀郡兵。于是乃封参执帛，⑦号曰建成君。迁为戚公，属砀郡。⑧

①师古曰："言参及萧何并为吏之豪长也。"

②如淳曰："中涓，如中谒者也。"师古曰："涓，洁也，言其在内主知洁清洒扫之事，盖亲近左右也。"

③师古曰："音房豫。"

④孟康曰："监，御史监郡者。公，名也。"晋灼曰："按《高纪》名平也。秦一郡置守尉监三人。"师古曰："公者，时人尊称之耳。晋说是也。"

⑤文颖曰："善置，置名也。"晋灼曰："祁音坻。"师古曰："狐父、祁，二县名也。祁音巨夷反，又音十夷反。父音甫。置若今之驿也。"

⑥师古曰："亢父音抗甫。"

⑦郑氏曰："楚爵也。"张晏曰："孤卿也。"

⑧师古曰："为戚县之令。"

其后从攻东郡尉军，破之成武南。击王离军成阳南，又攻杠里，大破之。追北，西至开封，击赵贲军，破之，①围赵贲开封城中。西击秦将杨熊军于曲遇，②破之，虏秦司马及御史各一人。迁为执珪。③从西攻阳武，下轘辕、缑氏，绝河津。击赵贲军尸北，破之。④从南攻犨，与南阳守齮战阳城郭东，⑤陷陈，取宛，虏齮，定南阳郡。⑥从西攻武关、峣关，取之。⑦前攻秦军蓝田南，又夜击其北军，大破之，遂至咸阳，破秦。

①师古曰："贲音奔。"

②师古曰："曲音丘羽反。遇音颙。"

③张晏曰："侯伯执珪，以朝位比之。"如淳曰："《吕氏春秋》'得五员者位执珪'，古爵名也。"

④孟康曰："尸乡之北。"

⑤应劭曰："今堵阳。"

⑥师古曰："《高纪》言'南阳守齮降，封为殷侯'，而此传言虏齮，纪传不同，疑传误。"

⑦师古曰："峣音尧。"

项羽至，以沛公为汉王。汉王封参为建成侯。从至汉中，迁为将军。从还定三秦，攻下辨、故道、①雍、斄。②击章平军于好畤南，破之，围好畤，取壤乡。③击三秦军壤东及高栎，破之。④复围章平，平出好畤走。因击赵贲、内史保军，破之。东取咸阳，更名曰新城。参将兵守景陵二十三日，⑤三秦使章平等攻参，参出击，大破之。赐食邑于宁秦。⑥以将军引兵围章邯废丘；以中尉从汉王出临晋关。至河内，下修武，度围津，⑦东击龙且、项佗定陶，破之。⑧东取砀、萧、彭城。击项籍军，汉军大败走。参以中尉围取雍丘。王武反于外黄，程处反于燕，⑨往击，尽破之。柱天侯反于衍氏，进破取衍氏。击羽婴于昆阳，追至叶。⑩还攻武彊，⑪因至荥阳。参自汉中为将军中尉，从击诸侯，及项王败，还至荥阳。⑫

①邓展曰："武都二县也。"

②苏林曰："右扶风二县也。斄音胎。"

③文颖曰："壤，地名也。"

④师古曰："栎音历。"

⑤孟康曰："县名也。"

⑥苏林曰："今华阴。"

⑦师古曰："在东郡。"

⑧师古曰："且音子馀反。佗音徒何反。"

⑨服虔曰："皆汉将。"师古曰："燕，东郡之县，故南燕国。音一千反。"

⑩师古曰："叶，南阳县也，音式涉反。"

⑪师古曰："武彊城在阳武。"

⑫师古曰："败谓战彭城而败。"

汉二年，拜为假左丞相，入屯兵关中。月馀，魏王豹反，以假丞相别与韩信东攻魏将孙遬东张，①大破之。因攻安邑，得魏将王襄。击魏王于曲阳，追至东垣，生获魏王豹。取平阳，得豹母妻子，尽定魏地，凡五十二县。赐食邑平阳。因从韩信击赵相国夏说军于邬东，②大破之，斩夏说。韩信与故常山王张耳引兵下井陉，击成安君陈馀，而令参还围赵别将戚公于邬城中。戚公出走，追斩之。乃引兵诣汉王在所。韩信已破赵，为相国，东击齐，参以左丞相属焉。攻破齐历下军，遂取临淄。还定济北郡，收著、漯阴、平原、鬲、卢。③已而从韩信击龙且军于上假密，④大破之，斩龙且，虏亚将周兰。⑤定齐郡，凡得七十县。得故齐王田广相田光，其守相许章，及故将军田既。⑥韩信立为齐王，引兵东诣陈，与汉王共破项羽，而参留平齐未服者。

①苏林曰："东张属河东。"师古曰："遬，古速字。"

②苏林曰："邬，太原县也。"师古曰："说读曰悦。邬音一户反，又音乙据反。"

③师古曰："五县名也。时未有济北郡，史追书之耳。著音竹庶反，又音直庶反。漯音它合反。鬲与隔同。"

④文颖曰："或以为高密。"

⑤师古曰："亚将，次将也。"

⑥师古曰："守相，为相居守者。"

汉王即皇帝位，韩信徙为楚王。参归相印焉。高祖以长子肥为齐王，而以参为相国。高祖六年，与诸侯剖符，赐参爵列侯，食邑平阳万六百三十户，世世勿绝。

参以齐相国击陈豨将张春，破之。黥布反，参从悼惠王将军骑十二万，与高祖会击黥布军，大破之。南至蕲，还定竹邑、相、萧、留。①

①师古曰："四县名。"

参功：凡下二国，县百二十二；得王二人，相三人，将军六人，大莫嚻、郡守、司马、候、御史各一人。①

①如淳曰："嚻音敖。"张晏曰："莫敖，楚卿号也。时近六国，故有令尹、莫敖之官。"

孝惠元年，除诸侯相国法，更以参为齐丞相。参之相齐，齐七十城。天下初定，悼惠王富于春秋，参尽召长老诸先生，问所以安集百姓。而齐故诸儒以百数，①言人人殊，参未知所定。闻胶西有盖公，②善治黄老言，③使人厚币请之。既见盖公，盖公为言治道贵清静而民自定，推此类具言之。参于是避正堂，舍盖公焉。④其治要用黄老术，故相齐九年，齐国安集，大称贤相。

①师古曰："数音所具反。"

②师古曰："盖音古盍反。"

③张晏曰："黄帝、老子之书。"

④师古曰："舍，止也。"

萧何薨，参闻之，告舍人趣治行，①"吾且入相。"居无何，使者果召参。参去，属其后相②曰："以齐狱市为寄，慎勿扰也。"后相曰："治无大于此者乎？"参曰："不然。夫狱市者，所以并容也，今君扰之，奸人安所容乎？吾是以先之。"③

①师古曰："舍人犹家人也，一说私属官主家事者也。趣读曰促，谓速也。治行，谓修治行装也。"

②师古曰："属音之欲反。"

③孟康曰："夫狱市者，兼受善恶，若穷极奸人，奸人无所容窜，久且为乱。秦人极刑而天下畔，孝武峻法而狱繁，此其效也。"师古曰："《老子》云'我无为，民自化；我好静，民自正。'参欲以道化为本，不欲扰其末也。"

始参微时，与萧何善，及为宰相，有隙。①至何且死，所推贤唯参。参代何为相国，举事无所变更，一遵何之约束。②择郡国吏长大，③讷于文辞，谨厚长者，即召除为丞相史。吏言文刻深，欲务声名，辄斥去之。④日夜饮酒。卿大夫以下吏及宾客见参不事事，⑤来者皆欲有言。至者，参辄饮以醇酒，⑥度之欲有言，复饮酒，醉而后去，⑦终莫得开说，⑧以为常。

①师古曰："参自以战斗功多，而封赏每在何后，故怨何也。"

②师古曰："举，皆也，言凡事皆无变改。"

③孟康曰："取年长大者。"

④师古曰："斥，却也。"

⑤如淳曰："不事丞相之事。"

⑥师古曰："醇酒不浇，谓厚酒也。"

⑦师古曰："度音大各反。饮音于禁反。"

⑧如淳曰："开谓有所启白。"

相舍后园近吏舍，吏舍日饮歌呼。①从吏患之，无如何，②乃请参游后园。闻吏醉歌呼，从吏幸相国召按之。乃反取酒张坐饮，③大歌呼与相和。

①师古曰："呼音火故反。其下并同。"

②师古曰："从吏，吏之常从相者也。从音材用反。"

③师古曰："张设坐席而饮也。坐音才卧反。"

参见人之有细过，掩匿覆盖之，府中无事。

参子窋为中大夫。①惠帝怪相国不治事，以为"岂少朕与？"②乃谓窋曰："女归，试私从容问乃父③曰：'高帝新弃群臣，帝富于春秋，君为相国，日饮，无所请事，何以忧天下？'然无言吾告女也。"窋既洗沐归，时间，自从其所谏参。④参怒而笞之二百，曰："趣入侍，⑤天下事非乃所当言也。"至朝时，帝让参⑥曰："与窋胡治乎？⑦乃者我使谏君也。"⑧参免冠谢曰："陛下自察圣武孰与高皇帝？"上曰："朕乃安敢望先帝！"参曰："陛下观参孰与萧何贤？"上曰："君似不及也。"参曰："陛下言之是也。且高皇帝与萧何定天下，法令既明具，陛下垂拱，参等守职，遵而勿失，不亦可乎？"惠帝曰："善。君休矣！"⑨

①师古曰："窋音张律反。"

②师古曰："言岂以我为年少故也。与读曰欤。"

③师古曰："乃，汝也。"

④师古曰："间谓空隙也。自从其所，犹言自出其意也。"

⑤师古曰："趣读曰促。"

⑥师古曰："让，责也。"

⑦师古曰："胡，何也。言共窋为何治也。治音丈吏反。"

⑧师古曰："乃者犹言曩者。"

⑨师古曰："且令出休息。"

参为相国三年，薨，谥曰懿侯。百姓歌之曰："萧何为法，讲若画一；①曹参代之，守而勿失。载其清靖，民以宁壹。"②

①文颖曰："讲或作较。"师古曰："讲，和也。画一，言整齐也。"

②师古曰："载犹乘也。"

窋嗣侯，高后时至御史大夫。传国至曾孙襄，武帝时为将军，击匈奴，薨。子宗嗣，有罪，完为城旦。至哀帝时，乃封参玄孙之孙本始为平阳侯，二千户，王莽时薨。子宏嗣，建武中先降河北，封平阳侯。至今八侯。

赞曰："萧何、曹参皆起秦刀笔吏，① 当时录录未有奇节。② 汉兴，依日月之末光，③ 何以信谨守管籥，参与韩信俱征伐。④ 天下既定，因民之疾秦法，顺流与之更始，二人同心，遂安海内。淮阴、黥布等已灭，唯何、参擅功名，位冠群臣，声施后世，⑤ 为一代之宗臣，⑥ 庆流苗裔，盛矣哉！

①师古曰："刀所以削书也，古者用简牒，故吏皆以刀笔自随也。"

②师古曰："录录犹鹿鹿，言在凡庶之中也。"

③师古曰："《易文言》云'圣人作而万物睹'，又曰'见龙在田，天下文明'。赞言何、参值汉初兴，故以日月为喻耳。"

④师古曰："高祖出征，何每居守，故言守管籥。"

⑤师古曰："冠谓居其首。"

⑥师古曰："言为后世之所尊仰，故曰宗臣也。"

【校勘记】

〔1〕 何乃给泗水卒史事，⑥ 第一。 注⑥原在"卒史"下，明旧读以"事第一"为句。齐召南说"事"字当属上句。

〔2〕 (又)〔今〕俗语犹然。 殿、局本都作"今"。

〔3〕 关内侯鄂(千)秋时为谒者， 景祐、殿本都无"千"字，下同。

〔4〕 奈何欲以一旦之功(而)加万世之功哉！ 景祐、殿本都无"而"字。

〔5〕 坐为太常(仪)〔牺〕牲瘦免。 景祐、殿、局本都作"牺"，此误。

〔6〕 今其地(见)〔并〕属襄州。 景祐、殿本都作"并"。

汉书卷四十

张陈王周传第十

张良字子房，其先韩人也。大父开地，① 相韩昭侯、宣惠王、襄哀王。父平，相釐王、② 悼惠王。悼惠王二十三年，平卒。卒二十岁，秦灭韩。良(年)少，[1] 未宦事韩，韩破，良家僮三百人，弟死不葬，悉以家财求客刺秦王，为韩报仇，以五世相韩故。③

①应劭曰："大父，祖父，开地，名也。"

②师古曰："釐读曰僖。"

③师古曰："从昭侯至悼惠王，凡五君。"

良尝学礼淮阳，东见仓海君，① 得力士，为铁椎重百二十斤。秦皇帝东游，至博狼沙中，② 良与客狙击秦皇帝，③ 误中副车。④ 秦皇帝大怒，大索天下，⑤ 求贼急甚。良乃更名姓，亡匿下邳。⑥

①晋灼曰："海神也。"如淳曰："东夷君长也。"师古曰："二说并非。盖当时贤者之号也。良既见之，因而求得力士。"

②服虔曰："河南阳武南地名也，今有亭。"师古曰："狼音浪。"

③师古曰："狙谓密伺之，音千豫反，字本作覰。"

④师古曰："副谓后乘也。"

⑤师古曰："索，搜也。索音山客反。"

⑥师古曰："更，改也。"

良尝闲从容步游下邳圯上，① 有一老父，衣褐，至良所，② 直堕其履圯下，③ 顾谓良曰："孺子下取履！"④ 良愕然，欲欧之。⑤ 为其老，乃强忍，下取履，因跪进。父以足受之，笑去。良殊大惊。父去里所，复还，⑥ 曰："孺子可教矣。后五日平明，与我期此。"良因怪(之)，[2] 跪曰："诺。"

五日平明，良往。父已先在，怒曰："与老人期，后，何也？去，后五日蚤会。"⑦五日，鸡鸣往。父又先在，复怒曰："后，何也？去，后五日复蚤来。"五日，良夜半往。有顷，父亦来，喜曰："当如是。"出一编书，⑧曰："读是则为王者师。后十年兴。十三年，孺子见我，济北穀城山下黄石即我已。"⑨遂去不见。旦日视其书，乃《太公兵法》。良因异之，常习〔读〕诵。[3]

①服虔曰："圯音颐，楚人谓桥曰圯。"应劭曰："汜水之上也。"文颖曰："沂水上桥也。"师古曰："下邳之水，非汜水也，又非沂水。服说是矣。"

②师古曰："褐制若裘，今道士所服者是。"

③师古曰："直犹故也，一曰正也。"

④师古曰："孺，幼也。"

⑤师古曰："愕，惊貌也。欧，击也，音一口反。"

⑥师古曰："行一里许而还来。"

⑦师古曰："放良令去，戒以后会也。其下亦同。蚤音早。"

⑧师古曰："编谓联次之也。联简牍以为书，故云一编。编音鞭。"

⑨师古曰："已，语终之辞。"

居下邳，为任侠。项伯尝杀人，从良匿。

后十年，陈涉等起，良亦聚少年百馀人。景驹自立为楚假王，在留。良欲往从之，行道遇沛公。沛公将数千人略地下邳，遂属焉。沛公拜良为厩将。①良数以《太公兵法》说沛公，沛公喜，常用其策。良为它人言，皆不省。②良曰："沛公殆天授。"③故遂从不去。

①服虔曰："官名也。"

②师古曰："省，视也。"

③师古曰："殆，近也。"

沛公之薛，见项梁，共立楚怀王。良乃说项梁曰："君已立楚后，韩诸公子横阳君成贤；可立为王，益树党。"①项梁使良求韩成，立为韩王。以良为韩司徒，与韩王将千馀人西略韩地，得数城，秦辄复取之，往来为游兵颍川。

①师古曰："广立六国之后共攻秦也。"

沛公之从雒阳南出辍辕，良引兵从沛公，下韩十馀城，击杨熊军。沛公乃令韩王成留守阳翟，与良俱南，攻下宛，西入武关。沛公欲以二万人击秦峣关下军，①良曰："秦兵尚强，未可轻。臣闻其将屠者子，贾竖易动以利。②愿沛公且留壁，使人先行，为五万人具食，益张旗帜诸山上，为疑兵，③令郦食其持重宝啖秦将。"④秦将果欲连和俱西袭咸阳，⑤沛公欲听之。良曰："此独其将欲叛，士卒恐不从。不从必危，不如因其解击之。"⑥沛公乃引兵击秦军，大破之。逐北至蓝田，再战，秦兵竟败。遂至咸阳，秦王子婴降沛公。

①师古曰："峣音尧。"

②师古曰："商贾之人志无远大，譬犹僮竖，故云贾竖。"

③师古曰："皆所以表己军之多，夸示敌人。帜音式志反。"

④师古曰："啖音徒滥反，解在《高纪》。"

⑤师古曰："欲与汉王和而随汉兵袭咸阳。"

⑥师古曰："解读曰懈。"

沛公入秦，宫室帷帐狗马重宝妇女以千数，意欲留居之。樊哙谏，沛公不听。良曰："夫秦为无道，故沛公得至此。为天下除残去贼，宜缟素为资。①今始入秦，即安其乐，此所谓'助桀为虐'。且'忠言逆耳利于行，毒药苦口利于病'，愿沛公听樊哙言。"沛公乃还军霸上。

①晋灼曰："资，质也。欲令沛公反秦奢泰，服俭素以为资。"师古曰："缟，白素也，音工老反。"

项羽至鸿门，欲击沛公，项伯夜驰至沛公军，私见良，欲与俱去。良曰："臣为韩王送沛公，今(有事)〔事有〕急，[4]亡去不义。"乃具语沛公。沛公大惊，曰："为之奈何？"良曰："沛公诚欲背项王邪？"沛公曰："鲰生说我距关毋内诸侯，①秦地可王也，故听之。"良曰："沛公自度能却项王乎？"②沛公默然，曰："今为奈何？"良因要项伯见沛公。沛公与伯饮，为寿，结婚，令伯具言沛公不敢背项王，所以距关者，备它盗也。项羽后解，语在《羽传》。

①服虔曰："鲰音七垢反。鲰，小人也。"臣瓒曰："《楚汉春秋》鲰姓。"师古曰："服说是也。音才垢反。"

②师古曰："却音丘略反。"

汉元年，沛公为汉王，王巴蜀，赐良金百溢，①珠二斗，良具以献项伯。汉王亦因令良厚遗项伯，使请汉中地。②项王许之。汉王之国，良送至褒中，遣良归韩。良因说汉王烧绝栈道，③示天下无还心，以固项王意。乃使良还。行，烧绝栈道。④

①服虔曰："二十两曰溢。"师古曰："秦以溢名金，若汉之论斤也。"

②服虔曰："本不尽与汉中，故请求之。"

③师古曰："栈道，阁道也。"

④师古曰："还谓归还韩。且行且烧，所过之处皆烧之也。"

良归至韩，闻项羽以良从汉王故，不遣韩王成之国，与俱东，至彭城杀之。时汉王还定三秦，良乃遗项羽书曰："汉王失职，欲得关中，如约即止，不敢复东。"又以齐反书遗羽，曰："齐与赵欲并灭楚。"项羽以故北击齐。

良乃间行归汉。汉王以良为成信侯，从东击楚。至彭城，汉王兵败而还。至下邑，①汉王下马踞鞍而问曰："吾欲捐关已东等弃之，谁可与共功者？"②良曰："九江王布，楚枭将，③与项王有隙，彭越与齐王田荣反梁地，此两人可急使。而汉王之将独韩信可属大事，当一面。④即欲捐之，捐之此三人，楚可破也。"汉王乃遣随何说九江王布，而使人连彭越。⑤及魏王豹反，使韩信特将北击之，⑥因举燕、(伐)〔代〕、齐、赵。[5]然卒破楚者，此三人力也。

①师古曰："梁国之县也，今属宋州。"

②师古曰："捐关以东，谓不自有其地，将以与人，令其立功，共破楚也。"

③师古曰："枭谓最勇健也。"

④师古曰："属，委也，音之欲反。"

⑤师古曰："与相连结也。"

⑥师古曰："特，独也。专任之使将也。"

良多病,未尝特将兵,常为画策臣,时时从。

汉三年,项羽急围汉王于荥阳,汉王忧恐,与郦食其谋桡楚权。①郦生曰:“昔汤伐桀,封其后杞;武王诛纣,封其后宋。今秦无道,伐灭六国,无立锥之地。陛下诚复立六国后,此皆争戴陛下德义,愿为臣妾。德义已行,南面称伯,②楚必敛衽而朝。”③汉王曰:“善。趣刻印,先生因行佩之。”④

①师古曰:“桡,弱也,音女教反,其字从木。”

②师古曰:“伯读曰霸。”

③师古曰:“衽,衣襟也。”

④师古曰:“趣读曰促。佩谓授与六国使带也。”

郦生未行,良从外来谒汉王。汉王方食,曰:“客有为我计桡楚权者。”具以郦生计告良,曰:“于子房何如?”良曰:“谁为陛下画此计者?陛下事去矣。”汉王曰:“何哉?”良曰:“臣请借前箸以筹之。①昔汤武伐桀纣封其后者,度能制其死命也。②今陛下能制项籍死命乎?其不可一矣。武王入殷,表商容闾,③式箕子门,④封比干墓,今陛下能乎?其不可二矣。发钜桥之粟,⑤散鹿台之财,⑥以赐贫穷,今陛下能乎?其不可三矣。殷事以毕,偃革为轩,⑦倒载干戈,示不复用,今陛下能乎?其不可四矣。休马华山之阳,示无所为,今陛下能乎?其不可五矣。息牛桃林之野,⑧(示)天下不复输积,[6]今陛下能乎?其不可六矣。且夫天下游士,(左)〔离〕亲戚,[7]弃坟墓,⑨去故旧,从陛下者,但日夜望咫尺之地。今乃立六国后,唯无复立者,⑩游士各归事其主,从亲戚,反故旧,陛下谁与取天下乎?其不可七矣。且楚唯毋强,六国复桡而从之,⑪陛下焉得而臣之?其不可八矣。诚用此谋,陛下事去矣。”汉王辍食吐哺,骂曰:“竖儒,几败乃公事!”⑫令趣销印。⑬

①张晏曰:“求借所食之箸用指画也。或曰,前世汤武箸明之事,以筹度今时之不若也。”师古曰:“或说非也。箸音直庶反。”

②师古曰:“度音大各反。”

③师古曰:“商容,殷贤人也。里门曰闾。表谓显异之。”

④师古曰："式亦表也。一说，至其门而抚车式，所以敬之。"

⑤服虔曰："钜桥，仓名也。"师古曰："许慎云钜鹿之大桥，有漕粟也。"

⑥臣瓒曰："鹿台，台名，今在朝歌城中。"师古曰："刘向云鹿台大三里，高千尺也。"

⑦苏林曰："革者，兵车革辂。轩者，朱轩也。"如淳曰："偃武备而治礼乐也。"

⑧晋灼曰："在弘农阌乡南谷中。"师古曰："《山海经》云'夸父之山，北有林焉，名曰桃林，广围三百里"，即谓此也。其山谷今在阌乡县东南，湖城县西南，去湖城三十五里。"

⑨师古曰："(左)〔离〕者，言其乖避而委离之，以从汉也。"

⑩师古曰："既立六国后，土地皆尽，无以封功劳之人，故云无复立者。唯，发语之辞。"

⑪服虔曰："唯当使楚无强，强则六国弱而从之。"晋灼曰："当今唯楚大，无有强之者，若复立六国，皆桡而从之，陛下焉得而臣之乎？"师古曰："服说是也。"

⑫师古曰："辍，止也。哺，食在口中者也。几，近也。哺音捕。几音巨依反。"

⑬师古曰："趣读曰促。"

后韩信破齐欲自立为齐王，汉王怒。良说汉王，汉王使良授齐王信印。语在《信传》。

五年冬，汉王追楚至阳夏南，①战不利，壁固陵，诸侯期不至。良说汉王，汉王用其计，诸侯皆至。语在《高纪》。

①师古曰："夏音工雅反。"

汉六年，封功臣。良未尝有战斗功，高帝曰："运筹策帷幄中，决胜千里外，子房功也。自择齐三万户。"良曰："始臣起下邳，与上会留，此天以臣授陛下。陛下用臣计，幸而时中，臣愿封留足矣，不敢当三万户。"乃封良为留侯，与萧何等俱封。

上已封大功臣二十馀人，其馀日夜争功而不决，未得行封。上居雒阳南宫，从复道望见诸将①往往数人偶语。上曰："此何语？"良曰："陛下不知乎？此谋反耳。"上曰："天下属安定，何故而反？"②良曰："陛下起布衣，与此属取天下，今陛下已为天子，而所封皆萧、曹故人所亲爱，而所诛者皆平生仇怨。今军吏计功,天下不足以遍封,此属畏陛下不能尽封,又恐见疑过失及诛,故相聚而谋反耳。"上乃忧曰:"为将奈何?"良曰:"上平生所憎,群臣所共知,谁最甚者?"上曰:"雍齿与我有故怨,数窘辱我,③我欲杀之,为功多,不忍。"良曰:"今急先封雍齿,以示群臣,群臣见雍齿先封,则人人自坚矣。"于是上置酒,封雍齿为什方侯,④而急趣丞相御史定功行封。⑤群臣罢酒,皆喜曰:"雍齿且侯,我属无患矣。"

①师古曰:"复读曰複。"

②师古曰:"属,近也,言近始安。属音之欲反。"

③服虔曰:"未起之时与我有故怨也。"师古曰:"每以勇力困辱高祖。"

④苏林曰:"汉中县也。"师古曰:"《地理志》属广汉,非汉中也。今则属益州。什音十。"

⑤师古曰:"趣音促。"

刘敬说上都关中,上疑之。左右大臣皆山东人,多劝上都雒阳:"雒阳东有成皋,西有殽黾,①背河乡雒,其固亦足恃。"②良曰:"雒阳虽有此固,其中小,不过数百里,田地薄,四面受敌,此非用武之国。夫关中左殽函,右陇蜀,沃野千里,③南有巴蜀之饶,北有胡苑之利,④阻三面而固守,独以一面东制诸侯。诸侯安定,河、渭漕挽天下,西给京师;⑤诸侯有变,顺流而下,足以委输。此所谓金城千里,天府之国。⑥刘敬说是也。"于是上即日驾,西都关中。

①师古曰:"殽,山也。黾,池也,音涵。"

②师古曰:"乡读曰向。"

③师古曰:"沃者,溉灌也。言其土地皆有溉灌之利,故云沃野。"

④师古曰:"谓安定、北地、上郡之北与胡相接之地,可以畜牧者也。养禽兽谓之苑。"

⑤师古曰:"挽,引也。挽音晚。"

⑥师古曰:"财物所聚谓之府。言关中之地物产饶多,可备赡给,故称天府也。"

良从入关，性多疾，即道引不食谷，①闭门不出岁馀。

①孟康曰："服辟谷药而静居行气。道读曰导。"

上欲废太子，立戚夫人子赵王如意。大臣多争，未能得坚决也。吕后恐，不知所为。或谓吕后曰："留侯善画计，上信用之。"吕后乃使建成侯吕泽劫良，曰："君常为上谋臣，今上日欲易太子，①君安得高枕而卧？"②良曰："始上数在急困之中，幸用臣策；今天下安定，以爱欲易太子，骨肉之间，虽臣等百人何益！"吕泽强要曰："为我画计。"良曰："此难以口舌争也。顾上有所不能致者四人。③四人年老矣，皆以上嫚娒士，④故逃匿山中，义不为汉臣。然上高此四人。今公诚能毋爱金玉璧帛，令太子为书，卑辞安车，因使辨士固请，宜来。⑤来，以为客，时从入朝，令上见之，则一助也。"于是吕后令吕泽使人奉太子书，卑辞厚礼，迎此四人。四人至，客建成侯所。

①师古曰："言日日欲易之。"

②师古曰："安，焉也。"

③师古曰："顾，念也。四人，谓东园公、绮里季、夏黄公、角里先生，所谓商山四皓也。"

④师古曰："嫚与慢同。娒，古侮字。"

⑤师古曰："宜应得其来。"

汉十一年，黥布反，上疾，欲使太子往击之。四人相谓曰："凡来者，将以存太子。太子将兵，事危矣。"乃说建成侯曰："太子将兵，有功即位不益，①无功则从此受祸。且太子所与俱诸将，皆与上定天下枭将也，今乃使太子将之，此无异使羊将狼，皆不肯为用，其无功必矣。臣闻'母爱者子抱'，今戚夫人日夜侍御，赵王常居前，上〔曰〕'终不使不肖子居爱子上'，明〔其〕代太子位必矣。[8]君何不急请吕后承间为上泣②言：'黥布，天下猛将，善用兵，今诸将皆陛下故等夷，③乃令太子将，此属莫肯为用，且布闻之，鼓行而西耳。④上虽疾，强载辎车，卧而护之，⑤诸将不敢不尽力。上虽苦，强为妻子计。'于是吕泽夜见吕后。吕后承间为上泣而言，如四人意。上曰："吾惟之，竖子固不足遣，⑥乃公自行耳。"⑦

于是上自将而东，群臣居守，皆送至霸上。良疾，强起至曲邮，⑧见上曰："臣宜从，疾甚。楚人剽疾，愿上慎毋与楚争锋。"⑨因说上令太子为将军监关中兵。上谓"子房虽疾，强卧傅太子"。是时叔孙通已为太傅，良行少傅事。

①师古曰："太子嗣君，贵已极矣，虽更立功，位无加益矣。"

②师古曰："因空隙之时。"

③师古曰："夷，平也，言故时皆齐等。"

④师古曰："击鼓而行，言无所畏。"

⑤师古曰："辎车，衣车也。护谓监领诸将。"

⑥师古曰："惟，思也。"

⑦师古曰："乃公，汝父也。"

⑧师古曰："在新丰西，今俗谓之邮头。"

⑨师古曰："剽音匹妙反。"

汉十二年，上从破布归，疾益甚，愈欲易太子。良谏不听，因疾不视事。叔孙太傅称说引古，以死争太子。上阳许之，犹欲易之。及宴，置酒，太子侍。四人者从太子，年皆八十有馀，须眉皓白，衣冠甚伟。①上怪，问曰："何为者？"四人前对，各言其姓名。上乃惊曰："吾求公，避逃我，今公何自从吾儿游乎？"四人曰："陛下轻士善骂，臣等义不辱，故恐而亡匿。今闻太子仁孝，恭敬爱士，天下莫不延颈愿为太子死者，故臣等来。"上曰："烦公幸卒调护太子。"②

①师古曰："所以谓之四皓。"

②师古曰："调谓和平之，护谓保安之。"

四人为寿已毕，趋去。上目送之，①召戚夫人指视曰：②"我欲易之，彼四人为之辅，羽翼已成，难动矣。吕氏真乃主矣。"③戚夫人泣涕，上曰："为我楚舞，吾为若楚歌。"④歌曰："鸿鹄高飞，一举千里。⑤羽翼以就，横绝四海。⑥横绝四海，又可奈何！虽有矰缴，尚安所施！"⑦歌数阕，⑧戚夫人虚欷流涕。⑨上起去，罢酒。竟不易太子者，良本招此四人之力也。

①师古曰："以目瞻之讫其出也。"

②师古曰："视读曰示。"

③师古曰："乃，汝也。"

④师古曰："若亦汝也。"

⑤师古曰："鹄音胡督反。"

⑥师古曰："就，成也。绝谓飞而直度也。"

⑦师古曰："缴，弋射也。其矢为矰。矰音增。缴音之若反。"

⑧师古曰："阕，尽也。曲终为阕，音口穴反。"

⑨师古曰："歔音虚，欷音稀，又音许气反。"

良从上击代，出奇计下马邑，及立萧相国，①所与从容言天下事甚众，②非天下所以存亡，故不著。③良乃称曰："家世相韩，及韩灭，不爱万金之资，为韩报仇强秦，天下震动。今以三寸舌为帝者师，封万户，位列侯，此布衣之极，于良足矣。愿弃人间事，欲从赤松子游耳。"④乃学道，欲轻举。⑤高帝崩，吕后德良，乃强食之，⑥曰："人生一世〔间〕，[9]如白驹之过隙，⑦何自苦如此！"良不得已，强听食。后六岁薨。谥曰文成侯。

①服虔曰："何时未为相国，良劝高祖立之。"

②师古曰："从音千容反。"

③师古曰："著谓书之于史。著音竹助反。"

④师古曰："赤松子，仙人号也，神农时为雨师，服水玉，教神农能入火自烧。至昆山上，常止西王母石室，随风雨上下。炎帝少女追之，亦得仙俱去。"

⑤师古曰："道谓仙道。"

⑥师古曰："食读曰饲。"

⑦师古曰："解在《魏豹传》。"

良始所见下邳圯上老父与书者，后十三岁从高帝过济北，果得穀城山下黄石，取而宝祠之。及良死，并葬黄石。每上冢伏腊祠黄石。

子不疑嗣侯。孝文三年坐不敬，国除。

陈平，阳武户牖乡人也。①少时家贫，好读书，治黄帝、老子之术。

有田三十亩，与兄伯居。伯常耕田，纵平使游学。平为人长大美色，人或谓平："贫何食而肥若是？"其嫂疾平之不亲家生产，曰："亦食糠覈耳。②有叔如此，不如无有！"伯闻之，逐其妇弃之。

①师古曰："阳武，县名，属陈留。户牖者，其乡名。"

②孟康曰："覈，麦糠中不破者也。"晋灼曰："覈音纥。京师人谓粗屑为纥头。"

及平长，可取妇，富人莫与者，贫者平亦愧之。久之，户牖富人张负有女孙，五嫁夫辄死，人莫敢取，平欲得之。邑中有大丧，平家贫侍丧，以先往后罢为助。张负既见之丧所，独视伟平，①平亦以故后去。负随平至其家，家乃负郭穷巷，②以席为门，然门外多长者车辙。张负归，谓其子仲曰："吾欲以女孙予陈平。"仲曰："平贫不事事，③一县中尽笑其所为，独奈何予之女？"负曰："固有美如陈平长贫者乎？"卒与女。为平贫，乃假贷币以聘，④予酒肉之资以内妇。负戒其孙曰："毋以贫故，事人不谨。事兄伯如事乃父，事嫂如事乃母。"⑤平既取张氏女，资用益饶，游道日广。

①师古曰："视而悦其奇伟。"

②师古曰："负谓倩也。"

③师古曰："不事产业之事。"

④师古曰："贷音土戴反。"

⑤师古曰："乃，汝也。"

里中社，平为宰，①分肉甚均。里父老曰："善，陈孺子之为宰！"平曰："嗟乎，使平得宰天下，亦如此肉矣！"

①师古曰："主切割肉也。"

陈涉起王，使周市略地，立魏咎为魏王，与秦军相攻于临济。平已前谢兄伯，①从少年往事魏王咎，为太仆。说魏王，王不听。人或谗之，平亡去。

①服虔曰："谢语其兄伯，往事魏也。"

项羽略地至河上，平往归之，从入破秦，赐爵卿。①项羽之东王彭城也，汉王还定三秦而东。殷王反楚，项羽乃以平为信武君，将魏王客在楚者往击，殷降而还。项王使项悍拜平为都尉，②赐金二十溢。居无何，③汉攻下殷。项王怒，将诛定殷者。平惧诛，乃封其金与印，使使归项王，而平身间行杖剑亡。度河，船人见其美丈夫，独行，疑其亡将，要下当有宝器金玉，目之，欲杀平。平心恐，乃解衣裸而佐刺船。④船人知其无有，乃止。

①张晏曰："礼秩如卿，不治事。"

②师古曰："悍音下旦反。"

③师古曰："无何，犹言无几时。"

④师古曰："自露其形，示无所怀挟。"

平遂至修武降汉，因魏无知求见汉王，汉王召入。是时，万石君石奋为中涓，受平谒。平等十人俱进，赐食。王曰："罢，就舍矣。"平曰："臣为事来，所言不可以过今日。"于是汉王与语而说之，①问曰："子居楚何官？"平曰："为都尉。"是日拜平为都尉，使参乘，典护军。诸将尽欢，②曰："大王一日得楚之亡卒，未知高下，而即与共载，使监护长者！"汉王闻之，愈益幸平，遂与东伐项王。至彭城，为楚所败，引师而还。收散兵至荥阳，以平为亚将，属韩王信，军广武。

①师古曰："说读曰悦。"

②师古曰："欢嚣而议也。"

绛、灌等或谗平曰：①"平虽美丈夫，如冠玉耳，其中未必有也。②闻平居家时盗其嫂；③事魏王不容，亡而归楚；归楚不中，又亡归汉。④今大王尊官之，令护军。臣闻平使诸将，金多者得善处，金少者得恶处。平，反覆乱臣也，愿王察之。"汉王疑之，以让无知，问曰："有之乎？"无知曰："有。"汉王曰："公言其贤人何也？"对曰："臣之所言者，能也；陛下所问者，行也。今有尾生、孝已之行，⑤而无益于胜败之数，陛下何暇用之乎？今楚汉相距，臣进奇谋之士，顾其计诚足以利国家耳。⑥盗嫂受金又安足疑乎？"汉王召平而问曰："吾闻先生事魏不遂，事楚而去，⑦今又从吾游，信者固多心乎？"平曰："臣事魏王，魏王不能用臣说，故去事项王。项王不信人，其所任爱，非诸项即妻之昆弟，虽有奇士不能用。臣居楚闻汉王之能用人，故归大王。裸身来，不受金无以为资。诚臣计画有可采者，愿大王用之；使无可用者，大王所赐金具在，请封输官，得请骸骨。”汉王乃谢，厚赐，拜以为护军中尉，尽护诸将。诸将乃不敢复言。

①师古曰：“旧说云，绛，绛侯周勃也，灌，灌婴也。而《楚汉春秋》高祖之臣别有绛灌，疑昧之文，不可据也。”

②孟康曰：“饰冠以玉，光好外见，中非所有也。”

③师古曰：“盗犹私也。”

④师古曰：“中音竹仲反。”

⑤如淳曰：“孝已，高宗之子，有孝行。”师古曰：“尾生，古之信士，一说即微生高。”

⑥师古曰：“顾，念也。”

⑦师古曰：“遂犹竟(也)。”〔10〕

其后，楚急击，绝汉甬道，围汉王于荥阳城。汉王患之，请割荥阳以西和。项王弗听。汉王谓平曰：“天下纷纷，何时定乎？”平曰：“项王为人，恭敬爱人，士之廉节好礼者多归之。至于行功赏爵邑，重之，①士亦以此不附。今大王嫚而少礼，士之廉节者不来；然大王能饶人以爵邑，士之顽顿耆利无耻者亦多归汉。②诚各去两短，集两长，天下指麾即定矣。然大王资侮人，③不能得廉节之士。顾楚有可乱者，④彼项王骨鲠之臣亚父、钟离眜、龙且、周殷之属，⑤不过数人耳。大王能出捐数万斤金，行反间，间其君臣，以疑其心，⑥项王为人意忌信谗，必内相诛。汉因举兵而攻之，破楚必矣。”汉王以为然，乃出黄金四万斤予平，恣所为，不问出入。

①师古曰：“言爱惜之。”

②如淳曰：“顽顿，谓无廉隅也。”师古曰：“顿读曰钝。耆读曰嗜。”

③师古曰：“资谓天性也。侮，古侮字。”

④师古曰：“顾，念也。”

⑤师古曰：“眜音秣。且音子闾反。”

⑥师古曰："间音居苋反。"

平既多以金纵反间于楚军，宣言诸将钟离昧等为项王将，功多矣，然终不得列地而王，欲与汉为一，以灭项氏，分王其地。项王果疑之，使使至汉。汉为太牢之具，举进，见楚使，①即阳惊曰："以为亚父使，乃项王使也！"复持去，以恶草具进楚使。②使归，具以报项王，果大疑亚父。亚父欲急击下荥阳城，项王不信，不肯听亚父。亚父闻项王疑之，乃大怒曰："天下事大定矣，君王自为之！愿乞骸骨归！"归未至彭城，疽发背而死。③

①师古曰："举鼎俎而来。"

②服虔曰："去肴肉，更以恶草之具。"

③师古曰："疽，痈疮也，音千余反。"

平乃夜出女子二千人荥阳东门，楚因击之。平乃与汉王从城西门出去。遂入关，收聚兵而复东。

明年，淮阴侯信破齐，自立为假齐王，使使言之汉王。汉王怒而骂，平蹑汉王。①汉王寤，乃厚遇齐使，使张良往立信为齐王。于是封平以户牖乡。用其计策，卒灭楚。

①孟康曰："蹑谓蹑汉王足。"

汉六年，人有上书告楚王韩信反。高帝问诸将，诸将曰："亟发兵坑竖子耳。"①高帝默然。以问平，平固辞谢，曰："诸将云何？"上具告之。平曰："人之上书言信反，人有闻知者乎？"曰："未有。"曰："信知之乎？"曰："弗知。"平曰："陛下兵精孰与楚？"②上曰："不能过也。"平曰："陛下将用兵有能敌韩信者乎？"上曰："莫及也。"平曰："今兵不如楚精，将弗及，而举兵击之，是趣之战也，③窃为陛下危之。"上曰："为之奈何？"平曰："古者天子巡狩，会诸侯。南方有云梦，④陛下弟出，伪游云梦，⑤会诸侯于陈。陈，楚之西界，信闻天子以好出游，其势必郊迎谒。⑥而陛下因禽之，特一力士之事耳。"高帝以为然，乃发使告诸侯会陈，"吾将南游云梦。"上因随以行。行至陈，楚王信果郊迎道中。高帝豫具武士，见信，即执缚之。语在《信传》。

①师古曰："亟，急也，音居力反。"

②师古曰："与，如也。"

③师古曰："趣读曰促。"

④师古曰："楚泽名。梦音莫风反，又读如本字。"

⑤师古曰："弟，但也，语声急也。它皆类此。"

⑥师古曰："出〔其〕郊远迎谒也。"[11]

遂会诸侯于陈。还至雒阳，与功臣剖符定封，封平为户牖侯，世世勿绝。平辞曰："此非臣之功也。"上曰："吾用先生计谋，战胜克敌，非功而何？"平曰："非魏无知臣安得进？"上曰："若子可谓不背本矣！"①乃复赏魏无知。

①师古曰："若，如也。"

其明年，平从击韩王信于代。至平城，为匈奴围，七日不得食。高帝用平奇计，使单于阏氏解，围以得开。①高帝既出，其计秘，世莫得闻。高帝南过曲逆，②上其城，望室屋甚大，曰："壮哉县！吾行天下，独见雒阳与是耳。"顾问御史："曲逆户口几何？"对曰："始秦时三万馀户，间者兵数起，多亡匿，今见五千馀户。"于是(召)〔诏〕御史，[12]更封平为曲逆侯，尽食之，除前所食户牖。

①师古曰："阏氏音焉支。"

②孟康曰："中山蒲阴县。"

平自初从，至天下定后，常以护军中尉从击臧荼、陈豨、黥布。凡六出奇计，辄益邑封。奇计或颇秘，世莫得闻也。

高帝从击布军还，病创，徐行至长安。燕王卢绾反，上使樊哙以相国将兵击之。既行，人有短恶哙者。①高帝怒曰："哙见吾病，乃幾我死也！"②用平计，召绛侯周勃受诏床下，曰："〔陈〕平乘驰传[13]载勃代哙将，③平至军中即斩哙头！"二人既受诏，驰传未至军，行计曰："樊哙，帝之故人，功多，④又吕后女弟吕须夫，有亲且贵，帝以忿怒故欲斩之，即恐后悔。宁囚而致上，令上自诛之。"未至军，为坛，以节召樊哙。哙受诏，即反接，⑤载槛车诣长安，而令周勃代将兵定燕。

①师古曰："陈其短失过恶于上，谓谮毁之。它皆类此。"

②孟康曰："幾幸我死也。幾音冀。"

③师古曰："传音张恋反。"

④师古曰："行计，谓于道中且计也。"

⑤师古曰："反缚两手也。"

平行闻高帝崩，①平恐吕后及吕须怒，乃驰传先去。逢使者诏平与灌婴屯于荥阳。平受诏，立复驰至宫，哭殊悲，因奏事丧前。吕后哀之，曰："君出休矣！"平畏谗之就，②因固请之，得宿卫中。太后乃以为郎中令，日傅教帝。③是后吕须谗乃不得行。樊哙至，即赦复爵邑。

①师古曰："未至京师，于道中闻高帝崩。"

②师古曰："就，成也，言畏谗毒己者得(其成)〔成其〕计。"〔14〕

③如淳曰："傅相之。"

惠帝六年，相国曹参薨，安国侯王陵为右丞相，平为左丞相。

王陵，沛人也。始为县豪，高祖微时兄事陵。及高祖起沛，入咸阳，陵亦聚党数千人，居南阳，不肯从沛公。及汉王之还击项籍，陵乃以兵属汉。项羽取陵母置军中，陵使至，则东乡坐陵母，欲以招陵。①陵母既私送使者，泣曰："愿为老妾语陵，善事汉王。汉王长者，毋以老妾故持二心。妾以死送使者。"遂伏剑而死。项王怒，亨陵母。陵卒从汉王定天下。以善雍齿，雍齿，高祖之仇，陵又本无从汉之意，以故后封陵，为安国侯。

①师古曰："乡读曰向。"

陵为人少文任气，好直言。为右丞相二岁，惠帝崩。高后欲立诸吕为王，问陵。陵曰："高皇帝刑白马而盟曰：'非刘氏而王者，天下共击之。'今王吕氏，非约也。"太后不说。①问〔左〕丞相平〔15〕及绛侯周勃等，皆曰："高帝定天下，王子弟；今太后称制，欲王昆弟诸吕，无所不可。"太后喜。罢朝，陵让平、勃曰："始与高帝啑血而盟，诸君不在邪？②今高帝崩，太后女主，欲王吕氏，诸君纵欲阿意背约，何面目见高帝于地下乎!”平曰:“于面折廷争，臣不如君;③全社稷，定刘氏后，君亦不如臣。”陵无以应之。于是吕太后欲废陵，乃阳迁陵为帝太傅，实夺之相权。陵怒，谢病免，杜门竟不朝请，④十年而薨。

①师古曰:“说读曰悦。”

②师古曰:“唼，小歠也，音所甲反。”

③师古曰:“廷争，谓当朝廷而谏争。”

④师古曰:“杜，塞也，闭塞其门也。请音才性反。杜字本作敗，音同。”

陵之免，吕太后徙平为右丞相，以辟阳侯审食其为左丞相。①食其亦沛人也。汉王之败彭城西，楚取太上皇、吕后为质，食其以舍人侍吕后。其后从破项籍为侯，幸于吕太后。及为相，不治，②监宫中，如郎中令，公卿百官皆因决事。

①师古曰:“食其音异基。”

②郑氏曰:“不立治处，使止宫中也。”李奇曰:“不治丞相职事也。”师古曰:“李说是也。”

吕须常以平前为高帝谋执樊哙，数谗平曰:“为丞相不治事，日饮醇酒，戏妇人。”平闻，日益甚。吕太后闻之，私喜。面质吕须于平前，①曰:“鄙语曰‘儿妇人口不可用’，顾君与我何如耳，无畏吕须之谮。”②

①师古曰:“质，对也。”

②师古曰:“顾，念也。”

吕太后多立诸吕为王，平伪听之。①及吕太后崩，平与太尉勃合谋，卒诛诸吕，立文帝，平本谋也。审食其免相，文帝立，举以为相。②

①师古曰:“谓且顺从之，不乖牾也。”

②如淳曰:“举犹皆也。众人之议皆以为勃、平功多矣。”师古曰:“言文帝以平、勃俱旧臣，有功，皆欲以为相。”

太尉勃亲以兵诛吕氏，功多;平欲让勃位，乃谢病。文帝初立，怪平病，问之。平曰:“高帝时，勃功不如臣;及诛诸吕，臣功亦不如勃。愿以相让勃。”于是乃以太尉勃为右丞相，位第一;平徙为左丞相，位第二。

赐平金千斤，益封三千户。

居顷之，上益明习国家事，朝而问右丞相勃曰："天下一岁决狱几何？"①勃谢不知。问"天下钱谷一岁出入几何？"勃又谢不知。汗出洽背，②愧不能对。上亦问左丞相平。平曰："(各)有主者。"〔16〕上曰："主者为谁乎？"平曰："陛下即问决狱，责廷尉；问钱谷，责治粟内史。"上曰："苟各有主者，而君所主何事也？"平谢曰："主臣！③陛下不知其驽下，使待罪宰相。④宰相者，上佐天子理阴阳，顺四时，下遂万物之宜，⑤外填抚四夷诸侯，内亲附百姓，使卿大夫各得任其职也。"上称善。勃大惭，出而让平曰："君独不素教我乎！"平笑曰："君居其位，独不知其任邪？且陛下即问长安盗贼数，又欲强对邪？"于是绛侯自知其能弗如平远矣。居顷之，勃谢(病请)免相，〔17〕而平颛为丞相。⑥

①师古曰："临朝问也。几音居岂反。"

②师古曰："洽，沾也。"

③文颖曰："惶恐之辞也，犹今言死罪也。"孟康曰："主臣，主群臣也，若今言人主。"晋灼曰："主，击也。臣，服也。言其击服，惶恐之辞。"师古曰："文、晋二说是也。"

④师古曰："驽，凡马之称，非骏者也，故以自喻。驽音奴。"

⑤师古曰："遂，申也。"

⑥师古曰："颛与专同。"

孝文二年，平薨，谥曰献侯。传子至曾孙何，坐略人妻弃(主)〔市〕。〔18〕王陵亦至玄孙，坐酎金国除。辟阳侯食其免后三岁而为淮南王所杀，文帝令其子平嗣侯。淄川王反，辟阳近淄川，平降之，国除。

始平曰："我多阴谋，道家之所禁。①吾世即废，亦已矣，终不能复起，以吾多阴祸也。"其后曾孙陈掌以卫氏亲戚贵，②愿得续封，然终不得也。

①师古曰："此平谓陈平。"

②师古曰："掌妻，卫子夫之姊。"

周勃，沛人。其先卷人也，①徙沛。勃以织薄曲为生，②常以吹箫给丧事，③材官引强。④

①师古曰："卷，县名也，《地理志》属河南，音丘权反。其下亦同。"

②苏林曰："薄一名曲。《月令》曰'具曲植'。"师古曰："许慎云苇薄为曲也。"

③师古曰："吹箫以乐丧宾，若乐人也。"

④服虔曰："能引强弓弩官也。"孟康曰："如今挽强司马也。"师古曰："强音其两反。"

高祖为沛公初起，勃以中涓从攻胡陵，下方与。①方与反，与战，却敌。攻丰。击秦军砀东。还军留及萧。复攻砀，破之。下下邑，先登。赐爵五大夫，攻(兰)〔蒙〕、虞，取之。〔19〕击章邯车骑殿。②略定魏地。攻辕戚、东缗，以往至栗，③取之。攻啮桑，先登。击秦军阿下，破之。追至濮阳，下鄄城。攻都关、定陶，袭取宛朐，得单父令。④夜袭取临济，攻寿张，以前至卷，破李由雍丘下。攻开封，先至城下为多。⑤后章邯破项梁，沛公与项羽引兵东如砀。自初起沛还至砀，一岁二月。楚怀王封沛公号武安侯，为砀郡长。沛公拜勃为襄贲令。⑥从沛公定魏地，攻东郡尉于成武，破之。攻长社，先登。攻颍阳、缑氏，绝河津。击赵贲军尸北。⑦南攻南阳守齮，破武关、峣关。攻秦军于蓝田。至咸阳，灭秦。

①师古曰："音房豫。"

②师古曰："殿之言填也，谓镇军后以扞敌。勃击破章邯之殿兵也。殿音丁见反。"

③师古曰："缗音昏。"

④师古曰："音善甫。"

⑤文颖曰："勃士卒至者多也。"如淳曰："《周礼》'战功曰多'。"师古曰："多谓功多也。"

⑥师古曰："贲音肥。"

⑦师古曰："贲音奔。尸即尸乡。"

项羽至，以沛公为汉王。汉王赐勃爵为威武侯。从入汉中，拜为将军。还定三秦，赐食邑怀德。攻槐里、好畤，最。①北击赵贲、内史保于咸阳，最。北救漆。②击章平、姚卬军。西定汧。③还下郿、频阳。④围章邯废丘，破之。西击益已军，破之。⑤攻上邽。⑥东守峣关。击项籍。攻曲遇，最。⑦还守敖仓，追籍。籍已死，因东定楚地泗水、东海郡，凡得二十二县。还守雒阳、栎阳，赐与颍阴侯共食锺离。以将军从高祖击燕王臧荼，破之易下。所将卒当驰道为多。⑧赐爵列侯，剖符世世不绝。食绛八千二百八十户。

①如淳曰："于将率之中功为最也。"

②师古曰："漆，扶风县。"

③师古曰："汧亦扶风县，音口肩反。"

④师古曰："郿即岐州郿县也。频阳在栎阳东北。郿音媚。"

⑤如淳曰："章邯将也。"

⑥师古曰："邽音圭。"

⑦师古曰："曲音丘禹反。遇音颙。"

⑧师古曰："当高祖所行之前。"

以将军从高帝击韩王信于代，降下霍人。以前至武泉，①击胡骑，破之武泉北。转攻韩信军铜鞮，破之。还，降太原六城。击韩信胡骑晋阳下，破之，下晋阳。后击韩信军于硰石，②破之，追北八十里。还攻楼烦三城，因击胡骑平城下，所将卒当驰道为多。勃迁为太尉。

①孟康曰："县属云中也。"

②应劭曰："硰音沙。"孟康曰："地名也。"齐恭曰："硰音赤坐反。"师古曰："齐音是也。"

〔击〕陈豨，[20]屠马邑。所将卒斩豨将军乘马降。①转击韩信、陈豨、赵利军于楼烦，破之。得豨将宋最、雁门守遬。②因转攻得云中守遬、丞相箕肆、将军博。③定雁门郡十七县，云中郡十二县。因复击豨灵丘，破之，斩豨、丞相程纵、将军陈武、都尉高肆。定代郡九县。

①师古曰："姓乘马，名降也。乘音食孕反。"

②师古曰："圂者，雁门守之名，音下顿反。"

③师古曰："遬，古速字也。肄音弋二反。博者，亦豨将之名也。"

燕王卢绾反，勃以相国代樊哙将，击下蓟，①得绾大将抵、丞相偃、守陉、②太尉弱、御史大夫施屠浑都。③破绾军上兰，后击绾军沮阳。④追至长城，定上谷十二县，右北平十六县，辽东二十九县，渔阳二十二县。最从高帝得相国一人，⑤丞相二人，将军、二千石各三人；别破军二，下城三，定郡五，县七十九，得丞相、大将各一人。

①师古曰："即幽州蓟县也，音计。"

②张晏曰："卢绾郡守，陉其名也。"师古曰："陉音刑。"

③师古曰："姓施屠，名浑都。浑音胡昆反。"

④服虔曰："沮音阻。"师古曰："县名，属上谷。"

⑤师古曰："最者，凡也。总言其攻战克获之数。"

勃为人木强敦厚，①高帝以为可属大事。②勃不好文学，每召诸生说士，东乡坐责之：③"趣为我语。"④其椎少文如此。⑤

①师古曰："木谓质朴。强音其两反。"

②师古曰："属，委也，音之欲反。"

③如淳曰："勃自东乡，责诸生说士，不以宾主之礼也。"师古曰："乡读曰向。"

④苏林曰："音趣舍。"臣瓒曰："令直言勿称经书也。"师古曰："二说皆非也。趣读曰促。谓令速言也。"

⑤服虔曰："谓讷钝也。"应劭曰："今俗名拙语为椎储。"师古曰："椎谓朴钝如椎也。音直推反。"

勃既定燕而归，高帝已崩矣，以列侯事惠帝。惠帝六年，置太尉官，以勃为太尉。十年，高后崩。吕禄以赵王为汉上将军，吕产以吕王为相国，秉权，欲危刘氏。勃与丞相平、朱虚侯章共诛诸吕。语在《高后纪》。

于是阴谋(乃)〔以〕为[21]"少帝及济川、淮阳、恒山王皆非惠帝子，吕太后以计诈名它人子，杀其母，养之后宫，令孝惠子之，立以为后，用强吕氏。今已灭诸吕，少帝即长用事，吾属无类矣，①不如视诸侯贤者立之。"遂迎立代王，是为孝文皇帝。

①师古曰："云被诛灭无遗种。"

东牟侯兴居，朱虚侯章弟也，曰："诛诸吕，臣无功，请得除宫。"乃与太仆汝阴滕公入宫。滕公前谓少帝曰："足下非刘氏，不当立。"乃顾麾左右执戟，皆仆兵罢。①有数人不肯去，(官)〔宦〕者令张释谕告，亦去。②[22]滕公召乘舆车载少帝出。少帝曰："欲持我安之乎？"③滕公曰："就舍少府。"乃奉天子法驾，迎皇帝代邸，报曰："宫谨除。"皇帝入未央宫，有谒者十人持戟卫端门，④曰："天子在也，足下何为者？"不得入。太尉往喻，乃引兵去，皇帝遂入。是夜，有司分部诛济川、淮阳、常山王及少帝于邸。

①师古曰："仆，顿也，音赴。"

②师古曰："《荆燕吴传》云张择，今此作释，参错不同，未知孰是也。"

③师古曰："言往何所也。"

④师古曰："端门，殿之正门。"

文帝即位，以勃为右丞相，赐金五千斤，邑万户。居十馀月，人或说勃曰："君既诛诸吕，立代王，威震天下，而君受厚赏处尊位以厌之，则祸及身矣。"①勃惧，亦自危，乃谢请归相印。上许之。岁馀，陈丞相平卒，上复用勃为(丞)相。[23]十馀月，上曰："前日吾诏列侯就国，或颇未能行，丞相朕所重，其为朕率列侯之国。"乃免相就国。

①师古曰："厌谓当之也。言既有大功，又受厚赏而居尊位，以久当之〔不去〕，即祸及矣。[24]厌音一涉反，又音乌狎反。"

岁馀，每河东守尉行县至绛，绛侯勃自畏恐诛，常被甲，令家人持兵以见。其后人有上书告勃欲反，下廷尉，逮捕勃治之。勃恐，不知置辞。①吏稍侵辱之。勃以千金与狱吏，狱吏乃书牍背示之，②曰"以公主为证"。公主者，孝文帝女也，勃太子胜之尚之，③故狱吏教引为证。初，勃之益封，尽以予薄昭。及系急，薄昭为言薄太后，太后亦以为无反事。文帝朝，太后以冒絮提文帝，④曰："绛侯绾皇帝玺，将兵于北军，⑤不以此时反，今居一小县，顾欲反邪！"⑥文帝既见勃狱辞，乃谢曰："吏方验而出之。"于是使使持节赦勃，复爵邑。勃既出，曰："吾尝将百万军，安知狱吏之贵也！”

①师古曰：“置，立也。辞，对狱之辞。”

②李奇曰：“吏所执簿也。”师古曰：“牍，木简，以书辞也，音读。”

③师古曰：“尚，配也，解在《张耳传》。”

④应劭曰：“陌额絮也。”晋灼曰：“《巴蜀异志》谓头上巾为冒絮。”师古曰：“冒，覆也，老人所以覆其头。提，掷也。提音徒计反。”

⑤应劭曰：“言勃诛诸吕，废少帝，手贯国玺时尚不反，况今更有异乎？”师古曰：“绾谓引结其组，音乌版反。”

⑥师古曰：“顾犹倒也。”

勃复就国，孝文十一年薨，谥曰武侯。子胜之嗣，尚公主不相中，①坐杀人，死，国绝。一年，〔文帝乃择勃子贤者河内太守〕(弟)亚夫复为侯。[25]

①如淳曰：“犹言不相合当也。”师古曰：“意不相可也。中音竹仲反。”

亚夫为河内守时，许负相之：①“君后三岁而侯。侯八岁，为将相，持国秉，②贵重矣，于人臣无二。后九年而饿死。”亚夫笑曰：“臣之兄以代父侯矣，有如卒，子当代，我何说侯乎？然既已贵如负言，又何说饿死？指视我。”③负指其口曰：“从理入口，此饿死法也。”④居三岁，兄绛侯胜之有罪，文帝择勃子贤者，皆推亚夫，乃封为条侯。⑤

①应劭曰：“许负，河内温人，老妪也。”

②师古曰：“秉音彼命反。”

③师古曰：“视读曰示。”

④师古曰：“从，竖也，音子容反。”

⑤师古曰：“县在勃海。《地理志》作蓨字，其音同耳。”

文帝后六年，匈奴大入边。以宗正刘礼为将军军霸上，祝兹侯徐厉为将军军棘门，以河内守亚夫为将军军细柳，以备胡。上自劳军，至霸上及棘门军，直驰入，将以下骑出入送迎。已而之细柳军，军士吏被甲，锐兵刃，彀弓弩，持满。①天子先驱至，不得入。②先驱曰：“天子且至！”军门都尉曰：“军中闻将军之令，不闻天子之诏。”有顷，上至，又不得入。

于是上使使持节诏将军曰："吾欲劳军。"亚夫乃传言开壁门。壁门士请车骑曰："将军约，军中不得驱驰。"于是天子乃按辔徐行。至中营，将军亚夫揖，曰："介胄之士不拜，请以军礼见。"③天子为动，改容式车。④使人称谢：⑤"皇帝敬劳将军。"成礼而去。既出军门，群臣皆惊。文帝曰："嗟乎，此真将军矣！乡者霸上、棘门如儿戏耳，⑥其将固可袭而虏也。至于亚夫，可得而犯邪！"称善者久之。月馀，三军皆罢。乃拜亚夫为中尉。

①师古曰："彀，张也，音遘。"

②师古曰："先驱，导驾者也，若今之武候队矣。"

③应劭曰："礼，介者不拜。"

④师古曰："古者立乘，凡言式车者，谓俛身抚式，以礼敬人。式，车前横木也。"

⑤师古曰："谢，告也。"

⑥师古曰："乡读曰向。"

文帝且崩时，戒太子曰："即有缓急，周亚夫真可任将兵。"文帝崩，亚夫为车骑将军。

孝景帝三年，吴楚反。亚夫以中尉为太尉，东击吴楚。因自请上曰："楚兵剽轻，难与争锋。①愿以梁委之，绝其食道，乃可制也。"上许之。②

①师古曰："剽音匹妙反。"

②师古曰："《吴王传》云亚夫至淮阳，问邓都尉，为画此计，亚夫乃从之。今此云自请而后行。二传不同，未知孰是。"

亚夫既发，至霸上，赵涉遮说亚夫曰："将军东诛吴楚，胜则宗庙安，不胜则天下危，能用臣之言乎？"亚夫下车，礼而问之。涉曰："吴王素富，怀辑死士久矣。①此知将军且行，必置间人于淆黾阸狭之间。且兵事上神密，将军何不从此右去，走蓝田，②出武关，抵雒阳，③间不过差一二日，④直入武库，击鸣鼓。诸侯闻之，以为将军从天而下也。"⑤太尉如其计。至雒阳，使吏搜殽黾间，果得吴伏兵。乃请涉为护军。

①师古曰:“辑与集同。”

②师古曰:“右谓少西去也。走音奏。”

③师古曰:“抵,至也。”

④师古曰:“谓右去行迟止一二日也。”

⑤师古曰:“不意其猝至。”

亚夫至,会兵荥阳。①吴方攻梁,梁急,请救。亚夫引兵东北走昌邑,②深壁而守。梁王使使请亚夫,亚夫守便宜,不往。梁上书言景帝,景帝诏使救梁。亚夫不奉诏,坚壁不出,而使轻骑兵弓高侯等绝吴楚兵后食道。吴楚兵乏粮,饥,欲退,数挑战,终不出。夜,军中惊,内相攻击扰乱,至于帐下。亚夫坚卧不起。顷之,复定。吴奔壁东南陬,③亚夫使备西北。已而其精兵果奔西北,不得入。吴楚既饿,乃引而去。亚夫出精兵追击,大破吴王濞。吴王濞弃其军,与壮士数千人亡走,保于江南丹徒。汉兵因乘胜,遂尽虏之,降其县,购吴王千金。月馀,越人斩吴王头以告。凡相守攻三月,而吴楚破平。于是诸将乃以太尉计谋为是。由此梁孝王与亚夫有隙。

①师古曰:“会,集也。”

②师古曰:“走音奏。”

③如淳曰:“陬,隅也。”师古曰:“音子侯反,又音邹。”

归,复置太尉官。五岁,迁为丞相,景帝甚重之。上废栗太子,亚夫固争之,不(待)〔得〕。[26]上由此疏之。而梁孝王每朝,常与太后言亚夫之短。

窦太后曰:“皇后兄王信可侯也。”上让曰:“始南皮及章武先帝不侯,①及臣即位,乃侯之,信未得封也。”窦太后曰:“人生各以时行耳。②窦长君在时,竟不得封侯,死后,乃其子彭祖顾得侯。③吾甚恨之。帝趣侯信也!”④上曰:“请得与丞相计之。”亚夫曰:“高帝约‘非刘氏不得王,非有功不得侯。不如约,天下共击之’。今信虽皇后兄,无功,侯之,非约也。”上默然而沮。⑤

①师古曰:“南皮窦彭祖,太后弟长君之子。章武,太后母弟广国。”

②师古曰:"言富贵当及己身也。"

③师古曰:"顾,反也。"

④师古曰:"趣读曰促。"

⑤师古曰:"沮者,止坏之意也,音才与反。"

其后匈奴王徐卢等五人降汉,①上欲侯之以劝后。亚夫曰:"彼背其主降陛下,陛下侯之,即何以责人臣不守节者乎?"上曰:"丞相议不可用。"乃悉封徐卢等为列侯。亚夫因谢病免相。

①师古曰:"《功臣表》云唯徐卢。"

顷之,上居禁中,召亚夫赐食。独置大胾,①无切肉,又不置箸。亚夫心不平,顾谓尚席取箸。②上视而笑曰:"此非不足君所乎!"③亚夫免冠谢上。上曰:"起。"亚夫因趋出。上目送之,曰:"此鞅鞅,非少主臣也!"

①师古曰:"胾,大脔,音侧吏反。"

②应劭曰:"尚席,主席者也。"

③孟康曰:"设胾无箸者,此非不足满于君所乎?嫌恨之也。"如淳曰:"非故不足君之食具,偶失之也。"师古曰:"孟说近之。帝言赐君食而不设箸,此由我意,于君有不足乎?"

居无何,亚夫子为父买工官尚方甲楯五百被可以葬者。①取庸苦之,不与钱。②庸知其盗买县官器,怨而上变告子,事连汙亚夫。书既闻,上下吏。吏簿责亚夫,③亚夫不对。上骂之曰:"吾不用也。"④召诣廷尉。廷尉责问曰:"君侯欲反何?"亚夫曰:"臣所买器,乃葬器也,何谓反乎?"吏曰:"君纵不欲反地上,即欲反地下耳。"吏侵之益急。初,吏捕亚夫,亚夫欲自杀,其夫人止之,以故不得死,遂入廷尉,因不食五日,欧血而死。国绝。

①如淳曰:"工官,官名也。"张晏曰:"被,具也。五百具甲楯也。"师古曰:"被音皮义反。"

②师古曰:"庸谓赁也。苦谓极苦使也。"

③如淳曰:"簿音主簿之簿,簿问其辞情。"师古曰:"簿问者,书之于簿,一一问

之也。"

④孟康曰:"言不用汝对,欲杀之也。"如淳曰:"恐狱吏畏其复用事,不敢折辱也。"师古曰:"孟说是也。一云,帝责此吏云不胜其任,吾不用汝,故召亚夫令诣廷尉也。"

一岁,上乃更封绛侯勃它子坚为平曲侯,续绛侯后。传子建德,为太子太傅,坐酎金免官。后有罪,国除。

亚夫果饿死。死后,上乃封王信为盖侯。至平帝元始二年,继绝世,复封勃玄孙之子恭为绛侯,千户。

赞曰:"闻张良之智勇,以为其貌魁梧奇伟,①反若妇人女子。故孔子称"以貌取人,失之子羽"。②学者多疑于鬼神,③如良受书老父,亦异矣。高祖数离困厄,良常有力,④岂可谓非天乎!陈平之志,见于社下,倾侧扰攘楚、魏之间,卒归于汉,而为谋臣。及吕后时,事多故矣,⑤平竟自免,以智终。王陵廷争,杜门自绝,亦各其志也。周勃为布衣时,鄙朴庸人,至登辅佐,匡国家难,诛诸吕,立孝文,为汉伊周,⑥何其盛也!始吕后问宰相,高祖曰:"陈平智有馀,王陵少戆,可以佐之;⑦安刘氏者必勃也。"又问其次,云"过此以后,非乃所及"。⑧终皆如言,圣矣夫!

①应劭曰:"魁梧,丘虚壮大之意也。"苏林曰:"梧音悟。"师古曰:"魁,大貌也。梧者,言其可惊悟,今人读为吾,非也。"

②师古曰:"子羽,孔子弟子澹台灭明字,貌恶而行善,故云然也。"

③师古曰:"谓无鬼神之事也。"

④师古曰:"离,遭也。"

⑤师古曰:"故谓中屯难也。"

⑥师古曰:"处伊尹、周公之任。"

⑦师古曰:"戆,愚也,旧音下绀反,今读音竹巷反。"

⑧师古曰:"乃,汝也,言汝亦不及见也。"

【校勘记】

〔1〕 良(年)少， 景祐、殿本都无“年”字。

〔2〕 良因怪(之)， 景祐、殿本都无“之”字。

〔3〕 常习〔读〕诵。 宋祁说一本“习”下有“读”字。按景祐本有。

〔4〕 今(有事)〔事有〕急， 景祐、殿本都作“事有”。

〔5〕 因举燕、(伐)〔代〕、齐、赵。 何焯说“伐”当作“代”。按各本都作“伐”，《史记》作“代”。

〔6〕 (示)天下不复输积， 景祐、殿本都无“示”字。

〔7〕 (左)〔离〕亲戚， 景祐、殿本都作“离”，注同。

〔8〕 上〔曰〕‘终不使不肖子居爱子上’，明〔其〕代太子位必矣。 景祐、殿本都有“曰”字“其”字，《史记》同。

〔9〕 人生一世〔间〕， 景祐、殿本都有“间”字，《史记》同。

〔10〕 遂犹竟(也)。 景祐、殿本都无“也”字。

〔11〕 出〔其〕郊远迎谒也。 景祐、殿本都有“其”字。

〔12〕 于是(召)〔诏〕御史， 景祐、殿本都作“诏”。王先谦说作“诏”是。

〔13〕 〔陈〕平乘驰传 景祐、殿本都有“陈”字。

〔14〕 言畏谗毒己者得(其成)〔成其〕计。 王先谦说“其成”字误倒。

〔15〕 问〔左〕丞相平 景祐、殿本都有“左”字。

〔16〕 (各)有主者。 宋祁说越本无“各”字。按景祐本亦无。王念孙说无“各”字是。

〔17〕 勃谢“病请”免相， 宋祁说越本无“病请”二字。按景祐本亦无。

〔18〕 坐略人妻弃(主)〔市〕。 景祐、汲古、殿、局本都作“市”，“主”字误。

〔19〕 攻(兰)〔蒙〕、虞，取之。 齐召南说《史记》作“攻蒙、虞”，“兰”当作“蒙”。王先谦说地无“兰虞”名，齐说是。

〔20〕 〔击〕陈豨， 景祐、殿本都有“击”字，《史记》亦有，此脱。

〔21〕 于是阴谋(乃)〔以〕为 景祐、殿本都作“以”。王先谦说作“以”是。

〔22〕 有数人不肯去，(官)〔宦〕者令张释谕告，亦去。 景祐、殿、局本都作“宦”。王先谦说作“宦”是。

〔23〕 上复用勃为(丞)相。 景祐、殿本都无“丞”字。

〔24〕 以久当之〔不去〕，即祸及矣。 景祐、殿本都有"不去"二字。王先谦说此脱。

〔25〕 一年，〔文帝乃择勃子贤者河内太守〕(弟)亚夫复为侯 钱大昭说闽本无"弟"字，"亚夫"上多十二字。按景祐本同闽本。

〔26〕 不(待)〔得〕。 钱大昭说"待"当作"得"。按景祐、殿本都作"得"。

汉书卷四十一

樊郦滕灌傅靳周传第十一

樊哙，沛人也，以屠狗为事。①后与高祖俱隐于芒砀山泽间。

①师古曰："时人食狗亦与羊豕同，故哙专屠以卖。"

陈胜初起，萧何、曹参使哙求迎高祖，立为沛公。①哙以舍人从攻胡陵、方与，②还守丰，击泗水监丰下，破之。③复东定沛，破泗水守薛西。④与司马尼战砀东，⑤却敌，斩首十五级，赐爵国大夫。⑥常从沛公击章邯军濮阳，攻城先登，斩首二十三级，赐爵列大夫。⑦从攻(阳城)〔城阳〕，[1]先登。下户牖，⑧破李由军，斩首十六级，赐上闻爵。⑨后攻围都尉、东郡守尉于成武，⑩却敌，斩首十四级，捕虏十六人，⑪赐爵五大夫。从攻秦军，出亳南。⑫河间守军于杠里，破之。⑬击破赵贲军开封北，⑭以却敌先登，斩候一人，首六十八级，捕虏二十六人，⑮赐爵卿。从攻破扬熊于曲遇。⑯攻宛陵，先登，斩首八级，捕虏四十四人，赐爵封号贤成君。⑰从攻长社、轘辕，绝河津，东攻秦军尸乡，南攻秦军于犨，破南阳守齮于阳城。东攻宛城，先登。西至郦，⑱以却敌，斩首十四级，捕虏四十(四)人，[2]赐重封。⑲攻武关，至霸上，斩都尉一人，首十级，捕虏百四十六人，降卒二千九百人。

①师古曰："高祖时亡在外，故求而迎之。"

②师古曰："皆县名。方音房。与音豫。"

③师古曰："泗水，郡名。监谓御史监郡者也，破之于丰县下。"

④师古曰："破郡守于薛县之西。"

⑤师古曰："秦将章邯之司马也。尼读与夷同。"

⑥文颖曰："即官大夫也，爵第六级。"

⑦文颖曰："即公大夫也，爵第七级。"

⑧师古曰："阳武县之乡。"

⑨张晏曰："得径上闻也。"如淳曰："《吕氏春秋》曰'魏文侯东胜齐于长城，天子赏文侯以上闻'。"晋灼曰："名通于天子也。"

⑩师古曰："圉即陈留圉县。"

⑪师古曰："生获曰虏。"

⑫郑氏曰："亳，成汤封邑，今河南偃师汤亭是。"

⑬师古曰："杠音江。"

⑭师古曰："贲音奔。"

⑮师古曰："既斩候一人，又更斩它首六十八。"

⑯师古曰："曲音丘羽反。遇音颙。"

⑰张晏曰："食禄比封君而无邑也。"臣瓒曰："秦制，列侯乃有封爵。"师古曰："瓒说非也。楚汉之际，权设宠荣，假其位号，或得邑地，或空受爵，此例多矣。约以秦制，于义不通。"

⑱师古曰："南阳之县也，音直益反。"

⑲张晏曰："益禄也。"如淳曰："正爵名也。"臣瓒曰："增封也。"师古曰："诸家之说皆非也。重封者，加二号耳。"

项羽在戏下，欲攻沛公。沛公从百馀骑因项伯面见项羽，谢无有闭关事。项羽既飨军士，中酒，①亚父谋欲杀沛公，令项庄拔剑舞坐中，欲击沛公，项伯常屏蔽之。时独沛公与张良得入坐，樊哙居营外，闻事急，乃持盾入。初入营，营卫止哙，②哙直撞入，立帐下。③项羽目之，问为谁。张良曰："沛公参乘樊哙也。"项羽曰："壮士。"赐之卮酒彘肩。哙既饮酒，拔剑切肉食之。项羽曰："能复饮乎？"哙曰："臣死且不辞，岂特卮酒乎！且沛公先入定咸阳，暴师霸上，以待大王。④大王今日至，听小人之言，与沛公有隙，臣恐天下解心疑大王也。"项羽默然。沛公如厕，麾哙去。既出，沛公留车骑，⑤独骑马，哙等四人步从，从山下走归霸上军，而使张良谢项羽。羽亦因遂已，⑥无诛沛公之心。是日微樊哙奔入营谯让项羽，沛公几殆。⑦

①张晏曰："酒酣也。"师古曰："饮酒之中也。不醉不醒，故谓之中。中音竹

仲反。"

②师古曰:"营卫,谓营垒之守卫者。"

③师古曰:"谓以盾撞击人。撞音丈江反。"

④师古曰:"时项羽未为王,故《高纪》云'以待将军'。此言大王,史追书耳。"

⑤师古曰:"沛公所乘之车及从者之骑。"

⑥师古曰:"已,止也。"

⑦师古曰:"微,无也。谯,责也。殆,危也。谯音才笑反。几音巨依反。"

后数日,项羽入屠咸阳,立沛公为汉王。汉王赐哙爵为列侯,号临武侯。迁为郎中,从入汉中。

还定三秦,别击西丞白水北,①(拥)〔雍〕轻车骑雍南,[3]破之。从攻雍、斄城,先登。②击章平军好畤,攻城,先登陷阵,斩县令丞各一人,首十一级,虏二十人,迁为郎中骑将。从击秦车骑壤东,③却敌,迁为将军。攻赵贲,下郿、槐里、柳中、咸阳;④灌废丘,最。⑤至栎阳,赐食邑杜之樊乡。⑥从攻项籍,屠煮枣,⑦击破王武、程处军于外黄。攻邹、鲁、瑕丘、薛。项羽败汉王于彭城,尽复取鲁、梁地。哙还至荥阳,益食平阴二千户,以将军守广武一岁。⑧项羽引东,从高祖击项籍,下阳夏,⑨虏楚周将军卒四千人。⑩围项籍陈,大破之。⑪屠胡陵。

①服虔曰:"西丞,县名也。"晋灼曰:"白水,今广平魏县也。《地理志》无西丞,似秦将名也。"师古曰:"二说并非也。西谓陇西郡西县也。白水,水名,经西县东南流而过。言击西县之丞于白水之北。"

②师古曰:"斄读与邰同,县名,即后稷所封,今武功故城是,音胎。"

③师古曰:"地名也。"

④师古曰:"柳中即细柳地也,在长安西。"

⑤李奇曰:"以水灌废丘也。"张晏曰:"最,功第一也。"晋灼曰:"京辅治华阴灌北也。"师古曰:"《高纪》言'引水灌废丘',李说是也。或者云汉王自彭城败还始灌废丘,此时未也。此说非矣。彭城还,更灌废丘,始平定之,无废丘。此时已当灌矣。"

⑥师古曰:"杜县之乡也,今曰樊川。"

⑦晋灼曰:"《地理志》无也。清河有煮枣城,《功臣表》有煮枣侯。"师古曰:"既

云攻项籍，屠煮枣，则其地当在大河之南，非清河之城明矣，但未详其处耳。”

⑧师古曰：“即荥阳之广武。”

⑨师古曰：“夏音工雅反。”

⑩师古曰：“周殷。”

⑪师古曰：“于陈县围之。”

项籍死，汉王即皇帝位，以哙有功，益食邑八百户。其秋，燕王臧荼反，哙从攻虏荼，定燕地。楚王韩信反，哙从至陈，取信，定楚。更赐爵列侯，与剖符，世世勿绝，食舞阳，号为舞阳侯，除前所食。以将军从攻反者韩王信于代。自霍人以往至云中，与绛侯等共定之，益食千五百户。因击陈豨与曼丘臣军，战襄国，破柏人，先登，降(之)定清河、常山凡二十七县，〔4〕残东垣，①迁为左丞相。破得綦毋(印)〔卬〕、〔5〕尹潘军于无终、广昌。②破豨别将胡人王黄军代南，因击韩信军参合。军所将卒斩韩信，击豨胡骑横谷，斩将军赵既，虏代丞相冯梁、守孙奋、大将王黄、将军(大将)一人、〔6〕太仆解福等十人。与诸将共定代乡邑七十三。后燕王卢绾反，哙以相国击绾，破其丞相抵蓟南，③定燕县十八，乡邑五十一。益食千三百户，定食舞阳五千四百户。从，斩首百七十六级，虏二百八十七人。别，破军七，下城五，定郡六，县五十二，得丞相一人，将军十三人，二千石以下至三百石十二人。

①张晏曰：“残，有所毁也。”臣瓒曰：“残谓多所杀伤也。”师古曰：“瓒说是。”

②师古曰：“姓綦毋，名(印)〔卬〕也。綦音其。”

③师古曰：“抵，至也。一说，抵者，其丞相之名也，音丁礼反。”

哙以吕后弟吕须为妇，生子伉，①故其比诸将最亲。先黥布反时，高帝尝病，②恶见人，卧禁中，诏户者无得入群臣。群臣绛、灌等莫敢入。十馀日，哙乃排闼直入，③大臣随之。上独枕一宦者卧。哙等见上流涕曰：“始陛下与臣等起丰沛，定天下，何其壮也！今天下已定，又何惫也！④且陛下病甚，大臣震恐，不见臣等计事，顾独与一宦者绝乎！⑤且陛下独不见赵高之事乎?”⑥高帝笑而起。

①师古曰:“伉音抗,又音刚。”

②师古曰:“黥布未反之前。”

③师古曰:“闼,宫中小门也,一曰门屏也,音土曷反。”

④师古曰:“惫,力极也,音蒲拜反。”

⑤师古曰:“顾犹反也。”

⑥师古曰:“谓始皇崩,赵高矫为诏命,杀扶苏而立胡亥。”

其后卢绾反,高帝使哙以相国击燕。是时高帝病甚,人有恶哙党于吕氏,①即上一日宫车晏驾,则哙欲以兵尽诛戚氏、赵王如意之属。高帝大怒,乃使陈平载绛侯代将,而即军中斩哙。②陈平畏吕后,执哙诣长安。至则高帝已崩,吕后释哙,③得复爵邑。

①师古曰:“恶谓毁谮,言其罪恶也。”

②师古曰:“即,就也。”

③师古曰:“释,解也,解免其罪。”

孝惠六年,哙薨,谥曰武侯,子伉嗣。而伉母吕须亦为临光侯,(哙)高后时用事颛权,[7]①大臣尽畏之。高后崩,大臣诛吕须等,因诛伉,舞阳侯中绝数月。孝文帝立,乃复封哙庶子市人为侯,复故邑。薨,谥曰荒侯。子佗广嗣。六岁,其舍人上书言:“荒侯市人病不能为人,②令其夫人与其弟乱而生佗广,佗广实非荒侯子。”下吏,免。平帝元始二年,继绝世,封哙玄孙之子章为舞阳侯,邑千户。

①师古曰:“颛与专同。”

②师古曰:“言无人道也。”

郦商,高阳人也。①陈胜起,商聚少年得数千人。沛公略地六月馀,商以所将四千人属沛公于岐。从攻长社,先登,赐爵封信成君。从攻缑氏,绝河津,破秦军雒阳东。从下宛、穰,定十七县。别将攻旬关,②西定汉中。③

①师古曰:“郦音历。”

②师古曰："汉中旬水上之关也，今在洵阳县。"

③师古曰："先言攻旬关，定汉中，然后云沛公为汉王，是则沛公从武关、蓝田而来，商时别从西道平定汉中。"

沛公为汉王，赐商爵信成君，以将军为陇西都尉。别定北地郡，破章邯别将于乌氏、栒邑、泥阳，①赐食邑武城六千户。从击项籍军，与锺离眛战，受梁相国印，②益食四千户。从击项羽二岁，攻胡陵。

①师古曰："乌氏，安定县也。栒邑今在豳州。泥阳，北地县。氏音支。栒音荀。"

②师古曰："汉以梁相国印授之。"

汉王即帝位，燕王臧荼反，商以将军从击荼，战龙脱，①先登陷阵，破荼军易下，②却敌，迁为右丞相，赐爵列侯，与剖符，世世勿绝，食邑涿郡五千户。别定上谷，因攻代，受赵相国印。③与绛侯等定代郡、雁门，得代丞相程纵、守相郭同、④将军以下至六百石十九人。还，以将军将太上皇卫一岁。十月，以右丞相击陈豨，残东垣。又从击黥布，攻其前垣，⑤陷两陈，得以破布军，更封为曲周侯，食邑五千一百户，除前所食。凡别破军三，降定郡六，县七十三，得丞相、守相、大将(军)各一人，小将(军)二人，[8]二千石以下至六百石十九人。

①孟康曰："地名也。"

②师古曰："今易县。"

③师古曰："初受梁相国印，今又受赵相国印。"

④师古曰："守相，谓为相而居守者。"

⑤李奇曰："前锋坚蔽若垣墙也。或曰，军前以大(军)〔车〕自障若垣也。"[9]师古曰："二说皆非也。谓攻其壁垒之前垣。"

商事孝惠帝、吕后。吕后崩，商疾不治事。①其子寄，字况，与吕禄善。及高后崩，大臣欲诛诸吕，吕禄为将军，军于北军，太尉勃不得入北军，于是乃使人劫商，令其子寄绐吕禄。吕禄信之，与出游，而太尉勃乃得入据北军，遂以诛诸吕。商是岁薨，谥曰景侯。子寄嗣。天下称郦况卖友。

①文颖曰："商有疾病，不能治官事。"

孝景时，吴、楚、齐、赵反，上以寄为将军，围赵城，七月不能下。栾布自平齐来，乃灭赵。孝景中二年，寄欲取平原君(姊)为夫人，①[10]景帝怒，下寄吏，免。上乃封商它子坚为缪侯，②奉商后。传至玄孙终根，武帝时为太常，坐巫蛊诛，国除。元始中，赐高祖时功臣自郦商以下子孙爵(乎)〔皆〕关内侯，[11]食邑凡百馀人。

①苏林曰："景帝王皇后母臧儿也。"

②师古曰："缪，所封邑名。"

夏侯婴，沛人也。为沛厩司御，每送使客，还过泗上亭，与高祖语，未尝不移日也。婴已而试补县吏，与高祖相爱。高祖戏而伤婴，人有告高祖。高祖时为亭长，重坐伤人，①告故不伤婴，②婴证之。移狱覆，婴坐高祖系岁馀，掠笞数百，终脱高祖。

①如淳曰："为吏伤人，其罪重。"

②苏林曰："自告情故，不伤婴也。"

高祖之初与徒属欲攻沛也，①婴时以县令史为高祖使。上降沛一日，②高祖为沛公，赐爵七大夫，以婴为太仆，常奉车。③从攻胡陵，婴与萧何降泗水监平，④平以胡陵降，赐婴爵五大夫。从击秦军砀东，攻济阳，下户牖，破李由军雍丘，以兵车趣攻战疾，破之，⑤赐爵执帛。从击章邯军东阿、濮阳下，以兵车趣攻战疾，破之，赐爵执圭。从击赵贲军开封，杨熊军曲遇。婴从捕虏六十八人，降卒八百五十人，得印一匮⑥。又击秦军雒阳东，以兵车趣攻战疾，赐爵封，转为滕令。⑦因奉车⑧从攻定南阳，战于蓝田、芷阳，⑨至霸上。沛公为汉王，赐婴爵列侯，号昭平侯，复为太仆，从入蜀汉。

①师古曰："谓始亡在外，未被樊哙召时。"

②师古曰："谓父老开城门迎高祖时也。"

③师古曰："为沛公御车。"

④张晏曰："胡陵，平所止县，何尝给之，故与降。"

⑤师古曰："趣读曰促，谓急速也。次下亦同。"

⑥师古曰："时自相署置官之印。"

⑦邓展曰："今沛郡公丘县。"

⑧师古曰："因此又每奉车从攻战，以至霸上。"

⑨师古曰："芷阳后为霸陵县。"

还定三秦，从击项籍。至彭城，项羽大破汉军。汉王不利，驰去。见孝惠、鲁元，载之。汉王急，马罢，虏在后，①常蹳两儿弃之，②婴常收载行，面雍树驰。③汉王怒，欲斩婴者十馀，卒得脱，而致孝惠、鲁元于丰。

①师古曰："罢读曰疲。"

②服虔曰："蹳音拔。"晋灼曰："音足蹳物之蹳。"师古曰："服音是。"

③服虔曰："高祖欲斩之，故婴围树走，面向树也。"应劭曰："古者立乘，婴恐小儿堕坠，各置一面拥持之。树，立也。"苏林曰："南方人谓抱小儿为雍树。面者，以面首向临之也。"师古曰："面，偝也。雍，抱持之。言取两儿，令面背己，而抱持之以驰，故云面雍树驰。服言围树而走，义尤疏越。雍读曰拥。"

汉王既至荥阳，收散兵，复振，赐婴食邑沂阳。①击项籍下邑，追至陈，卒定楚。至鲁，益食兹氏。②

①师古曰："沂音鱼依反。"

②师古曰："兹氏，县名，《地理志》属太原。"

汉王即帝位，燕王臧荼反，婴从击荼。明年，从至陈，取楚王信。更食汝阴，剖符，世世勿绝。从击代，至武泉、云中，益食千户。因从击韩信军胡骑晋阳旁，大破之。追北至平城，为胡所围，七日不得通。高帝使使厚遗阏氏，冒顿乃开其围一角。高帝出欲驰，婴固徐行，弩皆持满外乡，①卒以得脱。②益食婴细阳千户。③从击胡骑句注北，大破之。击胡骑平城南，三陷陈，功为多，(阙)〔赐〕所夺邑五百户。④[12]从击陈豨、黥布军，陷陈却敌，益千户，定食汝阴六千九百户，除前所食。

①师古曰："故示闲暇，所以固士卒心，而令敌不测也。乡读曰向。"

②师古曰："卒，终也。"

③师古曰："益其邑使食之。"

④孟康曰："时有罪过夺邑者，以赐之。"

婴自上初起沛，常为太仆从，竟高祖崩。以太仆事惠帝。惠帝及高后德婴之脱孝惠、鲁元于下邑间也，乃赐婴北第第一，[①]曰"近我"，以尊异之。惠帝崩，以太仆事高后。高后崩，代王之来，婴以太仆与东牟侯入清宫，废少帝，以天子法驾迎代王代邸，与大臣共立文帝，复为太仆。八岁薨，谥曰文侯。传至曾孙颇，[②]尚平阳公主，坐与父御婢奸，自杀，国除。

①师古曰："北第者，近北阙之第，婴最第一也。故张衡《西京赋》云'北阙甲第，当道直启'。"

②师古曰："颇音普河反。"

初婴为滕令奉车，故号滕公。及曾孙颇尚主，主随外家姓，号孙公主，故滕公子孙更为孙氏。

灌婴，睢阳贩缯者也。[①]高祖为沛公，略地至雍丘，章邯杀项梁，而沛公还军于砀，婴以中涓从，击破东郡尉于成武及秦军于杠里，疾斗，赐爵七大夫。又从攻秦军亳南、开封、曲遇，战疾力，[②]赐爵执帛，号宣陵君。从攻阳武以西至雒阳，破秦军尸北。北绝河津，南破南阳守齮阳城东，遂定南阳郡。西入武关，战于蓝田，疾力，至霸上，赐爵执圭，号昌文君。

①师古曰："缯者，帛之总名。"

②孟康曰："攻战速疾也。"师古曰："疾，急速也。力，强力也。"

沛公为汉王，拜婴为郎中，从入汉中，十月，拜为中谒者。从还定三秦，下栎阳，降塞王。还围章邯废丘，未拔。从东出临晋关，击降殷王，定其地。击项羽将龙且、魏相项佗军定陶南，疾战，破之。赐婴爵列侯，号昌文侯，食杜平乡。[①]

①师古曰："杜县之平乡。"

复以中谒者从降下砀，以北至彭城。项羽击破汉王，汉王遁而西，婴从还，军于雍丘。王武、魏公申徒反，①从击破之。攻下外黄，西收军于荥阳。楚骑来众，汉王乃择军中可为骑将者，皆推故秦骑士重泉人李必、骆甲②习骑兵，今为校尉，可为骑将。汉王欲拜之，必、甲曰："臣故秦民，恐军不信臣，臣愿得大王左右善骑者傅之。"③婴虽少，然数力战，乃拜婴为中大夫，令李必、骆甲为左右校尉，将郎中骑兵击楚骑于荥阳东，大破之。受诏别击楚军后，绝其馕道，④起阳武至襄邑。击项羽之将项冠于鲁下，破之，所将卒斩右司马、骑将各一人。⑤击破柘公王武军燕西，⑥所将卒斩楼烦将五人，⑦连尹一人。⑧击王武别将桓婴白马下，破之，所将卒斩都尉一人。以骑度河南，送汉王到雒阳，从北迎相国韩信军于邯郸。还至敖仓，婴迁为御史大夫。

①张晏曰："故秦将，降为公，今反。"

②师古曰："重泉，县名也，《地理志》属左冯翊。"

③如淳曰："傅音附，犹言随从者。"

④师古曰："馕，古饷字。"

⑤张晏曰："主右方之马，左亦如之。"晋灼曰："下所谓左右千人之骑。"

⑥师古曰："柘，县名。公者，柘之令也。王武，其人姓名也。燕亦县名，古南燕国也。音一千反。"

⑦李奇曰："楼烦，县名，其人善骑射，故名射士为楼烦，取其称也。"师古曰："解在《项羽传》。"

⑧苏林曰："楚官也。"

三年，以列侯食邑杜平乡。受诏将郎中骑兵东属相国韩信，击破齐军于历下，所将卒虏(单)〔车〕骑将(军)华毋伤①[13]及将吏四十六人。降下临淄，得相田光。追齐相田横至嬴、博，②击破其骑，所将卒斩骑将一人，生得骑将四人。攻下嬴、博，破齐将军田吸于千乘，斩之。东从韩信攻龙且、留公于假密，③卒斩龙且，④生得右司马、连尹各一人，楼烦将十人，身生得亚将周兰。⑤

①师古曰："华音下化反。"

②师古曰："二县名。"

③师古曰："留，县名。公，留令也。攻龙且及留令于假密。"

④师古曰："婴所将之卒也。其下亦同。"

⑤师古曰："亚，次也。"

齐地已定，韩信自立为齐王，使婴别将击楚将公杲于鲁北，破之。转南，破薛郡长，①身虏骑将(人)〔一人〕。攻(博)〔傅〕阳，[14]前至下相以东南僮、取虑、徐。②度淮，尽降其城邑，至广陵。③项羽使项声、薛公、郯公复定淮北，婴度淮击破项声、郯公下邳，斩薛公，下下邳、寿春。击破楚骑平阳，④遂降彭城。虏柱国项佗，⑤降留、薛、沛、酂、萧、相。⑥攻苦、谯，⑦复得亚将。与汉王会颐乡。从击项籍军陈下，破之。所将卒斩楼烦将二人，虏将八人。赐益食邑二千五百户。

①师古曰："长，亦如郡守也，时每郡置长。"

②师古曰："僮及取虑及徐，三县名也。取音趋，又音秋。虑音庐。"

③苏林曰："别将兵屯广陵也。"师古曰："此说非也。谓从下相以东南尽降城邑，乃至广陵皆平定。"

④师古曰："此平阳在东郡。"

⑤师古曰："佗音徒何反。"

⑥师古曰："凡六县也，酂音才何反。"

⑦师古曰："二县也。"

项籍败垓下去也，婴以御史大夫将车骑别追项籍至东城，破之。所将卒五人共斩项籍，皆赐爵列侯。降左右司马各一人，卒万二千人，尽得其军将吏。下东城、历阳。度江，破吴郡长吴下，①得吴守，遂定吴、豫章、会稽郡。还定淮北，凡五十二县。

①如淳曰："雄长之长也。"师古曰："此说非也。吴郡长，当时为吴郡长，婴破之于吴下。"

汉王即帝位，赐益婴邑三千户。以车骑将军从击燕王荼。明年，从至陈，取楚王信。还，剖符，世世勿绝，食颍阴二千五百户。

从击(汉)〔韩〕王信于代,[15]至马邑,别降楼烦以北六县,斩代左将,破胡骑将于武泉北。复从击信胡骑晋阳下,所将卒斩胡白题将一人。①又受诏并将燕、赵、齐、梁、楚车骑,击破胡骑于硰石。②至平城,为胡所困。

①师古曰:"胡名也。"

②师古曰:"硰音千坐反。"

从击陈豨,别攻豨丞相侯敞军曲逆下,破之,卒斩敞及特将五人。①降曲逆、卢奴、上曲阳、安国、安平。攻下东垣。

①师古曰:"卒谓所将之卒也。特,独也,各(特)〔独〕为将。"[16]

黥布反,以车骑将军先出,攻布别将于相,破之,斩亚将楼烦将三人。又进击破布上柱国及大司马军。又进破布别将肥铢。婴身生得左司马一人,所将卒斩其小将十人,追北至淮上。益食邑二千五百户。布已破,高帝归,定令婴食颍阴五千户,除前所食邑。凡从所得,二千石二人,别破军十六,降城四十六,定国一,郡二,县五十二,得将军二人,柱国、相各一人,二千石十人。

婴自破布归,高帝崩,以列侯事惠帝及吕后。吕后崩,吕禄等欲为乱。齐哀王闻之,举兵西,吕禄等以婴为大将军往击之。婴至荥阳,乃与绛侯等谋,因屯兵荥阳,风齐王以诛吕氏事,①齐兵止不前。绛侯等既诛诸吕,齐王罢兵归。婴自荥阳还,与绛侯、陈平共立文帝。于是益封婴三千户,赐金千斤,为太尉。

①师古曰:"风读曰讽。"

三岁,绛侯勃免相,婴为丞相,罢太尉官。是岁,匈奴大入北地,上令丞相婴将骑八万五千击匈奴。匈奴去,济北王反,诏罢婴兵。后岁馀,以丞相薨,谥曰懿侯。传至孙(疆)〔彊〕,[17]有罪,绝。武帝复封婴孙贤为临汝侯,奉婴后,后有罪,国除。

傅宽,以魏五大夫骑将从,为舍人,起横阳。从攻安阳、杠里,赵贲军于开封,及击杨熊曲遇、阳武,斩首十二级,赐爵卿。从至霸上。沛公为汉王,赐宽封号共德君。① 从入汉中,为右骑将。定三秦,赐食邑雕阴。② 从击项籍,待怀,③ 赐爵通德侯。从击项冠、周兰、龙且,所将卒斩骑将一人敖下,④ 益食邑。

①师古曰:"共读曰恭。"

②孟康曰:"县名,属上郡。"

③服虔曰:"(侍)〔待〕高帝于怀。怀,县(召)〔名也〕。"[18] 师古曰:"《地理志》属河内,即今怀州。"

④师古曰:"敖,地名。敖仓盖取此名也。《左氏传》曰'敖、鄗之间'。"

属淮阴,① 击破齐历下军,击田解。属相国参,残博,② 益食邑。因定齐地,剖符世世勿绝,封阳陵侯,二千六百户,除前所食。为齐右丞相,备齐。③ 五岁为齐相国。

①张晏曰:"韩信也。信时为相国,云淮阴者,终言之也。"

②师古曰:"参,曹参也。博,太山县也。"

③张晏曰:"时田横未降,故设屯备。"

四月,击陈豨,属太尉勃,以相国代丞相哙击豨。一月,徙为代相国,将屯。① 二岁,为丞相,将屯。孝惠五年薨,谥曰景侯。传至曾孙偃,谋反,诛,国除。

①如淳曰:"既为相国,有警则将卒而屯守也。"师古曰:"此说非也。时代国常有屯兵以备边寇,宽为代相,兼将此屯兵也。"

靳歙,以中涓从,起宛朐。① 攻济阳。破李由军。击秦军开封东,斩骑千人将一人,② 首五十七级,捕虏七十三人,赐爵封临平君。又战蓝田北,斩车司马二人,③ 骑长一人,④ 首二十八级,捕虏五十七人。至霸上。沛公为汉王,赐歙爵建武侯,迁骑都尉。

①师古曰:"歙音翕。宛音于元反。朐音其于反。"

②如淳曰:"骑将率号为千人。《汉仪注》边郡置部都尉、千人、司马、候也。"

③张晏曰:"主车也。"

④张晏曰："骑之长。"

从定三秦。别西击章平军于陇西，破之，定陇西六县，所将卒斩车司马、候各四人，骑长十二人。从东击楚，至彭城。汉军败还，保雍丘，击反者王武等。略梁地，别西击邢说军菑南，破之，①身得说都尉二人，司马、候十二人，降吏卒四千六百八十人。破楚军荥阳东。食邑四千二百户。

①师古曰："菑，县名也，后为考城。说读曰悦。"

别之河内，击赵贲军朝歌，破之，所将卒得骑将二人，车马二百五十匹。从攻安阳以东，至棘蒲，下十县。别攻破赵军，得其将司马二人，候四人，降吏卒二千四百人。从降下邯郸。别下平阳，身斩守相，所将卒斩兵守郡一人，①降邺。从攻朝歌、邯郸，又别击破赵(郡)〔军〕，[19]降邯郸郡六县。还军敖仓，破项籍军成皋南，击绝楚饷道，起荥阳至襄邑。破项冠鲁下。略地东至鄫、郯、下邳，南至蕲、竹邑。击项悍济阳下。还击项籍军陈下，破之。别定江陵，降柱国、大司马以下八人，身得江陵王，致雒阳，②因定南郡。从至陈，取楚王信，剖符世世勿绝，定食四千六百户，为信武侯。

①李奇曰："或以为郡守也，字反耳。"晋灼曰："将兵郡守也。"师古曰："当言兵郡守一人也。"

②师古曰："江陵王谓共敖之子共尉也，得而送致于雒阳。"

以骑都尉〔从〕击代，[20]攻韩信平城下，还军东垣。有功，迁为车骑将军，并将梁、赵、齐、燕、楚车骑，别击陈豨丞相敞，破之，①因降曲逆。从击黥布有功，益封，定食邑五千三百户。凡斩首九十级，虏百四十二人，别破军十四，降城五十九，定郡、国各一，县二十三，得王、柱国各一人，二千石以下至五〔百〕石三十九人。[21]

①师古曰："侯敞。"

高后五年，薨，谥曰肃侯。子亭嗣，有罪，国除。

周緤，沛人也。①以舍人从高祖起沛。至霸上，西入蜀汉，还定三秦，常为参乘，赐食邑池阳。②从东击项羽荥阳，绝甬道，从出度平阴，遇韩信军襄国，战有利不利，终亡离上心。上以緤为信武侯，③食邑三千三百户。

①师古曰："緤音息列反。"

②师古曰："即冯翊池阳县。"

③师古曰："以其忠信，故加此号。"

上欲自击陈豨，緤泣曰："始秦攻破天下，未曾自行，今上常自行，是亡人可使者乎？"上以为"爱我"，赐入殿门不趋。

十二年，更封緤为鄘城侯，①孝文五年薨，谥曰贞侯。子昌嗣，有罪，国除。景帝复封緤子应为郸侯，②薨，谥曰康侯。子仲居嗣，坐为太常有罪，国除。

①服虔曰："音菅蒯之蒯。"苏林曰："音簿催反。"晋灼曰："《功臣表》属长沙。"师古曰："此字从崩，从邑，音蒯，非也。吕忱音陪。而《楚汉春秋》作凭城侯。陪、凭声相近，此其实也。又音普肯反。"

②苏林曰："音多，属沛国。"

赞曰：仲尼称"犁牛之子骍且角，虽欲勿用，山川其舍诸？"①言士不系于世类也。语曰"虽有兹基，不如逢时"，②信矣！樊哙、夏侯婴、灌婴之徒，方其鼓刀、仆御、贩缯之时，③岂自知附骥之尾，④(勤)〔勒〕功帝籍，[22]庆流子孙哉？当孝文时，天下以郦寄为卖友。夫卖友者，谓见利而忘义也。若寄父为功臣而又执劫，⑤虽摧吕禄，以安社稷，谊存君亲，可也。

①师古曰："《论语》载孔子为弟子仲弓发此言也。犁，杂色；骍，赤色也。舍，置也。言牛色纯而角美，堪为牺牲，虽以其母犁色而不欲用，山川宁肯置之？喻父虽不材，不害子之美。"

②张晏曰："兹基，锄也。言虽有田具，值时乃获。"

③师古曰："鼓刀谓屠狗。"

④师古曰："盖以蚊虻为喻，言托骥之尾，则涉千里。"

⑤师古曰:“周勃等劫其父而令寄行说。”

【校勘记】

〔1〕 从攻(阳城)〔城阳〕, 《史记》作“城阳”,《正义》说《汉书》作“阳城”,大错误。

〔2〕 捕虏四十(四)人, 景祐、殿本都作“四十人”,《史记》同。

〔3〕 (拥)〔雍〕轻车骑雍南, 景祐本作“雍”,《史记》同。王念孙说作“雍”是。

〔4〕 降(之)定清河、常山凡二十七县, 王先谦说“之”字衍,《史记》无。

〔5〕 破得綦母(印)〔卬〕、 景祐、殿本都作〔卬〕。王先谦说作“卬”是。注同。

〔6〕 将军(大将)一人、 《史记》作“将军太卜”,王先谦疑“大将”即“太卜”之误。但汲古本《史记》无“太卜”二字,则此“大将”二字当是衍文。

〔7〕 (哙)高后时用事颛权, 景祐、殿本都无“哙”字。钱大昭说无“哙”字是。

〔8〕 得丞相、守相、大将(军)各一人,小将(军)二人, 景祐本无二“军”字。王念孙说景祐本是,《史记》亦无二“军”字。

〔9〕 军前以大(军)〔车〕自障若垣也。 景祐、殿本都作“车”。王先谦说作“车”是。

〔10〕 寄欲取平原君(姊)为夫人, 王先谦说各本无“姊”字,是。

〔11〕 郦商以下子孙爵(乎)〔皆〕关内侯, 景祐、殿本都作“皆”。王先谦说作“皆”是。

〔12〕 (阏)〔赐〕所夺邑五百户。 景祐、殿本都作“赐”。王先谦说“阏”字误。

〔13〕 所将卒虏(单)〔车〕骑将(军)华毋伤 景祐、殿本都作“车”。王先谦说“单”字误。“华”字上景祐本无“军”字。

〔14〕 身虏骑将(入)〔一人〕。攻(博)〔傅〕阳, 齐召南说“入”字系“一人”两字传写误并。沈钦韩说“博阳”当作“傅阳”。

〔15〕 从击(汉)〔韩〕王信于代, 景祐、殿、局本都作“韩”,“汉”字误。

〔16〕 各(特)〔独〕为将。 景祐、殿本都作“独”。王先谦说作“独”是。

〔17〕 传至孙(疆)〔彊〕, 景祐、殿本都作“彊”。

〔18〕 (侍)〔待〕高帝于怀。怀,县(召)〔名〕也。 景祐、殿、局本都作“待”作“名”,此误。

〔19〕又别击破赵(郡)〔军〕，景祐、殿本都作“军”。王先谦说作“军”是。

〔20〕以骑都尉〔从〕击代，景祐、殿本都有“从”字。

〔21〕至五〔百〕石三十九人。景祐、殿本都有“百”字，此脱。

〔22〕(勤)〔勒〕功帝籍，景祐、殿本都作“勒”。王先谦说作“勒”是。

汉书卷四十二

张周赵任申屠传第十二

张苍，阳武人也，好书律历。秦时为御史，主柱下方书。① 有罪，亡归。及沛公略地过阳武，苍以客从攻南阳。苍当斩，解衣伏质，② 身长大，肥白如瓠，时王陵见而怪其美士，乃言沛公，赦勿斩。遂西入武关，至咸阳。

①如淳曰："方，板也，谓事在板上者也。秦置柱下史，苍为御史，主其事。或曰主四方文书也。"师古曰："下云苍自秦时为柱下御史，明习天下图书计籍，则主四方文书是也。柱下，居殿柱之下，若今侍立御史矣。"

②师古曰："质，锧也。"

沛公立为汉王，入汉中，还定三秦。陈馀击走常山王张耳，耳归汉，汉以苍为常山守。从韩信击赵，苍得陈馀。赵地已平，汉王以苍为代相，备边寇。已而徙为赵相，相赵王耳。耳卒，相其子敖。复徙相代。燕王臧荼反，苍以代相从攻荼有功，(六年)封为北平侯，[1] 食邑千二百户。

迁为计相，① 一月，更以列侯为主计四岁。② 是时萧何为相国，而苍乃自秦时为柱下御史，明习天下图书计籍，又善用算律历，故令苍以列侯居相府，领主郡国上计者。黥布反，汉立皇子长为淮南王，而苍相之。十四年，迁为御史大夫。

①文颖曰："以能计，故号曰计相。"师古曰："专主计籍，故号计相。"

②张晏曰："以列侯典校郡国簿书。"如淳曰："以其所主，因以为官号，与计相同。时所卒立，非久施也。"师古曰："去计相之名，更号主计。"

周昌者，沛人也。其从兄苛，① 秦时皆为泗水卒史。及高祖(沛起)〔起沛〕，[2] 击破泗水守监，于是苛、昌(自)〔以〕卒史从沛公，[3] 沛公以昌为职志，②苛为客。③从入关破秦。沛公立为汉王，以苛为御史大夫，昌为中尉。

①师古曰："苛音何。"

②应劭曰："掌主职也。"郑氏曰："主旗志也。"师古曰："志与帜同，音式异反。"

③张晏曰："为帐下宾客，不掌官也。"

汉三年，楚围汉王荥阳急，汉王出去，而使苛守荥阳城。楚破荥阳城，欲令苛将，苛骂曰："若趣降汉王！不然，今为(虏)〔虏〕矣！"①〔4〕项羽怒，亨苛。汉王于是拜昌为御史大夫。常从击破项籍。六年，与萧、曹等俱封，为汾阴侯。苛子成以父死事，封为高景侯。

①师古曰："若，汝也。趣读曰促。"

昌为人强力，敢直言，自萧、曹等皆卑下之。①昌尝燕入奏事，②高帝方拥戚姬，③昌还走。④高帝逐得，骑昌项上，问曰："我何如主也？"昌仰曰："陛下即桀纣之主也。"于是上笑之，然尤惮昌。及高帝欲废太子，而立戚姬子如意为太子，大臣固争莫能得，上以留侯策止。而昌庭争之强，上问其说，昌为人吃，⑤又盛怒，曰："臣口不能言，然臣(心)〔期期〕知其(其)不可。〔5〕陛下欲废太子，臣期期不奉诏。"⑥上欣然而笑，即罢。吕后侧耳于东箱听，⑦见昌，为跪谢曰："微君，太子几废。"⑧

①师古曰："下音胡驾反。"

②孟康曰："以上宴时入奏事。"师古曰："燕谓安闲之居也。"

③师古曰："拥，抱也。"

④师古曰："还谓却退也。"

⑤师古曰："吃，言之难也，音讫。"

⑥师古曰："以口吃，故每重言期期。"

⑦师古曰："正寝之东西室皆曰箱，言似箱箧之形。"

⑧师古曰："微，无也。几音巨依反。"

是岁，戚姬子如意为赵王，年十岁，高祖忧万岁之后不全也。赵尧为符玺御史，赵人方与公①谓御史大夫周昌曰："君之史赵尧，年虽少，然奇士，君必异之，是且代君之位。"昌笑曰："尧年少，刀笔吏耳，何至是乎!”居顷之,尧侍高祖,高祖独心不乐,悲歌,群臣不知上所以然。尧进请(间)〔问〕曰:[6]“陛下所为不乐,非以赵王年少,而戚夫人与吕后有隙,备万岁之后而赵王不能自全乎?”高祖曰:“我私忧之,不知所出。”②尧曰:“陛下独为赵王置贵强相,及吕后、太子、群臣素所敬惮者乃可。”高祖曰:“然。吾念之欲如是,而群臣谁可者?”尧曰:“御史大夫昌,其人坚忍伉直,自吕后、太子及大臣皆素严惮之。独昌可。”高祖曰:“善。”于是召昌谓曰:“吾固欲烦公,③公强为我相赵。”④昌泣曰:“臣初起从陛下,陛下独奈何中道而弃之于诸侯乎?”高祖曰:“吾极知其左迁,⑤然吾私忧赵,念非公无可者。公不得已强行!”⑥于是徙御史大夫昌为赵相。

①孟康曰:“方与,县名。公,其号也。”师古曰:“音房豫。”

②师古曰:“不知计所出。”

③师古曰:“固,必也,言必欲劳烦公。”

④师古曰:“强音其两反。次下亦同。”

⑤师古曰:“是时尊右而卑左,故谓贬秩位为左迁。佗皆类此。”

⑥师古曰:“已,止也。”

既行久之,高祖持御史大夫印弄之,曰:“谁可以为御史大夫者?”孰视尧曰:“无以易尧。”①遂拜尧为御史大夫。尧亦前有军功食邑,及以御史大夫从击陈豨有功,封为江邑侯。

①师古曰:“言尧可为之,馀人不能胜也。易,代也。”

高祖崩,太后使使召赵王,其相昌令王称疾不行。使者三反,昌曰:“高帝属臣赵王,①王年少,窃闻太后怨戚夫人,欲召赵王并诛之。臣不敢遣王,王且亦疾,不能奉诏。”太后怒,乃使使召赵相。相至,谒太后,太后骂昌曰:“尔不知我之怨戚氏乎?而不遣赵王!”昌既被征,高后使使召赵王。王果来,至长安月馀,见鸩杀。昌谢病不朝见,三岁而薨,谥曰悼侯。传子至孙意,有罪,国除。景帝复封昌孙左车为安阳侯,有罪,国除。

①师古曰:“属,委也,音之欲反。”

初,赵尧既代周昌为御史大夫,高祖崩,事惠帝终世。高后元年,怨尧前定赵王如意之画,① 乃抵尧罪,以广阿侯任敖为御史大夫。

①师古曰:"画谓画策令周昌为相。"

任敖,沛人也,少为狱吏。高祖尝避吏,吏系吕后,遇之不谨。任敖素善高祖,怒,击伤主吕后吏。及高祖初起,敖以客从为御史,守丰二岁。高祖立为汉王,东击项羽,敖迁为上党守。陈豨反,敖坚守,封为广阿侯,食邑千八百户。高后时为御史大夫,三岁免。孝文元年薨,谥曰懿侯。传子至曾孙越人,坐为太常庙酒酸不敬,国除。

初任敖免,平阳侯曹窋代敖为御史大夫。① 高后崩,与大臣共诛诸吕。后坐事免,以淮南相张苍为御史大夫。苍与绛侯等尊立孝文皇帝,四年,代灌婴为丞相。

①师古曰:"窋音竹律反。"

汉兴二十馀年,天下初定,公卿皆军吏。苍为计相时,绪正律历。① 以高祖十月始至霸上,故因秦时本十月为岁首,不革。② 推五德之运,以为汉当水德之时,上黑如故。吹律调乐,入之音声,及以比定律令。③ 若百工,天下作程品。④ 至于为丞相,卒就之。⑤ 故汉家言律历者本张苍。苍(尢)〔凡〕好书,无所不观,[7] 无所不通,而尤邃律历。⑥

①文颖曰:"绪,寻也,谓本其统绪而正之。"

②师古曰:"革,改也。"

③如淳曰:"比音比次之比。谓五音清浊,各有所比,不相错入,以定十二律之法令于乐官,使长行之。或曰,比谓比方之比,音必履反。"臣瓒曰:"谓以比故取类,以定法律与条令也。"师古曰:"依如氏之说,比音频二反。"

④如淳曰:"若,顺也。百工为器物皆有尺寸斤两斛斗轻重之宜,使得其法,此之谓顺。"晋灼曰:"若,豫及之辞。"师古曰:"言吹律调音以定法令,及百工程品,皆取则也。若,晋说是。"

⑤师古曰:"卒,终也。就,成也。"

⑥师古曰:"邃,深也,音先遂反。"

苍德安国侯王陵,① 及贵,父事陵。陵死后,苍为丞相,洗沐,常先朝陵夫人上食，然后敢归家。

①师古曰："以救其死刑故也。"

苍为丞相十馀年，鲁人公孙臣上书，陈终始五德传，①言汉土德时，其符黄龙见，当改正朔，易服色。事下苍，苍以为非是，罢之。其后黄龙见成纪，于是文帝召公孙臣以为博士，草立土德时历制度，②更元年。苍由此自绌，谢病称老。苍任人为中候，③大为奸利，上以为让，④苍遂病免。孝景五年薨，谥曰文侯。传子至孙类，有罪，国除。

①师古曰："传谓传次也，音直恋反。"

②张晏曰："以秦水德，汉土胜之。"晋灼曰："草，创始也。"

③张晏曰："所选举保任也。按中候，官名。"师古曰："苍有所保举，而其人为中候之官。"

④师古曰："用此事责苍。"

初苍父长不满五尺，苍长八尺馀，苍子复长八尺，及孙类长六尺馀。苍免相后，口中无齿，食乳，女子为乳母。①妻妾以百数，尝孕者不复幸。年百馀岁乃卒。著书十八篇，言阴阳律历事。

①师古曰："言每就饮之。"

申屠嘉，梁人也。以材官蹶张①从高帝击项籍，迁为队率。②从击黥布，为都尉。孝惠时，为淮阳守。孝文元年，举故以二千石从高祖者，悉以为关内侯，食邑二十四人，而嘉食邑五百户。十六年，迁为御史大夫。张苍免相，文帝以皇后弟窦广国贤有行，欲相之，曰："恐天下以吾私广国。"久念不可，而高帝时大臣馀见无可者，③乃以御史大夫嘉为丞相，因故邑封为故安侯。

①如淳曰："材官之多力，能脚踏强弩张之，故曰蹶张。律有蹶张士。"师古曰："今之弩，以手张者曰擘张，以足蹋者曰蹶张。蹶音厥。擘音布麦反。"

②师古曰："一队之率也，音所类反。"

③师古曰："见谓见在之人。"

嘉为人廉直，门不受私谒。是时太中大夫邓通方爱幸，赏赐累巨万。文帝常燕饮通家，其(见)宠如是。[8]是时嘉入朝，而通居上旁，有怠慢之礼。嘉奏事毕，因言曰："陛下幸爱群臣则富贵之，至于朝廷之礼，不可以不肃！"①上曰："君勿言，吾私之。"②罢朝坐府中，嘉为檄召通(诣)丞相府，③不来，且斩通。通恐，入言上。上曰："汝弟往，④吾今使人召若。"⑤通至(诣)丞相府，[9]免冠，徒跣，顿首谢嘉。嘉坐自如，⑥弗为礼，责曰："夫朝廷者，高皇帝之朝廷也，通小臣，戏殿上，大不敬，当斩。史今行斩之！"⑦通顿首，首尽出血，不解。上度丞相已困通，⑧使使持节召通，而谢丞相："此吾弄臣，君释之。"邓通既至，为上泣曰："丞相几杀臣。"⑨

①师古曰："肃，敬也。"

②师古曰："言欲私戒教之。"

③师古曰："檄，木书也，长二尺。"

④师古曰："弟，但也。"

⑤师古曰："若亦汝也。"

⑥师古曰："如其故。"

⑦如淳曰："嘉语其史曰：'今便行斩之。'"

⑧师古曰："度音徒各反。"

⑨师古曰："几音巨依反。"

嘉为丞相五岁，文帝崩，孝景即位。二年，晁错为内史，贵幸用事，诸法令多所请变更，议以适罚侵削诸侯。①而丞相嘉自绌，②所言不用，疾错。错为内史，门东出，不便，更穿一门，南出。南出者，太上皇庙堧垣也。③嘉闻错穿宗庙垣，为奏请诛错。客有语错，错恐，夜入宫上谒，自归上。④至朝，嘉请诛内史错。上曰："错所穿非真庙垣，乃外堧垣，故冗官居其中，⑤且又我使为之，错无罪。"罢朝，嘉谓长史曰："吾悔不先斩错乃请之，⑥为错所卖。"至舍，因欧血而死。谥曰节侯。传子至孙臾，有罪，国除。

①师古曰："適读曰谪。"

②师古曰："绌，退也。"

③服虔曰："宫外垣馀地也。"如淳曰："堧音畏懦之懦。"师古曰："堧音如椽反，

解在《食货志》。”

④师古曰：“归首于天子。”

⑤师古曰：“冗谓散辈也，如今之散官，音如勇反。”

⑥师古曰：“言先斩而后奏。”

自嘉死后，开封侯陶青、桃侯刘舍及武帝时柏至侯许昌、平棘侯薛泽、武强侯庄青翟、商陵侯赵周，皆以列侯继踵，踖踖廉谨，①为丞相备员而已，无所能发明功名著于世者。

①师古曰：“踖踖，持整之貌也。踖音初角反。”

赞曰：“张苍文好律历，为汉名相，①而专遵用秦之《颛顼历》，何哉？②周昌，木强人也。③任敖以旧德用。④申屠嘉可谓刚毅守节，然无术学，殆与萧、曹、陈平异矣。⑤

①师古曰：“文好律历，犹言名为好律历也。”

②张晏曰：“不考经典，专用《颛顼历》，何哉？”师古曰：“何哉，何为其然哉？”

③师古曰：“言其强(直)〔质〕如木石然。[10]强音其两反。”

④张晏曰：“谓伤辱吕后吏。”

⑤师古曰：“殆，近也，言其识见不如萧、曹等也。”

【校勘记】

〔1〕 (六年)封为北平侯， 景祐、殿本都无“六年”二字。

〔2〕 及高祖(沛起)〔起沛〕， 景祐、殿本都作“起沛”，此误倒。

〔3〕 于是苛、昌(自)〔以〕卒史从沛公， 宋祁说越本“自”作“以”。按景祐本作“以”。

〔4〕 今为(虑)〔虏〕矣！ 景祐、殿本都作“虏”。钱大昭说当为“虏”。

〔5〕 然臣(心)〔期期〕知其(其)不可。 景祐、殿本都无“心”字及下“其”字，“知”上有“期期”二字。

〔6〕 尧进请(间)〔问〕曰： 景祐、殿本都作“问”。王念孙说“请问”义自可通，《史记》亦作“请问”。

〔7〕 苍(尤)〔凡〕好书，无所不观， 景祐本作“凡”。王念孙说“凡”当读为“泛”。

〔8〕 其(见)宠如是。 宋祁说越本无“见”字。按景祐本亦无。

〔9〕 通至(诣)丞相府， 王先谦说“诣”字误衍。

〔10〕 言其强(直)〔质〕如木石然。 景祐、殿本都作“质”。

汉书卷四十三

郦陆朱刘叔孙传第十三

郦食其，陈留高阳人也。① 好读书，家贫落魄，无衣食业。② 为里监门，然吏县中贤豪不敢役，③ 皆谓之狂生。

①师古曰："食音异。其音基。"

②郑氏曰："魄音薄。"应劭曰："志行衰恶之貌也。"师古曰："落魄，失业无次也。郑音是。"

③师古曰："吏及贤者豪者皆不敢使役食其。"

及陈胜、项梁等起，诸将徇地过高阳者数十人，① 食其闻其将皆握龊好荷礼② 自用，不能听大度之言，食其乃自匿。后闻沛公略地陈留郊，沛公麾下骑士适食其里中子，③ 沛公时时问邑中贤豪。骑士归，食其见，谓曰："吾闻沛公嫚易人，有大略，此真吾所愿从游，莫为我先。④ 若见沛公，⑤ 谓曰'臣里中有郦生，年六十馀，长八尺，人皆谓之狂生'，自谓我非狂。"骑士曰："沛公不喜儒，⑥ 诸客冠儒冠来者，沛公辄解其冠，溺其中。⑦ 与人言，常大骂。未可以儒生说也。"食其曰："第言之。"⑧ 骑士从容言食其所戒者。⑨

①师古曰："徇亦略也，音辞峻反。"

②应劭曰："握龊，急促之貌。"师古曰："荷与苛同。苛，细也。龊音初角反。"

③服虔曰："食其里中子适会作沛公骑士。"

④师古曰："先谓绍介也。"

⑤师古曰："若，汝也。"

⑥师古曰："喜，好也，音许吏反。"

⑦师古曰："溺读曰尿，音乃钓反。"

⑧师古曰："第，但也。"

⑨师古曰："从音千容反。"

沛公至高阳传舍，①使人召食其。食其至，入谒，沛公方踞床令两女子洗，②而见食其。食其入，即长揖不拜，曰："足下欲助秦攻诸侯乎？欲率诸侯(攻)〔破〕秦乎？"[1]沛公骂曰："竖儒！③夫天下同苦秦久矣，故诸侯相率攻秦，何谓助秦？"食其曰："必欲聚徒合义兵诛无道秦，不宜踞见长者。"于是沛公辍洗，起衣，④延食其上坐，谢之。食其因言六国从衡时。⑤沛公喜，赐食其食，问曰："计安出？"食其曰："足下起瓦合之卒，⑥收散乱之兵，不满万人，欲以径入强秦，此所谓探虎口者也。夫陈留，天下之冲，四通五达之郊也，⑦今其城中又多积粟。臣知其令，⑧今请使，令下足下。⑨即不听，足下举兵攻之，臣为内应。"于是遣食其往，沛公引〔兵〕随之，[2]遂下陈留。号食其为广野君。

①师古曰："传舍者，人所止息，前人已去，后人复来，转相传也。一音张恋反，谓传置之舍也，其义两通。它皆类此。"

②师古曰："洗足也，音先典反。"

③师古曰："言其贱劣如僮竖。"

④师古曰："辍，止也。起衣，著衣也。"

⑤师古曰："从音子容反。衡，横也。"

⑥师古曰："瓦合，谓如破瓦之相合，虽曰聚合而不齐同。"

⑦如淳曰："四面往来通之，并数中央，凡五达也。"臣瓒曰："四通五达，言无险阻也。"

⑧师古曰："素与其县令相知。"

⑨师古曰："下，降也。"

食其言弟商，使将数千人从沛公西南略地。食其(尝)〔常〕为说客，[3]驰使诸侯。

汉三年秋，项羽击汉，拔荥阳，汉兵遁保巩。楚人闻韩信破赵，彭越数反梁地，则分兵救之。①韩信方东击齐，汉王数困荥阳、成皋，计欲捐成皋以东，屯巩、雒以距楚。食其因曰："臣闻之，知天之天者，王事可成;不知天之天者,王事不可成。王者以民为天,而民以食为天。夫敖仓,天下转输久矣,臣闻其下乃有臧粟甚多。楚人拔荥阳,不坚守敖仓,乃引而东,令適卒分守成皋,②此乃天所以资汉。方今楚易取而汉反却,自夺便,③臣窃以为过矣。且两雄不俱立,楚汉久相持不决,百姓骚动,海内摇荡,农夫释耒,红女下机,④天下之心未有所定也。愿足下急复进兵,收取荥阳,据敖庾之粟,⑤塞成皋之险,杜太行之道,⑥距飞狐之口,⑦守白马之津,以示诸侯形制之势,⑧则天下知所归矣。方今燕、赵已定,唯齐未下。今田广据千里之齐,田间将二十万之众军于历城,诸田宗强,负海岱,阻河济,⑨南近楚,齐人多变诈,足下虽遣数十万师,未可以岁月破也。臣请得奉明诏说齐王使为汉而称东藩。"上曰:"善。"

①师古曰:"(反)〔救〕赵及梁。"〔4〕

②师古曰:"適读曰谪。谪卒谓卒之有罪谪者,即所谓谪戍。"

③师古曰:"不图进取,是为自夺便利也。却音丘略反。"

④师古曰:"耒,手耕曲木也,音卢对反。红读曰工。"

⑤师古曰:"敖庾即敖仓。"

⑥师古曰:"太行,山名,在河内野王之北,上党之南。行音胡刚反。"

⑦如淳曰:"上党壶关也。"臣瓒曰:"飞狐在代郡西南。"师古曰:"瓒说是。壶关无飞狐之名。"

⑧师古曰:"以地形而制服。"

⑨师古曰:"负,背也。岱,泰山也。"

乃从其画,复守敖仓,而使食其说齐王,曰:"王知天下之所归乎?"曰:"不知也。"曰:"知天下之所归,则齐国可得而有也;若不知天下之所归,即齐国未可保也。"齐王曰:"天下何归?"食其曰:"天下归汉。"齐王曰:"先生何以言之?"曰:"汉王与项王戮力西面击秦,约先入咸阳者王之,项王背约不与,而王之汉中。项王迁杀义帝,汉王起蜀汉之兵击三秦,出关而责义帝之负处,收天下之兵,立诸侯之后。降城即以侯其将,得赂则以分其士,与天下同其利,豪英贤材皆乐为之用。诸侯之兵四面而至,蜀汉之粟方船而下。①项王有背约之名,杀义帝之负;于人之功无所记，于人之罪无所忘；② 战胜而不得其赏，拔城而不得其封；非项氏莫得用事；③ 为人刻印，玩而不能授；④ 攻城得赂，积财而不能赏。天下畔之，贤材怨之，而莫为之用。故天下之士归于汉王，可坐而策也。夫汉王发蜀汉，定三秦；涉西河之外，援上党之兵；⑤ 下井陉，诛成安君；破北魏，⑥ 举三十二城：此黄帝之兵，非人之力，天之福也。今已据敖庾之粟，塞成皋之险，守白马之津，杜太行之厄，距飞狐之口，天下后服者先亡矣。王疾下汉王，齐国社稷可得而保也；不下汉王，危亡可立而待也。"田广以为然，乃听食其，罢历下兵守战备，与食其日纵酒。⑦

①师古曰："方，并也。"

②师古曰："言项羽吝爵赏而念旧恶。"

③师古曰："言唯任同姓之亲。"

④孟康曰："刻断无复廉锷也。"臣瓒曰："项羽吝于爵赏，玩惜侯印，不能以封人。"师古曰："《韩信传》作刓，此作玩，其义各通。孟说非也。"

⑤师古曰："援，引也，音爰。"

⑥师古曰："谓魏豹也。梁地既有魏名，故谓此为北。"

⑦师古曰："日日纵意而饮酒。"

韩信闻食其冯轼下齐七十馀城，① 乃夜度兵平原袭齐。齐王田广闻汉兵至，以为食其卖己，② 乃亨食其，引兵走。

①师古曰："冯读曰凭。凭，据也。轼，车前横板隆起者也。云凭轼者，言但安坐乘车而游说，不用兵众。"

②师古曰："言其与韩信通谋。"

汉十二年，曲周侯郦商以丞相将兵击黥布，有功。高祖举功臣，思食其。食其子疥① 数将兵，上以其父故，封疥为高梁侯。后更食武阳，卒，子遂嗣。三世，侯平有罪，国除。

①师古曰："疥音介。"

陆贾，楚人也。以客从高祖定天下，名有口辩，① 居左右，常使诸侯。

①师古曰："时人皆谓其口辩。"

时中国初定，尉佗平南越，因王之。① 高祖使贾赐佗印为南越王。贾至，尉佗魋结箕踞见贾。② 贾因说佗曰："足下中国人，亲戚昆弟坟墓在真定。今足下反天性，弃冠带，③ 欲以区区之越与天之(伉)〔抗〕衡为敌国，④〔5〕祸且及身矣。夫秦失其正，诸侯豪桀并起，⑤ 唯汉王先入关，据咸阳。项籍背约，自立为西楚霸王，诸侯皆属，可谓至强矣。然汉王起巴蜀，鞭笞天下，劫诸侯，遂诛项羽。五年之间，海内平定，此非人力，天之所建也。天子闻君王王南越，而不助天下诛暴逆，将相欲移兵而诛王，天子怜百姓新劳苦，且休之，遣臣授君王印，剖符通使。君王宜郊迎，北面称臣，⑥ 乃欲以新造未集之越⑦ 屈强于此。⑧ 汉诚闻之，掘烧君王先人(家)〔冢〕墓，〔6〕夷种宗族，⑨ 使一偏将将十万众临越，即越杀王降汉，如反覆手耳。"⑩

①师古曰："佗音徒河反。"

②服虔曰："魋音椎，今兵士椎头髻也。"师古曰："结读曰髻。椎髻者，一撮之髻，其形如椎。箕踞，谓伸其两脚而坐。亦曰箕踞其形似箕。"

③师古曰："偝父母之国，无骨肉之恩，是反天性也。"

④师古曰："区区，小貌。"

⑤师古曰："正亦政也。"

⑥师古曰："郊迎，谓出郊而迎。"

⑦师古曰："集犹成也。"

⑧师古曰："屈音其勿反。屈强，谓不柔服也。"

⑨师古曰："夷，平也，谓平除其种族。"

⑩师古曰："言其易。"

于是佗乃蹶然起坐，① 谢贾曰："居蛮夷中久，殊失礼义。"因问贾曰："我孰与萧何、曹参、韩信贤？"② 贾曰："王似贤也。"复问曰："我孰与皇帝贤？"贾曰："皇帝起丰沛，讨暴秦，诛强楚，为天下兴利除害，继五帝三王之业，统天下，理中国。中国之人以亿计，地方万里，居天下之膏腴，人众车舆，万物殷富，政由一家，自天地剖判未始有也。③ 今王众不过数万，皆蛮夷，崎岖山海间，④譬如汉一郡，王何乃比于汉！”佗大笑曰：“吾不起中国，故王此。使我居中国，何遽不若汉？”⑤乃大说贾，⑥留与饮数月。曰：“越中无足与语，至生来，令我日闻所不闻。”⑦赐贾橐中装直千金，⑧它送亦千金。⑨贾卒拜佗为南越王，令称臣奉汉约。归报，高帝大说，⑩拜贾为太中大夫。

①师古曰：“蹶然，惊起之貌也，音厥。”

②师古曰：“与，如也。”

③师古曰：“言自开辟以来未尝有也。”

④师古曰：“崎音丘宜反，岖音区。”

⑤师古曰：“言有何迫促而不如汉也。遽音其庶反。”

⑥师古曰：“说读曰悦，谓爱悦之。”

⑦师古曰：“言素所不闻者，日闻之。”

⑧张晏曰：“珠玉之宝也。装，裹也。”如淳曰：“明月珠之属也。”师古曰：“有底曰囊，无底曰橐。言其宝物质轻而价重，可入囊橐以赍行，故曰橐中装也。”

⑨(师古)〔苏林〕曰：[7]“非橐中物，故曰它送也。”师古曰：“它犹馀也。”

⑩师古曰：“说读曰悦。”

贾时时前说称《诗》《书》。高帝骂之曰：“乃公居马上得之，安事《诗》《书》！”贾曰：“马上得之，宁可以马上治乎？且汤武逆取而以顺守之，文武并用，长久之术也。昔者吴王夫差、智伯极武而亡；①秦任刑法不变，卒灭赵氏。②乡使秦以并天下，行仁义，法先圣，陛下安得而有之？”③高帝不怿，④有惭色，谓贾曰：“试为我著秦所以失天下，吾所以得之者，⑤及古成败之国。”贾凡著十二篇。每奏一篇，高帝未尝不称善，左右呼万岁，称其书曰《新语》。⑥

①师古曰：“夫差，吴王阖闾子也，好用兵，卒为越所灭。智伯，晋卿荀瑶也，贪而好胜，率韩、魏共攻赵襄子，襄子与韩、魏约，反而丧之。夫音扶。差音楚宜反。”

②郑氏曰：“秦之先造父封于赵城，其后以为(信)〔姓〕。”[8]张晏曰：“庄襄王为质于赵，还为太子，遂称赵氏。”师古曰：“据《秦本纪》，郑说是。”

③师古曰：“乡读曰向。安，焉也。”

④师古曰："怿，和乐也。"

⑤师古曰："著，明也，谓作书明言(也)〔之〕。"[9]

⑥师古曰："其书今见存。"

孝惠时，吕太后用事，欲王诸吕，畏大臣及有口者。①贾自度不能争之，②乃病免。以好畤田地善，往家焉。③有五男，乃出所使越橐中装，卖千金，分其子，子二百金，令为生产。贾常乘安车驷马，从歌鼓瑟侍者十人，宝剑直百金，谓其子曰："与女约：过女，女给人马酒食极(饮)〔欲〕，[10]十日而更。④所死家，得宝剑车骑侍从者。一岁中以往来过它客，率不过再过，⑤数击鲜，毋久溷女为也。"⑥

①师古曰："有口谓辩士。"

②师古曰："度音徒各反。"

③师古曰："好畤即今雍州好畤县。"

④师古曰："又改向一子处。"

⑤师古曰："非徒至诸子所，又往来经过它处为宾客，率计一岁之中，每子不过再过至也。上过音工禾反。"

⑥服虔曰："溷，辱也。吾常行，数击新美食，不久辱汝也。"师古曰："鲜谓新杀之肉也。溷，乱也。言我至之时，汝宜数数击杀牲牢，与我鲜食，我不久住，乱累汝也。数音所角反。溷音下困反。"

吕太后时，王诸吕，诸吕擅权，欲劫少主，危刘氏。右丞相陈平患之，力不能争，恐祸及己。平(尝)〔常〕燕居深念。①[11]贾往，不请，直入坐，②陈平方念，不见贾。③贾曰："何念深也？"平曰："生揣我何念？"④贾曰："足下位为上相，食三万户侯，可谓极富贵无欲矣。然有忧念，不过患诸吕、少主耳。"陈平曰："然。为之奈何？"贾曰："天下安，注意相；天下危，注意将。将相和，则士豫附；⑤士豫附，天下虽有变，则权不分。权不分，为社稷计，在两君掌握耳。臣常欲谓太尉绛侯，⑥绛侯与我戏，易吾言。⑦君何不交欢太尉，深相结？"为陈平画吕氏数事。平用其计，乃以五百金为绛侯寿，厚具乐饮太尉，⑧太尉亦报如之。两人深相结，吕氏谋益坏。陈平乃以奴婢百人，车马五十乘，钱五百万，遗贾为食饮费。贾以此游汉廷公卿间，⑨名声籍甚。⑩及诛吕氏，立孝文，贾颇有力。

①师古曰："念，思也。以国家不安，故静居独虑，思其方策。"

②师古曰："言不因门人将命，而径入自坐。"

③师古曰："思虑之际，故不觉贾至。"

④孟康曰："揣，度也。"韦昭曰："揣音初委反。"

⑤师古曰："豫，素也。"

⑥师古曰："谓者，与之言。"

⑦师古曰："言绛侯与我相戏狎，轻易其言耳。"

⑧师古曰："厚为(其)〔共〕具，[12]而与太尉乐饮。"

⑨师古曰："廷谓朝廷。"

⑩孟康曰："言狼籍(之)〔甚〕盛。"[13]

孝文即位，欲使人之南越，丞相平乃言贾为太中大夫，往使尉佗，去黄屋称制，①令比诸侯，皆如意指。语在《南越传》。陆生竟以寿终。

①师古曰："黄屋，谓车上之盖也。黄屋及称制，皆天子之仪，故令去之。"

朱建，楚人也。故尝为淮南王黥布相，有罪去，后复事布。布欲反时，问建，建谏止之。布不听，听梁父侯，遂反。①汉既诛布，闻建谏之，高祖赐建号平原君，家徙长安。

①如淳曰："遂者，布臣也。"臣瓒曰："布用梁甫侯之计而遂反。"师古曰："瓒说是也。"

为人辩有口，刻廉刚直，行不苟合，义不取容。辟阳侯行不正，得幸吕太后，①欲知建，②建不肯见。及建母死，贫未有以发丧，方假贷服具。③陆贾素与建善，乃见辟阳侯，贺曰："平原君母死。"〔辟阳侯曰："平原君母死〕，何乃贺我？"[14]陆生曰："前日君侯欲知平原君，平原君义不知君，以其母故。④今其母死，君诚厚送丧，则彼为君死矣。"辟阳侯乃奉百金税，⑤列侯贵人以辟阳侯故，往赙凡五百金。⑥

①师古曰："审食其。"

②师古曰："欲与相知。"

③师古曰："贷音土得反。"

④张晏曰："相知当同恤灾危，以母在，故义不知君也。"

⑤师古曰："赠终者之衣被曰税。言以百金为衣被之具。税音式芮反，其字从衣。"

⑥师古曰："布帛曰赙。"

久之，人或毁辟阳侯，惠帝大怒，下吏，欲诛之。太后惭，不可言。[①]大臣多害辟阳侯行，欲遂诛之。辟阳侯困急，使人欲见建。建辞曰："狱急，不敢见君。"建乃求见孝惠幸臣闳籍孺，[②]说曰："君所以得幸帝，天下莫不闻。[③]今辟阳侯幸太后而下吏，[④]道路皆言君谗，欲杀之。今日辟阳侯诛，旦日太后含怒，亦诛君。君何不肉袒为辟阳侯言帝？[⑤]帝听君出辟阳侯，太后大欢。两主俱幸君，君富贵益倍矣。"于是闳籍孺大恐，从其计，言帝，帝果出辟阳侯。辟阳侯之囚，欲见建，建不见，辟阳侯以为背之，大怒。及其成功出之，大惊。

①师古曰："不可自言之。"

②师古曰："《佞幸传》云高祖时则有籍孺，孝惠有闳孺，斯则二人皆名为孺，而姓各别。今此云闳籍孺，误剩籍字，后人所妄加耳。"

③师古曰："言不以材德进。"

④师古曰："下音胡嫁反。它皆类此。"

⑤师古曰："肉袒，谓脱其衣袖而见肉。肉袒者，自挫辱之甚，冀见哀怜。"

吕太后崩，大臣诛诸吕，辟阳侯与诸吕至深，[①]卒不诛。计画所以全者，皆陆生、平原君之力也。

①如淳曰："辟阳侯与诸吕相亲信，为罪宜诛者至深也。"师古曰："直言辟阳侯与诸吕相知，情义至深重耳。如说非也。"

孝文时，淮南厉王杀辟阳侯，以党诸吕故。孝文闻其客朱建为其策，使吏捕欲治。闻吏至门，建欲自杀。诸子及吏皆曰："事未可知，何自杀为？"建曰："我死祸绝，不及乃身矣。"[①]遂自刭。文帝闻而惜之，曰："吾无杀建意也。"乃召其子，拜为中大夫。使匈奴，单于无礼，骂单于，遂死匈奴中。

①师古曰："乃，汝也。"

娄敬，齐人也。汉五年，戍陇西，过雒阳，高帝在焉。敬脱挽辂，① 见齐人虞将军曰："臣愿见上言便宜。"虞将军欲与鲜衣，敬曰："臣衣帛，衣帛见，② 衣褐，衣褐见，③ 不敢易衣。"虞将军入言上，上召见，赐食。

①苏林曰："辂音冻洛之洛。一木横遮车前，二人挽之，一人推之。"孟康曰："辂音胡格反。"师古曰："二音同声也。"

②师古曰："衣，著也。帛谓缯也。"

③师古曰："此褐谓织毛布之衣。"

已而问敬，敬说曰："陛下都雒阳，岂欲与周室比隆哉？"上曰："然。"敬曰："陛下取天下与周异。周之先自后稷，尧封之邰，① 积德絫善十馀世。② 公刘避桀居豳。大王以狄伐故，去豳，杖马箠去居岐，③ 国人争归之。及文王为西伯，断虞芮讼，④ 始受命，吕望、伯夷自海滨来归之。⑤ 武王伐纣，不期而会孟津上八百诸侯，遂灭殷。成王即位，周公之属傅相焉，乃营成周都雒，以为此天下中，⑥ 诸侯四方纳贡职，道里钧矣，有德则易以王，无德则易以亡。凡居此者，欲令务以德致人，不欲阻险，令后世骄奢以虐民也。及周之衰，分而为二，⑦ 天下莫朝周，周不能制。非德薄，形势弱也。今陛下起丰沛，收卒三千人，以之径往，卷蜀汉，定三秦，与项籍战荥阳，大战七十，小战四十，使天下之民肝脑涂地，父子暴骸中野，不可胜数，哭泣之声不绝，伤夷者未起，⑧ 而欲比隆成康之时，臣窃以为不侔矣。⑨ 且夫秦地被山带河，四塞以为固，卒然有急，百万之众可具。⑩ 因秦之故，资甚美膏腴之地，此所谓天府。⑪ 陛下入关而都之，山东虽乱，秦故地可全而有也。夫与人斗，不搤其亢，拊其背，未能全胜。⑫ 今陛下入关而都，按秦之故，此亦搤天下之亢而拊其背也。"

①师古曰："邰，邑名也，即今武功故城是其处，音吐材反。"

②师古曰："絫，古累字。"

③师古曰："箠，马策也。杖谓柱之也。云杖马箠者，以示无所携持也。箠音止蘂反。"

④文颖曰："二国争田，见文王之德而自和也。"师古曰："虞，今虞州是也。芮，今芮城县是也。"

⑤师古曰："滨，涯也，音宾，又音频。"

⑥师古曰："中音竹仲反。"

⑦师古曰："谓东周君、西周君。"

⑧师古曰："夷，创也，音痍。"

⑨师古曰："侔，等也。"

⑩师古曰："卒读曰猝。"

⑪师古曰："府，聚也，万物所聚。"

⑫张晏曰："亢，喉咙也。"师古曰："搤与扼同，谓捉持之也。亢音冈，又音下郎反。"

高帝问群臣，群臣皆山东人，争言周王数百年，秦二世则亡，不如都周。上疑未能决。及留侯明言入关便，即日驾西都关中。

于是上曰："本言都秦地者娄敬，娄者刘也。"赐姓刘氏，拜为郎中，号曰奉春君。①

①张晏曰："春，岁之始，以其首劝都关中。"

汉七年，韩王信反，高帝自往击。至晋阳，闻信与匈奴欲击汉，上大怒，使人使匈奴。匈奴匿其壮士肥牛马，①徒见其老弱及羸畜。使者十辈来，皆言匈奴易击。上使刘敬复往使匈奴，还报曰："两国相击，此宜夸矜见所长。②今臣往，徒见羸胔老弱，③此必欲见短，伏奇兵以争利。愚以为匈奴不可击也。"是时汉兵以逾句注，三十馀万众，④兵已业行。上怒，骂敬曰："齐虏！以舌得官，乃今妄言沮吾军。"⑤械系敬广武。⑥遂往，至平城，匈奴果出奇兵围高帝白登，七日然后得解。高帝至广武，赦敬，曰："吾不用公言，以困平城。吾已斩先使十辈言可击者矣。"乃封敬二千户，为关内侯，号建信侯。

①师古曰："匿，藏也。"

②师古曰："见，示也。"

③师古曰："胔音渍，谓(见)〔死〕者之肉也。[15]一说胔读曰瘠。瘠，瘦也。"

④师古曰："句注，山名，在雁门。"

⑤师古曰："沮谓止坏也，音材汝反。"

⑥师古曰："械谓桎梏也。广武，县名，属雁门。"

高帝罢平城归，韩王信亡入胡。当是时，冒顿单于兵强，控弦四十万骑，①数苦北边。上患之，问敬。敬曰："天下初定，士卒罢于兵革，②未可以武服也。冒顿杀父代立，妻群母，以力为威，未可以仁义说也。独可以计久远子孙为臣耳，然陛下恐不能为。"上曰："诚可，何为不能！顾为奈何？"③敬曰："陛下诚能以適长公主妻单于，④厚奉遗之，彼知汉女送厚，蛮夷必慕，以为阏氏，生子必为太子，代单于。何者？贪汉重币。陛下以岁时汉所馀彼所鲜数问遗，⑤使辩士风谕以礼节。⑥冒顿在，固为子婿；死，外孙为单于。岂曾闻(外)孙敢与大父亢礼哉？[16]可毋战以渐臣也。若陛下不能遣长公主，而(令)〔令〕宗室及后宫诈称公主，[17]彼亦知不肯贵近，无益也。"⑦高帝曰："善。"欲遣长公主。吕后泣曰："妾唯以一太子、一女，⑧奈何弃之匈奴！"上竟不能遣长公主，而取家人子为公主，妻单于。⑨使敬往结和亲约。

①师古曰："控，引也，谓皆引弓也，音口弄反。"

②师古曰："罢读曰疲。"

③师古曰："顾，思念也。"

④师古曰："適读曰嫡，谓皇后所生。"

⑤师古曰："鲜，少也。问遗，谓饷馈之也。鲜音息善反。遗音弋季反。"

⑥师古曰："风读曰讽。"

⑦师古曰："近音其靳反。"

⑧师古曰："言唯以此自慰。"

⑨师古曰："于外庶人之家取女而名之为公主。"

敬从匈奴来，因言"匈奴河南白羊、楼烦王，①去长安近者七百里，轻骑一日一夕可以至。②秦中新破，③少民，地肥饶，可益实。夫诸侯初起时，非齐诸田，楚昭、屈、景莫与。④今陛下虽都关中，实少人。北近胡寇，东有六国强族，一日有变，陛下亦未得安枕而卧也。臣愿陛下徙齐诸田，楚昭、屈、景，燕、赵、韩、魏后，及豪杰名家，且实关中。无事，可以备胡；诸侯有变，亦足率以东伐。此强本弱末之术也。"上曰："善。"乃使刘敬徙所言关中十馀万口。⑤

①张晏曰："白羊，匈奴国名也。"

②师古曰："言匈奴欲来为寇者。"

③师古曰："秦中谓关中，故秦地也。新破，谓经兵革之后未殷实。"

④师古曰："皆二国之王族。"

⑤师古曰："今高陵、栎阳诸田，华阴、好畤诸景，及三辅诸屈、诸怀尚多，皆此时所徙。"

叔孙通，薛人也。①秦时以文学征，待诏博士。②数岁，陈胜起，二世召博士诸儒生问曰："楚戍卒攻蕲入陈，于公何如？"博士诸生三十馀人前曰："人臣无将，将则反，罪死无赦。③愿陛下急发兵击之。"二世怒，作色。④通前曰："诸生言皆非。夫天下为一家，毁郡县城，铄其兵，视天下弗复用。⑤且明主在上，法令具于下，吏人人奉职，四方辐辏，⑥安有反者！此特群盗，鼠窃狗盗，⑦何足置齿牙间哉？郡守尉(令)〔今〕捕诛，何足忧？"[18]二世喜，尽问诸生，诸生或言反，或言盗。于是二世令御史按诸生言反者下吏，非所宜言。诸生言盗者皆罢之。乃赐通帛二十疋，衣一袭，⑧拜为博士。通已出，反舍，⑨诸生曰："生何言之谀也？"通曰："公不知，我几不免虎口！"⑩乃亡去之薛，薛已降楚矣。

①晋灼曰："《楚汉春秋》名何。"师古曰："薛，县名，属鲁国。"

②师古曰："于博士中待诏。"

③臣瓒曰："将谓为逆乱也。"师古曰："将有其意。"

④师古曰："不许其言陈胜为反。作色，谓变动其色。"

⑤师古曰："铄，销也。视读曰示。"

⑥师古曰："辏，聚也，言如车辐之聚于毂也。字或作凑，并音千豆反。"

⑦师古曰："如鼠之窃，如狗之盗。"

⑧师古曰："一袭，上下皆具也，今人呼为一副也。"

⑨师古曰："还其所居也。"

⑩师古曰："几音巨依反。"

及项梁之薛，通从之。败定陶，从怀王。怀王为义帝，徙长沙，通留事项王。汉二年，汉王从五诸侯入彭城，通降汉王。

通儒服，汉王憎之，乃变其服，服短衣，楚制。①汉王喜。

①师古曰："制谓裁衣之形制。"

通之降汉，从弟子百馀人，然无所进，刬言诸故群盗壮士进之。①弟子皆曰："事先生数年，幸得从降汉，今不进臣等，刬言大猾，何也？"②通乃谓曰："汉王方蒙矢石争天下，③诸生宁能斗乎？故先言斩将搴旗之士。④诸生且待我，我不忘矣。"汉王拜通为博士，号稷嗣君。⑤

①师古曰："刬与专同，又音之兖反。此则言专声之急上者耳。"

②师古曰："狡猾之人。"

③师古曰："蒙犹被也，冒也。"

④师古曰："搴，拔取，音骞。"

⑤张晏曰："后稷佐唐，欲令复如之。"

汉王已并天下，诸侯共尊为皇帝于定陶，通就其仪号。①高帝悉去秦仪法，为简易。群臣饮争功，醉或妄呼，②拔剑击柱，上患之。通知上益餍之，说上曰："夫儒者难与进取，可与守成。臣愿征鲁诸生，与臣弟子共起朝仪。"高帝曰："得无难乎？"通曰："五帝异乐，三王不同礼。礼者，因时世人情为之节文者也。故夏、殷、周礼所因损益可知者，谓不相复也。③臣愿颇采古礼与秦仪杂就之。"上曰："可试为之，令易知，度吾所能行为之。"④

①师古曰："就，成也。"

②师古曰："呼音火故反。"

③师古曰："复，重也，因也，音扶目反。"

④师古曰："度音徒各反。"

于是通使征鲁诸生三十馀人。①鲁有两生不肯行，曰："公所事者且十主，皆面谀亲贵。今天下初定，死者未葬，伤者未起，又欲起礼乐。礼乐所由起，百年积德而后可兴也。②吾不忍为公所为。公所为不合古，吾不行。公往矣，毋污我！"通笑曰："若真鄙儒，不知时变。"③

①师古曰："通为使者，而征诸生。"

②师古曰："言（德行）〔行德〕教百年，[19]然后可定礼乐也。"

③师古曰："若，汝也。鄙，言不通。"

遂与所征三十人西，①及上左右为学者②与其弟子百馀人为绵蕞野外。③习之月馀，通曰："上可试观。"上使行礼，曰："吾能为此。"乃令群臣习肄，④会十月。

①师古曰："西入关。"

②师古曰："左右，谓近臣也。为学，谓素有学术。"

③应劭曰："立竹及茅索营之，习礼仪其中也。"如淳曰："谓以茅翦树地，为纂位尊卑之次也。《春秋传》曰'置茅蕝'。师古曰："蕞与蕝同，并音子悦反。如说是。"

④师古曰："肄亦习也，音弋二反。"

汉七年，长乐宫成，诸侯群臣朝十月。①仪：②先平明，③谒者治礼，引以次入殿门，廷中陈车骑戍卒卫官，设兵，张旗志。④传曰："趋"。⑤殿下郎中侠陛，陛数百人。⑥功臣列侯诸将军军吏以次陈西方，东乡；文官丞相以下陈东方，西乡。⑦大行设九宾，胪句传。⑧于是皇帝辇出房，百官执戟传警，⑨引诸侯王以下至吏六百石以次奉贺。自诸侯王以下莫不震恐肃敬。至礼毕，尽伏，置法酒。⑩诸侍坐殿上皆伏抑首，⑪以尊卑次起上寿。觞九行，谒者言"罢酒"。御史执法举不如仪者辄引去。竟朝置酒，无敢讙譁失礼者。于是高帝曰："吾乃今日知为皇帝之贵也。"拜通为奉常，⑫赐金五百斤。

①师古曰："适会七年十月，而长乐宫新成也。汉时尚以十月为正月，故行朝岁之礼，史家追书十月。"

②师古曰："欲叙其下仪法，先言仪如此也。"

③师古曰："未平明之前。"

④师古曰："志与帜同，音式饵反。"

⑤师古曰："传声教入者皆令趋，谓疾行为敬也。"

⑥师古曰："侠与挟同。挟其两旁，每陛皆数百人也。"

⑦师古曰："乡皆读曰向。"

⑧苏林曰："上传语告下为胪，下告上为句也。"韦昭曰："大行掌宾客之礼，今之鸿胪也。九宾则《周礼》九仪也。谓公、侯、伯、子、男、孤、卿、大夫、士

也。”师古曰：“胪音庐。”

⑨师古曰：“传声而唱警。”

⑩师古曰：“法酒者，犹言礼酌，谓不饮之至醉。”

⑪师古曰：“抑，屈也。谓依礼法不敢平坐而视。”

⑫师古曰：“解在《百官公卿表》。后改为太常也。”

通因进曰：“诸弟子儒生随臣久矣，与共为仪，愿陛下官之。”高帝悉以为郎。通出，皆以五百金赐诸生。诸生乃喜曰：“叔孙生圣人，知当世务。”

九年，高帝徙通为太子太傅。十二年，高帝欲以赵王如意易太子，通谏曰：“昔者晋献公以骊姬故、废太子，立奚齐，晋国乱者数十年，为天下笑。秦以不早定扶苏，胡亥诈立，自使灭祀，此陛下所亲见。今太子仁孝，天下皆闻之；吕后与陛下(共)〔攻〕苦食啖，①[20]其可背哉！陛下必欲废適而立少，②臣愿先伏诛，以颈血污地。”高帝曰：“公罢矣，吾特戏耳。”③通曰：“太子天下本，本壹摇天下震动，奈何以天下戏！”高帝曰：“吾听公。”及上置酒，见留侯所招客从太子入见，上遂无易太子志矣。

①如淳曰：“食无菜茹为啖。”师古曰：“啖当作淡。淡谓无味之食也。言共攻击勤苦之事，而食无味之食也。淡音大敢反。”

②师古曰：“適读曰嫡。”

③师古曰：“特，但也。”

高帝崩，孝惠即位，乃谓通曰：“先帝园陵寝庙，群臣莫习。”徙通为奉常，①定宗庙仪法。及稍定汉诸仪法，皆通所论著也。惠帝为东朝长乐宫，②及间往，③数跸烦民，④作复道，方筑武库南，⑤通奏事，因请间，⑥曰：“陛下何自筑复道高帝寝，衣冠月出游高庙？⑦子孙奈何乘宗庙道(以)〔上〕行哉！”[21]惠帝惧，曰：“急坏之。”通曰：“人主无过举。⑧今已作，百姓皆知之矣。愿陛下为原庙⑨渭北，衣冠月出游之，益广宗庙，大孝之本。”上乃诏有司立原庙。

①师古曰：“又重为之也。”

②孟康曰:"朝太后于长乐宫。"

③师古曰:"非大朝时,中间小谒见。"

④孟康曰:"妨其往来也。"

⑤如淳曰:"作复道,方始筑武库南也。"师古曰:"复音方目反。"

⑥师古曰:"请空隙之时,不欲对众言之。"

⑦服虔曰:"持高庙中衣,月旦以游于众庙,已而复之。"应劭曰:"月旦出高帝衣冠,备法驾,名曰游衣冠。"如淳曰:"高祖之衣冠藏在宫中之寝,三月出游,其道正值今之所作复道下,故言乘宗庙道上行也。"晋灼曰:"《黄图》高庙在长安城门街东,寝在桂宫北。服言衣藏于庙中,如言宫中,皆非也。"师古曰:"诸家之说皆未允也。谓从高帝陵寝出衣冠,游于高庙,每月一为之,汉制则然。而后之学者不晓其意,谓以月出之时而夜游衣冠,失之远也。"

⑧师古曰:"举事不当有过失。"

⑨师古曰:"原,重也。先以有庙,今更立之,故云重也。"

惠帝常出游离宫,通曰:"古者有春尝果,方今樱桃孰,可献,①愿陛下出,因取樱桃献宗庙。"上许之。诸果献由此兴。

①师古曰:"《礼记》曰'仲春之月,羞以含桃,先荐寝庙',即此樱桃也。今所谓朱樱者是也。樱音于耕反。"

赞曰:"高祖以征伐定天下,而缙绅之徒骋其知辩,①并成大业。语曰:"廊庙之材非一木之枝,帝王之功非一士之略",②信哉!刘敬脱挽辂而建金城之安,叔孙通舍枹鼓而立一王之仪,③遇其时也。郦生自匿监门,待主然后出,犹不免鼎镬。④朱建始名廉直,既距辟阳,不终其节,亦以丧身。陆贾位止大夫,致仕诸吕,⑤不受忧责,从容平、勃之间,⑥附会将相以强社稷,身名俱荣,其最优乎!

①师古曰:"缙绅,儒者之服也,解在《郊祀志》。"

②师古曰:"此语本出《慎子》。"

③师古曰:"枹者鼓椎,所以击鼓也。舍枹鼓者,言新罢战阵之事,别创汉代之礼,故云一王之仪也。枹音桴,其字从木。"

④师古曰:"鼎大而无足曰镬,音胡郭反。"

⑤师古曰:“以诸吕僭差,托病归家。”

⑥师古曰:“谓和辑陈平、周勃以安汉朝也。从音七容反。”

【校勘记】

〔1〕 欲率诸侯(攻)〔破〕秦乎? 景祐、殿本都作“破”,《史记》同。

〔2〕 沛公引〔兵〕随之, 景祐、殿本都有“兵”字。王先谦说此脱。

〔3〕 食其(尝)〔常〕为说客, 王先谦说“尝”字误,当依《史记》作“常”。

〔4〕 (反)〔救〕赵及梁。 景祐、殿本都作“救”。王先谦说作“救”是。

〔5〕 与天子(伉)〔抗〕衡为敌国, 景祐、殿本都作“抗”。

〔6〕 掘烧君王先人(家)〔冢〕墓, 景祐、殿、局本都作“冢”,此误。

〔7〕 (师古)〔苏林〕曰: 景祐、殿本都作“苏林”。

〔8〕 其后以为(信)〔姓〕。 景祐、殿本都作“姓”,此误。

〔9〕 谓作书明言(也)〔之〕。 景祐本“也”作“之”。

〔10〕 女给人马酒食极(饮)〔欲〕, 景祐、殿本都作“欲”。

〔11〕 平(尝)〔常〕燕居深念。 景祐本作“尝”,殿本作“常”,《史记》同。王先谦说作“尝”是。

〔12〕 厚为(其)〔共〕具, 景祐、殿本都作“共”。王先谦说作“共”是。

〔13〕 言狼籍(之)〔甚〕盛。 景祐、殿本都作“甚”。

〔14〕 〔辟阳侯曰:“平原君母死〕,何乃贺我?” 景祐、殿本都有“何”上九字。王先谦说《史记》同,此夺。

〔15〕 胔音渍,谓(见)〔死〕者之肉也。 景祐、殿本都作“死”。王先谦说作“死”是。

〔16〕 岂曾闻(外)孙敢与大父亢礼哉? 宋祁说越本无“外”字。按景祐本无。

〔17〕 而(今)〔令〕宗室及后宫诈称公主, 景祐、殿、局本都作“令”,此误。

〔18〕 郡守尉(令)〔今〕捕诛,何足忧? 景祐、殿本都作“今”。王先谦说作“今”是。

〔19〕 言(德行)〔行德〕教百年, 景祐、殿本都作“行德”。王先谦说作“行德”是。

〔20〕 吕后与陛下(共)〔攻〕苦食啖, 景祐、殿本都作“攻”。王先谦说作

"攻"是。

〔21〕 子孙奈何乘宗庙道(以)〔上〕行哉！　景祐、殿本都作"上"。王先谦说作"上"是。

汉书卷四十四

淮南衡山济北王传第十四

淮南厉王长，高帝少子也，其母故赵王张敖美人。高帝八年，从东垣过赵，赵王献美人，厉王母也，幸，有身。赵王不敢内宫，①为筑外宫舍之。②及贯高等谋反事觉，并逮治王，尽捕王母兄弟美人，系之河内。厉王母亦系，告吏曰："日得幸上，有子。"③吏以闻，上方怒赵，未及理厉王母。厉王母弟赵兼因辟阳侯言吕后，吕后妒，不肯白，辟阳侯不强争。厉王母已生厉王，恚，即自杀。吏奉厉王诣上，上悔，④令吕后母之，而葬其母真定。真定，厉王母家县也。

①师古曰："不敢更内之于宫中。"

②师古曰："舍，止也。"

③师古曰："日谓往日。"

④师古曰："(以)〔悔〕不理其母。"[1]

十一年，淮南王布反，上自将击灭布，即立子长为淮南王。王早失母，常附吕后，孝惠、吕后时以故得幸无患，然常心怨辟阳侯，不敢发。及孝文初即位，自以为最亲，①骄蹇，数不奉法。②上宽赦之。三年，入朝，甚横。③从上入苑猎，与上同辇，常谓上"大兄"。厉王有材力，力扛鼎，④乃往请辟阳侯。辟阳侯出见之，即自褎金椎椎之，⑤命从者刑之。⑥驰诣阙下，肉袒而谢曰："臣母不当坐赵时事，辟阳侯力能得之吕后，不争，罪一也。赵王如意子母无罪，吕后杀之，辟阳侯不争，罪二也。吕后王诸吕，欲以危刘氏，辟阳侯不争，罪三也。臣谨为天下诛贼，报母之仇，伏阙下请罪。"文帝伤其志为亲，故不治，赦之。

①师古曰："时高帝子唯二人在。"

②师古曰："蹇谓不顺也。"

③师古曰："横音胡孟反。"

④师古曰："扛，举也，音江。"

⑤师古曰："褎，古袖字也。谓以金椎藏置褎中，出而椎之。"

⑥如淳曰："刻其形体，备五刑也。"师古曰："直断其首，非五刑也。事见《史记》。"

当是时，自薄太后及太子、诸大臣皆惮厉王。厉王以此归国益恣，不用汉法，出入警跸，称制，自作法令，数上书不逊顺。① 文帝重自切责之。② 时帝舅薄昭为将军，尊重，上令昭予厉王书谏数之，曰：③

①师古曰："数音所角反。"

②如淳曰："重，难也。"

③师古曰："数音所具反。"

窃闻大王刚直而勇，慈惠而厚，贞信多断，是天以圣人之资奉大王也甚盛，不可不察。今大王所行，不称天资。皇帝初即位，易侯邑在淮南者，① 大王不肯。皇帝卒易之，② 使大王得三县之实，甚厚。大王以未尝与皇帝相见，求入朝见，未毕昆弟之欢，③ 而杀列侯以自为名。皇帝不使吏与其间，④ 赦大王，甚厚。汉法，二千石缺，辄言汉补，大王逐汉所置，而请自置相、二千石。皇帝骫天下正法而许大王，甚厚。⑤ 大王欲属国为布衣，守冢真定。⑥ 皇帝不许，使大王毋失南面之尊，甚厚。⑦ 大王宜日夜奉法度，修贡职，以称皇帝之厚德，今乃轻言恣行，以负谤于天下，甚非计也。

①晋灼曰："侯邑在淮南者，更易以它郡地封之，不欲使错在王国。"

②师古曰："卒，终也。"

③师古曰："毕，尽也。"

④师古曰："与读曰豫，谓不令吏干豫治其事。"

⑤苏林曰："不从正法，听王自置二千石。"师古曰："骫，古委字。骫谓曲也。"

⑥师古曰："属谓委弃之也，音之欲反。"

⑦师古曰："毋失，不失也。南面之尊，谓王位也。"

夫大王以千里为宅居，以万民为臣妾，此高皇帝之厚德也。高帝蒙霜露，沬风雨，①赴矢石，野战(次)〔攻〕城，[2]身被创痍，②以为子孙成万世之业，艰难危苦甚矣。大王不思先帝之艰苦，日夜怵惕，修身正行，养牺牲，丰洁粢盛，奉祭祀，以无忘先帝之功德，而欲属国为布衣，甚过。且夫贪让国土之名，轻废先帝之业，不可以言孝。父为之基，而不能守，不贤。不求守长陵，而求之真定，先母后父，不谊。数逆天子之令，不顺。言节行以高兄，无礼。③幸臣有罪，大者立断，小者肉刑，不仁。④贵布衣一剑之任，贱王侯之位，不知。不好学问大道，触情妄行，不(详)〔祥〕。⑤[3]此八者，危亡之路也，而大王行之。弃南面之位，奋诸、贲之勇，⑥常出入危亡之路，臣之所见，高皇帝之神必不庙食于大王之手，明白。

①师古曰："沬亦颒字也。蒙，冒也。沬，洗面也，音胡内反，字从午未之未。"

②师古曰："痍音夷。"

③郑氏曰："淮南王呼帝为大兄也。"师古曰："郑说非也。谓请守母冢，自为名节而表异行，用此矜高于兄耳。"

④师古曰："断谓斩也。"

⑤师古曰："任情意所欲则行之妄行。行音下更反。"

⑥应劭曰："吴专诸，卫孟贲也。"师古曰："贲音奔。"

昔者，周公诛管叔，放蔡叔，以安周；齐桓杀其弟，以反国；①秦始皇杀两弟，迁其母，以安秦；②顷王亡代，高帝夺之国，以便事；③济北举兵，皇帝诛之，以安汉。④故周、齐行之于古，秦、汉用之于今，大王不察古今之所以安国便事，而欲以亲戚之意望于太上，不可得也。⑤亡之诸侯，游宦事人，及舍匿者，论皆有法。⑥其在王所，吏主者坐。⑦今诸侯子为吏者，御史主；⑧为军吏者，中尉主；客出入殿门者，卫尉大行主；诸从蛮夷来归谊及以亡名数自(古)〔占〕者，[4]内史县令主。相欲委下吏，无与其祸，不可得也。⑨王若不改，汉系大王邸，论相以下，为之奈何？夫堕父大业，退为布衣所哀，⑩幸臣皆伏法而诛，为天下笑，以羞先帝之德，⑪甚为大王不取也。

①韦昭曰："子纠兄也，言弟者讳也。"

②应劭曰："始皇母与嫪毐私通生二子，事觉诛毐，并杀二弟，迁其母于咸阳宫也。"

③应劭曰："顷王，高帝兄仲也。匈奴入代不能守，走归京师。高帝夺其国，退为郃阳侯，以便国法也。"师古曰："便音频面反。"

④应劭曰："济北王兴居与大臣共诛诸吕，自以功大，怨其赏薄，故反。"

⑤如淳曰："太上，天子也。"

⑥师古曰："舍匿，谓容止而藏隐也。"

⑦师古曰："言各有所主，而坐其罪。"

⑧如淳曰："主御史也。自此以下至县令主皆谓王官属。"

⑨师古曰："言诸侯王之相欲委罪于在下小吏，而身不干豫之，不可得也。与读曰豫。"

⑩师古曰："堕，毁也。布衣，贫贱之人。王既伏法，则贫贱之人反哀怜之。堕音火规反。"

⑪师古曰："羞，辱也。"

宜急改操易行，上书谢罪，曰："臣不幸早失先帝，少孤，吕氏之世，未尝忘死。①陛下即位，臣怙恩德骄盈，行多不轨。②追念罪过，恐惧，伏地待诛不敢起。"皇帝闻之必喜。大王昆弟欢欣于上，群臣皆得延寿于下；上下得宜，海内常安。愿孰计而疾行之。行之有疑，祸如发矢，不可追已。③

①服虔曰："常恐畏死也。"

②师古曰："轨，法也。"

③师古曰："发矢，喻速也。已，语终辞。"

王得书不说。①六年，令男子但等七十人与棘蒲侯柴武太子奇谋，以辇车四十乘反谷口，②令人使闽越、匈奴。事觉，治之，乃使使召淮南王。

①师古曰："说读曰悦。"

②孟康曰："谷口在长安北，故县也，处多崄阻。"师古曰："辇车，人挽行以载兵器也。"

王至长安，丞相张苍，典客冯敬行御史大夫事，与宗正、廷尉杂奏："长废先帝法，不听天子诏，居处无度，为黄屋盖儗天子，①擅为法令，不用汉法。及所置吏，以其郎中春为丞相，收聚汉诸侯人及有罪亡者，匿与居，为治家室，赐与财物爵禄田宅，爵或至关内侯，奉以二千石所当得。②大夫但、③士伍开章等七十人④与棘蒲侯太子奇谋反，欲以危宗庙社稷，谋使闽越及匈奴发其兵。事觉，长安尉奇等往捕开章，长匿不予，与故中尉蕑忌谋，杀以闭口，⑤为棺椁衣衾，葬之肥陵，⑥谩吏曰'不知安在'。⑦又阳聚土，树表其上曰'开章死，葬此下'。⑧及长身自贼杀无罪者一人；令吏论杀无罪者六人；为亡命弃市诈捕命者以除罪；⑨擅罪人，无告劾系治城旦以上十四人；赦免罪人死罪十八人，城旦舂以下五十八人；赐人爵关内侯以下九十四人。前日长病，陛下心忧之，使使者赐枣脯，长不肯见拜使者。南海民处庐江界中者反，淮南吏卒击之。陛下遣使者赍帛五十匹，以赐吏卒劳苦者。长不欲受赐，谩曰'无劳苦者'。南海王织上书献璧帛皇帝，忌擅燔其书，不以闻。⑩吏请召治忌，长不遣，谩曰'忌病'。长所犯不轨，当弃市，臣请论如法。"

①师古曰："儗，比也。"

②如淳曰："赐亡畔来者，如赐其国二千石也。"臣瓒曰："奉畔者以二千石之秩禄也。"师古曰："瓒说是也。奉音扶用反。"

③张晏曰："大夫，姓也，上云'男子但'，明其本姓大夫也。"如淳曰："但，大夫名也。"师古曰："既曰大夫但，又士伍开章，明其为大夫也。上言男子但等者，总谓反人耳，不妨但为大夫也。"

④如淳曰："律，有罪失官爵，称士伍也。开章，名。"

⑤师古曰："姓蕑，名忌。蕑音奸，《严助传》作间字，音同耳。今流俗书本此蕑字或有作简者，非也，盖后人所改。既杀开章，所有口语皆无端绪，故云闭口。"

⑥师古曰："肥陵，地名，在肥水之上。"

⑦师古曰："谩，诳也。实葬肥陵，诳云不知处。谩音慢，又音莫连反。次下亦同。"

⑧师古曰："表者，竖木为之，若柱形也。"

⑨晋灼曰："亡命者当弃市，而王藏之。诈捕不命者而言命，以脱命者之罪。"师古曰："为音于伪反。"

⑩文颖曰："忌，蔺忌也。"

制曰："朕不忍置法于王，其与列侯吏二千石议。"列侯吏二千石臣婴等四十三人议，皆曰："宜论如法。"制曰："其赦长死罪，废勿王。"有司奏："请处蜀严道邛邮，① 遣其子、子母从居，② 县为筑盖家室，皆日三食，给薪菜盐炊食器席蓐。"③ 制曰："食长，给肉日五斤，④ 酒二斗。令故美人材人得幸者十人从居。"⑤ 于是尽诛所与谋者。乃遣长，载以辎车，⑥ 令县次传。

①张晏曰："严道，蜀郡县也。邛，邮置名也。"师古曰："邮，行书之舍，音尤。"

②师古曰："子母者，所生子之姬妾。"

③师古曰："炊器，釜鬲之属。食器，杯碗之属。"

④师古曰："食音饲。"

⑤师古曰："上言子母，则有子者令从之。今此云美人材人，则无子者亦令从之。"

⑥师古曰："辎，衣车也，音甾。"

爰盎谏曰："上素骄淮南王，不为置严相傅，以故至此。且淮南王为人刚，今暴摧折之，臣恐其逢雾露病死，陛下有杀弟之名，奈何！"上曰："吾特苦之耳，令复之。"① 淮南王谓侍者曰："谁谓乃公勇者？吾以骄不闻过，故至此。"乃不食而死。县传者不敢发车封。② 至雍，③ 雍令发之，以死闻。上悲哭，谓爰盎曰："吾不从公言，卒亡淮南王。"盎曰："淮南王不可奈何，愿陛下自宽。"上曰："为之奈何？"曰："独斩丞相、御史以谢天下乃可。"上即令丞相、御史逮诸县传淮南王不发封馈侍者，④ 皆弃市。乃以列侯葬淮南王于雍，置守冢三十家。

①师古曰："暂困苦之，令其自悔，即追还也。复音扶目反。"

②孟康曰："槛车有封也。"

③师古曰："雍，扶风雍县。"

④师古曰："逮，追捕之也。馈亦馈字耳。"

孝文八年，怜淮南王，王有子四人，年皆七八岁，乃封子安为阜陵侯，子勃为安阳侯，子赐为阳周侯，子良为东城侯。

十二年，民有作歌歌淮南王曰："一尺布，尚可缝；一斗粟，尚可舂。兄弟二人，不相容！"①上闻之曰："昔尧舜放逐骨肉，周公杀管蔡，②天下称圣，不以私害公。天下岂以为我贪淮南地邪？"乃徙城阳王王淮南故地，而追尊谥淮南王为厉王，置园如诸侯仪。

①孟康曰："尺帛斗粟犹尚不弃，况于兄弟而更相逐乎！"臣瓒曰："一尺帛可缝而共衣，一斗粟可舂而共食，况以天下之广，而不相容也。"师古曰："瓒说是。"

②师古曰："鲧及共工皆尧舜之同姓，故云骨肉。"

十六年，上怜淮南王废法不轨，自使失国早夭，乃徙淮南王喜复王故城阳，而立厉王三子王淮南故地，三分之：阜陵侯安为淮南王，安阳侯勃为衡山王，阳周侯赐为庐江王。东城侯良前薨，无后。

孝景三年，吴楚七国反，吴使者至淮南，(淮南)王欲发兵应之。[5]其相曰："王必欲应吴，臣愿为将。"王乃属之。①相已将兵，因城守，不听王而为汉。汉亦使曲城侯将兵救淮南，②淮南以故得完。吴使者至庐江，庐江王不应，而往来使越；至衡山，衡山王坚守无二心。孝景四年，吴楚已破，衡山王朝，上以为贞信，乃劳苦之③曰："南方卑湿。"徙王王于济北以褒之。及薨，遂赐谥为贞王。庐江王以边越，数使使相交，④徙为衡山王，王江北。

①师古曰："属谓以兵委之也。属音之欲反。"

②晋灼曰："《功臣表》虫达也。"师古曰："晋说非。此虫达之子耳，名(踕)〔捷〕[6]。达已先薨也。"

③师古曰："劳音来到反。"

④师古曰："边越者，边界与越相接。"

淮南王安为人好书，鼓琴，不喜弋猎狗马驰骋，①亦欲以行阴德拊循百姓，流名誉。招致宾客方术之士数千人，作为《内书》二十一篇，《外书》甚众，又有《中篇》八卷，言神仙黄白之术，②亦二十馀万言。时武帝方好艺文，以安属为诸父，③辩博善为文辞，甚尊重之。每为报书及赐，④常召司马相如等视草乃遣。⑤初，安入朝，献所作《内篇》，新出，上爱秘之。使为《离骚传》，⑥旦受诏，日食时上。又献《颂德》及《长安都国颂》。每宴见，谈说得失及方技赋颂，昏莫然后罢。

①师古曰："喜音许吏反。"

②张晏曰："黄，黄金；白，白银也。"

③师古曰："安于天子服属为从父叔父。"

④师古曰："赐，赐书也。"

⑤师古曰："草谓为文之稿草。"

⑥师古曰："传谓解说之，若《毛诗传》。"

安初入朝，雅善太尉武安侯，①武安侯迎之霸上，与语曰："方今上无太子，王亲高皇帝孙，行仁义，天下莫不闻。宫车一日晏驾，非王尚谁立者！"淮南王大喜，厚遗武安侯宝赂。其群臣宾客，江淮间多轻薄，以厉王迁死感激安。建元六年，彗星见，淮南王心怪之。或说王曰："先吴军时，彗星出，长数尺，然尚流血千里。今彗星竟天，天下兵当大起。"王心以为上无太子，天下有变，诸侯并争，愈益治攻战具，积金钱赂遗郡国。游士妄作妖言阿谀王，王喜，多赐予之。

①师古曰："田蚡。"

王有女陵，慧有口。①王爱陵，多予金钱，为中诇长安，②约结上左右。元朔二年，上赐淮南王几杖，不朝。后荼爱幸，③生子迁为太子，取皇太后外孙修成君女为太子妃。④王谋为反具，畏太子妃知而内泄事，乃与太子谋，令诈不爱，三月不同席。王阳怒太子，闭使与妃同内，终不近妃。妃求去，王乃上书谢归之。后荼、太子迁及女陵擅国权，夺民田宅，妄致系人。⑤

①师古曰："性慧了而口辩。"

②孟康曰："诇音侦。西方人以反间为诇。王使其女为侦于中也。"如淳曰："诇音朽政反。"师古曰："诇，有所候伺也。如音是矣。侦者，义与诇同，然音则异。音丑政反。"

③师古曰："荼者，后名也，音涂。"

④服虔曰："武帝异姓姊之女也。"应劭曰："修成君，王太后先适金氏女也。"

⑤师古曰："致，至也，牵引而致之。"

太子学用剑，自以为人莫及，闻郎中雷被巧，①召与戏。被一再辞让，误中太子。②太子怒，被恐。此时有欲从军者辄诣长安，被即愿奋击匈奴。太子数恶被，③王使郎中令斥免，欲以禁后。④元朔五年，被遂亡之长安，上书自明。事下廷尉、河南。河南治，⑤逮淮南太子。⑥王、王后计欲毋遣太子，⑦遂发兵。计未定，犹与十馀日。⑧会有诏即讯太子，⑨淮南相怒寿春丞留太子逮不遣，⑩劾不敬。王请相，相不听。王使人上书告相，事下廷尉治。从迹连王，⑪王使人候司。⑫汉公卿请逮捕治王，王恐，欲发兵。太子迁谋曰："汉使即逮王，令人衣卫士衣，持戟居王旁，有非是者，即刺杀之，臣亦使人刺杀淮南中尉，乃举兵，未晚也。"是时上不许公卿，而遣汉中尉宏即讯验王。⑬王视汉中尉颜色和，问斥雷被事耳，自度无何，⑭不发。中尉还，以闻。公卿治者曰："淮南王安雍阏求奋击匈奴者雷被等，格明诏，⑮当弃市。"诏不许。请废勿王，上不许。请削五县，可二县。使中尉宏赦其罪，罚以削地。中尉入淮南界，宣言赦王。王初闻公卿请诛之，未知得削地，闻汉使来，恐其捕之，乃与太子谋如前计。中尉至，即贺王，王以故不发。其后自伤曰："吾行仁义见削地，寡人甚耻之。"为反谋益甚。诸使者道长安来，⑯为妄言，言上无男，即喜；言汉廷治，有男，即怒，⑰以为妄言，非也。⑱

①师古曰："被音皮义反。巧者，善用剑也。"

②师古曰："中音竹仲反。"

③师古曰："谓谮毁之于王也。"

④师古曰："令后人更不敢效之。"

⑤师古曰："章下廷尉及河南令，于河南杂治其事。"

⑥师古曰："追赴河南也。"

⑦师古曰："王与王后共计也。"

⑧师古曰："与读曰豫。"

⑨师古曰："即，就也。讯，问也。就淮南问之，不逮诣河南。"

⑩如淳曰："丞顺王意，不遣太子应逮书。"

⑪师古曰："从读曰踪。"

⑫师古曰："入京师候司其事。"

⑬师古曰："即亦就也。"

⑭师古曰："自计度更无罪。度音徒各反。"

⑮师古曰："雍读曰壅。格音阁，谓歧阁不行之。"

⑯师古曰："道，从也。"

⑰师古曰："汉廷治者，朝廷皆治理也。治音丈吏反。"

⑱师古曰："云治及有男皆妄言耳，非真实也。"

日夜与左吴等按舆地图，①部署兵所从入。王曰："上无太子，宫车即晏驾，大臣必征胶东王，不即常山王，诸侯并争，吾可以无备乎！且吾高帝孙，亲行仁义，陛下遇我厚，吾能忍之；万世之后，吾宁能北面事竖子乎！"

①苏林曰："舆犹尽载之意。"

王有孽子不害，最长，①王不爱，后、太子皆不以为子兄数。②不害子建，材高有气，常怨望太子不省其父。③时诸侯皆得分子弟为侯，④淮南王有两子，一子为太子，而建父不得为侯。阴结交，⑤欲害太子，以其父代之。太子知之，数捕系笞建。建具知太子之欲谋杀汉中尉，即使所善寿春严正上书天子曰："毒药苦口利病，忠言逆耳利行。今淮南王孙建材能高，淮南王后荼、荼子迁常疾害建。建父不害无罪，擅数系，欲杀之。今建在，可征问，具知淮南王阴事。"书既闻，上以其事下廷尉、河南治。是岁元朔六年也。故辟阳侯孙审卿善丞相公孙弘，怨淮南厉王杀其大父，阴求淮南事而构之于弘。弘乃疑淮南有畔逆计，深探其狱。⑥河南治建，辞引太子及党与。

①师古曰："孽，庶也。"

②如淳曰："后不以为子，太子不以为兄秩数。"

③服虔曰："不省录著兄弟数中也。"

④师古曰："分国邑以封之。"

⑤师古曰："与外人交通为援。"

⑥张晏曰："探穷其根原。"

初，王数以举兵谋问伍被，被常谏之，以吴楚七国为效。① 王引陈胜、吴广，被复言形势不同，必败亡。及建见治，王恐国阴事泄，欲发，复问被，被为言发兵权变。语在《被传》。于是王锐欲发，② 乃令官奴入宫中，作皇帝玺，丞相、御史大夫、将军、吏中二千石、都官令、丞印，及旁近郡太守、都尉印，汉使节法冠。③ 欲如伍被计，使人为得罪而西，④ 事大将军、丞相；一日发兵，即刺大将军卫青，⑤ 而说丞相弘下之，如发蒙耳。⑥ 欲发国中兵，恐相、二千石不听，王乃与伍被谋，为失火宫中，相、二千石救火，因杀之。又欲令人衣求盗衣，⑦ 持羽檄从南方来，⑧ 呼言曰"南越兵入"，⑨ 欲因以发兵。乃使人之庐江、会稽为求盗，未决。

①师古曰："言反事不成。"

②师古曰："王意欲发兵如锋刃之锐利，故云锐也。"

③师古曰："法冠，御史冠也。本楚王冠，秦灭楚，以其君冠赐御史。"

④苏林曰："诈作得罪人而西也。"师古曰："为得罪之状而去也。西谓如京师也。"

⑤师古曰："发兵谓王发兵反。"

⑥如淳曰："以物蒙覆其头，而为发去之，则其人欲之耳。"晋灼曰："如发去物上之蒙，直取其易也。"师古曰："晋说是。"

⑦师古曰："求盗，卒之掌逐捕贼盗者。"

⑧师古曰："羽檄，征兵之书也，解在《高纪》。"

⑨师古曰："呼音火故反。"

廷尉以建辞连太子迁闻，上遣廷尉监与淮南中尉逮捕太子。至，淮南王闻，与太子谋召相、二千石，欲杀而发兵。召相，相至；内史以出为解。① 中尉曰："臣受诏使，不得见王。"王念独杀相而内史、中尉不来，无益也，即罢相。② 计犹与未决。③ 太子念所坐者谋杀汉中尉，所与谋杀者已死，以为口绝，乃谓王曰："群臣可用者皆前系，今无足与举事者。王以非时发，恐无功，臣愿会逮。"④ 王亦愈欲休，即许太子。太子自刑，不殊。⑤ 伍被自诣吏，具告与淮南王谋反。吏因捕太子、王后，围王宫，尽捕王宾客在国中者，索得反具以闻。⑥上下公卿治，所连引与淮南王谋反列侯、二千石、豪桀数千人，皆以罪轻重受诛。

①师古曰："不应召而云已出也。解者，解说也，若今言分疏矣。"

②师古曰："遣出去。"

③师古曰："与读曰豫。"

④师古曰："会谓应逮书而往也。"

⑤晋灼曰："不殊，不死也。"师古曰："殊，绝也，虽自刑杀，而身首不绝也。"

⑥师古曰："索，搜也，音山客反。"

衡山王赐，淮南王弟，当坐收。有司请逮捕衡山王，上曰："诸侯各以其国为本，不当相坐。与诸侯王列侯议。"赵王彭祖、列侯让等四十三人皆曰："淮南王安大逆无道，谋反明白，当伏诛。"胶西王端议曰："安废法度，行邪辟，①有诈伪心，以乱天下，营惑百姓，②背畔宗庙，妄作妖言。《春秋》曰'臣毋将，将而诛。'安罪重于将，谋反形已定。臣端所见，其书印图及它逆亡道事验明白，当伏法。论国吏二百石以上及比者，③宗室近幸臣不在法中者，不能相教，皆当免，④削爵为士伍，毋得官为吏。其非吏，它赎死金二斤八两，⑤以章安之罪，⑥使天下明知臣子之道，毋敢复有邪僻背畔之意。"丞相弘、廷尉汤等以闻，上使宗正以符节治王。未至，安自刑杀。后、太子诸所与谋皆收夷。国除为九江郡。⑦

①师古曰："辟读曰僻。下皆类此。"

②师古曰："营谓回绕之。"

③师古曰："谓真二百石及秩比二百石以上。"

④师古曰："若本有重罪，自从其法，纵无反状者，亦皆免。"

⑤苏林曰："非吏故曰它。"师古曰："为近幸之人，非吏人者。"

⑥师古曰："章，明也。"

⑦师古曰："夷谓诛灭之。"

衡山王赐，后乘舒生子三人，长男爽为太子，次女无采，少男孝。姬徐来生子男女四人，美人厥姬生子二人。淮南、衡山相责望礼节，间不相能。①衡山王闻淮南王作为畔逆具，亦心结宾客以应之，恐为所并。

①师古曰："兄弟相责故有嫌。"

元光六年入朝，谒者卫庆有方术，欲上书事天子，王怒，故劾庆死罪，强榜服之。[①]内史以为非是，却其狱。[②]王使人上书告内史，内史治，言王不直。[③]又数侵夺人田，坏人冢以为田。有司请逮治衡山王，上不许，为置吏二百石以上。[④]衡山王以此恚，与奚慈、张广昌谋，求能为兵法候星气者，日夜纵臾王谋反事。[⑤]

①师古曰："榜，击也。击笞之，令其自服死罪也。榜音彭。"

②师古曰："却，退也。"

③师古曰："内史被治而具言王之意状。"

④如淳曰："《汉仪注》吏四百石已下自除国中。今以王之恶，天子皆为置。"

⑤如淳曰："臾读曰勇。纵臾，犹言勉强也。"师古曰："纵音子勇反。纵臾谓奖劝也。"

后乘舒死，立徐来为后，厥姬俱幸。两人相妒，厥姬乃恶徐来于太子，[①]曰"徐来使婢蛊杀太子母。"太子心怨徐来。徐来兄至衡山，太子与饮，以刃刑伤之。后以此怨太子，数恶之于王。女弟无采嫁，弃归，[②]与客奸。太子数以数让之，[③]无采怒，不与太子通。后闻之，即善遇无采及孝。孝少失母，附后，后以计爱之，[④]与共毁太子，王以故数系笞太子。元朔四年中，人有贼伤后假母者，[⑤]王疑太子使人伤之，笞太子。后王病，太子时称病不侍。孝、无采恶太子："实不病，自言，有喜色。"王于是大怒，欲废太子而立弟孝。后知王决废太子，又欲并废孝。后有侍者善舞，王幸之，后欲令与孝乱以污之，欲并废二子而以己子广代之。太子知之，念后数恶己无已时，[⑥]欲与乱以止其口。后饮太子，太子前为寿，因据后股求与卧。后怒，以告王。王乃召，欲缚笞之。太子知王常欲废己而立孝，乃谓王曰："孝与王御者奸，无采与奴奸，王强食，请上书。"即背王去。王使人止之，莫能禁，王乃自追捕太子。太子妄恶言，王械系宫中。

①师古曰："恶谓谗毁之也。下皆类此。"

②师古曰："为夫所弃而归也。"

③师古曰："上数音所角反，下数音所具反。"

④师古曰："非心实慈念，但以事计须抚之。"

⑤师古曰："继母也。一曰父之旁妻。"

⑥师古曰："已，止也，数见谗谮无休止。"

孝日益以亲幸。王奇孝材能，乃佩之王印，号曰将军，(今)〔令〕居外家，[7]多给金钱，招致宾客。宾客来者，微知淮南、衡山有逆计，皆将养劝之。①王乃使孝客江都人枚赫、陈喜作輣车锻矢，刻天子玺，将、相、军吏印。王日夜求壮士如周丘等，②数称引吴楚反时计画约束。衡山王非敢效淮南王求即天子位，畏淮南起并其国，以为淮南已西，发兵定江淮间而有之，望如是。

①师古曰："将读曰奖。"

②师古曰："下邳人，吴王反时请得汉节下下邳者。"

元朔五年秋，当朝，六年，过淮南。淮南王乃昆弟语，①除前隙，约束反具。②衡山王即上书谢病，上赐不朝。乃使人上书请废太子爽，立孝为太子。爽闻，即使所善白嬴之长安上书，言衡山王与子谋逆，言孝作兵车锻矢，与王御者奸。至长安未及上书，即吏捕嬴，以淮南事系。③王闻之，恐其言国阴事，即上书告太子，以为不道。事下沛郡治。元狩元年冬，有司求捕与淮南王谋反者，得陈喜于孝家。吏劾孝首匿喜。④孝以为陈喜雅数与王计反，⑤恐其发之，闻律先自告除其罪，又疑太子使白嬴上书发其事，即先自告所与谋反者枚赫、陈喜等。廷尉治，事验，请逮捕衡山王治。上曰："勿捕。"遣中尉安、大行息即问王，⑥王具以情实对。吏皆围王宫守之。中尉、大行还，以闻。公卿请遣宗正、大行与沛郡杂治王。王闻，即自杀。孝先自告反，告除其罪。⑦孝坐与王御婢奸，及后徐来坐蛊前后乘舒，及太子爽坐告王父不孝，皆弃市。诸坐与王谋反者皆诛。国除为郡。

①师古曰："为相亲爱之言。"

②师古曰："(关)〔共〕契约为反具。"[8]

③师古曰："汉有司捕系之。"

④师古曰："为头首而藏匿之。"

⑤师古曰："数音所角反。"

⑥师古曰："就问之。"

⑦师古曰："先告有反谋，又告人与己反，而自得除反罪。"

济北贞王勃者，景帝四年徙。徙二年，因前王衡山，凡十四年薨。子式王胡嗣，五十四年薨。子宽嗣。十二年，宽坐与父式王后光、姬孝儿奸，悖人伦，①又祠祭祝诅上，有司请诛。上遣大鸿胪利召王，王以刃自刭死。国除为北安县，属泰山郡。

①师古曰："悖，乱也，音布内反。"

赞曰：《诗》云"戎狄是膺，荆舒是惩"，①信哉是言也！淮南、衡山亲为骨肉，疆土千里，列在诸侯，不务遵蕃臣职，以丞辅天子，而刬怀邪辟之计，②谋为畔逆，仍父子再亡国，③各不终其身。此非独王也，亦其俗薄，臣下渐靡使然。④夫荆楚剽轻，好作乱，乃自古记之矣。⑤

①师古曰："此《鲁颂閟宫》之章也。膺，当也，惩，艾也。荆，楚也。舒，群舒也。言北有戎狄，南有荆舒，土俗强犷，好为寇乱，常须以兵膺当而惩艾也。"

②师古曰："刬与专同，音之兖反。"

③师古曰："仍，频也。"

④师古曰："靡谓相随从。"

⑤师古曰："剽音匹妙反。"

【校勘记】

〔1〕 (以)〔悔〕不理其母。 景祐、殿本都作"悔"。

〔2〕 野战(次)〔攻〕城， 钱大昭说"次"当作"攻"。按景祐、殿、局本都作"攻"。

〔3〕 触情妄行，不(详)〔祥〕。 景祐、殿本都作"祥"。

〔4〕 诸从蛮夷来归谊及以亡名数自(古)〔占〕者，　景祐、殿、局本都作“占”。此误。

〔5〕 吴使者至淮南，(淮南)王欲发兵应之。　钱大昭说“淮南”二字闽本不重。按景祐、殿本都不重。

〔6〕 此虫达之子耳，名(揵)〔捷〕。　景祐本作“捷”，与《功臣表》同。

〔7〕 号曰将军，(今)〔令〕居外家，　景祐、殿、局本都作“令”。

〔8〕 (芺)〔共〕契约为反具。　景祐、殿、局本都作“共”。王先谦说作“共”是。

汉书卷四十五

蒯伍江息夫传第十五

蒯通，范阳人也，①本与武帝同讳。②楚汉初起，武臣略定赵地，号武信君。通说范阳令徐公曰："臣，范阳百姓蒯通也，窃闵公之将死，故吊之。虽然，贺公得通而生也。"徐公再拜曰："何以吊之？"通曰："足下为令十馀年矣，杀人之父，孤人之子，断人之足，黥人之首，甚众。慈父孝子所以不敢事刃于公之腹者，畏秦法也。③今天下大乱，秦政不施，④然则慈父孝子将争接刃于公之腹，以复其怨而成其(功)名。⑤[1]此通之所以吊者也。"曰："何以贺得子而生也？"曰："赵武信君不知通不肖，使人候问其死生，通且见武信君而说之，⑥曰：'必将战胜而后略地，攻得而后下城，臣窃以为殆矣。⑦用臣之计，毋战而略地，不攻而下城，传檄而千里定。可乎？'彼将曰：'何谓也？'⑧臣因对曰：'范阳令宜整顿其士卒以守战者也，怯而畏死，贪而好富贵，故欲以其城先下君。先下君而君不利〔之〕，[2]则边地之城皆将相告曰："范阳令先降而身死"，必将婴城固守，⑨皆为金城汤池，不可攻也。⑩为君计者，莫若以黄屋朱轮迎范阳令，使驰骛于燕赵之郊，⑪则边城皆将相告曰："范阳令先下而身富贵"，必相率而降，犹如阪上走丸也。⑫此臣所谓传檄而千里定者也。'徐公再拜，具车马遣通。通遂以此说武臣。武臣以车百乘，骑二百，侯印迎徐公。燕赵闻之，降者三十馀城，如通策焉。

①师古曰："涿郡之县也，旧属燕。通本燕人，后游于齐，故高祖云齐辩士蒯通。"

②师古曰："本名为彻，其后史家追书为通。"

③李奇曰："东方人以物臿地中为事。"师古曰："事音侧吏反。字本作倳，《周

官《考工记》又作菑，音皆同耳。"

④师古曰："施，设也，立也。"

⑤师古曰："复犹报也，音扶目反。"

⑥师古曰："今将欲见之。"

⑦师古曰："殆，危也。"

⑧师古曰："彼谓武信君也。"

⑨孟康曰："婴，以城自绕。"

⑩师古曰："金以喻坚，汤喻沸热不可近。"

⑪师古曰："令众皆见。"

⑫师古曰："言乘势便易。"

后汉将韩信虏魏王，破赵、代，降燕，定三国，引兵将东击齐。未度平原，闻汉王使郦食其说下齐，信欲止。通说信曰："将军受诏击齐，而汉独发间使下齐，宁有诏止将军乎？①何以得无行！且郦生一士，伏轼掉三寸舌，下齐七十馀城，②将军将数万之众，乃下赵五十馀城。为将数岁，反不如一竖儒之功乎！"于是信然之，从其计，遂度河。齐已听郦生，即留之纵酒，罢备汉守御。信因袭历下军，遂至临菑。齐王以郦生为欺己而亨之，因败走。信遂定齐地，自立为齐假王。汉方困于荥阳，遣张良即立信为齐王，以安固之。项王亦遣武涉说信，欲与连和。

①师古曰："间使，谓使人伺间隙而单行。"

②师古曰："掉，摇也，音徒钓反。"

蒯通知天下权在信，欲说信令背汉，乃先微感信曰："仆尝受相人之术，相君之面，不过封侯，又危而不安；相君之背，贵而不可言。"①信曰："何谓也？"通因请间，②曰："天下初作难也，俊雄豪桀建号壹呼，③天下之士云合雾集，鱼鳞杂袭，④飘至风起。⑤当此之时，忧在亡秦而已。⑥今刘、项分争，使人肝脑涂地，流离中野，不可胜数。汉王将数十万众，距巩、雒，岨山河，一日数战，无尺寸之功，折北不救，⑦败荥阳，伤成皋，⑧还走宛、叶之间，此所谓智勇俱困者也。楚人起彭城，转斗逐北，至荥阳，乘利席胜，威震天下，⑨然兵困于京、索之间，⑩迫西山而不能进，三年于此矣。⑪锐气挫于崄塞，粮食尽于内藏，百姓罢极，无所归命。⑫以臣料之，⑬非天下贤圣，其势固不能息天下之祸。当今之时，两主县命足下。足下为汉则汉胜，与楚则楚胜。臣愿披心腹，堕肝胆，⑭效愚忠，恐足下不能用也。方今为足下计，莫若两利而俱存之，参分天下，鼎足而立，其势莫敢先动。夫以足下之贤圣，有甲兵之众，据强齐，从燕、赵，出空虚之地以制其后，因民之欲，西乡为百姓请命，⑮天下孰敢不听！足下按齐国之故，有淮泗之地，怀诸侯以德，深拱揖让，⑯则天下君王相率而朝齐矣。盖闻'天与弗取，反受其咎；时至弗行，反受其殃。'愿足下孰图之。"

①张晏曰："言背者，云背畔则大贵。"

②师古曰："不欲显言，故请间隙而私说。"

③师古曰："建号者，自立为侯王。呼音火故反。"

④师古曰："杂袭犹杂沓，言相杂而累积。"

⑤师古曰："飘读曰猋，谓疾风，音必遥反。"

⑥师古曰："志灭秦，所忧者唯此。"

⑦师古曰："折，挫也。北，奔也。不救，谓无援助也。"

⑧张晏曰："于成皋战伤胸也。"

⑨师古曰："席，因也，若人之在席上。"

⑩师古曰："索音山客反。"

⑪师古曰："至今已三年。"

⑫师古曰："罢读曰疲。"

⑬师古曰："料，量也。"

⑭师古曰："堕，毁也，音火规反。"

⑮师古曰："乡读曰向。齐国在东，故曰西向。止楚汉之战斗，士卒不死亡，故云请命。"

⑯师古曰："深拱犹高拱。"

信曰："汉遇我厚，吾岂可见利而背恩乎！"通曰："始常山王、成安君故相与为刎颈之交，及争张黡、陈释之事，①常山王奉头鼠窜，以归汉王。②借兵东下，战于鄗北，成安君死于泜水之南，③头足异处。此二人相与，天下之至欢也，而卒相灭亡者，何也？患生于多欲而人心难测也。今足下行忠信以交于汉王，必不能固于二君之相与也，而事多大于张黡、陈释之事者，故臣以为足下必汉王之不危足下，过矣。④大夫种存亡越，伯句践，⑤立功名而身死。语曰：'野禽殚，走犬亨；⑥敌国破，谋臣亡。'故以交友言之，则不过张王与成安君；以忠臣言之，则不过大夫种。此二者，宜足以观矣。愿足下深虑之。且臣闻之，勇略震主者身危，功盖天下者不赏。足下涉西河，虏魏王，禽夏说，⑦下井陉，诛成安君之罪，以令于赵，胁燕定齐，南摧楚人之兵数十万众，遂斩龙且，西乡以报，⑧此所谓功无二于天下，略不世出者也。⑨今足下挟不赏之功，戴震主之威，归楚，楚人不信；归汉，汉人震恐。足下欲持是安归乎？⑩夫势在人臣之位，而有高天下之名，切为足下危之。"信曰："生且休矣，吾将念之。"⑪

①师古曰："黡音一点反。"

②师古曰："言其迫窘逃亡，如鼠之藏窜。"

③师古曰："鄗音呼各反。泜音祗，又音丁计反。"

④师古曰："过犹误也。"

⑤师古曰："令句践致霸功也。伯读曰霸。"

⑥师古曰："殚，尽也，音单。"

⑦师古曰："说读曰悦。"

⑧师古曰："且音子馀反。乡读曰向。"

⑨师古曰："言其计略奇异，世所希有。"

⑩师古曰："安，焉也。此下亦同。"

⑪师古曰："念犹思也。"

数日，通复说曰："听者，事之候也；①计者，存亡之机也。夫随厮养之役者，失万乘之权；守儋石之禄者，阙卿相之位。②计诚知之，而决弗敢行者，百事之祸也。故猛虎之犹与，不如蜂蠆之致蠚；③孟贲之狐疑，不如童子之必至。④此言贵能行之也。夫功者难成而易败，时者难值而易失。'时乎时，不再来。'⑤愿足下无疑臣之计。"信犹与不忍背汉，又自以功多，汉不夺我齐，遂谢通。⑥通说不听，惶恐，乃阳狂为巫。

①师古曰："谓能听善谋也。"

②应劭曰："齐人名小甖为儋，受二斛。"晋灼曰："石，斗石也。"师古曰："儋音都滥反。或曰，儋者，一人之所负担也。"

③师古曰："与读曰预。虿，蝎也。蠚，毒也。虿音丑界反。蠚音呼各反。"

④师古曰："孟贲，古之勇力士。贲音奔。"

⑤师古曰："此古语，叹时之不可失。"

⑥师古曰："告令罢去。"

天下既定，后信以罪废为淮阴侯，谋反被诛，临死叹曰："悔不用蒯通之言，死于女子之手！"高帝曰："是齐辩士蒯通。"乃诏齐召蒯通。通至，上欲亨之，曰："若教韩信反，何也？"①通曰："狗各吠非其主。当彼时，臣独知齐王韩信，非知陛下也。且秦失其鹿，②天下共逐之，高材者先得。天下匈匈，争欲为陛下所为，顾力不能，③可殚诛邪！"④上乃赦之。

①师古曰："若，汝也。"

②张晏曰："以鹿喻帝位。"

③师古曰："顾，念也。"

④师古曰："殚，尽也。"

至齐悼惠王时，曹参为相，礼下贤人，请通为客。

初，齐王田荣怨项羽，谋举兵畔之，劫齐士，不与者死。①齐处士东郭先生、梁石君在劫中，强从。及田荣败，二人丑之，②相与入深山隐居。客谓通曰："先生之于曹相国，拾遗举过，显贤进能，齐国莫若先生者。先生知梁石君、东郭先生世俗所不及，何不进之于相国乎？"通曰："诺。臣之里妇，与里之诸母相善也。里妇夜亡肉，姑以为盗，怒而逐之。妇晨去，过所善诸母，语以事而谢之。③里母曰：'女安行，④我今令而家追女矣。'⑤即束缊请火于亡肉家，⑥曰：'昨暮夜，犬得肉，争斗相杀，请火治之。'⑦亡肉家遽追呼其妇。⑧故里母非谈说之士也，束缊乞火非还妇之道也，然物有相感，事有适可。臣请乞火于曹相国。"乃见相国曰："妇人有夫死三日而嫁者，有幽居守寡不出门者，足下即欲求妇，何取？"曰："取不嫁者。"通曰："然则求臣亦犹是也，彼东郭先生、梁石君，齐之俊士也，隐居不嫁，未尝卑节下意以求仕也。愿足下使人礼之。"曹相国曰："敬受命。"皆以为上宾。

①师古曰："劫而取之，不从则杀也。"

②师古曰："自耻从乱，以为丑恶也。"

③师古曰："谢谓告辞也。"

④师古曰："安，徐也。"

⑤师古曰："而，亦汝。"

⑥师古曰："缊，乱麻，音于粉反。"

⑦师古曰："治谓燖治死犬。燖音似廉反。"

⑧师古曰："遽，速也。"

通论战国时说士权变，亦自序其说，凡八十一首，号曰《隽永》。①

①师古曰："隽音字兖反。隽，肥肉也。永，长也。言其所论甘美，而义深长也。"

初，通善齐人安其生，安其生尝干项羽，羽不能用其策。而项羽欲封此两人，两人卒不肯受。

伍被，楚人也。①或言其先伍子胥后也。被以材能称，为淮南中郎。是时淮南王安好术学，折节下士，招致英隽以百数，被为冠首。②

①师古曰："被音皮义反。"

②师古曰："最居其上也。"

久之，淮南王阴有邪谋，被数微谏。①后王坐东宫，召被欲与计事，呼之曰："将军上。"被曰："王安得亡国之言乎？昔子胥谏吴王，吴王不用，乃曰'臣今见麋鹿游姑苏之台也。'②今臣亦将见宫中生荆棘、露沾衣也。"于是王怒，系被父母，囚之三月。

①师古曰："私谏之。"

②张晏曰："吴台名也。"师古曰："《吴地记》云因山为名，西南去国三十五里。"

王复召被曰："将军许寡人乎？"(对)〔被〕曰：[3]"不，臣将为大王画计耳。臣闻聪者听于无声，明者见于未形，①故圣人万举而万全。文王壹动而功显万世，列为三王，所谓因天心以动作者也。”王曰：“方今汉庭治乎？乱乎？”被曰：“天下治。”王不说②曰：“公何以言治也？”被对曰：“被窃观朝廷，君臣父子夫妇长幼之序皆得其理，上之举错遵古之道，③风俗纪纲未有所缺。重装富贾周流天下，道无不通，交易之道行。南越宾服，羌、僰贡献，东瓯入朝，④广长榆，⑤开朔方，匈奴折伤。虽未及古太平时，然犹为治。”王怒，被谢死罪。

①师古曰：“言智虑通达，事未形兆，皆预见之。”

②师古曰：“说读曰悦。”

③师古曰：“错音千故反。”

④师古曰：“僰，西南夷也，音蒲北反。”

⑤如淳曰：“广谓斥大之也。长榆，塞名，王恢所谓树榆以为塞者也。”师古曰：“长榆在朔方，即《卫青传》所云榆溪旧塞是也。或谓之榆中。”

王又曰：“山东即有变，汉必使大将军将而制山东，公以为大将军何如人也？”被曰：“臣所善黄义，从大将军击匈奴，言大将军遇士大夫以礼，与士卒有恩，众皆乐为用。骑上下山如飞，材力绝人如此，数将习兵，未易当也。及谒者曹梁使长安来，言大将军号令明，当敌勇，常为士卒先；须士卒休，乃舍；穿井得水，乃敢饮；军罢，士卒已逾河，乃度。皇太后所赐金钱，尽以赏赐。虽古名将不过也。”王曰：“夫蓼太子①知略不世出，非常人也，以为汉廷公卿列侯皆如沐猴而冠耳。”被曰：“独先刺大将军，乃可举事。”

①服虔曰：“淮南太子也。”文颖曰：“食采于此，或言外家姓也。”师古曰：“蓼自地名，而王之太子岂以食地为号？文言外家姓，近为得之，亦犹汉之栗太子也。”

王复问被曰：“公以为吴举兵非邪？”被曰：“非也。夫吴王赐号为刘氏祭酒，①受几杖而不朝，王四郡之众，地方数千里，采山铜以为钱，煮海水以为盐，伐江陵之木以为船，国富民众，行珍宝，赂诸侯，与七国合从，举兵而西，破大梁，败狐父，②奔走而还，为越所禽，死于丹徒，③头足异处，身灭祀绝，为天下戮。④夫以吴众不能成功者，何也？诚逆天违众而不见时也。"王曰："男子之所死者，一言耳。⑤且吴何知反？汉将一日过成皋者四十馀人。⑥今我令缓先要成皋之口，⑦周被下颍川兵塞轘辕、伊阙之道，陈定发南阳兵守武关。河南太守独有雒阳耳，⑧何足忧？然此北尚有临晋关、河东、上党与河内、赵国界者通谷数行。⑨人言'绝成皋之道，天下不通'。据三川之险，招天下之兵，公以为何如？"被曰："臣见其祸，未见其福也。"

①应劭曰："礼，饮酒必祭，示有先也，故称祭酒，尊之也。"如淳曰："祭祠时唯尊长者以酒沃酹。"师古曰："如说是也。"

②师古曰："在梁、砀之间也。父音甫。"

③师古曰："即今润州丹徒县也。"

④师古曰："天下之人皆共戮之。一曰天下之大戮也。"

⑤张晏曰："不成即死，一言耳。"臣瓒曰："或有一言，云以死报也。"师古曰："二说死，并非也。言男子感气，相许一言，不顾其死。或曰，一言之恨，不顾危亡，以此致死也。"

⑥师古曰："言不知塞成皋口，而令汉将得出之，是不知反计也。"

⑦韦昭曰："淮南臣名也。"师古曰："缓者，名也，不言其姓。今流俗书本于缓上妄加楼字，非也。"

⑧师古曰："如此计，则汉河南郡唯有雒阳在耳，馀皆不属。"

⑨如淳曰："言此北尚崄阻，其溪谷可得通行者有数处。"

后汉逮淮南王孙建，系治之。王恐阴事泄，谓被曰："事至，吾欲遂发。天下劳苦有间矣，①诸侯颇有失行，皆自疑，我举兵西乡，必有应者；②无应，即还略衡山。势不得不发。"被曰："略衡山以击(卢)〔庐〕江，[4]有寻阳之船，守下雉之城，③结九江之浦，绝豫章之口，强弩临江而守，以禁南郡之下，东保会稽，南通劲越，屈强江淮间，④可以延岁月之寿耳，未见其福也。"王曰："左吴、赵贤、朱骄如皆以为什八九成，⑤公独以为无福，何？"被曰："大王之群臣近幸素能使众者，皆前系诏狱，馀无可用者。"王曰："陈胜、吴广无立锥之地，百人之聚，起于大泽，奋臂大呼，天下向应，⑥西至于戏而兵百二十万。今吾国虽小，胜兵可得二十万，公何以言有祸无福?”被曰：“臣不敢避子胥之诛，愿大王无为吴王之听。往者秦为无道，残贼天下，杀术士，燔《诗》《书》，灭圣迹，弃礼义，任刑法，转海滨之粟，致于西河。⑦当是之时，男子疾耕不足于粮馈，⑧女子纺绩不足于盖形。遣蒙恬筑长城，东西数千里。暴兵露师，常数十万，死者不可胜数，僵尸满野，流血千里。于是百姓力屈，⑨欲为乱者十室而五。又使徐福入海求仙药，多赍珍宝，童男女三千人，五种百工而行。⑩徐福得平原大泽，止王不来。于是百姓悲痛愁思，欲为乱者十室而六。又使尉佗逾五岭，攻百越，⑪尉佗知中国劳极，止王南越。⑫行者不还，往者莫返，于是百姓离心瓦解，欲为乱者十室而七。兴万乘之驾，作阿房之宫，收太半之赋，发闾左之戍。⑬父不宁子，兄不安弟，⑭政苛刑惨，民皆引领而望，倾耳而听，悲号仰天，叩心怨上，⑮欲为乱者，十室而八。客谓高皇帝曰：‘时可矣。’高帝曰：‘待之，圣人当起东南。’间不一岁，陈、吴大呼，⑯刘、项并和，天下向应，⑰所谓蹈瑕衅，因秦之亡时而动，百姓愿之，若枯旱之望雨，故起于行陈之中，以成帝王之功。今大王见高祖得天下之易也，独不观近世之吴楚乎！当今陛下临制天下，壹齐海内，泛爱蒸庶，⑱布德施惠。口虽未言，声疾雷震；令虽未出，化驰如神。心有所怀，威动千里；下之应上，犹景向也。⑲而大将军材能非直章邯、杨熊也。王以陈胜、吴广论之，被以为过矣。⑳且大王之兵众不能什分吴楚之一，天下安宁又万倍于秦时。愿王用臣之计。臣闻箕子过故国而悲，作《麦秀》之歌，㉑痛纣之不用王子比干之言也。故孟子曰，纣贵为天子，死曾不如匹夫。是纣先自绝久矣，非死之日天去之也。今臣亦窃悲大王弃千乘之君，将赐绝命之书，为群臣先，㉒身死于东宫也。”㉓被因流涕而起。

①如淳曰：“言天下劳苦，人心有间隙，易动乱。”师古曰：“此说非也。有间，犹言中间已有也。故谓此者乃为间也。”

②师古曰：“乡读曰向。”

③孟康曰：“下雉，江夏县名。”师古曰：“雉音羊氏反。”

④师古曰：“屈音具勿反。”

⑤师古曰："吴、贤、骄如，王之三臣也。"

⑥师古曰："呼音火故反。向读曰响。"

⑦师古曰："濒，涯也。海滨谓缘海涯之地。濒音频，又音宾。"

⑧师古曰："馈亦馈字也。"

⑨师古曰："屈，尽也，音其勿反。"

⑩师古曰："五种，五谷之种也。"

⑪师古曰："五岭解在《张耳传》。"

⑫师古曰："《南越传》云南海尉任嚣谓赵佗曰'闻陈胜等作乱，豪桀叛秦相立'，即被佗书行南海尉事。嚣死后，佗始自为王。今此乃言尉佗先王，陈胜乃反，此盖伍被一时对辞，不究其实也。"

⑬师古曰："闾左解在《食货志》。"

⑭师古曰："言不能相保。"

⑮师古曰："叩，击也。"

⑯师古曰："中间不经一岁也。呼音火故反。"

⑰师古曰："和音胡(计)〔卧〕反。[5]向读曰响。"

⑱师古曰："泛，普也。蒸亦众也。泛音敷剑反。"

⑲师古曰："言如景之随形，响之应声。向读曰响。"

⑳师古曰："过，误也。"

㉑张晏曰："箕子将朝周，过殷故都，见麦及禾黍，心悲，乃作歌曰：'麦秀之渐渐兮，黍苗之绳绳兮，彼狡童兮，不与我好兮。'狡童谓纣也。"

㉒师古曰："在群臣先死。"

㉓如淳曰："王时所居也。"

后王复召问被："苟如公言，不可以徼幸邪？"①被曰："必不得已，被有愚计。"王曰："奈何？"被曰："当今诸侯无异心，百姓无怨气。朔方之郡土地广美，民徙者不足以实其地。可为丞相、御史请书，②徙郡国豪桀及耐罪以上，以赦令除，家产五十万以上者，皆徙其家属朔方之郡，③益发甲卒，急其会日。④又伪为左右都司空上林中都官诏狱书，⑤逮诸侯太子及幸臣。⑥如此，则民怨，诸侯惧，即使辩士随而说之，党可以徼幸。"⑦王曰："此可也。虽然，吾以不至若此，专发而已。"⑧后事发觉，被诣吏自告与淮南王谋反(纵)〔踪〕迹如此。[6]天子以伍被雅辞多引汉美，欲勿诛。张汤进曰："被首为王画反计，罪无赦。"遂诛被。

①师古曰："徼，要也。幸，非望之福也。"

②师古曰："谓诈为此文书，令徙人也。"

③师古曰："以赦令除，谓遇赦免罪者。"

④师古曰："促其期日。"

⑤晋灼曰："《百官表》宗正有左右都司空，上林有水司空；皆主囚徒官也。"师古曰："中都官，京师诸官府。"

⑥师古曰："追对狱。"

⑦师古曰："党读曰傥。"

⑧师古曰："言不须为此诈，直自发兵而已。"

江充字次倩，赵国邯郸人也。①充本名齐，有女弟善鼓琴歌舞，嫁之赵太子丹。齐得幸于敬肃王，为上客。

①师古曰："倩音千见反。"

久之，太子疑齐以己阴私告王，与齐忤，①使吏逐捕齐，不得，收系其父兄，按验，皆弃市。齐遂绝迹亡，西入关，更名充。诣阙告太子丹与同产姊及王后宫奸乱，交通郡国豪猾，攻剽为奸，②吏不能禁。书奏，天子怒，遣使者诏郡发吏卒围赵王宫，收捕太子丹，移系魏郡诏狱，与廷尉杂治，法至死。

①师古曰："言相乖。"

②师古曰："剽，劫也，音频妙反。"

赵王彭祖，帝异母兄也，上书讼太子罪，言"充逋逃小臣，苟为奸讹，激怒圣朝，①欲取必于万乘以复私怨。②后虽亨醢，计犹不悔。臣愿选从赵国勇敢士，③从军击匈奴，极尽死力，以赎丹罪。"上不许，竟败赵太子。④

①师古曰："讹，古讹字也。"

②师古曰："取必，谓必取胜也。复，报也，音扶目反。"

③师古曰："选取勇敢之士(已)〔以〕自随。"[7]

④张晏曰："虽遇赦，终见废也。"

初，充召见犬台宫，①自请愿以所常被服冠见上。②上许之。充衣纱縠禅衣，③曲裾后垂交输，④冠禅縰步摇冠，飞翮之缨。⑤充为人魁岸，容貌甚壮。⑥帝望见而异之，谓左右曰："燕赵固多奇士。"既至前，问以当世政事，上说之。

①晋灼曰："《黄图》上林有犬台宫，外有走狗观也。"师古曰："今书本犬台有作太一字者，误也。汉无太一宫也。"

②师古曰："被音皮义反。"

③师古曰："纱縠，纺丝而织之也。轻者为纱，绉者为縠。禅衣，制若今之朝服中禅也。《汉官仪》曰武贲中郎将衣纱縠禅衣。禅音单，字从衣。次下亦同。"

④张晏曰："曲裾者，如妇人衣也。"如淳曰："交输，割正幅，使一头狭若燕尾，垂之两旁，见于后，是《礼》《深衣》'(绩)〔续〕衽钩边'。[8]贾逵谓之'衣圭'。"苏林曰："交输，如今新妇袍上挂全幅缯角割，名曰交输裁也。"师古曰："如、苏二说皆是也。"

⑤服虔曰："冠禅縰，故行步则摇，以鸟羽作缨也。"苏林曰："析翠鸟羽以作蕤也。"臣瓒曰："飞翮之缨，谓如蝉翼者也。"师古曰："服说是也。縰，织丝为之，即今方目纱是也。縰音山尔反。摇音(戈)〔弋〕招反。"[9]

⑥师古曰："魁，大也。岸者，有廉棱如崖岸之形。"

充因自请，愿使匈奴。诏问其状，充对曰："因变制宜，以敌为师，事不可豫图。"上以充为谒者，使匈奴还，拜为直指绣衣使者，督三辅盗贼，禁察逾侈。贵戚近臣多奢僭，充皆举劾，奏请没入车马，令身待北军击匈奴。①奏可。充即移书光禄勋中黄门，逮名近臣侍中诸当诣北军者，移劾门卫，禁止无令得出入宫殿。于是贵戚子弟惶恐，皆见上叩头求哀，愿得入钱赎罪。上许之，令各以秩次输钱北军，凡数千万。上以充忠直，奉法不阿，所言中意。②

①文颖曰："令贵戚身待于北军也。"

②师古曰："中，当也。"

充出，逢馆陶长公主行驰道中。① 充呵问之，公主曰："有太后诏。"充曰："独公主得行，车骑皆不得。"② 尽劾没入官。③

①师古曰："武帝之姑，即陈皇后母也。"

②师古曰："从公主之车骑也。"

③如淳曰："令乙，骑乘车马行驰道中，已论者，没入车马被具。"

后充从上甘泉，① 逢太子家使② 乘车马行驰道中，充以属吏。③ 太子闻之，使人谢充曰："非爱车马，诚不欲令上闻之，以教敕亡素者。④ 唯江君宽之！"充不听，遂白奏。上曰："人臣当如是矣。"大见信用，威震京师。

①师古曰："甘泉在北山，故言上也。他皆类此。"

②师古曰："太子遣人之甘泉请问者也。使音山吏反。"

③师古曰："属音之欲反。"

④师古曰："言素不教敕左右。"

迁为水衡都尉，宗族知友多得其力者。久之，坐法免。

会阳陵朱安世告丞相公孙贺子太仆敬声为巫蛊事，连及阳石、诸邑公主，贺父子皆坐诛。语在《贺传》。后上幸甘泉，疾病，充见上年老，恐晏驾后为太子所诛，因是为奸，奏言上疾祟在巫蛊。① 于是上以充为使者治巫蛊。充将胡巫掘地求偶人，② 捕蛊及夜祠，视鬼，染污令有处，③ 辄收捕验治，烧铁钳灼，强服之。④ 民转相诬以巫蛊，吏辄劾以大逆亡道，坐而死者前后数万人。

①师古曰："祟谓祸咎之征也，音息遂反。故其字从出从示。示者，鬼神所以示人也。"

②张晏曰："胡者，言不与华同，故充任使之。"

③张晏曰："充捕巫蛊及夜祭祠祝诅者，令胡巫视鬼，诈以酒醊地，令有处也。"师古曰："捕夜祠及视鬼之人，而充遣巫污染地上，为祠祭之处，以诬其人也。"

④师古曰："以烧铁或钳之，或灼之。钳，镊也。灼，炙也。钳音其炎反。"

是时，上春秋高，疑左右皆为蛊祝诅，有与亡，莫敢讼其冤者。充既知上意，因言宫中有蛊气，先治后宫希幸夫人，以次及皇后，遂掘蛊于太子宫，得桐木人。①太子惧，不能自明，收充，自临斩之。骂曰："赵虏！乱乃国王父子不足邪！②乃复乱吾父子也！"太子繇是遂败。③语在《戾园传》。④后武帝知充有诈，夷充三族。

①师古曰："《三辅旧事》云充使胡巫作而埋之。"

②师古曰："乃，汝也。"

③师古曰："繇读与由同。"

④师古曰："即《武五子传》也，其中叙戾太子。后加谥，置园邑，故云戾园。"

息夫躬字子微，河内河阳人也。少为博士弟子，受《春秋》，通览记书。①容貌壮丽，为众所异。

①师古曰："传记及诸家之书。"

哀帝初即位，皇后父特进孔乡侯傅晏与躬同郡，相友善，躬繇是以为援，交游日广。①先是，长安孙宠亦以游说显名，免汝南太守，②与躬相结，俱上书，召待诏。是时哀帝被疾，始即位，而人有告中山孝王太后祝诅上，太后及弟宜乡侯冯参皆自杀，其罪不明。是后无盐危山有石自立，开道。③躬与宠谋曰："上亡继嗣，体久不平，关东诸侯，心争阴谋。今无盐有大石自立，闻邪臣托往事，以为大山石立而先帝龙兴。④东平王云以故与其后日夜祠祭祝诅上，欲求非望。⑤而后舅伍宏反因方术以医技得幸，出入禁门。霍显之谋将行于杯杓，⑥荆轲之变必起于帷幄。事势若此，告之必成；发国奸，诛主仇，取封侯之计也。"躬、宠乃与中郎右师谭，⑦共因中常侍宋弘上变事告焉。上恶之，下有司案验，东平王云、云后谒及伍宏等皆坐诛。⑧上擢宠为南阳太守，谭颍川都尉，弘、躬皆光禄大夫左曹给事中。是时侍中董贤爱幸，上欲侯之，遂下诏云："躬、宠因贤以闻，封贤为高安侯，宠为方阳侯，躬为宜陵侯，食邑各千户。赐谭爵关内侯，食邑。"丞相王嘉内疑东平狱事，⑨争不欲侯贤等，语在《嘉传》。嘉固言董贤泰盛，宠、躬皆倾覆有佞邪材，恐必挠乱国家，⑩不可任用。嘉以此得罪矣。

①师古曰："繇读与由同。"

②师古曰："为太守免而归也。"

③服虔曰："山开自成道也。"张晏曰："从石立之下道径自通也。"

④师古曰："言邪人有此私议。"

⑤师古曰："言求帝位也。"

⑥师古曰："杓，所以抒挹也，字与勺同，音上灼反。"

⑦张晏曰："右师，姓。谭，名也。"

⑧师古曰："谒者，后之名也。"

⑨师古曰："疑不实也。"

⑩师古曰："挠，搅也。挠音呼高反。"

躬既亲近，数进见言事，论议亡所避。众畏其口，见之仄目。①躬上疏历诋公卿大臣，②曰："方今丞相王嘉健而蓄缩，不可用。③御史大夫贾延堕弱不任职。左将军公孙禄、司隶鲍宣皆外有直项之名，内实騃不晓政事。④诸曹以下仆遬不足数。⑤卒有强弩围城，长戟指阙，⑥陛下谁与备之？如使狂夫嘄謼于东崖，⑦匈奴饮马于渭水，边竟雷动，四野风起，⑧京师虽有武蜂精兵，未有能窥左足而先应者也。⑨军书交驰而辐凑，羽檄重迹而押至，⑩小夫愞臣之徒愦眊不知所为。⑪其有犬马之決者，仰药而伏刃，⑫虽加夷灭之诛，何益祸败之至哉！"

①师古曰："仄，古侧字也。"

②师古曰："诋谓毁訾也，音丁礼反。"

③师古曰："蓄缩，谓丞于事也。"

④师古曰："騃，愚也，音五骇反。"

⑤师古曰："仆遬，凡短之貌也。仆音步木反。遬，古速字。"

⑥师古曰："卒读曰猝。"

⑦师古曰："东崖谓东海之边也。嘄，古叫字。謼音火故反。"

⑧师古曰："竟读曰境。"

⑨苏林曰："窥音跬。"师古曰："跬，半步也，言一举足也，音口婢反。"

⑩文颖曰："押音狎习之狎。"师古曰："押至，言相因而至也。羽檄，檄之插羽者也，解在《高纪》。"

⑪师古曰："愦，心乱也。眊，目暗也。愦音工内反。眊音莫报反。"

⑫师古曰："仰药，仰首而饮药。"

躬又言："秦开郑国渠以富国强兵，今为京师，土地肥饶，可度地势水泉，广溉灌之利。"①天子使躬持节领护三辅都水。躬立表，欲穿长安城，引漕注太仓下以省转输。议不可成，乃止。

①师古曰："度音徒各反。"

董贤贵幸日盛，丁、傅害其宠，孔乡侯晏与躬谋，欲求居位辅政。会单于当来朝，遣使言病，愿朝明年。躬因是而上奏，以为"单于当以十一月入塞，后以病为解，①疑有他变。乌孙两昆弥弱，卑爰疐强盛，②居彊煌之地，③拥十万之众，东结单于，遣子往侍。如因素强之威，循乌孙就屠之迹，④举兵南伐，并乌孙之势也。乌孙并，则匈奴盛，而西域危矣。可令降胡诈为卑爰疐使者来上书曰：'所以遣子侍单于者，非亲信之也，实畏之耳。唯天子哀，⑤告单于归臣侍子。愿助戊己校尉保恶都奴之界。'因下其章诸将军，令匈奴客闻焉。则是所谓'上兵伐谋，⑥其次伐交'者也。"⑦

①师古曰："自解说云病。"

②苏林曰："疐音兹嚏之嚏。"晋灼曰："音《诗》'载疐其尾'之疐。"师古曰："以字言之，晋音是，音竹二反。而《匈奴传》服虔乃音献捷之捷，既已失之。末俗学者又改疐字为庢，以应服氏之音，尤离真矣。"

③臣瓒曰："是其国所都地名。"

④孟康曰："乌孙先王也。"

⑤师古曰："谓闵念之。"

⑥服虔曰："谋者，举兵伐解之也。"师古曰："此说非也。言知敌有谋者，则以事而应之，沮其所为，不用兵革，所以为贵耳。"

⑦师古曰："知敌有外交连结相援者，则间误之，令其解散也。"

书奏，上引见躬，召公卿将军大议。左将军公孙禄以为"中国常以威信怀伏夷狄，躬欲逆诈造不信之谋，不可许。且匈奴赖先帝之德，保塞称蕃。今单于以疾病不任奉朝贺，遣使自陈，不失臣子之礼。臣禄自保没身不见匈奴为边竟忧也。"①躬掎禄曰②"臣为国家计幾先,谋将然,③豫图未形,④为万世虑。而左将军公孙禄欲以其犬马齿保目所见。臣与禄异议,未可同日语也。"上曰:"善。"乃罢群臣,独与躬议。

①师古曰:"竟读曰境。"

②师古曰:"掎,从后引之也,谓引蹑其言也,音居绮反。"

③张晏曰:"几音冀。"师古曰:"先谋将然者,谓彼欲有其事,则为谋策以坏之。"

④师古曰:"图,谋也,未有形兆而谋之。"

因建言:"往年荧惑守心,太白高而芒光,又角星茀于河鼓,①其法为有兵乱。是后讹言行诏筹,经历郡国,天下骚动,恐必有非常之变。可遣大将军行边兵,敕武备,②斩一郡守以立威,震四夷,因以厌应变异。"③上然之,以问丞相。丞相嘉对曰:"臣闻动民以行不以言,应天以实不以文。下民微细,犹不可诈,况于上天神明而可欺哉!天之见异,所以敕戒人君,④欲令觉悟反正,推诚行善。民心说而天意得矣。⑤辩士见一端,或妄以意傅著星历,⑥虚造匈奴、乌孙、西羌之难,谋动干戈,设为权变,非应天之道也。守相有罪,⑦车驰诣阙,交臂就死,恐惧如此,而谈说者云,动安之危,⑧辩口快耳,⑨其实未可从。夫议政者,苦其讇谀倾险辩慧深刻也。⑩讇谀则主德毁,倾险则下怨恨,辩慧则破正道,深刻则伤恩惠。昔秦缪公不从百里奚、蹇叔之言,⑪以败其师,⑫悔过自责,疾诖误之臣,思黄发之言,⑬名垂于后世。唯陛下观览古戒,反覆参考,无以先入之语为主。"⑭

①师古曰:"茀读与孛同。"

②师古曰:"敕,整也。行音下更反。"

③师古曰:"厌音一涉反。"

④师古曰:"见谓显示也。"

⑤师古曰:"说读曰悦。"

⑥师古曰:"傅读曰附。著音治略反。"

⑦邓展曰:"郡守、诸侯相。"

⑧师古曰:"之,往也,言摇动安全之计,往就危殆也。"

⑨师古曰："苟快听者之耳。"

⑩师古曰："讇，古谄字。"

⑪师古曰："缪读曰穆。"

⑫师古曰："谓败于殽。

⑬师古曰："语在《秦誓》。"

⑭师古曰："先入，谓躬先为此计入于帝耳。"

上不听，遂下诏曰："间者灾变不息，盗贼众多，兵革之征，或颇著见。①未闻将军恻然深以为意，简练戎士，缮修干戈。②器用盬恶③孰当督之！④天下虽安，忘战必危。将军与中二千石举明习兵法有大虑者各一人，将军二人，诣公车。"⑤就拜孔乡侯傅晏为大司马卫将军，阳安侯丁明又为大司马票骑将军。

①师古曰："谓玄象。"

②师古曰："缮，补也。"

③邓展曰："盬，不坚牢也。"师古曰："音公户反。"

④师古曰："督，视察也。"

⑤师古曰："堪为将军者，凡举二人。"

是日，日有食之，董贤因此沮躬、晏之策。后数日，收晏卫将军印绶，而丞相御史奏躬罪过。上繇是恶躬等，①下诏曰："南阳太守方阳侯宠，素亡廉声，有酷恶之资，毒流百姓。左曹光禄大夫宜陵侯躬，虚造诈谖之策，②欲以诖误朝廷。皆交游贵戚，趋权门，为名。其免躬、宠官，遣就国。"

①师古曰："繇读与由同。"

②师古曰："谖，诈辞也，音虚远反。"

躬归国，未有第宅，寄居丘亭。①奸人以为侯家富，常夜守之。②躬邑人河内掾贾惠往过躬，教以祝盗方，以桑东南指枝为匕，③画北斗七星其上，躬夜自被发，立中庭，向北斗，④持匕招指祝盗。⑤人有上书言躬怀怨恨，非笑朝廷所进，(侯)〔候〕星宿，[10]视天子吉凶，与巫同祝诅。上遣侍御史、廷尉监逮躬，系雒阳诏狱。欲掠问，躬仰天大謼，⑥因僵仆。吏就问，云咽已绝，⑦血从鼻耳出。食顷，死。党友谋议相连下狱百馀人。⑧躬母圣，坐祠灶祝诅上，大逆不道。圣弃市，妻充汉与家属徙合浦。躬同族亲属素所厚者，皆免，废锢。⑨哀帝崩，有司奏："方阳侯宠及右师谭等，皆造作奸谋，罪及王者骨肉，虽蒙赦令，不宜处爵位，在中土。"皆免宠等，徙合浦郡。

①张晏曰："丘亭，野亭名。"师古曰："此说非也。丘，空也。"

②师古曰："谓欲盗之，伺其便。"

③师古曰："桑东南出之枝。"

④师古曰："被音皮义反。"

⑤师古曰："或招或指，所以求福排祸也。"

⑥师古曰："謼，古呼字，音火故反。"

⑦师古曰："咽，喉咙，音一千反。"

⑧师古曰："亲党及朋友。"

⑨师古曰："终身不得仕。"

初，躬待诏，数危言高论，自恐遭害，著绝命辞曰："玄云泱郁，将安归兮！①鹰隼横厉，鸾俳佪兮！②矰若浮猋，动则机兮！③藂棘栈栈，曷可栖兮！④发忠忘身，自绕罔兮！冤颈折翼，庸得往兮！⑤涕泣流兮萑兰，⑥心结愲兮伤肝。⑦虹蜺曜兮日微，⑧孽杳冥兮未开。⑨痛入天兮鸣謼，冤际绝兮谁语！⑩仰天光兮自列，招上帝兮我察。⑪秋风为我唫，浮云为我阴。⑫嗟若是兮欲何留，⑬抚神龙兮揽其须。⑭游旷迥兮反亡期，⑮雄失据兮世我思。"⑯后数年乃死，如其文。

①师古曰："泱郁，盛貌。泱音焉朗反。"

②师古曰："厉，疾飞也。鸾，神鸟也，赤灵之精，赤色，五采，鸡形，鸣中五音。俳佪，谓不得其所也。"

③师古曰："矰，弋射矢也。猋，疾风也。言缯弋张设，其疾若风，动则机发。猋音必遥反。"

④师古曰："栈栈，众盛貌，音仕巾反。"

⑤应劭曰："虽冤颈折翼，庸得不往也。"张晏曰："陷于谗人之网，何用得去也。"师古曰："冤，屈也。张说是。"

⑥张晏曰："萑兰，草名也，蔓延于地，有所依凭则起。躬怨哀帝不用己为大臣以(置)〔致〕治也。"[11]臣瓒曰："萑兰，泣涕阑干也。"师古曰："瓒说是。萑音完。"

⑦师古曰："结愲，乱也。"孟康曰："愲音骨。"

⑧张晏曰："虹蜺，邪阴之气，而有照曜，以蔽日月。云谗言流行，忠良浸微也。"

⑨如淳曰："虹蜺覆日光明谓之孽。"师古曰："孽，邪气也，音牛列反。"

⑩师古曰："躬自以被谗枉而与君绝也。"师古曰："鸣呼者，以鸟自喻也。谁语，言无所告语也。謼音火故反。语音牛助反。"

⑪张晏曰："上帝，天也。招，呼也。"师古曰："列谓陈列其本心。"

⑫师古曰："唫，古吟字。"

⑬师古曰："言变故如是，何用久留而生。"

⑭师古曰："揽与擥同，谓执持之。"

⑮师古曰："言一死不可复生。"

⑯师古曰："雄谓君上也。据谓尊位也。言上失所据，乃思我耳。"

赞曰：仲尼"恶利口之覆邦家"，①蒯通一说而丧三儁，②其得不亨者，幸也。伍被安于危国，身为谋主，忠不终而诈雠，③诛夷不亦宜乎！《书》放四罪，④《诗》歌《青蝇》，⑤春秋以来，祸败多矣。昔子翚谋桓而鲁隐危，⑥栾书构郤而晋厉弑。⑦竖牛奔仲，叔孙卒；⑧郈伯毁季，昭公逐；⑨费忌纳女，楚建走；⑩宰嚭谗胥，夫差丧；⑪李园进妹，春申毙；⑫上官诉屈，怀王执；⑬赵高败斯，二世缢；⑭伊戾坎盟，宋痤死；⑮江充造蛊，太子杀；息夫作奸，东平诛：皆自小覆大，繇疏陷亲，可不惧哉！可不惧哉！⑯

①应劭曰："事具《论语》。"

②应劭曰："亨郦食其，败田横，骄韩信也。"

③李奇曰："诈为王画策，而雠见纳也。"师古曰："雠读曰(集)〔售〕。[12]谓被初忠于汉，而不能终，为王画诈伪之策，而见纳用也。"

④师古曰："谓流共工，放驩兜，窜三苗，殛鲧也。事见《虞书》。"

⑤师古曰："《小雅》《青蝇》之诗也。其首章曰：'营营青蝇，止于樊，恺悌君子，

无信谗言。'盖蝇之为虫,毁污白黑,以喻佞人变乱善恶。"

⑥应劭曰:"公子翚谓隐公曰:'吾将为君杀桓公,以我为太宰。'公曰:'为其少故,今将授之矣。'翚惧,反谮隐公而杀之。"

⑦应劭曰:"栾书使楚公子茂语厉公曰:'鄢陵之战,郤至以为必败,欲奉孙周以代君也。'公信之而灭三郤。栾书因是反,弑厉公。"

⑧张晏曰:"牛,叔孙穆子之孽子也。仲,正妻子也。牛谗仲,叔孙怒而逐之,奔齐。叔孙病,牛饿杀之。"

⑨张晏曰:"郈昭伯毁季平子于昭公,昭公伐平子不胜,因出奔齐。"

⑩应劭曰:"楚平王为太子建娶于秦。无忌曰秦女美甚,劝王自纳之,因而构焉,云其怨望,今将畔,令王杀之。"

⑪应劭曰:"吴将伐齐,子胥谏之。宰嚭曰:'伍员自以先王谋臣,心常鞅鞅,临事沮大众,冀国之败。'夫差大怒,赐之属镂之剑。其明年越灭吴。"

⑫张晏曰:"李园,春申君之舍人也,进其妹于春申君。已有身,使妹谓春申君曰:'楚王无子,百年之后,将立兄弟。君用事日久,多失礼于王之兄弟。兄弟诚立,祸将及身。今妾有子,人莫知。若进妾于王,后若生男,则君之子为王也。'春申君乃言之王,召入之,遂生男,立为太子。后(孝)〔考〕烈王薨,[13]李园害春申君之宠,乃刺杀之。"

⑬师古曰:"屈平忠而有谋,为上官子兰所谮,见放逐。后秦昭诱怀王会于武关,遂执以归,卒死于秦。"

⑭张晏曰:"赵高谮杀李斯而代其位,乃使其婿阎乐攻二世于望夷宫,乞为黔首,不听,乃缢而死。"

⑮李奇曰:"伊戾为太子傅,无宠,欲败太子,言与楚客盟谋宋,诈歃血加盟书以证之,公以故杀痤。"师古曰:"痤音在戈反。"

⑯师古曰:"覆音芳福反。繇与由同。"

【校勘记】

〔1〕 以复其怨而成其(功)名。 景祐、殿本都无"功"字,《史记》《张耳陈馀传》同。

〔2〕 先下君而君不利〔之〕, 景祐本有"之"字。

〔3〕 (对)〔被〕曰： 景祐、殿本都作“被”。

〔4〕 略衡山以击(卢)〔庐〕江， 景祐、殿本都作“庐”。王先谦说此误。

〔5〕 和音胡(计)〔卧〕反。 景祐、殿本都作“卧”，此误。

〔6〕 被诣吏自告与淮南王谋反(纵)〔踪〕迹如此。 景祐、殿本都作“踪”，此误。

〔7〕 选取勇敢之士(已)〔以〕自随。 景祐、殿本都作“以”。

〔8〕 (绩)〔续〕衽钩边。 殿本作“续”。王先谦说作“续”是。按景祐本作“绩”。

〔9〕 摇音(戈)〔弋〕招反。 景祐、殿本都作“弋”，此误。

〔10〕 (侯)〔候〕星宿， 景祐、殿、局本都作“候”，此误。

〔11〕 以(置)〔致〕治也。 殿本作“致”。王先谦说作“致”是。

〔12〕 雠读曰(集)〔售〕。 景祐、殿、局本都作“售”，此误。

〔13〕 后(孝)〔考〕烈王薨， 王先谦说“孝”当作“考”。

汉书卷四十六

万石卫直周张传第十六

万石君石奋，其父赵人也。赵亡，徙温。① 高祖东击项籍，过河内，时奋年十五，为小吏，侍高祖。高祖与语，爱其恭敬，问曰："若何有？"② 对曰："有母，不幸失明。家贫。有姊，能鼓瑟。"高祖曰："若能从我乎？"曰："愿尽力。"于是高祖召其姊为美人，以奋为中涓，受书谒。③ 徙其家长安中戚里，④ 以姊为美人故也。

①师古曰："温，河内之县。"

②师古曰："若，汝也。有何戚属？"

③师古曰："中涓，官名，主居中而涓洁者也。外有书谒，令奋受之也。涓音蠲。"

④师古曰："于上有姻戚者，则皆居之，故名其里为戚里。"

奋积功劳，孝文时官至太中大夫。无文学，恭谨，举无与比。① 东阳侯张相如为太子太傅，免。选可为傅者，皆推奋为太子太傅。及孝景即位，以奋为九卿。迫近，惮之，② 徙奋为诸侯相。奋长子建，次甲，次乙，次庆，③ 皆以驯行孝谨，④ 官至二千石。于是景帝曰："石君及四子皆二千石，人臣尊宠乃举集其门。"凡号奋为万石君。⑤

①张晏曰："举朝无比也。"师古曰："举，皆也。"

②张晏曰："以其恭敬履度，故难之。"

③师古曰："史失其名，故云甲乙耳，非其名。"

④师古曰："驯，顺也，音巡。"

⑤师古曰："集，合也。凡，最计也。总合其一门之计，五人为二千石，故号万石君。"

孝景季年，万石君以上大夫禄归老于家，以岁时为朝臣。① 过宫门阙必下车趋，见路马必轼焉。② 子孙(谓)〔为〕小吏，[1] 来归谒，万石君必朝服见之，不名。子孙有过失，不诮让，为便坐，③ 对案不食。然后诸子相责，因长老肉袒固谢罪，改之，乃许。子孙胜冠者在侧，虽燕必冠，申申如也。④ 僮仆訚訚如也，⑤ 唯谨。⑥ 上时赐食于家，必稽首俯伏而食，如在上前。其执丧，哀戚甚。⑦ 子孙遵教，亦如之。万石君家以孝谨闻乎郡国，虽齐鲁诸儒质行，皆自以为不及也。”⑧

①师古曰：“豫朝请。”

②师古曰：“路马，天子路车之马。轼谓抚轼，盖为敬也。”

③师古曰：“便坐于便侧之处，非正室也。”

④师古曰：“申申，整敕之貌。”

⑤晋灼曰：“许慎云古欣字也。”师古曰：“晋说非也。此訚读与訚訚同，谨敬之貌也，音牛巾反。”

⑥师古曰：“唯以谨敬为先。”

⑦师古曰：“执丧，犹言持丧服也。《礼记》曰：‘执亲之丧’。”

⑧师古曰：“质，重也。”

建元二年，郎中令王臧以文学获罪皇太后。① 太后以为儒者文多质少，今万石君家不言而躬行，乃以长子建为郎中令，少子庆为内史。

①张晏曰：“窦太后。”

建老白首，万石君尚无恙。① 每五日洗沐归谒亲，② 入子舍，③ 窃问侍者，取亲中裙厕牏，身自浣洒，④ 复与侍者，不敢令万石君知之，以为常。建奏事于上前，即有可言，屏人乃言极切；⑤ 至廷见，如不能言者。⑥ 上以是亲而礼之。

①师古曰：“恙，忧病。”

②文颖曰：“郎官五日一下。”

③师古曰：“入诸子之舍，自其所居也，若今言诸房矣。”

④服虔曰：“亲身之衣也。”苏林曰：“牏音投。贾逵解《周官》云‘牏，行清也’。”孟康曰：“厕，行清；牏，中受粪函者也。东南人谓凿木空中如曹谓之牏。”晋灼曰：“今世谓反门小袖衫为侯牏。”师古曰：“亲谓父也。中裙，若今言中衣

也。厕牏者，近身之小衫，若今汗衫也。苏音晋说是矣。洒音先礼反。”

⑤师古曰：“有可言，谓有事当奏谏。”

⑥师古曰：“廷见，谓当朝而见时。”

万石君徙居陵里。① 内史庆醉归，入外门不下车。万石君闻之，不食。庆恐，肉袒谢请罪，不许。举宗及兄建肉袒，万石君让曰：②“内史贵人，入闾里，里中长老皆走匿，而内史坐车中自如，固当！”③ 乃谢罢庆。④ 庆及诸子入里门，趋至家。

①师古曰：“茂陵邑中之里。”

②师古曰：“让，责也。”

③师古曰：“此深责之也，言内史贵人，正固当尔。”

④师古曰：“告令去。”

万石君元朔五年卒，建哭泣哀思，杖乃能行。岁馀，建亦死。诸子孙咸孝，然建最甚，甚于万石君。

建为郎中令，奏事下，① 建读之，惊恐曰：“书‘马’者与尾而五，② 今乃四，不足一，获谴死矣！”其为谨慎，虽他皆如是。

①师古曰：“建有所奏上而被报下也。下音胡亚反。”

②服虔曰：“作马字下曲者而五，建时上书误作四。”师古曰：“马字下曲者为尾，并四点为四足，凡五。”

庆为太仆，御出，① 上问车中几马，庆以策数马毕，举手曰：“六马。”庆于兄弟最为简易矣，然犹如此。出为齐相，齐国慕其家行，不治而齐国大治，② 为立石相祠。

①师古曰：“为上御车而出。”

②师古曰：“不治，言无所治罚。”

元狩元年，上立太子，选群臣可傅者，庆自沛守为太子太傅，七岁迁御史大夫。元鼎五年，丞相赵周坐酎金免，制诏御史：“万石君先帝尊之，子孙至孝，其以御史大夫庆为丞相，封牧丘侯。”是时汉方南诛两越，东击朝鲜，北逐匈奴，西伐大宛，中国多事。天子巡狩海内，修古神祠，封禅，兴礼乐。公家用少，桑弘羊等致利，王温舒之属峻法，兒宽等推文学，九卿更进用事，①事不关决于庆，庆醇谨而已。②在位九岁，无能有所匡言。尝欲请治上近臣所忠、九卿咸宣，③不能服，反受其过，赎罪。

①师古曰："更，互也，音工衡反。"

②师古曰："醇，专厚也，音纯。"

③服虔曰："咸音减损之减。"师古曰："治所忠及咸宣(三)〔二〕人。"[2]

元封四年，关东流民二百万口，无名数者四十万，①公卿议欲请徙流民于边以適之。②上以为庆老谨，不能与其议，③乃赐丞相告归，而案御史大夫以下议为请者。庆惭不任职，上书曰："臣幸得待罪丞相，疲驽无以辅治。城郭仓廪空虚，民多流亡，罪当伏斧质，上不忍致法。愿归丞相侯印，乞骸骨归，避贤者路。"

①师古曰："名数，若今户籍。"

②师古曰："適读曰谪。"

③师古曰："与读曰豫。"

上报曰："间者，河水滔陆，①泛滥十馀郡，堤防勤劳，弗能堙塞，②朕甚忧之。是故巡方州，③礼嵩岳，通八神，以合宣房。④济淮江，历山滨海，⑤问百年民所疾苦。惟吏多私，征求无已，⑥去者便，居者扰，故为流民法，以禁重赋。⑦乃者封泰山，皇天嘉况，神物并见。⑧朕方答气应，未能承意，⑨是以切比闾里，知吏奸邪。⑩委任有司，然则官旷民愁，盗贼公行。⑪往年觐明堂，赦殊死，无禁锢，咸自新，与更始。今流民愈多，计文不改，⑫君不绳责长吏，而请以兴徙四十万口，摇荡百姓，⑬孤儿幼年未满十岁，无罪而坐率，⑭朕失望焉。今君上书言仓库城郭不充实，民多贫，盗贼众，请入粟为庶人。⑮夫怀知民贫而请益赋，⑯动危之而辞位，⑰欲安归难乎？⑱君其反室！"⑲

①晋灼曰："滔，漫也。"师古曰："高平曰陆。漫音莫干反。"

②师古曰："堙，填也，音因。"

③张晏曰："四方之州也。"师古曰："东方诸州。"

④孟康曰："八神，《郊祀志》八神也，于宣房宫合祀之。"师古曰："此说非也。自言致礼中岳，通敬八神耳。合宣房者，于宣房塞决河也，事见《沟洫志》。"

⑤师古曰："滨海者，循海涯而行也。滨音宾，又音频。"

⑥师古曰："惟，思也。已，止也。"

⑦师古曰："言百姓去其本土者则免于吏征求，在旧居者则见烦扰，故朝廷特为流人设法，又禁吏之重赋也。一曰，去者，谓吏出使而侵扰居人以自便也。"

⑧师古曰："况，赐也。见，显示也。"

⑨师古曰："言自修整，以报瑞应，恐未承顺上天之意。"

⑩师古曰："比，校考也，音频寐反。"

⑪师古曰："旷，空也。人不举职，是空其官。"

⑫苏林曰："校户口文书不改减也。"如淳曰："郡上计文书，自文饰，不改正也。"师古曰："如说是。"

⑬师古曰："荡，动也。"

⑭服虔曰："率，坐刑法也。"如淳曰："率，家长也。"师古曰："幼年无罪，坐为父兄所率而并徙，如说近之。"

⑮服虔曰："庆自以居相位不能理，请入粟赎己罪，退为庶人。"

⑯师古曰："怀此(志)〔心〕。"[3]

⑰师古曰："摇动百姓，使其危急，而自欲去位。"

⑱师古曰："以此危难之事，欲归之于何人。"

⑲师古曰："若此自谓理当然者，可还家。"

庆素质，见诏报反室，自以为得许，欲上印绶。掾史以为见责甚深，而终以反室者，丑恶之辞也。或劝庆宜引决。①庆甚惧，不知所出，遂复起视事。

①师古曰："令自杀。"

庆为丞相，文深审谨，无他大略。后三岁馀薨，谥曰恬侯。中子德，庆爱之。上以德嗣，后为太常，坐法免，国除。庆方为丞相时，诸子孙为小吏至二千石者十三人。及庆死后，稍以罪去，孝谨衰矣。

卫绾，代大陵人也，以戏车为郎，事文帝，①功次迁中郎将，醇谨无它。②孝景为太子时，召上左右饮，而绾称病不行。③文帝且崩时，属孝景曰："绾长者，善遇之。"及景帝立，岁馀，不孰何绾，④绾日以谨力。⑤

①服虔曰："力士能扶戏车也。"应劭曰："能左右超乘。"师古曰："二说皆非也。戏车，若今之弄车之技。"

②师古曰："无它馀志念也。"

③张晏曰："恐文帝谓豫有二心事太子。"

④服虔曰："不问也。"李奇曰："孰，谁也。何，呵也。"师古曰："何即问也。不谁何者，犹言不借问耳。"

⑤师古曰："自勉力为谨慎，日日益甚。"

景帝幸上林，诏中郎将参乘，还而问曰："君知所以得(骖)〔参〕乘乎？"①[4]绾曰："臣代戏车士，幸得功次迁，待罪中郎将，不知也。"上问曰："吾为太子时召君，君不肯来，何也？"②对曰："死罪，病。"上赐之剑，绾曰："先帝赐臣剑凡六，不敢奉诏。"上曰："剑，人之所施易，独至今乎？"③绾曰："具在。"上使取六剑，剑常盛，未尝服也。④

①师古曰："言何以得参乘？"

②师古曰："言以此特识之。"

③如淳曰："施读曰移。言剑者人所好，故多数移易贸换之也。"师古曰："施读曰貤。貤，延也，音弋豉反。"

④师古曰："盛谓在削室之中也。盛音成。削音先召反。"

郎官有谴，常蒙其罪，①不与它将争；有功，常让它将。上以为廉，忠实无它肠，②乃拜绾为河间王太傅。吴楚反，诏绾为将，将河间兵击吴楚有功，拜为中尉。三岁，以军功封绾为建陵侯。

①师古曰："蒙谓覆蔽之。"

②师古曰："心肠之内无他恶。"

明年，上废太子，诛栗卿之属。①上以绾为长者，不忍，乃赐绾告归，而使郅都治捕栗氏。既已，上立胶东王为太子，召绾拜为太子太傅，迁为御史大夫。五岁，代桃侯舍为丞相，②朝奏事如职所奏。③然自初宦以至相，终无可言。④上以为敦厚可相少主，尊宠之，赏赐甚多。

①师古曰："太子废为临江王，故诛其外家亲属。"

②师古曰："刘舍。"

③师古曰："言守职分而已。"

④师古曰："不能有所兴建及废罢。"

为丞相三岁，景帝崩，武帝立。建元中，丞相以景帝病时诸官囚多坐不辜者，而君不任职，[①]免之。后薨，谥曰哀侯。子信嗣，坐酎金，国除。

①师古曰："天子不亲政，则丞相当理之，而绾不申其冤。"

直不疑，南阳人也。为郎，事文帝。其同舍有告归，误持其同舍郎金去。已而同舍郎觉，亡意不疑，[①]不疑谢有之，[②]买金偿。后告归者至而归金，亡金郎大惭，以此称为长者。稍迁至中大夫。朝，廷见，人或毁不疑[③]曰："不疑状貌甚美，然特毋奈其善盗嫂何也！"[④]不疑闻，曰："我乃无兄。"然终不自明也。

①师古曰："(谥)〔疑〕其盗取。"[5]

②师古曰："告云实取。"

③师古曰："当于阙廷大朝见之时，而人毁之。"

④师古曰："盗谓私之。"

吴楚反时，不疑以二千石将击之。景帝后元年，拜为御史大夫。天子修吴楚时功，封不疑为塞侯。[①]武帝即位，与丞相绾俱以过免。

①师古曰："塞音先代反。"

不疑学《老子》言。其所临，为官如故，唯恐人之知其为吏迹也。不好立名，称为长者。薨，谥曰信侯。传子至孙彭祖，坐酎金，国除。

周仁，其先任城人也。以医见。[①]景帝为太子时，为舍人，积功迁至太中大夫。景帝初立，拜仁为郎中令。

①师古曰："见于天子。"

仁为人阴重不泄。[①]常衣弊补衣溺袴，期为不洁清，[②]以是得幸，入卧内。于后宫秘戏，仁常在旁，终无所言。[③]上时问人，[④]仁曰："上自察之。"然亦无所毁,如此。⑤景帝再自幸其家。家徙阳陵。上所赐甚多,然终常让,不敢受也。诸侯群臣赂遗,终无所受。武帝立,为先帝臣重之。⑥仁乃病免,以二千石禄归老,子孙咸至大官。

①服虔曰:"质重不泄人之阴谋也。"张晏曰:"阴重不泄,下湿,故溺袴,是以得比宦者,得入后宫也。仁有子孙,先未得此疾时所生也。"师古曰:"张、服二说皆非也。阴,密也。为性密重不泄人言也。霍去病少言不泄,亦其类也。"

②师古曰:"故为不洁清之事而弊败其衣服也。溺读曰尿。尿袴者,为小袴,以藉其尿。"

③师古曰:"是不泄也。"

④师古曰:"问以他人之善恶。"

⑤师古曰:"虽知其恶,不欲言毁之,故云上自察之。"

⑥师古曰:"重谓敬难之。"

张歐字叔,①高祖功臣安丘侯说少子也。②歐孝文时以治刑名侍太子,③然其人长者。景帝时尊重,常为九卿。至武帝元朔中,代韩安国为御史大夫。歐为吏,未尝言按人,刬以诚长者处官。④官属以为长者,亦不敢大欺。上具狱事,有可却,却之;⑤不可者,不得已,为涕泣,面而封之。⑥其爱人如此。

①孟康曰:"區攵歐音驱。"

②师古曰:"说读曰悦。"

③师古曰:"刘向《别录》云申子学号曰刑名。刑名者,循名以责实,其尊君卑臣,崇上抑下,合于《六经》。说者云,刑,刑家,名,名家也,即太史公所论六家之(一)〔二〕也。[6]此说非。"

④师古曰:"刬与专同,又音之兖反。"

⑤师古曰:"退令更平番之。"

⑥如淳曰:"不正视,若不见者也。"晋灼曰:"面对囚读而封之,使其闻见,死而无恨也。"师古曰:"二说皆非也。面谓偝之也,言不忍视之,与吕马童面之同义。"

老笃，请免，天子亦宠以上大夫禄，归老于家。家阳陵。子孙咸至大官。

赞曰：仲尼有言“君子欲讷于言而敏于行”，①其万石君、建陵侯、塞侯、张叔之谓与？②是以其教不肃而成，不严而治。至石建之澣衣，周仁为垢污，君子讥之。

①师古曰：“《论语》载孔子之言也。讷，迟也。敏，疾也。”

②师古曰：“与读曰欤。”

【校勘记】

〔1〕 子孙(谓)〔为〕小吏， 景祐、殿、局本都作“为”。

〔2〕 治所忠及咸宣(三)〔二〕人。 景祐、殿本都作“二”，此误。

〔3〕 怀此(志)〔心〕。 景祐、殿本都作“心”。

〔4〕 君知所以得(骖)〔参〕乘乎？ 殿本作“参”。王先谦说作“参”是。

〔5〕 (谥)〔疑〕其盗取。 景祐、殿本都作“疑”，此误。

〔6〕 即太史公所论六家之(一)〔二〕也。 景祐、殿本都作“二”。王先谦说作“二”是。

汉书卷四十七

文三王传第十七

孝文皇帝四男：窦皇后生孝景帝、梁孝王武，诸姬生代孝王参、梁怀王揖。①

①师古曰："不得其姓氏，故曰诸姬，言在诸姬之列者也。解在《高五王传》。"

梁孝王武以孝文二年与太原王参、梁王揖同日立。武为代王，四年徙为淮阳王，十二年徙梁，自初王通历已十一年矣。①

①师古曰："总数其为王之年。"

孝王十四年，入朝。十七年，十八年，比年入朝，留。①其明年，乃之国。二十一年，入朝。二十二年，文帝崩。二十四年，入朝。二十五年，复入朝。是时，上未置太子，与孝王宴饮，从容言曰：②"千秋万岁后传于王。"王辞谢。虽知非至言，然心内喜。太后亦然。

①师古曰："比，频也。留谓留在京师。"

②师古曰："从音千容反。"

其春，吴、楚、齐、赵七国反，先击梁棘壁，①杀数万人。梁王城守睢阳，②而使韩安国、张羽等为将军以距吴、楚。吴、楚以梁为限，不敢过而西，与太尉亚夫等相距三月。吴、楚破，而梁所杀虏略与汉中分。③

①文颖曰："地名。"

②师古曰："据睢阳城而自守。"

③孟康曰："梁所虏吴、楚之捷略与汉同。"

明年，汉立太子。梁最亲，有功，又为大国，居天下膏腴地，北界泰山，西至高阳，①四十馀城，多大县。孝王，太后少子，爱之，赏赐不可胜道。② 于是孝王筑东苑，方三百馀里，广睢阳城七十里，③ 大治宫室，为复道，自宫连属于平台三十馀里。④ 得赐天子旌旗，从千乘万骑，出称警，入言趩，⑤ 儗于天子。⑥ 招延四方豪桀，自山东游士莫不至：齐人羊胜、公孙诡、邹阳之属。⑦ 公孙诡多奇邪计，初见日，王赐千金，官至中尉，号曰公孙将军。多作兵弩弓数十万，而府库金钱且百巨万，⑧ 珠玉宝器多于京师。

①苏林曰："陈留北县。"

②师古曰："道谓言。"

③师古曰："更广大之也。《晋太康地记》云城方十三里，梁孝王筑之。鼓倡节杵而后下和之者称《睢阳曲》，今踵以为故。今之乐家《睢阳曲》是其遗音。"

④如淳曰："平台在大梁东北，离宫所在也。"晋灼曰："或说在城中东北角。"师古曰："今其城东二十里所有故台基，其处宽博，土俗云平台也。复音方目反。"

⑤师古曰："警者，戒肃也。趩，止行人也。言出入者，互文耳。出亦有趩。《汉仪注》皇帝辇动，左右侍帷幄者称警，出殿则传跸，止人清道也。"

⑥师古曰："儗，比也，音拟。"

⑦师古曰："言皆游梁。"

⑧师古曰："巨万，百万也。有百万者，言凡百也。"

二十九年十月，孝王入朝。景帝使使持乘舆驷，迎梁王于关下。① 既朝，上疏，因留。以太后故，入则侍帝同辇，出则同车游猎上林中。梁之侍中、郎、谒者著引籍出入天子殿门，② 与汉宦官亡异。

①邓展曰："但持驷马往也。"臣瓒曰："称乘舆驷，则车马皆往。言四，不驾六马耳。天子副车驾四马。"师古曰："舆即车也。瓒说是。"

②师古曰："著音竹略反。"

十一月，上废栗太子，太后心欲以梁王为嗣。大臣及爰盎等有所关说于帝，太后议格，① 孝王不敢复言太后以嗣事。② 事秘，世莫知，乃辞归国。

①服虔曰："格音格斗。"张晏曰："止也。"苏林曰："音阁。"师古曰："苏音、张说是。"

②师古曰："不敢更以此事言于太后。"

其夏，上立胶东王为太子。梁王怨爰盎及议臣，乃与羊胜、公孙诡之属谋，阴使人刺杀爰盎及他议臣十馀人。贼未得也。于是天子意梁，①逐贼，果梁使之。遣使冠盖相望于道，覆案梁事。捕公孙诡、羊胜，皆匿王后宫。使者责二千石急，梁相轩丘豹②及内史安国③皆泣谏王，王乃令胜、诡皆自杀，出之。上由此怨望于梁王。④梁王恐，乃使韩安国因长公主谢罪太后，然后得释。

①师古曰："意，疑也。"

②师古曰："姓轩丘，名豹。"

③师古曰："即韩安国。"

④师古曰："望谓责而怨之。"

上怒稍解，因上书请朝。既至关，茅兰说王，①使乘布车，②从两骑入，匿于长公主园。汉使迎王，王已入关，车骑尽居外，外不知王处。太后泣曰："帝杀吾子！"(弟)〔帝〕忧恐。[1]于是梁王伏斧质，之阙下谢罪。然后太后、帝皆大喜，相与泣，复如故。悉召王从官入关。然帝益疏王，不与同车辇矣。

①服虔曰："茅兰，孝王大夫也。"

②张晏曰："布车降服，自比丧人也。"

三十五年冬，复入朝。上疏欲留，上弗许。归国，意忽忽不乐。北猎梁山，有献牛，足上出背上，孝王恶之。六月中，病热，六日薨。①

①张晏曰："足当处下，所以辅身也。今出背上，象孝王背朝而干上也。北者，阴也，又在梁山，明为梁也。牛者，丑之畜，冲在六月。北方数六，故六月六日王薨也。"

孝王慈孝，每闻太后病，口不能食，常欲留长安侍太后。太后亦爱之。及闻孝王死，窦太后泣极哀，不食，曰："帝果杀吾子！"帝哀惧，不知所为。与长公主计之，乃分梁为五国，尽立孝王男五人为王，女五人皆令食汤沐邑。奏之太后，太后乃说，为帝壹餐。①

①师古曰："说读曰悦。餐，古飡字。"

孝王未死时，财以巨万计，不可胜数。及死，藏府馀黄金尚四十馀万斤，他财物称是。

代孝王参初立为太原王。四年，代王武徙为淮阳王，而参徙为代王，复并得太原，都晋阳如故。① 五年一朝，凡三朝。十七年薨，子共王登嗣。② 二十九年薨，子义嗣。元鼎中，汉广关，以常山为阻，③ 徙代王于清河，是为刚王。并前在代凡立四十年薨，子顷王汤嗣。二十四年薨，子年嗣。

①师古曰："如文帝在代时。"

②师古曰："共读曰恭。"

③师古曰："依山以为关。"

地节中，冀州刺史林奏年为太子时与女弟则私通。及年立为王后，则怀年子，其婿使勿举。① 则曰："自来杀之。"婿怒曰："为王生子，自令王家养之。"则送儿顷太后所。② 相闻知，禁止则，令不得入宫。③ 年使从季父往来送迎则，④ 连年不绝。有司奏年淫乱，年坐废为庶人，徙房陵，与汤沐邑百户。立三年，国除。

①师古曰："不养也。"

②师古曰："顷王之后，年之太后，故曰顷太后。"

③师古曰："相者，王之相。"

④师古曰："宗室诸从也。"

元始二年，新都侯王莽兴灭继绝，白太皇太后，立年弟子如意为广宗王，奉代孝王后。莽篡位，国绝。

梁怀王揖，文帝少子也。好《诗》《书》，帝爱之，异于他子。五年一朝，凡再入朝。因堕马死，立十年薨。无子，国除。明年，梁孝王武徙王梁。

梁孝王子五人为王。太子买为梁共王，① 次子明为济川王，彭离为济东王，定为山阳王，不识为济阴王，皆以孝景中六年同日立。

①师古曰："共读曰恭。"

梁共王买立十年薨，子平王襄嗣。

济川王明以垣邑侯立。七年，坐射杀其中尉，有司请诛，武帝弗忍，废为庶人，徙房陵，国除。

济东王彭离立二十九年。彭离骄悍，①昏莫私与其奴亡命少年数十人行剽，②杀人取财物以为好。③所杀发觉者百馀人，国皆知之，莫敢夜行。所杀者子上书告言，有司请诛，武帝弗忍，废为庶人，徙上庸，国除，为大河郡。

①师古曰："悍，勇也。"

②师古曰："剽，劫也，音频妙反。"

③如淳曰："以是为好喜之事也。"师古曰："好音呼到反。"

山阳哀王定立九年薨。亡子，国除。

济阴哀王不识立一年薨。亡子，国除。

孝王支子四王，皆绝于身。①

①师古曰："支子，谓非正嫡也。"

梁平王襄，母曰陈太后。共王母曰李太后。李太后，亲平王之大母也。①而平王之后曰任后，任后甚有宠于襄。

①师古曰："大母，祖母也。共王即李太后所生，故云亲祖母也。"

初，孝王有罍尊，①直千金，戒后世善宝之，毋得以与人。②任后闻而欲得之。李太后曰："先王有命，毋得以尊与人。他物虽百巨万，犹自恣。"任后绝欲得之。王襄直使人开府取尊赐任后，又王及母陈太后事李太后多不顺。有汉使者来，李太后欲自言，王使谒者中郎胡等遮止，闭门。李太后与争门，措指，③太后啼謼，④不得见汉使者。李太后亦私与食官长及郎尹霸等奸乱，王与任后以此使人风止李太后。⑤李太后亦已，⑥后病薨。病时，任后未尝请疾；⑦薨，又不侍丧。

①应劭曰："《诗》云'酌彼金罍'。罍，画云雷之象，以金饰之也。"郑氏曰："上盖刻为山云雷之象。"师古曰："郑说是也。罍，古雷字。"

②师古曰："宝谓爱守也。"

③晋灼曰："许慎云'措，置'。字借以为笮耳。"师古曰："音壮客反，谓为门扉

所笮。”

④师古曰:“呼音火故反。”

⑤师古曰:“风读曰讽。止者,止其自言也。”

⑥师古曰:“已,止也。”

⑦张晏曰:“请,问也。”

元朔中,睢阳人犴反,①人辱其父,而与睢阳太守客俱出同车。犴反杀其仇车上,亡去。睢阳太守怒,以让梁二千石。二千石以下求反急,执反亲戚。反知国阴事,乃上变告梁王与大母争尊状。时相以下具知之,欲以伤梁长吏,书闻。天子下吏验问,有之。公卿治,奏以为不孝,请诛王及太后。②天子曰:“首恶失道,任后也。朕置相吏不逮,③无以辅王,故陷不谊,不忍致法。”削梁王五县,夺王太后汤沐成阳邑,枭任后首于市,中郎胡等皆伏诛。梁馀尚有八城。

①师古曰:“犴姓,反名也。犴音岸。”

②师古曰:“陈太后。”

③师古曰:“逮,及也,言其材知不及。”

襄立四十年薨,子顷王无伤嗣。十一年薨,子敬王定国嗣。四十年薨,子夷王遂嗣。六年薨,子荒王嘉嗣。十五年薨,子立嗣。

鸿嘉中,太傅辅奏:“立一日至十一犯法,臣下愁苦,莫敢亲近,不可谏止。愿令王,非耕、祠,法驾毋得出宫,尽出马置外苑,收兵杖藏私府,毋得以金钱财物假赐人。”事下丞相、御史,请许。①奏可。后数复敺伤郎,②夜私出宫。傅相连奏,坐削或千户或五百户,如是者数焉。

①师古曰:“许太傅所奏。”

②师古曰:“敺,棰击,音一口反。”

荒王女弟园子为立舅任宝妻,宝兄子昭为立后。数过宝饮食,报宝曰:“我好翁主,①欲得之。”宝曰:“翁主,姑也,法重。”立曰:“何能为!”②遂与园子奸。

①师古曰:“诸王女皆称翁主,言其父自主婚也。”

②师古曰:“言罪不能至重也。”

积数岁，永始中，相禹奏立对外家怨望，有恶言。有司案验，因发淫乱事，奏立禽兽行，请诛。太中大夫谷永上疏曰："臣闻'礼，天子外屏，不欲见外'也。①是故帝王之意，不窥人闺门之私，听闻中冓之言。②《春秋》为亲者讳。《诗》云'戚戚兄弟，莫远具尔'。③今梁王年少，颇有狂病，始以恶言按验，既亡事实，而发闺门之私，非本章所指。王辞又不服，猥强劾立，傅致难明之事，④独以偏辞成罪断狱，亡益于治道。污蔑宗室，⑤以内乱之恶披布宣扬于天下，非所以为公族隐讳，增朝廷之荣华，昭圣德之风化也。臣愚以为王少，而父同产长，年齿不伦；梁国之富，足以厚聘美女，招致妖丽；父同产亦有耻辱之心。⑥案事者乃验问恶言，⑦何故猥自发舒？⑧以三者揆之，殆非人情，疑有所迫切，过误失言，文吏蹑寻，不得转移。萌牙之时，加恩勿治，上也。⑨既已案验举宪，宜及王辞不服，诏廷尉选上德通理之吏，更审考清问，著不然之效，定失误之法，⑩而反命于下吏，⑪以广公族附疏之德，为宗室刷污乱之耻，⑫甚得治亲之谊。"天子由是寝而不治。

①师古曰："屏谓当门之墙，以屏蔽者也。外屏，于门外为之。"

②应劭曰："中冓，材构在堂之中也。"灼曰："《鲁诗》以为夜也。"师古曰："冓谓舍之交积材木也。应说近之。冓音工豆反。"

③师古曰："《小雅》《行苇》之诗也。戚戚，内相亲也。尔，近也。言王之族亲，情无疏远，皆昵近也。"

④师古曰："傅读曰附。"

⑤孟康曰："蔑音漫。"师古曰："蔑音秣，谓涂染也。"

⑥师古曰："言其姑亦当自耻，必不与奸。"

⑦师古曰："本所问者，怨望朝廷之言耳。"

⑧师古曰："猥，曲也。"

⑨如淳曰："覆盖之，则计之上。"

⑩师古曰："著，明也。"

⑪师古曰："使者还反，以清白之状付有司也。"

⑫师古曰："刷谓拭刷除之也，音所劣反。"

居数岁，元延中，立复以公事怨相掾及睢阳丞，使奴杀之，杀奴以灭口。凡杀三人，伤五人，手敺郎吏二十馀人。上书不拜奏。谋篡死罪囚。①有司请诛，上不忍，削立五县。

①师古曰："逆取曰篡。"

哀帝建平中，立复杀人。天子遣廷尉赏、大鸿胪由持节即讯。①至，移书傅、相、中尉曰："王背策戒，②誖暴妄行，③连犯大辟，毒流吏民。比比蒙恩，不伏重诛，④不思改过，复贼杀人。幸得蒙恩，丞相长史、大鸿胪丞即问。王阳病抵谰，置辞骄嫚，⑤〔2〕不首主令，与背畔亡异。⑥丞相、御史请收王玺绶，送陈留狱。明诏加恩，复遣廷尉、大鸿胪杂问。今王当受诏置辞，恐复不首实对。《书》曰：'至于再三，有不用，我降尔命。'⑦傅、相、中尉皆以辅正为职，'虎兕出于匣，龟玉毁于匮中，是谁之过也？'⑧书到，明以谊晓王。敢复怀诈，罪过益深。傅、相以下，不能辅导，有正法。"

①师古曰："就问也。"

②师古曰："初封时，策书有戒敕之言。"

③师古曰："誖，乖也，音布内反。"

④师古曰："比犹频也。"

⑤师古曰："抵，距也。谰，诬讳也。抵音丁礼反。谰音来亶反。"

⑥师古曰："不首谓不伏其罪也。主令者，于法令之条与背畔无异也。首音失救反。次下亦同。"

⑦师古曰："此《周书》《多方篇》之辞也。言我教汝，至于再三，汝不能用，则我下罚黜汝命也。"

⑧师古曰："此《论语》孔子责冉有、季路之辞也。言虎兕出于槛，龟玉毁于椟匮，岂非典守者之过邪？喻辅相人者，当能持危扶颠也。"

立惶恐，免冠对曰："立少失父母，孤弱处深宫中，独与宦者婢妾居，渐渍小国之俗，加以质性下愚，有不可移之姿。①往者傅相亦不纯以仁谊辅翼立，大臣皆尚苛刻，刺求微密。谗臣在其间，左右弄口，积使上下不和，更相眄伺。②宫殿之里，毛氂过失，亡不暴陈。当伏重诛，以视海内，③数蒙圣恩，得见贳赦。④今立自知贼杀中郎曹将，冬月迫促，贪生畏死,即诈僵仆阳病,⑤徼幸得逾于须臾。⑥谨以实对,伏须重诛。”⑦时冬月尽,其春大赦,不治。

①师古曰:“言不从化也。《论语》称孔子曰‘唯上智与下愚不移’。”

②师古曰:“更音工衡反。”

③师古曰:“视读曰示。”

④师古曰:“贳谓宽其罪。”

⑤师古曰:“僵仆,倒地也。僵音薑。仆音赴。”

⑥师古曰:“冀得逾冬月而减罪也。”

⑦师古曰:“须,待也。”

元始中,立坐与平帝外家中山卫氏交通,新都侯王莽奏废立为庶人,徙汉中。立自杀。二十七年,国除。后二岁,莽白太皇太后立孝王玄孙之曾孙沛郡卒史音为梁王,奉孝王后。莽篡,国绝。

赞曰:梁孝王虽以爱亲故王膏腴之地,①然会汉家隆盛,百姓殷富,故能殖其货财,广其宫室车服。然亦僭矣。怙亲亡厌,牛祸告罚,卒用忧死,悲夫!

①师古曰:“太后爱子,而帝亲弟,故曰爱亲。”

【校勘记】

〔1〕 (弟)〔帝〕忧恐。 景祐、殿、局本都作“帝”。王先谦说作“帝”是。

〔2〕 王阳病抵谰,置辞骄嫚,⑤ 注⑤原在“置辞”下。刘攽说“骄嫚”当属上句。王先谦亦说当读“置辞骄嫚”为句。

汉书卷四十八

贾谊传第十八

贾谊，雒阳人也，年十八，以能诵诗书属文称于郡中。①河南守吴公闻其秀材，召置门下，②甚幸爱。文帝初立，闻河南守吴公治平为天下第一，③故与李斯同邑，而尝学事焉，④征以为廷尉。廷尉乃言谊年少，颇通诸家之书。文帝召以为博士。

①师古曰："属谓缀辑之也，言其能为文也。属音之欲反。"

②师古曰："秀，美也。"

③师古曰："治平，言其政治和平也。"

④师古曰："事之而从其学也。"

是时，谊年二十馀，最为少。每诏令议下，①诸老先生未能言，谊尽为之对，人人各如其意所出。诸生于是以为能。文帝说之，②超迁，岁中至太中大夫。

①师古曰："谓有诏令出下及遣议事。"

②师古曰："说读曰悦。"

谊以为汉兴二十馀年，天下和洽，宜当改正朔，易服色制度，定官名，兴礼乐。乃草具其仪法，①色上黄，数用五，为官名悉更，奏之。②文帝谦让未皇也。③然诸法令所更定，及列侯就国，其说皆谊发之。于是天子议以谊任公卿之位。绛、灌、东阳侯、冯敬之属尽害之，④乃毁谊曰："雒阳之人年少初学，专欲擅权，纷乱诸事。"于是天子后亦疏之，不用其议，以谊为长沙王太傅。

①师古曰："草谓创造之。"

②师古曰："更，改也。"

③师古曰："皇，暇也。自以为不当改制。"

④师古曰："绛，绛侯周勃也。灌，灌婴也。东阳侯，张相如也。冯敬，时为御史大夫。"

谊既以適去，①意不自得，及度湘水，②为赋以吊屈原。屈原，楚贤臣也，被谗放逐，作《离骚赋》，③其终篇曰："已矣！国亡人，莫我知也。"遂自投江而死。谊追伤之，因以自谕。④其辞曰：

①师古曰："適读曰谪。其下亦同。"

②师古曰："湘水出零陵阳海山，北流入江也。"

③师古曰："离，遭也。忧动曰骚。遭忧而作此辞。"

④师古曰："谕，譬也。"

恭承嘉惠兮，①竢罪长沙。②仄闻屈原兮，自湛汨罗。③造托湘流兮，敬吊先生。④遭世罔极兮，乃陨厥身。⑤乌虖哀哉兮，逢时不祥！⑥鸾凤伏窜兮，鸱枭翱翔。⑦阘茸尊显兮，谗谀得志；⑧贤圣逆曳兮，方正倒植。⑨谓随、夷溷兮，⑩谓跖、蹻廉；⑪莫邪为钝兮，⑫铅刀为铦。⑬于嗟默默，生之亡故兮！⑭斡弃周鼎，⑮宝康瓠兮。⑯腾驾罢牛，骖蹇驴兮；⑰骥垂两耳，服盐车兮。⑱章父荐屦，渐不可久兮；⑲嗟(若)〔苦〕先生，[1]独离此咎兮！⑳

①师古曰："恭，敬也。嘉惠，谓诏命也。"

②师古曰："竢，古俟字。俟，待也。"

③师古曰："仄，古侧字。汨，水名，在长沙罗县，故曰汨罗。湛读曰沉。汨音莫历反。"

④师古曰："造，至也。言至湘水而因托其流也。造音千到反。"

⑤张晏曰："谗言罔极。"师古曰："罔，无也。极，中也，无中正之道。一曰极，止也。"

⑥师古曰："虖读曰呼。"

⑦师古曰："鸱，鸱鸺，怪鸟也。枭，恶声之鸟也。鸱音尺夷反。鸱音于骄反。鸺音休。"

⑧师古曰："阘茸，下材不肖之人也。阘音吐盍反。茸音人勇反。"

⑨师古曰："植，立也，音值。"

⑩应劭曰："随，卞随，汤时廉士，汤以天下让而不受。夷，伯夷也，不食周粟，饿于首阳之下。"师古曰："溷，浊也，音胡困反。"

⑪李奇曰："跖，秦大盗也。楚之大盗为庄蹻。"师古曰："跖音之石反。蹻音居略反。庄周云，盗跖，柳下惠之弟，盖寓言也。"

⑫应劭曰："莫邪，吴大夫也，作宝剑，因以冠名。"

⑬晋灼曰："世俗为利为铦彻。"师古曰："音弋占反。"

⑭应劭曰："默默，不得意也。"邓展曰："言屈原无故遇此祸也。"师古曰："生，先生也。"

⑮师古曰："斡，转也，音管。"

⑯郑氏曰："康瓠，瓦盆底也。《尔雅》曰：'康瓠谓之甈。'"师古曰："甈音五列反。"

⑰师古曰："罢读曰疲。蹇，跛也。"

⑱师古曰："驾盐车也。"

⑲师古曰："章父，殷冠名也。言冠乃居下，屦反在上也。父读曰甫。"

⑳应劭曰："嗟，咨嗟也。劳苦屈原遇此难也。"师古曰："离，遭也。"

谇曰：①已矣！国其莫吾知兮，②子独壹郁其谁语？③凤缥缥其高逝兮，夫固自引而远去。④袭九渊之神龙兮，⑤沕渊潜以自珍；⑥偭蟂獭以隐处兮，⑦夫岂从虾与蛭螾？⑧所贵圣之神德兮，远浊世而自臧。使麒麟可系而羁兮，岂云异夫犬羊？般纷纷其离此邮兮，⑨亦夫子之故也！⑩历九州而相其君兮，何必怀此都也？⑪凤皇翔于千仞兮，览德煇而下之；⑫见细德之险(微)〔徵〕兮，[2]遥增击而去之。⑬彼寻常之污渎兮，岂容吞舟之鱼！⑭横江湖之鳣鲸兮，固将制于蝼蚁。⑮

①李奇曰："谇，告也。"张晏曰："谇，《离骚》下章乱也。"师古曰："谇音碎。"

②师古曰："一国之人不知我也。"

③师古曰："壹郁犹怫郁也。"

④师古曰："缥缥，轻举貌，音匹遥反。"

⑤邓展曰："袭，重也。"师古曰："九渊，九旋之川，言至深也。"

⑥邓展曰："沕音昧。"张晏曰："潜，藏也。"

⑦服虔曰："螑音枭。"应劭曰："螑獭，水虫害鱼者也。偭，背也。欲舍螑獭，从神龙游也。"师古曰："偭音面。"

⑧服虔曰："蛭，水虫。螾，今之蠸螾也。"孟康曰："言龙自绝于螑獭，况从虾与蛭螾也。"师古曰："虾亦水虫也，音遐。蛭音质。螾字与蚓同，音引，今合韵，当音弋人反。蠸音丘谨反。"

⑨苏林曰："般音槃。"孟康曰："般音班。般，反也。纷纷，搆谗意也。"师古曰："般，孟音是也。字从丹青之丹。离，遭也。邮，过也。"

⑩李奇曰："亦夫子不如麟凤之故，离此咎也。"师古曰："此说非也。贾谊自言今之离邮，亦犹屈原耳。"

⑪师古曰："言往长沙为傅，不足哀伤，何用苟怀此之都邑，盖亦谊自宽广之言。"

⑫师古曰："八尺曰仞。千仞，言其极高。"

⑬师古曰："增，重也。言见苛细之人，险厄之证，故重击其羽而高去。"

⑭应劭曰："八尺曰寻，倍寻曰常。"师古曰："水不泄为污，音一胡反，又音一故反。"

⑮如淳曰："鳣、鲸，皆大鱼也。"臣瓒曰："鳣鱼无鳞，口在腹下。鲸鱼长者长数里。"晋灼曰："小水不容大鱼，而横鳣鲸于污渎，必为蝼蚁所制。以况小朝主暗，不容受忠逆之言，亦为谗贼小臣所害。"师古曰："鳣音竹连反，字或作鱏。鱏亦大鱼也，音淫，又音寻。蝼音楼，谓蝼蛄也。"

谊为长沙傅三年，有服飞入谊舍，止于坐隅。①服似鸮，②不祥鸟也。谊既以适居长沙，长沙卑湿，谊自伤悼，以为寿不得长，乃为赋以自广。其辞曰：

①师古曰："坐音才卧反。"

②晋灼曰："《异物志》曰'有鸟小鸡，体有文色，土俗因形名之曰服，不能远飞，行不出域'也。"

单阏之岁，四月孟夏，①庚子日斜，服集余舍，②止于坐隅，貌甚閒暇。③异物来崒，私怪其故，④发书占之，谶言其度。⑤曰"野鸟入室，主人将去。"问于子服："余去何之？⑥吉虖告我，凶言其灾。淹速之度，语余其期。"⑦

①应劭曰:“太岁在卯为单阏。”师古曰:“阏音一葛反。”

②孟康曰:“日斜,日昳时。”

③师古曰:“閒读曰闲。”

④孟康曰:“崒音萃。萃,聚集也。”

⑤师古曰:“谶,验也,有征验之书也。谶音初禁反。”

⑥师古曰:“子服者,言加其美称也。”

⑦师古曰:“淹,迟也。”

服乃太息,举首奋翼,口不能言,请对以意。①万物变化,固亡休息。斡流而迁,或推而还。②形气转续,变化而嬗。③沕穆亡间,胡可胜言!④祸兮福所倚,福兮祸所伏;⑤忧喜聚门,吉凶同域。⑥彼吴强大,夫差以败;粤栖会稽,句践伯世。⑦斯游遂成,卒被五刑;⑧傅说胥靡,乃相武丁。⑨夫祸之与福,何异纠纆!⑩命不可说,孰知其极?⑪水激则旱,矢激则远。⑫万物回薄,震荡相转。云烝雨降,纠错相纷。大钧播物,坱圠无垠。⑬天不可与虑,道不可与谋。迟速有命,乌识其时?⑭

①师古曰:“意字合韵,宜音亿。”

②师古曰:“斡音管。斡,转也。还读曰旋。”

③服虔曰:“嬗音如蝉,谓变蜕也。”苏林曰:“相传与也。”师古曰:“此即禅代字,合韵故音婵耳。苏说是也。”

④师古曰:“沕穆,深微貌。胡,何也。言其理深微,不可尽言。沕音勿。”

⑤师古曰:“此老子《德经》之言也。倚音於绮反。”

⑥师古曰:“言祸福相因,吉凶不定。”

⑦师古曰:“会稽,山名也。句践避吴之难,保于兹山,故曰栖也。句音钩。伯读曰霸。”

⑧应劭曰:“李斯西游于秦,身登相位,二世时为赵高所谗,身伏五刑。”

⑨张晏曰:“胥靡,刑名也。傅说被刑,筑于傅岩,武丁以为己相。”师古曰:“胥靡,相随之刑也,解在《楚元王传》。”

⑩应劭曰:“祸福相为表里,如纠绳索相附会也。”臣瓒曰:“纠,绞也。纆,索也。”师古曰:“纆音墨。”

⑪师古曰："极，止也。"

⑫师古曰："言水之激疾，则去尽，不能浸润。矢之激发，则去远。"

⑬如淳曰："陶者作器于钧上，此以造化为大钧也。"应劭曰："其气坱圠，非有限齐也。"师古曰："今造瓦者谓所转者为钧，言造化为人，亦犹陶之造瓦耳。坱音乌朗反。圠音于黠反。"

⑭师古曰："乌犹何也。"

且夫天地为炉，造化为工；阴阳为炭，万物为铜，①合散消息，安有常则？千变万化，未始有极。忽然为人，何足控揣；②化为异物，又何足患！③小智自私，贱彼贵我；达人大观，物亡不可。贪夫徇财，列士徇名；④夸者死权，品庶每生。⑤怵迫之徒，或趋西东；⑥大人不曲，意变齐同。愚士系俗，僒若囚拘；⑦至人遗物，独与道俱。众人惑惑，好恶积意；⑧真人恬漠，独与道息。⑨释智遗形，超然自丧；⑩寥廓忽荒，与道翱翔。⑪乘流则逝，得坎则止；⑫纵躯委命，不私与己。其生兮若浮，其死兮若休。⑬澹乎若深渊之靓，泛虖若不系之舟。⑭不以生故自保，养空而浮。⑮德人无累，知命不忧。细故蒂芥，何足以疑！⑯

①师古曰："以冶铸为喻。"

②孟康曰："控，引也。揣，持也。言人生忽然，何足引持自贵(借)〔惜〕也。"[3]如淳曰："控，引也。揣音团。控抟，玩弄爱生之意也。"师古曰："如说是。"

③师古曰："患合韵，音环。"

④臣瓒曰："以身从物曰徇。"

⑤臣瓒曰："谓夸泰也。《庄子》曰'权势不(充)〔尤〕，则夸者悲'。"[4]孟康曰："每，贪也。"师古曰："品庶犹庶品也。"

⑥孟康曰："怵，为利所诱怵也。迫，迫贫贱，东西趋利也。"师古曰："诱怵之怵则音戌。或曰，怵，怵惕也，音丑出反，其义两通。而说者欲改字为钛，盖穿凿耳。"

⑦李奇曰："僒音块。"苏林曰："音人肩伛僒尔。音欺全反。"师古曰："苏音是。"

⑧李奇曰："惑惑，东西也。所好所恶，积之万亿也。"臣瓒曰："言众怀好恶，积

之心意也。”师古曰:“瓒说是也。意合韵,音于力反。”

⑨师古曰:“恬,安也。漠,静也。”

⑩服虔曰:“绝圣弃智,而亡其身也。”师古曰:“丧合韵,音先郎反。”

⑪师古曰:“荒音呼广反。”

⑫孟康曰:“《易》‘坎为险’,遇险难而止也。”张晏曰:“谓夷易则仕,险难则隐也。”

⑬师古曰:“休,息也。”

⑭师古曰:“澹,安也,音徒滥反。靓与静同。泛音敷剑反。”

⑮服虔曰:“道家养空虚,若浮舟也。”

⑯师古曰:“蒂芥,小鲠也。蒂音丑芥反。”

后岁馀,文帝思谊,征之。至,入见,上方受釐,坐宣室。①上因感鬼神事,而问鬼神之本。谊具道所以然之故。至夜半,文帝前席。②既罢,曰:“吾久不见贾生,自以为过之,今不及也。”乃拜谊为梁怀王太傅。怀王,上少子,爱,而好书,故令谊傅之,数问以得失。③

①苏林曰:“宣室,未央前正室也。”应劭曰:“釐,祭馀肉也。《汉仪注》祭天地五畤,皇帝不自行,祠还致福。釐音禧。”师古曰:“禧,福也。借釐字为之耳,言受神之福也。”

②师古曰:“渐迫近谊,听说其言也。”

③师古曰:“汉朝问以国家之事。”

是时,匈奴强,侵边。天下初定,制度疏阔。诸侯王僭儗,地过古制,①淮南、济北王皆为逆诛。谊数上疏陈政事,多所欲匡建,②其大略曰:

①师古曰:“儗,比也,上比于天子。儗音拟。”

②师古曰:“匡,正也,正其失也。建,立也,立制节也。”

臣窃惟事势,可为痛哭者一,可为流涕者二,可为长太息者六,若其它背理而伤道者,难遍以疏举。①进言者皆曰天下已安已治矣,②臣独以为未也。曰安且治者,非愚则谀,③皆非事实知治乱之体者也。夫抱火厝之积薪之下而寝其上,④火未及燃,因谓之安,方今之势，何以异此！本末舛逆，首尾衡决，国制抢攘，⑤非甚有纪，⑥胡可谓治！陛下何不壹令臣得孰数之于前，因陈治安之策，试详择焉！

①师古曰："言不可尽条记也。"

②师古曰："进言者，谓陈说于天子前者也。治音直吏反。此下并同。"

③师古曰："实谓治安，则是愚也；知其不尔而假言之，是谄谀也。"

④师古曰："厝，置也，音千故反。"

⑤苏林曰："抢音济济跄跄，不安貌也。"晋灼曰："抢音伧。吴人骂楚人曰伧。伧攘，乱貌也。"师古曰："晋音是。伧音仕庚反。攘音女庚反。"

⑥师古曰："纪，理也。"

夫射猎之娱，与安危之机孰急？①使为治劳智虑，苦身体，乏钟鼓之乐，勿为可也。乐与今同，而加之诸侯轨道，兵革不动，②民保首领，匈奴宾服，四荒乡风，③百姓素朴，狱讼衰息。大数既得，则天下顺治，海内之气，清和咸理，生为明帝，没为明神，名誉之美，垂于无穷。《礼》祖有功而宗有德，使顾成之庙称为太宗，上配太祖，与汉亡极。建久安之势，成长治之业，以承祖庙，以奉六亲，至孝也；④以幸天下，以育群生，至仁也；立经陈纪，轻重同得，后可以为万世法程，⑤虽有愚幼不肖之嗣，犹得蒙业而安，至明也。以陛下之明达，因使少知治体者得佐下风，致此非难也。⑥其具可素陈于前，愿幸无忽。⑦臣谨稽之天地，⑧验之往古，按之当今之务，日夜念此至孰也，虽使禹舜复生，为陛下计，亡以易此。⑨

①师古曰："言二事之中，何者为急。"

②师古曰："轨道，言遵法制也。"

③师古曰："乡读曰向。"

④应劭曰："六亲，父母兄弟妻子也。"

⑤师古曰："程，式也。"

⑥师古曰："少知治体者，谊自谓也。"

⑦师古曰："忽，怠忘也。"

⑧师古曰："稽，考也。"

⑨师古曰："易，改也。"

夫树国固必相疑之势，[①]下数被其殃，上数爽其忧，[②]甚非所以安上而全下也。今或亲弟谋为东帝，[③]亲兄之子西乡而击，[④]今吴又见告矣。[⑤]天子春秋鼎盛，[⑥]行义未过，[⑦]德泽有加焉，犹尚如是，况莫大诸侯，[⑧]权力且十此者虖！[⑨]

①郑氏曰："今建立国泰大，其势必固相疑也。"臣瓒曰："树国于险固，诸侯强大，则必与天子有相疑之势也。"师古曰："郑说是也。"

②如淳曰："爽，忒也。"

③应劭曰："淮南厉王长。"

④如淳曰："谓齐悼惠王子兴居而为济北王反，欲击取荥阳也。"师古曰："乡读曰向。"

⑤如淳曰："时吴王又不循汉法，有告之者。"

⑥应劭曰："鼎，方也。"

⑦师古曰："行音下更反。"

⑧师古曰："莫大，谓无有大于其国者，言最大也。"

⑨师古曰："十倍于此。"

然而天下少安，何也？大国之王幼弱未壮，汉之所置傅相方握其事。数年之后，诸侯之王大抵皆冠，[①]血气方刚，汉之傅相称病而赐罢，彼自丞尉以上偏置私人，如此，有异淮南、济北之为邪！此时而欲为治安，虽尧舜不治。

①师古曰："大抵，犹言大略也，音丁礼反。其下亦同。"

黄帝曰："日中必熭，操刀必割。"[①]今令此道顺而全安，甚易，不肯早为，已乃堕骨肉之属而抗刭之，[②]岂有异秦之季世虖！夫以天子之位，乘今之时，因天之助，尚惮以危为安，以乱为治，假设陛下居齐桓之处，将不合诸侯而匡天下乎？臣又以知陛下有所必不能矣。假设天下如曩时，[③]淮阴侯尚王楚，黥布王淮南，彭越王梁，韩信王韩，张敖王赵，贯高为相，卢绾王燕，陈豨在代，令此六七公者皆亡恙，[④]当是时而陛下即天子位，能自安乎？臣有以知陛下之不能也。天下殽乱，高皇帝与诸公并起，⑤非有仄室之势以豫席之也。⑥诸公幸者，乃为中涓，其次廑得舍人，⑦材之不逮至远也。高皇帝以明圣威武即天子位，割膏腴之地以王诸公，多者百馀城，少者乃三四十县，悳至渥也，⑧然其后十年之间，反者九起。陛下之与诸公，非亲角材而臣之也，⑨又非身封王之也，自高皇帝不能以是一岁为安，故臣知陛下之不能也。然尚有可诿者，曰疏，⑩臣请试言其亲者。假令悼惠王王齐，元王王楚，中子王赵，幽王王淮阳，共王王梁，⑪灵王王燕，厉王王淮南，六七贵人皆亡恙，当是时陛下即位，能为治虖？臣又知陛下之不能也。若此诸王，虽名为臣，实皆有布衣昆弟之心，⑫虑亡不帝制而天子自为者。⑬擅爵人，赦死罪，⑭甚者或戴黄屋，⑮汉法令非行也。虽行不轨如厉王者，令之不肯听，召之安可致乎！⑯幸而来至，法安可得加！动一亲戚，天下圜视而起，⑰陛下之臣虽有悍如冯敬者，⑱适启其口，匕首已陷其匈矣。⑲陛下虽贤，谁与领此？⑳故疏者必危，亲者必乱，已然之效也。其异姓负强而动者，汉已幸胜之矣，又不易其所以然。同姓袭是迹而动，㉑既有征矣，㉒其势尽又复然。殃旤之变，未知所移，㉓明帝处之尚不能以安，后世将如之何！

①孟康曰："蔧音卫。日中盛者，必暴蔧也。"臣瓒曰："太公曰'日中不蔧，是谓失时；操刀不割，失利之期。'言当及时也。"师古曰："此语见《六韬》。蔧谓暴晒之也。晒音所智反，又音所懈反。"

②应劭曰："抗其头而刭之也。"师古曰："堕，毁也。抗，举也。刭，割颈也。堕音火规反。刭音工鼎反。"

③师古曰："曩，久也。谓昔时。"

④师古曰："无恙，言无忧病。"

⑤师古曰："殽，杂也。并音步鼎反。"

⑥应劭曰："礼，卿大夫之支子为侧室。席，大也。"臣瓒曰："席，藉也。言非有侧室之势为之资藉也。"师古曰："瓒说是也。"

⑦师古曰："廑与仅同。廑，劣也，言才得舍人。"

⑧师古曰："悳，古德字。渥，厚也，音握。"

⑨师古曰："角，校也，竞也。"

⑩孟康曰："诿，累也。以疏为累，言不以国也。"蔡谟曰："诿者，托也。尚可托言信、越等以疏故反，故其下句曰'臣请试言其亲者'。亲者亦恃强为乱，明信等不以疏也。"师古曰："蔡说是矣。诿音女瑞反。"

⑪师古曰："共读曰恭。"

⑫师古曰："自以为于天子为昆弟，而不论君臣之义。"

⑬师古曰："虑，大计也，言诸侯皆欲同皇帝之制度，而为天子之事。"

⑭师古曰："擅，专也。"

⑮师古曰："天子车盖之制。"

⑯师古曰："不轨，谓不修法制也。致，至也。"

⑰应劭曰："圜，精正视也。"师古曰："言惊愕也。"

⑱如淳曰："冯无择子，名忠直，为御史大夫，奏淮南厉王诛之。"师古曰："悍，勇也。"

⑲师古曰："始欲发言节制诸侯王，则为刺客所杀。"

⑳师古曰："领，理也。"

㉑师古曰："易其所以然，谓改其法制使不然。"

㉒师古曰："征，证验也。"

㉓师古曰："骩，古祸字。"

屠牛坦一朝解十二牛，①而芒刃不顿者，②所排击剥割，皆众理解也。③至于髋髀之所，非斤则斧。④夫仁义恩厚，人主之芒刃也；权势法制，人主之斤斧也。今诸侯王皆众髋髀也，释斤斧之用，而欲婴以芒刃，⑤臣以为不缺则折。胡不用之淮南、济北？势不可也。⑥

①苏林曰："孔子时人也。"师古曰："坦，屠牛者之名也。事见《管子》。"

②师古曰："芒刃，谓刃之利如豪芒也。顿读曰钝。"

③师古曰："解，支节也，音胡懈反。"

④师古曰："髀，股骨也。髋，髀上也。言其骨大，故须斤斧也。髋音宽。髀音陛，又音必尔反。"

⑤师古曰："婴，绕也。"

⑥晋灼曰："(一)〔二〕国皆反诛。[5]何不施之仁恩？势不可故也。"

臣窃迹前事,① 大抵强者先反。淮阴王楚最强,则最先反;韩信倚胡,则又反;② 贯高因赵资,则又反;陈豨兵精,则又反;彭越用梁,则又反;③ 黥布用淮南,则又反;卢绾最弱,最后反。长沙乃在二万五千户耳,功少而最完,势疏而最忠,非独性异人也,亦形势然也。曩令樊、郦、绛、灌据数十城而王,今虽以残亡可也;④ 令信、越之伦列为彻侯而居,虽至今存可也。⑤ 然则天下之大计可知已。⑥ 欲诸王之皆忠附,则莫若令如长沙王;欲臣子之勿菹醢,则莫若令如樊、郦等;欲天下之治安,莫若众建诸侯而少其力。力少则易使以义,国小则亡邪心。⑦ 令海内之势如身之使臂,臂之使指,莫不制从,诸侯之君不敢有异心,辐凑并进而归命天子,虽在细民,且知其安,故天下咸知陛下之明。割地定制,令齐、赵、楚各为若干国,⑧ 使悼惠王、幽王、元王之子孙毕以次各受祖之分地,⑨ 地尽而止,及燕、梁它国皆然。其分地众而子孙少者,建以为国,空而置之,须其子孙生者,举使君之。⑩ 诸侯之地其削颇入汉者,为徙其侯国及封其子孙也,⑪ 所以数偿之;一寸之地,一人之众,天子亡所利焉,⑫ 诚以定治而已,故天下咸知陛下之廉。地制壹定,宗室子孙莫虑不王,⑬ 下无倍畔之心,上无诛伐之志,⑭ 故天下咸知陛下之仁。法立而不犯,令行而不逆,贯高、利幾之谋不生,柴奇、开章之计不萌,⑮ 细民乡善,大臣致顺,⑯ 故天下咸知陛下之义。卧赤子天下之上而安,植遗腹,朝委裘,而天下不乱,⑰ 当时大治,后世诵圣。⑱ 壹动而五业附,陛下谁惮而久不为此?⑲

①师古曰:"寻前事之踪迹。"

②师古曰:"倚,依也,音于绮反。"

③晋灼曰:"用,役用之也。"

④晋灼曰:"事势可亡也。"师古曰:"曩亦谓昔时也。"

⑤晋灼曰:"事势可存。"

⑥师古曰:"已,语终辞。"

⑦师古曰:"使以义,使之遵礼义也。"

⑧师古曰:"若干,豫设数也。解在《食货志》。"

⑨师古曰:“分音扶问反,次下亦同。”

⑩师古曰:“须,待也。”

⑪师古曰:“徙其侯国,列侯国邑在诸侯王封内而犬牙相入者,则正其疆界,令其隔绝也。封其子孙者,分诸侯王之国邑,各自封其子孙,而受封之人若有罪黜,其地皆入于汉,故云颇入也。”

⑫师古曰:“偿者,谓所正列侯疆界,有侵诸侯王者,则汉偿之。”

⑬师古曰:“虑,计也。”

⑭师古曰:“倍读曰偝。”

⑮应劭曰:“柴奇、开章,皆与淮南王谋反者也。”

⑯师古曰:“乡读曰向。”

⑰服虔曰:“言天下安,虽赤子遗腹在位,犹不危也。”应劭曰:“置遗腹,朝委裘,皆未有所知也。”孟康曰:“委裘,若容衣,天子未坐朝,事先帝裘衣也。”师古曰:“应、孟二说皆是。”

⑱师古曰:“称诵其圣明。”

⑲师古曰:“惮,畏难也,音徒旦反。”

天下之势方病大瘇。①一胫之大几如要,一指之大几如股,②平居不可屈信,③一二指搐,身虑亡聊。④失今不治,必为锢疾,⑤后虽有扁鹊,不能为已。⑥病非徒瘇也,又苦跊盭。⑦元王之子,帝之从弟也;⑧今之王者,从弟之子也。惠王,亲兄子也;今之王者,兄子之子也。⑨亲者或亡分地以安天下,⑩疏者或制大权以偪天子,⑪臣故曰非徒病瘇也,又苦跊盭。可痛哭者,此病是也。

①如淳曰:“肿足曰瘇。”师古曰:“音上勇反。”

②师古曰:“几,并音巨依反。”

③师古曰:“信读曰伸。”

④师古曰:“搐谓动而痛也。聊,赖也。搐音丑六反。”

⑤师古曰:“锢疾,坚久之疾。”

⑥师古曰:“扁鹊,良医也。为,治也。已,语终辞。”

⑦师古曰:“跊,古蹠字也,音之石反。足下曰蹠,今所呼脚掌是也。盭,古戾字,言足蹠反戾,不可行也。”

⑧师古曰:“楚元王,高帝之弟,其子于文帝为从弟。”

⑨师古曰："惠王，齐悼惠王。"

⑩师古曰："广立蕃屏，则天下安，故曰以安天下。"

⑪师古曰："偪，古逼字。"

天下之势方倒县。凡天子者，天下之首，何也？上也。蛮夷者，天下之足，何也？下也。今匈奴嫚姗侵掠，至不敬也，①为天下患，至亡已也，②而汉岁致金絮采缯以奉之。夷狄征令，是主上之操也；③天子共贡，是臣下之礼也。④足反居上，首顾居下，⑤倒县如此，莫之能解，犹为国有人乎？⑥非亶倒县而已，⑦又类辟，且病痱。⑧夫辟者一面病，痱者一方痛。今西边北边之郡，虽有长爵不轻得复，⑨五尺以上不轻得息，⑩斥候望烽燧不得卧，⑪将吏被介胄而睡，⑫臣故曰一方病矣。医能治之，而上不使，⑬可为流涕者此也。

①师古曰："姗，古侮字。"

②师古曰："亡已，言不可止也。"

③师古曰："征，召也。令，号令也。操谓主上之所操持也。操音千高反。"

④师古曰："共读曰恭。"

⑤师古曰："顾亦反也，言如人反顾然。"

⑥师古曰："颠倒如此，而不能解救，岂谓国有明智之人乎？"

⑦师古曰："亶读曰但。"

⑧服虔曰："病(癖)〔辟〕，不能行也。"[6]师古曰："辟，足病。痱，风。辟音壁。痱音肥。"

⑨张晏曰："长爵，高爵也。虽受高爵之赏，犹将御寇，不得复除逸豫也。"苏林曰："轻，易也。不易得复除，言难也。"师古曰："复音方目反。"

⑩如淳曰："五尺谓小儿也。言无大小皆当自为战备。"

⑪文颖曰："边方备胡寇，作高土橹，橹上作桔皋，桔皋头兜零，以薪草置其中，常低之，有寇即火然举之以相告，曰烽。又多积薪，寇至即燃之，以望其烟，曰燧。"张晏曰："昼举烽，夜燔燧也。"师古曰："张说误也。昼则燔燧，夜则举烽。"

⑫师古曰："被音皮义反。"

⑬师古曰："医者，谊自谓。"

陛下何忍以帝皇之号为戎人诸侯，势既卑辱，而祸不息，长此安穷！①进谋者率以为是，固不可解也，亡具甚矣。②臣窃料匈奴之众，③不过汉一大县，以天下之大困于一县之众，甚为执事者羞之。陛下何不试以臣为属国之官以主匈奴？行臣之计，请必系单于之颈而制其命，伏中行说而笞其背，④举匈奴之众唯上之令。⑤今不猎猛敌而猎田彘，不搏反寇而搏畜菟，玩细娱而不图大患，非所以为安也。德可远施，威可远加，而直数百里外威令不信，⑥可为流涕者此也。

①师古曰："言长养此患，将何所穷极也。"

②师古曰："无治安之具。"

③师古曰："料，量也，音聊。"

④郑氏曰："说，奄人也，汉使送公主妻匈奴，说不肯行，强之，因以汉事告匈奴也。"师古曰："中行，姓也。说，名也。行音胡刚反。说读曰悦。中行说事具在《匈奴传》。"

⑤师古曰："听天子之命。"

⑥师古曰："信读曰伸。"

今民卖僮者，①为之绣衣丝履偏诸缘，②内之闲中，③是古天子后服，所以庙而不宴者也，④而庶人得以衣婢妾。白縠之表，薄纨之里，緁以偏诸，⑤美者黼绣，⑥是古天子之服，今富人大贾嘉会召客者以被墙。⑦古者以奉一帝一后而节适，⑧今庶人屋壁得为帝服，倡优下贱得为后饰，然而天下不屈者，殆未有也。⑨且帝之身自衣皂绨，⑩而富民墙屋被文绣；天子之后以缘其领，庶人孽妾缘其履：⑪此臣所谓舛也。夫百人作之不能衣一人，⑫欲天下亡寒，胡可得也？一人耕之，十人聚而食之，欲天下亡饥，不可得也。饥寒切于民之肌肤，欲其亡为奸邪，不可得也。国已屈矣，⑬盗贼直须时耳，⑭然而献计者曰"毋动"，⑮为大耳。⑯夫俗至大不敬也，至亡等也，⑰至冒上也，⑱进计者犹曰"毋为"，可为长太息者此也。

①如淳曰："僮谓隶妾也。"

②服虔曰："如牙条以作履缘。"师古曰："偏诸，若今之织成以为要襻及褾领者也。古谓之车马裙，其上为乘车及骑从之象也。"

③服虔曰："闲，卖奴婢阑。"

④师古曰："入庙则服之，宴处则不著，盖贵之也。"

⑤晋灼曰："以偏诸緁著衣也。"师古曰："緁音妾，谓以偏诸缏著之也。缏音步千反。"

⑥师古曰："黼者，织为斧形。绣者，刺为众文。"

⑦师古曰："被音皮义反。"

⑧师古曰："得其节而合宜。"

⑨师古曰："屈谓财力尽也，音其勿反。"

⑩师古曰："绨，厚缯也，音徒奚反。"

⑪师古曰："蘖，庶贱者。"

⑫师古曰："衣音于既反。"

⑬师古曰："屈音其勿反。"

⑭师古曰："言待时而发。"

⑮师古曰："言天下安，不可动摇。"

⑯如淳曰："好为大语者。"

⑰师古曰："无尊卑之差。"

⑱师古曰："冒，犯也。"

商君遗礼义，弃仁恩，①并心于进取，行之二岁，秦俗日败。故秦人家富子壮则出分，家贫子壮则出赘。②借父耰鉏，虑有德色；③母取箕帚，立而谇语。④抱哺其子，与公併倨；⑤妇姑不相说，则反唇而相稽。⑥其慈子耆利，不同禽兽者亡几耳。⑦然并心而赴时，犹曰蹶六国，兼天下。⑧功成求得矣，⑨终不知反廉愧之节，仁义之厚。⑩信并兼之法，遂进取之业，⑪天下大败；众掩寡，智欺愚，勇威怯，壮陵衰，其乱至矣。是以大贤起之，威震海内，德从天下。⑫曩之为秦者，今转而为汉矣。然其遗风馀俗，犹尚未改。今世以侈靡相竞，而上亡制度，弃礼谊，捐廉耻，日甚，可谓月异而岁不同矣。逐利不耳，虑非顾行也，⑬今其甚者杀父兄矣。盗者剟寝户之帘，⑭搴两庙之器，⑮白昼大都之中剽吏而夺之金。⑯矫伪者出几十万石粟，⑰赋六百馀万钱，乘传而行郡国，⑱此其亡行义之(先)〔尤〕至者也。[7]而大臣特以簿书不报，期会之间，以为大故。⑲至于俗流失，世坏败，因恬而不知怪，⑳虑不动于耳目，以为是适然耳。㉑夫移风易俗，使天下回心而乡道，类非俗吏之所能为也。㉒俗吏之所务，在于刀笔筐箧，㉓而不知大(礼)〔体〕。[8]陛下又不自忧，窃为陛下惜之。

①师古曰："谓商鞅。"

②应劭曰："出作赘婿也。"师古曰："谓之赘婿者，言其不当出在妻家，亦犹人身体之有疣赘，非应所有也。一说，赘，质也，家贫无有聘财，以身为质也。赘音之锐反。分音扶问反。"

③师古曰："耰，摩田器也，言以耰及钼借与其父，而容色自矜为恩德也。耰音忧。"

④服虔曰："谇犹骂也。"张晏曰："谇，责让也。"师古曰："张说是也。谇音碎。"

⑤师古曰："哺，饲也。言妇抱子而哺之，乃与其舅併倨，无礼之甚也。哺音步。併音步鼎反。"

⑥应劭曰："稽，计也，相与计校也。"师古曰："说音悦。稽音工奚反。"

⑦师古曰："唯有慈爱其子而贪嗜财利，小异于禽兽也。无几，言不多也。几音居岂反。"

⑧苏林曰："蹶音厥。"师古曰："蹶谓拔而取之。"

⑨师古曰："求得，所求者得也。"

⑩师古曰："反，还也。"

⑪师古曰："信读曰伸，一曰信任。"

⑫师古曰："大贤谓高祖也。德从天下，天下从其德。"

⑬师古曰："言其所追赴，唯计利与不耳。念虑之中，非顾行之善恶也。"

⑭师古曰："剟谓割取之也。室有东西箱曰庙，无东西箱曰寝，盖谓陵上之寝。剟音辍。"

⑮如淳曰："搴，取也。两庙，高祖、惠帝庙也。"师古曰："搴，拔也，音骞，又音蹇。"

⑯师古曰："白昼，昼日也。言白者，谓不阴晦也。剽，劫也，音频妙反。"

⑰服虔曰："吏矫伪征发，盈出十万石粟。"师古曰："服说非也。几，近也。言诈为文书，以出仓粟近十万石耳。非谓征发于下也。几音巨依反。"

⑱如淳曰："此言富者出钱谷，得高爵，或乃为使者，乘传车循行郡国，以为荣也。"师古曰："如说亦非也。此又言矫伪之人诈为诏令，妄作赋敛，其数甚多，又诈乘传而行郡国也。行音下更反。"

⑲师古曰："特，徒也。言公卿大臣特以簿书期会为急，不知正风俗、厉行义也。"

⑳师古曰："恬，安也，音徒兼反。"

㉑师古曰："适，当也，谓事理当然。"

㉒师古曰："乡读曰向。"

㉓师古曰："刀所以削书札。筐箧所以盛书。"

夫立君臣，等上下，使父子有礼，六亲有纪，①此非天之所为，人之所设也。夫人之所设，不为不立，不植则僵，不修则坏。②《筦子》曰：③"礼义廉耻，是谓四维；四维不张，国乃灭亡。"使筦子愚人也则可，筦子而少知治体，则是岂可不为寒心哉！④秦灭四维而不张，故君臣乖乱，六亲殃戮，奸人并起，万民离叛，凡十三岁，〔而〕社稷为虚。⑤[9]今四维犹未备也，故奸人幾幸，而众心疑惑。⑥岂如今定经制，⑦令君君臣臣，⑧上下有差，父子六亲各得其宜，奸人亡所幾幸，而群臣众信，上不疑惑！⑨此业壹定，世世常安，而后有所持循矣。⑩若夫经制不定，是犹度江河亡维楫，⑪中流而遇风波，船必覆矣。⑫可为长太息者此也。

①师古曰："纪，(礼)〔理〕也。"[10]

②师古曰："植，建也。僵，偃也，音疆。"

③师古曰："筦与管同。管子，管仲也。"

④师古曰："若以管子为愚人，其言不实，则无礼义廉耻可也。若以管子为微识治体，则当寒心而忧之。"

⑤师古曰："虚读曰墟，谓丘墟。"

⑥师古曰："幾读曰冀。次下亦同。"

⑦师古曰："经，常也。"

⑧师古曰："君为君德，臣为臣道。"

⑨师古曰："众信谓共为忠信也。"

⑩师古曰："执持而顺行之。"

⑪师古曰："维所以系船，楫所以刺船也。《诗》曰'绋缡维之'。楫音集，又音接。"

⑫师古曰："覆音芳目反。"

夏为天子，十有馀世，而殷受之。殷为天子，二十馀世，而周受之。周为天子，三十馀世，而秦受之。秦为天子，二世而亡。人性不甚相远也，①何三代之君有道之长，而秦无道之暴也？其故可知也。古之王者，太子乃生，固举以礼，②使士负之，有司齐肃端冕，③见之南郊，见于天也。④过阙则下，过庙则趋，孝子之道也。故自为赤子而教固已行矣。⑤昔者成王幼在襁抱之中，召公为太保，周公为太傅，太公为太师。保，保其身体；傅，傅之德(意)〔义〕；[11]师，道之教训：⑥此三公之职也。于是为置三少，皆上大夫也，曰少保、少傅、少师，是与太子宴者也。⑦故乃孩提有识，三公、三少固明孝仁礼义以道习之，⑧逐去邪人，不使见恶行。于是皆选天下之端士⑨孝悌博闻有道术者以卫翼之，⑩使与太子居处出入。故太子乃生而见正事，闻正言，行正道，左右前后皆正人也。夫习与正人居之，不能毋正，犹生长于齐不能不齐言也；习与不正人居之，不能毋不正，犹生长于楚之地不能不楚言也。故择其所耆，必先受业，乃得尝之；⑪择其所乐，必先有习，乃得为之。孔子曰："少成若天性，习贯如自然。"⑫及太子少长，知妃色，⑬则入于学。学者，所学之官也。⑭《学礼》曰："帝入东学，上亲而贵仁，则亲疏有序而恩相及矣；帝入南学，上齿而贵信，则长幼有差而民不诬矣；帝入西学，上贤而贵德，则圣智在位而功不遗矣；帝入北学，上贵而尊爵，则贵贱有等而下不隃矣；⑮帝入太学，承师问道，退习而考于太傅，太傅罚其不则而匡其不及，⑯则德智长而治道得矣。此五学者既成于上，则百姓黎民化辑于下矣。"⑰及太子既冠成人，免于保傅之严，则有记过之史，⑱彻膳之宰，⑲进善之旌，⑳诽谤之木，㉑敢谏之鼓。㉒瞽史诵诗，工诵箴谏，㉓大夫进谋，士传民语。习与智长，故切而不愧；㉔化与心成，故中道若性。三代之礼：春朝朝日，秋暮夕月，所以明有敬也；㉕春秋入学，坐国老，执酱而亲馈之，㉖所以明有孝也；行以鸾和，㉗步中《采齐》，㉘趣中《肆夏》，㉙所以明有度也；其于禽兽，见其生不食其死，闻其声不食其肉，故远庖厨，所以长恩，且明有仁也。㉚

①师古曰："远音于万反。"

②师古曰："乃，始也。"

③师古曰："齐读曰斋。"

④师古曰："见音胡电反。"

⑤师古曰："赤子，言其新生未有眉发，其色赤。"

⑥师古曰："保，安也。傅，辅也。道读曰导。其下亦同。"

⑦师古曰："宴谓安居。"

⑧师古曰："孩，小儿也。提谓提撕之。"

⑨师古曰："端，正也，直也。"

⑩师古曰："悌音徒继反。"

⑪师古曰："耆读曰嗜。"

⑫师古曰："贯亦习也，音工宦反。"

⑬师古曰："妃色，妃匹之色。"

⑭师古曰："官谓官舍。"

⑮师古曰："隃与逾同，谓越制。"

⑯师古曰："则，法也。匡，正也。"

⑰师古曰："辑与集同。辑，和也。"

⑱师古曰："有过则记。"

⑲师古曰："有阙则谏。"

⑳师古曰："进善言者，立于旌下。"

㉑师古曰："讥恶事者，书之于木。"

㉒师古曰："欲显谏者则击鼓。"

㉓师古曰："瞽，无目者也。工，习乐者也。"

㉔师古曰："每被切磋，故无大过可耻愧之事。"

㉕师古曰："朝日以朝，夕月以暮，皆迎其初出也。下朝音直遥反。"

㉖师古曰："馈字与馈同。"

㉗师古曰："鸾和，车上铃也，解在《礼乐志》。"

㉘师古曰："乐诗名也。字或作荠，又作茨，并音(律)〔才〕私反。"[12]

㉙师古曰："亦乐诗名。趣读曰趋。趋，疾步也。凡此中者，谓与其节相应也，并音竹仲反。"

㉚师古曰："远音于万反。长音竹两反。"

夫三代之所以长久者，以其辅翼太子有此具也。及秦而不然。其俗固非贵辞让也，所上者告讦也；① 固非贵礼义也，所上者刑罚也。使赵高傅胡亥而教之狱，所习者非斩劓人，则夷人之三族也。故胡亥今日即位而明日射人，忠谏者谓之诽谤，深计者谓之妖言，其视杀人若艾草菅然。② 岂惟胡亥之性恶哉？彼其所以道之者非其理故也。③

①师古曰："讦谓面相斥罪也，音居谒反。"

②师古曰："艾读曰刈。菅，茅也，音奸。"

③师古曰："道读曰导。"

鄙谚曰："不习为吏，视已成事。"又曰："前车覆，后车诫。"夫三代之所以长久者，其已事可知也；① 然而不能从者，是不法圣智也。② 秦世之所以亟绝者，其辙迹可见也；③ 然而不避，是后车又将覆也。夫存亡之变，治乱之机，其要在是矣。天下之命，县于太子；太子之善，在于早谕教与选左右。④ 夫心未滥而先谕教，则化易成也；开于道术智谊之指，则教之力也。若其服习积贯，则左右而已。⑤ 夫胡、粤之人，生而同声，耆欲不异，⑥ 及其长而成俗，累数译而不能相通，行者〔有〕虽死而不相为者，⑦[13] 则教习然也。臣故曰选左右早谕教最急。夫教得而左右正，则太子正矣，太子正而天下定矣。《书》曰："一人有庆，兆民赖之。"⑧ 此时务也。

①师古曰："已事，已往之事。"

②师古曰:“法谓则而效之。”

③师古曰:“亟,急也,音居力反。车迹曰辙。”

④师古曰:“谕,晓告也。与犹及也。”

⑤师古曰:“贯音工宦反。”

⑥师古曰:“耆读曰嗜。”

⑦苏林曰:“言其人之行,不能易事相为处。”

⑧师古曰:“《周书》《吕刑》之辞也。一人,天子也。言天子有善,则兆庶获其利。”

凡人之智,能见已然,不能见将然。①夫礼者禁于将然之前,而法者禁于已然之后,是故法之所用易见,而礼之所为生难知也。若夫庆赏以劝善,刑罚以惩恶,先王执此之政,坚如金石,行此之令,信如四时,据此之公,无私如天地耳,岂顾不用哉?②然而曰礼云礼云者,贵绝恶于未萌,而起教于微眇,③使民日迁善远罪而不自知也。④孔子曰:“听讼,吾犹人也,必也使毋讼乎!”⑤为人主计者,莫如先审取舍;⑥取舍之极定于内,而安危之萌应于外矣。⑦安者非一日而安也,危者非一日而危也,皆以积渐然,不可不察也。人主之所积,在其取舍。以礼义治之者,积礼义;以刑罚治之者,积刑罚。刑罚积而民怨背,礼义积而民和亲。故世主欲民之善同,而所以使民善者或异。或道之以德教,或殴之以法令。⑧道之以德教者,德教洽而民气乐;殴之以法令者,法令极而民风哀。哀乐之感,祸福之应也。秦王之欲尊宗庙而安子孙,与汤武同,然而汤武广大其德行,六七百岁而弗失,秦王治天下,十馀岁则大败。此亡它故矣,汤武之定取舍审而秦王之定取舍不审矣。夫天下,大器也。今人之置器,置诸安处则安,置诸危处则危。天下之情与器亡以异,在天子之所置之。汤武置天下于仁义礼乐,而德泽洽,禽兽草木广裕,⑨德被蛮貊四夷,累子孙数十世,此天下所共闻也。秦王置天下于法令刑罚,德泽亡一有,而怨毒盈于世,下憎恶之如仇雠,祸几及身,子孙诛绝,⑩此天下之所共见也。是非其明效大验邪!人之言曰："听言之道，必以其事观之，则言者莫敢妄言。"今或言礼谊之不如法令，教化之不如刑罚，人主胡不引殷、周、秦事以观之也？⑪

①师古曰："将然，谓欲有其事。"

②师古曰："顾犹反也。"

③师古曰："眇，细小也。"

④师古曰："见善则迁，畏罪而离。"

⑤师古曰："《论语》载孔子之言也。言使吾听讼，与众人齐等，然能先以德义化之，使其无讼。"

⑥师古曰："取谓所择用也。舍谓所弃置也。"

⑦师古曰："极，中也。萌，始生也。"

⑧师古曰："道读曰导。敺与驱同。下皆类此。"

⑨师古曰："裕，饶也。"

⑩师古曰："几音巨依反。"

⑪师古曰："胡，何也。"

人主之尊譬如堂，群臣如陛，众庶如地。故陛九级上，廉远地，则堂高；①陛亡级，廉近地，则堂卑。高者难攀，卑者易陵，②理势然也。故古者圣王制为等列，内有公卿大夫士，外有公侯伯子男，然后有官师小吏，③延及庶人，等级分明，而天子加焉，故其尊不可及也。里谚曰："欲投鼠而忌器。"此善谕也。鼠近于器，尚惮不投，恐伤其器，况于贵臣之近主乎！④廉耻节礼以治君子，故有赐死而亡戮辱。是以黥劓之罪不及大夫，以其离主上不远也。礼不敢齿君之路马，蹴其刍者有罚；⑤见君之几杖则起，遭君之乘车则下，入正门则趋；君之宠臣虽或有过，刑戮之罪不加其身者，尊君之故也。此所以为主上豫远不敬也，⑥所以体貌大臣而厉其节也。⑦今自王侯三公之贵，皆天子之所改容而礼之也，古天子之所谓伯父、伯舅也，⑧而令与众庶同黥劓髡刖笞傌弃市之法，⑨然则堂不亡陛虖？被戮辱者不泰迫虖？⑩廉耻不行，大臣无乃握重权、大官而有徒隶亡耻之心乎？夫望夷之事，二世见当以重法者，⑪投鼠而不忌器之习也。

①师古曰："级，等也。廉，侧隅也。"
②师古曰："陵，乘也。"
③师古曰："官师，一官之长。"
④师古曰："近音其靳反。"
⑤师古曰："齿谓审其齿岁也。刍，所食之草也。蹴音千六反。"
⑥师古曰："远，离也。"
⑦师古曰："体貌，谓加礼容而敬之。"
⑧师古曰："天子呼诸侯长者，同姓则曰伯父，异姓则曰伯舅。伯，长也。"
⑨苏林曰："偶音骂。"
⑩师古曰："迫，迫天子也。"
⑪如淳曰："决罪曰当。阎乐杀二世于望夷宫，本由秦制无忌上之风也。"

臣闻之，履虽鲜不加于枕，冠虽敝不以苴履。①夫尝已在贵宠之位，天子改容而体貌之矣，吏民尝俯伏以敬畏之矣，今而有过，帝令废之可也，退之可也，赐之死可也，灭之可也；若夫束缚之，系緤之，②输之司寇，编之徒官，③司寇小吏詈骂而榜笞之，④殆非所以令众庶见也。夫卑贱者习知尊贵者之一旦吾亦乃可以加此也，⑤非所以习天下也，非尊尊贵贵之化也。夫天子之所尝敬，众庶之所尝宠，死而死耳，贱人安宜得如此而顿辱之哉！
①师古曰："苴者，履中之藉也，音子余反。"
②师古曰："緤谓以长绳系之也。緤音先列反。"
③师古曰："司寇，主刑罚之官。编，次列也。"
④师古曰："榜音彭。"
⑤苏林曰："知其有一旦之刑。"

豫让事中行之君，智伯伐而灭之，①移事智伯。及赵灭智伯，豫让衅面吞炭，②必报襄子，五起而不中。人问豫子，豫子曰："中行众人畜我，我故众人事之；智伯国士遇我，我故国士报之。"故此一豫让也，反君事雠，行若狗彘，已而抗节致忠，行出虖列士，人主使然也。故主上遇其大臣如遇犬马，彼将犬马自为也；如遇官徒，彼将官徒自为也。顽顿亡耻，③奊诟亡节，④廉耻不立，且不自好,⑤苟若而可,⑥故见利则逝,见便则夺。⑦主上有败,则因而挻之矣;⑧主上有患,则吾苟免而已,立而观之耳;有便吾身者,则欺卖而利之耳。人主将何便于此?⑨群下至众,而主上至少也,所托财器职业者粹于群下也。⑩俱亡耻,俱苟妄,则主上最病。故古者礼不及庶人,刑不至大夫,所以厉宠臣之节也。古者大臣有坐不廉而废者,不谓不廉,曰"簠簋不饰";⑪坐污秽淫乱男女亡别者,不曰污秽,曰"帷薄不修";坐罢软不胜任者,不谓罢软,曰"下官不职"。⑫故贵大臣定有其罪矣,犹未斥然正以谇之也,⑬尚迁就而为之讳也。故其在大谴大何之域者,⑭闻谴何则白冠氂缨,⑮盘水加剑,造请室而请罪耳,⑯上不执缚系引而行也。其有中罪者,闻命而自弛,⑰上不使人颈盭而加也。⑱其有大罪者,闻命则北面再拜,跪而自裁,⑲上不使捽抑而刑之也,⑳曰:"子大夫自有过耳!㉑吾遇子有礼矣。"遇之有礼,故群臣自憙;㉒婴以廉耻,故人矜节行。㉓上设廉耻礼义以遇其臣,而臣不以节行报其上者,则非人类也。故化成俗定,则为人臣者主耳忘身,㉔国耳忘家,公耳忘私,利不苟就,害不苟去,唯义所在。上之化也,故父兄之臣诚死宗庙,法度之臣诚死社稷,辅翼之臣诚死君上,守圄扞敌之臣诚死城郭封疆。故曰圣人有金城者,比物此志也。㉕彼且为我死,故吾得与之俱生;彼且为我亡,故吾得与之俱存;夫将为我危,故吾得与之皆安。㉖顾行而忘利,守节而仗义,故可以托不御之权,可以寄六尺之孤。㉗此厉廉耻行礼谊之所致也,主上何丧焉!㉘此之不为,而顾彼之久行,㉙故曰可为长太息者此也。㉚

①师古曰:"行音胡刚反。"

②郑氏曰:"衅,漆面以易貌。吞炭,以变声也。"师古曰:"衅,熏也,以毒药熏之。"

③师古曰:"顿读曰钝。"

④师古曰:"奊诟,谓无志分也。奊音胡结反。诟音后。"

⑤师古曰:"自好犹言自喜也。好音呼倒反。"

⑥师古曰:“若犹然。”

⑦师古曰:“逝,往也。”

⑧服虔曰:“音挻起。”师古曰:“挻音式延反。”

⑨师古曰:“此于人主为不便也。便音频面反。”

⑩苏林曰:“粹,纯也。言其势悉在群下。”

⑪师古曰:“簠簋,所以盛饭也。方曰簠,圆曰簋。簠音甫,又音扶。簋音轨。”

⑫师古曰:“罢,废于事也。软,弱也。罢读曰疲。软音人兖反。”

⑬师古曰:“謼,古呼字。”

⑭师古曰:“谴,责也。何,问也。域,界局也。”

⑮郑氏曰:“以毛作缨。白冠,丧服也。”

⑯应劭曰:“请室,请罪之室。”苏林曰:“音絜清。胡公《汉官》车驾出有请室令在前先驱,此官有别狱也。”如淳曰:“水性平,若己有正罪,君以平法治之也。加剑,当以自刎也。或曰,杀牲者以盘水取颈血,故示若此也。”师古曰:“应、如二说皆是。”

⑰师古曰:“中罪,非大非小也。弛,废也,自废而死。弛音式尔反。”

⑱苏林曰:“不戾其颈而亲加刀锯也。”师古曰:“盭,古戾字,音庐结反。”

⑲师古曰:“裁,谓自刑杀也。”

⑳师古曰:“捽,持头发也。抑谓按之也。捽音才兀反。”

㉑服虔曰:“子者,男子美号。”

㉒师古曰:“憙读曰喜,音许吏反。憙,好也,好为志气也。”

㉓师古曰:“婴,加也。矜,尚也。”

㉔孟康曰:“唯为主耳,不念其身。”

㉕李奇曰:“志,记也。凡此上陈廉耻之事,皆古记也。”如淳曰:“比谓比方也。使忠臣以死社稷之志,比于金城也。”师古曰:“二家之说皆非也。此言圣人厉此节行以御群下,则人皆怀德,戮力同心,国家安固不可毁,状若金城也。寻其下文,义可晓矣。”

㉖师古曰:“夫,夫人也,亦犹彼人耳。夫音扶。”

㉗应劭曰:“言念主忘身,忧国忘家,如此,可托权柄,不须复制御也。六尺之孤,未能自立者也。”

㉘师古曰:“如此则于主上无所失。”

㉙服虔曰："彼谓亡国也。"师古曰："顾，反也。久谓久行之也。言何不为投鼠忌器之法，而反久行无陛级之事。"

㉚师古曰："谊上疏言可为长太息者六，今此至三而止，盖史家直取其要切者耳。故下赞云掇其切于世事者著于传。"

是时丞相绛侯周勃免就国，人有告勃谋反，逮系长安狱治，卒亡事，复爵邑，故贾谊以此讥上。上深纳其言，养臣下有节。是后大臣有罪，皆自杀，不受刑。至武帝时，稍复入狱，自甯成始。

初，文帝以代王入即位，后分代为两国，立皇子武为代王，参为太原王，小子胜则梁王矣。后又徙代王武为淮阳王，而太原王参为代王，尽得故地。居数年，梁王胜死，亡子。谊复上疏曰：

陛下即不定制，如今之势，不过一传再传，①诸侯犹且人恣而不制，豪植而大强，②汉法不得行矣。陛下所以为蕃扞及皇太子之所恃者，唯淮阳、代二国耳。③代北边匈奴，与强敌为邻，能自完则足矣。而淮阳之比大诸侯，廑如黑子之著面，④适足以饵大国耳，⑤不足以有所禁御。方今制在陛下，制国而令子适足以为饵，岂可谓工哉！人主之行异布衣。布衣者，饰小行，竞小廉，以自托于乡党，人主唯天下安社稷固不耳。高皇帝瓜分天下以王功臣，反者如猬毛而起，⑥以为不可，故薪去不义诸侯而虚其国。⑦择良日，立诸子雒阳上东门之外，⑧毕以为王，⑨而天下安。故大人者，不牵小行，以成大功。

①服虔曰："一二传世也。"

②师古曰："植，立也。"

③师古曰："蕃(翰)〔扞〕得宜，则嗣王安固，[14]故云皇太子之所恃也。"

④师古曰："黑子，今所谓䵟子也。著音直略反。"

⑤师古曰："饵谓为其所吞食。"

⑥师古曰："猬，虫名也，其毛为刺，音谓。"

⑦如淳曰："不义诸侯，彭越、黥布等。"师古曰："薪读与芟同，谓芟刈之。"

⑧师古曰："诸侯国皆在关东，故于东门外立之也。东面最北出门曰上东门。"

⑨师古曰："毕犹尽。"

今淮南地远者或数千里，越两诸侯，①而县属于汉。②其吏民徭役往来长安者，自悉而补，中道衣敝，③钱用诸费称此，④其苦属汉而欲得王至甚，逋逃而归诸侯者已不少矣。其势不可久。臣之愚计，愿举淮南地以益淮阳，而为梁王立后，割淮阳北边二三列城⑤与东郡以益梁；不可者，可徙代王而都睢阳。梁起于新郪以北著之河，⑥淮阳包陈以南揵之江，⑦则大诸侯之有异心者，破胆而不敢谋。梁足以扞齐、赵，淮阳足以禁吴、楚，陛下高枕，终亡山东之忧矣，此二世之利也。⑧当今恬然，适遇诸侯之皆少，⑨数岁之后，陛下且见之矣。夫秦日夜苦心劳力以除六国之祸，今陛下力制天下，颐指如意，⑩高拱以成六国之祸，难以言智。苟身亡事，畜乱宿祸，孰视而不定，⑪万年之后，传之老母弱子，将使不宁，不可谓仁。臣闻圣主言问其臣而不自造事，⑫故使人臣得毕其愚忠。唯陛下财幸！⑬

①师古曰："越，过也。两诸侯，梁及淮阳。"

②师古曰："为县而属汉。"

③应劭曰："自悉其家资财，补缝作衣。"师古曰："悉，尽也。"

④师古曰："称音尺孕反。"

⑤孟康曰："列城，县。"

⑥师古曰："新郪，颍川县也。郪音千移反。著音直略反。"

⑦晋灼曰："包，取也。"如淳曰："揵谓立封界也。或曰，揵，接也。"师古曰："揵音巨偃反。"

⑧如淳曰："从谊言可二世安耳。"师古曰："言帝身及太子嗣位之时。"

⑨师古曰："恬，安也。少谓年少。"

⑩如淳曰："但动颐指麾，则所欲皆如意。"

⑪师古曰："畜读曰蓄。"

⑫师古曰："欲发言则问其臣。"

⑬师古曰："财与裁同。裁择而幸从其言。"

文帝于是从谊计，乃徙淮阳王武为梁王，北界泰山，西至高阳，得大县四十馀城；徙城阳王喜为淮南王，抚其民。

时又封淮南厉王四子皆为列侯。谊知上必将复王之也，上疏谏曰：“窃恐陛下接王淮南诸子，①曾不与如臣者孰计之也。淮南王之悖逆亡道，天下孰不知其罪？②陛下幸而赦迁之，自疾而死，天下孰以王死之不当？今奉尊罪人之子，适足以负谤于天下耳。③此人少壮，岂能忘其父哉？④白公胜所为父报仇者，大父与伯父、叔父也。⑤白公为乱，非欲取国代主也，发愤快志，剡手以冲仇人之匈，⑥固为俱靡而已。⑦淮南虽小，黥布尝用之矣，汉存特幸耳。⑧夫擅仇人足以危汉之资，于策不便。⑨虽割而为四，四子一心也。予之众，积之财，此非有子胥、白公报于广都之中，即疑有剸诸、荆轲起于两柱之间，⑩所谓假贼兵为虎翼者也。⑪愿陛下少留计！”

①孟康曰：“接音挟，挟持欲王淮南诸子也。”臣瓒曰：“谓以恩接待而王之。”师古曰：“二说皆非也。谓接今时当即王之，言不久也。接犹续也，犹今人言续复也。”

②师古曰：“悖，惑也，音布内反。”

③师古曰：“言若尊王其子，则是厉王无罪，汉枉杀之。”

④师古曰：“少壮，犹言稍长大。”

⑤师古曰：“白公，楚平王之孙，太子建之子也。大父即祖，谓平王也。伯父、叔父，平王(之)〔诸〕子也。[15]事见《春秋传》。”

⑥师古曰：“剡，利也，音弋(再)〔冉〕反。”[16]

⑦师古曰：“言与仇人俱灭毙也。靡，碎也，音武皮反。”

⑧师古曰：“言汉之胜布得存，此直天幸耳。”

⑨师古曰：“言假四子以资权，则当危汉。”

⑩师古曰：“剸诸刺吴王，荆轲刺秦皇。事见《春秋传》及《燕丹子》也。”

⑪应劭曰：“《周书》云‘无为虎傅翼，将飞入邑，择人而食之。’”

梁王胜坠马死，①谊自伤为傅无状，②常哭泣，后岁馀，亦死。贾生之死，年三十三矣。

①李奇曰：“《文三王传》言揖，此言胜，为有两名。”

②师古曰：“无善状。”

后四岁，齐文王薨，亡子。文帝思贾生之言，乃分齐为六国，尽立悼惠王子六人为王；又迁淮南王喜于城阳，而分淮南为三国，尽立厉王三子以王之。后十年，文帝崩，景帝立，三年而吴、楚、赵与四齐王合从举兵，①西乡京师，②梁王扞之，卒破七国。至武帝时，淮南厉王子为王者两国亦反诛。

①韦昭曰："四齐王，胶东、胶西、菑川、济南也。"师古曰："从音子容反。"

②师古曰："乡读曰向。"

孝武初立，举贾生之孙二人至郡守。贾嘉最好学，世其家。①

①师古曰："言继其家业。"

赞曰：刘向称"贾谊言三代与秦治乱之意，其论甚美，通达国体，虽古之伊、管未能远过也。①使时见用，功化必盛。为庸臣所害，甚可悼痛。"追观孝文玄默躬行以移风俗，②谊之所陈略施行矣。及欲改定制度，以汉为土德，色上黄，数用五，及欲试属国，施五饵三表以系单于，③其术固以疏矣。谊(以夭)〔亦夭〕年早终，〔17〕虽不至公卿，未为不遇也。凡所著述五十八篇，掇其切于世事者著于传云。④

①师古曰："伊，伊尹。管，管仲。"

②师古曰："躬行，谓身亲俭约之行也，自追观以下，并史家之词。"

③师古曰："《贾谊书》谓爱人之状，好人之技，仁道也；信为大操，常义也；爱好有实，已诺可期，十死一生，彼将必至：此三表也。赐之盛服车乘以坏其目；赐之盛食珍味以坏其口；赐之音乐妇人以坏其耳；赐之高堂邃宇府库奴婢以坏其腹；于来降者，上以召幸之，相娱乐，亲酌而手食之，以坏其心：此五饵也。"

④师古曰："掇，拾也，音丁活反。"

【校勘记】

〔1〕 嗟(若)〔苦〕先生， 王先谦说《史记》、《文选》"若"都作"苦"，据注文亦当作"苦"。

〔2〕 见细德之险(微)〔徵〕兮， 宋祁说浙本"微"作"徵"，作"微"者非是。

〔3〕 何足引持自贵(借)〔惜〕也。 宋祁说姚本“贵借”作“贵惜”。按景祐本作“贵惜”。

〔4〕 权势不(充)〔尤〕,则夸者悲。 景祐本作“尤”。《史记集解》引《庄子》亦作“尤”。

〔5〕 (一)〔二〕国皆反诛。 景祐、殿本都作“二”。王先谦说作“二”是。

〔6〕 病(癖)〔辟〕,不能行也。 王先谦说“癖”为“辟”之误。

〔7〕 此其亡行义之(先)〔尤〕至者也。 殿本作“尤”,景祐本亦作“先”。

〔8〕 而不知大(礼)〔体〕。 景祐、殿本都作“体”。王先谦说作“体”是。

〔9〕 凡十三岁,〔而〕社稷为虚。 景祐、殿本都有“而”字。

〔10〕 纪,(礼)〔理〕也。 景祐、殿本都作“理”。

〔11〕 傅,傅之德(意)〔义〕; 景祐、殿本都作“义”。王先谦说作“义”是。

〔12〕 并音(律)〔才〕私反。 景祐本作“才”。

〔13〕 行者〔有〕虽死而不相为者, 按景祐本作“行者有”,殿本作“行有”。

〔14〕 蕃(翰)〔扞〕得宜,则嗣王安固, 王先谦说“翰”当为“扞”之误。

〔15〕 伯父、叔父,平王(之)〔诸〕子也。 景祐、殿本都作“诸”。

〔16〕 音弋(再)〔冉〕反。 景祐、殿本都作“冉”,此误。

〔17〕 谊(以夭)〔亦夭〕年早终, 景祐、殿本都作“亦夭”。

汉书卷四十九

爰盎晁错传第十九

师古曰："晁，古朝字，其下作朝，盖通用耳。"

爰盎字丝。其父楚人也，①故为群盗，徙安陵。②高后时，盎为吕禄舍人。孝文即位，盎兄哙任盎为郎中。③

①师古曰："盎音一浪反。"

②师古曰："群盗者，群众相随而为盗也。"

③(师古)〔如淳〕曰：[1]"盎为兄所保任，故得为郎中也。"

绛侯为丞相，朝罢趋出，意得甚。①上礼之恭，常目送之。盎进曰："丞相何如人也？"上曰："社稷臣。"盎曰："绛侯所谓功臣，非社稷臣。社稷臣主在与在，主亡与亡。②方吕后时，诸吕用事，擅相王，刘氏不绝如带。③是时绛侯为太尉，本兵柄，④弗能正。吕后崩，大臣相与共诛诸吕，太尉主兵，适会其成功，所谓功臣，非社稷臣。丞相如有骄主色，陛下谦让，⑤臣主失礼，窃为陛下弗取也。"后朝，上益庄，丞相益畏。⑥已而绛侯望盎曰："吾与汝兄善，今儿乃毁我！"⑦盎遂不谢。

①师古曰："意甚自得也。"

②如淳曰："人主在时，与共治在时之事；人主虽亡，其法度存，当奉行之。高祖誓非刘氏不王，而勃等听王诸吕，是从生主之欲，不与亡者也。"

③师古曰："言微细也。"

④师古曰："执兵权之本。"

⑤师古曰："如，似也。"

⑥师古曰："庄，严也。"

⑦师古曰："望，责怨之也。"

及绛侯就国，人上书告以为反，征系请室，① 诸公莫敢为言，唯盎明绛侯无罪。绛侯得释，盎颇有力。绛侯乃大与盎结交。

①师古曰："请室，狱也，解在《贾谊传》。"

淮南厉王朝，杀辟阳侯，① 居处骄甚。盎谏曰："诸侯太骄必生患，可適削地。"② 上弗许。淮南王益横。③ 谋反发觉，上征淮南王，迁之蜀，槛车传送。盎时为中郎将，谏曰："陛下素骄之，弗稍禁，以至此，今又暴摧折之。淮南王为人刚，有如遇霜露行道死，陛下竟为以天下大弗能容，有杀弟名，奈何？"上不听，遂行之。

①师古曰："自国入朝而杀之。"

②师古曰："適读曰谪。"

③师古曰："横音胡孟反。"

淮南王至雍，病死，闻，① 上辍食，哭甚哀。② 盎入，顿首请罪。③ 上曰："以不用公言至此。"盎曰："上自宽，此往事，岂可悔哉！且陛下有高世行三，此不足以毁名。"上曰："吾高世三者何事？"盎曰："陛下居代时，太后尝病，三年，陛下不交睫解衣，④ 汤药非陛下口所尝弗进。夫曾参以布衣犹难之，今陛下亲以王者修之，过曾参远矣。诸吕用事，大臣颛制，⑤ 然陛下从代乘六乘传，驰不测渊，⑥ 虽贲育之勇不及陛下。⑦ 陛下至代邸，西乡让天子者三，南乡让天子者再。⑧ 夫许由一让，⑨ 陛下五以天下让，过许由四矣。且陛下迁淮南王，欲以苦其志，使改过，有司宿卫不谨，故病死。"于是上乃解，盎繇此名重朝廷。⑩

①师古曰："雍是扶风雍县也。闻，闻于天子也。"

②师古曰："辍，止也。"

③师古曰："自责以不强谏也。"

④师古曰："睫，目旁毛也。交睫，谓睡寐也。睫音接。"

⑤师古曰："颛与专同。"

⑥郑氏曰："大臣乱，乘传而赴之，故曰不测渊。"

⑦孟康曰："孟贲、夏育，皆古勇士也。"

⑧师古曰："乡读曰向。"

⑨师古曰："许由，古高士也。尧让天下于由，由不受也。"

⑩师古曰："繇读与由同。"

盎常引大体忼慨。宦者赵谈以数幸，常害盎，盎患之。盎兄子种为常侍骑，谏盎曰："君众辱之，后虽恶君，上不复信。"① 于是上朝东宫，赵谈骖乘，盎伏车前曰："臣闻天子所与共六尺舆者，皆天下豪英。今汉虽乏人，陛下独奈何与刀锯之馀共载！"于是上笑，下赵谈。谈泣下车。

①师古曰："恶谓谮毁之，言其过恶。"

上从霸陵上，欲西驰下峻阪，盎揽辔。① 上曰："将军怯邪？"盎言曰："臣闻千金之子不垂堂，② 百金之子不骑衡，③ 圣主不乘危，不徼幸。今陛下骋六飞，④ 驰不测山，有如马惊车败，陛下纵自轻，奈高庙、太后何？"上乃止。

①师古曰："擥与揽同。"

②师古曰："言富人之子则自爱也。垂堂，谓坐堂外边，恐坠堕也。"

③如淳曰："骑，倚也。衡，楼殿边栏楯也。"师古曰："骑谓跨之耳，非倚也。"

④如淳曰："六马之疾若飞也。"

上幸上林，皇后、慎夫人从。其在禁中，常同坐。① 及坐，郎署长布席，盎引却慎夫人坐。② 慎夫人怒，不肯坐。上亦怒，起。盎因前说曰："臣闻尊卑有序则上下和，今陛下既以立后，慎夫人乃妾，妾主岂可以同坐哉！且陛下幸之，则厚赐之。陛下所以为慎夫人，适所以祸之也。独不见'人豕'乎？"③ 于是上乃说，④ 入语慎夫人。慎夫人赐盎金五十斤。

①师古曰："同坐，谓所坐之处高下齐同，无差等也。"

②苏林曰："郎署，上林中直卫之署也。"如淳曰："盎时为中郎将，天子幸署，豫设供帐待之，故得却慎夫人坐也。"师古曰："却谓退而卑之也。坐音材卧反。"

③张晏曰："戚夫人也。"

④师古曰："说读曰悦。"

然盎亦以数直谏，不得久居中。调为陇西都尉，① 仁爱士卒，士卒皆争为死。迁齐相，徙为吴相。辞行，种谓盎曰："吴王骄日久，国多奸，今丝欲刻治，②彼不上书告君，则利剑刺君矣。南方卑湿，丝能日饮，亡何，说王毋反而已。③如此幸得脱。"盎用种之计，吴王厚遇盎。

①师古曰："调，选也，音徒钓反。"

②如淳曰："种称叔父字曰丝。"

③师古曰："无何，言更无馀事。"

盎告归，道逢丞相申屠嘉，下车拜谒，丞相从车上谢。盎还，愧其吏，①乃之丞相舍上谒，②求见丞相。丞相良久乃见。因跪曰："愿请间。"③丞相曰："使君所言公事，之曹与长史掾议之，吾且奏之；则私，吾不受私语。"盎即起说曰："君为相，自度孰与陈平、绛侯？"④丞相曰："不如。"盎曰："善，君自谓弗如。夫陈平、绛侯辅翼高帝，定天下，为将相，而诛诸吕，存刘氏；君乃为材官蹶张，迁为队帅，⑤积功至淮阳守，非有奇计攻城野战之功。且陛下从代来，每朝，郎官者上书疏，未尝不止辇受。其言不可用，置之；言可采，未尝不称善。何也？欲以致天下贤英士大夫，日闻所不闻，以益圣。⑥而君自闭箝天下之口，⑦而日益愚。夫以圣主责愚相，君受祸不久矣。"丞相乃再拜曰："嘉鄙人，乃不知，将军幸教。"引与入坐，为上客。

①师古曰："惭不见礼也。"

②师古曰："上谒，若今通名也。"

③师古曰："欲因间隙，私有所白也。"

④师古曰："度，计量也。与犹如也。"

⑤如淳曰："队帅，军中小官。"师古曰："帅音所类反。"

⑥师古曰："日日得闻异言也。"

⑦师古曰："箝，筞也，音其炎反。"

盎素不好晁错，错所居坐，盎辄避；盎所居坐，错亦避：两人未尝同堂语。及孝景即位，晁错为御史大夫，使吏案盎受吴王财物，抵罪，诏赦以为庶人。吴楚反闻，①错谓丞史曰：②"爰盎多受吴王金钱，专为蔽匿，言不反。今果反，欲请治盎，宜知其计谋。"丞史曰："事未发，治之有绝。③今兵西向，治之何益！且盎不宜有谋。"④错犹与未决。⑤人有告盎，盎恐，夜见窦婴，为言吴所以反，愿(致)〔至〕前，口对状。⑥〔2〕婴入言，上乃召盎。盎入见，竟言吴所以反，独急斩错以谢吴，吴可罢。上拜盎为泰常，窦婴为大将军。两人素相善。是时，诸陵长安中贤大夫争附两人，车骑随者日数百乘。

①师古曰："闻，闻于天子。"

②如淳曰："《百官表》御史大夫有两丞。丞史，丞及史也。"

③如淳曰："事未发之时，治之乃有所绝也。"

④如淳曰："盎大臣，不宜有奸谋。"

⑤师古曰："与读曰豫。"

⑥师古曰："至天子之前也。"

及晁错已诛，盎以泰常使吴。吴王欲使将，不肯。欲杀之，使一都尉以五百人围守盎军中。初，盎为吴相时，从史盗私盎侍儿。①盎知之，弗泄，遇之如故。人有告从史，"君知女与侍者通"，乃亡去。盎驱自追之，②遂以侍者赐之，复为从史。及盎使吴见守，从史适在守盎校为司马，③乃悉以其装赍买二石醇醪。④会天寒，士卒饥渴，饮醉西南陬卒，卒皆卧。⑤司马夜引盎起，曰："君可以去矣，吴王期旦日斩君。"盎弗信，曰："何为者?"司马曰："臣故为君从史盗侍儿者也。"盎乃惊，谢曰："公幸有亲，⑥吾不足絫公。"⑦司马曰："君弟去，⑧臣亦且亡，辟吾亲，⑨君何患!"乃以刀决帐，道从醉卒直出。⑩司马与分背，⑪盎解节旄怀之，⑫屐步行七十里，⑬明，见梁骑，驰去，遂归报。⑭

①文颖曰："婢也。"

②师古曰："驱驰而追，言疾速。"

③师古曰："为校中之司马，所领士卒，正当守盎。"

④师古曰："装赍，谓所赍衣物自随者也。醇者不杂，言其酞也。醪，汁滓合之酒也，音牢。"

⑤师古曰："陬，隅也。饮音于禁反。陬音子侯反，又音邹。"

⑥文颖曰："言汝有亲老。"

⑦师古曰："絫，古累字也，音力瑞反。"

⑧师古曰："弟，但也。"

⑨如淳曰："藏匿吾亲，不使遇害也。"晋灼曰："辟音避。"

⑩师古曰："于醉卒之处决帐而开，令通道得亡也。"

⑪师古曰："一时各去也。"

⑫如淳曰："不欲令人见。"

⑬如淳曰："著屐步行而逃亡。"

⑭文颖曰："梁骑将击吴楚者也。"师古曰："遇梁军之骑，遂因得脱，归报天子。"

吴楚已破，上更以元王子平陆侯礼为楚王，以盎为楚相。尝上书，不用。盎病免家居，与闾里浮湛，相随行斗鸡走狗。①洛阳剧孟尝过盎，盎善待之。安陵富人有谓盎曰："吾闻剧孟博徒，②将军何自通之？"盎曰："剧孟虽博徒，然母死，客送丧车千馀乘，此亦有过人者。且缓急人所有。③夫一旦叩门，不以亲为解，④不以在亡为辞，⑤天下所望者，独季心、剧孟。⑥今公阳从数骑，⑦一旦有缓急，宁足恃乎！"遂骂富人，弗与通。诸公闻之，皆多盎。⑧

①师古曰："湛读曰沉。"

②服虔曰："博戏之徒也。"

③师古曰："凡人在生，不能无缓急之事。"

④张晏曰："不语云亲不听也。"臣瓒曰："凡人之于赴难济厄，多以有父母为解，而孟兼行之。"师古曰："瓒说是也。解者，若今言分疏矣。"

⑤师古曰："或实在家，而辞云不在。"

⑥文颖曰："心，季布弟也。"

⑦邓展曰："阳，外也。"晋灼曰："阳犹常也。"师古曰："邓说是也。"

⑧师古曰："多犹重。"

盎虽居家，景帝时时使人问筹策。梁王欲求为嗣，盎进说，其后语塞。①梁王以此怨盎，使人刺盎。刺者至关中，问盎，称之皆不容口。②乃见盎曰："臣受梁王金刺君，君长者，不忍刺君。然后刺者十馀曹，③备之！"盎心不乐，家多怪，乃之棓生所问占。④还，梁刺客后曹果遮刺杀盎安陵郭门外。

①师古曰："塞，不行也。"

②师古曰："称美其德，口不能容也。"

③如淳曰："曹，辈也。"

④苏林曰："音梧。"文颖曰："音陪，秦时贤士善术者也。"师古曰："苏音文说是。"

晁错，颍川人也。①学申商刑名于轵张恢生所，②与洛阳宋孟及刘带同师。以文学为太常掌故。③

①晋灼曰："音厝置之厝。"师古曰："据《申屠嘉傳序》云'责通请错，匪躬之故'，以韵而言，晋音是也。潘岳《西征赋》乃读为错杂之错，不可依也。"

②师古曰："轵县之儒生姓张名恢，错从之受申商法也。"

③应劭曰："掌故，六百石吏，主故事。"

错为人陗直刻深。①孝文时，天下亡治《尚书》者，独闻齐有伏生，故秦博士，治《尚书》，年九十馀，老不可征。乃诏太常，使人受之。太常遣错受《尚书》伏生所，还，因上书称说。②诏以为太子舍人，门大夫，③迁博士。又上书言："人主所以尊显，功名扬于万世之后者，以知术数也。④故人主知所以临制臣下而治其众，则群臣畏服矣；知所以听言受事，则不欺蔽矣；知所以安利万民，则海内必从矣；知所以忠孝事上，则臣子之行备矣：此四者，臣窃为皇太子急之。人臣之议或曰皇太子亡以知事为也，⑤臣之愚，诚以为不然。窃观上世之君，不能奉其宗庙而劫杀于其臣者，皆不知术数者也。(皇太子所读书多矣，而未深知术数者也。)[3]皇太子所读书多矣，而未深知术数者，不问书说也。⑥夫多诵而不知其说，所谓劳苦而不为功。臣窃观皇太子材智高奇，驭射伎艺过人绝远，然于术数未有所守者，以陛下为心也。⑦窃愿陛下幸择圣人之术可用今世者，以赐皇太子，因时使太子陈明于前。唯陛下裁察。"上善之，于是拜错为太子家令。⑧以其辩得幸太子，太子家号曰"智囊"。⑨

①师古曰："陗字与峭同。峭谓峻陿也，音千笑反。"

②师古曰："称师法而说其义。"

③师古曰："初为舍人，又为门大夫。"

④张晏曰："术数，刑名之书也。"臣瓒曰："术数谓法制，治国之术也。"师古曰：

"瓒说是也。公孙弘云'擅生杀之力,通壅塞之途,权轻重之数,论得失之道,使远近情伪必见于上,谓之术。'此与错所言同耳。"

⑤师古曰:"言何用知事。"

⑥师古曰:"说谓所说之义也。"

⑦张晏曰:"若伯鱼须仲尼教,乃读《诗》《书》也。"

⑧臣瓒曰:"《茂陵中书》太子家令秩八百石。"

⑨师古曰:"言其一身所有皆是智算,若囊橐之盛物也。"

是时匈奴强,数寇边,上发兵以御之。错上言兵事,曰:

臣闻汉兴以来,胡虏数入边地,小入则小利,大入则大利;高后时再入陇西,攻城屠邑,敺略畜产;①其后复入陇西,杀吏卒,大寇盗。窃闻战胜之威,民气百倍;②败兵之卒,没世不复。③自高后以来,陇西三困于匈奴矣,民气破伤,亡有胜意。今兹陇西之吏,赖社稷之神灵,奉陛下之明诏,和辑士卒,底厉其节,④起破伤之民以当乘胜之匈奴,用少击众,杀一王,败其众而(法曰)大有利。[4]非陇西之民有勇怯,乃将吏之制巧拙异也。故兵法曰:"有必胜之将,无必胜之民。"繇此观之,⑤安边境,立功名,在于良将,不可不择也。

①师古曰:"敺与驱同。"

②师古曰:"益奋厉也。"

③师古曰:"永挫折也。"

④师古曰:"辑与集同。底与砥同。"

⑤师古曰:"繇读与由同。"

臣又闻用兵,临战合刃之急者三:①一曰得地形,二曰卒服习,三曰器用利。兵法曰:丈五之沟,渐车之水,②山林积石,经川丘阜,③屮木所在,④此步兵之地也,车骑二不当一。土山丘陵,曼衍相属,⑤平原广野,此车骑之地,步兵十不当一。平陵相远,川谷居间,⑥仰高临下,此弓弩之地也,短兵百不当一。两陈相近,平地浅(草)〔屮〕,[5]可前可后,此长戟之地也,剑楯三不当一。(萑)〔萑〕苇竹萧,⑦[6]屮木蒙茏,支叶茂接,⑧此矛铤之地也,⑨长戟二不当一。

曲道相伏，险陒相薄，此剑楯之地也，弓弩三不当一。士不选练，卒不服习，起居不精，动静不集，⑩趋利弗及，避难不毕，前击后解，与金鼓之(音)〔指〕相失，⑪[7]此不习勒卒之过也，百不当十。兵不完利，与空手同；甲不坚密，与袒裼同；⑫弩不可以及远，与短兵同；射不能中，与亡矢同；中不能入，与亡镞同：⑬此将不省兵之祸也，⑭五不当一。故兵法曰：器械不利，以其卒予敌也；卒不可用，以其将予敌也；将不知兵，以其主予敌也；君不择将，以其国予敌也。四者，(国)〔兵〕之至要也。[8]

①师古曰："合刃，谓交兵。"

②师古曰："渐读曰瀸，谓浸也，音子廉反。"

③师古曰："经川，常流之水也。大陆曰阜。"

④师古曰："屮，古草字。"

⑤师古曰："曼衍，犹联延也。属，续也。衍音弋战反。属音之欲反。"

⑥师古曰："远，离也。"

⑦师古曰："(雚乱)〔萑，薍〕也。[9]苇，葭也。萧，蒿也。萑音完。"

⑧师古曰："蒙茏，覆蔽之貌也。茏音来东反。"

⑨师古曰："铤，铁把短矛也，音上延反。"

⑩师古曰："集，齐也。"

⑪师古曰："金，金钲也。鼓所以进众，金所以止众也。"

⑫应劭曰："袒裼，肉袒也。"师古曰："裼音锡。"

⑬师古曰："镞，矢锋也，音子木反。"

⑭师古曰："省，视也。"

臣又闻小大异形，强弱异势，险易异备。①夫卑身以事强，小国之形也；合小以攻大，敌国之形也；②以蛮夷攻蛮夷，中国之形也。③今匈奴地形技艺与中国异。上下山阪，出入溪涧，中国之马弗与也；④险道倾仄，且驰且射，⑤中国之骑弗与也；风雨罢劳，饥渴不困，⑥中国之人弗与也：此匈奴之长技也。若夫平原易地，轻车突骑，⑦则匈奴之众易挠乱也；⑧劲弩长戟，射疏及远，⑨则匈奴之弓弗能格也；坚甲利刃，长短相杂，游弩往来，什伍俱前，⑩则匈奴之兵弗能当也；材官驺发，矢道同的，⑪则匈奴之革笥木荐弗能支也；⑫下马地斗，剑戟相接，去就相薄，⑬则匈奴之足弗能给也：⑭此中国之长技也。以此观之，匈奴之长技三，中国之长技五。陛下又兴数十万之众，以诛数万之匈奴，众寡之计，以一击十之术也。

①师古曰："易，平也，音弋豉反。"

②师古曰："彼我力均，不能相胜，则须连结外援共制之也。"

③师古曰："不烦华夏之兵，使其同类自相攻击也。"

④师古曰："与犹如。"

⑤师古曰："仄，古侧字。"

⑥师古曰："罢读曰疲。"

⑦师古曰："易亦平也。突骑，言其骁锐可用冲突敌人也。"

⑧师古曰："挠，搅也，音火高反，其字从手。一曰，桡，曲也，弱也，音女教反，其字从木。"

⑨师古曰："疏亦阔远也。"

⑩师古曰："五人为伍，二伍为什。"

⑪苏林曰："驺音马骤之骤。"如淳曰："驺，矢也。处平易之地可以矢相射也。"臣瓒曰："材官，骑射之官也。射者驺发，其用矢者同中一的，言其工妙也。"师古曰："驺谓矢之善者也。《春秋左氏传》作菆字，其音同耳。材官，有材力者。驺发，发驺矢以射也。手工矢善，故中则同的。的谓所射之准臬也。苏音失之矣。臬音牛列反，即谓棷也。"

⑫孟康曰："革笥，以皮作如铠者被之。木荐，以木板作如楯。一曰，革笥若楯，木荐之以当人心也。"师古曰："一说非也。笥音息嗣反。"

⑬师古曰："薄，迫也。"

⑭师古曰："给谓相连及。"

虽然，兵，凶器；战，危事也。以大为小，以强为弱，在俛卬之间耳。①夫以人之死争胜，跌而不振，②则悔之亡及也。帝王之道，出于万全。今降胡义渠蛮夷之属来归谊者，其众数千，饮食长技与匈奴同，可赐之坚甲絮衣，劲弓利矢，益以边郡之良骑。令明将能知其习俗和辑其心者，③以陛下之明约将之。即有险阻，以此当之；

平地通道，则以轻车材官制之。两军相为表里，各用其长技，衡加之以众，④此万全之术也。

①师古曰："言不知其术，则虽大必小，虽强必弱也。俛亦俯字。卬读曰仰。"

②服虔曰："蹉跌不可复起也。"师古曰："跌，足失据也。跌音徒结反。"

③师古曰："辑与集同也。"

④张晏曰："衡音横。"师古曰："衡即横耳，无劳借音。"

传曰："狂夫之言，而明主择焉。"臣错愚陋，昧死上狂言，唯陛下财择。①

①师古曰："财与裁同也。"

文帝嘉之，乃赐错玺书宠答焉，曰："皇帝问太子家令：上书言兵体三章，闻之。①书言'狂夫之言，而明主择焉'，今则不然。言者不狂，而择者不明，国之大患，故在于此。使夫不明择于不狂，是以万听而万不当也。"

①李奇曰："三者，得地形，卒服习，器用利。"

错复言守边备塞，劝农力本，当世急务二事，曰：

臣闻秦时北攻胡貉，筑塞河上，①南攻杨粤，②置戍卒焉。其起兵而攻胡、粤者，非以卫边地而救民死也，贪戾而欲广大也，故功未立而天下乱。且夫起兵而不知其势，战则为人禽，屯则卒积死。夫胡貉之地，积阴之处也，木皮三寸，冰厚六尺，③食肉而饮酪，其人密理，鸟兽毳毛，④其性能寒。⑤杨粤之地少阴多阳，其人疏理，鸟兽希毛，其性能暑。秦之戍卒不能其水土，戍者死于边，输者偾于道。⑥秦民见行，如往弃市，因以谪发之，名曰"谪戍"。先发吏有谪及赘婿、贾人，后以尝有市籍者，又后以大父母、父母尝有市籍者，后入闾，取其左。⑦发之不顺，行者深怨，有背畔之心。凡民守战至死而不降北者，以计为之也。⑧故战胜守固则有拜爵之赏，攻城屠邑则得其财卤以富家室，故能使其众蒙矢石，赴汤火，⑨视死如生。今秦之发卒也，有万死之害，而亡铢两之报，死事之后不得一算之复，[10]天下明知祸烈及己也。[11]陈胜行戍，至于大泽，为天下先倡，[12]天下从之如流水者，秦以威劫而行之之敝也。

①师古曰："貉音莫客反。"

②张晏曰："杨州之南越也。"

③文颖曰："土地寒故也。"

④师古曰："密理，谓其肌肉也。毳，细毛也。"

⑤师古曰："能读曰耐。此下能暑亦同。"

⑥服虔曰："偾，仆也。"如淳曰："偾音奋。"

⑦孟康曰："秦时复除者居闾之左，后发役不供，复役之也。或云直先发取其左也。"师古曰："闾，里门也。居闾之左者，一切皆发之，非谓复除也。解在《食货志》。"

⑧师古曰："北谓败退。"

⑨师古曰："蒙，冒犯也。"

⑩师古曰："复，复除也，音方目反。"

⑪师古曰："猛火曰烈，取以喻耳。"

⑫师古曰："倡读曰唱。"

胡人衣食之业不著于地，[1]其势易以扰乱边竟。[2]何以明之？胡人食肉饮酪，衣皮毛，非有城郭田宅之归居，如飞鸟走兽于广壄，[3]美草甘水则止，草尽水竭则移。以是观之，往来转徙，时至时去，此胡人之生业，而中国之所以离南畮也。[4]今使胡人数处转牧行猎于塞下，或当燕代，或当上郡、北地、陇西，以候备塞之卒，卒少则入。陛下不救，则边民绝望而有降敌之心；救之，少发则不足，多发，远县才至，则胡又已去。[5]聚而不罢，为费甚大；罢之，则胡复入。如此连年，则中国贫苦而民不安矣。

①师古曰："著音直略反。"

②师古曰："竟读曰境。"

③师古曰："壄，古野字。"

④师古曰："畮，古亩字也。南亩，耕种之处也。"

⑤李奇曰："才音裁。"师古曰："才，浅也，犹言仅至也。他皆类此。"

陛下幸忧边境，遣将吏发卒以治塞，甚大惠也。然令远方之卒守塞，一岁而更，①不知胡人之能，不如选常居者，家室田作，且以备之。以便为之高城深堑，具蔺石，布渠答，②复为一城其内，城间百五十步。要害之处，通川之道，调立城邑，毋下千家，③为中周虎落。④先为室屋，具田器，乃募罪人及免徒复作令居之；⑤不足，募以丁奴婢赎罪及输奴婢欲以拜爵者；不足，乃募民之欲往者。皆赐高爵，复其家。⑥予冬夏衣，廪食，能自给而止。⑦郡县之民得买其爵，以自增至卿。⑧其亡夫若妻者，县官买予之。人情非有匹敌，不能久安其处。塞下之民，禄利不厚，不可使久居危难之地。胡人入驱而能止其所驱者，以其半予之，⑨县官为赎其民。⑩[10]如是，则邑里相救助，赴胡不避死。非以德上也，⑪欲全亲戚而利其财也。此与东方之(戎)〔戍〕卒[11]不习地势而心畏胡者，功相万也。⑫以陛下之时，徙民实边，使远方无屯戍之事，塞下之民父子相保，亡系虏之患，利施后世，名称圣明，其与秦之行怨民，相去远矣。⑬

①师古曰："更谓易代也，音庚，又读如本字。"

②服虔曰："蔺石，可投人石也。"苏林曰："渠答，铁疾藜也。"如淳曰："蔺石，城上雷石也。《墨子》曰：'城上二步一渠，立程长三尺，冠长十尺，臂长六尺；二步一答，广九尺，袤十二尺。'"师古曰："蔺石，如说是也。渠答，苏说是也。雷音来内反。"

③师古曰："调谓算度之也。总计城邑之中令有千家以上也。调音徒钓反。"

④郑氏曰："虎落者，外蕃也，若今时竹虎也。"苏林曰："作虎落于塞要下，以沙布其表，旦视其迹，以知匈奴来入，一名天田。"师古曰："苏说非也。虎落者，以竹篾相连遮落之也。"

⑤张晏曰："募民有罪自首，除罪定输作者也，复作如徒也。"臣瓒曰："募有罪者及罪人遇赦复作竟其日月者，今皆除其罚，令居之也。"师古曰："瓒说是也。复音扶目反。"

⑥师古曰："复音方目反。"

⑦师古曰："初徙之时，县官且禀给其衣食，于后能自供赡乃止也。"

⑧孟康曰："《食货志》所谓乐卿者也，朝位从卿而无职也。"师古曰："孟说非

也。乐卿武帝所置耳,错之上书未得豫言之也。然二十等爵内无有卿名,盖谓其等级同列卿者也。"

⑨孟康曰:"谓胡人入为寇,驱收中国,能夺得之者,以半与之。"师古曰:"孟说非也。言胡人入为寇,驱略汉人及畜产,而它人能止得其所驱者,令其本主以半赏之。"

⑩张晏曰:"得汉人,官为赎也。"师古曰:"此承上句之言,谓官为备价赎之耳。张说非也。"

⑪师古曰:"言非以此事欲立德义于主上也。"

⑫如淳曰:"东方诸郡民不习战斗当戍边者也。"

⑬师古曰:"言发怨恨之人使行戍役也。"

上从其言,募民徙塞下。错复言:

陛下幸募民相徙以实塞下,使屯戍之事益省,输将之费益寡,①甚大惠也。下吏诚能称厚惠,奉明法,②存恤所徙之老弱,善遇其壮士,和辑其心而勿侵刻,③使先至者安乐而不思故乡,则贫民相募而劝往矣。臣闻古之徙远方以实广虚也,④相其阴阳之和,尝其水泉之味,审其土地之宜,观其屮木之饶,然后营邑立城,制里割宅,通田作之道,正阡陌之界,先为筑室,家有一堂二内,门户之闭,⑤置器物焉,民至有所居,作有所用,此民所以轻去故乡而劝之新(色)〔邑〕也。⑥[12]为置医巫,以救疾病,以修祭祀,男女有昏,⑦生死相恤,坟墓相从,种树畜长,⑧室屋完安,此所以使民乐其处而有长居之心也。

①如淳曰:"将,送也。或曰,将,资也。"

②师古曰:"称,副也。"

③师古曰:"辑与集同。"

④师古曰:"所以充实宽广空虚之地。"

⑤张晏曰:"二内,二房也。"

⑥师古曰:"之,往也。"

⑦师古曰:"昏谓婚姻配合也。"

⑧张晏曰:"畜长,六畜也。"师古曰:"种树谓桑果之属。长音竹两反。"

臣又闻古之制边县以备敌也，使五家为伍，伍有长；十长一里，里有假士；四里一连，连有假五百；①十连一邑，邑有假候：皆择其邑之贤材有护，②习地形知民心者，居则习民于射法，出则教民于应敌。故卒伍成于内，则军正定于外。服习以成，勿令迁徙，③幼则同游，长则共事。夜战声相知，则足以相救；昼战目相见，则足以相识；驩爱之心，足以相死。如此而劝以厚赏，威以重罚，则前死不还踵矣。④所徙之民非壮有材力，但费衣粮，不可用也；虽有材力，不得良吏，犹亡功也。

①服虔曰："假音假借之假。五百，帅名也。"师古曰："假，大也，音工雅反。"

②师古曰："有保护之能者也。今流俗书本护字作让，妄改之耳。"

③师古曰："各守其业也。"

④师古曰："还读曰旋。旋踵，回旋其足也。"

陛下绝匈奴不与和亲，臣窃意其冬来南也，①壹大治，则终身创矣。②欲立威者，始于折胶，③来而不能困，使得气去，④后未易服也。愚臣亡识，唯陛下财察。

①师古曰："意，疑之也。"

②师古曰："创，惩艾也，音初亮反。"

③苏林曰："秋气至，胶可折，弓弩可用，匈奴常以为候而出(车)〔军〕。"[13]

④师古曰："使之得胜，逞志气而去。"

后诏有司举贤良文学士，错在选中。上亲策诏之，曰：

惟十有五年九月壬子，皇帝曰：昔者大禹勤求贤士，施及方外，①四极之内，舟车所至，人迹所及，靡不闻命，以辅其不逮；②近者献其明，远者通厥聪，比善戮力，以翼天子。③是以大禹能亡失德，夏以长楙。④高皇帝亲除大害，去乱从，⑤并建豪英，以为官师，⑥为谏争，辅天子之阙，而翼戴汉宗也。赖天之灵，宗庙之福，方内以安，泽及四夷。今朕获执天子之正，以承宗庙之祀，朕既不德，又不敏，明弗能烛，而智不能治，此大夫之所著闻也。故诏有司、诸侯王、三公、九卿及主郡吏，⑦各帅其志，以选贤良明于国家之大体，通于人事之终始，及能直言极谏者，各有人数，将以匡朕之不逮。二三大夫之行当此三道，⑧朕甚嘉之，故登大夫于朝，亲谕朕志。⑨大夫其上三道之要，及永惟朕之不德，吏之不平，政之不宣，民之不宁，⑩四者之阙，悉陈其志，毋有所隐。上以荐先帝之宗庙，下以兴愚民之休利，著之于篇，⑪朕亲览焉，观大夫所以佐朕，至与不至。书之，周之密之，重之闭之。⑫兴自朕躬，⑬大夫其正论，毋枉执事。⑭乌虖，戒之！⑮二三大夫其帅志毋怠！

①师古曰："施，延也，音弋豉反。"

②师古曰："意所不及者，取其言以自辅也。"

③师古曰："比，和也。翼，助也。比音频寐反。"

④师古曰："楙，美也。"

⑤师古曰："从音子容反。乱从，谓祸乱之踪迹也。一曰，乱谓作乱者，从谓合从者，若六国时为从者也。今书本从下或有顺字，或有治字，皆非也，后人妄加之也。"

⑥师古曰："师，长也，各为一官之长也。字或作帅，音所类反。"

⑦师古曰："主郡吏，谓郡守也。"

⑧张晏曰："三道，国体、人事、直言也。"师古曰："二三大夫，总谓当时受策者，非止错一人焉。"

⑨师古曰："谕，告也。"

⑩师古曰："永犹深也。惟，思也。"

⑪师古曰："休，美也。篇谓简也。"

⑫师古曰："重音直龙反。"

⑬师古曰："言朕自发视之。"

⑭张晏曰："毋为有司枉桡也。"

⑮师古曰："虖读曰呼。"

错对曰：

平阳侯臣窋、①汝阴侯臣灶、②颍阴侯臣何、③廷尉臣宜昌、陇西太守臣昆邪④所选贤良太子家令臣错⑤昧死再拜言：臣窃闻古之贤主莫不求贤以为辅翼，故黄帝得力牧而为五帝〔先〕，⑥〔14〕大禹得咎繇而为三王祖，齐桓得筦子而为五伯长。⑦今陛下讲于大禹及高皇帝之建豪英也，⑧退托于不明，以求贤良，⑨让之至也。臣窃观上世之传，⑩若高皇帝之建功业，陛下之德厚而得贤佐，皆有司之所览，刻于玉版，藏于金匮，历之春秋，纪之后世，为帝者祖宗，与天地相终。今臣窋等乃以臣错充赋，⑪甚不称明诏求贤之意。臣错草茅臣，亡识知，昧死上愚对，曰：

①孟康曰："曹窋，参子也。"

②如淳曰："夏侯婴子也。"

③文颖曰："灌婴子。"

④服虔曰："公孙昆邪也。"师古曰："昆读曰混，音下昆反。"

⑤师古曰："诏列侯九卿及郡守举贤良，故错为窋等所举。"

⑥服虔曰："力牧，黄帝之佐也。"

⑦师古曰："筦字与管同。伯读曰霸。"

⑧臣瓒曰："讲谓讲议也。"

⑨师古曰："自托不明，是谦退。"

⑩师古曰："谓史传。"

⑪〔如淳〕曰：[15]"犹言备数也。"臣瓒曰："充赋，此错之谦也，云如赋调也。"

诏策曰"明于国家大体"，愚臣窃以古之五帝明之。臣闻五帝神圣，其臣莫能及，故自亲事，①处于法宫之中，明堂之上；②动静上配天，下顺地，中得人。故众生之类亡不覆也，根著之徒亡不载也；③烛以光明，亡偏异也；④德上及飞鸟，下至水虫，草木诸产，皆被其泽。⑤然后阴阳调，四时节，日月光，风雨时，膏露降，⑥五谷孰，袄孽灭，贼气息，民不疾疫，河出图，洛出书，神龙至，凤鸟翔，德泽满天下，灵光施四海。此谓配天地，治国大体之功也。

①师古曰："亲理万机之务。"

②如淳曰："法宫，路寝正殿也。"

③师古曰："有根著地者皆载之也。著音直略反。"

④师古曰："烛，照也。"

⑤师古曰："被音皮义反。"

⑥师古曰："甘露凝如膏。"

诏策曰"通于人事终始"，愚臣窃以古之三王明之。臣闻三王臣主俱贤，故合谋相辅，计安天下，莫不本于人情。人情莫不欲寿，三王生而不伤也；人情莫不欲富，三王厚而不困也；人情莫不欲安，三王扶而不危也；人情莫不欲逸，三王节其力而不尽也。其为法令也，合于人情而后行之；其动众使民也，本于人事然后为之。取人以己，内恕及人。①情之所恶，不以强人；情之所欲，不以禁民。是以天下乐其政，归其德，望之若父母，从之若流水；百姓和亲，国家安宁，名位不失，施及后世。②此明于人情终始之功也。

①师古曰："以己之心揆之于人也。"

②师古曰："施，延也，音弋豉反。"

诏策曰"直言极谏"，愚臣窃以五伯之臣明之。①臣闻五伯不及其臣，故属之以国，任之以事。②五伯之佐之为人臣也，察身而不敢诬，③奉法令不容私，尽心力不敢矜，④遭患难不避死，见贤不居其上，受禄不过其量，不以亡能居尊显之位。自行若此，可谓方正之士矣。其立法也，非以苦民伤众而为之机陷也，⑤以之兴利除害，尊主安民而救暴乱也。其行赏也，非虚取民财妄予人也，以劝天下之忠孝而明其功也。故功多者赏厚，功少者赏薄。如此，敛民财以顾其功，⑥而民不恨者，知与而安己也。其行罚也，非以忿怒妄诛而从暴心也，⑦以禁天下不忠不孝而害国者也。故罪大者罚重，罪小者罚轻。如此，民虽伏罪至死而不怨者，知罪罚之至，自取之也。立法若此，可谓平正之吏矣。法之逆者，请而更之，不以伤民；⑧主行之暴者，逆而复之，不以伤国。⑨救主之失，补主之过，扬主之美，明主之功，使主内亡邪辟之行，外亡騫污之名。⑩事君若此，可谓直言极谏之士矣。此五伯之所以德匡天下，威正诸侯，功业甚美，名声章明。举天下之贤主，五伯与焉，⑪此身不及其臣而使得直言极谏补其不逮之功也。今陛下人民之众，威武之重，德惠之厚，令行禁止之势，万万于五伯，而赐愚臣策曰"匡朕之不逮"，愚臣何足以识陛下之高明而奉承之!

①师古曰:“伯读曰霸。”

②师古曰:“属,委也,音之欲反。”

③师古曰:“各察己之材用,不敢逾越而诬上。”

④师古曰:“矜谓自伐也。”

⑤孟康曰:“机,发也。陷,阱也。”

⑥师古曰:“顾,雠也,若今言雇赁也。”

⑦师古曰:“从读曰纵。”

⑧师古曰:“更,改也。”

⑨师古曰:“谓逆主意而反还之,不令施行,致伤国也。复音扶目反。”

⑩师古曰:“辟读曰僻。骞,损也。污,辱也。”

⑪师古曰:“与读曰豫。”

诏策曰“吏之不平,政之不宣,民之不宁”,愚臣窃以秦事明之。臣闻秦始并天下之时,其主不及三王,而臣不及其佐,①然功力不迟者,何也?地形便,山川利,财用足,民利战。其所与并者六国,六国者,臣主皆不肖,谋不辑,②民不用,故当此之时,秦最富强。夫国富强而邻国乱者,帝王之资也,故秦能兼六国,立为天子。当此之时,三王之功不能进焉。③及其末涂之衰也,任不肖而信谗贼;宫室过度,耆欲亡极,④民力罢尽,赋敛不节;⑤矜奋自贤,群臣恐谀,⑥骄溢纵恣,不顾患祸;妄赏以随(善)〔喜〕意,[16]妄诛以快怒心,法令烦憯,⑦刑罚暴酷,轻绝人命,身自射杀;天下寒心,莫安其处。奸邪之吏,乘其乱法,以成其威,狱官主断,生杀自恣。上下瓦解,各自为制。秦始乱之时,吏之所先侵者,贫人贱民也;至其中节,所侵者富人吏家也;及其末涂,所侵者宗室大臣也。是故亲疏皆危,外内咸怨,离散逋逃,人有走心。陈胜先倡,天下大溃,⑧绝祀亡世,为异姓福。此吏不平,政不宣,民不宁之祸也。今陛下配天象地,覆露万民,⑨绝秦之迹,除其乱法;躬亲本事,废去淫末;除苛解娆,⑩宽大爱人;肉刑不用,罪人亡帑;⑪非谤不治,铸钱者除;⑫通关去塞,⑬不孽诸侯;⑭宾礼长老,爱恤少孤;罪人有期,⑮后宫出嫁；尊赐孝悌，农民不租；⑯明诏军师，爱士大夫；求进方正，废退奸邪；除去阴刑，⑰害民者诛；忧劳百姓，列侯就都；⑱亲耕节用，视民不奢。⑲所为天下兴利除害，变法易故，以安海内者，大功数十，皆上世之所难及，陛下行之，道纯德厚，元元之民幸矣。

①师古曰："臣亦不及三王之佐。"

②师古曰："辑与集同。辑，和也。"

③师古曰："进，前也，言不在秦之前也。"

④师古曰："耆读曰嗜。"

⑤师古曰："罢读曰疲。"

⑥张晏曰："恐机发陷祸而为谄谀以求自全也。"师古曰："此说非也。直为恐惧而为谄谀也。恐音丘勇反。"

⑦师古曰："憯，痛也。言痛害于下。憯音千感反。"

⑧师古曰："倡读曰唱。"

⑨如淳曰："覆，荫也。露，膏泽也。"

⑩文颖曰："娆，烦绕也。"师古曰："音如绍反。"

⑪师古曰："谓除收帑相坐律。亡读曰无。帑读曰孥。"

⑫张晏曰："除铸钱之律，听民得自铸也。"师古曰："非读曰诽。"

⑬张晏曰："文帝十二年，除关不用传。"

⑭应劭曰："接之以礼，不以庶孽畜之。"如淳曰："孽，疑也。去关禁，明无疑于诸侯。"师古曰："应说是。"

⑮张晏曰："早决之也。"晋灼曰："《刑法志》云'罪人各以轻重不亡逃，有年而免'。满其年，免为庶人也。"师古曰："晋说是也。"

⑯张晏曰："足用则除租也。"

⑰张晏曰："宫刑也。"

⑱师古曰："各就其国也。"

⑲师古曰："视读曰示。"

诏策曰"永惟朕之不德"，愚臣不足以当之。

诏策曰"悉陈其志，毋有所隐"，愚臣窃以五帝之贤臣明之。臣闻五帝其臣莫能及，则自亲之；三王臣主俱贤，则共忧之；五伯不及其臣，则任使之。此所以神明不遗，而圣贤不废也，①故各当其世而立功德焉。传曰“往者不可及，来者犹可待，②能明其世者谓之天子”，此之谓也。窃闻战不胜者易其地，民贫穷者变其业。今以陛下神明德厚，资财不下五帝，③临制天下，至今十有六年，民不益富，盗贼不衰，边竟未安，④其所以然，意者陛下未之躬亲，而待群臣也。今执事之臣皆天下之选已，⑤然莫能望陛下清光，⑥譬之犹五帝之佐也。陛下不自躬亲，而待不望清光之臣，臣窃恐神明之遗也。⑦日损一日，岁亡一岁，日月益暮，盛德不及究于天下，⑧以传万世，愚臣不自度量，窃为陛下惜之。昧死上狂惑草茅之愚，臣言唯陛下财择。

①师古曰：“遗，弃也。不弃神明之德，不废圣贤之名。”

②师古曰：“言各当其时务立功也。”

③师古曰：“资，质也，谓天子之财质。”

④师古曰：“竟读曰境。”

⑤师古曰：“已，语终之辞。”

⑥晋灼曰：“今之臣不能望见陛下之光景所及。”

⑦师古曰：“言天子虚弃神明之德。”

⑧师古曰：“究，竟也。”

时贾谊已死，对策者百馀人，唯错为高第，繇是迁中大夫。①

①师古曰：“繇读与由同。”

错又言宜削诸侯事，及法令可更定者，书凡三十篇。孝文虽不尽听，然奇其材。当是时，太子善错计策，爰盎诸大功臣多不好错。

景帝即位，以错为内史。错数请间言事，辄听，幸倾九卿，法令多所更定。丞相申屠嘉心弗便，力未有以伤。内史府居太上庙堧中，①门东出，不便，错乃穿门南出，凿庙堧垣。丞相大怒，欲因此过为奏请诛错。错闻之，即请间为上言之。丞相奏事，因言错擅凿庙垣为门，请下廷尉诛。上曰：“此非庙垣，乃堧中垣，不致于法。”丞相谢。②罢朝，因怒谓长史曰：“吾当先斩以闻，乃先请，固误。”丞相遂发病死。错以此愈贵。

①师古曰："堧者，内垣之外游地也，音人缘反。"

②师古曰："以所奏不当天子意，故谢。"

迁为御史大夫，请诸侯之罪过，削其支郡。①奏上，上〔令〕公卿列侯宗室〔杂议〕，[17]莫敢难，独窦婴争之，繇此与错有隙。②错所更令三十章，③诸侯讙哗。错父闻之，从颍川来，谓错曰："上初即位，公为政用事，④侵削诸侯，疏人骨肉，口让多怨，公何为也！"⑤错曰："固也。⑥不如此，天子不尊，宗庙不安。"父曰："刘氏安矣，而晁氏危，吾去公归矣！"遂饮药死，曰："吾不忍见祸逮身。"

①师古曰："支郡，在国之四边者也。"

②师古曰："繇读与由同。"

③师古曰："更，改也。"

④如淳曰："错为御史大夫，位三公也。"

⑤师古曰："让，责也。"

⑥师古曰："言固当如此。"

后十馀日，吴楚七国俱反，以诛错为名。上与错议出军事，错欲令上自将兵，而身居守。会窦婴言爰盎，诏召入见，上方与错调兵食。①上问盎曰："君尝为吴相，知吴臣田禄伯为人虖？今吴楚反，于公意何如？"对曰："不足忧也，今破矣。"上曰："吴王即山铸钱，煮海为盐，②诱天下豪桀，白头举事，此其计不百全，岂发虖？何以言其无能为也？"盎对曰："吴铜盐之利则有之，安得豪桀而诱之！诚令吴得豪桀，亦且辅而为谊，不反矣。吴所诱，皆亡赖子弟，亡命铸钱奸人，故相诱以乱。"错曰："盎策之善。"上问曰："计安出？"盎对曰："愿屏左右。"上屏人，独错在。盎曰："臣所言，人臣不得知。"乃屏错。错趋避东箱，甚恨。上卒问盎，③对曰："吴楚相遗书，言高皇帝王子弟各有分地，④今贼臣晁错擅適诸侯，削夺之地，⑤以故反名为西共诛错，复故地而罢。方今计，独有斩错，发使赦吴楚七国，复其故地，则兵可毋血刃而俱罢。"于是上默然，良久曰："顾诚何如，吾不爱一人谢天下。"⑥盎曰："愚计出此，唯上孰计之。"乃拜盎为太常，密装治行。

①师古曰："调谓计发之也，音徒钓反。"

②师古曰："即，就也。"

③师古曰："卒，竟也。"

④师古曰："分音扶问反。"

⑤师古曰："適读曰谪。"

⑥师古曰："顾，念也。诚，实也。"

后十馀日，丞相青翟、中尉嘉、廷尉歐①劾奏错曰："吴王反逆亡道，欲危宗庙，天下所当共诛。今御史大夫错议曰：'兵数百万，独属群臣，不可信，②陛下不如自出临兵，使错居守。徐、僮之旁吴所未下者可以予吴。'③错不称陛下德信，欲疏群臣百姓，又欲以城邑予吴，亡臣子礼，大逆无道。错当要斩，父母妻子同产无少长皆弃市。臣请论如法。"制曰："可。"错殊不知。乃使中尉召错，绐载行市。④错衣朝衣斩东市。⑤

①师古曰："张歐也，音区。"

②师古曰："属，委也，音之欲反。"

③邓展曰："徐、僮，临淮二县也。"

④师古曰："诳云乘车案行市中也。行音下更反。"

⑤师古曰："朝衣，朝服也。"

错已死，谒者仆射邓公为校尉，击吴楚为将。还，上书言军事，见上。上问曰："道军所来，①闻鼂错死，吴楚罢不？"邓公曰："吴为反数十岁矣，发怒削地，以诛错为名，其意不在错也。且臣恐天下之士拑口不敢复言矣。"②上曰："何哉？"邓公曰："夫鼂错患诸侯强大不可制，故请削之，以尊京师，万世之利也。计画始行，卒受大戮，③内杜忠臣之口，外为诸侯报仇，④臣窃为陛下不取也。"于是景帝喟然长息，曰："公言善，吾亦恨之。"乃拜邓公为城阳中尉。

①如淳曰："道路从吴军所来也。"师古曰："道军所来，即是从军所来耳，无烦更说道路也。"

②师古曰："拑音其炎反。"

③师古曰："卒，竟也。"

④师古曰："杜，塞也。"

邓公，成固人也，①多奇计。建元年中，上招贤良，公卿言邓先。②邓先时免，起家为九卿。一年，复谢病免归。其子章，以修黄老言显诸公间。

①师古曰："汉中之县。"

②师古曰："邓先，犹云邓先生也。一曰，先者其名也。"

赞曰：爰盎虽不好学，亦善傅会，①仁心为质，引义慷慨。遭孝文初立，资适逢世。②时已变易，③及吴壹说，果于用辩，④身亦不遂。晁错锐于为国远虑，而不见身害。其父睹之，经于沟渎，⑤亡益救败，不如赵母指括，以全其宗。⑥悲夫！错虽不终，世哀其忠。故论其施行之语著于篇。

①张晏曰："因宜附著合会之。"

②张晏曰："资，财也，适值其世，得骋其才。"

③张晏曰："谓景帝。"

④师古曰："谓杀晁错也。"

⑤师古曰："《论语》称孔子曰：'岂若匹夫匹妇之为谅也，自经于沟渎，人莫之知。'故赞引之云。"

⑥张晏曰："赵奢卒，赵使赵括为将，其母言之赵王曰：'愿王易括。'王不许。母要王：'〔括〕有罪，愿不坐。[18]'王许之。后括果败于长平，以母前约故，卒得不坐。"

【校勘记】

〔1〕(师古)〔如淳〕曰： 景祐、殿本都作"如淳"，《史记集解》引亦作"如淳"。

〔2〕愿(致)〔至〕前，口对状。 景祐、殿本都作"至"。王先谦说作"至"是。

〔3〕(皇太子所读书多矣，而未深知术数者也。) 景祐、汲古、殿、局本都无此十六字。

〔4〕败其众而(法曰)大有利。 宋祁说当从浙本作"败其众而有大利"。王先谦说《通志》九十七《晁错传》亦作"败其众而有大利"。

〔5〕 平地浅(草)〔屮〕， 景祐、殿本都作“屮”。

〔6〕 (藋)〔萑〕苇竹萧， 景祐、殿本都作“萑”，此误。注同。

〔7〕 与金鼓之(音)〔指〕相失， 景祐本作“指”。王念孙说作“指”是。

〔8〕 四者，(国)〔兵〕之至要也。 景祐、殿本都作“兵”。王先谦说作“兵”是。

〔9〕 (藋乱)〔萑，蓏〕也。 景祐、殿本都作“萑蓏”，此误。

〔10〕 县官为赎其民。⑩ 注⑩原在“为赎”下。 刘攽说“其民”当连上句。王先谦说刘说是。

〔11〕 此与东方之(戎)〔戍〕卒。 景祐、殿本都作“戍”。王先谦说作“戍”是。

〔12〕 此民所以轻去故乡而劝之新(色)〔邑〕也。 钱大昭说“色”当作“邑”。按景祐、汲古、殿、局本都作“邑”。

〔13〕 匈奴常以为候而出(车)〔军〕。 景祐、殿本都作“军”。王先谦说作“军”是。

〔14〕 故黄帝得力牧而为五帝〔先〕， 景祐、殿本都有“先”字。王先谦说有“先”字是。

〔15〕 〔如淳〕曰： 景祐、殿本都有“如淳”二字，此脱。

〔16〕 妄赏以随(善)〔喜〕意， 景祐、殿本都作“喜”。

〔17〕 上〔令〕公卿列侯宗室〔杂议〕， 景祐、殿本都有“令”及“杂议”字。

〔18〕 〔括〕有罪，愿不坐。 景祐、殿本都有“括”字。

汉书卷五十

张冯汲郑传第二十

张释之字季，南阳堵阳人也。①与兄仲同居，以赀为骑郎，②事文帝，十年不得调，③亡所知名。释之曰："久宦减仲之产，不遂。"④欲免归。中郎将爰盎知其贤，惜其去，乃请徙释之补谒者。释之既朝毕，因前言便宜事。文帝曰："卑之，毋甚高论，⑤令今可行也。"于是释之言秦汉之间事，秦所以失，汉所以兴者。文帝称善，拜释之为谒者仆射。

①师古曰："堵音者。"

②苏林曰："雇钱若出谷也。"如淳曰："《汉注》赀五百万得为常侍郎。"师古曰："如说是也。"

③师古曰："调，选也，音徒钓反。"

④师古曰："遂犹达。"

⑤师古曰："令其议论依附时事也。"

从行，上登虎圈，①问上林尉禽兽簿，②十馀问，尉左右视，尽不能对。③虎圈啬夫从旁代尉对上所问禽兽簿甚悉，④欲以观其能口对向应亡穷者。⑤文帝曰："吏不当如此邪？尉亡赖！"⑥诏释之拜啬夫为上林令。释之前曰："陛下以绛侯周勃何如人也？"上曰："长者。"又复问："东阳侯张相如何如人也？"上复曰："长者。"释之曰："夫绛侯、东阳侯称为长者，此两人言事曾不能出口，岂效此啬夫喋喋利口捷给哉！⑦且秦以任刀笔之吏，争以亟疾苛察相高，⑧其敝徒文具，亡恻隐之实。⑨以故不闻其过，陵夷至于二世，天下土崩。⑩今陛下以啬夫口辩而超迁之，臣恐天下随风靡，争口辩，亡其实。且下之化上，疾于景向，举错不可不察也。"⑪文帝曰："善。"乃止，不拜啬夫。

①师古曰："圈，养兽之所也，音求远反。"

②师古曰："簿谓簿书也，音步户反。"

③师古曰："视其属官，皆不能对也。"

④师古曰："悉谓详尽也。"

⑤师古曰："观犹示也。向读曰(向)〔响〕。[1]如响应声，言其疾也。"

⑥张晏曰："材无可恃也。"

⑦晋灼曰："喋音牒。"

⑧师古曰："亟，急也，音居力反。"

⑨师古曰："文具，谓具文而已。"

⑩师古曰："陵夷，颓替也，解在《成纪》。"

⑪师古曰："向读曰响。错音千故反。"

就车，召释之骖乘，徐行，行问释之秦之敝。①具以质言。②至宫，上拜释之为公车令。

①师古曰："行问，且行且问也。"

②如淳曰："质，诚也。"

顷之，太子与梁王共车入朝，不下司马门，①于是释之追止太子、梁王毋入殿门。遂劾不下公门不敬，奏之。薄太后闻之，文帝免冠谢曰："教儿子不谨。"薄太后使使承诏赦太子、梁王，然后得入。文帝繇是奇释之，②拜为中大夫。

①如淳曰："宫卫令'诸出入殿门公车司马门者皆下，不如令，罚金四两'。"

②师古曰："繇读与由同。"

顷之，至中郎将。从行至霸陵，上居外临厕。①时慎夫人从，上指视慎夫人新丰道，曰："此走邯郸道也。"②使慎夫人鼓瑟，上自倚瑟而歌，③意凄怆悲怀，顾谓君臣曰："嗟乎！以北山石为椁，用纻絮斫陈漆其间，岂可动哉！"④左右皆曰："善"。释之前曰："使其中有可欲，虽锢南山犹有隙；使其中亡可欲，虽亡石椁，又何戚焉？"⑤文帝称善。其后，拜释之为廷尉。

①师古曰："厕，岸之边侧也，解在《刘向传》。"

②张晏曰："慎夫人，邯郸人也。"如淳曰："走音奏。奏，趣也。"师古曰："视读曰示。"

③李奇曰："声气依倚瑟也。"师古曰："倚瑟，即今之以歌合曲也。倚音于绮反。"

④师古曰："纻音竹吕反。斫音侧略反。"

⑤师古曰："解并在《刘向传》。"

顷之，上行出中渭桥，①有一人从桥下走，乘舆马惊。于是使骑捕之，属廷尉。②释之治问。曰："县人来，③闻跸，匿桥下。久，以为行过，④既出，见车骑，即走耳。"释之奏当：此人犯跸，⑤当罚金。上怒曰："此人亲惊吾马，马赖和柔，令它马，固不败伤我乎？而廷尉乃当之罚金！"释之曰："法者天子所与天下公共也。⑥今法如是，更重之，是法不信于民也。且方其时，上使使诛之则已。⑦今已下廷尉，廷尉，天下之平也，壹倾，天下用法皆为之轻重，民安所错其手足？⑧唯陛下察之。"上良久曰："廷尉当是也。"

①张晏曰："在渭桥中路。"

②师古曰："属，委也，音之欲反。次下亦同。"

③如淳曰："长安县人也。"

④师古曰："言天子已过。"

⑤如淳曰："乙令'跸先至而犯者，罚金四两'。"师古曰："当谓处其罪也。"

⑥师古曰："公谓不私也。"

⑦师古曰："言初执获此人，天子即令诛之，其事即毕。"

⑧师古曰："安，焉也。错，置也，音千故反。"

其后人有盗高庙座前玉环，得，①文帝怒，下廷尉治。案盗宗庙服御物者为奏，当弃市。上大怒曰："人亡道，乃盗先帝器！吾属廷尉者，欲致之族，而君以法奏之，②非吾所以共承宗庙意也。"③释之免冠顿首谢曰："法如是足也。且罪等，④然以逆顺为基。今盗宗庙器而族之，有如万分一，假令愚民取长陵一抔土，⑤陛下且何以加其法虖？"文帝与太后言之，乃许廷尉当。是时，中尉条侯周亚夫与梁相山都侯王恬(咸)

〔启〕[2]见释之持议平，乃结为亲友。张廷尉繇此天下称之。⑥

①师古曰："得者，盗环之人为吏所捕得也。"

②师古曰："法谓常法。"

③师古曰："共读曰恭。"

④如淳曰："俱死罪也，盗玉环不若盗长陵土之逆。"

⑤张晏曰："不欲指言，故以取土喻也。"师古曰："抔音步侯反，谓手掬之也，其字从手。不忍言毁彻，故止云取土耳。今学者读抔为(抔)〔杯〕勺之(抔)〔杯〕，非也。(抔)〔杯〕非应盛土之物也。"[3]

⑥师古曰："繇读与由同。"

文帝崩，景帝立，释之恐，①称疾。欲免去，惧大诛至；欲见，则未知何如。用王生计，卒见谢，景帝不过也。

①师古曰："以尝劾帝不下司马门。"

王生者，善为黄老言，处士。尝召居廷中，公卿尽会立，王生老人，曰"吾韈解"，①顾谓释之："为我结韈！"释之跪而结之。②既已，人或让王生："独奈何廷辱张廷尉如此？"王生曰："吾老且贱，自度终亡益于张廷尉。廷尉方天下名臣，吾故聊使结韈，欲以重之。"诸公闻之，贤王生而重释之。

①师古曰："韈音武伐反。"

②师古曰："结读曰系。"

释之事景帝岁馀，为淮南相，犹尚以前过也。年老病卒。其子挚，字长公，官至大夫，免。以不能取容当世，故终身不仕。

冯唐，祖父赵人也。父徙代。汉兴徙安陵。唐以孝著，为郎中署长，①事文帝。帝辇过，问唐曰："父老何自为郎？家安在？"②具以实言。文帝曰："吾居代时，吾尚食监高祛数为我言赵将李齐之贤，战于钜鹿下。吾每饮食，意未尝不在钜鹿也。③父老知之乎？"唐对曰："齐尚不如廉颇、李牧之为将也。"上曰："何已？"④唐曰："臣大父在赵时，为官帅将，⑤善李牧。臣父故为代相，善李齐，知其为人也。"上既闻廉颇、李牧为人，良说，[⑥]乃拊髀曰：[⑦]“嗟乎！吾独不得廉颇、李牧为将，岂忧匈奴哉！”唐曰：“主臣！[⑧]陛下虽有廉颇、李牧，不能用也。”上怒，起入禁中。良久，召唐让曰：“公众辱我，独亡间处虖？”[⑨]唐谢曰：“鄙人不知忌讳。”

①郑氏曰：“以至孝闻也。”师古曰：“以孝得为郎中，而为郎署之长也。著音竹助反。”

②师古曰：“言年已老矣，何乃自为郎也？崔浩以为自，从也。从何为郎？此说非也。”

③张晏曰：“每食念监所说李齐在钜鹿时也。”

④师古曰：“已犹耳。”

⑤师古曰：“大父，祖父也。帅音所类反。将音子亮反。”

⑥如淳曰：“良，善也。”师古曰：“说读曰悦。闻颇、牧之善，帝意大悦。”

⑦师古曰：“髀音陛。”

⑧师古曰：“恐惧之言。解在《陈平传》。”

⑨师古曰：“何不间隙之处而言。”

当是时，匈奴新大入朝那，杀北地都尉卬。上以胡寇为意，乃卒复问唐曰：“公何以言吾不能用颇、牧也？”唐对曰：“臣闻上古王者遣将也，跪而推毂，曰：‘阃以内寡人制之，阃以外将军制之；[①]军功爵赏，皆决于外，归而奏之。’此非空言也。臣大父言李牧之为赵将居边，军市之租皆自用飨士，赏赐决于外，不从中覆也。[②]委任而责成功，故李牧乃得尽其知能，选车千三百乘，彀骑万三千匹，[③]百金之士十万，[④]是以北逐单于，破东胡，灭澹林，[⑤]西抑强秦，南支韩、魏。当是时，赵几伯。[⑥]后会赵王迁立，[⑦]其母倡也，[⑧]用郭开谗，而诛李牧，令颜聚代之。是以为秦所灭。今臣窃闻魏尚为云中守，军市租尽以给士卒，出私养钱，五日壹杀牛，[⑨]以飨宾客军吏舍人，是以匈奴远避，不近云中之塞。虏尝一入，尚帅车骑击之，所杀甚众。夫士卒尽家人子，起田中从军，安知尺籍伍符？[⑩]终日力战，斩首捕虏，上功莫府，一言不相应，文吏以法绳之。其赏不行，吏奉法必用。愚以为陛下法太明，赏太轻，罚太重。且云中守尚坐上功首虏差六级，陛下下之吏，削其爵，罚作之。繇此言之，[⑪]陛下虽得李牧，不能用也。臣诚愚，触忌讳，死罪！”文帝说。[⑫]是日，令唐持节赦魏尚，复以为云中守，而拜唐为车骑都尉，主中尉及郡国车士。⑬

①韦昭曰："门中橛为阑。"师古曰："音牛列反。"

②师古曰："覆谓覆白之也，音芳目反。"

③师古曰："彀，张弩也，音遘。"

④服虔曰："良士直百金也。"如淳曰："黄金一斤直万。言富家子弟可任使也。"师古曰："百金喻其贵重耳。服说是也。"

⑤郑氏曰："澹音担石之担。"如淳曰："胡也。《匈奴传》曰'晋北有澹林之胡，楼烦之戎也'。"师古曰："澹音都甘反，又音谈。"

⑥师古曰："几致于霸也。几音巨依反。伯读曰霸。"

⑦苏林曰："赵幽王。"

⑧师古曰："倡，乐家之女。"

⑨服虔曰："私假钱也。"

⑩李奇曰："尺籍所以书军令。伍符，军士五五相保之符信也。"如淳曰："汉军法曰吏卒斩首，以尺籍书下县移郡，令人故行，不行夺劳二岁。伍符亦什伍之符，要节度也。"师古曰："家人子，谓庶人之家子也。"

⑪师古曰："繇读与由同。"

⑫师古曰："说读曰悦。"

⑬服虔曰："车战之士也。"

十年，景帝立，以唐为楚相。武帝即位，求贤良，举唐。唐时年九十馀，不能为官，乃以子遂为郎。遂字王孙，亦奇士。魏尚，槐里人也。

汲黯字长孺，濮阳人也。其先有宠于古之卫君也。①至黯十世，世为卿大夫。以父任，孝景时为太子洗马，②以严见惮。

①文颖曰："六国时卫弱，但称君也。"

②孟康曰："大臣任举其子弟为官。"

武帝即位，黯为谒者。东粤相攻，上使黯往视之。至吴而还，报曰："粤人相攻，固其俗，不足以辱天子使者。"河内失火，烧千馀家，上使黯往视之。还报曰："家人失火，屋比延烧，①不足忧。臣过河内，河内贫人伤水旱万馀家，或父子相食，臣谨以便宜，持节发河内仓粟以振贫民。

请归节，伏矫制罪。”② 上贤而释之，迁为荥阳令。黯耻为令，称疾归田里。上闻，乃召为中大夫。以数切谏，不得久留内，迁为东海太守。

①师古曰：“比，近也。言屋相近，故连延而烧也。比音频寐反。”

②师古曰：“矫，托也，托奉制诏而行之。”

黯学黄老言，治官民，好清静，择丞史任之，① 责大指而已，不细苛。黯多病，卧阁内不出。岁馀，东海大治，称之。上闻，召为主爵都尉，列于九卿。治务在无为而已，引大体，不拘文法。

①如淳曰：“择郡丞及史任之也。郑当时为大司农，官属丞史，亦是也。”

为人性倨，少礼，① 面折，不能容人之过。合己者善待之，不合者弗能忍见，士亦以此不附焉。然好游侠，任气节，行修洁。其谏，犯主之颜色。常慕傅伯、爰盎之为人。② 善灌夫、郑当时及宗正刘弃疾。亦以数直谏，不得久居位。

①师古曰：“倨，简傲也，音居庶反。”

②应劭曰：“傅伯，梁人，为孝王将，素抗直也。”

是时，太后弟武安侯田蚡为丞相，中二千石拜谒，蚡弗为礼。黯见蚡，未尝拜，揖之。上方招文学儒者，上曰吾欲云云，① 黯对曰：“陛下内多欲而外施仁义，奈何欲效唐虞之治乎！”上怒，变色而罢朝。公卿皆为黯惧。上退，谓人曰：“甚矣，汲黯之戆也！”群臣或数黯，② 黯曰：“天子置公卿辅弼之臣，宁令从谀承意，陷主于不谊乎？且已在其位，纵爱身，奈辱朝廷何！”

①张晏曰：“所言欲施仁义也。”师古曰：“云云，犹言如此如此也。史略其辞耳。”

②师古曰：“数，责之，音所具反。”

黯多病，病且满三月，上常赐告者数，终不瘉。① 最后，严助为请告。上曰：“汲黯何如人也？”曰：“使黯任职居官，亡以瘉人，② 然至其辅少主守成，虽自谓贲育弗能夺也。”③ 上曰：“然。古有社稷之臣，至如汲黯，近之矣。”

①如淳曰："杜钦所谓病满赐告诏恩也。数者，非一也。"师古曰："数音所角反。瘉与愈同。"

②师古曰："瘉，胜也，读与愈同。"

③师古曰："孟贲、夏育，皆古之勇士也。贲音奔。"

大将军青侍中，上踞厕视之。①丞相弘宴见，上或时不冠。至如见黯，不冠不见也。上尝坐武帐，②黯前奏事，上不冠，望见黯，避帷中，使人可其奏。其见敬礼如此。

①如淳曰："厕，溷也。"孟康曰："厕，床边侧也。"师古曰："如说是也。"

②应劭曰："武帐，织成帐为武士象也。"孟康曰："今御武帐，置兵阑五兵于帐中也。"师古曰："孟说是也。"

张汤以更定律令为廷尉，①黯质责汤于上前，②曰："公为正卿，上不能褒先帝之功业，下不能化天下之邪心，安国富民，使囹圄空虚，何空取高皇帝约束纷更之为？③而公以此无种矣！"④黯时与汤论议，汤辩常在文深小苛，黯愤发，骂曰："天下谓刀笔吏不可(谓)〔为〕公卿，果然。[4]必汤也，令天下重足而立，仄目而视矣！"⑤

①师古曰："更，改也。"

②师古曰："质，对之也。"

③师古曰："言何为乃纷乱而改更也。"

④师古曰："言当诛及子孙也。"

⑤师古曰："重累其足，言惧甚也。仄，古侧字也。"

是时，汉方征匈奴，招怀四夷。黯务少事，间常言与胡和亲，毋起兵。①上方乡儒术，②尊公孙弘，及事益多，吏民巧。上分别文法，汤等数奏决谳以幸。而黯常毁儒，面触弘等徒怀诈饰智以阿人主取容，而刀笔之吏专深文巧诋，③陷人于罔，以自为功。上愈益贵弘、汤，弘、汤心疾黯，虽上亦不说也，④欲诛之以事。⑤弘为丞相，乃言上曰："右内史界部中多贵人宗室，难治，非素重臣弗能任，请徙黯为右内史。"数岁，官事不废。

①师古曰："每因间隙而言也。"

②师古曰："乡读曰向。"

③师古曰："诋，毁辱也，音丁礼反。"

④师古曰："说读曰悦。"

⑤师古曰："以事致其罪而诛也。"

大将军青既益尊，姊为皇后，然黯与亢礼。或说黯曰："自天子欲令群臣下大将军，①大将军尊贵，诚重，君不可以不拜。"黯曰："夫以大将军有揖客，反不重耶？"②大将军闻，愈贤黯，数请问以朝廷所疑，遇黯加于平日。

①师古曰："下音胡稼反。"

②师古曰："言能降贵以礼士，最为重也。"

淮南王谋反，惮黯，曰："黯好直谏，守节死义；至说公孙弘等，如发蒙耳。"①

①师古曰："说音式锐反。"

上既数征匈奴有功，黯言益不用。

始黯列九卿矣，而公孙弘、张汤为小吏。及弘、汤稍贵，与黯同位，黯又非毁弘、汤。已而弘至丞相封侯，汤御史大夫，黯时丞史皆与同列，或尊用过之。黯褊心，不能无少望，①见上，言曰："陛下用群臣如积薪耳，后来者居上。"黯罢，上曰："人果不可以无学，观汲黯之言，日益甚矣。"②

①师古曰："褊，狭也。望，怨也。"

②师古曰："言其鄙俚也。或曰，积薪之言出曾子，故云不可无学也。"

居无何，匈奴浑邪王帅众来降，①汉发车二万乘。县官亡钱，从民贳马。②民或匿马，马不具。上怒，欲斩长安令。黯曰："长安令亡罪，独斩臣黯，民乃肯出马。且匈奴畔其主而降汉，徐以县次传之，何至令天下骚动，罢中国，甘心夷狄之人乎！"③上默然。后浑邪王至，贾人与市者，坐当死五百馀人。黯入，请间，见高门，④曰："夫匈奴攻当路塞，绝和亲，中国举兵诛之，死伤不可胜计，而费以钜万百数。⑤臣愚以为陛下得胡人，皆以为奴婢，赐从军死者家；卤获，因与之，以谢天下，塞百姓之心。⑥今纵不能，浑邪帅数万之众来，虚府库赏赐，发良民侍养，若奉骄子。愚民安知市买长安中而文吏绳以为阑出财物如边关乎？⑦陛下纵不能得匈奴之赢以谢天下，⑧又以微文杀无知者五百馀人，臣窃为陛下弗取也。”上弗许，曰：“吾久不闻汲黯之言，今又复妄发矣。”后数月，黯坐小法，会赦，免官。于是黯隐于田园者数年。

①师古曰："浑音胡昆反。"

②师古曰："赊买也。"

③师古曰："罢读曰疲。"

④晋灼曰："《三辅黄图》未央宫中有高门殿也。"

⑤师古曰："即数百钜万也。"

⑥师古曰："塞，满也。"

⑦应劭曰："阑，妄也。律，胡市，吏民不得持兵器及铁出关。虽于京师市买，其法一也。"臣瓒曰："无符传出入为阑也。"

⑧师古曰："赢，馀也，音弋成反。"

会更立五铢钱，民多盗铸钱者，楚地尤甚。上以为淮阳，楚地之郊也，①召黯拜为淮阳太守。黯伏谢不受印绶，诏数强予，然后奉诏。召上殿，黯泣曰："臣自以为填沟壑，不复见陛下，②不意陛下复收之。臣常有狗马之心，③今病，力④不能任郡事。[5]臣愿为中郎，出入禁闼，补过拾遗，臣之愿也。"上曰："君薄淮阳邪？吾今召君矣。⑤顾淮阳吏民不相得，⑥吾徒得君重，⑦卧而治之。"黯既辞，过大行李息，曰："黯弃逐居郡，不得与朝廷议矣。⑧然御史大夫汤智足以距谏，诈足以饰非，非肯正为天下言，专阿主意。主意所不欲，因而毁之；主意所欲，因而誉之。好兴事，舞文法，⑨内怀诈以御主心，外挟贼吏以为重。公列九卿不早言之何？⑩公与之俱受其戮矣！"息畏汤，终不敢言。黯居郡如其故治，淮阳政清。后张汤败，上闻黯与息言，抵息罪。令黯以诸侯相秩居淮阳。⑪居淮阳十岁而卒。

①师古曰："郊谓交道冲要之处也。"

②师古曰："填音大贤反。"

③师古曰："思报效。"

④师古曰："力谓甚也。"

⑤师古曰："言后即召也。"

⑥师古曰："顾谓思念也。"

⑦师古曰："徒，但也。重，威重也。"

⑧师古曰："与读曰豫。"

⑨如淳曰："舞犹弄也。"

⑩师古曰："言何不早言也。"

⑪如淳曰："诸侯王相在郡守上，秩真二千石。律，真二千石月得百五十斛，岁凡得千八百石耳。二千石月得百二十斛，岁凡得一千四百四十石耳。"

卒后，上以黯故，官其弟仁至九卿，子偃至诸侯相。黯姊子司马安亦少与黯为太子洗马。安文深巧善宦，四至九卿，以河南太守卒。昆弟以安故，同时至二千石十人。濮阳段宏始事盖侯信，①信任宏，②官亦再至九卿。然卫人仕者皆严惮汲黯，出其下。

①服虔曰："景帝王皇后兄也。"

②苏林曰："任，保举。"

郑当时字庄，陈人也。其先郑君尝事项籍，籍死而属汉。高祖令诸故项籍臣名籍，郑君独不奉诏。诏尽拜名籍者为大夫，而逐郑君。郑君死孝文时。

当时以任侠自喜，脱张羽于厄，①声闻梁楚间。孝景时，为太子舍人。每五日洗沐，常置驿马长安诸郊，②请谢宾客，夜以继日，至明旦，常恐不遍。当时好黄老言，其慕长者，如恐不称。③自见年少官薄，然其知友皆大父行，天下有名之士也。④

①服虔曰："梁孝王将，楚相之弟也。"师古曰："喜音许吏反。脱音佗活反。"

②如淳曰："郊，交道四通处也，以请宾客便。"臣瓒曰："长安四面郊祀之处，闲静可以请宾客也。"师古曰："二说皆非也。此谓长安城外四面之郊耳。邑外谓之郊，近郊二十里。"

③师古曰："恐不称其意。"

④师古曰："大父谓祖父。行音胡浪反。"

武帝即位，当时稍迁为鲁中尉，济南太守，江都相，至九卿为右内史。以武安魏其时议，①贬秩为詹事，迁为大司农。

①师古曰："议田蚡及窦婴事。"

当时为大吏，戒门下："客至，亡贵贱亡留门（下）者。"[6]执宾主之礼，以其贵下人。性廉，又不治产，卬奉赐给诸公。①然其餽遗人，不过具器食。②每朝，候上间说，未尝不言天下长者。③其推毂士及官属丞史，诚有味其言也。④常引以为贤於己。未尝名吏，与官属言，若恐伤之。闻人之善言，进之上，唯恐后。山东诸公以此翕然称郑庄。

①师古曰："卬音牛向反。奉音扶用反。"

②师古曰："犹今言一盘食也。"

③师古曰："候天子间隙之时，其所称说，皆言长者也。"

④师古曰："推毂，言荐举人，如推毂之运转也。有味者，其言甚美也。"

使视决河，自请治行五日。①上曰："吾闻郑庄行，千里不赍粮，治行者何也？"然当时在朝，常趋和承意，②不敢甚斥臧否。汉征匈奴，招四夷，天下费多，财用益屈。③当时为大司农，任人宾客僦，④入多逋负。司马安为淮阳太守，发其事，当时以此陷罪，赎为庶人。顷之，守长史。⑤迁汝南太守，数岁，以官卒。昆弟以当时故，至二千石者六七人。

①如淳曰："治行，谓庄严。"

②师古曰："趋读曰趣。趣，向也。和音胡卧反。"

③师古曰："屈，尽也，音其勿反。"

④晋灼曰："当时为大司农，而任使其宾客辜较作僦也。"师古曰："僦谓受顾赁而载运也。言当时保任其宾客于司农载运也。僦音子就反。"

⑤如淳曰："丞相长史也。"

当时始与汲黯列为九卿，内行修。两人中废，宾客益落。①当时死，家亡馀财。

①师古曰："落，散也。"

先是下邽翟公为廷尉,①宾客亦填门,②及废,门外可设爵罗。③后复为廷尉,客欲往,翟公大署其门④曰:"一死一生,乃知交情;一贫一富,乃知交态;一贵一贱,交情乃见。"⑤

①苏林曰:"邽音圭,京兆县名也。"

②师古曰:"填,满也,音田。"

③师古曰:"言其寂静,无人行也。"

④师古曰:"署谓书之。"

⑤师古曰:"见音胡电反。"

赞曰:张释之之守法,冯唐之论将,汲黯之正直,郑当时之推士,不如是,亦何以成名哉!扬子以为孝文亲诎帝尊以信亚夫之军,①曷为不能用颇、牧?彼将有激云尔。②

①师古曰:"扬子,谓扬雄也。信读曰伸。"

②师古曰:"谓冯唐欲理魏尚,故以此言激文帝也。"

【校勘记】

〔1〕 向读曰(向)〔响〕, 景祐、殿本都作"响",此误。

〔2〕 王恬(咸)〔启〕 殿本作"启"。王念孙说"咸"字误。

〔3〕 今学者读抔为(抔)〔杯〕勺之(抔)〔杯〕,非也。(抔)〔杯〕非应盛土之物也。 殿本作"杯",景祐本作"桮"。则是"桮"之误。

〔4〕 天下谓刀笔吏不可(谓)〔为〕公卿,果然。 景祐、殿本都作"为"。

〔5〕 今病,力④不能任郡事。 注④在"力"字下,明颜读"今病力"为句。周寿昌说"力"字属下句读似较顺。王先谦说周说是。

〔6〕 亡贵贱亡留门(下)者。 宋祁说邵本无"下"字。按景祐本亦无"下"字,《史记》同。

汉书卷五十一

贾邹枚路传第二十一

贾山，颍川人也。祖父(祛)〔祛〕，[1]故魏王时博士弟子也。①山受学(祛)〔祛〕，所言涉猎书记，不能为醇儒。②尝给事颍阴侯为骑。③

①师古曰："六国时魏也。"

②师古曰："涉若涉水，猎若猎兽，言历览之不专精也。醇者，不杂也。"

③师古曰："为骑者，常骑马而从也。"

孝文时，言治乱之道，借秦为谕，名曰《至言》。其辞曰：

臣闻为人臣者，尽忠竭愚，以直谏主，不避死亡之诛者，臣山是也。臣不敢以久远谕，愿借秦以为谕，唯陛下少加意焉。

夫布衣韦带之士，①修身于内，成名于外，而使后世不绝息。至秦则不然。贵为天子，富有天下，赋敛重数，百姓任罢，②赭衣半道，群盗满山，③使天下之人戴目而视，倾耳而听。④一夫大謼，天下向应者，陈胜是也。⑤秦非徒如此也，起咸阳而西至雍，离宫三百，⑥钟鼓帷帐，不移而具。又为阿房之殿，殿高数十仞，⑦东西五里，南北千步，从车罗骑，四马骛驰，旌旗不桡。⑧为宫室之丽至于此，使其后世曾不得聚庐而托处焉。为驰道于天下，东穷燕齐，南极吴楚，江湖之上，濒海之观毕至。⑨道广五十步，三丈而树，厚筑其外，隐以金椎，⑩树以青松。为驰道之丽至于此，使其后世曾不得邪径而托足焉。死葬乎骊山，吏徒数十万人，⑪旷日十年。⑫下彻三泉，⑬合采金石，冶铜锢其内，桼涂其外，⑭被以珠玉，饰以翡翠，⑮中成观游，上成山林。为葬薶之侈至于此，使其后世曾不得蓬颗蔽冢而托葬焉。⑯秦以熊罴之力，虎狼之心，蚕食诸侯，并吞海内，而不笃礼义，⑰故天殃已加矣。臣昧死以闻，愿陛下少留意而详择其中。⑱

①师古曰："言贫贱之人也。韦带，以单韦为带，无饰也。。"

②师古曰："数，屡也。任谓役事也。罢读曰疲，言疲于役使也。"

③师古曰："犯罪者则衣赭衣，行道之人半著赭衣，言被罪者众也。盗贼皆依山为阻，故云满山也。"

④师古曰："戴目者，言常远视，有异志也。倾耳而听，言乐祸乱也。"

⑤师古曰："谑字与呼同。謼，叫也，音火故反。向读曰响。"

⑥师古曰："(此)〔凡〕言离宫者，皆谓于别处置之，〔2〕非常所居也。"

⑦师古曰："阿房者，言殿之四阿皆为房也。一说大陵曰阿，言其殿高若于阿上为房也。房字或作旁，说云始皇作此殿，未有名，以其去咸阳近，且号阿旁。阿，近也。八尺曰仞。"

⑧师古曰："桡，屈也。言庭之广大，殿之高敞，众骑驰骛无所迫触，建立旌旗不屈桡。桡音女孝反。"

⑨师古曰："濒，水涯也。濒海，谓缘海之边也。毕，尽也。濒音频，又音宾，字或作滨，音义同。"

⑩服虔曰："作壁如甬道。隐筑也，以铁椎筑之。"师古曰："筑令坚实而使隆高耳，不为甬壁也。隐音於靳反。"

⑪师古曰："吏以督领，徒以役作也。"

⑫师古曰："旷，空也，废也。言为重役，空废时日，积年岁也。"

⑬师古曰："三重之泉，言其深也。"

⑭师古曰："锢谓铸而合之也，音固。"

⑮应劭曰："雄曰翡，雌曰翠。"臣瓒曰："《异物志》云翡色赤而大于翠。"师古曰："鸟各别类，非雄雌异名也。被音皮义反。"

⑯服虔曰："谓块墣作冢，喻小也。"臣瓒曰："蓬颗，犹裸颗小冢也。"晋灼曰："东北人名土块为蓬颗。"师古曰："诸家之说皆非。颗谓土块。蓬颗，言块上生蓬者耳。举此以对冢上山林，故言蓬颗蔽冢也。颗音口果反。"

⑰师古曰："笃，厚也。"

⑱师古曰："中音竹仲反。"

臣闻忠臣之事君也，言切直则不用而身危，不切直则不可以明道，故切直之言，明主所欲急闻，忠臣之所以蒙死而竭知也。①地之硗者，虽有善种，不能生焉；②江皋河濒，虽有恶种，无不猥大。③昔者夏商之季世，虽关龙逢、箕子、比干之贤，身死亡而道不用。④文王之时，豪俊之士皆得竭其智，刍荛采薪之人皆得尽其力，⑤此周之所以兴也。故地之美者善养禾，君之仁者善养士。雷霆之所击，无不摧折者；⑥万钧之所压，无不糜灭者。今人主之威，非特雷霆也；⑦势重，非特万钧也。开道而求谏，和颜色而受之，用其言而显其身，士犹恐惧而不敢自尽，又乃况于纵欲恣行暴虐，恶闻其过乎！震之以威，压之以重，⑧则虽有尧舜之智，孟贲之勇，岂有不摧折者哉？⑨如此，则人主不得闻其过失矣；弗闻，则社稷危矣。古者圣王之制，史在前书过失，工诵箴谏，⑩瞽诵诗谏，⑪公卿比谏，⑫士传言谏(过)，[3]庶人谤于道，商旅议于市，⑬然后君得闻其过失也。闻其过失而改之，见义而从之，所以永有天下也。天子之尊，四海之内，其义莫不为臣。然而养三老于大学，亲执酱而馈，执爵而酳，⑭祝𩜾在前，祝鲠在后，⑮公卿奉杖，大夫进履，举贤以自辅弼，求修正之士使直谏。⑯故以天子之尊，尊养三老，视孝也；⑰立辅弼之臣者，恐骄也；置直谏之士者，恐不得闻其过也；学问至于刍荛者，求善无餍也；商人庶人诽谤已而改之，从善无不听也。

①师古曰："蒙，冒犯也。"

②师古曰："硗，埆，瘠薄也。硗音口交反。"

③李奇曰："皋，水边淤地也。"师古曰："猥，盛也。"

④服虔曰："关龙逢，桀之忠臣也。"师古曰："比干谏纣而纣杀之。《论语》曰'微子去之，箕子为之奴，比干谏而死。'"

⑤师古曰："刍，刈草也。荛，草薪也。言执贱役者也。《大雅》《板》之诗曰'询于刍荛'。"

⑥师古曰："霆，疾雷也，音廷。"

⑦师古曰："特，独也。"

⑧师古曰："震，动也。"

⑨师古曰："孟贲，古之勇士。贲音奔。"

⑩李奇曰:“古有诵诗之工,记过之史,常在君侧也。”师古曰“箴,戒也,音之林反。”

⑪师古曰:“瞽,无目之人。”

⑫李奇曰:“相亲比而谏也,或曰比方事类以谏也。”师古曰:“比方是也。”

⑬师古曰:“旅,众也。”

⑭师古曰:“餽字与馈同。进食曰馈。酳者,少少饮酒,谓食已而荡口也,音胤。”

⑮师古曰:“饲,古饐字,谓食不下也。以老人好饐鲠,故为备祝以祝之。”

⑯师古曰:“修正,谓修身正行者。”

⑰师古曰:“视读曰示。”

昔者,秦政力并万国,富有天下,破六国以为郡县,筑长城以为关塞。秦地之固,大小之势,轻重之权,其与一家之富,一夫之强,胡可胜计也![①]然而兵破于陈涉,地夺于刘氏者,何也?秦王贪狼暴虐,残贼天下,穷困万民,以适其欲也。[②]昔者,周盖千八百国,以九州之民养千八百国之君,用民之力不过岁三日,什一而籍,[③]君有馀财,民有馀力,而颂声作。[④]秦皇帝以千八百国之民自养,力罢不能胜其役,财尽不能胜其求。[⑤]一君之身耳,所以自养者驰骋弋猎之娱,天下弗能供也。[⑥]劳罢者不得休息,饥寒者不得衣食,亡罪而死刑者无所告诉,人与之为怨,家与之为雠,[⑦]故天下坏也。秦皇帝身在之时,天下已坏矣,而弗自知也。秦皇帝东巡狩,至会稽、琅邪,刻石著其功,自以为过尧舜统;[⑧]县石铸钟虡,[⑨]筛土筑阿房之宫,[⑩]自以为万世有天下也。古者圣王作谥,三四十世耳,虽尧舜禹汤文武絫世广德[⑪]以为子孙基业,无过二三十世者也。[⑫]秦皇帝曰死而以谥法,是父子名号有时相袭也,以一至万,则世世不相复也,[⑬]故死而号曰始皇帝,其次曰二世皇帝者,欲以一至万也。秦皇帝计其功德,度其后嗣,世世无穷,[⑭]然身死才数月耳,[⑮]天下四面而攻之,宗庙灭绝矣。

①师古曰:“胡,何也。胜,尽也。”

②师古曰:“适,快也。”

③师古曰："什一，谓十分之中公取一也。籍，借也，谓借人力也。一曰为簿籍而税之。"

④师古曰："颂者，六诗之一，美盛德之形容，盖帝王之嘉致。"

⑤师古曰："胜，堪也。罢读曰疲。次下亦同。"

⑥师古曰："弋，缴射也。"

⑦师古曰："言人人为怨，家家为雠。"

⑧如淳曰："统，继也。尧舜子不才，不能长世，而秦自以过尧舜，可至万世也。"师古曰："此说非也。统，治也。言自美功德，治理天下过于尧舜也。其下乃言以一至万之事。"

⑨服虔曰："悬石以为磬也。"苏林曰："秦欲平天下法，使轻重如石之在称也。"师古曰："二说皆非也。悬，称也。石，百二十斤，称铜铁之斤石以铸钟虡，言其奢泰也。虡，猛兽之名，谓钟鼓之柎饰为此兽。虡音钜。"

⑩师古曰："筛以竹簁为之。筛音师。簁音山尔反。"

⑪师古曰："絫，古累字。"

⑫张晏曰："夏十七世，殷三十一世，周三十六世。"

⑬师古曰："复，重也，音扶目反。"

⑭师古曰："度音大各反。"

⑮师古曰："才音财，暂也，浅也。"

秦皇帝居灭绝之中而不自知者何也？天下莫敢告也。其所以莫敢告者何也？亡养老之义，亡辅弼之臣，亡进谏之士，纵恣行诛，退诽谤之人，杀直谏之士，是以道谀媮合苟容，①比其德则贤于尧舜，课其功则贤于汤武，天下已溃而莫之告也。②《诗》曰："匪言不能，胡此畏忌，听言则对，谮言则退。"此之谓也。③又曰："济济多士，文王以宁。"④天下未尝亡士也，然而文王独言以宁者何也？文王好仁则仁兴，得士而敬之则士用，用之有礼义。

①师古曰："道读曰导，导引主意于邪也。媮与偷同。"

②师古曰："水旁决曰溃，言天下之(壤)〔坏〕如水溃。"〔4〕

③师古曰："此《大雅》《桑柔》之篇也。言贤者见事之是非，非不能分别言之，而不言者何也？此但畏忌犯颜得罪罚也。又言，言而见听，则悉意答对；不见信受，则屏退也。今诗本云'听言则对，诵言如醉'。说者又别为义，与此

不同。"

④师古曰："此《大雅》《文王》之篇也。济济，多威仪也。此言文王以多士之故，能安天下也。"

故不致其爱敬，则不能尽其心；不能尽其心，则不能尽其力；不能尽其力，则不能成其功。故古之贤君于其臣也，尊其爵禄而亲之；疾则临视之亡数，①死则往吊哭之，临其小敛大敛，已棺涂而后为之服锡衰麻绖，②而三临其丧；未敛不饮酒食肉，未葬不举乐，当宗庙之祭而死，为之废乐。故古之君人者于其臣也，可谓尽礼矣；服法服，端容貌，正颜色，然后见之。故臣下莫敢不竭力尽死以报其上，功德立于后世，而令闻不忘也。③

①师古曰："言心实忧念之，不为礼饰也。"

②师古曰："已棺，谓已大敛也。涂谓涂殡也。锡衰，十五升布，无事其缕者也。棺音工唤反。"

③师古曰："令，善也。闻谓声之闻也。"

今陛下念思祖考，术追厥功，①图所以昭光洪业休德，②使天下举贤良方正之士，天下皆訢訢焉，③曰将兴尧舜之道，三王之功矣。天下之士莫不精白以承休德。④今方正之士皆在朝廷矣，又选其贤者使为常侍诸吏，与之驰敺射猎，⑤一日再三出。臣恐朝廷之解弛，⑥百官之堕于事也，诸侯闻之，又必怠于政矣。

①师古曰："术亦作述。"

②师古曰："图，谋也。休，美也。"

③师古曰："訢读与欣同。"

④师古曰："厉精而为洁白也。"

⑤师古曰："敺与驱同。"

⑥师古曰："解读曰懈。弛，放也，音式尔反。"

陛下即位，亲自勉以厚天下，损食膳，不听乐，减外徭卫卒，止岁贡；省厩马以赋县传，①去诸苑以赋农夫，出帛十万馀匹以振贫民；礼高年，九十者一子不事，八十者二算不事；②赐天下男子爵，大臣皆至公卿；发御府金赐大臣宗族，亡不被泽者；赦罪人，怜其亡发，赐之巾，怜其衣赭书其背，父子兄弟相见也③而赐之衣。平狱缓刑，天下莫不说喜。④是以元年膏雨降，五谷登，此天之所以相陛下也。⑤刑轻于它时而犯法者寡，衣食多于前年而盗贼少，此天下之所以顺陛下也。⑥臣闻山东吏布诏令，民虽老羸癃疾，扶杖而往听之，愿少须臾毋死，思见德化之成也。今功业方就，名闻方昭，四方乡风，⑦今从豪俊之臣，方正之士，直与之日日猎射，击兔伐狐，以伤大业，绝天下之望，臣窃悼之。《诗》曰："靡不有初，鲜克有终。"⑧臣不胜大愿，愿少衰射猎，以夏岁二月，⑨定明堂，造太学，修先王之道。风行俗成，万世之基定，然后唯陛下所幸耳。⑩古者大臣不媟，⑪故君子不常见其齐严之色，肃敬之容。⑫大臣不得与宴游，⑬方正修洁之士不得从射猎，使皆务其方以高其节，⑭则群臣莫敢不正身修行，尽心以称大礼。⑮如此，则陛下之道尊敬，功业施于四海，垂于万世子孙矣。诚不如此，则行日坏而荣日灭矣。夫士修之于家，而坏之于天子之廷，臣窃愍之。陛下与众臣宴游，与大臣方正朝廷论议。夫游不失乐，朝不失礼，议不失计，轨事之大者也。⑯

①师古曰："赋，给与也。传音张恋反。"

②师古曰："一子不事，蠲其赋役。二算不事，免二口之算赋也。"

③师古曰："衣音于既反。"

④师古曰："说读曰悦。"

⑤师古曰："相，助也。"

⑥师古曰："天下之人也。"

⑦师古曰："乡读曰向。"

⑧师古曰："此《大雅》《荡》之诗也。言人初始皆庶几于善道，而少有能终之者。"

⑨师古曰："时以十月为岁首，则(为)〔谓〕夏正之二月为五月。[5]今欲定制度，循于古法，故特云用夏岁二月也。夏音胡雅反。"

⑩师古曰："言乃可恣意也。"

⑪师古曰："媟，狎也，音息列反。"

⑫师古曰："见，显示也，音胡电反。"

⑬师古曰："安息曰宴。与读曰豫。"

⑭师古曰："方，道也。一曰方谓廉隅也。"

⑮师古曰："称，副也。"

⑯师古曰："轨谓法度也。"

其后文帝除铸钱令，山复上书谏，以为变先帝法，非是。又讼淮南王无大罪，宜急令反国。又言柴唐子为不善，足以戒。①章下诘责，②对以为"钱者，亡用器也，而可以易富贵。富贵者，人主之操柄也，③令民为之，是与人主共操柄，不可长也。"④其言多激切，善指事意，然终不加罚，所以广谏争之路也。其后复禁铸钱云。

①邓展曰："《淮南传》棘蒲侯柴武太子柴奇与士伍开章谋反。"

②师古曰："以其所上之章，令有司诘问。"

③师古曰："操，持也，音千高反。"

④师古曰："长谓畜养也。言此事宜速禁绝，不可畜养。"

邹阳，齐人也。汉兴，诸侯王皆自治民聘贤。吴王濞招致四方游士，阳与吴严忌、枚乘等俱仕吴，皆以文辩著名。久之，吴王以太子事怨望，称疾不朝，阴有邪谋，阳奏书谏。为其事尚隐，恶指斥言，故先引秦为谕，因道胡、越、齐、赵、淮南之难，然后乃致其意。其辞曰：

臣闻秦倚曲台之宫，①悬衡天下，②画地而不犯，兵加胡越；③至其晚节末路，张耳、陈胜连从兵之据，④以叩函谷，咸阳遂危。⑤何则？列郡不相亲，万室不相救也。今胡数涉北河之外，上覆飞鸟，下不见伏菟，⑥斗城不休，救兵不止，死者相随，辇车相属，⑦转粟流输，千里不绝。何则？强赵责于河间，⑧六齐望于惠后，⑨城阳顾于卢博，⑩三淮南之心思坟墓。⑪大王不忧，臣恐救兵之不专，⑫胡马遂进窥于邯郸，越水长沙，还舟青阳。⑬虽使梁并淮阳之兵，下淮东，越广陵，以遏越人之粮，汉亦折西河而下，北守漳水，以辅大国，胡亦益进，越亦益深。此臣之所为大王患也。⑭

①应劭曰："始皇帝所治处也，若汉家未央宫。"师古曰："倚，恃也，音於绮反。"

②服虔曰："关西为衡。"应劭曰："衡，平也。"如淳曰："衡犹称之(权)〔衡〕也，[6] 言其悬法度于其上也。"师古曰："此说秦自以为威力强固，非论平法也。下又言陈胜连从兵之据，则是说从横之事耳。服释是也。"

③师古曰："画地不犯者，法制之行也。"

④师古曰："从音子容反。"

⑤师古曰："叩，击也。"

⑥苏林曰："言胡来人马之盛，扬尘上覆飞鸟，下不见伏菟也。一曰，覆，尽也。言上射飞鸟，下尽伏菟也。"师古曰："覆，尽，是也，音芳目反。"

⑦师古曰："属，连也，音之欲反。"

⑧应劭曰："赵幽王为吕后所幽死，文帝立其长子遂为赵王，取赵之河间立遂弟辟彊为河间王，至子哀王无嗣，国除，遂欲复还得河间。"

⑨孟康曰："高后割齐济南郡为吕(王)台奉邑，[7] 又割琅邪郡封营陵侯刘泽为琅邪王。文帝乃立悼惠王六子为王。言六齐不保今日之恩，而追怨惠帝与吕后也。一说惠帝二年悼惠王入朝，吕后欲鸩杀之，献城阳郡，尊鲁元公主，得免，六子以此怨之。"

⑩孟康曰："城阳王喜也。喜父章与弟兴居讨诸吕有功，本当尽以赵地王章，梁地王兴居。文帝闻其欲立齐王，更以二郡王之。章失职，岁馀薨。兴居诛死。卢博，济北王治处，喜顾念而怨也。"

⑪张晏曰："淮南厉王三子为三王，念其父见迁杀，思墓，欲报怨也。"师古曰："三子为王，谓淮南、衡山、济北也。"

⑫孟康曰："不专救汉也。"如淳曰："皆自私怨宿忿，不能为吴也。若吴举兵反，天子来讨，谓四国但有意，不敢相救也。"师古曰："二说皆非也。言诸国各有私怨，欲申其志，不肯专为吴，非不敢相救也。"

⑬张晏曰："青阳，地名。还舟，聚舟船也。言胡为赵难，越为吴难，不可恃也。"

⑭应劭曰："时赵王遂北连匈奴，吴王濞素事三越，故邹阳微言胡越亦自受敌，救兵之不专也。胡马故曰进，越水故曰深。"苏林曰："折，截也。阳知吴王阴连结齐、赵、淮南、胡、越，欲谏不敢指斥言，故陈胡、越之难，齐、赵之怨，

微言梁并淮阳绝越人之粮，汉折西河以辅大国，以破难其计。欲隐其辞，故谬言胡益进，越益深，为大王患之，以错乱其语，若吴为忧助汉者也。自此以下，乃致其意焉。"师古曰："苏说是。"

臣闻交龙襄首奋翼，则浮云出流，雾雨咸集。①圣王底节修德，则游谈之士归义思名。②今臣尽智毕议，易精极虑，③则无国不可奸；④饰固陋之心，则何王之门不可曳长裾乎？然臣所以历数王之朝，背淮千里而自致者，非恶臣国而乐吴民也，窃高下风之行，尤说大王之义。⑤故愿大王之无忽，察听其志。

①师古曰："襄，举也。"

②师古曰："底，厉也，音指。"

③如淳曰："改易精思以极尽谋虑也。"

④师古曰："奸音干。"

⑤师古曰："言在下风侧听，高尚美悦大王之行义也。说读曰悦。"

臣闻鸷鸟絫百，不如一鹗。①夫全赵之时，②武力鼎士袨服丛台之下者一旦成市，③而不能止幽王之湛患。④淮南连山东之侠，死士盈朝，不能还厉王之西也。⑤然而计议不得，虽诸、贲不能安其位，亦明矣。⑥故愿大王审画而已。⑦

①孟康曰："鹗，大雕也。"如淳曰："鸷鸟比诸侯，鹗比天子。"师古曰："鸷击之鸟，鹰鹯之属也。鹗自大鸟而鸷者耳，非雕也。絫，古累字。鹗音愕。"

②服虔曰："全赵，赵未分之时。"

③师古曰："袨服，盛服也。鼎士，举鼎之士也。丛台，赵王之台也，在邯郸。袨音州县之县。"

④师古曰："幽王谓赵幽王友也。湛读曰沈。沈患，言幽王为吕后所幽死。"

⑤师古曰："厉王，淮南厉王长也。西谓废迁严道而死于雍也。"

⑥师古曰："诸谓专诸，贲谓孟贲，皆古勇士也。"

⑦师古曰："画，计也，音获。"

始孝文皇帝据关入立，寒心销志，不明求衣。①自立天子之后，使东牟朱虚东褒义父之后，②深割婴儿王之。③壤子王梁、代，④益以淮阳。卒仆济北，囚弟于雍者，岂非象新垣平等哉！⑤今天子新据先帝之遗业，左规山东，右制关中，变权易势，大臣难知。大王弗察，臣恐周鼎复起于汉，新垣过计于朝，⑥则我吴遗嗣，不可期于世矣。⑦高皇帝烧栈道，水章邯，⑧兵不留行，⑨收弊民之倦，东驰函谷，西楚大破。⑩水攻则章邯以亡其城，陆击则荆王以失其地，⑪此皆国家之不几者也。⑫愿大王孰察之。

①张晏曰："据函谷关立为天子，诸国闻文帝入关为之寒心散志也。求衣，夜索衣著，不及待明，意不安也。"臣瓒曰："文帝入关而立，以天下多难，故乃寒心战栗，未明而起。"师古曰："瓒说是。"

②应劭曰："天下已定，文帝遣朱虚侯章东喻齐王，嘉其首举兵，欲诛诸吕，犹《春秋》褒邾仪父也。"师古曰："立天子，谓立为天子也。义读曰仪。父读曰甫。"

③应劭曰："封齐王六子为王，其中有小小婴儿者，文帝于骨肉厚也。或曰，皇子武为代王，参为太原王，揖为梁王。"师古曰："或说是也。"

④如淳曰："文帝之二子。"晋灼曰："扬雄《方言》'梁益之间，所爱谓其肥盛曰壤'。或曰，言深割婴儿王之壤。壤，土也。壤字当上属也。"师古曰："或说非也。"

⑤应劭曰："仆，僵仆也。济北王兴居反，见诛。囚弟于雍者，淮南王长有罪，见徙，死于雍。所以然者，坐二国有奸臣如新垣平等，劝王共反。"师古曰："仆音赴。"

⑥如淳曰："新垣平诈言'鼎在泗水中，臣望东北汾阴有金宝气，鼎其在乎？弗迎，则不至。'为吴计者，犹新垣平之言，周鼎终不可得也。"服虔曰："过，误也。"

⑦师古曰："言吴当绝灭无遗嗣也。"

⑧应劭曰："章邯为雍王，高祖以水灌其城，破之也。"

⑨师古曰："言无所稽留，不废于行。"

⑩张晏曰："项羽自号西楚霸王。"

⑪如淳曰："荆亦楚也，谓项羽败走。"

⑫应劭曰："言不可庶几也。"李奇曰："不但几微，乃著见也。或曰几，危也。此数事于国家皆无危险之虑也。"师古曰："言汉朝之安，诸侯不当妄起邪

意。应说是也。"

吴王不内其言。

是时,景帝少弟梁孝王贵盛,亦待士。于是邹阳、枚乘、严忌知吴不可说,皆去之梁,从孝王游。

阳为人有智略,慷慨不苟合,①介于羊胜、公孙诡之间。②胜等疾阳,恶之孝王。③孝王怒,下阳吏,将杀之。阳客游以谗见禽,恐死而负絫,④乃从狱中上书曰:

①师古曰:"慷音口朗反。"

②师古曰:"介谓间厕也。"

③师古曰:"恶谓谗毁也。其下亦同。"

④师古曰:"絫音力瑞反。"

臣闻忠无不报,信不见疑,臣常以为然,徒虚语耳。昔荆轲慕燕丹之义,白虹贯日,太子畏之;①卫先生为秦画长平之事,太白食昴,昭王疑之。②夫精(诚)变天地而信不谕两主,[8]岂不哀哉!今臣尽忠竭诚,毕议愿知,③左右不明,卒从吏讯,为世所疑。④是使荆轲、卫先生复起,而燕、秦不寤也。愿大王孰察之。

①应劭曰:"燕太子丹质于秦,始皇遇之无礼,丹亡去,厚养荆轲,令西刺秦王。精诚感天,白虹为之贯日也。"如淳曰:"白虹,兵象,日为君,为燕丹表可克之兆。"师古曰:"精诚若斯,太子尚畏而不信也。太白食昴,义亦如之。"

②苏林曰:"白起为秦伐赵,破长平军,欲遂灭赵,遣卫先生说昭王益兵粮,为应侯所害,事用不成。其精诚上达于天,故太白为之食昴。昴,赵分也,将有兵,故太白食昴。食,干历之也。"如淳曰:"太白,天之将军。"

③张晏曰:"尽其计议,愿王知之。"

④师古曰:"言左右不明者,不欲斥王也。讯谓鞫问也,音信。"

昔玉人献宝,楚王诛之;①李斯竭忠,胡亥极刑。②是以箕子阳狂,接舆避世,③恐遭此患也。愿大王察玉人、李斯之意,而后楚王、胡亥之听,④毋使臣为箕子、接舆所笑。臣闻比干剖心,子胥鸱夷,⑤臣始不信,乃今知之。愿大王孰察,少加怜焉!

①应劭曰："卞和得玉璞，献之武王，王示玉人，曰石也，刖其右足。武王殁，复献文王，玉人复曰石也，刖其左足。至成王时，抱其璞哭于郊，乃使玉人攻之，果得宝玉也。"

②张晏曰："李斯谏二世以正，而二世杀之，具五刑。"

③张晏曰："接舆，楚贤人，阳狂避世。"师古曰："舆音弋于反。"

④师古曰："以谬听为后。后犹下也。"

⑤应劭曰："吴王取马革为鸱夷，受子胥，沈之江。鸱夷，榼形。"师古曰："鸱夷，即今之盛酒鸱夷幐。"

语曰"有白头如新，①倾盖如故"。②何则？知与不知也。故樊於期逃秦之燕，藉荆轲首以奉丹事；③王奢去齐之魏，临城自刭以却齐而存魏。④夫王奢、樊於期非新于齐、秦而故于燕、魏也，所以去二国死两君者，行合于志，慕义无穷也。是以苏秦不信于天下，为燕尾生；⑤白圭战亡六城，为魏取中山。⑥何则？诚有以相知也。苏秦相燕，人恶之燕王，燕王按剑而怒，食以駃騠；⑦白圭显于中山，⑧人恶之于魏文侯，文侯赐以夜光之璧。何则？两主二臣，剖心析肝相信，⑨岂移于浮辞哉！⑩

①孟康曰："初相识至白头不相知。"

②文颖曰："倾盖，犹交盖驻车也。"

③张晏曰："於期为秦将，被谗走之燕。始皇灭其家，又重购之。燕遣荆轲欲刺秦王，於期自刎首，令轲赍往。"师古曰："之，往也。藉，假也。"

④孟康曰："王奢，齐臣也，亡至魏。其后齐伐魏，奢登城谓齐将曰：'今君之来，不过以奢故也，义不苟生，以为魏累。'遂自刭也。"

⑤服虔曰："苏秦于秦不出其信，于燕则出尾生之信也。"晋灼曰："说齐宣王使还燕十城，又令闵王厚葬以弊齐，终死为燕也。"师古曰："尾生，古之信士，守志亡躯，故以为喻。"

⑥张晏曰："白圭为中山将，亡六城，君欲杀之，亡入魏，魏文侯厚遇之，还拔中山。"

⑦孟康曰："駃騠，骏马也，生七日而超其母。敬重苏秦，虽有谗谤，而更食以珍奇之味。"师古曰："食读曰饲。駃音决。騠音题。"

⑧师古曰："以拔中山之功而尊显也。"

⑨师古曰："析，分也。"

⑩师古曰："不以浮说而移心。"

故女无美恶，入宫见妒；士无贤不肖，入朝见嫉。昔司马喜膑脚于宋，卒相中山；①范睢拉胁折齿于魏，卒为应侯。②此二人者，皆信必然之画，捐朋党之私，挟孤独之交，故不能自免于嫉妒之人也。③是以申徒狄蹈雍之河，④徐衍负石入海。⑤不容于世，义不苟取比周于朝以移主上之心。⑥故百里奚乞食于道路，缪公委之以政；⑦甯戚饭牛车下，桓公任之以国。⑧此二人者，岂素宦于朝，借誉于左右，然后二主用之哉？感于心，合于行，坚如胶漆，昆弟不能离，岂惑于众口哉？故偏听生奸，独任成乱。昔鲁听季孙之说逐孔子，⑨宋任子冉之计囚墨翟。⑩夫以孔、墨之辩，不能自免于谗谀，而二国以危。何则？众口铄金，积毁销骨也。⑪秦用戎人由余而伯中国，⑫齐用越人子臧而强威、宣。⑬此二国岂系于俗，牵于世，系奇偏之浮辞哉？公听并观，垂明当世。⑭故意合则胡越为兄弟，由余、子臧是矣；不合则骨肉为雠敌，朱、象、管、蔡是矣。⑮今人主诚能用齐、秦之明，后宋、鲁之听，则五伯不足侔，而三王易为也。⑯

①苏林曰："六国时人，被此刑也。"

②应劭曰："魏人也。魏相魏齐疑其以国阴事告齐，乃掠笞数百，拉胁折齿。"师古曰："后入秦为相，封为应侯。拉，摧也，音卢合反。"

③师古曰："言直道而行，不求朋党之助，谓忠信必可恃也。画，计也，音获。"

④服虔曰："殷之末世(人)〔介士〕也。[9]雍之河，雍州之河也。"师古曰："雍者，河水溢出为小流也。言狄初因蹈雍，遂入大河也。《尔雅》曰'水自河出为雍'，又曰'江有沱，河有雍'。雍音于龙反。服虔曰雍州之河，非也。"

⑤服虔曰："周之末世人也。"师古曰："负石者，欲速沈也。"

⑥师古曰："比音频寐反。"

⑦应劭曰："虞人也，闻秦缪公贤，欲往干之，乏资，乞食以自致也。"

⑧应劭曰："齐桓公夜出迎客，甯戚疾击其牛角，高歌曰：'南山矸，白石烂，生不逢尧与舜禅。短布单衣适至骭，从昏饭牛薄夜半，长夜曼曼何时旦！'桓

公召与语，说之，以为大夫。”师古曰：“矸字与岸同。骭，胫也。薄，止也。骭音下谏反。曼音莫干反。”

⑨师古曰：“季孙，鲁大夫季桓子也，名斯。《论语》云‘齐人归女乐，季桓子受之，三日不朝，孔子行。’盖桓子故使定公受齐之女乐，欲令去孔子也。”

⑩文颖曰：“子冉，子罕也。”

⑪师古曰：“美金见毁，众共疑之，数被烧炼，以至销铄。谗佞之人，肆其诈巧，离散骨肉，而不觉知。”

⑫师古曰：“伯读曰霸。”

⑬师古曰：“齐之二王谥也。”

⑭师古曰：“公听，言不私也。并观，所见齐同也。”

⑮师古曰：“朱，丹朱，尧子。象，舜弟。管、蔡，周之二叔也。”

⑯师古曰：“侔，等也。伯读曰霸。”

是以圣王觉寤，(损)〔捐〕子之之心，〔10〕而不说田常之贤，①封比干之后，修孕妇之墓，②故功业覆于天下。③何则？欲善亡厌也。夫晋文亲其雠，强伯诸侯；齐桓用其仇，而一匡天下。④何则？慈仁殷勤，诚加于心，不可以虚辞借也。

①应劭曰：“燕王哙贤其相子之，欲禅以燕国，国乃大乱。田常，陈恒也。齐简公悦之，而杀简公。今使人君去此心，则国家安全也。”师古曰：“说读曰悦。”

②应劭曰：“纣刳妊者，观其胎产。”师古曰：“武王克商，反其故政，乃封修之。”

③师古曰：“覆犹被也。”

④张晏曰：“寺人勃鞮为晋献公逐文公，斩其袪。及文公即位，用其言以免吕郄之难。管仲射中桓公带钩，而用为相。”师古曰：“伯读为霸。下皆类此。”

至夫秦用商鞅之法，东弱韩、魏，立强天下，卒车裂之。①越用大夫种之谋，禽劲吴而伯中国，遂诛其身。是以孙叔敖三去相而不悔，②於陵子仲辞三公为人灌园。③今人主诚能去骄傲之心，怀可报之意，披心腹，见情素，④堕肝胆，施德厚，⑤终与之穷达，无爱于士，⑥则桀之犬可使吠尧，跖之客可使刺由，⑦何况因万乘之权，假圣王之资乎！然则〔荆〕轲湛七族，〔11〕要离燔妻子，岂足为大王道哉！⑧

①师古曰："卒，终也。"

②师古曰："叔敖三为楚相，而三去之。缯丘之封人谓之曰：'吾闻处官久者士妒之，禄厚者众怨之，位尊者君恨之。今相国有此三者，而不得罪于楚之士众，(仕)〔何〕也？'叔敖曰：'吾三相楚而(不)〔身〕愈卑，[12]每益禄而施愈博，位滋尊而礼愈恭，是以不得罪于楚人也。'"

③师古曰："於陵，地名也。子仲，陈仲子也。其先与齐同族，兄载为齐相，仲子以为不义，乃将妻子适楚，居于於陵，自谓於陵子仲。楚王闻其贤，使使者持金百镒聘之，欲以为相。仲子不许，遂夫妻相与逃，而为人灌园，终身不屈其节。"

④师古曰："见，显示之也。素谓心所向也。"

⑤师古曰："堕，毁也，音火规反。"

⑥师古曰："无所吝惜也。"

⑦应劭曰："盗跖之客为其人使刺由。由，许由也。"师古曰："此言被之以恩，则用命也。"

⑧应劭曰："荆轲为燕刺秦始皇，不成而死，其族坐之。湛，没也。吴王阖闾欲杀王子庆忌，要离诈以罪亡，令吴王燔其妻子。要离走见庆忌，以剑刺之。"张晏曰："七族，上至曾祖，下至曾孙。"师古曰："此说云湛七族，无荆字也。寻诸史籍，荆轲无湛族之事，不知阳所云者定何人也。湛读曰沈。"

臣闻明月之珠，夜光之璧，以暗投人于道，众莫不按剑相眄者。何则？无因而至前也。蟠木根柢，轮囷离奇，①而为万乘器者，以左右先为之容也。②故无因而至前，虽出随珠和璧，秖怨结而不见德；③有人先游，则枯木朽株，树功而不忘。④今夫天下布衣穷居之士，身在贫羸，⑤虽蒙尧、舜之术，挟伊、管之辩，⑥怀龙逢、比干之意，而素无根柢之容，虽竭精神，欲开忠于当世之君，⑦则人主必袭按剑相眄之迹矣。⑧是使布衣之士不得为枯木(巧)〔朽〕株之资也。[13]

①苏林曰："柢音蒂。"张晏曰："柢，根下本也。轮囷离奇，委曲盘戾也。"师古曰："蟠木，屈曲之木也。囷音去轮反。离音力尔反。奇音於绮反。一曰离

奇各读如本字。”

②师古曰：“万乘器，天子车舆之属也。容谓雕刻加饰。”

③师古曰：“随国之侯见大蛇伤者，疗而愈之，蛇衔明珠以报其德，故称随珠。和氏之璧，即卞和所献之玉耳。秖，适也，音支。”

④师古曰：“先游，谓进纳之也。树，立也。”

⑤师古曰：“衣食不充，故羸瘦也。一曰羸谓无威力。”

⑥师古曰：“伊，伊尹。管，管仲。”

⑦师古曰：“开谓陈说也。”

⑧师古曰：“袭，重也。言蹑其故迹也。”

是以圣王制世御俗，独化于陶钧之上，①而不牵乎卑辞之语，不夺乎众多之口。②故秦皇帝任中庶子蒙〔嘉〕之言，③[14]以信荆轲，而匕首窃发；④周文王猎泾渭，载吕尚归，以王天下。⑤秦信左右而亡，周用乌集而王。⑥何则？以其能越挛拘之语，驰域外之议，⑦独观乎昭旷之道也。⑧

①张晏曰：“陶家名模下圆转者为钧，以其制器为大小，比之于天也。”师古曰：“此说非也。陶家名转者为钧，盖取周回调钧耳。言圣王制驭天下，亦犹陶人转钧，非陶家转象天也。”

②师古曰：“夺者，言欲行善道而为佞人夺其计也。”

③师古曰：“蒙者，庶子名也。今流俗书本蒙下辄加恬字，非也。”

④师古曰：“匕首，短剑也。其首类匕，便于用也。”

⑤应劭曰：“西伯出遇吕尚于渭之阳，与语大悦，因载归。”

⑥师古曰：“言文王之得太公，非因旧故，若乌鸟之暴集。”

⑦师古曰：“挛音力全反。”

⑧师古曰：“昭，明也。旷，广也。”

今人主沈谄谀之辞，牵帷廧之制，①使不羁之士与牛骥同皂，②此鲍焦所以愤于世也。③

①孟康曰：“言为左右便僻侍帷廧臣妾所见牵制矣。”

②师古曰：“不羁，言才识高远不可羁系也。皂，历也。扬雄《方言》云‘梁、宋、齐、楚、燕之间谓历曰皂’。皂音在早反。”

③孟康曰："周之介士也。"师古曰："鲍焦怨时之不用己，采蔬于道。子贡难曰：'非其时而采其蔬，此焦之有哉？'弃其蔬，乃立枯于洛水之上。蔬谓菜也。"

臣闻盛饰入朝者不以私污义，底厉名号者不以利伤行。①故里名胜母，曾子不入；②邑号朝歌，墨子回车。③今欲使天下寥廓之士笼于威重之权，胁于位势之贵，④回面污行，以事谄谀之人，⑤而求亲近于左右，则士有伏死堀穴岩薮之中耳，⑥安有尽忠信而趋阙下者哉！

①师古曰："底厉，言其自修廉隅，若磨厉于石也。"

②师古曰："曾子至孝，以胜母之名不顺，故不入也。"

③晋灼曰："纣作朝歌之音。朝歌者，不时也。"师古曰："朝歌，殷之邑名也。《淮南子》云'墨子非乐，不入朝歌'。"

④师古曰："寥廓，远大之度也。胁，迫也。寥音聊。"

⑤师古曰："回，邪也。污，不洁也，音一胡反。或曰污，曲也，音一故反。"

⑥师古曰："堀与窟同。泽无水曰薮。"

书奏孝王，孝王立出之，卒为上客。

初，胜、诡欲使王求为汉嗣，王又尝上书，愿赐容车之地径至长乐宫，自使梁国士众筑作甬道朝太后。爰盎等皆建以为不可。①天子不许。梁王怒，令人刺杀盎。上疑梁杀之，使者冠盖相望责梁王。梁王始与胜、诡有谋，阳争以为不可，故见谗。枚先生、严夫子皆不敢谏。②

①师古曰："建谓立议。"

②师古曰："先生，枚乘。夫子，严忌。"

及梁事败，胜、诡死，孝王恐诛，乃思阳言，深辞谢之，赍以千金，令求方略解罪于上者。阳素知齐人王先生，①年八十馀，多奇计，即往见，语以其事。王先生曰："难哉！人主有私怨深怒，欲施必行之诛，诚难解也。以太后之尊，骨肉之亲，犹不能止，况臣下乎？昔秦始皇有伏怒于太后，群臣谏而死者以十数。得茅焦为廓大义，②始皇非能说其言也，乃自强从之耳。③茅焦亦廑脱死如毛氂耳，④故事所以难者也。今子欲安之乎?"⑤阳曰:"邹鲁守经学,齐楚多辩知,韩魏时有奇节,吾将历问之。"王先生曰:"子行矣。还,过我而西。"

①师古曰:"素与相知也。"

②郑氏曰:"齐人也。"应劭曰:"茅集谏云:'陛下车裂假父,有嫉妒之心;囊扑两弟,有不慈之名;迁母咸阳,有不孝之行。臣窃为陛下危之。臣所言毕。'乃解衣趋镬。始皇下殿,左手接之曰:'先生起矣!'即迎太后,遂为母子如初。"

③师古曰:"说读曰悦。"

④师古曰:"廑,少也。言才免于死也。廑音巨刃反。"

⑤师古曰:"安,焉也。之,往也。"

邹阳行月馀,莫能为谋,还过王先生,曰:"臣将西矣,为如何?"王先生曰:"吾先日欲献愚计,以为众不可盖,①窃自薄陋不敢道也。若子行,必往见王长君,士无过此者矣。"邹阳发寤于心,曰:"敬诺。"辞去,不过梁,径至长安,因客见王长君。长君者,王美人兄也,后封为盖侯。邹阳留数日,乘间而请曰:②"臣非为长君无使令于前,故来侍也;③愚戆窃不自料,愿有谒也。"④长君跪曰:"幸甚。"阳曰:"窃闻长君弟得幸后宫,天下无有,⑤而长君行迹多不循道理者。今爰盎事即穷竟,梁王恐诛。如此,则太后怫郁泣血,无所发怒,⑥切齿侧目于贵臣矣。臣恐长君危于絫卵,⑦窃为足下忧之。"长君惧然曰:"将为之奈何?"⑧阳曰:"长君诚能精为上言之,得毋竟梁事,长君必固自结于太后。太后厚德长君,入于骨髓,而长君之弟幸于两宫,⑨金城之固也。⑩又有存亡继绝之功,德布天下,名施无穷,愿长君深自计之。昔者,舜之弟象日以杀舜为事,⑪及舜立为天子,封之于有卑。⑫夫仁人之于兄弟,无臧怒,无宿怨,厚亲爱而已,是以后世称之。鲁公子庆父使仆人杀子般,⑬狱有所归,⑭季友不探其情而诛焉;⑮庆父亲杀闵公,季子缓追免贼,⑯《春秋》以为亲亲之道也。⑰鲁哀姜薨于夷,孔子曰'齐桓公法而不谲',以为过也。⑱以是说天子,徼幸梁事不奏。"长君曰:"诺。"乘间入而言之。及韩安国亦见长公主,事果得不治。

①师古曰："盖，覆蔽也。"

②师古曰："间谓空隙无事之时。"

③师古曰："使令，谓役使之人也。令音力成反。"

④师古曰："料，量也。谒，告也。"

⑤师古曰："言独一耳，无所比类也。"

⑥师古曰："怫郁，蕴积也。怫音佛。"

⑦师古曰："絫卵者，言其将隤而破碎也。"

⑧师古曰："惧读曰瞿，音居具反。瞿然，无守之貌。"

⑨如淳曰："太后宫及帝宫也。"

⑩师古曰："言其荣宠无极不可坏，故取喻于金城也。"

⑪师古曰："言日日欲杀也。"

⑫服虔曰："音畀予之畀也。"师古曰："地名也，音鼻，今鼻亭是也，在零陵。"

⑬师古曰："庆父，庄公弟也。子般，庄公太子也。仆人，即邓扈乐也。父读曰甫。般字与班同。"

⑭师古曰："归罪于邓扈乐也。"

⑮师古曰："季友，庆父之弟，不探庆父本情而诛扈乐。"

⑯师古曰："庆父出奔，季友纵而不追，免其贼乱之罪。"

⑰师古曰："《公羊》之说也，言季友亲其兄也。"

⑱师古曰："哀姜，庄公夫人也，淫于二叔，而豫杀闵公，齐人杀之于夷。夷，齐地也。法而不谲者，言守法而行，不能用权以免其亲也。"

初，吴王濞与七国谋反，及发，齐、济北两国城守不行。汉既破吴，齐王自杀，不得立嗣。济北王亦欲自杀，幸全其妻子。齐人公孙玃谓济北王曰：①"臣请试为大王明说梁王，通意天子，说而不用，死未晚也。"公孙玃遂见梁王，曰："夫济北之地，东接强齐，南牵吴越，北胁燕赵，此四分五裂之国，②权不足以自守，劲不足以扞寇，③又非有奇怪云以待难也，④虽坠言于吴，非其正计也。⑤昔者郑祭仲许宋人立公子突以活其君，非义也，《春秋》记之，为其以生易死，以存易亡也。⑥乡使济北见情实，示不从之端，⑦则吴必先历齐毕济北，⑧招燕、赵而总之。如此，则山东之从结而无隙矣。⑨今吴楚之王练诸侯之兵，敺白徒之众，⑩西与天子争衡，济北独底节坚守不下。使吴失与而无助，跬步独进，⑪瓦解土崩，破败而不救者，未必非济北之力也。夫以区区之济北而与诸侯争强，⑫是以羔犊之弱而扞虎狼之敌也。守职不桡，可谓诚一矣。⑬功义如此，尚见疑于上，胁肩低首，絫足抚衿，⑭使有自悔不前之心，⑮非社稷之利也。臣恐藩臣守职者疑之。臣窃料之，⑯能历西山，径长乐，抵未央，攘袂而正议者，独大王耳。⑰上有全亡之功，下有安百姓之名，德沦于骨髓，⑱恩加于无穷，愿大王留意详惟之。"⑲孝王大说，⑳使人驰以闻。济北王得不坐，徙封于淄川。

①师古曰："玃音俱略反。"

②张晏曰："四方受敌，济北居中央为五。"晋灼曰："四分，即交五而裂，如田字也。"

③师古曰："扞，御也，音胡旦反。"

④如淳曰："非有奇材异计欲以为乱逆也，但假权许吴以避其祸耳。"晋灼曰："非有以怪异之心而城守，须待变难而应吴也。"师古曰："二说皆非也。此言权谋劲力既不能扞守，又无奇怪神灵可以御难，恐不自全，故坠言于吴也。"

⑤苏林曰："坠犹失也。"

⑥师古曰："祭仲，郑大夫祭足也，事郑庄公，为公娶邓曼，生昭公，故祭仲立之。而宋大夫雍氏以女妻庄公而生突。昭公既立，宋人诱祭仲而执之，曰：'不立突，将死。'祭仲与宋人盟，以厉公归而立之。昭公奔卫。言足胁于大国，苟顺其心，欲以全昭公也。祭音侧界反。"

⑦师古曰："乡读曰向。见谓显也。"

⑧张晏曰："历，过。毕，尽收济北之地。"

⑨师古曰："从音子容反。"

⑩师古曰："练，选也。敺与驱同。白徒，言素非军旅之人，若今言白丁矣。"

⑪师古曰："半步曰跬，音空絫反。"

⑫师古曰："区区，小貌也。"

⑬师古曰："桡，曲也，音女教反。"

⑭师古曰："胁，翕也，谓敛也。"

⑮张晏曰："悔不与吴西也。"

⑯师古曰："料，量也。"

⑰师古曰："西山，谓崤及华山也。抵，至也。攘，却也。袂，衣袖也。攘袂，犹今人云掉臂耳。"

⑱师古曰："沦，入也。"

⑲师古曰："惟，思也。"

⑳师古曰："说读曰悦。"

枚乘字叔，淮阴人也，为吴王濞郎中。吴王之初怨望谋为逆也，乘奏书谏曰：

臣闻得全者全昌，失全者全亡。舜无立锥之地，以有天下；禹无十户之聚，以王诸侯。①汤、武之土不过百里，上不绝三光之明，下不伤百姓之心者，有王术也。②故父子之道，天性也；忠臣不避重诛以直谏，③则事无遗策，功流万世。臣乘愿披腹心而效愚忠，唯大王少加意念恻怛之心于臣乘言。

①师古曰："聚，聚邑也，音才喻反。"

②师古曰："德政和平，上感天象，则日月星辰无有错谬，故言不绝三光之明也。"

③师古曰："言父子君臣，其义一也。"

夫以一缕之任系千钧之重，上悬无极之高，下垂不测之渊，虽甚愚之人犹知哀其将绝也。马方骇鼓而惊之，①系方绝又重镇之；系绝于天不可复结，队入深渊难以复出。其出不出，间不容发。②能听忠臣之言，百举必脱。③必若所欲为，危于累卵，难于上天；变所欲为，易于反掌，安于太山。今欲极天命之寿，敝无穷之乐，究万乘之势，④不出反掌之易，以居泰山之安，而欲乘累卵之危，走上天之难，⑤此愚臣之所以为大王惑也。

①师古曰："骇亦惊也。鼓，击鼓也。"

②苏林曰："改计取福正在今日，言其激切甚急也。"

③师古曰："脱者，免于祸也，音土活反。"

④师古曰："敝，尽也。究，竟也。"

⑤师古曰："走，趋向之也，音奏。"

人性有畏其景而恶其迹者，却背而走，迹愈多，景愈疾，①不知就阴而止，景灭迹绝。欲人勿闻，莫若勿言；欲人勿知，莫若勿为。欲汤之沧，②一人炊之，百人扬之，无益也，③不如绝薪止火而已。不绝之于彼，而救之于此，譬犹抱薪而救火也。养由基，楚之善射者也，去杨叶百步，百发百中。杨叶之大，加百中焉，可谓善射矣。然其所止，乃百步之内耳，比于臣乘，未知操弓持矢也。④

①师古曰："背音步内反。"

②郑氏曰："音凄怆之怆，寒也。"

③师古曰："炊谓爨火也。"

④师古曰："乘自言所知者远，非止见百步之中，故谓由基为不晓射也。"

福生有基，祸生有胎；①纳其基，绝其胎，祸何自来？②泰山之霤穿石，单极之统断干。③水非石之钻，索非木之锯，渐靡使之然也。④夫铢铢而称之，至石必差；寸寸而度之，至丈必过。⑤石称丈量，径而寡失。⑥夫十围之木，始生如蘖，足可搔而绝，手可擢而拔，⑦据其未生，先其未形也。磨砻底厉，不见其损，有时而尽；⑧种树畜养，不见其益，有时而大；积德累行，不知其善，有时而用；弃义背理，不知其恶，有时而亡。臣愿大王孰计而身行之，此百世不易之道也。

①服虔曰："基、胎，皆始也。"

②师古曰："纳犹藏也。何自来，言无所从来也。"

③孟康曰："西方人名屋梁谓极。单，一也。一梁，谓井鹿卢也。言鹿卢为绠索久锲，断井干也。"晋灼曰："统，古绠字也。单，尽也，尽极之绠断幹。幹，井上四交之幹，常为汲索所契伤也。"师古曰："晋说近之。干者，交木井上以为栏者也。孟云鹿卢，失其义矣。统、绠皆音鲠。锲、契皆刻也，音口计反。"

④师古曰："靡，尽也。"

⑤郑氏曰："石，百二十斤。"张晏曰："乘所转四万六千八十铢而至于石，合而称之必有盈缩也。"师古曰："言自小小以至于大数，则有轻重不同也。度音徒各反。"

⑥师古曰："径，直也。"

⑦师古曰："如蘖，言若蘖之生牙也。搔谓抓也。搔音索高反。抓音庄交反。"

⑧师古曰："砻亦磨也。底，柔石也；厉，皂石也：皆可以磨者。砻音聋。"

吴王不纳。乘等去而之梁，从孝王游。

景帝即位，御史大夫晁错为汉定制度，损削诸侯，吴王遂与六国谋反，举兵西乡，①以诛错为名。汉闻之，斩错以谢诸侯。枚乘复说吴王曰：

①师古曰："乡读曰向。"

昔者，秦西举胡戎之难，北备榆中之关，①南距羌筰之塞，②东当六国之从。③六国乘信陵之籍，④明苏秦之约，厉荆轲之威，并力一心以备秦。然秦卒禽六国，灭其社稷，而并天下，是何也？则地利不同，而民轻重不等也。今汉据全秦之地，兼六国之众，修戎狄之义，⑤而南朝羌筰，此其与秦，地相什而民相百，大王之所明知也。⑥今夫谗谀之臣为大王计者，不论骨肉之义，民之轻重，国之大小，以为吴祸，⑦此臣所以为大王患也。

①师古曰："即今所谓榆关也。"

②师古曰："筰，西南夷也，音才各反。"

③师古曰："从音子容反。"

④孟康曰："魏公子无忌号信陵君。无忌尝总五国却秦，有地资也。"

⑤师古曰："修恩义以抚戎狄。"

⑥师古曰："地十倍于秦，众百倍于秦。"

⑦师古曰："言劝王之反，则于吴为祸也。"

夫举吴兵以訾于汉，①譬犹蝇蚋之附群牛，腐肉之齿利剑，锋接必无事矣。②天子闻吴率失职诸侯，愿责先帝之遗约，③今汉亲诛其三公，以谢前过，是大王之威加于天下，而功越于汤武也。夫吴有诸侯之位，而实富于天子；有隐匿之名，而居过于中国。④夫汉并二十四郡，十七诸侯，方输错出，运行数千里不绝于道，其珍怪不如东山之府。⑤转粟西乡，陆行不绝，水行满河，不如海陵之仓。⑥修治上林，杂以离宫，积聚玩好，圈守禽兽，不如长洲之苑。⑦游曲台，临上路，不如朝夕之池。⑧深壁高垒，副以关城，不如江淮之险。此臣之所(以)为大王乐也。⑨[15]

①李奇曰："訾，量也。"师古曰："音子私反。"

②师古曰："蜹，蚊属也。齿谓当之也。蜹音芮，又音人悦反。"

③师古曰："失职，谓被削黜，失其常分。"

④师古曰："隐匿，谓僻在东南。"

⑤张晏曰："汉时有二十四郡，十七诸侯王也。四方更输，错互(更)出攻也。"[16]如淳曰："东方诸郡以封王侯，不以封者二十四耳。时七国谋反，其馀不反者，十七也。东山，吴王之府藏也。"师古曰："二说皆非也。言汉此时有二十四郡，十七诸侯，方轨而输，杂出贡赋，入于天子，犹不如吴之富也。"

⑥如淳曰："言汉京师仰须山东漕运以自给也。"晋灼曰："海陵，海中山为仓也。"臣瓒曰："海陵，县名也。有吴大仓。"师古曰："瓒说是也。乡读曰向。"

⑦服虔曰："吴苑。"孟康曰："以江水洲为苑也。"韦昭曰："长洲在吴东。"

⑧张晏曰："曲台，长安台，临道上。"苏林曰："吴以海水朝夕为池也。"师古曰："《三辅黄图》未央宫有曲台殿。"

⑨师古曰："言其富饶及游晏之处逾天子也。"

今大王还兵疾归，尚得十半。①不然，汉知吴之有吞天下之心也，赫然加怒，遣羽林黄头循江而下，②袭大王之都；鲁东海绝吴之饟道；③梁王饬车骑，习战射，④积粟固守，以备荥阳，待吴之饥。大王虽欲反都，亦不得已。⑤夫三淮南之计不负其约，⑥齐王杀身以灭其迹，⑦四国不得出兵其郡，⑧赵囚邯郸，⑨此不可掩，亦已明矣。⑩大王已去千里之国，而制于十里之内矣。⑪张、韩将北地，⑫弓高宿左右，⑬兵不得下壁，军不得大息，臣窃哀之。愿大王孰察焉。

①师古曰："十分之中可冀五分无患，故云尚得十半。"

②苏林曰："羽林黄头郎，习水战者也。"张晏曰："天子舟立黄旄于其端也。"师古曰："邓通以棹船为黄头郎。苏说是也。"

③师古曰："饟，古饷字。"

④师古曰:"饬与敕同。饬,整也。"

⑤师古曰:"已,语终之辞。"

⑥晋灼曰:"吴楚反,皆守约不从也。"

⑦晋灼曰:"齐孝王将闾也。吴楚反,坚守距三国。后栾布闻齐初与三国有谋,欲伐之,王惧自杀。"师古曰:"《齐王传》云吴楚已平,齐王乃自杀,今此枚乘谏书即已称之。二传不同,当有误者。"

⑧晋灼曰:"胶东、胶西、济南、淄川王也。发兵应吴楚,皆见诛。"

⑨应劭曰:"汉将郦寄围赵王于邯郸,与囚无异。"

⑩师古曰:"言事已彰著。"

⑪师古曰:"梁下屯兵方十里也。"

⑫如淳曰:"张,张羽;韩,韩安国也。时皆仕梁。北地良家子,善骑射者也。"师古曰:"将北地者,言将兵而处吴军之北以距吴,非北地良家子也。张羽、韩安国不将汉兵,如说非也。"

⑬服虔曰:"韩颓当也。"如淳曰:"宿军左右也。后弓高侯竟将轻骑绝吴粮道。"师古曰:"宿,止也。言弓高所将之兵屯止于吴军左右也。"

吴王不用乘策,卒见禽灭。

汉既平七国,乘由是知名。景帝召拜乘为弘农都尉。乘久为大国上宾,与英俊并游,得其所好,不乐郡吏,以病去官。

复游梁,梁客皆善属辞赋,乘尤高。孝王薨,乘归淮阴。

武帝自为太子闻乘名,及即位,乘年老,乃以安车蒲轮征乘,①道死。②诏问乘子,无能为文者,后乃得其孽子皋。③

①师古曰:"蒲轮,以蒲裹轮。"

②师古曰:"(道)在道病死也。"[17]

③师古曰:"孽,庶也。"

皋字少孺。乘在梁时,取皋母为小妻。乘之东归也,皋母不肯随乘,乘怒,分皋数千钱,留与母居。年十七,上书梁共王,①得召为郎。三年,为王使,与冗从争,②见谗恶遇罪,③家室没入。皋亡至长安。会赦,上书北阙,自陈枚乘之子。上得之大喜,召入见待诏,皋因赋殿中。诏使赋平乐馆,善之。拜为郎,使匈奴。皋不通经术,诙笑类俳倡,④为赋颂，好嫚戏，⑤以故得媟黩贵幸，⑥比东方朔、郭舍人等，而不得比严助等得尊官。⑦

①师古曰："恭王名买，孝王之子也。"

②师古曰："宂从，散职之从王者也。宂音人勇反。"

③师古曰："恶谓宂从言其短恶之事。"

④李奇曰："诙，嘲也。"师古曰："俳，杂戏也。倡，乐人也。诙音恢。俳音排。嘲音竹交反。"

⑤师古曰："嫚，亵污也，音慢。"

⑥师古曰："媟，狎也。黩，垢浊也，音渎。"

⑦师古曰："尊，高也。"

武帝春秋二十九乃得皇子，群臣喜，故皋与东方朔作《皇太子生赋》及《立皇子禖祝》，①受诏所为，皆不从故事，重皇子也。

①师古曰："《礼》《月令》'祀于高禖'。高禖，求子之神也。武帝晚得太子，喜而立此禖祠，而令皋作祭祀之文也。"

初，卫皇后立，皋奏赋以戒终。①皋为赋善于朔也。

①师古曰："令慎终如始也。"

从行至甘泉、雍、河东，东巡狩，封泰山，塞决河宣房，游观三辅离宫馆，临山泽，弋猎射驭狗马蹴鞠刻镂，①上有所感，辄使赋之。为文疾，受诏辄成，故所赋者多。司马相如善为文而迟，故所作少而善于皋。皋赋辞中自言为赋不如相如，又言为赋乃俳，见视如倡，自悔类倡也。故其赋有诋娸东方朔，②又自诋娸。其文骫骳，曲随其事，皆得其意，③颇诙笑，不甚閒靡。凡可读者百二十篇，其尤嫚戏不可读者尚数十篇。

①师古曰："蹴，足蹴之也。鞠以韦为之，中实以物，蹴蹋为戏乐也。蹴音千六反。鞠音臣六反。"

②如淳曰："娸音欺。诋犹刑辟也。"师古曰："诋，毁也。娸，丑也。诋音丁礼反。"

③师古曰："骫，古委字也。骫音被。骫骳，犹言屈曲也。"

路温舒字长君，钜鹿东里人也。父为里监门。使温舒牧羊，温舒取泽中蒲，截以为牒，编用写书。①稍习善，求为狱小吏，因学律令，转为狱史，县中疑事皆问焉。太守行县，见而异之，署决曹史。又受《春秋》，通大义。举孝廉，为山邑丞，②坐法免，复为郡吏。

①师古曰："小简曰牒，编联次之。"

②苏林曰："县名，在常山。"晋灼曰："《地理志》常山有石邑，无山邑。"师古曰："山邑不知其处。今流俗书本云常山石邑丞，后人妄加石字耳。"

元凤中，廷尉光以治诏狱，请温舒署奏曹掾，①守廷尉史。会昭帝崩，昌邑王贺废，宣帝初即位，温舒上书，言宜尚德缓刑。其辞曰：

①张晏曰："光，解光。"

臣闻齐有无知之祸，而桓公以兴；晋有骊姬之难，而文公用伯。①近世赵王不终，诸吕作(难)〔乱〕，[18]而孝文为大宗。繇是观之，②祸乱之作，将以开圣人也。故桓文扶微兴坏，尊文武之业，泽加百姓，功润诸侯，虽不及三王，天下归仁焉。文帝永思至德，以承天心，崇仁义，省刑罚，通关梁，一远近，敬贤如大宾，爱民如赤子，内恕情之所安，而施之于海内，是以囹圄空虚，天下太平。夫继变化之后，必有异旧之恩，此贤圣所以昭天命也。往者，昭帝即世而无嗣，大臣忧戚，焦心合谋，皆以昌邑尊亲，援而立之。③然天不授命，淫乱其心，遂以自亡。深察祸变之故，乃皇天之所以开至圣也。故大将军受命武帝，股肱汉国，④披肝胆，决大计，黜亡义，立有德，辅天而行，然后宗庙以安，天下咸宁。

①师古曰："伯读曰霸。"

②师古曰："繇读与由同。"

③师古曰："援，引也，音爰。"

④师古曰："谓霍光。"

臣闻《春秋》正即位，大一统而慎始也。陛下初登至尊，与天合符，宜改前世之失，正始受(命)之统，[19]涤烦文，除民疾，存亡继绝，以应天意。

臣闻秦有十失，其一尚存，治狱之吏是也。秦之时，羞文学，好武勇，贱仁义之士，贵治狱之吏；正言者谓之诽谤，遏过者谓之妖言。①故盛服先生不用于世，忠良切言皆郁于胸，②誉谀之声日满于耳；虚美熏心，实祸蔽塞。③此乃秦之所以亡天下也。方今天下赖陛下恩厚，亡金革之危，饥寒之患，父子夫妻戮力安家，然太平未洽者，狱乱之也。夫狱者，天下之大命也，死者不可复生，䋵者不可复属。④《书》曰："与其杀不辜，宁失不经。"⑤今治狱吏则不然，上下相敺，以刻为明；⑥深者获公名，平者多后患。故治狱之吏皆欲人死，非憎人也，自安之道在人之死。是以死人之血流离于市，被刑之徒比肩而立，大辟之计岁以万数，此仁圣之所以伤也。太平之未洽，凡以此也。夫人情安则乐生，痛则思死。棰楚之下，何求而不得？故囚人不胜痛，则饰辞以视之；⑦吏治者利其然，则指道以明之；上奏畏却，则锻练而周内之。⑧盖奏当之成，⑨虽咎繇听之，犹以为死有馀辜。⑩何则？成练者众，文致之罪明也。是以狱吏专为深刻，残贼而亡极，偷为一切，⑪不顾国患，此世之大贼也。故俗语曰："画地为狱，议不入；刻木为吏，期不对。"⑫此皆疾吏之风，悲痛之辞也。故天下之患，莫深于狱；败法乱正，离亲塞道，莫甚乎治狱之吏。此所谓一尚存者也。

①师古曰："遏，止也，音一曷反。"

②师古曰："郁，积也。"

③师古曰："熏，气烝也，音勋。"

④师古曰："䋵，古绝字。属，连也，音之欲反。"

⑤师古曰："《虞书·大禹谟》载咎繇之言。辜，罪也。经，常也。言人命至重，治狱宜慎，宁失不常之过，不滥无罪之人，所以(常)〔崇〕宽恕也。"[20]

⑥师古曰："敺与驱同。"

⑦师古曰："视读曰示。"

⑧晋灼曰："精熟周悉，致之法中也。"师古曰："却，退也，畏为上所却退。却音丘略反。"

⑨师古曰："当谓处其罪也。"

⑩师古曰："咎繇作士，善听狱讼，故以为喻也。"

⑪如淳曰："偷，苟且也。一切，权时也。"

⑫师古曰："画狱木吏，尚不入对，况真实乎。期犹必也。议必不入对。"

臣闻乌鸢之卵不毁，而后凤凰集；①诽谤之罪不诛，而后良言进。故古人有言："山薮藏疾，川泽纳污，瑾瑜匿恶，国君含诟。"②唯陛下除诽谤以招切言，开天下之口，广箴谏之路，扫亡秦之失，尊文武之德，省法制，宽刑罚，以废治狱，则太平之风可兴于世，永履和乐，与天亡极，天下幸甚。③

①师古曰："鸢，鸱也，音弋全反。"

②师古曰："《春秋左氏传》载晋大夫伯宗之辞。诟，耻也。言山薮之有草木则毒害者居之，川泽之形广大则能受于污浊，人君之善御下，亦当忍耻病也。诟音垢。"

③师古曰："与天长久，无穷极也。"

上善其言，迁广阳私府长。①

①师古曰："藏钱之府，天子曰少府，诸侯曰私府。长者，其官之长也。"

内史举温舒文学高第，迁右扶风丞。时，诏书令公卿选可使匈奴者，温舒上书，愿给厮养，暴骨方外，①以尽臣节。事下度辽将军范明友、太仆杜延年问状，罢归故官。②久之，迁临淮太守，治有异迹，卒于官。

①师古曰："求为卒而随使至匈奴也。"

②师古曰："以其言无可取，故罢而遣归故官。"

温舒从祖父受历数天文，以为汉厄三七之间，①上封事以豫戒。成帝时，谷永亦言如此。②及王莽篡位，欲章代汉之符，著其语焉。温舒子及孙皆至牧守大官。

①张晏曰："三七二百一十岁也。自汉初至哀帝元年二百一年也，至平帝崩二百十一年。"

②师古曰："永上书所谓'涉三七之节绝'者也。"

赞曰：春秋鲁臧孙达以礼谏君，君子以为有后。①贾山自下劘上，②

邹阳、枚乘游于危国，然卒免刑戮者，以其言正也。路温舒辞顺而意笃，遂为世家，宜哉！③

①师古曰："臧孙达，鲁大夫臧哀伯也。桓公取郜大鼎于宋，哀伯谏之。周内史闻之，曰：'臧孙达其有后于鲁乎！君违，不忘谏之以德。'"

②孟康曰："劘谓剀切之也。"苏林曰："劘音摩，厉也。"师古曰："剀音工来反。"

③师古曰："谓子孙为大官不绝。"

【校勘记】

〔1〕 祖父(袪)〔祛〕， 景祐、殿、局本都作"祛"。下同。

〔2〕 (此)〔凡〕言离宫者，皆谓于别处置之， 景祐、殿本都作"凡"。王先谦说作"凡"是。

〔3〕 士传言谏(过)， 王先谦说，此句不得独有"过"字，盖涉下文而衍。《汉纪》无"过"字。

〔4〕 言天下之(壞)〔坏〕如水溃。 景祐、殿本都作"坏"，此误。

〔5〕 则(为)〔谓〕夏正之二月为五月。 景祐、殿本都作"谓"。

〔6〕 衡犹称之(权)〔衡〕也， 景祐、殿本都作"衡"。王先谦说作"衡"是。

〔7〕 高后割齐济南郡为吕(王)台奉邑， 景祐本无"王"字。

〔8〕 夫精(诚)变天地而信不谕两主， 景祐、汲古、殿、局本都无"诚"字。

〔9〕 殷之末世(人)〔介士〕也。 景祐、殿本都作"介士"。

〔10〕 (损)〔捐〕子之之心， 景祐、殿本都作"捐"。王先谦说作"捐"是。

〔11〕 然则〔荆〕轲湛七族， 景祐本有"荆"字。王念孙、王先谦都说当有。

〔12〕 "今相国有此三者，而不得罪于楚之士众，(仕)〔何〕也？"叔敖曰："吾三相楚而(不)〔身〕愈卑"， 景祐、殿、局本"仕"都作"何"。景祐、殿本"不"作"身"，局本作"心"。

〔13〕 是使布衣之士不得为枯木(巧)〔朽〕株之资也。 景祐、殿、局本都作"朽"。

〔14〕 故秦皇帝任中庶子蒙〔嘉〕之言， 顾炎武说传文脱"嘉"字。

〔15〕 此臣之所(以)为大王乐也。 景祐本无"以"字。王念孙说景祐本是。

〔16〕 四方更输，错互(更)出攻也。 王先谦说，据《文选》注引，明下"更"

字衍。

〔17〕 (道)在道病死也。 景祐、殿本都无上“道”字。

〔18〕 诸吕作(难)〔乱〕, 景祐、殿本都作“乱”。

〔19〕 正始受(命)之统, 王念孙说“命”字涉上文而衍,《汉纪》及《说苑》《贵德篇》皆无“命”字。

〔20〕 所以(常)〔崇〕宽恕也。 景祐、殿本都作“崇”。

汉书卷五十二

窦田灌韩传第二十二

窦婴字王孙，孝文皇后从兄子也。父世观津人也。①喜宾客。②孝文时为吴相，病免。孝景即位，为詹事。

①师古曰："县名也，《地理志》属信都。观音工唤反。"

②师古曰："喜，好也，音许吏反。"

帝弟梁孝王，母窦太后爱之。孝王朝，因燕昆弟饮。①是时上未立太子，酒酣，上从容曰："千秋万岁后传王。"②太后欢。婴引卮酒进上曰："天下者，高祖天下，父子相传，汉之约也，上何以得传梁王！"太后由此憎婴。婴亦薄其官，③因病免。太后除婴门籍，不得朝请。④

①师古曰："序家人昆弟之亲，不为君臣礼也。"

②师古曰："从音千庸反。"

③师古曰："自嫌其官，轻薄之也。"

④师古曰："请音才性反。其下亦同。"

孝景三年，吴楚反，上察宗室诸窦无如婴贤，①召入见，固让谢，称病不足任。太后亦惭。于是上曰："天下方有急，王孙宁可以让邪？"乃拜婴为大将军，赐金千斤。婴言爰盎、栾布诸名将贤士在家者进之。所赐金，陈廊庑下，②军吏过，辄令财取为用，③金无入家者。婴守荥阳，监齐赵兵。七国破，封为魏其侯。游士宾客争归之。每朝议大事，条侯、魏其，列侯莫敢与亢礼。④

①师古曰："宗室，帝之同姓亲也。诸窦，总谓帝外家也。以吴楚之难，故欲用内外之亲为将也。"

②师古曰："廊，堂下周屋也。庑，门屋也，音侮。"

③师古曰："财与裁同，谓裁量而用之也。"

④师古曰："言特敬此二人也。"

四年，立栗太子，①以婴为傅。七年，栗太子废，婴争弗能得，谢病，屏居蓝田南山下②数月，诸窦宾客辩士说，莫能来。梁人高遂乃说婴曰："能富贵将军者，上也；能亲将军者，太后也。今将军傅太子，太子废，争不能拔，又不能死，自引谢病，拥赵女屏閒处而不朝，③祇加怼自明，扬主之过。④有如两宫奭将军，⑤则妻子无类矣。"⑥婴然之，乃起，朝请如故。

①师古曰："栗姬之子，(敬)〔故〕曰栗太子。"[1]

②师古曰："屏，隐也。"

③师古曰："拥，抱也。閒处，犹言私处也。"

④师古曰："祇，适也。怼，怨怒也。祇音支，其字从衣。怼音直类反。"

⑤师古曰："两宫，太后及帝也。奭，怒貌也，音赫。"

⑥师古曰："言被诛戮无遗类也。"

桃侯免相，①窦太后数言魏其。景帝曰："太后岂以臣有爱相魏其者？②魏其沾沾自喜耳，多易，③难以为相持重。"遂不用，用建陵侯卫绾为丞相。

①服虔曰："刘舍也。"

②师古曰："爱犹惜也。"

③张晏曰："沾沾，言自整顿也。多易，多轻薄之行也。或曰，沾音瞻。"师古曰："沾沾，轻薄也，或音他兼反，今俗言薄沾沾。喜音许吏反。易音弋豉反。"

田蚡，孝景王皇后同母弟也，生长陵。窦婴已为大将军，方盛，蚡为诸曹郎，未贵，往来侍酒婴所，跪起如子姓。①及孝景晚节，蚡益贵幸，②为中大夫。辩有口，学《盘盂》诸书，③王皇后贤之。

①师古曰："姓，生也，言同子礼，若己所生。"

②师古曰："晚节，犹言末时也。"

③应劭曰："黄帝史孔甲所作也，凡二十九篇，书盘盂中，所以为法戒也。诸

书，诸子之书也。"孟康曰："孔甲《盘盂》二十六篇，杂家书，兼儒墨名法者也。"晋灼曰："案《艺文志》，孟说是也。"

孝景崩，武帝初即位，蚡以舅封为武安侯，弟胜为周阳侯。

蚡新用事，卑下宾客，①进名士家居者贵之，②欲以倾诸将相。③上所填抚，多蚡宾客计策。④会丞相绾病免，上议置丞相、太尉。藉福说蚡曰："魏其侯贵久矣，素天下士归之。今将军初兴，未如，即上以将军为相，必让魏其。魏其为相，将军必为太尉。太尉、相尊等耳，⑤有让贤名。"蚡乃微言太后风上，⑥于是乃以婴为丞相，蚡为太尉。藉福贺婴，因吊曰："君侯资性喜善疾恶，⑦方今善人誉君侯，故至丞相；然恶人众，亦且毁君侯。君侯能兼容，则幸久；⑧不能，今以毁去矣。"婴不听。

①师古曰："下音胡稼反。"

②晋灼曰："滞在里巷未仕者。"

③师古曰："倾谓逾越而胜之也。"

④如淳曰："多荐名士，名士得进为帝画计策也。"师古曰："填音竹刃反。"

⑤师古曰："言其尊贵同一等也。"

⑥师古曰："风读曰讽。"

⑦师古曰："喜，好也，音许吏反。"

⑧师古曰："兼容，谓不嫉恶人令其怨也。"

婴、蚡俱好儒术，推毂赵绾为御史大夫，王臧为郎中令。①迎鲁申公，欲设明堂，令列侯就国，除关，②以礼为服制，③以兴太平。举谪诸窦宗室无行者，除其属藉。诸外家为列侯，列侯多尚公主，皆不欲就国，以故毁日至窦太后。太后好黄老言，而婴、蚡、赵绾等务隆推儒术，贬道家言，是以窦太后滋不说。④二年，御史大夫赵绾请毋奏事东宫。窦太后大怒，曰："此欲复为新垣平邪！"乃罢逐赵绾、王臧，而免丞相婴、太尉蚡，以柏至侯许昌为丞相，武彊侯庄青翟为御史大夫。婴、蚡以侯家居。

①师古曰："推毂，谓升荐之，若转车毂之为也。"

②服虔曰："除关禁也。"

③师古曰："谓丧服之制也。"

④师古曰："滋，益也。说读曰悦。"

蚡虽不任职，以王太后故亲幸，数言事，多效，①士吏趋势利者皆去婴而归蚡。蚡日益横。②六年，窦太后崩，丞相昌、御史大夫青翟坐丧事不办，免。上以蚡为丞相，大司农韩安国为御史大夫。天下士郡诸侯愈益附蚡。③

①师古曰："效谓见听用。"

②师古曰："横，恣也，音胡孟反。"

③师古曰："郡及诸侯也，犹言郡国耳。"

蚡为人貌侵，生贵甚。①又以为诸侯王多长，②上初即位，富于春秋，③蚡以肺附为相，④非痛折节以礼屈之，天下不肃。⑤当是时，丞相入奏事，语移日，所言皆听。荐人或起家至二千石，权移主上。上乃曰："君除吏尽未？吾亦欲除吏。"⑥尝请考工地益宅，上怒曰："遂取武库！"是后乃退。⑦召客饮，坐其兄盖侯北乡，自坐东乡，⑧以为汉相尊，不可以兄故私桡。⑨由此滋骄，⑩治宅甲诸第，⑪田园极膏腴，⑫市买郡县器物相属于道。⑬前堂罗钟鼓，立曲旃；⑭后房妇女以百数。诸奏珍物狗马玩好，不可胜数。⑮

①服虔曰："侵，短小也。"师古曰："生贵，谓自尊高示贵宠也。"

②张晏曰："多长年。"

③师古曰："谓年幼也。齿历方久，故云富于春秋也。"

④师古曰："旧解云肺附，如肝肺之相附著也。一说，肺，斫木札也，喻其轻薄附著大材也。"

⑤师古曰："痛犹甚也。言以尊贵临之，皆令其屈节而下己也。"

⑥师古曰："凡言除者，除去故官就新官。"

⑦师古曰："考工，少府之属官也，主作器械。上责其此请，故谓之曰：'何不遂取武库！'蚡乃退也。"

⑧师古曰："自处尊位也。乡读皆曰响。"

⑨师古曰："桡，曲也，音女教反。"

⑩师古曰："滋，益也。"

⑪师古曰："言为诸第之(长)〔最〕也。[2]以甲乙之次，言甲则为上矣。"

⑫师古曰："膏腴，谓肥厚之处。"

⑬师古曰："属，逮及也，音之欲反。"

⑭如淳曰："旃，旗之名也，通帛曰旃。曲旃，僭也。"苏林曰："礼，大夫建旃。曲，柄上曲也。"师古曰："苏说是也。许慎云'旃，旗曲柄也，所以旃表士众'也。"

⑮师古曰："奏，进也。"

而婴失窦太后，益疏不用，无势，诸公稍自引而怠(骜)〔骜〕，①〔3〕唯灌夫独否。故婴墨墨不得意，而厚遇夫也。

①师古曰："(骜)〔骜〕与傲同。"

灌夫字仲孺，颍阴人也。父张孟，(常)〔尝〕为颍阴侯灌婴舍人，〔4〕得幸，因进之，①至二千石，故蒙灌氏姓为灌孟。②吴楚反时，颍阴侯灌婴为将军，属太尉，③请孟为校尉。夫以千人与父俱。④孟年老，颍阴侯强请之，郁郁不得意，故战常陷坚，遂死吴军中。汉法，父子俱，有死事，得与丧归。夫不肯随丧归，奋曰："愿取吴王若将军头以报父仇。"⑤于是夫被甲持戟，募军中壮士所善愿从数十人。⑥及出壁门，莫敢前。独两人及从奴十馀骑驰入吴军，至戏下，⑦所杀伤数十人。不得前，复还走汉壁，⑧亡其奴，独与一骑归。夫身中大创十馀，适有万金良药，故得无死。⑨创少瘳，⑩又复请将军曰："吾益知吴壁曲折，请复往。"⑪将军壮而义之，恐亡夫，乃言太尉，太尉召固止之。吴军(败)〔破〕，〔5〕夫以此名闻天下。

①师古曰："进，荐也。婴荐孟也。"

②师古曰："蒙，冒也。"

③师古曰："时颍阴侯是灌婴之子，名何，转写误为婴耳。"

④孟康曰："官主千人，如候司马也。"

⑤张晏曰："自奋厉也。"

⑥师古曰："所善，素与己善者。"

⑦师古曰："戏，大将之旗也，读与麾同，又音许宜反。"

⑧师古曰："走，趣向也，音奏。"

⑨师古曰："万金者，言其价贵也。金字或作全，言得之者必生全也。"

⑩师古曰："瘳，差也，音丑流反。"

⑪师古曰："曲折，犹言委曲也。"

颍阴侯言夫，夫为郎中将。数岁，坐法去。家居长安中，诸公莫不称，由是复为代相。

武帝即位，以为淮阳天下郊，劲兵处，①故徙夫为淮阳太守。入为太仆。二年，夫与长乐卫尉窦甫饮，轻重不得，②夫醉，搏甫。③甫，窦太后昆弟。上恐太后诛夫，徙夫为燕相。数岁，坐法免，家居长安。

①师古曰："郊谓四交辐凑，而兵又劲强。"

②晋灼曰："饮酒轻重不得其平也。"师古曰："礼数之轻重也。"

③师古曰："搏，以手击之。"

夫为人刚直，使酒，①不好面谀。贵戚诸势在己之右，欲必陵之；士在己左，愈贫贱，尤益礼敬，与钧。②稠人广众，荐宠下辈。③士亦以此多之。④

①师古曰："使酒，因酒而使气也。"

②师古曰："右，尊也。左，卑也。钧，等也。"

③师古曰："稠，多也。下辈，下等之人也。每于人众之中故宠荐也。"

④师古曰："多犹重之。"

夫不好文学，喜任侠，已然诺。①诸所与交通，无非豪桀大猾。家累数千万，食客日数十百人。②波池田园，宗族宾客为权利，③横颍川。④颍川儿歌之曰："颍水清，灌氏宁；颍水浊，灌氏族。"⑤

①师古曰："已，必也。谓一言许人，必信之也。喜音许吏反。"

②师古曰："或八九十，或百人也。"

③师古曰："波读曰陂。"

④师古曰："横音胡孟反。其下亦同。"

⑤师古曰："深怨嫉之，故为此言也。"

夫家居，卿相侍中宾客益衰。①及窦婴失势，亦欲倚夫引绳排根生平慕之后弃者。②夫亦得婴通列侯宗室为名高。两人相为引重，③其游如父子然，相得欢甚，无厌，恨相知之晚。

①师古曰："以夫居家，而卿相侍中素为夫之宾客者，渐以衰退不复往也。"

②苏林曰："二人相倚，引绳直排根宾客去之者，不与交通也。"孟康曰："根者，根格，引绳以弹排摈根格之也。"师古曰："孟说近之。根音下恩反。格音下各反。言婴与夫共相提挈，有人生平慕婴、夫，后见其失职而颇慢弛，如此者，共排退之，不复与交。譬如相对挽绳而根格之也。今吴楚俗犹谓牵引前却为根格也。"

③张晏曰："相荐达为声势也。"师古曰："相牵引而致于尊重也。为音于伪反。"

夫尝有服，①过丞相蚡。蚡从容曰：②"吾欲与仲孺过魏其侯，会仲孺有服。"夫曰："将军乃肯幸临况魏其侯，③夫安敢以服为解！④请语魏其具，⑤将军旦日蚤临。"⑥蚡许诺。夫以语婴。婴与夫人益市牛酒，⑦夜洒埽张具至旦。⑧〔6〕平明，令门下候司。至日中，蚡不来。婴谓夫曰："丞相岂忘之哉？"夫不怿，⑨曰："夫以服请，不宜。"⑩乃驾，自往迎蚡。蚡特前戏许夫，⑪殊无意往。夫至门，蚡尚卧也。于是夫见，曰："将军昨日幸许过魏其，魏其夫妻治具，至今未敢尝食。"蚡悟，谢曰："吾醉，忘与仲孺言。"乃驾往。往又徐行，夫愈益怒。及饮酒酣，夫起舞属蚡，⑫蚡不起。夫徙坐，语侵之。⑬婴乃扶夫去，谢蚡。蚡卒饮至夜，极欢而去。

①师古曰："谓丧服也。"

②师古曰："从音千容反。"

③师古曰："况，赐也。"

④师古曰："解谓辞之也，若今言分疏矣。"

⑤师古曰："具，办具酒食。"

⑥师古曰："旦日，明旦也。蚤，古早字。"

⑦师古曰："益，多也。"

⑧师古曰："洒音灑，又音所寄反。"

⑨师古曰："怿，悦也。"

⑩师古曰："不当忘也。"

⑪师古曰:“特,但也。”

⑫师古曰:“属,付也,犹今之舞讫相劝也。属音之欲反。”

⑬师古曰:“徙坐,谓移就其坐也。”

后蚡使藉福请婴城南田,婴大望曰:①“老仆虽弃,将军虽贵,宁可以势相夺乎!”不许。夫闻,怒骂福。福恶两人有隙,乃谩好谢蚡②曰:“魏其老且死,易忍,且待之。”已而蚡闻婴、夫实怒不予,亦怒曰:“魏其子尝杀人,蚡活之。蚡事魏其无所不可,爱数顷田?且灌夫何与也?③吾不敢复求田。”由此大怒。

①师古曰:“望,怨也。”

②师古曰:“谩犹诡也,诈为好言也。谩读与慢同,又音莫连反。”

③师古曰:“与读曰预。预,干也。”

元光四年春,蚡言灌夫家在颍川,横甚,民苦之。请案之。上曰:“此丞相事,何请?”夫亦持蚡阴事,为奸利,受淮南王金与语言。宾客居间,遂已,俱解。①

①师古曰:“两家宾客处于中间和解之。”

夏,蚡取燕王女为夫人,①太后诏召列侯宗室皆往贺。婴过夫,欲与俱。夫谢曰:“夫数以酒失过丞相,②丞相今者又与夫有隙。”婴曰:“事已解。”强与俱。酒酣,蚡起为寿,坐皆避席伏。已婴为寿,独故人避席,馀半膝席。③夫行酒,至蚡,蚡膝席曰:“不能满觞。”夫怒,因嘻笑曰:“将军贵人也,毕之!”④时蚡不肯。⑤行酒次至临汝侯灌贤,贤方与程不识耳语,⑥又不避席。夫无所发怒,乃骂贤曰:“平生毁程不识不直一钱,今日长者为寿,乃效女曹儿呫嗫耳语!”⑦蚡谓夫曰:“程、李俱东西宫卫尉,⑧今众辱程将军,仲孺独不为李将军地乎?”⑨夫曰:“今日斩头穴匈,何知程、李!”⑩坐乃起更衣,⑪稍稍去。婴去,戏夫。⑫夫出,蚡遂怒曰:“此吾骄灌夫罪也。”乃令骑留夫,⑬夫不得出。藉福起为谢,案夫项令谢。⑭夫愈怒,不肯顺。蚡乃戏骑缚夫⑮置传舍,⑯召长史曰:“今日召宗室,有诏。”⑰〔7〕劾灌夫骂坐不敬,⑱系居室。⑲遂其前事,⑳遣吏分曹逐捕诸灌氏支属,皆得弃市罪。婴愧,为资使宾客请,莫能解。㉑蚡吏皆为耳目，诸灌氏皆亡匿，夫系，遂不得告言蚡阴事。

①师古曰："燕王泽之子康王嘉女。"

②师古曰："言因酒有失，得罪过于丞相。"

③苏林曰："下席而膝半在席上也。"如淳曰："以膝跪席上也。"师古曰："如说是也。"

④张晏曰："行酒过之为已毕。"如淳曰："言虽贵，且当尽酒，以其势劫之也。"师古曰："如说近之。言将军虽贵人也，请尽此觞。嘻，强笑也，音许其反。"

⑤师古曰："不为尽也。"

⑥师古曰："附耳小语也。"

⑦师古曰："女曹儿犹言儿女辈也。呫音昌涉反。嗫音人涉反。"

⑧孟康曰："李广为东宫，程不识为西宫。"

⑨苏林曰："不为李将军除道地邪？"如淳曰："二人同号比尊，今辱一人，不当为毁广邪？"师古曰："如说近之。言既毁程，令广何地自安处。"

⑩晋灼曰："斩头见刺，犹不止也。"

⑪师古曰："坐谓坐上之人也。更，改也。凡久坐者，皆起更衣，以其寒暖或变也。"

⑫晋灼曰："戏，古麾字也。"师古曰："招麾之令出也。《汉书》多以戏为麾字。"

⑬师古曰："骑谓常从之骑也。"

⑭师古曰："使其拜也。"

⑮师古曰："戏读亦曰麾。谓指麾命之而令收缚夫也。"

⑯师古曰："传舍，解在《郦食其传》。"

⑰师古曰："长史，丞相长史也。召宗室，谓请召之为客也。"

⑱师古曰："于大坐中骂詈，(不为)〔为不〕敬。"[8]

⑲师古曰："居室，署名也，属少府。其后改名曰保宫。"

⑳师古曰："遂，竟也。"

㉑如淳曰："为出资费，使人为夫请罪也。"师古曰："如说非也。为资，为其资地耳，非财物也。为读如本字。"

婴锐为救夫，婴夫人谏曰："灌将军得罪丞相，与太后家迕，①宁可救邪？"婴曰："侯自我得之，自我捐之，无所恨。②且终不令灌仲孺独死，婴独生。"乃匿其家，窃出上书。③立召入，具告言灌夫醉饱事，不足诛。

上然之,赐婴食,曰:“东朝廷辩之。”④

①师古曰:“相逆迕也。迕音悟。”

②师古曰:“言不过失爵耳。”

③师古曰:“匿,避也。不令家人知之,恐其又止谏也。”

④如淳曰:“东朝,太后朝也。”张晏曰:“会公卿大夫东朝,共理而分别也。”

婴东朝,盛推夫善,言其醉饱得过,乃丞相以它事诬罪之。蚡盛毁夫所为横恣,罪逆不道。婴度无可奈何,①因言蚡短。蚡曰:“天下幸而安乐无事,蚡得为(胇)〔肺〕附,[9]所好音乐狗马田宅,所爱倡优巧匠之属,②不如魏其、灌夫日夜招聚天下豪桀壮士与论议,腹诽而心谤,卬视天,俛画地,③辟睨两宫间,④幸天下有变,而欲有大功。⑤臣乃不如魏其等所为。”上问朝臣:“两人孰是?”御史大夫韩安国曰:“魏其言灌夫父死事,身荷戟驰不测之吴军,⑥身被数十创,名冠三军,此天下壮士,非有大恶,争杯酒,不足引它过以诛也。魏其言是。丞相亦言灌夫通奸猾,侵细民,家累巨万,横恣颍川,輘轹宗室,侵犯骨肉,⑦此所谓‘支大于干,胫大于股,不折必披’。⑧丞相言亦是。唯明主裁之。”主爵都尉汲黯是魏其。内史郑当时是魏其,后不坚。馀皆莫敢对。上怒内史曰:“公平生数言魏其、武安长短,今日廷论,局趣效辕下驹,⑨吾并斩若属矣!”⑩即罢起入,上食太后。太后亦已使人候司,具以语太后。太后怒,不食,曰:“我在也,而人皆藉吾弟,⑪令我百岁后,皆鱼肉之乎!⑫且帝宁能为石人邪!⑬此特帝在,即录录,⑭设百岁后,是属宁有可信者乎?”⑮上谢曰:“俱外家,故廷辨之。⑯不然,此一狱吏所决耳。”是时郎中令石建为上分别言两人。

①师古曰:“度音徒各反。”

②师古曰:“倡,乐人也。优,谐戏者也。”

③张晏曰:“视天,占三光也。画地,知分野所在也。念欲作反事也。”师古曰:“卬读曰仰。”

④张晏曰:“占太后与帝吉凶之期也。”师古曰:“辟睨,傍视也。辟音普计反,字本作睥。睨音吾计反。”

⑤张晏曰："幸有反者，当为将立大功也。"臣瓒曰："天下有变，谓因国家变难之际得立大功也。"师古曰："瓒说是。"

⑥师古曰："荷，负也。不测，言其强盛也。荷音何。"

⑦师古曰："輘轹，谓蹈践之也。輘音凌，轹音郎击反。"

⑧师古曰："披音丕靡反。"

⑨应劭曰："驹者，驾著辕下。局趣，蹴小之貌也。"张晏曰："俛头于车辕下，随母而已。"师古曰："张说非也。驾车不以牝马。《小雅》《皇皇者华》之诗曰'我马维驹'，非随母也。"

⑩师古曰："若，汝也。"

⑪晋灼曰："藉，蹈也。"

⑫师古曰："以比鱼肉而食啖也。"

⑬师古曰："言徒有人形耳，不知好恶也。一曰，石人者，谓常存不死也。"

⑭师古曰："录录，言循众也。"

⑮师古曰："设犹脱也。"

⑯师古曰："婴，景帝从舅子。蚡，太后同母弟。故言俱外家。"

蚡已罢朝，出止车门，召御史大夫安国载，①怒曰："与长孺共一秃翁，何为首鼠两端？"②安国良久谓蚡曰："君何不自喜！③夫魏其毁君，君当免冠解印绶归，④曰'臣以(胏)〔肺〕附幸得待罪，固非其任，魏其言皆是。'如此，上必多君有让，⑤不废君。魏其必愧，杜门齰舌自杀。⑥今人毁君，君亦毁之，譬如贾竖女子争言，何其无大体也！"蚡谢曰："争时急，不知出此。"

①师古曰："韩安国也。载谓共乘车。"

②服虔曰："秃翁，言婴无官位版授也。首鼠，一前一却也。"张晏曰："婴年老，又嗜酒，头秃，言当共治一秃翁也。"师古曰："服说是也。"

③师古曰："何不自谦逊为可喜之事也。喜音许吏反。"

④师古曰："归印绶于天子也。"

⑤师古曰："多犹重也。"

⑥师古曰："杜，塞也。齰，啮也，音仕客反。"

于是上使御史簿责婴①所言灌夫颇不雠，②劾系都司空。③孝景时，婴尝受遗诏,曰“事有不便,以便宜论上。”④及系,灌夫罪至族,事日急,诸公莫敢复明言于上。婴乃使昆弟子上书言之,幸得召见。⑤书奏,案尚书,大行无遗诏。⑥诏书独臧婴家,婴家丞封。⑦乃劾婴矫先帝诏害,罪当弃市。⑧五年十月,悉论灌夫支属。婴良久乃闻有劾,即阳病痱,不食欲死。⑨或闻上无意杀婴,复食,治病,议定不死矣。乃有飞语为恶言闻上,⑩故以十二月晦论弃市渭城。⑪

①师古曰:“簿责,以文簿一一责之也。簿音步户反。”

②晋灼曰:“雠,当也。”

③师古曰:“都司空,宗正属官也,见《百官公卿表》。”

④师古曰:“论说其事而上于天子。”

⑤师古曰:“幸,冀也。”

⑥如淳曰:“大行,主诸侯官也。”师古曰:“此说非也。大行,景帝大行也。尚书之中无此大行遗诏也。”

⑦孟康曰:“以家丞印封遗诏也。”

⑧郑氏曰:“矫诏有害不害也。”

⑨师古曰:“痱,风疾也,音肥。”

⑩张晏曰:“蚡为作飞扬诽谤之语也。”臣瓒曰:“无根而至也。”

⑪张晏曰:“著日月者,见春垂至,恐遇赦赎之。”

春,蚡疾,一身尽痛,若有击者,謼服谢罪。①上使视鬼者瞻之,曰:“魏其侯与灌夫共守,笞欲杀之。”竟死。子恬嗣,元朔中有罪免。

①晋灼曰:“服音瓝。关西俗谓得杖呼及小儿啼呼为呼瓝。或言蚡号呼谢服罪也。”师古曰:“两说皆通。謼,古呼字也。若谓啼为謼服,则謼音火交反,服音平卓反。”

后淮南王安谋反,觉。始安入朝时,蚡为太尉,迎安霸上,谓安曰:“上未有太子,大王最贤,高祖孙,即(公)〔宫〕车晏驾,[10]非大王立,尚谁立哉?”①淮南王大喜,厚遗金钱财物。上自婴、夫事时不直蚡,特为太后故。及闻淮南事,上曰:“使武安侯在者,族矣。”②

①师古曰:“言大王尚不得立,当谁立也?”

②师古曰:“言其赖自死。”

韩安国字长孺，梁成安人也，后徙睢阳。尝受《韩子》、杂说邹田生所。①事梁孝王，为中大夫。吴楚反时，孝王使安国及张羽为将，扞吴兵于东界。张羽力战，安国持重，以故吴不能过梁。吴楚破，安国、张羽名由此显梁。

①师古曰："田生，邹县人。"

梁王以至亲故，得自置相、二千石，出入游戏，僭于天子。①天子闻之，心不善。太后知帝弗善，乃怒梁使者，弗见，案责王所为。安国为梁使，见大长公主而泣②曰："何梁王为人子之孝，为人臣之忠，而太后曾不省也？③夫前日吴、楚、齐、赵七国反，自关以东皆合从而西向，④唯梁最亲，为限难。梁王念太后、帝在中，⑤而诸侯扰乱，壹言泣数行而下，跪送臣等六人将兵击却吴楚，吴楚以故兵不敢西，而卒破亡，梁之力也。今太后以小苛礼责望梁王。⑥梁王父兄皆帝王，而所见者大，故出称趕，入言警，⑦车旗皆帝所赐，即以嫮鄙小县，⑧驱驰国中，欲夸诸侯，令天下知太后、帝爱之也。今梁使来，辄案责之，梁王恐，日夜涕泣思慕，不知所为。何梁王之忠孝而太后不恤也？"长公主具以告太后，太后喜曰："为帝言之。"言之，帝心乃解，而免冠谢太后曰："兄弟不能相教，乃为太后遗忧。"悉见梁使，厚赐之。其后，梁王益亲欢。太后、长公主更赐安国直千馀金。⑨由此显，结于汉。

①师古曰："僭，拟也。"

②如淳曰："大长公主，景帝姊也。"

③师古曰："省，视也。"

④师古曰："从音子容反。"

⑤师古曰："中，关中也。一说谓京师为中，犹言中国也。"

⑥师古曰："苛，细也。"

⑦师古曰："趕，止行人也。警，令戒肃也。天子出入皆备此仪。而今云出称警入言趕者，互举之耳。"

⑧服虔曰："嫮，夸妊也。"晋灼曰："嫮音坼嫮之嫮。"邓展曰："嫮，好也。自以车服之好曜边鄙之邑也。"师古曰："服说、晋音是也。鄙，小县，言在外鄙之小县也。"

⑨师古曰："更音工衡反。"

其后，安国坐法抵罪，蒙①狱吏田甲辱安国。安国曰："死灰独不复然乎？"甲曰："然即溺之。"②居无几，梁内史缺，③汉使使者拜安国为梁内史，起(徙)〔徒〕中为二千石。〔11〕田甲亡。安国曰："甲不就官，我灭而宗。"④甲肉袒谢，安国笑曰："公等足与治乎？"⑤卒善遇之。

①师古曰："蒙，梁国之县也。"

②师古曰："溺读曰尿。"

③师古曰："无几，未多时也。几音居岂反。"

④师古曰："而，汝也。"

⑤师古曰："治谓当敌也，今人犹云对治。治音丈吏反。一曰，不足绳治也。治读如本字。"

内史之缺也，王新得齐人公孙诡，说之，①欲请为内史。窦太后(所)〔闻〕，乃诏王以安国为内史。〔12〕

①师古曰："说读曰悦。"

公孙诡、羊胜说王求为帝太子及益地事，恐汉大臣不听，乃阴使人刺汉用事谋臣。及杀故吴相爰盎，景帝遂闻诡、胜等计画，乃遣使捕诡、胜，必得。①汉使十辈至梁，相以下举国大索，②月馀弗得。安国闻诡、胜匿王所，乃入见王而泣曰："主辱者臣死。大王无良臣，故纷纷至此。今胜、诡不得，请辞赐死。"王曰："何至此？"安国泣数行下，曰："大王自度于皇帝，孰与太上皇之与高帝及皇帝与临江王亲？"③王曰："弗如也。"安国曰："夫太上皇、临江亲父子间，然高帝曰'提三尺取天下者朕也'，④故太上终不得制事，居于栎阳。临江，適长太子，⑤以一言过，废王临江；⑥用宫垣事，卒自杀中尉府。⑦何则？治天下终不用私乱公。语曰：'虽有亲父，安知不为虎？虽有亲兄，安知不为狼？'⑧今大王列在诸侯，訹邪臣浮说，⑨犯上禁，桡明法。⑩天子以太后故，不忍致法于大王。太后日夜涕泣，幸大王自改，大王终不觉寤。有如太后宫车即晏驾，大王尚谁攀乎？"语未卒，王泣数行而下，谢安国曰："吾今出之。"即日诡、胜自杀。汉使还报，梁事皆得释，⑪安国力也。景帝、太后益重安国。

①师古曰："必令得之。"

②师古曰："索，搜也，音山客反。"

③师古曰："孰与，犹言何如也。"

④师古曰："三尺，谓剑也。"

⑤师古曰："適读曰嫡。"

⑥师古曰："景帝尝属诸姬子，太子母栗姬言不逊，由是废太子，栗姬忧死也。"

⑦张晏曰："以侵壖垣征，自杀也。"

⑧师古曰："言其恩爱不可必保也。"

⑨师古曰："訹，诱也，音戌。"

⑩师古曰："桡，曲也，音女教反。"

⑪师古曰："释，解也。"

孝王薨，共王即位，①安国坐法失官，家居。武帝即位，武安侯田蚡为太尉，亲贵用事。安国以五百金遗蚡，蚡言安国太后，上素闻安国贤，即召以为北地都尉，迁为大司农。闽、东越相攻，遣安国、大行王恢将兵。未至越，越杀其王降，汉兵亦罢。其年，田蚡为丞相，安国为御史大夫。

①师古曰："共读曰恭。"

匈奴来请和亲，上下其议。①大行王恢，燕人，数为边吏，习胡事，议曰："汉与匈奴和亲，率不过数岁即背约。不如勿许，举兵击之。"安国曰："千里而战，即兵不获利。今匈奴负戎马足，怀鸟兽心，②迁徙鸟集，难得而制。得其地不足为广，有其众不足为强，自上古弗属。③汉数千里争利，则人马罢，④虏以全制其敝，势必危殆。臣故以为不如和亲。"群臣议多附安国，于是上许和亲。

①师古曰："下音胡亚反。"

②师古曰："负，恃也。"

③师古曰："不内属于中国。"

④师古曰："罢读曰疲。"

明年，雁门马邑豪聂壹①因大行王恢言："匈奴初和亲，亲信边，可诱以利致之,伏兵袭击,必破之道也。”上乃召问公卿曰:“朕饰子女以配单于,币帛文锦,赂之甚厚。单于待命加嫚,侵盗无已,边竟数惊,朕甚闵之。②今欲举兵攻之,何如?”

①张晏曰:“豪犹帅也。”

②师古曰:“竟读曰境。其下亦同。”

大行恢对曰:“陛下虽未言,臣固愿效之。①臣闻全代之时,②北有强胡之敌,内连中国之兵,然尚得养老长幼,种树以时,仓廪常实,③匈奴不轻侵也。今以陛下之威,海内为一,天下同任,④又遣子弟乘边守塞,⑤转粟挽输,以为之备,⑥然匈奴侵盗不已者,无它,以不恐之故耳。⑦臣窃以为击之便。”

①师古曰:“效,致也,致其计。”

②服虔曰:“代未分之时也。”李奇曰:“六国之时全代为一国,尚能以击匈奴,况今加以汉之大乎!”

③师古曰:“树,殖也。”

④如淳曰:“任,事也。”

⑤师古曰:“乘,登也。登其城而备守也。”

⑥师古曰:“挽,引车也,音晚。”

⑦师古曰:“不示威令恐惧也。”

御史大夫安国曰:“不然。臣闻高皇帝尝围于平城,匈奴至者投鞍高如城者数所。①平城之饥,七日不食,天下歌之,及解围反位,而无忿怒之心。夫圣人以天下为度者也,②不以己私怒伤天下之功,故乃遣刘敬奉金千斤,以结和亲,至今为五世利。孝文皇帝又尝壹拥天下之精兵聚之广武常溪,③然终无尺寸之功,而天下黔首无不忧者。孝文寤于兵之不可宿,④故复合和亲之约。此二圣之迹,足以为效矣。臣窃以为勿击便。”

①师古曰:“解脱其马,示闲暇也。投积其鞍,若营垒也。”

②师古曰:“言当随天下人心而宽大其度量也。”

③张晏曰:“广武,雁门县。常溪,溪名。”

④师古曰："宿，久留也。"

恢曰："不然。臣闻五帝不相袭礼，三王不相复乐，①非故相反也，各因世宜也。且高帝身被坚执锐，蒙雾露，沐霜雪，行几十年，②所以不报平城之怨者，非力不能，所以休天下之心也。今边竟数惊，士卒伤死，中国槥车相望，③此仁人之所隐也。④臣故曰击之便。"

①师古曰："袭，因也。复，重也。复音扶目反。"

②师古曰："几，近也，音巨依反。"

③师古曰："槥，小棺也。从军死者以槥送致其表，载槥之车相望于道，言其多也。槥音卫。"

④张晏曰："隐，痛也。"

安国曰："不然。臣闻利不十者不易业，功不百者不变常，是以古之人君谋事必就祖，发政占古语，重作事也。①且自三代之盛，夷狄不与正朔服色，②非威不能制，强弗能服也，以为远方绝地不牧之民，不足烦中国也。③且匈奴，轻疾悍亟之兵也，④至如猋风，去如收电，⑤畜牧为业，弧弓射猎，⑥逐兽随草，居处无常，难得而制。今使边郡久废耕织，以支胡之常事，其势不相权也。⑦臣故曰勿击便。"

①师古曰："祖，祖庙也。占，问也。重犹难之也。"

②师古曰："与读曰豫。"

③师古曰："不牧，谓不可牧养也。"

④师古曰："悍，勇也。亟，急也，音居力反。"

⑤师古曰："猋，疾风也，音必遥反。"

⑥师古曰："以木曰弧，以角曰弓。"

⑦师古曰："轻重不等也。"

恢曰："不然。臣闻凤鸟乘于风，圣人因于时。昔秦缪公都雍，①地方三百里，知时宜之变，攻取西戎，辟地千里，并国十四，②陇西、北地是也。及后蒙恬为秦侵胡，辟数千里，以河为竟，③累石为城，树榆为塞，④匈奴不敢饮马于河，置烽燧然后敢牧马。⑤夫匈奴独可以威服，不可以仁畜也。今以中国之盛，万倍之资，遣百分之一以攻匈奴，譬犹以强弩射且溃之痈也，必不留行矣。⑥若是，则北发月氏可得而臣也。⑦臣故曰击之便。”

①师古曰：“缪读与穆同。”

②师古曰：“辟读曰阙。次下亦同。”

③师古曰：“竟读曰境。”

④如淳曰：“塞上种榆也。”

⑤师古曰：“㸂，古燧字。”

⑥师古曰：“留，止也。言无所碍也。”

⑦师古曰：“发犹征召也。言威声之盛，北自月支以来皆可征召而为臣也。氏读曰支。”

安国曰：“不然。臣闻用兵者以饱待饥，正治以待其乱，定舍以待其劳。①故接兵覆众，伐国堕城，②常坐而役敌国，此圣人之兵也。且臣闻之，冲风之衰，不能起毛羽；③强弩之末，力不能入鲁缟。④夫盛之有衰，犹朝之必莫也。今将卷甲轻举，深入长敺，难以为功；⑤从行则迫胁，衡行则中绝，⑥疾则粮乏，徐则后利，⑦不至千里，人马乏食。兵法曰：‘遗人获也。’⑧意者有它缪巧可以禽之，则臣不知也；不然，则未见深入之利也。臣故曰勿击便。”

①师古曰：“舍，止息也。”

②师古曰：“覆，败也。堕，毁也。言兵与敌接则败其众，所伐之国则毁其城也。覆音芳目反。堕音火规反。”

③师古曰：“冲风，疾风之冲突者也。”

④师古曰：“缟，素也。曲阜之地，俗善作之，尤为轻细，故以取喻也。”

⑤师古曰：“敺与驱同。”

⑥师古曰：“从音子容反。衡犹横也。”

⑦师古曰：“后利，谓不及于利。”

⑧师古曰：“言以军遗敌人，令其虏获也。遗音弋季反。”

恢曰：“不然。夫草木遭霜者不可以风过，①清水明镜不可以形逃，②通方之士，不可以文乱。③今臣言击之者，固非发而深入也，将顺因单于之欲，诱而致之边，吾选枭骑壮士阴伏而处以为之备，审遮险阻以为其戒。吾势已定，或营其左，或营其右，或当其前，或绝其后，单于可禽，百全必取。”

①师古曰：“言易零落。”

②师古曰：“言美恶皆见。”

③师古曰：“方，道也。”

上曰：“善。”乃从恢议。阴使聂壹为间，①亡入匈奴，谓单于曰：“吾能斩马邑令丞，以城降，财物可尽得。”单于爱信，以为然而许之。聂壹乃诈斩死罪囚，县其头马邑城下，视单于使者为信，②曰：“马邑长吏已死，可急来。”于是单于穿塞，将十万骑入武州塞。③

①师古曰：“间音居苋反。”

②师古曰：“视读曰示。”

③师古曰：“在雁门。”

当是时，汉伏兵车骑材官三十馀万，匿马邑旁谷中。卫尉李广为骁骑将军，太仆公孙贺为轻车将军，大行王恢为将屯将军，太中大夫李息为材官将军。御史大夫安国为护军将军，诸将皆属。约单于入马邑纵兵。王恢、李息别从代主击辎重。①于是单于入塞，未至马邑百馀里，觉之，还去。语在《匈奴传》。塞下传言单于已去，汉兵追至塞，度弗及，②王恢等皆罢兵。

①师古曰：“辎，衣车也。重谓载重物车也。故行者之资，总曰辎重。重音直用反。”

②师古曰：“度，音徒各反。”

上怒恢不出击单于辎重也，恢曰：“始约为入马邑城，兵与单于接，而臣击其辎重，可得利。今单于不至而还，臣以三万人众不敌，祇取辱。①固知还而斩，然完陛下士三万人。”于是下恢廷尉，廷尉当恢逗桡，当斩。②恢行千金丞相蚡。蚡不敢言上，而言于太后曰：“王恢首为马邑事，今不成而诛恢，是为匈奴报仇也。”上朝太后，太后以蚡言告上。上曰：“首为马邑事者恢，故发天下兵数十万，从其言，为此。且纵单于不可得，恢所部击，犹颇可得，以尉士大夫心。③今不诛恢，无以谢天下。”

于是恢闻,乃自杀。

①师古曰:"祇,适也,音支。"

②服虔曰:"逗音企。"应劭曰:"逗,曲行避敌也,桡,顾望也,军法语也。"苏林曰:"逗音豆。"如淳曰:"军法,行而逗留畏懦者要斩。"师古曰:"服、应二说皆非也。逗谓留止也。桡,屈弱也。逗又音住。"

③师古曰:"或当得其辎重人众也。(故)〔古〕尉安之字正如此,〔13〕其后流俗乃加心耳。"

安国为人多大略,知足以当世取舍,①而出于忠厚。贪耆财利,②然所推举皆廉士贤于己者。于梁举壶遂、臧固,至它,皆天下名士,③士亦以此称慕之,唯天子以为国器。④安国为御史大夫五年,丞相蚡薨。安国行丞相事,引堕车,蹇。⑤上欲用安国为丞相,使使视,蹇甚,乃更以平棘侯薛泽为丞相。安国病免,⑥数月,愈,复为中尉。

①师古曰:"舍,止也。取舍,言可取则取,可止则止。"

②师古曰:"耆读曰嗜。"

③师古曰:"于梁举二人,至于他馀所举,亦皆名士也。"

④师古曰:"言臣下皆敬重之,天子一人亦以为国器。国器者,言其器用重大,可施于国政也。"

⑤如淳曰:"为天子(尊)〔导〕引,〔14〕而堕车跛蹇也。"

⑥师古曰:"以足疾。"

岁馀,徙为卫尉。而将军卫青等击匈奴,破龙城。明年,匈奴大入边。语在《青传》。安国为材官将军,屯渔阳,捕生口虏,言匈奴远去。即上言方佃作时,①请且罢屯。罢屯月馀,匈奴大入上谷、渔阳。安国壁乃有七百馀人,出与战,安国伤,入壁。匈奴虏略千馀人及畜产去。上怒,使使责让安国。徙益东,屯右北平。是时虏言当入东方。

①师古曰:"安国上奏也。佃,治田也,音与田同。"

安国始为御史大夫及护军,后稍下迁。新壮将军卫青等有功,益贵。安国既斥疏,将屯又失亡多,甚自愧。幸得罢归,①乃益东徙,意忽忽不乐,数月,病欧血死。

①师古曰："冀得罢归，以徼幸也。他皆类此。"

壶遂与太史迁等定汉律历，官至詹事，其人深中笃行君子。上方倚欲以为相，会其病卒。①

①师古曰："倚谓仗任之也，音於绮反。"

赞曰：窦婴、田蚡皆以外戚重，灌夫用一时决策，①而各名显，并位卿相，大业定矣。然婴不知时变，夫亡术而不逊，②蚡负贵而骄溢。③凶德参会，待时而发，④藉福区区其间，恶能救斯败哉！⑤以韩安国之见器，临其挚而颠坠，⑥陵夷以忧死，⑦遇合有命，悲夫！若王恢为兵首而受其咎，岂命也虖？⑧

①师古曰："谓驰入吴军，欲报父雠也。"

②师古曰："逊，顺也。"

③师古曰："负，恃也。"

④师古曰："三人相遇，故曰参会。"

⑤师古曰："恶音乌，谓於何也。"

⑥李奇曰："挚，极也。"

⑦师古曰："陵夷，即陵迟也，言渐卑替也。"

⑧师古曰："言自己为之，非由命也。"

【校勘记】

〔1〕 (敬)〔故〕曰栗太子。 景祐、殿本都作"故"，此误。

〔2〕 言为诸第之(长)〔最〕也。 景祐、殿本都作"最"。

〔3〕 诸公稍自引而怠(鹜)〔骜〕， 景祐、殿本都作"骜"，注同。王先谦说作"骜"是。

〔4〕 (常)〔尝〕为颍阴侯灌婴舍人， 宋祁说南本、浙本"常"并作"尝"。王先谦说南、浙本是。

〔5〕 吴军(败)〔破〕， 景祐、殿本都作"破"。

〔6〕 夜洒埽张具至旦。⑧ 注⑧原在"张具"下。王先谦说，"至旦"二字连上

为文，言婴洒埽张具，自夜达旦。

〔7〕 “今日召宗室，有诏”，⑰　注⑰原在“宗室”下，景祐、汲古、局本同。今从殿本，以“有诏”连上，蚡与长史语止此。

〔8〕 于大坐中骂詈(不为)〔为不〕敬。　景祐、殿本都作“为不”。

〔9〕 蚡得为(胏)〔肺〕附，　殿本“胏”作“肺”，与上《蚡传》同。而此及景祐本都作“胏”，与《蚡传》异。“肺”“胏”盖一字之异体。

〔10〕 即(公)〔宫〕车晏驾，　景祐、殿本都作“宫”，《史记》同。王先谦说作“宫”是。

〔11〕 起(徙)〔徒〕中为二千石。　景祐、殿本都作“徒”，《史记》同，此误。

〔12〕 窦太后(所)〔闻〕，乃诏王以安国为内史。　杨树达说“所”是误字，当从《史记》作“闻”。

〔13〕 (故)〔古〕尉安之字正如此，　景祐、殿本都作“古”。王先谦说作“古”是。

〔14〕 为天子(尊)〔导〕引，　景祐、殿本都作“导”，此误。

汉书卷五十三

景十三王传第二十三

孝景皇帝十四男。王皇后生孝武皇帝。栗姬生临江闵王荣、河间献王德、临江哀王阏。① 程姬生鲁共王馀、② 江都易王非、③ 胶西于王端。④ 贾夫人生赵敬肃王彭祖、中山靖王胜。唐姬生长沙定王发。王夫人生广川惠王越、胶东康王寄、清河哀王乘、常山宪王舜。⑤

①师古曰："阏音乌葛反。"

②师古曰："共读曰恭。下皆类此。"

③师古曰："易音改易之易。谥法云'好更故旧曰易'。"

④师古曰："于，远也，言其所行不善，远乖道德，故以为谥。"

⑤师古曰："王夫人，即王皇后之妹也。"

河间献王德以孝景前二年立，修学好古，实事求是。① 从民得善书，必为好写与之，留其真，② 加金帛赐以招之。繇是四方道术之人不远千里，③ 或有先祖旧书，多奉以奏献王者，④ 故得书多，与汉朝等。是时，淮南王安亦好书，所招致率多浮辩。⑤ 献王所得书皆古文先秦旧书，⑥《周官》、《尚书》、《礼》、《礼记》、⑦《孟子》、《老子》之属，皆经传说记，七十子之徒所论。⑧ 其学举六艺，⑨ 立《毛氏诗》、《左氏春秋》博士。修礼乐，被服儒术，造次必于儒者。⑩ 山东诸儒(者)〔多〕从而游。[1]

①师古曰："务得事实，每求真是也。今流俗书本云求长长老，以是从人得善书，盖妄加之耳。"

②师古曰："真，正也。留其正本。"

③师古曰："不以千里为远，而自致也。繇与由同。"

④师古曰："奏，进也。"

⑤师古曰："言无实用耳。"

⑥师古曰："先秦，犹言秦先，谓未焚书之前。"

⑦师古曰："《礼》者，《礼经》也。《礼记》者，诸儒记礼之说也。"

⑧师古曰："七十子，孔子弟子也，解具在《艺文志》。"

⑨师古曰："此六艺谓《六经》。"

⑩师古曰："被服，言常居处其中也。造次，谓所向(必)〔所〕行也。[2]被音皮义反。造音千到反。"

武帝时，献王来朝，献雅乐，对三雍宫①及诏策所问三十馀事。其对推道术而言，得事之中，②文约指明。③

①应劭曰："辟雍、明堂、灵台也。雍，和也，言天地君臣人民皆和也。"

②师古曰："中音竹仲反。"

③师古曰："约，少也。指谓义之所趋，若人以手指物也。他皆类此。"

立二十六年薨。中尉常丽以闻，曰："王身端行治，①温仁恭俭，笃敬爱下，明知深察，惠于鳏寡。"大行令奏："谥法曰'聪明睿知曰献'，②宜谥曰献王。"子共王不害嗣，四年薨。子刚王堪嗣，十二年薨。子顷王授嗣，③十七年薨。子孝王庆嗣，四十三年薨。子元嗣。

①师古曰："端，直；治，理也。"

②师古曰："睿，深也，通也。"

③师古曰："顷音倾。诸为谥者，皆类此也。"

元取故广陵厉王、厉王太子及中山怀王故姬廉等以为姬。甘露中，冀州刺史敞奏元，事下廷尉，逮召廉等。元迫胁凡七人，令自杀。有司奏请诛元，有诏削二县，万一千户。后元怒少史留贵，留贵逾垣出，欲告元，元使人杀留贵母。有司奏元残贼不改，不可君国子民。废勿王，处汉中房陵。①居数年，坐与妻若共乘朱轮车，怒若，又笞击，令自髡。汉中太守请治(元)，病死。[3]立十七年，国除。

①师古曰："房陵，汉中县。"

绝五岁，成帝建始元年，复立元弟上郡库令良，①是为河间惠王。

良修献王之行，母太后薨，服丧如礼。哀帝下诏褒扬曰："河间王良，丧太后三年，为宗室仪表，其益封万户。"二十七年薨。子尚嗣，王莽时绝。

①如淳曰："《汉官》北边郡库，官兵之所藏，故置令。"

临江哀王阏以孝景前二年立，三年薨。无子，国除为郡。

临江闵王荣以孝景前四年为皇太子，四岁废为临江王。三岁，坐侵庙壖地为宫，①上征荣。荣行，祖于江陵北门，②既上车，轴折车废。③江陵父老流涕窃言曰："吾王不反矣！"荣至，诣中尉府对簿。中尉郅都簿责讯王，④王恐，自杀。葬蓝田，燕数万衔土置冢上，百姓怜之。

①师古曰："壖音人缘反。解在《食货志》及《晁错传》。"

②师古曰："祖者，送行之祭，因飨饮也。昔黄帝之子纍祖好远游而死于道，故后人以为行神也。"

③师古曰："废，坏也。"

④师古曰："簿皆音薄户反。讯，问也，音信。"

荣最长，亡子，国除。①地入于汉，为南郡。

①师古曰："荣实最长，而《传》居二王之后者，以其从太子被废，后乃立为王也。"

鲁恭王馀以孝景前二年立为淮阳王。吴楚反破后，以孝景前三年徙王鲁。好治宫室苑囿狗马，季年好音，①不喜辞。②为人口吃难言。③

①师古曰："季年，末年也。"

②师古曰："喜音许吏反。"

③师古曰："吃音讫。"

二十八年薨。子安王光嗣，初好音乐舆马，晚节遴，①唯恐不足于财。四十年薨。子孝王庆忌嗣，三十七年薨。子顷王劲嗣，二十八年薨。子文王晙嗣，十八年薨，亡子，国除。哀帝建平三年，复立顷王子晙弟郚乡侯闵为王。②王莽时绝。

①师古曰："晚节犹言末时也。遴与吝同，犹言贪啬也。"

②苏林曰："郚音鱼，县名也，属东海郡。"师古曰："又音吾。"

恭王初好治宫室，坏孔子旧宅以广其宫，闻钟磬琴瑟之声，遂不敢复坏，于其壁中得古文经传。

江都易王非以孝景前二年立为汝南王。吴楚反时，非年十五，有材气，上书自请击吴。景帝赐非将军印，击吴。吴已破，徙王江都，治故吴国，①以军功赐天子旗。元光中，匈奴大入汉边，非上书愿击匈奴，上不许。非好气力，治宫馆，招四方豪桀，骄奢甚。二十七年薨，子建嗣。

①师古曰："治谓都之。刘濞所居也。"

建为太子时，邯郸人梁蚡持女欲献之易王，建闻其美，私呼之，因留不出。蚡宣言曰："子乃与其公争妻！"建使人杀蚡。蚡家上书，下廷尉考，会赦，不治。易王薨未葬，建居服舍，①召易王所爱美人淖姬等凡十人与奸。②建女弟徵臣为盖侯子妇，③以易王丧来归，建复与奸。建异母弟定国为淮阳侯，易王最小子也，其母幸立之，④具知建事，行钱使男子荼恬上书⑤告建淫乱，不当为后。事下廷尉，廷尉治恬受人钱财为上书，论弃市。建罪不治。后数使使至长安迎徵臣，鲁恭王太后闻之，⑥遗徵臣书曰："国中口语籍籍，慎无复至江都。"⑦后建使谒者吉请问共太后，⑧太后泣谓吉："归以吾言谓而王，⑨王前事漫漫，今当自谨，独不闻燕齐事乎？⑩言吾为而王泣也。"吉归，致共太后语，建大怒，击吉，斥之。⑪

①师古曰："倚庐垩室之次也。"

②郑氏曰："淖音卓王孙之卓。"苏林曰："淖音泥淖。"师古曰："苏说是，音女教反。"

③师古曰："女弟，即妹也。"

④师古曰："冀得立其子为易王嗣。"

⑤苏林曰："荼音食邪反。"

⑥师古曰："易王即鲁恭王同母之弟，徵臣则太后之孙也，故与书戒之。"

⑦师古曰："籍籍，喧聒之意。"

⑧师古曰："谓请问起居也。"

⑨师古曰："谓，告也。而，汝也。"

⑩张晏曰："燕王定国、齐王次昌皆与子昆弟奸，发觉自杀也。"

⑪师古曰："斥谓退弃之。"

建游章台宫，令四女子乘小船，建以足蹈覆其船，①四人皆溺，二人死。后游雷波，②天大风，建使郎二人乘小船入波中。船覆，两郎溺，攀船，乍见乍没。建临观大笑，令皆死。③

①师古曰："覆音芳目反。其下亦同。"

②师古曰："波读为陂。雷陂，陂名。其下云入波中亦同。"

③师古曰："不救止之，并死陂中也。"

宫人姬八子有过者，辄令裸立击鼓，①或置树上，久者三十日乃得衣；或髡钳以铅杵舂，②不中程，辄掠；③或纵狼令啮杀之，④建观而大笑；或闭不食，令饿死。凡杀不辜三十五人。建欲令人与禽兽交而生子，强令宫人裸而四据，与羝羊及狗交。⑤

①师古曰："八子，姬妾官名也。裸者，露其形也，音来果反。"

②师古曰："铅者，锡之类也，音弋全反。"

③师古曰："程者，作之课也。掠，笞击也。"

④师古曰："纵，放也。"

⑤师古曰："羝羊，牡羊，音丁奚反。"

专为淫虐，自知罪多，国中多欲告言者，建恐诛，心内不安，与其后成光共使越婢下神，祝诅上。与郎中令等语怨望："汉廷使者即复来覆我，我决不独死！"①

①师古曰："覆，治也。不独死，言欲反也。覆音芳目反。"

建亦颇闻淮南、衡山阴谋，恐一日发，为所并，遂作兵器。号王后父胡应为将军。中大夫疾有材力，善骑射，①号曰灵武君。作治黄屋盖；刻皇帝玺，铸将军、都尉金银印；作汉使节二十，绶千馀；具置军官品员，及拜爵封侯之赏；具天下之舆地及军陈图。遣人通越繇王闽侯，遗以锦帛奇珍，繇王闽侯亦遗建荃、葛、②珠玑、③犀甲、翠羽、蝯熊奇兽，数通使往来，约有急相助。④及淮南事发，治党与，颇连及建，建使人多推金钱绝其狱。⑤

①师古曰："疾者，中大夫之名。"

②苏林曰："荃音诠，细布属也。"服虔曰："音荪，细葛也。"臣瓒曰："荃，香草也。"师古曰："服、瓒二说皆非也。许慎云'荃，细布也'。字本作絟，音千全反，又音千劣反，盖今南方筒布之属皆为荃也。葛即今之葛布也。以荃及葛遗建也。"

③师古曰："玑谓珠之不圜者也，音机，又音畿。"

④师古曰："约谓言契也。"

⑤师古曰："行贿赂以灭其踪绪也。"

后复谓近臣曰："我为王，诏狱岁至，生又无欢怡日，壮士不坐死，欲为人所不能为耳。"①建时佩其父所赐将军印，载天子旗出。积数岁，事发觉，汉遣丞相长史与江都相杂案，索得兵器玺绶节反具，②有司请捕诛建。制曰："与列侯吏二千石博士议。"议皆曰："建失臣子道，积久，辄蒙不忍，遂谋反逆。所行无道，虽桀纣恶不至于此。天诛所不赦，当以谋反法诛。"有诏宗正、廷尉即问建。③建自杀，后成光等皆弃市。六年国除，地入于汉，为广陵郡。

①师古曰："亦言欲反也。"

②师古曰："索，搜也。"

③师古曰："即，就也，就其国问之。"

绝百二十一年，平帝时新都侯王莽秉政，兴灭继绝，立建弟盱眙侯子宫为广陵王，①奉易王后。莽篡，国绝。

①师古曰："盱音许于反。眙音怡。"

胶西于王端，孝景前三年立。为人贼盭，又阴痿，①一近妇人，病数月。有所爱幸少年，以为郎。郎与后宫乱，端禽灭之，及杀其子母。数犯法，②汉公卿数请诛端，天子弗忍，而端所为滋甚。③有司比再请，削其国，去太半。④端心愠，遂为无訾省。⑤府库坏漏，尽腐财物，以巨万计，终不得收徙。⑥令吏毋得收租赋。端皆去卫，封其宫门，从一门出入。数变名姓，为布衣，之它国。⑦

①师古曰："盭，古戾字也，言其性贼害而佷戾也。痿音萎。"

②师古曰："数音所角反。次下亦同。"

③师古曰："滋，益也。"

④张晏曰："三分之二为太半，一为少半。"师古曰："比，频也。"

⑤苏林曰："为无所省录也。"师古曰："訾，訾财也。省，视也。言不视訾财也。"

⑥师古曰："不收又不徙置他处。"

⑦师古曰："之，往也。"

相二千石至者，奉汉法以治，端辄求其罪告之，亡罪者诈药杀之。所以设诈究变，①强足以距谏，知足以饰非。相二千石从王治，则汉绳以法。故胶西小国，而所杀伤二千石甚众。

①师古曰："究，极也。"

立四十七年薨，无子，国除。地入于汉，为胶西郡。

赵敬肃王彭祖以孝景前二年立为广川王。赵王遂反破后，徙王赵。彭祖为人巧佞，卑谄足共，①而心刻深，好法律，持诡辩以中人。②多内宠姬及子孙。相二千石欲奉汉法以治，则害于王家。是以每相二千石至，彭祖衣帛布单衣，③自行迎除舍，④多设疑事以诈动之，得二千石失言，中忌讳，辄书之。二千石欲治者，则以此迫劫；不听，乃上书告之，及污以奸利事。彭祖立六十馀年，相二千石无能满二岁，辄以罪去，大者死，小者刑。以故二千石莫敢治，而赵王擅权。使使即县为贾人榷会，⑤入多于国租税。以是赵王家多金钱，然所赐姬诸子，亦尽之矣。

①师古曰："共读曰恭。足恭，谓便辟也。"

②师古曰："诡辩，违道之辩也。中，伤也，音竹仲反。"

③师古曰："或帛或布以为单衣。"

④师古曰："至除舍迎之也。除舍，谓初所至之舍。"

⑤韦昭曰："平会两家买卖之贾者。榷者，禁他家，独王家得为之也。"师古曰："即，就也。就诸县而专榷贾人之会，若今和市矣。榷音角。会音工外反。"

彭祖不好治宫室机祥，①好为吏。上书愿督国中盗贼。②常夜从走卒行徼邯郸中。③诸使过客，以彭祖险陂，莫敢留邯郸。④

①服虔曰："求福也。"师古曰："机，鬼俗也，字或作蟣。《淮南子》曰'荆人鬼，越人蟣'。机祥，总谓鬼神之事也。服说失之。机音居衣反。"

②师古曰："督，视察也。"

③师古曰："徼谓巡察也，音工钓反。"

④师古曰："使谓京师使人也。过客，行客从赵过者也。陂谓倾侧也，音彼义反。"

久之，太子丹与其女弟及同产姊奸。江充告丹淫乱，又使人椎埋攻剽，为奸甚众。①武帝遣使者发吏卒捕丹，下魏郡诏狱，治罪至死。彭祖上书冤讼丹，愿从国中勇敢击匈奴，②赎丹罪，上不许。久之，竟赦出。后彭祖入朝，因帝姊平阳隆虑公主，③求复立丹为太子，上不许。

①师古曰："椎杀人而埋之，故曰椎埋。剽，劫也。椎音直佳反，其字从木，剽音频妙反，其字从刀。"

②师古曰："以勇敢自随。"

③师古曰："虑音庐。"

彭祖取江都易王宠姬，王建所奸淖姬者，甚爱之，生一男，号淖子。彭祖以征和元年薨，谥敬肃王。彭祖薨时，淖姬兄为汉宦者，上召问："淖子何如？"对曰："为人多欲。"上曰："多欲不宜君国子民。"问武始侯昌，曰："无咎无誉。"上曰："如是可矣。"遣使者立昌，是为顷王，十九年薨。子怀王尊嗣，五年薨。无子，绝二岁。宣帝立尊弟高，是为哀王，数月薨。子共王充嗣，五十六年薨。子隐嗣，王莽时绝。

初，武帝复以亲亲故，立敬肃王小子偃为平干王，①是为顷王，十一年薨。子缪王元嗣，二十五年薨。大鸿胪禹奏："元前以刃贼杀奴婢，子男杀谒者，为刺史所举奏，罪名明白。病先令，令能为乐奴婢从死，②迫胁自杀者凡十六人，暴虐不道。故《春秋》之义，诛君之子不宜立。元虽未伏诛，不宜立嗣。”奏可，国除。

①孟康曰：“今广平。”

②师古曰：“先令者，预为遗令也。能为乐，作乐之人也。从死，以殉葬也。”

中山靖王胜以孝景前三年立。武帝初即位，大臣惩吴楚七国行事，议者(勿)〔多〕冤晁错之策，①[4]皆以诸侯连城数十，泰强，欲稍侵削，数奏暴其过恶。②诸侯王自以骨肉至亲，先帝所以广封连城，犬牙相错者，为盘石宗也。③今或无罪，为臣下所侵辱，有司吹毛求疵，④笞服其臣，使证其君，多自以侵冤。

①师古曰：“言错策为是，枉见杀也。”

②师古曰：“暴谓披布之。”

③师古曰：“错，杂也，言其地相交杂。”

④师古曰：“疵，病也，音才斯反。”

建元三年，代王登、长沙王发、中山王胜、济川王明来朝，天子置酒，胜闻乐声而泣。问其故，胜对曰：

臣闻悲者不可为絫欷，①思者不可为叹息。②故高渐离击筑易水之上，荆轲为之低而不食；③雍门子壹微吟，孟尝君为之於邑。④今臣心结日久，每闻幼眇之声，不知涕泣之横集也。⑤

①师古曰：“絫，古累字。累，重也。欷，絫欷也，音许既反。”

②师古曰：“言闻欷叹之声，则悲思益甚。”

③应劭曰：“燕太子丹遣荆轲刺秦王，宾客祖于易水之上，渐离击筑，士皆垂泣，荆卿不能复食也。”师古曰：“低谓俛首。”

④张晏曰：“齐之贤者，居雍门，因以为号。”苏林曰：“六国时人，名周，善鼓琴，母死无以葬，见孟尝君而微吟也。”如淳曰：“雍门子以善鼓琴见孟尝君，先说万岁之后，高台既已颠，曲池又已平，坟墓生荆棘，牧竖游其上，孟尝君亦如是乎？孟尝君喟然叹息也。”师古曰：“如说是也，苏失之矣。於邑，短气貌。於音乌。邑音一合反，或读如本字。”

⑤师古曰：“幼音一笑反。眇音妙。幼妙，精微也。”

夫众煦漂山，①聚蟁成靁，②朋党执虎，十夫桡椎。③是以文王拘于牖里，孔子厄于陈、蔡。此乃烝庶之成风，增积之生害也。④臣身远与寡，莫为之先，⑤众口铄金，积毁销骨，⑥丛轻折轴，羽翮飞肉，⑦纷惊逢罗，潸然出涕。⑧

①应劭曰："煦，吹煦蟁也。"师古曰："漂，动也。煦音许句反，又音许于反。漂音匹遥反。"

②师古曰："蟁，古蚊字。靁，古雷字。言众蚊飞声有若雷也。"

③师古曰："桡，曲也，音女教反。"

④师古曰："烝庶，谓众人也。"

⑤师古曰："身远者，去帝京远。与寡者，少党与也。先谓素为延誉也。"

⑥师古曰："解在《邹阳传》。"

⑦师古曰："言积载轻物，物多至令车轴毁折。而鸟之所以能飞翔者，以羽翮扇扬之故也。"

⑧晋灼曰："言皆惊乱遇法罔，可为出涕者也。"师古曰："潸，垂涕貌，音所奸反。"

臣闻白日晒光，幽隐皆照；①明月曜夜，蟁蝱宵见。②然云蒸列布，杳冥昼昏；尘埃抪覆，昧不〔见〕泰山。③[5]何则？物有蔽之也。今臣雍阏不得闻，④谗言之徒蠭生。⑤道辽路远，曾莫为臣闻，臣窃自悲也。

①师古曰："晒，暴也，舒也，音山豉反，又音力支反。"

②师古曰："宵亦夜也。蝱音盲。"

③师古曰："抪亦布散也。昧，暗也。抪音铺。"

④师古曰："雍读曰壅。雍，塞也。阏犹止也，音乌曷反。"

⑤师古曰："蠭生，言众多也。一曰蠭与锋同。"

臣闻社鼷不灌，屋鼠不熏。①何则？所托者然也。臣虽薄也，得蒙肺附；位虽卑也，得为东藩，属又称兄。②今群臣非有葭莩之亲，鸿毛之重，③群居党议，朋友相为，使夫宗室摈却，骨肉冰释。④斯伯奇所以流离，比干所以横分也。⑤《诗》云"我心忧伤，惄焉如捣；假寐永叹，唯忧用老；心之忧矣，疢如疾首"，⑥臣之谓也。

①师古曰："鼷，小鼠，音奚。"

②师古曰："言于戚属为帝兄。"

③张晏曰："葭，芦〔叶〕也。[6]莩，叶里白皮也。"晋灼曰："莩，葭里之白皮也，皆取喻于轻薄也。"师古曰："葭，芦也。莩者，其筒中白皮至薄者也。葭莩喻(著)〔薄〕，[7]鸿毛喻轻薄甚也。莩音孚。张言叶里白皮非也。"

④师古曰："摈却，谓斥退也。冰释，言销散也。摈音必刃反。却音丘略反。"

⑤师古曰："伯奇，周尹吉甫之子也，事后母至孝，而后母谮之于吉甫。吉甫欲杀之，伯奇乃亡走山林。比干谏纣，纣怒，杀而剖其心，故云横分也。"

⑥师古曰："《小雅》《小弁》之诗也。惄，思也。捣，筑也。不脱衣冠而寐曰假寐。永，长也。疢，病也。言我心中忧思，如被捣筑，假寐长叹，以忧致老，至于苦病，如遇首疾也。"

具以吏所侵闻。于是上乃厚诸侯之礼，省有司所奏诸侯事，①加亲亲之恩焉。其后更用主父偃谋，令诸侯以私恩自裂地分其子弟，而汉为定制封号，辄别属汉郡。汉有厚恩，而诸侯地稍自分析弱小云。

①师古曰："省，减也。"

胜为人乐酒好内，①有子百二十馀人。常与赵王彭祖相非曰："兄为王，专代吏治事。王者当日听音乐，御声色。"赵王亦曰："中山王但奢淫，不佐天子拊循百姓，何以称为藩臣！"

①师古曰："好内，耽于妻妾也。乐音五教反。"

四十三年薨。子哀王昌嗣，一年薨。子康王昆侈嗣，二十一年薨。子顷王辅嗣，四年薨。子宪王福嗣，十七年薨。子怀王循嗣，十五年薨，无子，绝四十五岁。成帝鸿嘉二年复立宪王弟孙利乡侯子雲客，是为广德夷王。三年薨，无子，绝十四岁。哀帝复立雲客弟广汉为广平王。薨，无后。平帝元始二年复立广川惠王曾孙伦为广德王，奉靖王后。王莽时绝。

长沙定王发，母唐姬，故程姬侍者。景帝召程姬，程姬有所避，不愿进，①而饰侍者唐儿使夜进。上醉，不知，以为程姬而幸之，遂有身。已乃觉非程姬也。及生子，因名曰发。② 以孝景前二年立。以其母微无宠，故王卑湿贫国。③

①师古曰："谓月事。"

②张晏曰："长沙王生，乃发寤己之缪幸唐姬。"

③应劭曰："景帝后二年诸王来朝，有诏更前称寿歌舞。定王但张袖小举手，左右笑其拙。上怪问之，对曰：'臣国小地狭，不足回旋。'帝乃以武陵、零陵、桂阳益焉。"

二十八年薨。子戴王庸嗣，二十七年薨。子顷王鲋鮈嗣，① 十七年薨。子剌王建德嗣，② 宣帝时坐猎纵火燔民九十六家，③ 杀二人，又以县官事怨内史，教人诬告以弃市罪，削八县，罢中尉官。④ 三十四年薨。子炀王旦嗣，⑤ 二年薨。无子，绝岁馀。元帝初元三年复立旦弟宗，是为孝王，五年薨。子鲁人嗣，王莽时绝。

①服虔曰："鮈音拘。"师古曰："鲋音附。鮈音劬。字或作胕朐，其音同耳。"

②师古曰："剌音来曷反。"

③师古曰："纵，放也。"

④师古曰："减其官属，所以贬抑之。"

⑤师古曰："炀音弋向反。"

广川惠王越以孝景中二年立，十三年薨。子缪王齐嗣，① 四十四年薨。初齐有幸臣乘距，已而有罪，欲诛距。距亡，齐因禽其宗族。距怨王，乃上书告齐与同产奸。② 是后，齐数告言汉公卿及幸臣所忠等，③ 又告中尉蔡彭祖捕子明，④ 骂曰："吾尽汝种矣！"⑤ 有司案验，不如王言，劾齐诬罔，大不敬，请系治。齐恐，上书愿与广川勇士奋击匈奴，上许之。未发，病薨。有司请除国，奏可。

①师古曰："谥法曰'蔽仁伤善曰缪'。"

②师古曰："谓其姊妹也。"

③师古曰："所姓，忠名。解具在《食货志》。"

④孟康曰："彭祖子名明也。"师古曰："孟说非也。明，广川王子也。"

⑤师古曰："王诬彭祖骂明云然。"

后数月,下诏曰:“广川惠王于朕为兄,朕不忍绝其宗庙,其以惠王孙去为广川王。”去即缪王齐太子也,师受《易》、《论语》、《孝经》皆通,好文辞、方技、博弈、倡优。其殿门有成庆画,短衣大绔长剑,①去好之,作七尺五寸剑,被服皆效焉。有幸姬王昭平、王地馀,许以为后。去尝疾,姬阳成昭信侍视甚谨,②更爱之。去与地馀戏,得褏中刀,③笞问状,服欲与昭平共杀昭信。笞问昭平,不服,以铁针针之,④强服。乃会诸姬,去以剑自击地余,令昭信击昭平,皆死。昭信曰:“两姬婢且泄口。”复绞杀从婢三人。后昭信病,梦见昭平等,以状告去。去曰:“虏乃复见畏我!⑤独可燔烧耳。”掘出尸,皆烧为灰。

①晋灼曰:“成庆,荆轲也,卫人谓之庆卿,燕人谓之荆卿。”师古曰:“成庆,古之勇士也,事见《淮南子》,非荆卿也。”

②师古曰:“阳成姓也,昭信名也。”

③师古曰:“褏,古衣袖字。”

④师古曰:“以针刺也。针音之林反。”

⑤师古曰:“言其见形令我畏忌也。见音胡电反。”

后去立昭信为后;幸姬陶望卿为脩靡夫人,主缯帛;崔脩成为明贞夫人,主永巷。昭信复谮望卿曰:“与我无礼,衣服常鲜于我,①尽取善缯匄诸宫人。”②去曰:“若数恶望卿,不能减我爱;③设闻其淫,我亨之矣。”后昭信谓去曰:“前画工画望卿舍,望卿袒裼傅粉其傍。④又数出入南户窥郎吏,疑有奸。”去曰:“善司之。”以故益不爱望卿。后与昭信等饮,诸姬皆侍,去为望卿作歌曰:“背尊章,嫖以忽,⑤谋屈奇,起自绝。⑥行周流,自生患,谅非望,今谁怨!”⑦使美人相和歌之。去曰:“是中当有自知者。”昭信知去已怒,即诬言望卿历指郎吏卧处,具知其主名,又言郎中令锦被,疑有奸。去即与昭信从诸姬至望卿所,臝其身,更击之。⑧令诸姬各持烧铁共灼望卿。望卿走,自投井死。昭信出之,椓杙其阴中,⑨割其鼻唇,断其舌。谓去曰:“前杀昭平,反来畏我,⑩今欲靡烂望卿,使不能神。”⑪与去共支解,置大镬中,取桃灰毒药并煮之,召诸姬皆临观,连日夜靡尽。复共杀其女弟都。

①师古曰："鲜谓新华也。"

②师古曰："匄，乞遗之也，音工艾反。"

③师古曰："若，汝也。恶谓谗毁也。"

④师古曰："袒裼，脱衣露其肩背也。袒音但。裼音锡。"

⑤孟康曰："嫖音匹昭反。"师古曰："尊章犹言舅姑也。今关中俗妇呼舅(姑)为锺。[8]锺者章声之转也。"

⑥师古曰："屈奇，奇异也。屈音其勿反。"

⑦师古曰："谅，信也。言昔被爱宠，信非所望，今见罪责，无所怨也。"

⑧师古曰："更音工衡反。"

⑨师古曰："杙，橛也。椓音竹角反。杙音弋。"

⑩师古曰："令我恐畏也。"

⑪师古曰："靡，碎也，音縻，其下亦同。"

后去数召姬荣爱与饮，昭信复谮之，曰："荣姬视瞻，意态不善，疑有私。"时爱为去刺方领绣，①去取烧之。爱恐，自投井。出之未死，笞问爱，自诬与医奸。去缚系柱，烧刀灼溃两目，②生割两股，销铅灌其口中。爱死，支解以棘埋之。诸幸于去者，昭信辄谮杀之，凡十四人，皆埋太后所居长寿宫中。宫人畏之，莫敢复迕。③

①服虔曰："如今小儿却袭衣也。颈下施衿，领正方直。"晋灼曰："今之妇人直领也。绣为方领，上刺作黼黻文。《王莽传》曰'有人著赤缋方领'。方领，上服也。"师古曰："晋说是也。"

②师古曰："溃，决也。"

③师古曰："迕，逆也，不敢逆昭信意。"

昭信欲擅爱，曰："王使明贞夫人主诸姬，淫乱难禁。请闭诸姬舍门，无令出敖。"①使其大婢为仆射，②主永巷，尽封闭诸舍，上籥于后，非大置酒召，不得见。去怜之，为作歌曰："愁莫愁，居无聊。③心重结，意不舒。内茀郁，忧哀积。④上不见天，生何益！日崔隤，时不再。⑤愿弃躯，死无悔。"令昭信声鼓为节，以教诸姬歌之，歌罢辄归永巷，封门。独昭信兄子初为乘华夫人，得朝夕见。昭信与去从十馀奴博饮游敖。

①师古曰："敖谓游戏也。"

②师古曰："大婢，婢之长年也。"

③师古曰："聊，赖也。"

④师古曰："茀音拂。"

⑤师古曰："崔隤犹言蹉跎也。崔音千回反。隤音颓。"

初去年十四五，事师受《易》，师数谏正去，①去益大，逐之。②内史请以为掾，师数令内史禁切王家。去使奴杀师父子，不发觉。后去数置酒，令倡俳裸戏坐中③以为乐。相彊劾系倡，阑入殿门，④奏状。事下考案，倡辞，本为王教脩靡夫人望卿弟都歌舞。使者召望卿、都，去对皆淫乱自杀。会赦不治。望卿前亨煮，即取他死人与都死并付其母。⑤母曰："都是，望卿非也。"数号哭求死，昭信令奴杀之。奴得，辞服。⑥本始三年，相内史奏状，具言赦前所犯。天子遣大鸿胪、丞相长史、御史丞、廷尉正杂治钜鹿诏狱，奏请逮捕去及后昭信。制曰："王后昭信、诸姬奴婢证者皆下狱。"辞服。有司复请诛王。制曰："与列侯、中二千石、二千石、博士议。"议者皆以为去悖虐，听后昭信谗言，燔烧亨煮，生割剥人，距师之谏，杀其父子。凡杀无辜十六人，至一家母子三人，逆节绝理。其十五人在赦前，大恶仍重，⑦当伏显戮以示众。制曰："朕不忍致王于法，议其罚。"有司请废勿王，与妻子徙上庸。奏可。与汤沐邑百户。去道自杀，昭信弃市。

①师古曰："数音所角反。其下亦同。"

②师古曰："益大，谓年渐长大也。"

③师古曰："倡，乐人也。俳，杂戏者也。"

④如淳曰："彊，相名也。"

⑤师古曰："死者，尸也。次下求其死亦同。"

⑥师古曰："得者，为吏所捕得。"

⑦师古曰："仍，频也。重音直用反。"

立二十二年，国除。后四岁，宣帝地节四年，复立去兄文，是为戴王。文素正直，数谏王去，故上立焉，二年薨。子海阳嗣，十五年，坐画屋为男女裸交接，置酒请诸父姊妹饮，令仰视画；又海阳女弟为人妻，而使与幸臣奸；又与从弟调等谋杀一家三人，已杀。甘露四年坐废，徙房陵，国除。后十五年，平帝元始二年，复立戴王弟襄隄侯子瘉为广德王，①奉惠王后，二年薨。子赤嗣，王莽时绝。

①师古曰："隄音丁奚反。瘉音愈。"

胶东康王寄以孝景中二年立，二十八年薨。淮南王谋反时，寄微闻其事，私作兵车镞矢，①战守备，备淮南之起。及吏治淮南事，辞出之。②寄于上最亲，③意自伤，发病而死，不敢置后。于是上闻寄有长子贤，母无宠，少子庆，母爱幸，寄常欲立之，为非次，因有过，遂无所言。上怜之，立贤为胶东王，奉康王祀，而封庆为六安王，王故衡山地。胶东王贤立十五年薨，谥为哀王。子戴王通平嗣，二十四年薨。子顷王音嗣，五十四年薨。子共王授嗣，十四年薨。子殷嗣，王莽时绝。

①应劭曰："楼车也，所以看敌国营垒之虚实也。"师古曰："兵车止谓战车耳。镞矢，大镞之矢，今所谓兵箭者也。镞音子木反。"

②师古曰："辞语所连，出其事。"

③师古曰："寄母王夫人即王皇后之妹，于上为从母，故寄于诸兄弟之中又更亲也。此下有常山王云'天子为最亲'，其义亦同。"

六安共王庆立三十八年薨。子夷王禄嗣，十年薨。子缪王定嗣，二十二年薨。子顷王光嗣，二十七年薨。子育嗣，王莽时绝。

清河哀王乘以孝景中三年立，十二年薨。无子，国除。

常山宪王舜以孝景中五年立。舜，帝少子，骄淫，数犯禁，上常宽之。三十三年薨，子勃嗣为王。

初，宪王有不爱姬生长男棁，①棁以母无宠故，亦不得幸于王。王后脩生太子勃。王内多，所幸姬生子平、子商，王后稀得幸。及宪王疾甚，诸幸姬侍病，王后以妒媢不常在，②辄归舍。医进药，太子勃不自尝药，又不宿留侍疾。及王薨，王后、太子乃至。宪王雅不以棁为子数，③不分与财物。郎或说太子、王后，令分棁财，皆不听。太子代立，又不收恤棁。棁怨王后及太子。汉使者视宪王丧，棁自言宪王病时，王后、太子不侍，及薨，六日出舍，④太子勃私奸、饮酒、博戏、击筑，与女子载驰，环城过市，⑤入狱视囚。天子遣大行骞验问，⑥逮诸证者，⑦王又匿之。吏求捕，勃使人致击笞掠，擅出汉所疑囚。有司请诛勃及宪王后脩。上曰："脩素无行，使棁陷之罪。勃无良师傅，不忍致诛。"有司请废勿王，徙王勃以家属处房陵，上许之。

①苏林曰："音夺。"师古曰："音他活反，其字从木。"

②师古曰："媢亦妒也。媢音冒。"

③师古曰："雅，素也。数音所具反。"

④如淳曰："出服舍也。"

⑤师古曰："环，绕也，音宦。"

⑥师古曰："张骞也。"

⑦师古曰："逮捕之。"

勃王数月，废，国除。月馀，天子为最亲，诏有司曰："常山宪王早夭，后妾不和，適孽诬争，①陷于不谊以灭国，朕甚闵焉。其封宪王子平三万户，为真定王；子商三万户，为泗水王。"顷王平立二十五年薨。②子烈王偃嗣，十八年薨。子孝王由嗣，二十二年薨。子安王雍嗣，二十六年薨。子共王普嗣，十五年薨。子阳嗣，王莽时绝。

①师古曰："適音嫡。孽，庶也。"

②师古曰："真定顷王也。"

泗水思王商立十〔二〕年薨。[9]子哀王安世嗣，一年薨，无子。于是武帝怜泗水王绝，复立安世弟贺，是为戴王。立二十二年薨，有遗腹子煖，①相内史不以闻。太后上书，昭帝闵之，抵相内史罪，立煖，是为勤王。②立三十九年薨。子戾王骏嗣，三十一年薨。子靖嗣，王莽时绝。

①师古曰："煖音许远反。"

②师古曰："勤，谥也。"

赞曰：昔鲁哀公有言："寡人生于深宫之中，长于妇人之手，未尝知忧，未尝知惧。"①信哉斯言也！虽欲不危亡，不可得已。②是故古人以宴安为鸩毒，③亡德而富贵，谓之不幸。汉兴，至于孝平，诸侯王以百数，率多骄淫失道。何则？沈溺放恣之中，居势使然也。自凡人犹系于习俗，而况哀公之伦乎！夫唯大雅，卓尔不群，河间献王近之矣。

①师古曰："哀公与孔子言也。事见《孙卿子》。"

②师古曰："已，语终辞。"

③师古曰："《左氏传》管敬仲云'宴安鸩毒，不可怀也'。"

【校勘记】

〔1〕 山东诸儒(者)〔多〕从而游。 钱大昕说闽本"者"作"多"。按景祐、殿本都作"多"。

〔2〕 造次，谓所向(必)〔所〕行也。 《史记》《索隐》"必"作"所"。王先谦说此误。

〔3〕 汉中太守请治(元)，病死。 景祐、殿本都无"元"字。

〔4〕 议者(勿)〔多〕冤晁错之策， 景祐、殿本都作"多"。王先谦说作"多"是。

〔5〕 昧不〔见〕泰山。 钱大昭说，"泰山"上脱"见"字。按景祐、殿本都有"见"字。

〔6〕 葭，芦〔叶〕也。 景祐、殿本都有"叶"字。

〔7〕 葭莩喻(著)〔薄〕， 景祐本作"薄"。

〔8〕 今关中俗妇呼舅(姑)为锺。 景祐、殿本都无"姑"字。

〔9〕 泗水思王商立十〔二〕年薨。 景祐、殿本都有"二"字。《史记》作"十一年"。

汉书卷五十四

李广苏建传第二十四

李广，陇西成纪人也。其先曰李信，秦时为将，逐得燕太子丹者也。广世世受射。①孝文十四年，匈奴大入萧关，②而广以良家子从军击胡，用善射，杀首虏多，为郎，骑常侍。③数从射猎，格杀猛兽，文帝曰："惜广不逢时，令当高祖世，万户侯岂足道哉！"

①师古曰："受射法。"

②师古曰："在上郡北。"

③师古曰："官为郎，常骑以侍天子，故曰骑常侍。"

景帝即位，为骑郎将。①吴楚反时，为骁骑都尉，从太尉亚夫战昌邑下，显名。以梁王授广将军印，故还，赏不行。②为上谷太守，数与匈奴战。典属国公孙昆邪为上泣曰：③"李广材气，天下亡双，自负其能，数与虏确，恐亡之。"④上乃徙广为上郡太守。

①师古曰："为骑郎之将，主骑郎。"

②文颖曰："广为汉将，私受梁印，故不得赏也。"

③服虔曰："昆邪，中国人也。"师古曰："对上而泣也。昆音下温反。"

④师古曰："负，恃也。确谓竞胜败也。确音角。"

匈奴(入)〔侵〕上郡，[1]上使中贵人从广①勒习兵击匈奴。中贵人者将数十骑从，②见匈奴三人，与战。射伤中贵人，杀其骑且尽。中贵人走广，③广曰："是必射雕者也。"④广乃从百骑往驰三人。⑤三人亡马步行，行数十里。广令其骑张左右翼，⑥而广身自射彼三人者，杀其二人，生得一人，果匈奴射雕者也。已缚之上山，望匈奴数千骑，见广，以为诱骑，惊，上山陈。⑦广之百骑皆大恐，欲驰还走。广曰："我去大军数十里，今如此走，匈奴追射，我立尽。今我留，匈奴必以我为大军之诱，不我击。”⑧广令曰：“前！”未到匈奴陈二里所，止，令曰：“皆下马解鞍！”骑曰：“虏多如是，解鞍，即急，奈何？”广曰：“彼虏以我为走，今解鞍以示不去，用坚其意。”⑨有白马将出护兵。⑩广上马，与十馀骑奔射杀白马将，而复还至其百骑中，解鞍，纵马卧。⑪时会暮，胡兵终怪之，弗敢击。夜半，胡兵以为汉有伏军于傍欲夜取之，即引去。平旦，广乃归其大军。后徙为陇西、北地、雁门、云中太守。

①服虔曰：“内臣之贵幸者。”

②张晏曰：“放(从)〔纵〕游猎也。[2]”师古曰：“张读作纵，此说非也。直言将数十骑自随，在大军前行而忽遇敌也。从音才用反。”

③师古曰：“走，趣也，音奏。”

④文颖曰：“雕，鸟也，故使善射者射之。”师古曰：“雕，大鸷鸟也，一名鹫，黑色，翮可以为箭羽，音雕。”

⑤师古曰：“疾驰而逐之。”

⑥师古曰：“旁引其骑，若鸟翼之为。”

⑦师古曰：“为陈以待广也。”

⑧师古曰：“不我击，不敢击我也。”

⑨师古曰：“示以坚牢，令敌意知之。”

⑩师古曰：“将之乘白马者也。护谓监视之。”

⑪师古曰：“纵，放也。”

武帝即位，左右言广名将也，由是入为未央卫尉，而程不识时亦为长乐卫尉。程不识故与广俱以边太守将屯。及出击胡，而广行无部曲行陈，①就善水草顿舍，人人自便，②不击(刀)〔刁〕斗自卫，③[3]莫府省文书，④然亦远斥候，未尝遇害。程不识正部曲行伍营陈，击(刀)〔刁〕斗，吏治军簿⑤至明，军不得自便。不识曰：“李将军极简易，然虏卒犯之，无以禁；⑥而其士亦佚乐，⑦为之死。我军虽烦扰，虏亦不得犯我。”是时汉边郡李广、程不识为名将，然匈奴畏广，士卒多乐从，而苦程不识。⑧不识孝景时以数直谏为太中大夫，为人廉，谨于文法。

①师古曰：“《续汉书》《百官志》云‘将军领军，皆有部曲。大将军营五部，部校

尉一人。部下有曲，曲有军候一人。'今广尚于简易，故行道之中而不立部曲也。"

②师古曰："顿，止也。舍，息也。便，安利也，音频面反。其下亦同。"

③孟康曰："(刀)〔刁〕斗，以铜作鐎，受一斗。昼炊饭食，夜击持行夜，名曰(刀)〔刁〕斗。今在荥阳库中也。"苏林曰："形如铜，无缘。"师古曰："鐎音谯郡之谯，温器也。铜音火玄反。铜即铫也。今俗或呼铜铫，音姚。"

④晋灼曰："将军职在征行，无常处，所在为治，故言莫府也。莫，大也。或曰，卫青征匈奴，绝大莫，大克获，帝就拜大将军于幕中府，故曰莫府。莫府之名始于此也。"师古曰："二说皆非也。莫府者，以军幕为义，古字通单用耳。军旅无常居止，故以帐幕言之。廉颇、李牧市租皆入幕府，此则非因卫青始有其号。又莫训大，于义乖矣。省，少也，音所领反。"

⑤师古曰："簿，文簿，音步户反。"

⑥师古曰："卒读曰猝。"

⑦师古曰："佚与逸同。逸乐，谓闲豫也。"

⑧师古曰："苦谓厌苦之也。"

后汉诱单于以马邑城，使大军伏马邑傍，而广为骁骑将军，属护军将军。①单于觉之，去，汉军皆无功。后四岁，广以卫尉为将军，出雁门击匈奴。匈奴兵多，破广军，生得广。单于素闻广贤，令曰："得李广必生致之。"胡骑得广，广时伤，置两马间，络而盛(之)卧。[4]行十馀里，广阳死，睨其傍有一儿骑善马，②暂腾而上胡儿马，③因抱儿鞭马南驰数十里，得其馀军。匈奴骑数百追之，广行取儿弓射杀追骑，④以故得脱。于是至汉，汉下广吏。吏当广亡失多，为虏所生得，⑤当斩，赎为庶人。

①师古曰："韩安国。"

②师古曰："睨，邪视也，音五系反。"

③师古曰："腾，跳跃也。"

④师古曰："且行且射也。"

⑤师古曰："当谓处其罪也。"

数岁，与故颍阴侯屏居蓝田南山中射猎。①尝夜从一骑出，从人田间饮。还至亭，霸陵尉醉，呵止广，广骑曰："故李将军。"尉曰："今将军尚不得夜行，何故也！”宿广亭下。居无何，匈奴入辽西，杀太守，败韩将军。②韩将军后徙居右北平，死。于是上乃召拜广为右北平太守。广请霸陵尉与俱，③至军而斩之，上书自陈谢罪。上报曰：“将军者，国之爪牙也。《司马法》曰：‘登车不式，遭丧不服，④振旅抚师，以征不服；率三军之心，同战士之力，故怒形则千里竦，威振则万物伏；⑤是以名声暴于夷貉，威棱憺乎邻国。’⑥夫报忿除害，捐残去杀，朕之所图于将军也；若乃免冠徒跣，稽颡请罪，岂朕之指哉！⑦将军其率师东辕，弥节白檀，⑧以临右北平盛秋。”⑨广在郡，匈奴号曰“汉飞将军”，避之，数岁不入界。

①师古曰：“颍阴侯，灌婴之孙，名彊。”

②苏林曰：“韩安国。”

③师古曰：“奏请天子而将行。”

④服虔曰：“式，抚车之式以礼敬人也。式者，车前横木也，字或作轼。”

⑤师古曰：“竦，惊也。”

⑥李奇曰：“神灵之威曰棱。憺犹动也。”苏林曰：“陈留人语恐言憺之。”师古曰：“棱音来登反。憺音徒滥反。”

⑦师古曰：“指，意也。”

⑧孟康曰：“白檀，县名也，属右北平。”李奇曰：“弥节，少安之貌。”师古曰：“弥音亡俾反。”

⑨师古曰：“盛秋马肥，恐虏为寇，故令折冲御难也。”

广出猎，见草中石，以为虎而射之，中石没矢，视之，石也。他日射之，终不能入矣。广所居郡闻有虎，常自射之。及居右北平射虎，虎腾伤广，广亦射杀之。

石建卒，上召广代为郎中令。元朔六年，广复为将军，从大将军出定襄。诸将多中首虏率为侯者，①而广军无功。后三岁，广以郎中令将四千骑出右北平，博望侯张骞将万骑与广俱，异道。行数百里，匈奴左贤王将四万骑围广，广军士皆恐，广乃使其子敢往驰之。敢从数十骑直贯胡骑，出其左右而还，报广曰：“胡虏易与耳。”军士乃安。为圜陈外乡，②胡急击，矢下如雨。汉兵死者过半，汉矢且尽。广乃令持满毋发，③而广身自以大黄射其裨将，④杀数人，胡虏益解。会暮，吏士无人色，⑤而广意气自如，⑥益治军。⑦军中服其勇也。明日，复力战，而博望侯军亦至，匈奴乃解去。汉军罢，弗能追。⑧是时广军几没，⑨罢归。[5]汉法，博望侯后期，当死，赎为庶人。广军自当，亡赏。⑩

①如淳曰："中犹充也，充本法得首若干封侯也。"师古曰："率谓军功封赏之科著在法令者也。中音竹仲反。其下率亦同。"

②师古曰："乡读曰向。"

③师古曰："注矢于弓弩而引满之，不发矢也。"

④服虔曰："黄肩弩也。"孟康曰："太公陷坚却敌，以大黄参连弩也。"晋灼曰："黄肩即黄间也，大黄其大者也。"师古曰："服、晋二说是也。"

⑤师古曰："言惧甚。"

⑥师古曰："自如，犹云如旧。"

⑦师古曰："巡部曲，整行陈也。"

⑧师古曰："罢读曰疲。"

⑨师古曰："几音巨衣反。"

⑩师古曰："自当，谓为虏所胜，又能胜虏，功过相当也。"

初，广与从弟李蔡俱为郎，事文帝。景帝时，蔡积功至二千石。武帝元朔中，为轻车将军，从大将军击右贤王，有功中率，封为乐安侯。①元狩二年，代公孙弘为丞相。蔡为人在下中，②名声出广下远甚，然广不得爵邑，官不过九卿。广之军吏及士卒或取封侯。广与望气王朔语云："自汉击匈奴，广未尝不在其中，而诸妄校尉已下，③材能不及中，④以军功取侯者数十人。广不为后人，然终无尺寸功以得封邑者，何也？岂吾相不当侯邪？"朔曰："将军自念，岂尝有恨者乎？"⑤广曰："吾为陇西守，羌尝反，吾诱降者八百馀人，诈而同日杀之，至今恨独此耳。"朔曰："祸莫大于杀已降，此乃将军所以不得侯者也。"

①师古曰："此传及《百官表》并为乐安侯，而《功臣表》作安乐侯，是《功臣表》误也。"

②师古曰："在下辈之中。"

③张晏曰："妄犹凡也。"

④师古曰："中谓中庸之人也。"

⑤师古曰："恨，悔也。"

广历七郡太守，前后四十余年，得赏赐，辄分其戏下，①饮食与士卒共之。家无馀财，终不言生产事。为人长，爰臂，②其善射亦天性，虽子孙他人学者莫能及。广呐口少言，③与人居，则画地为军陈，射阔狭以饮。专以射为戏。④将兵，乏绝处见水，士卒不尽饮，不近水，不尽餐，不尝食。宽缓不苛，⑤士以此爱乐为用。其射，见敌，非在数十步之内，度不中不发，⑥发即应弦而倒。用此，其将数困辱，及射猛兽，亦数为所伤云。

①师古曰："戏读曰麾，又音许宜反。"

②如淳曰："臂如猿臂通肩也。或曰，似当为缓臂也。"师古曰："《王国风》《兔爰》之诗云'有兔爰爰'，爰爰，缓意也，其义两通。"

③师古曰："呐亦讷字。"

④如淳曰："为戏求疏密，持酒以饮不胜者也。"

⑤师古曰："苛，细也。"

⑥师古曰："度音待各反。中音竹仲反。"

元狩四年，大将军票骑将军大击匈奴，广数自请行。上以为老，不许；良久乃许之，以为前将军。

大将军青出塞，捕虏知单于所居，乃自以精兵走之，①而令广并于右将军军，出东道。②东道少回远，③大军行，水草少，其势不屯行。④广辞曰："臣部为前将军，今大将军乃徙臣出东道，且臣结发而与匈奴战，⑤乃今一得当单于，臣愿居前，先死单于。"⑥大将军阴受上指，以为李广数奇，⑦毋令当单于，恐不得所欲。⑧是时公孙敖新失侯，为中将军，大将军亦欲使敖与俱当单于，故徙广。广知之，固辞。大将军弗听，令长史封书与广之莫府，⑨曰："急诣部，如书。"广不谢大将军而起行，意象愠怒⑩而就部，引兵与右将军食其合军出东道。⑪惑失道，后大将军。⑫大将军与单于接战，单于遁走，弗能得而还。南绝幕，乃遇两将军。⑬广已见大将军，还入军。大将军使长史持糒醪遗广，⑭因问广、食其失道状，曰："青欲上书报天子失军曲折。"⑮广未对。大将军长史急责广之莫府上簿。[16]广曰："诸校尉亡罪，乃我自失道。吾今自上簿。"

①师古曰："走，趣也，音奏。"

②师古曰："并，合也，合军而同道。"

③师古曰："回，绕也，曲也，音胡悔反。"

④张晏曰："以水草少，不可群辈也。"

⑤师古曰："言始胜冠即在战陈。"

⑥师古曰："致死而取单于。"

⑦孟康曰："奇，只不耦也。"如淳曰："数为匈奴所败，为奇不耦。"师古曰："言广命只不耦合也。孟说是矣。数音所角反。奇音居宜反。"

⑧师古曰："谓不胜敌也。"

⑨师古曰："之，往也。莫府，卫青行军府。"

⑩师古曰："言愠怒之色形于外也。"

⑪师古曰："赵食其也。食音异。其音基。"

⑫师古曰："惑，迷也。在后不及期也。"

⑬师古曰："绝，渡也。"

⑭师古曰："糒，乾饭也。醪，汁滓酒也。糒音备。醪音牢。"

⑮师古曰："曲折犹言委曲也。"

⑯师古曰："之，往也。簿谓文状也，音步户反。"

至莫府，谓其麾下曰："广结发与匈奴大小七十馀战，今幸从大将军出接单于兵，而大将军徙广部行回远，又迷失道，岂非天哉！且广年六十馀，终不能复对刀笔之吏矣！"遂引刀自刭。百姓闻之，知与不知，老壮皆为垂泣。[1]而右将军独下吏，当死，赎为庶人。

①师古曰："知谓素相识知也。"

广三子，曰当户、椒、敢，皆为郎。上与韩嫣戏，嫣少不逊，[1]当户击嫣，嫣走，于是上以为能。当户蚤死，[2]乃拜椒为代郡太守，皆先广死。广死军中时，敢从票骑将军。广死明年，李蔡以丞相坐诏赐冢地阳陵当得二十亩，蔡盗取三顷，颇卖得四十馀万，又盗取神道外壖地一亩葬其中，[3]当下狱，自杀。敢以校尉从票骑将军击胡左贤王，力战，夺左贤王旗鼓，斩首多，赐爵关内侯，食邑二百户，代广为郎中令。顷之，怨大将军青之恨其父，④乃击伤大将军，大将军匿讳之。居无何，敢从上雍，至甘泉宫猎，⑤票骑将军去病怨敢伤青，射杀敢。去病时方贵幸，上为讳，云鹿触杀之。居岁馀，去病死。

①师古曰："嫣音偃。"

②师古曰："蚤，古早字。"

③师古曰："壖音人椽反。"

④师古曰："令其父恨而死也。"

⑤师古曰："无何，谓未多时也。雍之所在，地形积高，故云上也。上音时掌反。他皆类此。"

敢有女为太子中人，爱幸。敢男禹有宠于太子，然好利，亦有勇。尝与侍中贵人饮，侵陵之，莫敢应。①后诉之上，上召禹，使刺虎，县下圈中，未至地，有诏引出之。禹从落中以剑斫绝累，欲刺虎。②上壮之，遂救止焉。而当户有遗腹子陵，将兵击胡，兵败，降匈奴。后人告禹谋欲亡从陵，下吏死。

①师古曰："言畏其勇气。"

②师古曰："落与络同，谓当时缀络之而下也。累，索也，音力追反。"

陵字少卿，少为侍中建章监。善骑射，爱人，谦让下士，①甚得名誉。武帝以为有广之风，使将八百骑，深入匈奴二千馀里，过居延视地形，不见虏，还。拜为骑都尉，将勇敢五千人，教射酒泉、张掖以备胡。数年，汉遣贰师将军伐大宛，使陵将五校兵随后。行至塞，会贰师还。上赐陵书，陵留吏士，与轻骑五百出敦煌，至盐水，迎贰师还，复留屯张掖。

①师古曰："下音胡亚反。"

天汉二年，贰师将三万骑出酒泉，击右贤王于天山。召陵，欲使为贰师将辎重。①陵召见武臺，②叩头自请曰："臣所将屯边者，皆荆楚勇士奇材剑客也，力扼虎，射命中，③愿得自当一队，④到兰干山南以分单于兵，毋令专乡贰师军。"⑤上曰："将恶相属邪！吾发军多，毋骑予女。"陵对："无所事骑，⑥臣愿以少击众，步兵五千人涉单于庭。"上壮而许之，因诏强弩都尉路博德将兵半道迎陵军。博德故伏波将军，亦羞为陵后距，奏言："方秋匈奴马肥，未可与战，臣愿留陵至春，俱将酒泉、张掖骑各五千人并击东西浚稽，可必禽也。"⑦书奏，上怒，疑陵悔不欲出而教博德上书，乃诏博德："吾欲予李陵骑，云'欲以少击众'。今虏入西河，其引兵走西河，遮钩营之道。"⑧诏陵："以九月发，出遮虏鄣，⑨至东浚稽山南龙勒水上，徘徊观虏，即亡所见，从浞野侯赵破奴故道抵受降城休士，⑩因骑置以闻。⑪所与博德言者云何？⑫具以书对。"陵于是将其步卒五千人出居延，北行三十日，至浚稽山止营，举图所过山川地形，使麾下骑陈步乐还以闻。步乐召见，道陵将率得士死力，上甚说，⑬拜步乐为郎。

①师古曰："重音直用反。"

②师古曰："未央宫有武臺殿。"

③师古曰："扼谓捉持之也。命中者，所指名处即中之也。扼音厄。"

④师古曰："队，部也，音徒内反。"

⑤师古曰："乡读曰向。"

⑥师古曰："犹言不事须骑也。"

⑦师古曰："浚稽，山名。时虏分居此两山也。浚音峻。稽音鸡。"

⑧张晏曰："胡来要害道，令博德遮之。"师古曰："走音奏。"

⑨师古曰："鄣者，塞上险要之处，往往修筑，别置候望之人，所以自鄣蔽而伺敌也。遮虏，鄣名也。"

⑩师古曰："抵，归也。受降城本公孙敖所筑。休，息也。浞音仕角反。"

⑪师古曰："骑置，谓驿骑也。"

⑫张晏曰："天子疑陵教博德上书求至春乃俱西也。"

⑬师古曰："说读曰悦。"

陵至浚稽山，与单于相直，骑可三万围陵军。军居两山间，以大车为营。陵引士出营外为陈，前行持戟盾，后行持弓弩，①令曰："闻鼓声而纵，闻金声而止。"②虏见汉军少，直前就营。陵搏战攻之，③千弩俱发，应弦而倒。虏还走上山，汉军追击，杀数千人。单于大惊，召左右地兵八万馀骑攻陵。陵且战且引，南行数日，抵山谷中。④连战，士卒中矢伤，三创者载辇，两创者将车，一创者持兵战。陵曰："吾士气少衰而鼓不起者，何也？⑤军中岂有女子乎？"始军出时，关东群盗妻子徙边者随军为卒妻妇，大匿车中。陵搜得，皆剑斩之。明日复战，斩首三千馀级。引兵东南，循故龙城道行，四五日，抵大泽葭苇中，⑥虏从上风纵火，陵亦令军中纵火以自救。⑦南行至山下，单于在南山上，使其子将骑击陵。陵军步斗树木间，复杀数千人，因发连弩射单于，⑧单于下走。是日捕得虏，言"单于曰：'此汉精兵，击之不能下，日夜引吾南近塞，得毋有伏兵乎？'诸当户君长皆言⑨'单于自将数万骑击汉数千人不能灭，后无以复使边臣，令汉益轻匈奴。复力战山谷间，尚四五十里得平地，不能破，乃还。'"

①师古曰："行并音胡刚反。"

②师古曰："金谓钲也，一名镯，镯音浊。"

③如淳曰："手对战也。"

④师古曰："抵，当也，至也。其下亦同。"

⑤师古曰："击鼓进士而士气不起也。一曰，士卒以有妻妇，故闻鼓音而不时起也。"

⑥师古曰："葭即芦也，音家。"

⑦师古曰："预自烧其旁草木，令虏火不得延及也。"

⑧服虔曰："三十弩共一弦也。"张晏曰："三十桊共一臂也。"师古曰："张说是也。桊音去权反，又音眷。"

⑨师古曰："当户，匈奴官名也。"

是时陵军益急，匈奴骑多，战一日数十合，复伤杀虏二千馀人。虏不利，欲去，会陵军候管敢为校尉所辱，亡降匈奴，具言"陵军无后救，射矢且尽，独将军麾下及成安侯校各八百人为前行，以黄与白为帜，①当使精骑射之即破矣。"成安侯者，颍川人，父韩千秋，故济南相，奋击南越战死，武帝封子延年为侯，以校尉随陵。单于得敢大喜，使骑并攻汉军，疾呼曰："李陵、韩延年趣降！"②遂遮道急攻陵。陵居谷中，虏在山上，四面射，矢如雨下。汉军南行，未至鞮汗山，③一日五十万矢皆尽，即弃车去。士尚三千馀人，徒斩车辐而持之，④军吏持尺刀，抵山入狭谷。

单于遮其后，乘隅下垒石，⑤士卒多死，不得行。昏后，陵便衣独步出营，⑥止左右："毋随我，丈夫一取单于耳！"⑦良久，陵还，大息曰："兵败，死矣！"军吏或曰："将军威震匈奴，天命不遂，后求道径还归，如浞野侯为虏所得，后亡还，天子客遇之，况于将军乎！"陵曰："公止！吾不死，非壮士也。"于是尽斩旌旗，及珍宝埋地中，陵叹曰："复得数十矢，足以脱矣。今无兵复战，⑧天明坐受缚矣！各鸟兽散，犹有得脱归报天子者。"⑨令军士人持二升糒，一半冰，⑩期至遮虏鄣者相待。夜半时，击鼓起士，鼓不鸣。陵与韩延年俱上马，壮士从者十馀人。虏骑数千追之，韩延年战死。陵曰："无面目报陛下！"遂降。军人分散，脱至塞者四百馀人。

①师古曰："帜，旗也，音式志反。"

②师古曰："且攻且呼也。呼音火故反。趣读曰促。"

③师古曰："鞮音丁奚反。"

④师古曰："徒，但也。"

⑤服虔曰："山名也。"师古曰："此说非也。言放石以投入，因山隅曲而下也。垒音卢对反。"

⑥苏林曰："搴衣卷袖而行也。"师古曰："此说非也。便衣，谓著短衣小袖也。"

⑦师古曰："言一身独取也。"

⑧师古曰："兵即谓矢及矛戟之属也。"

⑨师古曰："脱，免也，音吐活反。次下亦同。"

⑩如淳曰："半读曰片，或曰五升曰半。"师古曰："半读曰判。判，大片也。时冬寒有冰，持之以备渴也。"

陵败处去塞百馀里，边塞以闻。上欲陵死战，召陵母及妇，使相者视之，无死丧色。后闻陵降，上怒甚，责问陈步乐，步乐自杀。群臣皆罪陵，上以问太史令司马迁，迁盛言："陵事亲孝，与士信，常奋不顾身以殉国家之急。①其素所畜积也，②有国士之风。今举事一不幸，全躯保妻子之臣随而媒糵其短，③诚可痛也！且陵提步卒不满五千，深輮戎马之地，④抑数万之师，虏救死扶伤不暇，悉举引弓之民共攻围之。转斗千里，矢尽道穷，士张空拳，⑤冒白刃，北首争死敌，⑥得人之死力，虽古名将不过也。身虽陷败，然其所摧败亦足暴于天下。⑦彼之不死，宜欲得当以报汉也。”⑧初，上遣贰师大军出，财令陵为助兵，⑨及陵与单于相值，而贰师功少。上以迁诬罔，欲沮贰师，为陵游说，⑩下迁腐刑。

①师古曰：“殉，营也，一曰从也。”

②师古曰：“畜读曰蓄。”

③服虔曰：“媒音欺，谓诋欺也。”孟康曰：“媒，酒教；糵，曲也。谓酿成其罪也。”师古曰：“孟说是也。齐人名麴饼曰媒。”

④师古曰：“蹂，践也，音人九反。”

⑤文颖曰：“拳，弓弩拳也。”师古曰：“拳字与絭同，音去权反，又音眷。”

⑥师古曰：“冒，犯也。北首，北向也。冒音莫北反。首音式救反。”

⑦师古曰：“所摧败，败匈奴之兵也。暴犹章也。”

⑧师古曰：“言欲立功以当其罪也。”

⑨师古曰：“财与纔同，谓浅也，仅也。史传通用字。他皆类此。”

⑩师古曰：“沮谓毁坏之，音才吕反。”

久之，上悔陵无救，曰：“陵当发出塞，乃诏强弩都尉令迎军。坐预诏之，得令老将生奸诈。”①乃遣使劳赐陵馀军得脱者。

①孟康曰：“坐预诏强弩都尉路博德迎陵，博德老将，出塞不至，令陵见没也。”

陵在匈奴岁馀，上遣因杅将军公孙敖①将兵深入匈奴迎陵。敖军无功还，曰：“捕得生口，言李陵教单于为兵以备汉军，故臣无所得。”上闻，于是族陵家，母弟妻子皆伏诛。陇西士大夫以李氏为愧。②其后，汉遣使使匈奴，陵谓使者曰：“吾为汉将步卒五千人横行匈奴，以亡救而败，何负于汉而诛吾家？”使者曰：“汉闻李少卿教匈奴为兵。”陵曰：“乃李绪，非我也。”李绪本汉塞外都尉，居奚侯城，匈奴攻之，绪降，而单于客遇绪，常坐陵上。陵痛其家以李绪而诛，使人刺杀绪。大阏氏欲杀陵，③单于匿之北方，大阏氏死乃还。

①孟康曰：“因杅，胡地名也。”师古曰：“杅音于。”

②师古曰：“耻其不能死节，累及家室。”

③师古曰：“大阏氏，单于之母。”

单于壮陵，以女妻之，立为右校王，卫律为丁灵王，①皆贵用事。卫律者，父本长水胡人。律生长汉，善协律都尉李延年，延年荐言律使匈奴。使还，会延年家收，律惧并诛，亡还降匈奴。匈奴爱之，常在单于左右。陵居外，有大事，乃入议。

①师古曰："丁灵，胡之别种也。立为王而主其人也。"

昭帝立，大将军霍光、左将军上官桀辅政，素与陵善，遣陵故人陇西任立政等三人①俱至匈奴招陵。立政等至，单于置酒赐汉使者，李陵、卫律皆侍坐。立政等见陵，未得私语，即目视陵，②而数数自循其刀环，③握其足，阴谕之，言可还归汉也。后陵、律持牛酒劳汉使，博饮，④两人皆胡服椎结。⑤立政大言曰："汉已大赦，中国安乐，主上富于春秋，⑥霍子孟、上官少叔用事。"⑦以此言微动之。陵墨不应，孰视而自循其髮，答曰："吾已胡服矣！"有顷，律起更衣，立政曰："咄，少卿良苦！⑧霍子孟、上官少叔谢女。"⑨陵曰："霍与上官无恙乎？"⑩立政曰："请少卿来归故乡，毋忧富贵。"陵字立政曰："少公，⑪归易耳，恐再辱，奈何！"语未卒，卫律还，颇闻馀语，曰："李少卿贤者，不独居一国。范蠡遍游天下，由余去戎入秦，今何语之亲也！"因罢去。立政随谓陵曰："亦有意乎？"⑫陵曰："丈夫不能再辱。"

①师古曰："故人，谓旧与相知者。"

②师古曰："以目相视而感动之，今俗所谓眼语者也。"

③师古曰："循谓摩顺也。"

④苏林曰："博且饮也。"师古曰："劳音来到反。"

⑤师古曰："结读曰髻，一撮之髻，其形如椎。"

⑥师古曰："言天子年少。"

⑦师古曰："子孟，光之字；少叔，桀之字也。"

⑧师古曰："言甚劳苦。"

⑨师古曰："谢，以辞相问也。"

⑩师古曰："恙，忧病也。"

⑪师古曰："呼其字。"

⑫师古曰："随其后而语之。"

陵在匈奴二十馀年，元平元年病死。

苏建，杜陵人也。以校尉从大将军青击匈奴，封平陵侯。以将军筑朔方。后以卫尉为游击将军，从大将军出朔方。后一岁，以右将军再从大将军出定襄，亡翕侯，①失军当斩，赎为庶人。其后为代郡太守，卒官。有三子：嘉为奉车都尉，贤为骑都尉，中子武最知名。

①服虔曰："赵信也。"

武字子卿，少以父任，兄弟并为郎，稍迁至栘中厩监。①时汉连伐胡，数通使相窥观，匈奴留汉使郭吉、路充国等，前后十馀辈。匈奴使来，汉亦留之以相当。天汉元年，且鞮侯单于初立，②恐汉袭之，乃曰："汉天子我丈人行也。"③尽归汉使路充国等。武帝嘉其义，乃遣武以中郎将使持节送匈奴使留在汉者，因厚(赂)〔赂〕单于，[6]答其善意。武与副中郎将张胜及假吏常惠等④募士斥候百馀人俱。⑤既至匈奴，置币遗单于。单于益骄，非汉所望也。

①师古曰："栘中，厩名，为之监也。栘音移。"

②师古曰："且音子闾反。鞮音丁奚反。"

③师古曰："丈人，尊老之称。行音胡浪反。"

④师古曰："假吏犹言兼吏也。时权为使之吏，若今之差人充使典矣。"

⑤师古曰："募人以充士卒，及在道为斥候者。"

方欲发使送武等，会缑王与长水虞常等谋反匈奴中。①缑王者，昆邪王姊子也，②与昆邪王俱降汉，后随浞野侯没胡中。③及卫律所将降者，阴相与谋劫单于母阏氏归汉。会武等至匈奴，虞常在汉时素与副张胜相知，私候胜曰："闻汉天子甚怨卫律，常能为汉伏弩射杀之。吾母与弟在汉，幸蒙其赏赐。"张胜许之，以货物与常。后月馀，单于出猎，独阏氏子弟在。虞常等七十馀人欲发，其一人夜亡，告之。单于子弟发兵与战。缑王等皆死，虞常生得。④

①师古曰："缑音工侯反。"

②师古曰："昆音胡门反。"

③师古曰："从赵破奴击匈奴，兵败而降。"

④师古曰："被执获也。"

单于使卫律治其事。张胜闻之，恐前语发，以状语武。武曰："事如此，此必及我。见犯乃死，重负国。"欲自杀，①胜、惠共止之。虞常果引张胜。单于怒，召诸贵人议，欲杀汉使者。左伊秩訾曰：②"即谋单于，何以复加？③宜皆降之。"单于使卫律召武受辞，④武谓惠等："屈节辱命，虽生，何面目以归汉！"引佩刀自刺。卫律惊，自抱持武，驰召医。凿地为坎，置煴火，⑤覆武其上，⑥蹈其背以出血。武气绝，半日复息。⑦惠等哭，舆归营。单于壮其节，朝夕遣人候问武，而收系张胜。

①师古曰："言被匈奴侵犯，然后乃死，是为更负汉国，故欲先自杀也。重音直用反。"

②臣瓒曰："胡官之号也。"

③师古曰："言谋〔杀〕卫律而杀之，[7]其罚太重也。"

④师古曰："致单于之命，而取其对也。"

⑤师古曰："煴谓聚火无焱者也，音於云反。焱音弋赡反。"

⑥师古曰："覆身于坎上也。覆音芳目反。"

⑦师古曰："息谓出气也。"

武益愈，单于使使晓武。①会论虞常，欲因此时降武。剑斩虞常已，律曰："汉使张胜谋杀单于近臣，②当死，单于募降者赦罪。"举剑欲击之，胜请降。律谓武曰："副有罪，当相坐。"武曰："本无谋，又非亲属，何谓相坐？"复举剑拟之，武不动。律曰："苏君，律前负汉归匈奴，幸蒙大恩，赐号称王，拥众数万，马畜弥山，富贵如此。③苏君今日降，明日复然。空以身膏草野，谁复知之！"武不应。律曰："君因我降，与君为兄弟，今不听吾计，后虽欲复见我，尚可得乎？"武骂律曰："女为人臣子，不顾恩义，畔主背亲，为降虏于蛮夷，何以女为见？④且单于信女，使决人死生，不平心持正，反欲斗两主，观祸败。南越杀汉使者，屠为九郡；宛王杀汉使者，头县北阙；朝鲜杀汉使者，即时诛灭。独匈奴未耳。若知我不降明，⑤欲令两国相攻，匈奴之祸从我始矣。"

①师古曰："谕说令降也。"

②师古曰："卫律自谓也。"

③师古曰："弥，满也。"

④师古曰："言何用见女为也。"

⑤师古曰："若，汝也。言汝知我不肯降明矣。"

律知武终不可胁，白单于。单于愈益欲降之，乃幽武置大窖中，① 绝不饮食。② 天雨雪，武卧啮雪与旃毛并咽之，③ 数日不死，匈奴以为神。乃徙武北海上无人处，使牧羝，羝乳乃得归。④ 别其官属常惠等，各置他所。

①师古曰："旧米粟之窖而空者也，音工孝反。"

②师古曰："饮音於禁反。食读曰饲。"

③师古曰："咽，吞也，音宴。"

④师古曰："羝，牡羊也。羝不当产乳，故设此言，示绝其事。若燕太子丹乌白头、马生角之比也。羝音丁奚反。乳音人喻反。"

武既至海上，廪食不至，① 掘野鼠去屮实而食之。② 杖汉节牧羊，卧起操持，节旄尽落。积五六年，单于弟於靬王弋射海上。③ 武能网纺缴，檠弓弩，④ 於靬王爱之，给其衣食。三岁馀，王病，赐武马畜服匿穹庐。⑤ 王死后，人众徙去。其冬，丁令盗武牛羊，⑥ 武复穷厄。

①师古曰："无人给饲之。"

②苏林曰："取鼠所去草实而食之。"张晏曰："取鼠及草实并而食之。"师古曰："苏说是也。屮，古草字。去谓藏之也，音丘吕反。"

③师古曰："靬音居言反。"

④师古曰："缴，生丝缕也，可以弋射。檠谓辅正弓弩也。缴音斫。檠音警，又音巨京反。"

⑤刘德曰："服匿如小旃帐。"孟康曰："服匿如罂，小口大腹方底，用受酒酪。穹庐，旃帐也。"晋灼曰："河东北界人呼小石罂受二斗所曰服匿。"师古曰："孟、晋二说是也。"

⑥师古曰："令音零。丁令，即上所谓丁灵耳。"

初，武与李陵俱为侍中，武使匈奴明年，陵降，不敢求武。久之，单于使陵至海上，为武置酒设乐，因谓武曰："单于闻陵与子卿素厚，故使陵来说足下，虚心欲相待。终不得归汉，空自苦亡人之地，信义安所见乎？前长君为奉车，①从至雍棫阳宫，扶辇下除，②触柱折辕，劾大不敬，伏剑自刎，③赐钱二百万以葬。孺卿从祠河东后土，④宦骑与黄门驸马争船，⑤推堕驸马河中溺死，宦骑亡，诏使孺卿逐捕不得，惶恐饮药而死。来时，大夫人已不幸，⑥陵送葬至阳陵。子卿妇年少，闻已更嫁矣。独有女弟二人，两女一男，今复十馀年，存亡不可知。人生如朝露，⑦何久自苦如此！陵始降时，忽忽如狂，自痛负汉，加以老母系保宫，⑧子卿不欲降，何以过陵？且陛下春秋高，法令亡常，大臣亡罪夷灭者数十家，安危不可知，子卿尚复谁为乎？愿听陵计，勿复有云。"武曰："武父子亡功德，皆为陛下所成就，位列将，爵通侯，兄弟亲近，常愿肝脑涂地。今得杀身自效，虽蒙斧钺汤镬，诚甘乐之。臣事君，犹子事父也，子为父死亡所恨。愿勿复再言。"陵与武饮数日，复曰："子卿壹听陵言。"武曰："自分已死久矣！⑨王必欲降武，请毕今日之欢，效死于前！"⑩陵见其至诚，喟然叹曰："嗟乎，义士！陵与卫律之罪上通于天。"因泣下沾衿，与武决去。⑪

①服虔曰："武兄嘉。"

②张晏曰："主扶辇下除道也。"师古曰："除谓门屏之间。"

③师古曰："刎，断也，断其颈也，音武粉反。"

④张晏曰："武弟贤。"

⑤师古曰："宦骑，宦者而为骑也。黄门驸马，天子驸马之在黄门者。驸，副也。《金日磾传》曰'养马于黄门'也。"

⑥师古曰："不幸亦谓死。"

⑦师古曰："朝露见日则晞，人命短促亦如之。"

⑧师古曰："《百官公卿表》云少府属官有居室，武帝太初元年更名保宫。"

⑨师古曰："分音扶问反。"

⑩师古曰："效，致也。"

⑪师古曰："决，别也。"

陵恶自赐武，①使其妻赐武牛羊数十头。后陵复至北海上，语武：

"区脱捕得云中生口,② 言太守以下吏民皆白服,曰上崩。"武闻之,南乡号哭,欧血,旦夕临。③

①师古曰:"谓若示己于匈奴中富饶以夸武。"

②服虔曰:"区脱,土室,胡儿所作以候汉者也。"李奇曰:"匈奴边境罗落守卫官也。"晋灼曰:"《匈奴传》东胡与匈奴间有弃地千馀里,各居其边为区脱。又云汉得区脱王,发人民屯区脱以备汉,此为因边境以为官。李说是也。"师古曰:"匈奴边境为候望之室,服说是也。本非官号,区脱王者,以其所部居区脱之处,因呼之耳。李、晋二说皆失之。区读(曰)〔与〕瓯同,[8] 音一侯反。脱音土活反。"

③师古曰:"乡读曰向。临,哭也,音力禁反。"

数月,昭帝即位。数年,匈奴与汉和亲。汉求武等,匈奴诡言武死。后汉使复至匈奴,常惠请其守者与俱,得夜见汉使,具自陈道。教使者谓单于,言天子射上林中,得雁,足有系帛书,言武等在某泽中。使者大喜,如惠语以让单于。① 单于视左右而惊,谢汉使曰:"武等实在。"于是李陵置酒贺武曰:"今足下还归,扬名于匈奴,功显于汉室,虽古竹帛所载,丹青所画,何以过子卿! 陵虽驽怯,令汉且贳陵罪,② 全其老母,使得奋大辱之积志,庶几乎曹柯之盟,③ 此陵宿昔之所不忘也。收族陵家,为世大戮,陵尚复何顾乎? 已矣! 令子卿知吾心耳。异域之人,壹别长绝!"陵起舞,歌曰:"径万里兮度沙幕,为君将兮奋匈奴。路穷绝兮矢刃摧,士众灭兮名已隤。老母已死,虽欲报恩将安归!"④ 陵泣下数行,因与武决。单于召会武官属,⑤ 前以降及物故,凡随武还者九人。⑥

①师古曰:"让,责也。"

②师古曰:"贳,宽也。"

③李奇曰:"欲劫单于,如曹刿劫齐桓公柯盟之时。"

④师古曰:"隤,坠也,音大回反。"

⑤师古曰:"会谓集聚也。"

⑥师古曰:"物故谓死也,言其同于鬼物而故也。一说,不欲斥言,但云其所服用之物皆已故耳。而说者妄欲改物为勿,非也。"

武以(元始)〔始元〕六年春至京师。[9] 诏武奉一太牢谒武帝园庙,拜为典属国，秩中二千石，赐钱二百万，公田二顷，宅一区。常惠、徐圣、赵终根皆拜为中郎，赐帛各二百匹。其馀六人老归家，赐钱人十万，复终身。①常惠后至右将军，封列侯，自有传。武留匈奴凡十九岁，始以强壮出，及还，须发尽白。

①师古曰："复音芳目反。"

武来归明年，上官桀子安与桑弘羊及燕王、盖主谋反。武子男元与安有谋，坐死。

初桀、安与大将军霍光争权，数疏光过失予燕王，①令上书告之。又言苏武使匈奴二十年不降，还乃为典属国，②大将军长史无功劳，为搜粟都尉，光颛权自恣。③及燕王等反诛，穷治党与，武素与桀、弘羊有旧，数为燕王所讼，子又在谋中，廷尉奏请逮捕武。霍光寝其奏，免武官。

①师古曰："疏谓条录之。"

②师古曰："实十九年，而言二十者，欲久其事以见冤屈，故多言也。"

③师古曰："颛与专同。"

数年，昭帝崩，武以故二千石与计谋立宣帝，①赐爵关内侯，食邑三百户。久之，卫将军张安世荐武明习故事，奉使不辱命，先帝以为遗言。宣帝即时召武待诏宦者署，②数进见，复为右曹典属国。以武著节老臣，令朝朔望，号称祭酒，③甚优宠之。

①师古曰："与读曰预。"

②师古曰："《百官公卿表》少府属官有宦者令丞。以其署亲近，故令于此待诏也。"

③师古曰："加祭酒之号，所以示优尊也。祭酒，已解在《伍被传》。"

武所得赏赐，尽以施予昆弟故人，家不馀财。皇后父平恩侯、帝舅平昌侯、乐昌侯、①车骑将军韩增、丞相魏相、御史大夫丙吉皆敬重武。武年老，子前坐事死，上闵之，问左右："武在匈奴久，岂有子乎？"武因平恩侯自白："前发匈奴时，胡妇适产一子通国，有声问来，愿因使者致金帛赎之。"上许焉。后通国随使者至，上以为郎。又以武弟子为右曹。武年八十馀，神爵二年病卒。

①师古曰："平恩侯许伯、平昌侯王无故、乐昌侯王武也。"

甘露三年，单于始入朝。上思股肱之美，乃图画其人于麒麟阁，①法其形貌，署其官爵姓名。②唯霍光不名，曰大司马大将军博陆侯姓霍氏，次曰卫将军富平侯张安世，次曰车骑将军龙额侯韩增，次曰后将军营平侯赵充国，次曰丞相高平侯魏相，次曰丞相博阳侯丙吉，次曰御史大夫建平侯杜延年，次曰宗正阳城侯刘德，次曰少府梁丘贺，次曰太子太傅萧望之，次曰典属国苏武。皆有功德，知名当世，是以表而扬之，明著中兴辅佐，列于方叔、召虎、仲山甫焉。③凡十一人，皆有传。自丞相黄霸、廷尉于定国、大司农朱邑、京兆尹张敞、右扶风尹翁归及儒者夏侯胜等，皆以善终，著名宣帝之世，然不得列于名臣之图，以此知其选矣。

①张晏曰："武帝获麒麟时作此阁，图画其象于阁，遂以为名。"师古曰："《汉宫阁疏名》云萧何造。"

②师古曰："署，表也，题也。"

③师古曰："三人皆周宣王之臣，有文武之功，佐宣王中兴者也。言宣帝亦重兴汉室，而霍光等并为名臣，皆比于方叔之属。召读曰邵。"

赞曰：李将军恂恂如鄙人，口不能出辞，①及死之日，天下知与不知皆为流涕，彼其中心诚信于士大夫也。谚曰："桃李不言，下自成蹊。"②此言虽小，可以喻大。然三代之将，道家所忌，自广至陵，遂亡其宗，哀哉！孔子称"志士仁人，有杀身以成仁，无求生以害仁"，"使于四方，不辱君命"，③苏武有之矣。

①师古曰："恂恂，诚谨貌也，音荀。"

②师古曰："蹊谓径道也。言桃李以其华实之故，非有所召呼，而人争归趣，来往不绝，其下自然成径，以喻人怀诚信之心，故能潜有所感也。蹊音奚。"

③师古曰："皆《论语》载孔子之言。"

【校勘记】

〔1〕 匈奴(人)〔侵〕上郡， 景祐、殿本都作"侵"。

〔2〕 放(从)〔纵〕游猎也。 殿本作“纵”。王先谦说作“纵”是。

〔3〕 不击(刀)〔刁〕斗自卫， 景祐、殿本都作“刁”，注同。王先谦说作“刁”是。

〔4〕 络而盛(之)卧， 宋祁说越本无“之”字。按景祐本亦无“之”字。

〔5〕 是时广军几没，⑨罢归。 注⑨原在“罢”字下。王先谦说此师古误读，“罢”字连“归”为文。

〔6〕 因厚(辂)〔赂〕单于， 景祐、殿、局本都作“赂”。王先谦说“辂”讹字。

〔7〕 言谋〔杀〕卫律而杀之， 景祐本有“杀”字。

〔8〕 区读(曰)〔与〕瓯同， 景祐、殿本都作“与”。王先谦说作“与”是。

〔9〕 武以(元始)〔始元〕六年春至京师。 景祐、殿本都作“始元”，此误倒。

汉书卷五十五

卫青霍去病传第二十五

卫青字仲卿。其父郑季，河东平阳人也，以县吏给事侯家。平阳侯曹寿尚武帝姊阳信长公主。①季与主家僮卫媪通，②生青。青有同母兄卫长君及姊子夫，子夫自平阳公主家得幸武帝，故青冒姓为卫氏。③卫媪长女君孺，次女少儿，次女则子夫。子夫男弟步广，皆冒卫氏。④

①师古曰："寿姓曹，为平阳侯，当是曹参之后，然《参传》及《功臣侯表》并无之，未详其意也。"

②师古曰："僮者，婢女之总称也。媪者，后年老之号，非当时所呼也。卫者，举其夫家姓也。"

③师古曰："冒谓假称，若人首之有覆冒也。"

④师古曰："言步广及青二人皆不姓卫，而冒称。"

青为侯家人，少时归其父，父使牧羊。民母之子皆奴畜之，不以为兄弟数。①青尝从人至甘泉居室，②有一钳徒相青曰："贵人也，官至封侯。"青笑曰："人奴之生，得无笞骂即足矣，安得封侯事乎！"

①服虔曰："民母，嫡母也。"师古曰："言郑季正妻本在编户之间，以别于公主家也。今流俗书本云'牧羊人间，先母之子不以为兄弟数'，妄增也。"

②张晏曰："居室，甘泉中徒所居也。"

青壮，为侯家骑，从平阳主。建元二年春，青姊子夫得入宫幸上。皇后，大长公主女也，①无子，妒。大长公主闻卫子夫幸，有身，妒之，乃使人捕青。青时给事建章，②未知名。大长公主执囚青，欲杀之。其友骑郎公孙敖与壮士往篡之，③故得不死。上闻，乃召青为建章监，侍中。及母昆弟贵，赏赐数日间累千金。君孺为太仆公孙贺妻。少儿故与陈掌通,④上召贵掌。公孙敖由此益显。子夫为夫人。青为太中大夫。

①文颖曰:"陈皇后,武帝姑女也。"

②师古曰:"建章宫中。"

③师古曰:"逆取曰篡。"

④师古曰:"掌即陈平曾孙也。"

元光六年,拜为车骑将军,击匈奴,出上谷;公孙贺为轻车将军,出云中;太中大夫公孙敖为骑将军,出代郡;卫尉李广为骁骑将军,出雁门:军各万骑。青至笼城,①斩首虏数百。骑将军敖亡七千骑,卫尉广为虏所得,得脱归,皆当斩,赎为庶人。贺亦无功。唯青赐爵关内侯。是后匈奴仍侵犯边。②语在《匈奴传》

①师古曰:"笼读与龙同。"

②师古曰:"仍,频也。"

元朔元年春,卫夫人有男,立为皇后。其秋,青复将三万骑出雁门,李息出代郡。青斩首虏数千。明年,青复出云中,西至高阙,①遂至于陇西,捕首虏数千,畜百馀万,走白羊、楼烦王。遂取河南地为朔方郡。②以三千八百户封青为长平侯。青校尉苏建为平陵侯,张次公为岸头侯。③使建筑朔方城。④上曰:"匈奴逆天理,乱人伦,暴长虐老,⑤以盗窃为务,行诈诸蛮夷,造谋籍兵,数为边害。⑥故兴师遣将,以征厥罪。《诗》不云乎?'薄伐玁允,至于太原';⑦'出车彭彭,城彼朔方'⑧。今车骑将军青度西河至高阙,获首二千三百级,车辎畜产毕收为卤,已封为列侯,遂西定河南地,案榆谿旧塞,⑨绝梓领,梁北河,讨蒲泥,破符离,⑩斩轻锐之卒,捕伏听者⑪三千一十七级。⑫执讯获诂,⑬敺马牛羊百有余万,全甲兵而还,益封青三千八百户。"其后匈奴比岁入代郡、雁门、定襄、上郡、朔方,⑭所杀略甚众。语在《匈奴传》。

①师古曰:"高阙,山名也,一曰塞名也,在朔方之北。"

②师古曰:"当北地郡之北,黄河之南也。"

③晋灼曰:"河东皮氏亭也。"

④师古曰:"苏建筑之也。"

⑤师古曰："谓其俗贵少壮而贱长老也。"

⑥张晏曰："从蛮夷借兵钞边。"

⑦师古曰："《小雅》《六月》之诗，美宣王北（代）〔伐〕也。[1]薄伐者，言逐出之也。猃允，北狄名，即匈奴也。猃音险。"

⑧师古曰："《小雅》《出车》之诗也。彭彭，众车声也。朔方，北方也。此诗人美出车而征，因筑城以攘猃允也。"

⑨如淳曰："案，寻也。榆谿，旧塞名也。"师古曰："上郡之北有诸次山，诸次水出焉，东经榆林塞为榆谿。言军寻此塞而行也。"

⑩如淳曰："绝，度也。为北河作桥梁也。"晋灼曰："蒲泥、符离，二王号也。"师古曰："符离，塞名也。"

⑪张晏曰："伏于隐处，听军虚实。"

⑫师古曰："本以斩敌一首拜爵一级，故谓一首为一级，因复名生获一人为一级也。"

⑬师古曰："执讯者，谓生执其人而讯问之也。获诂者，得其众也。一曰丑，恶也。讯音信。"

⑭师古曰："比，频也。"

元朔五年春，令青将三万骑出高阙，卫尉苏建为游击将军，左内史李沮为强弩将军，①太仆公孙贺为骑将军，代相李蔡为轻车将军，皆领属车骑将军，俱出朔方。大行李息、岸头侯张次公为将军，俱出右北平。匈奴右贤王当青等兵，以为汉兵不能至此，饮醉，汉兵夜至，围右贤王。右贤王惊，夜逃，独与其爱妾一人骑数百驰，溃围北去。汉轻骑校尉郭成等追数百里，弗得，得右贤裨王十馀人，②众男女万五千馀人，畜数十百万，③于是引兵而还。至塞，天子使使者持大将军印，即军中拜青为大将军，④诸将皆以兵属，立号而归。上曰："大将军青躬率戎士，师大捷，获匈奴王十有馀人，益封青八千七百户。"而封青子伉为宜春侯，⑤子不疑为阴安侯，子登为发干侯。青固谢曰：⑥"臣幸得待罪行间，赖陛下神灵，军大捷，皆诸校力战之功也。陛下幸已益封臣青，臣青子在襁褓中，未有勤劳，上幸裂地封为三侯，非臣待罪行间所以劝士力战之意也。伉等三人何敢受封！"上曰："我非忘诸校功也，今固且图之。"乃诏御史曰："护军都尉公孙敖三从大将军击匈奴，常护军傅校获王，⑦封敖为合骑侯。⑧都尉韩说从大军出窴浑，⑨至匈奴右贤王庭，为戏下⑩搏战获王，⑪封说为龙頟侯。⑫骑将军贺从大将军获王，封贺为南窌侯。⑬轻车将军李蔡再从大将军获王，封蔡为乐安侯。校尉李朔、赵不虞、公孙戎奴各三从大将军获王，封朔为陟轵侯，不虞为随成侯，戎奴为从平侯。将军李沮、李息及校尉豆如意、中郎将绾皆有功，赐爵关内侯。沮、息、如意食邑各三百户。"其秋，匈奴入代，杀都尉。

①文颖曰："沮音组。"

②师古曰："裨王，小王也，若言裨将也。裨音频移反。"

③师古曰："数十万以至百万。"

④师古曰："即，就也。"

⑤师古曰："伉音抗，又音工郎反。"

⑥师古曰："固谓再三也。"

⑦师古曰："傅读曰附。言敖总护诸军，每附部校，以致克捷而获王也。校者，营垒之称，故谓军之一部为一校。或曰幡旗之名，非也。每军一校，则别为幡耳，不名校也。"

⑧晋灼曰："犹冠军从票之名也。"

⑨服虔曰："塞名也。"师古曰："说读曰悦。窴音田。浑音魂。"

⑩师古曰："戏读曰麾，又音许宜反。言在大将军麾旗之下，不别统众也。"

⑪师古曰："搏战，击战。"

⑫师古曰："頟字或作额。"

⑬臣瓒曰："《茂陵中书》云南奅侯，此本字也。"师古曰："窌音普教反。奅亦同字。"

明年春，大将军青出定襄，合骑侯敖为中将军，太仆贺为左将军，翕侯赵信为前将军，卫尉苏建为右将军，郎中令李广为后将军，左内史李沮为强弩将军，咸属大将军，斩首数千级而还。月馀，悉复出定襄，斩首虏万馀人。苏建、赵信并军三千馀骑，独逢单于兵，与战一日馀，汉兵且尽。信故胡人，降为翕侯，见急，匈奴诱之，遂将其馀骑可八百犇降单于。①苏建尽亡其军，独以身得亡去，自归青。青问其罪正闳、长史安、议郎周霸等：②“建当云何？”③霸曰：“自大将军出，未尝斩裨将，今建弃军，可斩，以明将军之威。”闳、安曰：“不然。兵法‘小敌之坚，大敌之禽也。’④今建以数千当单于数万，力战一日馀，士皆不敢有二心。自归而斩之，是示后无反意也。不当斩。”青曰：“青幸得以胏附待罪行间，⑤不患无威，而霸说我以明威，甚失臣意。且使臣职虽当斩将，以臣之尊宠而不敢自擅专诛于境外，其归天子，天子自裁之，于以风为人臣不敢专权，不亦可乎？”⑥军吏皆曰“善”。遂囚建行在所。

①师古曰：“犇，古奔字也。”

②张晏曰：“正，军正也。闳，名也。”如淳曰：“律，都军官长史一人。”

③师古曰：“谓处断其罪法何至也？”

④师古曰：“言众寡不敌，以其坚战无有退心，故士卒丧尽也。一说，若建耻败而不自归，则亦被匈奴禽之而去。”

⑤师古曰：“胏附，谓亲戚也。解在《田蚡传》也。”

⑥师古曰：“风读曰讽。”

是岁也，霍去病始侯。

霍去病，大将军青姊少儿子也。其父霍仲孺先与少儿通，生去病。及卫皇后尊，少儿更为詹事陈掌妻。去病以皇后姊子，年十八为侍中。善骑射，再从大将军。大将军受诏，予壮士，为票姚校尉，①与轻勇骑八百直弃大（将）军数百里赴利，[2]斩捕首虏过当。②于是上曰：“票姚校尉去病斩首捕虏二千二十八级，得相国、当户，斩单于大父行藉若侯产，③捕季父罗姑比，再冠军，④[3]以二千五百户封去病为冠军侯。上谷太守郝贤四从大将军，捕首虏千三百级，封贤为终利侯。骑士孟已有功，赐爵关内侯，邑二百户。”

①服虔曰：“音飘摇。”师古曰：“票音频妙反。姚音羊召反。票姚，劲疾之貌也。荀悦《汉纪》作票鷂字。去病后为票骑将军，尚取票姚之字耳。今读者音飘遥，则不当其义也。”

②师古曰：“言计其所将人数，则捕首虏为多，过于所当也。一曰汉军失亡者少，而杀获匈奴数多，故曰过当也。其下并同。”

③张晏曰："藉若，胡侯也。产，名也。"师古曰："此人单于祖父之行也。行音胡浪反。"

④师古曰："亦单于之季父也，罗姑，其名也。比，频也。"

是岁失两将军，亡翕侯，功不多，故青不益封。苏建至，上弗诛，赎为庶人。青赐千金。是时王夫人方幸于上，甯乘说青曰：①"将军所以功未甚多，身食万户，三子皆为侯者，以皇后故也。今王夫人幸而宗族未富贵，愿将军奉所赐千金为王夫人亲寿。"②青以五百金为王夫人亲寿。上闻，问青，青以实对。上乃拜甯乘为东海都尉。

①师古曰："《史记》云甯乘齐人。"

②师古曰："亲，母也。"

校尉张骞从大将军，以尝使大夏，留匈奴中久，道军，知善水草处，①军得以无饥渴，因前使绝国功，封骞为博望侯。

①师古曰："道读曰导。"

去病侯三岁，元狩(三)〔二〕年春[4]为票骑将军，将万骑出陇西，有功。上曰："票骑将军率戎士隃乌盭，①讨遬濮，②涉狐奴，③历五王国，辎重人众摄詟者弗取，④几获单于子。⑤转战六日，过焉支山千有馀里，合短兵，鏖皋兰下，⑥杀折兰王，斩卢侯王，⑦锐悍者诛，全甲获诂，执浑邪王子⑧及相国、都尉，捷首虏八千九百六十级，收休屠祭天金人，⑨师率减什七，⑩益封去病二千二百户。"

①师古曰："隃与逾同。盭，古戾字也。乌盭，山名也。"

②师古曰："遬，古速字也。遬濮，匈奴部落名也。"

③晋灼曰："水名也。"

④师古曰："摄詟，谓振动失志气。言距战者诛，服者则赦也。詟音之涉反。"

⑤师古曰："几音距衣反。"

⑥应劭曰："陇西白石县塞外河名也。"苏林曰："匈奴中山关名也。"李奇曰："鏖音麃，津名也。"晋灼曰："世俗谓尽死杀人为鏖糟。"文颖曰："鏖音意曹反。"师古曰："鏖字本从金麀声，转写讹耳。鏖谓苦击而多杀也。皋兰，山名也。言苦战于皋兰山下而多杀虏也。晋说文音皆得之。今俗犹谓打击

之甚者曰麈。麀，牡鹿也，音于求反。”

⑦张晏曰：“折兰、卢侯，胡国名也。杀者，杀之而已。斩者，获其首也。”师古曰：“折兰，匈奴中姓也。今鲜卑有是兰姓者，即其种也。折音上列反。”

⑧师古曰：“全甲，谓军中之甲不丧失也。浑音下昆反。”

⑨如淳曰：“祭天以金人为主也。”张晏曰：“佛徒祠金人也。”师古曰：“今之佛像是也。休音许虬反。屠音储。”

⑩师古曰：“言其破敌，故匈奴之师十减其七也。一曰，汉兵失亡之数。下皆类此也。”

其夏，去病与合骑侯敖俱出北地，异道。博望侯张骞、郎中令李广俱出右北平，异道。广将四千骑先至，骞将万骑后。匈奴左贤王将数万骑围广，广与战二日，死者过半，所杀亦过当。骞至，匈奴引兵去。骞坐行留，当斩，赎为庶人。①而去病出北地，遂深入，合骑侯失道，不相得。去病至祁连山，②捕首虏甚多。上曰：“票骑将军涉钧耆，济居延，③遂臻小月氏，④攻祁连山，扬武乎觻得，⑤得单于单桓、酋涂王，⑥及相国、都尉以众降下者二千五百人，可谓能舍服知成而止矣。⑦捷首虏三万二百，获五王，王母、单于阏氏、王子五十九人，相国、将军、当户、都尉六十三人，师大率减什三，益封去病五千四百户。赐校尉从至小月氏者爵左庶长。⑧鹰击司马破奴⑨再从票骑将军斩遬濮王，捕稽且王，⑩右千骑将〔得〕王、王母各一人，[5]王子以下四十一人，捕虏三千三百三十人，前行捕虏千四百人，⑪封破奴为从票侯。⑫校尉高不识从票骑将军捕呼于耆王王子以下十一人，捕虏千七百六十八人，封不识为宜冠侯。校尉仆多有功，封为煇渠侯。”⑬合骑侯敖坐行留不与票骑将军会，当斩，赎为庶人。诸宿将所将士马兵亦不如去病，⑭去病所将常选，⑮然亦敢深入，常与壮骑先其大军，军亦有天幸，未尝困绝也。然而诸宿将常留落不耦。⑯由此去病日以亲贵，比大将军。

①师古曰：“军行而辄稽留，故坐法。”

②师古曰：“祁连山即天山也，匈奴呼天为祁连。祁音上夷反。”

③张晏曰：“钧耆、居延，皆水名也。浅曰涉。深曰济。”师古曰：“涉谓人马涉度也。济谓以舟船。”

④师古曰："臻，至也。氏音支。"

⑤郑氏曰："觻音鹿，张掖县也。"师古曰："郑说非也。此觻得，匈奴中地名，而张掖县转取其名耳。"

⑥张晏曰："单桓、酋涂，皆胡王也。"师古曰："酋音才由反。涂音塗。"

⑦师古曰："服而舍之，功成则止也。"

⑧师古曰："第十爵。"

⑨师古曰："赵破奴。"

⑩师古曰："且音子闾反。"

⑪师古曰："前行，谓在军之前而行。"

⑫张晏曰："从票骑将军有功，因以为号。"

⑬师古曰："《功臣侯表》作仆朋，今此作多，转写者误也。煇音晖也。"

⑭师古曰："宿，旧也。兵，兵器也。"

⑮师古曰："选取骁锐。"

⑯师古曰："留谓迟留，落谓坠落，故不谐耦而无功也。"

其后，单于怒浑邪王居西方数为汉所破，亡数万人，以票骑之兵也，欲召诛浑邪王。浑邪王与休屠王等谋欲降汉，使人先要道边。①是时大行李息将城河上，得浑邪王使，即驰传以闻。②上恐其以诈降而袭边，乃令去病将兵往迎之。去病既度河，与浑邪众相望。浑邪裨王将见汉军而多欲不降者，③颇遁去。去病乃驰入，得与浑邪王相见，斩其欲亡者八千人，遂独遣浑邪王乘传先诣行在所，尽将其众度河，降者数万人，号称十万。既至长安，天子所以赏赐数十钜万。封浑邪王万户，为漯阴侯。④封其裨王呼毒尼为下摩侯，⑤雁疪为煇渠侯，⑥禽黎为河綦侯，⑦大当户调虽为常乐侯。⑧于是上嘉去病之功，曰："票骑将军去病率师征匈奴，西域王浑邪王及厥众萌咸犇于率，⑨以军粮接食，并将控弦万有馀人，⑩诛獟悍，⑪捷首虏八千馀级，降异国之王三十二。战士不离伤，⑫十万之众毕怀集服。仍兴之劳，爰及河塞，庶几亡患。⑬以千七百户益封票骑将军。减陇西、北地、上郡戍卒之半，以宽天下繇役。"乃分处降者于边五郡故塞外，而皆在河南，因其故俗为属国。⑭其明年，匈奴入右北平、定襄，杀略汉千馀人。

①师古曰："道犹言也。先为要约来言之于边界。"

②师古曰："传音张恋反。次下亦同。"

③师古曰："恐被掩覆也。"

④如淳曰："漯阴，平原县也。"师古曰："漯音吐合反。"

⑤文颖曰："呼毒尼，胡王名也。"

⑥文颖曰："雁音鹰。疪音庇荫之庇。"师古曰："疪音匹履反，其字从疒，非庇荫之庇。疒音女革反。"

⑦师古曰："《功臣侯表》作乌黎，今此作禽黎，转写误耳。"

⑧师古曰："《功臣侯表》作稠雎，今此传作调虽，表传不同，当有误者。"

⑨师古曰："萌字与甿同。犇，古奔字也。"

⑩师古曰："言能引弓皆堪战阵。"

⑪师古曰："獟，健行轻貌也，字或作趬。悍，勇也。獟音丘昭反，又音丘召反。"

⑫师古曰："离，遭也。"

⑬师古曰："重兴军旅之劳，及北河沙塞之表，可得宁息无忧患也。"

⑭师古曰："不改其本国之俗而属于汉，故号属国。"

其明年，上与诸将议曰："翕侯赵信为单于画计，常以为汉兵不能度幕轻留，①今大发卒，其势必得所欲。"是岁元狩四年也。春，上令大将军青、票骑将军去病各五万骑，步兵转者踵军数十万，②而敢力战深入之士皆属去病。去病始为出定襄，当单于。捕虏，虏言单于东，乃更令去病出代郡，令青出定襄。郎中令李广为前将军，太仆公孙贺为左将军，主爵赵食其为右将军，③平阳侯襄为后将军，④皆属大将军。赵信为单于谋曰："汉兵即度幕，人马罢，⑤匈奴可坐收虏耳。"⑥乃悉远北其辎重，⑦皆以精兵待幕北。而适直青军出塞千馀里，⑧见单于兵陈而待，⑨于是青令武刚车自环为营，⑩而纵五千骑往当匈奴，匈奴亦(从)〔纵〕万骑。[6]会日且入，⑪而大风起，沙砾击面，⑫两军不相见，汉益纵左右翼绕单于。⑬单于视汉兵多，而士马尚强，战而匈奴不利，薄莫，单于遂乘六嬴，壮骑可数百，直冒汉围西北驰去。⑭昏，汉匈奴相纷挐，⑮杀伤大当。⑯汉军左校捕虏，言单于未昏而去，汉军因发轻骑夜追之，青因随其后。匈奴兵亦散走。会明，行二百馀里，不得单于，颇捕斩首虏万馀级，遂至窴颜山赵信城，⑰得匈奴积粟食军。⑱军留一日而还，悉烧其城馀粟以归。

①师古曰："言轻易汉军，故留而不去也。一曰，谓汉兵不能轻入而久留也。"

②师古曰："转者谓运辎重也。踵，接也。"

③师古曰："食音异。其音基。"

④师古曰："曹襄。"

⑤师古曰："罢读曰疲。"

⑥师古曰："言收虏取汉军人马，可不费力，故言坐。"

⑦师古曰："送辎重远去，令处北也。"

⑧师古曰："直读曰值。"

⑨师古曰："为行陈而待。"

⑩张晏曰："兵车也。"师古曰："环，绕也。"

⑪师古曰："言日欲没也。"

⑫师古曰："砾，小石也，音历。"

⑬师古曰："翼谓左右舒引其兵，如鸟之翅翼。"

⑭师古曰："羸者，驴种马子，坚忍。单于自乘善走羸，而壮骑随之也。冒，犯也。裸音来戈反。冒音莫克反。"

⑮师古曰："纷挐，乱相持搏也。挐音女居反。"

⑯师古曰："各大相杀伤。"

⑰如淳曰："赵信前降匈奴，匈奴筑城居之。"

⑱师古曰："食读曰饲。"

青之与单于会也，而前将军广、右将军食其军别从东道，或失道。①大将军引还，过幕南，乃相逢。青欲使使归报，令长史簿责广，②广自杀。食其赎为庶人。青军入塞，凡斩首虏万九千级。

①师古曰："或，迷也。"

②师古曰："簿音步户反。"

是时匈奴众失单于十馀日，右谷蠡王自立为单于。①单于后得其众，右王乃去单于之号。②

①师古曰："谷音鹿。蠡音卢奚反。"

②师古曰："去，除也，音丘吕反。"

去病骑兵车重与大将军军等，①而亡裨将。悉以李敢等为大校，当裨将，出代、右北平二千馀里，直左方兵，②所斩捕功已多于青。

①师古曰："重音直用反。"

②师古曰："直，当也。"

既皆还，上曰："票骑将军去病率师躬将所获荤允之士，①约轻赍，绝大幕，②涉获单于章渠，③以诛北车耆，④转击左大将双，获旗鼓，历度难侯，⑤济弓卢，⑥获屯头王、韩王等三人，⑦将军、相国、当户、都尉八十三人，封狼居胥山，禅于姑衍，登临翰海，⑧执讯获诂七万有四百四十三级，师率减什二，取食于敌，卓行殊远而粮不绝。⑨以五千八百户益封票骑将军。右北平太守路博德属票骑将军，会兴城，不失期，从至梼余山，⑩斩首捕虏二千八百级，封博德为邳离侯。北地都尉卫山从票骑将军获王，封山为义阳侯。故归义侯因淳王复陆支、⑪楼剸王伊即靬⑫皆从票骑将军有功，封复陆支为杜侯，伊即靬为众利侯。从票侯破奴、昌武侯安稽从票骑有功，益封各三百户。渔阳太守解、校尉敢皆获鼓旗，赐爵关内侯，解食邑三百户，敢二百户。校尉自为爵左庶长。"军吏卒为官，赏赐甚多。而青不得益封，吏卒无封者。唯西河太守常惠、云中太守遂成受赏，遂成秩诸侯相，赐食邑二百户，黄金百斤，惠爵关内侯。

①服虔曰："荤音熏。荤允，熏鬻也。尧时曰熏鬻，周曰猃允，秦曰匈奴。"师古曰："荤字与薰同。鬻音弋六反。"

②师古曰："轻赍者，不以辎重自随，而所赍粮食少也。一曰赍字与资同，谓资装也。"

③师古曰："涉谓涉水也。章渠，单于之近臣也，涉水而破获之。"

④晋灼曰："王号也。"

⑤师古曰："山名也。"

⑥晋灼曰："水名也。"

⑦李奇曰："皆匈奴王号。"

⑧张晏曰:“登海边山以望海也。有大功,故增山而广地也。”如淳曰:“翰海,北海名也。”师古曰:“积土增山曰封,为墠祭地曰禅也。”

⑨师古曰:“卓亦远意。”

⑩师古曰:“梼音筹,其字从木。”

⑪师古曰:“复音芳福反。”

⑫师古曰:“刳音之兖反。靬音居言反。”

两军之出塞,塞阅官及私马凡十四万匹,而后入塞者不满三万匹。乃置大司马位,大将军、票骑将军皆为大司马。①定令,令票骑将军秩禄与大将军等。自是后,青日衰而去病日益贵。青故人门下多去事去病,辄得官爵,唯独任安不肯去。②

①晋灼曰:“悉加大司马者,欲令票骑将军去病与大将军青等耳。”

②师古曰:“安,荥阳人,后为益州刺史,即遗司马迁书者。”

去病为人少言不泄,有气敢往。上尝欲教之吴孙兵法,①对曰:“顾方略何如耳,不至学古兵法。”②上为治第,令视之,对曰:“匈奴不灭,无以家为也。”由此上益重爱之。然少而侍中,贵不省士。③其从军,上为遣太官赍数十乘,④既还,重车馀弃粱肉,⑤而士有饥者。其在塞外,卒乏粮,或不能自振,⑥而去病尚穿域蹋鞠也。⑦事多此类。青仁,喜士退让,⑧以和柔自媚于上,然于天下未有称也。

①师古曰:“吴,吴起也。孙,孙武也。”

②师古曰:“顾,念也。”

③师古曰:“省,视也。不恤视也。”

④师古曰:“赍与资同。解已在前也。”

⑤师古曰:“粱,粟类也,米之善者。重音直用反。”

⑥师古曰:“振,举也。”

⑦服虔曰:“穿地作鞠室也。”师古曰:“鞠,以皮为之,实以毛,蹴蹋而戏也。蹋音徒腊反。鞠音钜六反。”

⑧师古曰:“喜音许吏反。”

去病自四年军后三岁,元狩六年薨。上悼之,发属国玄甲,军陈自长安至茂陵，①为冢象祁连山。②谥之并武与广地曰景桓侯。③子嬗嗣。④嬗字子侯，上爱之，幸其壮而将之。为奉车都尉，从封泰山而薨。无子，国除。

①师古曰："送其葬，所以宠卫之也。属国，即上所云分处降者于边五郡者也。玄甲，谓甲之黑色也。"

②师古曰："在茂陵旁，冢上有(坚)〔竖〕石，[7]冢前有石人马者是也。"

③苏林曰："景，武谥也。桓，广地谥也。义见谥法。"张晏曰："谥法'布义行刚曰景，辟土服远曰桓'也。"

④师古曰："嬗音上战反。"

自去病死后，青长子宜春侯伉坐法失侯。后五岁，伉弟二人，阴安侯不疑、发干侯登，皆坐酎(伉)〔金〕失侯。[8]后二岁，冠军侯国绝。后四年，元封五年，青薨，谥曰烈侯。子伉嗣，六年坐法免。

自青围单于后十四岁而卒，竟不复击匈奴者，以汉马少，又方南诛两越，东伐朝鲜，击羌、西南夷，以故久不伐胡。

初，青既尊贵，而平阳侯曹寿有恶疾就国，长公主问："列侯谁贤者？"左右皆言大将军。主笑曰："此出吾家，常骑从我，奈何？"左右曰："于今尊贵无比。"于是长公主风白皇后，①皇后言之，上乃诏青尚平阳主，②与主合葬，起冢象庐山云。③

①师古曰："风读曰讽。"

②如淳曰："本阳信长公主也，为平阳侯所尚，故称平阳主。"

③师古曰："在茂陵东，次去病冢之西，相并者是也。"

最①大将军青凡七出击匈奴，斩捕首虏五馀万级。一与单于战，收河南地，置朔方郡。再益封，凡万六千三百户；封三子为侯，侯千三百户，并之二万二百户。其裨将及校尉侯者九人，为特将者十五人，②李广、张骞、公孙贺、李蔡、曹襄、韩说、苏建皆自有传。③

①师古曰："最亦凡也。"

②师古曰："特将，谓独别为将而出征也。"

③师古曰："七人自有传，八人今列于此下，凡十五人也。说读曰悦。"

李息，郁郅人也，① 事景帝。至武帝立八岁，为材官将军，军马邑；后六岁，为将军，出代；后三岁，为将军，从大将军出朔方：皆无功。凡三为将军，其后常为大行。

①师古曰："北地之县也。郅音之日反。"

公孙敖，义渠人，以郎事景帝。至武帝立十二岁，为骑将军，出代，亡卒七千人，当斩，赎为庶人。后五岁，以校尉从大将军，封合骑侯。后一岁，以中将军从大将军再出定襄，无功。后二岁，以将军出北地，后票骑，失期当斩，赎为庶人。后二岁，以校尉从大将军，无功。后十四岁，以因(杅)〔杅〕将军筑受降城。[9] 七岁，复以因杅将军再出击匈奴，至余吾，① 亡士多，下吏，当斩，诈死，亡居民间五六岁。后觉，复系。坐妻为巫蛊，族。凡四为将军。

①师古曰："水名也，在朔方北。"

李沮，云中人，① 事景帝。武帝立十七岁，以左内史为强弩将军。后一岁，复为强弩将军。

①〔师古曰〕："沮音组。"[10]

张次公，河东人，以校尉从大将军，封岸头侯。其后太后崩，为将军，军北军。后一岁，复从大将军。凡再为将军，后坐法失侯。

赵信，以匈奴相国降，为侯。武帝立十八年，为前将军，与匈奴战，败，降匈奴。

赵食其，祋祤人。① 武帝立十八年，以主爵都尉从大将军，斩首六百六十级。元狩三年，赐爵关内侯，黄金百斤。明年，为右将军，从大将军出定襄，迷失道，当斩，赎为庶人。

①师古曰："冯翊之县也。祋音丁活反，又音丁外反。祤音许羽反。"

郭昌，云中人，以校尉从大将军。元封四年，以太中大夫为拔胡将军，屯朔方。还击昆明，无功，夺印。

荀彘，太原广武人，以御见，侍中，① 用校尉数从大将军。元封三年，为左将军击朝鲜，无功，坐捕楼船将军诛。

①师古曰："以善御得见，因为侍中也。御谓御车也。"

最票骑将军去病凡六出击匈奴，其四出以将军，① 斩首虏十一万馀级。浑邪王以众降数万，开河西酒泉之地，西方益少胡寇。四益封，凡万七千七百户。其校尉吏有功侯者六人，为将军者二人。

①师古曰："再出为票姚校尉也。"

路博德，西河平州人，以右北平太守从票骑将军，封邳离侯。票骑死后，博德以卫尉为伏波将军，伐破南越，益封。其后坐法失侯。为强弩都尉，屯居延，卒。

赵破奴，太原人。尝亡入匈奴，已而归汉，为票骑将军司马。出北地，封从票侯，坐酎金失侯。后一岁，为匈河将军，攻胡至匈河水，无功。后一岁，击虏楼兰王，后为浞野侯。后六岁，以浚稽将军将二万骑击匈奴左王。左王与战，兵八万骑围破奴，破奴为虏所得，遂没其军。居匈奴中十岁，复与其太子安国亡入汉。后坐巫蛊，族。

自卫氏兴，大将军青首封，其后支属五人为侯。凡二十四岁而五侯皆夺国。征和中，戾太子败，卫氏遂灭。而霍去病弟光贵盛，自有传。

赞曰：苏建尝说责"大将军至尊重，而天下之贤士大夫无称焉，① 愿将军观古名将所招选者，勉之哉！"② 青谢曰："自魏其、武安之厚宾客，天子常切齿。彼亲待士大夫，招贤黜不肖者，人主之柄也。人臣奉法遵职而已，何与招士！"③ 票骑亦方此意，为将如此。④

①师古曰："言不为贤士大夫所称誉。"

②师古曰："劝令招贤荐士也。"

③师古曰："与读曰豫。"

④师古曰："方，比类也。"

【校勘记】

〔1〕 美宣王北(代)〔伐〕也。 景祐、殿、局本都作"伐"，此误。

〔2〕 与轻勇骑八百直弃大(将)军数百里赴利， 刘敞说"大将军"衍"将"字。

〔3〕 捕季父罗姑比，再冠军， 《史记》《索隐》说颜氏云"罗姑比，单于季父名也"。小颜云"比，频也"。案下文既云"再冠军"，无容更言频也。王先谦说《索隐》说是。

〔4〕 元狩(三)〔二〕年春 宋祁说，"三"越本作"二"。王念孙说越本是，景祐本及《史记》并作"元狩二年"。

〔5〕 右千骑将〔得〕王、王母各一人， 《史记》有"得"字，《索隐》说此千骑将是汉之将。王先谦说，此文自是右千骑将得王、王母各一人，本书脱"得"字。

〔6〕 匈奴亦(从)〔纵〕万骑。 王先谦说"从"当作"纵"，《史记》作"匈奴亦纵可万骑。"

〔7〕 冢上有(坚)〔竖〕石， 景祐、殿本都作"竖"，此误。

〔8〕 皆坐酎(伉)〔金〕失侯。 王先谦说"伉"字误。按景祐、殿、局本都作"金"。

〔9〕 以因(杅)〔杆〕将军筑受降城。 景祐、殿、局本都作"杆"。王先谦说作"杆"是。

〔10〕 〔师古曰〕："沮音组。" 王先谦说，脱"师古曰"三字。按各本都脱。

汉书卷五十六

董仲舒传第二十六

董仲舒，广川人也。少治《春秋》，孝景时为博士。下帷讲诵，弟子传以久次相授业，或莫见其面。①盖三年不窥园，其精如此。②进退容止，非礼不行，学士皆师尊之。

①师古曰："言新学者但就其旧弟子受业，不必亲见仲舒。"

②师古曰："虽有园圃，不窥视之，言专学也。"

武帝即位，举贤良文学之士前后百数，①而仲舒以贤良对策焉。

①师古曰："数音所具反。"

制曰：朕获承至尊休德，①传之亡穷，而施之罔极，②任大而守重，是以夙夜不皇康宁，③永惟万事之统，犹惧有阙。④故广延四方之豪俊，郡国诸侯公选贤良修絜博习之士，⑤欲闻大道之要，至论之极。⑥今子大夫褎然为举首，⑦朕甚嘉之。子大夫其精心致思，朕垂听而问焉。

①师古曰："休，美也。言承先帝极尊之位、至美之德也。"

②师古曰："罔亦无也。极，尽也。"

③师古曰："皇，暇也。康，乐也。"

④师古曰："永，深也。惟，思也。统，绪也。"

⑤师古曰："郡，郡守也。国，王国也。诸侯，列侯也。郡国及诸侯，总谓四方在外者。公选，谓以公正之道选士，无偏私也。"

⑥师古曰："极，中也。"

⑦服虔曰："子，男子之美号也。"张晏曰："褎，进也，为举贤良之首也。"师古曰："褎然，盛服貌也。《诗》《邶风》《旄丘》之篇曰'褎如充耳'。褎音弋

授反。”

盖闻五帝三王之道，改制作乐而天下洽和，百王同之。当虞氏之乐莫盛于《韶》，①于周莫盛于《勺》。②圣王已没，钟鼓筦弦之声未衰，③而大道微缺，陵夷至乎桀纣之行，④王道大坏矣。夫五百年之间，守文之君，当涂之士，欲则先王之法以戴翼其世者甚众，⑤然犹不能反，日以仆灭，⑥至后王而后止，岂其所持操或诗缪而失其统与？⑦固天降命不可复反，必推之于大衰而后息与？⑧乌虖！⑨凡所为屑屑，夙兴夜寐，务法上古者，又将无补与？⑩三代受命，其符安在？灾异之变，何缘而起？性命之情，或夭或寿，或仁或鄙，⑪习闻其号，未烛厥理。⑫伊欲风流而令行，刑轻而奸改，⑬百姓和乐，政事宣昭，何脩何饬而膏露降，百谷登，⑭德润四海，泽臻屮木，⑮三光全，寒暑平，受天之祜，⑯享鬼神之灵，⑰德泽洋溢，施虖方外，延及群生？⑱

①师古曰："《韶》，舜乐。"

②张晏曰："《勺》，《周颂》篇也，言能成先祖之功以养天下也。"师古曰："勺读与酌同。"

③师古曰："筦与管字同。"

④师古曰："陵夷，言渐穨替也。解在《成纪》。"

⑤师古曰："翼，助也。"

⑥师古曰："反，还也。还于正道也。仆，毙也，音赴。"

⑦师古曰："操，执也。诗，乖也。统，绪也。操音千高反。与读曰欤。后皆类此。"

⑧师古曰："息，止也。"

⑨师古曰："虖读曰呼。呜呼，叹辞也。"

⑩师古曰："屑屑，动作之貌。补，益也。"

⑪师古曰："夭寿，命也。仁鄙，性也。鄙谓不通也。"

⑫师古曰："烛，照也。"

⑬师古曰："伊，惟也。"

⑭师古曰："登，成也。"

⑮师古曰:"臻,至也。屮,古草字也。"

⑯师古曰:"祜,福也,音怙。"

⑰师古曰:"为鬼神所歆飨。"

⑱师古曰:"施亦延也。洋音羊。施音弋豉反。"

子大夫明先圣之业,习俗化之变,终始之序,讲闻高谊之日久矣,其明以谕朕。①科别其条,勿猥勿并,②取之于术,慎其所出。乃其不正不直,不忠不极,枉于执事,书之不泄,兴于朕躬,毋悼后害。③子大夫其尽心,靡有所隐,朕将亲览焉。

①师古曰:"谕谓晓告也。"

②师古曰:"猥,积也。并,合也。欲其一二疏理而言之。"

③师古曰:"极,中也。公卿执事有不忠直而阿枉者,皆令言之。朕自发书,不有漏泄,勿惧有后害而不言也。"

仲舒对曰:

陛下发德音,下明诏,求天命与情性,皆非愚臣之所能及也。臣谨案《春秋》之中,视前世已行之事,以观天人相与之际,甚可畏也。国家将有失道之败,而天乃先出灾害以谴告之;①不知自省,又出怪异以警惧之;②尚不知变,而伤败乃至。以此见天心之仁爱人君而欲止其乱也。自非大亡道之世者,天尽欲扶持而全安之,事在强勉而已矣。③强勉学问,则闻见博而知益明;强勉行道,则德日起而大有功:此皆可使还至而(立)有效者也。④[1]《诗》曰"夙夜匪解",⑤《书》云"茂哉茂哉!"⑥皆强勉之谓也。

①师古曰:"谴,责也。"

②师古曰:"省,视也。"

③师古曰:"强音其两反。此下并同。"

④师古曰:"还读曰旋。旋,速也。"

⑤师古曰:"《大雅》《烝人》之诗也。夙,早也。解读曰懈。懈,怠也。其下亦同。"

⑥师古曰:"《虞书》《咎繇谟》之辞也。茂,勉也。"

道者，所繇适于治之路也，① 仁义礼乐皆其具也。故圣王已没，而子孙长久安宁数百岁，此皆礼乐教化之功也。王者未作乐之时，乃用先王之乐宜于世者，而以深入教化于民。教化之情不得，雅颂之乐不成，故王者功成作乐，乐其德也。乐者，所以变民风，化民俗也；其变民也易，其化人也著。② 故声发于和而本于情，接于肌肤，臧于骨髓。故王道虽微缺，而筦弦之声未衰也。夫虞氏之不为政久矣，然而乐颂遗风犹有存者，是以孔子在齐而闻《韶》也。夫人君莫不欲安存而恶危亡，然而政乱国危者甚众，所任者非其人，而所繇者非其道，③ 是以政日以仆灭也。夫周道衰于幽厉，非道亡也，幽厉不繇也。至于宣王，思昔先王之德，兴滞补弊，明文武之功业，周道粲然复兴，诗人美之而作，上天祐之，为生贤佐，后世称诵，至今不绝。此夙夜不解行善之所致也。孔子曰"人能弘道，非道弘人"也。④ 故治乱废兴在于己，非天降命不可得反，其所操持谇谬失其统也。

①师古曰："繇读与由同。由，从也。适，往也。"

②师古曰："著，明也。易音弋豉反。著音竹筯反。"

③师古曰："繇读与由同。下亦类此。"

④师古曰："《论语》载孔子之言也。言明智之人则能行道。内无其质，非道所化。"

臣闻天之所大奉使之王者，必有非人力所能致而自至者，此受命之符也。天下之人同心归之，若归父母，故天瑞应诚而至。《书》曰"白鱼入于王舟，有火复于王屋，流为乌"，① 此盖受命之符也。周公曰"复哉复哉"，② 孔子曰"德不孤，必有邻"，③ 皆积善絫德之效也。④ 及至后世，淫佚衰微，⑤ 不能统理群生，诸侯背畔，残贼良民以争壤土，废德教而任刑罚。刑罚不中，则生邪气；⑥ 邪气积于下，怨恶畜于上。⑦ 上下不和，则阴阳缪盭而妖孽生矣。⑧ 此灾异所缘而起也。

①师古曰："《今文尚书》《泰誓》之辞也。谓伐纣之时有此瑞也。复，归也，音

扶目反。”

②师古曰:“周公视火乌之瑞,乃曰:‘复哉复哉!’复,报也,言周有盛德,故天报以此瑞也。亦见《今文泰誓》也。”

③师古曰:“《论语》载孔子之言也。邻,近也。言修德者不独空为之而已,必有近助也。”

④师古曰:“絫,古累字。”

⑤师古曰:“佚与逸同。”

⑥师古曰:“中音竹仲反。”

⑦师古曰:“畜读曰蓄。蓄,聚也。”

⑧师古曰:“盭,古戾字。孽,灾也。”

臣闻命者天之令也,性者生之质也,情者人之欲也。或夭或寿,或仁或鄙,陶冶而成之,不能粹美,①有治乱之所生,故不齐也。孔子曰:“君子之德风(也),小人之德屮(也),〔2〕屮上之风必偃。”②故尧舜行德则民仁寿,桀纣行暴则民鄙夭。夫上之化下,下之从上,犹泥之在钧,唯甄者之所为;③犹金之在镕,唯冶者之所铸。④“绥之斯俫,动之斯和”,此之谓也。⑤

①师古曰:“陶以喻造瓦,冶以喻铸金也。言天之生人有似于此也。粹,纯也。”

②师古曰:“《论语》载孔子之言也。言人之从化,若屮遇风则偃仆也。”

③师古曰:“甄,作瓦之人也。钧,造瓦之法其中旋转者。甄音吉延反。”

④师古曰:“镕谓铸器之模范也。镕音容。”

⑤师古曰:“《论语》载子贡对陈子禽之言也。绥,安也。言治国家者,安之则竞来,动之则和悦耳。”

臣谨案《春秋》之文,求王道之端,得之于正。①正次王,王次春。②春者,天之所为也;正者,王之所为也。其意曰,上承天之所为,而下以正其所为,正王道之端云尔。然则王者欲有所为,宜求其端于天。天道之大者在阴阳。阳为德,阴为刑;刑主杀而德主生。是故阳常居大夏,而以生育养长为事;阴常居大冬,而积于空虚不用之处。以此见天之任德不任刑也。天使阳出布施于上而主岁功，使阴入伏于下而时出佐阳；阳不得阴之助，亦不能独成岁。终阳以成岁为名，③此天意也。王者承天意以从事，故任德教而不任刑。刑者不可任以治世，犹阴之不可任以成岁也。为政而任刑，不顺于天，故先王莫之肯为也。今废先王德教之官，而独任执法之吏治民，毋乃任刑之意与！④孔子曰："不教而诛谓之虐。"⑤虐政用于下，而欲德教之被四海，故难成也。

①师古曰："谓正月也，音之成反。"

②师古曰："解《春秋》书'春王正月'之一句也。"

③苏林曰："卒以阳名岁，尚德不尚刑也。"师古曰："谓年首称春也。即上文所云'王次春'者是也。"

④师古曰："与读曰欤。"

⑤师古曰："《论语》载孔子之言。"

臣谨案《春秋》谓一元之意，①一者万物之所从始也，元者辞之所谓大也。②谓一为元者，视大始而欲正本也。③《春秋》深探其本，而反自贵者始。故为人君者，正心以正朝廷，正朝廷以正百官，正百官以正万民，正万民以正四方。四方正，远近莫敢不壹于正，而亡有邪气奸其间者。④是以阴阳调而风雨时，群生和而万民殖，五谷孰而屮木茂，天地之间被润泽而大丰美，四海之内闻盛德而皆徕臣，诸福之物，可致之祥，莫不毕至，而王道终矣。

①师古曰："释公始即位何不称一年而言元年也。"

②师古曰："《易》称'元者善之长也'，故曰辞之所谓大也。"

③师古曰："视读曰示。"

④师古曰："奸，犯也，音干。"

孔子曰："凤鸟不至，河不出图，吾已矣夫！"①自悲可致此物，而身卑贱不得致也。②今陛下贵为天子，富有四海，居得致之位，操可致之势，③又有能致之资，④行高而恩厚，知明而意美，爱民而好士，可谓谊主矣。然而天地未应而美祥莫至者，何也？凡以教化不立而万民不正也。夫万民之从利也，如水之走下，⑤不以教化堤防之,不能止也。是故教化立而奸邪皆止者,其堤防完也;教化废而奸邪并出,刑罚不能胜者,其堤防坏也。古之王者明于此,是故南面而治天下,莫不以教化为大务。立大学以教于国,设庠序以化于邑,⑥渐民以仁,摩民以谊,⑦节民以礼,故其刑罚甚轻而禁不犯者,教化行而习俗美也。

①师古曰:"《论语》载孔子之言。"

②师古曰:"凤鸟河图,皆王者之瑞。仲尼自叹有德无位,故不至也。"

③师古曰:"操,执持也,音千高反。"

④师古曰:"资,材质也。"

⑤师古曰:"走音奏。"

⑥师古曰:"庠序,教学之处也,所以养老而行礼焉。《礼》《学记》曰'古之教者,家有塾,党有庠,术有序,国有学'也。"

⑦师古曰:"渐谓浸润之,摩谓砥砺之也。"

圣王之继乱世也,埽除其迹而悉去之,①复修教化而崇起之。教化已明,习俗已成,子孙循之,②行五六百岁尚未败也。至周之末世,大为亡道,以失天下。秦继其后,独不能改,又益甚之,重禁文学,不得挟书,弃捐礼谊而恶闻之,其心欲尽灭先王之道,而颛为自恣苟简之治,③故立为天子十四岁而国破亡矣。自古以来,未尝有以乱济乱,大败天下之民如秦者也。④其遗毒馀烈,至今未灭,使习俗薄恶,人民抏顽,抵冒殊扞,⑤孰烂如此之甚者也。孔子曰:"腐朽之木不可雕也,粪土之墙不可圬也。"⑥今汉继秦之后,如朽木粪墙矣,虽欲善治之,亡可奈何。法出而奸生,令下而诈起,⑦如以汤止沸,抱薪救火,愈甚亡益也。窃譬之琴瑟不调,甚者必解而更张之,乃可鼓也;为政而不行,甚者必变而更化之,乃可理也。当更张而不更张,虽有良工不能善调也;当更化而不更化,虽有大贤不能善治也。故汉得天下以来,常欲善治而至今不可善治者,失之于当更化而不更化也。古人有言曰:"临渊羡鱼,不如(蛛)〔退〕而结网。"⑧〔3〕今临政而愿治七十馀岁矣,不如退而更化;更化则可善治，善治则灾害日去，福禄日来。《诗》云："宜民宜人，受禄于天。"⑨为政而宜于民者，固当受禄于天。夫仁谊礼知信五常之道，王者所当脩饬也；五者修饬，故受天之祐，而享鬼神之灵，德施于方外，延及群生也。

①师古曰："去亦除也，音丘吕反。"

②师古曰："循，顺也，顺而行之。"

③苏林曰："苟为简易之治也。"师古曰："此说非也。苟谓苟于权利也，简谓简于仁义也。简易《乾》《坤》之德，岂秦所行乎？颛与专同。"

④师古曰："济，益也。"

⑤文颖曰："扞，突也。"师古曰："口不道忠信之言为嚚。心不则德义之经为顽。抵，触也。冒，犯也。殊，绝也。扞，距也。冒读如字，又音莫克反。"

⑥师古曰："《论语》载孔子之言也。圬，镘也，所以泥饰墙也。言内质败坏不（能）〔可〕修治也。[4]圬音一胡反。镘音莫干反。"

⑦师古曰："下音胡亚反。"

⑧师古曰："言当自求之。"

⑨师古曰："《大雅》《假乐》之诗也。"

天子览其对而异焉，乃复册之曰：

制曰：盖闻虞舜之时，游于岩郎之上，①垂拱无为，而天下太平。周文王至于日昃不暇食，②而宇内亦治。夫帝王之道，岂不同条共贯与？③何逸劳之殊也？

①文颖曰："岩郎，殿下小屋也。"晋灼曰："堂边庑岩郎，谓严峻之郎也。"师古曰："晋说是也。"

②师古曰："昃亦（昊）〔昗〕字。"[5]

③师古曰："与读曰欤。"

盖俭者不造玄黄旌旗之饰。及至周室，设两观，乘大路，朱干玉戚，八佾陈于庭，①而颂声兴。夫帝王之道岂异指哉？②或曰良玉不瑑，③又曰非文无以辅德，二端异焉。

①师古曰："两观，谓阙也。大路，玉路之车也。干，盾也。戚，钺也。朱丹其盾，玉为戚柲也。佾，列也，舞者之行列也。一列八人，天子八列，六十四

人也。”

②师古曰：“言意趣不同。”

③师古曰：“瑑谓雕刻为文也，音篆。下皆类此。”

殷人执五刑以督奸，伤肌肤以惩恶。①成康不式，四十馀年②天下不犯，囹圄空虚。秦国用之，死者甚众，刑者相望，秏矣哀哉！③

①师古曰：“督，视责也。惩，止也。”

②师古曰：“式，用也。成康之时刑措不用。”

③师古曰：“秏，虚也。言用刑酷烈，诛杀甚众，天下空虚也。秏音呼到反。或曰秏，不明也，言刑罚暗乱，音莫报反。”

乌虖！①朕夙寤晨兴，②惟前帝王之宪，③永思所以奉至尊，章洪业，④皆在力本任贤。⑤今朕亲耕藉田以为农先，劝孝弟，崇有德，使者冠盖相望，问勤劳，恤孤独，尽思极神，功烈休德未始云获也。今阴阳错缪，氛气充塞，⑥群生寡遂，黎民未济，⑦廉耻贸乱，贤不肖浑(淆)〔殽〕[6]，⑧未得其真，故详延特起之士，(意)庶几乎！⑨[7]今子大夫待诏百有馀人，或道世务而未济，稽诸上古之不同，考之于今而难行，毋乃牵于文系而不得骋(欤)〔与〕？⑩[8]将所繇异术，所闻殊方与？⑪各悉对，著于篇，⑫毋讳有司。⑬明其指略，切磋究之，以称朕意。⑭

①师古曰：“虖读曰呼。”

②师古曰：“夙，早也。寤，寐之觉也。兴，起也。觉音工孝反。”

③师古曰：“宪，法也。”

④师古曰：“永，深也。章，明也。洪，大也。”

⑤师古曰：“力本，谓勤力行于本业也。本谓农也。”

⑥师古曰：“氛，恶气也。充，满也。”

⑦师古曰：“遂，成也。”

⑧师古曰：“贸，易也。浑殽，杂也。贸音武又反。浑音胡本反。”

⑨师古曰：“详，尽也，一曰审也。”

⑩师古曰：“牵于文系，谓惧于文吏之法。与读曰欤。其下类此。”

⑪师古曰：“繇读与由同。方谓道也。”

⑫师古曰："悉谓尽意而对也。"

⑬师古曰："言不当忌畏有司而不极言。"

⑭师古曰："究，极也。磋音千何反。"

仲舒对曰：

臣闻尧受命，以天下为忧，而未以位为乐也，故诛逐乱臣，务求贤圣，是以得舜、禹、稷、卨、咎繇。众圣辅德，贤能佐职，教化大行，天下和洽，万民皆安仁乐谊，各得其宜，动作应礼，从容中道。①故孔子曰"如有王者，必世而后仁"，此之谓也。②尧在位七十载，乃逊于位以禅虞舜。尧崩，天下不归尧子丹朱而归舜。舜知不可辟，③乃即天子之位，以禹为相，因尧之辅佐，继其统业，是以垂拱无为而天下治。孔子曰"《韶》尽美矣，又尽善(也)〔矣〕"，④[9]此之谓也。至于殷纣，逆天暴物，杀戮贤知，残贼百姓。伯夷、太公皆当世贤者，隐处而不为臣。守职之人皆奔走逃亡，入于河海。⑤天下秏乱，万民不安，⑥故天下去殷而从周。文王顺天理物，师用贤圣，是以闳夭、大颠、散宜生等亦聚于朝廷。⑦爱施兆民，天下归之，故太公起海滨而即三公也。⑧当此之时，纣尚在上，尊卑昏乱，百姓散亡，故文王悼痛而欲安之，是以日昃而不暇食也。孔子作《春秋》，先正王而系万事，见素王之文焉。⑨繇此观之，⑩帝王之条贯同，然而劳逸异者，所遇之时异也。孔子曰"《武》尽美矣，未尽善也"，⑪此之谓也。

①师古曰："从音千容反。中音竹仲反。"

②师古曰："《论语》载孔子之言也。言如有受命王者，必三十年，仁政乃成。"

③师古曰："辟读曰避。"

④师古曰："《论语》载孔子之言。《韶》，舜乐也。孔子嘉舜之德，故听其乐，而云尽善尽美矣。"

⑤师古曰："谓若鼓方叔、播鼗武、少师阳之属也。事在《礼乐志》。"

⑥师古曰："秏，不明也，音莫报反。"

⑦臣瓒曰："皆文王贤臣。"

⑧师古曰："滨，涯也。即，就也。滨音宾，又音频。"

⑨师古曰："见，显示也。"

⑩师古曰："繇读与由同。"

⑪师古曰："亦《论语》载孔子之言也。《武》，周武王乐也。以其用兵伐纣，故有惭德，未尽善也。"

臣闻制度文采玄黄之饰，所以明尊卑，异贵贱，而劝有德也。故《春秋》受命所先制者，改正朔，易服色，所以应天也。然则宫室旌旗之制，有法而然者也。故孔子曰："奢则不逊，俭则固。"①俭非圣人之中制也。臣闻良玉不瑑，资质润美，不待刻瑑，此亡异于达巷党人不学而自知也。②然则常玉不瑑，不成文章；君子不学，不成其德。

①师古曰："《论语》载孔子之言。逊，顺也。固，陋也。"

②孟康曰："人，项橐也。"

臣闻圣王之治天下也，少则习之学，长则材诸位，①爵禄以养其德，刑罚以威其恶，故民晓于礼谊而耻犯其上。武王行大谊，平残贼，周公作礼乐以文之，至于成康之隆，囹圄空虚四十馀年。此亦教化之渐而仁谊之流，非独伤肌肤之效也。至秦则不然。师申商之法，行韩非之说，②憎帝王之道，以贪狼为俗，③非有文德以教训于(天)下也。[10]诛名而不察实，④为善者不必免，而犯恶者未必刑也。是以百官皆饰(空言)虚辞而不顾实，[11]外有事君之礼，内有背上之心，造伪饰诈，趣利无耻；又好用憯酷之吏，⑤赋敛亡度，竭民财力，百姓散亡，不得从耕织之业，群盗并起。是以刑者甚众，死者相望，而奸不息，俗化使然也。故孔子曰"导之以政，齐之以刑，民免而无耻"，⑥此之谓也。

①服虔曰："在位当知材知日有益于政也。"应劭曰："随其材之优劣而授之位也。"师古曰："应说近之。谓授之位以试其材也。"

②师古曰："申，申不害也。商，商鞅也。"

③师古曰："狼性皆贪，故谓贪为贪狼也。"

④师古曰："诛，责也。"

⑤师古曰："憯，痛也，音千感反。"

⑥师古曰："《论语》载孔子之言也。言以政法教导之，以刑戮整齐之，则人苟免而已，无耻愧也。"

今陛下并有天下，海内莫不率服，广览兼听，极群下之知，尽天下之美，至德昭然，施于方外。夜郎、康居，殊方万里，说德归谊，①此太平之致也。然而功不加于百姓者，殆王心未加焉。曾子曰："尊其所闻，则高明矣；行其所知，则光大矣。高明光大，不在于它，在乎加之意而已。"②愿陛下因用所闻，设诚于内而致行之，则三王何异哉！

①师古曰："夜郎，西南夷也。康居，西域国也。说读曰悦。"

②师古曰："曾子之书也。曾子，曾参。"

陛下亲耕藉田以为农先，夙寤晨兴，忧劳万民，思惟往古，而务以求贤，此亦尧舜之用心也，然而未云获者，士素不厉也。①夫不素养士而欲求贤，譬犹不(瑑)〔琢〕玉而求文采也。[12]故养士之大者，莫大(虐)〔虖〕太学；[13]太学者，贤士之所关也，②教化之本原也。今以一郡一国之众，对亡应书者，③是王道往往而绝也。臣愿陛下兴太学，置明师，以养天下之士，数考问以尽其材，则英俊宜可得矣。今之郡守、县令，民之师帅，所使承流而宣化也；故师帅不贤，则主德不宣，恩泽不流。今吏既亡教训于下，或不承用主上之法，暴虐百姓，与奸为市，④贫穷孤弱，冤苦失职，甚不称陛下之意。是以阴阳错缪，氛气充塞，群生寡遂，黎民未济，皆长吏不明，使至于此也。

①师古曰："厉谓劝勉之也。一曰砥砺其行也。"

②师古曰："关，由也。"

③师古曰："书谓举贤良文学之诏书也。"

④师古曰："言小吏有为奸欺者，守令不举，乃反与之交易求利也。"

夫长吏多出于郎中、中郎，吏二千石子弟选郎吏，又以富訾，未必贤也。①且古所谓功者，以任官称职为差，②非(所)谓积日絫久也。[14]故小材虽絫日，不离于小官；贤材虽未久，不害为辅佐。③是以有司竭力尽知，务治其业而以赴功。今则不然。(累)〔絫〕日以取贵，〔15〕积久以致官，是以廉耻贸乱，贤不肖浑殽，未得其真。臣愚以为使诸列侯、郡守、二千石各择其吏民之贤者，岁贡各二人以给宿卫，且以观大臣之能；所贡贤者有赏，所贡不肖者有罚。夫如是，诸侯、吏二千石皆尽心于求贤，天下之士可得而官使也。④遍得天下之贤人，则三王之盛易为，而尧舜之名可及也。毋以日月为功，实试贤能为上，量材而授官，录德而定位，⑤则廉耻殊路，贤不肖异处矣。陛下加惠，宽臣之罪，令勿牵制于文，使得切磋究之，臣敢不尽愚！

①师古曰："訾与资同。"

②师古曰："差，次也。"

③师古曰："害犹妨也。"

④师古曰："授之以官，以使其材也。"

⑤师古曰："录谓存视也。"

于是天子复册之。

制曰：盖闻"善言天者必有征于人，①善言古者必有验于今"。故朕垂问乎天人之应，上嘉唐虞，下悼桀纣，寖微寖灭寖明寖昌之道，②虚心以改。今子大夫明于阴阳所以造化，习于先圣之道业，然而文采未极，岂惑虖当世之务哉？条贯靡竟，统纪未终，意朕之不明与？听若眩与？③夫三王之教所祖不同，而皆有失，④或谓久而不易者道也，意岂异哉？今子大夫既已著大道之极，陈治乱之端矣，其悉之究之，孰之复之。⑤《诗》不云乎："嗟尔君子，毋常安息，神之听之，介尔景福。"⑥朕将亲览焉，子大夫其茂明之。⑦

①师古曰："征，证也。"

②师古曰："寖，古浸字。寖，渐也。"

③师古曰："眩，惑也，音郡县之县。与读皆曰欤。"

④师古曰："祖，始也。"

⑤师古曰："悉，尽也。究，竟也。复，反复重言之也。复音扶目反。"

⑥师古曰："《小雅》《小明》之诗也。安息，安处也。介，助也。景，大也。言人君不当苟自安处而已，若能靖恭其位，直道而行，则神听而知之，助以大福也。"

⑦师古曰："茂，勉也。"

仲舒复对曰：

臣闻《论语》曰："有始有卒者，其唯圣人虖！"① 今陛下幸加惠，留听于承学之臣，② 复下明册，以切其意，而究尽圣德，非愚臣之所能具也。前所上对，条贯靡竟，统纪不终，辞不别白，指不分明，此臣浅陋之罪也。

①师古曰："《论语》载孔子之言。卒，终也，言终始如一者，唯圣人能之。"

②师古曰："言转承师说而学之，盖谦辞也。"

册曰："善言天者必有征于人，善言古者必有验于今。"臣闻天者群物之祖也，故遍覆包函而无所殊，① 建日月风雨以和之，经阴阳寒暑以成之。故圣人法天而立道，亦溥爱而亡私，② 布德施仁以厚之，设谊立礼以导之。春者天之所以生也，仁者君之所以爱也；夏者天之所以长也，德者君之所以养也；霜者天之所以杀也，刑者君之所以罚也。繇此言之，③ 天人之征，古今之道也。孔子作《春秋》，上揆之天道，下质诸人情，参之于古，考之于今。故《春秋》之所讥，灾害之所加也；《春秋》之所恶，怪异之所施也。书邦家之过，兼灾异之变，以此见人之所为，其美恶之极，乃与天地流通而往来相应，此亦言天之一端也。古者修教训之官，务以德善化民，民已大化之后，天下常亡一人之狱矣。今世废而不修，亡以化民，民以故弃行谊而死财利，是以犯法而罪多，一岁之狱以万千数。以此见古之不可不用也，④ 故《春秋》变古则讥之。天令之谓命，命非圣人不行；质朴之谓性，性非教化不成；人欲之谓情，情非度制不节。是故王者上谨于承天意，以顺命也；下务明教化民，以成性也；正法度之宜，别上下之序，以防欲也：修此三者，而大本举矣。人受命于天，固超然异于群生，入有父子兄弟之亲，出有君臣上下之谊，会聚相遇，则有耆老长幼之施；⑤粲然有文以相接，⑥欢然有恩以相爱，此人之所以贵也。生五谷以食之，桑麻以衣之，⑦六畜以养之，服牛乘马，圈豹槛虎，是其得天之灵，贵于物也。故孔子曰："天地之性人为贵。"⑧明于天性，知自贵于物；知自贵于物，然后知仁谊；知仁谊，然后重礼节；重礼节，然后安处善；⑨安处善，然后乐循理；⑩乐循理，然后谓之君子。故孔子曰"不知命，亡以为君子"，⑪此之谓也。

①师古曰："函与含同。殊，异也。"

②师古曰："溥，遍也，音普。"

③师古曰："繇读与由同。下皆类此。"

④师古曰："古谓古法也。"

⑤师古曰："施，设也，陈设其序。"

⑥师古曰："粲，明貌。"

⑦师古曰："食读曰饲。衣音于既反。"

⑧师古曰："《孝经》载孔子之言也。性，生也。"

⑨师古曰："处于善道以为安。"

⑩师古曰："循，顺也。"

⑪师古曰："《论语》载孔子之言也。"

册曰："上嘉唐虞，下悼桀纣，寖微寖灭寖明寖昌之道，虚心以改。"臣闻众少成多，积小致钜，①故圣人莫不以晻致明，以微致显。②是以尧发于诸侯，③舜兴虖深山，④非一日而显也，盖有渐以致之矣。言出于己，不可塞也；行发于身，不可掩也。言行，治之大者，君子之所以动天地也。故尽小者大，慎微者著。⑤《诗》云："惟此文王，小心翼翼。"⑥故尧兢兢日行其道，而舜业业日致其孝，⑦善积而名显，德章而身尊，此其寖明寖昌之道也。积善在身，犹长日加益，而人不知也；⑧积恶在身，犹火之销膏，而人不见也。非明虖情性察乎流俗者，孰能知之？此唐虞之所以得令名，而桀纣之可为悼惧者也。夫善恶之相从，如景乡之应形声也。⑨故桀纣暴谩，⑩谗贼并进，贤知隐伏，恶日显，国日乱，晏然自以如日在天，⑪终陵夷而大坏。夫暴逆不仁者，非一日而亡也，亦以渐至，故桀、纣虽亡道，然犹享国十馀年，此其寖微寖灭之道也。

①师古曰："钜，大也。"

②师古曰："晻与暗同。"

③师古曰："谓从唐侯升天子之位。"

④孟康曰："舜耕于历山。"

⑤师古曰："能尽众小，则致高大；能慎至微，则著明也。"

⑥师古曰："《大雅》《大明》之诗也。翼翼，恭肃貌。"

⑦师古曰："兢兢，戒慎也。业业，危惧也。"

⑧师古曰："长言身形之脩短，自幼及壮也。"

⑨师古曰："乡读曰响。"

⑩师古曰："谩与慢同。"

⑪师古曰："晏然，自安意也。如日在天，言终不坠亡也。"

册曰："三王之教所祖不同，而皆有失，或谓久而不易者道也，意岂异哉?"臣闻夫乐而不乱复而不厌者谓之道；①道者万世亡弊，弊者道之失也。②先王之道必有偏而不起之处，故政有眊而不行，③举其偏者以补其弊而已矣。三王之道所祖不同，非其相反，将以捄溢扶衰，所遭之变然也。④故孔子曰："亡为而治者，其舜虖!"⑤改正朔，易服色，以顺天命而已；其馀尽循尧道，何更为哉！故王者有改制之名，亡变道之实。然夏上忠，殷上敬，周上文者，所继之捄，当用此也。⑥孔子曰："殷因于夏礼，所损益可知也；周因于殷礼，所损益可知也；其或继周者，虽百世可知也。"⑦此言百王之用，以此三者矣。夏因于虞，而独不言所损益者，其道如一而所上同也。道之大原出于天，天不变，道亦不变，是以禹继舜，舜继尧，三圣相受而守一道，亡救弊之政也，⑧故不言其所损益也。繇是观之，继治世者其道同，继乱世者其道变。今汉继大乱之后，若宜少损周之文致，⑨用夏之忠者。

①师古曰："复谓反复行之也，音扶目反。"

②师古曰："言有弊非道，由失道故有弊。"

③师古曰："眊，不明也，音莫报反。"

④师古曰："捄，古救字。"

⑤师古曰："《论语》载孔子之言。"

⑥师古曰："继谓所受先代之次也。救谓救其弊也。"

⑦师古曰："《论语》载孔子之言。谓忠敬与文因循为教，立政垂则，不远此也。"

⑧师古曰："言政和平，不须救弊也。"

⑨师古曰："致，至极也。"

陛下有明德嘉道，愍世俗之靡薄，悼王道之不昭，①故举贤良方正之士，论(谊)〔议〕考问，[16]将欲兴仁谊之休德，明帝王之法制，②建太平之道也。臣愚不肖，述所闻，诵所学，道师之言，廑能勿失耳。③若乃论政事之得失，察天下之息秏，④此大臣辅佐之职，三公九卿之任，非臣仲舒所能及也。然而臣窃有怪者。夫古之天下亦今之天下，今之天下亦古之天下，共是天下，古(亦)〔以〕大治，[17]上下和睦，习俗美盛，不令而行，不禁而止，吏亡奸邪，民亡盗贼，囹圄空虚，德润草木，泽被四海，凤皇来集，麒麟来游，以古准今，壹何不相逮之远也！安所缪盭而陵夷若是？⑤意者有所失于古之道与？有所诡于天之理与？⑥试迹之〔于〕古，[18]返之于天，党可得见乎？⑦

①师古曰："靡，散也。薄，轻也。昭，明也。"

②师古曰："休，美也。"

③师古曰："廑与仅同。仅，少也。"

④师古曰："息，生也。秏，虚也。秏音呼到反。"

⑤师古曰："安，焉也。"

⑥师古曰："与读皆曰欤。诡，违也。"

⑦师古曰："(反)〔返〕谓还归之也[19]。党音他朗反。"

夫天亦有所分予，予之齿者去其角，①傅其翼者两其足，②是所受大者不得取小也。古之所予禄者，不食于力，不动于末，③是亦受大者不得取小，与天同意者也。夫已受大，又取小，天不能足，而况人乎！此民之所以嚣嚣苦不足也。④身宠而载高位，家温而食厚禄，⑤因乘富贵之资力，以与民争利于下，民安能如之哉！是故众其奴婢，多其牛羊，广其田宅，博其产业，畜其积委，⑥务此而亡已，以迫蹴民，⑦民日削月朘，⑧寖以大穷。富者奢侈羡溢，贫者穷急愁苦；⑨穷急愁苦而上不救，则民不乐生；民不乐生，尚不避死，安能避罪！此刑罚之所以蕃而奸邪不可胜者也。⑩故受禄之家，食禄而已，不与民争业，然后利可均布，而民可家足。此上天之理，而亦太古之道，天子之所宜法以为制，大夫之所当循以为行也。故公仪子相鲁，⑪之其家见织帛，怒而出其妻，食于舍而茹葵，愠而拔其葵，⑫曰："吾已食禄，又夺园夫红女利虖！"⑬古之贤人君子在列位者皆如是，是故下高其行而从其教，民化其廉而不贪鄙。及至周室之衰，其卿大夫缓于谊而急于利，亡推让之风而有争田之讼。故诗人疾而刺之，曰："节彼南山，惟石岩岩，赫赫师尹，民具尔瞻。"⑭尔好谊，则民乡仁而俗善；⑮尔好利，则民好邪而俗败。由是观之，天子大夫者，下民之所视效，远方之所四面而内望也。近者视而放之，远者望而效之，⑯岂可以居贤人之位而为庶人行哉！夫皇皇求财利常恐乏匮者，庶人之意也；⑰皇皇求仁义常恐不能化民者，大夫之意也。《易》曰："负且乘，致寇至。"⑱乘车者君子之位也，负担者小人之事也，此言居君子之位而为庶人之行者，其患祸必至也。若居君子之位，当君子之行，则舍公仪休之相鲁，亡可为者矣。⑲

①师古曰："谓牛无上齿则有角，其馀无角者则有上齿。"

②师古曰："傅读曰附。附，箸也。言鸟不四足。"

③师古曰："末谓工商之业也。"

④师古曰："嚣读与嗷同，音敖。嗷嗷，众怨愁声也。"

⑤师古曰："载亦乘也。"

⑥师古曰："畜读曰蓄。"

⑦师古曰："蹴音子育反。"

⑧孟康曰："朘音揎，谓转褰踧也。"苏林曰："朘音镌石。俗语谓缩朒为朘缩。"师古曰："孟说是也。揎音宣。踧音子六反。"

⑨师古曰："羡，饶也，读与衍同，音弋战反。"

⑩师古曰："蕃，多也，音扶元反。"

⑪师古曰："公仪休。"

⑫师古曰："食菜曰茹，音(洳)〔汝〕。"[20]

⑬师古曰："红读曰工。"

⑭师古曰："《小雅》《节南山》之诗也。节，高峻貌，岩岩，积石貌。赫赫，显盛也。师尹，周太师尹氏也。言三公之位，人所瞻仰，若山之高也。节音才结反。"

⑮师古曰："尔，汝也。乡读曰向。"

⑯师古曰："放，依也，音甫往反。"

⑰师古曰："皇皇，急速之貌也。"

⑱师古曰："此《易》《解卦》六(二)〔三〕爻辞也。"[21]

⑲师古曰："舍，废也。言为君子之行者，当如公仪休。若废其所行，则无可为也。"

《春秋》大一统者，天地之常经，古今之通谊也。①今师异道，人异论，百家殊方，指意不同，是以上亡以持一统；法制数变，下不知所守。臣愚以为诸不在六艺之科孔子之术者，皆绝其道，勿使并进。邪辟之说灭息，②然后统纪可一而法度可明，民知所从矣。

①师古曰："一统者，万物之统皆归于一也。《春秋公羊传》：'隐公元年，春王正月。何言虖王正月？大一统也。'此言诸侯皆系统天子，不得自专也。"

②师古曰："辟读曰僻。"

对既毕，天子以仲舒为江都相，事易王。易王，帝兄，素骄，好勇。仲舒以礼谊匡正，王敬重焉。久之，王问仲舒曰："粤王句践与大夫泄庸、种、蠡谋伐吴，①遂灭之。孔子称殷有三仁，寡人亦以为粤有三仁。②桓公决疑于管仲，寡人决疑于君。"仲舒对曰："臣愚不足以奉大对。③闻昔者鲁君问柳下惠：④'吾欲伐齐，何如？'柳下惠曰：'不可。'归而有忧色，曰：'吾闻伐国不问仁人，此言何为至于我哉！'徒见问耳，且犹羞之，⑤况设诈以伐吴虖？繇此言之，粤本无一仁。夫仁人者，正其谊不谋其利，明其道不计其功，是以仲尼之门，五尺之童羞称五伯，⑥为其先诈力而后仁谊也。苟为诈而已,故不足称于大君子之门也。⑦五伯比于他诸侯为贤,其比三王,犹武夫之与美玉也。"⑧王曰:"善。"

①师古曰:"种,大夫种也。蠡,范蠡也。种音之勇反。蠡音礼。"

②师古曰:"泄庸一也,大夫种二也,范蠡三也。"

③师古曰:"大对,谓对大问也。"

④师古曰:"鲁大夫展禽也。柳下,所食(菜)〔采〕邑之名。[22]惠,谥也。"

⑤师古曰:"徒,但也。"

⑥师古曰:"伯读曰霸。次下亦同。"

⑦张晏曰:"仲尼之门,故称大也。"

⑧应劭曰:"武夫,石而似玉者也。"

仲舒治国,以《春秋》灾异之变推阴阳所以错行,故求雨,闭诸阳,纵诸阴,其止雨反是;①行之一国,未尝不得所欲。中废为中大夫。先是辽东高庙、长陵高园殿灾,仲舒居家推说其意,屮稿未上,②主父偃候仲舒,私见,嫉之,窃其书而奏焉。上召视诸儒,③仲舒弟子吕步舒不知其师书,以为大愚。于是下仲舒吏,当死,诏赦之。仲舒遂不敢复言灾异。

①师古曰:"谓若闭南门,禁举火,及开北门,水洒人之类是也。"

②师古曰:"所作起草为稿也。"

③师古曰:"视读曰示。"

仲舒为人廉直。是时方外攘四夷,①公孙弘治《春秋》不如仲舒,而弘希世用事,②位至公卿。仲舒以弘为从谀,弘嫉之。胶西王亦上兄也,尤纵恣,数害吏二千石。弘乃言于上曰:"独董仲舒可使相胶西王。"胶西王闻仲舒③大儒,善待之,[23]仲舒恐久获罪,病免。凡相两国,辄事骄王,正身以率下,数上疏谏争,教令国中,所居而治。及去位归居,终不问家产业,以脩学著书为事。

①师古曰:"攘,却也。"

②师古曰:"希,观相也。"

③师古曰:"素闻其贤也。"

仲舒在家,朝廷如有大议,使使者及廷尉张汤就其家而问之,其对皆有明法。自武帝初立，魏其、武安侯为相而隆儒矣。及仲舒对册，推明孔氏，抑黜百家。立学校之官，①州郡举茂材孝廉，皆自仲舒发之。年老，以寿终于家。家徙茂陵，子及孙皆以学至大官。

①师古曰："校音下教反。"

仲舒所著，皆明经术之意，及上疏条教，凡百二十三篇。而说《春秋》事得失，《闻举》、《玉杯》、《蕃露》、《清明》、《竹林》之属，①复数十篇，十馀万言，皆传于后世。掇其切当世施朝廷者著于篇。②

①师古曰："皆其所著书名也。杯音布回反。蕃音扶元反。"

②师古曰："掇，采拾也，音丁活反。"

赞曰：刘向称"董仲舒有王佐之材，虽伊吕亡以加，①管晏之属，伯者之佐，殆不及也。"②至向子歆以为"伊吕乃圣人之耦，③王者不得则不兴。故颜渊死，孔子曰'噫！天丧余。'④唯此一人为能当之，自宰我、子赣、子游、子夏不与焉。⑤仲舒遭汉承秦灭学之后，《六经》离析，下帷发愤，潜心大业，令后学者有所统壹，为群儒首。然考其师友渊源所渐，犹未及虖游夏，⑥而曰管晏弗及，伊吕不加，过矣。"至向曾孙龚，笃论君子也，以歆之言为然。

①师古曰："伊，伊尹。吕，吕望也。"

②师古曰："管，管仲也。晏，晏婴也。伯者，齐桓、晋文之属也。伯读曰霸。"

③师古曰："耦，对也。"

④师古曰："事见《论语》。噫，叹声也。言失其辅佐也。噫音于其反。"

⑤师古曰："与读曰豫。"

⑥师古曰："渐，浸润也。游，子游。夏，子夏也。"

【校勘记】

〔1〕 此皆可使还至而(立)有效者也。 宋祁说越本无"立"字。按景祐本亦无。

〔2〕 君子之德风(也)，小人之德屮(也)， 宋祁说越本无两"也"字。按景祐本

亦无。

〔3〕 不如(蛛)〔退〕而结网。 景祐、殿本都作"退"。

〔4〕 言内质败坏不(能)〔可〕脩治也。 景祐、殿本都作"可"。王先谦说，依正文则作"可"是。

〔5〕 昦亦(昦)〔鏆〕字。 景祐、殿、局本都作"昦"，此误。

〔6〕 贤不肖浑(淆)〔殽〕， 景祐、殿、局本都作〔殽〕。王先谦说"淆"字后人妄改。

〔7〕 故详延特起之士，(意)庶几虖！ 宋祁说，古浙本有"意"字，他本无。按景祐本无。

〔8〕 毋乃牵于文系而不得骋(汳)〔与〕？ 殿本作"与"。据注作"与"是。景祐本亦误。

〔9〕 《韶》尽美矣，又尽善(也)〔矣〕， 景祐本作"矣"。王念孙说，据颜注，则正文本是"矣"字。

〔10〕 非有文德以教训于(天)下也。 宋祁说景德本无"天"字。按景祐本亦无。

〔11〕 是以百官皆饰(空言)虚辞而不顾实， 景祐本无"空言"二字。

〔12〕 譬犹不(瑑)〔琢〕玉而求文采也。 景祐本作"琢"。宋祁说当从此本。按《通鉴》亦作"琢"。

〔13〕 故养士之大者，莫大(虐)〔虖〕太学； 景祐、汲古、殿、局本都作"虖"，此误。

〔14〕 且古所谓功者，以任官称职为差，非(所)谓积日累久也。 景祐本无下"所"字。王念孙说下"所"字涉上"所"字而衍。

〔15〕 (累)〔絫〕日以取贵， 景祐本亦作"累"。殿本作"絫"，则与上文一致。

〔16〕 论(谊)〔议〕考问， 王先谦说此"谊"字不可通，盖涉下"谊"字而误。《治要》引作"论议考问"，当从之。

〔17〕 共是天下，古(亦)〔以〕大治， 钱大昭说"亦"闽本作"以"。王先谦说闽本是，《治要》正作"古以大治"。

〔18〕 试迹之〔于〕古， 宋祁说姚本"古"上有"于"字。

〔19〕 (反)〔返〕谓还归之也。 殿本作"返"。王先谦说作"返"是。

〔20〕 食菜曰茹，音(洳)〔汝〕。 景祐、殿本都作"汝"。

〔21〕 此《易》《解卦》六(二)〔三〕爻辞也。 景祐、殿本都作"三"，此误。

〔22〕 柳下，所食(菜)〔采〕邑之名。 殿本作“采”，此误，景祐本亦误。

〔23〕 胶西王闻仲舒〔三〕大儒，善待之。 景祐、殿本都无“儒”字。宋祁说古本“大”字下有“儒”字，但不当于“仲舒”下作注，盖颜注时已失之矣。

汉书卷五十七上

司马相如传第二十七上

师古曰："近代之读相如赋者多矣，皆改易文字，竞为音说，致失本真，徐广、邹诞生、诸诠之、陈武之属是也。今依《班书》旧文为正，于彼数家，并无取焉。自《喻巴蜀》之后分为下卷。"

司马相如字长卿，蜀郡成都人也。少时好读书，学击剑，①名犬子。②相如既学，慕蔺相如之为人也，更名相如。③以訾为郎，事孝景帝，为武骑常侍，非其好也。④会景帝不好辞赋，是时梁孝王来朝，从游说之士齐人邹阳、淮阴枚乘、吴严忌夫子之徒，⑤相如见而说之，⑥因病免，客游梁，得与诸侯游士居，数岁，乃著《子虚之赋》。

①师古曰："击剑者，以剑遥击而中之，非斩刺也。"

②师古曰："父母爱之，不欲称斥，故为此名也。"

③师古曰："蔺相如，六国时赵人也，义而有勇，故追慕之。"

④师古曰："訾读与赀同。赀，财也。以家财多得拜为郎也。武骑常侍秩六百石。"

⑤师古曰："严忌本姓庄，当时尊尚，号曰夫子。史家避汉明帝讳，故遂为严耳。"

⑥师古曰："说读曰悦。"

会梁孝王薨，相如归，而家贫无以自业。素与临邛令王吉相善，吉曰："长卿久宦游，不遂而困，①来过我。"于是相如往舍都亭。②临邛令缪为恭敬，③日往朝相如。相如初尚见之，后称病，使从者谢吉，吉愈益谨肃。

①师古曰："遂，达也。"

②师古曰："临邛所治都之亭。"

③师古曰："缪，诈也。"

临邛多富人，卓王孙僮客八百人，①程郑亦数百人，②乃相谓曰："令有贵客，为具召之。③并召令。"令既至，卓氏客以百数，至日中请司马长卿，长卿谢病不能临。临邛令不敢尝食，身自迎相如，相如为不得已而强往，④一坐尽倾。⑤酒酣，临邛令前奏琴曰："窃闻长卿好之，愿以自娱。"⑥相如辞谢，为鼓一再行。⑦是时，卓王孙有女文君新寡，好音，故相如缪与令相重而以琴心挑之。⑧相如时从车骑，雍容閒雅，⑨甚都。⑩及饮卓氏弄琴，文君窃从户窥，心说而好之，⑪恐不得当也。⑫既罢，相如乃令侍人重赐文君侍者通殷勤。文君夜亡奔相如，相如与驰归成都。家徒四壁立。⑬卓王孙大怒曰："女不材，我不忍杀，一钱不分也！"人或谓王孙，王孙终不听。文君久之不乐，谓长卿曰："弟俱如临邛，⑭从昆弟假贷，犹足以为生，⑮何至自苦如此！"相如与俱之临邛，尽卖车骑，买酒舍，乃令文君当卢。⑯相如身自著犊鼻裈，⑰与庸保杂作，⑱涤器于市中。⑲卓王孙耻之，为杜门不出。⑳昆弟诸公更谓王孙曰：㉑"有一男两女，所不足者非财也。㉒今文君既失身于司马长卿，长卿故倦游，㉓虽贫，其人材足依也。且又令客，奈何相辱如此！"㉔卓王孙不得已，㉕分与文君僮百人，钱百万，及其嫁时衣被财物。文君乃与相如归成都，买田宅，为富人。

①师古曰："僮谓奴。"

②师古曰："程郑，亦人姓名。言其家富亚王孙也。"

③师古曰："具谓酒食之具。召，请也。"

④师古曰："示众人以此意也。"

⑤师古曰："皆倾慕其风采也。"

⑥师古曰："奏，进也。"

⑦师古曰："行谓曲引也。古乐府《长歌行》《短歌行》，此其义也。"

⑧师古曰："寄心于琴声以挑动之也。挑音徒了反。"

⑨师古曰："閒读曰闲。"

⑩张揖曰："甚得都士之节也。"韦昭曰："都邑之容也。"师古曰："都，閒美之称也。张说近之。《诗》《郑风》《有女同车》之篇曰'洵美且都'，《山有扶苏》之篇又云'不见子都'，则知都者，美也。韦言都邑，失之远矣。"

⑪师古曰："说读曰悦。悦其人而好其音也。"

⑫师古曰："当谓对偶之。"

⑬师古曰："徒，空也。但有四壁，更无资产。"

⑭文颖曰："弟，且也。"张揖曰："如，往也。"师古曰："弟，但也，发声之急耳。郦食其曰'弟言之'，此类甚多，义非且也。"

⑮师古曰："贳音吐得反。"

⑯郭璞曰："卢，酒卢。"师古曰："卖酒之处累土为卢以居酒瓮，四边隆起，其一面高，形如锻卢，故名卢耳。而俗之学者，皆谓当卢为对温酒火卢，失其义矣。"

⑰师古曰："即今之衳也，形似犊鼻，故以名云。衳音之容反。"

⑱师古曰："庸即谓赁作者。保谓庸之可信任者也。"

⑲师古曰："涤，洒也。器，食器也。食已则洒之，贱人之役也。洒音先礼反。"

⑳师古曰："杜，塞也。"

㉑师古曰："更，互也，音工衡反。"

㉒师古曰："言不患少财也。"

㉓文颖曰："倦，疲也。言疲厌游学，博物多能也。"

㉔师古曰："言县令之客，不可以辱也。"

㉕师古曰："已，止也。"

居久之，蜀人杨得意为狗监，①侍上。上读《子虚赋》而善之，曰："朕独不得与此人同时哉！"得意曰："臣邑人司马相如自言为此赋。"上惊，乃召问相如。相如曰："有是。然此乃诸侯之事，未足观，请为天子游猎之赋。"上令尚书给笔札，②相如以"子虚"，虚言也，为楚称；③"乌有先生"者，乌有此事也，④为齐难；⑤"亡是公"者，亡是人也，⑥欲明天子之义。故虚藉此三人为辞，⑦以推天子诸侯之苑囿。其卒章归之于节俭，⑧因以风谏。⑨奏之天子，天子大说。⑩其辞曰：

①师古曰："主天子田猎犬也。"

②师古曰："札，木简之薄小者也。时未多用纸，故给札以书。札音壮黠反。"

③师古曰："称说楚之美也。"

④师古曰："乌，於何也。"

⑤师古曰："难诘楚事也。"

⑥师古曰："亡读曰无。下皆类此。"

⑦师古曰："藉，假也。"

⑧师古曰："卒，终也。谓终篇之言，若隤墙填堑之比者。"

⑨师古曰："风读曰讽。"

⑩师古曰："说读曰悦。"

楚使子虚使于齐，齐王悉发车骑与使者出田。①田罢，子虚过奼乌有先生，②亡是公存焉。坐定，乌有先生问曰："今日田乐乎？"子虚曰："乐。""获多虖？"曰："少。""然则何乐？"对曰："仆乐王之欲夸仆以车骑之众，而仆对以云梦之事也。"③曰："可得闻乎？"

①师古曰："田，猎也。"

②师古曰："奼，夸诳之也，音丑亚反，字本作诧也。"

③张揖曰："楚薮也。在南郡华容县。"师古曰："梦读如本字，又音莫风反，字或作瞢，其音同耳。"

子虚曰："可。王驾车千乘，选徒万骑，田于海滨，①列卒满泽，罘罔弥山。②掩菟辚鹿，射麋格麟，③鹜于盐浦，割鲜染轮。④射中获多，矜而自功，⑤顾谓仆曰：'楚亦有平原广泽游猎之地饶乐若此者虖？楚王之猎孰与寡人？'⑥仆下车对曰：'臣，楚国之鄙人也，幸得宿卫十有馀年，时从出游，游于后园，览于有无，然犹未能遍睹也。又乌足以言其外泽乎？'齐王曰：'虽然，略以子之所闻见言之。'

①师古曰："滨，涯也，音宾，又音频。"

②师古曰："罘，覆车也，即今幡车罔也。《王国》《兔爰》之诗曰'雉罹于罦'罦亦罘字耳。弥，竟也。罘音浮。"

③师古曰："辚谓车践轹之也，音吝。格字或作脚，言持引其脚也。"

④张揖曰："海水之涯多出盐也。"李奇曰："鲜，生也。染，擩也。切生肉，擩车轮，盐而食之也。"师古曰："鹜谓乱驰也。擩，揾也。鹜音务。擩音如阅反。

揾音一顿反。”

⑤师古曰:“自矜其能以为功也。”

⑥师古曰:“与犹如也。”

“仆对曰:‘唯唯。①臣闻楚有七泽,尝见其一,未睹其馀也。臣之所见,盖特其小小者耳,名曰云梦。云梦者,方九百里,其中有山焉。其山则盘纡岪郁,隆崇律崪;②岑崟参差,日月蔽亏;③交错纠纷,上干青云;④罢池陂陁,下属江河。⑤其土则丹青赭垩,雌黄白坿,锡碧金银,⑥众色炫燿,照烂龙鳞。⑦其石则赤玉玫瑰,琳珉昆吾,⑧瑊玏玄厉,⑨碝石武夫。⑩其东则有蕙圃,衡兰芷若,⑪穹穷昌蒲,江离蘪芜,⑫诸柘巴且。⑬其南则有平原广泽,登降陁靡,⑭案衍坛曼,⑮缘以大江,限以巫山。⑯其高燥则生葴析苞荔,⑰薛莎青薠。⑱其埤湿则生藏莨蒹葭,⑲东蘠雕胡,⑳莲藕觚卢,㉑奄闾轩于。㉒众物居之,不可胜图。㉓其西则有涌泉清池,激水推移,㉔外发夫容菱华,内隐钜石白沙。㉕其中则有神龟蛟鼍,毒冒鳖鼋。㉖其北则有阴林巨树。楩柟豫章,㉗桂椒木兰,檗离朱杨,㉘楂梨梬栗,橘柚芬芳。㉙其上则有宛雏孔鸾,腾远射干。㉚其下则有白虎玄豹,蟃蜒貙犴。㉛

①师古曰:“唯唯,恭应之辞也,音弋癸反。”

②郭璞曰:“诘屈崛起也。岪音佛。”

③张揖曰:“高山壅蔽,日月亏缺半见。”师古曰:“岑音仕林反。崟音吟。”

④郭璞曰:“言相摎结而峻绝。”

⑤郭璞曰:“言旁颓也。属,连也。罢音疲。陂音婆。陁音驰。”文颖曰:“南方无河也。冀州凡水大小皆谓之河,诗赋驰方言耳。”晋灼曰:“文意假借协陁之韵也。”师古曰:“文、晋之说皆非也。下属江河者,总言山之广大,所连者远耳,于文无妨。陂音普河反。属音之欲反。”

⑥张揖曰:“丹,丹沙也。青,青雘也。赭,赤赭也。垩,白垩也。”苏林曰:“白坿,白石英也。”师古曰:“丹沙,今之朱沙也。青雘,今之空青也。赭,今之赤土也。垩,今之白土也。锡,青金也。碧谓玉之青白色者也。垩音恶。坿音坿,雘音一郭反。”

⑦师古曰："言采色相耀，若龙鳞之间杂也。炫音州县之县。"

⑧张揖曰："琳，玉也。珉，石之次玉者也。昆吾，山名也，出善金。《尸子》曰'昆吾之金'。"晋灼曰："玫瑰，火齐珠也。"师古曰："火齐珠，今南方之出火珠也。玫音枚。瑰音回，又音瓌。琳音林。珉音旻。"

⑨张揖曰："瑊玏，石之次玉者。玄厉，黑石可用磨也。"如淳曰："瑊音缄。玏音勒。"

⑩张揖曰："皆石之次玉者。碝石，白者如冰，半有赤色。武夫，赤地白采，葱茏白黑不分。"郭璞曰："碝音而兖反。"

⑪张揖曰："蕙圃，蕙草之圃也。衡，杜衡也，其状若葵，其臭如蘪芜。芷，白芷。若，杜若也。"师古曰："兰即今泽兰也。今流俗书本'芷若'下有'射干'字，妄增之也。"

⑫张揖曰："江离，香草也。蘪芜，蕲芷也，似蛇床而香。"师古曰："蘪芜即穹穷苗也。"郭璞曰："江离似水荠，而《药对》曰蘪芜一名江离。张勃又云江离出临海县海水中，正青，似乱发。郭义恭云江离赤叶。诸说不同，未知孰是。今无识之者，然非蘪芜也，《药对》误耳。"

⑬张揖曰："诸柘，甘柘也。猼苴，蘘荷也。"文颖曰："巴且草一名巴蕉。"师古曰："文说巴且是也。且音子余反。猼音普各反。猼苴自蘘荷耳，非巴且也。"

⑭师古曰："登，上也。降，下也。陁靡，旁袤也。陁音弋尔反。"

⑮师古曰："宽广之貌也。衍音弋战反。坛音徒但反。曼音莫干反。"

⑯张揖曰："巫山在南郡巫县也。"

⑰张揖曰："葴，马蓝也。析似燕麦。苞，藨也。荔，马荔。"苏林曰："析音斯。"师古曰："藨即今所用作席者也。马荔，今之马蔺也。葴音之林反。苞音包。荔音隶。藨音皮表反。"

⑱张揖曰："薛，赖蒿也。莎，镐侯也。青薠似莎而大，生江湖，雁所食。"师古曰："莎即今青莎草。薠音烦。"

⑲郭璞曰："藏莨草中牛马刍。蒹，荻也，似萑而细小。葭，芦也。"师古曰："埤音婢，谓下地也。莨音郎。蒹葭音兼猳。荻音敌。"

⑳张揖曰："东蘠，实可食。雕胡，菰米也。"师古曰："东蘠似蓬，其实如葵子也。"

㉑张揖曰："莲，荷之实也，其根藕。"张晏曰："觚卢，扈鲁也。"郭璞曰："蹼，蒋

也。芦，苇也。"师古曰："书不为苽芦字，郭说非也，但不知觚芦于今是何草耳。"

㉒张揖曰："奄闾，蒿也，子可治疾。轩于，莸草也，生水中，扬州有之。"师古曰："奄音淹。莸音犹。"

㉓师古曰："胜，举也。不可尽举而图写之，言其多也。"

㉔郭璞曰："波抑扬也。"

㉕应劭曰："夫容，莲华也。鼍，芰也。"师古曰："钜，大也。"

㉖张揖曰："蛟状鱼身而蛇尾，皮有珠。鼍似蜥蜴而大，身有甲，皮可作鼓。毒冒似觜蠵，甲有文。鼋似鳖而大。"师古曰："张说蛟者，乃是鲛鱼，非蛟龙之蛟也。蛟解在《武纪》。鼍音徒何反，又音大河反。毒音代。冒音妹。他皆仿此。"

㉗服虔曰："阴林，山北之林也。豫章，大木也，生七年乃可知。"师古曰："阴林，言其树木众而且大，常多阴也。楩音便，又音步田反，即今黄楩木也。柟音南，今所谓楠木。"

㉘师古曰："桂即药之所用其皮者也。椒即所食椒树也。木兰皮似椒而香，可作面膏药。檗，黄檗也。离，山梨也。朱杨，赤茎柳也，生水边。"

㉙张揖曰："樝似梨而甘。梬，梬枣也。"师古曰："樝即今所谓楂子也。樝枣即今之梗枣也。柚即橙也，似橘而大，味酢皮厚。樝音侧加反。梬音弋整反。柚音弋救反。橙音丈茎反。芬芳，言橘柚之气也。"

㉚张揖曰："宛雏似凤。孔，孔雀；鸾，鸾鸟也。射干似狐，能缘木。"服虔曰："腾远，兽名也。"师古曰："鸾鸟形如翟而五采文，见《山海经》。宛音于元反。射音弋舍反。"

㉛郭璞曰："蟃蜒，大兽似狸，长百寻。貙似狸而大。豻，胡地野犬也，似狐而小。蟃音万。蜒音延。豻音岸。"师古曰："蜒又音弋战反。貙音丑于反。豻合韵音五安反。"

"'于是乎乃使剸诸之伦，手格此兽。①楚王乃驾驯驳之驷，②乘雕玉之舆，③靡鱼须之桡旃，④曳明月之珠旗，⑤建干将之雄戟，⑥左乌号之雕弓，⑦右夏服之劲箭；⑧阳子骖乘，孅阿为御；⑨案节未舒，即陵狡兽，⑩蹴蛩蛩，辚距虚，⑪轶野马，韢騊駼；⑫乘遗风，射游骐，⑬倏眒倩浰，⑭雷动熛至，⑮星流电击，弓不虚发，中必决眦，⑯

洞胸达掖，绝乎心繫，⑰获若雨兽，揜屮蔽地。⑱于是楚王乃弭节徘徊，翱翔容与，⑲览乎阴林，观壮士之暴怒，与猛兽之恐惧，徼𠨧受诎，⑳殚睹众物之变态。㉑

①师古曰："刬诸，吴人，刺吴王僚者也。方言勇士，故举以为类。刬与专同。"

②张揖曰："驯，扰也。駮如马，白身黑尾，一角锯牙，食虎豹，扰而驾之，以当驷马也。"师古曰："驯音旬。"

③师古曰："以玉饰舆而雕镂之。"

④张揖曰："以鱼须为旃柄，驱驰逐兽，正桡靡也。"郭璞曰："通帛为旃。"师古曰："大鱼之须出东海，见《尚书大传》。桡旃即曲旃也。桡音女教反。"

⑤张揖曰："以明月珠缀饰旗也。"

⑥张揖曰："干将，韩王剑师也。雄戟，胡中有鮔者，干将所造。"

⑦应劭曰："楚有柘桑，乌栖其上，支下著地，不得飞，欲堕号呼，故曰乌号。"张揖曰："黄帝乘龙上天，小臣不得上，挽持龙頔，頔拔，堕黄帝弓，臣下抱弓而号，故名弓乌号。"郭璞曰："雕，画也。"师古曰："乌号，应、张二说皆有据也。"

⑧伏俨曰："服，盛箭器也。夏后氏之良弓名烦弱，其矢亦良，即烦弱箭服也，故曰夏服。"师古曰："箭服，即今之步叉也。"

⑨张揖曰："阳子，伯乐也，秦缪公臣，姓孙，名阳。"郭璞曰："孅阿，古之善御者。孅音纤。"

⑩师古曰："案节犹弭节也。未舒，言未尽意驱驰，已凌狡兽，狡捷之兽也。"

⑪张揖曰："蛩蛩，青兽，状如马。距虚似骡而小。"郭璞曰："距虚即蛩蛩，变文互言耳。"师古曰："据《尔雅》文，郭说是也。蹴音子六反。"

⑫张揖曰："轶，过也。野马似马而小。北海内有兽，状如马，名騊駼。"郭璞曰："轊，车轴头也。"师古曰："轊谓轴头冲而杀之也。轶音逸。轊音卫。騊音逃。駼音涂。"

⑬张揖曰："遗风，千里马也。《尔雅》曰巂如马一角，不角者曰骐。"师古曰："巂音携。骐音其。"

⑭张揖曰："皆疾貌也。"师古曰："倏音式六反。胂音式刃反。倩音千见反。浰音练。"

⑮师古曰："猋，疾风也。若雷之动，如猋之至，言其威且疾也。猋音必遥反。"

⑯师古曰："〔决〕眦即决兽之目眦，[1]言射审也。眦即眥字。"

⑰张揖曰："自左射之，贯胸通右髃，中心绝系也。"师古曰："髃谓肩前骨也，音五口反。繫读曰系也。"

⑱师古曰："言获杀之多，如天雨兽也。雨音于具反。屮，古草字也。"

⑲郭璞曰："弭犹低也。节，所杖信节也。翱翔容与，言自得也。"师古曰："弭节者，示安徐也。"

⑳苏林曰："瓠音倦瓠之瓠。诎音軀强之軀。"郭璞曰："诎，诎折也。瓠，疲极。诎音屈。"师古曰："苏音是也。瓠音与剧同。诎音其勿反。徼，工尧反。徼，要也。诎，尽也。言兽有倦极者要而取之，力尽者受而有之。"

㉑郭璞曰："殚，尽也。变态，姿则也。"师古曰："殚音单。"

"'于是郑女曼姬，①被阿锡，揄纻缟，②杂纤罗，垂雾縠，③襞积褰绉，郁桡溪谷；④衯衯裶裶，扬衪戌削，⑤蜚襳垂髾；⑥扶舆猗靡，⑦翕呷萃蔡，⑧下摩兰蕙，上拂羽盖；⑨错翡翠之葳蕤，⑩缪绕玉绥；⑪眇眇忽忽，若神之仿佛。⑫

①文颖曰："郑国出好女。曼者，言其色理曼泽也。"如淳曰："郑女，夏姬也。曼姬，楚武王夫人邓曼也。"师古曰："文说是也。"

②张揖曰："阿，细缯也。锡，细布也。揄，引也。"师古曰："纻，纤纻也。缟，鲜支也，今之所谓素者也。揄音逾，又音投也。"

③张揖曰："縠绉如雾，垂以为裳也。"师古曰："纤，细也。雾縠者，言其轻靡如雾，非谓绉文。"

④张揖曰："襞积犹简齰也。褰，缩也。绉，蹙也。其绉中文理茀郁，有似于溪谷也。"师古曰："张说非也。襞积即今之裙褶，古所谓皮弁素积者，即谓此积也。言襞积文理，随身所著，或褰绉委屈如溪谷也。襞音壁。绉音侧救反。"

⑤张揖曰："衯音芬。衪，衣袖也。戌，鲜也。削，衣刻除貌也。"师古曰："扬，举也。衪，曳也。或举或曳，则戌削然见其降杀之美也。裶音霏。衪音弋示反。戌读如本字。"

⑥张揖曰："襳，离袿也。髾，髻后垂也。"师古曰："张说非也。襳，袿衣之长带也。髾谓燕尾之属。皆衣上假饰，非髻垂也。蜚，古飞字也。襳音纤。髾音所交反。"

⑦张揖曰:"扶持楚王车舆相随也。"师古曰:"张说非也。此自言郑女曼姬为侍从者所扶舆而猗靡耳,非谓扶持楚王车舆也。猗音於绮反。今人犹呼相抚掩容养为猗靡。"

⑧张揖曰:"翕呷,衣张起也。萃蔡,衣声也。"师古曰:"呷音火甲反。萃音翠,又音千贿反。"

⑨师古曰:"下摩兰蕙,谓垂臂也。上拂羽盖,谓飞襳也。"

⑩师古曰:"错,杂也。葳蕤,羽饰貌。"

⑪张揖曰:"楚王车之绥以玉饰之也。"郭璞曰:"绥,登车所执也。"师古曰:"二说皆非也。以玉饰绥,亦谓郑女曼姬之容服也。绥即今之所谓采緌垂镊者也。缪绕,相缠结也。缪音蓼。緌音隈。"

⑫郭璞曰:"言其容饰奇艳,非世所见。《战国策》曰:'郑之美女粉白黛黑而立于衢,不知者谓之神也。'"

"'于是乃群相与獠于蕙圃,①媻姗勃窣,上金堤,②揜翡翠,射鵕鸃,③微矰出,孅缴施,④弋白鹄,连驾鹅,⑤双鸧下,玄鹤加。⑥怠而后游于清池,⑦浮文鹢,⑧扬旌栧,⑨张翠帷,建羽盖。⑩罔毒冒,钓紫贝,⑪摐金鼓,⑫吹鸣籁,⑬榜人歌,⑭声流喝,⑮水虫骇,波鸿沸,⑯涌泉起,奔扬会,⑰礧石相击,琅琅磕磕,⑱若雷霆之声,闻虖数百里外。

①文颖曰:"宵猎为獠。"师古曰:"獠音力笑反。"

②师古曰:"媻姗勃窣,谓行于丛薄之间也。金堤,言水之堤塘坚如金也。媻音盘。姗音先安反。窣音先忽反。堤音丁兮反。"

③师古曰:"鸟赤羽者曰翡,青羽者曰翠。鵕鸃,煦鸟也,似山鸡而小冠,背毛黄,腹下赤,项绿色,其尾毛红赤,光采鲜明,今俗呼为山鸡,其实非也。鵕音峻。鸃音仪。"

④师古曰:"矰,短矢也。缴,生丝缕也。以缴系矰仰射高鸟,谓之弋射。矰音增。缴音灼。"

⑤师古曰:"鹄,水鸟也,其鸣声鹄鹄云。驾鹅,野鹅也。连谓重累获之也。鹄音胡沃反。驾音加。"

⑥师古曰:"鸧鸹也。今关西呼为鸹鹿,山东通谓之鸧,鄙俗名为错落。错者,亦言鸧声之急耳。又谓鸹捋。捋音来夺反。鸹鹿、鸹捋,皆象其鸣声也。

玄鹤，黑鹤也。《相鹤经》云鹤寿满二百六十岁则色纯黑。言弋射之妙，既中白鹄而连驾鹅，又下双鸧而加玄鹤也。鸧音仓。"

⑦郭璞曰："怠，倦也。"

⑧张揖曰："鹢，水鸟也，画其象于船首。《淮南子》曰'龙舟鹢首，天子之乘也'。"师古曰："鹢音五历反。"

⑨张揖曰："扬，举也。析羽为旌，建于船上。枻，柂也。"师古曰："枻音曳。柂音大可反。"

⑩郭璞曰："施之船上也。"师古曰："翠帷，帷翠色也。羽盖，以杂羽饰盖。"

⑪郭璞曰："紫贝，紫质黑文也。"师古曰："贝，水中介虫，古以为货也。"

⑫师古曰："摐，撞也。金鼓谓钲也。摐音窗。"

⑬张揖曰："籁，箫也。"

⑭张揖曰："榜，船也。《月令》云'命榜人'，榜人，船长也，主倡声而歌者也。"师古曰："榜音谤，又方孟反。"

⑮郭璞曰："言悲嘶也。"师古曰："喝音一介反。嘶音苏奚反。"

⑯郭璞曰："鱼鳖跃，涛浪作也。"师古曰："沸音普盖反。"

⑰郭璞曰："暴溢激相鼓薄也。"师古曰："溢音普顿反。"

⑱师古曰："礧石，转石也。礧音卢对反。礚音口盖反。"

"'将息獠者，击灵鼓，起烽燧，①车案行，骑就队，②缅虖淫淫，般乎裔裔。③于是楚王乃登阳云之台，④泊乎无为，澹乎自持，⑤勺药之和具而后御之。⑥不若大王终日驰骋，曾不下舆，脟割轮焠，自以为娱。⑦臣窃观之，齐殆不如。'⑧于是王无以应仆也。"

①师古曰："灵鼓，六面击之，所以警众也。"

②师古曰："案，依也。行，列也。队，部也。行音胡郎反。队音大内反。"

③郭璞曰："皆群行貌。"师古曰："缅音屣。般音盘。"

④孟康曰："云梦中高唐之台，宋玉所赋者，言其高出云之阳也。"

⑤师古曰："泊、澹，皆安静意也。泊音步各反。澹音徒滥反。"

⑥伏俨曰："勺药以兰桂调食。"文颖曰："五味之和也。"晋灼曰："《南都赋》曰'归雁鸣鵽，香稻鲜鱼，以为勺药，酸甜滋味，百种千名。'文说是也。"师古曰："诸家之说皆未当也。勺药，药草名，其根主和五藏，又辟毒气，故合之于兰桂五味以助诸食，因呼五味之和为勺药耳。读赋之士不得其意，妄为

音训，以误后学。今人食马肝马肠者，犹合勺药而煮之，岂非古之遗法乎？鹖音竹滑反。”

⑦师古曰：“脟字与脔同。焠音千内反。焠亦揾染之义耳。言脔割其肉，揾车轮盐而食之。此盖以讥上割鲜染轮之言也。”

⑧师古曰：“殆，近也。”

乌有先生曰：“是何言之过也！足下不远千里，来况齐国，①王悉境内之士，备车骑之众，②与使者出田，乃欲戮力致获，以娱左右也，③何名为夸哉！问楚地之有无者，愿闻大国之风烈，先生之馀论也。④今足下不称楚王之德厚，而盛推云梦以为骄，奢言淫乐而显侈靡，窃为足下不取也。必若所言，固非楚国之美也。有而言之，是章君之恶也；无而言之，是害足下之信也。章君恶，伤私义，⑤二者无一可，而先生行之，必且轻于齐而累于楚矣。⑥且齐东陼钜海，南有琅邪，⑦观乎成山，⑧射乎之罘，⑨浮勃澥，⑩游孟诸，⑪邪与肃慎为邻，⑫右以汤谷为界。⑬秋田乎青丘，⑭仿偟乎海外，⑮吞若云梦者八九，其于匈中曾不蔕芥。⑯若乃俶傥瑰玮，异方殊类，⑰珍怪鸟兽，万端鳞崪，⑱充仞其中者，不可胜记，禹不能名，卨不能计。⑲然在诸侯之位，不敢言游戏之乐，苑囿之大；先生又见客，⑳是以王辞不复，㉑何为无以应哉！”

①师古曰：“言有惠赐而来也。”

②师古曰：“悉，尽也。”

③师古曰：“谦不斥言使者，故指云其左右也。”

④张晏曰：“愿闻先贤之遗谈美论也。”师古曰：“此说非也。先生即谓子虚耳。下又言先生行之，岂先贤也？”

⑤师古曰：“非楚国之美，是章君恶；害足下之信，是伤私义也。”

⑥师古曰：“言楚使者失辞，自为累重，而于齐无所负檐，故云轻也。累音力瑞反。”

⑦苏林曰：“小州曰陼。”张揖曰：“琅邪，台名也，在勃海间。”师古曰：“东陼钜海，东有大海之陼。字与渚同也。”

⑧张揖曰：“观，阙也。成山在东莱不夜县，于其上筑宫阙。”师古曰：“观音工

唤反。”

⑨晋灼曰：“之罘山在东莱腄县，射猎其上也。”师古曰：“腄音直瑞反，又音谁。”

⑩师古曰：“勃澥，海别枝也。澥音蟹。”

⑪文颖曰：“宋之大泽也，故属齐。”

⑫郭璞曰：“肃慎，国名，在海外也。”师古曰：“邪读为左，谓东北接也。”

⑬师古曰：“汤谷，日所出也。许慎云热如汤也。”

⑭服虔曰：“青丘国在海东三百里。”

⑮师古曰：“仿音旁。”

⑯张揖曰：“蔕芥，刺鲠也。”师古曰：“蔕音丑介反。”

⑰师古曰：“俶傥犹非常也。俶音吐历反。”

⑱师古曰：“崒与萃同。萃，集也。如鳞之集，言其多也。”

⑲张揖曰：“禹为尧司空，辨九州名山，别草木。卨为尧司徒，敷五教，率万事。”师古曰：“言其所有众多，虽禹、卨之贤圣，不能名而数之也。”

⑳师古曰：“见犹至也。言至此国为客也。若今人自称云见顾见至耳。”

㉑师古曰：“复，反也，谓不反报也。”

亡是公听然而笑曰：①“楚则失矣，而齐亦未为得也。夫使诸侯纳贡者，非为财币，所以述职也；②封疆画界者，非为守御，所以禁淫也。③今齐列为东蕃，而外私肃慎，④捐国逾限，越海而田，⑤其于义固未可也。且二君之论，不务明君臣之义，正诸侯之礼，徒事争于游戏之乐，苑囿之大，欲以奢侈相胜，荒淫相越，此不可以扬名发誉，而适足以卑君自损也。⑥

①师古曰：“听，笑貌也。音龂，又音牛隐反。”

②郭璞曰：“诸侯朝于天子曰述职。”师古曰：“述，循也，谓顺行也。”

③郭璞曰：“天下有道，守在四夷。立境界者，欲以禁绝淫放耳。”师古曰：“畺读曰疆。”

④郭璞曰：“私与通也。”

⑤师古曰：“捐，弃也，谓田于青丘也。”

⑥师古曰：“卑，古贬字。”

“且夫齐楚之事又乌足道乎！①君未睹夫巨丽也，②独不闻天子之上林乎？左苍梧，右西极，③丹水更其南，④紫渊径其北。⑤终始霸产，出入泾渭，⑥酆镐潦潏，纡馀委蛇，经营其内。⑦荡荡乎八川分流，相背异态，⑧东西南北，驰骛往来，⑨出乎椒丘之阙，⑩行乎州淤之浦，⑪径乎桂林之中，⑫过乎泱莽之壄，⑬汩乎混流，顺阿而下，⑭赴隘陿之口，⑮触穹石，激堆埼，⑯沸乎暴怒，⑰汹涌彭湃，⑱滭弗宓汩，⑲偪侧泌㴔，⑳横流逆折，转腾潎洌，㉑滂濞沆溉，㉒穹隆云桡，㉓宛潬胶盭，㉔逾波趋浥，涖涖下濑，㉕批岩衝拥，奔扬滞沛，㉖临坻注壑，瀺灂贯队，㉗沈沈隐隐，砰磅訇礚，㉘潏潏淈淈，湁潗鼎沸，㉙驰波跳沫，汩急漂疾，㉚悠远长怀，寂漻无声，㉛肆乎永归。然后灏溔潢漾，㉜安翔徐佪，㉝翯乎滈滈，㉞东注大湖，㉟衍溢陂池。㊱于是蛟龙赤螭，㊲䱭䲛渐离，㊳鰅鳙鰬魠，㊴禺禺魼鳎，㊵揵鳍掉尾，振鳞奋翼，㊶潜处乎深岩。㊷鱼鳖欢声，万物众夥。㊸明月珠子，的皪江靡，㊹蜀石黄碝，水玉磊砢，㊺磷磷烂烂，采色澔汗，㊻丛积乎其中。鸿鹔鹄鸨，駕鹅属玉，㊼交精旋目，㊽烦鹜庸渠，㊾箴疵䴔卢，㊿群浮乎其上。汎淫氾滥，随风澹淡，51与波摇荡，奄薄水渚，52唼喋菁藻，咀嚼菱藕。53

①师古曰："乌，於何也。道，言也"

②师古曰："巨，大也。丽，美也。"

③文颖曰："苍梧郡属交州，在长安东南，故言左。尔雅曰西至于豳国为西极，在长安西，故言右也。"

④应劭曰："丹水出上洛冢领山，东南至析县入钧水。"师古曰："更，历也，音工衡反。"

⑤文颖曰："西河（有）穀罗县有紫泽，〔2〕在县西北，于长安为在北也。"

⑥师古曰："霸水出蓝田谷，西北而入渭。产水亦出蓝田谷，北至霸陵入霸。二水终始尽于苑中，不复出也。泾水出安定泾阳开头山，东至阳陵入渭。渭水出陇西首阳县鸟鼠同穴山，东北至华阴入河。从苑外来，又出苑去也。开音牵，又音口见反。"

⑦应劭曰："潦，流也。潏，涌出声也。"张揖曰："丰水出鄠南山（澧）〔丰〕谷，〔3〕

北入渭。镐在昆明池北。潦，行潦也。又有潏水，出南山。”晋灼曰：“下言八川，计从丹水以下至潏，除潦为行潦，凡九川。从霸产以下，为数凡七川。潏音决。潏，水涌出声也。除潦潏下为水，馀適八，下言经营其内，于数则计其外者矣。”师古曰：“应、晋二说皆非也。张言潦为行潦，又失之。潦音牢，亦水名也，出鄠县西南山潦谷，而北流入于渭。上言左苍梧，右西极，丹水更其南，紫泉径其北。皆谓苑外耳。丹水、紫泉非八川数也。霸、产、泾、渭、丰、镐、潦、潏，是为八川。言经营其内，信则然矣。潏，晋音是也。《地里志》鄠县有潏水，北过上林苑入渭，而今之鄠县则无此水。许慎云‘潏水在京兆杜陵’，此即今所谓沇水，从皇子陂西北流经昆明池入渭者也。盖为字或作水旁穴，与沇字相似，俗人因名沇水乎？将鄠县潏水今则改名，人不识也？但八川之义，实在于斯耳。”

⑧郭璞曰：“变态不同也。”

⑨郭璞曰：“言更相错涉也。”师古曰：“来音卢代反。”

⑩服虔曰：“丘名也，两山俱起，象双阙者。”

⑪师古曰：“水中可居者曰州。淤，漫也。浦，水涯也。淤音於庶反。”

⑫如淳曰：“桂树之林也。”

⑬张揖曰：“《山海经》所谓‘大荒之野’也。”师古曰：“凡言此者，著水流之长远也。泱音乌朗反。”

⑭师古曰：“汩，疾貌也。混流，丰流也。曲陵曰阿。汩音于笔反。混音下本反。”

⑮师古曰：“两岸间相迫近者也。隘音於懈反。陿音狭。”

⑯张揖曰：“穹石，大石也。埼，曲岸头也。”师古曰：“堆，高阜也，音丁回反。埼音巨依反。”

⑰郭璞曰：“沸，水声也，音拂。”

⑱师古曰：“汹涌，跳起也。彭湃，相戾也。汹音许勇反。湃音普拜反。”

⑲苏林曰：“滭音毕，浡音密。”师古曰：“滭弗，盛貌也。浡汩，去疾也。汩音于笔反。”

⑳郭璞曰：“泌㳿音笔栉。”师古曰：“偪侧，相逼也。泌㳿相楔也。偪字与逼同。楔音先结反。”

㉑孟康曰：“转腾，相过也。潎洌，相撇也。”师古曰：“潎音匹列反。洌音列。撇又音普结反。”

㉒郭璞曰："滂音旁。濞音匹秘反。溉音胡慨反。皆水流声貌。"师古曰："沆音胡朗反。"

㉓师古曰："桡，曲也。言水急旋回，如云之屈曲也。桡音女教反。"

㉔郭璞曰："愤薄相樛也。"师古曰："宛音婉。潬音善。盭，古戾字。"

㉕郭璞曰："逾，跃也。浥，窊陷也。湙湙，声也。"师古曰："浥音於侠反。湙音利。濑，疾流也。"

㉖师古曰："批，反击也。拥，曲隈也。言水触批岩崖而衝隈曲，则奔扬而滞沛然也。批音步结反。滞音丑制反。沛音普盖反。"

㉗师古曰："坻谓水中隆高处也。《秦风》《终南》之诗曰'宛在水中坻'。坻音迟，瀺音士咸反。灂音才弱反，又音仕角反。霣即陨字。队音直类反。"

㉘师古曰："砰音普冰反。磅音普萌反。訇音呼宏反。礚音口盖反。皆水流鼓怒之声也。"

㉙郭璞曰："皆水微转细涌貌也。淈音骨。滃音勑立反。"师古曰："潏音决。潗音子入反。言水之流如爨鼎沸也。"

㉚晋灼曰："滊音华给反。"郭璞曰："滊音许立反。"师古曰："言水波急驰而白沫跳起，(汩)〔汩〕滊然也。[4] 汩音于笔反。滊，晋、郭二音皆通。漂音匹姚反。"

㉛郭璞曰："怀亦归，变文耳。漻音聊。"师古曰："言长流安静。"

㉜郭璞曰："皆水无涯际貌。"师古曰："灏音浩。溔音弋少反。潢音胡广反。漾音弋丈反。肆，放也。言水放流而长归也。"

㉝郭璞曰："言运转也。"

㉞郭璞曰："水白光貌也。"师古曰："翯音胡角反。滈音镐。"

㉟郭璞曰："大湖在吴县，《尚书》所谓震泽也。"

㊱郭璞曰："言溢滥而出也。陂池，江旁小水。"

㊲文颖曰："龙子为螭。"张揖曰："赤螭，雌龙也。"如淳曰："螭，山神也，兽形。"师古曰："许慎云'离，山神也'，字则单作，螭形若龙，字乃从虫。此作螭，别是一物，既非山神，又非雌龙、龙子，三家之说皆失之。虫音许尾反。"

㊳李奇曰："周洛曰鲔，蜀曰䲛䲝，出巩山穴中，三月溯河上，能度龙门之限，则得为龙矣。渐离，未闻。"师古曰："䲛音工邓反。䲝音莫邓反。"

㊴如淳曰："鰅音颙，鰬音乾。魠音托。"郭璞曰："鰫音常容反。鰅鱼有文采。鰫似鲢而黑。鰬似鳣。魠，鳡也，一名黄颊。"师古曰："鰅，如音是也。鰫、

鰬、魠,郭说是也。鱓音善。鰔音感也。"

㊵如淳曰:"鲑音去鱼反。"晋灼曰:"鳎音奴搨反。"郭璞曰:"禺禺鱼皮有毛,黄地黑文。鲑,比目鱼也,状似牛脾,细鳞紫色,两相合乃得行。鳎,鲵鱼也,似鲇,有四足,声如婴儿。"师古曰:"禺音隅,又音颙。鲵音五奚反。鲇音乃兼反。"

㊶师古曰:"揵,举也。鳍,鱼背上鬣也。掉,摇也。揵音钜言反。掉音徒钓反。"

㊷郭璞曰:"隐岸底也。"

㊸师古曰:"讙,哗也。夥,多也。喧音许元反。夥音下果反。"

㊹应劭曰:"明月珠子生于江中,其光耀乃照于江边也。"师古曰:"皪音历。的皪,光貌也。江靡,江边靡迤之处也。迤音弋尔反。"

㊺张揖曰:"蜀石,石次玉者也。"郭璞曰:"碝石黄色。水玉,水精也。"师古曰:"碝音如兖反。磊音洛贿反。砢音洛可反,又音可。"

㊻郭璞曰:"皆玉石符采映曜也。"师古曰:"磷音吝。澔音浩。"

㊼张揖曰:"鸿,大鸟也。"郭璞曰:"鹔,鹔鷞也。鸨似雁而无后指。属玉似鸭而大,长颈赤目,紫绀色。鹔音肃。鸨音保。"师古曰:"鸿,古鸿字。鸨即今俗呼为独豹者也。豹者,鸨声之讹耳。駕音加。属音之欲反。鷞音霜。"

㊽郭璞曰:"交精似凫而脚高,有毛冠,辟火灾。旋目,未闻也。"师古曰:"今荆郢间有水鸟,大于鹭而短尾,其色红白,深目,目旁毛皆长而旋,此其旋目乎?"

㊾郭璞曰:"烦鹜,鸭属也。庸渠似凫,灰色而鸡脚,一名章渠。鹜音木。"师古曰:"庸渠,即今之水鸡也。"

㊿张揖曰:"箴疵似鱼虎而苍黑色。鵁,䴔头鸟也。卢,白雉也。"郭璞曰:"卢,卢鹚也。箴音针。"师古曰:"卢,郭说是也。白雉不浮水上。疵音訾。鵁音火交反。䴔音鸟了反。鹚音慈也。"

51郭璞曰:"皆鸟任风波自纵漂貌。"师古曰:"汎音冯。氾音敷剑反。澹音大览反。淡音琰。"

52张揖曰:"奄,覆也。草丛生曰薄。"郭璞曰:"薄犹集也。"师古曰:"薄,郭说是也。言奄集陼上而游戏。"

53张揖曰:"菱,芰也。"郭璞曰:"菁,水草。藻,聚藻也。"师古曰:"唼喋,衔食也。唼音所甲反。喋音丈甲反。咀音才汝反。嚼音才削反。"

“于是乎崇山矗矗，巃嵸崔巍，①深林巨木，崭岩参差。②九嵕巀嶭，南山峨峨，③岩陁甗锜，摧崣崛崎，④振溪通谷，蹇产沟渎，⑤谽呀豁閜，阜陵别隝，⑥崴磈嵔瘣，丘虚堀礨，⑦隐辚郁𡼖，登降施靡，⑧陂池貏豸。⑨允溶淫鬻，⑩散涣夷陆，⑪亭皋千里，靡不被筑。⑫掩以绿蕙，⑬被以江离，糅以蘼芜，杂以留夷。⑭布结缕，⑮攒戾莎，⑯揭车衡兰，⑰稿本射干，⑱茈姜蘘荷，⑲葴持若荪，⑳鲜支黄砾，㉑蒋茅青薠，㉒布濩闳泽，延曼太原，㉓离靡广衍，㉔应风披靡，吐芳扬烈，㉕郁郁菲菲，众香发越，㉖肸蠁布写，晻薆咇茀。㉗

①郭璞曰：“皆高峻貌也。巃音笼。嵸音才总反。崔音摧。巍音五回反。”师古曰：“嵸音总。”

②师古曰：“崭岩，尖锐貌。参差，不齐也。崭音士衔反。参音楚林反。差音楚宜反。”

③师古曰：“九嵕山今在醴泉县界。巀嶭山即今所谓嵯峨山也，在三原县西也。南山，终南山也。峨峨，高貌。嵕音子公反，又音总。巀音截。嶭音齧。巀崣又音在割、五割反。峨音娥。”

④张揖曰：“摧崣，高貌。崛崎，斗绝也。”苏林曰：“摧音赪水反。崣音卒鄙反。”郭璞曰：“陁，岸际也，音豸。甗锜，隆屈窊折貌。甗音鱼晚反。锜音峩。崛音掘。崎音倚。摧音作罪反。崣字作委。”师古曰：“苏、郭两说并通。郭音作罪反，又音将水反。”

⑤张揖曰：“振，拔也。水注川曰溪，注溪曰谷。蹇产，屈折也。”郭璞曰：“自溪及渎，皆水相通注也。”

⑥郭璞曰：“谽呀豁閜，涧谷之形容也。隝，水中山也。谽音呼含反。呀音呼加反。閜音呼下反。隝音祷。”师古曰：“大阜曰陵，言阜陵居在水中，各别为岟也。豁音呼活反。”

⑦郭璞曰：“皆其形势也。崴音於鬼反。磈音鱼鬼反。嵔音恶罪反。瘣音瘣。虚音墟。堀音窟。礨音磊。”师古曰：“磈又音於虺反。瘣音胡贿反。”

⑧郭璞曰：“隐辚郁𡼖，堆垄不平貌。辚音洛尽反。”师古曰：“𡼖音律。施音弋尔反。施靡，犹连延也。”

⑨郭璞曰：“陂池，旁颓貌也。陂音皮。貏音衣被之被。”师古曰：“陂又音彼奇反。貏又音彼。”

⑩张揖曰："水流溪谷之间也。"师古曰："溶音容。鬻音育。"

⑪师古曰："散涣，分散而涣然也。《易》曰'风行水上，涣'。夷，平也。广平曰陆。"

⑫师古曰："为亭候于皋隰之中，千里相接，皆筑令平也。被音皮义反。"

⑬张揖曰："掩，覆也。绿，王刍也。蕙，薰草也。"师古曰："绿蕙，言蕙草色绿耳，非王刍也。"

⑭张揖曰："留夷，新夷也。"师古曰："留夷，香草也，非新夷。新夷乃树耳。"

⑮师古曰："结缕蔓生，著地之处皆生细根，如线相结，故名结缕，今俗呼鼓筝草。两幼童对衔之，手鼓中央，则声如筝也，因以名云。"

⑯师古曰："攒，聚也。戾莎，言莎草相交戾也。攒音材官反。"

⑰应劭曰："揭车一名乞舆，香草也。"师古曰："揭音巨列反。乞音乞。"

⑱师古曰："稿本，草类白芷，根似芎藭。射干，即乌扇耳。射音弋舍反。"

⑲如淳曰："茈姜，姜上齐也。"师古曰："姜之息生者，连其株本，则紫色也。蘘荷，蓴苴也，根旁生笋，可以为菹，又治蛊毒。茈音紫。蘘音人羊反。"

⑳如淳曰："葴音针。"张揖曰："葴持阙。若，杜若也。荪，香草也。"师古曰："葴，寒浆也。持当为符，字之误耳。符，鬼目也。杜若苗颇类姜，而为椶叶之状。今流俗书本持字或作橙，非也。后人妄改耳。其下乃言黄甘橙榛，此无橙也。葴音之林反。荪音孙。"

㉑师古曰："鲜支，即今支子树也。黄砾，今用染者黄屑之木也。二者虽非草类，既云延曼太原，或者赋杂言之耳。"

㉒张揖曰："蒋，菰也。芧，三棱也。"郭璞曰："芧音杼。"师古曰："蒋音将。芧音丈与反。"

㉓郭璞曰："布濩布露也。"师古曰："闳亦大也。濩音护。延音弋战反。"

㉔师古曰："离靡，谓相连不绝也。衍，布也。离音力尔反。"

㉕师古曰："烈，酷烈之气也。披音丕蚁反。"

㉖郭璞曰："香气射散也。菲音妃。"

㉗师古曰："肸蚃，盛作也。写，吐也。晻薆咇茀，皆芳香意也。肸音许乙反。蚃音响。晻音奄，又音乌感反。薆音爱。咇音步必反。茀音勃。薆字或作隐也。"

"于是乎周览氾观，①缜纷轧芴，②芒芒恍忽，③视之无端，察之无涯。④日出东沼,入虖西陂。⑤其南则隆冬生长,涌水跃波;⑥其兽则庸旄貘犛,沈牛麈麋,⑦赤首圜题,穷奇象犀。⑧其北则盛夏含冻裂地,涉冰揭河;⑨其兽则麒麟角端,騊駼橐驼,⑩蛩蛩驒騱,駃騠驴骡。⑪

①师古曰:"氾,普也,音敷剑反。"

②孟康曰:"缜纷,众盛也。轧芴,致密也。"师古曰:"缜音丑人反。轧音於黠反。芴音勿。"

③郭璞曰:"言眼乱也。"师古曰:"芒音莫郎反。"

④师古曰:"涯,畔也,音仪。"

⑤张揖曰:"朝出苑之东池,莫入于苑西陂中也。"

⑥师古曰:"言其土地气温,经冬草木不死,水不冻。"

⑦张揖曰:"旄,旄牛,其状如牛而四节毛。犛牛黑色,出西南徼外。沈牛,水牛也,能沈没水中。麈似鹿而大。"郭璞曰:"庸牛,领有肉堆。貘似熊,庳脚锐鬐,骨无髓,食铜铁。貘音貊。犛音狸。"师古曰:"庸牛即今之犎牛也。旄牛即今所谓偏牛者也。犛牛即今之猫牛者也。犛字又音茅。麈音主。"

⑧张揖曰:"题,额也。穷奇状如牛而蝟毛,其音如嗥狗,食人。"师古曰:"象,大兽也,长鼻,牙长一丈。犀头似猪,一角在鼻,一角在额前。"

⑨师古曰:"言其土地气寒,当暑凝冻,地为之裂,故涉冰而渡河也。揭,搴衣也。《诗》《邶风》《匏有苦叶》之篇曰'深则厉,浅则揭',揭音丘例反。"

⑩张揖曰:"雄曰麒,雌曰麟,其状麇身牛尾,狼题一角,角端似牛,其角可以为弓。"郭璞曰:"麒似麟而无角,角端似猪,角在鼻上,中作弓。"师古曰:"麒麟角端,郭说是也。橐驼者,言其可负橐囊而驼物,故以名云。"

⑪郭璞曰:"驒騱,駏驉类也。駃騠生三日而超其母。驒音颠,騱音奚。駃音决。騠音提。"

"于是乎离宫别馆,弥山跨谷,①高廊四注,重坐曲阁,②华榱璧珰,辇道纚属,③步櫩周流,长途中宿。④夷嵕筑堂,絫台增成,⑤岩突洞房。⑥頫杳眇而无见,仰𣝅橑而扪天,⑦奔星更于闺闼,宛虹拖于楯轩。⑧青龙蚴蟉于东箱,象舆婉僤于西清,⑨灵圉燕于閒馆,⑩偓佺之伦暴于南荣,⑪醴泉涌于清室,通川过于中庭。⑫磐石裖崖，⑬嵚岩倚倾，⑭嵯峨嶕嶫，刻削峥嵘，⑮玫瑰碧琳，珊瑚丛生，⑯珉玉旁唐，玢豳文磷，⑰赤瑕驳荦，杂臿其间，⑱晁采琬琰，和氏出焉。⑲

①师古曰："弥，满也。跨犹骑也。"

②师古曰："廊，堂下四周屋也。重坐，谓增室也。曲阁，阁之屈曲相连者也。"

③师古曰："榱，椽也。华谓雕画之也。璧珰，以玉为椽头，当即所谓璇题玉题者也。一曰以玉饰瓦之当也。辇道，谓阁道可以乘辇而行者也。缅属，缅迤相连属也。缅音力尔反。属音之欲反。"

④师古曰："步榈，言其下可行步，即今之步廊也。谓其途长远，虽经日行之，尚不能达，故中道而宿也。"

⑤师古曰："夷，平也。山之高聚者曰嵏。絫，古累字。言平山而筑堂于其上为累台也。增，重也，一重为一成也。嵏音子公反。"

⑥师古曰："于岩穴底为室，若灶突然，潜通台上。"

⑦师古曰："頫，古俯字也。杳眇，视远貌。𠬝，古攀字也。橑，椽也。扪，摸也。言台榭之高，有升上之者，俯视则不见地，仰攀其椽可以摸天也。橑音老。扪音门。"

⑧师古曰："奔星，流星也。更，历也。闺闼，宫中小门也。宛虹，曲屈之虹也。拖谓申加于上也。楯轩，轩之兰板也。并言室宇之高，故星虹得经加之也。更音工衡反。虹音红。拖音吐贺反，又(言)〔音〕徒可反。"[5]

⑨师古曰："象舆，瑞应车也。西清者，西箱清静之处也。蚴蟉、蜿僤，皆行动之貌。蚴音一纠反。蟉音力纠反。僤音善。"

⑩张揖曰："灵圄，众仙号也。"师古曰："閒读曰闲。"

⑪郭璞曰："偓佺，仙人也，食松子而眼方。暴谓偃卧日中也。荣，屋南檐也。偓音握。佺音铨。"

⑫师古曰："醴泉，瑞水，味甘如醴，言于室中涌出，而通流为川，从中庭而过也。"

⑬孟康曰："裖，砇致也。崖，廉也。以石致川之廉也。"师古曰："裖砇并音之忍反。致音直二反。谓重密而累积。"

⑭郭璞曰："嵚岩，欹貌。"师古曰："嵚音口衔反。倚音於绮反。"

⑮苏林曰："削音峭峻之峭。峥音侪争反。嵘音户抨反。"郭璞曰："言自然若

雕刻也。嶕音昨盍反。嶫音五盍反。"师古曰:"直言刻削耳,非云峭峻。郭说是也。嶕音捷。嶫音业。"

⑯郭璞曰:"珊瑚生水底石边,大者(可)〔树〕高三尺馀,[6]枝格交错,无有叶。"

⑰苏林曰:"玢音分。"郭璞曰:"旁唐言盘礴。玢豳,文理貌。"师古曰:"旁唐,文石也。唐字本作砀,言珉玉及石并玢豳也。玢音彼旻反。豳又音彼闲反。"

⑱张揖曰:"赤瑕,赤玉也。"郭璞曰:"言杂厕崖石中。驳荦,采点也。荦音洛角反。"

⑲晋灼曰:"鼂采阙。"师古曰:"鼂,古朝字也。朝采者,美玉每旦有白虹之气,光采上出,故名朝采,犹言夜光之璧矣。琬琰,美玉名。和氏之璧,卞和所得,亦美玉也。言今皆出于上林。"

"于是乎卢橘夏孰,①黄甘橙楱,②枇杷橪柿,亭奈厚朴,③梬枣杨梅,④樱桃蒲陶,⑤隐夫薁棣,⑥荅遝离支,⑦罗乎后宫,列乎北园,貤丘陵,下平原,⑧扬翠叶,扤紫茎,⑨发红华,垂朱荣,煌煌扈扈,照曜巨野。⑩沙棠栎槠,⑪华枫枰栌,⑫留落胥邪,仁频并闾,⑬欃檀木兰,⑭豫章女贞,⑮长千仞,大连抱,⑯夸条直畅,实叶葰楙,⑰攒立丛倚,连卷欐佹,⑱崔错登骫,⑲坑衡閜砢,⑳垂条扶疏,落英幡纚,㉑纷溶萷蔘,猗柅从风,㉒藰莅卉歙,㉓盖象金石之声,管籥之音。㉔柴池茈虒,旋还乎后宫,㉕杂袭絫辑,㉖,被山缘谷,循阪下隰,㉗视之无端,究之亡穷。

①应劭曰:"《伊尹书》曰'箕山之东,青马之所,有卢橘夏孰'。"晋灼曰:"此虽赋上林,博引异方珍奇,不系于一也。"师古曰:"卢,黑色也。"

②郭璞曰:"黄甘,橘属而味精。楱亦橘之类也,音凑。"张揖曰:"楱,小橘也,出武陵。"师古曰:"橙即柚也,音丈耕反。"

③张揖曰:"枇杷似斛树,长叶,子若杏。橪,橪支,香草也。亭,山梨也。厚朴,药名也。"郭璞曰:"燃支木也。"师古曰:"此二句总论树木,不得杂以香草也。橪,郭说得之。朴,木皮也。此药以皮为用,而皮厚,故呼厚朴云。橪音烟。朴音匹角反。"

④张揖曰:"杨梅,其实似穀子而有核,其味酢,出江南也。"

⑤师古曰:"樱桃,即今之朱樱也。《礼记》谓含桃,《尔雅》谓之荆桃。樱音於耕反。"

⑥师古曰："隐夫未详。薁即今之郁李也。棣，今之山樱桃。薁音於六反。棣音(徙)〔徒〕计反。"〔7〕

⑦张揖曰："荅遝似李，出蜀。"晋灼曰："离支大如鸡子，皮粗，剥去皮，肌如鸡子中黄，味甘多酢少。"师古曰："遝音沓。离音力智反。"

⑧师古曰："貤犹延也，一曰次第而重也。貤音弋豉反。"

⑨师古曰："扤，摇也，音兀。"

⑩师古曰："言其光采之盛也。钜野，大野。煌音皇。"

⑪张揖曰："沙棠，状如棠，黄华赤实，其味似李，无核。《吕氏春秋》曰'果之美者，沙棠之实'。栎，果名也。槠似柃，叶冬不落。"应劭曰："栎，采木也。"郭璞曰："槠似采柔。"师古曰："栎非果名，又非采木之栎，盖木蓼也，叶辛，初生可食。栎音历。槠音诸。柃音零。采音菜。柔音食诸反。"

⑫师古曰："华即今之皮贴弓者也。枫树脂可为香，今之枫胶香也。《尔雅》云一名欇欇。枰即平仲木也。栌，今黄栌木也。华音胡化反。枫音风。枰音平。栌音卢。"

⑬张揖曰："并闾，棕也。"郭璞曰："落，檴也，中作器素。胥邪似并闾，皮可作索。"师古曰："仁频即宾桹也。频字或作宾。胥音先余反。邪音弋奢反。檴音镬。"

⑭孟康曰："欃檀，檀别名。"郭璞曰："欃音谗。"

⑮师古曰："女贞树冬夏常青，未尝凋落，若有节操，故以名焉。"

⑯师古曰："八尺曰仞。连抱者，言非一人所抱。"

⑰郭璞曰："夸，张布也。"张揖曰："葰，甬也。"师古曰："畅，通也，通谓上下相称也。葰音峻。楙，古茂字也。甬音踊。"

⑱师古曰："攒立，聚立也。丛倚，相倚也。连卷，屈曲也。欐佹，支柱也。倚音於绮反。卷音丘专反，又音巨专反。欐音力尔反。佹音诡。"

⑲师古曰："崔错，交杂也。癹委，蟠戾也。崔音千贿反。癹音步葛反。骫，古委字。"

⑳师古曰："坑衡，径直貌也。閜砢，相扶持也。坑音口庚反。砢音乌可反。砢音来可反。坑字或作抗，言树之支干相抗争衡也。其义两通。"

㉑师古曰："扶疏，四布也。英谓华也。幡纚，飞扬貌也。纚音山尔反。"

㉒郭璞曰："纷溶萷蔘，支竦擢也。猗柅犹阿郲也。萷音萧。蔘音森。猗音於氏反。柅音诺氏反。"师古曰："溶音容。萷亦音山交反。"

㉓师古曰："林木鼓动之声也。郑音刘。莅音利。芔，古卉字也，音讳。歙音翕。"

㉔师古曰："金石，谓钟磬也。管长一尺，围一寸，六孔无底，籥三孔，并以竹为之。"

㉕如淳曰："茈音此。虒音豸。"张揖曰："柴池，参差也。茈虒，不齐也。"郭璞曰："柴音差。还，还绕也，音宦。"

㉖师古曰："杂袭，相因也。絫辑，重积也。絫，古累字。辑与集同。"

㉗师古曰："循，顺也。下湿曰隰。"

"于是乎玄猿素雌，蜼玃飞蠝，①蛭蜩玃蝚，②獑胡縠蛫，③栖息乎其间。长啸哀鸣，翩幡互经，④夭蟜枝格，偃蹇杪颠，⑤隃绝梁，腾殊榛，⑥捷垂条，掉希间，⑦牢落陆离，烂漫远迁。⑧

①张揖曰："蜼如母猴，印鼻而长尾。玃似弥猴而大。飞蠝，飞鼠也，其状如兔而鼠首，以其頠飞。"郭璞曰："蠝，鼯鼠也，毛紫赤色，飞且生，一名飞生。蜼音赠遗之遗。蠝音诔。"师古曰："玄猿素雌，言猿之雄者玄黑而雌者白素也。《尔雅》曰'玃父善顾'也。玃音钁。鼯音吾。"

②如淳曰："蛭音质。"张揖曰："蛭，虮也。蜩，蝉也。钁蝚，弥猴也。"师古曰："方言兽属，而引蛭虮水虫，又及蜩蝉，乖于事类，如说非也，但未详是何兽耳。蝚音乃高反，又音柔，即今所谓戎皮为鞍褥者也。戎音柔，声之转耳，非弥猴也。"

③张揖曰："獑胡似弥猴，头上有髦，要以后黑。縠，白狐子也。"郭璞曰："縠似鼬而大，要以后黄，一名黄要，食弥猴。蛫未闻也。獑音谗。縠音呼縠反。蛫音诡。"师古曰："縠，郭说是也。"

④郭璞曰："互经，互相经过也。"

⑤郭璞曰："皆猿猴在树共戏姿态也。夭蟜，频申也。"师古曰："杪颠，枝上端也。蟜音矫。杪音眇。"

⑥师古曰："绝梁，谓正绝水无桥梁也。殊榛，特立株枿也。言超度无梁之水，而跳上株枿之上也。隃字与逾同。榛音仕人反。枿音五曷反。"

⑦张揖曰："捷持县垂之条，掉往著稀疏无支之间也。"师古曰："掉音徒钓反。"

⑧师古曰："言其聚散不恒，杂乱移徙也。"

"若此者数百千处，娱游往来，宫宿馆舍，①庖厨不徙，后宫不移，百官备具。②

①师古曰："娱，戏也。戏音许其反。"

②师古曰："言所在之处供具皆足也。"

"于是乎背秋涉冬，天子校猎。①乘镂象，六玉虬，②拖蜺旌，③靡云旗，④前皮轩，后道游；⑤孙叔奉辔，卫公参乘，⑥扈从横行，出乎四校之中。⑦鼓严簿，纵猎者，⑧江河为阹，泰山为橹，⑨车骑靁起，殷天动地，⑩先后陆离，离散别追，⑪淫淫裔裔，缘陵流泽，云布雨施。⑫生貔豹，搏豺狼，⑬手熊罴，足壄羊。⑭蒙鹖苏，⑮绔白虎，⑯被斑文，⑰跨壄马，⑱陵三嵕之危，⑲下碛历之坻，⑳径峻赴险，越壑厉水。㉑推蜚廉，弄解廌，㉒格虾蛤，铤猛氏，㉓罥要褭，射封豕。㉔箭不苟害，解脰陷脑；弓不虚发，应声而倒。㉕

①李奇曰："以五校兵出猎也。"师古曰："李说非也。校猎者，以木相贯穿，总为阑校，遮止禽兽而猎取之。说者或以为《周官》校人掌田猎之马，因云校猎，亦失其义。养马称校人者，谓以为阑校以养马耳，故呼为闲也。事具《周礼》，非以猎马故称校人。"

②张揖曰："镂象，象路也，以象牙疏镂其车辂。六玉虬，谓驾六马，以玉饰其镳勒，有似玉虬。龙子有角曰虬。"

③张揖曰："析羽毛，染以五采，缀以缕为旌，有似虹蜺之气也。"师古曰："拖音土贺反，又音徒可反。"

④张揖曰："画熊虎于旒为旗，似云气。"

⑤文颖曰："皮轩，以虎皮饰车。天子出，道车五乘，游车九乘，在乘舆车前，赋颂为偶辞耳。"师古曰："文说非也。言皮轩最居前，而道游次皮轩之后耳，非谓在乘舆之后也。皮轩之上以赤皮为重盖，今此制尚存，又非猛兽之皮用饰车也。道读曰导。"

⑥郑氏曰："孙叔者，太仆公孙贺也，字子叔。卫公者，大将军卫青也。大驾，太仆御，大将军参乘。"师古曰："参乘，在车之右也。解具在《文纪》也。"

⑦文颖曰："凡五校，今言四者，一校中随天子乘舆也。"师古曰："此说又非也。四校者，阑校之四面也。言其跋扈纵恣而行，出于校之四外也。"

⑧孟康曰："鼓严，严鼓也。簿，卤簿也。"师古曰："纵，放也。簿音步户反。"

⑨苏林曰:“阹,猎者圜陈遮禽兽也。”张揖曰:“橹,大盾,以为翳也。”郭璞曰:“橹,望楼也。因山谷遮禽兽为阹。”师古曰:“因江河以遮禽,登泰山而望获,言田猎之广远耳。郭说是也。阹音(怯)〔祛〕。”〔8〕

⑩郭璞曰:“殷犹震也。”师古曰:“靁,古雷字也。殷音隐。”

⑪师古曰:“陆离,分散也。言各有所追逐也。追合韵,音竹遂反。”

⑫郭璞曰:“言遍山野也。”

⑬郭璞曰:“貔,执夷,虎属也,音毗。”师古曰:“貔豹二物,皆猛兽也。生谓生取之也。搏,击也。”

⑭张揖曰:“熊,犬身人足,黑色。罴如熊,黄白色。壄羊,麢羊也,似羊而青。”师古曰:“壄羊,今之所谓山羊也,非麢羊矣。手,言手击杀之。足谓蹴蹈而获之。”

⑮孟康曰:“鹖,鹖尾也。苏,析羽也。”张揖曰:“鹖似雉,斗死不却。”郭璞曰:“蒙其尾为帽也。鹖音曷。”

⑯张揖曰:“著白虎文绔也。”师古曰:“绔,古袴字。”

⑰师古曰:“被谓衣著之也。斑文,亦貙豹之皮也。被音皮义反。”

⑱师古曰:“骑之也。”

⑲师古曰:“陵,上也。三嵕,三聚之山也。”

⑳师古曰:“碛历,沙石之貌也。坻,水中高处也。碛音千狄反。坻音迟。”

㉑师古曰:“厉,以衣度也。”

㉒郭璞曰:“飞廉,龙雀也,鸟身鹿头。”张揖曰:“解廌似鹿而一角,人君刑罚得中则生于朝廷,主触不直者,可得而弄也。”师古曰:“推亦谓弄之也,其字从手。今流俗读作椎击之椎,失其义矣。解音蟹。廌音文介反。”

㉓孟康曰:“虾蛤、猛氏,皆兽名也。”郭璞曰:“今蜀中有兽,状似熊而小,毛浅有光泽,名猛氏。”师古曰:“铤,铁把短矛也。虾音遐。蛤音阁。铤音蝉。”

㉔张揖曰:“要褭,马金(啄)〔喙〕赤色,〔9〕一日行万里者。”郭璞曰:“封豕,大猪也。要褭音窈嫋。”师古曰:“羂谓罗系之也,音工犬反。”

㉕张揖曰:“脰,项也。”师古曰:“言射必命中,非诡遇也。脰音豆。”

“于是乘舆弭节徘徊,翱翔往来,①睨部曲之进退,览将帅之变态。②然后侵淫促节,③ 儵敻远去,④ 流离轻禽,蹴履狡兽,⑤ 辖白鹿,捷狡菟。⑥轶赤电,遗光耀,⑦追怪物,出宇宙,⑧弯蕃弱,满白羽,⑨射游枭,栎蜚遽。⑩择肉而后发,先中而命处,⑪弦矢分,蓺殪仆。⑫

①郭璞曰:"言周旋也。"

②师古曰:"睨,衺视也。部曲,解在《李广传》。睨音五计反。"

③郭璞曰:"言短驱也。"

④师古曰:"倏然敻然,疾远貌。"

⑤师古曰:"流离,困苦之也。"

⑥郭璞曰:"狡菟健跳,故捷取之也。"

⑦张揖曰:"轶,过也。"郭璞曰:"皆妖气为变怪者,游光之属。"

⑧张揖曰:"怪物,奇禽也。天地四方曰宇,古往今来曰宙。"师古曰:"张说宙,非也。许氏《说文解字》云'宙,舟舆所极覆也'。"

⑨文颖曰:"弯,牵也。蕃弱,夏后氏之良(工)〔弓〕名。[10]引弓尽箭镝为满。以白羽羽箭,故言白羽也。"师古曰:"弯音乌还反。蕃音扶元反。"

⑩张揖曰:"枭,恶鸟,故射之也。栎,梢也。飞遽,天上神兽也,鹿头而龙身。"郭璞曰:"枭,枭羊也,似人长唇,被发食人。"师古曰:"枭,郭说近是矣,非谓恶鸟之枭也。栎音洛。遽音钜。"

⑪郭璞曰:"言必如所志者也。"

⑫文颖曰:"所射准的为蓺,一发(矢)〔死〕为殪。"[11]郭璞曰:"仆,毙也。殪音翳。仆音赴。"师古曰:"言弦矢適分,则殪死而赴,如射蓺也。蓺谓射的,即今之垛上橜也。蓺读与艺同,字亦作臬,音鱼列反。"

"然后扬节而上浮,①陵惊风,历骇猋,②乘虚亡,与神俱,③蔺玄鹤,乱昆鸡,④遒孔鸾,促鵕鸡,⑤拂翳鸟,⑥捎凤凰,⑦捷鹓雏,掩焦明。⑧

①郭璞曰:"言腾游也。"

②师古曰:"猋谓疾风从下而上也,音必遥反。"

③张揖曰:"虚无廖廓,与元通灵,言其所乘气之高,故能出飞鸟之上而与神俱也。"

④张揖曰:"昆鸡似鹤,黄白色。"郭璞曰:"乱者,言乱其行伍也。"

⑤郭璞曰:"遒、促,皆迫捕之也。"师古曰:"遒音材由反。"

⑥张揖曰:"《山海经》曰九疑之山有五采之鸟,名曰翳鸟也。"

⑦师古曰:"捎音山交反。"

⑧张揖曰:"焦明似凤,西方之鸟也。"

"道尽涂殚,回车而还。消摇乎襄羊,降集乎北纮,① 率乎直指,② 掩乎反乡,③ 蹷石关,历封峦,过鳷鹊,望露寒,④ 下堂梨,息宜春,⑤ 西驰宣曲,⑥ 濯鹢牛首,⑦ 登龙台,⑧ 掩细柳,⑨ 观士大夫之勤略,⑩ 钧猎者之所得获。⑪ 徒车之所閵轹,⑫ 骑之所蹂若,人之所蹈藉,⑬ 与其穷极倦𢟍,惊惮詟伏,⑭ 不被创刃而死者,它它藉藉,⑮ 填坑满谷,掩平弥泽。⑯

①张揖曰:"《淮南子》云九州之外曰八泽,八泽之外乃有八纮,北方之纮曰委羽。"郭璞曰:"襄羊犹彷徉也。"师古曰:"纮音宏。"

②师古曰:"率然直去意。"

③师古曰:"掩然疾归貌。"

④张揖曰:"此四观武帝建元中作,在云阳甘泉宫外。"师古曰:"蹷,蹋;历,经也。蹷音钜月反。峦音鸾。鳷音支。"

⑤张揖曰:"堂梨,宫名,在云阳东南三十里。"师古曰:"宜春,宫名,在杜县东,即今曲江池是其处也。"

⑥张揖曰:"宣曲,宫名也,在昆明池西。"

⑦张揖曰:"牛首,池名也,在上林苑西头。"师古曰:"濯者,所以刺船也。鹢即鹢首之舟也。濯音直孝反。"

⑧张揖曰:"观名也,在丰水西北,近渭。"

⑨郭璞曰:"观名也,以昆明池南也。"

⑩师古曰:"略,智略也。观士之勤,大夫之略也。"

⑪郭璞曰:"平其多少也。"

⑫郭璞曰:"徒,步也。閵,践也。轹,辗也,音来各反。"师古曰:"辗音女展反。"

⑬师古曰:"蹂若,谓践蹋也。蹂音人九反。"

⑭郭璞曰:"穷极倦𢟍,疲惫也。惊惮詟伏,詟怖不动貌。"师古曰:"𢟍音剧。惮音丁曷反。詟音之涉反。"

⑮郭璞曰:"言交横也。"师古曰:"它音徒何反。"

⑯师古曰:"平,平原也。弥亦满也。"

"于是乎游戏懈怠,置酒乎颢天之台,① 张乐乎胶葛之寓,② 撞千石之钟,③立万石之虡,④建翠华之旗,树灵鼍之鼓,⑤奏陶唐氏之舞,⑥听葛天氏之歌,⑦千人倡,万人和⑧山陵为之震动,川谷为之荡波。⑨巴俞宋蔡,淮南《干遮》,⑩文成颠歌,⑪族居递奏,金鼓迭起,⑫铿鎗闛鞈,洞心骇耳。⑬荆吴郑卫之声,⑭《韶濩武象》之乐,⑮阴淫案衍之音,⑯鄢郢缤纷,《激楚》《结风》,⑰俳优侏儒,狄鞮之倡,⑱所以娱耳目乐心意者,丽靡烂漫于前,⑲靡曼美色于後。⑳

①张揖曰:"台高上干皓天也。"师古曰:"颢音胡考反。"

②郭璞曰:"言旷远深貌也。"

③张揖曰:"千石,十二万斤也。"

④师古曰:"虡,兽名也。立一百二十万斤之虡以县钟也。"

⑤师古曰:"翠华之旗,以翠羽为旗上葆也。灵鼍之鼓,以鼍皮为鼓。鼍音徒河反,又音徒丹反。"

⑥郭璞曰:"陶唐,尧有天下号也。"如淳曰:"舞咸池。"师古曰:"二家之说皆非也。陶唐当为阴康,传写字误耳。《古今人表》有葛天氏,阴康氏。《吕氏春秋》曰:'昔阴康氏之始,阴多滞伏湛积,阳道壅塞,不行其序,民气郁阏,筋骨缩栗不达,故作为舞以宣导之。'高诱亦误解云'陶唐,尧有天下之号也'。案吕氏说阴康之后,方一一历言黄帝、颛顼、帝喾,乃及尧、舜作乐之本,皆有次第,岂再陈尧而错乱其序乎?盖诱不视《古今人表》,妄改易吕氏本文。"

⑦张揖曰:"葛天氏,三皇时君号也。其乐三人持牛尾投足以歌八曲:一曰《戴民》,二曰玄鸟,三曰《育草木》,四曰《奋五谷》,五曰《敬天常》,六曰《彻帝功》,七曰《依地德》,八曰《总禽兽之极》。"师古曰:"张说八曲是也。其事亦见《吕氏春秋》。张云三皇时君,失之矣。"

⑧师古曰:"倡读曰唱。"

⑨郭璞曰:"波浪起也。"

⑩师古曰:"巴俞之人刚勇好舞,初高祖用之,克平三秦,美其功力,后使乐府习之,因名《巴俞舞》也。宋蔡,二国名。淮南,地名,《干遮》,曲名也。"

⑪文颖曰:"文成,辽西县名也。其县人善歌。颠,益州颠县,其民能作西南夷歌也。"师古曰:"颠即滇字也,其音则同耳。"

⑫师古曰:"族,聚也。聚居而递奏也。金,钟也。钟之与鼓,亦互起也。迭音

徒结反。"

⑬师古曰:"铿㘄,金声也。闛鞈,鼓音也。洞,彻也。駭,惊也。铿音口耕反。鎗音切衡反。闛音托郎反。鞈音榻。"

⑭郭璞曰:"皆淫哇之声。"

⑮文颖曰:"《韶》,舜乐也。《濩》,汤乐也。《武》,武王乐也。"张揖曰:"《象》,周公乐也。南人服象,为虐于夷,成王命周公以兵追之,至于海南,乃为《三象乐》也。"

⑯郭璞曰:"流湎曲也。"师古曰:"衍音弋战反。"

⑰李奇曰:"鄢,今宜城县也。郢,楚都也。缤纷,舞貌也。"郭璞曰:"《激楚》,歌曲也。"师古曰:"《结风》,亦曲名也。缤音匹人反。"

⑱张揖曰:"狄鞮,西方译名。"郭璞曰:"西戎乐名也。"师古曰:"俳优侏儒,倡乐可狎玩者也。狄鞮,郭说是也。鞮音丁奚反。"

⑲郭璞曰:"言恣所观也。"

⑳张揖曰:"靡,细也。曼,泽也。"

"若夫青琴虙妃之徒,①绝殊离俗,②妖冶闲都,靓庄刻饰,便嬛繛约,③柔桡嫚嫚,妩媚孅弱,④曳独茧之褕袣,眇阎易以恤削,⑤便姗嫳屑,与世殊服,⑥芬芳沤郁,酷烈淑郁,⑦皓齿粲烂,宜笑的皪,⑧长眉连娟,微睇绵藐,⑨色授魂予,心愉于侧。⑩

①伏俨曰:"青琴,古神女也。"文颖曰:"虙妃,洛水之神女也。"师古曰:"虙读与伏字同,字本作虙也。"

②郭璞曰:"世无双也。"

③郭璞曰:"靓庄,粉白黛黑也。刻,刻画鬋鬓也。便嬛,轻丽也。繛约,婉约也。嬛音翾。靓音净。"师古曰:"妖冶,美好也。闲都,雅丽也。繛音绰。"

④师古曰:"桡,动曲也。嫚嫚,柔屈貌也。纤,细也。细弱总谓骨体也。桡音女教反。嫚音於圆反。妩音武。孅即纤字耳。"

⑤张揖曰:"褕,襜褕也。袣,袖也。"郭璞曰:"独茧,一茧丝也。阎易,衣长貌也。恤削,言如刻画作之也。"师古曰:"褕音逾。袣音曳。易,弋示反。"

⑥师古曰:"言其行步安详,容服绝异也。便音步千反。姗音先。嫳音步结反。"

⑦郭璞曰:"香气盛也。"师古曰:"沤音一候反。"

⑧郭璞曰："鲜明貌也。"师古曰："皪音砾。"

⑨郭璞曰："连娟言曲细。绵藐，视远貌。藐音邈。"师古曰："微睇，小视也。娟音一全反。睇音大计反。"

⑩张揖曰："彼色来授，魂往与接也。"师古曰："愉，乐也。音逾。"

"于是酒中乐酣，①天子芒然而思，②似若有亡，③曰：'嗟乎，此大奢侈！朕以览听馀閒，无事弃日，④顺天道以杀伐，⑤时休息(以)于此，⑥〔12〕恐后世靡丽，遂往而不返，非所以为继嗣创业垂统也。'⑦于是乎乃解酒罢猎，而命有司曰：'地可垦辟，悉为农郊，以赡氓隶，⑧陨墙填閒，⑨使山泽之民得至焉。⑩实陂池而勿禁，虚宫馆而勿仞。⑪发仓廪以救贫穷，补不足，恤鳏寡，存孤独。出德号，省刑罚，⑬改制度，易服色，革正朔，与天下为始。'

①师古曰："酒中，饮酒中半也。乐酣，奏乐洽也。中音竹仲反。"

②师古曰："芒然犹罔然也。芒音莫郎反。"

③师古曰："如有失也。"

④师古曰："言听政馀暇，不能弃日也。閒读曰闲。"

⑤郭璞曰："因秋气也。"

⑥郭璞曰："谓苑囿中也。"

⑦郭璞曰："言不可以示将来也。"师古曰："为音于伪反。"

⑧师古曰："辟读曰阓。阓，开也。邑外谓之郊，郊野之田故曰农郊也。《卫风硕人》之诗曰'税子农郊'也。"

⑨师古曰："陨，坠也，音徒回反。"

⑩师古曰："恣其刍牧樵采者也。"

⑪师古曰："实谓人满其中，言恣其有所取也。仞亦满也。勿仞，言(发)〔废〕罢之也。"〔13〕

⑫师古曰："德号，德音之号令也。《易》夬卦曰'孚号有厉'是也。"

"于是历吉日以斋戒，①袭朝服，乘法驾，建华旗，鸣玉鸾，②游于六艺之囿，驰骛乎仁义之涂，③览观《春秋》之林，④射《狸首》，兼《驺虞》，⑤弋玄鹤，舞干戚，⑥戴云罕，掩群雅，⑦悲《伐檀》，⑧乐乐胥，⑨修容乎《礼》园，翱翔乎《书》圃，⑩述《易》道，⑪放怪兽，⑫登明堂，坐清庙，恣群臣，奏得失，四海之内，靡不受获。⑬于斯之时，天下大说，乡风而听，随流而化，⑭芔然兴道而迁义，⑮刑错而不用，德隆于三皇，功羡于五帝。⑯若此，故猎乃可喜也。

①张揖曰："历犹算也。"

②郭璞曰："鸾，铃也，在轨曰鸾，在轼曰和。"

③郭璞曰："六艺，礼、乐、射、御、书、数也。涂，道也。"师古曰："郭说非也。此六艺谓《六经》者也。"

④如淳曰："《春秋》义理繁茂，故比之于林薮也。"

⑤郭璞曰："《狸首》，《逸诗》篇名，诸侯以为射节。《驺虞》，《召南》之卒章，天子以为射节也。"

⑥郭璞曰："干，盾；戚，斧也。"

⑦张揖曰："罕，毕也，前有九流云罕之车。《诗》《小雅》之材七十四人，《大雅》之材三十一人，故曰群雅也。"

⑧师古曰："《伐檀》，魏国之诗，刺在位贪鄙也。"

⑨郑氏曰："《诗》云'于胥乐兮'。"师古曰："此说非也。谓取《小雅》《桑扈》之篇云'君子乐胥，万邦之屏'耳。胥，有材知之人也。王者乐得有材知之人使在位也。胥音先吕反。"

⑩师古曰："此以上皆取经典之嘉辞，以代游猎之娱乐。"

⑪郭璞曰："修絜静精微之术。"

⑫张揖曰："苑中奇怪之兽，不复猎也。"

⑬师古曰："言天下之人，皆受恩惠，岂直如田猎得兽而已。"

⑭师古曰："说读曰悦。乡读曰向。"

⑮师古曰："芔然犹歘然也。迁，徙也，徙就于义也。芔音许贵反。"

⑯师古曰："错，置也。羡，饶也。五帝谓黄帝、颛顼、帝喾、尧、舜也，一曰少昊、颛顼、高辛、尧、舜也。错音千故反。羡音弋战反。"

"若夫终日驰骋，劳神苦形，罢车马之用，抏士卒之精，①费府库之财，而无德厚之恩，务在独乐，不顾众庶，忘国家之政，贪雉菟之获，则仁者不繇也。②从此观之，齐楚之事，岂不哀哉！地方不过千里，而囿居九百，是草木不得垦辟，而民无所食也。③夫以诸侯之细，而乐万乘之所侈，仆恐百姓被其尤也。”④

①师古曰：“罢读曰疲。抏，挫也，音五官反。”

②师古曰：“繇读与由同。由，用也。”

③师古曰：“辟读曰阚。”

④师古曰：“尤，过也；被音皮义反。”

于是二子愀然改容，超若自失；①逡巡避席，曰：“鄙人固陋，不知忌讳，乃今日见教，谨受命矣。”

①师古曰：“愀，变色貌，音材小反，又音秋诱反。”

赋奏，天子以为郎。亡是公言上林广大，山谷水泉万物，及子虚言云梦所有甚众，侈靡多过其实，且非义理所止，故删取其要，归正道而论之。①

①师古曰：“言不尚其侈靡之论，但取终篇归于正道耳，非谓削除其辞也，而说者便谓此赋已经史家刊剟，失其意矣。”

【校勘记】

〔1〕 〔决〕眦即决兽之目眦， 王先谦说，“曰”下当有“决”字。

〔2〕 西河（有）縠罗县有紫泽， 景祐、殿本都无上“有”字。

〔3〕 丰水出鄠南山（澧）〔丰〕谷， 景祐本作“丰”。

〔4〕 （汩）〔汩〕縠然也。 景祐、殿、局本都作“汩”，此误。

〔5〕 又（言）〔音〕徒可反。 殿、局本都作“音”，此误。 景祐本无“音”字。

〔6〕 大者（可）〔树〕高三尺馀， 景祐、殿本都作“树”。

〔7〕 棣音（徙）〔徒〕计反。 景祐、殿本都作“徒”，此误。

〔8〕 陆音（怯）〔袪〕。 景祐、殿本都作“袪”。王先谦说作“袪”是。

〔9〕 马金（啄）〔喙〕赤色， 殿、局本都作“喙”。王先谦说作“喙”是。

〔10〕 蕃弱，夏后氏之良（工）〔弓〕名。 景祐、殿、局本都作“弓”，此误。

〔11〕 一发（矢）〔死〕为殪。 景祐、殿、局本都作“死”，此误。

〔12〕 时休息（以）于此。 王先谦说《史记》、文选并无“以”字，则无“以”字者是。

〔13〕 言（发）〔废〕罢之也。 景祐、殿本都作“废”。王先谦说作“废”是。

汉书卷五十七下

司马相如传第二十七下

相如为郎数岁，会唐蒙使略通夜郎、僰中，[①]发巴蜀吏卒千人，郡又多为发转漕万馀人，用军兴法诛其渠率。[②]巴蜀民大惊恐。上闻之，乃遣相如责唐蒙等，因谕告巴蜀民以非上意。檄曰：

①师古曰："行取曰略。夜郎、僰中，皆西南夷也。僰音蒲北反。"

②师古曰："渠，大也。"

告巴蜀太守：蛮夷自擅，不讨之日久矣，时侵犯边境，劳士大夫。陛下即位，存抚天下，集安中国，然后兴师出兵，北征匈奴，单于怖骇，交臂受事，屈膝请和。康居西域，重译纳贡，稽首来享。[①]移师东指，闽越相诛；右吊番禺，太子入朝。[②]南夷之君，西僰之长，常效贡职，不敢惰怠，延颈举踵，喁喁然，[③]皆乡风慕义，欲为臣妾，[④]道里辽远，山川阻深，不能自致。[⑤]夫不顺者已诛，而为善者未赏，故遣中郎将往宾之，发巴蜀之士各五百人以奉币，卫使者不然，[⑥]靡有兵革之事，战斗之患。今闻其乃发军兴制，[⑦]惊惧子弟，忧患长老，郡又擅为转粟运输，皆非陛下之意也。当行者或亡逃自贼杀，[⑧]亦非人臣之节也。

①师古曰："来入朝觐，豫享祀也。一曰享，献也，献其国珍也。"

②文颖曰："吊，至也。番禺，南海郡治也。东伐越，后至番禺，故言右也。"师古曰："南越为东越所伐，汉发兵救之，南越蒙天子德惠，故遣太子入朝，所以云吊耳，非训至也。"

③师古曰："喁喁，众口向上也，音鱼龙反。"

④师古曰："乡读曰向。"

⑤师古曰："致，至也。"

⑥张揖曰："不然之变也。"

⑦师古曰："以发军之法为兴众之制也。"

⑧师古曰："贼犹害也。"

夫边郡之士，闻烽举燧燔，①皆摄弓而驰，荷兵而走，②流汗相属，惟恐居后，③触白刃，冒流矢，④议不反顾，计不旋踵，人怀怒心，如报私雠。彼岂乐死恶生，非编列之民，而与巴蜀异主哉？⑤计深虑远，急国家之难，而乐尽人臣之道也。故有剖符之封，析圭而爵，位为通侯，⑥居列东第。⑦终则遗显号于后世，传土地于子孙，事行甚忠敬，居位甚安佚，⑧名声施于无穷，功(业)〔烈〕著而不灭。[1]是以贤人君子，肝脑涂中原，膏液润埜屮而不辞也。⑨今奉币使至南夷，即自贼杀，或亡逃抵诛，⑩身死无名，⑪谥为至愚，⑫耻及父母，为天下笑。人之度量相越，岂不远哉！然此非独行者之罪也，父兄之教不先，子弟之率不谨，⑬寡廉鲜耻，而俗不长厚也。⑭其被刑戮，不亦宜乎！

①孟康曰："烽如覆米䉛，县著契皋头，有寇则举之。燧，积薪，有寇则燔然之也。"

②师古曰："摄谓张弓注矢而持之也。摄音女涉反。"

③师古曰："属，逮也，音之欲反。"

④师古曰："冒，犯也。"

⑤师古曰："编列，谓编户也。编音布先反。"

⑥如淳曰："析，中分也。白藏天子，青在诸侯也。"

⑦师古曰："东第，甲宅也。居帝城之东，故曰东第也。"

⑧师古曰："佚，乐也，读与逸同。"

⑨师古曰："埜与壄同，古野字也。屮，古草字。"

⑩师古曰："抵，至也，亡逃而至于诛也。"

⑪师古曰："无善名也。"

⑫师古曰："谥者，行之迹也。终以愚死，后叶传称，故谓之谥。"

⑬师古曰："不先者，谓往日不素教之也。"

⑭师古曰："寡、鲜，皆少也。鲜音息浅反。"

陛下患使者有司之若彼，悼不肖愚民之如此，故遣信使，①晓谕百姓以发卒之事，②因数之以不忠死亡之罪，③让三老孝弟以不教诲之过。④方今田时，重烦百姓，⑤已亲见近县，⑥恐远所溪谷山泽之民不遍闻，檄到，亟下县道，⑦咸喻陛下意，毋忽！⑧

①师古曰："诚信之人以为使也。"

②师古曰："谕，告也。"

③师古曰："数，责也，音所具反。"

④师古曰："让，责也，责其教诲不备也。"

⑤师古曰："重，难也，不欲召聚之也。"

⑥师古曰："近县之人，使者以自见而口谕之矣，故为檄文驰以示远所也。"

⑦师古曰："亟，急也。县有蛮夷曰道。"

⑧师古曰："忽，怠忽也。"

相如还报。①唐蒙已略通夜郎，因通西南夷道，发巴蜀广汉卒，作者数万人。治道二岁，道不成，士卒多物故，②费以亿万计。蜀民及汉用事者多言其不便。是时邛、莋之君长③闻南夷与汉通，得赏赐多，多欲愿为内臣妾，请吏，比南夷。上问相如，相如曰："邛、莋、冉、駹者近蜀，道易通，④异时尝通为郡县矣，⑤至汉兴而罢。今诚复通，为置县，愈于南夷。"⑥上以为然，乃拜相如为中郎将，建节往使。副使者王然于、壶充国、吕越人，驰四乘之传，⑦因巴蜀吏币物以赂西南夷。至蜀，太守以下郊迎，⑧县令负弩矢先驱，⑨蜀人以为宠。于是卓王孙、临邛诸公皆因门下献牛酒以交欢。卓王孙喟然而叹，自以得使女尚司马长卿晚，⑩乃厚分与其女财，与男等。相如使略定西南夷，邛、莋、冉、駹、斯榆之君皆请为臣妾，除边关，〔边关〕益斥，⑪[2]西至沫、若水，⑫南至牂牁为徼，⑬通灵山道，桥孙水，⑭以通邛、莋。还报，天子大说。⑮

①师古曰："使讫还报天子也。"

②师古曰："物故，死也。解在《苏武传》。"

③文颖曰："邛者，今为邛都县。莋者，今为定莋县。"师古曰："莋，才各反。"

④师古曰："今夔州、开州等首领姓冉者，皆旧冉种也。駹音龙。"

⑤师古曰："异时犹言往时也。"

⑥晋灼曰："南夷谓犍为、牂牁也。西夷谓越巂、益州也。"师古曰："愈，胜也。"

⑦师古曰："传音张恋反。"

⑧师古曰："迎于郊界之上也。"

⑨师古曰："导路也。"

⑩师古曰："尚犹配也，义与尚公主同。今流俗书本此尚字作当。盖后人见前云文君恐不得当，故改此文以就之耳。"

⑪师古曰："斥，开广也。"

⑫张揖曰："沫水出蜀广平徼外。若水出旄牛徼外。"师古曰："沫音妹。"

⑬张揖曰："徼谓以木石水为界者也。"如淳曰："斯榆之君等自求去边关，欲与牂牁作徼塞也。"师古曰："徼音工钓反。"

⑭张揖曰："凿开灵山道，置灵道县。孙水出台登县，南至会无入若水。"师古曰："于孙水上作桥也。"

⑮师古曰："说读曰悦。"

相如使时，蜀长老多言通西南夷之不为用，大臣亦以为然。相如欲谏，业已建之，不敢，①乃著书，藉蜀父老为辞，而己诘难之，以风天子，②且因宣其使(诣)〔指〕，[3]令百姓皆知天子意。其辞曰：

①师古曰："本由相如立此事，故不敢更谏也。"

②师古曰："藉，假也。风读曰讽。"

汉兴七十有八载，德茂存乎六世，威武纷云，湛恩汪涉，①群生沾濡，洋溢乎方外。②于是乃命使西征，随流而攘，③风之所被，罔不披靡。④因朝冉从駹，定筰存邛，略斯榆，举苞蒲，结轶还辕，东乡将报，⑤至于蜀都。

①师古曰："纷云，盛貌。汪涉，深广也。湛读曰沈。汪音乌皇反。涉音於喙反。"

②师古曰："洋音羊。"

③师古曰："攘，却退也，音人羊反。"

④师古曰："被音丕靡反。"

⑤师古曰："结，屈也。轨，车迹也。乡读曰向。报，报天子也。"

耆老大夫搢绅先生之徒二十有七人，俨然造焉。①辞毕，进曰：②"盖闻天子之于夷狄也，其义羁縻勿绝而已。③今罢三郡之士，通夜郎之涂，④三年于兹，而功不竟，士卒劳倦，万民不赡；今又接之以西夷，百姓力屈，恐不能卒业，⑤此亦使者之累也，⑥窃为左右患之。且夫邛、莋、西莋之与中国并也，历年兹多，不可记已。⑦仁者不以德来，强者不以力并，意者殆不可乎！⑧今割齐民以附夷狄，弊所恃以事无用，⑨鄙人固陋，不识所谓。"

①师古曰："造，至也，音千到反。"

②师古曰："辞谓初谒见之辞。"

③师古曰："羁，马络头也。縻，牛纼也。言牵制之，故取谕也。"

④师古曰："罢读曰疲。"

⑤师古曰："屈，尽也。卒，终也。业，事也。屈音其勿反。"

⑥师古曰："累音力瑞反。"

⑦师古曰："已，(诏)〔语〕终之辞也。"[4]

⑧师古曰："言古往帝王虽有仁德，不能招来之，虽有强力，不能并吞之，以其险远，理不可也。"

⑨师古曰："所恃即中国之人也，无用谓西南夷也。"

使者曰："乌谓此乎？①必若所云，则是蜀不变服而巴不化俗也，仆尚恶闻若说。②然斯事体大，固非观者之所觏也。③余之行急，其详不可得闻已。④请为大夫粗陈其略：⑤

①师古曰："乌，於何也。"

②师古曰："尚，犹也。若，如也。言仆犹恶闻如此之说，况乎远识之人也。恶音一故反。"

③师古曰："觏，见也，音构。"

④师古曰："言行程急速，不暇为汝详言之。"

⑤师古曰："粗犹麤也，音千户反。"

盖世必有非常之人，然后有非常之事；有非常之事，然后有非常之功。非常者,固常人之所异也。① 故曰非常之元,黎民惧焉;② 及臻厥成,天下晏如也。③

①师古曰:"常人见之以为异也。"

②师古曰:"元,始也。非常之事,其始难知,众人惧之。"

③师古曰:"臻,至也。晏,安也。"

昔者,洪水沸出,氾滥衍溢,民人升降移徙,崎岖而不安。夏后氏戚之,乃堙洪原,① 决江疏河,洒沈澹灾,东归之于海,② 而天下永宁。当斯之勤,岂惟民哉?心烦于虑,而身亲其劳,躬傶骿胝无胈,肤不生毛,③ 故休烈显乎无穷,声称浃乎于兹。④

①师古曰:"堙,塞也。水本曰原。堙音因。"

②师古曰:"疏,通也。洒,分也。沈,深也。澹,安也。言分散其深水,以安定其灾也。洒音所宜反。澹音徒滥反。"

③张揖曰:"躬,体也。戚,凑理也。"孟康曰:"胈,毳;肤,皮也。言禹勤,骿胝无有毳毛也。"师古曰:"(胈音步曷反)[5] 骿音步千反。胝音竹尸反。〔胈音步曷反〕。"

④师古曰:"休,美也。烈,业也。浃,彻也。于兹犹言今兹也。浃音子牒反。"

且夫贤君之践位也,岂特委琐握龊,拘文牵俗,① 循诵习传,当世取说云尔哉!② 必将崇论谹议,③ 创业垂统,为万世规。故驰骛乎兼容并包,而勤思乎参天贰地。④ 且《诗》不云乎?'普天之下,莫非王土;率土之滨,莫非王臣。'⑤ 是以六合之内,八方之外,⑥ 浸淫衍溢,⑦ 怀生之物有不浸润于泽者,贤君耻之。今封疆之内,冠带之伦,⑧ 咸获嘉祉,靡有阙遗矣。而夷狄殊俗之国,辽绝异党之域,舟车不通,人迹罕至,政教未加,流风犹微,内之则犯义侵礼于边境,外之则邪行横作,放杀其上,⑨ 君臣易位,尊卑失序,父兄不辜,幼孤为奴虏,系絫号泣。⑩ 内乡而怨,⑪ 曰:'盖闻中国有至仁焉,德洋恩普,物靡不得其所,⑫ 今独曷为遗己!'⑬ 举踵思慕,若枯旱之望雨,盭夫为之垂涕,⑭ 况乎上圣,又乌能已?⑮ 故北出师以讨强胡,南驰使以诮劲越。⑯ 四面风德,⑰ 二方之君鳞集仰流,⑱ 愿得受号者以亿计。⑲故乃关沫、若，⑳徼牂牁，镂灵山，梁孙原，㉑创道德之涂，垂仁义之统，将博恩广施，远抚长驾，㉒使疏逖不闭，㉓曶爽暗昧得耀乎光明，㉔以偃甲兵于此，而息讨伐于彼。遐迩一体，中外禔福，不亦康乎？㉕夫拯民于沈溺，㉖奉至尊之休德，㉗反衰世之陵夷，继周氏之绝业，㉘天子之急务也。百姓虽劳，又恶可以已哉？㉙

①师古曰："握踖，局狭也。不拘微细之文，不牵流俗之议也。踖音初角反。"

②师古曰："说读曰悦。言非直因循自诵，习所传闻，取美悦於当时而已。"

③师古曰："谹，深也，音宏。"

④师古曰："比德于地，是贰地也。地与己并天为三，是参天也。"

⑤师古曰："《小雅》《北山》之诗也。普，大也。滨，涯也。"

⑥师古曰："天地四方谓之六合，四方四维谓之八方也。"

⑦师古曰："浸淫犹渐渍也。衍溢言有馀也。"

⑧师古曰："伦，类也。"

⑨师古曰："内之，谓通其朝献也。外之，谓弃而绝之也。横音胡孟反。杀读曰(试)〔弑〕。"〔6〕

⑩师古曰："为人所获而絫系之，故号泣也。絫，(音)力追(切)〔反〕。"〔7〕

⑪师古曰："乡读曰向。向中国而怨慕也。"

⑫师古曰："洋，多也。"

⑬师古曰："曷，何也。己，谓怨者之身也。"

⑭张揖曰："很戾之夫也。"师古曰："盭，古戾字。"

⑮师古曰："乌犹焉也。已，止也。"

⑯师古曰："诮，责也，音材笑反。"

⑰师古曰："风，化也。"

⑱师古曰："二方谓西夷及南夷也。若鱼鳞之相次而仰向承流也。"

⑲师古曰："号谓爵号也，一曰受天子之号令也。"

⑳张揖曰："以沫、若水为关也。"

㉑师古曰："镂谓疏通之以开道也。梁，桥也。孙原，孙水之原也。"

㉒张揖曰："驾，行也，使恩远安长行之也。"

㉓师古曰："逖，远也，言疏远者不被闭绝也。"

㉔师古曰："曶爽，未明也。曶音忽。"

㉕师古曰："禔，安也。康，乐也。禔音土支反。"

㉖师古曰："(沈)〔拯〕，升也，[8]言人在沈溺之中，升而举之也。"

㉗师古曰："休，美也。"

㉘师古曰："陵夷谓弛替也。"

㉙师古曰："恶读与乌同。已，止也。"

且夫王者固未有不始于忧勤，而终于佚乐者也。①然则受命之符合在于此。②方将增太山之封，加梁父之事，鸣和鸾，扬乐颂，上咸五，下登三。③观者未睹指，听者未闻音，犹焦朋已翔乎寥廓，④而罗者犹视乎薮泽，⑤悲夫！"

①师古曰："言始能忧勤则终获逸乐也。佚字与逸同。"

②张揖曰："合在于忧勤逸乐之中也。"

③李奇曰："五帝之德比汉为减，三王之德汉出其上。"师古曰："此说非也。咸，皆也，言汉德与五帝皆盛，而登于三王之上也。相如不当言汉减于五帝也。"

④师古曰："寥廓，天上宽广之处。寥音聊。"

⑤师古曰："泽无水曰薮。"

于是诸大夫茫然①丧其所怀来，失厥所以进，②喟然并称曰："允哉汉德，③此鄙人之所愿闻也。百姓虽劳，请以身先之。"敞罔靡徙，迁延而辞避。④

①师古曰："茫音莫郎反。"

②师古曰："初有所怀而来，欲进而陈之，今并丧失其来意也。"

③师古曰："允，信也。《小雅》《车攻》之诗曰'允矣君子'。"

④师古曰："敞罔，失志貌。靡徙，自抑退也。"

其后人有上书言相如使时受金，失官。居岁馀，复召为郎。

相如口吃而善著书。常有消渴病。与卓氏婚，饶于财。故其(事)〔仕〕宦，未尝肯与公卿国家之事，①[9]常称疾閒居，不慕官爵。②尝从上至长杨猎。③是时天子方好自击熊豕，驰逐壄兽，相如因上疏谏。其辞曰：

①师古曰："与读曰豫。"

②师古曰："閒读曰闲也。"

③师古曰："长杨宫也，在盩厔。"

臣闻物有同类而殊能者，故力称乌获，捷言庆忌，① 勇期贲育。② 臣之愚，窃以为人诚有之，兽亦宜然。今陛下好陵阻险，射猛兽，卒然遇逸材之兽，骇不存之地，③ 犯属车之清尘，④ 舆不及还辕，人不暇施巧，虽有乌获、逢蒙之技不能用，⑤ 枯木朽株尽为难矣。是胡越起于毂下，而羌夷接轸也，岂不殆哉！⑥ 虽万全而无患，然本非天子之所宜近也。

①师古曰："乌获，秦武王力士也。庆忌，吴王僚子也，射能捷矢也。"

②师古曰："孟贲，古之勇士也，水行不避蛟龙，陆行不避豺狼，发怒吐气，声响动天。夏育，亦猛士也。"

③师古曰："卒读曰猝，音千忽反，谓暴疾也。不存，不可得安存也。"

④应劭曰："古者诸侯贰车九乘，秦灭九国，兼其车服，汉依秦制，故大驾属车八十一乘。"师古曰："属者，言相连续不绝也。尘谓行而起尘也。言清者，尊贵之意也。而说者乃以为清道洒尘谓之清尘，非也。属音之欲反。"

⑤师古曰："逢蒙，古之善射者也。《孟子》曰'逢蒙学射于羿也'。"

⑥师古曰："轸，车后横木。殆，危也。"

且夫清道而后行，中路而驰，犹时有衔橛之变。① 况乎涉丰草，骋丘虚，② 前有利兽之乐，而内无存变之意，其为害也不〔亦〕难矣！[10] 夫轻万乘之重不以为安，乐出万有一危之涂以为娱，臣窃为陛下不取。

①张揖曰："衔，马勒衔也。橛，騑马口长衔也。"师古曰："橛谓车之钩心也。衔橛之变，言马衔或断，钩心或出，则致倾败以伤人也。橛音巨月反。"

②师古曰："丰草，茂草也。虚读曰墟。"

盖明者远见于未萌，而知者避危于无形，① 祸固多藏于隐微而发于人之所忽者也。故鄙谚曰："家累千金，坐不垂堂。"② 此言虽小，可以谕大。臣愿陛下留意幸察。

①师古曰："萌谓事始，若草木初生者也。"

②张揖曰："畏榍瓦堕中人也。"师古曰："垂堂者，近堂边外，自恐坠堕耳，非畏榍瓦也。言富人之子则自爱深也。"

上善之。还过宜春宫，相如奏赋以哀二世行失。①其辞曰：

①师古曰："宜春本秦之离宫，胡亥于此为阎乐所杀，故感其处而哀之。"

登陂陁之长阪兮，坌入曾宫之嵯峨。①临曲江之隑州兮，望南山之参差。②岩岩深山之谾谾兮，通谷𧯋乎谽谺。③汩淢靸以永逝兮，注平皋之广衍。④观众树之蓊薆兮，览竹林之榛榛。⑤东驰土山兮，北揭石濑。⑥弭节容与兮，历吊二世。持身不谨兮，亡国失势；信谗不寤兮，宗庙灭绝。⑦乌乎！操行之不得，⑧墓芜秽而不修兮，魂亡归而不食。

①苏林曰："坌音马坌叱之坌。"张揖曰："坌，并也。"师古曰："曾，重也。嵯峨，高貌也。陂音普何反。陁音徒何反。坌音普顿反，又音步顿反。"

②张揖曰："隑，长也。苑中有曲江之象，中有长洲也。"师古曰："曲岸头曰隑。隑即碕字耳。言临曲岸之洲，今犹谓其处曰曲江。隑音钜依反。"

③晋灼曰："谾音笼，古硥字也。"师古曰："谾谾，深通貌。𧯋音呼活反。谽，大开貌。谽音呼含反。谺音呼加反。"

④师古曰："汩淢，疾貌也。靸然，轻举意也。皋，水边地也。汩音于笔反。淢音域。靸音先合反。"

⑤师古曰："蓊薆，荫蔽貌。榛榛，盛貌。蓊音乌孔反。薆音爱。榛音侧巾反。"

⑥师古曰："揭，褰衣而渡也。石而浅水曰濑，音赖。揭音丘例反。"

⑦师古曰："信谗，谓杀李斯也。"

⑧师古曰："操音千到反。"

相如拜为孝文园令。上既美子虚之事，相如见上好仙，因曰："上林之事未足美也，尚有靡者。①臣尝为《大人赋》，未就，②请具而奏之。"相如以为列仙之儒居山泽间，③形容甚臞，④此非帝王之仙意也，乃遂奏

《大人赋》。其辞曰：

①师古曰："靡，丽也。"

②师古曰："就，成也。"

③师古曰："儒，柔也，术士之称也，凡有道术皆为儒。今流俗书本作传字，非也，后人所改耳。"

④师古曰："臞，瘠也，音钜句反，又音衢。"

世有大人兮，在乎中州。① 宅弥万里兮，曾不足以少留。② 悲世俗之迫隘兮，朅轻举而远游。③ 乘绛幡之素蜺兮，载云气而上浮。④ 建格泽之修竿兮，⑤ 总光耀之采旄。⑥ 垂旬始以为幓兮，⑦ 曳彗星而为髾。⑧ 掉指桥以偃蹇兮，⑨ 又猗抳以招摇。⑩ 揽搀抢以为旌兮，靡屈虹而为绸。⑪ 红杳眇以玄湣兮，猋风涌而云浮。⑫ 驾应龙象舆之蠖略委丽兮，骖赤螭青虬之蚴蟉宛蜒。⑬ 低卬夭蟜裾以骄骜兮，诎折隆穷蠼以连卷。⑭ 沛艾赳螑仡以佁儗兮，⑮ 放散畔岸骧以孱颜。⑯ 跮踱輵螛容以骫丽兮，⑰ 蜩蟉偃寋怵臭奂以梁倚。⑱ 纠蓼叫奡踏以艐路兮，⑲ 蔑蒙踊跃腾而狂趡。⑳ 莅飒卉歙猋至电过兮，焕然雾除，霍然云消。㉑

①师古曰："大人，以谕天子也。中州，中国也。"

②师古曰："弥，满也。"

③师古曰："朅，去意也，音丘例反。"

④张揖曰："乘，用也。赤气为幡，缀以白气也。"师古曰："上音时掌反。"

⑤张揖曰："格泽之气如炎火状，黄白色，起地上至天，下大上锐。修，长也。建此气为长竿也。"师古曰："格音胡各反。泽音大各反。"

⑥张揖曰："旄，葆也。总，系也。系光耀之气于长竿以为葆也。"师古曰："总音揔。葆即今所谓纛头也。"

⑦李奇曰："旬始，气如雄鸡，见北斗旁。"张揖曰："幓，旒也。县旬始於葆下，以为十二旒也。"师古曰："幓音所衔反。"

⑧张揖曰："髾，燕尾也。柛彗星缀著旒以为燕尾也。"

⑨张揖曰："指桥，随风指靡也。偃蹇，委曲貌。"师古曰："掉音徒钓反。蹇音居偃反。"

⑩晋灼曰："猗音依倚反。抳音年缅反。"张揖曰："猗抳，下垂貌。招摇，跳踃也。"师古曰："招音韶。踃音萧。"

⑪张揖曰："彗星为搀抢。注髦首曰旌，今以彗星代之也。靡，顺也。绸，韬也。以断虹为旌杠之韬也。"师古曰："韬谓(裹)〔裹〕冒旌旗之竿也。[11] 搀音初咸反。抢音初衡反。屈音其勿反。绸音直流反。"

⑫苏林曰："玄音炫。湣音面。"晋灼曰："红，赤色貌。杳眇，深远也。玄湣，混合也。言自绛幡以下，众气色盛，光采相耀，幽蔼炫乱也。"师古曰："如猋风之涌，如云之浮，言轻举也。猋音必遥反。"

⑬文颖曰："有翼曰应龙，最其神妙者也。"师古曰："蠖略委丽、蚴蟉宛蜒，皆其行步进止之貌也。蠖音於缚反，丽音力尔反。蚴音一纠反。蟉音力纠反。宛音於元反。蜒音延。"

⑭张揖曰："裾，直项也。骄骜，纵恣也。诎折，曲委也。隆穷，举蹷也。躩，跳也。连卷，句蹄也。"师古曰："裾音倨。骄音居召反。骜音五到反。躩音钜缚反。卷音钜圆反。"

⑮张揖曰："沛艾，驶骁也。赳蜈，申颈低卬也。仡，举头也。佁儗，不前也。"师古曰："沛音普盖反。赳音古幼反。蜈音火幼反。仡音鱼乞反。佁音丑吏反。儗音鱼吏反。佁儗又音态碍。"

⑯师古曰："畔岸，自纵之貌也。骧，举也。孱颜，不齐也。孱音士颜反。"

⑰张揖曰："跮踱，互前却也。蝎蜡，摇目吐舌也。容，龙体貌也。骫丽，左右相随也。"师古曰："跮音丑日反。踱音丑略反。蝎音遏。蜡音曷。骫，古委字也。丽音力尔反。"

⑱张揖曰："蜩蟉，掉头也。怵臭，奔走也。深倚，相著也。"师古曰："蜩音徒钓反。蟉音卢钓反。怵音黜。臭音丑若反。倚音於绮反。"

⑲张揖曰："纠蓼，相引也。叫奡，相呼也。踏，下也。膢，著也。皆下著道也。"师古曰："叫奡，高举之貌。蓼音力纠反。奡音五到反。踏音沓。膢音届。"

⑳张揖曰："蕿蒙，飞扬也。踊跃，跳也。腾，驰也。趡，奔走也。"师古曰："蒙音莫孔反。趡音醮。"

㉑张揖曰："莅飒，飞相及也。芔歙，走相追也。"师古曰："莅音利。飒音立。芔音讳。歙音翕。"

邪绝少阳而登太阴兮，与真人乎相求。① 互折窈窕以右转兮，横厉飞泉以正东。② 悉征灵圉而选之兮，部署众神于摇光。③ 使五帝先导兮，反大壹而从陵阳。④ 左玄冥而右黔雷兮，⑤ 前长离而后矞皇。⑥ 厮征伯侨而役羡门兮，诏岐伯使尚方。⑦ 祝融警而跸御兮，清气氛而后行。⑧ 屯余车而万乘兮，綷云盖而树华旗。⑨ 使句芒其将行兮，吾欲往乎南娭。⑩

①张揖曰："少阳，东极。太阴，北极。邪度东极而升北极也。真人，谓若士也，游於太阴之中。"师古曰："真人，至真之人也，非指谓若士也。"

②张揖曰："飞泉，飞谷也，在昆仑山西南。"师古曰："厉，渡也。"

③张揖曰："摇光，北斗杓头第一星。"

④应劭曰："五帝，五畤，太皞之属也。"如淳曰："天极，大星，一明者，太一常居也。"张揖曰："陵阳，仙人陵阳子明也。"师古曰："令太一反其所居，而使陵阳侍从于己。"

⑤张揖曰："玄冥，北方黑帝佐也。黔雷，黔嬴也，天上造化神名也。《楚辞》曰'召黔嬴而见之'。或曰水神也。"

⑥服虔曰："皆神名也。"师古曰："长离，灵鸟也，解在《礼乐志》。矞音以出反。"

⑦应劭曰："厮，役也。"张揖曰："伯侨，仙人王子侨也。羡门，碣石山上仙人羡门高也。尚，主也。岐伯者，黄帝太医，属使主方药也。"师古曰："征伯侨者，仙人，姓征，名伯侨，非王子侨也。《郊祀志》征字作正，其音同耳。或说云征谓役使之，非也。"

⑧张揖曰："祝融，南方炎帝之佐也，兽身人面，乘两龙。"师古曰："跸，止行人也。御，禦也。氛，恶气也。"

⑨师古曰："綷，合也，合五采云以为盖也。綷音子内反。"

⑩张揖曰："句芒，东方青帝之佐也，鸟身人面，乘两龙。"师古曰："将行，将领从行也。娭音许其反。"

历唐尧于崇山兮，过虞舜于九疑。① 纷湛湛其差错兮，杂遝胶輵以方驰。② 骚扰冲苁其(相)纷挐兮，[12] 滂濞泱轧丽以林离。③ 攒罗列聚丛以茏茸兮，衍曼流烂痑以陆离。④ 径入雷室之砰磷郁律兮，洞出鬼谷之堀礨崴魁。⑤遍览八纮而观四海兮，朅度九江越五河。⑥经营炎火而浮弱水兮，杭绝浮渚涉流沙。⑦奄息葱极泛滥水娭兮，⑧使灵娲鼓琴而舞冯夷。⑨时若暧暧将混浊兮，召屏翳诛风伯，刑雨师。⑩西望昆仑之轧沕荒忽兮，⑪直径驰乎三危。⑫排阊阖而入帝宫兮，载玉女而与之归。⑬登阆风而遥集兮，亢乌腾而壹止。⑭低徊阴山翔以纡曲兮，吾乃今日睹西王母。暠然白首戴胜而穴处兮，亦幸有三足乌为之使。⑮必长生若此而不死兮，虽济万世不足以喜。⑯

①张揖曰："崇山，狄山也。《海外经》曰狄山，帝尧葬於其阳。九疑山在零陵营道县，舜所葬也。"师古曰："疑，似也。山有九峰，其形相似，故曰九疑。"

②师古曰："湛湛，积厚之貌。差错，交互也。杂遝，重累也。胶輵犹交加也。湛音徒感反。遝音大合反。輵音葛。"

③张揖曰："冲苁，相入貌。滂濞，众盛貌。泱轧，不前也。丽，靡也。林离，椮楯也。"师古曰："冲音尺勇反。苁音相勇反。挐音女居反。滂音普郎反。濞音普备反。泱音乌朗反。轧音於黠反。椮音所林反。楯音所宜反。"

④张揖曰："痑，众貌，一曰罢极也。陆离，参差也。"师古曰："茏茸，聚貌。流烂，布散也。痑，自放纵也。茏音来孔反。茸音而孔反。衍音弋扇反。痑音式尔反，张云罢极，义则非矣。"

⑤张揖曰："雷室，雷渊也。洞，通也。鬼谷在昆仑北直北辰下，众鬼之所聚也。堀礨崴魁，不平也。"师古曰："砰磷郁律，深峻貌。砰音普萌反。磷音力耕反。堀音口骨反。礨音洛贿反。崴音一回反。"

⑥张揖曰："九江在庐江寻阳县南，皆东合为大江者。"服虔曰："河有九，今越其五也。"晋灼曰："五河，五湖，取河之声合其音耳。"师古曰："服、晋说五河皆非也。五河，五色之河也。《仙经》说有紫碧绛青黄之河，非谓九河之内，亦非五(河)〔湖〕也。"[13]

⑦应劭曰："《楚辞》曰'越炎火之万里'。弱水出张掖删丹，西至酒泉合黎馀波入于流沙。"张揖曰："杭，船也。绝，度也。浮渚，流沙中渚也。流沙，沙与水流行也。"师古曰："弱水谓西域绝远之水，乘毛车以度者耳，非张掖弱水也。又流沙但有沙流，本无水也。言绝度浮渚，乃涉流沙也。杭音下郎反。"

⑧张揖曰："奄然休息也。葱极，葱领山也，在西域中。"

⑨服虔曰:"灵娲,女娲也。伏犧作琴,使女祸鼓之。冯夷,河伯字也,《淮南子》曰'冯夷得道以潜大川'。"师古曰:"娲音瓜,又工蛙反。"

⑩应劭曰:"屏翳,天神使也。"张揖曰:"风伯字飞廉。"师古曰:"屏音步丁反。"

⑪张揖曰:"昆仑去中国五万里,天帝之下都也。其山广袤百里,高八万仞,增城九重,面有九井,以玉为槛,旁有五门,开明兽守之。轧沕荒忽,不分明之貌。"师古曰:"沕音勿。荒音呼广反。"

⑫张揖曰:"三危山在鸟鼠山之西,与峷山相近,黑水出其南陂,《书》曰'导黑水至于三危'也。"

⑬张揖曰:"玉女,青要、乘弋等也。"

⑭张揖曰:"阆风山在昆仑阊阖之中。遥,远也。"应劭曰:"亢然高飞,如鸟之腾也。"师古曰:"阆音浪,亢音抗。"

⑮张揖曰:"阴山在昆仑西二千七百里。西王母其状如人,豹尾虎首,蓬髮暠然白首,石城金室,穴居其中。三足乌,三足青鸟也,主为西王母取食,在昆仑墟之北。"如淳曰:"《山海经》曰'西王母梯几而戴胜'。"师古曰:"低佪犹徘徊也。胜,妇人首饰也,汉代谓之(革)〔华〕胜。[14]暠音工老反,字或作鬗,音学。"

⑯师古曰:"昔之谈者咸以西王母为仙灵之最,故相如言大人之仙,娱游之盛,顾视王母,鄙而狭之,不足羡慕也。"

回车朅来兮,绝道不周,①会食幽都。呼吸沆瀣兮餐朝霞,②咀噍芝英兮叽琼华。③僸祲寻而高纵兮,纷鸿溶而上厉。④贯列缺之倒景兮,⑤涉丰隆之滂濞。⑥骋游道而脩降兮,骛遗雾而远逝。⑦迫区中之隘陕兮,舒节出乎北垠。⑧遗屯骑于玄阙兮,⑨轶先驱于寒门。⑩下峥嵘而无地兮,⑪上嵺廓而无天。⑫视眩泯而亡见兮,听敞怳而亡闻。⑬乘虚亡而上遐兮,超无友而独存。⑭

①张揖曰:"不周山在昆仑东南二千三百里也。"

②张揖曰:"幽都在北方。"如淳曰:"《淮南》云八极西北曰幽都之门。"应劭曰:"《列仙传》陵阳子言春(朗)〔食〕朝霞,[15]朝霞者,日始欲出赤黄气也。夏食沆瀣,沆瀣,北方夜半气也。并天地玄黄之气为六气。"师古曰:"沆音胡朗反。瀣音韰"

③张揖曰:"芝,草蒻也。荣而不实谓之英。叽,食也。琼树生昆仑西流沙滨,

大三百围，高万仞。华，蘂也，食之长生。”师古曰：“芝英，芝菌之英也。咀音才汝反。噍音才笑反，又音才弱反。叽音机，又音祈。”

④张揖曰：“僸，印也。鸿溶，竦踊也。”师古曰：“僸音角甚反。祲音子禁反。鸿音胡孔反。溶音弋孔反。”

⑤服虔曰：“列缺，天闪也。人在天上，下向视日月，故景倒在下也。”张揖曰：“贯，穿也。陵阳子《明经》曰列缺气去地二千四百里，倒景气去地四千里，其景皆倒在下也。”

⑥应劭曰：“丰隆，云师也。《楚辞》曰‘吾令丰隆乘云兮’。《淮南子》曰‘季春三月，丰隆乃出以将雨’。”师古曰：“丰隆将雨，故言涉也。滂濞，雨水多也。滂音普郎反。濞音四备反。”

⑦张揖曰：“驰疾而遗雾在后也。”师古曰：“游，游车也。道，道车也。脩，长也。降，下也。言周览天上，然后骋车也，循长路而下驰，弃遗雾而远逝也。道读曰导。”

⑧师古曰：“舒，缓也，垠，崖也，音银。”

⑨张揖曰：“玄阙，北极之山也。”

⑩应劭曰：“寒门，北极之门也。”师古曰：“轶，过也，音逸。”

⑪师古曰：“峥嵘，深远貌。峥音仕耕反。嵘音宏。”

⑫师古曰：“嵺廓，广远也。嵺音辽。”

⑬师古曰：“眩泯，目不安也。敞怳，耳不谛也。眩音州县之县。泯音眄。”

⑭师古曰：“上音时掌反。”

相如既奏《大人赋》，天子大说，①飘飘有陵云气游天地之閒意。

①师古曰：“说读曰悦。”

相如既病免，家居茂陵。天子曰：“司马相如病甚，可往从悉取其书，若后之矣。”①使所忠往，②而相如已死，家无遗书。问其妻，对曰：“长卿未尝有书也。时时著书，人又取去。长卿未死时，为一卷书，曰有使来求书，奏之。”其遗札书言封禅事，③所忠奏焉，天子异之。其辞曰：

①师古曰：“若，汝也。言汝今去已在他人后也。”

②师古曰：“使者姓名也，解在《食货志》。”

③师古曰：“书於札而留之，故云遗札。”

伊上古之初肇，自颢穹生民。① 历选列辟，以迄乎秦。② 率迩者踵武，听逖者风声。③ 纷轮威蕤，堙灭而不称者，不可胜数也。④ 继《昭》《夏》，崇号谥，略可道者七十有二君。⑤ 罔若淑而不昌，畴逆失而能存？⑥

①师古曰："肇，始也。颢、穹，皆谓天也。颢言气颢汗也，穹言形穹隆也。谓自初始有天地以来也。颢音胡老反。"

②师古曰："选，数也。辟，君也。迄，至也。辟音璧。"

③文颖曰："率，循也。迩，近也。踵，蹈也。武，迹也。逖，远也。言循履近者之遗迹，听远者之风声。风谓著於《雅》《颂》者也。"师古曰："风声，总谓遗风嘉声耳，无系于《雅》《颂》也。"

④张揖曰："纷轮威蕤，乱貌。"

⑤文颖曰："昭，明也。夏，大也。德明大，相继封禅于泰山者，七十有二人也。"

⑥应劭曰："罔，无也。若，顺也。淑，善也。畴，谁也。"师古曰："言行顺善者无不昌大，为逆失者谁能久存也。"

轩辕之前，遐哉邈乎，其详不可得闻已。① 五三《六经》载籍之传，维见可观也。②《书》曰："元首明哉！股肱良哉！"③ 因斯以谈，君莫盛于尧，臣莫贤于后稷。后稷创业于唐，公刘发迹于西戎，文王改制，爰周郅隆，大行越成，④ 而后陵夷衰微，千载亡声，岂不善始善终哉！⑤ 然无异端，慎所由于前，谨遗教于后耳。⑥ 故轨迹夷易，易遵也；⑦ 湛恩厖洪，易丰也；⑧ 宪度著明，易则也；垂统理顺，易继也。⑨ 是以业隆于繦保而崇冠乎二后。⑩ 揆厥所元，终都攸卒，⑪ 未有殊尤绝迹可考于今者也。⑫ 然犹蹑梁甫，登大山，建显号，施尊名。大汉之德，逢涌原泉，沕潏曼羡，⑬ 旁魄四塞，云布雾散，⑭ 上畅九垓，下泝八埏。⑮ 怀生之类，沾濡浸润，协气横流，武节焱逝，⑯ 尔狭游原，迥阔泳末，⑰ 首恶郁没，暗昧昭晰，⑱ 昆虫闿怿，回首面内。⑲ 然后囿驺虞之珍群，徼麋鹿之怪兽，⑳ 导一茎六穗于庖，㉑ 牺双觡共抵之兽，㉒ 获周馀放龟于岐，㉓ 招翠黄乘龙于沼。㉔ 鬼神接灵圉，宾于閒馆。㉕ 奇物谲诡，俶傥穷变。㉖ 钦哉，符瑞臻兹，犹以为薄，

不敢道封禅。盖周跃鱼陨杭，休之以燎。㉗微夫斯之为符也，以登介丘，不亦恧乎！㉘进攘之道，何其爽与？㉙

①师古曰："遐、邈，皆远也。已，语终之辞。"

②师古曰："五，五帝也。三，三(皇)〔王〕也。"〔16〕

③师古曰："此《虞书》《益稷》之辞也。元首，君也。股肱，大臣也。"

④文颖曰："郅，至也。行，道也。文王始开王业，改正朔服色，太平之道于是成也。"应劭曰："大行，道德大行也。"师古曰："郅音质。"

⑤郑氏曰："无声，无有恶声也。"师古曰："虽后嗣衰微，政教颓替，犹经千载而无恶声。"

⑥师古曰："言既创业定制，又垂裕后昆也。"

⑦师古曰："夷、易，皆平也。易音弋豉反。"

⑧师古曰："湛读曰沈。沈，深也。厖、洪，皆大也。厖音龙。"

⑨张揖曰："垂，县也。统，绪也。理，道也。文王重《易》六爻，穷理尽性，县于后世，其道和顺，易续而明，孔子得错其象而彖其辞也。"师古曰："统业直言所垂之业，其理至顺，故令后嗣易继之耳，非谓演《易》也。"

⑩孟康曰："襁保谓成王也。二后谓文武也。周公负成王以致太平，功德冠于文武者，遵成法易故也。"

⑪师古曰："元，始也。都，於也。攸，所也。卒亦终也。言度其所始，究其所终也。"

⑫师古曰："尤，异也。考，校也。言不得与汉校其德也。"

⑬师古曰："逢读曰烽。言如烽火之升，原泉之流也。沕潏曼羡，盛大之意也。沕音勿。潏音聿。羡音(戈)〔弋〕扇反。"〔17〕

⑭师古曰："旁魄，广被也。魄音步各反。"

⑮服虔曰："畅，达也。垓，重也。天有九重。"如淳曰："《淮南》云若士谓卢敖：'吾与汗漫期乎九垓之上。'"孟康曰："浒，流也。埏，地之八际也。言德上达于九重之天，下流于地之八际。"师古曰："埏，本音延，合韵音弋战反。《淮》《南子》作八寅也。"

⑯师古曰："言和气横被四表，威武如焱之盛。。"

⑰孟康曰："尔，近也。原，本也。迥，远也。阔，广也。泳，浮也。恩德比之于水，近者游其原，远者浮其末也。"

⑱师古曰:“始为恶者皆即湮灭,素暗昧者皆得光明也。晰音之舌反。”

⑲文颖曰:“闿、怿,皆乐也。”师古曰:“闿读曰凯。言四方幽遐,皆怀和乐,回首革面,而内向也。”

⑳师古曰:“言驺虞自扰而充苑囿,怪兽自来若入徼塞。言符瑞之盛也。徼音工钧反。”

㉑郑氏曰:“导,择也。一茎六穗,谓嘉禾之米,於庖厨以供祭祀也。”

㉒服虔曰:“牺,牲也。觡,角也。抵,本也。武帝获白麟,两角共一本,因以为牲也。”

㉓文颖曰:“周放畜馀龟于池沼之中,至汉得之于岐山之旁。龟能吐故纳新,千岁不死也。”

㉔张揖曰:“乘龙,四龙也。”孟康曰:“翠黄,乘黄也,龙翼马身,黄帝乘之而仙。言见乘黄而招呼之。《礼乐志》曰‘訾黄其何不来下’。余吾渥(津)〔洼〕水中出神马,[18]故曰乘龙于沼也。”师古曰:“此说非也。言招致翠黄及乘龙于池沼耳。乘音食证反。《春秋传》曰‘帝赐之乘龙’。”

㉕文颖曰:“是时上求神仙之人,得上郡之巫长陵女子,能与鬼神交接,治病辄愈,置于上林苑中,号曰神君。有似于古之灵圉,礼待之于閒馆舍中也。”师古曰:“閒读曰闲。”

㉖师古曰:“俶音吐历反。”

㉗应劭曰:“杭,舟也。休,美也。”师古曰:“燎,祭天也。谓武王伐纣,白鱼入于王舟,俯取以燎。”

㉘服虔曰:“介,大也。丘,山也。言周以白鱼为瑞,登太山封禅,不亦惭乎?”

㉙张揖曰:“进,周也。攘,汉也。爽,差也。言周未可封禅而封,为进;汉可封禅而不为,为攘也。”师古曰:“攘,古让字也。”

于是大司马进曰:①“陛下仁育群生,义征不憓,②诸夏乐贡,百蛮执贽,③德牟往初,功无与二,④休烈液洽,符瑞众变,期应绍至,不特创见。⑤意者太山、梁父设坛场望幸,盖号以况荣,⑥上帝垂恩储祉,将以庆成,⑦陛下嗛让而弗发也。⑧挈三神之欢,缺王道之仪,⑨群臣恧焉。⑩或谓且天为质暗,示珍符固不可辞;⑪若然辞之,是泰山靡记而梁父罔几也。⑫亦各并时而荣,咸济厥世而屈,说者尚何称于后,而云七十二君哉?⑬夫修德以锡符,奉符以行事,不为进越也。⑭故圣王弗替，而修礼(以)〔地〕祇，[19]谒款天神，⑮勒功中岳，以章至尊，⑯舒盛德，发号荣，受厚福，以浸黎民。皇皇哉斯事，天下之壮观，王者之卒业，不可贬也。⑰愿陛下全之。⑱而后因杂缙绅先生之略术，使获曜日月之末光绝炎，以展采错事。⑲犹兼正列其义，祓饰厥文，作《春秋》一艺。⑳将袭旧六为七，摅之无穷，㉑俾万世得激清流，扬微波，蜚英声，腾茂实。㉒前圣之所以永保鸿名而常为称首者用此。㉓宜命掌故悉奏其仪而览焉。"㉔

①文颖曰："大司马，上公，故先进议也。"

②文颖曰："逮，顺也。"

③师古曰："夏，大也。诸夏谓中国之人，比蛮夷为大也。"

④师古曰："牟，等也。"

⑤师古曰："言符瑞众多，应期相续而至，不独初创而见也。"

⑥孟康曰："意者，言太山、梁父设坛场，望圣帝往封禅记号以表荣名也。"师古曰："幸，临幸也。盖，发语辞也。"

⑦师古曰："上帝，天也。言垂恩于下，豫积祉福，用庆告成之礼。"

⑧张揖曰："不肯发意往也。"师古曰："嗛，古谦字。"

⑨应劭曰："挈，绝也。缺，阙也。"如淳曰："三神，地祇、天神、山岳也。"师古曰："挈音口计反。"

⑩师古曰："恧，愧也，音女六反。"

⑪师古曰："言天道质昧，以符瑞见意，不可辞让也。"

⑫张揖曰："泰山之上无所表记，梁父坛场无所庶几也。"

⑬应劭曰："屈，绝也。言古帝王若但各一时之荣，毕世而绝者，则说者无从显称于后也。"师古曰："屈音其勿反。"

⑭文颖曰："越，逾也。不为苟进逾礼也。"

⑮文颖曰："谒，告也。款，诚也。"师古曰："替，废也。不废封禅之事也。"

⑯张揖曰："盖先礼中岳而幸太山也。"师古曰："章，明也。"

⑰师古曰："皇皇，盛貌也。卒，终也，字或作本，或作丕，丕，大也。"

⑱张揖曰："愿以封禅全其终也。"

⑲文颖曰："采，官也。使诸儒记功著业，得观日月末光殊绝之明，以展其官职，设错其事业也。"李奇曰："炎音火之光炎。"师古曰："炎音弋赡反。错音

千故反。”

⑳孟康曰：“犹作《春秋》者，正天时，列人事也。言诸儒既得展事业，因兼正天时，列人事，叙述大义为一经也。”师古曰：“祓，除也。祓饰者，言除去旧事，更饰新文也。祓音敷勿反。”

㉑文颖曰：“《六经》加一为七也。”师古曰：“摅，布也，音丑居反。”

㉒师古曰：“蜚，古飞字。”

㉓师古曰：“称音尺孕反。”

㉔师古曰：“掌故，太常官属，主故事者。”

于是天子沛然改容，曰：“俞乎，朕其试哉！”① 乃迁思回虑，总公卿之议，询封禅之事，诗大泽之博，广符瑞之富。② 遂作颂曰：

①师古曰：“沛然，感动之意也。俞者，然也，然其所请也。沛音普大反。俞音逾。”

②孟康曰：“诗所以咏功德，谓下四章之颂也。大泽之博，谓‘自我天覆，云之油油’也。广符瑞之富，谓‘斑斑之兽’以下三章，言符应广大富饶也。”

自我天覆，云之油油。② 甘露时雨，厥壤可游。② 滋液渗漉，何生不育！③ 嘉穀六穗，我穑曷蓄？④

①苏林曰：“油音油麻之油。”李奇曰：“油油，云行貌。《孟子》曰‘油然作云，沛然下雨’。”

②师古曰：“言雨雾滂沛，其泽可以游泳也。”

③师古曰：“渗漉，谓润泽下究，故无生而不育也。渗音山禁反。漉音鹿。”

④李奇曰：“我之稼穑，何等不蓄积？”

匪唯雨之，又润泽之；匪唯偏我，氾布护之；① 万物熙熙，怀而慕之。名山显位，望君之来。君兮君兮，侯不迈哉！②

①师古曰：“氾，普也。布护，言遍布也。氾音敷剑反。”

②师古曰：“侯，何也。迈，行也。言君何不行封禅。”

般般之兽，乐我君圃；白质黑章，其仪可喜；① 旼旼穆穆，君子之态。② 盖闻其声，今视其来。③ 厥涂靡从，天瑞之征。④ 兹尔于舜，虞氏以兴。⑤

①师古曰："谓驺虞也。般字与斑同耳，从丹青之丹。喜音许记反。"

②孟康曰："旼旼，和也。穆穆，敬也。言容态和且敬，有似君子也。"张揖曰："旼音旻。"

③师古曰："言往昔但闻其声，今亲见其来也。来合韵音郎代反。"

④文颖曰："其来之道何从乎？此乃天瑞之应也。"

⑤文颖曰："百兽舞，则驺虞在其中也。"

濯濯之麟，游彼灵畤。孟冬十月，君徂郊祀。①驰我君舆，帝用享祉。②三代之前，盖未尝有。

①文颖曰："濯濯，肥也。武帝冬幸雍，祠五畤，获白麟也。"师古曰："濯音直角反。《大雅》《灵台》之诗云'麀鹿濯濯'。"

②文颖曰："驰我君车之前也。"师古曰："帝，天帝也。以此祭天，天既享之，答以祉福也。"

宛宛黄龙，兴德而升；①采色玄耀，炳炳辉煌。②正阳显见，觉寤黎烝。③于传载之，云受命所乘。④

①文颖曰："起至德而见也。"

②师古曰："玄读曰炫。辉煌，光貌。辉音下本反。"

③文颖曰："阳，明也。"师古曰："黎烝，众庶也。"

④师古曰："谓《易》云'时乘六龙以御天也'。"

厥之有章，不必谆谆。①依类托寓，谕以封峦。②

①文颖曰："天之所命，表以符瑞，章明其德，不必谆谆然有语言也。"师古曰："谆谆，告喻之熟也，音之纯反。"

②文颖曰："寓，寄也。峦，山也。言依事类托寄，以喻封禅。"

披艺观之，天人之际已交，上下相发允答。圣王之事，兢兢翼翼。①故曰於兴必虑衰，安必思危。是以汤武至尊严，不失肃祗，②舜在假典，顾省厥遗：③此之谓也。

①师古曰："兢兢，戒也。翼翼，敬也。"

②师古曰："言居天子之位，犹不忘恭敬也。"

③师古曰："在，察也。假，(天)〔大〕也。[20]典，则也。言舜察璇玑玉衡，恐己政

化有所遗失，不合天心。今汉亦当顺天意而封禅也。”

相如既卒五岁，上始祭后土。八年而遂礼中岳，封于太山，至梁甫，禅肃然。

相如它所著，若《遗平陵侯书》、《与五公子相难》、屮木书篇，不采，采其尤著公卿者云。

赞曰：司马迁称“《春秋》推见至隐，①《易本》隐以之显，②《大雅》言王公大人，而德逮黎庶，③《小雅》讥小己之得失，其流及上。④所言虽殊，其合德一也。相如虽多虚辞滥说，然要其归引之于节俭，此亦《诗》之风谏何异？”⑤扬雄以为靡丽之赋，劝百而风一，⑥犹骋郑卫之声，曲终而奏雅，不已戏乎！⑦

①李奇曰：“隐犹微也。言其义显而文隐，若隐公见弑死，而经不书，隐讳之也。”

②张揖曰：“作八卦以通神明之德，是本隐也。有天道焉，有地道焉，有人道焉，以类万物之情，是之显也。”师古曰：“之，往也。”

③张揖曰：“谓文王、公刘在位，大人之德下及众民者也。”

④张揖曰：“己，诗人自谓也。己小有得失，不得其所，作诗流言，以讽其上也。”师古曰：“小己者，谓卑少之人，以对上言大人耳。”

⑤师古曰：“风读曰讽，次下亦同。”

⑥师古曰：“奢靡之辞多，而节俭之言少也。”

⑦张揖曰：“不亦轻戏乎哉。”

【校勘记】

〔1〕　功(业)〔烈〕著而不灭。　景祐、殿本都作“烈”。

〔2〕　除边关。〔边关〕益斥，　景祐、殿本都重“边关”字。

〔3〕　且因宣其使(诣)〔指〕，　钱大昭说“诣”当作“指”。按景祐、殿本都作“指”。

〔4〕　已，(诏)〔语〕终之辞也。　景祐、殿、局本都作“语”，此误。

〔5〕 (胈音步曷反) 殿本此五字在注末。王先谦说在注末是，此误。按景祐本亦误。

〔6〕 杀读曰(试)〔弑〕。 殿本作“弑”。王先谦说作“弑”是。按景祐本亦误。

〔7〕 絫(音)力追(切)〔反〕。 景祐、殿本无“音”字，“切”作“反”。

〔8〕 (沇)〔拯〕，升也。 景祐、殿、局本都作“拯”，此误。

〔9〕 故其(事)〔仕〕宦，未尝肯与公卿国家之事。 刘奉世说“事”当作“仕”。王先谦说，“仕”“事”音近，又涉下“事”字而讹。《史记》作“其进仕宦”。

〔10〕 其为害也不〔亦〕难矣！ 景祐本有“亦”字。王先谦说《史记》、《文选》并有“亦”字。

〔11〕 韬谓(褭)〔裹〕冒旌旗之竿也。 景祐、殿本都作“裹”。王先谦说作“裹”是。

〔12〕 骚扰冲苁其(相)纷挐兮， 景祐、殿本都无“相”字。

〔13〕 亦非五(河)〔湖〕也。 景祐、殿、局本都作“湖”。王先谦说作“湖”是。

〔14〕 汉代谓之(革)〔华〕胜。 景祐、殿本都作“华”。王先谦说作“华”是。

〔15〕 春(朗)〔食〕朝霞， 景祐、殿、局本都作“食”，此误。

〔16〕 三，三(皇)〔王〕也。 王先谦说“皇”当作“王”。按《史记索隐》作“王”。

〔17〕 羡音(戈)〔弋〕扇反。 景祐、殿本都作“弋”，此误。

〔18〕 余吾渥(津)〔洼〕水中出神马， 景祐、殿本都作“洼”，此误。

〔19〕 而修礼(以)〔地〕祇， 景祐、殿本都作“地”。《史记》、《文选》同，此误。

〔20〕 假，(天)〔大〕也。 景祐、殿本都作“大”，此误。

汉书卷五十八

公孙弘卜式兒宽传第二十八

公孙弘，菑川薛人也。少时为狱吏，有罪，免。家贫，牧豕海上。年四十馀，乃学《春秋》杂说。

武帝初即位，招贤良文学士，是时弘年六十，以贤良征为博士。使匈奴，还报，不合意，① 上怒，以为不能，弘乃移病免归。②

①师古曰："奏事不合天子之意。"

②师古曰："移病，谓移书言病也。一曰，以病移居。"

元光五年，复征贤良文学，菑川国复推上弘。弘谢曰："前已尝西，用不能罢，愿更选。"国人固推弘，弘至太常。上策诏诸儒：

制曰：盖闻上古至治，画衣冠，异章服，而民不犯；阴阳和，五谷登，六畜蕃，① 甘露降，风雨时，嘉禾兴，朱屮生，② 山不童，泽不涸；③ 麟凤在郊薮，龟龙游于沼，④ 河洛出图书；父不丧子，兄不哭弟；北发渠搜，南抚交阯，⑤ 舟车所至，人迹所及，跂行喙息，咸得其宜。⑥ 朕甚嘉之，今何道而臻乎此？⑦ 子大夫修先圣之术，明君臣之义，讲论洽闻，有声乎当世，〔敢〕问子大夫：[1] 天人之道，何所本始？吉凶之效，安所期焉？⑧ 禹汤水旱，厥咎何由？仁义礼知四者之宜，当安设施？属统垂业，物鬼变化，⑨ 天命之符，废兴何如？天文地理人事之纪，子大夫习焉。其悉意正议，详具其对，著之于篇，⑩ 朕将亲览焉，靡有所隐。

①师古曰："登，成也。蕃，多也，音扶元反。"

②师古曰："屮，古草字。"

③师古曰："童，无草木也。涸，水竭也，音胡各反。"

④师古曰："邑外谓之郊。泽无水曰薮。沼，池也。"

⑤师古曰："言威德之盛，北则征发于渠搜，南则绥抚于交阯也。渠搜，远夷之国也。"

⑥师古曰："跂行，有足而行者也。喙息，谓有口能息者也。跂音岐。喙音许秽反。"

⑦师古曰："臻，至也。"

⑧师古曰："安，焉也。"

⑨师古曰："属，系也，音之欲反。其下亦同。"

⑩师古曰："悉，尽也。篇，简也。"

弘对曰：

臣闻上古尧舜之时，不贵爵赏而民劝善，不重刑罚而民不犯，躬率以正而遇民信也；①末世贵爵厚赏而民不劝，深刑重罚而奸不止，其上不正，遇民不信也。夫厚(当)〔赏〕重刑未足以劝善而禁非，〔2〕必信而已矣。是故因能任官，则分职治；②去无用之言，则事情得；不作无用之器，即赋敛省；不夺民时，不妨民力，则百姓富；有德者进，无德者退，则朝廷尊；有功者上，无功者下，则群臣逡；③罚当罪，则奸邪止；赏当贤，则臣下劝：凡此八者，治〔民〕之本也。〔3〕故民者，业之即不争，理得则不怨，有礼则不暴，爱之则亲上，④此有天下之急者也。故法不远义，则民服而不离；和不远礼，则民亲而不暴。⑤故法之所罚，义之所去也；⑥和之所赏，礼之所取也。礼义者，民之所服也，而赏罚顺之，则民不犯禁矣。故画衣冠，异章服，而民不犯者，此道素行也。

①师古曰："躬谓身亲行之，遇谓处待之而已。"

②师古曰："分音扶问反。"

③(师古)李奇曰〔4〕："言有次第也。"师古曰："逡音七旬反，其字从辵。"

④师古曰："各得其业则无争心，各申其理则无所怨，使之由理则无暴慢，子而爱之则知亲上也。"

⑤师古曰："远，违也，音于万反。"

⑥师古曰："去，除也，音丘吕反。"

臣闻之，气同则从，声比则应。①今人主和德于上，百姓和合于下，②故心和则气和，气和则形和，形和则声和，声和则天地之和应矣。故阴阳和，风雨时，甘露降，五谷登，六畜蕃，嘉禾兴，朱草生，山不童，泽不涸，此和之至也。故形和则无疾，无疾则不夭，故父不丧子，兄不哭弟。德配天地，明并日月，则麟凤至，龟龙在郊，河出图，洛出书，远方之君莫不说义，③奉币而来朝，此和之极也。

①师古曰："比亦和也，音频寐反。"

②师古曰："合谓与上合德也。"

③师古曰："说读曰悦。"

臣闻之，仁者爱也，义者宜也，礼者所履也，①智者术之原也。致利除害，兼爱无私，谓之仁；②明是非，立可否，谓之义；进退有度，尊卑有分，谓之礼；③擅杀生之柄，通〔壅〕塞之涂，④[5]权轻重之数，论得失之道，使远近情伪必见于上，谓之术：⑤凡此四者，治之本，道之用也，皆当设施，不可废也。得其要，则天下安乐，法设而不用；⑥不得其术，则主蔽于上，官乱于下。此事之情，属统垂业之本也。

①师古曰："履而行之。"

②师古曰："致谓引而至也。"

③师古曰："分音扶问反。"

④师古曰："擅，专也。"

⑤师古曰："见，显也。"

⑥师古曰："下不犯法，无所加刑也。"

臣闻尧遭鸿水，使禹治之，未闻禹之有水也。若汤之旱，则桀之馀烈也。桀纣行恶，受天之罚；禹汤积德，以王天下。因此观之，天德无私亲，顺之和起，逆之害生。此天文地理人事之纪。臣弘愚戆，不足以奉大对。①

①师古曰："大对，大问之对也。"

时对者百馀人，太常奏弘第居下。策奏，天子擢弘对为第一。召入见，容貌甚丽，拜为博士，待诏金马门。①

①如淳曰："武帝时，相马者东门京作铜马法献之，立马于鲁(斑)〔班〕门外，更名鲁(斑)〔班〕门[6]为金马门。"

弘复上疏曰："陛下有先圣之位而无先圣之名，有先圣之名而无先圣之吏，是以势同而治异。先世之吏正，故其民笃；①今世之吏邪，故其民薄。政弊而不行，令倦而不听。夫使邪吏行弊政，用倦令治薄民，民不可得而化，此治之所以异也。臣闻周公旦治天下，期年而变，三年而化，五年而定。唯陛下之所志。"②书奏，天子以册书答曰："问：弘称周公之治，弘之材能自视孰与周公贤？"③弘对曰："愚臣浅薄，安敢比材于周公！虽然，愚心晓然见治道之可以然也。夫虎豹马牛，禽兽之不可制者也，及其教驯服习之，④至可牵持驾服，唯人之从。⑤臣闻揉曲木者不累日，⑥销金石者不累月，夫人之于利害好恶，岂比禽兽木石之类哉？⑦期年而变，臣弘尚窃迟之。"上异其言。

①师古曰："笃，厚也。"

②师古曰："言志所在也。"

③师古曰："与犹如也。"

④师古曰："驯，顺也，音巡。"

⑤师古曰："从人意。"

⑥师古曰："揉谓矫而正之也。累，积也。揉音人九反。"

⑦师古曰："好音呼到反。恶音一故反。"

时方通西南夷，巴蜀苦之，诏使弘视焉。还奏事，盛毁西南夷无所用，上不听。每朝会议，开陈其端，使人主自择，不肯面折庭争。于是上察其行慎厚，辩论有馀，习文法吏事，缘饰以儒术，①上说之，②一岁中至左内史。

①师古曰："缘饰者，譬之于衣，加纯缘者。"

②师古曰："说读曰悦。"

弘奏事，有所不可，不肯庭辩。①常与主爵都尉汲黯请间，②黯先发之，弘推其后，上常说，③所言皆听，以此日益亲贵。尝与公卿约议，④至上前，皆背其约以顺上指。汲黯庭诘弘曰："齐人多诈而无情，始为与臣等建此议，今皆背之，不忠。"上问弘，弘谢曰："夫知臣者以臣为忠，不知臣者以臣为不忠。"上然弘言。左右幸臣每毁弘，上益厚遇之。

①师古曰："不于朝廷显辩论之。"

②师古曰："求空隙之暇。"

③师古曰："说读曰悦。"

④师古曰："约，要也。"

弘为人谈笑多闻，①常称以为人主病不广大，人臣病不俭节。养后母孝谨，后母卒，服丧三年。

①师古曰："善于谈笑而又多闻也。谈字或作诙，音恢，谓啁也，善啁谑也。"

为内史数年，迁御史大夫。时又东置苍海，北筑朔方之郡。弘数谏，以为罢弊中国以奉无用之地，①愿罢之。于是上乃使朱买臣等难弘置朔方之便。发十策，弘不得一。②弘乃谢曰："山东鄙人，不知其便若是，愿罢西南夷、苍海，专奉朔方。"上乃许之。

①师古曰："罢读曰疲。"

②师古曰："言其利害十条，弘无以应之。"

汲黯曰："弘位在三公，奉禄甚多，①然为布被，此诈也。"上问弘，弘谢曰："有之。夫九卿与臣善者无过黯，然今日庭诘弘，诚中弘之病。夫以三公为布被，诚饰诈欲以钓名。②且臣闻管仲相齐，有三归，③侈拟于君，④桓公以霸，亦上僭于君。晏婴相景公，食不重肉，妾不衣丝，齐国亦治，亦下比于民。⑤今臣弘位为御史大夫，为布被，自九卿以下至于小吏无差，诚如黯言。且无黯，陛下安闻此言？"上以为有让，愈益贤之。

①师古曰："奉音扶用反。其下亦同。"

②师古曰："钓，取也。言若钓鱼之谓也。"

③师古曰："三归，取三姓女也。妇人谓嫁曰归。"

④师古曰："拟，疑也，言相似也。"

⑤师古曰："比，方也。一曰，比，近也，音频寐反。"

元朔中，代薛泽为丞相。先是，汉常以列侯为丞相，唯弘无爵，上于是下诏曰："朕嘉先圣之道，开广门路，宣招四方之士，盖古者任贤而序位，量能以授官，劳大者厥禄厚，德盛者获爵尊，故武功以显重，而文德以行褒。其以高成之平津乡户六百五十封丞相弘为平津侯。"其后以为故事，至丞相封，自弘始也。"

时上方兴功业，娄举贤良。①弘自见为举首，起徒步，数年至宰相封侯，于是起客馆，开东阁以延贤人，②与参谋议。弘身食一肉，脱粟饭，③故人宾客仰衣食，④奉禄皆以给之，家无所馀。然其性意忌，外宽内深。⑤诸常与弘有隙，无近远，虽阳与善，后竟报其过。杀主父偃，徙董仲舒胶西，皆弘力也。

①师古曰："娄，古屡字。"

②师古曰："阁者，小门也，东向开之，避当庭门而引宾客，以别于掾史官属也。"

③师古曰："才脱粟而已，不精(凿)〔糳〕也。[7]脱音他活反。"

④师古曰："故人，平生故交也。仰音牛向反。"

⑤师古曰："意忌，多所忌害也。"

后淮南、衡山谋反，治党与方急，弘病甚，自以为无功而封侯，居宰相位，宜佐明主填抚国家，①使人由臣子之道。②今诸侯有畔逆之计，此大臣奉职不称也。③恐病死无以塞责，④乃上书曰："臣闻天下通道五，所以行之者三。君臣、父子、夫妇、长幼、朋友之交，五者天下之通道也；仁、知、勇三者，所以行之也。故曰'好问近乎知，⑤力行近乎仁，⑥知耻近乎勇：⑦知此三者，知所以自治；知所以自治，然后知所以治人。'⑧未有不能自治而能治人者也。陛下躬孝弟，监三王，建周道，兼文武，招徕四方之士，任贤序位，量能授官，将以厉百姓劝贤材也。今臣愚驽，无汗马之劳，⑨陛下(下)过意擢臣弘卒伍之中，⑩[8]封为列侯，致位三公。臣弘行能不足以称，⑪加有负薪之疾，恐先狗马填沟壑，终无以报德塞责。愿归侯，乞骸骨，避贤者路。"上报曰："古者赏有功，褒有德，守成〔上〕文，[9]遭遇右武，⑫未有易此者也。⑬朕夙夜庶几，获承至尊，惧不能宁，惟所与共为治者，君宜知之。⑭盖君子善善及后世，若兹行，常在朕躬。⑮

君不幸罹霜露之疾，何恙不已，⑯乃上书归侯，乞骸骨，是章朕之不德也。⑰今事少閒，⑱君其存精神，止念虑，辅助医药以自持。”因赐告牛酒杂帛。居数月，有瘳，视事。

①师古曰：“填音竹刃反。”

②师古曰：“由，从也。”

③师古曰：“称，副也。”

④师古曰：“塞，当也。”

⑤师古曰：“疑则问之，故成其智。”

⑥师古曰：“屈己济物，故为仁也。”

⑦师古曰：“不求苟得，故为勇也。”

⑧师古曰：“自‘好问近乎知’以下，皆《礼记》《中庸》之辞。”

⑨师古曰：“言未尝从军旅。”

⑩师古曰：“过犹误也。”

⑪师古曰：“不副其任也。”

⑫师古曰：“右亦上也，祸乱时则上武耳。”

⑬师古曰：“易，改也。”

⑭师古曰：“惟，思也。知谓知治道也。”

⑮师古曰：“朕常思此，不息于心也。”

⑯师古曰：“罹，遭也。恙，忧也。已，止也。言何忧于疾不止也。《礼记》曰‘疾止复初’也。”

⑰师古曰：“章，明也。”

⑱师古曰：“閒言有空隙也。閒读曰闲。”

凡为丞相御史六岁，年八十，终丞相位。其后李蔡、严青翟、赵周、石庆、公孙贺、刘屈氂继踵为丞相。①自蔡至庆，丞相府客馆丘虚而已，②至贺、屈氂时坏以为马厩车库奴婢室矣。唯庆以惇谨，复终相位，③其馀尽伏诛云。

①师古曰：“继踵，言相蹑也。屈音丘勿反，又钜勿反。氂音力之反。”

②师古曰：“言不能进贤，故不缮修其室屋也。虚读曰墟。”

③师古曰：“惇，厚也，音敦。”

弘子度嗣侯，为山阳太守十馀岁，诏征钜野令史成诣公车，度留不遣，坐论为城旦。

元始中，修功臣后，下诏曰："汉兴以来，股肱在位，身行俭约，轻财重义，未有若公孙弘者也。位在宰相封侯，而为布被脱粟之饭，奉禄以给故人宾客，无有所馀，可谓减于制度，①而率下笃俗者也，②与内富厚而外为诡服以钓虚誉者殊科。③夫表德章义，所以率世厉俗，圣王之制也。其赐弘后子孙之次见为適者，④爵关内侯，食邑三百户。"

①应劭曰："礼，贵有常尊，衣服有品。"

②师古曰："笃，厚也。"

③师古曰："诡，违也。诡服，谓与心志相违也。一曰，违众之服也。"

④师古曰："见音胡电反。適读曰嫡。"

卜式，河南人也。以田畜为事。有少弟，弟壮，式脱身出，①独取畜羊百馀，田宅财物尽与弟。式入山牧，十馀年，羊致千馀头，买田宅。而弟尽破其产，式辄复分与弟者数矣。②

①师古曰："脱身谓引身出也。脱音他活反。"

②师古曰："数音所角反。"

时汉方事匈奴，式上书，愿输家财半助边。上使使问式："欲为官乎？"式曰："自(少)〔小〕牧羊，[10]不习仕宦，不愿也。"使者曰："家岂有冤，欲言事乎？"式曰："臣生与人亡所争，邑人贫者贷之，①不善者教之，所居，人皆从式，式何故见冤！"使者曰："苟，子何欲？"②式曰："天子诛匈奴，愚以为贤者宜死节，有财者宜输之，如此而匈奴可灭也。"使者以闻。上以语丞相弘。弘曰："此非人情。不轨之臣③不可以为化而乱法，愿陛下勿许。"上不报，数岁乃罢式。式归，复田牧。

①师古曰："贷音土戴反。"

②师古曰："言子苟如此输财，必有所欲。"

③师古曰："轨亦法也。"

岁馀，会浑邪等降，县官费众，仓府空，①贫民大徙，皆卬给县官，②

无以尽赡。式复持钱二十万与河南太守，以给徙民。河南上富人助贫民者，上识式姓名，曰："是固前欲输其家半财助边。"乃赐式外繇四百人，③式又尽复与官。是时富豪皆争匿财，④唯式尤欲助费。上于是以式终长者，乃召拜式为中郎，赐爵左庶长，⑤田十顷，布告天下，尊显以风百姓。⑥

①师古曰："仓，粟所积也。府，钱所聚也。"

②师古曰："印音牛向反。"

③苏林曰："外繇谓戍边也。一人出三百钱，谓之过更。式岁得十二万钱也。一说，在徭役之外得复除四百人也。"师古曰："一说是。"

④师古曰："匿，藏也。"

⑤师古曰："第十爵。"

⑥师古曰："风读曰讽。"

初式不愿为郎，上曰："吾有羊在上林中，欲令子牧之。"式既为郎，布衣屮蹻而牧羊。①岁余，羊肥息。②上过其羊所，善之。式曰："非独羊也，治民亦犹是矣。以时起居，恶者辄去，③毋令败群。"上奇其言，欲试使治民。拜式缑氏令，缑氏便之；迁成皋令，将漕最。④上以式朴忠，⑤拜为齐王太傅，转为相。

①师古曰："蹻，即今之鞋也，南方谓之蹻。字本作屩，并音居略反。"

②师古曰："息，生也。言羊既肥而又生多也。"

③师古曰："去，除也，音丘巨反。"

④师古曰："为县令而又使(令)领漕，[11]其课最上。"

⑤师古曰："朴，质也。"

会吕嘉反，式上书曰："臣闻主愧臣死。群臣宜尽死节，其驽下者宜出财以佐军，如是则强国不犯之道也。①臣愿与子男②及临菑习弩博昌习船者请行，死之以尽臣节。"③上贤之，下诏曰："朕闻报德以德，报怨以直。④今天下不幸有事，郡县诸侯未有奋繇直道者也。⑤齐相雅行躬耕，⑥随牧蓄番，辄分昆弟，更造，⑦不为利惑。⑧日者北边有兴，⑨上书助官。往年西河岁恶，率齐人入粟。⑩今又首奋，⑪虽未战，可谓义形于内矣。⑫其赐式爵关内侯，黄金四(百)〔十〕斤，[12]田十顷，布告天下，使明知之。”

①师古曰：“国家威强而不见侵犯。”

②师古曰：“子男，自谓其子也。”

③师古曰：“从军而致死。”

④师古曰：“《论语》称孔子〔曰〕[13]‘以直报怨，以德报德’，故诏引之。”

⑤孟康曰：“未有奋迅乐出身劳于徭役者也。”臣瓒曰：“言未有奋厉于正直之道也。”师古曰：“二说皆非也。奋，愤激也。繇读与由同。由，从也。直道，谓报怨以直，征南越也。言无欲奋厉而从于报怨之道也。”

⑥臣瓒曰：“雅，素也。言卜式躬耕于野，不要名利。”晋灼曰：“雅，正也。”师古曰：“晋说是也。言其行雅正，又躬耕也。”

⑦师古曰：“言其蓄牧滋多，则与昆弟，而更自营为也。番音扶元反。”

⑧师古曰：“言不惑于利。”

⑨师古曰：“日者，往日也。兴谓发军。”

⑩师古曰：“风恶，犹凶岁也。《礼记》曰‘岁凶，年谷不登’。”

⑪师古曰：“为首而奋厉，愿从军也。”

⑫师古曰：“形，见也。”

元鼎中，征式代石庆为御史大夫。式既在位，言郡国不便盐铁而船有算，可罢。上由是不说式。①明年当封禅，式又不习文章，贬秩为太子太傅，以兒宽代之。式以寿终。

①师古曰：“说读曰悦。”

兒宽，千乘人也。①治《尚书》，事欧阳生。以郡国选诣博士，受业孔安国。贫无资用，尝为弟子都养。②时行赁作，带经而锄，休息辄读诵，其精如此。以射策为掌故，功次补廷尉文学卒史。③

①师古曰：“千乘郡千乘县也。兒音五奚反。”

②师古曰：“都，凡众也。养，主给烹炊者也。贫无资用，故供诸弟子烹炊也。养音弋向反。”

③苏林曰：“秩六百石，旧郡亦有也。”臣瓒曰：“《汉注》卒史秩百石。”师古曰：

"瓒说是也。"

宽为人温良,有廉知自将,① 善属文,② 然懦于武,③ 口弗能发明也。时张汤为廷尉,廷尉府尽用文史法律之吏,④ 而宽以儒生在其间,见谓不习事,不署曹,⑤ 除为从史,⑥ 之北地视畜数年。⑦ 还至府,上畜簿,⑧ 会廷尉时有疑奏,已再见却矣,⑨ 掾史莫知所为。宽为言其意,掾史因使宽为奏。奏成,读之皆服,以白廷尉汤。汤大惊,召宽与语,乃奇其材,以为掾。上宽所作奏,即时得可。异日,汤见上。问曰:"前奏非俗吏所及,谁为之者?"汤言兒宽。上曰:"吾固闻之久矣。"汤由是乡学,⑩ 以宽为奏谳掾,以古法义决疑狱,甚重之。及汤为御史大夫,以宽为掾,举侍御史。见上,语经学。上说之,⑪ 从问《尚书》一篇。擢为中大夫,迁左内史。

①师古曰:"将,卫也,以智自卫护也。"

②师古曰:"属,缀也,音之欲反。"

③师古曰:"懦,柔也,音乃唤反,又音儒。"

④师古曰:"吏谓善史书者。"

⑤张晏曰:"不署为列曹也。"师古曰:"署,表也,置也。凡言署官,表其秩位,置立为之也。"

⑥师古曰:"从史者,但只随官僚,不主文书。"

⑦师古曰:"之,往也。畜谓廷尉之畜在北地者,若今诸司公廨牛羊。"

⑧师古曰:"簿谓文计也。"

⑨师古曰:"却,退也。"

⑩师古曰:"乡读曰向。"

⑪师古曰:"说读曰悦。"

宽既治民,劝农业,缓刑罚,理狱讼,卑体下士,务在于得人心;① 择用仁厚士,推情与下,不求名声,吏民大信爱之。宽表奏开六辅渠,② 定水令以广溉田。③ 收租税,时裁阔狭,与民相假贷,④ 以故租多不入。后有军发,左内史以负租课殿,当免。民闻当免,皆恐失之,大家牛车,小家担负,输租繦属不绝,⑤ 课更以最。上由此愈奇宽。

①师古曰："下音胡稼反。"

②韦昭曰："六辅谓京兆、冯翊、扶风、河东、河南、河内也。"刘德曰："于六辅界中为渠也。"师古曰："二说皆非也。《沟洫志》云'兒宽为左内史，奏请穿六辅渠以益溉郑国旁高印之田'，此则于郑国渠上流南岸更开六道小渠以辅助溉灌耳。今雍州云阳、三原两县界此渠尚存，乡人名曰六渠，亦号辅渠。故《河渠书》云'关内则辅渠、灵轵'是也，焉说三河之地哉！"

③师古曰："为用水之次具立法，令皆得其所也。"

④师古曰："谓有贫弱及农要之时不即征收也。贷音土代反。"

⑤师古曰："缀，索也，言输者接连，不绝于道，若绳索之相属也，犹今言续索矣。属音之欲反。"

及议欲放古巡狩封禅之事，①诸儒对者五十馀人，未能有所定。先是，司马相如病死，有遗书，颂功德，言符瑞，足以封泰山。上奇其书，以问宽，宽对曰："陛下躬发圣德，统楫群元，②宗祀天地，荐礼百神，精神所乡，征兆必报，③天地并应，符瑞昭明。其封泰山，禅梁父，昭姓考瑞，帝王之盛节也。然享荐之义，不著于经，④以为封禅告成，合祛于天地神祇，⑤祗戒精专以接神明。总百官之职，各称事宜而为之节文。⑥唯圣主所由，制定其当，⑦非群臣之所能列。今将举大事，优游数年，⑧使群臣得人自尽，终莫能成。⑨唯天子建中和之极，兼总条贯，⑩金声而玉振之，⑪以顺成天庆，垂万世之基。"上然之，乃自制仪，采儒术以文焉。

①师古曰："放，依也，音甫往反。"

②张晏曰："统，察；楫，聚也。"如淳曰："历数之元也。"臣瓒曰："统犹总览也。楫当作辑。"师古曰："辑、楫与集，三字并同。《虞书》曰'楫五瑞'是也，其字从木。瓒曰当为辑，不通。"

③师古曰："乡读曰向。征，证也。"

④师古曰："封禅之享荐也，以非常礼，故经无其文，著音竹筯反。"

⑤李奇曰："祛，开散；合，闭也。开闭于天地也。"

⑥师古曰："称，副也。"

⑦师古曰："当犹中也。"

⑧师古曰："言不决也。"

⑨师古曰："所言不同，各有执见也。"

⑩师古曰："极，正也。《周礼》曰'以为人极'也。"

⑪师古曰："言振扬德音，如金玉之声也。"

既成，将用事，拜宽为御史大夫，从东封泰山，还登明堂。宽上寿曰："臣闻三代改制，属象相因。①间者圣统废绝，②陛下发愤，合指天地，祖立明堂辟雍，③宗祀泰一④，六律五声，⑤幽赞圣意，⑥神乐四合，各有方象，⑦以丞嘉祀，为万世则，⑧天下幸甚。将建大元本瑞，登告岱宗，发祉闿门，以候景至。癸亥宗祀，日宣重光；上元甲子，肃邕永享。⑨光辉充塞，天文粲然，⑩(充)〔见〕象日昭，[14]报降符应。⑪臣宽奉觞再拜，上千万岁寿。"制曰："敬举君之觞。"

①李奇曰："政教之法象相因属也。"师古曰："属，连也，音之欲反。"

②师古曰："圣统，圣人之遗业，谓礼文也。"

③师古曰："祖，始也。"

④师古曰："宗，尊也。"

⑤师古曰："六律，谓黄锺、太蔟、姑洗、蕤宾、夷则、无射也。五声，宫、商、角、徵、羽也。"

⑥师古曰："幽，深也。赞，明也。"

⑦如淳曰："四方色及五神祭祀声乐各有等。"

⑧师古曰："则，法也。"

⑨李奇曰："太平之世，日抱重光，谓日有重日也。"苏林曰："将，甫始之辞也。太元，太初历也。本瑞，谓白麟、宝鼎之属也。以候景至，冬至之景也。上元甲子，太初元年甲子朔旦冬至也。"师古曰："宗，尊也。肃，敬也。雍，和也。既敬且和，则长为天所亨也。闿读与开同。"

⑩师古曰："塞，满也。粲然，明貌。"

⑪师古曰："言(大)〔天〕显示景象，[15]日日昭明也。降下符应，以报德化。"

后太史令司马迁等言："历纪坏废，汉兴未改正朔，宜可正。"上乃诏宽与迁等共定汉《太初历》。语在《律历志》。

初梁相褚大通《五经》，为博士，时宽为弟子。及御史大夫缺，征褚大，大自以为得御史大夫。至洛阳，闻兒宽为之，褚大笑。及至，与宽议封禅于上前，大不能及，退而服曰："上诚知人。"宽为御史大夫，以称意任职，故久无有所匡谏于上，官属易之。①居位九岁，以官卒。

①师古曰："易，轻也，音弋(鼓)〔豉〕反。"[16]

赞曰：公孙弘、卜式、兒宽皆以鸿渐之翼困于燕爵，①远迹羊豕之间，②非遇其时，焉能致此位乎？③是时，汉兴六十馀载，海内艾安，④府库充实，而四夷未宾，制度多阙。上方欲用文武，求之如弗及，⑤始以蒲轮迎枚生，见主父而叹息。⑥群士慕向，异人并出。卜式拔于刍牧，弘羊擢于贾竖，卫青奋于奴仆，日磾出于降虏，斯亦曩时版筑饭牛之(明)〔朋〕已。⑦[17]汉之得人，于兹为盛，儒雅则公孙弘、董仲舒、兒宽，笃行则石建、石庆，质直则汲黯、卜式，推贤则韩安国、郑当时，定令则赵禹、张汤，文章则司马迁、相如，滑稽则东方朔、枚皋，⑧应对则严助、朱买臣，历数则唐都、洛下闳，协律则李延年，运筹则桑弘羊，奉使则张骞、苏武，将率则卫青、霍去病，受遗则霍光、金日磾，其馀不可胜纪。⑨是以兴造功业，制度遗文，后世莫及。孝宣承统，纂修洪业，亦讲论六艺，招选茂异，而萧望之、梁丘贺、夏侯胜、韦玄成、严彭祖、尹更始以儒术进，刘向、王褒以文章显，将相则张安世、赵充国、魏相、丙吉、于定国、杜延年，治民则黄霸、王成、龚遂、郑弘、召信臣、⑩韩延寿、尹翁归、赵广汉、严延年、张敞之属，皆有功迹见述于世。参其名臣，亦其次也。⑪

①李奇曰："渐，进也。鸿一举而进千里者，羽翼之材也。弘等皆以大材初为俗所薄，若燕爵不知鸿志也。"师古曰："《易》《渐卦》上九爻辞曰：'鸿渐于陆，其羽可以为仪。'鸿，大鸟。渐，进也。高平曰陆。言鸿进于陆，以其羽翼为威仪也。喻弘等皆有鸿之羽仪，未进之时，燕爵所轻也。"

②师古曰："远窜其迹也。"

③师古曰："焉，于(日)〔何〕也。"[18]

④师古曰："艾读曰乂。"

⑤师古曰："恐失之。"

⑥师古曰："谓言'公皆安在？何相见之晚！'"

⑦师古曰："版筑，傅说也。饭牛，甯戚也。已，语终辞也。饭音抚晚反。"

⑧师古曰："滑稽，转利之称也。滑，乱也。稽，碍也。言其变乱无留碍也。一说，稽，考也。言可滑乱不可考校也。滑音骨，稽音工奚反。"

⑨师古曰："纪，记也。"

⑩师古曰："召读曰邵。"

⑪师古曰："次于武帝时。"

【校勘记】

〔1〕 〔敢〕问子大夫： 景祐、殿本都有"敢"字。王先谦说有"敢"字是。

〔2〕 夫厚(当)〔赏〕重刑未足以劝善而禁非， 景祐、汲古、殿、局本都作"赏"，此误。

〔3〕 凡此八者，治〔民〕之本也。 景祐、殿本都有"民"字。

〔4〕 (师古)〔李奇〕曰： 景祐、殿本都作"李奇"，此误。

〔5〕 通〔壅〕塞之涂， 钱大昭说"通"下脱"壅"字。按景祐、殿本都有"壅"字。

〔6〕 鲁(斑)〔班〕门 殿本作"班"。王先谦说作"班"是。

〔7〕 不精(凿)〔鑿〕也。 李祯说"凿"当作"鑿"。按景祐、殿本都作"鑿"字。

〔8〕 陛下(下)过意擢臣弘卒伍之中， 景祐、殿本都不重"下"字。

〔9〕 守成〔上〕文， 景祐、殿本都有"上"字。王先谦说据下颜注当有。

〔10〕 自(少)〔小〕牧羊， 景祐、殿本都作"小"。

〔11〕 为县令而又使(令)领漕， 景祐、殿本都无下"令"字。

〔12〕 黄金四(百)〔十〕斤， 景祐、殿本都作"十"。王先谦说，以理度之，"十"字是。

〔13〕 《论语》称孔子〔曰〕 景祐、殿本都有"曰"字，此脱。

〔14〕 (充)〔见〕象日昭， 景祐、殿本都作"见"。

〔15〕 言(大)〔天〕显示景象， 殿本作"天"。王先谦说作"天"是。

〔16〕 音弋(鼓)〔豉〕反。 景祐、殿本都作"豉"，此误。

〔17〕 斯亦曩时版筑饭牛之(明)〔朋〕已。 殿本作"朋"。王先谦说殿本是。

〔18〕 焉，于(日)〔何〕也。 景祐、殿本都作"何"，此误。

汉书卷五十九

张汤传第二十九

张汤，杜陵人也。父为长安丞，出，汤为儿守舍。① 还，鼠盗肉，父怒，笞汤。汤掘熏得鼠及馀肉，劾鼠掠治，传爰书，讯鞫论报，②，并取鼠与肉，具狱磔堂下。③ 父见之，视文辞如老狱吏，大惊，遂使书狱。④

①师古曰："称为儿者，言其尚幼小也。"

②师古曰："传谓传逮，若今之追逮赴对也。爰，换也，以文书代换其口辞也。讯，考问也。鞫，穷也，谓穷核之也。论报，谓上论之而获报也。讯音信。"

③师古曰："具为治狱之文，处正其罪而磔鼠也。"

④如淳曰："决狱之书，谓律令也。"

父死后，汤为长安吏。周阳侯为诸卿时，① 尝系长安，汤倾身事之。及出为侯，大与汤交，遍见贵人。汤给事内史，为甯成掾，以汤为无害，言大府，② 调茂陵尉，③ 治方中。"④

①师古曰："姓赵。"

②师古曰："大府，丞相府也。无害，言其最胜也，解在《萧何传》。"

③师古曰："调，选也，选以为此官也。调音徒钓反。"

④孟康曰："方中，陵上土作方也，汤主治之。"苏林曰："天子即位，豫作陵，讳之，故言方中，或言斥土。"如淳曰："《汉注》陵方中用地一顷，深十二丈。"师古曰："苏说非也。古谓掘地为阬曰方，今荆楚俗土功筑作算程课者，犹以方计之，非谓避讳也。"

武安侯为丞相，① 征汤为史，荐补侍御史。治陈皇后巫蛊狱，深竟党与，上以为能，迁太中大夫。与赵禹共定诸律令，务在深文，拘守职之吏。② 已而禹至少府，汤为廷尉，两人交欢，兄事禹。③ 禹志在奉公孤立，而汤舞知以御人。④始为小吏，乾没，与长安富贾田甲、鱼翁叔之属交私。⑤及列九卿，收接天下名士大夫，己心内虽不合，然阳浮道与之。⑥

①师古曰："田蚡。"

②苏林曰："拘刻于守职之吏。"

③师古曰："事之如兄。"

④师古曰："舞弄其智，制御它人也。"

⑤服虔曰："乾没，射成败也。"如淳曰："豫居物以待之，得利为乾，失利为没。"师古曰："乾音干。"

⑥师古曰："阳以道义为交，非其中心，故云浮也。"

是时，上方乡文学，①汤决大狱，欲傅古义，②乃请博士弟子治《尚书》、《春秋》，补廷尉史，平亭疑法。奏谳疑，③必奏先为上分别其原，上所是，受而著谳法廷尉挈令，④扬主之明。⑤奏事即谴，汤摧谢，⑥乡上意所便，⑦必引正监掾史贤者，曰："固为臣议，如(此)上责臣，⑧[1]臣弗用，愚抵此。"⑨罪常释。⑩间即奏事，上善之，曰："臣非知为此奏，乃监、掾、史某所为。"⑪其欲荐吏，扬人之善解人之过如此。所治即上意所欲罪，予监吏深刻者；即上意所欲释，予监吏轻平者。所治即豪，必舞文巧诋；⑫即下户羸弱，时口言"虽文致法，上裁察"。于是往往释汤所言。⑬汤至于大吏，内行修，交通宾客饮食，于故人子弟为吏及贫昆弟，调护之尤厚。⑭其造请诸公，不避寒暑。⑮是以汤虽文深意忌不专平，然得此声誉。而深刻吏多为爪牙用者，依于文学之士。丞相弘数称其美。

①师古曰："乡读曰向。"

②师古曰："傅读曰附。"

③李奇曰："亭亦平也。"师古曰："亭，均也，调也。言平均疑法及为谳疑奏之。"

④韦昭曰："在板挈也。"师古曰："著谓明书之也。挈，狱讼之要也。书于谳法挈令以为后式也。挈音口计反。"

⑤师古曰："言此自天子之意，非由臣下有司。"

⑥苏林曰："深自挫按也。"师古曰："若上有责，即摧折而谢也。"

⑦师古曰："谓如天子责汤之指而言其端也。乡读曰向。"

⑧师古曰："如上之意。"

⑨苏林曰："坐不用诸掾语，故至于此。"

⑩臣瓒曰："谓常见原也。"

⑪师古曰："间谓非当朝奏者。"

⑫师古曰："诋，诬也，音丁礼反。其下并同。"

⑬李奇曰："先见上口言之，欲与轻平，故皆见原释也。"如淳曰："虽文书按察致下户之罪，汤以先口解之矣。上以汤言，辄裁察之，轻其罪也。"师古曰："李、如二说皆非也。此言下户羸弱，汤欲佐助，虽具文奏之，而又口奏，言虽律令之文合致此罪，听上裁察，盖为此人希恩宥也。于是上得汤言，往往释其人罪，非未奏之前口豫言也。"

⑭师古曰："调，和适之，令得其所也。护谓保佑也。"

⑮师古曰："造，至诣也。请，谒问也。造音七到反。"

及治淮南、衡山、江都反狱，皆穷根本。严助、伍被，上欲释之，汤争曰："伍被本造反谋，而助亲幸出入禁闼腹心之臣，乃交私诸侯，如此弗诛，后不可治。"上可论之。①其治狱所巧排大臣自以为功，多此类。繇是益尊任，②迁御史大夫。

①师古曰："可汤所奏而论决之。"

②师古曰："繇读与由同。"

会浑邪等降汉，大兴兵伐匈奴，山东水旱，贫民流徙，皆卬给县官，①县官空虚。汤承上指，请造白金及五铢钱，笼天下盐铁，②排富商大贾，出告缗令，锄豪强并兼之家，舞文巧诋以辅法。③汤每朝奏事，语国家用，日旰，④天子忘食。丞相取充位，⑤天下事皆决汤。百姓不安其生，骚动，县官所兴未获其利，奸吏并侵渔，⑥于是痛绳以罪。自公卿以下至于庶人咸指汤。汤尝病，上自至舍视，其隆贵如此。

①师古曰："卬音牛向反。"

②师古曰："笼罗其事，皆令利入官。"

③师古曰："辅，助也。以巧诋助法，言不公平也。"

④师古曰："旰，晚也。论事既多，至于日晚。旰音幹。"

⑤师古曰："但充其位而已，无所造设也。"

⑥师古曰："并，且也。"

匈奴求和亲，群臣议前，①博士狄山曰："和亲便。"上问其便，山曰："兵，凶器，未易数动。②高帝欲伐匈奴，大困平城，乃遂结和亲。孝惠、高后时，天下安乐，及文帝欲事匈奴，北边萧然苦兵。③孝景时，吴楚七国反，景帝往来东宫间，④天下寒心数月。⑤吴楚已破，竟景帝不言兵，⑥天下富实。今自陛下兴兵击匈奴，中国以空虚，边大困贫。由是观之，不如和亲。"上问汤，汤曰："此愚儒无知。"狄山曰："臣固愚忠，若御史大夫汤，乃诈忠。汤之治淮南、江都，以深文痛诋诸侯，别疏骨肉，使藩臣不自安，臣固知汤之(为)诈忠。"[2]于是上作色曰："吾使生居一郡，能无使虏入盗乎？"⑦山曰："不能。"曰："居一县？"曰："不能。"复曰："居一鄣间？"⑧山自度辩穷且下吏，⑨曰："能。"乃遣山乘鄣。⑩至月馀，匈奴斩山头而去，是后群臣震詟。⑪

①师古曰："于上前议事。"

②师古曰："言难可屡动。"

③师古曰："萧然犹骚然，扰动之貌也。"

④师古曰："谓咨谋于太后也。"

⑤师古曰："惧于兵难也。"

⑥师古曰："讫景帝之身更不议征伐之事。"

⑦师古曰："博士之官，故呼为生也。"

⑧师古曰："鄣谓塞上要险之处，别筑为城，因置吏士而为鄣蔽以扞寇也。鄣音之向反。"

⑨师古曰："度，计也。见诘自辩而辞穷，当下吏也。"

⑩师古曰："乘，登也，登而守之。"

⑪师古曰："震，动也。詟，失(失)气也。[3]詟音之涉反。"

汤客田甲虽贾人，有贤操，①始汤为小吏，与钱通，②及为大吏，而甲所以责汤行义，有烈士之风。

①师古曰："操谓所执持之志行也。音千到反。"

②师古曰："为小吏之时与田甲为钱财之交。"

汤为御史大夫七岁，败。

河东人李文，故尝与汤有隙，已而为御史中丞，荐数从中文事有可以伤汤者，不能为地。① 汤有所爱史鲁谒居，知汤弗平，使人上飞变告文奸事。② 事下汤，汤治论杀文，而汤心知谒居为之。上问："变事从迹安起？"③ 汤阳惊曰："此殆文故人怨之。"④ 谒居病卧闾里主人，汤自往视病，为谒居摩足。赵国以冶铸为业，王数讼铁官事，汤常排赵王。赵王求汤阴事。谒居尝案赵王，赵王怨之，并上书告："汤大臣也，史谒居有病，汤至为摩足，疑与为大奸。"事下廷尉。谒居病死，事连其弟，弟系导官。⑤ 汤亦治它囚导官，见谒居弟，欲阴为之，而阳不省。⑥ 谒居弟不知而怨汤，使人上书，告汤与谒居谋，(兵)〔共〕变李文。[4] 事下减宣。宣尝与汤有隙，及得此事，穷竟其事，未奏也。会人有盗发孝文园瘗钱，⑦ 丞相青翟朝，与汤约俱谢，⑧ 至前，⑨ 汤念独丞相以四时行园，当谢，汤无与也，不谢。⑩ 丞相谢，上使御史案其事。汤欲致其文丞相见知，⑪ 丞相患之。三长史皆害汤，欲陷之。⑫

①服虔曰："荐，藉也。文与汤故有隙，已而为御史中丞，藉己在内台，中文书有可用伤汤者因会致之，不能为汤作道地。"苏林曰："荐，仍也。"师古曰："荐、数义同，苏说是也。数数在中，其有文书事可用伤汤者，不为作道地也。荐音在见反。数音所角反。《大雅》《云汉》之诗曰'饥馑荐臻'，字亦如此。"

②师古曰："飞变犹言急变也。"

③师古曰："从读曰踪。"

④师古曰："殆，近也。"

⑤苏林曰："《汉仪注》狱二十六所，导官无狱也。"师古曰："苏说非也。导，择也。以主择米，故曰导官。事见《百官表》。时或以诸狱皆满，故权寄在此署系之，非本狱所也。"

⑥师古曰："省，视也。"

⑦如淳曰："瘗，埋也，埋钱于园陵以送死也。"

⑧师古曰："将入朝之时为此要约。"

⑨师古曰："至天子之前。"

⑩师古曰："行音下更反。与读曰豫。无豫谓不干其事也。"

⑪张晏曰："见知故纵，以其罪罪之也。"

⑫师古曰："《百官表》丞相有两长史，今此云三者，盖以守者，非正员也。"

始，长史朱买臣素怨汤，语在其传。王朝，齐人，以术至右内史。边通学短长，①刚暴人也，官至济南相。故皆居汤右，②已而失官，守长史，诎体于汤。③汤数行丞相事，知此三长史素贵，常陵折之，故三长史合谋曰："始汤约与君谢，已有卖君；今欲劾君以宗庙事，此欲代君耳。吾知汤阴事。"使吏捕案汤左田信等，④曰汤且欲为请奏，信辄先知之，居物致富，与汤分之。⑤及它奸事。事辞颇闻。⑥上问汤曰："吾所为，贾人辄知，益居其物，⑦是类有以吾谋告之者。"⑧汤不谢，又阳惊曰："固宜有。"减宣亦奏谒居事。上以汤怀诈面欺，⑨使使八辈簿责汤。⑩汤具自道无此，不服。于是上使赵禹责汤。禹至，让汤曰：⑪"君何不知分也！⑫君所治，夷灭者几何人矣！⑬今人言君皆有状，天子重致君狱，⑭欲令君自为计，⑮何多以对为？"⑯汤乃为书谢曰："汤无尺寸之功，起刀笔吏，陛下幸致位三公，无以塞责。⑰然谋陷汤者，三长史也。"遂自杀。

①（师古）〔应劭〕曰："[5]短长术兴于六国时，长短其语，隐谬用相激怒也。"张晏曰："苏秦、张仪之谋，趣彼为短，归此为长，《战国策》名长短术也。"

②师古曰："言旧在汤上。"

③师古曰："谓拜伏也。"

④李奇曰："左，证左也。"师古曰："谓之左者，言除罪人正身之外，又取其左右者考问也。"

⑤服虔曰："居谓储也。"

⑥师古曰："闻于天子也。"

⑦师古曰："益，多也。"

⑧师古曰："类，似也。"

⑨师古曰："对面欺诬也。"

⑩苏林曰："簿音主簿之簿。簿，悉责也。"师古曰："以文簿次第一一责之。"

⑪师古曰："让亦责也。"

⑫师古曰："分音扶问反。"

⑬师古曰："几音居起反。"

⑭师古曰："重犹难也。"

⑮师古曰："言引决也。"

⑯师古曰："言何用多对。"

⑰师古曰："塞，当也。"

汤死，家产直不过五百金，皆所得奉赐，①无它赢。②昆弟诸子欲厚葬汤，汤母曰："汤为天子大臣，被恶言而死，③何厚葬为！"载以牛车，有棺而无椁。上闻之，曰："非此母不生此子。"乃尽按诛三长史。丞相青翟自杀。出田信。上惜汤，复稍进其子安世。

①师古曰："奉音扶用反。"

②师古曰："赢，馀也。"

③师古曰："被，加也，音皮义反。"

安世字子孺，少以父任为郎。用善书给事尚书，①精力于职，休沐未尝出。上行幸河东，尝亡书三箧，诏问莫能知，唯安世识之，②具作其事。后购求得书，以相校无所遗失。上奇其材，擢为尚书令，迁光禄大夫。

①师古曰："于尚书中给事也。给，供也。"

②师古曰："识，记也，音式志反。"

昭帝即位，大将军霍光秉政，以安世笃行，①光亲重之。会左将军上官桀父子及御史大夫桑弘羊皆与燕王、盖主谋反诛，光以朝无旧臣，白用安世为右将军光禄勋，以自副焉。久之，天子下诏曰："右将军光禄勋安世辅政宿卫，肃敬不怠，十有三年，咸以康宁。夫亲亲任贤，唐虞之道也，其封安世为富平侯。

①师古曰："笃，厚也。"

明年，昭帝崩，未葬，大将军光白太后，徙安世为车骑将军，与共征立昌邑王。王行淫乱，光复与安世谋废王，尊立宣帝。帝初即位，褒赏大臣，〔下〕诏曰："[6]夫褒有德，赏有功，古今之通义也。车骑将军光禄勋富平侯安世，宿卫忠正，宣德明恩，勤劳国家，守职秉义，以安宗庙，其益封万六百户，功次大将军光。”安世子千秋、延寿、彭祖，皆中郎将侍中。

大将军光薨后数月，御史大夫魏相上封事曰：“圣王褒有德以怀万方，①显有功以劝百寮，是以朝廷尊荣，天下乡风。②国家承祖宗之业，制诸侯之重，新失大将军，宜宣章盛德以示天下，显明功臣以填藩国。③毋空大位，以塞争权，④所以安社稷绝未萌也。⑤车骑将军安世事孝武皇帝三十馀年，忠信谨厚，勤劳政事，夙夜不怠，与大将军定策，天下受其福，国家重臣也，宜尊其位，以为大将军，毋令领光禄勋事，使专精神，忧念天下，思惟得失。安世子延寿重厚，可以为光禄勋，领宿卫臣。”上亦欲用之。安世闻指，惧不敢当，请间求见，免冠顿首曰：“老臣耳妄闻，言之为先事，不言情不达，⑥诚自量不足以居大位，继大将军后，唯天子财哀，以全老臣之命。”⑦上笑曰：“君言泰谦。君而不可，尚谁可者！”⑧安世深辞弗能得。后数日，竟拜为大司马车骑将军，领尚书事。数月，罢车骑将军屯兵，更为卫将军，两宫卫尉，城门、北军兵属焉。

①师古曰：“怀，来也。”

②师古曰：“乡读曰向。”

③师古曰：“填音竹刃反。”

④师古曰：“大臣位空，则起争夺之权也。”

⑤师古曰：“未萌，谓变故未生者也。”

⑥师古曰：“事未施行而遽言之，故曰先事也。”

⑦师古曰：“财与裁同。”

⑧师古曰：“言君尚不可，谁更可也！”

时霍光子禹为右将军，上亦以禹为大司马，罢其右将军屯兵，以虚尊加之，而实夺其众。后岁馀，禹谋反，夷宗族，安世素小心畏忌，已内忧矣。①其女孙敬为霍氏外属妇，②当相坐，安世寖惧，形于颜色。③上怪而怜之，以问左右，乃赦敬，以慰其意。安世寖恐。④职典枢机，以谨慎周密自著，外内无间。⑤每定大政，已决，辄移病出，⑥闻有诏令，乃惊，使吏之丞相府问焉。自朝廷大臣莫知其与议也。⑦

①师古曰："忌者，戒盈满之祸。"

②师古曰："女孙，即今所谓孙女也。"

③师古曰："形，见也。"

④师古曰："寖，益也。"

⑤师古曰："著，明也。间，隙也。"

⑥师古曰："移病，谓移书言病也。一曰以病而移居。"

⑦师古曰："与读曰豫。"

尝有所荐，其人来谢，安世大恨，以为举贤达能，岂有私谢邪？绝勿复为通。①有郎功高不调，②自言，安世应曰："君之功高，明主所知。人臣执事，何长短而自言乎！"绝不许。已而郎果迁。③莫府长史迁，辞去之官，安世问以过失。④长史曰："将军为明主股肱，而士无所进，论者以为讥。"安世曰："明主在上，贤不肖较然，⑤臣下自修而已，何知士而荐之？"其欲匿名迹远权势如此。⑥

①师古曰："有欲谢者，皆不通也。一曰告此人而绝之，更不与相见也。"

②师古曰："调，选也，音徒钓反。"

③师古曰："安世外阳距之，而实令其迁。"

④师古曰："问己有何失。"

⑤师古曰："较，明貌。"

⑥师古曰："远，离也，音于万反。"

为光禄勋，郎有醉小便殿上，主事白行法，安世曰："何以知其不反水浆邪？①如何以小过成罪！"郎淫官婢，婢兄自言，安世曰："奴以恚怒，诬污衣冠。"(自)〔告〕署適奴。②〔7〕其隐人过失，皆此类也。

①师古曰："反读曰翻。"

②师古曰："適读曰谪。"

安世自见父子尊显，怀不自安，为子延寿求出补吏，上以为北地太守。岁馀，上闵安世年老，复征延寿为左曹太仆。

初，安世兄贺幸于卫太子，太子败，宾客皆诛，安世为贺上书，得下蚕室。①后为掖庭令，而宣帝以皇曾孙收养掖庭。贺内伤太子无辜，而曾孙孤幼，所以视养拊循，恩甚密焉。及曾孙壮大，贺教书，令受《诗》，为取许妃，以家财聘之。曾孙数有征怪，②语在《宣纪》。贺闻知，为安世道之，称其材美。安世辄绝止，以为少主在上，不宜称述曾孙。及宣帝即位，而贺已死。上谓安世曰："掖(廷)〔庭〕令平生称我，[8]将军止之，是也。"上追思贺恩，欲封其冢为恩德侯，置守冢二百家。③贺有一子蚤死，④无子，子安世小男彭祖。⑤彭祖又小与上同席研书，指欲封之，先赐爵关内侯。故安世深辞贺封，又求损守冢户数，稍减至三十户。上曰："吾自为掖(廷)〔庭〕令，非为将军也。"安世乃止，不敢复言。遂下诏曰："其为故掖(廷)〔庭〕令张贺置守冢三十家。"上自处置其里，⑥居冢西斗鸡翁舍南，上少时所尝游处也。明年，复下诏曰："朕微眇时，故掖(廷)〔庭〕令张贺辅道朕躬，⑦修文学经术，恩惠卓异，厥功茂焉。《诗》云：'无言不雠，无德不报。'⑧其封贺弟子侍中关内侯彭祖为阳都侯，赐贺谥曰阳都哀侯。"时贺有孤孙霸，年七岁，拜为散骑中郎将，赐爵关内侯，食邑三百户。安世以父子封侯，在位大盛，乃辞禄。诏都内别臧张氏无名钱以百万数。⑨

①师古曰："谓腐刑也。凡养蚕者，欲其温而早成，故为密室蓄火以置之。而新腐刑亦有中风之患，须入密室乃得以全，因呼为蚕室耳。"

②师古曰："征，证也。"

③师古曰："身死追封，故云封冢也。"

④师古曰："蚤，古早字。"

⑤师古曰："言养以为子。"

⑥师古曰："处，安也，音昌汝反。"

⑦师古曰："道读曰导。"

⑧师古曰："《大雅》《抑》之诗。"

⑨文颖曰："都内，主臧官也。"张晏曰："安世以还官，官不簿也。"

安世尊为公侯，食邑万户，然身衣弋绨，①夫人自纺绩，家童七百人，皆有手技作事，内治产业，累积纤微，是以能殖其货，②富于大将军光。天子甚尊惮大将军，然内亲安世，心密于光焉。

①师古曰："弋，黑色也。绨，厚缯也。"

②师古曰："殖，生也。"

元康四年春，安世病，上疏归侯，乞骸骨。天子报曰："将军年老被病，朕甚闵之。虽不能视事，折冲万里，君先帝大臣，明于治乱，朕所不及，得数问焉，①何感而上书归卫将军富平侯印？②薄朕忘故，③非所望也！愿将军强餐食，近医药，专精神，以辅天年。"安世复强起视事，至秋薨。天子赠印绶，送以轻车介士，④谥曰敬侯。赐茔杜东，⑤将作穿复土，起冢祠堂。子延寿嗣。

①师古曰："言意所不及者，即以问君也。"

②师古曰："感，恨也，音胡闇反。"

③苏林曰："本望君重于此也。"师古曰："苏说非也。薄犹嫌也，君意嫌朕遗忘故旧，而求去也。"

④师古曰："轻车，古之战车。《续汉书》曰：'雕朱轮舆，不巾不盖，菑矛戟幢(也)麾，辄弩。'[9]介士谓甲士也。菑，插也。辄，皮箙盛弩也。菑音侧事反。辄音服。"

⑤师古曰："茔，冢地也。"

延寿已历位九卿，既嗣侯，国在陈留，别邑在魏郡，租入岁千馀万。延寿自以身无功德，何以能久堪先人大国，数上书让减户邑，又因弟阳都侯彭祖口陈至诚。天子以为有让，乃徙封平原，并一国，户口如故，而租税减半。薨，谥曰爱侯。子勃嗣，为散骑谏大夫。

元帝初即位，诏列侯举茂材，勃举太官献丞陈汤。①汤有罪，勃坐削户二百，会薨，故赐谥曰缪侯。②后汤立功西域，世以勃为知人。子临嗣。

①苏林曰："献丞，主贡献物也。"

②师古曰："以其所举不得人，故加恶谥。(谬)〔缪〕者，妄也。"[10]

临亦谦俭，每登阁殿，常叹曰："桑、霍为我戒，岂不厚哉！"①且死，分施宗族故旧,②薄葬不起坟。临尚敬武公主。③薨,子放嗣。

①师古曰:"桑,桑弘羊也。霍,霍禹也。言以骄奢致祸也。"

②师古曰:"言将死之时,多以财分施也。"

③文颖曰:"成帝姊也。"(陈)〔臣〕瓒曰:[11]"敬武公主是元帝姊也。"师古曰:"二说皆非也。《薛宣传》云主怒曰:'嫂何以取妹杀之?'既谓元后为嫂,是则元帝妹也。"

鸿嘉中,上欲遵武帝故事,与近臣游宴,放以公主子开敏得幸。放取皇后弟平恩侯许嘉女,上为放供张,①赐甲第,充以乘舆服饰,号为天子取妇,皇后嫁女。大官私官并供(具)〔其〕第,②[12]两宫使者冠盖不绝,赏赐以千万数。放为侍中中郎将,监平乐屯兵,置莫府,仪比将军。与上卧起,宠爱殊绝,常从为微行出游,北至甘泉,南至长杨、五莋,③斗鸡走马长安中,积数年。

①师古曰:"供音居用反。张音竹亮反。"

②服虔曰:"私官,皇后之官也。"

③师古曰:"莋与柞同。"

是时上诸舅皆害其宠,白太后。太后以上春秋富,动作不节,甚以过放。①时数有灾异。议者归咎放等。于是丞相宣、御史大夫方进②奏:"放骄蹇纵恣,奢淫不制。前侍御史修等四人奉使至放家逐名捕贼,③时放见在,奴从者闭门设兵弩射吏,距使者不肯内。知男子李游君欲献女,使乐府音监景武强求不得,④使奴康等之其家,贼伤三人。又以县官事怨乐府游徼莽,⑤而使大奴骏等四十馀人群党盛兵弩,白昼入乐府攻射官寺,缚束长吏子弟,斫破器物,宫中皆犇走伏匿。⑥莽自髡钳,衣赭衣,及守令史调等皆徒跣叩头谢放,放乃止。奴从者支属并乘权势为暴虐,至求吏妻不得,杀其夫,或恚一人,妄杀其亲属,辄亡入放(弟)〔第〕,[13]不得,幸得勿治。放行轻薄,连犯大恶,有感动阴阳之咎,为臣不忠首,⑦罪名虽显,前蒙恩。骄逸悖理,⑧与背畔无异,臣子之恶,莫大于是,不宜宿卫在位。臣请免放归国,以销众邪之萌,厌海内之心。"⑨

①师古曰:"以放为罪过。"

②师古曰："薛宣、翟方进。"

③刘德曰："谓诏捕罪人有名者也。"

④孟康曰："音监，监主乐人也。姓景名武。"

⑤师古曰："乐府之游徼名莽。"

⑥师古曰："犇，古奔字。"

⑦师古曰："不忠之罪放为首。"

⑧师古曰："悖，乖也，音布内反。"

⑨师古曰："萌，始生者也。厌，满也，音一艳反。"

上不得已，①左迁放为北地都尉。数月，复征入侍中。太后以放为言，出放为天水属国都尉。永始、元延间，比年日蚀，②故久不还放，玺书劳问不绝。居岁馀，征放归第视母公主疾。数月，主有瘳，出放为河东都尉。上虽爱放，然上迫太后，下用大臣，故常涕泣而遣之。后复征放为侍中光禄大夫，秩中二千石。岁馀，丞相方进复奏放，上不得已，免放，赐钱五百万，遣就国。数月，成帝崩，放思慕哭泣而死。

①师古曰："已，止也。"

②师古曰："比，频也。"

初，安世长子千秋与霍光子禹俱为中郎将，将兵随度辽将军范明友击乌桓。还，谒大将军光，问千秋战斗方略，山川形势，千秋口对兵事，画地成图，无所忘失。光复问禹，禹不能记，曰："皆有文书。"光由是贤千秋，以禹为不材，叹曰："霍氏世衰，张氏兴矣！"及禹诛灭，而安世子孙相继，自宣、元以来为侍中、中常侍、诸曹散骑、列校尉者凡十馀人。功臣之世，唯有金氏、张氏，亲近宠贵，比于外戚。

放子纯嗣侯，恭俭自修，明习汉家制度故事，有敬侯遗风。王莽时不失爵，建武中历位至大司空，更封富平之别乡为武始侯。

张汤本居杜陵，安世武、昭、宣世辄随陵，①凡三徙，復还杜陵。

①服虔曰："随所事帝，徙处其陵也。"

赞曰：冯商称张汤之先与留侯同祖，而司马迁不言。故阙焉。①汉兴以来，侯者百数，保国持宠，未有若富平者也。汤虽酷烈，及身蒙咎，其推贤扬善，固宜有后。安世履道，满而不溢，贺之阴德，亦有助云。

①如淳曰："班固《目录》冯商，长安人，成帝时以能属书待诏金马门，受诏续《太史公书》十馀篇。"师古曰："刘歆《七略》云商阳陵人，治《易》，事五鹿充宗，能属文，博通强记，与孟柳俱待诏，颇序列传，未卒，会病死。"

【校勘记】

〔1〕 固为臣议，如(此)上责臣，⑧　注⑧原在"此"字下。王先谦说"此"是衍文。按《史记》无"此"字。颜注正解"如上责臣"，当在"臣"字下。

〔2〕 臣固知汤之(为)诈忠。　景祐、殿本都无"为"字。

〔3〕 失(失)气也。　王先谦说"失"字误衍。按殿本无。

〔4〕 告汤与谒居谋，(兵)〔共〕变李文。　景祐、殿本都作"共"，此误。

〔5〕 (师古)〔应劭〕曰："景祐、殿本都作"应劭"。王先谦说作"应劭"是。

〔6〕 帝初即位，褒赏大臣，〔下〕诏曰：　景祐、殿本都有"下"字。

〔7〕 (自)〔告〕署適奴。　景祐、殿本都作"告"。郭嵩焘说作"告"是。

〔8〕 掖(廷)〔庭〕令平生称我，　殿本作"庭"，下同。王先谦说"廷"字误。按景祐本亦误。

〔9〕 菑矛戟幢(也)麾，珽弩。　宋祁说别本、浙本无"也"字。王先谦说无"也"字是。

〔10〕 (谬)〔缪〕者，妄也。　景祐、殿本都作"缪"。

〔11〕 (陈)〔臣〕瓒曰：　景祐、殿、局本都作"臣"，此误。

〔12〕 大官私官并供(具)〔其〕第，　景祐、殿、局本都作"其"，此误。

〔13〕 辄亡入放(弟)〔第〕，　王先谦说殿本作"第"是。

汉书卷六十

杜周传第三十

杜周，南阳杜衍人也。义纵为南阳太守，以周为爪牙，荐之张汤，为廷尉史。使案边失亡，①所论杀甚多。奏事中意，任用，②与减宣更为中丞者十馀岁。③

①文颖曰："边卒多亡也。或曰，郡县主守有所亡失也。"师古曰："此说皆非也。谓因虏入为寇，而失人畜甲兵仓廪者也。"

②师古曰："以奏事当天子之意旨，故被任用也。中音竹仲反。"

③师古曰："更，互也，音工衡反。"

周少言重迟，①而内深次骨。②宣为左内史，周为廷尉，其治大抵放张汤，③而善候司。④上所欲挤者，因而陷之；⑤上所欲释，久系待问而微见其冤状。⑥客有谓周曰："君为天下决平，不循三尺法，⑦专以人主意指为狱，狱者固如是乎？"⑧周曰："三尺安出哉？⑨前主所是著为律，后主所是疏为令；⑩当时为是，何古之法乎？"⑪

①师古曰："迟谓性非敏速也。"

②李奇曰："其用法深刻至骨。"

③师古曰："大抵，大归也。放，依也，音甫往反。"

④师古曰："观望天子意。"

⑤孟康曰："挤音跻。"师古曰："挤，坠也。"

⑥师古曰："见，显也。"

⑦孟康曰："以三尺竹简书法律也。"师古曰："循，因也，顺也。"

⑧师古曰："言不当然也。"

⑨师古曰："安犹焉也。"

⑩师古曰："著谓明表也。疏谓分条也。"

⑪师古曰："各当其时而为是也。"

至周为廷尉，诏狱亦益多矣。二千石系者新故相因，不减百馀人。郡吏大府举之廷尉，①一岁至千馀章。章大者连逮证案数百，小者数十人；远者数千里，近者数百里。会狱，②吏因责如章告劾，③不服，以掠笞定之。④于是闻有逮证，皆亡匿。狱久者至更数赦十馀岁而相告言，⑤大氐尽诋以不道，⑥以上[1]廷尉及中都官，诏狱逮至六七万人，⑦吏所增加十有馀万。⑧

①如淳曰："郡吏，太守也。"文颖曰："大府，公府也。"孟康曰："举之廷尉，以章劾付廷尉治之也。"师古曰："孟说非也。举，皆也。言郡吏大府狱事皆归廷尉也。大府，丞相、御史之府也。"

②师古曰："往赴对也。"

③师古曰："皆令服罪如所告劾之本章。"

④师古曰："定其辞，令服也。"

⑤师古曰："更，历也。其罪或非赦例，故不得除，而久逃亡不出至于十馀岁，犹相告言，由周用法深刻故也。更音工衡反。"

⑥师古曰："氐读与抵同。抵，归也。诋，诬也。并音丁礼反。"

⑦师古曰："中都官，凡京师诸官府也。狱辞所及，追考问者六七万人也。"

⑧师古曰："吏又于此外以文致之，更增加也。"

周中废，后为执金吾，逐捕桑弘羊、卫皇后昆弟子刻深，上以为尽力无私，迁为御史大夫。

始周为廷史，有一马，①及久任事，列三公，而两子夹河为郡守，家訾累巨万矣。②治皆酷暴，唯少子延年行宽厚云。

①师古曰："廷史，即廷尉史也。"

②师古曰："訾与赀同。"

延年字幼公，亦明法律。昭帝初立，大将军霍光秉政，以延年三公子，吏材有馀，补军司空。①始元四年，益州蛮夷反，延年以校尉将南阳士击益州，还，为谏大夫。左将军上官桀父子与盖主、燕王谋为逆乱，假稻田使者燕仓知其谋，以告大司农杨敞，敞惶惧，移病，② 以语延年。延年以闻，桀等伏辜。延年封为建平侯。

①苏林曰："主狱官也。"如淳曰："律，营军司空、军中司空各二人。"

②师古曰："移病，谓移书言病也。一曰，以病而移居。"

延年本大将军霍光吏，首发大奸，① 有忠节，由是擢为太仆右曹给事中。光持刑罚严，延年辅之以宽。治燕王狱时，御史大夫桑弘羊子迁亡，过父故吏侯史吴。② 后迁捕得，伏法。会赦，侯史吴自出系狱，廷尉王平与少府徐仁杂治反事，③ 皆以为桑迁坐父谋反而侯史吴臧之，非匿反者，乃匿为随者也。④ 即以赦令除吴罪。后侍御史治实，⑤ 以桑迁通经术，知父谋反而不谏争，与反者身无异；侯史吴故三百石吏，首匿迁，⑥ 不与庶人匿随从者等，吴不得赦。奏请覆治，劾廷尉、少府纵反者。⑦ 少府徐仁即丞相车千秋女婿也，故千秋数为侯史吴言。恐光不听，千秋即召中二千石、博士会公车门，议问吴法。⑧ 议者知大将军指，皆执吴为不道。明日，千秋封上众议，光于是以千秋擅召中二千石以下，外内异言，⑨ 遂下廷尉平、少府仁狱。朝廷皆恐丞相坐之。延年乃奏记光争，以为"吏纵罪人，有常法，今更诋吴为不道，恐于法深。⑩ 又丞相素无所守持，而为好言于下，尽其素行也。⑪ 至擅召中二千石，甚无状。⑫ 延年愚，以为丞相久故，及先帝用事，⑬ 非有大故，不可弃也。间者民颇言狱深，吏为峻诋，⑭ 今丞相所议，又狱事也，如是以及丞相，恐不合众心。群下欢哗，庶人私议，流言四布，延年窃重将军失此名于天下也！"⑮ 光以廷尉、少府弄法轻重，皆论弃市，而不以及丞相，终与相竟。⑯ 延年论议持平，合和朝廷，皆此类也。

①师古曰："首谓初首先发之。"

②师古曰："姓侯史，名吴。"

③师古曰："交杂同共治之也。"

④孟康曰："言桑迁但随坐耳，非自反也。"

⑤师古曰："重核其事也。"

⑥师古曰："首匿者，言身为谋首而藏匿人也。他皆类此。"

⑦师古曰："纵，放也。"

⑧师古曰："(言)〔于〕法律之中吴当得何罪。"[2]

⑨张晏曰："外则去疾欲尽，内则为其婿也。"师古曰："此说非也。外内，谓外朝及内朝也。"

⑩师古曰："诋，诬也。次下亦同。"

⑪师古曰："言非故有所执持，但其素行好与在下人言议耳。"

⑫师古曰："无善状。"

⑬师古曰："言在位已久，是为故旧，又尝及仕先帝而任事也。"

⑭师古曰："峻谓峭刻也。"

⑮师古曰："重犹难也。以此为重事也。"

⑯师古曰："谓终丞相之身无贬黜也。"

见国家承武帝奢侈师旅之后，数为大将军光言："年岁比不登，流民未尽还，①宜修孝文时政，示以俭约宽和，顺天心，说民意，年岁宜应。"②光纳其言，举贤良，议罢酒榷盐铁，皆自延年发之。吏民上书言便宜，有异，辄下延年平处复奏。③言可官试者，至为县令，[3]或丞相、御史除用，满岁以状闻，或抵其罪法，④常与两府及廷尉分章。⑤

①师古曰："比，频也。"

②师古曰："言俭约宽和，则丰年当应也。说读曰悦。"

③师古曰："先平处其可否，然后奏言。处音昌汝反。"

④师古曰："抵，至也。言事之人有奸妄者，则(特)致之于罪法。"[4]

⑤如淳曰："两府，丞相、御史府也。诸章有所疑，使延年决之。"师古曰："此说非也。上书言事者，其章或下丞相、御史，或付延年，故云分章耳，非令决疑也。"

昭帝末，寝疾，征天下名医，延年典领方药。帝崩，昌邑王即位，废，大将军光、车骑将军张安世与大臣议所立。时宣帝养于掖廷，号皇曾孙，与延年中子佗相爱善，延年知曾孙德美，劝光、安世立焉。宣帝即位，褒赏大臣，延年以定策安宗庙，益户二千三百，与始封所食邑凡四千三百户。诏有司论定策功，大司马大将军光功德过太尉绛侯周勃，车骑将军安世、丞相杨敞功比丞相陈平，前将军韩增、御史大夫蔡谊功比颍阴侯灌婴，太仆杜延年功比朱虚侯刘章，后将军赵充国、大司农田延年、少府史乐成功比典客刘揭，①皆封侯益土。

①师古曰："据如此传，乐成姓史，而《霍光传》云使乐成小家子，则又似姓使，《功臣侯表》乃云便乐成，三者不同。寻史、使一也，故当姓史，或作使字，而表遂误为便耳。"

延年为人安和，备于诸事，①久典朝政，上任信之，出即奉驾，入给事中，居九卿位十馀年，赏赐赂遗，訾数千万。

①师古曰："言皆明习也。"

霍光薨后，子禹与宗族谋反，诛。上以延年霍氏旧人，欲退之，而丞相魏相奏延年素贵用事，官职多奸。遣吏考案，但得苑马多死，官奴婢乏衣食，①延年坐免官，削户二千。后数月，复召拜为北地太守。延年以故九卿外为边吏，治郡不进，②上以玺书让延年。③延年乃选用良吏，捕(繫)〔擊〕豪强，〔5〕郡中清静。居岁馀，上使谒者赐延年玺书，黄金二十斤，徙为西河太守，治甚有名。五凤中，征入为御史大夫。延年居父官府，不敢当旧位，坐卧皆易其处。是时四夷和，海内平，延年视事三岁，以老病乞骸骨，天子优之，使光禄大夫持节赐延年黄金百斤、(牛)酒，加致医药。延年遂称(疾)〔病〕笃。〔6〕赐安车驷马，罢就第。④后数月薨，谥曰敬侯，子缓嗣。

①师古曰："传言延年身不犯法，但丞相致之于罪耳。"

②师古曰："比于诸郡，不为最也。"

③师古曰："让，责也。"

④师古曰："安车，坐乘之车也。《后汉》《舆服志》云'公列侯安车，朱斑轮，倚鹿较，伏熊轼，皂盖'。倚鹿较者，画立鹿于车之前两藩外也。伏熊轼者，车前横轼为伏熊之形也。"

缓少为郎，本始中以校尉从蒲类将军击匈奴，①还为谏大夫，迁上谷都尉，雁门太守。父延年薨，征视丧事，拜为太常，治诸陵县，每冬月封具狱日，常去酒省食，②官属称其有恩。元帝初即位，谷贵民流，永光中西羌反，缓辄上书入钱谷以助用，前后数百万。

①文颖曰："赵充国也。"臣瓒曰："征蒲类海，故以为名。"

②师古曰："狱案已具，当论决之，故封上。"

缓六弟，五人至大官，少弟熊历五郡二千石，三州牧刺史，有能名，唯中弟钦官不至而最知名。

钦字子夏，少好经书，家富而目偏盲，①故不好为吏。茂陵杜邺与钦同姓字，②俱以材能称京师，故衣冠谓钦为"盲杜子夏"以相别。③钦恶以疾见诋，④乃为小冠，高广财二寸，⑤由是京师更谓钦为"小冠杜子夏"，而邺为"大冠杜子夏"云。

①师古曰："盲，目无见也。偏盲者，患一目也。今俗乃以两目无见者始为盲，语移转也。"

②师古曰："并字子夏。"

③师古曰："衣冠谓士大夫也。"

④师古曰："诋，毁也，音丁礼反。"

⑤师古曰："财与纔同，古通用字。"

时帝舅大将军王凤以外戚辅政，求贤知自助。凤父顷侯禁与钦兄缓相善，故凤深知钦能，奏请钦为大将军军武库令。职閒无事，钦所好也。①

①师古曰："閒读曰闲。"

钦为人深博有谋。自上为太子时，以好色闻，及即位，皇太后诏采良家女。钦因是说大将军凤曰："礼壹娶九女，所以极阳数，广嗣重祖也；①必乡举救窈窕，不问华色，②所以助德理内也；娣侄虽缺不复补，所以养寿塞争也。③故后妃有贞淑之行，则胤嗣有贤圣之君；制度有威仪之节，则人君有寿考之福。废而不由，则女德不厌；④女德不厌，则寿命不究于高年。⑤《书》云'或四三年'，⑥言失欲之生害也。⑦男子五十，好色未衰；妇人四十，容貌改前。以改前之容侍于未衰之年，而不以礼为制，则其原不可救而后徕异态；后徕异态，则正后自疑而支庶有间適之心。⑧是以晋献被纳谗之谤，申生蒙无罪之辜。⑨今圣主富于春秋，未有適嗣，方乡术入学，⑩未亲后妃之议。将军辅政，宜因始初之隆，建九女之制，详择有行义之家，求淑女之质，毋必有(声色)〔色声〕音技能，[7]为万世大法。⑪夫少，戒之在色，⑫《小卞》之作，可为寒心。⑬唯将军常以为忧。”

①张晏曰：“阳数一三五七九，九，数之极也。”臣瓒曰“天子一娶九女，夏殷之制也，钦故举前代之约以刺今之奢也。”

②师古曰：“乡举者，博问乡里而举之也。窈窕，幽闲也。窈音一了反。窕音徒了反。”

③师古曰：“媵女之内，兄弟之女则谓之侄，己之女弟则谓之娣。塞，绝也。”

④师古曰：“由，用也，从也。女德不厌，言好色之甚也。”

⑤师古曰：“究，竟也。”

⑥师古曰：“《周书》《亡逸》篇曰‘惟湛乐之从，罔或克寿，或十年，或七八年，或五六年，或四三年’，谓逸欲过度则损寿也。”

⑦师古曰：“失读曰佚，佚与逸同。”

⑧师古曰：“间，代也，音居苋反。適读曰嫡。次下亦同。”

⑨师古曰：“蒙亦被也。”

⑩师古曰：“乡读曰向。”

⑪师古曰：“惟求淑质，无论美色及音声技能，如此，则可为万代法也。”

⑫师古曰：“《论语》孔子曰：‘君子有三戒，少之时血气未定，戒之在色。’言好色无节则致损败，故戒之也。”

⑬张晏曰：“刺幽王废申后而立褒姒，黜太子宜咎而立伯服也。”臣瓒曰：“《小卞》之诗，太子之傅作也，哀太子之放逐，愍周室之大坏也。”师古曰：“《诗》《小雅》也。二说皆是。卞音盘。”

凤白之太后，太后以为故事无有。钦复重言：①“《诗》云‘殷监不远，在夏后氏之世’。②刺戒者至迫近，而省听者常怠忽，③可不慎哉！前言九女，略陈其祸福，其可悼惧，窃恐将军不深留意。后妃之制，夭寿治乱存亡之端也。迹三代之季世，览宗、宣之飨国，察近属之符验，④祸败曷常不由女德？是以佩玉晏鸣，《关雎》叹之，⑤知好色之伐性短年，离制度之生无厌，天下将蒙化，陵夷而成俗也。⑥故咏淑女，幾以配上，⑦忠孝之笃，仁厚之作也。⑧夫君亲寿尊，国家治安，诚臣子之至愿，所当勉之也。《易》曰：'正其本，万物理。'⑨凡事论有疑未可立行者，求之往古则典刑无，考之来今则吉凶同，卒摇易之则民心惑，⑩若是者诚难施也。今九女之制，合于往古，无害于今，不逆于民心，至易行也，行之至有福也，将军辅政而不蚤定，⑪非天下之所望也。唯将军信臣子之愿，念《关雎》之思，⑫逮委政之隆，及始初清明，⑬为汉家建无穷之基，诚难以忽，不可以遴。"⑭凤不能自立法度，循故事而已。会皇太后女弟司马君力⑮与钦兄子私通，事上闻，钦惭惧，乞骸骨去。

①师古曰："重音直用反。"

②师古曰："《大雅》《荡》之诗也。言殷之所监见，其事不远，近在夏后氏之时。"

③师古曰："忽，忘也。"

④韦昭曰："宗，殷高宗也。宣，周宣王也。皆飨国长久。"师古曰："宗、宣之义，韦说是也。近属者，谓汉家之事耳。属犹言甫尔也，音之欲反。"

⑤李奇曰："后夫人鸡鸣佩玉去君所，周康王后不然，故诗人叹而伤之。"臣瓒曰："此《鲁诗》也。"

⑥师古曰："蒙，被也。"

⑦师古曰："《关雎》之诗云'窈窕淑女，君子好仇'，故云然也。淑，善也。几读曰冀。"

⑧师古曰："作谓作诗也。"

⑨师古曰："今《易》无此文。"

⑩郑(玄)〔氏〕曰：[8]"卒，急也。"师古曰："卒音(于)〔千〕忽反。"[9]

⑪师古曰："蚤，古早字。"

⑫师古曰："信读曰申。"

⑬师古曰："委政之隆，言天子委凤政事，权宠隆盛也。始初清明，天子新即位，宜立法制。"

⑭李奇曰："遴，难也。"师古曰："遴与吝同。"

⑮苏林曰："字君力，为司马氏妇。"

后有日蚀地震之变，诏举贤良方正能直言士，合阳侯梁放举钦。钦上对曰："陛下畏天命，悼变异，延见公卿，举直言之士，将以求天心，迹得失也。①臣钦愚戆，经术浅薄，不足以奉大对。②臣闻日蚀地震，阳微阴盛也。臣者，君之阴也；子者，父之阴也；妻者，夫之阴也；夷狄者，中国之阴也。《春秋》日蚀三十六，地震五，③或夷狄侵中国，或政权在臣下，或妇乘夫，④或臣子背君父，事虽不同，其类一也。臣窃观人事以考变异，则本朝大臣无不自安之人，外戚亲属无乖剌之心，⑤关东诸侯无强大之国，三垂蛮夷无逆理之节；⑥殆为后宫。⑦何以言之？日以戊申蚀，时加未。戊(夫)〔未〕，土也。[10]土者，中宫之部也。其夜地震未央宫殿中，此必適妾将有争宠相害而为患者，⑧唯陛下深戒之。变感以类相应，人事失于下，变象见于上。能应之以德，则异咎消亡；不能应之以善，则祸败至。高宗遭雊雉之戒，饬己正事，享百年之寿，殷道复兴，⑨要在所以应之。应之非诚不立，非信不行。宋景公小国之诸侯耳，有不忍移祸之诚，出人君之言三，荧惑为之退舍。⑩以陛下圣明，内推至诚，深思天变，何应而不感？何摇而不动？孔子曰：'仁远乎哉！'⑪唯陛下正后妾，抑女宠，防奢泰，去佚游，躬节俭，亲万事，数御安车，由辇道，⑫亲二宫之饔膳，⑬致晨昏之定省。如此，即尧舜不足与比隆，咎异何足消灭！如不留听于庶事，不论材而授位，殚天下之财以奉淫侈，匮万姓之力以从耳目，⑭近谄谀之人而远公方，⑮信谗贼之臣以诛忠良，贤俊失在岩穴，大臣怨于不以，⑯虽无变异，社稷之忧也。天下至大，万事至众，祖业至重，诚不可以佚豫为，不可以奢泰持也。⑰唯陛下忍无益之欲，以全众庶之命。臣钦愚戆，言不足采。"

①师古曰："观得失之踪迹也。"

②师古曰："大对谓对大问也。"

③师古曰："解在《刘向传》。"

④师古曰："乘，陵也。"

⑤师古曰："剌，戾也，音来曷反。"

⑥师古曰："三垂谓东南西也。"

⑦师古曰："殆，近也。"

⑧师古曰："適读曰嫡。嫡谓正后也。"

⑨师古曰："解在《五行志》。"

⑩张晏曰："宋景公荧惑守心，太史子韦请移之于大臣及国人与岁，公皆不听。天感其诚，荧惑为之退舍，景公享延期之祚也。"

⑪师古曰："《论语》载孔子之言也。言仁道不远，求之而至也。"

⑫师古曰："由，从也。"

⑬韦昭曰："二宫即成太后与成帝母也。"师古曰："熟食曰饔，具食曰膳。膳之言善也。"

⑭师古曰："殚、匮皆尽也。从读曰纵。"

⑮师古曰："方，正也。"

⑯师古曰："失在岩穴，谓隐处岩穴，朝廷失之也。《论语》称周公谓鲁公'不使大臣怨乎不以'。以，用也。不见用而怨也。"

⑰师古曰："为，治也。"

其夏，上尽召直言之士诣白虎殿对策，①策曰："天地之道何贵？王者之法何如？《六经》之义何上？人之行何先？取人之术何以？②当世之治何务？各以经对。"③

①师古曰："此殿在未央宫也。"

②师古曰："以，用也。"

③师古曰："据经义以对。"

钦对曰："臣闻天道贵信，地道贵贞；①不信不贞，万物不生。生，天地之所贵也。王者承天地之所生，理而成之，昆虫草木靡不得其所。王者法天地，非仁无以广施，非义无以正身；克己就义，恕以及人，②《六经》之所上也。不孝，则事君不忠，莅官不敬，③战陈无勇，朋友不信。孔子曰：'孝无终始，而患不及者，未之有也。'④孝，人行之所先也。观本行于乡党，考功能于官职，达观其所举，富观其所予，穷观其所不为，乏观其所不取，近观其所为〔主〕，[11]远观其所主。⑤孔子曰：'视其所以，观其所由，察其所安，人焉廋哉？'⑥取人之术也。殷因于夏尚质，周因于殷尚文，今汉家承周秦之敝，宜抑文尚质，废奢长俭，表实去伪。⑦孔子曰'恶紫之夺朱'，⑧当世治之所务也。臣窃有所忧，言之则拂心逆指，⑨不言则渐日长，为祸不细，然小臣不敢废道而求从，违忠而耦意。⑩

臣闻玩色无厌，必生好憎之心；好憎之心生，则爱宠偏于一人；爱宠偏于一人，则继嗣之路不广，而嫉妒之心兴矣。如此，则匹妇之说，不可胜也。⑪唯陛下纯德普施，无欲是从，⑫此则众庶咸说，⑬继嗣日广，而海内长安。万事之是非何足备言！”⑭

①师古曰：“贞，正也。”

②师古曰：“恕，仁也。言以仁爱为心，内省己志施之于人也。”

③师古曰：“莅，临也。”

④师古曰：“《孝经》载孔子之言也。言人能终始行孝，而患不及于道者，未之有也。一说行孝终始不备，而患祸不及者，无此事也。”

⑤师古曰：“所为主，谓托人以为援而自进也。其所主，为人之援而进也。”

⑥师古曰：“《论语》载孔子之言也。廋，匿也。此言视人之所用，观人之所从，察人之所乐，则可知其善恶，无所匿其情也。”

⑦师古曰：“长谓崇贵之也。表，明也。”

⑧师古曰：“《论语》载孔子之言也。朱，正色也。紫，间色之好者也。恶其邪好而夺正色，以喻利口之人，多言少实，倾惑者也。”

⑨师古曰：“拂谓违戾也，音佛。”

⑩师古曰：“从，顺也。耦，合也。”

⑪师古曰：“匹妇，一妇人也。”

⑫师古曰：“从读曰纵。不纵心于所欲也。”

⑬师古曰：“说读曰悦。”

⑭师古曰：“如此，则细故万端不足忧也。”

钦以前事病，赐帛罢，后为议郎，复以病免。

征诣大将军莫府，国家政谋，凤常与钦虑之。①数称达名士王骏、韦安世、王延世等，②救解冯野王、王尊、胡常之罪过，及继功臣绝世，填抚四夷，③当世善政，多出于钦者。见凤专政泰重，戒之曰：“昔周公身有至圣之德，属有叔父之亲，而成王有独见之明，无信谗之听，然管蔡流言而周公惧。穰侯，昭王之舅也，④权重于秦，威震邻敌，有旦莫偃伏之爱，⑤心不介然有间，然范雎起徒步，由异国，无雅信，⑥开一朝之说，而穰侯就封。⑦及近者武安侯之见退，⑧三事之迹，相去各数百岁，若合符节，甚不可不察。愿将军由周公之谦惧，⑨损穰侯之威，放武安之欲，毋使范雎之徒得间其说。”⑩

①师古曰：“虑，计也。”

②师古曰：“王骏，王阳子也。韦安世，韦贤之孙，方山之子也。王延世即成帝时塞河堤者也。”

③师古曰：“填音竹刃反。”

④文颖曰：“穰侯，魏冉也。”

⑤师古曰：“言昭王幼少，旦夕偃伏戏弄于舅之旁侧也。”

⑥师古曰：“雅信，谓素相任信。”

⑦(师古)〔文颖〕曰：[12]“范雎为丞相，穰侯就国。”

⑧师古曰：“武安侯谓田蚡也。退谓请考工地益宅，上怒乃退之也。”

⑨师古曰：“由，从也，用也。”

⑩师古曰：“间音居苋反。”

顷之，复日蚀，京兆尹王章上封事求见，果言凤专权蔽主之过，宜废勿用，以应天变。于是天子感悟，召见章，与议，欲退凤。凤甚忧惧，钦令凤上疏谢罪，乞骸骨，文指甚哀。太后涕泣为不食。上少而亲倚凤，亦不忍废，①复起凤就位。凤心惭，称病笃，欲遂退。钦复说之曰：“将军深悼辅政十年，变异不已，故乞骸骨，归咎于身，刻己自责，至诚动众，愚知莫不感伤。虽然，是无属之臣，执进退之分，絜其去就之节者耳，②非主上所以待将军，非将军所以报主上也。昔周公虽老，犹在京师，明不离成周，示不忘王室也。仲山父异姓之臣，无亲于宣，就封于齐，③犹叹息永怀，宿夜徘徊，不忍远去，况将军之于主上，主上之与将军哉！夫欲天下治安变异之意，莫有将军，④主上照然知之，故攀援不遗，⑤《书》称‘公毋困我！’⑥唯将军不为四国流言自疑于成王，以固至忠。”凤复起视事。上令尚书劾奏京兆尹章，章死诏狱。语在《元后传》。

①师古曰：“倚音於绮反。”

②师古曰：“无属，无亲属于上也。分音扶问反，字或作介。介，隔也，其义两通。”

③邓展曰：“《诗》言仲山甫徂齐者，言衔命往治齐城郭也，而《韩诗》以为封于

齐，此误耳。”晋灼曰：“《韩诗》误而钦引之，阿附权贵求容媚也。”师古曰：“《韩诗》既有明文，而钦引以为喻，则是其义非缪，而与今说《诗》者不同。邓、晋诸人虽曰涉学，未得专非杜氏，追咎《韩诗》也。”

④师古曰：“言众人之意皆不如也。”

⑤师古曰：“援，引也，音爰。”

⑥师古曰：“此《周书》《洛诰》成王告周公词也。言公必须留此，毋得遂去，而令我困。盖成帝与凤诏书引此言之。”

章既死，众庶冤之，以讥朝廷。钦欲救其过，复说凤曰：“京兆尹章所坐事密，吏民见章素好言事，以为不坐官职，疑其以日蚀见对有所言也。假令章内有所犯，虽陷正法，事不暴扬，自京师不晓，况于远方。恐天下不知章实有罪，而以为坐言事也。如是，塞争引之原，损宽明之德。①钦愚以为宜因章事举直言极谏，并见郎从官展尽其意，加于往前，以明示四方，使天下咸知主上圣明，不以言罪下也。若此，则流言消释，疑惑著明。”凤白行其策。钦之补过将美，皆此类也。②

①师古曰：“争引谓引事类以谏争也。一曰，下有谏争之言，上引而纳之也。”

②师古曰：“将，助也。”

优游不仕，以寿终。钦子及昆弟支属至二千石者且十人。钦兄缓前免太常，以列侯奉朝请，成帝时乃薨，子业嗣。

业有材能，以列侯选，复为太常。数言得失，不事权贵，与丞相翟方进、卫尉定陵侯淳于长不平。后业坐法免官，复为函谷关都尉。会定陵侯长有罪，当就国，长舅红阳侯立与业书曰：“诚哀老姊垂白，随无状子出关，①愿勿复用前事相侵。”定陵侯既出关，伏罪复发，②下雒阳狱。丞相史搜得红阳侯书，奏业听请，不敬，③坐免就国。

①师古曰：“垂白者，言白发下垂也。无状犹言不肖。”

②苏林曰：“长与许后书也。语在《外戚传》。”

③服虔曰：“受立属请为不敬。”

其春，丞相方进薨，业上书言：“方进本与长深结厚，更相称荐，①长陷大恶，独得不坐，苟欲障塞前过，不为陛下广持平例，②又无恐惧之心，反因时信其邪辟，③报睚眦怨。④故事，大逆朋友坐免官，无归故郡者，今(在)〔坐〕长者归故郡，[13]已深一等；红阳侯立坐子受长货赂故就国耳，非大逆也，而方进复奏立党友后将军朱博、钜鹿太守孙宏、故少府陈咸，皆免官，归咸故郡。刑罚无平，在方进之笔端，众庶莫不疑惑，皆言孙宏不与红阳侯相爱。宏前为中丞时，方进为御史大夫，举掾隆可侍御史，⑤宏奏隆前奉使欺谩，⑥不宜执法近侍，方进以此怨宏。又方进为京兆尹时，陈咸为少府，在九卿高弟，陛下所自知也。方进素与司直师丹相善，临御史大夫缺，使丹奏咸为奸利，请案验，卒不能有所得，而方进果自得御史大夫。为丞相，即时诋欺，奏免咸，⑦復因红阳侯事归咸故郡。众人皆言国家假方进权太甚。案师丹行能无异，及光禄勋许商被病残人，⑧皆但以附从方进，尝获尊官。丹前亲(属)〔荐〕邑子丞相史能使巫下神，[14]为国求福，幾获大利。⑨幸赖陛下至明，遣使者毛莫如先考验，卒得其奸，皆坐死。假令丹知而白之，此诬罔罪也；不知而白之，是背经术惑左道也：⑩二者皆在大辟，重于朱博、孙宏、陈咸所坐。方进终不举白，专作威福，阿党所厚，排挤英俊，⑪托公报私，横厉无所畏忌，⑫欲以熏轑天下。⑬天下莫不望风而靡，⑭自尚书近臣皆结舌杜口，⑮骨肉亲属莫不股栗。⑯威权泰盛而不忠信，非所以安国家也。今闻方进卒病死，⑰不以尉示天下，反复赏赐厚葬，唯陛下深思往事，以戒来今。”

①师古曰：“更音工衡反。”

②师古曰：“俱与长厚善，而方进独不坐，是不平也。”

③师古曰：“信读曰伸。辟读曰僻。”

④师古曰：“睚音厓。睚，举眼也。眦即眥字，谓目匡也。言举目相忤者，即报之也。一说睚音五懈反。眦音仕懈反。睚眦，瞋目貌也。两义并通。他皆类此。”

⑤师古曰：“御史大夫之掾也，名隆。”

⑥师古曰：“谩，诳也，音慢，又音莫连反。”

⑦师古曰：“诋，诬也。”

⑧服虔曰：“残，瘽也。”

⑨师古曰："幾读曰冀。"

⑩师古曰："左道，不正之道也。"

⑪师古曰："挤，坠也，音子诣反。"

⑫师古曰："纵横陵厉也。"

⑬师古曰："熏言熏灼之。辘读曰燎。假借用字。"

⑭师古曰："靡犹弭。"

⑮师古曰："杜，塞也。"

⑯师古曰："言惧之甚，故股战栗也。"

⑰师古曰："卒读曰猝。"

会成帝崩，哀帝即位，业复上书言："王氏世权日久，朝无骨骾之臣，①宗室诸侯微弱，与系囚无异，自佐史以上至于大吏皆权臣之党。曲阳侯根前为三公辅政，知赵昭仪杀皇子，不辄白奏，反与赵氏比周，恣意妄行，②谮愬故许后，被加以非罪，③诛破诸许族，败元帝外家。内嫉妒同产兄姊红阳侯立及淳于氏，④皆老被放弃。新喋血京师，威权可畏。高阳侯薛宣有不养母之名，安昌侯张禹奸人之雄，惑乱朝廷，使先帝负谤于海内，尤不可不慎。陛下初即位，谦让未皇，⑤孤独特立，莫可据杖，权臣易世，意若探汤。⑥宜蚤以义割恩，安百姓心，窃见朱博忠信勇猛，材略不世出，⑦诚国家雄俊之宝臣也，宜征博置左右，以填天下。⑧此人在朝，则陛下可高枕而卧矣。昔诸吕欲危刘氏，赖有高祖遗臣周勃、陈平尚存，不者，几为奸臣笑。"⑨

①师古曰："骾亦鲠字。"

②师古曰："比音频寐反。"

③师古曰："被音皮义反。"

④师古曰："兄，红阳侯立也。姊，淳于长母也。"

⑤师古曰："皇，暇也。"

⑥师古曰："言重难之，若以手探热汤也。"

⑦师古曰："言其希有也。"

⑧师古曰："填音竹刃反。"

⑨师古曰："几音钜依反。"

业又言宜为恭王立庙京师，以章孝道。时高昌侯董宏亦言宜尊帝母定陶王丁后为帝太后。大司空师丹等劾宏误朝不道，坐免为庶人，业复上书讼宏。前后所言皆合指施行，朱博果见拔用。业由是征，复为太常。岁馀，左迁上党都尉。会司隶奏业为太常选举不实，业坐免官，复就国。

哀帝崩，王莽秉政，诸前议立庙尊号者皆免，徙合浦。业以前罢黜，故见阔略，[①]忧恐，发病死。业成帝初尚帝妹颍邑公主，主无子，薨，业家上书求还京师与主合葬，不许，而赐谥曰荒侯，传子至孙绝。初，杜周武帝时徙茂陵，至延年徙杜陵云。

①师古曰："阔略，谓宽纵不问也。"

赞曰：张汤、杜周并起文墨小吏，致位三公，列于酷吏。而俱有良子，德器自过，[①]爵位尊显，继世立朝，相与提衡，[②]至于建武，杜氏爵乃独绝。[③]迹其福祚，元功儒林之后莫能及也。[④]自谓唐杜苗裔，岂其然乎？[⑤]及钦浮沈当世，好谋而成，以建始之初深陈女戒，终如其言，庶几乎《关雎》之见微，[⑥]非夫浮华博习之徒所能规也。业因势而抵陒，[⑦]称朱博，毁师丹，爱憎之议可不畏哉！

①师古曰："言其子德器各过二人之身。"

②如淳曰："提衡犹言相提携也。"臣瓒曰："衡，平也，言二人齐也。"师古曰："瓒说是也。"

③师古曰："建武之后，张氏尚有张纯为侯，故言杜氏独绝也。"

④师古曰："元功，萧、曹、张、陈之属也。儒林，贡、薛、韦、匡之辈。"

⑤师古曰："谓在周为唐杜氏也。"

⑥师古曰："《关雎》，《国风》之始，言夫妇之际政化所由，故云见微。微谓微妙也。"

⑦服虔曰："抵音纸。陒音义。谓罪败而复抨弹之，苏秦书有此法。"师古曰："抵，击也。陒，毁也。言因事形势而击毁之也。陒音诡。一说陒读与戏同，音许宜反。戏亦险也，言击其危险之处，《鬼谷》有《抵戏篇》也。"

【校勘记】

〔1〕 大氏尽诋以不道,⑥以上　注⑥原在“以上”下。王先谦说《索隐》“以上”属下读,似当从之。

〔2〕 (言)〔于〕法律之中,吴当得何罪。　景祐、殿本都作“于”。

〔3〕 辄下延年平处复奏。③言可官试者,至为县令,　注③原在“言”字下。王先谦说“言”字当下属。

〔4〕 言事之人有奸妄者,则(特)致之于罪法。　殿本“特”作“持”。景祐本无“特”字。

〔5〕 延年乃选用良吏,捕(繫)〔擊〕豪强。　刘奉世说“繫”当作“擊”,字之误也。按景祐本作“擊”。

〔6〕 赐延年黄金百斤,(牛)酒,加致医药。延年遂称(疾)〔病〕笃。　宋祁说浙本“酒”字上有“牛”字。按景祐、殿本都无“牛”字。钱大昭说“疾”南监本、闽本作“病”。按景祐、殿本都作“病”。

〔7〕 毋必有(声色)〔色声〕音技能,　王先谦说,据颜注,明后人传写误倒“色声”作“声色”。

〔8〕 郑(玄)〔氏〕曰:　景祐、殿本都作“郑氏”,“玄”字误。

〔9〕 卒音(于)〔千〕忽反。　景祐、殿本都作“千”,此误。

〔10〕 戊(夫)〔未〕,土也。　钱大昭说“夫”当作“未”。按景祐、殿、局本都作“未”。

〔11〕 近观其所为〔主〕,　宋祁说“为”字下南本、浙本并有“主”字。王先谦、杨树达都说当有。

〔12〕 (师古)〔文颖〕曰:　景祐、殿本都作“文颖”。

〔13〕 今(在)〔坐〕长者归故郡,　钱大昭说“在”当作“坐”。按景祐、殿、局本都作“坐”。

〔14〕 丹前亲(属)〔荐〕邑子丞相史能使巫下神,　景祐、殿本都作“荐”。王先谦说作“荐”是。

汉书卷六十一

张骞李广利传第三十一

张骞，汉中人也，① 建元中为郎。时匈奴降者言匈奴破月氏王，② 以其头为饮器，③ 月氏遁而怨匈奴，无与共击之。④ 汉方欲事灭胡，闻此言，欲通使，道必更匈奴中，⑤ 乃募能使者。骞以郎应募，使月氏，与堂邑氏奴甘父⑥ 俱出陇西。径匈奴，⑦ 匈奴得之，传诣单于。单于曰："月氏在吾北，汉何以得往使？吾欲使越，汉肯听我乎？"留骞十馀岁，予妻，有子，然骞持汉节不失。

①师古曰："陈寿《益部耆旧传》云骞汉中成固人也。"

②师古曰："月氏，西域胡国也。氏音支。"

③韦昭曰："饮器，椑榼也。"晋灼曰："饮器，虎子属也，或曰饮酒之器也。"师古曰："《匈奴传》云'以所破月氏王头共饮血盟'，然则饮酒之器是也。韦云椑榼，晋云兽子，皆非也。椑榼，即今之偏榼，所以盛酒耳，非用饮者也。兽子亵器，所以溲便者也。椑音鼙。"

④师古曰："无人援助也。"

⑤师古曰："更，过也，音工衡反。"

⑥服虔曰："堂邑，姓也，汉人，其奴名甘父。"师古曰："堂邑氏之奴，本胡人，名甘父。下云堂邑父者，盖取主之姓以为氏，而单称其名曰父。"

⑦师古曰："道由匈奴过。"

居匈奴西，骞因与其属亡乡月氏，① 西走数十日② 至大宛。大宛闻汉之饶财，欲通不得，见骞，喜，问欲何之。骞曰："为汉使月氏而为匈奴所闭道，今亡，唯王使人道送我。③ 诚得至，反汉，汉之赂遗王财物不可胜言。"大宛以为然，遣骞，为发译道，抵康居。④ 康居传致大月氏。大月氏王已为胡所杀，立其夫人为王。既臣大夏而君之，⑤地肥饶，少寇，志安乐，又自以远远汉，殊无报胡之心。⑥骞从月氏至大夏，竟不能得月氏要领。⑦

①师古曰："属谓同使之官属。乡读曰向。"

②师古曰："走，趋也。不指知其道里多少，故以日数言之。走音奏。一曰走谓奔走也，读如本字。"

③师古曰："道读曰导。"

④师古曰："抵，至也。道读曰导。"

⑤师古曰："以大夏为臣，为之作君也。"

⑥师古曰："下远音(千)〔于〕万反。"[1]

⑦李奇曰："要领，要契也。"师古曰："李说非也。要，衣要也。领，衣领也。凡持衣者则执要与领。言骞不能得月氏意趣，无以持归于汉，故以要领为喻。要音一遥反。"

留岁馀，还，并南山，欲从羌中归，①复为匈奴所得。留岁馀，单于死，国内乱，骞与胡妻及堂邑父俱亡归汉。拜骞太中大夫，堂邑父为奉使君。

①师古曰："并音步浪反。"

骞为人强力，宽大信人，①蛮夷爱之。堂邑父胡人，善射，穷急射禽兽给食。②初，骞行时百馀人，去十三岁，唯二人得还。

①师古曰："强力，言坚忍于事。"

②师古曰："给，供也。"

骞身所至者，大宛、大月氏、大夏、康居，而传闻其旁大国五六，具为天子言其地形，所有。①语皆在《西域传》。

①师古曰："土地之形及所生之物也。"

骞曰："臣在大夏时，见邛竹杖、蜀布，①问安得此，大夏国人曰：'吾贾人往市之身毒国。②身毒国在大夏东南可数千里。其俗土著，③与大夏同，而卑湿暑热。其民乘象以战。④其国临大水焉。'以骞度之，⑤大夏去汉万二千里，居西南。今身毒又居大夏东南数千里，有蜀物，此其去蜀不远矣。今使大夏，从羌中，险，羌人恶之；少北，则为匈奴所得；从蜀，宜径，又无寇。"⑥天子既闻大宛及大夏、安息之属皆大国，多奇物，土著，颇与中国同俗，而兵弱，贵汉财物；其北则大月氏、康居之属，兵强，可以赂遗设利朝也。⑦诚得而以义属之，⑧则广地万里，重九译，致殊俗，威德遍于四海。天子欣欣以骞言为然。乃令因蜀犍为发间使，四道并出：⑨出駹，出莋，出徙、邛，出僰，⑩皆各行一二千里。其北方闭氐、莋，⑪南方闭嶲、昆明。⑫昆明之属无君长，善寇盗，辄杀略汉使，终莫得通。然闻其西可千馀里，有乘象国，名滇越，⑬而蜀贾间出物者或至焉，⑭于是汉以求大夏道始通滇国。初，汉欲通西南夷，费多，罢之。及骞言可以通大夏，乃复事西南夷。⑮

①臣瓒曰："邛，山名。生此竹，高节，可作杖。"服虔曰："布，细布也。"师古曰："邛竹杖，人皆识之，无假多释。而苏林乃言节间合而体离，误后学矣。"

②邓展曰："毒音笃。"李奇曰："一名天笃，则浮屠胡是也。"师古曰："即敬佛道者。"

③师古曰："土著者，谓有城郭常居，不随畜牧移徙也。著音直略反。其下亦同。"

④师古曰："象，大兽，垂鼻长牙。"

⑤师古曰："度，计也。"

⑥师古曰："径，直也。宜犹当也。从蜀向大夏，其道当直。"

⑦师古曰："设，施也。施之以利，诱令入朝。"

⑧师古曰："谓不以兵革。"

⑨师古曰："间使者，求间隙而行。"

⑩师古曰："皆夷种名。駹音龙。莋音材各反。徙音斯。僰音蒲（此）〔北〕反。"[2]

⑪服虔曰："汉使见闭于夷也。"师古曰："氐与莋二种也。"

⑫师古曰："嶲、昆明，亦皆夷种名也。嶲音先檠反。"

⑬服虔曰："滇音颠。滇(乌)〔马〕出其国。"[3]

⑭师古曰："间出物，谓私往市者。"

⑮师古曰："事谓经略通之，专以为事也。"

骞以校尉从大将军击匈奴，知水草处，军得以不乏，乃封骞为博望侯。①是岁元朔六年也。后二年，骞为卫尉，与李广俱出右北平击匈奴。

匈奴围李将军，军失亡多，而骞后期当斩，赎为庶人。是岁骠骑将军破匈奴西边，杀数万人，至祁连山。其秋，浑邪王率众降汉，而金城、河西(西)并南山至盐泽，[4]空无匈奴。② 匈奴时有候者到，而希矣。后二年，汉击走单于于幕北。

①师古曰："取其能广博瞻望。"

②师古曰："并音步浪反。"

天子数问骞大夏之属。骞既失侯，因曰："臣居匈奴中，闻乌孙王号昆莫。昆莫父难兜靡本与大月氏俱在祁连、焞煌间，小国也。① 大月氏攻杀难兜靡，夺其地，人民亡走匈奴。子昆莫新生，傅父布就翎侯抱亡置草中，② 为求食，还，见狼乳之，③ 又乌衔肉翔其旁，以为神，遂持归匈奴，单于爱养之。及壮，以其父民众与昆莫，使将兵，数有功。时，月氏已为匈奴所破，西击塞王。④ 塞王南走远徙，月氏居其地。昆莫既健，自请单于报父怨，遂西攻破大月氏。大月氏复西走，徙大夏地。昆莫略其众，因留居，兵稍强，会单于死，不肯复朝事匈奴。匈奴遣兵击之，不胜，益以为神而远之。⑤ 今单于新困于汉，而昆莫地空。蛮夷恋故地，又贪汉物，诚以此时厚赂乌孙，招以东居故地，汉遣公主为夫人，结昆弟，其势宜听，⑥ 则是断匈奴右臂也。既连乌孙，自其西大夏之属皆可招来而为外臣。"天子以为然，拜骞为中郎将，将三百人，马各二匹，牛羊以万数，赍金币帛直数千钜万，多持节副使，⑦ 道可便遣之旁国。骞既至乌孙，致赐谕指，⑧ 未能得其决。语在《西域传》。骞即分遣副使使大宛、康居、月氏、大夏。乌孙发译道送骞，⑨ 与乌孙使数十人，马数十匹，报谢，⑩ 因令窥汉，知其广大。

①师古曰："祁连山以东，焞煌以西。"

②服虔曰："傅父，如傅母也。"李奇曰："布就，字也。翎侯，乌孙官名也。为昆莫作傅父也。"师古曰："翎侯，乌孙大臣官号，其数非一，亦犹汉之将军耳。而布就者，又翎侯之中别号，犹右将军、左将军耳，非其人之字。翎与翕同。"

③师古曰："以乳饮之。"

④师古曰："塞音先得反，西域国名，即佛经所谓释种者。塞、释声相近，本一姓耳。"

⑤师古曰："远，离也，音于万反。"

⑥师古曰："言事事听从于汉。"

⑦师古曰："为骞之副，而各令持节。"

⑧师古曰："以天子意指晓告之。"

⑨师古曰："道读曰导。"

⑩师古曰："与骞相随而来，报谢天子。"

骞还，拜为大行。岁馀，骞卒。后岁馀，其所遣副使通大夏之属者皆颇与其人俱来，①于是西北国始通于汉矣。然骞凿空，②诸后使往者皆称博望侯，以为质于外国，③外国由是信之。其后，乌孙竟与汉结婚。

①晋灼曰："其国人。"

②苏林曰："凿，开也。空，通也。骞始开通西域道也。"师古曰："空，孔也。犹言始凿其孔穴也。故此下言'当空道'，而《西域传》谓'孔道'也。"

③李奇曰："质，信也。"

初，天子发书《易》，①曰"神马当从西北来"。得乌孙马好，名曰"天马"。及得宛汗血马，益壮，更名乌孙马曰"西极马"，宛马曰"天马"云。而汉始筑令居以西，②初置酒泉郡，以通西北国。因益发使抵安息、奄蔡、犛靬、条支、身毒国。③而天子好宛马，使者相望于道，一辈大者数百，少者百馀人，所赍操，大放博望侯时。④其后益习而衰少焉。⑤汉率一岁中使者多者十馀，少者五六辈，远者八九岁，近者数岁而反。⑥

①邓展曰："发《易》书以卜。"

②臣瓒曰："令居，县名也，属金城。筑塞西至酒泉也。"师古曰："令音零。"

③李奇曰："靬音劇。"服虔曰："犛靬，张掖县名也。"师古曰："抵，至也。自安息以下五国皆西域胡也。犛靬即大秦国也。张掖骊靬县盖取此国为名耳。骊犛声相近。靬读与轩同。李奇音是也，服说非也。"

④师古曰："操，持也。所赍持，谓节及币也。放，依也，音甫往反。"

⑤师古曰："以其串习，故不多发人。"

⑥师古曰："道远则还迟，近则来疾。"

是时，汉既灭越，蜀所通西南夷皆震，请吏。置牂柯、越嶲、益州、沈黎、文山郡，欲地接以前通大夏。①乃遣使岁十馀辈，出此初郡，②皆复闭昆明，③为所杀，夺币物。于是汉发兵击昆明，斩首数万。后复遣使，竟不得通。语在《西南夷传》。

①李奇曰："欲地界相接至大夏也。"

②师古曰："文山以上初置者。"

③如淳曰："为昆明所闭。"

自骞开外国道以尊贵，其吏士争上书言外国奇怪利害，求使。天子为其绝远，非人所乐，听其言，①予节，募吏民无问所从来，②为具备人众遣之，以广其道。来还不能无侵盗币物，及使失指，③天子为其习之，辄覆按致重罪，④以激怒令赎，⑤复求使。使端无穷，而轻犯法。其吏卒亦辄复盛推外国所有，言大者予节，言小者为副，故妄言无行之徒皆争相效。其使皆私县官赍物，⑥欲贱市以私其利。⑦外国亦厌汉使人人有言轻重，⑧度汉兵远，不能至，⑨而禁其食物，以苦汉使。⑩汉使乏绝，责怨，至相攻击。楼兰、姑师小国，当空道，⑪攻劫汉使王恢等尤甚。而匈奴奇兵又时时遮击之。使者争言外国利害，⑫皆有城邑，兵弱易击。于是天子遣从票侯破奴⑬将属国骑及郡兵数万以击胡，胡皆去。明年，击破姑师，虏楼兰王。酒泉列亭鄣至玉门矣。⑭

①师古曰："凡人皆不乐去，故有自请为使者，即听而遣之。"

②师古曰："不为限禁远近，虽家人私隶并许应募。"

③师古曰："乖天子指意。"

④师古曰："言其串习，不以为难，必当更求充使也。"

⑤师古曰："令立功以赎罪。"

⑥师古曰："言所赍官物，窃自用之，同于私有。"

⑦师古曰："所市之物，得利多者，不尽入官也。"

⑧服虔曰："汉使言于外国，人人轻重不实。"

⑨师古曰："度，计也。"

⑩师古曰："令其困苦也。"

⑪师古曰："空即孔也。"

⑫师古曰："言服之则利，不讨则为害。"

⑬师古曰："赵破奴。"

⑭韦昭曰："玉门关在龙勒界。"

而大宛诸国发使随汉使来，观汉广大，以大鸟卵及犛靬眩人献于汉，①天子大说。②而汉使穷河源，其山多玉石，采来，③天子案古图书，名河所出山曰昆仑云。

①应劭曰："卵大如一二石甕也。眩，相诈惑也。邓太后时，西夷檀国来朝贺，诏令为之。而谏大夫陈禅以为夷狄伪道不可施行。后数日，尚书陈忠案《汉旧书》，乃知世宗时犛靬献见幻人，天子大悦，与俱巡狩，乃知古有此事。"师古曰："鸟卵如汲水之甕耳，无一二石也。应说失之。眩读与幻同。即今吞刀吐火，植瓜种树，屠人截马之术皆是也。本从西域来。甕音瓮。"

②师古曰："说读曰悦。"

③臣瓒曰："汉使采取持来至汉。"

是时，上方数巡狩海上，乃悉从外国客，大都多人则过之，散财帛赏赐，厚具饶给之，以览视汉富厚焉。①大角氐，②出奇戏诸怪物，多聚观者，③行赏赐，酒池肉林，令外国客遍观各仓库府臧之积，欲以见汉广大，倾骇之。④及加其眩者之工，而角氐奇戏岁增变，其益兴，自此始。而外国使更来更去。⑤大宛以西皆自恃远，尚骄恣，未可诎以礼羁縻而使也。

①师古曰："视读曰示。言示之令其观览。"

②师古曰："氐音丁礼反。解在《武纪》。"

③师古曰："聚都邑人，令观看，以夸示之。观音工唤反。"

④师古曰："见，显示。"

⑤师古曰："递互来去，前后不绝。更音工衡反。"

汉使往既多，其少从率进孰于天子，①言大宛有善马在贰师城，匿不肯示汉使。天子既好宛马，闻之甘心，②使壮士车令等持千金及金马以请宛王贰师城善马。宛国饶汉物，③相与谋曰："汉去我远，而盐水中数有败，④出其北有胡寇，出其南乏水草，又且往往而绝邑，⑤乏食者多。汉使数百人为辈来，常乏食，死者过半，是安能致大军乎？且贰师马，宛宝马也。"遂不肯予汉使。汉使怒,妄言,椎金马而去。⑥宛中贵人怒曰:⑦"汉使至轻我!"遣汉使去,令其东边郁成王遮攻,杀汉使,取其财物。天子大怒。诸尝使宛姚定汉等言。"宛兵弱,诚以汉兵不过三千人,强弩射之,即破宛矣。"天子以尝使浞野侯攻楼兰,以七百骑先至,虏其王,以定汉等言为然,而欲侯宠姬李氏,⑧乃以李广利为将军,伐宛。

①孟康曰:"少从,不如计也。或曰,少者,少年从行之微者也。进孰,美语如成孰也。"晋灼曰:"多进虚美之言必成之计于天子,而率不果也。"师古曰:"汉时谓随使而出外国者为少从,总言其少年而从使也。从音材用反。事见班固与弟仲升书。进孰者,但空进成孰之言。"

②师古曰:"志怀美悦,专事求之。"

③师古曰:"素有汉地财物,故不贪金马之币。"

④服虔曰:"水名,道从水中行。"师古曰:"沙碛之中不生草木,水又咸苦,即今敦煌西北恶碛者也。数有败,言每自死亡也。"

⑤师古曰:"言近道之处无城郭之居也。"

⑥如淳曰:"骂詈也。"师古曰:"椎破金马也。椎音直追反,其字从木。"

⑦师古曰:"中贵人,中臣之贵者。"

⑧师古曰:"欲封其兄弟。"

骞孙猛,字子游,有俊才,元帝时为光禄大夫,使匈奴,给事中,为石显所谮,自杀。

李广利,女弟李夫人有宠于上,产昌邑哀王。太初元年,以广利为贰师将军,发属国六千骑及郡国恶少年数万人以往,①期至贰师城取善马,故号"贰师将军"。故浩侯王恢使道军。既西过盐水,当道小国各坚城守,不肯给食,攻之不能下。下者得食,不下者数日则去。比至郁成,士财有数千,②皆饥罢。③攻郁成城,郁成距之,所杀伤甚众。贰师将军与左右计:"至郁成尚不能举,况至其王都乎?"引而还。往来二岁,至敦煌,士不过什一二。④使使上书言:"道远,多乏食,且士卒不患战而患饥。人少,不足以拔宛。愿且罢兵,益发而复往。"⑤天子闻之,大怒,使使遮玉门关,曰:"军有敢入,斩之。"贰师恐,因留屯敦煌。

①师古曰："恶少年谓无行义者。"

②师古曰："比音必寐反。财与才同。"

③师古曰："罢读曰疲。"

④师古曰："十人之中，一二人得还。"

⑤师古曰："益，多也。"

其夏，汉亡浞野之兵二万馀于匈奴，①公卿议者皆愿罢宛军，专力攻胡。天子业出兵诛宛，宛小国而不能下，则大夏之属渐轻汉，而宛善马绝不来，乌孙、轮台易苦汉使，②为外国笑。乃案言伐宛尤不便者邓光等。③赦囚徒扞寇盗，④发恶少年及边骑，岁馀而出敦煌六万人，⑤负私从者不与。⑥牛十万，马三万匹，驴橐驼以万数赍粮，兵弩甚设。⑦天下骚动，转相奉伐宛，五十馀校尉。宛城中无井，汲城外流水，于是遣水工徙其城下水空以穴其城。⑧益发戍甲卒十八万酒泉、张掖北，置居延、休屠以卫酒泉。⑨而发天下七科適，⑩及载精给贰师，⑪转车人徒相连属至敦煌。⑫而拜习马者二人为执驱马校尉，⑬备破宛择取其善马云。

①师古曰："赵破奴后封浞野侯。浞音士角反。"

②晋灼曰："易，轻也。"师古曰："轮台亦国名。"

③师古曰："案其罪而行罚。"

④如淳曰："放囚(徙)〔徒〕使其扞御寇盗。"[5]师古曰："使从军为斥候。"

⑤师古曰："兴发部署，岁馀乃得行。"

⑥师古曰："负私粮食及私从者，不在六万人数中也。与读曰豫。"

⑦师古曰："施张甚具也。"

⑧师古曰："空，孔也。徙其城下水者，令从他道流，不迫其城也。空以穴其城者，围而攻之，令作孔使穿穴也。下云'决其水原移之'，又云'围其城攻之'，皆再叙其事也。一曰，既徙其水，不令于城下流，而因其旧引水入城之孔，攻而穴之。"

⑨如淳曰："立二县以卫边也。或曰置二部都尉。"

⑩师古曰："適读曰谪。七科，解在《武纪》。"

⑪师古曰："精，干饭，音备。"

⑫师古曰："属音之欲反。"

⑬师古曰："习犹便也。一人为执马校尉，一人为驱马校尉。"

于是贰师后复行，兵多，所至小国莫不迎，出食给军。至轮台，轮台不下，攻数日，屠之。自此而西，平行至宛城，①兵到者三万。宛兵迎击汉兵，汉兵射败之，宛兵走入保其城。贰师欲攻郁成城，恐留行而令宛益生诈，②乃先至宛，决其水原，移之，则宛固已忧困。围其城，攻之四十馀日。宛贵人谋曰："王毋寡匿善马，杀汉使。③今杀王而出善马，汉兵宜解；即不，乃力战而死，未晚也。"宛贵人皆以为然，共杀王。其外城坏，虏宛贵人勇将煎靡。④宛大恐，走入中城，相与谋曰："汉所为攻宛，以王毋寡。"持其头，遣人使贰师，约曰："汉无攻我，我尽出善马，恣所取，而给汉军食。即不听我，我尽杀善马，康居之救又且至。至，我居内，康居居外，与汉军战。孰计之，何从？"⑤是时，康居候视汉兵尚盛，不敢进。贰师闻宛城中新得汉人知穿井，而其内食尚多。计以为来诛首恶者毋寡，毋寡头已至，如此不许，则坚守，而康居候汉兵罢来救宛，破汉军必矣。⑥军吏皆以为然，许宛之约。宛乃出其马，令汉自择之，而多出食食汉军。⑦汉军取其善马数十匹，中马以下牝牡三千馀匹，而立宛贵人之故时遇汉善者名昧蔡为宛王，⑧与盟而罢兵。终不得入中城，罢而引归。

①师古曰："平行，言无寇难。"

②师古曰："留行谓留止军废其行。"

③师古曰："毋寡，宛王名。"

④师古曰："宛之贵人为将而勇者名煎靡也。煎音子延反。"

⑤师古曰："令贰师孰计之，而欲攻战乎？欲不攻而取马乎？"

⑥师古曰："罢读曰疲。"

⑦师古曰："下食读曰饲。"

⑧服虔曰："蔡音楚言蔡。"师古曰："昧音本末之末。蔡音千曷反。"

初，贰师起敦煌西，为人多，道上国不能食，①分为数军，从南北道。校尉王申生、故鸿胪壶充国等千馀人别至郁成，城守不肯给食。申生去大军二百里，负而轻之，②攻郁成急。郁成窥知申生军少，晨用三千人攻杀申生等，数人脱亡，走贰师。③贰师令搜粟都尉上官桀往攻破郁成，郁成降。其王亡走康居，桀追至康居。康居闻汉已破宛，出郁成王与桀。桀令四骑士缚守诣大将军。④四人相谓："郁成，汉所毒，⑤今生将，卒失大事。"⑥欲杀，莫適先击。⑦上邽骑士赵弟拔剑击斩郁成王。桀等遂追及大将军。

①师古曰："起，发也。道上国，近道诸国也。食读曰饲。"

②师古曰："负，恃也，恃大军之威而轻敌人。"

③师古曰："走音奏。"

④如淳曰："时多别将，故谓贰师为大将军。"

⑤师古曰："言毒恨。"

⑥师古曰："卒读曰猝。"

⑦师古曰："適，主也。无有主意先击者也。音丁历反。"

初，贰师后行，天子使使告乌孙大发兵击宛。乌孙发二千骑往，持两端，不肯前。贰师将军之东，①诸所过小国闻宛破，皆使其子弟从入贡献，见天子，因为质焉。军还，入玉门者万馀人，马千馀匹。后行，非乏食，战死不甚多，而将吏贪，不爱卒，侵牟之，以此物故者众。②天子为万里而伐，不录其过，乃下诏曰："匈奴为害久矣，今虽徙幕北，与旁国谋共要绝大月氏使，遮杀中郎将江、故雁门守攘。危须以西及大宛皆合约杀期门车令、③中郎将朝及身毒国使，隔东西道。贰师将军广利征讨厥罪，伐胜大宛。赖天之灵，从溯河山，涉流沙，通西海，山雪不积，④士大夫径度，⑤获王首虏，珍怪之物毕陈于阙。其封广利为海西侯，食邑八千户。"又封斩郁成王者赵弟为新畤侯；军正赵始成功最多，为光禄大夫；上官桀敢深入，为少府；李哆有计谋，为上党太守。⑥军官吏为九卿者三人，诸侯相、郡守、二千石百馀人，千石以下千馀人。奋行者官过其望，⑦以適过行者皆黜其劳。⑧士卒赐直四万钱。⑨伐宛再反，⑩凡四岁而得罢焉。

①师古曰："东，旋军东出。"

②师古曰："侵牟，言如牟贼之食苗也。物故，谓死也。解具在《景纪》及《苏武传》。"

③服虔曰："危须，国名也。"文颖曰："汉使期门郎也，车令，姓名也。"

④张晏曰："是岁雪少，故得往还，喜得天人之应也。"师古曰："从，由也。溯，逆流而上也。言路由山险，又溯河也。溯音素。"

⑤师古曰："言无屯难也。"

⑥师古曰："哆音昌野反。"

⑦孟康曰："奋，迅也。自乐而行者。"

⑧师古曰："適读曰谪。言以罪谪而行者，免其所犯，不叙功劳。"

⑨师古曰："或以他财物充之，故云直。"

⑩师古曰："再反犹今言两回。"

后十一岁，征和三年，贰师复将七万骑出五原，击匈奴，度郅居水。①兵败，降匈奴，为单于所杀。语在《匈奴传》。

①师古曰："郅音质。"

赞曰："《禹本纪》言河出昆仑，昆仑高二千五百里馀，日月所相避隐为光明也。自张骞使大夏之后，穷河原，恶睹所谓昆仑者乎？①故言九州山川，《尚书》近之矣。至《禹本纪》、《山经》所有，放哉！②

①邓展曰："汉以穷河原，于何见昆仑乎？《尚书》曰'道河积石'，是谓河原出于积石。积石在金城河关，不言出昆仑也。"师古曰："恶音乌。"

②如淳曰："放荡迂阔，不可信也。"师古曰："如说是也。荀悦误以放为效字，因解为不效，盖失之矣。"

【校勘记】

〔1〕 下远音(千)〔于〕万反。 景祐、殿、局本都作"于"，此误。

〔2〕 乂音蒲(此)〔北〕反。 景祐、殿、局本都作"北"，此误。

〔3〕 滇(乌)〔马〕出其国。 景祐、殿本都作"马"。王先谦说作"马"是。

〔4〕 而金城、河西(西)并南山至盐泽， 景祐、殿本都无下"西"字，《史记》《大宛传》有。

〔5〕 放囚(徙)〔徒〕使其扞御寇盗。 景祐、殿本都作"徒"，此误。

汉书卷六十二

司马迁传第三十二

昔在颛顼，命南正重司天，火正黎司地。① 唐虞之际，绍重黎之后，使复典之，至于夏商，故重黎氏世序天地。其在周，程伯休甫其后也。② 当宣王时，官失其守而为司马氏。③ 司马氏世典周史。惠襄之间，司马氏适晋。④ 晋中军随会犇魏，⑤ 而司马氏入少梁。⑥

①张晏曰："南方，阳也。火，水配也。水为阴，故命南正重主天，火正黎兼地职也。"臣瓒曰："重、黎，司天地之官也。唐虞谓之羲和，则司地者宜曰北正。古文作北正。"师古曰："瓒说非也。据班氏《幽通赋》云'黎淳燿于高辛'，则此为火正是也。"

②应劭曰："封为程国伯。休甫，字也。"

③师古曰："失其〔所〕守之职也。"[1]

④张晏曰："周惠王、襄王有子颓、叔带之难，故司马氏奔晋也。"

⑤如淳曰："《左氏传》晋伪使魏寿馀诱士会于秦噪而还时也。"师古曰："犇，古奔字也。据《春秋》，随会奔秦，其后自秦入魏而还晋。今此言随会奔魏，司马氏因入少梁，则似谓自晋出奔魏耳。但魏国在献公时已灭为邑，封毕万矣。既非别国，不得言奔。未详迁之所说。"

⑥师古曰："少梁，本梁国也，为秦所灭，号为少梁。"

自司马氏去周适晋，分散，或在卫，或在赵，或在秦。其在卫者，相中山。① 在赵者，以传剑论显，② 蒯聩其后也。③ 在秦者错，与张仪争论，④ 于是惠王使错将兵伐蜀，遂拔，因而守之。⑤ 错孙蕲，⑥ 事武安君白起。而少梁更名夏阳。蕲与武安君坑赵长平军，⑦ 还而与之俱赐死杜邮，⑧ 葬于华池。⑨ 蕲孙昌，为秦王铁官。当始皇之时，蒯聩玄孙卬为武信君将而徇朝歌。⑩诸侯之相王，王卬于殷。⑪汉之伐楚，卬归汉，以其地为河内郡。昌生毋怿，⑫毋怿为汉市长。毋怿生喜，喜为五大夫，卒，皆葬高门。⑬喜生谈，谈为太史公。⑭

①张晏曰："司马喜为中山相。"

②服虔曰："世善剑也。"师古曰："剑论，剑术之论也。论，来顿反。"

③如淳曰："《刺客传》之蒯聩也。"师古曰："蒯，苦怪反。聩，五怪反。"

④应劭曰："秦惠王欲伐蜀，张仪曰不如伐韩，司马错以当先伐蜀。惠王从之，起兵伐蜀取之。"师古曰："错音千(古)〔各〕反。"[2]

⑤苏林曰："为郡守。"

⑥师古曰："音祈。"

⑦文颖曰："赵孝成王时，赵括为将。"

⑧李奇曰："地名，在咸阳西十里。"师古曰："邮音尤。"

⑨晋灼曰："池名也，在鄠县。"师古曰："晋说非也。华池在左冯翊界，近夏阳，非鄠县。"

⑩师古曰："武信君即武臣也，未为赵王之前号武信君。《项籍传》曰'赵将司马蕯'，是知为武臣之将也。"

⑪师古曰："项羽封蕯为殷王。"

⑫师古曰："怿，弋赤反。"

⑬苏林曰："长安北门也。"师古曰："苏说非也。高门，地名，在夏阳西北，而东去华池三里。"

⑭如淳曰："《汉仪注》太史公，武帝置，位在丞相上。天下计书先上太史公，副上丞相，序事如古《春秋》。迁死后，宣帝以其官为令，行太史公文书而已。"晋灼曰："《百官表》无太史公在丞相上。又卫宏所说多不实，未可以为正。"师古曰："谈为太史令耳，迁尊其父，故谓之为公。如说非也。"

太史公学天官于唐都，①受《易》于杨何，②习道论于黄子。③太史公仕于建元、元封之间，愍学者不达其意而师悖，④乃论六家之要指曰：

①师古曰："即《律历志》所云方士唐都者。"

②师古曰："何字叔元，菑川人，见《儒林传》。"

③师古曰："景帝时人也，《儒林传》谓之黄生，与辕固争论于上前，谓汤武非受

命，乃杀也。”

④师古曰：“悖，惑也。各习师法，惑于所见。悖音布内反。”

《易·大传》曰：“天下一致而百虑，同归而殊涂。”① 夫阴阳、儒、墨、名、法、道德，此务为治者也，直所从言之异路，有省不省耳。② 尝窃观阴阳之术，大详而众忌讳，使人拘而多畏，③ 然其序四时之大顺，不可失也。儒者博而寡要，劳而少功，是以其事难尽从，然其叙君臣父子之礼，列夫妇长幼之别，不可易也。④ 墨者俭而难遵，是以其事不可遍循，⑤ 然其强本节用，不可废也。法家严而少恩，然其正君臣上下之分，不可改也。名家使人俭而善失真，⑥ 然其正名实，不可不察也。道家使人精神专一，动合无形，澹足万物，⑦ 其为术也，因阴阳之大顺，采儒墨之善，撮名法之要，⑧ 与时迁徙，应物变化，立俗施事，无所不宜，指约而易操，事少而功多。⑨ 儒者则不然，以为人主天下之仪表也，君唱臣和，主先臣随。如此，则主劳而臣佚。⑩ 至于大道之要，去健羡，⑪ 黜聪明，⑫ 释此而任术。夫神大用则竭，形大劳则敝；神形蚤衰，⑬ 欲与天地长久，非所闻也。

①张晏曰：“《大传》谓《易·系辞》。”

②师古曰：“言发迹虽殊，同归于治，但学者不能省察，昧其端绪耳。直犹但也。”

③李奇曰：“阴阳之术，月令星官，是其枝叶也。”师古曰：“拘，曲碍也。”

④师古曰：“易，变也。”

⑤师古曰：“言难尽用。”

⑥师古曰：“刘向《别录》云名家者流出于礼官。古者名位不同，礼亦异数。孔子曰‘必也正名乎’。”

⑦师古曰：“澹，古赡字。”

⑧师古曰：“撮，总取也，音千活反。”

⑨师古曰：“操，执持也，音千高反。”

⑩师古曰：“佚，乐也，字与逸同。”

⑪服虔曰：“门户健壮也。”如淳曰：“知雄守雌，是去健也。不见可欲，使心不乱，是去羡也。”晋灼曰：“老子曰‘善闭者无关楗’。严君平曰‘拆关破楗，使

奸者自止’。服说是也。”师古曰：“二义并通，楗，其偃反，然今书本字皆作健字也。”

⑫如淳曰：“不尚贤，绝圣弃知也。”晋灼曰：“严君平曰：‘黜聪弃明，倚依太素，反本归真，则理得而海内钧也。’”师古曰：“黜，废也。”

⑬师古曰：“蚤，古早字。”

夫阴阳，四时、八位、十二度、二十四节各有教令，①曰顺之者昌，逆之者亡，未必然也，故曰“使人拘而多畏”。夫春生夏长，秋收冬臧，此天道之大经也，②弗顺则无以为天下纪纲，故曰“四时之大顺，不可失也”。

①张晏曰：“八位，八卦位也。十二度，十二次也。二十四节，就中气也。各有禁，谓月令也。”

②师古曰：“经，常法。”

夫儒者，以六艺为法，六艺经传以千万数，累世不能通其学，当年不能究其礼，①故曰“博而寡要，劳而少功”。若夫列君臣父子之礼，序夫妇长幼之别，虽百家弗能易也。

①师古曰：“究，尽也。”

墨者亦上尧舜，言其德行曰：“堂高三尺，土阶三等，茅茨不剪，棌椽不斫；①饭土簋，歠土刑，②粝粱之食，③藜藿之羹；④夏日葛衣，冬日鹿裘。”其送死，桐棺三寸，举音不尽其哀。教丧礼，必以此为万民率。故天下共若此，则尊卑无别也。夫世异时移，事业不必同，故曰“俭而难遵”也。要曰强本节用，则人给家足之道也。⑤此墨子之所长，虽百家不能废也。

①师古曰：“屋盖曰茨。茅茨，以茅覆屋也。棌，柞木也。茨音疾兹反。棌音采，又音菜。”

②师古曰：“簋所以盛饭也，刑以盛羹也。土谓烧土为之，即瓦器也。饭，扶晚反。簋音轨。餟，尺悦反。”

③服虔曰：“粝，粗米也。”张晏曰：“一斛粟七斗米为粝，音赖。”师古曰：“食，饭也。”

④师古曰：“藜，草似蓬也。藿，豆叶也。”

⑤师古曰:"给亦足也。人人家家皆得足也。"

法家不别亲疏,不殊贵贱,壹断于法,则亲亲尊尊之恩绝矣,可以行一时之计,而不可长用也,故曰"严而少恩"。若尊主卑臣,明分职不得相逾越,虽百家不能改也。①

①师古曰:"分,扶问反。"

名家苛察缴绕,①使人不得反其意,刬决于名,时失人情,②故曰"使人俭而善失真"。若夫控名责实,参伍不失,③此不可不察也。

①如淳曰:"缴绕犹缠绕也。"师古曰:"缴,公鸟反。"

②师古曰:"刬读与专同,又音章免反。"

③晋灼曰:"引名责实,参错交互,明知事情也。"

道家无为,又曰无不为,①其实易行,其辞难知。②其术以虚无为本,以因循为用。③无成势,无常形,故能究万物之情。不为物先后,故能为万物主。有法无法,因时为业;有度无度,因物兴舍。④故曰"圣人不巧,时变是守"。⑤虚者道之常也,因者君之纲也。⑥群臣并至,使各自明也。其实中其声者谓之端,实不中其声者谓之款。⑦款言不听,奸乃不生,贤不肖自分,白黑乃形。⑧在所欲用耳,何事不成!乃合大道,混混冥冥。⑨光耀天下,复反无名。⑩凡人所生者神也,所托者形也。神大用则竭,形大劳则敝,形神离则死。死者不可复生,离者不可复合,故圣人重之。由此观之,神者生之本,形者生之具。不先定其神形,而曰"我有以治天下",何由哉?⑪

①师古曰:"无为者,守静一也。无不为者,功利大也。"

②师古曰:"言指趣幽远。"

③师古曰:"任自然也。"

④师古曰:"兴,起也。舍,废也。"

⑤师古曰:"无机巧之心,但顺时也。"

⑥师古曰:"言因百姓之心以为教,但执其纲而已。"

⑦服虔曰:"款,空也。"李奇曰:"声则名也。"师古曰:"中,当也,充也,音竹

仲反。”

⑧师古曰：“形，见也。”

⑨师古曰：“元气之貌也。混音胡本反。”

⑩师古曰：“反，还也。”

⑪师古曰：“凡此皆言道家之教为长也。”

太史公既掌天官，不治民。有子曰迁。

迁生龙门，① 耕牧河山之阳。② 年十岁则诵古文。二十而南游江淮，上会稽，探禹穴，窥九疑，③ 浮沅湘。④ 北涉汶泗，⑤ 讲业齐鲁之都，观夫子遗风，乡射邹峄；⑥ 阸困蕃、薛、彭城，⑦ 过梁楚以归。于是迁仕为郎中，奉使西征巴蜀以南，略邛、筰、昆明，⑧ 还报命。

①苏林曰：“禹所凿龙门也。”师古曰：“龙门山，其东则在今秦州龙门县北，其西则在今同州韩城县北，而河从其中下流。”

②师古曰：“河之北，山之南也。”

③张晏曰：“禹巡狩至会稽而崩，因葬焉。上有孔穴，民间云禹入此穴。九疑，舜墓在焉。”师古曰：“会稽，山名，本茅山也，禹于此会诸侯之计，因名曰会稽。九疑山有九峰，解在《司马相如传》。”

④师古曰：“沅水出牂柯，湘水出零陵，二水皆入江。”

⑤师古曰：“汶、泗两水名在《地理志》。汶音问。”

⑥师古曰：“邹，县名也。峄，山名也，近曲阜地也。于此行乡射之礼，峄音怿。”

⑦师古曰：“蕃，县名也，音皮。”

⑧师古曰：“筰，才各反。”

是岁，天子始建汉家之封，而太史公留滞周南，① 不得与从事，② 发愤且卒。而子迁适反，见父于河雒之间。太史公执迁手而泣曰：“予先，周室之太史也。自上世尝显功名虞夏，典天官事。后世中衰，绝于予乎，汝复为太史，则续吾祖矣。今天子接千岁之统，封泰山，而予不得从行，是命也夫！命也夫！予死，尔必为太史；为太史，毋忘吾所欲论著矣。且夫孝，始于事亲，中于事君，终于立身；扬名于后世，以显父母，此孝之大也。③ 夫天下称周公，言其能论歌文武之德，宣周召之风，④ 达大王王季思虑，爰及公刘，以尊后稷也。⑤幽厉之后，王道缺，礼乐衰，孔子修旧起废，论《诗》《书》，作《春秋》，则学者至今则之。自获麟以来四百有馀岁，而诸侯相兼，史记放绝。今汉兴，海内壹统，明主贤君，忠臣义士，予为太史而不论载，废天下之文，予甚惧焉，尔其念哉！"迁俯首流涕曰："小子不敏，请悉论先人所次旧闻，不敢阙。"卒三岁，而迁为太史令，绌史记石室金鐀之书。⑥五年而当太初元年，⑦十一月甲子朔旦冬至，天历始改，建于明堂，诸神受记。⑧

①如淳曰："周南，洛阳也。"张晏曰："洛阳而谓周南者，自陕以东皆周南之地也。"

②师古曰："与读曰豫。"

③师古曰："此孔子说《孝经》之辞也。"

④师古曰："召读曰邵。"

⑤师古曰："爰，曰也，发语辞也。一曰，爰，于也。"

⑥如淳曰："绌彻旧书故事而次述之。"师古曰："此说非也。绌谓缀集之，音胄。鐀与匮同。"

⑦李奇曰："迁为太史后五年适当武帝太初元年，时述《史记》也。"

⑧张晏曰："以元新改，立明堂，朝诸侯及郡守受正朔，各有山川之祀，故曰诸神受记。"孟康曰："明堂班十二月之政，历纪四时，故改建于明堂。诸神受记，若勾芒祝融之属皆受瑞记。迁因此而作。"师古曰："张说是矣。"

太史公曰："先人有言：'自周公卒五百岁而有孔子，孔子至于今五百岁，有能绍而明之，正《易传》，继《春秋》，本《诗》《书》《礼》《乐》之际。'意在斯乎！意在斯乎！小子何敢攘焉！"①

①师古曰："攘，古让字。言当述成先人之业，何敢自谦，当五百岁而让之也。"

上大夫壶遂曰："昔孔子为何作《春秋》哉？"太史公曰："余闻之董生：①'周道废，孔子为鲁司寇，诸侯害之，大夫壅之。孔子知时之不用，道之不行也，是非二百四十二年之中，②以为天下仪表，贬诸侯，讨大夫，以达王事而已矣。'③子曰：'我欲载之空言，不如见之于行事之深切著明也。'《春秋》上明三王之道，下辨人事之经纪，别嫌疑，明是非，定犹与，[④]善善恶恶，贤贤贱不肖，存亡国，继绝世，补弊起废，王道之大者也。《易》著天地阴阳四时五行，故长于变；[⑤]《礼》纲纪人伦，故长于行；《书》记先王之事，故长于政；《诗》记山川溪谷禽兽草木牝牡雌雄，故长于风；《乐》乐所以立，故长于和；《春秋》辩是非，故长于治人。是故《礼》以节人，《乐》以发和，《书》以道事，《诗》以达意，《易》以道化，《春秋》以道义。[⑥]拨乱世反之正，莫近于《春秋》。《春秋》文成数万，其指数千。[⑦]万物之散聚皆在《春秋》。《春秋》之中，弑君三十六，亡国五十二，诸侯奔走不得保社稷者不可胜数。[⑧]察其所以，皆失其本已。[⑨]故《易》曰'差以豪厘，谬以千里'。[⑩]故'臣弑君，子弑父，非一朝一夕之故，其渐久矣'。[⑪]有国者不可以不知《春秋》，前有谗而不见，后有贼而不知。为人臣者不可以不知《春秋》，守经事而不知其宜，遭变事而不知其权。[⑫]为人君父者而不通于《春秋》之义者，必蒙首恶之名。[⑬]为人臣子不通于《春秋》之义者，必陷篡弑诛死之罪。其实皆以善为之，而不知其义，[⑭]被之空言不敢辞。[⑮]夫不通礼义之指，至于君不君，臣不臣，父不父，子不子。夫君不君则犯，[⑯]臣不臣则诛，父不父则无道，子不子则不孝。此四行者，天下之大过也。以天下大过予之，受而不敢辞。故《春秋》者，礼义之大宗也。夫礼禁未然之前，法施已然之后；法之所为用者易见，而礼之所为禁者难知。"

①服虔曰："仲舒也。"

②师古曰："是非谓本其得失。"

③师古曰："时诸侯僭侈，大夫擅权，故贬讨之也。贬，退也，讨，治也。"

④师古曰："与读曰豫。"

⑤师古曰："以变化之道为长也。长读如本字。一日长谓崇长之也，音竹两反。下皆类此。"

⑥师古曰："道，言也。"

⑦张晏曰："《春秋》万八千字，当言减，而云成，字误也。"师古曰："张说非也。一万之外即以万言之，故云数万，何乃忽言减乎？学者又为曲解，云《公羊经传》凡四万四千馀字，尤疏谬矣。史迁岂谓《公羊》之传为《春秋》乎？"

⑧师古曰："解并在《刘向传》。"

⑨师古曰："已，语终之辞。"

⑩师古曰："今之《易经》及彖象系辞，并无此语。所称《易纬》者，则有之焉。斯盖《易》家之别说者也。"

⑪师古曰："《易·坤卦》文言之辞。"

⑫师古曰："经，常也。"

⑬师古曰："蒙犹被也。"

⑭师古曰："其心虽善，以不知义理之故，则陷于恶也。"

⑮苏林曰："赵盾不知讨贼，而不敢辞弑君之罪。"

⑯师古曰："为臣下所干犯也。〔一〕曰违犯礼义也。"[3]

壶遂曰："孔子之时，上无明君，下不得任用，故作《春秋》，垂空文以断礼义，①当一王之法。今夫子上遇明天子，下得守职，万事既具，咸各序其宜，夫子所论，欲以何明？"太史公曰："唯唯，否否，②不然。余闻之先人曰：'虙戏至纯厚，作《易》八卦。③尧舜之盛，《尚书》载之，礼乐作焉。汤武之隆，诗人歌之。《春秋》采善贬恶，推三代之德，褒周室，非独刺讥而已也。'汉兴已来，至明天子，获符瑞，封禅，改正朔，易服色，受命於穆清，④泽流罔极，⑤海外殊俗重译款塞，⑥请来献见者，不可胜道。⑦臣下百官力诵圣德，犹不能宣尽其意。⑧且士贤能矣，而不用，有国者耻也；主上明圣，德不布闻，有司之过也。且余掌其官，废明圣盛德不载，灭功臣贤大夫之业不述，堕先人所言，⑨罪莫大焉。余所谓述故事，整齐其世传，非所谓作也，而君比之《春秋》，谬矣。"

①师古曰："断，决也，决之于礼义也。"

②晋灼曰："唯唯，谦应也。否否，不通也。"师古曰："唯，弋癸反。"

③师古曰："虙读与伏同。"

④师古曰："於，叹辞也。穆，美也。言天子有美德而政化清也。於读曰乌。"

⑤师古曰："罔，无也。极，止也。"

⑥师古曰："款，叩也。"

⑦师古曰："道，言也。"

⑧师古曰："力，勤也。"

⑨师古曰："堕，毁也，谓不修之也。音火规反。"

于是论次其文。十年而遭李陵之祸，幽于累绁。①乃喟然而叹曰："是余之罪夫！②身亏不用矣。"[4]退而深惟曰：③"夫《诗》《书》隐约者，欲遂其志之思也。"④卒述陶唐以来，至于麟止，⑤自黄帝始。⑥《五帝本纪》第一，《夏本纪》第二，《殷本纪》第三。《周本纪》第四，《秦本纪》第五，《始皇本纪》第六，《项羽本纪》第七，《高祖本纪》第八，《吕后本纪》第九，《孝文本纪》第十，《孝景本纪》第十一，《今上本纪》第十二。《三代世表》第一，《十二诸侯年表》第二，《六国年表》第三，《秦楚之际月表》第四，《汉诸侯年表》第五，《高祖功臣年表》第六，《惠景间功臣年表》第七，《建元以来侯者年表》第八，《王子侯者年表》第九，《汉兴以来将相名臣年表》第十。《礼书》第一，《乐书》第二，《律书》第三，《历书》第四，《天官书》第五，《封禅书》第六，《河渠书》第七，《平准书》第八。《吴太伯世家》第一，《齐太公世家》第二，《鲁周公世家》第三，《燕召公世家》第四，⑦《管蔡世家》第五，《陈杞世家》第六，《卫康叔世家》第七，《宋微子世家》第八，《晋世家》第九，《楚世家》第十，《越世家》第十一，《郑世家》第十二，《赵世家》第十三，《魏世家》第十四，《韩世家》第十五，《田完世家》第十六，《孔子世家》第十七，《陈涉世家》第十八，《外戚世家》第十九，《楚元王世家》第二十，《荆燕王世家》第二十一，《齐悼惠王世家》第二十二，《萧相国世家》第二十三，《曹相国世家》第二十四，《留侯世家》第二十五，《陈丞相世家》第二十六，《绛侯世家》第二十七，《梁孝王世家》第二十八，《五宗世家》第二十九，⑧《三王世家》第三十。《伯夷列传》第一，《管晏列传》第二，《老子韩非列传》第三，《司马穰苴列传》第四，⑨《孙子吴起列传》第五，《伍子胥列传》第六，《仲尼弟子列传》第七，《商君列传》第八，《苏秦列传》第九，《张仪列传》第十，《樗里甘茂列传》第十一，《穰侯列传》第十二，《白起王翦列传》第十三，《孟子荀卿列传》第十四，《平原虞卿列传》第十五，《孟尝君列传》第十六，《魏公子列传》第十七，《春申君列传》第十八，《范雎蔡泽列传》第十九，《乐毅列传》第二十，《廉颇蔺相如列传》第二十一，《田单列传》第二十二，《鲁仲连列传》第二十三，《屈原贾生列传》第二十四，《吕不韦列传》第二十五，《刺客列传》第二十六，《李斯列传》第二十七，《蒙恬列传》第二十八，《张耳陈馀列传》第二十九，《魏豹彭越列传》第三十，《黥布列传》第三十一，《淮阴侯韩信列传》第三十二，《韩王信卢绾列传》第三十三，《田儋列传》第三十四，《樊郦滕灌列传》第三十五，《张丞相仓列传》第三十六，《郦生陆贾列传》第三十七，《傅靳蒯成侯列传》第三十八，⑩《刘敬叔孙通列传》第三十九，《季布栾布列传》第四十，《爰盎朝错列传》第四十一，《张释之冯唐列传》第四十二，《万石张叔列传》第四十三，《田叔列传》第四十四，《扁鹊仓公列传》第四十五，《吴王濞列传》第四十六，《魏其武安列传》第四十七，《韩长孺列传》第四十八，《李将军列传》第四十九，《卫将军骠骑列传》第五十，《平津主父列传》第五十一，《匈奴列传》第五十二，《南越列传》第五十三，《闽越列传》第五十四，《朝鲜列传》第五十五，《西南夷列传》第五十六，《司马相如列传》第五十七，《淮南衡山列传》第五十八，《循吏列传》第五十九，《汲郑列传》第六十，《儒林列传》第六十一，《酷吏列传》第六十二，《大宛列传》第六十三，《游侠列传》第六十四，《佞幸列传》第六十五，《滑稽列传》第六十六，《日者列传》第六十七，《龟策列传》第六十八，《货殖列传》第六十九。

①师古曰："累，系也。绁，长绳也。累音力追反。绁音先列反。"

②师古曰："喟然，叹息貌也。音邱位反。"

③师古曰："惟，思也。"

④师古曰："隐，忧也。约，屈也。"

⑤服虔曰："武帝得白麟，而铸金作麟足形。作《史记》止于此也。"张晏曰："武帝获麟，迁以为述事之端，上记黄帝，下至麟止，犹《春秋》止于获麟也。"师古曰："迁序事尽太初，故言至麟而止。张说是也。"

⑥师古曰："迁之书序众篇各别有辞，班氏以其文多，故略而不载，但取最后一首，故此单目尽于六十九。至'惟汉继五帝末流'之后，乃言第七十。读者不详其意，或于目中加云'叙传第七十'，此大妄矣。"

⑦师古曰："召读曰邵。"

⑧师古曰："景帝子凡十三人为王，而母五人所生，迁谓同母者为一宗，故云五宗也。"

⑨师古曰："苴音子闾反。"

⑩师古曰："鄘成侯，周緤也。鄘音普肯反，又音陪。"

惟汉继五帝末流，接三代绝业。周道既废，秦拨去古文，焚灭《诗》《书》，故明堂石室金镄玉版图籍散乱。①汉兴，萧何次律令，韩信申军法，张苍为章程，叔孙通定礼仪，则文学彬彬稍进，《诗》《书》往往间出。②自曹参荐盖公言黄老，而贾谊、朝错明申韩，公孙弘以儒显，百年之间，天下遗文古事靡不毕集。太史公仍父子相继纂其职，③曰："於戏！④余维先人尝掌斯事，显于唐虞。至于周，复典之。故司马氏世主天官，至于余乎，钦念哉！"⑤罔罗天下放失旧闻，王迹所兴，原始察终，见盛观衰，论考之行事，略三代，录秦汉，上记轩辕，下至于兹，著十二本纪，既科条之矣。并时异世，年差不明，作十表。⑥礼乐损益，律历改易，兵权山川鬼神，天人之际，承敝通变，作八书。二十八宿环北辰，三十辐共一毂，运行无穷，⑦辅弼股肱之臣配焉，忠信行道以奉主上，作三十世家。扶义俶傥，不令已失时，⑧立功名于天下，作七十列传。凡百三十篇，五十二万六千五百字，为《太史公书》。序略，以拾遗补蓺，成一家言，⑨协《六经》异传，齐百家杂语，臧之名山，副在京师，⑩以竢后圣君子。第七十，⑪迁之自叙云尔。⑫而十篇缺，有录无书。⑬

①如淳曰："玉版，刻玉版画为文字也。"

②师古曰："彬彬，文章貌。彬音邠。间音居苋反。"

③师古曰："纂读与撰同。"

④师古曰："於戏，叹声也。於读曰乌，戏读曰呼。古字或作乌虖，今字或作乌呼，音义皆同耳。而俗之读者，随字而别，又曲为解释云有吉凶美恶之殊，是不通其大指也。义例具在《诗》及《尚书》，不可一二遍举之。"

⑤师古曰："钦，敬也。"

⑥师古曰："并时则年历差殊，异代则难以明辨，故作表也。"

⑦孟康曰："象黄帝以下三十家也。老子言车三十辐运行无穷，以象王者如此也。"师古曰："此说非也。言众星共绕北辰，诸辐咸归车毂，若文武之臣尊辅天子也。"

⑧师古曰："俶傥，大节也。俶，吐历反。"

⑨孟康曰："蓺音褋。谓裳下坏蓺。"李奇曰："蓺，六蓺也。"师古曰："李说是也。蓺，古艺字。"

⑩师古曰："臧于山者。备亡失也。其副贰本乃留京师也。"

⑪师古曰："竢，古俟字。"

⑫师古曰："自此以前，皆其自叙之辞也。自此以后，乃班氏作传语耳。。

⑬张晏曰："迁没之后，亡《景纪》、《武纪》、《礼书》、《乐书》、《兵书》、《汉兴以来将相年表》、《日者列传》、《三王世家》、《龟策列传》、《傅靳列传》。元、成之间褚先生补缺，作《武帝纪》，《三王世家》，《龟策》、《日者传》，言辞鄙陋，非迁本意也。"师古曰："序目本无《兵书》，张云亡失，此说非也。"

迁既被刑之后，为中书令，尊宠任职。故人益州刺史任安①予迁书，责以古贤臣之义。迁报之曰：

①师古曰："故人者，言其旧交也。"

少卿足下：①曩者辱赐书，教以慎于接物，推贤进士为务，意气勤勤恳恳，②若望仆不相师用，③而流俗人之言。④仆非敢如是也。虽罢驽，亦尝侧闻长者遗风矣。⑤顾自以为身残处秽，动而见尤，⑥欲益反损，是以抑郁而无谁语。⑦谚曰："谁为为之？孰令听之？"⑧盖锺子期死，伯牙终身不复鼓琴。⑨何则？士为知己用，女为说己容。⑩若仆大质已亏缺，虽材怀随和，行若由夷，⑪终不可以为荣，适足以发笑而自点耳。⑫

①如淳曰："少卿，任安字。"

②师古曰："恳恳，至诚也。音垦。"

③师古曰："望，怨也。"

④师古曰："谓随俗人之言，而流移其志。"

⑤师古曰："罢读曰疲。"

⑥师古曰："顾，思念也。尤，过也。"

⑦师古曰："无谁语者，言无相知心之人，谁可告语？"

⑧师古曰："言无知己者，设欲修名节，立言行，谁可为作之，又令谁听之？上为音于伪反。"

⑨师古曰："伯牙、锺子期皆楚人也。伯牙鼓琴，子期听之。方鼓琴而志在泰

山，子期曰：'巍巍乎若泰山。'既而志在流水，子期又曰：'汤汤乎若流水。'及子期死，伯牙破琴绝弦，终身不复鼓琴，以时人无足复为鼓琴耳。"

⑩师古曰："说读曰悦。"

⑪应劭曰："由、夷，许由、伯夷也。"师古曰："随，随侯珠也。和，和氏璧。"

⑫师古曰："点，污也。"

书辞宜答，①会东从上来，②又迫贱事，③相见日浅，卒卒无须臾之间得竭指意。④今少卿抱不测之罪，⑤涉旬月，迫季冬，仆又薄从上上雍，⑥恐卒然不可讳。⑦是仆终已不得舒愤懑以晓左右，⑧则长逝者魂魄私恨无穷。⑨请略陈固陋。阙然不报，幸勿过。⑩

①师古曰："宜早答。"

②服虔曰："从武帝还也。"

③孟康曰："卑贱之事，苦烦务也。"晋灼曰："贱事，家之私事贱小者也。"师古曰："谓所供职事也。孟说是也。"

④文颖曰："卒言仓卒。"师古曰："卒卒，促遽之意也。间，隙也。卒音千忽反。"

⑤如淳曰："平居时，迁不肯报其书。今有罪在狱，故报往日书，欲使其恕以度己也。"师古曰："不测谓深也。"

⑥李奇曰："薄，迫也。迫当从行也。"如淳曰："迁时从上在卤簿中也。"师古曰："李说是也。"

⑦师古曰："卒读曰猝。不可讳谓安死也。"

⑧师古曰："懑，烦闷也。晓，告喻也。懑音满。"

⑨师古曰："谓任安恨不见报。"

⑩师古曰："谓中间久不报也。"

仆闻之，修身者智之府也，①爱施者仁之端也，取予者义之符也，②耻辱者勇之决也，立名者行之极也。士有此五者，然后可以托于世，列于君子之林矣。故祸莫憯于欲利，③悲莫痛于伤心，行莫丑于辱先，而诟莫大于宫刑。④刑馀之人，无所比数，非一世也，所从来远矣。昔卫灵公与雍渠载，孔子适陈；⑤商鞅因景监见，赵良寒心；⑥同子参乘，爰丝变色：⑦自古而耻之。夫中材之人，事关于宦竖，莫不伤气，况慷慨之士乎！⑧如今朝虽乏人，奈何令刀锯之馀荐天下豪隽哉！仆赖先人绪业，得待罪辇毂下，二十馀年矣。⑨所以自惟：⑩上之，不能纳忠效信，⑪有奇策材力之誉，自结明主；次之，又不能拾遗补阙，招贤进能，显岩穴之士；外之，不能备行伍，攻城(战野)〔野战〕，[5]有斩将搴旗之功；⑫下之，不能累日积劳，取尊官厚禄，以为宗族交游光宠。四者无一遂，苟合取容，无所短长之效，可见于此矣。乡者，仆亦尝厕下大夫之列，⑬陪外廷末议。不以此时引维纲，尽思虑，今已亏形为埽除之隶，在阘茸之中，⑭乃欲卬首信眉，论列是非，⑮不亦轻朝廷、羞当世之士邪！⑯嗟乎！嗟乎！如仆，尚何言哉！尚何言哉！

①师古曰："府者，所聚之处也。"

②师古曰："符，信也。"

③师古曰："憯亦痛也。音千敢反。"

④师古曰："诟，耻也，音垢。"

⑤应劭曰："雍渠，奄人也，灵公近之。"

⑥应劭曰："景监，秦嬖人也。"服虔曰："赵良，贤者。"

⑦苏林曰："赵谈也。与迁父同讳，故曰同子。"

⑧师古曰："慷音口朗反。"

⑨师古曰："言侍从天子之车舆。"

⑩师古曰："惟，思也。"

⑪师古曰："效，致也。"

⑫师古曰："搴，拔也，拔取敌人之旗也。搴音蹇。"

⑬韦昭曰："《周官》太史位下大夫也。"臣瓒曰："汉太史令千石，故比下大夫。"师古曰："乡读曰向。向，曩昔时也。"

⑭师古曰："阘茸，猥贱也。阘，下也。茸，细毛也。言非豪桀也。阘，吐合反。茸，人勇反。"

⑮师古曰："卬读曰仰。信读曰伸。列，陈也。"

⑯师古曰："羞，辱也。"

且事本末未易明也。仆少负不羁之才，长无乡曲之誉，①主上幸以先人之故,使得奉薄技,出入周卫之中。②仆以为戴盆何以望天,③故绝宾客之知,忘室家之业,日夜思竭其不肖之材力,务壹心营职,以求亲媚于主上。而事乃有大谬不然者。夫仆与李陵俱居门下,素非相善也,趣舍异路,④未尝衔杯酒接殷勤之欢。然仆观其为人自奇士,事亲孝,与士信,临财廉,取予义,分别有让,恭俭下人,⑤常思奋不顾身以徇国家之急。⑥其素所畜积也,⑦仆以为有国士之风。夫人臣出万死不顾一生之计,赴公家之难,斯已奇矣。今举事壹不当,而全躯保妻子之臣随而媒孽其短,⑧仆诚私心痛之。且李陵提步卒不满五千,深践戎马之地,足历王庭,垂饵虎口,横挑强胡,⑨卬亿万之师,⑩与单于连战十馀日,所杀过当。⑪虏救死扶伤不给,⑫旃裘之君长咸震怖,乃悉征左右贤王,举引弓之民,⑬一国共攻而围之。转斗千里,矢尽道穷,救兵不至,士卒死伤如积。然李陵一呼劳军,⑭士无不起,躬流涕,沫血饮泣,张空弮,冒白刃,北首争死敌。⑮陵未没时,使有来报,汉公卿王侯皆奉觞上寿。后数日,陵败书闻,主上为之食不甘味,听朝不怡。大臣忧惧,不知所出。仆窃不自料其卑贱,⑯见主上惨凄怛悼,诚欲效其款款之愚。以为李陵素与士大夫绝甘分少,⑰能得人之死力,虽古名将不过也。身虽陷败,彼观其意,且欲得其当而报汉。⑱事已无可奈何,其所摧败,功亦足以暴于天下。⑲仆怀欲陈之,而未有路。适会召问,即以此指推言陵功,⑳欲以广主上之意,塞睚眦之辞。未能尽明,㉑明主不深晓,以为仆沮贰师,而为李陵游说,㉒遂下于理。拳拳之忠,终不能自列,㉓因为诬上,卒从吏议。㉔家贫,财赂不足以自赎,交游莫救,左右亲近不为壹言。身非木石,独与法吏为伍,深幽囹圄之中,谁可告诉者!此正少卿所亲见,仆行事岂不然邪?李陵既生降,隤其家声,㉕而仆又茸以蚕室,㉖重为天下观笑。㉗悲夫!悲夫!

①师古曰:"不羁,言其材质高远,不可羁系也。负者,亦言无此事也。"

②服虔曰:"薄技,薄材也。"师古曰:"周卫,言宿卫周密也。"

③如淳曰:"头戴盆则不得望天、望天则不得戴盆,事不可兼施。言已方有所

造，不暇修人事也。”师古曰：“言营职务耳，未论造书也。如说失之。”

④师古曰：“趣，所向也。舍所废也。”

⑤师古曰：“下音胡亚反。”

⑥师古曰：“徇，从也，营也。”

⑦师古曰：“畜读曰蓄。”

⑧臣瓒曰：“媒谓遘合会之，孽谓为生其罪衅也。”师古曰：“媒如媒娉之媒，孽如麴孽之孽。一曰齐人谓麴饼为媒也。”

⑨李奇曰：“挑音(铫)〔诛〕。”[6]师古曰：“音徒了反。”

⑩师古曰：“卬读曰仰。汉军北向，匈奴南下，北方地高，故云然。”

⑪师古曰：“率计战士，杀敌数多，故云过当也。”

⑫师古曰：“给犹供也。”

⑬师古曰：“能引弓者皆发之。”

⑭师古曰：“呼音火故反。”

⑮孟康曰：“沬音颒。”李奇曰：“拳，弩弓也。”师古曰：“沬，古颒字。颒，洒面也。言流血在面如盥颒。冒，犯也。首，向也。沬音呼内反，字从午未之未。拳音丘权反。又音眷。冒音莫克反。首音式救反。读者乃以拳擊之拳，大谬矣。拳则屈指，不当言张。陵时矢尽，故张弩之空弓，非是手拳也。”

⑯师古曰：“料，量也，音聊。”

⑰师古曰：“自绝旨甘，而与众人分之，共同其少多也。”

⑱师古曰：“欲于匈奴立功而归，以(其当)〔当其〕破败之罪。”[7]

⑲师古曰：“谓摧破匈奴之兵也。”

⑳师古曰：“指，意也。”

㉑师古曰：“睚眦，举目皆也，犹言顾瞻之顷也。睚音厓。眦音才赐反。”

㉒师古曰：“沮，毁坏也。音才汝反。”

㉓师古曰：“拳拳，忠谨之貌。《刘向传》作惓惓字，音义同耳。列，陈也。”

㉔师古曰：“卒，终也。”

㉕孟康曰：“家世为将有名声，陵降而隤之也。”师古曰：“隤，坠也，音颓。”

㉖苏林曰：“茸，次也，若人相俾次。”师古曰：“此说非也。茸音人勇反，推也。蚕室，初腐刑所居温密之室也。谓推致蚕室之中也。”

㉗师古曰："观视之而笑也。"

事未易一二为俗人言也。仆之先人非有剖符丹书之功，文史星历近乎卜祝之间，固主上所戏弄，倡优畜之，流俗之所轻也。假令仆伏法受诛，若九牛亡一毛，与蝼蚁何异？①而世又不与能死节者比，②特以为智穷罪极，不能自免，卒就死耳。何也？素所自树立使然。人固有一死，死有重于泰山，或轻于鸿毛，用之所趋异也。③太上不辱先，其次不辱身，其次不辱理色，其次不辱辞令，其次诎体受辱，其次易服受辱，其次关木索被棰楚受辱，④其次鬄毛发婴金铁受辱，⑤其次毁肌肤断支体受辱，最下腐刑，极矣。⑥传曰"刑不上大夫"，此言士节不可不厉也。猛虎处深山，百兽震恐，及其在阱槛之中，摇尾而求食，⑦积威约之渐也。故士有画地为牢势不入，削木为吏议不对，定计于鲜也。⑧今交手足，受木索，暴肌肤，受榜棰，⑨幽于圜墙之中，⑩当此之时，见狱吏则头枪地，⑪视徒隶则心惕息。⑫何者？积威约之势也。及已至此，言不辱者，所谓强颜耳，曷足贵乎！⑬且西伯，伯也，拘牖里；李斯，相也，具五刑；⑭淮阴，王也，受械于陈；⑮彭越、张敖南乡称孤，系狱具罪；⑯绛侯诛诸吕，权倾五伯，囚于请室；⑰魏其，大将也，衣赭关三木；⑱季布为朱家钳奴；灌夫受辱居室。此人皆身至王侯将相，声闻邻国，及罪至罔加，不能引决自财。⑲在尘埃之中，古今一体，安在其不辱也！由此言之，勇怯，势也；强弱，形也。审矣，曷足怪乎！且人不能早自财绳墨之外，已稍陵夷至于鞭棰之间，乃欲引节，斯不亦远乎！古人所以重施刑于大夫者，殆为此也。⑳夫人情莫不贪生恶死，念亲戚，顾妻子，至激于义理者不然，㉑乃有不得已也。今仆不幸，早失二亲，无兄弟之亲，独身孤立，少卿视仆于妻子何如哉？且勇者不必死节，怯夫慕义，何处不勉焉！㉒仆虽怯耎欲苟活，㉓亦颇识去就之分矣，何至自湛溺累绁之辱哉！㉔且夫臧获婢妾犹能引决，㉕况若仆之不得已乎！所以隐忍苟活，函粪土之中而不辞者，恨私心有所不尽，鄙没世而文采不表于后也。

①师古曰："蝼，蝼蛄也。蚁，蚍蜉也。皆虫之微小者。蝼音楼。"

②师古曰："与，许也。不许其能死节。"

③师古曰："趋读曰趣。趣，向也。"

④师古曰："棰，杖也，音止橤反。"

⑤师古曰："婴，绕也。鬄音吐计反。"

⑥师古曰："腐刑，解在《景纪》。"

⑦师古曰："穽，掘地以陷兽也，音才性反。"

⑧文颖曰："未遇刑自杀，为鲜明也。"

⑨师古曰："榜音彭。"

⑩师古曰："圜墙，狱也，《周礼》谓之圜土。"

⑪师古曰："枪，千羊反。"

⑫师古曰："惕，惧也。息，喘息也。"

⑬师古曰："强音其两反。"

⑭师古曰："说在《刑法志》。"

⑮师古曰："高祖伪游云梦，而信至陈上谒，(助)〔即〕见囚执。[8]械谓桎梏之。"

⑯师古曰："或系于狱，或至大罪也。乡读曰向。"

⑰师古曰："伯读曰霸。"

⑱师古曰："三木，在颈及手足。"

⑲师古曰："财与裁同，古通用字。"

⑳师古曰："重，难也。"

㉑师古曰："言激于义理者，则不顾念亲戚妻子。"

㉒师古曰："勇敢之人闇于分理，未必能死名节。怯懦之夫心知慕义，则处处皆能勉励也。"

㉓师古曰："耎，柔弱也，音人阮反。"

㉔师古曰："湛读曰沈。累音力追反。"

㉕应劭曰："扬雄《方言》云：'海岱之间，骂奴曰臧，骂婢曰获。燕之北郊，民而聓婢谓之臧，女而妇奴谓之获。'"晋灼曰："臧获，败敌所被虏获为奴隶者。"师古曰："应说是也。"

古者富贵而名摩灭，不可胜记，唯俶傥非常之人称焉。盖西伯拘而演《周易》；仲尼戹而作《春秋》；屈原放逐，乃赋《离骚》；左丘失明，厥有《国语》；孙子髌脚，《兵法》修列；①不韦迁蜀，世传《吕览》；②韩非囚秦，《说难》、《孤愤》。③《诗》三百篇，大氐贤圣发愤之所为作也。④此人皆意有所郁结，不得通其道，故述往事，思来者。⑤及如左丘明无目，孙子断足，终不可用，退论书策以舒其愤，思垂空文以自见。⑥仆窃不逊，近自托于无能之辞，网罗天下放失旧闻，考之行事，稽其成败⑦兴坏之理，凡百三十篇，亦欲以究天人之际，通古今之变，成一家之言。草创未就，适会此祸，惜其不成，是以就极刑而无愠色。仆诚已著此书，藏之名山，传之其人通邑大都，⑧则仆偿前辱之责，虽万被戮，岂有悔哉！然此可为智者道，难为俗人言也。

①文颖曰："孙子与庞涓学，而为庞涓所断足。"师古曰："髌音频忍反。"

②苏林曰："《吕氏春秋》篇名《八览》、《六论》。"

③师古曰："《说难》、《孤愤》，《韩子》之篇名。"

④师古曰："氐，归也，音丁礼反。"

⑤师古曰："令将来之人，见己志也。"

⑥师古曰："见，胡电反。"

⑦师古曰："稽，计也。"

⑧师古曰："其人谓能行其书者。"

且负下未易居，下流多谤议。仆以口语遇遭此祸，重为乡党戮笑，污辱先人，亦何面目复上父母之丘墓乎？虽累百世，垢弥甚耳！是以肠一日而九回，居则忽忽若有所亡，出则不知所如往。①每念斯耻，汗未尝不发背沾衣也。身直为闺阁之臣，宁得自引深臧于岩穴邪！故且从俗浮湛，与时俯仰，②以通其狂惑。今少卿乃教以推贤进士，无乃与仆之私指谬乎。③今虽欲自雕瑑，④曼辞以自解，⑤无益，于俗不信，祇取辱耳。⑥要之死日，然后是非乃定。书不能尽意，故略陈固陋。

①师古曰："如亦往也。"

②师古曰："湛读曰沉。"

③师古曰:"指,意也。"

④师古曰:"瑑,刻也,音篆。"

⑤如淳曰:"曼,美也。"师古曰:"曼音万。"

⑥师古曰:"衹,适也。"

迁既死后,其书稍出。宣帝时,迁外孙平通侯杨恽祖述其书,遂宣布焉。至王莽时,求封迁后,为史通子。①

①应劭曰:"以迁世为史(宜)〔官〕,[9]通于古今也。"李奇曰:"史通国子爵也。"

赞曰:自古书契之作而有史官,其载籍博矣。至孔氏籑之,①上(继)〔断〕唐尧,下讫秦缪。[10]唐虞以前虽有遗文,其语不经,②故言黄帝、颛顼之事未可明也。及孔子因鲁史记而作《春秋》,而左丘明论辑其本事以为之传,③又籑异同为《国语》。又有《世本》,录黄帝以来至春秋时帝王公侯卿大夫祖世所出。春秋之后,七国并争,④秦兼诸侯,有《战国策》。汉兴伐秦定天下,有《楚汉春秋》。故司马迁据《左氏》、《国语》,采《世本》、《战国策》,述《楚汉春秋》,接其后事,讫于(大)〔天〕汉。[11]其言秦汉,详矣。至于采经摭传,⑤分散数家之事,甚多疏略,或有抵梧。⑥亦其涉猎者广博,贯穿经传,驰骋古今,上下数千载间,斯以勤矣。又其是非颇缪于圣人,⑦论大道则先黄老而后六经,序游侠则退处士而进奸雄,述货殖则崇势利而羞贱贫,此其所蔽也。然自刘向、扬雄博极群书,皆称迁有良史之材,服其善序事理,辨而不华,质而不俚,⑧其文直,其事核,⑨不虚美,不隐恶,故谓之实录。⑩乌呼!以迁之博物洽闻,而不能以知自全,既陷极刑,幽而发愤,书亦信矣。⑪迹其所以自伤悼,《小雅》巷伯之伦。⑫夫唯《大雅》"既明且哲,能保其身",难矣哉!⑬

①师古曰:"籑与撰同。"

②师古曰:"非经典所说。"

③师古曰:"辑与集同。"

④服虔曰:"关东六国,与秦七国。"

⑤师古曰:"摭,拾也,音之亦反。"

⑥如淳曰："梧读曰迕，相触迕也。"师古曰："抵，触也。梧，相支柱不安也。梧音悟。"

⑦师古曰："颇，普我反。"

⑧刘德曰："俚，鄙也。"如淳曰："言虽质，犹不如闾里之鄙言也。"师古曰："刘说是也。俚音里。"

⑨师古曰："核，坚实也。"

⑩应劭曰："言其录事实。"

⑪师古曰："言其报任安书，自陈己志，信不谬。"

⑫师古曰："巷伯，奄官也，遇谗而作诗，列在《小雅》。其诗曰'萋兮菲兮，成是贝锦'是也。"

⑬师古曰："尹吉甫作《烝民》之诗，美宣王而论仲山甫之德，曰'既明且哲，以保其身'。其诗列于《大雅》，故赞云然。"

【校勘记】

〔1〕 失其〔所〕守之职也。 景祐、殿本都有"所"字。

〔2〕 错音千(古)〔各〕反。 景祐、殿本都作"各"。王先谦说作"各"是。

〔3〕 〔一〕曰违犯礼义也。 景祐、殿本都有"一"字。王先谦说此夺。

〔4〕 是余之罪夫②！身亏不用矣。 注②原在"罪"字下，王先谦说殿本在"夫"字下，是。

〔5〕 攻城(战野)〔野战〕， 景祐、殿本都作"野战"。

〔6〕 挑音(铫)〔诛〕。 景祐、殿本都作"诛"。

〔7〕 以(其当)〔当其〕破败之罪。 殿本作"当其"。王先谦说殿本是。

〔8〕 (助)〔即〕见囚执。 景祐、殿本都作"即"。王先谦说作"即"是。

〔9〕 以迁世为史(宜)〔官〕， 景祐、殿本都作"官"，此误。

〔10〕 上(继)〔断〕唐尧，下讫秦缪。 吴承仕说，"继"字无义，字当为"断"。《艺文志》"断自《尧典》"，《儒林传》"上断唐虞"，并其证。按《艺文志》作"上断于尧"。

〔11〕 接其后事，讫于(大)〔天〕汉。 杨树达说，"大汉"无义，当作"天汉"。天汉，武帝年号。